Einaudi Tascabili. Saggi
342

Renzo De Felice   Mussolini

Il rivoluzionario   1883-1920

Il fascista
    I. La conquista del potere   1921-1925
    II. L'organizzazione dello Stato fascista   1925-1929

Il duce
    I. Gli anni del consenso   1929-1936
    II. Lo Stato totalitario   1936-1940

L'alleato
    I. L'Italia in guerra   1940-1943
        1. Dalla guerra «breve» alla guerra lunga
        2. Crisi e agonia del regime
    II. La guerra civile   1943-1945

Renzo De Felice
Mussolini il duce

II. Lo Stato totalitario
1936-1940

Einaudi

© 1981 e 1996 Giulio Einaudi editore s. p. a., Torino
Prima edizione «Biblioteca di cultura storica» 1981
ISBN 88-06-13997-5

Indice

p. IX Nota dell'autore

3 I. Il regime di fronte al proprio futuro: il «totalitarismo» fascista
156 II. Il «consenso» tra la metà del 1936 e la metà del 1940
254 III. Mussolini tra il realismo politico e il mito della nuova civiltà
331 IV. La politica fascista nelle sabbie mobili spagnole
467 V. Dall'asse al «patto d'acciaio», un cammino di timori e di incertezze
626 VI. Il momento della verità: Mussolini, il fascismo e l'Italia di fronte alla guerra
794 VII. L'intervento

Appendice

847 1. Parere del presidente del Consiglio di Stato, Santi Romano sulla istituzione del primo maresciallato dell'Impero (1938)
850 2. Legge istitutiva della Camera dei fasci e delle corporazioni (1938)
854 3. Relazioni riassuntive sull'attività svolta dalla Direzione generale per il servizio della stampa italiana (1937-38)
861 4. Somme erogate per lavori pubblici dalla Segreteria particolare del Duce in alcune provincie campione
866 5. Il «manifesto della razza» (14 luglio 1938) e l'abbozzo della sua nuova versione (25 aprile 1942)
878 6. La «questione tedesca» al Gran Consiglio nel *Diario* di G. Bottai (21 marzo 1939)
880 7. Le ripercussioni dello scoppio della guerra civile spagnola sulla popolazione italiana viste dai prefetti e dall'OVRA
893 8. La personalità e la politica di Mussolini secondo uno studio di un diplomatico francese (gennaio 1938)
907 9. L'inizio del «canale segreto» italo-inglese: i conservatori e l'Italia (luglio 1937)
911 10. Roosevelt e l'Italia (luglio 1937)

VIII   Indice

p. 914   11. La «dichiarazione sulla razza» approvata dal Gran Consiglio (6 ottobre 1938)
   918   12. Il «patto d'acciaio» (22 marzo 1939)
   920   13. Appunti e lettera-relazione di G. Bottai per Ciano e Mussolini (luglio 1940)

   929   *Indice dei nomi*

Nota dell'autore.

Nel licenziare questa seconda parte del terzo volume dobbiamo innanzitutto ai lettori una spiegazione. Secondo il piano originario dell'opera, *Il duce* si sarebbe dovuto concludere con il 1939 e, piú precisamente, con la firma del «patto d'acciaio», il 22 maggio. Le vicende successive a questa data sarebbero dovute essere trattate ne *L'alleato*. Contrariamente a quanto pensavamo quando iniziammo quest'opera, nel corso delle nostre ricerche ci siamo convinti che la firma del «patto d'acciaio» ha significato per Mussolini e soprattutto per l'effettivo dispiegarsi della sua politica meno di quanto spesso si crede e noi stessi, appunto, inizialmente credevamo. Fissare date veramente spartiacque è sempre difficile, per non dire impossibile; rimane comunque il fatto che, in base alle nostre ricerche, siamo giunti alla conclusione che il 10 giugno 1940, data dell'entrata in guerra dell'Italia, è assai piú significativa di quella della firma del «patto d'acciaio», sia per una compiuta ricostruzione della biografia di Mussolini, sia come termine *ad quem* degli avvenimenti trattati in questo tomo. Da qui la nuova periodizzazione adottata.

Messo in chiaro questo punto, ben poco ci resta da dire, salvo rinviare a quanto già scritto nella *Nota* premessa alla prima parte e avvertire che in questo volume abbiamo volutamente non trattato tutto il complesso dei problemi relativi alla politica militare di Mussolini e del fascismo, alla preparazione militare e all'industria bellica. Di tutti questi problemi tratteremo ampiamente nel prossimo volume dedicato agli anni della partecipazione italiana alla seconda guerra mondiale. Ad altri minori problemi pure rinviati a *L'alleato* si fa riferimento di volta in volta nel testo o nelle note.

E, infine, due precisazioni di ordine tecnico. Tra le fonti di questo volume ricorre spesso il diario di Giuseppe Bottai che abbiamo potuto consultare nel suo manoscritto originale. Tutti i riferimenti e le citazioni sono tratti da questo manoscritto (conservato nell'Archivio Bottai), anche quelli che già apparivano nella parte del diario edita dallo stesso Bottai nel suo *Vent'anni e un giorno*. E ciò sia per evitare possibili confusioni, sia perché tra i passi editi a suo tempo da Bottai e il manoscritto originale vi sono talvolta alcune discordanze. Altra fonte da noi piú volte utilizzata sono le memorie di Dino Grandi. Come il lettore vedrà, i rinvii e le citazioni da esse non recano altra indicazione che quella delle *Memorie* stesse. E ciò perché i fogli dell'originale manoscritto di esse non sono stati numerati dall'autore e l'ordinamento dell'Archivio Grandi non è stato ancora completato e, dunque, non si è provveduto a dar loro una numerazione.

Come nel passato e ancor piú, numerosi sono coloro che dovremmo ringraziare per i documenti, le testimonianze, i suggerimenti, gli spunti per ulteriori ricerche fornitici. Nella impossibilità di ringraziare tutti, vogliamo – al solito – ringraziare la giunta e il consiglio superiore degli Archivi, il sovraintendente dell'Archivio Centrale dello Stato, professor Renato Grispo, e tutti i suoi collaboratori. Analogo ringraziamento dobbiamo al professor Ruggero Moscati, presidente della commissione per la pubblicazione dei documenti diplomatici, e al professor Fabio Grassi-Orsini, direttore dell'Archivio storico del Ministero degli Affari Esteri. Molte altre persone che piú dovremmo ringraziare sono in questi anni scomparse; sentiamo per questo doppiamente il dovere di ricordarle insieme alle altre alle quali piú va il nostro ringraziamento: Bruno Bottai, Leone Cattani, Vittorio Cini, Riccardo Del Giudice, Emilio Faldella, Giuseppe Attilio Fanelli, Ferdinando Gerra, Foschetta Giuriati, Cesare Gori, Bernardino Osio, Camillo Pellizzi, Giorgio Pini, Gastone Silvano Spinetti, Fulvio Suvich, Leonardo Vitetti. Un ringraziamento dobbiamo anche alle Edizioni Rizzoli per aver potuto leggere prima della loro pubblicazione le memorie di Tullio Cianetti.

Un ringraziamento particolarissimo dobbiamo poi al conte Dino Grandi. La liberalità, la fiducia e la signorilità, veramente uniche, con le quali ci ha affidato tutto il suo archivio e le sue carte personali (diari, memorie, ecc.) e ci ha autorizzato a servircene per questo e altri lavori ci hanno permesso di sostanziare questo volume di una documentazione preziosa e di far luce o mettere a fuoco aspetti degli anni 1936-40 che altrimenti avremmo ignorati o avremmo potuto solo sfiorare.

Né, infine, possiamo dimenticare gli amici Ennio Bozzetti, Lucio Ceva, Luigi Cucci, Luciano Fassari, Emilio Gentile, Luigi Goglia, Michael A. Ledeen, Andrea Manzella, Francesco Margiotta Broglio, Massimo Mazzetti, Mario Missori, Enrico Serra e Alessandra Staderini.

Anche questo volume, come i precedenti, è dedicato alla memoria di Delio Cantimori.

R. D. F.

Abbreviazioni.

MUSSOLINI   B. MUSSOLINI, *Opera omnia*, a cura di E. e D. Susmel, 44 voll., Firenze, poi Roma 1951-63 e 1978-81.
ACS   Archivio centrale dello Stato.
ASAE   Archivio storico del Ministero degli Affari esteri.
ADSS   *Actes et documents du Saint Siège relatifs à la seconde guerre mondiale*, Città del Vaticano 1965 sgg.
DBFP   *Documents on British Foreign Policy (1919-1939)*, London 1947 sgg.
DDF   *Documents diplomatiques français (1932-1939)*, Paris 1964 sgg.
DDI   *I documenti diplomatici italiani (1861-1945)*, Roma 1952 sgg.
DGFP   *Documents on German Foreign Policy (1918-1945)*, Washington 1949 sgg.
FRUS   *Foreign Relations of United States: Diplomatic Papers*, Washington 1932 sgg.

Mussolini il duce
II. Lo Stato totalitario
1936-1940

Capitolo primo

Il regime di fronte al proprio futuro:
il «totalitarismo» fascista

Il quadriennio che va dalla metà del 1936 alla metà del 1940, dalla fine cioè del conflitto italo-etiopico alla partecipazione dell'Italia alla seconda guerra mondiale, può essere visto in piú di un'ottica e mettendo l'accento su vari e diversi aspetti caratteristici del periodo. Piú che su tali aspetti – per significativi che essi possano essere o sembrare – preferiamo per un momento soffermarci però su quello che, a nostro avviso, fu il significato complessivo di quei quattro anni, sulla loro collocazione, per cosí dire, nel contesto generale dell'evoluzione storica del fascismo italiano e sul rapporto che intercorse tra questa fase del regime fascista e la personalità e l'azione politica di Mussolini.

Lo storico che oggi ripercorre quegli anni è portato a scorgervi tutta una serie di sintomi, maggiori e minori, di crisi, di quella crisi che maturerà nel triennio successivo, durante la guerra. Individuare questi «sintomi», comprenderne le cause, cogliere la loro incidenza presente e futura è per lo storico non solo importante ma necessario. Essi non vanno però sopravvalutati e meccanicamente proiettati sul triennio successivo. Per importanti che siano stati, in sé e per sé essi spiegano infatti assai poco ciò che avvenne dopo il 10 giugno 1940 e, anche per quel che concerne il quadriennio di cui ci occuperemo in questo volume, è necessario vederli senza farsi sedurre dalla tentazione di trovare in essi anticipazioni precise di ciò che avvenne dopo, poiché in molti casi questo finirebbe per portare fuori strada. Al contrario, questi «sintomi» vanno visti soprattutto come manifestazioni della crisi di *quegli* anni, di una crisi cioè che, nella maggioranza dei casi, ebbe altre caratteristiche di quella del triennio successivo o, comunque, una intensità, una dinamica e uno sbocco diversi.

Se, infatti, è giusto parlare di crisi del regime fascista negli anni 1936-40 è però una forzatura e, in sostanza, un errore dare a questa crisi un valore definito e definitivo, traendone la conclusione che essa dovesse svilupparsi cosí come si manifestò negli anni successivi e portare cioè alla caduta del fascismo. Senza nulla togliere alla gravità e al significato della crisi del 1936-40, molto piú corretto e, ai fini di un'effettiva comprensione storica del periodo, piú produttivo è rendersi conto che tale crisi non andava nella direzione della caduta del regime fascista, ma della sua trasformazione dall'interno in qualche cosa di diverso, ben difficile a stabilirsi e che in gran parte dipendeva dai tempi, dai modi e dal contesto politico-istituzionale nei quali si sarebbe verificata l'uscita dalla scena politica di Mussolini. La crisi che maturò dopo il 10 giugno 1940 e sfociò nel 25 luglio si collegò e dipese pochissimo da quella del quadriennio precedente. A determinarla non furono sostanzialmente cause, fatti interni. Questi indubbiamente ci furono, ma solo come conseguenze di un fatto esterno, piú importante di tutti gli altri presi insieme: la partecipazione dell'Italia alla seconda guerra mondiale e l'andamento sfavorevole della guerra stessa non solo (e, al dunque, non tanto) per l'Italia ma per la Germania. Senza la guerra e la sconfitta il regime fascista non sarebbe caduto. Si sarebbe trasformato, ma non sarebbe caduto dall'interno. Se si comprendono le ragioni di ciò si capisce anche perché negli anni immediatamente successivi la conquista dell'Etiopia, se da piú parti si parlò di crisi del regime, nessuno o quasi però pensò realisticamente alla possibilità di una sua caduta e la maggioranza dei contemporanei non ebbe o ebbe solo vagamente una giusta percezione del significato e delle implicazioni della crisi che travagliava il regime. Nonostante essa, questo si presentava infatti ben solido, ancora passibile di sviluppi ipotizzabili in direzioni diverse, praticamente inattaccabile dall'interno e certamente non ad opera dell'antifascismo.

L'antifascismo organizzato, democratico o comunista che fosse, non costituiva – nonostante una certa ripresa connessa alla guerra civile spagnola – un pericolo; poteva procurare al regime ancora qualche difficoltà di routine, ma non poteva certo preoccuparlo veramente e tanto meno porsi concretamente come un'effettiva alternativa ad esso. In molti e vasti settori della società indubbiamente serpeggiava – come vedremo – un notevole malumore, determinato, in primo luogo, dalla situazione economica e in particolare dal crescente aumento del costo reale della vita e, in secondo luogo, dalle preoccupazioni suscitate dalla politica – soprattutto estera – del fascismo. Questo malessere e queste preoccupazioni però non trovavano e, salvo rarissime eccezioni, non cercavano né forme di aggregazione né canali di espressione: nella grande maggioranza dei casi rimanevano ad uno stadio prepolitico; persino nell'ambiente operaio, il meno conquistato, specie tra gli anziani, dal fascismo, gli inviti comunisti ad un impegno di milizia e di lotta clandestine trovavano scarsissima risposta. In definitiva, se l'antifascismo attivo e i comunisti in particolare ottenevano qualche risultato positivo era soprattutto in alcuni ambienti giovanili, studenteschi e intellettuali. Per significativi che fossero, non erano però certo questi scacchi a mettere in forse la stabilità del regime. E lo stesso si deve dire per le varie componenti della classe dirigente fiancheggiatrice, mondo economico in testa: anche tra esse non mancavano i malumori e le preoccupazioni; il loro peso politico reale non era però assolutamente tale da permettere che esse potessero operare in positivo: in molti casi il peso politico dei «fiancheggiatori» era appena sufficiente a permettere loro di difendere dalle inframmettenze e dalla erosione del regime le posizioni che detenevano e gli equilibri sui quali si era fondato il compromesso realizzato con il fascismo in occasione della «marcia su Roma» e ribadito dopo la crisi Matteotti. Piú di questo, anche volendo, i «fiancheggiatori» non erano politicamente in condizione di fare e non di rado con fatica. E ciò senza dire che tra essi coloro che avrebbero visto favorevolmente un mutamento di regime erano pochissimi. Anche per la classe dirigente fiancheggiatrice vale infatti ciò che, con precisione e realismo, ha scritto l'Aquarone per il paese nel suo complesso [1].

Se numerosi erano i sintomi di malcontento che si potevano scorgere in seno ai vari settori dell'opinione pubblica italiana, è anche vero che la grande massa della popolazione, pur quando non aderiva entusiasticamente al fascismo, non si manifestava certo disposta a considerare il regime come un nemico mortale da abbattere ad ogni costo, e tanto meno a correre dei rischi seri pur di raggiungere quest'ultimo obiettivo. Anche coloro che, in seno alle varie classi sociali, erano recisamente ostili a singoli aspetti della politica fascista, non per questo erano necessariamente altrettanto avversi alla dittatura mussoliniana, come soluzione del problema del governo e del potere in Italia.

Sicché volendo fare un discorso storico e non mitologico, se si deve mettere in luce e approfondire la crisi di quegli anni si deve però anche avere ben chiaro che, nonostante essa, il periodo dalla metà del 1936 alla metà del 1940 fu per il fascismo una sorta di autunno – e, nonostante tutto, a suo modo, almeno in apparenza, ubertoso – in cui pochi riuscivano a pensare alla stretta del gelo invernale e i piú tra costoro o non avevano la possibilità o ritenevano piú prudente non tentare di impedire il cammino verso di esso e di orientarlo verso un inverno mite, improbabile, ma non escludibile a priori. E ciò persino nel gruppo dirigente fascista vero e proprio, all'interno del quale ormai, se non si erano quietate le gelosie e le ambizioni personali, non vi erano però

---

[1] A. AQUARONE, *L'organizzazione dello Stato totalitario*, Torino 1965, p. 310. Per un caso tipico cfr. R. PAOLUCCI, *Il mio piccolo mondo perduto*, Bologna 1952, pp. 425 sgg. e spec. pp. 439 sgg.

piú vere manifestazioni di dissidentismo e nessuno piú pensava ad atteggiarsi ad anti-Mussolini o a sostituirsi a lui; tant'è che persino Farinacci era ormai «in linea»[2] e Balbo aveva finito per accettare il suo dorato esilio libico e aveva rinunciato ai suoi propositi di qualche anno prima (quanto velleitari e quanto seri, quanto personalistici e quanto connessi al primo peggioramento della salute del «duce» verificatosi in quel periodo è difficile dire) di mettere da parte Mussolini e prendere in mano il potere direttamente o per interposta persona[3]. E anche i piú pensosi e lungimiranti, pure ormai consapevoli che il regime era ormai di fronte ad una svolta e che questa sarebbe andata o nel senso di una ulteriore involuzione di esso o di una sua trasformazione verso un fascismo piú «democratico» e veramente corporativo – che, per altro, ben difficilmente sarebbe potuta essere gestita da Mussolini – non pensavano però menomamente ad una sostituzione del «duce» al vertice del regime, ma ad una sua glorificazione in vita che – ponendolo, solo e sopra tutti, in una sorta di olimpo, dove gli sarebbero stati elargiti tutti gli onori e tutte le turibolazioni possibili – lo allontanasse di fatto dalla gestione del potere e consentisse ad altri di assumere, in suo nome, l'effettiva direzione politica del regime. Per oltre un decennio la parola d'ordine per Mussolini e per il fascismo era stata «durare», porsi cioè concretamente (e non solo in particolari momenti piú difficili come all'indomani del delitto Matteotti) il problema della conservazione del potere e, possibilmente, della sua estensione. Ora, dopo la conquista dell'Etiopia, questo problema si poneva in termini diversi e in gran parte nuovi. Pur con tutti i suoi vecchi e nuovi limiti, le sue carenze, disfunzioni e contraddizioni, le sue debolezze, il regime all'interno non correva piú i rischi che in passato avevano assillato Mussolini e il gruppo dirigente fascista e che, in parte, ne avevano condizionato l'azione politica. Come si vedrà piú avanti, i rischi che si intravvedevano erano di altro genere, connessi alla situazione internazionale e al modo di affrontarla da parte di Mussolini e all'affacciarsi del problema del «dopo Mussolini». Sicché la prospettiva del futuro, il problema del «durare», assumevano un significato nuovo: a seconda delle visioni del fascismo e degli obiettivi politici di fondo che caratterizza-

[2] G. PINI, *Filo diretto con Palazzo Venezia*, Bologna 1950, p. 88 (3 marzo 1937).
[3] Nel 1931-32 Balbo covò il proposito di assumere direttamente o per interposta persona il posto di Mussolini. Inizialmente l'idea dovette essergli suggerita dal cattivo stato di salute del «duce» e dalla eventualità di una sua scomparsa. Nell'estate 1931 voci in questo senso e sulla esistenza di dissidi «di principio» tra Balbo e Mussolini circolarono con una certa insistenza sia in Italia sia negli ambienti della Concentrazione antifascista di Parigi (cfr. *Carte Arpinati*, rapporti informativi da Parigi, Milano e Roma in data rispettivamente 31 luglio, 28 e 29 agosto 1931). Anche quando lo stato di salute di Mussolini non destò piú preoccupazioni, Balbo continuò però, almeno sino ai primi mesi del 1932, a pensare e a parlare di una sostituzione di Mussolini con uno dei quadrumviri.

vano le varie tendenze e i vari nuclei del gruppo dirigente fascista, si trattava essenzialmente di influire sugli orientamenti mussoliniani in politica estera e di precostituirsi (per questa come per altre vie) le posizioni ritenute piú adatte ad orientare il «dopo Mussolini» e, possibilmente, a gestirlo in prima persona.

La conquista dell'Etiopia contribuí notevolmente a determinare questa nuova situazione. Grazie ad essa il regime e Mussolini in particolare ottennero infatti nel paese un successo di prestigio che si tradusse in un consenso eccezionalmente vasto, quale sino allora non aveva goduto e che non riguardò solo quanti, per dirla con G. Devoto[4], «nel loro inconscio, aspettavano di inserirsi motivatamente nel corso del consenso e rendere veramente totalitaria anche dal di dentro la struttura della nazione», ma che – come ha riconosciuto G. Amendola[5] – fece breccia anche fra i contadini meridionali, i disoccupati e alcuni settori operai, in una misura che, pur rimanendo minoritaria, fu «comunque in sostanza piú rilevante di quanto fosse riuscito ad ottenere in tale direzione lo Stato liberale dopo l'Unità»[6]. Per non parlare di quei giovani (e non solo fascisti[7]) ai quali la conquista dell'Etiopia apparve come la premessa per un nuovo «tempo» del fascismo, di raccoglimento dopo il successo, di valorizzazione dell'impero e di realizzazione – finalmente – del «momento sociale» della rivoluzione fascista. Come abbiamo già detto[8], questo consenso – anche se piú entusiastico, rumoroso ed esaltato (ma sincero) – era però meno solido di quello che il fascismo aveva goduto durante il periodo della «grande crisi» e sarebbe stato presto incrinato dalle riserve e dalle preoccupazioni suscitate dall'intervento fascista in Spagna e, piú in genere, dai nuovi indirizzi della politica estera mussoliniana e, specie a livello borghese, anche di quella interna. Ciò non toglie che esso contribuí notevolmente a rafforzare il regime, sia a livello di massa, sia diffondendo sempre piú tra una parte non trascurabile degli oppositori, dormienti e no, degli «attendisti», dei «fuoriusciti dell'interno» la convinzione che ormai il fascismo avesse definitivamente vinto e fosse impossibile abbatterlo e,

[4] G. DEVOTO, *La parentesi. Quasi un diario*, Firenze 1974, p. 47.
[5] G. AMENDOLA, *Intervista sull'antifascismo*, a cura di P. Melograni, Bari 1976, p. 154.
[6] A. AQUARONE, *Violenza e consenso nel fascismo italiano*, in «Storia contemporanea», gennaio-febbraio 1979, p. 148.
[7] Tipica è in questo senso la testimonianza di G. VINAY, *Pretesti della memoria per un maestro*, Milano-Napoli 1967, pp. 76 sgg. «Se nel '36 potevo compiacermi della guerra d'Africa e non essere antifascista, anche se fascista non potevo esserlo, era dovuto a un intrico di irragioni quasi tutte infantili... Per me [la guerra] aveva da esserci per quegli umili, per mettere un po' di condimento sul loro pane di emigranti predestinati... Comunque, pensavo, questa guerra dimostra che il fascismo ha un senso. E cosí dicendo non ragionavo, ma mi affidavo alla bisaccia delle mie remote impressioni, la bisaccia dei traumi ragionati che allora faceva i giovani fascisti o antifascisti».
[8] Cfr. *Mussolini il duce*, I, pp. 54 sg.

quindi, non valesse piú la pena di rischiare e di sacrificarsi per resistergli[9]. Né va sottovalutato che fu proprio in conseguenza del successo mussoliniano in Africa che anche a livello della classe dirigente fiancheggiatrice caddero praticamente quasi del tutto le residue velleità di influire in qualche modo sulle scelte politiche del «duce» o, almeno, di condizionarle in qualche misura. E ciò anche se bastarono pochi mesi per far svanire tra essa gran parte delle illusioni e delle speranze suscitate dalla vittoria in Etiopia e dall'affermazione mussoliniana che l'Italia si considerava ormai una nazione «soddisfatta» e perché una parte non trascurabile assumesse verso il regime un atteggiamento sempre piú cauto e critico.

Detto questo, va subito messo in chiaro che, per notevole che sia stata l'influenza del successo nell'impresa etiopica, la nuova situazione determinatasi in questo periodo per il regime fascista fu però soprattutto la conseguenza di un processo in atto già da tempo, che la vicenda etiopica contribuí indubbiamente a portare piú rapidamente e facilmente ad uno stadio piú avanzato, ma che era nella logica del regime stesso e di come esso si era venuto sviluppando negli ultimi dieci anni. Ci riferiamo al processo di progressiva totalitarizzazione del regime. Un processo che compiutamente il regime fascista non portò mai a termine, ma che ciò nonostante ne caratterizzò certamente gli ultimi anni – quelli, appunto, successivi alla conquista dell'Etiopia – con conseguenze per esso assai importanti in positivo e in negativo, tant'è che è necessario soffermarci un po' su di esso e vederne da vicino il significato.

Storici e politologi di tutto il mondo hanno negli ultimi decenni, soprattutto dopo la pubblicazione, nel 1951, della prima edizione delle *Origins of Totalitarianism* di H. Arendt, teorizzato, studiato e discusso ampiamente gli specifici caratteri e il significato piú generale del moderno «totalitarismo», con particolare riferimento alle esperienze nazista,

---

[9] Scriveva G. GENTILE, *Dopo la fondazione dell'Impero*, in «Civiltà fascista», giugno 1936, pp. 321 sg.: «Oggi innanzi a lui [Mussolini] tutte le scorie dell'opposizione interna cadono e si disperdono; tutti i dubbi e le incertezze, derivanti da osservazioni di dettaglio, o da risentimenti meschini o da pregiudizi inveterati e solo perciò difficili a vincere, si dissipano come nebbia al vento. E se qualche acre spirito malinconico ancora ci fosse a ruminare in segreto il vecchio rimpianto dei tempi peregrini d'una formale e inesistente libertà democratica, egli certamente ora si farebbe scrupolo di mentire a se medesimo; si farebbe scrupolo di rinnegare la luce del sole e reprimere in sé il moto spontaneo di ogni cuore italiano che fa aprire le braccia benedicenti verso chi ha riscattato la patria da una soggezione umiliante verso le maggiori potenze europee, verso chi ha fatto confessare agli stranieri piú protervi che l'Italia d'oggi, disciplinata, concorde, guerriera non è piú quella d'una volta a cui si guardava con sprezzante degnazione se non con irridente ironia. L'Italia, oggi tutti lo vedono, è una nazione forte, di primo piano, con cui bisogna fare i conti. Oggi per la prima volta, da quando l'Italia si è fatta ed esiste politicamente, giuridicamente, non ci sono né fazioni né partiti, che ne paralizzino o indeboliscano la volontà; c'è un'anima, che è una coscienza, una personalità fiera di sé, risoluta di aprirsi un varco nel mondo dove cozzano tutti gl'interessi, di vivere una vita degna del suo passato glorioso».

stalinista e fascista[10]. In questa sede non è nostra intenzione discutere la validità di tali contributi rispetto al piú generale discorso sul fenomeno fascista, i loro limiti di fondo, certe loro ambiguità e alcuni innegabili loro apporti ad una migliore conoscenza del fenomeno fascista. Per definire la nostra posizione rispetto alla teoria del «totalitarismo» basterà dire che ci troviamo sostanzialmente d'accordo con quanto, a proposito di essa, ha affermato G. L. Mosse nella sua *Intervista sul nazismo*[11]. Ai fini del nostro discorso è però opportuno richiamarla. Da un lato, per ricordare che anche i suoi sostenitori piú provveduti e storicamente informati hanno dovuto concludere o, come la Arendt[12], che almeno sino al 1938 il regime fascista non fu un vero regime totalitario, bensí solo «una comune dittatura nazionalistica, nata dalle difficoltà di una democrazia multipartitica», o, addirittura, come D. Fisichella[13], che esso fu sempre un «totalitarismo mancato», da annoverare in ultima analisi piuttosto tra quelli che lo stesso Fisichella definisce i «regimi autoritari di mobilitazione»[14]. Da un altro lato, per chiarire che il nostro ricorso all'uso del termine *totalitario* in riferimento al regime fascista non significa adesione alla teoria del «totalitarismo», ma deriva dall'uso, dall'applicazione che il fascismo faceva dell'aggettivo *totalitario* riferendosi alla propria concezione dello Stato e, quindi, all'assetto del regime che ne discendeva[15]. Sicché i due discorsi non vanno assolutamente confusi, anche se, talvolta, hanno (o sembrano avere) punti in comune. E in particolare quello (a cui abbiamo già avuto occasione di accennare nel primo tomo di questo volume[16]) della preminenza anche nel regime fascista come nel nazista e nello stalinista della politica rispetto all'economia. Con tutte le conseguenze teoriche e pratiche e, quindi, di concreta valutazione storica della realtà fascista che da questa premessa discendono.

Tra coloro che si sono occupati di questa questione – essenziale per comprendere quella che abbiamo definito la nuova situazione nella quale il regime fascista si venne a trovare dopo la guerra d'Etiopia – chi forse

---

[10] Cfr. su di esse R. DE FELICE, *Le interpretazioni del fascismo*, Bari 1976⁶, pp. 90 sgg. Alla letteratura ivi esaminata è da aggiungere il primo sistematico contributo alla tematica sul totalitarismo dovuto ad uno studioso italiano: D. FISICHELLA, *Analisi del totalitarismo*, Messina-Firenze 1976.
[11] G. L. MOSSE, *Intervista sul nazismo*, a cura di M. A. Ledeen, Bari 1977, pp. 76 sgg.
[12] Cfr. H. ARENDT, *Le origini del totalitarismo*, Milano 1967, pp. 357 sg. e 360 sg.
[13] Cfr. D. FISICHELLA, *Analisi del totalitarismo* cit., pp. 215 sgg.
[14] Per una corretta comprensione della problematica che sottende la definizione del Fisichella cfr., a livello teorico, G. GERMANI, *Autoritarismo, fascismo e classi sociali*, Bologna 1975, e, a livello storico, R. DE FELICE, *Intervista sul fascismo*, a cura di M. A. Ledeen, Bari 1975.
[15] Per la genesi del termine e del concetto cfr. J. PETERSEN, *La nascita del concetto di «Stato totalitario» in Italia*, in «Annali dell'Istituto Storico Italo-Germanico in Trento», 1975, pp. 143 sgg.
[16] *Mussolini il duce*, I, p. 325.

è andato piú in profondità è stato F. Neumann. La conclusione alla quale egli perviene è infatti ineccepibile in teoria e confermata storicamente: è praticamente impossibile rovesciare dall'interno un moderno regime totalitario, fondato sulla preminenza della politica sull'economia e che dispone degli strumenti di potere, materiali, psicologici e culturali, della nostra epoca, a meno che la «rivoluzione» contro di esso non parta dall'interno della sua stessa classe dirigente e non sia in grado di utilizzare il suo stesso apparato politico[17].

Per Neumann l'Italia fascista sarebbe stata un regime totalitario non sostanzialmente diverso dalla Germania nazista e dalla Russia staliniana. In realtà al regime fascista per essere veramente totalitario non solo mancava il ricorso sistematico al terrore di massa e, quindi, al sistema concentrazionario[18], ma esso – un po' per motivi oggettivi, che discendevano dal modo compromissorio con cui era giunto al potere, un po' per il pragmatismo di fondo di Mussolini, un po' coerentemente alla sua particolare concezione del totalitarismo – non mirò mai o non riuscí a realizzare compiutamente nessuno degli aspetti caratterizzanti un regime totalitario vero e proprio. Come vedremo meglio piú avanti, non mirò mai né ad una compiuta transizione dallo Stato di diritto allo Stato di polizia, né tanto meno a realizzare il controllo totalitario del partito sullo Stato. Esso operò – è vero – nel senso di una compiuta concentrazione del potere nello Stato e di una totale politicizzazione della società sino a tendere alla eliminazione della distinzione tra Stato e società civile, ma anche qui in una prospettiva che poco o nulla aveva a che fare con quella del nazismo o con quella dello stalinismo. Né, infine, va sottovalutata la profonda differenza e la diversa funzione che la figura carismatica del *capo* aveva nel fascismo rispetto a quella che essa aveva nel nazismo e nello stalinismo: decisiva nel fascismo, essa era negli altri due regimi, e specialmente in quello nazista[19], assai meno importante. Tutto ciò non impedisce però di applicare la conclusione di Neumann anche al regime fascista, poiché questo – anche se non raggiungeva certo il grado di totalitarismo degli altri due – aveva indubbiamente molti e importanti caratteri totalitari, sufficienti a farlo assimilare sotto questo profilo particolare ai regimi nazista e stalinista. L'incompletezza del totalitarismo fascista e

[17] Cfr. F. NEUMANN, *Lo stato democratico e lo stato autoritario*, Bologna 1973, pp. 297 sgg. e spec. 307 sgg.
[18] Da un'annotazione in data 10 luglio 1938 di G. CIANO, *Diario 1937-1943*, Milano 1980, p. 156, risulta che Mussolini pensò per un momento a «creare il campo di concentramento, con sistemi piú duri del confino di polizia». L'idea, frutto probabilmente di uno scatto d'ira, non ebbe però alcun seguito.
[19] Fondamentali sono a questo proposito le osservazioni di G. L. MOSSE, in *La nazionalizzazione delle masse. Simbolismo politico e movimenti di massa in Germania (1812-1933)*, Bologna 1975.

le sue peculiarità, infatti, se potevano giuocare a danno della solidità del regime non lo potevano rispetto alla eventualità di una rivoluzione dal basso, popolare, antifascista – contro la quale esso era piú che attrezzato e per la quale, oltre tutto, mancavano le premesse essenziali nel paese –, ma rispetto a quella di una «rivoluzione» che partisse dall'interno della sua stessa classe dirigente. Relativamente a questa seconda eventualità esso era certamente meno attrezzato dei regimi nazista e stalinista. E questo costituiva un handicap che non sfuggiva né a Mussolini né ai fascisti veri e propri, che si ponevano il problema del futuro del regime e in particolare del «dopo Mussolini».

Nel primo decennio del regime per Mussolini «durare» aveva voluto dire operare sostanzialmente su due fronti, allargare e preservare il consenso di massa, soffocando il dissenso e l'opposizione organizzata, ed erodere a proprio vantaggio sempre nuovi margini di potere nei confronti della classe dirigente tradizionale e delle istituzioni che la esprimevano piú compiutamente e, al tempo stesso, la garantivano rispetto alla dinamica politica e sociale fascista. Pur sviluppandosi su entrambi i fronti, questa politica si era realizzata piú sul primo che sul secondo, sia per la necessità di debellare ogni forma di opposizione attiva e di conquistare al regime masse sempre piú vaste, sia perché, cosí facendo, da un lato era piú facile rassicurare e *ménager* la classe dirigente tradizionale e, da un altro lato, questa veniva privata di una ulteriore parte del suo peso politico, poiché ogni successo della politica mussoliniana sul primo fronte indeboliva i legami di essa con il paese e, al limite, le sue possibilità di ristabilire in caso di necessità rapporti con l'antifascismo democratico organizzato o, almeno, con quello dormiente e con l'area afascista. Ora, dopo la guerra d'Etiopia, la situazione si presentava in termini diversi. In quasi quindici anni di potere, Mussolini, nonostante le difficoltà e gli insuccessi che la sua politica aveva dovuto affrontare, era riuscito a rafforzare la sua posizione e a dotare il regime di tutta una serie di strumenti che lo mettevano in grado di guardare alla situazione con un'ottica diversa e in particolare di capovolgere l'ordine di priorità tra i due fronti sui quali sino allora aveva operato. Sul primo un'azione di routine era ormai sufficiente a tenere sotto controllo la situazione, specie se essa fosse stata integrata con alcune iniziative che tenessero aperta e rilanciassero la prospettiva di una «ripresa» dell'iniziativa del fascismo sul terreno sociale. Tanto piú che una tale «ripresa» Mussolini – pur nella sua sempre piú accentuata tendenza a privilegiare il momento della politica estera rispetto a quello della politica interna e a non volere quindi nuovi motivi di difficoltà interne – in linea di principio e sui tempi medi e lunghi non la escludeva affatto, era fortemente sentita dalle nuove generazioni fasciste e, infine, rientrava, almeno per taluni aspetti (quale quello della politica economica) nella logica dei sistemi politici totalitari e, quindi, in qualche misura anche del fascismo, specie ora che Mussolini si trovava nella necessità di accentuare la totalitarizzazione del regime, sia per cercare di rendere meno macroscopico il divario tra le possibilità economiche del paese e l'impegno ad esso richiesto dalla sua politica estera, sia per ridurre drasticamente il residuo – ma sempre troppo consistente – potere della componente non propriamente fascista del regime.

La progressiva accentuazione della totalitarizzazione del regime nella seconda metà degli anni trenta è stata spiegata, sia dai contemporanei sia dagli storici, con la logica del sistema, la progressiva sclerosi e burocratizzazione del regime e del fascismo, la necessità di Mussolini di rendere il piú monolitico possibile il regime e di controllare al massimo uomini ed istituzioni onde aver mano libera per portare avanti la propria politica imperialistica e con l'influenza e lo spirito di emulazione del modello nazionalsocialista determinati dalla politica di avvicinamento prima e di alleanza poi con la Germania realizzata in questi anni. In tutte queste motivazioni vi è indubbiamente del vero, anche se i fatti ai quali esse si riferiscono hanno avuto altrettanto indubbiamente una rilevanza diversa. In particolare, l'influenza e lo spirito di emulazione della Germania agirono assai piú a livello di alcuni settori del fascismo che del regime, trovarono forti resistenze e, a ben vedere, furono solo marginalmente ed episodicamente presenti in Mussolini, che, se guardava al modello tedesco, era piuttosto per altre cose. Oltre che le singole motivazioni, bisogna poi tener presente che – quale che fosse la loro rispettiva incidenza – esse interreagivano tra loro determinando un anomalo meccanismo moltiplicatore dei vari effetti rispetto al processo complessivo. Su una motivazione gli storici – forse sviati dal fatto che il problema fu praticamente ignorato dalla stampa del regime (ma non da quella straniera) e non giunse mai a maturazione, poiché il regime premorí a Mussolini – non si sono invece mai soffermati, mentre essa è, a nostro avviso, di primaria importanza: quella del «dopo Mussolini».

Personalmente Mussolini, anche con i suoi piú vicini collaboratori, dava l'impressione di sentirsi immortale. In realtà, come vedremo piú avanti, la conclusione della vicenda etiopica coincise – anche per l'estrema tensione psichica che questa gli aveva procurato e sulla quale, proprio nel momento che avrebbe dovuto essere di rilassamento e di distensione, si era innestata una nuova crisi psicologica determinata dalla gravissima malattia della figlia minore – con l'inizio di un lento ma inarrestabile suo declino fisico e, in parte, psichico, che non sfuggí agli osservatori piú attenti e a lui vicini, italiani e stranieri, e di cui lo stesso «duce» si rese conto, tanto che cercò di nasconderlo in tutti i modi e di reagire ad esso in varie maniere, non ultima quella di dare alla sua relazione con la Petacci un carattere piú intimo e impegnativo, quasi a cercare in essa una seconda giovinezza e una nuova energia psichica. In questa situazione, anche se non se ne parlava, il problema della sua successione e, piú in genere, del «dopo Mussolini» divenne uno dei problemi politici piú assillanti sia per il gruppo dirigente fascista, che – come si è già visto [20] – da anni era ben consapevole dei gravissimi pericoli che la scomparsa di Mussolini avrebbe fatto correre al fascismo, sia per il «duce», che – come pure abbiamo già visto nell'ultimo capitolo del primo tomo di questo volume – non a caso proprio dopo la conclusione del conflitto etiopico pensò a G. Ciano come al suo delfino e, in questa prospettiva, lo inserí in uno dei posti chiave del governo. Anche tralasciando per il momento il discorso sulla «scelta» di Ciano, le sue implicazioni a livello di gruppo dirigente fascista e i suoi sviluppi sul terreno dei rapporti tra suocero e genero, ai fini del problema della successione la designazione *in pectore* di un delfino non aveva però grande importanza. Quando sarebbe arrivato il momento, molto piú che l'esistenza di un delfino ciò che avrebbe contato sarebbero state le circostanze generali e particolari – innanzi tutto se Mussolini avrebbe potuto o no gestire personalmente la successione – e i rapporti di forza interni al regime. Ciò che si poteva ritenere sicuro era che, se i rapporti di forza fossero rimasti gli stessi, la Corona e l'élite tradizionale ad essa legata (esercito e marina compresi) non si sarebbero lasciati sfuggire l'occasione per riguadagnare il potere perduto negli anni nei quali Mussolini aveva retto il governo. Nel migliore dei casi avrebbero cercato di imporre un loro uomo o, almeno, un fascista moderato, che potesse gestire senza scosse il trapasso e avviare il regime sulla strada di una sua moderata ricostituzionalizzazione e parziale liberalizzazione. Né era da escludere del tutto che, se le circostanze fossero state particolarmente favorevoli, giocassero addirittura la carta della riassunzione vera e propria del potere. In questa prospettiva il problema della successione e del «dopo Mussolini» non poteva essere certo per Mussolini e per i veri fascisti né eluso né rinviato a quando si sarebbe presentato. Anche lasciando per il momento da parte la questione particolare del successore, tutt'altro che facile per tutta una serie di

---

[20] Cfr. *Mussolini il fascista*, II, pp. 73 sgg.; e *Mussolini il duce*, I, pp. 8 sg.
Nel *Diario* di Dino Grandi, al mese di luglio 1930, è inserita copia di un articolo di A. Cortesi apparso sul «New York Times» del 22 giugno di quell'anno e dedicato alla questione della successione di Mussolini. L'articolo è commentato da Grandi con questa veramente rivelatrice annotazione: «Ecco un *malaugurato* articolo che forse ha influito su uomini e cose. Il successore di Mussolini ha in questo momento 10 anni di età. È fra le file dei nostri Balilla. Ma questi articoli creano lo scompiglio fra i "Marescialli" di Mussolini! Purtroppo è cosí!»

motivi politici e personalistici, ciò che contava e che, piú il tempo passava, piú sarebbe stato urgente risolvere, era quello del quadro di potere, del rapporto di forze nei quali il problema si sarebbe posto. Da qui, per Mussolini e, sia pure con varie ipotesi e prospettive, per il fascismo, la necessità di agire concretamente e rapidamente per mutarli, in modo da arrivare al momento della successione nelle condizioni migliori per gestirla in proprio senza preoccupazioni di «ingerenze» esterne che ne rendessero difficile o, addirittura, dubbia una soddisfacente soluzione (di per sé, come abbiamo detto, già prevedibilmente non facile a livello di gruppo dirigente fascista). Da ciò, in concreto, la necessità – anche sotto questo profilo – di estendere il carattere totalitario del regime, valorizzando la sua natura piú propriamente fascista e dilatandone direttamente e indirettamente il potere reale a danno della componente tradizionale e fedele all'istituto, alle prerogative e agli effettivi poteri della monarchia.

Nei precedenti volumi e nel primo tomo di questo, abbiamo avuto piú volte occasione di toccare il problema dei rapporti tra Mussolini e Vittorio Emanuele III[21]. Data l'importanza che questo problema assunse nel periodo di cui ci stiamo occupando, è però opportuno soffermarci piú compiutamente su di esso, riepilogandone i precedenti ed esaminandone in dettaglio gli sviluppi.

Umanamente, psicologicamente, culturalmente, il re e il «duce» – lo abbiamo già detto – erano diversissimi e si ponevano di fronte ai problemi politici, interni e soprattutto internazionali, con una mentalità assai diversa. Certo non si amarono mai e politicamente si sorvegliarono sempre l'un l'altro con attenzione e diffidenza, tant'è che Grandi in una sua nota del 1944 ha potuto scrivere: «per venti anni il Re e Mussolini si sono guardati, sorvegliati l'un l'altro, come due schermidori sulla pedana, col ferro in linea»[22]. Dire però, come pure è stato detto, che non erano fatti per intendersi e non si intesero mai[23] è eccessivo e significa precludersi la possibilità di comprendere a fondo il loro rapporto personale, in particolare la sottile influenza che su di esso finivano per avere certi loro tratti caratteriali uguali. Per dirla ancora con Grandi «la diffidenza profonda per tutti e un disprezzo globale per gli uomini in genere. Due

[21] Cfr. in particolare *Mussolini il fascista*, I, pp. 310 sgg.; II, pp. 218 sgg.; *Mussolini il duce*, I, pp. 276 sgg.
[22] D. GRANDI, *Frammenti di diario*, 15 novembre 1944, «Il Re e Mussolini», in *Archivio D. Grandi*, b. 152, fasc. 199, sott. 6, ins. 2.
[23] G. ARTIERI, *Cronaca del Regno d'Italia*, II, Milano 1978, p. 398.

solitari prigionieri della loro stessa solitudine»[24]. Sicché, «l'uno diffidava dell'altro; eppure, a modo loro, si piacevano»[25], e, al fondo, si stimavano e rispettavano, anche se il loro rapporto era venato da una sorta di reciproco senso d'inferiorità.

Come ha scritto l'Artieri[26], Vittorio Emanuele III

di Mussolini ammirava la precisione, la lucidità anche nelle cose burocratiche (una qualità che in lui stesso eccelleva), il disinteresse, la vita semplice, quel «vivere con poco» caro alle sue sobrie abitudini; apprezzava l'ottimismo di Mussolini (perché, malgrado le apparenze, anche lui era un ottimista); ne ammirava l'intuito, la tenace, puntuale memoria dei fatti, anche i piú minuziosi; dei nomi, anche i piú modesti; delle circostanze, anche secondarie; la facoltà di sintesi, la tagliente chiarezza espositiva. E queste che ammirava erano, di lui, del re, anche alcune delle piú evidenti qualità.

La diarchia, dopo tutto, non si stabilisce soltanto sull'antagonismo dei poteri, ma anche sulla loro similarità. Di Mussolini il re ammirava sinceramente il genio organizzativo, legislativo, trasformatore, la verace passione italiana tutta profusa nella edificazione nazionale, nell'opera di governo all'interno...

Questi stessi aspetti caratteriali facevano sí che, personalmente, il re piacesse a Mussolini e contribuivano a determinare quello che Grandi ha definito il «fascino» che Vittorio Emanuele esercitava sul «duce». Un «fascino» che, se non influí sui rapporti politici tra i due, ebbe però un peso determinante nel rendere quelli personali sempre formalmente corretti, fece sí che «tutte le mancanze di riguardo, e furono molte, che Mussolini usò a Vittorio Emanuele in vent'anni di governo, furono compiute per interposta persona»[27] e, soprattutto, che anche quando, dopo la seconda metà del 1936, i rapporti politici tra i due si fecero via via piú tesi e Mussolini cominciò a porsi concretamente il problema di liquidare la monarchia, tutta l'operazione ebbe per lui solo e sempre un valore politico e non scadde mai nel personale. I numerosi sfoghi contro la monarchia e il sovrano conservatici dal diario di G. Ciano non debbono trarre in inganno. Piú che un astio personale verso Vittorio Emanuele, essi provano, a nostro avviso, per un verso la tensione che il problema suscitava in Mussolini e, per un altro verso, la sua insoddisfazione per non poterlo risolvere subito. Che, nonostante tutto, Mussolini guardasse sempre al sovrano con umana simpatia e rispetto ci pare risulti chiaramente da un piccolo, ma significativo episodio avvenuto nel 1936. In conseguenza delle sanzioni e delle difficoltà economiche determinate dal conflitto

---

[24] D. GRANDI, *Frammenti di diario*, 9 novembre 1944, «Il Re», in *Archivio D. Grandi*, b. 152, fasc. 199, sott. 6.
[25] S. BERTOLDI, *Vittorio Emanuele III*, Torino 1970, p. 395.
[26] G. ARTIERI, *Cronaca del Regno d'Italia* cit., II, pp. 398 sg.
[27] S. BERTOLDI, *Vittorio Emanuele III* cit., p. 385.

etiopico, era stata emanata una serie di provvedimenti che imponevano ai cittadini italiani non residenti all'estero e che vi avevano capitali e titoli di farne denuncia in modo che lo Stato potesse venirne in possesso in cambio del loro controvalore in lire o titoli italiani. Anche il re e i membri della famiglia reale si uniformarono ai provvedimenti. Informato della cosa dal ministro delle Finanze, Mussolini impartí a Thaon di Revel istruzioni di escludere il sovrano dal provvedimento: «Credo che i titoli di Sua Maestà occorra lasciarli indisturbati. È giusto che un Sovrano abbia *un gruzzolo al sicuro*. Il destino delle monarchie è spesso incerto; sarebbe poco degno se un popolo costringesse il proprio sovrano in esilio a chiedere l'elemosina dello straniero»[28]. Sicché, concludendo, tra i vari giudizi espressi da Mussolini sul re il piú attendibile ci pare quello del maggio '40 (quando il «duce», deciso ormai l'intervento in guerra, aveva per il momento dovuto accantonare ogni progetto di disfarsi della monarchia e questa aveva avallato la sua decisione di entrare in guerra) riferitoci da N. D'Aroma[29]:

> Vittorio Emanuele è fondamentalmente un tradizionalista. Deve obbedire, e strettamente obbedisce, a una specie di segreto testamento orale o scritto che nel ramo Carignano si trasmettono: fare il compromesso col piú forte e logorarlo, viverci sopra, senza prendersi troppe responsabilità. L'uomo, tuttavia, anche se sovente è meschino, con i suoi rancori antitedeschi, il suo anticlericalismo da circolo rionale, ha tuttavia due qualità importanti: buonsenso radicato, continuo, e scarsa impressionabilità.
> È grazie a queste due qualità ch'egli mi ha assecondato con attenzione premurosa e quasi sempre con rispetto!

In termini piú propriamente politici i rapporti tra Vittorio Emanuele III e Mussolini e, piú in genere, tra la monarchia e il fascismo dal 1925-1926 in poi, da quando cioè il regime aveva cominciato a prendere corpo[30], erano stati caratterizzati dal prevalere dell'iniziativa mussoliniana[31].

---

[28] G. ARTIERI, *Cronaca del Regno d'Italia* cit., II, p. 1049.
[29] N. D'AROMA, *Mussolini segreto*, Bologna 1958, p. 225.
[30] I primi screzi tra monarchia e fascismo avvennero nel 1926, parallelamente ai primi passi del regime. Cfr. G. ARTIERI, *Cronaca del Regno d'Italia* cit., II, pp. 389 sg.
[31] Piú difficile è stabilire se vi fu e, eventualmente, in cosa si concretizzò una qualche azione contro la monarchia da parte del fascismo intransigente. Oltre al cosiddetto «complotto Balbo» della fine del 1926 (cfr. *Mussolini il fascista*, II, pp. 219 sgg. note), alcune voci del tempo (riprese piú o meno criticamente a seconda dei casi anche da qualche autore di questi ultimi anni, quali S. BERTOLDI, *Vittorio Emanuele III* cit., pp. 335 sgg. e G. ARTIERI, *Cronaca del Regno d'Italia* cit., II, pp. 400 sg.) attribuirono ad esso (e in particolare al gruppo milanese attorno a M. Giampaoli) anche l'attentato del 12 aprile 1928 al re in occasione della inaugurazione della fiera campionaria di Milano (cfr. *Mussolini il fascista*, II, p. 461 nota). In realtà, se è certo che l'intransigentismo fascista era in gran parte di sentimenti repubblicani e, comunque, ostile alla monarchia in quanto vedeva in essa uno dei maggiori ostacoli ad una completa realizzazione della «rivoluzione fascista», assai difficile è invece dire se esso progettò mai e tentò qualcosa sul terreno dell'azione. Se qualcosa del genere fu progettato, forse, lo fu solo verso la fine del 1924, in piena crisi Matteotti, quando, in vista del rientro degli aventiniani a Montecitorio per collegarsi con l'opposizione in aula, il Comitato nazionale dei consigli tecnici si era fatto promotore di un congresso dei membri provinciali dei Consigli tec-

Il re, pur rendendosi conto che cosí facendo indeboliva la propria posizione e crucciandosene, aveva praticamente subito tale iniziativa, limitandosi a contrastarla (e, piú spesso, a farla contrastare dai suoi uomini piú fedeli – o da coloro che, comunque, facevano a lui riferimento per contenere la spinta egemonica fascista – presenti ai vertici del PNF e dei vari organi dello Stato) «in dettaglio», su singole questioni che piú toccavano da vicino l'istituto monarchico e le sue prerogative, ma senza impegnarsi mai in una prova di forza, che il suo disprezzo per gli uomini e la sua sfiducia nel popolo italiano gli facevano ritenere sarebbe stata per lui svantaggiosa. Sino al periodo di cui ci stiamo occupando, la «crisi» piú grave tra lui e Mussolini era stata certamente quella, nel 1928, determinata dal varo della legge sull'ordinamento e sulle attribuzioni del Gran Consiglio, che, come si è visto[32], attribuiva al supremo organo del fascismo il diritto di intervenire sia nella successione al trono sia in quella a Mussolini. Di fronte a questo atteggiamento del sovrano e al fatto che anche in occasione di avvenimenti persino piú gravi politicamente e costituzionalmente (come, nel 1938, l'istituzione del primo maresciallato dell'impero e l'introduzione della legislazione razziale, per non parlare della decisione, nel 1940, di entrare in guerra) Vittorio Emanuele III si sottrasse sempre ad una prova di forza e finí per subire l'iniziativa di Mussolini, quasi tutti gli storici non solo hanno parlato di una sostanziale collaborazione che avrebbe caratterizzato i rapporti tra il re e il «duce» dall'ottobre 1922 al luglio 1943, ma hanno concluso che con l'assetto diarchico realizzato da Mussolini tra il 1928 e il 1938 «il re aveva perduto qualsiasi occasione normale di esercizio della sua funzione suprema, avendo lasciato annullare ogni autorità concorrente con quella del capo del governo»[33]. In realtà questo giudizio non solo è eccessivo, ma rende incomprensibili i rapporti tra il re e il «duce» nel periodo di cui ci stiamo occupando.

Che Vittorio Emanuele III abbia condiviso a lungo gran parte della politica mussoliniana, specie di quella interna, è indubbio. E, almeno sino alla impresa etiopica, lo stesso si può dire per quella estera, anche se, personalmente, egli l'avrebbe preferita piú prudente e se, inizialmente, fu contrario alla guerra d'Africa[34]. Né, se si tiene presente la sua

---

nici stessi, dei rappresentanti sindacali e delle associazioni culturali fasciste con il proposito – se il rientro in aula fosse avvenuto effettivamente – di trasformare il congresso in Costituente e proclamare decaduto il Parlamento. Non essendo gli aventiniani tornati in aula il progetto fu lasciato cadere. Non è però inverosimile pensare (anche se l'unica fonte che parla del progetto, F. PAOLONI, *Sistema rappresentativo del fascismo*, Napoli 1934, pp. 21 sg., è a questo proposito ovviamente muta) che i suoi ideatori pensassero anche ad una eventuale proclamazione della repubblica.
[32] Cfr. *Mussolini il fascista*, II, pp. 304 sgg.
[33] L. SALVATORELLI - G. MIRA, *Storia d'Italia nel periodo fascista*, Torino 1964, p. 410.
[34] Nonostante la sua cautela, Vittorio Emanuele III era, anche in politica estera, tutt'altro che

formazione, la cosa può meravigliare. Sicché parlare per questo periodo di sostanziale sua collaborazione con Mussolini non è forzare la realtà. Piú difficile è invece ritenere che la diarchia avesse sostanzialmente reso il potere di Mussolini superiore a quello del sovrano e che questo si fosse lasciato privare della possibilità di esercitare in caso di bisogno il proprio. Anche se per molti anni condivise gran parte della politica mussoliniana, Vittorio Emanuele era ben consapevole di aver concluso con il suo primo ministro un compromesso che questo non riteneva affatto definitivo e che, sin dall'inizio, si prefiggeva di modificare a proprio favore. Solo che egli, dopo che nel 1924-25 aveva ritenuto piú opportuno riconfermarlo, deludendo cosí le attese dell'opposizione democratica, si era venuto a trovare nella condizione di non sentirsi piú sufficientemente forte per poterlo, volendo, sciogliere senza rischiare di venirsi a trovare in gravi difficoltà con le opposizioni – ormai in grandissima maggioranza schierate contro di lui e, in genere, su posizioni filorepubblicane – e di mettere il paese di fronte al pericolo di una guerra civile. In questa condizione, per Vittorio Emanuele, rimanere legato a Mussolini, specie sino a quando questo godeva del consenso della maggioranza del paese e faceva una politica che, come si è detto, egli in larga misura condivideva, era assai meno pericoloso. Tanto piú che, per quanto cercasse e in parte riuscisse a emarginarlo sul piano dell'effettivo potere, Mussolini aveva ancora bisogno del re per condurre avanti il complesso giuoco di equilibri e di mediazioni su cui si fondava il regime. E non solo rispetto alle componenti tradizionali e fiancheggiatrici di esso, ma anche rispetto a quelle fasciste piú irrequiete e dinamiche del *movimento*, che avrebbero voluto forzare la marcia del *regime* verso sbocchi politicamente e socialmente piú avanzati e compiutamente rivoluzionari. Come per Mussolini, anche per il re si trattava soprattutto di «durare». Con la differenza che per lui «durare» era piú facile. Sia perché, per il momento, Mussolini aveva ancora bisogno del suo avallo e del suo schermo e non era tanto forte da potersi porre esplicitamente contro di lui; sia perché, salvo casi eccezionali e, per il momento, imprevedibili, attendere voleva dire per lui poter contare sulla logica del sistema monarchico: le dinastie durano piú che i singoli uomini e i loro governi[35]; sia, infine, perché

pregiudizialmente contrario, se se ne fosse data l'occasione, ad una espansione territoriale italiana. Il diario 1933-35 di uno dei suoi aiutanti in campo, S. SCARONI, *Con Vittorio Emanuele III*, Milano 1954, è a questo proposito indicativo. Valga per tutte questa affermazione del sovrano, della fine del 1934, in esso riferita (p. 134): «E già, non bisogna mai lasciare cadere questioni come quella di Malta, Nizza, Canton Ticino. Non c'è niente da fare per ora... Ma non si sa mai. Le situazioni possono mutare e quando quei nomi sono nelle orecchie del mondo internazionale sarà piú facile, quando l'occasione si presenterà, reclamarne la cessione. Quello che pare assurdo oggi può non apparirlo domani. A mollare c'è sempre tempo. È bene ricordare sempre questi nomi... non bisogna mollare. Non è necessario fare delle storie; basta ricordare... parlarne... poi...»
[35] Cfr. A. CONSIGLIO, *Vita di Vittorio Emanuele III*, Milano-Roma 1950, pp. 186 sg.

Il regime di fronte al proprio futuro: il «totalitarismo» fascista

la perdita di potere a cui Mussolini lo sottoponeva era in effetti marginale (anche se talvolta moralmente gravosa): nonostante il consenso che il regime godeva e il diffuso mussolinismo, l'istituto monarchico e il re personalmente godevano ancora di un prestigio notevole, certo a livello della classe dirigente (che, oltre tutto, vedeva in essi un prezioso contrappeso e un freno al dinamismo, all'autoritarismo e ai «colpi di testa» mussoliniani), ma anche in non trascurabili settori popolari, e, soprattutto, essi potevano contare sulla fedeltà di larghissima parte delle forze armate, specialmente della marina e dell'esercito. E questa fedeltà Vittorio Emanuele si amministrava con una cura, una abilità e, quando necessario, una fermezza che provano come egli la considerasse l'ago della bilancia dei suoi rapporti con Mussolini, tant'è che questo non si impegnò mai a fondo nel tentativo di fascistizzare veramente l'esercito e la marina, ben consapevole che ciò avrebbe determinato quella prova di forza tra lui e il re che entrambi volevano evitare.

Con la seconda metà del 1936 questo tipo di rapporti cominciò però a deteriorarsi e, almeno tendenzialmente – ché per quasi due anni in apparenza nulla mutò –, a cambiare profondamente.

Alcuni anni orsono, D. Grandi ha dichiarato: «che» Mussolini «abbia avuto idea di liberarsi della monarchia è indubbio»[36]. Federzoni, a sua volta, è stato piú esplicito: «dal 9 maggio 1936 Mussolini aveva decretato in cuor suo la fine della monarchia»[37]. Si potrà discutere la precisione della data; la sostanza dell'affermazione e il nesso con la conclusione del conflitto etiopico sono però fuori discussione. Senza la nuova situazione determinatasi con la vittoria in Africa il «duce» non avrebbe potuto prendere una decisione del genere né psicologicamente né politicamente. Solo ora – lo si è detto – egli poteva considerarsi abbastanza forte per pensare seriamente ad un'operazione tanto impegnativa e, al tempo stesso, sentirne la necessità nel quadro del piú generale problema della sua successione.

Anche nella nuova situazione l'operazione era però tutt'altro che facile. Bisognava predisporne con cura le premesse politiche, costituzionali e psicologiche. Fare il vuoto attorno a Vittorio Emanuele e alla dinastia, relegandoli agli occhi del paese in un ruolo il piú possibile meramente rappresentativo e «inutile»; ridurne i poteri effettivi, convincendo gli italiani, da un lato, che chi veramente comandava e si occupava di loro e dei destini del paese era il «duce» e, da un altro lato, che se la monarchia sembrava aver avuto negli ultimi decenni ancora un ruolo

---

[36] S. BERTOLDI, *Vittorio Emanuele III* cit., p. 395.
[37] L. FEDERZONI, *Italia di ieri per la storia di domani*, Milano 1967, p. 233.

era stato solo per le qualità personali di Vittorio Emanuele III, il «re soldato» che «aveva capito» che Mussolini rappresentava «l'Italia di Vittorio Veneto», qualità che mancavano però al principe ereditario [38], e che, soprattutto, ormai non solo essa aveva fatto il suo tempo, ma costituiva un freno al dinamismo sociale del fascismo, alla sua volontà di «andare verso il popolo» e di fare la «grandezza d'Italia» e lo stesso sovrano non riusciva più a stare al passo dei nuovi tempi, del «tempo di Mussolini». E, infine, cogliere il momento opportuno per far scattare l'operazione. Quale nella previsione di Mussolini potesse essere questo momento è difficile dire. Grandi, nella sua già ricordata dichiarazione di alcuni anni orsono, ha parlato dell'«indomani di quella che sperava sarebbe stata la seconda guerra vittoriosa». Una indicazione abbastanza vaga, che si può riferire sia alla conclusione della guerra civile spagnola (a Ciano il 2 aprile 1938 Mussolini disse: «finita la Spagna, ne parleremo» [39]) sia a quella della seconda guerra mondiale, ma, in questo caso, Grandi doveva basarsi su elementi assai tardi, poiché, come vedremo, ad un conflitto su vasta scala su tempi brevi Mussolini sino all'agosto 1939 non pensò mai ed è difficile credere che prima di questa data (che ne segnò il momentaneo accantonamento) egli pensasse di procrastinare tanto l'operazione contro la monarchia. Tanto più che se in un primo momento la sua idea era stata quella di attendere la morte del sovrano («aspetto ancora perché il re ha settant'anni e spero che la natura mi aiuti», disse il 17 luglio 1938 a Ciano [40]), in un secondo momento, grosso modo negli ultimi mesi del 1938, Mussolini dovette cominciare a sentire sempre più intensamente il bisogno di bruciare i tempi dell'operazione e di cogliere al volo la prima occasione propizia per realizzarla [41], sino ad arrivare al punto di lasciare indirettamente trapelare il suo stato

[38] Negli ambienti fascisti, e non solo intransigenti, l'ostilità e il disprezzo per il principe Umberto erano assai diffusi e da tempo. Oltre che vanesio e incapace, il principe ereditario era considerato profondamente ostile al fascismo. Ulteriori motivi di ostilità derivarono al principe dal suo matrimonio con la principessa Maria José, sia per la sua origine straniera sia per la sua freddezza verso il fascismo. Da tutto ciò trassero origine a varie riprese subdole campagne, in chiave anche apertamente diffamatoria. Cfr. *ibid.*, pp. 224 sgg.
[39] Cfr. G. CIANO, *Diario* cit., p. 120.
All'estero era trapelato già da alcuni mesi che i rapporti tra Mussolini e Vittorio Emanuele III non erano più buoni come un tempo. Lo prova tra l'altro un lungo rapporto *ad hoc* dell'incaricato d'affari francese a Roma, Blondel, a Y. Delbos del 10 gennaio 1938 (*DDF*, s. II, VII, pp. 861 sgg.), in cui i motivi di frizione erano individuati, oltre che nell'ostilità del re verso i tentativi di fascistizzazione dell'esercito, nei progetti di riforma costituzionale e del Senato (i cui membri, secondo Blondel, non dovevano più essere di nomina regia e avrebbero avuto una funzione solo consultiva) accarezzati dal regime. Nel complesso, il rapporto parlava però solo di momentanee leggere divergenze e concludeva affermando che, nonostante la forza effettiva del sentimento monarchico nel paese, Mussolini aveva «mezzi di pressione sufficienti per riportare la Corona ad una composizione [di esso], salvo, ben inteso, nel caso di un disastro militare o se gravi disordini sociali venissero a manifestarsi»; il che, per altro, pareva poco probabile, nonostante le difficoltà economiche del momento.
[40] Cfr. G. CIANO, *Diario* cit., p. 159.
[41] Cfr. *ibid.*, p. 208. E, più in genere, per i suoi sfoghi antimonarchici col genero, *ibid.*, pp. 217 sg., 245, 273, 292, 295, 301, 306, 422.

Il regime di fronte al proprio futuro: il «totalitarismo» fascista

d'animo perfino con degli stranieri. Assai significativo è a questo proposito il consiglio che il 6 luglio 1939 sentí il bisogno di scrivere al generalissimo Franco: «considero sommamente pericoloso per il regime da voi gloriosamente fondato, attraverso tanti sacrifici di sangue, il ristabilimento della monarchia»[42]. A radicalizzare i propositi di Mussolini dovettero concorrere molteplici suggestioni. Alcune di esse dovevano essere di ordine prevalentemente psicologico, frutto cioè in parte dell'irritazione provocatagli dal moltiplicarsi tra lui e il sovrano di piccoli screzi ed incidenti che in altri tempi non si sarebbero prodotti o sarebbero stati assai piú rari, ma che ora denotavano che Vittorio Emanuele era ormai sul chi vive[43] e in parte frutto dell'autoconvincimento di essere ormai il piú forte e che, quindi, l'operazione sarebbe stata piú facile di quanto poteva sembrare; tanto da arrivare a dire che per liquidare i Savoia gli sarebbe bastato «mobilitare due provincie: Forlí e Ravenna: 250 mila uomini» «o forse... soltanto l'affissione di un manifesto»[44]. E ciò un po' per il sempre crescente suo senso di sicurezza in se stesso e per la convinzione che il suo fiuto politico gli permettesse di valutare la situazione meglio di chiunque altro e di risolverla sempre a suo vantaggio e un po' perché l'abile e cauto comportamento del re verso di lui – alternante sempre di piú ad ammonimenti, critiche e prese di posizione contro questo o quell'aspetto della sua politica e dell'evoluzione del regime tutta una serie di manifestazioni di omaggio e di stima per la sua persona[45] – lo traeva in inganno, lo portava a credere Vittorio Emanuele assai piú debole e remissivo di quanto fosse in realtà e a non capire che, invece, il sovrano era tutt'altro che disposto a considerarsi e a farsi mettere fuori gioco e, anzi, se la situazione lo avesse richiesto e le circostanze fossero state a lui favorevoli, non sarebbe stato alieno dal riprenderla in mano. A mezzo tra queste di ordine psicologico e quelle piú propriamente politiche, un'altra suggestione che ebbe non poca influenza fu certo quella determinata dalla condizione di inferiorità formale e psicologica e, dunque, in ultima

---

[42] MUSSOLINI, XXXV, p. 246.
[43] Per uno di questi piccoli incidenti, agli inizi del novembre 1938, cfr. G. CIANO, *Diario* cit., p. 208.
[44] *Ibid.*, p. 306 e anche pp. 285 sg. e 422.
[45] Tra queste manifestazioni di omaggio due vanno particolarmente ricordate: una pubblica, la visita, insieme alla regina Elena, l'8 giugno 1938 alla casa natale del «duce» e alle tombe dei suoi genitori, un atto che nella storia della monarchia sabauda non aveva precedenti (cfr. G. ARTIERI, *Cronaca del Regno d'Italia* cit., II, pp. 552 sg.), e una privata, l'offerta, l'anno dopo, in occasione del ventesimo anniversario della fondazione dei Fasci di combattimento, a Mussolini (che rifiutò entrambi e considerò l'offerta una prova ulteriore della debolezza e al tempo stesso dell'animosità impotente del re, dato che questo, dopo il suo rifiuto, gli disse a tutte lettere che essa era stata determinata dal desiderio di «mettere le mani avanti per impedire che i fascisti ripetessero con un gesto inatteso, l'*umiliazione*» subita l'anno prima in occasione della creazione del primo maresciallato dell'Impero) di un titolo nobiliare o della nomina a Cancelliere dell'Impero (cfr. G. CIANO, *Diario* cit., pp. 271 sg. e 273).

analisi politica, nella quale Mussolini si venne a trovare in occasione della visita, nel 1938, di Hitler in Italia. Essendo il Führer capo di Stato, in tutte le cerimonie alle quali era presente il re il «duce» dovette cedergli il posto di «pari grado» di Hitler, con le ulcerazioni al suo amor proprio e al suo prestigio politico di fronte a Hitler e agli altri capi nazionalsocialisti facili da immaginare, specie se si considera che i tedeschi non fecero nulla per facilitargli, almeno psicologicamente, la deglutizione dell'amaro boccone, ma, al contrario, tennero a non nascondergli quanto essi considerassero assurdo il rapporto esistente tra lui e il re e, addirittura, a fargli capire che esso era indegno di lui e, al limite, politicamente poco sicuro. Basti pensare che – come Ciano annotò nel suo diario[46] – Goebbels, attraversando al Quirinale la sala del trono e indicando il re, arrivò a dire: «Conservate quel mobile di velluto e d'oro. Ma metteteci sopra il Duce. Quello lí è troppo piccolo...» Quanto, infine, alle suggestioni piú propriamente politiche, due dovettero avere un peso decisivo. Quella che derivava dal fatto che col 1938 era ormai evidente che Vittorio Emanuele tendeva sempre piú, a seconda dei casi, a defilarsi, a prendere le distanze e a criticare piú o meno esplicitamente tutta una serie di aspetti della politica estera e interna di Mussolini, in primo luogo il suo progressivo avvicinamento alla Germania[47]. E quella che, stante questo suo atteggiamento, il sovrano e la monarchia stavano tornando a rafforzare la loro posizione e stavano diventando il piú importante punto di riferimento alternativo alla politica del «duce» non solo per settori via via piú vasti della classe dirigente fiancheggiatrice, ma anche per un certo numero di esponenti fascisti, persino di alcuni che sino a non molti anni prima non avevano nascosto i loro sentimenti repubblicani e intransigentemente fascisti, come, per esempio, Balbo[48]. Se si tengono presenti tutti questi elementi non è difficile capire perché negli ultimi mesi del 1938 Mussolini dovette, come si è detto, cominciare a sentire sempre piú intensamente il bisogno di affrettare i tempi della liquidazione della monarchia. Se fino allora l'operazione poteva essergli apparsa meno urgente e realizzabile con maggior facilità e sicurezza al momento della morte di Vittorio Emanuele e legata soprattutto al problema della propria successione, ora essa assumeva un rilievo e una urgenza nuovi. Da essa poteva infatti anche finire per dipendere in buona parte la sua stessa possibilità di procedere piú o meno liberamente sulla strada della politica lungo la quale si stava sempre piú

[46] G. CIANO, *Diario* cit., p. 134, nonché pp. 85 e 133.
[47] Vittorio Emanuele fu, tra l'altro, contrario all'intervento in Spagna (cosí poi come all'occupazione dell'Albania), non vide di buon occhio la campagna razziale e, soprattutto, fu ostile alla politica di accordo con la Germania. Cfr. a quest'ultimo proposito G. CIANO, *Diario* cit., pp. 108, 236, 269, 301 e 422.
[48] *Ibid.*, p. 271.

Il regime di fronte al proprio futuro: il «totalitarismo» fascista

decisamente incamminando. Né, infine, si può sottovalutare l'influenza che sul «duce» dovette avere il modo con cui agli inizi dell'aprile 1938 si era conclusa la vicenda del primo maresciallato dell'Impero.

Il rumore che questa vicenda allora suscitò e l'eco che essa ha avuto nella memorialistica e nella storiografia successive rendono opportuno soffermarsi ampiamente su di essa.

I termini di fatto della vicenda sono semplici e chiari. Nel pomeriggio del 30 marzo 1938, discutendosi al Senato lo stato di previsione per l'esercizio 1938-39 dei ministeri della Guerra, della Marina e dell'Aeronautica, Mussolini pronunciò un irruente ed ottimistico discorso sullo stato e sulle prospettive delle forze armate. Il discorso fu salutato dagli entusiastici applausi di quasi tutti i senatori e dei numerosi deputati che, con alla testa Costanzo Ciano, presidente della Camera dei deputati, e Achille Starace, segretario del PNF, affollavano la tribuna ad essi riservata. L'entusiasmo fu tale che, alla fine, i senatori Badoglio, Piccio e Thaon di Revel proposero l'affissione del discorso.

Quando Mussolini tornò a palazzo Venezia, il Senato continuò normalmente i suoi lavori. I deputati, che erano stati convocati a Roma da Starace, dato che la Camera era chiusa, si recarono invece a Montecitorio e nel corso di una brevissima riunione straordinaria approvarono per acclamazione una proposta di legge (presentata da Costanzo Ciano e da altri deputati) con la quale si creava il grado di *Primo maresciallo dell'Impero* e lo si conferiva al re e a Mussolini [49].

Per completare l'*iter* parlamentare della legge, occorreva però anche il voto del Senato. In corteo e cantando «Giovinezza» i deputati si avviarono allora verso palazzo Madama decisi a indurre i senatori a seguire il loro esempio. Federzoni – allora presidente del Senato – ci ha lasciato nelle sue memorie una descrizione di quei momenti [50]:

---

[49] Il testo della legge (poi 2 aprile 1938, n. 240) era: «Art. 1. È creato il grado di Primo Maresciallo dell'Impero. Art. 2. Tale grado è conferito a S. M. il Re Imperatore e a Benito Mussolini, Duce del Fascismo». Cfr. *Atti Parlamentari, Camera dei Deputati*, tornata straordinaria di mercoledí 30 marzo 1938, anno XVI, p. 4949.
C. Ciano così presentò il testo della proposta di legge:
«PRESIDENTE Mentre il cuore nostro vibra all'unisono col popolo italiano per le parole ora pronunciate dal Duce al Senato, dalle quali si rileva il lavoro titanico da lui compiuto nei primi sedici anni del Fascismo per il potenziamento guerriero della Nazione, lavoro che ha già avuto il coronamento della Vittoria (*Ardentissime acclamazioni – Grida ripetute di*: Duce! Duce!), interprete vostro e di tutti gli Italiani (*Vivissimi prolungati applausi*), superando le formalità di ogni regolamento... (*Nuovi prolungati generali applausi*).
«STARACE (*Ministro Segretario del Partito Nazionale Fascista*) Viva la Rivoluzione Fascista! (*Acclamazioni entusiastiche*).
«PRESIDENTE ... vi sottopongo l'approvazione della seguente proposta di legge:

«PRESIDENTE Propongo che l'approvazione di questa proposta di legge abbia luogo esclusivamente per acclamazione (*Vivissime entusiastiche ovazioni*)».
[50] L. FEDERZONI, *Italia di ieri per la storia di domani* cit., pp. 168 sgg.

Era passata [dalla fine del discorso di Mussolini] forse un'altra ora, quando il segretario generale del Senato salí sul podio della presidenza per informarmi che il ministro Ciano era al telefono e desiderava parlarmi di gran premura. Avendo constatato che in quel momento nessuno dei vicepresidenti era presente, incaricai il segretario generale di far sapere a Galeazzo Ciano che non potevo muovermi e di pregarlo perché dicesse a lui, se credeva, ciò che avrebbe voluto comunicare a me. Pochi minuti dopo ebbi la risposta: il Ministro degli Esteri mi domandava di non togliere la seduta, perché c'era una novità straordinaria e urgente. Non potevo indovinare di quale novità si trattasse; ma intanto spedii alcuni funzionari in giro per le sale del Senato, a raccomandare ai miei onorevoli colleghi che non se ne andassero, poiché alla fine della seduta avremmo avuto una comunicazione interessante. Mentre attendevamo, e i senatori, attratti da viva curiosità, riprendevano in fretta i loro posti, si udí repentinamente un clamore di voci discordi, proveniente da uno degli ambulacri laterali e poi subito cessato. Un minuto dopo, arrivava trafelato Galeazzo Ciano, per riferirmi che la Camera, riunita lí per lí, aveva approvato per acclamazione una legge con cui era istituito il grado di Primo Maresciallo dell'Impero, e il Re e il Duce ne erano investiti:

«Bada che Sua Maestà è informato, consente e gradisce. Ti preghiamo, – aggiunse ancora ansimante, – di fare approvare in questa seduta la legge, che sarà il coronamento del grande discorso di oggi».

E mi porgeva un foglietto di carta nel quale erano scritti a matita i due articoli della «legge».

Nel frattempo tutte le tribune si erano rumorosamente riempite in un attimo, per l'irruzione di un pubblico che pareva un'accozzaglia di ubriachi, tanto effondeva in strilli e risate una sua ribollente allegria. Agitando a tutta forza il mio povero campanello, avvezzo a sedare con due o tre tocchi i piccolissimi incidenti dell'Assemblea vitalizia, domandai al segretario generale:

«Che cos'è quella gente maleducata?»

«Sono i deputati».

«Tanti?!» esclamai stupefatto; e istintivamente rivolsi l'occhio sopra al podio della presidenza, verso la tribuna riservata alla Camera. Ivi era rientrato, stavolta con un suo piccolo seguito, il Presidente Costanzo Ciano, che rispondendo a un mio gesto di impazienza per la chiassata dei suoi camerati di Montecitorio, si sbracciava con una buffa mimica di finta disperazione. Anche Starace era ritornato al banco dei ministri certamente per ripigliarvi, occorrendo, la direzione del coro.

Presentato cosí l'ambiente, Federzoni (che nelle pagine precedenti tiene a sottolineare la sua completa estraneità alla preparazione di tutto il *colpo di mano*) prosegue la narrazione illustrando i suoi scrupoli per una simile «ulteriore e piú insana usurpazione delle prerogative della Corona», le sue incertezze sulla opportunità di differire al giorno successivo il voto del Senato (accampando la mancanza di una regolare comunicazione da parte della presidenza della Camera) e la sua decisione, infine, di sottoporre la proposta all'assemblea, cercando, per altro, di salvare almeno le forme. Dopo questa parentesi giustificativa, la sua narrazione cosí prosegue:

Il regime di fronte al proprio futuro: il «totalitarismo» fascista

L'Assemblea, ancor calda per il successo del discorso del Duce, accolse con manifesto favore la comunicazione del cosí detto disegno di legge. Ma subito dalle tribune sorse uno sguaiato vociare: «Acclamazione! Acclamazione!» Si esigeva che il Senato pure si conformasse al procedimento sbrigativo praticato dalla Camera fascista. Ammonii ancora una volta severamente il pubblico a far silenzio e non turbare la discussione; indi proposi l'urgenza e la misi in votazione: fu approvata senza il minimo contrasto. Proposi successivamente la nomina di una commissione speciale per l'esame del disegno di legge. Dalle tribune eruppero nuovamente urla di protesta, che repressi con pronta energia: il Fascismo di Montecitorio deplorava le antiquate lungaggini regolamentari di palazzo Madama. Approvata anche la seconda proposta, e nominata seduta stante la commissione, invitai questa a riunirsi senza indugio per venire poi a riferire oralmente all'Assemblea. La necessaria sospensione della seduta durò una ventina di minuti, che mi parvero un secolo, a cagione del contegno arrogante e plebeo di molti deputati e pseudo-deputati. Per vigilare quegli ospiti indiscreti, contrariamente all'uso tradizionale, rimasi sul podio, in piedi accanto alla mia poltrona, richiamando con giustificata severità i riottosi, che si permisero di insolentire senza motivo alcuni senatori seduti ai loro posti. Quando Dio volle, la commissione rientrò: essa aveva nominato suo presidente il vicepresidente del Senato, generale d'armata Ferrari, e relatore il generale Romei Longhena, aiutante onorario di campo del Re. Il Romei Longhena, da provetto parlatore qual era, improvvisò abbastanza felicemente la sua relazione orale, che fu molto applaudita. Nessun altro senatore chiese la parola. Infine si venne alla lettura e approvazione degli articoli e all'approvazione complessiva del disegno di legge. L'acclamazione dell'Assemblea mi confermò che almeno gran parte di questa era contentissima di tutto ciò che era stato fatto [51]: dovevo supporre che pochi ancora si rendessero conto dello scopo e del significato della iniziativa della Camera. Starace urlò dal banco del Governo: «Viva il Senato fascista!» Intendeva farci un complimento? o non auspicava piuttosto la totale «fascistizzazione» dell'istituto? [52].

---

[51] A proposito di questa affermazione di Federzoni è interessante ciò che, sotto la data del 31 marzo 1938, annotò E. CAVIGLIA, *Diario (aprile 1925 - marzo 1945)*, Roma 1952, p. 185: «Io non ero presente. Federico Ricci mi ha detto oggi che v'erano senatori indignati, i quali consideravano tale scenata come una violenza, una vera sopraffazione».

[52] Per il resoconto ufficiale cfr. *Atti Parlamentari, Senato del Regno*, seduta del 30 marzo 1938, pp. 3817 sg.
Data comunicazione della trasmissione della proposta di legge testé approvata dalla Camera, Federzoni mise ai voti l'urgenza (approvata per acclamazione) e procedette quindi alla nomina di una commissione «incaricata di riferire fra cinque minuti» e composta dai senatori Ducci, Ferrari, Mosconi, Perrone Compagni, Piccio, Romei Longhena, Ruffo di Calabria. Dopo dieci minuti, rientrata la commissione, prese la parola il relatore, senatore Romei Longhena:
«ROMEI LONGHENA, *relatore* Onorevoli camerati, dopo la vittoria fulminea in Etiopia, dove le Forze Armate, strumento ferreo della fede ardente verso la Patria e verso S. M. il Re Imperatore (*Applausi*), sono state guidate dal genio e dalla volontà animatrice del Duce (*Applausi*), dopo il discorso odierno che tutta l'Italia ha acclamato con noi, e che ha dato non solo agli Italiani, ma al mondo la certezza della nostra invincibile forza, la Commissione speciale, nominata dal Presidente del Senato, propone che la proposta di legge sia votata per acclamazione. (*Vivissimi, generali e prolungati applausi*).
«PRESIDENTE La proposta di legge che istituisce il grado di Primo Maresciallo dell'Impero e che conferisce tale glorioso titolo al Re Imperatore ed al Duce del Fascismo, è stata approvata dal Senato per acclamazione. (*Vivissimi generali applausi*).
«Salutiamo i due gloriosi Primi Marescialli dell'Impero.
«Saluto al Re! (*Il Senato unanime risponde*: "Viva il Re!").
«Saluto al Duce! (*Il Senato unanime risponde*: "A Noi").
«STARACE, *Ministro Segretario del Partito* Per il Senato fascista Eia! Eia! Eia! (*Tutta l'Assemblea risponde: "Alalà"*)».

Conclusa la seduta, un gruppo di deputati e di senatori, tra i quali Costanzo Ciano e Federzoni, si recarono a palazzo Venezia a dare comunicazione a Mussolini dell'approvazione della legge. Sempre secondo Federzoni:

> A Mussolini il Presidente della Camera principiò a riferire. L'altro ascoltava con quell'aria distaccata dalle cose terrene, che soleva prendere allorché riceveva una manifestazione di omaggio. A un tratto Mussolini interruppe bruscamente Costanzo Ciano, rivolgendosi a me, che non avevo aperto bocca:
> «Il Senato ha fatto ogni cosa in regola, non è vero?»
> «Per quanto è possibile», risposi.
> Evidentemente egli già sapeva, ma non ho mai potuto comprendere se quelle sue parole fossero di elogio, di ironia o di rimprovero: probabilmente erano un po' di tutto questo insieme. Il Capo del Governo lodava la correttezza – relativa – del procedimento: l'uomo anti-giuridico per eccellenza ne rideva dentro di sé; il rivoluzionario cronico biasimava quelle superstizioni del passato. In Mussolini non erano infrequenti simili dissociazioni della sua personalità.
>
> Usciti da palazzo Venezia, qualcuno propose di recarsi anche al Quirinale; senonché, quando il gruppo arrivò alla reggia, era ormai ridotto a pochissimi elementi, che dovettero limitarsi a lasciare alla porta i loro biglietti da visita[53].

Questa la cronaca dei fatti, nella loro parte – diciamo cosí – pubblica. Prima di passare a dire quella che fu la reazione di Vittorio Emanuele III di fronte alla legge sul primo maresciallato dell'Impero, è però necessario cercare di capire sia perché da parte fascista si volle l'approvazione di una tale legge e vi si giunse in un modo cosí poco formale e, addirittura, vagamente rivoluzionario (che, pur nel particolare clima di quel tempo, non mancò di suscitare una certa sensazione e discordanti valutazioni), sia che parte ebbe in tutta la vicenda Mussolini.

---

[53] Cfr. L. GASPAROTTO, *Diario di un deputato*, Milano 1945, pp. 281 sg.
È interessante notare che Gasparotto riferisce che, ricevendo i deputati e i senatori venuti a comunicargli l'approvazione della legge, Mussolini «sul principio si mostrò dubitoso della procedura seguita» e si rassicurò solo dopo che ebbe ascoltato i due presidenti. Il che chiarisce meglio (e, forse, corregge) quanto scritto da Federzoni nelle sue memorie.
In mancanza di altre fonti documentarie, qualche elemento per tentare di farsi una idea delle prime reazioni suscitate dall'istituzione del primo maresciallato dell'Impero si può desumere dalle relazioni di uno dei numerosi «uffici di informazione – voci» che negli anni del regime facevano capo ai vari gruppi fascisti e alle maggiori personalità. Stralciamo dalle relazioni (in data 2 e 8 aprile 1938) di uno di questi «uffici» (conservate in Archivio De Felice citate d'ora in poi come *Informazioni Cremonesi*) alcuni giudizi raccolti dagli informatori «in ogni angolo di Roma»:
– «Il Sovrano deve fare tutto quello che il Fascismo vuole; o bere o affogare».
– «Duce e Sovrano ormai sono pari».
– «Si dovrebbe capire che si sono saltate non soltanto le leggi vecchio regime, ma anche le leggi create dal regime fascista sono state violate e si è fatto financo uno sberleffo al Gran Consiglio».
– «Questa rivoluzione nella rivoluzione non depone a favore di chi l'ha provocata».
– «Non pochi militari che hanno fatto la Scuola di guerra e vecchi generali non si possono adattare a quello che è stato detto e a quello che è stato fatto».
– «Lo stesso Sovrano dovrebbe pensare che col sistema spicciolato con cui si è creato e dato il grado, un bel giorno potrebbe disporsi di toglierlo».

Che il duplice voto, della Camera e del Senato, abbia colto di sorpresa il re e che questi non ne fosse stato preventivamente informato è fuori dubbio. Vittorio Emanuele III fu messo al corrente di ciò che avveniva solo mentre la Camera stava prendendo la deliberazione. Ne è prova quanto lo stesso sovrano disse il 2 aprile al sottosegretario alla Presidenza del Consiglio Medici del Vascello[54]. Dalle memorie di Federzoni[55] sappiamo altresí che «il Re era stato informato all'ultimissimo momento, a mezzo di una telefonata del suo primo aiutante di campo, generale di Bernezzo, al quale aveva fatto laconicamente rispondere: "Sta bene"». Mussolini, a sua volta, – per quel che può valere questa sua testimonianza del tempo della RSI, quando egli voleva sostenere la sua piena lealtà al re fino al 25 luglio – nella *Storia di un anno*[56], ha asserito che si sarebbe trattato di una «iniziativa spontanea di alcuni gruppi di deputati e di senatori, dopo un discorso di Mussolini, discorso che aveva sollevato grande entusiasmo».

Ad una iniziativa *spontanea* è però impossibile credere; affrettata forse sí (le prime preoccupazioni di Mussolini sulla regolarità formale del voto potrebbero avvalorare questa ipotesi), spontanea certo no. Troppi elementi contrastano con questa seconda ipotesi. Vi è la presenza a Roma di tanti deputati, sebbene la Camera fosse chiusa. Vi è l'asserzione di Federzoni che i deputati erano stati convocati appositamente a Roma da Starace[57]. E vi sono poi ben tre testimonianze, di De Bono, nel suo diario e successivamente al processo di Verona, e di Federzoni, sempre nelle sue memorie, secondo le quali da un po' di tempo Mussolini pensava di dover assumere – cosí come Hitler in Germania – il comando di tutte le forze armate e cercava un espediente giuridico che lo ponesse al vertice della gerarchia militare. De Bono – conoscendo questi progetti del «duce» – aveva suggerito a Mussolini di farsi nominare maresciallo d'Italia[58]; l'idea, secondo Federzoni[59], non era però piaciuta a Mussolini dato che, anche con un simile espediente, «sarebbe sempre rimasta la

---

[54] ACS, *Segreteria particolare del Duce, Carteggio riservato (1922-1943)*, FP/R, fasc. «B. Mussolini», sott. 12. Il documento è citato piú avanti.
[55] L. FEDERZONI, *Italia di ieri per la storia di domani* cit., p. 174.
[56] MUSSOLINI, XXXIV, p. 414.
[57] L. FEDERZONI, *Italia di ieri per la storia di domani* cit., p. 168.
[58] Il 5 febbraio 1938 De Bono aveva scritto a Mussolini:
«Caro Capo del Governo
«*Non* è una fissazione la mia, è una *convinzione*. Hai visto Hitler? *Tu devi* essere *Maresciallo d'Italia*. Sai che io di fesserie non te ne ho mai consigliate e, credimelo, in certe cose *il vecchio fiuto* mi serve.
«A *tutti* coloro che veramente ti vogliono bene la cosa farebbe piacere.
«Superfluo ti dica che io sono sempre *muto* col prossimo. Come sempre tuo E. De Bono».
ACS, *Segreteria particolare del Duce, Carteggio riservato (1922-1943)*, fasc. 31/R, «E. De Bono», sott. 3, ins. D.
[59] L. FEDERZONI, *Italia di ieri per la storia di domani* cit., p. 167.

seccatura di una minore anzianità come maresciallo, in paragone di Badoglio, di Pecori Giraldi, di Caviglia, di Graziani e dello stesso De Bono»; era nata allora l'idea del primo maresciallato. Di essa – secondo il resoconto del processo di Verona fatto da R. Montagna[60] – De Bono aveva addirittura fatto cenno al re, senza per altro, ovviamente, parlare di un eventuale conferimento del nuovo grado anche al sovrano. Su ciò non vi può essere dubbio, sia perché in caso contrario Vittorio Emanuele III avrebbe avuto tutta la possibilità di fare conoscere la sua ostilità ad una simile equiparazione, sia perché, dal diario di De Bono[61], sappiamo che ancora il 24 marzo il quadrumviro era contrario alla piega che stava assumendo la vicenda e cercava ancora di rappezzarla, tentando di trasformarla in una non meglio specificata «conquista dell'esercito». Una ulteriore conferma della non spontaneità degli avvenimenti del 30 marzo e al tempo stesso una ricostruzione della loro genesi, si potrebbe – infine – trovare nella spiegazione di essi data da Mussolini a metà aprile a N. D'Aroma. Questa spiegazione è però chiaramente *post factum* e inattendibile e volta a mettere in cattiva luce il re e a valorizzare di contro il proprio atteggiamento per quanto concerne la presunta conoscenza da parte di Vittorio Emanuele di quel che si andava preparando; essa è invece attendibile ed importante laddove ammette esplicitamente il *consenso* del «duce» a tutta l'operazione.

Alla luce di questi elementi, non di una iniziativa spontanea, dettata

[60] R. MONTAGNA, *Mussolini e il processo di Verona*, Milano 1949, p. 149.
[61] ACS, E. DE BONO, *Diario*, q. 43 alla data del 24 marzo 1938.
Secondo N. D'AROMA, *Vent'anni insieme. Vittorio Emanuele e Mussolini*, Bologna 1957, pp. 257 sg., Mussolini avrebbe detto: «Una volta per tutte parliamo di questa storia del Maresciallato. Desidero che sappiate, innanzi tutto, delle sinceríssime inoppugnabili cose. Primo: non avevo mai pensato a storie del genere. Secondo: avrei certamente respinto chiunque si fosse proposto di sollecitare simile nomina per me.
«È accaduto un fatto, tuttavia, sul quale non c'era più da arzigogolare. Sappiatelo per poter capire. Starace ebbe con Costanzo Ciano quest'idea giustamente barocca, poco dopo il riconoscimento dell'Impero. Me l'accennò una mattinata, ma io nettamente la respinsi.
«Sembrava ed era effettivamente offuscata, quando un giorno, da informazioni sicure, seppi che il Re era venuto a conoscenza di questo svanito proposito e l'aveva, contrariamente al suo abituale riserbo, acerbamente deplorato. Non detti peso alla cosa ma, a un certo momento, mi accorsi che da parte del Monarca c'era uno stato d'animo di ostilità, e quello che è più ridicolo, di un sentimento di battaglia vinta. E contro chi? Contro di me.
«Come se io avessi fatto furbescamente lanciare la proposta e poi, in conclusione, avessi avuto qualche ulteriore timore del suo ostile atteggiamento. Di fronte a nuove informazioni che confermano appieno quanto vi dico, io ho chiamato Starace e ho consentito personalmente che si addivenisse alla nomina in qualunque maniera, parlamentare o extra, per poter far capire a questi Savoia che se il riguardo è una cosa, il còraggio morale è un'altra cosa.
«Quest'Italia, potente, piena di prestigio e protagonista nel mondo, non s'è fatta davvero con le firme reali messe in fondo ai decreti; e perciò il caporale che voi prediligete ha dovuto e voluto farsi fare Maresciallo».
Il diario di Galeazzo Ciano non riporta – nel testo pubblicato – alcuna annotazione alle date del 30-31 marzo 1938, né alcun cenno, nei giorni precedenti, alla questione del primo maresciallato. Come ha notato anche D. SUSMEL, *Vita sbagliata di Galeazzo Ciano*, Milano 1962, p. 92, la cosa non può destare soverchia meraviglia; «con ogni probabilità accenni e annotazioni furono fatti, ma soppressi per volontà del loro autore».

Il regime di fronte al proprio futuro: il «totalitarismo» fascista

dall'entusiasmo del momento, e non meditata nelle sue conseguenze politiche, si deve parlare, ma dell'attuazione – forse un po' precipitosa – di una idea accarezzata da tempo al vertice della gerarchia fascista. Di una iniziativa politica i cui realizzatori pratici furono – tutta la letteratura è in ciò concorde – il segretario del PNF Starace e i due Ciano, Costanzo, presidente della Camera, e Galeazzo, ministro degli Esteri.

Stabilito questo, è però necessario cercare di capire la ragione politica (che si sia trattato di una manifestazione di mera ambizione mussoliniana è da escludere: per i gradi, i titoli Mussolini non ebbe mai la passione) della decisione di creare il grado di primo maresciallo e di conferirlo non solo a Mussolini ma anche a Vittorio Emanuele III.

Secondo l'opinione a lungo prevalente, il proposito sarebbe stato quello di gettare le premesse per l'assunzione da parte di Mussolini del comando supremo di tutte le forze armate. In questa prospettiva, sia la memorialistica sia la letteratura sull'argomento hanno strettamente collegato l'istituzione del primo maresciallato al discorso pronunciato al Senato da Mussolini nella stessa giornata del 30 marzo sulla situazione delle forze armate e hanno posto l'accento soprattutto su un passo di esso. Questo [62]:

> Non sarà mai abbastanza coordinato il lavoro delle diverse armi e l'apprestamento dei mezzi logistici nonché, sulla scala globale, l'armonizzazione dell'azione unitaria dell'Esercito, della Marina e dell'Aria per attuare quella che io chiamo la condotta unitaria della guerra integrale, cioè rapida e implacabile.
> Nell'Italia fascista il problema del comando unico, che tormenta altri paesi è risolto. Le direttive politico-strategiche della guerra vengono stabilite dal Capo del governo. La loro applicazione è affidata al capo di Stato Maggior generale e agli organi dipendenti. La storia, anche la nostra, ci dimostra che fu sempre fatale il dissidio tra la condotta politica e quella militare della guerra.
> Nell'Italia del Littorio questo pericolo non esiste. In Italia la guerra, come lo fu in Africa, sarà guidata, agli ordini del re, da uno solo: da chi vi parla, se, ancora una volta, questo grave compito gli sarà riservato dal destino.

Anche un uomo espertissimo di cose militari come il maresciallo Caviglia sembra, dal suo diario [63], essere di questa opinione. E la stessa interpretazione è facile cogliere nelle pagine dedicate al conferimento del grado di primo maresciallo dell'Impero a Mussolini dalla *Legislazione fascista nella XXIX Legislatura*, una pubblicazione ufficiale sull'attività dei due rami del Parlamento a cura del Senato e della Camera. In esse [64], dopo aver citato il passo del discorso di Mussolini del 30 marzo testé

---

[62] MUSSOLINI, XXIX, p. 77.
[63] E. CAVIGLIA, *Diario* cit., pp. 185 sgg.
[64] *La Legislazione Fascista nella XXIX Legislatura. 1934-1939 (XII-XVII)*, a cura del Senato del Regno e della Camera dei fasci e delle corporazioni, I, Roma 1939, pp. 14 sgg.

ricordato e aver detto che le due Assemblee legislative, approvando per acclamazione la proposta di legge del presidente della Camera relativa alla creazione del primo maresciallato dell'Impero, avevano voluto «dare forma concreta al riconoscimento della Nazione» per l'opera del «duce», si afferma infatti:

> In relazione col conferimento al Duce del piú elevato grado della gerarchia militare, conviene accennare alla profonda evoluzione che si è venuta compiendo nell'ordinamento del Comando supremo della Nazione in guerra... Cosí, adunque, nell'ordinamento fascista, come è scomparsa quella strana anomalia per cui gli ordinamenti militari di pace erano del tutto diversi dagli ordinamenti militari di guerra, è scomparso anche il dannoso e inconcepibile dualismo tra Governo politico e Governo militare della Nazione in guerra, tra Alto Comando dell'esercito e sfere politiche dirigenti. In tale ferrea unità d'intenti, di comando e di direzione nelle mani del Duce, Capo del Governo, in tale omogeneità di forze e di istituti è la migliore garanzia della vittoria.

In realtà, ridurre l'operazione primo maresciallato solo ad una manovra per gettare le premesse per l'assunzione da parte di Mussolini del comando supremo delle forze armate è immeschinirla politicamente e precludersi la possibilità di comprenderne la vera portata e il vero significato.

La gravità della legge non consisteva nella creazione del nuovo grado, né nel fatto che esso venisse attribuito a Mussolini, ma nella attribuzione *anche* al sovrano. Ritenere – come Federzoni[65] – che «non si poteva non usare un riguardo, del resto puramente formale, al Re» e che, pertanto, gli ideatori della manovra *dovettero* conferire il nuovo grado anche a Vittorio Emanuele III, è politicamente e costituzionalmente assurdo. La prova migliore è nel comportamento e nelle parole dello stesso sovrano.

La sera stessa del 30 marzo Costanzo Ciano e Federzoni chiesero udienza al re per portargli ufficialmente la notizia dell'approvazione della nuova legge. L'udienza ebbe luogo la mattina del giorno dopo alle ore undici[66]. Il sovrano fu con i due presidenti cortese ma freddo. Li intrattenne per pochi minuti e non mancò di fare capire loro di non aver gradito la cosa. «È stato – disse – un pensiero molto gentile per me. Forse non ce n'era bisogno. Ad ogni modo, tante grazie»[67].

Molto piú duro ed eccitato il re era stato però mezz'ora prima con Mussolini. In un primo momento aveva addirittura negato la firma per

---

[65] L. FEDERZONI, *Italia di ieri per la storia di domani* cit., p. 167.
[66] L'orario preciso di questa udienza e delle due a Mussolini, il 31 marzo e il 4 aprile, è stato accertato sulla base del *Diario* del primo aiutante di campo del re: ACS, *Archivio della Real Casa, Ufficio del 1º aiutante di campo, Diario*, alle rispettive date.
[67] L. FEDERZONI, *Italia di ieri per la storia di domani* cit., pp. 174 sg.

Il regime di fronte al proprio futuro: il «totalitarismo» fascista

la promulgazione della legge; poi si era quasi piegato e aveva lasciato intendere che avrebbe finito per firmare, non senza avere però detto prima ciò che pensava. Secondo la narrazione del colloquio fatta da Mussolini[68]:

«Dopo la legge del Gran Consiglio – egli disse – questa legge è un altro colpo mortale contro le mie prerogative sovrane. Io avrei potuto darvi, quale segno della mia ammirazione, qualsiasi grado, ma questa equiparazione mi crea una posizione insostenibile, perché è un'altra patente violazione dello statuto del regno».

«Voi sapete – obiettò Mussolini – che non tengo a queste che possono essere considerate esteriorità. I promotori hanno ritenuto che conferendomi tale grado, voi, Maestà, ne venivate automaticamente insignito».

«No. Le Camere non possono prendere iniziative del genere».

Il re era pallido di collera. Il mento gli tremava.

«Questa è la piú grossa di tutte! Data l'imminenza di una crisi internazionale, non voglio aggiungere altra carne al fuoco, ma in altri tempi, piuttosto che subire questo affronto, avrei preferito abdicare. Io straccerei questa doppia greca».

Terminata l'udienza Mussolini, «alquanto sorpreso da questo scoppio di furore» e volendosi evidentemente cautelare in qualche modo, si rivolse allora per un «parere» costituzionale al presidente del Consiglio di Stato, prof. Santi Romano. Nel giro di due giorni questi gli fece avere un parere di piena legittimità[69].

Il 2 aprile, appena ricevuto il «parere» Mussolini ne trasmise l'originale al re[70]. Incaricato della delicata missione fu il sottosegretario alla

---

[68] MUSSOLINI, XXXIV, p. 414.
[69] ACS, *Segreteria particolare del Duce, Carteggio riservato (1922-1943)*, FP/R, fasc. «B. Mussolini», sott. 12. Se ne veda il testo in *Appendice*, documento 1.
[70] Copie del «parere» furono trasmesse lo stesso giorno anche ai presidenti delle Camere, C. Ciano e Federzoni, al segretario del PNF, Starace, al ministro degli Esteri, G. Ciano e al sottosegretario all'Interno, Buffarini-Guidi.
A Federzoni il «parere» fu trasmesso con questa «riservata personale» del segretario particolare di Mussolini, O. Sebastiani:
«Eccellenza,
in una Ambasciata sarebbero stati sollevati dei dubbi sulla costituzionalità delle recenti nomine.
«Sottoposto – in linea stretta – il quesito al Presidente del Consiglio di Stato, questi ha risposto con l'appunto che, d'ordine del DUCE, vi rimetto in copia».
Lo stesso giorno Federzoni rispose con questa «riservata».
«Caro camerata Sebastiani,
vi ringrazio per l'importante comunicazione da voi fattami, con l'inviarmi in data d'oggi, per ordine del Duce, il testo del pro-memoria del Presidente del Consiglio di Stato circa la costituzionalità delle recenti nomine.
«Non mi risulta che in Senato nessuno abbia enunciato la minima eccezione sull'argomento, anche perché l'atmosfera di ardente entusiasmo suscitata dal grande discorso del 30 marzo è stata tale da superare qualsiasi ipotetico dubbio sulla regolarità formale della successiva deliberazione.
«Tuttavia è certo che le considerazioni svolte da S. E. Santi Romano, con la sua duplice autorità di Capo del supremo Consesso giuridico-amministrativo e di insigne maestro del nostro diritto pubblico, potrebbe riuscire di straordinario interesse e provare a chiarire e rafforzare ancor meglio il convincimento in materia nei maggiori e piú influenti cameratı senatori.
«In concreto, data la delicatezza della questione, vi prego di farmi cortesemente conoscere se io sia autorizzato a far sí che possano *riservatamente* prendere visione del documento i membri dell'Ufficio di Presidenza (eventualmente anche i soli vicepresidenti) e alcune fra le piú autorevoli personalità del Senato. – Vi sarò grato di un gentile cenno di riscontro in proposito. – Saluti fascisti».

Presidenza del Consiglio Medici del Vascello, al quale Mussolini consegnò anche un biglietto per il sovrano:

> Maestà, mando alla M. V. questa nota del Presidente del Consiglio di Stato, che io quantunque profano considero esauriente.
> Prego la M. V. di accogliere i miei devoti omaggi.

La secchezza di questo biglietto ben s'accorda con quanto Galeazzo Ciano riferisce sotto la stessa data nel suo diario[71]:

> La questione del Maresciallato dell'Impero ha code. Pare che a Casa reale si sia parlato della illegalità della cosa. Mussolini ha fatto richiedere un parere al Consiglio di Stato: tutto pienamente legale. Lo ha mandato al Re con una lettera molto secca. Mi ha detto: «Basta. Ne ho le scatole piene. Io lavoro e lui firma. Mi dispiace che quanto avete fatto mercoledí sia stato perfetto dal punto di vista legale». Ho risposto che potremo andare piú in là alla prima occasione. Questa sarà certamente quando alla firma rispettabile del Re si dovesse sostituire quella meno rispettabile del Principe. Il Duce ha annuito e, a mezza voce, ha detto: «Finita la Spagna, ne parleremo...»

Dopo aver tre giorni prima lasciato intendere che – data la situazione internazionale, si era all'indomani dell'Anschluss – avrebbe firmato la legge, Vittorio Emanuele III non poteva ormai piú fare nulla. Al sottosegretario Medici del Vascello ripeté per altro – e con estrema fermezza – la sua protesta e, allargando il discorso, rimproverò al governo l'uso ormai invalso di prendere provvedimenti anche «assai importanti» e di annunziare «sostanziali» riforme senza neppure informarlo preventivamente. Alla fine firmò la legge, non senza avere però riaffermato la propria esitazione, aver detto – particolare per noi molto importante – che «se fosse stato in qualche modo prevenuto della cosa, avrebbe, nell'ambito della Sua veste costituzionale, suggerito di conferire al Duce il titolo di Maresciallo generale dell'Impero, titolo piú alto di quello di Primo Maresciallo e rispondente anche a cospicui precedenti storici» e aver annunciato che, in ogni caso, si riservava di riparlare di tutta la cosa con Mussolini. Ma a proposito di questo colloquio, meglio di quanto si possa dire noi, vale ciò che – appena uscitone – ne riferí per scritto a Mussolini Medici del Vascello:

> In esecuzione degli ordini del DUCE mi sono recato oggi, alle ore 16,30, da S. M. il Re Imperatore per consegnarGli il parere del Presidente del Consiglio di Stato relativo alla regolarità della seduta della Camera nella quale fu approvata la legge che istituisce il grado di Primo Maresciallo dell'Impero e conferisce tale grado a Sua maestà e al DUCE.
> S. M. mi ha innanzi tutto incaricato di ringraziare il DUCE per la forma cortese

---

[71] G. CIANO, *Diario* cit., p. 120.

Il regime di fronte al proprio futuro: il «totalitarismo» fascista 33

della comunicazione ed ha quindi preso conoscenza del parere, del quale ha dichiarato di prendere atto.

Esaurita la parte ufficiale dell'udienza, il Sovrano, che appariva preoccupato, mi ha trattenuto in confidenziale conversazione.

Il RE ha avuto le piú simpatiche espressioni all'indirizzo del DUCE ed ha affermato la Sua altissima e personale stima per Lui, che Egli considera sicura garanzia per le fortune del Paese e come nessun altro degno delle piú alte responsabilità.

S. M. non ha però nascosto che avrebbe gradito di essere precedentemente avvertito della iniziativa, della quale, invece, ebbe notizia solo alle ore 18,25, quando la deliberazione della Camera stava per essere presa, ed ha aggiunto che, se fosse stato in qualche modo prevenuto della cosa, avrebbe, nell'ambito della Sua veste costituzionale, suggerito di conferire al DUCE il titolo di Maresciallo generale dell'Impero, titolo piú alto di quello di Primo Maresciallo e rispondente anche a cospicui precedenti storici.

A tale riguardo S. M. ha accennato alla circostanza che vengono adottati provvedimenti assai importanti ed annunziate, anche, sostanziali riforme senza che Egli ne abbia, comunque, qualche accenno preventivo.

S. M. non nascose, infine, la Sua esitazione di fronte al precedente creato con la subitanea convocazione della Camera, precedente che – Egli pensa – potrebbe preoccupare per un lontano domani e che non appare in rapporto alle tradizioni dell'Italia.

S. M. ha fatto comprendere a tale proposito di non essere preoccupato solamente quando eventuali determinazioni di sí alta importanza possano essere prese personalmente dal DUCE.

A chiusa della conversazione ho ritenuto opportuno far presente a S. M. come, in questa occasione, la deliberazione fu cosí improvvisa e fulminea che neppure il DUCE ne fu preventivamente interpellato, con la conseguente impossibilità di avvisare, quindi, S. M.

Dopo altre lievi minori considerazioni, invitai S. M. a firmare la legge per la nomina dei due Primi Marescialli d'Italia superando il senso di esitazione chiaramente espressomi per il fatto che la legge riguarda – fra l'altro – la Sua Persona.

Da ultimo S. M. ha fatto conoscere che si riservava di riparlare dell'argomento col DUCE, per chiarire il Suo pensiero, lunedí 4 corrente, in occasione della consueta firma dei provvedimenti.

Dopo la consegna al sovrano del «parere» di S. Romano, ufficialmente la vicenda del primo marescialleto si concluse il 4 aprile. Recatosi Mussolini alle dieci e trenta del mattino per la consueta udienza dal re, questi tenne a fargli sapere che il «parere» costituzionale del presidente del Consiglio di Stato non gli aveva fatto mutare opinione e che aveva firmato solo per non provocare una crisi in un momento internazionalmente tanto delicato. Secondo Mussolini[72], Vittorio Emanuele, in preda ad un «accesso di collera», avrebbe detto:

I professori di diritto costituzionale, specialmente quando sono dei pusillanimi opportunisti, come il professor Santi Romano, trovano sempre argomenti per giustificare le tesi piú assurde: è il loro mestiere; ma io continuo ad essere della mia

[72] MUSSOLINI, XXXIV, p. 414.

opinione. Del resto non ho nascosto questo mio stato d'animo ai due presidenti delle Camere, perché lo rendessero noto ai promotori di questo smacco alla Corona, che dovrà essere l'ultimo.

Completata, dopo la cronaca dei fatti pubblici, anche quella dei loro sviluppi e retroscena, abbiamo ormai tutti gli elementi per giungere ad una valutazione complessiva della vicenda e, ciò che piú ci interessa, delle sue vere motivazioni politiche. Che Mussolini volesse con essa stabilire le premesse per assicurarsi il comando supremo delle forze armate, cosí come – si è visto – è stato sostenuto, non è credibile. Sotto questo profilo, l'assegnazione a Mussolini del nuovo grado non risolveva costituzionalmente il problema. La soluzione non poteva essere che politica – come sarebbe stato, a suo tempo, con la delega – e ai suoi effetti il fatto che Mussolini non avesse alcuno specifico grado o fosse primo maresciallo non significava nulla. E – anche ammettendo che potesse significare qualche cosa – non si capisce perché Mussolini, che ben conosceva i punti deboli, il formalismo pseudocostituzionale di Vittorio Emanuele III e l'ostilità del re ad una parificazione delle loro posizioni nella gerarchia militare, avrebbe fatto un passo cosí falso, come quello di far conferire il nuovo grado ad entrambi, quando il sovrano non si sarebbe opposto (le parole da lui dette a Medici del Vascello ne fanno fede e non ci pare possano essere considerate un argomento polemico *post factum*) a conferirgli un nuovo grado che gerarchicamente lo mettesse al di sopra dei cinque marescialli esistenti. Ugualmente non è credibile un'altra spiegazione avanzata da Federzoni, che Mussolini, cioè, volesse (oltre che porre le premesse per assicurarsi il comando supremo) ferire profondamente le prerogative e il prestigio del Senato[73], troppa essendo infatti la sproporzione tra questo ipotetico obiettivo e il suo costo politico. Piú vicina al vero è certamente un'altra spiegazione che Federzoni prospetta insieme alla precedente, anche se sempre subordinatamente a quella «militare», e cioè che i promotori dell'operazione primo maresciallato mirassero a «convalidare una volta di piú il principio della diarchia»[74]. Diciamo piú vicina al vero perché è nostra convinzione 1) che per capire tutta la vicenda si debbano escludere altre spiegazioni che ad essa o furono del tutto estranee o riguardarono solo alcuni dei suoi protagonisti (come De Bono) o, addirittura, furono avanzate da qualcuno di essi *post factum* per giustificarsi in qualche modo di avervi partecipato o di averla subita passivamente (come Federzoni) e che, comunque, non valgono per Mussolini (che, al massimo, forse se ne serví strumentalmente per mascherare il

---

[73] Cfr. L. FEDERZONI, *Italia di ieri per la storia di domani* cit., p. 175.
[74] Cfr. *ibid.*, p. 167.

vero significato dell'operazione agli occhi degli elementi piú legati alla monarchia); 2) che l'obiettivo vero non era quello di convalidare la diarchia – che ormai era una realtà pienamente in atto – ma, al contrario, quello di procedere al suo sgretolamento a tutto beneficio del «duce»[75]; 3) che, assai probabilmente, la genesi dell'operazione primo maresciallato va ricercata nella sessione del Gran Consiglio del 10-14 marzo, nella quale, oltre ai criteri generali sui quali si sarebbe dovuta basare la trasformazione della vecchia Camera dei deputati nella nuova Camera dei fasci e delle corporazioni, era stato deliberato – cosa ben piú importante – di «procedere al completamento della riforma costituzionale con l'aggiornamento dello Statuto del Regno»[76]. Solo in questa prospettiva è possibile collocare la vicenda nel suo contesto piú ampio, coglierne il vero significato e rendersi conto perché per entrambi i suoi due protagonisti principali essa assunse il valore di una svolta politica nei loro rapporti.

Importante è a questo fine soprattutto ricostruirne il contesto generale, sia – come già abbiamo fatto – in riferimento a Mussolini, sia in riferimento al piú ampio ambito del gruppo dirigente fascista e alle altre minori, ma non per questo meno significative, operazioni nello stesso senso che l'avevano preceduta e che la seguirono.

Per comodità espositiva cominciamo da queste ultime. Apparentemente autonome le une dalle altre e in genere sottovalutate dagli studiosi di questa fase del fascismo, esse in realtà si compongono in un quadro e in una prospettiva unici e tra loro e rispetto a quella del primo maresciallato. La prima fu costituita dall'approvazione del d. l. 11 gennaio 1937, n. 4 con cui al segretario generale del PNF vennero conferiti il titolo e le funzioni di ministro segretario di Stato. Apparentemente di scarsa importanza e quasi di routine (già nel 1928-29 era stato stabilito che il segretario del PNF potesse con regio decreto proposto dal capo del governo essere chiamato a partecipare alle riunioni del Consiglio dei ministri), si trattò in realtà, per dirla con *La legislazione fascista*[77], di «un provvedimento di alta idealità rivoluzionaria, che ha saldato definitivamente, anche nel campo del diritto costituzionale, il Partito allo Stato e che ha voluto consacrare il potenziamento delle funzioni del Partito quale organo dello Stato». Collegati intimamente a questo provve-

---

[75] Significativa è una annotazione di Ciano di sette mesi dopo che conferma questo giudizio: «il Duce parla delle difficoltà che presenta sempre piú la "diarchia" del fascismo e della monarchia... Il Duce commenta la situazione con asprezza e lascia intendere che se l'occasione si presenterà per liquidare questo stato di cose, non se la lascerà sfuggire» (G. CIANO, *Diario* cit., p. 208).
[76] Cfr. PNF, *Il Gran Consiglio del Fascismo nei primi quindici anni dell'era fascista*, Bologna 1938, p. 645.
[77] *La Legislazione Fascista nella XXIX Legislatura* cit., I, p. 20.

dimento e alla istituzione del primo maresciallato (anche se il collegamento non fu messo in rilievo e sfuggí a molti) furono il r. d. 28 aprile 1938, n. 513, con cui fu emanato il nuovo statuto del PNF approvato il mese prima dal Gran Consiglio[78], e la legge 19 gennaio 1939, n. 129, con la quale fu istituita la Camera dei fasci e delle corporazioni. Col primo il PNF fu definitivamente elevato ad istituto costituzionale[79], ma, ciò che piú importa, con questi due provvedimenti (e, in qualche misura, già con il d. l. 27 ottobre 1937, n. 1839 con cui era stata istituita la GIL) la qualifica di «duce» venne assumendo un significato giuridico e potenzialmente costituzionale che sino allora non aveva avuto. Con essa non si intendeva piú solo il capo del partito, «ma il Duce del Fascismo, cioè la guida, il Capo supremo del Regime, che si identifica ormai indissolubilmente con lo Stato». In questi termini si esprimeva nel 1939 *La legislazione fascista*[80]. E anche piú significativo è quanto scriveva sulla rivista personale di Mussolini, «Gerarchia»[81], nel luglio 1938, un autorevole costituzionalista fascista, il senatore Pietro Chimienti. Trattando della qualifica «costituzionale» di «duce» data a Mussolini in un gruppo di nuove leggi (tra le quali quella del primo maresciallato), il Chimienti affermava che queste leggi avevano confermato «in maniera non piú equivocabile la posizione costituzionale del *Duce del Fascismo*», sicché «il vincolo tra il Monarca, Capo dello Stato, ed il Capo del Governo nella sua qualità di Duce ed il PNF ne esce specificato e rafforzato»; e da questa premessa – apparentemente in linea con la realtà diarchica – traeva spunto per una serie di osservazioni sul nuovo tipo di legame che, a suo dire, si era venuto stabilendo tra la monarchia e «il nuovo tipo di Stato fascista» e per «chiarire *come* e *se* la qualifica costituzionale di Duce del Fascismo possa influire ed influisca sull'esercizio della prerogativa regia di nomina e revoca del Primo Ministro e Capo del Governo»; osservazioni attraverso le quali giungeva a una conclusione che – se realizzata – avrebbe inevitabilmente portato a una rottura dell'equilibrio diarchico cosí nettamente sfavorevole alla monarchia da renderla politicamente priva di poteri e costituzionalmente inutile: la qualifica di «duce» non aveva un valore personale, ma costituzionale:

> Se la politica rivoluzionaria del Regime deve, come deve, continuare; se il Gran Consiglio del Fascismo ed il PNF debbono rimanere in forza per svolgere ed attuare dentro ed accanto allo Stato e sotto le direttive del Capo del Governo, que-

[78] Cfr. *Mussolini il duce*, I, pp. 222 sgg. e 826 sgg.
[79] Cfr. *La Legislazione Fascista nella XXIX Legislatura* cit., I, pp. 22 sgg.
[80] Cfr. *ibid.*, I, p. 13.
[81] P. CHIMIENTI, *La qualifica costituzionale di «Duce» al Capo del Governo in regime fascista*, in «Gerarchia», luglio 1939, pp. 443 sgg.

Il regime di fronte al proprio futuro: il «totalitarismo» fascista 37

sta politica: un Capo, una Guida di tutte le forze morali e materiali della Nazione, organizzate allo scopo, è tecnicamente necessario che vi sia. A questa Guida, il Diritto pubblico fascista ha dato un carattere costituzionale con la qualifica di Duce.

D'altra parte, quando si apprezzano nella loro giusta posizione costituzionale le due nuovissime istituzioni politiche del Gran Consiglio del Fascismo e del PNF, non pare si possa venire a differenti conclusioni di quelle contenute in queste pagine.

Le iniziative e direttive, occorrenti agli esperimenti per la realizzazione della politica del Regime, rimarrebbero senza base giuridica se non ne avessero una nello stretto legame costituzionale tra l'azione del Duce e quella del Primo Ministro e Capo del Governo.

Per esempio, come potrebbe il PNF, questa imponente istituzione rappresentativa e sensibilissima del Regime, attuare i suoi compiti di saggiare e svolgere in un campo sperimentale, vasto quanto la Nazione, le direttive della politica tracciate dal Capo del Governo in seno al Gran Consiglio del Fascismo, se il Capo del PNF, non fosse anche il Capo del Governo?

Persino in caso di vacanza dell'ufficio di capo del governo e di «duce» dovuto a cause impreviste ed imprevedibili, «cosí che la Corona non abbia potuto avere dal titolare in carica il consiglio per la nomina del successore, il prescelto dalla Corona, tra i nomi indicati nella lista predeterminata di cui all'art. 13 della legge sul Gran Consiglio del Fascismo, porta anche con sé la qualifica di Duce».

Come si vede, il discorso del Chimienti sulla figura costituzionale del «duce» finiva per ricollegarsi e sfociare in quello della successione di Mussolini e della continuità del regime. In questo senso l'articolo del Chimienti – non a caso pubblicato su «Gerarchia» – costituiva però una eccezione. Di questo problema Mussolini e il gruppo dirigente fascista, proprio perché lo consideravano ormai il problema dei problemi e il nodo piú importante da sciogliere appena possibile, non volevano se ne parlasse pubblicamente, sia per non mettere in allarme quella parte dell'opinione pubblica che si riconosceva innanzitutto nella monarchia, sia per evitare scoramenti e prese di posizione inopportune tra i fascisti, tra i quali, sia pure in forme in genere elementari, il problema serpeggiava e suscitava preoccupazioni[82]. Tipico è quanto accadde alla fine del 1937,

---

[82] Tra le varie testimonianze che si potrebbero citare vogliamo ricordarne una tratta da un «appunto per il Duce» del ministro della Cultura popolare in data 19 agosto 1938 (ACS, *Min. Cultura popolare*, b. 11, fasc. 151). L'appunto notava come la coincidenza tra la notizia di una grave sciagura aerea avvenuta il giorno prima a Varese e quella di uno dei soliti voli sportivi di Mussolini avesse suscitato molta impressione e preoccupazione e concludeva, con una buona dose di retorica, ma mettendo a fuoco anche il problema: «Il Duce non può non tenere conto di questo stato d'animo che è in Italia molto piú diffuso di quanto Egli non creda. Molti si domandano come mai nel suo equilibrio e nella sensibilità Egli non riesca a contenere ed a limitare queste sue cosí frequenti sfide alla vita.

«Negli ambienti fascisti si rimprovera, non senza vivacità ed asprezza, al Sottosegretario Valle, di prestarsi con troppa supina, ed anzi invitevole accondiscendenza, alla attività di allenamento aviatorio del Duce; e si fa colpa agli altri piú diretti collaboratori – Ciano, Starace, Sebastiani, Alfieri, di non sapere opportunamente intervenire presso il Duce, facendosi eco di questo generale stato d'animo.

allorquando il periodico romano «Fronte Unico» pubblicò un articolo[83] che toccava il problema, sostenendo tra l'altro che il segretario del PNF fosse il «vice Duce» e, in pratica, una sorta di «Duce in potenza» e di conseguenza «il futuro Capo del Fascismo» e «futuro Capo del Governo». Probabilmente per la scarsa diffusione di «Fronte Unico», sul momento l'articolo non suscitò reazioni[84], ma quando di lí a poco la ben piú autorevole e diffusa rivista «Lo Stato» polemizzò con esso[85] la reazione non si fece attendere: un secco telegramma del ministro Alfieri diede istruzioni a tutti i prefetti di «invitare tutti i periodici compresi quotidiani astenersi tassativamente dal trattare problemi costituzionali circa successione Capo Governo»[86].

Il fatto che non se ne parlasse esplicitamente e pubblicamente non vuol però dire che il problema del «dopo Mussolini», della sua successione e quello della monarchia non fossero al centro dell'attenzione e delle preoccupazioni non solo di Mussolini, ma anche di gran parte del gruppo dirigente fascista e che il discorso su di esso non venisse fatto circolare dalla stampa fascista[87] in forme indirette e allusive, ma non per questo

«La vita del Duce oggi è la vita stessa della Nazione. Non si fanno certo delle frasi letterarie o retoriche quando si afferma che il Duce ha cambiato il cammino della Storia; il popolo italiano chiede – e lo si chiede anche in altre parti del mondo – che il Duce voglia evitare che questo cammino possa comunque essere interrotto».

[83] S. VILLARI, *Il Partito nella teoria dello Stato*, in «Fronte Unico», 6 settembre 1937.

[84] Lo stesso era avvenuto un anno prima quando sull'ormai fascistizzato «Il Merlo» di Parigi del 26 luglio 1936 era apparso un articolo a firma LIVIO AUSONI [GIULIO BUTTICCI], *Impero e Libertà. Conquista o elargizione?*, in cui il problema era impostato in termini anche piú concreti: «Con la creazione dell'Impero (e il suo riconoscimento di fatto da parte dell'Estero con la rinunzia alle sanzioni) i vari problemi sociali, economici, demografici, cioè materiali del Regime hanno trovato la base necessaria per la loro soluzione integrale. Restano ora da risolvere problemi di altra natura e fra questi quello che in certo modo tutti li riassume: il problema della elaborazione definitiva della Costituzione Italiana. Problema essenziale per il coronamento dell'opera rivoluzionaria del fascismo e, in certo qual modo, urgente non solo in vista delle opere di pace richieste dall'assestamento del dopoguerra e dalla organizzazione dell'Impero, ma anche e soprattutto per la considerazione che il Duce d'Italia e del Fascismo, il Fondatore dell'Impero è tuttavia persona mortale, a cui, per altro, non si può trovare un condegno successore in un individuo o in gruppi di individui, ma solo in istituti che diano le maggiori garanzie che i frutti e gl'insegnamenti del fascismo, nonché disperdersi, rimarranno per tempo illimitato come patrimonio politico e base della vita del popolo italiano.

«Pertanto alla luce di queste esigenze, la Carta Costituzionale della Nazione dovrà mettere il Regime in grado di funzionare da sé, quali che siano gli uomini preposti al governo. Ma ciò, a nostro giudizio, *potrà accadere solo se la futura Costituzione sarà la genuina espressione della volontà del popolo italiano, se sarà cioè elaborata e promulgata da un'Assemblea Costituente Fascista, eletta dal popolo italiano permeato e rinnovato dal fascismo*. Che poi ad adempiere tale funzione di costituente sia assolutamente inadatta una Camera creata col sistema dei plebisciti è evidente, noi pensiamo, a chiunque rifletta che tanto l'attuale quanto la precedente Camera si sono rivelate prive di qualsiasi vitalità, figurando solo come finzione costituzionale con attribuzioni puramente burocratiche imposte loro dal vecchio ed ormai superato Statuto Albertino».

Per l'identificazione dell'autore cfr. G. BUTTICCI, *Dal Risorgimento al Partito d'Azione. Ricordi e cronache di un quarantennio*, Lanciano 1980, p. 157.

[85] B. GIANNETTI, *Discussioni poco convenienti*, in «Lo Stato», ottobre 1937, pp. 552 sgg.

[86] ACS, *Min. Cultura popolare*, b. 37, fasc. «Circolari», sott. «Capo del Governo», tel. in data 9 dicembre 1937.

[87] Un esempio significativo di quanto il «dopo Mussolini» fosse presente ai fascisti è costituito dal capoverso conclusivo della *Storia e dottrina del Fascismo* (Torino 1938) di C. COSTAMAGNA

per noi meno significative, dato che, se le si esaminano con attenzione, queste prese di posizione rivelano una concorde tendenza a modificare, lentamente ma sostanzialmente, l'immagine del rapporto fascismo-monarchia e dei ruoli del sovrano e del «duce» nel regime e il concetto stesso di regime quali erano stati affermati negli anni precedenti e ad accreditare l'idea che ormai tutto si riassumesse in Mussolini e la monarchia non avesse piú un ruolo, una funzione propri.

I piú convinti sostenitori della liquidazione della monarchia erano Starace e Galeazzo Ciano con i rispettivi gruppi di potere. Con una buona dose di interesse personale il secondo, preoccupato di rendere il piú possibile sicuri il suo ruolo di delfino e, quando fosse giunto il momento, la sua successione al suocero; con piú disinteresse personale, ma – come era nel suo carattere – con meno tempismo e troppa foga il primo, tanto che, portata a buon fine l'operazione primo maresciallato, Starace avrebbe voluto procedere oltre, bruciare i tempi senza troppe esitazioni, sicuro che col suo prestigio Mussolini potesse permettersi tutto e che le opposizioni sarebbero state facilmente superabili[88]. Piú o meno esplicitamente, il problema tra il 1937 e il 1939 fu però all'ordine del giorno un po' tra tutto il vertice fascista, sia pure con motivazioni, atteggiamenti, stati d'animo, sollecitazioni e preoccupazioni diversi, a seconda di come i vari esponenti e gruppi valutavano la politica di Mussolini e le prospettive del regime. Per quel che ne sappiamo, il momento piú caldo del dibattito dovette comunque essere nei mesi immediatamente successivi alla vicenda del primo maresciallato, nella primavera-estate del 1938, grosso modo fino a quando la crisi di Monaco non lo fece passare un po' in seconda linea o, almeno, non ne fece un aspetto di un problema piú grande ed urgente, quello dei rapporti italo-tedeschi, accentuando attorno ad esso le divaricazioni e le contrapposizioni tra coloro che approvavano la politica mussoliniana e coloro che, opponendosi ad essa, vedevano nella monarchia un punto di riferimento da valorizzare. Per quel che

---

(p. 454) in cui, a sostegno della necessità di procedere all'organizzazione dello «Stato Nuovo», è ricordato il passo di Machiavelli: «Non è, adunque, la salute di una repubblica o d'un regno avere un principe che prudentemente governi mentre vive; ma uno che l'ordini in modo che, morendo ancora, la si mantenga».

[88] Per le preoccupazioni che questo atteggiamento oltranzista di Starace (che durò praticamente sino a quando lo scoppio della seconda guerra mondiale non costrinse ad accantonare tutto il problema) suscitò tra i moderati del vertice fascista, significativo è quanto il 7 maggio 1938 annotava De Bono (ACS, E. DE BONO, *Diario*, q. 43): «Il partito – alias Starace – tenta, al riguardo, una brutta carta. Sarebbe la guerra civile, perché il Paese è col Re. Il Re è rimasto molto male per il Maresciallato dell'Impero... imposto a lui. E ha ragione... Mi assicurano che soffra nel vedersi cosí messo da parte e di ciò si è lamentato; vuolsi che abbia persino parlato di abdicazione... Mussolini sa; ma è inutile, adesso è prigioniero. Ciano Costanzo è lui pure impressionato; anche perché suo figlio si lascia trascinare da Starace. Conclusione? In un modo o nell'altro bisogna far fuori Starace. Ma chi lo farà capire al Capo? Come persuaderlo che, in sostanza, ha presso di sé un nemico?»

riguarda questo periodo, assai interessanti e indicative sono alcune annotazioni di Bottai conservateci dal suo diario[89].

23 giugno 1938.   *Pro domo sua.* Seguita l'infaticabile opera di Galeazzo per costruire il suo mito successorio. Martedí scorso, in Campidoglio, mentre il ministro tedesco Frank parla del Führer come di un istituto, non piú provvisorio e pertinente alla persona di Hitler, ma permanente (il Führertum, insomma), Galeazzo ancheggia sullo scanno e, compiaciuto, mi sussurra: «È giusto!»

26 giugno 1938.   Il problema dei rapporti tra il Re e il Duce, riferito personalmente a Vittorio Emanuele III e Mussolini, ma piú ancora dei rapporti tra Re e Duce, istituzionalmente inteso, à ripreso una certa voga.

Per ragioni serie, anzi tutto, gli spiriti pensosi delle sorti del Regime e della «continuità» della Rivoluzione, auspicano una chiara, retta, precisa impostazione. Il rapporto Vittorio Emanuele - Mussolini è un problema risolto, nel senso di una cordiale intesa tra i due uomini, nonostante la difficoltà di far convivere nel rapporto le due funzioni di Re e di Duce. La duttilità giuridica degli italiani à finito col normalizzare il binomio Re-Duce, traendone nuovi valori e significati.

È a questo che bisogna mirare per una soluzione definitiva. Pensare che lo stesso binomio sia possibile con un'altra coppia di persone è per lo meno arrischiato. Ma possibile è tradurne l'intima essenza in un istituto preciso, riducendolo a unità. Non piú una giustapposizione di Re e di Duce e neppure una somma, ma una vera e propria sintesi, che nella persona del Re aduni i poteri e i compiti del Duce. Un Re, insomma, non assoluto al modo antico, non costituzionale secondo le costituzioni liberali. Un Re di Stato totalitario, espressione del popolo organizzato.

29 giugno 1938.   All'interrotto ragionamento mi à indotto una frase, forse banale, gettata là da Rossini, mentre mi accompagnava alla stazione di Milano, al treno per la Germania. Aveva incontrato il Re sul Montello. Lo aveva trovato sano, sereno, «in gamba». La stessa impressione delle mie giornate romagnole. Perfettamente padrone della sua situazione difficilissima di re «costituzionale» di un Paese non piú retto da una «costituzione», ma da un «regime» personale incentrato nel Primo Ministro. Anzi, nel «Presidente», come, con una ortodossia vecchio stile lo chiamano a Corte (Anche donna Rachele dice: «il Presidente»). «Però – disse, a un tratto, Rossini – la situazione la risolverà Umberto. Sarà lui il Duce».

Frase banale. Ma a ripensarci si illumina di una qualche intuizione. L'avvento delle «masse» sul terreno politico sostituisce il concetto di «organizzazione» a quello tradizionale di «costituzione». Un Re chiuso nella costituzione è altrettanto inconcepibile, nel nostro tempo, quanto un Re assoluto. Lo Stato Moderno esige al suo sommo un «organizzatore»; un capo, che sappia di continuo ordinarne energie e forze, nel loro mutevole svolgimento, dall'economico al sociale. Economicità e socialità: ecco, due dati prevalenti nei moderni Stati, che esigono un'«organizzazione» assidua, di sempre nuove forme e regole. Un'«organizzazione» vuole l'«organizzatore»: un capo, cioè, il cui potere sia potere in atto, un fare, un agire, un ordinare diretto, immediato, non necessariamente legato alla lettera di leggi o costituzioni; un potere, [illeggibile], piú organizzativo, che giuridico, che mira, cioè

---

[89] G. BOTTAI, *Diario*, ff. 550, 551 sg., 553 sgg. e 559 sg.; nonché, molto parzialmente, ID., *Vent'anni e un giorno (24 luglio 1943)*, Milano 1949, pp. 115 e 117.

Il regime di fronte al proprio futuro: il «totalitarismo» fascista 41

a creare forme e enti e istituti, che a definirne in formule i rapporti. In tal caso è, nel nostro Stato il Duce.

Svincolato dalla persona di Mussolini, il «duce» come istituto permanente, può concepirsi aderente ad altra persona, che non sia, in uno stato monarchico, il Monarca?

12 luglio 1938. Ci sono anche le ripercussioni dirette sulla nostra politica interna. Nel viaggio di Hitler in Italia, le reciproche posizioni di Führer e di Duce ànno riacceso negli zelatori le smanie per la posizione di Mussolini, sminuita, dicono, dal contatto tra il Führer, quale Capo del Reich, e il Re, Capo dello Stato. I nazisti del seguito, il silenzioso Hess, il ghignante Göbbels, il roseo Frank, ànno parlato allo scoperto di anacronismi dinastici, beffeggiando la Corte, la sua etichetta, il suo cerimoniale. Vi sono stati piccoli incidenti di precedenze; e, perfino, un incidente maggiore per il richiamo dato da un gentiluomo di corte a Hitler, ché non facesse attendere il Re. Mormorazioni e pettegolezzi senza importanza in sé; ma tali da riportare a galla questioni gravi.

Cosí nel viaggio Roma-Firenze, Galeazzo conduceva il gioco antimonarchico, tra Alfieri riluttante tra sorrisi di acquiescenza, Starace annuente per cinismo o incomprensione: «il Re attuale non si può discutere. À fatto la guerra; à accettato il Fascismo. È amato dagl'Italiani. Ma quando verrà a mancare? La questione si porrà, allora».

Quanto alle prese di posizione della stampa, ci limiteremo, tra le varie che si potrebbero ricordare, a citarne due piú significative, data la sede nella quale apparvero, «Gerarchia», e che si riferiscono entrambe al 1937, alla fase di avvio cioè del discorso indiretto sulla monarchia. La prima, dovuta alla penna di Sergio Panunzio[90], aveva un carattere piú elaborato, tra storico e teorico, e prendeva il discorso ancora molto alla larga e in termini quasi piú di monito alla monarchia che di vera e propria messa in discussione di essa. Il secondo, di sette mesi dopo, aveva invece un tono piú politico e, pur nella sua allusività, era già piú duro e anticipava motivi polemici che, come vedremo, si sarebbero diffusi e avrebbero caratterizzato la fase discendente della polemica, quando il fuoco di essa venne allargato alle forze che sostenevano la monarchia e in particolare alla «borghesia». Tema centrale dell'articolo di Panunzio[91] era la netta riaffermazione del carattere rivoluzionario del fascismo e del regime da esso creato e, quindi, della peculiarità dello Stato fascista di

---

[90] Alcuni spunti e elementi del discorso si possono già trovare in un precedente articolo dello stesso S. PANUNZIO, *Partito Regime Stato*, in «Civiltà fascista», agosto 1936, pp. 481 sgg. In esso l'autore aveva particolarmente insistito sul concetto di partito rivoluzionario e, quindi, su quello di nuovo Stato in continua formazione e trasformazione. Da qui l'interrogativo se il *regime* comprendesse solo le forze e le istituzioni nuove da lui create «od anche, e nello stesso tempo, le istituzioni e le forze preesistenti in quanto però rinnovate assimilate e fatte sue?»; un interrogativo che dava il senso politico a tutto il suo discorso, poiché è evidente che se il nuovo Stato espresso dal regime era in continua evoluzione e formazione, sciogliendo – come Panunzio scioglieva – positivamente l'interrogativo, anche queste istituzioni e forze e quindi anche la monarchia (anche se l'autore non la nominava) erano soggette al processo di evoluzione rivoluzionaria.

[91] S. PANUNZIO, *La conquista dello Stato*, in «Gerarchia», febbraio 1937, pp. 77 sgg.

procedere sempre a «successivi e continui svolgimenti» coinvolgenti tutte le istituzioni. Nell'ambito di questo discorso la monarchia e l'esercito venivano posti in una posizione apparentemente particolare e privilegiata, con l'argomento che essi «fin dal 1915» «sono del Fascismo e istituti del Fascismo». In realtà però la premessa di questa posizione particolare della monarchia veniva individuata storicamente nel discorso di Mussolini a Udine del 20 settembre 1922, sicché, a ben leggerlo, l'articolo finiva per assumere, come si è detto, soprattutto il carattere di un monito alla monarchia, dato che – come si ricorderà [92] – a Udine Mussolini aveva sí accantonato ciò che rimaneva della sua precedente «tendenzialità repubblicana», ma lo aveva fatto affermando anche 1) che le istituzioni, le forme politiche «non possono essere approvate o disapprovate sotto la specie dell'eternità» ma nel loro concreto contesto storico; 2) che la monarchia non aveva alcun interesse ad osteggiare la rivoluzione fascista; 3) che se il fascismo era stato repubblicano lo era stato perché aveva visto «un monarca non sufficientemente monarca», in altri termini non sufficientemente fascista. Tutti argomenti come si vede, non impegnativi e reversibili in relazione al momento storico e all'atteggiamento della monarchia. E questo, scritto sulla rivista di Mussolini, in un momento in cui il «duce» meditava di scendere in campo contro la monarchia e già probabilmente pensava di preparare una sorta di «cahier» delle sue «doléances» rispetto ad essa [93], non poteva certo essere meramente casuale. Quanto al secondo articolo, di Edgardo Sulis [94], apparentemente esso era tutto rivolto contro la borghesia e il suo interessato costituzionalismo, in realtà anche in esso le conclusioni – non tratte dall'autore, ma facilmente deducibili dal lettore – finivano per coinvolgere in pieno la monarchia, sia in quanto espressione – secondo l'autore – di una pseudoaristocrazia ormai superata dalla «vera aristocrazia» dell'«idoneità al comando» e rappresentante di quel costituzionalismo dietro il quale si trincerava la borghesia per esercitare la propria «senseria» tra il popolo e il suo comando e impedire cosí la marcia del popolo stesso, sia in quanto diaframma, ostacolo verso quello che il Sulis definiva l'obiettivo del fascismo: «il comando unico» [95].

[92] Cfr. *Mussolini il fascista*, I, pp. 312 sg.; nonché MUSSOLINI, XVIII, pp. 417 sgg.
[93] Cfr. *ibid.*, pp. 718 sgg.
[94] E. SULIS, *Accuso le costituzioni*, in «Gerarchia», settembre 1937, pp. 600 sgg.
[95] La scarsa notorietà del Sulis non deve far considerare poco significativa la sua presa di posizione. A parte che spesso Mussolini si serviva di personaggi di secondaria importanza per avviare certi discorsi e sondare le reazioni da essi suscitate (in maniera da poterli, eventualmente, lasciare piú facilmente cadere o, addirittura, smentire), nel caso in questione va notato che il problema dell'«unità del comando», del «Capo» nello Stato Nuovo fascista sarebbe stato di lí a poco ampiamente trattato da un noto e autorevole giurista fascista come C. COSTAMAGNA nelle pagine conclusive della sua *Storia e dottrina del fascismo* cit., pp. 414 sgg. e in particolare 418 sg.

Chiusa questa lunga digressione sulla vicenda del primo maresciallato e sul contesto in cui essa si inseriva, cerchiamo di cogliere il suo significato rispetto ai propositi di Mussolini.

Per Ciano il bilancio della operazione era da considerarsi sostanzialmente positivo e tale – lo si è visto – da fargli ritenere che, alla prima occasione, si sarebbe potuti «andare piú in là». Starace, a sua volta, la giudicava un vero e proprio successo e avrebbe voluto addirittura procedere subito oltre. Meno ottimista doveva essere invece, nonostante la sua sicurezza in se stesso, Mussolini. Nella *Storia di un anno*, dopo aver riferito le dure parole pronunciate dal re, il 4 aprile, all'indirizzo di Santi Romano, egli avrebbe scritto: «da quel momento Vittorio Emanuele giurò a se stesso di trarre vendetta. Si trattava ormai di attendere l'epoca propizia»[96]. Queste parole risentono molto del particolare momento in cui furono scritte e contengono una buona dose di esagerazione. Detto questo, va però anche detto che, conoscendo il re molto meglio di Ciano e di Starace e avendolo incontrato a tu per tu due volte nei giorni della vicenda del primo maresciallato, Mussolini poteva certamente avere una idea piú precisa che non il genero e il segretario del partito delle reazioni suscitate in Vittorio Emanuele dalla vicenda stessa e dei rischi che nuove iniziative del genere avrebbero comportato. Da qui la sua valutazione meno ottimistica e la sua convinzione che fosse piú prudente per il momento non spingersi oltre sulla strada di nuovi colpi di forza diretti esplicitamente contro la monarchia e imboccare invece quella, indiretta, di una vasta azione volta a preparare il terreno nel paese, in maniera che, al momento opportuno, l'operazione contro la monarchia potesse essere tempestivamente portata a buon fine. In questa prospettiva bisogna vedere il mancato sostegno ad alcune iniziative piú o meno individuali di vecchi fascisti intransigenti che, se portate avanti, avrebbero provocato nuovi scontri con la monarchia (tipica in questo senso è la proposta che Perrone Compagni fece improvvisamente il 12 dicembre 1938 in Senato perché questo «cacciasse» dal suo seno Carlo Sforza[97]) quanto l'abbandono di progetti (di cui molto si parlò tra la fine del '36 e quella del '38 e che si ricollegavano a quelli di riforma costituzionale studiati tra la fine nel '29 e il '34) di istituire un Gran Cancellierato. Una soluzione questa che molti fascisti vedevano di buon occhio non solo per ragioni di principio e tecniche, ma anche perché avrebbe permesso di cominciare sia a porre Mussolini in quella sorta di olimpo che si sperava lo avrebbe allon-

---

[96] MUSSOLINI, XXXIV, p. 414.
[97] *Atti Parlamentari, Senato*, XXIX Legislatura, seduta del 12 dicembre 1938, pp. 4181 sg.

tanato dalla gestione diretta del potere, sia a fare un po' di luce (sulla base di chi sarebbe stato scelto per ricoprire la carica di primo ministro) su chi sarebbe stato il successore del «duce»[98].

Gli obiettivi di questa azione preparatoria volta a risolvere il problema monarchico, che finí per caratterizzare in larga misura la vita italiana per circa un anno e mezzo (grosso modo sino allo scoppio della seconda guerra mondiale che ne determinò la parziale attenuazione, ma non la fine), erano essenzialmente tre: accentuare il carattere totalitario del regime; vellicare l'anima populistica del fascismo, in maniera da dare ad esso nuovo slancio e nuova fiducia nella volontà del «duce» di intraprendere finalmente quella «marcia sociale», quell'«andare verso il popolo» tante volte annunciati e promessi e sempre sacrificati ad altre «mete»; mettere sotto accusa e isolare psicologicamente e moralmente – in maniera o da costringerli, per evitare il peggio, a «rientrare nei ranghi» o da poter scaricare su di essi l'ostilità dei «veri fascisti», facendone, insieme alla monarchia, i responsabili della mancata «svolta sociale» del regime – quei settori piú propriamente borghesi (produttivi e intellettuali) del paese che identificavano la loro posizione di «fiancheggiatori» con quella della monarchia o che, condividendo sempre meno i piú recenti indirizzi politici mussoliniani, potevano essere portati a guardare ad essa con rinnovato interesse, come ad un'alternativa interna al sistema da non lasciar deprimere e, anzi, da valorizzare[99].

Per capire e valutare correttamente l'atteggiamento di Mussolini è necessario – prima di entrare nel merito di questa azione – mettere bene in chiaro un punto che, in genere, viene troppo spesso trascurato, con la conseguenza di rendere difficile la comprensione della complessità e, a suo modo, della organicità di tutta questa azione. Anche se prese corpo e si sviluppò come conseguenza e in funzione della nuova fase che stava attraversando il rapporto monarchia-fascismo, tale azione – pur non mancando di aspetti mistificatori e demagogici – non può assolutamente essere considerata una iniziativa meramente contingente e strumentalmente tattica. Al contrario, ideologicamente e psicologicamente essa affondava le sue radici in convinzioni e in stati d'animo (taluni vecchi e radicati, altri piú recenti) assai vivi in Mussolini e che egli (nella sua sfi-

[98] Le *Informazioni Cremonesi* sono ricche di indicazioni in questo senso in relazione sia alle varie sessioni del Gran Consiglio (che si pensava avrebbero varato la riforma costituzionale) sia ad altri avvenimenti che, di volta in volta, si pensava avrebbero almeno potuto permettere di *sperimentare* la riforma; per esempio, alla fine del '36 quando, parlandosi di una imminente visita del re e di Mussolini in Etiopia, circolò con insistenza la voce che si sarebbe approfittato dell'occasione per nominare G. Ciano reggente della presidenza del consiglio. Oltre a quello di Ciano, altri nomi fatti in questi anni per la presidenza del consiglio furono quelli di Starace e, alla fine del '39, di Balbo.
[99] Per lo strettissimo nesso tra l'aspetto antimonarchico e l'aspetto antiborghese di tutta l'azione cfr. le osservazioni di G. ARTIERI, *Cronaca del Regno d'Italia* cit., II, pp. 552 sgg.

ducia, che talvolta rasentava il disprezzo, per gli italiani e nel suo inconscio desiderio di attribuire ad essi la responsabilità degli insuccessi che il regime registrava sul terreno della formazione dei giovani e, piú in genere, di una effettiva fascistizzazione di massa del paese) piú tempo passava piú riteneva urgente e necessario si traducessero in concrete iniziative del regime. Sicché essa ebbe per lui un valore, un significato che andava molto oltre l'obiettivo politico contingente che ne determinò l'avvio e si rifaceva direttamente a quella che abbiamo definito la sua « idea morale »[100]: fu l'occasione per cominciare a mettere in moto il meccanismo di quella « riforma morale degli italiani » che gli appariva ormai sempre piú la grande meta a cui tendere con tutti i mezzi e con l'impegno piú totalitario possibile del regime, la premessa necessaria perché l'Italia potesse realizzare la sua « missione civile » e il suo « destino imperiale ». Da qui, per un verso, la vasta gamma di iniziative in cui l'azione si articolò (o sulle quali si riverberò in varia misura) e, per un altro verso, il suo carattere tutto particolare: « morale » piú che immediatamente politico, « pedagogico » piú che immediatamente repressivo. Col che – sia ben chiaro – non si vuol dire che essa non ebbe tutta una serie di sviluppi politici e di conseguenze repressive, che, anzi, vi furono e furono gravi, ma richiamare l'attenzione sui particolari connotati che – dati gli obiettivi piú generali che con essa Mussolini si proponeva di realizzare – questa azione impresse a quella che il regime stesso tenne a definire la propria fase piú propriamente totalitaria.

Un esame puntuale di tali connotati offre la possibilità di rendersi conto quanto lo storico del fascismo e in particolare del periodo di cui ci stiamo occupando non debba lasciarsi trarre in inganno dal grande uso che in questo periodo il fascismo fece del termine totalitario e non debba lasciarsi indurre a scambiare l'immagine suscitata da questa autorappresentazione totalitaria del fascismo con la realtà dei veri totalitarismi. La « svolta totalitaria » messa in atto in Italia sullo scorcio degli anni trenta ebbe infatti – lo si è già detto – poco in comune con tale realtà.

Sul terreno della vera e propria coercizione materiale essa non comportò nulla di paragonabile con il ricorso al terrore di massa caratteristico dei regimi nazista e stalinista. Pochi dati bastano a dimostrarlo. Nel 1938 e nel 1939 il Tribunale speciale comminò 310 e 365 condanne per 1642 anni e 6 mesi di reclusione nel 1938 e per 1988 anni e 9 mesi nel 1939. Il numero delle condanne annue fu superiore a quello registrato nei sei anni precedenti; fu però molto inferiore a quello del 1928

---

[100] Cfr. *Mussolini il duce*, I, pp. 47 sgg.

(636) e del 1931 (519). Anche se superiore alla media annua del periodo 1927-39 (276,6 condanne e 1484,9 anni di reclusione comminati)[101], queste cifre non denotano certo un particolare inasprimento repressivo, ma testimoniano solo il determinarsi dopo il 1937 (molte sentenze pronunciate nel 1938 riguardarono antifascisti arrestati l'anno prima), in buona parte in connessione con gli avvenimenti spagnoli, di un certo risveglio antifascista[102]. E lo stesso discorso vale per le assegnazioni al confino di polizia. Anche esse registrano un certo aumento[103], spiegabile oltre che con le ripercussioni della guerra civile spagnola, con il crescere del disagio economico e dell'insofferenza per la politica del regime, non certo con un'accresciuta volontà repressiva. Significativo è a

[101] Dal 1927 a tutto il 1939 le condanne pronunciate dal Tribunale speciale furono 3596 (per un totale di 19 309 anni di reclusione) cosí ripartite:

1927	219	1934	259
1928	636	1935	232
1929	159	1936	254
1930	199	1937	172
1931	519	1938	310
1932	213	1939	365
1933	59		

Dal 1° gennaio 1940 al 25 luglio 1943 il Tribunale speciale pronunciò oltre 1000 condanne (1940: 215; 1941: 276; 1942: 368; 1943: 141). Queste cifre sono però meno attendibili di quelle relative al periodo precedente, dato che non comprendono le condanne apparentemente non politiche pronunciate in conseguenza dello stato di guerra (anche per reati annonari). Cfr. A. DAL PONT - A. LEONETTI - P. MAIELLO - L. ZOCCHI, *Aula IV. Tutti i processi del Tribunale Speciale fascista*, Roma 1961.
[102] Contemporaneamente l'incidenza delle spese per i servizi di polizia sul bilancio dello Stato diminuí sensibilmente. Dal 1923-24 al 1926-27 era stata pari al 7,46 per cento, dal 1927-28 al 1935-36 pari al 6,08 per cento, dal 1936-37 al 1939-40 fu pari al 4,6 per cento.
[103] A tutto il 25 luglio 1943 le Commissioni provinciali per il confino emisero 15 470 ordinanze di confino. Al momento della caduta del fascismo i confinati erano 1882; 13 411 erano stati rimessi in libertà a vario titolo (liberazione definitiva, liberazione condizionale, commutazione in diffida o ammonizione, revoca), 177 erano deceduti. Secondo i dati ufficiali (ACS, *Min. Interno, Dir. gen. PS, Confino politico*, p. 22, fasc. «Tabelle movimento dei confinati») i confinati erano:

al 31 dicembre 1936	1553 (di cui 58 latitanti)
al 31 dicembre 1937	1813 (di cui 64 latitanti)
al 31 dicembre 1938	1728 (di cui 71 latitanti)
al 31 dicembre 1939	2392 (di cui 68 latitanti)
al 31 dicembre 1940	2504 (di cui 69 latitanti)
al 31 dicembre 1941	2511 (di cui 58 latitanti)
al 31 dicembre 1942	1793 (di cui 56 latitanti)
al 25 luglio 1943	1882 (di cui 58 latitanti)

Allo stato della documentazione e in mancanza di studi approfonditi, una sicura distinzione tra confinati per motivi politici e confinati per altri motivi è anche piú difficile che per i condannati dal Tribunale speciale. Anche prima dello scoppio della guerra, l'assegnazione al confino avveniva per vari tipi di reati, dall'inadempienza delle norme relative al controllo dei fitti, alla pederastia, al sospetto di appartenenza alla mafia. I dati riassuntivi disponibili (gli ultimi un po' dettagliati si riferiscono al 31 dicembre 1940) distinguono anarchici, comunisti, repubblicani e socialisti, raccogliendo gli altri confinati sino a tutto il 1937 sotto la voce «apolitici» (nella quale erano inclusi, tra gli altri, slavi, altoatesini e fascisti dissidenti, nonché coloro che erano stati condannati in base a reati come «offese al capo del governo») alla quale solo con l'anno successivo si aggiunse (solo per i presenti al confino) quella «antifascisti».
Al 31 dicembre 1940 le ordinanze emesse erano in tutto 12 310; dei colpiti da esse 9806 erano

questo proposito l'alto numero di provvedimenti di clemenza adottati (come l'anno prima) nel 1938 fuori dalle occasioni tradizionali per questo tipo di provvedimenti [104].

Ugualmente nulla indica che in questo periodo il regime abbia consapevolmente mirato ad un ulteriore sistematico smantellamento di ciò che rimaneva dello Stato di diritto e alla realizzazione di un vero e proprio Stato di polizia. A parte che, con la sostituzione – a metà del 1939 – di Solmi con Grandi, il ministero della Giustizia adottò un atteggiamento piú «conservatore» (soprattutto rispetto alle interferenze del partito) e, in certi limiti, di maggior rispetto dell'autonomia del potere giudiziario [105],

già tornati in libertà e 97 erano deceduti; 2504 erano i confinati. Secondo le classificazioni della PS, i confinati erano:

Anarchici	139
Comunisti	789
Repubblicani	18
Socialisti	64
Antifascisti	775
Apolitici	719

Quanto agli ex confinati, le stesse classificazioni dànno:

	Liberati definitivamente	Liberati con la condizionale	Commutazione in diffida	Commutazione in ammonizione	Revoca	Totale
Anarchici	334	64	4	94	5	501
Comunisti	2066	382	31	602	49	3130
Repubblicani	67	27	3	33	7	137
Socialisti	200	148	17	135	10	510
Apolitici	2618	1771	78	856	108	5431

[104] Dopo i provvedimenti di clemenza del novembre 1932 per il «decennale» della «marcia su Roma» (in occasione del quale furono liberati 741 confinati) e del giugno 1936 per due vasti provvedimenti, per la nascita del principe Vittorio Emanuele (448 liberati) e in occasione del Natale (416 liberati) e due piccoli provvedimenti particolari a favore di slavi (in tutto 44 liberati) in occasione del riavvicinamento italo-iugoslavo. Nel 1938 si ebbero altri vasti provvedimenti di clemenza in occasione del Natale (504 liberati: 5 anarchici, 36 comunisti, 1 repubblicano, 21 socialisti, 440 apolitici) e la liberazione (in settembre) di 13 allogeni (quasi certamente altoatesini). Il provvedimento di clemenza piú largo fu quello – nell'ottobre 1942 – in occasione del «secondo decennale» (972 liberati).

[105] A tenere questa linea di comportamento D. Grandi era stato esplicitamente incoraggiato dal re, in occasione della cerimonia (a Sant'Anna di Valdieri, il 10 luglio 1939) del suo giuramento quale ministro di Grazia e Giustizia. Nei suoi *Frammenti di Diario*, in *Archivio D. Grandi*, b. 151, fasc. 199, sott. 3, Grandi, cosí riferisce l'episodio: «Il Re mi ascoltava scarabocchiando automaticamente un foglio di carta. Mi ha detto il Re: "Vede questo scarabocchio? Vorrebbe essere un disegno. Il disegno di un sigillo. Il sigillo dello Stato da oggi a Lei affidato. Nelle antiche costituzioni francesi il Ministro Guardasigilli era chiamato 'la coscienza del Re'".

«Il Sovrano si è fatto serio ad un tratto: "Ella potrà fare molto per salvare e difendere il sigillo, cioè la Costituzione, lo Statuto. Il Duce (è questa la prima volta che io odo il Re riferirsi a Mussolini colla parola 'Duce') crede di avere distrutta la nostra Costituzione che egli considera come un vecchio giocattolo non piú servibile. Non è vero. La costituzione è corrosa, ma i pilastri sono ancora intatti. Ella non dovrà pensare ad altro che salvare e difendere questi pilastri. Ella si prenderà la pena di controllare personalmente tutte le leggi e decreti che le saranno portati per la controfirma del Guardasigilli..." Oso interrompere Sua Maestà: "Ma essi arriveranno sul mio tavolo dopo che Vostra Maestà e il Capo del Governo li avranno già firmati..." Ribatte il Re: "Non importa. Per quanto mi riguarda la cosa non ha importanza. E per quanto riguarda il Duce – qui il Sovrano ha

se in questo periodo è possibile intravvedere una tendenza evolutiva di fondo non è tanto in tale direzione quanto in quella di uno Stato autoritario in cui convivessero alcune garanzie dello Stato di diritto, alcuni aspetti dello Stato di polizia e – quasi come una sorta di elemento di raccordo e di equilibrio – l'iniziativa personale, paternalistico-demagogica, del «duce». Su quest'ultimo aspetto della realtà politico-giuridica del regime manca a tutt'oggi qualsiasi studio. Ciò nonostante ci pare si possa affermare che con la seconda metà degli anni trenta i casi di intervento diretto e indiretto del «duce» in questo campo si fecero via via sempre piú numerosi e significativi (arrivando, tra l'altro, sino ad attribuirsi di fatto la competenza sovrana in materia di condono [106]), al punto che la dottrina giuridica dovette finire per tenerne conto, cominciando persino a prendere in esame quei nuovi «istituti» e quelle nuove procedure che in conseguenza, appunto, dell'iniziativa del «duce» si andavano delineando. Tipiche in questo senso saranno negli anni quaranta soprattutto certe disquisizioni giuridiche sul «ricorso al Duce» quale suprema istanza di giustizia. Nella concreta realtà giuridica del tempo, anche se solo abbozzata e solo agli inizi, questa tendenza evolutiva appare, a ben vedere, certo piú caratteristica di questa fase del regime che non i rumorosi ma sostanzialmente sterili tentativi di alcuni settori di punta del fascismo (il caso piú significativo fu probabilmente quello del gruppo che si raccoglieva attorno alla rivista «Lo Stato» di Carlo Costamagna) di imprimere alla dottrina giuridica e alla legislazione una vera e propria svolta in senso totalitario sul tipo di quella realizzata in Germania [107].

E ancor meno si può parlare di un'azione volta a realizzare un effettivo controllo totalitario del partito sullo Stato. Nonostante il gran parlare della sua funzione e della sua decisiva importanza nel regime, il PNF rimase anche in questo periodo rigidamente subordinato allo Stato. Su

un impercettibile sorriso – egli ha in questioni di Diritto il palato grosso come i miei cammelli di San Rossore i quali masticano fichi d'India senza avvertire le spine..." Il viso del Re si fa grave: "L'Europa va incontro a giorni gravi. Si fidi del suo Re, cosí come io ho fiducia in lei che considero non soltanto come un leale servitore dell'Italia, ma altresí devoto alla Dinastia e alla mia Casa..."»
[106] Cfr. a questo proposito V. CRISAFULLI, *Sulla natura giuridica di un provvedimento di «proscioglimento dal confino» emesso dal Capo del Governo*, estratto da «Il Foro Italiano», 1942, n. 11.
Tutto il settore dei provvedimenti di clemenza stava assai a cuore a Mussolini, che vedeva in esso uno strumento particolarmente adatto a valorizzare la sua immagine di capo giusto, severo ma anche clemente. Un piccolo episodio è a questo proposito assai significativo. All'inizio degli anni quaranta, discutendosi di eventuali ritocchi al codice penale, Grandi propose a Mussolini l'abolizione della pena di morte per i reati comuni, adducendo, tra gli altri, l'argomento che, oltre tutto, egli in genere commutava gran parte delle condanne a morte. La proposta fu respinta da Mussolini con l'argomento che l'abolizione della pena di morte lo avrebbe privato della possibilità, appunto, di compiere questi atti di clemenza...
[107] Per una prima informazione su questi tentativi cfr. A. AQUARONE, *L'organizzazione dello Stato totalitario* cit., p. 283; nonché C. SCHWARZENBERG, *Diritto e giustizia nell'Italia fascista*, Milano 1977, *passim*, spec. capp. XIII e XIV.

molte cose Mussolini poteva cambiare idea o poteva essere influenzato, non certo però a proposito del ruolo del partito e del suo rapporto con lo Stato. Sino a che fu sulla cresta dell'onda e poté giovarsi in qualche misura dell'appoggio di G. Ciano, Starace fece qualche tentativo (in realtà assai cauto e indiretto) per mutare i termini di tale rapporto a vantaggio del partito, ma i risultati furono praticamente nulli e fu probabilmente anche in seguito ad essi che, defenestrato Starace, al PNF furono sottratte (trasferendole, a seconda dei casi, ai ministeri dell'Educazione nazionale, della Cultura popolare e della Giustizia) alcune competenze politico-culturali ritenute piú delicate e tali da determinare interferenze tra Stato e partito. Anche a questo proposito, se mai, è da richiamare l'attenzione sul manifestarsi in questo periodo in Mussolini di una tendenza ad un nuovo tipo di gestione del potere che nulla aveva a che fare con quella totalitaria e che – anche se il «duce» non riuscí a portarla alle sue estreme conseguenze – diminuí notevolmente la già scarsa influenza del partito sulla direzione dello Stato.

Nel gennaio 1941, in piena guerra, Mussolini decise il richiamo alle armi e l'invio al fronte di numerosi gerarchi e di vari ministri, tra i quali Ciano, Grandi, Bottai, Ricci. La decisione fu variamente interpretata. Per i piú essa non era altro che un atto demagogico: dimostrare al paese in guerra che i gerarchi fascisti non erano degli imboscati, ma affrontavano i rischi della guerra come qualsiasi altro italiano. Qualcuno, come Bottai, vi vide dietro qualcosa di piú: secondo Ciano [108], quasi «un vero e proprio colpo di Stato del Duce per liberarsi dal fascismo ed appoggiarsi su altre correnti»; secondo quello che scrisse nel suo diario [109], una sorta di «risposta» polemica a «quanti nel Paese pensano essere il concentramento dittatoriale dei poteri la prima causa dei mali di oggi» e, al tempo stesso, un modo di ribadire la propria dittatura anche nei confronti del vertice del regime. Come in molte decisioni di Mussolini, anche in questa vi furono probabilmente piú motivazioni e non si può escludere che qualcuna delle interpretazioni ora riferite avesse un suo fondamento. Ciò non vuol però dire che non ve ne fossero altre. Sia Ciano sia Bottai nei loro diari riferiscono due frasi di Mussolini che o sono passate inavvertite o sono state considerate delle *boutades* prive di interesse. Stando a Ciano [110], Mussolini avrebbe motivato la sua decisione

---

[108] G. CIANO, *Diario* cit., pp. 499 sg.; nonché G. GORLA, *L'Italia nella seconda guerra mondiale. Diario di un milanese, ministro del re nel governo Mussolini*, Milano 1959, p. 130.
[109] G. BOTTAI, *Diario*. ff. 1070 sgg.
[110] G. CIANO, *Diario* cit., p. 499.

con la volontà di fare «un interessante esperimento di governo» «lavorando direttamente con la burocrazia». Secondo Bottai[111], il «duce» avrebbe detto: «Farò vedere agl'italiani come si governa un Paese coi soli direttori generali!» A nostro avviso, queste due frasi non debbono essere prese per delle *boutades*, ma, al contrario, come l'indicazione del prendere corpo in Mussolini del proposito di dare concretezza ad una idea che egli andava maturando da tempo e che in quel momento dovette pensare di potere, se non realizzare, almeno cominciare a sperimentare, approfittando delle particolari circostanze offertegli dallo stato di guerra, senza scoprire troppo, per il momento, le sue vere intenzioni.

Quando era arrivato al potere, Mussolini non aveva – come molti socialisti o ex socialisti – idee precise su cosa veramente fosse la burocrazia pubblica e sul suo ruolo in uno Stato moderno. Condivideva non pochi dei pregiudizi e delle critiche piú diffusi su di essa, in primo luogo quelli che la volevano, oltre che pletorica, «ritardataria» e fonte di intralci per l'attività dei cittadini «che hanno capacità e volontà di lavorare»[112], ma, soprattutto, la considerava – come disse il 27 ottobre 1923 parlando all'Associazione lombarda dei giornalisti[113] – una «cosa enorme, misteriosa, possente, inesplicabile». Ciò nonostante, un po' perché dal 1921 il Parlamento aveva conferito al governo i poteri per riformare l'amministrazione civile dello Stato ed egli voleva sfruttare l'occasione per dimostrare che il fascismo, appena giunto al potere, era capace di risolvere una questione tanto annosa e sentita dal paese, un po' perché in questo senso premeva il ministro delle Finanze De Stefani, che attraverso la riforma burocratica pensava di sfoltire i ruoli della pubblica amministrazione e conseguire cosí un notevole risparmio in funzione della realizzazione del pareggio del bilancio, e un po' per non deludere le attese di larghi settori del PNF, che consideravano la burocrazia in buona parte ostile al fascismo e, quindi, da mettere sotto controllo ed epurare degli elementi piú infidi[114], Mussolini sin dai primi giorni del suo governo si era impegnato a fondo sul terreno del riassetto burocratico. Una serie di provvedimenti legislativi adottati nel corso del 1923, nel quadro dell'esercizio dei poteri conferiti al governo due anni prima, aveva riformato la materia in base a criteri largamente innovativi e autoritari

---

[111] G. BOTTAI, *Diario*, f. 1070, nonché (leggermente diverso) ID., *Vent'anni e un giorno* cit., p. 201. Pressoché negli stessi termini Mussolini si espresse con un altro ministro da lui fatto mobilitare, G. GORLA, *Diari*; cfr. *L'Italia nella seconda guerra mondiale* cit., p. 130.
[112] MUSSOLINI, XVIII, pp. 387 sg.
[113] *Ibid.*, XX, p. 60.
[114] Fu forse per rassicurare la burocrazia e dimostrarle che non condivideva le accuse che ad essa erano mosse da parte fascista che in questo periodo Mussolini largheggiò di pubblici elogi verso di essa. Cfr. *ibid.*, XX, pp. 83 sg., 147 sg. e 231 sg.

(e aveva portato ad una notevole riduzione del personale, specie avventizio [115]), che, per altro, piú che alle attese, politiche e tecniche, del fascismo intransigente avevano corrisposto a quelle dei «fiancheggiatori» e dei fascisti moderati (non a caso il vero «padre» della riforma era stato A. De Stefani) [116]. Tanto è vero che da varie parti del PNF si erano tosto levate numerose voci di critica e per reclamare nuovi provvedimenti che andassero oltre gli «insignificanti» rimaneggiamenti adottati sul piano tecnico e degli organici (ritenuti ancora pletorici), che tenessero conto delle proposte elaborate dal gruppo di competenza per la pubblica amministrazione e che portassero ad un'effettiva fascistizzazione della burocrazia. Queste voci [117] si erano fatte particolarmente alte nei mesi della crisi Mattèotti, allorquando era sembrato che vasti settori della burocrazia (che l'anno prima – checché ne dicessero gli intransigenti – avevano guardato con simpatia al fascismo [118] e, in genere, non avevano male accolto la riforma) si stessero orientando verso i partiti costituzionali di opposizione. Mussolini non ne aveva però tenuto conto alcuno e aveva anzi voluto sottolineare che riteneva la riforma perfettamente riuscita e adeguata alle necessità e, soprattutto, che considerava la burocrazia in linea con il governo. Particolarmente significativo è quanto aveva detto a questo proposito a Milano il 4 ottobre 1924 [119]:

> Ci sono delle riforme che io vorrei chiamare di ordine fondamentale, tra le quali, principalissima, quella della burocrazia.
> Con questa riforma, della quale io sono gelosissimo, noi abbiamo dato non solo uno stato giuridico ai cinquecentoquattromila funzionari dello Stato italiano, ma li abbiamo messi tutti nelle gerarchie. Ognuno sa bene come comincia e come finisce. È stata una fatica improba, ma siamo riusciti; ed oggi tutta la burocrazia è inquadrata e lavora. La burocrazia marcia bene. Certo, molti governi l'avevano abituata un po' male. Però, in fondo, dato il cinematografo dei governi, l'unico elemento di stabilità era la burocrazia. Se non ci fosse stata la burocrazia noi ci sa-

---

[115] Cfr. *Mussolini il fascista*, I, pp. 397 sg.
[116] Sulla «riforma burocratica» dal 1923 cfr. F. PIODI, *La riforma burocratica (1920-1923)*, in «Rivista trimestrale di diritto pubblico», aprile-giugno 1975, pp. 609-57; P. CALANDRA, *I pieni poteri per le riforme amministrative (1922-1924)*, ibid., luglio-settembre 1975, pp. 1349-73; *La riforma amministrativa del 1922-1924 e la crisi del liberismo amministrativo*, a cura di R. Ruffilli, ibid., pp. 1527-81; nonché, per un quadro piú generale, M. RUSCIANO, *L'impiego pubblico in Italia*, Bologna 1978, pp. 73 sgg. e in particolare pp. 81 sgg.
[117] Per avere una idea di queste critiche, cfr., per quelle di tipo piú tecnico, gli articoli di E. LOLINI del 1923-26 raccolti in *Per l'attuazione dello Stato fascista*, Firenze 1928, pp. 17 sgg., 38 sgg., 71 sgg. e 98 sgg., e, per quelle di tipo piú politico, R. FARINACCI, *Un periodo aureo del Partito Nazionale Fascista*, Foligno 1927, pp. 59 e 167 sg., nonché G. CIPRIANI-AVOLIO, *Da una rivoluzione a un colpo di governo*, s. l. e d. [ma Roma 1924], p. 49; U. FABBRI, *Analisi del regime fascista (agosto 1924)*, Roma s. d. [ma 1924], pp. 54 sgg.; C. SUCKERT [MALAPARTE], *Il partito deve combattere la burocrazia. Sostituire e controllare*, in «La conquista dello Stato», 5 aprile 1925.
[118] Secondo C. A. JEMOLO, *L'ordinamento della burocrazia nel decreto 11 novembre 1923*, n. 2395, in «Rivista di diritto pubblico», 1924, p. 22, con l'andata al potere di Mussolini «la classe degli impiegati» aveva aperto «l'anima a maggiori speranze».
[119] MUSSOLINI, XXI, p. 91. Cfr. anche, *ibid.*, pp. 280 sgg., le dichiarazioni fatte alla Camera il 4 aprile 1925.

remmo trovati in pieno caos, perché, a prescindere da tutte le filosofie, da tutte le dottrine politiche, il governo dello Stato è anche costituito da una serie di pratiche piú o meno emarginate. Nella stabilità perpetua, rotativa dei governi, la burocrazia era quella che riassumeva in sé la continuità di tutta la vita amministrativa e, quindi, politica della nazione... Oggi la burocrazia è conscia dei suoi doveri. Credo che debba essere ancora curata in certi suoi bisogni di ordine materiale e morale. L'ideale si riassume in questa formula: pochi impiegati ben pagati che possano condurre un treno di vita dignitoso e probo.

Date le gravissime difficoltà politiche del momento, pronunciando queste parole Mussolini era stato certamente mosso (come tre mesi dopo, quando, all'insaputa dello stesso ministro delle Finanze, aveva deciso di aumentare gli stipendi agli statali [120]) soprattutto dalla necessità di rassicurare la burocrazia, recuperarne le simpatie e contrastarne il distacco dal governo e dal fascismo. È però difficile non cogliere in esse anche l'eco, l'anticipazione di qualche cosa di meno contingente e immediatamente politico. Nella netta riaffermazione della piena validità, non solo e non tanto tecnica [121], ma soprattutto politica («oggi la burocrazia è conscia dei suoi doveri») della riforma entrata in vigore l'anno prima e, dunque, del particolare rapporto etico, giuridico e politico che essa aveva stabilito tra lo Stato e i suoi dipendenti (e che, non a caso, Mussolini avrebbe ancora ribadito dieci anni dopo, definendola una legge «fondamentale» che egli non aveva voluto subisse alcun ritocco [122]), nell'assunzione del principio «pochi impiegati ben pagati» a regola di comportamento del governo e nell'apologia della burocrazia come «continuità di tutta la vita amministrativa e, quindi, politica della nazione» già si può cogliere infatti il primo manifestarsi di quel particolare modo di intendere il rapporto regime-burocrazia che avrebbe negli anni successivi caratterizzato la politica mussoliniana verso la pubblica amministrazione e che, sullo scorcio degli anni trenta e all'inizio degli anni quaranta, avrebbe finito per portare il «duce» a considerare la possibilità di attuare un modello di gestione del potere nettamente diverso da quello auspicato dal fascismo e che nulla aveva in comune con i modelli totalitari.

Contrariamente a quei settori del fascismo – ai quali abbiamo già fatto cenno – che, sia pure partendo da motivazioni diverse (per alcuni

[120] Cfr. a questo proposito A. DE STEFANI, *Una riforma al rogo*, Roma 1963, pp. 47 sg.
[121] Un comitato presieduto da A. De Stefani elaborò nel 1928-29 alcune «proposte per il perfezionamento dei metodi di lavoro e di controllo delle Amministrazioni dello Stato». Mussolini preferí però non dare seguito ad esse. Cfr. A. DE STEFANI, *Una riforma al rogo* cit.; R. SPAVENTA, *Burocrazia, ordinamenti amministrativi e fascismo*, Milano 1928 (per i precedenti della realtà sulla quale le proposte avrebbero dovuto incidere); *Associazione Generale Fascista del Pubblico Impiego*, Roma 1931, pp. 34 sgg. (per alcune reazioni ad esse).
[122] Cfr. MUSSOLINI, XXVI, p. 240.

Il regime di fronte al proprio futuro: il «totalitarismo» fascista

di tipo politico-funzionale e, a loro modo, liberistico, per altri di tipo esclusivamente politico-partitico, di potere), miravano ad un'effettiva fascistizzazione della burocrazia che non si fermasse di fronte a nulla e procedesse pertanto anche ad una massiccia epurazione e sostituzione degli epurati con fascisti «sicuri» e a una ridistribuzione delle funzioni direttive assolutamente svincolata da ruoli e da anzianità, Mussolini, anche dopo aver superato la crisi Matteotti, – pago di averla inserita nel doppio meccanismo della riforma del '23 e del regime – non aveva mai pensato a una fascistizzazione effettiva, totale, coattiva [123] e su tempi brevi, della burocrazia. Una simile operazione, infatti, non solo avrebbe alterato in maniera drammatica gli equilibri del compromesso su cui si andava assestando e sviluppando il regime (e Mussolini non poteva permettersi una tale prova di forza), ma – anche se ciò fosse stato pensabile – avrebbe avuto per lui due conseguenze egualmente lontane dalle sue intenzioni: avrebbe portato ad una rivitalizzazione e rivalutazione notevolissima del PNF e a una dequalificazione altrettanto notevole della pubblica amministrazione, dato che il «vero» fascismo non era, salvo casi quantitativamente non significativi, in grado di esprimere una burocrazia all'altezza delle necessità e della preparazione tecnica di quella che avrebbe dovuto sostituire. Da qui la sua scelta di puntare anche in materia di fascistizzazione della burocrazia sul tempo e cioè sul progressivo (e non traumatico) apporto delle nuove generazioni fasciste [124], limitandosi per il momento, da un lato, ad inserire nella pubblica amministrazione (e soprattutto in alcuni ministeri chiave, quali quelli dell'Interno e degli Esteri) un certo numero di fascisti di provata fede o che era necessario «sistemare» o allontanare dai loro precedenti incarichi locali di partito [125] e, da un altro lato, a sollecitare la fedeltà al regime della burocrazia concedendole alcuni benefici di ordine materiale e morale [126]. Né

---

[123] Due furono i provvedimenti di tipo coattivo ad hoc. Con la legge 24 dicembre 1925, n. 2300 fu disposta (sino al 31 dicembre 1926) l'aggiunta ai motivi per la dispensa dal servizio già previsti dalla riforma del 1923 di quello «per manifestazioni compiute in ufficio o fuori d'ufficio» inducenti a ritenere che il dipendente non desse «piena garanzia di un fedele adempimento dei suoi doveri» o si ponesse «in condizioni di incompatibilità con le generali direttive politiche del governo». Cfr. su di essa la relazione e i discorsi con i quali A. Rocco la presentò alle Camere in A. ROCCO, *Scritti e discorsi politici*, III, Milano 1938, pp. 821 sgg. Il testo unico 6 novembre 1926, n. 1848, delle leggi di pubblica sicurezza stabilí a sua volta la destituzione o rimozione dal grado o dall'impiego o comunque il licenziamento del personale dello Stato o degli enti pubblici appartenente ad associazioni segrete.
[124] Dal 1932 al 1940 furono adottati vari provvedimenti che introducevano come requisito necessario per la partecipazione a pubblici concorsi l'iscrizione al PNF, facilitavano la carriera agli iscritti al partito e assicuravano benefici agli squadristi. Per maggiori elementi cfr. M. RUSCIANO, *L'impiego pubblico in Italia* cit., pp. 90 sg.
[125] Cfr. a questo proposito *Mussolini il fascista*, II, pp. 344 sg.
[126] Sull'andamento degli stipendi statali Mussolini si espresse pubblicamente piú volte; cfr. in particolare MUSSOLINI, XXIV, pp. 314 sgg. (in Senato il 18 dicembre 1930) e XXVI, pp. 238 sgg. (alla Camera il 26 maggio 1934). In tali occasioni e ancora il 6 ottobre 1934 (*ibid.*, XXVI, p. 356) si

crediamo che questa scelta fosse stata per il «duce» del tipo di quelle che di necessità fanno virtú. Conoscendo il suo radicale pessimismo sulla natura degli uomini e, quindi, la sua istintiva adesione a tesi come quella di R. Michels (da lui, oltre tutto, ben conosciuto e apprezzato) sulla importanza della burocrazia come il sostegno piú valido di ogni governo, ma anche sull'opportunismo di fondo di essa, paragonabile a quello di un esercito di mercenari, «sempre pronti, vuoi per egoismo di classe, vuoi per utile personale e specialmente per paura di perdere il posto, a prendere, qualunque sia la questione di cui si tratti, le difese dello Stato, che loro dà il pane... salvo, naturalmente, a passare con armi e bagaglio, nel caso di una rivoluzione fortunata, nel campo di chi dirige il *nuovo Stato*»[127], pensiamo al contrario che essa doveva essergli apparsa sotto tutti gli aspetti la migliore, oltre che la piú sicura, specie dopo che, superata la crisi Matteotti, fu sempre piú chiaro che se passaggi armi e bagaglio vi sarebbero stati non sarebbero certo stati verso il campo dell'opposizione, ma verso quello fascista.

Un interrogativo, marginale, ma non trascurabile, che a questo punto si pone allo storico è quello del perché – se questa era la sua posizione – per lungo tempo Mussolini cercò di frenare lo sviluppo quantitativo della burocrazia statale[128], quando autori da lui apprezzati (per esempio

soffermò anche sulla questione del loro numero, negando che fosse eccessivo ma dichiarandosi contrario ad un suo incremento troppo forte.

Secondo i dati ufficiali dell'ISTAT, *Sommario di statistiche storiche italiane 1861-1955*, Roma 1958, pp. 204 sg., l'andamento degli stipendi degli statali sotto il fascismo fu il seguente:

	1913	1918	1921	1925	1930	1934	1939	1942
Carriera direttiva								
direttore generale	10 000	11 675	23 331	35 926	44 145	38 649	45 307	55 174
direttore di divisione	7 000	8 400	14 847	23 726	26 910	23 350	27 373	35 154
direttore di sezione	6 000	7 308	14 097	21 101	22 658	19 788	23 362	30 644
consigliere di I classe	5 000	6 217	13 247	18 376	21 011	19 152	22 941	28 774
consigliere di II classe	3 350	4 713	8 681	13 326	15 271	14 172	16 936	22 064
Carriera esecutiva								
archivista capo	4 350	5 850	12 081	15 851	16 513	14 836	17 736	23 604
applicato	2 350	3 575	8 161	9 001	8 991	8 453	10 088	15 024
applicato aggiunto	1 850	2 938	7 561	7 501	7 234	7 146	8 613	13 040
Carriera ausiliaria								
commesso	2 250	3 447	8 656	10 884	10 702	9 874	11 833	16 309
usciere	1 650	2 682	6 656	7 701	7 235	7 058	8 531	12 554
inserviente	1 450	2 427	6 256	6 486	5 857	5 782	6 953	10 497

Per una prima informazione sui benefici aggiuntivi di cui godevano gli statali cfr. *Associazione Generale Fascista del Pubblico Impiego* cit.

[127] La citazione è tratta da una memoria del 1931 (riprodotta in R. MICHELS, *Studi sulla democrazia e sull'autorità*, Firenze 1933, pp. 93 sgg. e spec. 112); i concetti in essa espressi erano già stati però piú volte enunciati dal Michels in precedenti scritti sin dal primo ventennio del secolo.

[128] Alcuni autori (cfr. per esempio V. CASTRONOVO, *Fascismo e classi sociali*, in AA.VV., *Fascismo e capitalismo*, a cura di N. Tranfaglia, Milano 1976, pp. 121 sgg.) hanno sostenuto che durante tutto

R. Michels) ritenevano tale sviluppo praticamente inarrestabile e consideravano la frustrazione dell'aspirazione a entrare nelle file della burocrazia una delle maggiori ragioni dell'ostilità verso lo Stato dei ceti medi intellettuali in paesi, come l'Italia, in cui l'industria e il commercio non erano in grado di assorbirli adeguatamente e di offrire loro migliori si-

il periodo fascista si sarebbe verificato un consistente aumento del pubblico impiego, dovuto soprattutto a «un allargamento dall'alto delle istituzioni di controllo, conforme alla logica stessa della dittatura, e dei meccanismi di aggregazione clientelare». Questa valutazione è stata però dimostrata errata da S. Cassese (cfr. soprattutto *Questione amministrativa e questione meridionale. Dimensioni e reclutamento della burocrazia dall'unità ad oggi*, Milano 1977, pp. 3, 38 sgg., 52 sgg. e *passim*), il miglior studioso oggi della materia.

Dal 1923 al 1931 il numero dei dipendenti statali rimase praticamente stazionario, con poco meno del 10 per cento dei posti in ruolo libero. Dal 1931 al 1935 si ebbe un aumento in massima parte fittizio, dovuto all'inclusione nei ruoli del personale del governo austro-ungarico delle «nuove provincie» e alla statizzazione dei direttori didattici, maestri elementari e insegnanti delle scuole di avviamento professionale. Un vero aumento (piú sensibile per il personale non di ruolo) si ebbe negli anni della seconda guerra mondiale. Un confronto dei dati quantitativi veramente significativo deve distinguere il complesso dei dipendenti dello Stato in almeno tre gruppi: *civili, insegnanti* e *militari* (negli anni ovviamente di pace) e basarsi essenzialmente su quelli relativi al primo. Oltre alle fonti statistiche in calce alla tabella che segue, cfr. ACS, *Presidenza del Consiglio dei ministri, Gabinetto, 1927*, fasc. 1-1-4/104; *1940-43*, fasc. 1-3-1/48099; nonché, dal 1° luglio 1923 al 1° gennaio 1935 i supplementi semestrali della «Gazzetta Ufficiale»:

MINISTERI	1918	1921	1925	1930	1934	1939	1942
civili							
di ruolo	–	–	61 705	62 490	64 409	66 930	72 594
non di ruolo	–	–	13 883	11 657	15 069	16 308	52 267
insegnanti							
di ruolo	–	–	11 216	12 303	100 209[a]	114 569	127 115
non di ruolo	–	–	2 719	1 647	18 630	24 409	29 161
militari	–	–	150 358[b]	177 222[c]	175 306	223 167	–
operai							
di ruolo	–	–	29 462	3 324	3 428	78 976	116 025
non di ruolo	–	–	36 846	33 804	37 763		
totale	162 759	228 387	306 189	302 447	414 495	524 369	397 162
totale senza militari	162 759	228 387	155 831	125 225	239 189	301 202	397 162

FFSS - PPTT - MONOPOLI - SS - ecc.

	1918	1921	1925	1930	1934	1939	1942
civili							
di ruolo	–	–	–	–	–	176 723	171 694
non di ruolo	–	–	–	–	–	19 403	67 754
militari	–	–	–	–	–	7 172	8 844
operai	–	–	–	–	–	32 755	34 637
totale							
di ruolo	125 313	231 161	192 282	216 652	211 629	176 723	171 694
non di ruolo	42 296		13 572	42 474	14 654	19 403	67 754
totale senza militari	167 609	231 161	205 854	259 126	226 283	228 881	274 085

[a] Col 1° gennaio 1932 passarono a carico dello Stato i direttori didattici, maestri elementari e insegnanti delle scuole di avviamento professionale.
[b] Comprese le forze di polizia e la Guardia di Finanza.
[c] Comprese le forze di polizia, la Guardia di Finanza e la MVSN.

Fonti: *Annuari* ISTAT 1919-36; MINISTERO DEL TESORO - RAGIONERIA GENERALE DELLO STATO, *Situazione numerica dei personali civili e militari e spese relative al 1° luglio 1949*, Roma 1951.

stemazioni [129]. La risposta a questo interrogativo va, a nostro avviso, trovata ad almeno tre diversi livelli. A livello economico, nella necessità di non gravare eccessivamente il bilancio dello Stato con nuovi oneri correnti. A livello tecnico-politico, nella preoccupazione di non appesantire la pubblica amministrazione e di non diminuirne l'efficienza con l'immissione di elementi non idonei provenienti dal partito (ovvero non suscitare lo scontento di questi preferendo loro individui meno «benemeriti» e «sicuri»). A livello psicologico-culturale, infine, nel fatto che Mussolini era anch'egli largamente condizionato dalla polemica contro l'ipertrofia burocratica caratterizzante la cultura italiana del tempo e un po' tutti gli ambienti sociali (anche quelli che, contemporaneamente, aspiravano piú di tutti a un «posto sicuro» nella pubblica amministrazione), sicché, dovendo valutare il pro e il contro della questione, finiva per arroccarsi su una posizione mediana: di rifiuto sia delle proposte di ulteriore sfoltimento della pubblica amministrazione che gli venivano da uomini come De Stefani, sia delle considerazioni politiche che gli suggerivano di allargarne i quadri e dare cosí uno sfogo alla piccola borghesia intellettuale e in specie a quella meridionale [130]. E ciò tanto piú che, cosí facendo, poteva giustificare la sua scelta con il suo «senso dello Stato» e la sua funzione di coordinatore e tutelatore supremo di tutti gli interessi [131], mentre la funzione di sfogo poteva essere trasferita dallo Stato al parastato allora in espansione [132]. Si spiega cosí come, sino a quando fu possibile e cioè sino agli anni della seconda guerra mondiale, che videro un notevole aumento del numero dei dipendenti pubblici [133], la tendenza dominante fu quella ad una limitata espansione della burocrazia statale, determinata soprattutto dalle oggettive necessità dell'allargamento dei suoi compiti [134], *riequilibrata*, per cosí dire, da una maggiore espan-

[129] Cfr. A. DE STEFANI, *Una riforma al rogo* cit., pp. 12 sg.
[130] Con la riforma Bottai il regime fece un notevole sforzo di razionalizzazione dell'assetto scolastico e degli studi in base alle esigenze e alle possibilità del mercato del lavoro onde orientare i giovani verso le attività produttive e dirottarli il piú possibile dalla pubblica amministrazione. Cfr. T. M. MAZZATOSTA, *Il regime fascista tra educazione e propaganda (1935-1943)*, Bologna 1978, pp. 120 sgg.
[131] Per una eco di questa giustificazione, quasi certamente piú adulatoria che sincera, cfr. la chiusa della già citata memoria di R. MICHELS in *Studi sulla democrazia e sulla autorità* cit., p. 115.
[132] Sulla consistenza numerica dei dipendenti del parastato mancano cifre precise. In base agli elementi reperibili (ACS, *Presidenza del Consiglio dei ministri, Gabinetto*, 1940-1943, fasc. 6-2/9690) essa può essere valutata in circa 35 mila unità nel 1932 e a 48-50 mila nel 1939. Per l'elenco degli enti parastatali e assimilati cfr. il regolamento di esecuzione della l. 28 luglio 1939, n. 1436, concernente il riordinamento dell'Ente nazionale fascista di previdenza e di assistenza per i dipendenti dagli enti parastatali ed assimilati, in «Gazzetta Ufficiale», 7 novembre 1940, pp. 4236 sg.
[133] Alla vigilia dell'entrata dell'Italia in guerra molti erano comunque coloro che consideravano il numero dei dipendenti delle varie burocrazie, statale, sindacale, corporativa, di partito, ecc., non solo eccessivo ma tale da costituire un gravissimo inceppo per la vita sociale e economica in particolare. Cfr. a quest'ultimo proposito E. CONTI, *Dal taccuino di un borghese*, Milano 1946, pp. 681 sg.
[134] Persino un ministero di nuova costituzione e tipicamente fascista come quello delle Corporazioni mantenne nei suoi primi anni di vita il numero dei suoi dipendenti entro cifre non eccessive.

sione (ma pur sempre meno consistente di quanto spesso asserito) di quella parastatale [135].

Come abbiamo già avuto occasione di dire [136], il risultato di questa politica era stato quello di una fascistizzazione in gran parte di parata: il regime si era venuto infatti a trovare con una burocrazia statale che era in gran parte costituita (anche ai livelli dirigenziali piú alti) da uomini formatisi ed entrati in carriera sotto il vecchio Stato liberal-democratico e che, pur avendo aderito al nuovo regime [137], rimanevano per molti aspetti ancora legati, per convinzione, abitudine, calcolo, autodifesa morale e pratica, ad alcuni suoi valori di fondo. A molti fascisti, anche non estremisti e consapevoli della impossibilità di cambiarla nei tempi brevi, questa situazione era pesata notevolmente. In particolare essi avevano accusato i vecchi burocrati di non comprendere lo «spirito del fascismo», di ostinarsi a difendere posizioni anacronistiche e «fuori tempo» e di pretendere di farle prevalere su quelle dei loro piú giovani colleghi fascisti, in nome di un'*esperienza* che, in realtà, non era altro che «la perfetta conoscenza e il perfetto sfruttamento di tutte le deformazioni mentali e spirituali che concorrevano un tempo a mantenere l'esercizio del potere» [138]. E, col passare degli anni, ancor piú era venuto a pesare il fatto che, mentre tanto si parlava della funzione «insostituibile» del partito e della novità «rivoluzionaria» rappresentata dalle corporazioni (il cui fine doveva essere l'«autoamministrazione dell'economia»), era sempre piú evidente che nella realtà ciò che veramente contava era la tradizionale burocrazia statale e le altre, quella corporativa, quella sindacale, quella del partito, finivano in questa situazione per girare a vuoto, costituire degli intralci e aggravare il bilancio nazionale e che, nonostante ciò, Mussolini non perdeva occasione per elo-

---

Nel 1932, a cinque anni e mezzo dalla sua creazione, esso contava 715 impiegati di ruolo, 187 impiegati non di ruolo e 754 operai di ruolo e no. Nel 1935 essi erano diventati rispettivamente 959, 219 e 689.
[135] Specie con la seconda metà degli anni trenta, il parastato fu spesso utilizzato per «sistemare» vecchi fascisti ed ex gerarchi o per dare una contropartita economica a coloro che si voleva liquidare politicamente. Questa pratica fece persino fiorire varie barzellette tra cui quella che voleva che la sigla dell'Azienda generale italiana petroli, AGIP, volesse dire Azienda gerarchi in pensione. Cfr. M. RIVOIRE, *Vita e morte del fascismo*, Milano 1947, p. 103.
[136] Cfr. *Mussolini il fascista*, II, pp. 344 sgg.
[137] Una idea del processo di «fascistizzazione» della burocrazia può essere data – in mancanza di dati piú precisi – dal ritmo di adesioni all'Associazione generale fascista del pubblico impiego: 70 mila nel 1926, 80 mila nel 1927, 100 mila nel 1928, per un totale di circa 250 mila. Nel 1929 l'inquadramento divenne «quasi totalitario». Cfr. *Associazione Generale Fascista del Pubblico Impiego* cit., p. 5.
[138] Cfr. F. GARZILLI, *Funzionari fascisti e fascisti funzionari*, in «Costruire», gennaio 1931, pp. 36 sgg. Che «lo sforzo rinnovatore del fascismo» urtasse «contro la vecchia mentalità» della burocrazia era stato denunciato anni prima anche da R. SPAVENTA, *Burocrazia, ordinamenti amministrativi e fascismo* cit., p. 103. Per la polemica contro la «mentalità burocratica» cfr. anche A. SILVI ANTONINI, *Rivoluzione e burocrazia*, Roma 1932.

giarla, confermarle la sua fiducia ed esaltarne la funzione[139]. Tipica eco di questo malessere è un rapido, ma significativo passo di un articolo del 1934 de «Il secolo fascista»[140]:

> Se è postulato fondamentale della rivoluzione fascista che nessuna funzione individuale e sociale debba compiersi fuori o, peggio, contro lo Stato, è anche il caso di domandarsi fino a che punto lo Stato debba identificarsi con la burocrazia ministeriale, per non correre il rischio di veder assorbite dalla burocrazia tutte le funzioni della vita nazionale.

E ancora piú significativo è che, qualche anno dopo, nel 1938, un autorevole rappresentante del neo intransigentismo fascista, C. Costamagna, avesse sentito il bisogno di scendere in campo contro alcuni giuristi «tradizionalisti» (per altro, non a caso, non indicati nominativamente) che *autorizzavano* in sede scientifica «la deformazione dello Stato fascista in uno "Stato amministrativo" o "burocratico"»[141].

Ancora una volta il malcontento, le critiche e le proposte[142] dei fascisti non avevano avuto però alcuna soddisfazione. Col passare degli anni, per una serie di ragioni, in parte oggettive, connesse alla realtà del regime, e in parte soggettive, che traevano cioè origine dalla personalità stessa di Mussolini e dal suo modo di concepire la gestione del potere, la pubblica amministrazione aveva infatti assunto agli occhi del «duce» una importanza sempre maggiore. In primo luogo per il fallimento delle speranze nella capacità del fascismo di esprimere in tempi brevi una propria classe dirigente: non solo esse erano andate deluse, ma Mussolini aveva dovuto constatare che la classe dirigente del regime riproduceva nel suo interno pressoché tutte le vecchie divisioni e articolazioni, i vecchi contrasti ideali e di interessi, i *difetti*, in una parola, di quella

---

[139] Cfr., per esempio, in MUSSOLINI, XXIV, pp. 12, 119 e 121 sg., nonché in XXVI, pp. 93 sg., l'accenno alla burocrazia fatto il 14 novembre 1933 nel corso del discorso «per lo Stato corporativo»: «Il nostro Stato è uno Stato organico, umano, che vuole aderire alla realtà della vita.
«La stessa burocrazia non è oggi, e meno ancora domani vuol essere un diaframma fra quella che è l'opera dello Stato e quelli che sono gl'interessi e i bisogni effettivi e concreti del popolo italiano.
«Io sono certissimo che la burocrazia italiana, che è ammirevole, cosí come lo ha fatto fin qui, domani lavorerà con le corporazioni tutte le volte che sarà necessario per la piú feconda soluzione dei problemi».
[140] G. A. FANELLI, *Verità sulla corporazione*, in «Il secolo fascista», 15 giugno 1934, p. 178. Altri echi si possono, indirettamente, cogliere dal volumetto di S. DI MASSA, *Burocrazia fascista*, Roma s. d. [ma 1936].
[141] C. COSTAMAGNA, *Storia e dottrina del Fascismo* cit., p. 420.
[142] Nel 1939, prendendo spunto dalla creazione della Camera dei fasci e delle corporazioni, anche Bottai fece un ennesimo tentativo di riproporre il problema di un'effettiva riforma burocratica che razionalizzasse la pubblica amministrazione, ponesse fine all'esistenza di due burocrazie – una politica e l'altra amministrativa – che si ignoravano «rigorosamente» l'un l'altra, innestasse «le nuove forze dinamiche della Rivoluzione sul vecchio tronco della burocrazia» ed estendesse ad essa la logica corporativa. Cfr. CRITICA FASCISTA, *L'amministrazione nel Regime*, in «Critica fascista», 15 gennaio 1939, pp. 82 sg. e ID., *Crescendo burocratico*, ibid., 15 luglio 1939, pp. 282 sg., in cui si sosteneva addirittura che il nuovo auspicato ordinamento amministrativo avrebbe potuto tradursi in una «quarta Carta», dopo quella del lavoro, della razza e della scuola.

prefascista e che l'apporto degli «uomini nuovi» del fascismo, salvo casi quantitativamente modesti, non aveva migliorato la situazione e spesso l'aveva peggiorata, introducendo nuovi motivi di contrasto e di inefficienza. In secondo luogo per la personalità di Mussolini: sempre piú caratterizzata dal pessimismo sulla natura degli uomini, dalla disistima, in particolare, per quelli che gli erano attorno, dalla diffidenza e dalla gelosia per quelli tra essi che si mettevano per qualche ragione piú in vista; e, ancora, dal suo spirito accentratore, dalla sua convinzione che in realtà tutto ciò che veniva fatto di positivo era merito suo, del suo «sgobbare» tutto il giorno tutti i giorni, e dal suo crescente egocentrismo. E, infine, per la sempre maggiore influenza che tutto ciò acquistava col passare del tempo sulla concezione mussoliniana della gestione del potere. Esautorati ormai da anni il Parlamento (che la riforma della Camera del 1938 avrebbe addirittura declassato a mero organo di «integrazione» del governo) e il partito e in via di lento esautoramento anche il Gran Consiglio, Mussolini poteva dirsi soddisfatto per ciò che riguardava le scelte politiche di fondo o, comunque, piú importanti. Pur dovendo tener conto dei complessi equilibri del regime, queste scelte dipendevano di fatto sempre piú unicamente da lui, dal suo «intuito», dalla sua «lungimiranza», dai suoi piani politici. Al massimo ad esse potevano concorrere dei «tecnici» (possibilmente «puri», senza incarichi e preoccupazioni politici cioè) che, per altro, avevano solo il ruolo di consulenti incaricati di studiare singoli problemi (e spesso singoli aspetti di un determinato problema) sotto il profilo tecnico, senza entrare quasi mai nella loro sostanza politica che rimaneva esclusiva pertinenza della valutazione personale del «duce», cosí come lo era la definitiva decisione. Assai significativo è a questo proposito il fatto che con l'istituzione, nel 1938, della Camera dei fasci e delle corporazioni e ancor piú con un comunicato ufficiale diramato a sua illustrazione la presentazione dei disegni di legge sarebbe stata in pratica sottratta ai ministri e riservata al «duce». Sicché non sbagliava S. Panunzio scrivendo che «nel nostro Regime i Ministri altro non sono che dei collaboratori tecnici del Capo del Governo»[143]. Meno soddisfacente la situazione si presentava riguardo alle scelte minori – piú difficili da controllare direttamente anche per un accentratore come Mussolini – e soprattutto nella fase successiva alla scelta politica, in quella dell'attuazione pratica. A questo punto, infatti, le interferenze politiche, il gioco degli interessi e dei gruppi si facevano, secondo Mussolini, troppo numerosi e troppo spesso tali da sfigurare le scelte originarie, renderne l'attuazione lenta e inefficace, talvolta insabbiarle.

---

[143] Cfr. S. PANUNZIO, *Teoria generale dello Stato fascista*, Padova 1939², p. 168.

Per ovviare in qualche misura a questa situazione, almeno per quanto concerneva la fase delle scelte, già sullo scorcio degli anni venti e all'inizio degli anni trenta si era cominciato ad accentrare presso la Presidenza del Consiglio dei ministri tutta una serie di competenze e si era pensato alla creazione di un ministero della Presidenza del Consiglio dei ministri con un proprio ufficio legislativo competente per tutti i ministeri. Come si è visto [144], allora però questo progetto era stato lasciato cadere. Col 1935 e soprattutto col 1938-40 il progetto di costituire almeno l'ufficio legislativo fu ripreso in seria considerazione, anche se alla fine non si andò oltre l'istituzione di un Ufficio studi e provvedimenti ministeriali presso la Presidenza del Consiglio dei ministri [145] che, di fatto, non innovò pressoché nulla. E ciò a causa, per un verso, delle difficoltà frapposte dalle alte burocrazie dei vari ministeri e, per un altro verso, dalla guerra, che sconsigliava esperimenti del genere. Pur non essendosi concretizzato, il progetto è indicativo della linea di tendenza lungo la quale ci si voleva muovere: una linea di massimo accentramento, depoliticizzazione e tecnicizzazione della macchina dello Stato; in altri termini, far politica cercando che – a parte ovviamente Mussolini – questa fosse il meno possibile di competenza dei politici, ovvero – al limite – far politica amministrando. In questa prospettiva è facile capire come Mussolini fosse sempre piú portato a considerare la burocrazia statale (e, a fianco di essa, per determinati settori, quella di alcuni grandi enti pubblici) il vero e piú sicuro «elemento di stabilità» del regime, la «rotativa» del *suo* governo. Una «rotativa» che, oltre a realizzare le sue direttive in termini amministrativo-manageriali e non «politici», come, invece, tendevano a fare il partito, i sindacati, le corporazioni, aveva per lui vantaggio – conformemente alle piú diffuse convinzioni del tempo – di avere «competenza» e «senso dello Stato».

Un esame approfondito di quanto la realtà corrispondesse a questa convinzione del «duce» ci porterebbe a dilungarci su tutta una serie di questioni, indubbiamente importanti, ma che – alla fin fine – risulterebbero marginali rispetto al nostro discorso specifico. Ci limiteremo pertanto a due sole considerazioni. La prima riguarda la «competenza» e il «senso dello Stato» della burocrazia durante il fascismo, la seconda le conseguenze piú rimarchevoli di questo atteggiamento mussoliniano verso la pubblica amministrazione. Per quel che concerne la prima, è opportuno prendere le mosse dal giudizio che della burocrazia statale si dava in periodo fascista e che, ancor piú, è stato dato dopo la caduta del

---

[144] Cfr. *Mussolini il duce*, I, pp. 277 sg.
[145] Cfr. E. ROTELLI, *La Presidenza del Consiglio dei ministri*, Milano 1972, pp. 393 sgg.

fascismo. Un giudizio in genere molto critico e duro e che si può cosí sintetizzare: la burocrazia sarebbe stata negli anni del fascismo scarsamente efficiente, passivamente prona di fronte al potere politico, non di rado corrotta. Un giudizio cosí drastico è, a nostro avviso, da respingere in quanto in gran parte frutto, per un verso, della superficiale polemica antiburocratica che ha caratterizzato quasi un secolo della cultura italiana e tutt'ora la caratterizza largamente, per un altro verso, di mera faziosità politica e, per un altro verso ancora, di incomprensione delle peculiarità che contraddistinguono la storia degli apparati amministrativi rispetto a quella politica, in particolare per ciò che concerne i tempi dei mutamenti riguardanti tali apparati, piú lunghi o, almeno, visibili solo su tempi piú lunghi di quelli della storia politica [146]. Negli anni del fascismo la burocrazia statale subí certamente un processo di degradazione qualitativa (tecnica e morale) e funzionale (dovuta alla creazione di nuove amministrazioni pubbliche che sottrassero a quella ministeriale tutta una serie di competenze in campi destinati a diventare sempre piú importanti [147]). Questo processo fu però nel complesso lento – tant'è che i suoi effetti maggiori si fecero sentire soprattutto dopo la fine del fascismo – sia perché, salvo casi eccezionali, non riguardò tanto i vertici e gli stessi quadri intermedi di origine e formazione «giolittiana», quanto i nuovi elementi entrati in carriera sotto il fascismo, sia perché la presenza di questi elementi divenne – specie nell'amministrazione statale propriamente detta, ma lo stesso discorso vale per alcuni dei maggiori enti pubblici a carattere piú tecnico, come la Banca d'Italia, l'IMI, l'IRI – quantitativamente importante e qualitativamente piú indiscriminata negli anni della seconda guerra mondiale, quando, per di piú, la crisi del regime e le difficoltà materiali del momento costituirono altrettanti stimoli a sottrarsi ad una certa tradizione e ad un certo *habitus* burocratico tutt'altro che negativi che, sino allora, avevano ancora continuato a caratterizzare il comportamento della burocrazia italiana [148]. Sicché si può affermare che sotto questo profilo Mussolini non sbagliava a fare affidamento nella burocrazia: con il suo tradizionalismo (per difendere il quale

---

[146] Cfr. a questo proposito le fini osservazioni di s. cassese, nell'introduzione a *La formazione dello Stato amministrativo*, Milano 1974, e nel già citato *Questione amministrativa e questione meridionale*.
[147] Cfr. s. cassese, *La formazione dello Stato amministrativo* cit., p. 4.
[148] Almeno fin verso la fine degli anni trenta, tutt'altro che rari furono i casi di resistenza da parte della burocrazia alle inframmettenze e alle pressioni politiche, anche le piú autorevoli. Valga come esempio il rifiuto (motivato con la mancanza di un posto adeguato in organico) che agli inizi del 1933 una serie di grandi enti, tra cui la Cassa nazionale per gli infortuni sul lavoro, la Cassa nazionale per le assicurazioni sociali e la Croce rossa italiana, oppose alla richiesta della Segreteria particolare di Mussolini di trovare un «incarico di consulenza o d'altro genere» al dottore Francesco Petacci, padre di Claretta Petacci. Cfr. acs, *Segreteria particolare del Duce, Carteggio ordinario*, fasc. 14 483, «Petacci comm. dr. Francesco».

era anche spesso portata ad opporsi alle inframettenze del partito, dei sindacati, degli organismi corporativi) e la sua concezione dello Stato come entità al di sopra della politica, sino a quando il regime le avesse dato affidamento di durare, è fuori dubbio che essa costituisse per lui la maggior garanzia di una fedele attuazione delle sue direttive. Dove, invece, Mussolini sbagliava era nel non considerare o nel sottovalutare le conseguenze di piú lungo periodo del suo atteggiamento verso la burocrazia e in particolare della sua tendenza a delegare ad essa tutta una serie di poteri. Come giustamente ha scritto il Cassese [149],

negli anni '30, in una prima fase dell'esperienza di pianificazione amministrativa di settore, si afferma come prevalente una specie [di pianificazione] caratterizzata dall'attribuzione all'amministrazione di settore di una potestà amministrativa precettiva generale. In sostanza, la norma reggente contiene una mera attribuzione di poteri all'amministrazione competente di settore. Questa pianifica liberamente e con atti ad efficacia generale.

Gli esempi principali sono: la pianificazione dell'agricoltura, che inizia con le disposizioni del 1933 sulla bonifica, la pianificazione del credito a partire dal 1936 e la pianificazione della spesa pubblica a partire dal 1939.

Questa politica presentava certamente degli aspetti positivi, sia sul piano pratico, in quanto valorizzava la componente migliore della burocrazia, quella tecnica, sia su quello «politico» (nel senso mussoliniano), in quanto riduceva notevolmente le possibilità di interferenze politiche dall'esterno. Essa presentava però anche degli aspetti negativi importanti e che riguardavano tutta la burocrazia, non solo quella addetta agli organi di pianificazione di settore. In particolare quello di permetterle di accumulare una serie di poteri tecnici che la mettevano in grado di dettare essa in molti campi la linea politica, appropriandosi cosí a poco a poco di un vero e proprio potere politico, e quello di metterla praticamente sempre piú a diretto contatto con forze e interessi economici che condividevano solo in parte la politica del regime, volevano influire su di essa e sempre meno l'avrebbero condivisa dalla seconda metà degli anni trenta in poi. Già gravi di per sé, questi aspetti negativi sarebbero divenuti col tempo sempre piú gravi. Prima, sottraendo al regime e allo stesso Mussolini una certa parte di poteri decisionali e di capacità di contrattazione con il mondo economico, poi, durante la seconda guerra mondiale, favorendo la costituzione – di pari passo con il sempre piú sfavorevole andamento del conflitto e con il progressivo indebolimento del regime – di una sorta di fronte comune tra burocrazia e mondo economico che avrebbe vieppiú indebolito il regime e la stessa posizione personale del «duce»

---

[149] S. CASSESE, *La formazione dello Stato amministrativo* cit., pp. 296 sg.

e favorito non poco il processo con cui si realizzò la crisi del 25 luglio[150].
A Mussolini questi aspetti negativi dovevano però o sfuggire o apparire secondari o, forse, eliminabili col tempo. Certo non costituirono un freno alla sua politica di valorizzazione della pubblica amministrazione rispetto alla classe politica. Nonostante le critiche che suscitava negli ambienti del regime e del PNF (tra gli intransigenti e tra coloro che auspicavano un regime totalitario sul tipo di quello nazista, ma anche tra i moderati che vi vedevano un pericoloso motivo di indebolimento dello Stato e di lacerazione all'interno della classe dirigente del regime e una ennesima manifestazione dell'involuzione autoritario-accentratrice del «duce»), essa divenne infatti con la seconda metà degli anni trenta uno degli aspetti caratterizzanti – anche se a prima vista meno evidenti – questa fase del regime. E, se si guarda bene, a ragione. Senza anticipare un discorso che faremo piú avanti, basterà dire che alla sua radice non vi erano infatti solo le motivazioni politiche, culturali e psicologiche di Mussolini di cui abbiamo sin qui parlato, ma la concezione stessa dello Stato totalitario fascista o, se si preferisce, mussoliniano. Una concezione che – se applicata con coerenza – portava ad una estrema politicizzazione della società, ma, al contempo, ad una sostanziale depoliticizzazione dello Stato e, appunto, ad una sua riduzione al livello della pura «amministrazione».
In questo contesto l'esperimento mussoliniano del gennaio-maggio 1941 di governare direttamente attraverso la burocrazia senza l'intermediazione dei politici da cui abbiamo preso le mosse per questo *excursus* perde quei caratteri di incomprensibilità e di assurdità che altrimenti esso sembra avere e acquista addirittura una sua logica, tanto che è possibile coglierne alcune embrionali anticipazioni in anni precedenti che autorizzano a pensare che esso maturasse da tempo nella mente di Mussolini. Se si pensa solo ai criteri che avevano presieduto al rimpasto del governo operato da Mussolini nel settembre 1929 (e, parzialmente, ancora a quello del giugno 1936) – decentrare la direzione degli affari politici dalla sua persona a quelle dei suoi migliori collaboratori, dando loro fiducia e valorizzandone le personalità, le capacità e le funzioni – e a quelli che invece presiedettero all'esperimento del 1941 – estromettere quei suoi collaboratori dalla gestione degli affari politici, dimostrando in tal modo di non avere piú fiducia in loro e di considerarli addirittura di ostacolo alla sua politica – il mutamento di atteggiamento appare certo radicale. Se però si ha presente che nel frattempo Mussolini aveva definito il suo giudizio non solo sulla classe dirigente fascista, ma anche sulla burocrazia e si fa

[150] Sintomatici alcuni accenni in J. EVOLA, *Burocrazia e classe dirigente*, in «Lo Stato», aprile 1940, pp. 145 sgg.

attenzione ad alcuni fatti come quello, particolarmente sintomatico, della frequenza con la quale dal 1932-33 in poi Mussolini aveva lasciato scoperto per lunghi periodi, e persino definitivamente, un certo numero di posti di sottosegretario che si erano resi vacanti o che egli stesso aveva resi liberi in occasione di qualcuno dei periodici rimpasti ministeriali [151], bisogna infatti convenire che non di un mutamento radicale di atteggiamento si trattò, ma di un processo evolutivo tutt'altro che improvviso e, a suo modo, formalmente logico. Sicché se un interrogativo si può affacciare non è sul significato dell'esperimento, ma sulle ragioni del suo essere rimasto, appunto, un esperimento. In altre parole, sul perché Mussolini, conclusa la campagna di Grecia, fece smobilitare i ministri che aveva fatto richiamare alle armi quattro mesi prima e pose cosí fine al «governo con i direttori generali». Una risposta compiuta a questo interrogativo necessiterebbe l'illustrazione di una serie di elementi relativi a quel particolare momento che non è ora possibile anticipare. Limitandoci solo a quelli che si riferiscono piú immediatamente al problema che qui ci interessa, ci pare si possa comunque dire che, oltre a suscitare un vespaio di reazioni negative nel gruppo dirigente fascista [152], esso provocò nei ministeri rimasti senza titolare un rallentamento di tutte le attività [153], tanto che Mussolini si vide costretto a metà febbraio a nominare in tutta fretta tre nuovi sottosegretari (due dei quali, non a caso, dovettero dare le dimissioni subito dopo il rientro in sede dei rispettivi ministri), e creò non poche difficoltà pratiche e giuridiche anche al normale disbrigo degli affari politici generali (il Consiglio dei ministri si riuní in quattro mesi solo tre volte e con la partecipazione, oltre che di Mussolini, di soli cinque membri [154]). Di fronte a queste difficoltà e a questi inconvenienti, che dimo-

[151] Nel 1932 fu lasciato vacante un posto al ministero delle Finanze; nel 1933 due, uno alle Corporazioni (sino al 1937) e uno ai Lavori pubblici; nel 1936 uno alle Colonie (sino al 1937), uno alle Corporazioni (sino al 1939), uno alla Giustizia (sino al 1940) e uno alla Stampa e propaganda; nel 1937 uno all'Agricoltura, uno alle Finanze e un terzo all'Educazione nazionale (sino al 1939); nel 1939 tre, all'Agricoltura, all'Africa Italiana e agli Esteri. Cfr. M. MISSORI, *Governi, alte cariche dello Stato e prefetti del Regno d'Italia*, Roma 1973, pp. 148 sgg. Nel giugno 1937 negli ambienti politici romani si parlò con insistenza di una imminente abolizione di tutti i sottosegretariati. Cfr. *Informazioni Cremonesi*, 15 giugno 1937.
[152] Chi del gruppo dirigente fascista piú chiaramente (anche se tardivamente) espresse a Mussolini il proprio netto dissenso per l'esperimento fu G. Giuriati. In una lettera scrittagli il 17 luglio 1943 si legge: «L'autorità dei ministri – in genere dei tuoi comandanti in sott'ordine – è stata in piú modi screditata. Potrei citare molti fatti, ma basterà uno: quello di aver consentito durante la guerra di Grecia che una squadra di ministri andasse al fronte conservando la carica. Il che ha conferito ai direttori generali una loro autorità e indipendenza che non esito a qualificare perniciose per lo Stato». Cfr. A. AQUARONE, *L'organizzazione dello Stato totalitario* cit., p. 612.
[153] Cfr. G. GORLA, *L'Italia nella seconda guerra mondiale* cit., p. 168.
[154] L'ultima seduta regolare del Consiglio dei ministri fu tenuta il 7 gennaio. A conclusione di essa fu fissata una successiva riunione per il 22 febbraio, che però non ebbe luogo. Il Consiglio dei ministri si riuní invece il 10 e il 30 aprile e l'8 maggio con la partecipazione, oltre a Mussolini, di cinque soli ministri: Serena (PNF), Teruzzi (AI), Thaon di Revel (Finanze), Tassinari (Agricoltura) e Host-Venturi (Comunicazioni). Solo dell'ultima di tali riunioni fu data notizia, evidentemente per non rivelare la loro patente irregolarità e contando sul fatto che per l'ultima si potesse

stravano l'inopportunità, per non dire l'impossibilità, di lasciare nelle sole mani della burocrazia la gestione della macchina dello Stato e, per di piú, in un momento tanto difficile per il paese e per lui, anche Mussolini non poté non rendersi conto della necessità di por fine all'esperimento. E ciò tanto piú che la conclusione della campagna di Grecia gli offriva al tempo stesso il pretesto per richiamare a Roma i ministri che aveva fatto mobilitare e il modo per salvare la faccia, dando alla sua decisione l'apparenza di una cosa naturale e scontata già in precedenza. Il che, per altro, non autorizza a concludere egli avesse rinunciato alla sua idea e che non pensasse invece di riprenderla in un momento meno difficile e quando avesse potuto disporre di una burocrazia piú «matura» e dinamica[155]. E ciò tanto piú che anche nell'ambiente fascista non mancarono coloro che non dovettero considerare chiusa la questione. Assai significativa è a questo proposito la prefazione, *Confidenze e convinzioni* (pubblicata nel 1941 sulla «Rivista italiana di scienze economiche»), che Alberto De Stefani scrisse per una raccolta di suoi scritti politico-economici. In essa l'ex ministro delle Finanze e «padre» della riforma del 1923 si pronunciò infatti nettamente contro ogni ipotesi di Stato amministrativo e non in astratto, ma riferendosi esplicitamente alla realtà dello Stato totalitario. Scriveva a questo proposito De Stefani[156]:

> Mentre nei regimi liberali i reggitori dei popoli erano tenuti ad un certo agnosticismo politico per quanto si riferiva ai supremi principi, nei regimi totalitari essi non potranno esimersi dallo svolgere una funzione morale attiva quale viene ad essi conferita dall'assolutezza e universalità dei loro poteri. Lo spirito pastorale assumerà un compito preminente e direttivo al di sopra della funzione amministrativa. Però la concezione corrente dello Stato aggrava e fa perdurare l'equivoco. Lo Stato è una realtà etico-giuridica, ma pregiudizialmente etica, espressione unitaria di una comunicazione di sentimenti e di propositi che politicamente vi aderisce. Il semplice ordine giuridico non è lo Stato. E tanto meno lo sono l'ordine amministrativo, concepito come una entità autonoma avulsa dalle sue basi etico-politiche, le forme correnti nelle quali tale ordine si attua e le sue umane personificazioni.
> La capziosa identificazione dello Stato con l'amministrazione ha favorito la burocrazia che è un'amplificazione politica della potestà amministrativa e cioè un asservimento amministrativo. Con ciò lo Stato, che avrebbe dovuto e deve mante-

pensare ad un ormai avvenuto rientro dei ministri dal fronte. La prima riunione nuovamente regolare, con tutti i ministri, si ebbe solo il 7 giugno 1941.
[155] Per una indiretta conferma di questa nostra convinzione cfr. quanto egli nell'aprile 1941 disse a N. D'AROMA, *Mussolini segreto* cit., p. 232: «Dir male dei burocrati è facile, è comodo ed è un vezzo sciocco da pigri. Io sono un burocrate di piú di venti anni e devo dire che ho una immensa considerazione di loro. Dopo la guerra che vinceremo, io muterò il destino di questo ceto laborioso e serio. Darò ad essi il piú assoluto autogoverno per quanto concerne le sedi, la carriera e farò che lo Stato provveda sufficientemente e decorosamente alla vita, agli studi dei figli e alla dignità delle loro famiglie. Farò sí che i figli degli impiegati siano preferiti nel ripercorrere le carriere paterne e per loro ci saranno colleghi ed ogni possibilità d'aiuto. Mi vanto d'esser un burocrate!»
[156] A. DE STEFANI, *Sopravvivenze e programmi nell'ordine economico*, Roma 1942, pp. XXII-XXIII.

nere immacolata la sua preminenza etico-politica, è necessariamente coinvolto in un'antitesi, che può diventare un'antitesi politica tra cittadino e stato-amministrazione, quando l'amministrazione usurpi il potere politico, esercitandolo senza trarre il suo alimento dalla morale e dal modo di sentire del popolo. Quando la burocrazia usurpa il potere politico nonostante la sua categorica incapacità ad esercitarlo, lo Stato totalitario si riduce ad una organizzazione amministrativa agente con pieni poteri. Essa crea e mantiene fuori di sé una realtà estranea ed autonoma, nutrita e sostanziata di quei medesimi sentimenti, di quella vivente e fresca umanità che può trovare soltanto nell'organo politico, che la rappresenti, capacità di interpretazione e di assimilazione. Donde il distacco e l'urto tra il popolo vivo continuamente rinnovantesi, tra le sue esigenze umane, il suo senso di una ordinata ed efficiente collettività e la incomprensione dello Stato amministrativo, ritardatario, con le sue perdite di forza viva, con la sua staticità che non è stabilità, con le sue complicazioni e i suoi patteggiamenti che non sono aderenza, con la sua presunzione che non è collaborazione. La rivoluzione muore o si esaurisce nello Stato amministrativo e, nella migliore ipotesi, è da esso deformata, ritardata, contrastata. I vecchi regimi preliberali sono appunto caduti per effetto di incapacità di adattamento, di assimilazione e di sensibilità e per non aver mantenuto aperte le vie a un fisiologico ricambio in rapporto ai mutati presupposti politici. Le amministrazioni totalitarie facilmente invecchiano e tendono a vivere fuori della realtà che si forma intorno ad esse. Questo esorbitare dell'amministrazione dalla sua competenza esecutiva compromette lo Stato come realtà politica autonoma e gli comunica la propria sterilità.

Una presa di posizione cosí dura e in un contesto – dovremo riparlare ancora di questo scritto – che è tutta una critica non di tipo teorico e astratto, ma alla realtà in atto del regime ci pare lasci pochi dubbi sul fatto che il suo autore non considerasse ormai definitivamente chiusa la questione.

Chiuso il discorso sulla burocrazia e sul nuovo tipo di gestione del potere vagheggiato da Mussolini, riprendiamo quello sulla «svolta totalitaria» messa in atto sullo scorcio degli anni trenta. Sin qui abbiamo parlato degli aspetti che non possono essere riportati alla realtà dei veri totalitarismi. Ci resta ora da parlare dei due aspetti che, invece, piú avvicinano il fascismo al modello totalitario: la tendenza ad una compiuta concentrazione del potere nello Stato e quella alla totale politicizzazione della società civile.
Nella prima direzione il fascismo e Mussolini si erano sempre mossi, facendone il cardine di tutta la loro politica, sia a livello teorico sia a livello di azione. Il fascismo (tanto nella sua anima gentiliana quanto nelle sue molteplici anime antigentiliane), come giustamente ha scritto Emilio Gentile[157],

---

[157] E. GENTILE, *Le origini dell'ideologia fascista (1918-1925)*, Bari 1975, p. 423.

riassumeva nel mito dello Stato e nell'attivismo come ideale di vita i caratteri essenziali della sua ideologia, che lo distinsero dalle altre ideologie politiche del nostro tempo. Il fascismo fu soprattutto un'*ideologia dello Stato*, di cui affermava la realtà insopprimibile e totalitaria, necessario per imporre un ordine alle masse ed impedire la degenerazione della società nel caos.

Per Mussolini, preoccupato soprattutto di affermare la sua autorità su tutto e su tutti, per anni il problema dello Stato si era riassunto nello slogan del 1925: «tutto nello Stato, niente fuori dello Stato, nulla contro lo Stato» ribadito nella parte gentiliana della *Dottrina del fascismo*: «né individui fuori dello Stato, né gruppi (partiti politici, associazioni, sindacati, classi)»[158]. Nonostante il suo tatticismo e sebbene dovesse spesso accettare che lo Stato non «trascendesse» e «coordinasse» in funzione del suo «fine superiore», tutti gli interessi contrastanti dei singoli e dei gruppi, il «duce» non cessò mai di ritenere questo l'obiettivo primario da raggiungere, onde un giorno lo Stato diventasse effettivamente «una monade inscindibile, una cittadella nella quale non vi possono essere antitesi né d'individui né di gruppi», in grado di controllare tutte le organizzazioni al di fuori di sé e di non essere controllato al di dentro[159]. Il depotenziamento politico del PNF e la sua riduzione a organo dello Stato subordinato esplicitamente ad esso, lo «sbloccamento» dell'organizzazione sindacale rossoniana e, nel periodo di cui stiamo parlando, il progressivo esautoramento di fatto del Gran Consiglio erano stati ed erano tutti passi in questa direzione.

Oltre a questo significato immediatamente politico, il problema della natura e del carattere dello Stato fascista aveva anche altri significati, altre implicazioni, tutt'altro che di poco momento per il futuro del regime e del fascismo. Assai significativo è a questo proposito il dibattito sul rapporto Regime-Stato e sulla natura e gli sviluppi delle due entità che si svolgeva tra i giuristi e gli ideologi fascisti piú impegnati sul terreno della definizione di tale futuro. Regime e Stato si identificavano (o dovevano tendere ad identificarsi) o dovevano permanere come due entità diverse? ovvero uno doveva finire per assorbire l'altro? La questione potrebbe sembrare di scarso interesse; in realtà dietro di essa si celavano (e neppure troppo) ipotesi politiche e ideali diversi di grande rilievo. Riducendo all'essenziale la questione e tralasciando di parlare di coloro che o cercavano di salvare in qualche misura i presupposti dello Stato costituzionale o si preoccupavano solo di mostrarsi «in linea» e di accontentare un po' tutti, si può dire che per alcuni – tipico il caso di Sergio

---

[158] MUSSOLINI, XXXIV, p. 119.
[159] Cfr. *ibid.*, XXII, p. 39 (11 dicembre 1925).

Panunzio [160] – il Regime doveva essere considerato un momento transeunte dello Stato in formazione («l'idea si fa partito; il partito si fa regime; il regime si fa Stato»), per altri invece – tipico il caso di Carlo Costamagna [161] – al Regime doveva essere attribuito «un significato organico e immanente» e, quindi, l'idea di una sua estinzione doveva essere respinta. Tradotta in termini politici, la posizione di Panunzio (come quella di tutti coloro che privilegiavano il momento interno e cioè sociale) tendeva a sostenere che il processo rivoluzionario fascista doveva essere finalizzato alla edificazione di un nuovo tipo di Stato, che, «scendendo dal suo empireo e dal mondo delle nuvole, prendendo corpo in terra, si fa Sindacato», mentre il Sindacato, cessando a sua volta «di vivere nella sfera inferiore dell'economia e dei bisogni», «sale dall'economia alla politica, raggiunge cioè, attraverso le Corporazioni, lo Stato» [162]. Quella di Costamagna tendeva invece a privilegiare tutta un'altra linea di sviluppo. Non negava l'aspetto corporativo, ma negava che si potesse parlare di Stato corporativo e, cioè, che si potesse fare del corporativismo l'essenza stessa dello «Stato Nuovo» fascista. Questa era per lui un'altra, completamente nuova rispetto all'idea di Stato che si era venuta sviluppando nell'età moderna (che Panunzio non negava, pur volendo che si sviluppasse *oltre* le due concezioni dello Stato-popolo della rivoluzione francese e dello Stato-classe della rivoluzione bolscevica per approdare a quella dello Stato-società o, come per ovvi motivi egli diceva, dello Stato-Nazione): mentre gli aspetti *materiali* dell'assetto sociale attenevano al Regime, compito ed essenza dello «Stato Nuovo» era realizzare quelli *spirituali* e cioè una effettiva coscienza nazionale e una ideale missione europea. Lo Stato imperiale romano, con il duplice sistema delle province e dei protettorati, aveva realizzato, unico al mondo, il senso della collaborazione e dell'associazione mondiale. Compito dello «Stato Nuovo» doveva essere quello di farsi portatore e realizzatore in termini moderni di quel senso della collaborazione e dell'associazione. Il «problema della civiltà europea», stretta nella morsa dell'«esuberante individualità» e degli «imperialismi empirici» delle nazioni e della più o meno aperta rivolta dei popoli coloniali, era ormai quello di procedere oltre lo «Stato particolare moderno» e di trovare nuove forme, appunto, di collaborazione e di associazione, sia in nuovi «aggregati imperiali» (destinati a sostituire «il formicaio nazionalitario instaurato dai trattati di Versaglia») sia in una restaurazione dell'idea di Europa atta a costituire il fon-

---

[160] Cfr. S. PANUNZIO, *Teoria generale dello Stato fascista* cit., pp. 527 sgg.
[161] Cfr. di C. COSTAMAGNA, *Storia e dottrina del Fascismo* cit., nonché le voci «Corporativismo», «Regime» e «Stato» nel *Dizionario di politica*, a cura del PNF, Roma 1940, I, pp. 628 sgg.; IV, pp. 31 sgg. e 381 sgg.
[162] S. PANUNZIO, *Teoria generale dello Stato fascista* cit., p. 30.

damento per una «organizzazione regionale» in grado di abbracciare tanto «i nuclei originari della razza che sono ancora i centri motori della politica del mondo» quanto «i popoli di razza estranea, che non possiamo ridurre al tenore del nostro spirito, eppure dobbiamo in molti casi accomunare al nostro destino». Risolvere tale problema realizzando lo «Stato Nuovo», era il compito piú importante e piú alto del Regime. L'Italia fascista, erede di Roma, sembrava infatti al Costamagna «designata dall'indole equilibrata del suo genio, dalla sua tradizione specifica e dalla sua stessa posizione geografica al compito supremo della sintesi, che non può essere solo il risultato di una imposizione di forza». Come si vede, le due posizioni non solo erano diversissime e si rifacevano a tradizioni e suggestioni giuridiche, filosofiche, culturali completamente diverse e inconciliabili, ma prefiguravano per il fascismo e per l'Italia due linee di sviluppo altrettanto diverse. Sfrondate da tutte le rispettive sovrastrutture ideologiche, una, quella che abbiamo esemplificato richiamandoci a Panunzio, tendeva a porre al centro dell'impegno del regime la politica interna e soprattutto il suo aspetto piú propriamente sociale, l'altra, quella che abbiamo esemplificato richiamandoci a Costamagna, tendeva a indirizzare questo impegno soprattutto verso la politica estera e, per di piú, con un tipo di argomentazione e di riferimenti culturali e giuridici che rivelavano chiaramente come tale impegno venisse proiettato in un contesto ideologico e politico che si reggeva sulla premessa di una precisa scelta di campo a fianco della Germania nazista e della inevitabilità di un conflitto con le potenze che – cosí come Cartagine nell'antichità – rappresentavano le forze «ctonie» della società.

Anche se il suo realismo politico cominciava ad essere meno vigile e ad essere – come vedremo – inquinato da contrastanti suggestioni, a queste elucubrazioni giuridiche e ideologiche Mussolini prestava ben poca attenzione. Ciò, però, non vuol dire che non pensasse anche lui agli stessi problemi, sia pure in altri termini, con altre scale di precedenza e con la duttilità e il pragmatismo suoi tipici[163]. E soprattutto che non li riportasse ad una *sua* generale concezione dello Stato fascista, anche se si rendeva conto della opportunità di tenere distinti i vari problemi e in particolare di non confondere quello generale, dell'essenza e della realizzazione dello Stato fascista, con quello particolare del rafforzamento dello Stato in quanto esecutivo, governo, della estensione ed omogeneizzazione del proprio potere e del rafforzamento della posizione propria e del regime in vista di una prova di forza con la monarchia. Realizzato questo raffor-

---

[163] Per G. GENTILE, *Dopo la fondazione dell'impero* cit., p. 324, lo Stato era «la grande passione di Mussolini».

zamento egli avrebbe potuto infatti cominciare a pensare concretamente a un *completamento* della riforma costituzionale, avviata negli anni precedenti a piccoli pezzi e «per erosione», prendendo esplicitamente di petto lo Statuto. Se si vede la questione in questa prospettiva, non è certo privo di significato che al definitivo varo da parte del Gran Consiglio della Camera dei fasci e delle corporazioni (il 14 marzo 1938) seguissero, il medesimo giorno, la delibera da parte dello stesso Gran Consiglio di «procedere al completamento della riforma costituzionale con l'aggiornamento dello Statuto del Regno» e, poco piú di due settimane dopo, il colpo di mano del primo maresciallato. E, addirittura, viene naturale chiedersi se il fatto che dell'«aggiornamento dello Statuto» non se ne parlò poi piú debba spiegarsi solo con il precipitare della situazione internazionale ovvero non sia piú giusto spiegarlo anche con la crisi determinata dall'affare del primo maresciallato nei rapporti tra Mussolini e il sovrano.

Di una non lontana trasformazione della Camera dei Deputati in un organo piú consono ai nuovi tempi Mussolini aveva parlato sin dal 14 novembre 1933. Annunciando al Consiglio nazionale delle corporazioni che la nuova Camera sarebbe stata costituita con gli stessi criteri di quella uscita dal «plebiscito» del 1929, egli aveva detto: «ma la Camera a un certo punto dovrà decidere il suo proprio destino». E aveva aggiunto: «la Camera dei deputati non mi è mai piaciuta»; «è anacronistica»; è un istituto «che noi abbiamo trovato e che è estraneo alla nostra mentalità» e che «presuppone un mondo che abbiamo demolito». E aveva anche lasciato capire in quale direzione fosse orientato: «è perfettamente concepibile che un Consiglio nazionale delle corporazioni sostituisca *in toto* l'attuale Camera dei deputati»[164]. E sull'argomento era tornato quasi due anni e mezzo dopo, parlando, il 23 marzo 1936, all'Assemblea nazionale delle corporazioni. «La Camera – aveva detto – cederà il posto all'assemblea nazionale delle corporazioni, che si costituirà in Camera dei fasci e delle corporazioni e risulterà, in un primo tempo, dal complesso delle ventidue corporazioni». I modi della trasformazione, le attribuzioni e le prerogative della nuova Camera, il suo carattere sarebbero stati decisi dal Gran Consiglio. Una cosa, comunque, egli aveva già anticipato, la nuova Camera sarebbe stata un organo «assolutamente politico»: le forze economiche vi sarebbero state rappresentate dalle Corporazioni, quelle extraeconomiche dal partito e dalle associazioni riconosciute. La data di tutto ciò non era lontana[165].

---

[164] Cfr. MUSSOLINI, XXVI, p. 94.
[165] Cfr. *ibid.*, XXVII, pp. 246 sg.

Della necessità di trasformare la Camera dei deputati negli ambienti fascisti si discuteva da tempo, ancora prima che il «duce» vi facesse pubblicamente cenno. I corporativisti avrebbero voluto che la nuova Camera sancisse ufficialmente l'inserimento dell'ordinamento corporativo in quello politico. Molti fascisti, specie della prima ora, tipici i casi, pur nella diversità delle loro posizioni su altre questioni, di Farinacci e di Panunzio, guardavano però con sospetto a una simile soluzione, temendo che essa indebolisse il potere fascista a vantaggio di quello corporativo e cioè delle forze economiche e avesse come conseguenza una ulteriore diminuzione della funzione e della influenza politica del partito[166]. Con la sua presa di posizione del 23 marzo 1936 Mussolini aveva però posto fine a queste discussioni, pronunciandosi, come si è detto, sostanzialmente a favore della tesi dei corporativisti. E ciò anche se è difficile pensare che nella sua mente la trasformazione della Camera dovesse servire a sancire il carattere corporativo dello Stato fascista.

Abbiamo già parlato delle incertezze di Mussolini sull'effettivo significato che nella struttura del regime avrebbe dovuto avere l'ordinamento corporativo, su come realizzarlo, su quali poteri dargli, del suo rifiuto a definirne i caratteri, della sua insistenza ad affermare la sperimentalità di tutto ciò che veniva fatto in tale campo e i tempi lunghi sui quali ci si sarebbe dovuti muovere («l'intero secolo sta innanzi a noi», aveva detto nel 1934) e, infine, della cura da lui messa, ad ogni buon conto, nel fare della figura del capo del governo la chiave di volta, il vero centro dei poteri di quel poco di ordinamento corporativo che veniva avviato[167]. Questo atteggiamento, caratteristico della posizione mussoliniana nella prima metà degli anni trenta, nella seconda non era certo mutato. Se mai, sotto l'assillo della situazione internazionale e, quindi, della necessità di evitare esperimenti che potessero rivelarsi dannosi e rendere piú difficili i rapporti con il mondo economico, esso si era accentuato, al punto da indurre il «duce» a non nascondere la sua insofferenza verso coloro che con le loro teorizzazioni a getto continuo del corporativismo tendevano sempre a riproporre la questione della definizione teorica e della realizzazione dell'ordinamento corporativo. Tipica è una sua battuta indirizzata contro di essi il 15 maggio 1937 parlando di fronte alla terza Assemblea generale delle corporazioni[168]:

Troppi ondivaghi filosofanti avevano dissertato sulle corporazioni col risultato di ingarbugliare le idee e rendere astruse delle semplici verità.

---

[166] Cfr. a questo proposito A. AQUARONE, *L'organizzazione dello Stato totalitario* cit., pp. 271 sgg.
[167] Cfr. *Mussolini il duce*, I, pp. 163 sgg. e spec. 168 sgg.
[168] Cfr. MUSSOLINI, XXVIII, p. 179.

Stante questa realtà, la spiegazione della decisione di dar vita alla Camera dei fasci e delle corporazioni non va cercata sul terreno corporativo. Su questo terreno, al massimo, la nuova Camera può essere considerata una sorta di contentino offerto ai corporativisti e alla gioventú fascista per dare ad essi l'illusione che qualche cosa in questo campo si moveva. La vera spiegazione va cercata altrove. Sul terreno – lo si è detto – del rafforzamento dell'esecutivo, del governo e del regime.

Che il Parlamento avesse perso la sua funzione, i suoi poteri costituzionali e (specialmente la Camera dei deputati) il suo prestigio [169] era, oltre che un dato di fatto, ammesso e anzi teorizzato da molti fascisti. Sulla contestazione del principio della rappresentanza non è neppure il caso di soffermarsi. Basterà dire che esso era considerato tanto superato che anche dopo la costituzione della Camera dei fasci e delle corporazioni da piú parti si sarebbe preferito non parlare di *rappresentanza* degli enti politici ed economici ma di *organizzazione* della nazione. Ai fini del nostro discorso piú importante è però la contestazione del principio della divisione dei poteri. Per il futuro del regime farla definitivamente finita con questo «tipico prodotto della teoria liberale e della mentalità democratica» era infatti assai importante. Ovviamente le posizioni erano varie. Si andava dalle piú estremiste, che consideravano quello «gerarchico» e quello «istituzionale» due principi fascisti inconciliabili con quello della divisione dei poteri, a quelle piú moderate che – declassando i tre classici poteri a mere *funzioni* dello Stato – sostenevano la necessità di una quarta funzione, la «funzione di governo» che le coordinasse e alla quale spettasse gerarchicamente la supremazia. Sul piano pratico queste differenze di posizione non mutavano però in nulla i termini della questione. Quanto a Mussolini quello che per lui contava era che il principio della divisione dei poteri fosse ufficialmente cancellato, l'esecutivo fosse innalzato al disopra degli altri e questi ridotti a sue funzioni (nel 1939, rivolgendosi ai piú alti gradi della magistratura, sarebbe stato esplicito: «nella mia concezione non esiste una divisione dei poteri nell'ambito dello Stato... il potere è unitario: non c'è piú divisione dei poteri, c'è divisione delle funzioni» [170]) e in particolare che il Parlamento, come avrebbe scritto nel 1940 C. A. Biggini in un commento al nuovo ordinamento costituzionale messo in atto con la creazione della Camera dei fasci e delle corpo-

---

[169] Persino i membri del governo spesso non cercavano neppure di salvare le apparenze. Non di rado alla Camera e al Senato si svolgevano sedute a buona parte delle quali non assisteva neppure un membro del governo, al punto che nel dicembre 1937 il presidente del Senato, Federzoni, sentí il bisogno di fare presente la cosa al sottosegretario alla Presidenza del Consiglio. Cfr. ACS, *Presidenza del Consiglio dei ministri, Gabinetto (1937-39)*, fasc. 1-5-1/3511.

[170] Cfr. MUSSOLINI, XXIX, p. 325 (30 ottobre 1939).

razioni[171], diventasse un organo di integrazione del governo, che «non condiziona l'esistenza del governo». Oltre a dare soddisfazione a molti fascisti e a costituire un ulteriore passo sulla strada della riaffermazione del carattere totalitario del regime, sancire costituzionalmente questo principio era per lui importante, piú che per l'oggi, in previsione del domani, della sua successione. Dal punto di vista strettamente costituzionale, la posizione del sovrano rispetto al governo si sarebbe venuta infatti a trovare priva di qualsiasi copertura parlamentare, mentre al regime, anche nel caso di vacanza della carica di capo del governo, sarebbe rimasta pur sempre la copertura del Gran Consiglio.

Dopo l'annunzio di Mussolini del 23 marzo 1936, il via alla riforma della Camera fu dato dal Gran Consiglio il 18 novembre successivo con la nomina di una commissione (C. Ciano, Starace, Solmi, Bottai e Lantini) incaricata di formulare le relative proposte. Dal diario di Bottai sappiamo che tra i membri del Gran Consiglio si svolse una breve discussione preliminare nel corso della quale Farinacci e Balbo si dichiararono (difficile dire se per tutelare in qualche misura il prestigio e il ruolo del Gran Consiglio o in base a considerazioni politiche piú generali) favorevoli al mantenimento della elettività per i membri della nuova Camera e Mussolini non prese posizione sulla questione, rimettendosi a quanto avrebbe proposto la commissione[172]. Questa fu incaricata di riferire nella successiva sessione[173]; quando, nel marzo 1937, essa si riuní, la commissione fece sapere però di avere ancora bisogno di un paio di mesi per concludere i lavori[174], sicché l'esame delle proposte – dato il ritmo sempre piú rallentato con cui ormai il Gran Consiglio veniva riunito da Mussolini – non ebbe inizio che nel marzo dell'anno successivo.

La scarsissima documentazione disponibile[175] rende impossibile una soddisfacente ricostruzione dell'elaborazione della riforma. Dalle ancora inedite memorie di Tullio Cianetti (*Un fascista a Castelvecchio*) sappiamo che alla commissione «tutte le organizzazioni del Regime presentarono proposte e studi che non peccavano certo di ingenuità o di mancanza d'arditismo», sicché «c'era materia prima per trasformare alla base la funzione rappresentativa al fine di renderla piú giusta e soprattutto

---

[171] Cfr. C. A. BIGGINI, *La Camera dei Fasci e delle Corporazioni del nuovo ordinamento costituzionale*, in *Scritti giuridici in onore di Santi Romano*, I, Padova 1940, p. 22.
[172] G. BOTTAI, *Diario*, f. 522.
[173] Cfr. PNF, *Il Gran Consiglio del Fascismo ecc.* cit., p. 615.
[174] *Ibid.*, p. 628.
[175] *Ibid.*, pp. 637 sgg.; ACS, *Segreteria particolare del Duce, Carteggio riservato (1922-1943)*, fasc. 242/R, «Gran Consiglio», sott. 16, ins. A, «Marzo 1938» e «Ottobre 1938»; ID., *Presidenza del Consiglio dei ministri, Gabinetto, Atti (1937-1939)*, fasc. 1-5-1/4387, «Camera dei Fasci e delle Corporazioni»; e, ancora il «Foglio d'ordini» del 26 ottobre 1938.

piú aderente alla realtà degli interessi». Starace si oppose però intransigentemente a tutte. Sempre secondo Cianetti,

> al Segretario del Partito, che faceva parte di quella commissione, quelle proposte parvero farneticazioni accademiche e sfasature di uomini. Vide in una riforma costituzionale seriamente attuata un attentato alla priorità del Partito e non capí invece che, se al PNF venivano tolti di mano gli inutili e dannosi gingilli che aveva fino allora preferiti, gli venivano però consegnati strumenti efficaci e realizzatori. Non lo capí e poiché la presunzione è figlia primogenita dell'ignoranza, assunse in quella commissione la posa che meno di tutti gli si addiceva: quella del dottrinario. Un Bottai ed un Lantini gli contesero il terreno palmo a palmo, ma poi dovettero tacere, quando egli gettò sulla bilancia un qualche cosa che avrebbe dovuto paragonarsi – chissà poi perché – alla spada di Brenno.

Si conosce poi il testo della relazione presentata da A. Solmi, nella sua duplice veste di membro della commissione e di ministro della Giustizia, in cui si tratteggiavano «soltanto alcune linee fondamentali della riforma», si prospettava che la futura Camera – sulla scia di quanto anticipato da Mussolini – risultasse dalla riunione del Consiglio nazionale del PNF e del Consiglio nazionale delle corporazioni e si criticava vigorosamente la teoria della separazione dei poteri, mentre all'abbandono del sistema elettivo era appena dedicato un rapido cenno in riferimento al «sistema delle funzioni» su cui si doveva basare la riforma. Alcuni documenti accennano però ad una «precedente» bozza nella quale sarebbe stato previsto che al Gran Consiglio spettasse ancora la designazione – sulla base delle proposte presentate dal segretario del PNF e dalle Confederazioni sindacali – dei componenti (400, non 600 circa come poi stabilito) della nuova Camera. È pertanto da ritenere che le cose si siano, grosso modo, svolte come le ha narrate nelle sue memorie (confondendo però la sessione del Gran Consiglio del marzo con quella successiva dell'ottobre) G. Acerbo all'epoca membro del Gran Consiglio. Ha scritto l'Acerbo[176]:

> È da ricordare che nell'autunno del 1938, in occasione dell'approvazione da parte del Gran Consiglio dello schema sulla Camera dei Fasci e delle Corporazioni, il guardasigilli on. Solmi aveva presentato un progetto di plebiscito a suffragio universale che si sarebbe dovuto ripetere ogni cinque anni allo scopo di ricognizione del consenso popolare verso il regime totalitario. Ma anche cotesta iniziativa per una legalizzazione formale dell'ordine esistente fallí a causa dell'opposizione del segretario del partito; ed il progetto fu ritirato nella medesima seduta per decisione del Duce, il quale il giorno prima aveva pianamente convenuto col ministro proponente sulla necessità, specialmente nei riguardi delle ripercussioni all'estero, di quella periodica consultazione.

---

[176] Cfr. G. ACERBO, *Fra due plotoni di esecuzione. Avvenimenti e problemi dell'epoca fascista*, Bologna 1968, p. 385.

È dunque difficile farsi una idea precisa non solo dello svolgimento dei lavori della commissione e, il 10-11 marzo 1938, del Gran Consiglio, ma anche dei testi effettivamente sottoposti ad esso. Probabilmente Solmi portò in Gran Consiglio due ipotesi di riforma, corrispondenti alle due posizioni che si dovevano essere delineate in Gran Consiglio e in commissione e su queste il massimo organo del fascismo dovette decidere, accogliendo quella sostenuta da Starace. Ciò che si può dire con certezza è che – approvati i principi fondamentali della riforma – fu dato incarico alla commissione di redigere il testo del relativo disegno di legge e di sottoporlo sollecitamente al Gran Consiglio in modo che la nuova Camera potesse essere inaugurata il 23 marzo 1939. Ciò avvenne nella seduta del 7 ottobre, durante la quale Solmi tenne un'ampia relazione illustrativa del disegno di legge elaborato dalla commissione[177], che, con minime varianti formali, sarebbe diventata prima la relazione con la quale il disegno di legge sarebbe stato sottoposto all'approvazione del Consiglio dei ministri (avvenuta il 7 novembre) e poi (salvo il piccolo «giallo» di cui parleremo tra poco) quella con la quale il disegno di legge sarebbe stato presentato da Mussolini alle Camere. Nella stessa seduta il Gran Consiglio approvò anche un altro schema di disegno di legge con cui veniva modificata la composizione del Consiglio nazionale delle Corporazioni onde renderlo tale da poter diventare parte della nuova Camera (nella precedente sessione era già stata modificata, allo stesso scopo, quella del Consiglio nazionale del PNF).

In Appendice (n. 2) il lettore può trovare il testo della legge istitutiva della Camera dei fasci e delle corporazioni approvata dal Parlamento (dalla Camera il 14 dicembre e dal Senato cinque giorni dopo); poche parole sono pertanto sufficienti ad illustrarne la sostanza. Sotto il profilo della composizione, la nuova Camera – lo si è già detto – era composta dal Consiglio nazionale del PNF e da quello delle Corporazioni. I suoi membri (i consiglieri nazionali, come, su suggerimento di Bottai, furono chiamati) entravano in carica e decadevano in corrispondenza alla loro appartenenza a uno dei due consigli che concorrevano a formarla. Di conseguenza, questa, per un verso, non si sarebbe mai sciolta (anche se per comodità i suoi lavori continuavano ad essere divisi in legislature) e, per un altro, si sarebbe rinnovata di continuo. Sotto il profilo generale – quello che piú doveva stare a cuore a Mussolini – l'art. 2 stabiliva una volta per

---

[177] L'unico accenno ai lavori della commissione si trova, sotto la data del 14 luglio 1938, nel *Diario* di G. BOTTAI (ff. 561 sgg.). Il progetto preparato dalla commissione, secondo Bottai, non risolveva in nulla i veri problemi del rapporto tra Partito e corporazioni, «Tutto lo zelo degli Starace» si applicava solo a «cristallizzare istituzionalmente l'eccezionale situazione del "Duce"». Per i lavori della commissione cfr. anche A. AQUARONE, *L'organizzazione dello Stato totalitario* cit., p. 274.

tutte che il compito istituzionale della Camera dei fasci e delle corporazioni e del Senato (ché il provvedimento coinvolgeva anche il Senato, aprendo cosí la strada ad una sua riforma) era quello di «collaborare» con il governo «per la formazione delle leggi». Sotto il profilo del funzionamento, questo compito era attribuito in parte all'assemblea plenaria (per quel che riguardava i disegni di legge di carattere costituzionale, le deleghe legislative di carattere generale e i bilanci preventivi e consuntivi dello Stato, delle aziende autonome dello Stato e – come richiesto e ottenuto in sede di approvazione dalla commissione speciale incaricata di riferire sul disegno di legge istitutivo [178] – degli enti amministrativi di importanza nazionale sovvenzionati dallo Stato) e in parte alle commissioni legislative (per tutto il resto); il che se sveltiva indubbiamente i lavori parlamentari, riduceva vieppiú quel pochissimo di prestigio che una simile riforma lasciava al Parlamento [179].

Prima di concludere il discorso è però necessario soffermarci un momento su quello che abbiamo definito un piccolo «giallo». Il testo del disegno di legge approvato dal Gran Consiglio fu, salvo piccoli aspetti del tutto formali, quello approvato dal Consiglio dei ministri e poi (a parte l'aggiunta all'art. 15 della quale abbiamo parlato) dal Parlamento. Eppure sia nel testo del disegno di legge preparato per il Parlamento sia nella relazione che doveva accompagnarlo (in pratica, lo si è detto, quella di Solmi al Gran Consiglio leggermente sfrondata) figura un'aggiunta, alla fine dell'art. 5, estremamente importante e che, da un «appunto» per il Duce» del Gabinetto della Presidenza del Consiglio datato 30 novembre, risulta voluta da Mussolini. L'aggiunta stabiliva che anche le donne

---

[178] L'unica modifica introdotta dalla Camera – previo assenso del «duce» – nel testo del disegno di legge trasmessole riguardò l'art. 15 e, in particolare l'aggiunta, appunto, degli Enti amministrativi di importanza nazionale sovvenzionati direttamente o indirettamente dallo Stato tra quelli sui quali le due Camere esercitavano il loro controllo. Sulle conseguenze di tale modifica cfr. ISLE, *Indagine sulla funzionalità del Parlamento*, I, Milano 1968, pp. 322 e 361. «Con tale strumento [di controllo] si venne a limitare, o almeno si intese limitare seriamente la potestà normativa delle corporazioni e le intese intersindacali (accordi economici collettivi), che il Capo del Governo poteva deferire a piú commissioni legislative riunite o alla commissione competente per materia» (p. 322). Cfr. in *Atti Parlamentari, Camera dei Deputati, Documenti*, n. 2655 A: «Relazione della Commissione speciale... sul disegno di legge... Istituzione della Camera dei Fasci e delle Corporazioni, presentata nella seduta pomeridiana del 7 dicembre 1938-XVII».

[179] Ciò nonostante molti erano coloro che, prima che fosse noto il nuovo ordinamento della Camera dei fasci e delle corporazioni e, quindi, che vi si potesse accedere solo essendo membri del Consiglio nazionale del PNF o di quello delle Corporazioni, non nascondevano le loro ambizioni a diventarne membri. Significativo è a questo proposito quanto scriveva nel «Foglio di disposizioni» n. 1163, del 9 ottobre 1938, Starace:
«Attenzione!
«I Segretari federali mi comunicheranno il nome di coloro che, eventualmente, manifestassero i sintomi della incontenibile aspirazione al Consiglierato Nazionale. Sintomi del genere non potranno che essere rivelatori di mentalità arretrate, tuttora affette da residui di frenesia elettoralistica. È da escludere senz'altro pertanto, quando si abbia tra mani un soggetto del genere, che si tratti di un Fascista.
«Attenzione!»

potevano essere consiglieri nazionali. Della cosa non vi è traccia in nessun documento sottoposto al Gran Consiglio o al Consiglio dei ministri. Ovviamente, il «giallo» non è costituito dal fatto che Mussolini abbia fatto aggiungere il comma senza averlo fatto approvare in precedenza dal Gran Consiglio e dal Consiglio dei ministri. Il «duce», quando una cosa gli stava veramente a cuore, non si fermava certo di fronte a «ostacoli» del genere. Il «giallo» sta piuttosto nel fatto che l'aggiunta non figura né nel testo del disegno di legge né in quello della relazione che lo accompagnava presi in esame dalla Camera e – ufficialmente – presentati ad essa il 29 novembre, il giorno prima cioè che venisse steso l'«appunto» di cui abbiamo parlato e lo stesso in cui, stando ad un altro «appunto per il Duce», il Gabinetto della Presidenza si rivolgeva a Mussolini per sapere se, «in occasione della prossima riapertura della Camera Fascista», egli voleva presentare il disegno di legge personalmente o se esso doveva essere inviato alla presidenza della Camera «nei modi consueti». Poiché il 1° dicembre il presidente della Camera, dando notizia dell'avvenuta presentazione, nominò una commissione speciale per esaminare il disegno di legge e riferire su di esso all'assemblea e poiché i due testi furono distribuiti ai deputati solo dopo la loro stampa, alla vigilia cioè del loro esame da parte della commissione speciale, non rimane che concludere che l'aggiunta fu depennata nei pochissimi giorni che intercorsero tra la trasmissione alla Camera e l'esame del disegno di legge da parte della commissione speciale. E, infatti, questo è quanto risulta anche dalla documentazione conservata nell'archivio della Camera[180]: la soppressione fu operata – il 3 dicembre – dal ministro Guardasigilli in sede di correzione delle bozze di stampa dei due testi per la loro distribuzione ai deputati. Qui sta il vero «giallo». Pensare che Solmi – che, oltre tutto, era stato informato telefonicamente dalla Segreteria del «duce» della intenzione di Mussolini di procedere all'aggiunta e aveva dato il suo parere favorevole – abbia proceduto di sua iniziativa alla soppressione è impossibile. La decisione fu certamente di Mussolini. Ma come spiegarla? Cosa poté indurre Mussolini a rinunciare all'ultimo momento ad una cosa alla quale, indubbiamente, doveva tenere? In mancanza di qualsiasi elemento atto a illuminare un po' la vicenda, non possiamo fare che delle ipotesi. E queste ci pare possano essere solo due: o che in Gran Consiglio (che si riunì proprio nella notte tra il 30 novembre e il 1° dicembre), dove certo non mancavano i contrari ad una simile «rivoluzione», qualcuno, informato della cosa, si fosse opposto e che Mussolini non avesse ritenuto opportuna una

---

[180] ARCHIVIO STORICO CAMERA DEPUTATI, *Regno d'Italia, Disegni e proposte di legge*, 1364 bis (Leg. XXX, n. 2655).

«prova di forza» su una questione che poteva stargli a cuore, ma non sino al punto da far valere la sua autorità; o, piú probabilmente, che all'ultimo momento Solmi si fosse reso conto che quella piccola aggiunta poteva provocare una nuova grossa crisi col re e Mussolini, informatone, avesse deciso di non farne niente. Che Vittorio Emanuele sarebbe stato contrario all'aggiunta è pressoché sicuro, sia per il suo misoneismo sia per le conseguenze che prima o poi l'ammissione delle donne alla Camera avrebbe avuto per il Senato. Ma la crisi sarebbe stata anche piú grave e tale che Mussolini non avrebbe potuto giustificarsi in alcun modo soprattutto per un fatto: il re aveva autorizzato la presentazione al Parlamento del disegno di legge l'11 novembre, a San Rossore, nel testo approvato dal Consiglio dei ministri e dunque senza l'aggiunta riguardante le donne. Presentare un testo diverso sarebbe stata pertanto una scorrettezza che avrebbe offerto al sovrano un'arma preziosissima. Mussolini aveva potuto dimenticarsene (e psicologicamente la cosa è assai significativa), ma, una volta fattagliela notare, non poteva certo sottovalutarne il rischio.

Per quanto apparentemente insignificante, la vicenda merita qualche considerazione, sia perché la sua conclusione ci lascia intravvedere gli effettivi margini di potere che il «duce» in quel momento aveva o, comunque, non riteneva opportuno superare, sia perché essa – se non la si riesce a spiegare – potrebbe risultare non solo incomprensibile, ma in contraddizione con un aspetto tipico della posizione di Mussolini, la sua ostilità ad una partecipazione delle donne alla vita pubblica in generale e a quella dell'Italia fascista in particolare.

Il primo fascismo, quello sansepolcrista, non aveva nutrito pregiudiziali antifemministe e aveva rivendicato anzi alle donne l'elettorato politico e amministrativo attivo e passivo. Nelle sue file militava anche un certo numero di donne, in parte provenienti dal partito socialista o da altre formazioni della sinistra (M. Sarfatti, G. Brebbia, R. Teruzzi, ecc.), dal futurismo e dal radicalismo piccolo borghese, in parte attivizzate dal fiumanesimo o direttamente dal fascismo stesso. Almeno sei donne erano intervenute il 23 marzo 1919 alla fondazione dei Fasci di combattimento. Altre vi erano successivamente affluite, dando vita persino ad alcuni gruppi femminili fascisti, tanto che agli inizi del 1922 il partito aveva pubblicato uno schema di statuto per essi. Col 1921-22 per altro – parallelamente all'affluire nel fascismo di elementi socialmente e culturalmente sempre piú differenziati, per molti dei quali l'inferiorità della donna era un dato di fatto fuori discussione e che giudicavano negativamente il ruolo che le donne erano venute assumendo durante la guerra nella società italiana e in particolare nel mondo del lavoro, e alla crescente necessità per Mussolini di tenere conto di tutta una serie di atteggiamenti psicologici e politici sia di massa, sia delle altre forze politiche, sia della Chiesa – la posizione del fascismo di fronte al problema femminile e, dunque, anche al voto femminile si era venuta facendo via via piú cauta e restrittiva. Ciò nonostante, ancora per un certo tempo (sino al 1925) una parte del femminismo borghese continuò a considerare «forze sorelle» il fascismo e il femminismo. In questa valutazione vi era indubbiamente una buona dose di ingenuità e di incomprensione di cosa il fascismo si avviava ad essere e del peso che su di esso avevano assunto e continuamente assumevano i fascisti dell'ultima ora e i «fiancheggiatori». A giustificarla, almeno in parte, vi erano però alcuni fatti positivi. E, in particolare, vi era l'atteggiamento di Mussolini e di alcuni settori del fascismo rispetto al voto femminile [181].

La possibilità per le donne di ottenere il voto politico era praticamente già tramontata prima della «marcia su Roma». Dopo l'andata del fascismo al governo si aprí però la possibilità per le donne o, piú precisamente, per una parte di esse di ottenere almeno quello amministrativo. A dischiuderla fu un disegno di legge governativo presentato nel 1923 (e che comunemente è collegato al nome dell'on. Acerbo, che alla Camera ebbe l'incarico di sostenerlo) e difeso personalmente da Mussolini contro larghi settori del PNF e della maggioranza, al punto da ripresentarlo l'anno seguente dato che – non essendo stato ancora approvato al momento dello scioglimento della Camera – era decaduto. Il disegno di legge, finalmente approvato nella seconda metà del 1925, conferiva il diritto elettorale solo alle donne che avessero compiuto gli studi elementari inferiori o pagassero una data imposta, esercitassero la patria potestà o la tutela, avessero certe benemerenze civili o fossero madri o vedove di caduti in guerra. In pratica non entrò mai in vigore (a meno di non considerare alcuni casi di donne nominate membri onorari di consigli comunali), poiché poco dopo la sua approvazione il governo fascista pose fine all'elettività dei consigli comunali e provinciali. Ciò non toglie che esso abbia per noi notevole interesse.

La sua presentazione e la sua decisa difesa da parte di Mussolini e di Acerbo alla Camera e altrove contro critiche di autorevoli membri della maggioranza (D. Lupi, N. Terzaghi, G. Caradonna, ecc.) rispondevano

---

[181] Sull'atteggiamento del fascismo rispetto alla questione femminile e, piú in genere, alla condizione della donna manca uno studio veramente soddisfacente. Per una prima informazione possono vedersi comunque P. MELDINI, *Sposa e madre esemplare. Ideologia e politica della donna e della famiglia durante il fascismo*, Rimini-Firenze 1975, e soprattutto F. PIERONI BORTOLOTTI, *Femminismo e partiti politici in Italia 1919-1926*, Roma 1978. Di parte fascista, di una certa utilità è M. CASTELLANI, *Donne italiane di ieri e di oggi*, Firenze 1937.

certamente ad un calcolo politico ben preciso. Per un verso, miravano a presentare il fascismo in una luce moderna e progressiva e a cattivargli le simpatie delle varie associazioni italiane e soprattutto internazionali pro suffragio femminile (nel maggio 1923, tenendosi a Roma il nono congresso dell'Alleanza internazionale pro suffragio femminile, Mussolini ebbe cura di intervenirvi e pronunciarvi un discorso piuttosto aperto, anche se la questione del voto politico vi era posta in una prospettiva di tempi lunghi[182]), per un altro verso, con esse Mussolini, oltre a venire incontro alle richieste delle donne fasciste e a premiare il loro «senso del limite», la loro sensibilità politica nel non aver drammatizzato il problema[183], metteva, per cosí dire, le mani avanti onde evitare il rischio che le femministe moderate rivolgessero le loro simpatie verso il partito popolare, che per la concessione del voto, politico e amministrativo, alle donne si era battuto sin dalla sua costituzione. Dire questo però non basta. Oltre a queste motivazioni ve ne furono anche altre, le stesse, sostanzialmente, che nel 1938 dovettero spingere Mussolini a pensare di ammettere le donne alla Camera dei fasci e delle corporazioni.

Personalmente Mussolini non fu mai sensibile ad istanze di tipo femminista, neppure quando era socialista, neppure nell'immediato dopoguerra quando, pure, i Fasci di combattimento si facevano paladini del voto alle donne. Egli negava alle donne una vera capacità di sintesi e, quindi, di grandi creazioni spirituali. Lo disse alla Camera il 15 maggio 1925, intervenendo a sostegno del disegno di legge sul voto amministrativo e lo ripeté anni dopo a Ludwig, specificando che la donna «è analitica, non sintetica». Per lui la donna era fatta per obbedire e non poteva avere un peso nella vita politica[184]. Il suo ruolo, già a quest'epoca, era quello di «sposa e madre». E questa sua convinzione si sarebbe via via sempre piú rafforzata di pari passo al radicalizzarsi in lui della convinzione che l'avvenire dei popoli occidentali fosse direttamente dipendente dalla loro capacità di reagire alle tendenze malthusiane tipiche della società moderna e di svilupparsi demograficamente. Detto questo, bisogna però anche dire che egli si rendeva pure bene conto che durante la guerra le donne avevano fatto grandi sacrifici (e che ancora di piú ne

---

[182] Cfr. MUSSOLINI, XIX, pp. 215 sg. (14 maggio 1923). Il successivo 1° giugno Mussolini parlò anche a Padova al congresso femminile delle Tre Venezie. Il discorso (cfr. *ibid.*, pp. 226 sgg.).ebbe però tutt'altro tono. Innanzitutto fu quasi completamente dedicato a temi di politica generale; quanto al breve passaggio in cui parlò del voto alle donne, lo fece in termini assai meno positivi di quelli usati al congresso di Roma: «Che cosa importa il voto? Lo avrete! Ma anche in tempi in cui le donne non votavano e non desideravano di votare, in tempi lontani, remoti o prossimi o vicini, la donna ebbe sempre un'influenza preponderante nel determinare i destini delle società umane».
[183] Cfr. *ibid.*, XXI, pp. 302 sg. (15 maggio 1925 alla Camera).
[184] Cfr. *ibid.*, p. 303; e E. LUDWIG, *Colloqui con Mussolini*, Milano 1950, p. 166; nonché, per il gennaio 1939, N. D'AROMA, *Mussolini segreto* cit., pp. 177 sgg.

Il regime di fronte al proprio futuro: il «totalitarismo» fascista

avrebbero dovuti fare in una prossima), mostrandosi oltre tutto pienamente all'altezza della situazione, e che – piacesse o no – il capitalismo, lo sviluppo moderno tendevano ad accrescerne il ruolo nella società. Su questi due nodi egli impostò tra l'altro gran parte del suo discorso del 15 maggio 1925 alla Camera. E non a caso; ché, se la concessione del voto amministrativo alle donne aveva per lui quelle motivazioni immediatamente politiche delle quali abbiamo detto, ad essa non era però neppure estranea la sua volontà di compiere un atto che suonasse pubblico riconoscimento dei sacrifici e delle benemerenze delle donne negli anni della guerra: lo dimostrano l'inclusione tra le aventi diritto al voto delle madri e delle mogli dei caduti in guerra e il rilievo ad essa dato[185].

Nel 1938 a spingere Mussolini a voler ammettere alla Camera dei fasci e delle corporazioni le donne dovette essere un complesso di ragionamenti e di stati d'animo simili. Sul piano più immediatamente politico la sua decisione poteva avere come motivazione la volontà di precostituirsi uno strumento che gli offrisse il pretesto per por mano, quando avesse voluto, ad una vera e propria riforma anche del Senato. Su un piano più generale la sua decisione (per lui, oltre tutto, priva di rischi, poiché per la stragrande maggioranza delle donne e per l'assetto del regime essa sarebbe stata senza conseguenze) tendeva invece – e sinceramente diremmo – a costituire un riconoscimento, una sorta di «encomio solenne» alle donne italiane per i loro sacrifici, per le loro rinunzie, per il loro atteggiamento di fronte al fascismo, in particolare negli ultimi anni. Un riconoscimento «tangibile», che desse concretezza a quello che, nel giugno dell'anno prima, egli aveva loro fatto in occasione della inaugurazione a Roma della mostra delle colonie estive e dell'assistenza all'infanzia:

durante questi quindici anni, duri e magnifici – aveva detto dopo aver loro ricordato i particolari doveri delle donne italiane e fasciste: essere le «custodi dei focolari» e le madri delle «generazioni dei soldati, dei pionieri, necessarie per difendere l'impero»[186] –, le donne italiane hanno dato prove infinite del loro coraggio, della loro abnegazione: sono state l'anima della resistenza contro l'obbrobrioso assedio ginevrino, hanno dato gli anelli alla patria, hanno accolto i sacrifici necessari per attingere la vittoria con quella fierezza e quel contenuto dolore che è nelle tradizioni delle eroiche madri italiane;

e che aveva ripetuto – un po' più burocraticamente, mancandogli la folla che l'altra volta lo acclamava – pochi mesi prima, elogiando «l'alto spirito fascista che anima la donna italiana»[187].

---

[185] Significativo in questo senso è anche quanto detto il 19 marzo 1924 da G. Acerbo, cfr. *I grandi discorsi elettorali del 1924*, Milano 1924, p. 98.
[186] MUSSOLINI, XXVIII, p. 205 (20 giugno 1937).
[187] *Ibid.*, XXIX, p. 127 (2 agosto 1938).

dalla reazione antisanzionista alla fervida collaborazione sul terreno autarchico, alle molteplici e vaste attività capillari svolte nei diversi settori sociali, essa, con l'apporto costante della sua intelligente e operosa comprensione, si dimostra elemento insostituibile ai fini della solidarietà nazionale proclamata dal fascismo e fedele collaboratrice del regime.

A parte l'istituzione della Camera dei fasci e delle corporazioni, a livello istituzionale altri passi significativi sulla strada della concentrazione del potere nello Stato durante la seconda metà degli anni trenta non ne furono fatti. Molti piccoli episodi verificatisi in questi anni ad altri livelli indicano però come tutto andasse in questo senso. Piú che constatare la tendenza, in questa sede non si può però fare. Né, d'altra parte, al punto a cui erano arrivate le cose altri passi veramente significativi erano possibili, a meno di non considerare la situazione ormai matura per quello decisivo: la eliminazione della diarchia. Molti e importanti, in questo stesso periodo, furono invece i passi su un'altra strada, quella della totale politicizzazione della società civile sino ad eliminare la distinzione tra Stato e società civile. Un obiettivo che non solo corrispondeva alla ideologia e alla logica interna del fascismo, ma, in quel momento, si configurava per esso come il piú importante e il piú urgente di tutti, poiché solo la sua realizzazione avrebbe potuto metterlo nella condizione ottimale per affrontare e risolvere il problema della monarchia e del «dopo Mussolini».

Come è stato messo bene in rilievo da molti studiosi, l'eliminazione della distinzione tra Stato e società civile attraverso una totale politicizzazione della seconda è stato uno degli obiettivi caratteristici di tutti i totalitarismi, se non addirittura il piú importante. Sotto questo profilo il fascismo si comportò nella seconda metà degli anni trenta (ma non erano mancate manifestazioni precedenti nello stesso senso) come il nazismo e lo stalinismo. Fermarsi a questa constatazione equivarrebbe però a rinunciare alla possibilità di cogliere le peculiarità del «totalitarismo» fascista e di capire in cosa esso si distingueva da quello nazista e da quello stalinista (non entriamo in questa sede nella questione delle differenze, a nostro avviso assai notevoli, tra i due).

Varie sono le prospettive dalle quali si può affrontare la questione senza fermarsi alla sua superficie, ma anche senza dilatarla eccessivamente. La piú adatta è forse quella offerta da due osservazioni, tra loro complementari: quella di D. Fisichella che «il fascismo ha avuto una dottrina dello Stato totale, ma non è stato una ideologia del regime totalitario» e quella di E. Gentile secondo la quale «l'elemento essenziale che caratterizzò l'ideologia del fascismo italiano fu *l'affermazione del primato dell'azione politica*, cioè il totalitarismo, intesa come risoluzione totale del *privato* nel *pubblico*, come subordinazione dei valori attinenti alla vita privata (religione, cultura, morale, affetti, ecc.) al valore politico per eccellenza, lo Stato»[188]. Entrambe le osservazioni colgono infatti bene la peculiarità sia dell'aspetto della politica fascista che qui ci interessa sia, piú in genere, del «totalitarismo» fascista. Nel nazismo e nello stalinismo lo Stato era un elemento in sostanza secondario del potere. Questo punto – essenziale per una corretta comprensione del problema di cui ci stiamo occupando – è stato ampiamente studiato, sicché ai fini del nostro discorso è sufficiente rifarsi alla sintesi che delle conclusioni alle quali sono giunti coloro che lo hanno affrontato ha fatto il Fisichella[189]:

Il punto è che il sistema istituzionale totalitario non presenta né unità né organicità né omogeneità. Accanto e in conflitto con la struttura statale, infatti, si erge la struttura del movimento (o partito unico) rivoluzionario. Hans Buchheim riassume assai bene la singolarità di tale situazione rilevando che «la nuova e compiutamente consapevole aspirazione totalitaria al potere non solo non può piú essere derivata dalle categorie del dominio statale, ma viceversa si sviluppa e si realizza in esplicita e aperta opposizione allo Stato. Il genuino pensiero totalitario è sovversivo nel senso piú generale della parola, in quanto stabilisce una antitesi alla forma "governamentale" di dominio statale». Lo Stato è sovrano ed è autorizzato all'uso della forza in quanto rappresenta il «tutto» e l'interesse generale nei confronti degli interessi particolari. Il movimento totalitario, tuttavia, non si considera, *vis-à-vis* della società e dello Stato che ne è espressione istituzionale, come una parte da unire, associare e congiungere ad altre parti per fare il tutto. Piuttosto, si considera come la cellula germinale di una nuova realtà entro il vecchio universo sociale che ha già perso il suo diritto storico all'esistenza. Ciò lo induce a negare allo Stato la sua natura sovrana e la sua essenza «generale», lasciandolo sopravvivere piú come fatto «anatomico» che come un dato «funzionale» e centro decisionale.

In questa prospettiva, è significativa la diffidenza – che arriva all'ostilità e al disprezzo – dei regimi totalitari nei confronti dello Stato e dei suoi tradizionali istituti, civili e militari, fino al rifiuto dei sentimenti «convenzionali» di patriottismo. Se è superfluo ricordare la posizione comunista in ordine allo Stato e alla ineluttabilità storica della sua estinzione, «ciò che è meno noto e quasi deliberatamente dimenticato» – scrive Linz – «è che Hitler nel *Mein Kampf* ha espresso la sua ostilità verso lo Stato e la tradizionale *Staatsgläubigkeit* tedesca». Come dice Friedrich, il Führer «deprecava lo Stato». Egli ne aveva una «concezione strumentale, fortemente in contrasto con la tradizione tedesca, e in verità con la concezione di Mussolini e del fascismo italiano»... Si collega a un tale atteggiamento «sovversivo» il fatto che nel regime totalitario si assista ad una duplicazione, e poi anche ad una moltiplicazione, dei medesimi uffici e attribuzioni. Sistema monopartitico, il totalitarismo è in concreto caratterizzato da un dualismo di Stato e partito.

---

[188] D. FISICHELLA, *Analisi del totalitarismo* cit., p. 210 nota; E. GENTILE, *Le origini dell'ideologia fascista* cit., p. 422.
[189] D. FISICHELLA, *Analisi del totalitarismo* cit., pp. 121 sgg.

Il fascismo non conosceva un simile dualismo. Anche in Italia vi erano fascisti che avrebbero voluto realizzare la supremazia del partito, il Partito-Stato, e che polemizzavano piú o meno apertamente con i sostenitori dello Stato-Nazione, dello Stato-Partito o di altre simili teorizzazioni dello Stato, accusandole di non essere compiutamente fasciste e totalitarie. Sempre presenti, i sostenitori della supremazia del partito riacquistarono baldanza via via che l'Italia si avvicinò alla Germania e soprattutto negli anni della seconda guerra mondiale, quando le loro richieste poterono venire presentate come necessarie a dinamizzare il paese e a rendere piú efficiente la macchina dello Stato. Di ciò parleremo però nel prossimo volume. Per ora ci basta anticipare che in questo contesto non sarebbero mancate proposte come quella di passare al PNF le competenze del ministero della Cultura popolare e, addirittura, del ministero dell'Interno [190]. A Mussolini anche queste polemiche e queste elucubrazioni teoriche non interessavano minimamente e, nel periodo di cui ci stiamo occupando, le considerava, secondo le circostanze, gli stati d'animo e chi se ne faceva promotore, con compatimento, con noia, con stizza. Fu però sempre attentissimo ed intransigente nell'opporsi ad ogni ulteriore decentramento di potere fuori dello Stato e, quindi, nel riservare al partito (sia sul terreno politico sia su quello ideologico) la posizione di organo, di «istituzione» dello Stato. Di un organo a cui erano assegnati compiti assai importanti per lo sviluppo del regime e, di conseguenza, un vasto potere, che esso poteva esercitare però solo nella società civile [191], e che, comunque, non doveva interferire con quello dello Stato e cioè del governo [192]. Tant'è che alcuni studiosi e piú esplicitamente di tutti J. Linz [193] hanno potuto sostenere la tesi (al tempo stesso giusta e troppo semplificatoria) che se il fascismo non subí una vera e propria «involuzione totalitaria» ciò fu dovuto alla concezione mussoliniana dello Stato e alla sua politica di drastico contenimento delle spinte provenienti dal partito per capovolgerla. Né bisogna farsi trarre in inganno dal fatto che persino fascisti come, per fare solo alcuni nomi, Gentile, Panunzio, Bot-

---

[190] Per una prima informazione cfr. C. PELLIZZI, *Il partito educatore*, Roma 1941.
[191] Come disse in Consiglio dei ministri alla fine del '36, polemizzando con Starace che avrebbe voluto piú fondi per le attività assistenziali del PNF, per Mussolini «il partito vuol fare troppe cose. Il partito non dovrebbe che occuparsi dell'educazione politica del popolo italiano» (G. BOTTAI, *Vent'anni e un giorno* cit., p. 107).
[192] La subordinazione del PNF al governo era tale da non avere un effettivo potere neppure sulle questioni «di principio» piú elementari. Caso tipico la nomina ad importanti cariche dello Stato di non iscritti al partito, nonostante che l'iscrizione fosse ormai per legge requisito necessario per ricoprire tali cariche. Assai significativa è a questo proposito una lettera a Mussolini di Starace in data 22 giugno 1939, subito dopo la nomina a senatori di A. Beneduce e C. A. Quilico. ACS, *Segreteria particolare del Duce, Carteggio riservato (1922-1943)*, fasc. 242/R, «A. Starace», sott. 1.
[193] Cfr. J. J. LINZ, *Totalitarian and Authoritarian Regimes*, in *The Handbook of political science*, a cura di F. I. Grenstein e N. W. Polsby, Reading 1975, III, p. 191.

tai e lo stesso Mussolini parlassero di rivoluzione «perenne», «eterna», «permanente». Specie negli anni trenta, queste ed altre simili espressioni non stavano ad indicare una concezione «sovversiva» rispetto allo Stato (e neppure la richiesta di una prassi totalitaria del tipo di quelle nazista e stalinista [194]): la loro carica sovversiva, il loro totalitarismo avevano un solo destinatario, la società e spesso miravano solo a reclamare un maggiore impegno sociale del regime. Per dirla con Panunzio [195], lo Stato era per essi «nella sua idea e nella sua unità ideale» «assoluto eterno ed inesauribile». Di mutabile vi erano solo le sue forme succedutesi nel tempo, i suoi ordinamenti giuridici, le sue manifestazioni *sub specie* di governi e i suoi contenuti. Prima del fascismo lo Stato era «spiritualmente vuoto»; con il fascismo esso si era riempito di una *Idea* e, quindi, di ideali, di fede, di volontà, cosí da poter finalmente esprimere «la permanente e duratura coscienza» del popolo [196] e da poter realizzare la propria totalitarietà (*maxima plenitudo potestatis*), cioè «la pienezza della idea e della potestà dell'idea» [197]. Conseguenza di ciò era che col fascismo

all'antitesi società-Stato si è sostituita la concreta medesimezza delle due realtà; alla alterità di Stato e di popolo si è altresí sostituita la vivente identità morale di popolo e di Stato. Il partito unico, cosí, esprime e realizza la sostanza politica dello Stato, non solo in quanto immette il popolo nello Stato, ma in quanto porta e vive un'idea, che non è piú l'astratta idea, pur presunta universale, dei vecchi partiti, ma è l'idea che deriva dalle tradizioni millenarie della nazione intesa come unità storica di valori e di spiriti ed esprime la volontà perenne e duratura del popolo stesso, reso esso medesimo Stato [198].

Ma queste erano solo teorizzazioni. Perché l'*Idea* potesse effettivamente esprimere «la permanente e duratura coscienza» del popolo e si realizzasse l'inglobamento della società nello Stato (cioè nel sistema politico fascista) e quindi la loro identificazione occorreva che il popolo acquistasse consapevolezza della sua «permanente e duratura coscienza» e si comportasse in conseguenza, diventasse cioè, come dicevano i fascisti, Nazione. Ovvero – ponendo la questione in termini piú concreti – occorreva che si realizzasse quella effettiva nazionalizzazione delle masse che l'Italia, al contrario di altri paesi [199], non aveva conosciuto che in misura minima e che il pluralismo culturale che caratterizzava ancora largamente la società italiana venisse, se non proprio superato, almeno

---

[194] Per il nazismo e lo stalinismo cfr. D. FISICHELLA, *Analisi del totalitarismo* cit., capp. III sgg.
[195] S. PANUNZIO, *Teoria generale dello Stato fascista* cit., *passim* e spec. pp. 561 sgg.
[196] Cfr. C. CURCIO, voce «Partito» nel *Dizionario di politica* cit., III, p. 380.
[197] S. PANUNZIO, *Teoria generale dello Stato fascista* cit., p. 541.
[198] C. CURCIO, *Dizionario di politica* cit., voce «Partito», p. 381.
[199] Cfr. per la Germania il fondamentale studio di G. L. MOSSE, *La nazionalizzazione delle masse* ecc. cit.

ridotto notevolmente. Occorreva cioè una profonda, capillare politicizzazione della società che però – proprio per la mancanza di un reale comun denominatore (a parte quello rappresentato dal cattolicesimo) – invece che assumere la forma di una ideologizzazione di massa (oltre tutto inconciliabile con il pragmatismo mussoliniano e con la necessità di tener in debito conto il carattere composito del regime e il pluralismo sociale e culturale che era alla sua base) doveva tradursi nella formazione di una comune mentalità di massa. In modo che – per dirla una volta ancora con Panunzio[200] – «al popolo atomico e disorganizzato che esprime il suo consenso e la sua adesione allo Stato e alla sua politica saltuariamente ed artificiosamente una volta tanto, succede il "popolo organizzato" che esprime continuamente ed in ogni istante il suo consenso e la sua adesione». Il raggiungimento di questo obiettivo doveva essere il compito primario dello Stato, attraverso l'utilizzazione di tutti i suoi strumenti: la scuola, la stampa, la radio, il cinema e soprattutto il partito con le organizzazioni da esso dipendenti. Nessuno strumento poteva infatti avere la capillarità, l'intensità, la sistematicità di azione e dunque la funzione formativa del partito. Sull'ultimo fascicolo del 1939 di «Critica fascista» Camillo Pellizzi era a questo proposito esplicito[201]:

> Educare politicamente un popolo non significa solo, né principalmente, mandarlo a certe scuole dove si insegnino certe dottrine. Significa soprattutto farlo vivere in un dato ordine e in un dato clima, e condurlo a partecipare consapevolmente, in modo sempre piú profondo ed attivo, allo Stato in tutte le sue manifestazioni ed organi; significa anche dare a categorie sempre piú vaste del popolo, e in modo sempre piú chiaro e ragionato, la sensibilità delle esigenze mutevoli della vita politica e dei nuovi orientamenti che lo Stato di volta in volta richiede. Questo compito educativo non si potrà mai ritenere esaurito, e, piú ancora, per il continuo mutare della situazione e dei problemi della vita associata. Ogni cittadino, anche ricchissimo di talenti, di esperienza e di dottrina, dovrà considerare come perpetuamente aperto e, in assoluto, irrisolto il problema della sua propria educazione politica.
> È evidente che questa educazione alla politica non può avvenire senza una qualche forma di partecipazione, e sono ben note le dottrine che facevano interamente dipendere e derivare l'educazione politica dei popoli dalla loro partecipazione al potere. Questa concezione pedagogico-politica grossolana ed empirica confondeva la funzione dell'educatore con quella dell'educando, e non poteva quindi mai giungere alla visione della unità dialettica nella quale vivono e si articolano queste due ben distinte funzioni. La Rivoluzione fascista è nata, fra l'altro, anche da un superamento critico di tale concezione, e dei derivanti sistemi parlamentari ed elettorali, dei quali si denunciò l'astrattezza di concezione, la staticità organica, il vizio di atomismo nella considerazione della persona umana vivente in società.

---

[200] S. PANUNZIO, *Teoria generale dello Stato fascista* cit., p. 159.
[201] L'articolo fu rifuso due anni dopo come primo capitolo del già citato volumetto di C. PELLIZZI, *Il partito educatore* cit., pp. 7 sgg.

Non intese però mai, il Fascismo, escludere aprioristicamente alcun cittadino da alcuna partecipazione attiva alla vita dello Stato, da alcuna sua possibile collaborazione diretta o indiretta all'opera del governo; anzi, esso mira ad attuare una organica circolazione di idee e di volontà fra cittadino e Stato. Non a caso l'ordinamento cui esso intende è stato definito una «democrazia integrale», o «funzionale». Quella circolazione e quella partecipazione presuppongono due cose: primo, l'inserimento diretto di ogni attività individuale o di gruppo, intesa alla produzione di particolari beni e servizi, in un organamento statale che guidi, coordini e rappresenti quelle attività e i dipendenti particolari interessi (e a ciò deve, o dovrà, provvedere il sistema sindacale e corporativo); secondo, un continuo diretto collegamento di natura politica fra il popolo e lo Stato.

Questa concezione del ruolo assegnato al PNF (cosí privo di autonomia e di iniziativa politica rispetto allo Stato e, quindi, cosí diverso, nonostante alcune apparenti somiglianze, da quello assegnato al partito dal nazismo e dal bolscevismo) non era certo una novità. Mussolini l'aveva sostenuta si può dire da sempre e in particolare da quando A. Turati, epurato il partito dagli elementi che avrebbero voluto un partito «protagonista» e non «esecutore», ne aveva fatto uno strumento che sembrava finalmente atto a tradurla in pratica. Non è certo un caso che uno dei primi espliciti accenni a questo ruolo («il partito nazionale fascista si prepara ad assolvere il compito che gli è proprio: costituire l'aristocrazia educativa e formativa del popolo italiano») Mussolini lo avesse fatto il 1° gennaio 1928 parlando di fronte al direttorio del PNF subito dopo aver elogiato Turati per il suo «grande, incancellabile merito di aver epurato, affinato il partito»[202] e lo avesse ribadito tre mesi dopo in un contesto simile; dopo aver elogiato R. Ricci per la sua azione di dirigente dell'ONB aveva detto[203]:

Non è fuori di luogo illustrare il carattere intrinseco, la significazione profonda della leva fascista. Non si tratta soltanto di una cerimonia, ma di un momento importantissimo di quel sistema di educazione e preparazione totalitaria e integrale dell'uomo italiano che la rivoluzione fascista considera come uno dei compiti fondamentali e pregiudiziali dello Stato, anzi il fondamentale. Qualora lo Stato non lo assolva o accetti comunque di discuterne, esso mette in gioco puramente e semplicemente il suo diritto di esistere.

Se questa concezione non era dunque nuova, diverso era però il contesto politico in cui essa si inseriva. Alla fine degli anni venti e nella prima metà degli anni trenta il proposito di formare una nuova classe dirigente fascista o non si era ancora dimostrato irrealizzabile o, comunque, Mussolini poteva pensare di proiettarlo sui «tempi lunghi», sulle future generazioni fasciste; e lo stesso si può dire per quello di fascistizzare la

---

[202] Cfr. MUSSOLINI, XXIII, p. 86.
[203] *Ibid.*, p. 126 (preambolo al comunicato relativo alla riunione del 28 marzo 1928 del Consiglio dei ministri).

società italiana: anche se la fascistizzazione era nel complesso scarsa, epidermica e condizionata da tutta una serie di motivazioni contingenti e, dunque, sostanzialmente provvisoria e transeunte (tanto che con la fine del '33 il «duce» aveva preso a parlare con maggiore insistenza della necessità di realizzare lo «Stato totalitario» e di «vivere un periodo di altissima tensione ideale»), nulla però faceva ritenere possibile un capovolgimento della situazione e una caduta del consenso, sicché, per intanto, essa era sufficiente a mettere Mussolini e il regime in condizioni di affrontare senza vere preoccupazioni la realtà del momento e di pensare di potere dare al consenso basi più solide e durature in un secondo tempo[204]. Ora, nella seconda metà degli anni trenta, la situazione si presentava diversa. Nonostante il grande successo conseguito con la guerra in Etiopia, se il «duce» voleva avere le mani libere per realizzare la sua politica, assicurare il futuro del regime nel «dopo Mussolini» e realizzare quella «riforma morale degli italiani» senza la quale era convinto che anche il conseguimento dei due primi obiettivi non sarebbe valso pressoché a nulla ai fini della realizzazione del «destino imperiale dell'Italia», era necessario bruciare i tempi della fascistizzazione di massa e trasformare il consenso in vera e propria *fede*. Era necessario cioè attuare – per dirla con un'espressione dei nostri giorni – una «rivoluzione culturale» che, utilizzando tutti i mezzi a disposizione dello Stato, realizzasse, attraverso una mobilitazione permanente degli italiani, la loro *educazione totalitaria*, in modo da trasformare la massa in veri fascisti e ridurre il resto – gli impenitenti – in una condizione di isolamento morale tale da privarli in pratica di ogni influenza diretta o indiretta non solo sulla vita pubblica ma anche sulla società civile. Sino allora l'Italia fascista aveva avuto un «meraviglioso ortopedico dello spirito», il «duce», che di tanto in tanto le aveva lanciato «le sue prescrizioni rieducative nel proposito di restituire al carattere italiano la tonalità virile che gli è indispensabile per superare le tremende prove del suo destino»[205], ora questi interventi di «ortopedia dello spirito» dovevano essere sistematizzati, estesi e resi continui: tutto lo Stato, e in primo luogo il partito, doveva impegnarsi in una «funzione educativa totalitaria»[206]; tutto

---

[204] Cfr. a questo proposito *Mussolini il duce*, I, pp. 127 sgg. e spec. 178-81 e 244-46.
[205] Le espressioni citate sono tratte dal corsivo LA DIREZIONE [C. COSTAMAGNA], *La neutralità borghese e la trasformazione fascista dello Stato*, in «Lo Stato», dicembre 1938, p. 676. Ne la *Storia e dottrina del Fascismo* cit., p. 418, Costamagna (riprendendo l'espressione da M. MANOILESCO, *Le parti unique*, Paris 1936, p. 143) parla di Mussolini anche come del «grande pedagogo della nazione».
[206] Cfr. a questo proposito G. A. LONGO, *La funzione educativa del Partito*, in «Civiltà fascista», agosto 1939, pp. 705 sgg., in cui, tra l'altro, si legge: «Quali sono i caratteri essenziali di questa funzione educativa del Partito? Essa è, anzitutto, educazione *politica*, nel senso che mira alla formazione del *carattere* dell'Italiano nuovo e del *costume* del nuovo e unitario popolo italiano, ispirati, l'uno e l'altro, soprattutto, ad una *volontà di primato civile*; e, in relazione appunto a tale suo carat-

Il regime di fronte al proprio futuro: il «totalitarismo» fascista

il paese doveva diventare una grande scuola di permanente educazione politica che facesse degli italiani dei fascisti integrali, degli uomini nuovi, mutando loro le abitudini, il modo di vita, la mentalità, il carattere e, al limite, la struttura fisica; non si trattava piú di polemizzare contro l'italiano «scettico» e «mandolinista», si trattava di creare un nuovo tipo di uomo, duro, forte, volitivo, guerriero, una sorta di *legionario di Cesare* dei tempi moderni, per il quale nulla fosse impossibile [207]: quell'*uomo nuovo* che tutti i fascismi [208] e tutti i totalitarismi hanno cercato di creare (anche se con caratteri diversi a seconda delle tradizioni nazionali e delle ideologie dei vari movimenti e regimi), di cui il fascismo italiano parlava da sempre e dagli inizi degli anni trenta con crescente insistenza [209] e che Mussolini si era impegnato a creare da un decennio e piú, affermando solennemente: «creeremo l'italiano nuovo, un italiano che non rassomiglierà a quello di ieri» [210]. E con l'*uomo nuovo* una nuova razza italiana, non piú di «figli di schiavi», ma di «padroni», rispettata e temuta da tutti [211].

Non ci soffermiamo a discutere, a commentare un simile proposito, moralmente repugnante, ma che, per altro, affondava le sue radici nell'aspirazione di qualsiasi regime operante in una società di massa a dare alla partecipazione e al consenso un carattere reale e stabile rispetto ai suoi presupposti. Poche parole merita a sua volta la sua irrealizzabilità soprattutto sui tempi brevi. Il che – sia ben chiaro – non esclude però affatto (e lo si vedrà nel prossimo capitolo) la possibilità di una sua parziale realizzazione, limitata essenzialmente ad una parte della gioventú. In un paese come l'Italia, caratterizzato – lo abbiamo ricordato – da un vasto pluralismo culturale e da una nazionalizzazione delle masse che cominciava a muovere i primi concreti passi solo allora [212], l'unica strada

---

tere politico, essa è educazione *totalitaria*: e nel senso che, direttamente o mediatamente, si rivolge alla totalità del popolo italiano, e nel senso che essa investe tutta intera la personalità dell'uomo, mirando a comporne in classica armonia le facoltà spirituali, intellettuali e fisiche. Sulla base di questa duplice totalitarietà – che presuppone ed implica la parallela azione della Scuola – l'opera educativa del Partito (che non è necessariamente opera esplicitamente "didattica", ma che, come opera *formativa* nel senso piú compiuto e concreto della parola, può consistere anche nella semplice "vita vissuta" del Partito) mira anche, e progressivamente, a fini *selettivi*. Tale selezione si opera: *a*) su di un piano generale, e piú propriamente politico, nel senso d'individuare le personalità che assommino in maggior grado le virtú di carattere proprie dell'ideale umano del Fascismo; *b*) su di un piano specifico, e piú propriamente tecnico, nel senso di rivelare, in via quasi interamente sperimentale, le particolari attitudini e capacità di ciascuna di tali personalità».

[207] A E. Ludwig (cfr. *Colloqui con Mussolini* cit., pp. 111 sg.) Mussolini aveva detto: «Se non si inculca questo alla gente, essa si addormenta, e dice anche delle cose semplici che sono impossibili».
[208] Cfr. G. L. MOSSE, *La genesi del fascismo*, in «Dialoghi del XX», aprile 1967, pp. 20 sgg.
[209] Cfr. M. LEDEEN, *L'internazionale fascista*, Bari 1973, pp. 84 sgg.
[210] Cfr. MUSSOLINI, XXII, p. 246 (30 ottobre 1926), e anche, sullo stesso tema, XXIV, p. 283 (27 ottobre 1930) e XXVI, p. 248 (26 maggio 1934); nonché *Mussolini il duce*, I, pp. 50 sg.
[211] Cfr. MUSSOLINI, XXIX, pp. 52 sg. e 117; G. CIANO, *Diario* cit., pp. 128 e 156.
[212] A. AQUARONE, *Alla ricerca dell'Italia liberale*, Napoli 1972, pp. 335 sg.

che si sarebbe potuta battere per tentare una effettiva politicizzazione di massa era quella di uno stato di emergenza politica, con relativa istituzionalizzazione della guerra civile (ideologica e pratica) contro ogni tipo di «nemico», compreso quello «oggettivo», la strada cioè di un totalitarismo del genere di quelli nazista e stalinista. Ma ciò era impossibile non solo perché mancava un vero partito in grado di realizzare una simile svolta e il regime doveva tener conto di tutti i propri equilibri interni (per non parlare dei condizionamenti della situazione internazionale) anche quando la sua iniziativa politica tendeva a sovvertirli, ma anche e soprattutto perché avrebbe voluto dire mettere in discussione il rapporto Stato-partito e con ciò la concezione stessa dello Stato fascista quale Mussolini era venuto maturando e alla quale non era assolutamente disposto a rinunciare. Più utile è passare direttamente a vedere i vari modi nei quali questo massiccio tentativo di educazione totalitaria di massa si articolò. Tanto piú che, cosí facendo, è possibile rendersi conto che varie iniziative prese dal fascismo nella seconda metà degli anni trenta che vengono spesso considerate assurde, casuali, frutto di improvvisazione, di suggestioni estemporanee e di imitazione pedissequa del modello nazista e quindi – proprio per la loro apparente mancanza di giustificazione – manifestazioni della crisi del regime, non erano affatto tali, ma, al contrario, rientravano in una logica e in un programma a loro modo razionali e organici. In una logica e in un programma che miravano a colpire a morte la «mentalità borghese» e a por fine alla sua influenza «corruttrice» sul popolo (e, cosí facendo, a isolare e depotenziare quei settori borghesi sostanzialmente afascisti – specialmente produttivi e intellettuali – che piú si mostravano restii ad accettare l'evoluzione della politica mussoliniana), ma che avevano anche altri e ben piú ambiziosi obiettivi. Quegli stessi che sin dal 1932 erano stati indicati a tutte lettere nella *Dottrina del fascismo*, un testo tutt'altro che esornativo (come troppi si ostinano ancora oggi a considerarlo) e che è invece la chiave piú autentica e sicura per comprendere il totalitarismo fascista e le sue peculiarità. E *in primis* l'obiettivo che riassumeva tutti gli altri e dava loro significato: creare *attraverso lo Stato* la Nazione. Nella prima parte della *Dottrina del fascismo*, quella dovuta alla penna di G. Gentile, questo obiettivo non solo è esposto con la massima chiarezza, ma tutto il discorso converge e porta verso di esso[213]:

> Non è la nazione a generare lo Stato secondo il vieto concetto naturalistico che serví di base alla pubblicistica degli Stati nazionali nel secolo XIX. Anzi la nazione

---

[213] MUSSOLINI, XXXIV, pp. 120 sg.

è creata dallo Stato, che dà al popolo, consapevole della propria unità morale, una volontà, e quindi un'effettiva esistenza. Il diritto di una nazione all'indipendenza deriva non da una letteraria e ideale coscienza del proprio essere, e tanto meno da una situazione di fatto piú o meno inconsapevole e inerte, ma da una coscienza attiva, da una volontà politica in atto e disposta a dimostrare il proprio diritto: cioè, da una sorta di Stato già *in fieri*. Lo Stato infatti, come volontà etica universale, è creatore del diritto... Lo Stato fascista, forma piú alta e potente della personalità, è forza, ma spirituale. La quale riassume tutte le forme della vita morale e intellettuale dell'uomo. Non si può quindi limitare a semplici funzioni di ordine e tutela, come voleva il liberalismo. Non è un semplice meccanismo che limiti la sfera delle presunte libertà individuali. È forma e norma interiore, è disciplina di tutta la persona; penetra la volontà come l'intelligenza. Il suo principio, ispirazione centrale dell'umana personalità vivente nella comunità civile, scende nel profondo e si annida nel cuore dell'uomo d'azione come del pensatore, dell'artista come dello scienziato: anima dell'anima.

Il fascismo insomma non è soltanto datore di leggi e fondatore d'istituti, ma educatore e promotore di vita spirituale. Vuol rifare non le forme della vita umana, ma il contenuto, l'uomo, il carattere, la fede. E a questo fine vuole disciplina, e autorità che scenda addentro negli spiriti, e vi domini incontrastata.

Nella seconda parte, quella dovuta personalmente a Mussolini, il discorso è meno limpido, ma non per questo il suo senso, il suo approdo sono meno chiari. Ciò che dà concretezza allo Stato (lasciamo stare, per il momento, la questione di cosa costituisse concretamente lo Stato e cioè, per Gentile[214], la «coscienza e volontà di pochi, anzi di Uno») e quindi alla sua creazione della nazione è la sua funzione di *gran pedagogo*[215]:

Caposaldo della dottrina fascista è la concezione dello Stato, della sua essenza, dei suoi compiti, delle sue finalità... Lo Stato cosí come il fascismo lo concepisce e attua è un fatto spirituale e morale, poiché concreta l'organizzazione politica, giuridica, economica della nazione, e tale organizzazione è, nel suo sorgere e nel suo sviluppo, una manifestazione dello spirito... Lo Stato non è soltanto presente, ma è anche passato e soprattutto futuro. È lo Stato che trascende il limite breve delle vite individuali, rappresenta la coscienza immanente della nazione. Le forme in cui gli Stati si esprimono mutano, ma la necessità rimane. È lo Stato che educa i cittadini alla virtú civile, li rende consapevoli della loro missione, li sollecita all'unità; armonizza i loro interessi nella giustizia; tramanda le conquiste del pensiero nelle scienze, nelle arti, nel diritto, nell'umana solidarietà; porta gli uomini dalla vita elementare delle tribú alla piú alta espressione umana di potenza che è l'impero; affida ai secoli i nomi di coloro che morirono per la sua integrità o per obbedire alle sue leggi; addita come esempio e raccomanda alle generazioni che verranno i capitani che lo accrebbero di territorio e i geni che lo illuminarono di gloria. Quando declina il senso dello Stato e prevalgono le tendenze dissociatrici e centrifughe degli individui o dei gruppi, le società nazionali volgono al tramonto.

---

[214] *Ibid.*, pp. 129 sg.
[215] Cfr. *ibid.*, p. 120.

Messe in questi termini l'essenza e la funzione dello Stato, si comprende il valore che ormai il fascismo assumeva per Mussolini. Quello di una sorta di *religione laica* che doveva realizzare la massima integrazione e nazionalizzazione delle masse e trasformare i singoli in altrettanti *fedeli*. Una religione laica nella quale il «duce» era insieme il «maestro» e il pontefice, una ristretta aristocrazia (gentilianamente intesa) doveva costituire una sorta di sacro collegio, la burocrazia statale e il partito (transeunte?) il clero e una serie di miti (sorellianamente intesi) le verità di fede. Con la differenza rispetto alle religioni vere e proprie (ma il «modello», vedremo, erano la religione e la Chiesa cattolica) che tali verità di fede non dovevano essere dogmi immutabili, ma sempre in movimento, in trasformazione, a seconda delle opportunità politiche e della volontà lungimirante del «duce». Una eco significativa di questa preoccupazione di «dare a categorie sempre piú vaste del popolo e in modo sempre piú chiaro e ragionato la sensibilità delle esigenze mutevoli della vita politica e dei nuovi orientamenti che lo Stato di volta in volta richiede» è presente nel già citato articolo di C. Pellizzi su «Critica fascista» della fine del 1939. Anche piú significativo è però un articolo di qualche mese prima di G. Bottai – tra gli uomini del vertice fascista di questo periodo certo il piú intelligente e coerente interprete del totalitarismo mussoliniano – su «Gerarchia». In esso si legge infatti [216]:

> L'attività degli uomini può... anzi deve superare la dottrina, se questa non sia piú adeguata alla realtà. La dottrina stessa è una dottrina in moto, sottoposta al travaglio d'una revisione incessante. Davanti ad ogni problema nuovo, a ogni nuova svolta, ci si deve non riferire alla tradizione per cercarvi una tradizione, che non si trova, ma, partendo dall'esperienza tutta intiera del Regime, apportarvi una soluzione nuova, adeguata alla situazione. Tutto, nella storia del Fascismo, si regge e cementa in unità anche nelle sue apparenze contraddittorie, sol che, nel giudicarne il corso, ci si rifaccia a questo filo conduttore... La Rivoluzione non è un tempo del Fascismo. È il Fascismo; sistema, che vive oltre le condizioni che lo hanno creato e che ha creato. La dinamica rivoluzionaria non si è ancora fissata in un quadro statico... Per Mussolini, la rivoluzione «può avere e può non avere il decorso drammatico che impressiona», ma agisce nell'ordine creato come forza perpetua di revisione, di aggiustamento, di indirizzo. «Può avere un ritmo piú o meno affrettato». Ma è continua. Esige volontà alacri, deste, da fedeli, non da bigotti. C'è un Mussolini, ignoto alla folla, nel cui spirito la Rivoluzione elabora incessantemente le sue formule. Davanti a ogni problema nuovo la sua iniziativa è pronta alla soluzione nuova, adeguata alla situazione. Da qui, il suo tempismo, che non è opportunismo, ma senso storico in atto di un rivoluzionario, che agisce tanto piú nel profondo, quanto piú si allontana dai metodi convenzionali di riforma.

[216] G. BOTTAI, *Concetto mussoliniano della «rivoluzione permanente»*, in «Gerarchia», settembre 1939, pp. 598 sg.

Stante questo valore attribuito allo Stato, è facile capire che la battaglia antiborghese costituiva, come si è detto, solo un momento, un aspetto di una operazione pedagogica di massa ben piú vasta e ambiziosa.

Il primo fascismo era stato antiborghese; antiborghesi, sia pure con caratteri diversi, erano stati quei fascisti che provenivano dal socialismo, dal sovversivismo di sinistra, i futuristi, gli arditi. Via via che, dalla fine del '20, il fascismo si era sviluppato grazie soprattutto alle adesioni e alle simpatie piccolo e medio borghesi, la polemica antiborghese si era attenuata e poi quasi quietata, ma, al fondo, era rimasta una caratteristica della mentalità e della cultura di molti fascisti, assumendo spesso in taluni intellettuali toni populistici [217]. Tipica può essere considerata la posizione di Pietro Gorgolini. Nel suo libro *Il fascismo nella vita italiana*, scritto nel 1921, pubblicato nella primavera dell'anno successivo con una lusinghiera prefazione di Mussolini («la migliore pubblicazione sul fascismo fra quante ne sono uscite in Italia dal marzo 1919 ad oggi») e ripubblicato piú volte durante il primo decennio fascista, egli scriveva [218]:

Il Fascismo... non può essere, non è e non sarà mai con la borghesia. Scende anzi in lizza spesso contro di lei. Implacabilmente. Le ragioni di questa irriducibile ostilità sono infinite: d'indole politica, sociale, morale, economica, giuridica, nazionale...

La crisi Matteotti, ridando fiato all'intransigentismo, lo aveva ridato anche alla polemica antiborghese; salvo casi sporadici, essa si era però rivolta soprattutto contro la grande borghesia, il mondo della finanza, accusati di essere stati prima «alla finestra» e poi contrari al fascismo [219]. Rientrata la crisi anche la polemica si era però esaurita. Ciò non vuole dire che se ne fossero seccate le radici. Al contrario esse erano sempre vive non solo nei vecchi fascisti, quelli della prima ora [220], ma anche nei

---

[217] Tipico è in questo senso il *Ragguaglio sullo stato degli intellettuali rispetto al fascismo* di C. SUCKERT [MALAPARTE] premesso a A. SOFFICI, *Battaglia fra due vittorie*, Firenze 1923, pp. XI sgg.
Per l'accezione in cui usiamo il termine «populismo» cfr. la relativa voce, di L. INCISA, nel *Dizionario di politica*, a cura di N. Bobbio e N. Matteucci, Torino 1976, pp. 762 sgg.; nonché N. MATTEUCCI, *Dal populismo al compromesso storico*, Roma 1976, *passim* e spec. pp. 47 sgg.
[218] Cfr. P. GORGOLINI, *Il Fascismo nella vita italiana*, Torino 1923³, p. 131.
[219] Tipico in questo senso U. FABBRI, *Analisi del regime fascista (agosto 1924)* cit., pp. 4 sg., 20 sgg.
[220] Una testimonianza, al tempo stesso politica, psicologica e letteraria, assai interessante del perdurare tra i vecchi fascisti dell'*animus* antiborghese e delle frustrazioni in essi prodotte dalla constatazione di come la borghesia si fosse col fascismo invece rafforzata è offerta dalle opere di Marcello

giovani e in particolare negli intellettuali delle nuove leve, che vedevano nella borghesia l'ostacolo maggiore, psicologico, culturale e sociale, alla realizzazione del vero «ordine fascista», della tante volte annunciata e mai realizzata «svolta sociale» del fascismo. Un esame della stampa giovanile e della pubblicistica minore fascista della fine degli anni venti e della prima metà degli anni trenta – del periodo cioè in cui, per dirla con G. Volpe [221], vi erano «non pochi» che pensavano che il fascismo «sempre piú si presenti come modo di attuarsi del socialismo» – è assai significativo. Esso rivela infatti un diffuso stato d'animo antiborghese a sfondo populistico, che attribuiva alla borghesia tutti i mali, da quello di avere, in passato, diseducato il popolo e praticato una politica priva di qualsiasi spiritualità e quindi arida e infeconda, a quello, nel presente, di frenare con la sua «partecipazione a rimorchio» la dinamica del regime, contaminando per di piú con la sua grettezza e mancanza tanto di spirito sociale quanto di senso dello Stato gran parte della vecchia generazione fascista e persino parte della nuova. Due citazioni, tra le molte che si potrebbero fare, ci pare rendano bene questo stato d'animo. La prima, da un articolo di Bruno Spampanato [222], è indicativa soprattutto per capire cosa questi fascisti intendessero per «mentalità borghese»:

Grattali un poco questi borghesi, e ti riappaiono quel che sono: con una fede di tipo corrente, ottimisti, di facile contentatura, miopi quello che basta, transigenti con la comodità la convenzione la mediocrità, insomma amanti d'un quieto vivere di vaga ispirazione filosofica ma confinante con la piú caratteristica ed autentica vigliaccheria.

Nessuna transazione è eccessiva. Nessuna riserva sufficiente. Nessuno slancio utile. In tutti i tempi e in tutti i Paesi la loro morale prese la misura dei loro piedi come le scarpe: ed a rinnovarla, bastò risolarla. Il borghese italiano, come gli altri.

Non diciamo che non coltivasse le virtú, ma quel loro sapore classico lo incitò ad ammirarle nei libri, e se mai ne discusse, prese quel dolciastro ed enfatico tono rettorico che basta ad uccidere cento e una virtú.

La borghesia piú che una classe era, è un clima. Piú che un clima, è il colossale chilo delle conquiste del terzo stato tranquillamente ruminate e digerite da alcune generazioni.

La seconda, da un articolo di Luigi Fontanelli [223], ha un valore piú politico:

Gallian. Cfr. P. BUCHIGNANI, *Primitivismo e antiborghesismo nella narrativa di Marcello Gallian*, in «Trimestre», luglio-dicembre 1979, pp. 311 sgg.
[221] Cfr. G. VOLPE, *Lo sviluppo storico del fascismo*, 1928, p. 41.
[222] L'articolo, dal titolo *L'altro antifascismo*, fu riprodotto nel volume B. SPAMPANATO, *Polemica ai margini*, Milano 1935, pp. 123 sgg., di cui si può vedere anche l'avvertenza preliminare e spec. p. IX.
[223] L'articolo, apparso in «La stirpe», aprile 1933, fu pubblicato anche in estratto: L. FONTANELLI, *Mussolini, lo spirito della borghesia e le nuove generazioni*, Roma 1933, la citazione è alle pp. 4 sg.

Il regime di fronte al proprio futuro: il «totalitarismo» fascista

All'indomani della Marcia su Roma, da chi considerava l'evento con soddisfatto spirito borghese, sorse la definizione di «colpo di Stato». Infatti la borghesia non poteva vedere piú in là del colpo di Stato o della dittatura militare: erano i suoi miti, quelli che avrebbero avuto ragione dei corrispondenti miti del socialismo... rivoluzionario italiano...

La borghesia favorendo il Fascismo per il «colpo di Stato» aveva proprio pensato di impegnare una battaglia decisiva e di vincerla. Infatti essa raggiungeva il limite estremo dei propri orizzonti. Ma gli orizzonti del Fascismo non sono quelli della borghesia, perché non sono quelli del passato, cosí come lo spirito del fascismo è l'antitesi dello spirito borghese.

Antiborghese era stato e sostanzialmente era rimasto anche Mussolini. Come giustamente ha scritto l'Aquarone [224], in lui era rimasta sempre viva «un'istintiva, plebea avversione per la borghesia, pavida e filistea, incapace, nel suo gretto egoismo, di altamente sentire e fortemente operare». Con la differenza però che la sua polemica contro la borghesia si era mantenuta sino a tutta la guerra d'Africa entro termini assai cauti, manifestandosi in genere in modo indiretto, *ex contrario*, attraverso l'esaltazione della mentalità, dello «stile», della «mistica» fascisti e la denuncia dei «mali» che affliggevano, a suo dire, i paesi in cui la borghesia «decadente» celebrava i suoi «trionfi» culturali e politici, primo fra tutti quello del declino demografico. In un certo senso si può addirittura dire che lo era diventato sempre di piú via via che gli era apparso evidente quanto per larghi settori della media e persino della piccola borghesia l'adesione al fascismo fosse superficiale e, nell'intimo, tutt'altro che irreversibile, venata da molteplici insofferenze e che la grande borghesia – pur ricavando dal fascismo indubbi utili e professandogli la maggior fedeltà – si dimostrava sempre «insensibile» alle «superiori» esigenze del regime e non perdeva occasione per trarre il massimo beneficio da qualsiasi «sacrificio». Le resistenze e i malumori suscitati dalla politica di «quota novanta» prima e da quella per fronteggiare la crisi economica poi avevano avuto in questo senso un peso assai notevole. Tra le varie testimonianze che si potrebbero addurre, valga per tutte questa tratta dal diario di Dino Grandi, alla data del 18 dicembre 1930:

Il Duce è indignato con la borghesia italiana. «Il borghese italiano che ha 3 automobili, una per sé, una per la moglie e una per l'amante, ed è costretto a ridurre le 3 automobili a 2 (quella della moglie è la prima ad essere sacrificata) si lamenta e strilla che "siamo rovinati" che "cosí non si può andare avanti"». Come ha ragione il Presidente.

---

[224] A. AQUARONE, *L'organizzazione dello Stato totalitario* cit., p. 112.

Eppure in quindici anni di potere, l'«attacco» pubblico piú «esplicito» alla borghesia fatto da Mussolini era stato questo, in occasione, il 18 marzo 1934, della seconda assemblea quinquennale del regime[225]:

> Il popolo fascista d'Italia al quale io indico queste grandi secolari direttive di marcia è, oggi, tutto attorno al fascismo e lo dimostrerà domenica col suo plebiscito. L'antifascismo è finito. I suoi conati sono individuati e sempre piú sporadici. I traditori, i vociferatori, gli imbelli saranno eliminati senza pietà. Ma un pericolo tuttavia può minacciare il regime: questo pericolo può essere rappresentato da quello che comunemente viene chiamato «spirito borghese», spirito cioè di soddisfazione e di adattamento, tendenza allo scetticismo, al compromesso, alla vita comoda, al carrierismo. Il fascista imborghesito è colui che crede che oramai non c'è piú nulla da fare, che l'entusiasmo disturba, che le parate sono troppe, che è ora di assettarsi, che basta un figlio solo e che il piede di casa è la sovrana delle esigenze. Non escludo l'esistenza di temperamenti borghesi, nego che possano essere fascisti. Il credo del fascista è l'eroismo, quello del borghese l'egoismo.
> Contro questo pericolo non v'è che un rimedio: il principio della rivoluzione continua. Tale principio va affidato ai giovani di anni e di cuore. Esso allontana i poltroni dell'intelletto, tiene sempre desto l'interesse del popolo: non immobilizza la storia, ma ne sviluppa le forze. La rivoluzione nel nostro pensiero è una creazione che alterna la grigia fatica della costruzione quotidiana, ai momenti folgoranti del sacrificio e della gloria. Sottoposto a questo travaglio che segue la guerra, è già possibile vedere, e sempre piú si vedrà, il cambiamento fisico e morale del popolo italiano. Ecco iniziata la quarta grande epoca storica del popolo italiano, quella che verrà dagli storici futuri chiamata epoca delle camicie nere. La quale vedrà i fascisti integrali, cioè nati, cresciuti e vissuti interamente nel nostro clima: dotati di quelle virtú che conferiscono ai popoli il privilegio del primato nel mondo.

Un discorso, come si vede, tipicamente mussoliniano, ancora tutto proiettato sui «tempi lunghi» e in cui mancava ogni caratterizzazione politico-sociale della polemica antiborghese (che invece era presente in fascisti come Fontanelli), che, oltre tutto, era impostata in termini cosí generici da non poter assolutamente far pensare che nel giro di quattro anni essa avrebbe assunto toni tanto diversi e sarebbe diventata il nodo centrale della politica interna fascista.

E infatti per capire la drastica impennata antiborghese del 1938-39 questi precedenti vanno tenuti ben presenti, ma deve essere chiaro che il loro rapporto con essa fu solo quello di costituire l'*humus* necessario a renderla popolare in certi ambienti fascisti e a mobilitarli, ma che per il resto la politica antiborghese nacque in un contesto determinato esclusivamente dalla situazione del regime e dalla politica mussoliniana *in quel momento*. Ovvero, detto in altre parole, che è impensabile considerare la motivazione «ideologica» altro che subordinata a quella politica.

---

[225] MUSSOLINI, XXVI, pp. 192 sg.

Lo stesso discorso vale per la motivazione «sociale». Con la guerra d'Africa in molti fascisti delle generazioni piú giovani (ma non solo di esse[226]) si erano rinfocolate le attese e le richieste di una «svolta sociale». E ciò tanto piú che la gioventú fascista e il popolo italiano nel suo complesso sembravano aver superato bene la prova, l'«esame», della guerra[227]. Che Mussolini dovesse e in definitiva volesse tener conto delle aspirazioni della gioventú fascista è piú che probabile. La sua origine, la sua formazione, la sua mentalità, la sua esperienza di governo, le sue ambizioni, oltre che il suo interesse politico, tutto insomma lo spingeva in questa direzione. A parte che il suo «spiritualismo» lo portava a considerare la «riforma morale» piú urgente e preliminare rispetto a quella «materiale», *in quel momento* egli non poteva però pensare ad una vera «svolta sociale». Essa gli avrebbe infatti creato troppe difficoltà interne e soprattutto – anche se, per ipotesi, fosse riuscito a superare queste difficoltà – lo avrebbe costretto ad un periodo di «raccoglimento» interno e, quindi, gli avrebbe «tarpato le ali» sul piano internazionale in un momento oggettivamente assai difficile. Da qui la necessità per lui di non ignorare le richieste e le attese sociali, ma di proiettarne ancora una volta la realizzazione nel tempo, legandola per altro alla battaglia antiborghese in maniera da sfruttare in funzione di essa la «carica sociale» delle nuove generazioni. Significativa è in questo senso la graduatoria degli obiettivi da conseguire da lui indicata – come già tre anni prima[228] – il 26 marzo 1939, parlando agli squadristi convenuti a Roma per celebrare il ventesimo anniversario dei Fasci di combattimento[229]:

l'uomo delle squadre dice a colui che si attarda dietro le persiane che la rivoluzione non è finita, ma dal punto di vista del costume, del carattere, delle distanze sociali, è appena incominciata.

E ancora piú significativo, a dimostrazione di come la battaglia contro la borghesia fu da lui concepita e condotta tenendo ben fermo che si trattava di una battaglia che doveva incidere non tanto sulle distanze sociali tra le varie classi quanto sul costume, sul carattere della borghesia[230], è il

---

[226] Per la generazione «anziana» del fascismo cfr. C. PELLIZZI, *La necessità del «livellamento»*, in «Civiltà fascista», ottobre 1936, pp. 618 sgg.
[227] Un tipico esempio che non pochi giovani fascisti avevano inteso e vissuto la guerra d'Africa come un esame per sé e per gl'italiani che sarebbe dovuto per altro continuare e trovare convalida nel dopo è offerto da I. MONTANELLI, *Dopo la guerra*, in «Civiltà fascista», maggio 1936, pp. 290 sg.
[228] MUSSOLINI, XXVII, p. 246 (23 marzo 1936).
[229] *Ibid.*, XXIX, p. 250.
[230] È significativo che anche parlando con i suoi piú stretti collaboratori, Mussolini pur non nascondendo affatto il suo stato d'animo e il suo giudizio sulla borghesia e annunciando la sua decisione di correggerla «a suon di calci negli stinchi», non accennasse mai a proposito di allargare la sua azione al campo economico sociale. Al massimo, come annotava (10 luglio 1938) Ciano, parlò «di una terza ondata, da farsi in ottobre, poggiando particolarmente sulle masse operaie e contadine», ma tutto il contesto del discorso esclude che il riferimento alle masse operaie e contadine avesse

discorso «semisegreto» («questo discorso è destinato a rimanere inedito per il momento; però vi autorizzo a trasmetterlo per diffusione orale») da lui pronunciato cinque mesi prima, il 25 ottobre 1938, al Consiglio nazionale del PNF; un discorso su cui dovremo ritornare perché fondamentale per comprendere il nesso strettissimo che legò attorno al comun denominatore della battaglia antiborghese tutta una serie di iniziative [231]:

> Alla fine dell'anno XVI ho individuato un nemico, un nemico del nostro regime. Questo nemico ha nome «borghesia».
> Quando, alcuni anni fa, mi occupavo di questa faccenda e tentavo, invano, di raddrizzare le gambe ai°cani, io dicevo: fate una distinzione nettissima fra capitalismo e borghesia. Perché la borghesia può essere una categoria economica, ma è soprattutto una categoria morale, è uno stato d'animo, è un temperamento. È una mentalità nettissimamente refrattaria alla mentalità fascista. Si potrebbe dire, grosso modo, che la borghesia è quella che sta fra gli operai da una parte, e i contadini dall'altra, cioè fra alcuni milioni di persone. Questo non ci soddisfa. La borghesia è una categoria a carattere politico-morale.
>
> Ciò che andava combattuto e trasformato nella borghesia non era il suo peso sociale, era il suo temperamento, la sua morale e cioè la sua grettezza, il suo pessimismo, la sua visione meschina e limitata, il suo pacifismo, il suo pietismo, il suo complesso d'inferiorità rispetto agli altri popoli, la sua mancanza di passione per le grandi mete:
>
> La borghesia è una categoria a carattere politico-morale. Come la identificheremo? Attraverso delle esemplificazioni. Esempio: un giorno di luglio il principe Colonna vola e cade. Il fascista di temperamento dice: «Però questo principe romano, di una grande, grandissima famiglia, ha del fegato. Il suo gesto è ammirevole. Poteva nel pomeriggio rimanere in via Veneto a scambiarsi delle parole inutili con altri individui e, viceversa, volava». Commento del borghese: «Ma chi glielo ha fatto fare?»
> Si fanno dei voli transoceanici che portano la nostra ala in continenti lontani. Il popolo fascista è fiero di ciò. Vede in queste gesta qualche cosa che inorgoglisce il popolo italiano. Vede un aumento di prestigio morale della nazione. Il borghese si mette al tavolo e dice: «Tre motori, tre apparecchi, nove motori. Consumo di benzina per ogni motore cinquecento litri. Dunque questo ci viene a costare dai quindici ai venti milioni». Questo è un tipico ragionamento del borghese. Un altro dato di fatto per identificare il borghese, la mentalità borghese: la esterofilia. «Parigi! Ma chi non è stato a Parigi non conosce il mondo, non è uomo!» E ci mettono anche la erre moscia. «Londra! Domina la quarta parte dei continenti».
> Secondo costoro l'Italia è un piccolo, povero paese, che deve andare a scuola dalla democrazia francese e dalla aristocrazia britannica, perché deve sempre copiare qualcuno e qualche cosa.
> Altro tratto caratteristico della borghesia: il suo pessimismo, ben lontano dal nostro pessimismo virile, che è il pessimismo che vede l'ostacolo e non lo svaluta

altro significato che quello di una squalifica morale della borghesia «sfiaccolata e disfattista» presso i ceti popolari. Cfr. G. CIANO, *Diario* cit., pp. 56 e 156.
[231] MUSSOLINI, XXIX, p. 189.

ed è deciso ad affrontarlo. Il pessimismo del borghese è quello che si fascia la testa prima di essersela rotta. Prima che succeda niente dice: «Ma che cosa va a succedere? Siamo perduti, è un salto nell'ignoto».

Ma poi ancora il borghese è un minuzzatore di quelli che si chiamano i grandi uomini. La gioia del borghese è quella di vedere che Napoleone, ad un certo momento della *Maria Waleska*, è in una specie di vestaglia, non ben definita, e si rade. Allora il borghese dice: «Vedete, è uguale a me». Infatti è uguale a lui. Napoleone non andava a letto con gli speroni e con gli stivali. Ma c'è una cosa che il borghese non potrà mai fare. Non potrà mai vincere una battaglia come quella di Austerlitz. Evidentemente c'è qualcosa in Napoleone che è comune a tutti gli uomini, ma c'è anche qualcosa di profondamente diverso. Il borghese è nemico dello sport. Nemicissimo dello sport, di tutto quello che può turbare il suo stato perenne di quiete. È naturalmente pacifista, pietoso, pietista, pronto a commuoversi, sempre umanitario, infecondo. Infecondo, perché il borghese ci fa un calcolo sopra. Se un sabato sera si mette a discutere con la moglie se fare un bambino o no, il calcolo gli dice che non gli conviene, che è meglio non farlo. Mentre, invece, la fecondità è un dato dell'istinto. La troppa ragione raziocinante è ostile a quelle che sono le forme primordiali, incoercibili e profonde della umanità.

Questi sono i tratti caratteristici somatici del borghese [232].

Messo bene in luce questo punto, va per altro detto che, data l'importanza che attribuivano alla «riforma morale», il significato che per realizzarla davano alla battaglia antiborghese e gli scarsi e sostanzialmente controproducenti risultati che questa mostrò subito di ottenere fuori da limitati ambienti giovanili, Mussolini e con lui Starace, cioè il partito, non fecero quasi nulla per impedire che da parte di quei fascisti, specialmente giovani, che auspicavano una «svolta sociale» venisse dato alla polemica antiborghese un carattere che spesso andava oltre i limiti che il «duce» aveva indicati. Un'attenta lettura de «Il popolo d'Italia» e di «Gerarchia» è indicativa. Le punte politicamente e socialmente piú vivaci contro la borghesia apparvero nel 1938-39 sulla stampa dei GUF e, sia pur meno numerose, su quella sindacale. A parte queste pubblicazioni, tra gli organi fascisti piú autorevoli si può dire che nessuno si impegnò nella polemica antiborghese tanto quanto i due (e specialmente «Gerarchia») che facevano capo direttamente a Mussolini [233] e pubblicò tanti attacchi che andavano oltre l'aspetto «morale» e del costume e nessuna presa di posizione che potesse essere considerata in qualche misura critica [234]. Per-

---

[232] *Ibid.*, pp. 189 sg.
[233] Gli articoli che apparivano su «Il popolo d'Italia» erano solo eccezionalmente letti preventivamente da Mussolini e la responsabilità effettiva di essi ricadeva su G. Pini, che talvolta gli riassumeva i piú importanti telefonicamente per avere il suo benestare. Cfr. G. PINI, *Filo diretto con Palazzo Venezia* cit., *passim*. Di quelli che erano destinati a «Gerarchia» Mussolini era solito invece leggere sempre le bozze. Cfr. N. TRIPODI, *Italia fascista in piedi! Memorie di un lettore*, Roma 1975[8], p. 147.
[234] Oltre una rubrica di dichiarazioni di giovani sulla «mentalità borghese e lo spirito fascista» dal titolo *L'antiborghese* pubblicata dal febbraio all'agosto del 1939, gli scritti piú significativi apparsi su «Gerarchia» furono nel settembre 1938 M. PUCCINI, *Incidere sul costume* e nel 1939: OVALLE,

sino «Critica fascista» che, a questo livello, fu uno dei piú impegnati, si dimostrò piú cauta, riuscendo a contenere al minimo le prese di posizione estremiste e pubblicando qualche voce critica o, almeno, ammonitrice[235]. Non è certo privo di significato che tra i libri di polemica antiborghese che videro la luce tra il 1939 e il 1941[236] il piú violento e il piú ricco di attacchi non riconducibili al mero aspetto morale della borghesia e che, proprio per questo fece maggiore impressione e suscitò la maggior indignazione[237], *Processo alla borghesia*, era in gran parte una raccolta di scritti apparsi precedentemente su «Gerarchia» e su «Il popolo d'Italia», letti ed approvati da Mussolini[238].

La polemica antiborghese costituí la punta di diamante della «rivoluzione culturale» fascista nella quale a sua volta si compendiò gran parte della «svolta totalitaria» della seconda metà degli anni trenta. Essa fu infatti a ben vedere l'elemento animatore piú o meno dichiarato di tutte le iniziative che furono prese in questo quadro a tutti i livelli e con un dispiegamento di mezzi propagandistici senza precedenti.

Cominciamo da quelle che Mussolini, nel suo discorso «semisegreto» del 25 ottobre 1938, definí altrettanti «poderosi cazzotti nello sto-

Due volti dell'antiborghesia (gennaio); *Precisazioni per il «borghese»* (febbraio); G. CALZA, *Fascismo e borghesia. Fine del denaro padrone* (marzo); R. PAVESE, *Oro, metallo ignobile* (aprile); E. SULIS, *Civiltà e uomini nuovi* (maggio); T. MADIA, *Connotati* (giugno); B. RICCI, *Mentalità e classe* (luglio).
[235] Tra le prese di posizione di «Critica fascista» contrarie alle estremizzazioni della polemica antiborghese cfr. IL GUARDIANO, *Fascismo e borghesia* (15 gennaio 1939, in polemica con un articolo di F. Bernardini su «L'assalto»); nonché B. ROMANI, *Scoperta delle classi* (15 febbraio 1939) in polemica con il populismo di certi attacchi: «alcuni caratteri delle classi operaie e agricole, per motivi retorici e propagandistici, trovano esaltazione, ma che effettiva e reale rispondenza essi abbiano con la vita e le consuetudini di tali classi è cosa che attende di essere chiarita».
La piú esplicita critica pubblicata dalla rivista di Bottai fu però l'articolo di C. PELLIZZI, «*Borghese» e borghesia* (1° settembre 1938). Pellizzi (del quale un primo articolo sul «Corriere della sera» del 21 luglio aveva suscitato molte critiche tra cui quella di «Piccola guardia», nel fascicolo del 15 agosto) affermava che, volendo il fascismo far scomparire «il paria sociale, del proletariato» e «il supercapitalista», «il suo fine dunque non è di ridurre, ma anzi di estendere quanto piú si possa, su basi etico-giuridiche nuove, il fenomeno etico-sociale della piccola e media borghesia». E ammoniva di conseguenza: «Nel colpire certi vizi che potrebbero essere meglio definiti altrimenti, badiamo di non offendere ciò che invece ha bisogno di essere incoraggiato. A me pare che l'Italia abbia estremo bisogno di buoni borghesi, anche con tutte le limitazioni estetico-morali che un tale stato sociale comporta».
Tra le altre prese di posizione interessante è ERBA, *Fascismo e borghesia* (15 gennaio 1939) per l'accusa ai nazionalisti di avere deviato il fascismo giunto al potere dai suoi presupposti originari non borghesi.
[236] Tra essi cfr. in particolare I. DE BEGNAC, *Itinerario della borghesia*, Brescia 1940, e S. GATTO, *Il borghese*, Milano 1941 (quaderno della Scuola di mistica fascista S. I. Mussolini). Per gli sviluppi della polemica antiborghese negli anni della guerra cfr. C. SCORZA, *Tipi... tipi... tipi...*, Firenze 1942.
[237] Cfr. in particolare E. CONTI, *Dal taccuino di un borghese* cit., pp. 672 sg. (alla data del 22 dicembre 1939).
[238] *Processo alla borghesia*, a cura di E. Sulis, Roma 1939. Nel volume (che ebbe tre edizioni in quattro mesi) sono da vedere in particolare i contributi dello stesso Sulis (nel quale i corsivi indicano le sottolineature fatte da Mussolini leggendone il manoscritto), di B. Ricci (il piú impegnato nel dare alla polemica antiborghese una prospettiva nettamente sociale e di accorciamento reale delle «distanze») e di R. Pavese.

Il regime di fronte al proprio futuro: il «totalitarismo» fascista

maco» dati «nel sedicesimo anno del regime» alla borghesia italiana.
Prima: l'abolizione del *lei* («servile e straniero e detestato dai grandi italiani, da Leopardi a Cavour»[239]) e la sua sostituzione col *voi* e, piú in generale, la campagna per la purezza della lingua italiana e, dunque, contro l'uso di termini, di espressioni stranieri (direttamente o italianizzati) e dei dialetti. Tra tutte la «battaglia antilei», pur non conseguendo risultati certo totalitari, fu probabilmente quella che piú ebbe successo. Un po' perché l'uso del *lei* in alcune regioni era poco diffuso, un po' perché adeguarvisi era un atto di disciplina senza conseguenze negative e sottrarvisi era difficile, un po' perché a suo favore si schierò – per conformismo, ma anche con convinzione – un buon numero di letterati e di intellettuali che in molti ambienti «facevano opinione», filologi come Pasquali, letterati e critici come Marinetti, Bargellini, Baldini, Landolfi, Quasimodo, Savinio, Pratolini, Vittorini, la Negri, la Vivanti, la Morante, Anceschi, Migliorini, Binni, filosofi come Carlini e Orestano, storici come Volpe[240].
Seconda: l'introduzione del «passo romano». Su di essa Mussolini insistette molto, sia in privato (attribuendo tra l'altro l'ostilità che per il nuovo passo di parata dimostrava il re al fatto che «essendo fisicamente una mezza cartuccia», «non potrà far[lo] senza essere ridicolo»[241]) sia in pubblico.

Il primo cazzotto è stato il passo romano di parata. – Disse il 25 ottobre 1938[242] – Il popolo adesso lo adora. Ma la borghesia lo ha detestato. Ha detto: «Ma che cosa è questo passo romano di parata?» Non sapeva che è stato inventato da Eugenio di Savoia e adottato da tutti gli eserciti. Si è detto che esso non era democratico e perciò era stato abolito, mentre noi lo abbiamo ristabilito. Si è detto anche che esso è uguale al «passo dell'oca». Prima di tutto ciò non è vero. Secondo, anche se fosse vero, c'è un dato di fatto curioso: che il popolo italiano è forse il solo popolo della terra che abbia l'oca nella sua storia. Infatti tutti gli storici di Roma lo attestano. C'era un accantonamento di romani sul Campidoglio. Ora l'oca faceva migliore guardia dei cani. Del resto l'oca era dedicata a Giunone, e quindi era un animale altamente rispettabile, ed è perfettamente normale che l'oca abbia risvegliato i romani, che forse erano stanchi e dormivano, e quindi il console abbia sconfitto i Galli (francesi di oggi) ed abbia impedito che salissero fino sulla vetta del Campidoglio. Tutti coloro che hanno visto il nostro passo di parata ed il passo di parata germanico hanno constatato che c'è una differenza essenziale. Tutti gli eserciti lo hanno adottato, ivi compreso l'inglese, ivi compreso l'albanese, il bulgaro; persino i soldati della Repubblica Argentina e i cadetti degli Stati Uniti. Evidentemente bisogna dare, ad un certo momento, l'impressione della forza.

[239] Cfr. MUSSOLINI, XXIX, p. 117.
[240] Per un quadro d'insieme cfr. il numero speciale del 1939 di «Antieuropa» *Antilei*, a cura di A. Gravelli.
[241] Cfr. G. CIANO, *Diario* cit., p. 91.
[242] MUSSOLINI, XXIX, pp. 188 sg., nonché, per il discorso del 1° febbraio 1938 ricordato da Mussolini, *ibid.*, pp. 52 sg.

Decisivo e grave è questo che vi dico: perché non si faceva prima il passo di parata? Perché si riteneva che noi fossimo incapaci di farlo. Infatti si diceva: «È un passo da giganti e non può essere un passo di un popolo dove tutti sono piccoli, storpi». C'era quasi un riconoscimento della nostra inferiorità fisica per rinunciare a manifestazioni di questa nostra forza. Il popolo l'ha sentito. La borghesia si è inalberata. Ma, dopo le mie parole del 1° febbraio, in cui gettavo fasci di luce contro i borghesi definendoli sedentari, mezze cartucce ed altro, la borghesia si è acquetata.

Quel passo esprime la volontà. Chiunque è capace di andare al passo. Se voi prendete un gregge di tremila pecore con i campanelli, tutti i campanelli suonano nello stesso tempo e il gregge va al passo. Possiamo noi accontentarci di questo? No. L'introduzione del passo romano ha avuto una ripercussione in tutto il mondo, come espressione di forza morale. Noi lo manterremo appunto perché risponde a queste caratteristiche.

Abbiamo riportato questo stralcio di oratoria mussoliniana perché, se non ci si ferma a quanto vi è di istrionico, esso fa capire bene l'obiettivo che il «duce» si proponeva di raggiungere con l'introduzione del «passo romano» e con altre iniziative simili da lui adottate nello stesso periodo, quale, per esempio, quella con cui fu imposto ai dipendenti dello Stato l'uso dell'uniforme con relativi gradi come per i militari [243]: incidere sul costume e sul carattere creando attorno agli italiani un'atmosfera di tipo militare e facendoli vivere il piú possibile «pronti alla lotta». Né piú né meno di quello che si legge nella terza prefazione agli atti del Gran Consiglio da lui scritta il 1° luglio 1938 come bilancio dell'ultimo quinquennio e per indicare il ruolo centrale che la riforma del costume avrebbe dovuto avere nell'ulteriore sviluppo della «rivoluzione fascista» [244]:

Tutta l'atmosfera nella quale si svolge la vita del popolo italiano ha carattere militare, deve avere e avrà un carattere sempre piú militare: il popolo ha l'orgoglio di sapersi mobilitato permanentemente per le opere di pace e per quella di guerra.

Terza iniziativa, terzo «poderoso cazzotto nello stomaco della borghesia»: la «questione razziale». Con essa il discorso si fa piú complesso e le conseguenze diventano di ben altra portata. Quando Mussolini tenne il suo discorso «semisegreto» questa iniziativa si era già venuta trasformando, passando dalla sua fase originaria, quella della formazione di una «coscienza razziale», alla seconda, che faceva essenzialmente perno sull'antisemitismo e che avrebbe portato di là a pochissimo alla introduzio-

---

[243] Secondo G. BOTTAI, *Diario* (ff. 587 sg., alla data del 19 agosto 1938) Mussolini avrebbe cosí motivato l'introduzione dell'uniforme per gli impiegati statali (che comportava un onere di trecento milioni): «La divisa agli impiegati è la riforma della burocrazia. Ricordatevelo: l'abito fa il monaco».

[244] MUSSOLINI, XXIX, p. 117; nonché pp. 191 sg. (discorso del 25 ottobre 1938).

Il regime di fronte al proprio futuro: il «totalitarismo» fascista

ne della legislazione antiebraica. Ciò nonostante le sue parole rendono abbastanza bene i motivi e il significato che questa iniziativa aveva per Mussolini *all'inizio*, prima cioè che una serie di considerazioni essenzialmente di politica estera lo inducesse a dilatare i termini della «questione razziale» e a porre in primo piano motivazioni diverse dalle originarie. Mettere in chiaro questo è importante, perché la prima fase della «questione razziale» deve essere vista nel quadro di quella che abbiamo definito la «rivoluzione culturale» mussoliniana della seconda metà degli anni trenta, mentre invece la seconda fase (pur essendo seguita cosí da presso alla prima da confondersi quasi con essa) va inquadrata in tutt'altro contesto – tant'è che anche nella nostra esposizione ne tratteremo in altra parte di questo volume –, anche se da varie parti e dallo stesso Mussolini si cercò, significativamente, di riportare anch'essa nella cornice «spiritualista» della «coscienza razziale» da suscitare negli italiani. A proposito della «questione razziale», nel senso che qui ci interessa, Mussolini disse [245]:

Il problema razziale è per me una conquista importantissima, ed è importantissimo averlo introdotto nella storia d'Italia. I romani antichi erano razzisti fino all'inverosimile. La grande lotta della Repubblica Romana fu appunto questa: sapere se la razza romana poteva aggregarsi ad altre razze.

Questo principio razzista introdotto per la prima volta nella storia del popolo italiano è di una importanza incalcolabile, perché, anche qui, eravamo dinanzi ad un complesso di inferiorità. Anche qui ci eravamo convinti che noi non siamo un popolo, ma un miscuglio di razze, per cui c'era motivo di dire, negli Stati Uniti: «Ci sono due razze in Italia: quella della valle del Po e quella meridionale». Queste discriminazioni si facevano nei certificati, negli attestati, ecc.

Bisogna mettersi in mente che noi non siamo camiti, che non siamo semiti, che non siamo mongoli. E, allora, se non siamo nessuna di queste razze, siamo evidentemente ariani e siamo venuti dalle Alpi, dal nord. Quindi siamo ariani di tipo mediterraneo, puri. Le invasioni barbariche dopo l'impero erano di poca gente: i longobardi non erano piú di ottomila e furono assorbiti; dopo cinquantanni parlavano latino.

Senza risalire alle origini, ai liguri ed ai cinque e seimila anni prima di Cristo, ci limitiamo a dire che, da almeno millecinquecento anni, le nostre genti si sono raggruppate fra di loro, ragione per cui la loro razza è pura, soprattutto nelle campagne. Naturalmente, quando un popolo prende coscienza della propria razza, la prende in confronto di tutte le razze, non di una sola. Noi ne avevamo preso coscienza solamente nei confronti dei camiti, cioè degli africani. La mancanza di dignità razziale ha avuto conseguenze molto gravi nell'Amara. È stata una delle cause della rivolta degli amara. Gli amara non avevano nessuna volontà di ribellarsi al dominio italiano, nessun interesse a farlo. Lo prova il fatto che durante l'impresa etiopica cinquemila amara, armatissimi, accolsero il camerata Starace, quando egli scese dall'aeroplano, con manifestazioni di obbedienza e di entusiasmo. Ma quando

[245] *Ibid.*, pp. 190 sg.

hanno visto gli italiani che andavano piú stracciati di loro, che vivevano nei *tucul*, che rapivano le loro donne, ecc., hanno detto: «Questa non è una razza che porta la civiltà». E siccome gli amara sono la razza piú aristocratica dell'Etiopia, si sono ribellati.

Queste cose probabilmente i cattolici non le sanno, ma noi le sappiamo. Ecco perché le leggi razziali dell'impero saranno rigorosamente osservate e tutti quelli che peccano contro di esse saranno espulsi, puniti, imprigionati. Perché l'impero si conservi bisogna che gli indigeni abbiano nettissimo, predominante il concetto della nostra superiorità.

Come si vede, anche qui le motivazioni erano le solite. Oltre a quella «esterna», modificare l'immagine che degli italiani si aveva all'estero, esse erano quella di dare unità alla nazione, eliminando le differenze «razziali» tra Nord e Sud, e quella di dare agli italiani una «dignità razziale» tanto verso gli altri popoli europei (facendo loro superare ogni «complesso d'inferiorità» rispetto ad essi) quanto verso le popolazioni indigene delle colonie. Stabilire una graduatoria tra queste motivazioni, tra questi obiettivi è impossibile. E ciò tanto piú che la «questione razziale» aveva in questa prima fase per Mussolini confini difficilmente definibili e finiva spesso per confondersi con quella demografica, con quella sanitaria (specie per quanto concerneva la maternità e i giovani), con quella sportivo-agonistica, con quella del miglioramento fisico delle nuove generazioni. Quello che è certo è che un peso notevole nello spingere Mussolini a porre il problema della «dignità» in termini razziali e non piú nazionali come in passato, avevano avuto le notizie che gli pervenivano dall'Etiopia. Gli accenni alla ribellione in atto in quel paese e al comportamento degli italiani con le popolazioni indigene non erano pseudo argomenti, pretesti usati per dare vigore alla sua decisione e per giustificarla. Varie testimonianze attestano la profonda impressione che su di lui avevano fatto tali notizie[246], al punto da indurlo a ritenere che la causa delle ribellioni andasse attribuita essenzialmente al comportamento degli italiani, alla loro mancanza di «dignità razziale» e, quindi, di capacità di stabilire un «giusto» rapporto – di conquistatori-civilizzatori, superiori, quindi, in tutto agli indigeni – con le popolazioni locali.

---

[246] Molta impressione fece su Mussolini quanto gli scrisse il 24 aprile 1938 R. Farinacci di ritorno da un viaggio in Etiopia: «I nazionali non sono eccessivamente vigilati, e dànno quindi agli indigeni uno spettacolo poco imperiale. Numerosi sono gli episodi provocati dai loro modi volgari, o disgustosi, od offensivi. Ecco l'elenco di alcuni fra i piú gravi difetti lamentati:
  a) assoluta mancanza di comprensione e di rispetto per le consuetudini e i costumi delle popolazioni;
  b) contegno pessimo da parte dei nazionali civili e militari nei riguardi delle donne indigene;
  c) richieste di prestiti a indigeni benestanti;
  d) modo sguaiato di vivere e di vestire che è in contrasto stridente al modo col quale si comportano e vestono gl'indigeni ecc.».
ACS, *Segreteria particolare del Duce, Carteggio riservato (1922-1943)*, 242/R, fasc. «R. Farinacci», sott. 39.

Il diario di Ciano contiene a questo proposito due annotazioni significative. Una alla data dell'8 gennaio 1938[247]:

> Il Duce era inquieto per l'Impero: il Goggiam è in rivolta. Ne è responsabile, a detta del Duce, Pirzio Biroli, nonché l'impreparazione razziale degli italiani. Il contegno di molti dei nostri ha fatto perdere agli indigeni il rispetto della razza bianca.

L'altra a quella del 30 luglio successivo[248]:

> ...il Duce considera la questione razziale come fondamentale, dopo avvenuta la conquista dell'Impero. È all'impreparazione razziale degli italiani che dobbiamo l'insurrezione degli Amhara.

Queste le tre iniziative delle quali Mussolini parlò nel suo discorso «semisegreto» al Consiglio nazionale del PNF. Nulla sarebbe piú sbagliato però che credere che la battaglia antiborghese e, piú in generale, la «rivoluzione culturale» fascista di cui la battaglia antiborghese non era che un aspetto, un momento, si limitassero ad esse. Per avere una idea adeguata della loro ampiezza bisogna considerare anche altre iniziative che non vennero messe esplicitamente in relazione con esse e tenere presente la loro influenza su iniziative e temi propagandistici già da tempo all'ordine del giorno, ma che nella seconda metà degli anni trenta modificarono o accentuarono la loro caratterizzazione ideologica in senso antiborghese (tipico in questo senso è il caso della campagna demografica e contro il celibato[249]) e, piú in generale, sull'ulteriore accentua-

---

[247] G. CIANO, *Diario* cit., p. 86.
[248] *Ibid.*, p. 162.
[249] Al problema demografico fu dedicata la riunione del 3 marzo 1937 dal Gran Consiglio. Udita una relazione di Bottai, il supremo organo del fascismo stabilí una serie di direttive, trasformate nei mesi successivi in leggi volte a favorire lo sviluppo demografico (prestiti matrimoniali, priorità nell'assunzione al lavoro e agevolazioni nella carriera e tributarie per i padri di numerosa prole), a scoraggiare il celibato (estensione della tassazione a nuove categorie di celibi) e a tenere costantemente sotto controllo la realtà demografica del paese (istituzione dell'Ufficio centrale demografico, trasformato nel settembre 1938 in Direzione generale per la demografia e per la razza). Cfr. PNF, *Il Gran Consiglio del Fascismo ecc.* cit., pp. 622 sg.
Assai indicativi dello stato d'animo determinato dalla polemica antiborghese (del resto appena agli inizi) sono le previsioni e i timori circolanti alla vigilia della sessione del Gran Consiglio che si sapeva doveva trattare il problema demografico. Ragione principale di tali timori (che una nota conservata fra le carte di Mussolini definiva «seria apprensione ed in parecchi vero orgasmo») erano alcune voci e alcune proposte apparse su pubblicazioni del partito di provvedimenti che sancissero l'incameramento da parte dello Stato di grosse quote dei patrimoni di coloro che morivano senza aver avuto figli o, addirittura, l'introduzione di una tassazione inversamente proporzionale al numero dei figli. ACS, *Segreteria particolare del Duce, Carteggio riservato (1922-1943)*, 242/R, «Gran Consiglio», sott. 15 (1937), ins. A. Con questo tipo di proposta aveva polemizzato nei mesi precedenti A. De Stefani, mettendo in rilievo i danni che ne sarebbero conseguiti per l'economia nazionale e ammonendo che «la soluzione del problema demografico non si può avere facendo diventar poveri i ricchi e ricchi i poveri, ma creando una norma giuridica accompagnata da sanzioni civili adeguate». A questo proposito De Stefani osservava che «la legislazione fascista è ancora, in tema di matrimonio e di filiazione, una legislazione abbondantemente liberale». A toglierle questo carattere non bastavano gli incentivi e le agevolazioni stabilite a favore di chi si sposava e aveva prole. «Tutti questi – scriveva – sono pannicelli caldi se non si imposta il problema della *obbligatorietà giuridica*

zione e capillarizzazione del controllo e della politicizzazione della informazione e della cultura di massa a tutti i livelli.

Il ruolo della radio negli anni del fascismo (alla vigilia della guerra d'Etiopia gli abbonati erano poco piú di mezzo milione, nel 1937 circa trecentomila di piú, alla fine del 1939 quasi un milione e duecentomila, localizzati per piú della metà nel Nord) è stato in questi ultimi tempi oggetto di vari studi. Da essi e soprattutto dai migliori di essi, quelli di A. Monticone [250], risulta bene sia l'importanza crescente che con la guerra d'Etiopia il regime attribuí alle trasmissioni radiofoniche (col 1937 i programmi parlati superarono quantitativamente quelli musicali che sino allora avevano avuto la prevalenza), sia la loro progressiva politicizzazione (acutamente il Monticone osserva che nel periodo che qui ci interessa «il regime ormai non si fa solo propaganda con la radio, fa politica con essa» [251]), sia come nonostante ciò alcuni tipi di trasmissioni politiche e culturali fossero tra il 1937 e il 1940 nel complesso di ottimo livello. Non è quindi il caso di insistere su tale ruolo, tanto piú che, essendo l'EIAR strettamente e direttamente controllata dal regime, la sua gestione politica non presentava problemi, potendo essere in qualsiasi momento adeguata alle esigenze tattiche e strategiche di esso.

Lo stesso si può dire per la parte piú immediatamente politica – i cinegiornali LUCE – della utilizzazione del mezzo cinematografico, anch'essa direttamente nelle mani del regime e quasi sempre personalmente visionata preventivamente da Mussolini [252].

Piú complesso è il discorso relativo al cinema-spettacolo, ai film a soggetto [253]. Le pellicole dichiaratamente fasciste furono infatti assai poche rispetto al complesso della produzione nazionale, caratterizzata invece da soggetti leggeri, «di evasione», soprattutto commedie brillanti

---

del matrimonio e della filiazione». Un provvedimento in questo senso sarebbe potuto essere quello di non concedere «la pienezza dei diritti a coloro che non garantiscano la statica e la dinamica della popolazione». Cfr. i due articoli in questione in A. DE STEFANI, *Commenti e discorsi*, Bologna 1938, pp. 203.

[250] Cfr. P. V. CANNISTRARO, *La fabbrica del consenso. Fascismo e mass media*, Bari 1975, pp. 225 sgg.; F. MONTELEONE, *La radio italiana nel periodo fascista. Studio e documenti: 1922-1945*, Venezia 1976; A. PAPA, *Storia politica della radio in Italia*, 2 voll., Napoli 1978; A. MONTICONE, *Il fascismo al microfono. Radio e politica in Italia (1924-1945)*, Roma 1978; ID., *La radio quale strumento della politica fascista. Problemi di interpretazione e di metodo*, in «Storia e politica», dicembre 1978, pp. 707 sgg.

[251] A. MONTICONE, *Il fascismo al microfono* cit., p. 65.

[252] Cfr. a questo proposito L. FREDDI, *Il cinema*, Roma 1949, I, pp. 388 sgg.

[253] Il cinema negli anni del fascismo è stato oggetto di numerosi studi; tra i piú utili cfr. F. SAVIO [F. PAVOLINI], *Ma l'amore no. Realismo, formalismo, propaganda e telefoni bianchi nel cinema italiano di regime (1930-1943)*, Milano 1975; ID., *Cinecittà anni trenta*, 3 voll., Roma 1979; G. P. BRUNETTA, *Intellettuali cinema e propaganda tra le due guerre. Fascismo e politica cinematografica*, Milano 1975; ID., *Storia del cinema italiano*, Roma 1979, pp. 221 sgg.; M. ARGENTIERI, *L'occhio del regime. Informazione e propaganda nel cinema del fascismo*, Firenze 1979; J. A. GILI, *Stato fascista e cinematografia. Repressione e promozione*, Roma 1981; P. V. CANNISTRARO, *La fabbrica del consenso* cit., pp. 273 sgg.

(i famosi «telefoni bianchi») e in costume. Va per altro notato che fu soprattutto con la seconda metà degli anni trenta che venne prodotta la maggioranza dei film politicamente impegnati e – quel che piú conta – si ebbe una vera e propria politica cinematografica del regime per quel che riguardava tanto le strutture (il Centro sperimentale di cinematografia cominciò a funzionare nel '35, Cinecittà fu inaugurata nel '37) quanto l'indirizzo e il controllo della produzione nazionale e della importazione delle pellicole straniere (il Monopolio film esteri fu creato nel '38) ad opera della Direzione generale per la cinematografia, istituita nel settembre 1934 alle dipendenze del sottosegretariato per la Stampa e propaganda e retta per un quinquennio (pressoché tutto il periodo che qui ci interessa) da Luigi Freddi. Vecchio fascista (in precedenza si era occupato dell'Ufficio propaganda del PNF e dei Fasci all'estero), dotato di notevoli capacità e preparazione tecnica, Freddi[254], pur dovendo tener conto di una serie di esigenze spesso contrastanti e in primo luogo di quelle dell'industria, del gusto del pubblico e della «concorrenza» straniera, riuscí a rendere anche il cinema un elemento dell'«educazione» fascista delle masse assai piú coerente e, nonostante tutto, funzionale di quanto in genere si tende ad affermare. Non volendo creare una industria cinematografica di Stato, non volendo e non potendo bloccare totalmente l'importazione di pellicole straniere e ritenendo controproducente economicamente e politicamente una produzione nazionale troppo impegnata su un terreno scopertamente propagandistico, la strada non poteva essere che quella di un indirizzo e di un controllo della produzione e della importazione che tendessero a far circolare solo film privi di contenuti critici o, peggio, alternativi rispetto alla realtà italiana del tempo (che non contraddicessero, cioè, come fu detto[255] «la vita che ci circonda») e che non incoraggiassero desideri non realizzabili nel contesto di tale realtà e, possibilmente, che – prospettando determinati modelli di vita – potessero avere una funzione di integrazione sociale e culturale. In questo senso è significativa la scelta di privilegiare, per quel che riguardava l'importazione, la produzione americana: salvo casi eccezionali (ai quali provvedeva la censura), i valori, la morale che contraddistinguevano questa produzione erano infatti meno lontani da quelli che il fascismo accettava o addirittura propugnava di quelli che molto spesso erano presenti in altre e in particolare in quella francese. E ancor piú significativo è che nel settembre 1936 Vittorio Mussolini indi-

[254] Cfr. le sue memorie: L. FREDDI, *Il cinema* cit.
[255] Cfr. E. DELLA PURA, *Il cinema è specchio*, in «Cinema», 25 luglio 1942.

casse addirittura nella cinematografia americana il modello al quale era opportuno che quella italiana si rifacesse[256]:

> l'America è giovane mentre l'Europa è stravecchia, e di tale situazione risentono i rispettivi pubblici, anche sul terreno del semplice divertimento spettacolare.
>
> Per fortuna nostra, col Fascismo l'Italia fa parte a sé ed è estranea ad ogni corrente funesta: quindi il terreno si presta di piú ad un vasto movimento di riforma ed autonomia cinematografica.
>
> È forse eresia affermare che spirito, mentalità e temperamento della gioventù italiana, pur con le logiche e naturali differenze imprescindibili in un'altra razza, siano molto piú vicine a quelle della gioventú d'oltre oceano che non a quella russa, tedesca, francese, spagnola?
>
> Il pubblico americano ama del resto i film a grandi orizzonti, sente i vasti problemi, è attratto dal senso bambinesco ma felice dell'avventura, e se questa giovinezza gli è data dal non avere secoli di storia e di cultura, di sistemi e leggi filosofiche, è certo molto piú vicina a quella della nostra balda generazione che a quelle, inesistenti, di molti paesi d'Europa... Per la nostra cinematografia il seguir la scuola americana (quale altra esiste? nemmeno piú la russa) può dir molto. Allontanando la leggerezza storica di alcuni film americani, stroncando il cinema cattiva copia del teatro, assorbendo (e sarà facile) la freschezza, l'audacia, la forza e l'esuberanza chiassosa ma sana che si trova nella maggior parte delle pellicole d'oltre oceano, la nostra industria, potenziata dall'apposita Direzione, si eleverà a quella maturità materiale e spirituale che aprirà la porta al piú grande successo.

Cosí come, a un livello piú spicciolo, sono significative alcune personali prese di posizione di Mussolini con Freddi[257] a proposito di film in cui apparivano scene «inopportune» politicamente (la descrizione, in un caso, di un episodio di incitamento alla ribellione contro un governo «affamatore», con il suo fiscalismo, della povera gente e, in un altro caso, di un occultamento di armi in vista di un'azione rivoluzionaria) o moralmente (perché eroticamente di «cattivo gusto» o perché si riferivano all'uso di stupefacenti[258]).

Date queste premesse, il cinema non poteva certo non essere toccato anch'esso dalla «rivoluzione culturale» fascista. Col 1937-38 sia sulla stampa specializzata sia su quella politica, infatti, le critiche alla banalità e al carattere *borghesemente* d'evasione di tanta parte della produzione nazionale e le richieste di una sua maggiore politicizzazione si fecero sempre piú numerose e talvolta perentorie. Ricordiamo tra le richieste piú ricorrenti quelle che i soggetti dei film avessero un nesso diretto con la realtà del fascismo e valorizzassero maggiormente il «senso dell'ordine», l'unità della famiglia, i «modelli piú nobili della nostra

[256] V. MUSSOLINI, *Emancipazione del cinema italiano*, in «Cinema», 25 settembre 1936.
[257] Cfr. L. FREDDI, *Il cinema* cit., I, pp. 393, 395, 397 sg.
[258] Come disse una volta a Freddi (cfr. *ibid.*, I, p. 389), la logica che muoveva Mussolini in molti suoi interventi censori non solo cinematografici era: «spesso basta l'enunciazione di un problema perché se ne determinino gli effetti».

stirpe», la «nuova figura», il valore e l'attaccamento alla terra e alla civiltà contadina degli italiani[259]. Parallelamente si ebbe un crescente intervento diretto ed indiretto della Direzione generale per la cinematografia in tutti i campi (orientamento nella scelta dei soggetti, censura, sovvenzioni, distribuzione, ecc.). I risultati di questa duplice azione non furono molto vistosi; per il regime non furono però neppure insignificanti: per esso era infatti pur sempre un modo per far circolare – spesso quasi inavvertitamente – sempre piú certi modelli di comportamento e sempre meno altri e questo, a livello di massa, era ed è per qualsiasi tipo di regime totalitario uno degli strumenti piú sicuri, anche se lento, di integrazione culturale.

Sempre in materia di informazione e di cultura di massa, lo sforzo maggiore per accentuare e rendere piú effettiva la politicizzazione, eliminare le voci stonate e controllare anche i settori piú particolari e sino allora trascurati, fu però quello messo in opera nei confronti della stampa periodica e dell'editoria. E ciò nonostante tutto quello che in questo campo era già stato fatto negli anni precedenti[260]. *Deus ex machina* di questo sforzo fu il ministero della Cultura popolare, istituito nel maggio 1937 sul tronco di quello per la Stampa e la propaganda[261]. Questa origine ha fatto sí che la novità della concezione che era alla base della sua costituzione sia stata spesso sottovalutata dagli storici. Non si trattò infatti solo, come spesso si crede, di un mero mutamento di nome e di un potenziamento (il personale del nuovo ministero fu presto quattro volte quello del precedente). La costituzione del ministero della Cultura popolare rispose infatti ad una logica, ad un programma molto piú ambiziosi di quelli che avevano presieduto alla nascita del suo predecessore. Il ministero della Stampa e propaganda aveva avuto, come indica anche il suo nome, compiti relativamente limitati e caratteristici degli obiettivi che allora il regime ancora si poneva e che, in gran parte, erano ancora quelli di uno Stato autoritario moderno (in ultima analisi, soprattutto censura e propaganda). E li aveva esercitati in modo ancora sostanzialmente artigianale e senza una chiara definizione delle sue competenze rispetto a quelle di altri ministeri e specialmente del partito, sicché non di rado si erano verificate interferenze e iniziative tra loro

---

[259] Cfr., per esempio, F. PICCOLI, *Funzione politica del cinema* e *Cinema e politica*, in «Bianco e nero», marzo e aprile 1937; G. PUCCINI, *La famiglia nel cinema*, in «Cinema», 25 dicembre 1937; G. COGNI, *Preliminari sul cinema in difesa della razza*, in «Bianco e nero», gennaio 1938; E. ALLODOLI, *Cinema e lingua italiana*, ibid., aprile 1937; C. DI MARZIO, *Per un cinema politico*, ibid., maggio 1939; F. AZZALI, *I borghesi e la cultura*, in «Critica fascista», 15 settembre 1939.
[260] Cfr. *Mussolini il duce*, I, pp. 182 sgg.
[261] Cfr. P. V. CANNISTRARO, *La fabbrica del consenso* cit., pp. 101 sgg. (per l'attività in genere del ministero della Cultura popolare) e pp. 173 sgg. (per la stampa in particolare).

contrastanti e veri e propri scontri. Il suo successore (e il nome scelto per esso è sintomatico) tendeva, coerentemente alla nuova fase *totalitaria* del regime, ad obiettivi – lo si è detto – molto piú ambiziosi. La propaganda *strictu sensu* – cioè la politicizzazione di massa – veniva lasciata o devoluta secondo i casi al PNF e al suo personale[262]. Al ministero della Cultura popolare spettavano altri compiti: controllare direttamente tutte le attività culturali di massa (anche quelle «minori», quali quelle teatrali e musicali), «inquadrarle» completamente e «orientarle» in una prospettiva «totalitaria», al tempo stesso estremamente rigida per quel che concerneva la *routine* ed estremamente duttile per quel che concerneva la possibilità di qualsiasi mutamento di rotta, anche il piú radicale, se se ne fosse prospettata l'opportunità, in maniera da determinare nel paese un ambiente morale, culturale, politico unico, senza sfasature di alcun genere. Un ambiente in grado di recepire al massimo i contenuti politici, la «propaganda», necessari al regime per determinare un comportamento collettivo sempre all'unisono con la politica mussoliniana.

Come vedremo piú avanti, questo secondo obiettivo fu realizzato solo molto parzialmente e per di piú, in genere, solo superficialmente. E anche nell'inquadramento delle varie attività i risultati – pur notevoli – non furono né totalitari né uniformi. E ciò un po' per l'oggettiva difficoltà di realizzarlo, un po' per l'interferenza di altri ministeri (soprattutto quello dell'Educazione nazionale), sempre restii a rinunciare ad una serie di competenze ad essi attribuite in passato, e del partito e, piú in genere, di personalismi e di interessi «superiori» (veri o presunti) precostituiti (tipico il caso dell'Agenzia Stefani che M. Morgagni, facendosi forte della delicatezza del compito assegnatole e della sua amicizia personale con Mussolini, riuscí a mantenere in gran parte e specialmente per l'attività verso l'estero autonoma), un po' perché certe iniziative si collocavano nell'ombra di singoli gerarchi che le consideravano proprie e cercavano quindi di autogestirle il piú possibile secondo i propri criteri e interessi di potere (tipico, nel campo delle arti figurative, il caso

---

[262] Il ministero della Cultura popolare riprese – su sollecitazione della Commissione suprema di difesa – ad occuparsi direttamente di propaganda interna con la metà del 1938. Nel '35, in occasione della guerra d'Etiopia, erano stati costituiti i cosiddetti Nuclei di propaganda all'interno e all'estero. Concluso il conflitto i NUPIE per l'estero avevano continuato a funzionare, quelli per l'interno avevano invece praticamente cessato ogni attività. Nella prospettiva di un possibile conflitto, con il giugno '38, essi furono riattivati e potenziati con funzioni piú capillari che nel passato (soprattutto di propaganda negli «agglomerati rurali e presso le fabbriche» e con ricorso a maestri rurali e «operai intelligenti»). Cfr. MIN. CULTURA POPOLARE, *Argomento XX. Nuclei di propaganda all'Interno e all'Estero. Loro funzione e loro sviluppo* (pubblicazione segreta, s. l. e d., ma del 1939). Sull'effettiva attività dei NUPIE mancano notizie precise, essa non dovette però avere un reale significato.

dei premi Cremona e Bergamo, il primo farinacciano e il secondo bottaiano), un po', infine, perché non di rado coloro che volevano sottrarsi in qualche misura alla «dittatura» del ministero della Cultura popolare cercavano e spesso ottenevano la copertura di qualcuno dei sommi potentati del regime (il piú potente era il clan Ciano) e talvolta persino di Mussolini. Nonostante ciò i risultati – lo si è detto – non furono certo insignificanti. Il controllo sulla stampa quotidiana e periodica di ogni tipo (sino alle pubblicazioni a dispense, a quelle per i ragazzi e a fumetti) si fece nella seconda metà degli anni trenta effettivo e capillare e con esso la sua uniformizzazione formale e sostanziale. Il ministero della Cultura popolare interveniva infatti in tutto, dalla scelta dei direttori e dei giornalisti a quella dei temi da affrontare e al modo di prospettarli, allo spazio da dar loro e talvolta persino ai caratteri da usare (tra le sue iniziative fu la disposizione impartita a tutti i giornali di scrivere sempre Duce in tutte lettere maiuscole, in modo da sottolineare la superiorità su tutti, anche sul Re, di Mussolini). Se si aggiunge che esso deteneva anche i poteri in materia di sequestri e di soppressioni (trasferiti nell'ottobre '35 dal ministero dell'Interno a quello della Stampa e propaganda), decideva sulla opportunità di qualsiasi nuova iniziativa giornalistica, controllava le sovvenzioni e le assegnazioni della carta da stampa e che nel novembre 1939 riuscí (dopo una sorda lotta durata quasi due anni) ad estendere la sua «giurisdizione» anche sulla stampa ufficiale del PNF (sino allora dipendente dall'Ufficio stampa del partito) è facile capire quale fosse il potere del ministero della Cultura popolare nel settore della stampa e quanto esso fosse maggiore di quello che aveva avuto in precedenza il regime e, dunque, la sua capacità potenziale di condizionamento e di manipolazione delle masse attraverso la creazione e l'imposizione di un ambiente culturale omogeneo e, via via, sempre piú chiuso alle voci incompatibili con esso [263]. A questo fine il ministero della Cultura popolare si occupò anche (in collaborazione con quello dell'Interno) del controllo sulla introduzione della stampa quotidiana e periodica straniera restringendola progressivamente (specie quella dalla Francia), ed estese la sua competenza anche all'editoria (un settore sino allora controllato preventivamente dal regime in modo assai relativo e indiretto e grazie soprattutto alla prudenza autocensoria dei maggiori editori), assumendosi, a fianco del diritto di sequestro, quello di controllo preventivo sulle traduzioni e sulle ristampe dei libri già pubblicati. Forte di esso, avviò con la metà del 1938 quella che venne defini-

---

[263] Per un quadro piú particolareggiato dell'attività del ministero della Cultura popolare nel settore della stampa si vedano in *Appendice*, documento 3, alcune relazioni mensili su tale attività redatte dalla competente direzione generale tra il dicembre 1937 e l'aprile 1938.

ta la «bonifica libraria». Salvo casi eccezionali, nel periodo in questione la «bonifica» si appuntò soprattutto contro le opere di autori ebrei e comuniste [264]. Data l'importanza che nella letteratura contemporanea hanno gli scrittori di origine ebraica e l'accezione particolarmente vasta che fu data ai termini «ebreo» e «comunista» e la parallela campagna contro la «peste esterofila» che «affliggeva» la borghesia italiana [265] ingaggiata da numerosi organi di stampa fascisti e in primissima linea da «Il Tevere», la «bonifica» portò ad una notevole riduzione della letteratura straniera liberamente reperibile in Italia. Né, una volta avviata, la «bonifica libraria» si limitò alle traduzioni dei libri stranieri e, ovviamente, alla introduzione delle edizioni originali di quelli messi al bando. Il ministero della Cultura popolare intraprese infatti anche una piú generale revisione di tutti i libri pubblicati dal 1914 in poi «col criterio di ritirare tutti quei volumi che, nocivi politicamente e moralmente, potessero venire ancora letti o richiesti» [266]. I piú intransigenti avrebbero voluto che il bisturi della «bonifica» incidesse a fondo non solo negli scritti antifascisti e – avviata la campagna razziale sui binari dell'antisemitismo – di autori ebrei, ma anche di tutti quelli che lasciavano trasparire la tendenza psicologica a non accettare il presente «come valore» e a fuggire «verso il futuro e verso il passato» o, peggio, a «farsi eversore» di esso [267]. Una revisione cosí drastica era però praticamente impossibile e sarebbe stata comunque controproducente. I libri colpiti furono cosí

[264] Nella preparazione per il lancio della «bonifica letteraria» e nella determinazione delle opere che essa doveva eliminare dalla circolazione un peso notevole ebbe il Centro di studi anticomunisti di Roma e in particolare la sua Sezione letteraria. Il Centro fu assai presto uno dei tramiti della penetrazione culturale e politica nazista in Italia. Nell'ottobre 1937 a Venezia suoi rappresentanti si incontrarono con una delegazione tedesca per «stabilire rapporti piú intensi nel campo della propaganda contro il comunismo». Uno dei cavalli di battaglia della Sezione letteraria fu, già nella fine del '36, la denuncia dell'«influsso dell'ebraismo sulla mentalità filobolscevica di taluni ambienti italiani». Tra la fine del '37 e gli inizi del '38 essa redasse un primo elenco di autori stranieri ampiamente tradotti in Italia di cui si proponeva il bando. Tra essi erano A. Huxley, L. Feuchtwanger, R. Leonhard, A. Gide, R. Rolland e A. Maurois.
Cfr. ACS, *Min. Cultura popolare*, b. 126, fasc. «Centro Studi Anticomunisti»; *Min. Interno, Dir. gen. PS, Div. affari gen. e ris. (1903-49)*, b. 430.
[265] Cfr. *La deplorata esterofilia*, in «Il Tevere», 16 gennaio 1938. Per l'autore dell'articolo, quasi certamente T. Interlandi, l'antifascismo «non è soltanto l'ingiuria e la calunnia contro il Fascismo; è la negazione d'un complesso ben definito di valori ideali». Posta la questione in questi termini, il numero degli autori da non tradurre diventava vastissimo. Violentissimo era anche l'attacco agli editori italiani che incoraggiavano la «peste esterofila»; contro di essi l'articolista chiedeva drastici provvedimenti e innanzitutto la chiusura per essi delle casse dello Stato: «I piú audaci fra questi contrabbandieri della cultura pompano sfacciatamente quattrini dalle casse dello Stato; e lasciano che i galantuomini esprimano i loro voti, approvino i loro ordini del giorno, consumino i loro calamai. Le parole volano, gli affari restano. Che fare? Ma basterebbe chiudere le casse dello Stato, rifiutare i viveri, razionarli almeno; far capire a questi industriali della prostituzione culturale che tutto ha un limite, che è ora di finirla... Noi li vedremmo da un giorno all'altro mettersi al passo; e non avremmo piú bisogno di umiliarci in queste polemiche».
[266] Cfr. T. M. MAZZATOSTA, *Il regime fascista tra educazione e propaganda (1935-1943)* cit., p. 30.
[267] CRITICA FASCISTA, *Bonifica libraria*, in «Critica fascista», 1° gennaio 1939, pp. 66 sg.

relativamente pochi. A parte un certo numero di scritti di antifascisti e di fascisti dissidenti (in gran maggioranza già praticamente irreperibili) e di autori ebrei, quella che piú fece le spese della «bonifica» fu la letteratura storica e pseudostorica sul brigantaggio, quella d'appendice e soprattutto quella «erotica». In quest'ultimo campo i censori non si limitarono a dare l'ostracismo a Casanova, Guido da Verona, Pitigrilli, Mantegazza, Notari, ma – con la scusa che erano pubblicate da editori ebrei – affondarono il loro bisturi moralizzatore persino in alcune edizioni popolari di classici antichi e moderni, estendendo il divieto della loro vendita anche alle bancarelle[268].

Un'altra iniziativa intimamente connessa – al punto da costituirne uno degli elementi essenziali, anche se i suoi risultati piú sostanziali si sarebbero potuti ovviamente avere in tempi piú lunghi – alla «rivoluzione culturale» e quindi alla svolta totalitaria della seconda metà degli anni trenta fu la riforma della scuola progettata e in parte avviata da Bottai.

Nel 1935-36 anche la scuola aveva avuto la sua «bonifica». Il «turno di guardia», come egli stesso lo definí[269], di De Vecchi al ministero della Educazione nazionale aveva significato per la scuola un ulteriore notevole passo sulla via dell'accentramento, della riduzione dell'autonomia didattica, dell'esautoramento dei residui organi di autogoverno come il Consiglio superiore e della fascistizzazione del personale insegnante e dei programmi. Nel 1936-37, l'ultimo anno scolastico iniziato sotto la gestione di De Vecchi, il numero dei professori che – a causa di questa politica – lasciarono l'insegnamento fu sei volte quello normale. Sempre durante la gestione De Vecchi erano stati introdotti nelle scuole medie e superiori corsi di cultura militare con lo scopo di «conseguire e mantenere nei giovani la identità concettuale tra vita nazionale e vita militare»[270]. Ormai non era però con simili provvedimenti o, eventual-

---

[268] Qualche altro elemento in G. RECUPERATI, *La scuola italiana e il fascismo*, Bologna 1977, pp. 226 sgg.
[269] Cfr. C. M. DE VECCHI DI VAL CISMON, *Bonifica fascista della cultura*, Milano 1937, p. 217.
[270] Sulla gestione di De Vecchi cfr. D. BERTONI JOVINE, *La scuola italiana dal 1870 ai nostri giorni*, Roma 1975, pp. 345 sgg., nonché il citato volume dello stesso De Vecchi. L'allontanamento di De Vecchi dal ministero dell'Educazione nazionale fu accolto con gioia in quasi tutti gli ambienti scolastici che, a tutti i livelli, avevano dovuto fare le spese del suo autoritarismo militaresco. Sintomatico è un rapporto informativo della PS in data 16 novembre 1936: «La sostituzione del Ministro della Educazione Nazionale De Vecchi ha dato occasione a vere manifestazioni di giubilo, tanto era il male, l'arbitrio e il disservizio che erano derivati da detto Gerarca. Tanto piú che Bottai è considerato uomo di cultura e di buona preparazione ed uno dei piú fedeli servitori del Fascismo cui ha dato modo di fare sempre bella figura.
«Solo si deplora che la nomina del De Vecchi abbia in sostanza, con i pieni poteri che erano allo stesso assegnati, determinato un complesso di danni non indifferenti; tutti i collocamenti in congedo od a riposo, tutte le nomine di elementi da lui protetti o a lui graditi, indipendentemente dai titoli di studio e meriti, sono somme ingenti che lo Stato dovrà sborsare; cosí per i provveditori ecc. Si cita, fra l'altro, uno dei piú recenti casi: il Rettore della Università di Bologna, censurato dal De Vecchi perché aveva deciso, dopo di avere invano tentato ed a lungo di fare fissare una cerimonia

mente, con altri «ritocchi» alla riforma Gentile che il regime poteva risolvere il problema della scuola. Dal '23 al '36 la popolazione scolastica si era molto accresciuta. Il numero degli studenti che frequentavano le elementari era passato da 3 981 000 a 5 187 000, quello degli studenti medi da 326 604 (8,5 per mille abitanti) a 674 546 (15,6 per mille), quello degli studenti universitari da 43 235 (1,1 per mille) a 71 512 (1,7 per mille)[271]. Un aumento cosí sensibile e, per di piú, verificatosi in buona parte in un periodo di grave crisi economica era per il regime un motivo di vanto, ma anche fonte di notevoli difficoltà a causa della impossibilità del mercato del lavoro di assorbire adeguatamente una larga parte dei diplomati e dei laureati annualmente sfornati[272]. Né, alla lunga, potevano essere ignorati lo scontento di tanta parte delle famiglie e degli stessi giovani delle classi superiori e le critiche dei pedagogisti verso i contenuti e le tecniche di insegnamento stabiliti dalla riforma Gentile in una logica che si dimostrava sempre meno adeguata alla realtà di una scuola che doveva servire ad una società di massa. E poi – piú importante di tutti – vi era lo scontento del regime per una scuola che, nonostante la sua progressiva fascistizzazione, rimaneva sostanzialmente una scuola concepita in una prospettiva che era quella della borghesia liberale e che, pertanto, il regime fascista e Mussolini sentivano sempre piú estranea e addirittura antitetica alla loro e assai pericolosa per il futuro del fascismo.

Mussolini, lo si è già detto[273], sin dal 1931 considerava la riforma Gentile «un errore» e pensava di porvi rimedio. Nonostante ciò per un quinquennio preferí non porre la questione in termini concreti. Un po', probabilmente, per l'urgere di altri problemi, un po' per la mancanza di

richiesta di urgenza dall'ateneo bolognese, di stabilire la data di tale cerimonia malgrado il silenzio del Ministro dell'Educazione Nazionale, si sarebbe recato dal Duce a protestare contro il provvedimento di censura, e il Duce gli avrebbe risposto che il De Vecchi doveva essere lasciato dove recava meno danno.
«La scuola è effettivamente in vera crisi per un complesso di disorganizzazione per la politica personalissima del Quadrunviro. Mentre si dice che le già onerosissime tasse scolastiche verrebbero ancora aggravate per la necessità di costruire nuovi edifici scolastici.
«Si commenta male la scelta del De Vecchi e si dice che se fosse possibile liberarsi da queste incrostazioni di strenui egoismi oltranzisti, il Partito sarebbe davvero la fortuna d'Italia» (ACS, *Segreteria particolare del Duce, Carteggio riservato* [1922-43], 47/R, fasc. «C. M. De Vecchi», sott. 3).
[271] ISTAT, *Sommario di statistiche storiche* cit., pp. 76 sgg.
[272] Cfr. per tutto questo aspetto M. BARBAGLI, *Disoccupazione intellettuale e sistema scolastico in Italia*, Bologna 1974, capp. VI e VII, in cui si mette bene in luce «il carattere parzialmente disfunzionale della scuola rispetto alle esigenze del regime» (p. 269) e come la Carta della scuola si collochi in questo contesto come «certamente il piú organico tentativo fatto per modificare il sistema scolastico italiano e riadattarlo alle "esigenze" del mercato del lavoro» (pp. 293 sg.). Utilissimo per una giusta comprensione di tutto questo importante aspetto della realtà sociale negli anni del fascismo, lo studio del Barbagli sottovaluta però le ragioni politiche della riforma Bottai, che furono invece quelle decisive.
[273] Cfr. *Mussolini il duce*, I, p. 189.

Il regime di fronte al proprio futuro: il «totalitarismo» fascista

idee chiare sul tipo di riforma da attuare e della persona adatta a cui affidarla. Conclusa la guerra d'Africa, di fronte all'aggravarsi dei problemi della scuola e, soprattutto, all'esigenza di far partecipe anche la scuola della «svolta totalitaria» messa in atto in tutta la società civile, la necessità di procedere ad una radicale riforma si fece però urgente. E fu anche trovato l'uomo adatto a concepirla e ad attuarla con mano sicura e intransigente.

Pochissime figure hanno nella piú che ventennale vicenda del fascismo un ruolo e una importanza pari a quelli che ebbe Giuseppe Bottai. E nessuna – a parte ovviamente Mussolini – ne ebbe di piú. E ciò non solo per la sua lunghissima, praticamente continua, permanenza in altissime cariche di governo e pubbliche, ma perché quasi nessuno degli uomini del vertice fascista espresse cosí intrinsecamente e genuinamente la sostanza del vero fascismo e operò con altrettanta consapevolezza, capacità e coerenza per trasfonderla nel regime e nella società. Con il vantaggio, rispetto a un Farinacci e a un Turati e, se si vuole, a un Balbo (ma un discorso su Balbo andrebbe molto articolato, poiché il fascismo di Balbo, se non era certo meno genuino era però cosí «personalistico» da finire quasi sempre per risultare «stonato»), di giovarsi di una preparazione culturale, di un senso del reale, di una capacità organizzativa che questi non avevano o avevano in misura minore. Certo, anche un Rocco e ancor piú un Grandi furono figure centrali della ventennale vicenda del fascismo. Grandi in particolare può probabilmente essere considerato il «secondo uomo» del fascismo, la figura di maggior spicco dopo quella di Mussolini e per tanti aspetti quella «alternativa». Eppure, *come veri fascisti*, essi non possono essere paragonati a Bottai. Rocco, nonostante il suo sincero innesto nel fascismo, rimase al fondo un conservatore, moderno quanto si vuole, intelligentissimo, ma pur sempre un conservatore, legato a un mondo morale e culturale che non era quello del fascismo, a un mondo morale e culturale che si confrontava con la realtà della società di massa, ma non ne era espressione. Grandi era certo sotto questo profilo piú fascista di Rocco, ma, al fondo, anche se l'affermazione può sembrare paradossale, era piú mussoliniano che fascista; e non a caso, perché per lui il fascismo doveva essere *a tempo* ed era necessario per l'Italia in *quel* momento storico; era cioè una sorta di parentesi, che, come tale, si doveva ad un certo momento chiudere e che, pertanto, negava di fatto alla radice tutta la prospettiva della «civiltà fascista» e dell'«uomo nuovo». Proprio quella prospettiva che, invece, costituiva la molla morale del fascismo piú genuino e della quale Bottai fu tra gli uomini del vertice fascista l'interprete piú lucido e convinto e colui che piú si adoperò per darle concretezza. Inoltre egli era uomo di cultura e dotato di notevole intelligenza e sensibilità politica (anche se gli mancavano la tempra, la grinta di un Farinacci o di un Balbo, sicché mai si espose oltre il limite incerto del «lecito»), con uno spirito critico e una duttilità che talvolta hanno tratto in inganno contemporanei e storici facendo vedere in lui una sorta di tendenziale liberalizzatore e di critico del fascismo, mentre in realtà il suo criticismo e il suo liberalismo erano tutti interni al fascismo e in funzione di un suo radicamento e sviluppo piú profondi e completi, piú effettivamente totalitari. Estremamente significativo è a questo proposito quanto egli, nell'aprile 1944, avrebbe scritto al figlio per spiegargli la sua esperienza fascista e come egli e altri tra coloro che come lui avevano avuto nel ventennio posizioni di rilievo l'avevano vissuta[274]:

> noi fummo tratti a fidare soprattutto in noi; il che vuol dire sulla nostra volontà, che ci fece ritenere illimitata la nostra potenza creatrice, piú che sulla nostra coscienza che ce ne avrebbe mostrati i limiti... e, sdegnosi di quella formula dei padri, secondo la quale la politica è l'arte del possibile, operammo come se la politica fosse l'arte dell'impossibile, del meraviglioso, del miracoloso. Da ciò la tragica sproporzione tra i disegni accarezzati o mandati ad effetto, e le reali possibilità, che ci ha portato a questo collasso spaventoso.

Chi ha dimestichezza con la memorialistica fascista successiva alla fine del fascismo non può non ammirare lo sforzo autocritico e la sincerità di queste parole; vedere in esse – come è stato fatto da qualcuno – solo un documento autocritico, una prova del ravvedimento, del bilancio interiore di colui che le ha scritte non è però possibile: in esse vi è infatti anche e, per lo storico, soprattutto la chiave piú genuina per comprendere e valutare il fascismo di Bottai e la sua intransigenza totalitaria, morale ancor prima che politica. Quella intransigenza che era la caratteristica prima del vero fascismo[275].
Umanamente Mussolini non amava Bottai e doveva sentire nei suoi confronti una punta di gelosia per la sua capacità di suscitare attorno a sé le simpatie di tanti giovani intellettuali. Ciò non gli impediva però di stimarlo e di considerarlo – giustamente – uno dei suoi uomini migliori, anche se talvolta incapace di portare a termine ciò che tanto bene cominciava. È sintomatico che nella *Storia di un anno* lo avrebbe appena nominato, risparmiandogli gli strali che, invece, avrebbe lanciato copiosi contro Grandi. Ciò si può spiegare col diverso ruolo che i due avevano avuto nella vicenda del 25 luglio, ma rispecchia anche una stima di fondo, che, del resto, traspare dalla pagina dedicatagli nei cosiddetti *Pensieri*

---

[274] G. B. GUERRI, *Giuseppe Bottai un fascista critico*, Milano 1976, p. 244.
[275] Cfr. a questo proposito quanto osservato da E. GENTILE, *Bottai e il fascismo. Osservazioni per una biografia*, in «Storia contemporanea», giugno 1979, pp. 651 sgg.

pontini e sardi: «è un soldato valoroso ed un acuto scrittore; ma tutto quello che inizia resta incompiuto; come uomo politico egli è un inquieto, ma anche un coraggioso...; non è limpido sino in fondo»...[276]. Il fatto che nel luglio '32 avesse posto bruscamente fine alla sua gestione del ministero delle Corporazioni non deve trarre in inganno: i motivi che avevano indotto Mussolini a quella decisione[277] erano stati squisitamente politici e non comportavano un giudizio negativo sull'uomo. Non può dunque meravigliare che, quando, nel novembre '36, decise di risolvere il problema della scuola, pensasse proprio a lui, compiendo una scelta che, dal suo punto di vista, non poteva essere migliore[278].

«Critica fascista», la rivista di Bottai, era tra le maggiori pubblicazioni fasciste quella che piú e piú spregiudicatamente si era occupata dei problemi della cultura, dei giovani e della scuola. Proprio nel '36 aveva pubblicato numerosi articoli – alcuni dello stesso Bottai – che erano altrettante critiche al vigente ordinamento scolastico e alla sua funzionalità rispetto alle esigenze del regime. Tra i collaboratori della rivista e, piú in genere, nell'ambiente bottaiano vi erano alcuni dei maggiori pedagogisti del momento, quali Luigi Volpicelli e Nazareno Padellaro, che univano ad una sicura e moderna conoscenza dei problemi pedagogici un'altrettanto sicura consapevolezza della influenza decisiva che la scuola avrebbe avuto sul futuro del regime, della inadeguatezza e, addirittura, dell'effetto contrario ai fini del fascismo che aveva l'assetto scolastico gentiliano e della necessità che, per dirla col Padellaro, fosse compiutamente realizzato quello «Stato educatore» che avrebbe seppellito «il regime delle opinioni» e realizzato quello «delle convinzioni»[279]. Bottai, infine, sia per avere retto il ministero delle Corporazioni sia per l'interesse che aveva sempre avuto per i problemi economico-sociali, era personalmente consapevole come pochi della necessità di riequilibrare il rapporto scuola-mercato del lavoro e di far sí che l'aumentata scolarità non diventasse un fattore di «inutili evasioni dalla famiglia rurale» e, piú in genere, di scontento sociale. E soprattutto aveva idee assai chiare su come realizzare il controllo totalitario dello Stato sulla società civile e sulla decisiva

[276] Cfr. MUSSOLINI, XXXIV, pp. 293 sg.
[277] Cfr. *Mussolini il duce*, I, pp. 289 sgg.
[278] È interessante notare che durante la RSI mentre furono assai numerosi e violenti gli attacchi a Bottai e alla sua gestione della politica scolastica del regime, fino a farne un vero e proprio sabotatore di essa, nessun attacco fu invece mosso alla Carta della scuola, la cui paternità fu attribuita tout-court a Mussolini. Cfr. T. M. MAZZATOSTA, *Educazione e scuola nella RSI*, in «Storia contemporanea», gennaio-febbraio 1978, pp. 69 sg.
[279] Cfr. in particolare N. PADELLARO, *Fascismo educatore*, Roma 1938, pp. 169 sgg. e soprattutto p. 175, ma il libro è da vedere anche per la parte dedicata all'«umanesimo fascista» (pp. 1 sgg. e spec. 11 sgg.) e per la distinzione, assai interessante, tra lo Stato mussoliniano e lo Stato etico (pp. 178 sgg.).

funzione che a questo fine avevano una integrale e sistematica educazione dei giovani (che però concepiva in modo assai meno dogmatico e piú aperto all'apporto e alla sensibilità dei giovani stessi di Mussolini e della gran parte del gruppo dirigente fascista[280]) e, dunque, innanzi tutto la scuola. Significativo è a questo proposito il suo fallito tentativo – dettato dalla preoccupazione di evitare dualismi che inevitabilmente avrebbero reso meno efficace l'educazione integrale delle nuove generazioni, ma, probabilmente, anche dalla sfiducia nella capacità del partito di selezionare adeguatamente i quadri necessari ad assolvere ad un compito cosí delicato – di impedire, poco dopo essere stato nominato ministro, che la GIL – il nuovo organismo inquadrante tutta la gioventú creato nell'ottobre '37 – fosse posta alle dirette dipendenze della segreteria del PNF e sottratta quindi al controllo del ministero dell'Educazione nazionale, alle cui dipendenze era stata invece l'ONB[281]. Stanti queste premesse, non può meravigliare che le linee di fondo della nuova scuola fascista tracciate da Bottai con la sua Carta della scuola[282] e approvate dal Gran Consiglio il 15 febbraio 1939 insieme ad un «vivo plauso» allo stesso Bottai[283] risultino tra le elaborazioni piú coerenti che il fascismo riuscí a concepire nel quadro della «svolta totalitaria» della seconda metà degli anni trenta. E tutto lascia pensare che, se lo scoppio della guerra non l'avesse rallentata[284] e la fine del regime non l'avesse affossata, la riforma Bottai – specie se non avessero fatto difetto i mezzi economici per realizzarla compiutamente[285] – non avrebbe mancato di dare col tempo frutti tutt'altro che insoddisfacenti per il regime.

Non è questa la sede per una esposizione e un esame tecnici della Carta della scuola e dei provvedimenti di riforma adottati sulla sua base da Bottai. Ai fini del nostro discorso basterà dire che la riforma teneva parzialmente conto di tutta una serie di moderne suggestioni pedagogiche straniere, da Kerschensteiner a Dewey, all'attivismo pedagogico, con-

[280] Cfr. a questo proposito P. NELLO, *Mussolini e Bottai: due modi diversi di concepire l'educazione fascista della gioventú*, in «Storia contemporanea», aprile-giugno 1977, pp. 335 sgg.
[281] Cfr. T. M. MAZZATOSTA, *Il regime fascista tra educazione e propaganda* cit., p. 45 nota.
[282] Se ne veda il testo in *Appendice*, documento 4.
[283] Cfr. «Foglio d'ordini» del PNF del 16 febbraio 1939 ove è pubblicata anche la «relazione al Duce» con la quale la Carta della scuola fu presentata da Bottai al Gran Consiglio. Questo aveva ascoltato il 18 ottobre '38 una relazione preliminare di Bottai sulla scuola media e aveva approvato il suo proposito di procedere ad «una riforma corrispondente alle nuove esigenze culturali, sociali ed economiche della vita nazionale nel Regime dei Fasci e delle Corporazioni» («Foglio d'ordini» del 26 ottobre 1938).
[284] Per i tempi di attuazione previsti cfr. G. BOTTAI, *La Carta della Scuola*, Milano 1941², pp. 427 sgg.
[285] Dall'esercizio 1930-31 a quello 1936-37 le spese per l'educazione nazionale salirono da 1505 a 1810 milioni. Con il 1937-38 superarono i due miliardi e col 1940-41 raggiunsero i 3278 milioni. Cfr. MIN. DEL TESORO - RAG. GEN. DELLO STATO, *Il bilancio dello Stato negli esercizi finanziari dal 1930-31 al 1941-42*, Roma 1951, pp. 360 sgg.

templava l'uso di moderni mezzi didattici quali il cinema e la radio e faceva proprie alcune critiche piú diffuse tra le famiglie e tra gli insegnanti e i pedagogisti al precedente assetto scolastico [286]. In particolare valorizzava molto, un po' giustamente, molto demagogicamente (in chiave antiborghese), il lavoro, da essa introdotto tra le materie di insegnamento. Quanto al riequilibrio del rapporto scuola-mercato del lavoro, la riforma faceva di tutto per scoraggiare e rendere difficile l'afflusso verso la scuola media e per orientare il maggior numero possibile di ragazzi di origine contadina, operaia e artigiana verso le scuole tecnico-professionali e artigiane, destinate a diventare, «insieme alla scuola elementare, la scuola delle classi popolari, la grande scuola di massa, in cui gran parte dei giovani italiani debbono trovare soddisfacimento alle loro esigenze professionali e culturali, senza andare a cullare fallaci illusioni nei settori delle scuole medie» [287]. La preoccupazione di evitare una scuola «fomentatrice di ambizioni, creatrice di masse disoccupate e scontente, elemento continuo di disordine e di perturbazione, nella vita produttiva non meno che morale del paese» [288] e dunque la scelta di una scuola altamente selezionatrice si accompagnavano però ad un'altra preoccupazione non meno sentita dal fascismo piú genuino, ma certo meno facile o a tradurre concretamente in atto: quella di modificare attraverso la scuola la classe dirigente, diminuendo in essa la presenza «borghese» ed accrescendo di contro quella «popolare». Nella prima direzione si doveva procedere innanzitutto attraverso una sempre piú rigida selezione, nella seconda garantendo lo Stato «la continuazione degli studi ai giovani capaci, ma non abbienti». A questo scopo la riforma prevedeva un radicale «riordino della materia» e cioè, da un lato, l'accentramento in un unico fondo di tutti i vari fondi e stanziamenti preesistenti e futuri destinati a questo scopo (elargizioni per le scuole, borse di studio, beneficienza privata, contributi delle Confederazioni dei lavoratori, ecc.) e, da un altro, la sua utilizzazione esclusivamente attraverso una serie di Collegi di Stato in cui i giovani «capaci, ma non abbienti» potessero continuare gli studi e, al tempo stesso, ricevere un'adeguata preparazione «politica e guerriera».

Nel clima della campagna antiborghese allora in pieno svolgimento, questo provvedimento – insieme alla introduzione dell'insegnamento del lavoro (a proposito della quale tipico è il commento entusiastico di

---

[286] Per maggiori ragguagli, cfr. D. BERTONI JOVINE, *La scuola italiana e il fascismo* cit., pp. 364 sgg.; A. J. DE GRAND, *Bottai e la cultura fascista*, Bari 1978, pp. 175 sgg.; e soprattutto T. M. MAZZATOSTA, *Il regime fascista tra educazione e propaganda* cit., pp. 43 sgg.; nonché per i vari provvedimenti G. BOTTAI, *La Carta della Scuola* cit., pp. 449 sgg.
[287] Cfr. G. BOTTAI, *La Carta della Scuola* cit., p. 139.
[288] *Ibid.*, p. 34.

«Calabria fascista»[289]: «finalmente si formerà una scuola nella quale "i signorini" impareranno a sporcarsi le mani») – fu quello che negli ambienti piú genuinamente fascisti suscitò i maggiori consensi. Basterà, per tutti, ricordare il commento che gli dedicò Berto Ricci in un articolo, sintomaticamente intitolato *La scuola salta il fosso*[290], il cui concetto centrale era questo: sino a quel momento vi era stata una scuola borghese, che codificava le stratificazioni sociali, dalla quale, «salvo un bello sbaglio», usciva «per brutta regola» il «figlio di papà» o, al limite, il «*clerc*» e che costituiva il «nocciolo coesivo della borghesia»;

ora, contro la borghesia e contro la matta bestialità delle rivoluzioni di sinistra, che decapitano l'intelligenza, salvo a dover poi riattaccare sulle stesse spalle la testa recisa, il Fascismo afferma e attua la sua cultura di popolo, la sua capacità, la sua gerarchia del valore.

Per importanti e politicamente significativi che siano, non è però sui suoi singoli aspetti e contenuti didattici che ci si deve basare per comprendere il valore politico della riforma Bottai e la sua aderenza allo spirito e alle finalità della «svolta totalitaria» del regime. Una conferma di ciò, del resto, è possibile trovarla per la penna dello stesso Bottai, allorché egli – alla vigilia di sottoporre la Carta della scuola al Gran Consiglio – scrisse su «Critica fascista»[291] che «in capo alla riforma sta un'esigenza politica» e che «l'esigenza didattica, che dovrà strettamente aderirvi, viene dopo».

In quindici e piú anni la fascistizzazione della scuola era diventata pressoché totale, ma ciò non bastava. Come Bottai aveva avuto occasione di dire alla Camera il 17 marzo 1937[292],

la fascistizzazione avveratasi sin qui è già molto, moltissimo rispetto al preteso agnosticismo di un tempo. Ma non è tutto, perché la questione non consiste soltanto nell'accendere i giovani per gli ideali politici del Fascismo... C'è, invece, un piú profondo modo di intenderla la politicità della scuola... La scuola è il termometro della vita morale del Paese. Ne è una misura; forse *la* misura. Non basta, allora, considerarla come complesso di insegnamenti, che debbano essere animati da una fede politica e non rimanerne estranei o, tanto meno, avversi. Ha essa stessa, la scuola, un suo diretto, insostituibile valore in questa fede. Il valore di un istituto che ha, di per sé, originariamente, una decisiva funzione sociale. Ci avvediamo di ciò quando consideriamo la scuola nella possibilità o meno di creare l'uomo

[289] *Non piú signorini*, in «Calabria fascista», 4 marzo 1939.
[290] B. RICCI, *La scuola salta il fosso*, in «Gerarchia», marzo 1939, p. 155.
[291] Cfr. il primo dei tre editoriali anonimi nel fascicolo di «Critica fascista» del 1º febbraio 1939, p. 97. La sua attribuzione a Bottai risulta dalla inclusione in G. BOTTAI, *La Carta della Scuola* cit., pp. 380 sg. Che la riforma che si accingeva a varare fosse «decisamente politica, senza finzioni» Bottai lo aveva detto del resto anche piú esplicitamente due mesi prima parlando agli insegnanti di Cremona (cfr. *ibid.*, pp. 209 sgg.).
[292] G. BOTTAI, *La Carta della Scuola* cit., pp. 93 sgg. e spec. pp. 95 sg. e 102.

nuovo, educandolo ad un concetto vivo e moderno della cultura e della vita, la scuola come formazione del carattere ed espressione di civiltà... Si tratta di concepire la scuola in funzione diretta della realtà nazionale, che è agricoltura, industria, commercio, lavoro definito, classificato, riconosciuto nello stesso ordinamento costituzionale-politico, perché si tratta soprattutto di formare dei caratteri, di educare delle coscienze, di promuovere quella consapevolezza del proprio compito tra gli uomini, nella quale soltanto può consistere l'umanesimo.

Se l'obiettivo del regime era creare attraverso la scuola l'«uomo nuovo» e, addirittura – come sostenevano Bottai e i suoi principali collaboratori [293] – un «nuovo umanesimo» fascista che informasse di sé i giovani al punto che «parlassero fascista, con la stessa naturalezza con la quale, sotto la materna azione della loro nutrice, cominciano a balbettare le prime parole della loro lingua» [294] e che, cosí facendo, assicurasse il futuro al fascismo («il fascismo che durerà – Bottai disse agli insegnanti di Ferrara [295] – il fascismo che andrà oltre la nostra stessa vita, il fascismo che perpetuerà negli anni il nome e la gloria di Mussolini, siete voi che dovete farlo e lo fate nella coscienza, negli animi, nei cuori dei bambini d'Italia») la prima cosa da fare non era già mettere ancor piú in camicia nera la scuola, come avevano fatto De Vecchi e i suoi predecessori o, peggio, renderla, come aveva tentato Gentile, culturalmente piú qualificata e selettiva rispetto ad un certo tipo di cultura tipicamente borghese. Perché la fascistizzazione fosse reale, diventasse *educazione*, norma di comportamento inconsapevole in grado di incidere davvero sugli atteggiamenti verso la vita, il lavoro, la politica e dai giovani si trasfondesse in tutta la società [296], occorreva che la scuola – a tutti i livelli – esprimesse una cultura non fascistizzata, ma realmente e totalmente fascista e facesse vivere i giovani da fascisti sin dal primo loro contatto con la realtà extrafamiliare. Occorreva che la scuola cessasse di essere borghese, di essere improntata e di trasmettere valori, ideali che – anche se messi in camicia nera – non erano né fascisti né tanto meno popolari e che – non essendo popolari – non avevano presa sulla piú vasta società popolare che ormai aveva «inghiottito la società borghese» e pertanto la rendevano diffidente e la tenevano lontana dal fascismo. Tipici sono a questo proposito gli argomenti con i quali nella fase preparatoria della riforma Luigi Volpicelli metteva sotto accusa la scuola allora funzionante e quindi la stessa riforma Gentile (verso la quale, probabilmente per

---

[293] Cfr. *ibid.*, pp. 6 sgg. e 236 sgg.; L. VOLPICELLI, *Commento alla Carta della Scuola*, Roma 1940, pp. 48 sgg.; N. PADELLARO, *Fascismo educatore* cit., pp. 1 sgg.
[294] G. BOTTAI, *La Carta della Scuola* cit., p. 216.
[295] *Ibid.*, pp. 214 sg.
[296] Cfr. L. VOLPICELLI, *Commento alla Carta della Scuola* cit., p. 57, ove si parla della scuola come «perenne educatrice della famiglia».

deferenza verso il suo autore, Bottai fu molto parco di pubblici giudizi[297]) e reclamava una educazione che avesse un valore assoluto e fosse conforme al «nuovo umanesimo» fascista e dunque veramente popolare[298]:

> La scuola borghese fu forza profondissima nella società borghese. Essa agí vigorosamente sulla famiglia e sull'ambiente... Tramontata la civiltà borghese, la scuola non ebbe piú parola; o si appartò restia in un vano tecnicismo, diffidente della vita e causa di diffidenza, a sua volta, da parte della vita, per il suo ufficio, o, scaduto quell'epico di cui indubbiamente anche la rivoluzione borghese poté vantarsi, scaduto nell'utilitarismo e nell'economicismo di una vita materialistica, la scuola ne subí il destino, si spense come s'era spento il fervore che animava la rivoluzione nei tempi delle sue battaglie e delle sue conquiste, e divenne anche essa utilitaria e materialistica. Il risorgimento della scuola, quando sia restituita alla dignità di educazione, non può aversi se essa non incomincia implacabilmente a combattere il materialismo borghese, se non si fa banditrice e chiarificatrice dei nuovi ideali di vita, se non diventa scuola di popolo, non pel semplice fatto che il popolo la frequenta, ma per la sostanza e l'altezza degli ideali che la animano. La crisi della scuola contemporanea, si diceva, rappresenta perciò il fermento di una nuova spiritualità, un rinnovamento civile, nel nome del lavoro, un nuovo concetto della vita.

La riforma Bottai, lo si è detto, non andò oltre le fasi iniziali di attuazione. È pertanto difficile dire quali sarebbero potuti essere i suoi concreti risultati per il regime. Le premesse perché essi potessero essere positivi però c'erano. Se il fascismo fosse rimasto al potere, è infatti difficile pensare che una educazione popolare di massa quale quella prevista dalla Carta della scuola non riuscisse – in una società chiusa quale si avviava ad essere quella italiana – ad incidere sui giovani, specie via via che i vecchi insegnanti, formatisi prima del fascismo e alla scuola «borghese», fossero stati sostituiti da quelli formatisi nel clima politico-culturale fascista. Ciò spiega perché i fascisti che piú consapevolmente si ponevano il problema del futuro del regime considerassero la Carta della scuola una tappa decisiva della «rivoluzione fascista». E lo facessero alla luce di atteggiamenti culturali e politici che rispecchiano bene la diversità cul-

---

[297] I giudizi forse piú critici sulla riforma Gentile L. Volpicelli li espresse in una serie di articoli pubblicati tra il maggio 1938 e il febbraio 1939 su «Civiltà fascista» e raccolti successivamente in volume con lo stesso titolo *La scuola italiana dopo la Riforma del '23*, Roma 1939. Le accuse mosse alla riforma Gentile dal Volpicelli erano di vario genere, e andavano da quella di essere stata una «controriforma», «espressione di una minoranza borghese», che «mirò a ricacciare via la massa dalla scuola», disinteressandosi assolutamente delle classi povere, a quella di essere stata «l'epilogo e l'espressione, storicamente piú compiuta, del liberalismo» e, quindi, di aver visto nella scuola «solo un problema di cultura e inteso la scuola solo come tempio della cultura», una cultura, per di piú, «tutta interiore, idealistica e liberale». Il che spiegava come il fascismo avesse da tempo cominciato «a sentirsi nella riforma della scuola come in una camicia di Nesso, tagliata meglio per dei liberali, forse, anziché per dei fascisti».
Per la posizione ufficiale di G. BOTTAI cfr. *La Carta della Scuola* cit., pp. 3, 96, 205 sg. e 420.
Per il commento, anch'esso ufficiale, di G. GENTILE alla Carta della scuola cfr. *La Carta della Scuola*, in «Corriere della sera», 22 marzo 1939.
[298] L. VOLPICELLI, *Commento alla Carta della Scuola* cit., pp. 57 sgg.

turale che ormai contraddistingueva le diverse generazioni fasciste. Se infatti un sincero ma vecchio fascista – in sostanza rimasto, psicologicamente e politicamente, al tempo del binomio mussoliniano del '23 «forza e consenso» – come Paolo Orano scriveva che con la Carta della scuola «siamo dunque alla scuola fascista, all'irreggimentazione organica dei corpi insegnanti, delle scolaresche e delle studentesche, per la vasta impresa della rivoluzione»[299], per un giovane fascista, come Mimmo Sterpa, che viveva ed esprimeva la realtà del fascismo di quindici anni dopo e lo spirito della «rivoluzione culturale» della seconda metà degli anni trenta, con tutte le sue implicazioni, quelle contingenti come quelle piú profonde, comuni alle nuove generazioni fasciste[300], il significato della Carta della scuola era, giustamente, assai piú immediato e sostanziale.

Come rivoluzione di principi, come creatrice d'un nuovo clima, la *Carta della Scuola* – egli scriveva prendendo spunto da una disposizione del PNF che faceva coincidere il giorno della Leva fascista con quello dell'apertura dell'anno scolastico[301] – non si presta facilmente a paragoni con altre Riforme, neanche con le migliori, neanche con quelle che hanno dato alla Scuola cose non periture... La Scuola in regime totalitario vive e collabora nell'unità dello Stato: non ignora lo Stato, non ignora la società e le sue esigenze, non ignora la politica... Ecco onde trae origine la nostra certezza assoluta, che la *Carta della Scuola* sia piú che una Riforma: è una rivoluzione, perché con essa la Rivoluzione Fascista entra totalmente nella Scuola... La concezione della «Scuola politica» sostituisce il binomio «Scuola e politica»... La *Carta della Scuola* vastamente promuove un moto nella Scuola verso la società e la politica, e, insieme, della società e della politica verso la Scuola. L'attuale Riforma della Scuola non ha per confine le pareti degli uffici del Ministero, e neanche quelle, piú larghe e ariose per loro natura, delle aule scolastiche; essa si chiarisce e si attua in tutta la Nazione; essa invita a collaborare tutti, e pone nuovi problemi non solo alla Scuola in sé, ma a tanti altri settori e istituti della vita nazionale... Si pensi, per esempio, alla grande portata d'uno solo dei tanti problemi che la *Carta* pone: quello dei rapporti Scuola-Famiglia, che significano tante e tante cose, e anche e specialmente significano «educare la Famiglia alla Scuola» e, mediante un operoso contatto con la nuova Scuola e con i suoi compiti essenzialmente politici e fascisti, sborghesizzarla e politicizzarla.

I risultati piú sostanziali la Carta della scuola e la riforma da essa prefigurata avrebbero dovuto darli nel tempo; molto il regime si attendeva però già nell'immediato dal nuovo rapporto tra scuola e organizzazioni giovanili del partito da esse sancito. Le organizzazioni giovanili

---

[299] P. ORANO, *Educazione fascista*, in *Scuola fascista. La Carta della Scuola e la sua interpretazione*, Roma 1939, p. 121.
[300] Cfr. di M. STERPA, *Il ringiovanimento della scuola*, in «Critica fascista», 15 marzo 1938; *La crisi della scuola* (ibid., 1° aprile 1938); *Politicità della scuola* (ibid., 15 maggio 1938); *Scuola e politica sociale* (ibid., 1° luglio 1938); *Scuola e attitudini* (ibid., 1° marzo 1939) e soprattutto *L'«utopistico» nella Carta della Scuola* (ibid., 15 agosto 1939).
[301] M. STERPA, *La Carta della Scuola. Leva fascista e scuola*, in «Critica fascista», 1° maggio 1939, pp. 202 sg.

fasciste (GUF, Fasci giovanili, ONB) avevano registrato nella prima metà degli anni trenta un notevole sviluppo, arrivando nel 1937 ad inquadrare sulla carta piú di sette milioni e mezzo di giovani. Diciamo sulla carta perché una parte, difficilmente valutabile, ma non trascurabile, di questi giovani non partecipava o partecipava pochissimo – un po' volutamente, un po' per tutta una serie di difficoltà oggettive – alle attività delle organizzazioni alle quali apparteneva. Ugualmente, un'altra parte, piú che da vero spirito fascista delle famiglie o, per i piú grandi, dei giovani stessi, era spinta ad entrare nelle organizzazioni fasciste da considerazioni particolari che andavano dal conformismo al desiderio di usufruire delle attività e dei servizi (sportivi, ricreativi, igienico-sanitari, assistenziali) offerti. Sicché si comprende come nel passaggio dai Fasci giovanili e dai GUF al PNF si verificassero, come già abbiamo detto[302], «enormi dispersioni». Ciò non toglie che in poco piú di un decennio il regime avesse conseguito nell'organizzazione della gioventú risultati notevoli, che – lo abbiamo pure già detto[303] – si riverberavano direttamente sulla scuola, dato che con la fine degli anni venti l'ONB era stata posta alle dipendenze del ministero dell'Educazione nazionale e ciò aveva accresciuto notevolmente la sua presenza nella scuola e di conseguenza le sue possibilità di incidere (sia pure, in genere, in modo superficiale) sulla formazione attivistico-politica dei giovani. Nel quadro della «svolta totalitaria» della seconda metà degli anni trenta tutto ciò non era però piú sufficiente. L'inquadramento della gioventú doveva essere portato piú a fondo quantitativamente e qualitativamente, reso effettivamente totalitario e tale da far vivere sempre piú i giovani in un'atmosfera, in un ambiente che lasciassero sempre meno spazio ad altre influenze: in particolare a quelle della famiglia e della religione. Ufficialmente il regime non perdeva occasione per proclamare il suo rispetto per tali «fondamentali istituzioni» e diceva di cercare la loro collaborazione educativa. In realtà il fascismo guardava alla religione come ad un pericoloso concorrente che gli contrastava il monopolio della gioventú e ne corrompeva lo spirito e alla famiglia come ad un ostacolo non molto diverso, anche se si illudeva che fosse meno pericoloso, sia perché «transeunte» sia perché sperava di eliminarlo conquistandola dal di dentro, proprio attraverso i giovani. Assai significativo è a questo proposito che nella Carta della scuola (alla VII dichiarazione) si parlasse della religione solo come «religione dei padri» e della famiglia dicendo che «genitori e parenti partecipano alla vita della Scuola *e vi apprendono* [il

---

[302] Cfr. *Mussolini il duce*, I, p. 230.
[303] Cfr. *ibid.*, pp. 190 sgg.

Il regime di fronte al proprio futuro: il «totalitarismo» fascista 125

corsivo è nostro] quella comunione di intenti e di metodi, che sorregge le forze dell'infanzia e dell'adolescenza sulle vie della religione dei padri e dei destini d'Italia»[304].

Momento essenziale di questa nuova fase, strettamente connesso con la riforma della scuola, fu l'istituzione della Gioventú italiana del littorio, avvenuta alla fine del 1937 con la fusione dell'ONB e dei Fasci giovanili in una unica organizzazione destinata ad inquadrare tutta la gioventú. Bottai – che già andava preparando la Carta della scuola – avrebbe voluto, come già abbiamo detto, che la GIL fosse posta, come già l'ONB, alle dipendenze del suo ministero, che sarebbe cosí diventato il supremo ed unico coordinatore della politica verso la gioventú. I suoi sforzi furono però frustrati dal partito che ottenne che la nuova organizzazione fosse posta alle dirette dipendenze del suo segretario generale[305]. La GIL inquadrava tutti i giovani di ambo i sessi dai sei ai ventuno anni: Figli della lupa (maschi e femmine) fino agli otto anni, Balilla e Piccole italiane dagli otto ai quattordici, Avanguardisti e Giovani italiane dai quattordici ai diciassette, Giovani fascisti e Giovani fasciste dai diciassette in poi. Fuori della GIL rimasero solo i GUF; i legami tra le due organizzazioni furono però resi piú stretti, utilizzando nella GIL un certo numero di universitari come istruttori sportivi e quadri politico-organizzativi. Compiti della GIL erano la «preparazione spirituale, sportiva e premilitare» dei giovani, l'insegnamento dell'educazione fisica nelle scuole elementari e medie, l'assistenza attraverso i campi, le colonie climatiche, il patronato scolastico, l'organizzazione di viaggi e crociere, l'istituzione e la gestione di propri corsi, scuole, collegi e accademie. La Carta della scuola assegnava alla GIL un ruolo «educativo» assai piú importante e ufficializzato di quello che aveva avuto l'ONB e che doveva svolgersi entro e a latere della scuola ma anche continuare sino al ventunesimo anno per quei giovani che abbandonavano la scuola prima di questa età. La seconda dichiarazione era a questo proposito esplicita:

Nell'ordine fascista età scolastica e età politica coincidono. Scuola, Gil e Guf formano, insieme, uno strumento unitario di educazione fascista. L'obbligo di frequentarli costituisce il servizio scolastico, che impegna i cittadini dalla prima età

---

[304] Cfr. anche G. BOTTAI, *La Carta della Scuola* cit., p. 386, dove all'espressione «religione dei padri» è dato un significato tutto laico.

[305] Per lo statuto della GIL cfr. il «Foglio d'ordini», n. 187 del 29 ottobre 1937. In esso è da notare il completo silenzio relativo all'educazione e all'assistenza religiosa che, invece, erano state tra i compiti istitutivi dell'ONB. Per maggiori elementi cfr. PNF-GIL, *La gioventú nella legislazione fascista*, Roma 1942. Quanto, infine, alla posizione del PNF e alle critiche che esso da tempo muoveva alla gestione dell'ONB del ministero dell'Educazione nazionale cfr. A. AQUARONE, *Due lettere di Starace a Mussolini sulle organizzazioni giovanili fasciste*, in «Rassegna degli Archivi di Stato», settembre-dicembre 1968, pp. 634 sgg.

ai ventun'anni. Tale servizio consiste nella frequenza, dal quarto al quattordicesimo anno della Scuola e della GIL, e continua in questa fino ai ventun'anni per chi non seguita gli studi. Gli studenti universitari devono far parte dei GUF. Un libretto personale, da collegarsi opportunamente al libretto di lavoro, attesta il compiuto servizio scolastico, anche ai fini della valutazione individuale negli impieghi e nel lavoro.

In effetti, anche negli anni di maggiore e piú fruttuosa attività (sino al 1940-41), il campo di maggior presenza della GIL fu però quello connesso alla scuola (insegnamento dell'educazione fisica, «sabato fascista», colonie estive, campeggi, crociere, partecipazione alle manifestazioni del regime). In questi anni buoni risultati furono comunque conseguiti tanto sul piano organizzativo generale, specie per quel che concerneva le ragazze (tra il '37 e il '40 il numero totale degli organizzati crebbe di un milione e qualche risultato fu ottenuto anche per quel che concerneva il rapporto tra organizzati ufficiali e reali [306]) quanto su quello dell'attività tra la gioventú operaia e contadina che non continuava gli studi e che, come scriveva «Critica fascista»[307], versava in una «profonda e oscura ignoranza... relativamente al Regime»; tant'è che in occasione della «leva fascista» del 1939 su 274 397 Giovani fascisti che passarono al PNF 35 999 erano studenti e 24 633 impiegati, ma 104 274 operai e artigiani e 109 491 contadini[308].

Nonostante questi risultati positivi, la GIL fu sempre oggetto di molte critiche, in particolare quella di esaurirsi quasi completamente nell'attività fisico-sportiva-ricreativa, trascurando quella piú propriamente politico-formativa, quella di interferire troppo e anche piú negativamente dell'ONB nell'attività scolastica e quella di non essere in grado di coprire troppe delle ore che i giovani non passavano nella scuola, con la conseguenza che si creavano «zone d'ombra nella purezza e

[306]

	1937	1938	1939	1940
Figli della lupa		1 387 386	1 546 389	1 587 406
Balilla	4 609 298	1 728 263	1 746 560	1 835 259
Piccole italiane		1 669 045	1 622 766	1 759 625
Avanguardisti		876 550	906 785	988 733
Giovani italiane	1 443 263	386 867	441 254	484 204
Giovani fascisti	1 163 363	1 168 693	1 176 798	1 313 590
Giovani fasciste	256 085	360 577	450 995	527 112
Gruppi Universitari Fascisti	82 004	93 175	105 883	119 713

[307] E. CAPALDO, *Gruppi Universitari Fascisti e Gioventú Italiana del Littorio*, in «Critica fascista», 1° novembre 1938, p. 7.
[308] Cfr. «Foglio d'ordini», n. 241 del 16 ottobre 1939. Tra le iniziative rivolte ai giovani lavoratori si possono ricordare la pubblicazione di una speciale edizione per essi del settimanale «Libro e moschetto» e dell'«Appello», organo del GUF di Palermo, nonché la istituzione presso la GIL di forme di assistenza parasindacale. Sullo stesso tema cfr. «Critica fascista», che gli dedicò tra la fine del '38 e i primi del '39 numerosi scritti.

nella integrità rivoluzionaria dei principi [loro] inculcati», tanto che non mancò chi arrivò a proporre la creazione di scuole-caserma ove i giovani avrebbero potuto formarsi nel modo piú compiuto e al riparo da negative influenze esterne [309]. E tutto ciò sebbene l'impegno del regime per rendere effettiva la «collaborazione» tra la scuola e la GIL fosse indubbiamente notevolissimo e si manifestasse e prolungasse anche in tutta una serie di iniziative complementari [310] volte alcune a dare ai giovani una sempre piú completa educazione fascista e altre a selezionare e formare nuovi quadri giovanili da utilizzare nella scuola, nella GIL e nel partito. Nella impossibilità di soffermarci dettagliatamente su tutte e dato che di alcune dovremo parlare nel prossimo capitolo, ci limitiamo a ricordare le piú importanti: il potenziamento della Scuola di mistica fascista (fondata a Milano per iniziativa di Arnaldo Mussolini nel 1930), la creazione a Roma del Centro di preparazione politica (definita da «Critica fascista» [311] «un atto destinato ad approfondire ulteriormente la collaborazione Scuola-Partito»), la riorganizzazione dell'Istituto nazionale di cultura fascista in maniera da consentirgli un'attività piú capillare (con relativa sostituzione, grazie a un'abile manovra che lo indusse a dimettersi dalla presidenza, di G. Gentile, ormai inviso sia a buona parte del gruppo dirigente piú genuinamente fascista sia a pressoché tutte le nuove leve fasciste, con P. De Francisci) e soprattutto il grande sviluppo dato ai Littoriali.

Per importanti che fossero i loro frutti, queste iniziative, rivolgendosi a dei giovani in qualche misura già formati o, almeno, già bene o male orientati politicamente, erano però in prospettiva meno importanti per il futuro del regime di quelle volte ad incidere sulla massa dei giovani. E ciò tanto piú che, per quanto si sforzasse di tutto controllare e determinare, il fascismo doveva fare i conti con altre forze che operavano sull'ambiente in cui i giovani vivevano e si formavano. E se alcune di queste forze «estranee» – quelle piú o meno esplicitamente antifasciste – non destavano vera preoccupazione, dato che la loro influenza era del tutto marginale, neutralizzabile con gli strumenti repressivi del regime e, quel che piú conta, con il consenso di tutte le componenti del regime stesso, altre non erano né marginali né facilmente reprimibili, poiché reprimerle voleva dire per il fascismo urtarsi con vasti settori del paese

---

[309] T. M. MAZZATOSTA, *Il regime fascista tra educazione e propaganda* cit., pp. 205 e 81.
[310] Per il dibattito sui rapporti scuola-GIL è da vedere soprattutto «Critica fascista». Nell'ambito di esso non mancarono coloro che per rendere piú effettiva la collaborazione e identificare le due istituzioni proposero che, almeno nelle zone agricole, gli edifici scolastici e della GIL fossero unificati. Cfr. *ibid.*, p. 81.
[311] CRITICA FASCISTA, *Il Centro di preparazione politica*, in «Critica fascista», 15 agosto 1939, p. 315.

e mettere clamorosamente in discussione gli equilibri sui quali si fondava il regime. E questo era impossibile a meno di non dare alla «svolta totalitaria» un carattere tutto diverso da quello – lo si è visto – che Mussolini voleva e poteva darle.

Le piú potenti di queste forze «estranee» erano la famiglia e la religione. Per il loro carattere tradizionalista e conservatore, in passato esse erano state per il fascismo due punti di forza assai importanti e per molti aspetti lo erano ancora. Ma lo erano nella prospettiva in cui il fascismo e dunque il regime si erano mossi grosso modo sino alla guerra d'Africa. In questa prospettiva persino la crisi del '31 per l'Azione cattolica non aveva sostanzialmente inciso a livello di massa sul sentimento religioso e dunque sull'atteggiamento dei cattolici verso il regime. Nella nuova prospettiva «totalitaria» il consenso della famiglia e della religione non entrava a livello di massa in crisi, ma mostrava chiaramente la tendenza a schierarsi per il regime quale esso era stato sino alla guerra d'Africa e ad opporsi alla sua evoluzione successiva. Con questo – sia ben chiaro – non diciamo che passassero all'opposizione; tutt'altro, ché la mancanza di alternative reali, il conformismo, il timore del peggio e una buona dose di reale consenso le mantenevano sempre sostanzialmente fedeli al fascismo-regime e a Mussolini. Solo che esse in alcune questioni, e fra queste in primo luogo quella dell'educazione della gioventú, erano portate ad accentuare vieppiú la loro tradizionale tendenza a reagire con la impermeabilità verso quelle iniziative che meno condividevano, sino a esercitare nei loro confronti una sorta di resistenza, in genere passiva, ma talvolta anche attiva, volta a conservarsi un proprio spazio «privato», da vivere in proprio, secondo la propria tradizione, i propri valori, la propria cultura insomma.

Durante la RSI non sarebbero mancati coloro che si sarebbero scagliati violentemente contro la famiglia, considerandola tra i responsabili primi del fallimento del regime. Tipico è quanto avrebbe scritto «Il regime fascista»[312]:

> La famiglia italiana era incapace di essere scuola di educazione civile, patriottica, religiosa ai propri figli... Nel prossimo domani a chi spetta l'educazione dei figli almeno per una intiera generazione? allo Stato, l'unico che possa insegnare quale sia il bene sociale e politico della loro nazione. I giovani, appena giunti ad una data età, per esempio non prima dei 10 o 11 anni, dovrebbero essere prelevati dalle famiglie e raccolti in collegi, accademie, istituti, essere solidamente plasmati alla serietà di una scuola di alti valori civili, militari. E i genitori? dovranno serenamente riconoscere la propria incapacità e sottrarsi riconoscenti.

---

[312] *L'educazione nazionale problema di domani*, in «Il regime fascista», 19 agosto 1944.

Che la famiglia costituisse una realtà, una forza frenante l'effettiva fascistizzazione degli italiani il fascismo piú genuino, quello che guardava non solo all'oggi ma anche al domani e che concepiva la realtà in termini non meramente conservatori, se ne era reso conto da tempo. Per un certo periodo esso però si era cullato nella convinzione che le future famiglie fasciste sarebbero state diverse dalle presenti, senza capire che nella gran maggioranza dei casi le future famiglie venivano plasmate in quelle attuali e a loro immagine e somiglianza, e aveva fidato sul condizionamento dell'ambiente, sulla «educazione» della famiglia messa in atto dalla macchina del regime e, al limite, sul conformismo, senza capire che per la gran maggioranza delle famiglie il conformismo piú forte era a questo proposito quello della stessa famiglia; tanto è vero che se qualche risultato era stato ottenuto ciò era avvenuto non a livello contadino o vecchio operaio o borghese, ma a livello di famiglie neo operaie e piccolo borghesi di recente promozione, prive cioè di una propria cultura tradizionale e che dovevano (o credevano di dovere) la loro promozione sociale al fascismo e vedevano nelle organizzazioni giovanili fasciste un veicolo di integrazione per i loro figli. Con la seconda metà degli anni trenta l'«educazione» della famiglia oltre che a questi mezzi venne affidata per un verso alla scuola (si ricordi la VII dichiarazione della Carta della scuola) e per un altro alla battaglia antiborghese, con qualche timido tentativo di agire anche su quello che veniva considerato l'elemento della famiglia al tempo stesso piú forte e piú debole, la donna. I risultati di questa azione furono pressoché totalmente negativi; il suo fallimento avvenne però senza «scontri» diretti (senza cioè che fossero messi in atto provvedimenti specifici: tipico è il modo con cui furono lasciate cadere le proposte, anche quelle piú *moderate* di De Stefani, per una disciplina giuridica dell'obbligo politico del matrimonio e della procreazione) e questo contribuisce a spiegare perché è cosí difficile rinvenire tracce evidenti di questo aspetto della «rivoluzione culturale» fascista.

Le cose andarono diversamente con la religione. L'«ostilità» del fascismo verso la famiglia fu un fatto tutto e solo politico, si potrebbe dire *di potere* rispetto alle nuove generazioni. Culturalmente il fascismo, tutto il fascismo con in testa Mussolini[313], era infatti tenace e convinto sostenitore della famiglia, nella quale vedeva uno dei capisaldi della so-

---

[313] Per la posizione di Mussolini cfr. N. D'AROMA, *Mussolini segreto* cit., pp. 127 sg.: «Una nazione è innanzi tutto un'associazione di famiglie. Le Play ci ha sufficientemente dimostrato che la cellula sociale è la famiglia». «Virtú, economia domestica, rispetto della donna, madre e moglie, amore al lavoro, al risparmio e all'ordine» erano suoi prodotti. Per tutelarli e per evitare la sterilità del matrimonio era necessario che la famiglia fosse indissolubile: «è l'indissolubilità che perfeziona la coppia, la unisce e la lega anche allo scopo dello Stato».

cietà, il custode di tutta una serie di valori essenziali da conservare e non certo da lasciar disperdere, da rendere socialmente ancora piú attivi fascistizzandoli e non certo da deprimere. Al punto che P. Orano arrivò a scrivere che «in regime fascista lo Stato si considera e si pone un sistema di famiglia; si contrappone questo principio capitale al concetto vago di popolo»[314]. L'atteggiamento verso la religione era in un certo senso rovesciato. A parte settori marginali e via via piú sparuti, per il fascismo il riconoscimento del ruolo della religione e della Chiesa era sempre stato e sempre piú era diventato un fatto tutto politico, strumentale: prima per tagliare l'erba sotto i piedi al Partito popolare e conquistarsi la fiducia dei cattolici e della Chiesa, poi per trasformare questa fiducia in consenso al regime e servirsi di esso a livello internazionale. Culturalmente poi il fascismo era anticlericale e in genere antireligioso. Per essere piú precisi, era «religioso», ma nel senso che si sentiva esso stesso una religione e mirava ad affermarsi come tale e, quindi, o non riconosceva nessun'altra religione o considerava il cattolicesimo una componente di quella che abbiamo visto definita da Bottai la «religione dei padri», cioè un momento della propria. Tipico, per capire questo misto di politica e di cultura fascista, è quanto scriveva nel 1939 Orano[315]:

Nel fascismo tramonta e dispare ogni questione con la Chiesa, perché nel fascismo c'è un divenire religioso. Lo Stato fascista non può essere concepito e creduto e servito e glorificato che religiosamente. Può la «camicia nera» attribuire alla divinità un giudizio ostile all'evento del fascismo? Il perenne ardore, l'abito entusiastico, la quotidiana dedizione sacrificale, i gesti e le parole rituali del giuramento, del saluto, del plauso, dell'obbedienza, manifestano l'irresistibile tradursi nella spiritualità religiosa dei doveri, degl'ideali, delle certezze politiche... Nell'adesione al fascismo c'è una vocazione mistica che traduce in missione religiosa la condotta civile. In questo, soprattutto in questo, va cercato il soffio travolgitore, la conversione redentrice, quell'evento a cui si vuol dare il titolo di rivoluzionario, una vera e propria illuminazione dell'anima italiana pervenuta all'ora della sintesi nell'azione, travolgimento conversione redenzione civile rivoluzione ed illuminazione che agiscono anche negli spiriti già religiosi, anche negli spiriti cattolici. Perché insomma questo fatto nuovo del divenire religiosa la coscienza politica, avvia gli italiani ad una piú concreta e responsabile funzione del sentimento religioso. Il fascismo dà un compito preciso ai cattolici italiani. Dal momento che in Italia il cattolicismo consente al patriottismo ed alla idealità nazionale, ogni virtú, ogni manifesto volere religioso deve simultaneamente avere efficacia civile, confortare e sussidiare quello Stato in cui si realizza l'interpretazione religiosa della vita sociale. Lo Stato onnipossente e fonte d'ogni bene e d'ogni ascensivo destino nazionale: esso il termine unico nel quale, realizzando cittadino e convivenza fascistica, i cattolici trovano quella intesa con tutti gli altri italiani che preparerà l'unità del futuro anche nei modi metafisici della credenza.

[314] P. ORANO, *Il Fascismo*, Roma 1939, II, p. 412.
[315] *Ibid.*, II, pp. 142 sgg.

Dunque il fatto nuovo, l'evento superatore è il fascismo voluto creduto e vissuto come una religione, gagliardissima quercia che affonda le radici nel mistero ed alza ed allarga i suoi rami nella gioiosa evidenza delle opere compiute e della iniziativa perenne. Dunque tutto ciò che il cattolicismo ha di fattivo, il fascismo lo assorbe e se ne alimenta e della Nazione-Stato fa il piú glorioso regno di Dio in terra ed alla religione in quanto religione degli italiani delega l'opera solenne quale quella della sublimazione di un popolo sino all'altezza in cui la civiltà di una patria trabocca sulle vie e sui destini degli altri popoli. Questa era la missione della gente italiana. Il nostro entusiasmo civile scaturisce dalla vibrante certezza che la religiosa spiritualità dello stato nazionale fascista risolva l'antitesi e superi la crisi, alleggerendo gli oneri della novella avanguardia europea del piú funesto peso del passato, l'antagonismo tra religione e storia politica.

Se a ciò si aggiunge che la religione, attraverso la Chiesa e le sue organizzazioni laiche, non si limitava, come la famiglia, ad attuare una resistenza passiva, ma esprimeva anche un'azione di resistenza attiva, è facile capire come con essa non fossero mancati scontri diretti anche duri e non ne potessero a maggior ragione mancare nella seconda metà degli anni trenta.

Come abbiamo già avuto occasione di vedere [316], la crisi del '31, oltre a segnare un punto a favore del fascismo e a far tramontare le speranze di coloro che avevano pensato di poter cattolicizzare il fascismo e di potersene servire per una *restaurazione* dello Stato e della società in senso cattolico, aveva ridotto la «svolta storica» del '29 ad un «matrimonio d'interesse» in cui ciascuna parte cercava di andare d'accordo e di collaborare per quanto possibile (e compatibile con i propri principi e interessi) con l'altra, ma anche di rafforzare la propria posizione rispetto all'altra e non escludeva neppure l'eventualità di un divorzio. Questo *modus vivendi* durò praticamente un quinquennio, passando indenne ed apparentemente rafforzato attraverso la vicenda della guerra d'Etiopia [317]. Diciamo apparentemente perché, se è vero che (dopo l'iniziale momento di incertezza) i cattolici italiani e lo stesso clero appoggiarono in grandissima maggioranza l'impresa etiopica e successivamente anche – lo vedremo – l'intervento fascista in Spagna, è altrettanto vero che la nuova crisi tra il fascismo e la Chiesa avvenuta nel 1938 maturava da tempo e che – per quanta importanza avesse agli occhi del fascismo – questo appoggio non poteva assolutamente evitarla.

È opinione diffusa e avvalorata anche in sede storica [318] che questa nuo-

---

[316] Cfr. *Mussolini il duce*, I, pp. 269 sgg.
[317] Per l'atteggiamento della Santa Sede e dei cattolici italiani di fronte alla guerra d'Etiopia cfr. *Mussolini il duce*, I, pp. 623 sgg. e 739 sg., nonché R. DE FELICE, *La Santa Sede e il conflitto italo-etiopico nel diario di Bernardino Nogara*, in «Storia contemporanea», ottobre-dicembre 1977, pp. 823 sgg.
[318] Cfr. A. MARTINI, *Studi sulla questione romana e la Conciliazione*, Roma 1963, pp. 175 sgg.; P. SCOPPOLA, *La Chiesa e il fascismo*, Bari 1971, pp. 316 sgg.

va crisi sia stata determinata dal «vulnus» inferto al Concordato dalla introduzione della legislazione razziale e dalla politica mussoliniana di avvicinamento sempre piú stretto alla Germania nazista. In realtà, come ora si comincia ad intravvedere[319], ciò è solo parzialmente vero. Rispetto alla crisi del '38 queste non furono che delle concause, che, per quanto importanti, furono per la Chiesa meno importanti della causa principale e prima in ordine di tempo: il riaccendersi del conflitto per l'Azione cattolica; tant'è che sulla questione dell'Azione cattolica la Santa Sede ebbe una reazione assai piú dura e decisa di quella che ebbe invece sulle altre due questioni. Né la cosa, a ben vedere, può meravigliare. Indubbiamente la politica mussoliniana verso la Germania, di cui la legislazione antisemita non era che un aspetto, era considerata dalla Chiesa e dai cattolici con estrema preoccupazione ed essi vedevano nei suoi sviluppi altrettanti passi fatti dal fascismo sulla via della statolatrizzazione e della paganizzazione e, alla fine, della guerra. È difficile però negare che l'atteggiamento verso la questione della razza fosse assai diversificato. La prima fase del razzismo mussoliniano, quella determinata dai problemi connessi alla presenza «imperiale» italiana in Africa orientale, non aveva suscitato alcuna opposizione né nella Chiesa né nei cattolici e non erano, anzi, mancate voci favorevoli ad essa persino nei gruppi nei quali erano piú presenti fermenti critici verso il fascismo[320]. Quanto alla seconda, quella antisemita, essa – lo si vedrà piú avanti – fu vissuta dalla gerarchia ecclesiastica e dal mondo cattolico in modi diversi. Salvo casi del tutto marginali, mentre questo fu nettamente contrario ai provvedimenti antisemiti, quella invece non fu spesso contraria a una *moderata* azione antisemita estrinsecantesi sul piano delle minorazioni civili e riservò la sua netta opposizione essenzialmente al razzismo «del sangue», di marca nazista e alla sua sostanza anticristiana. E su una linea simile si mosse anche la Santa Sede, preoccupata oltre tutto di difendere i diritti acquisiti con il Concordato e il suo prestigio; sicché la sua posizione finí in larga misura per consistere essenzialmente nella difesa degli ebrei convertiti e, poi, nella denuncia del «vulnus» inferto al Concordato da quella parte della legislazione razziale che li riguardava. Ma in concreto la Santa Sede non si spinse piú in là. E lo stesso si può dire per la minaccia di guerra. Come si vedrà piú ampiamente a suo luogo, ripetutamente la Santa Sede levò la sua voce accorata in difesa del «bene supremo»

[319] Cfr. S. ROGARI, *Azione Cattolica e Fascismo*, I: *Come la Chiesa si difese da Mussolini*; II: *La crisi del 1938 e il distacco dal regime*, in «Nuova antologia», gennaio-giugno 1978, pp. 392 sgg., e luglio-settembre 1978, pp. 340 sgg.
[320] Cfr. R. MORO, *Afascismo e antifascismo nei movimenti intellettuali di Azione Cattolica dopo il '31*, in «Storia contemporanea», ottobre-dicembre 1975, p. 775.

Il regime di fronte al proprio futuro: il «totalitarismo» fascista

della pace, ma non arrivò mai ad una condanna esplicita del nazismo e del fascismo come responsabili del progressivo aggravarsi del pericolo di guerra. A giustificazione di questo atteggiamento si possono addurre numerosi e validi argomenti e in primo luogo quello che una condanna esplicita avrebbe certamente provocato una dura reazione nazista contro i cattolici tedeschi e, quasi certamente, qualche atto inconsulto anche da parte fascista. Resta comunque il fatto che, anche dopo che dovette ritenere una guerra europea ormai pressoché inevitabile, cioè verso la fine del 1937[321], la Santa Sede continuò ad affidarsi ai buoni uffici di Mussolini per cercare di far cessare la lotta antireligiosa in Germania[322] e a sperare nella reversibilità della politica italiana verso Berlino. E ciò spiega perché non solo non pose mai l'aut-aut a Mussolini ma, anzi, cercò in materia di politica estera di non irritarlo troppo, sino al punto che ai primi del 1939 Pio XI rimproverò il cardinal Verdier per aver parlato di un asse Vaticano-Francia in contrapposizione all'asse Roma-Berlino[323]. E ciò mentre sulla vera causa della crisi del '38, l'Azione cattolica, teneva un atteggiamento ben più intransigente, arrivando – per difenderla – sino a lasciar intravvedere a Mussolini la possibilità che il fascismo potesse essere scomunicato.

La composizione della crisi del '31 aveva avuto per l'Azione cattolica conseguenze assai notevoli. Nella Curia romana e nella gerarchia si erano delineate verso l'Azione cattolica forti tensioni da parte di coloro che la consideravano d'ostacolo alla realizzazione di un effettivo *modus vivendi* con il regime. Su questo punto è necessario essere molto chiari. Pensare che questa posizione fosse, nei più, conseguenza di un convinto filofascismo (presente invece in larghi settori del clero subalterno, anche se contemporaneamente era in esso che si riscontravano i casi più significativi di antifascismo) sarebbe sbagliato. In alcuni casi, non molti in verità, essa derivava dall'ancora non tramontata speranza di poter cattolicizzare il regime. Per i più essa aveva però un'altra motivazione: discendeva, da un lato, da una visione metastorica del fascismo, visto sostanzialmente come una manifestazione del processo di laicizzazione-disgregazione caratterizzante la civiltà moderna dal Rinascimento e dalla

---

[321] Desumiamo la data dal fatto che fu alla fine del 1937 che l'Amministrazione speciale dei beni della Santa Sede cominciò a prendere contatti per trasferire negli Stati Uniti una parte dei propri investimenti europei.
[322] Dal diario di Bernardino Nogara (alla data del 6 marzo 1938) risulta che Mussolini promise al papa di intervenire per far cessare la lotta religiosa in Germania.
[323] Nel diario di B. Nogara, alla data del 1° febbraio 1939, si legge: «Ho riferito al S. P. sulle mie impressioni circa il plauso francese alla politica del Vaticano; cioè che il plauso di parte comunista e socialista sia nocivo alla Santa Sede e vada creando in Francia una deplorevole confusione di idee. Il S. P. mi disse che avevo ragione e che Egli, ricevendo il Cardinal Verdier, gli fece le sue condoglianze per la sua trovata della frase "asse Vaticano-Francia" in contrapposto dell' "asse Roma-Berlino"».

Riforma in poi e quindi come fatto estraneo alla tradizione cattolica, ma, a suo modo, pienamente nella linea della «crisi laica»; da un altro lato, essa derivava dalla ancora ambigua, superficiale e contrastata adesione del mondo cattolico (e di quello italiano in particolare) alla democrazia, che lo rendeva meno sensibile verso molti aspetti autoritari del regime e disponibile ad accettarne quelli che corrispondevano (o sembravano corrispondere) alla sua cultura, ai suoi interessi, ai suoi pregiudizi; e, da un altro lato ancora, dalla convinzione che – se non era possibile cattolicizzare direttamente il regime –, nella nuova situazione determinata dalla Conciliazione e di fronte alla incapacità del regime stesso di dar vita ad una propria classe dirigente veramente fascista, era però possibile una progressiva cattolicizzazione della società civile che, ad un certo momento, avrebbe ugualmente finito per rivelarsi decisiva. Pensare ad una liquidazione dell'Azione cattolica sarebbe stato perciò assurdo, sia per ragioni di prestigio e per le ripercussioni che una simile decisione avrebbe avuto in altri paesi, sia soprattutto perché l'Azione cattolica costituiva lo strumento migliore tanto per impedire o, almeno, contrastare efficacemente una erosione delle forze cattoliche e in particolare dei giovani da parte del fascismo, quanto per realizzare – sotto la guida del clero – la progressiva cattolicizzazione della società civile. In questa prospettiva la strada prescelta era stata quella – richiesta d'altra parte dagli accordi del settembre '31 che avevano posto fine allo scontro con il regime – della sua riduzione su un terreno sempre piú esclusivamente religioso e pietistico, che, per un verso, facilitava il proselitismo di base e, per un altro, ne faceva – ci si lasci passare il termine – una sorta di grande frigorifero in cui i cattolici militanti (gli iscritti all'Azione cattolica erano agli inizi degli anni trenta circa un milione) potessero non correre il rischio di essere inquinati dal fascismo e, anzi, rafforzassero la loro qualità di cattolici e, contemporaneamente, potessero attendere, da «buoni cittadini italiani», «tempi migliori», formando intanto una propria classe dirigente in grado, in futuro, a seconda degli sviluppi della situazione, o di prendere tout-court il posto di quella espressa dal regime (soluzione ottimale, in buona parte realizzatasi nel secondo dopoguerra) o di fornire a questa tutta una serie di competenze tecniche saldamente formate in senso cattolico, in maniera da poter contrastare *nella società civile* l'egemonia fascista. Ovviamente, in una simile strategia i ruoli delle varie organizzazioni che componevano l'Azione cattolica erano diversi e i piú importanti finivano inevitabilmente per diventare quelli delle organizzazioni che lavoravano sulle nuove generazioni, la GIAC, la FUCI e il Movimento dei laureati cattolici. Proprio quelle alle quali il regime guardava con maggiore sospetto e ostilità, considerandole in concorrenza con le proprie organizzazioni giovanili. E, ancora, proprio quelle (FUCI e Laureati) che, per il loro modo di porsi di fronte alla realtà del cattolicesimo e della società moderna e per l'influenza di alcuni loro dirigenti, avevano verso il regime – in confronto con altre organizzazioni dell'Azione cattolica – un atteggiamento piú variegato: in alcuni gruppi (minoritari e, in genere, piú legati alla tradizione popolare) caratterizzato in senso antifascista, in altri (i piú) contraddistinto – come è stato detto [324] – da una sorta di ambivalenza, che li portava spesso a sfuggire ai comuni termini di riferimento del filofascismo e dell'antifascismo, a cercare una propria autonoma posizione e ad opporsi, o comunque a resistere, alla scelta della gerarchia e della Santa Sede di ridurre la sfera della loro attività al terreno religioso e pietistico.

Stante questa situazione, gli anni immediatamente successivi al 1931 erano stati caratterizzati, per un verso, dal perdurare nel fascismo di un clima – specie in provincia – di latente sospetto e di ostilità (punteggiato anche da qualche incidente) verso l'Azione cattolica e, per un altro verso, da una certa tensione tra la gerarchia e la Santa Sede da un lato e l'Azione cattolica e in specie la FUCI e i Laureati dall'altro. Attorno al 1934 le cose erano però cambiate. Un po' grazie al rinnovo di gran parte delle massime cariche dell'Azione cattolica (particolare importanza ebbe la nomina a presidente della GIAC di L. Gedda) con uomini pienamente allineati sulle posizioni della Santa Sede e, al tempo stesso, difficilmente attaccabili dal fascismo, un po' in conseguenza di un notevole attenuamento (almeno apparente) dei sospetti e delle ostilità fasciste; molto perché, giovandosi del piú generale clima di rilancio cattolico che la Chiesa era riuscita a suscitare dopo la Conciliazione, le varie branche dell'Azione cattolica avevano registrato anch'esse un crescente rilancio organizzativo (allo stato degli studi difficilmente quantificabile, ma che, mediamente, può essere valutato attorno al trenta-quaranta per cento in piú degli iscritti in un quinquennio) e di influenza, assestandosi per quel che riguardava i rapporti con il regime in una posizione tutta particolare che è necessario cogliere bene se si vogliono capire i successivi sviluppi di questa nuova situazione. Se si fa eccezione per un certo numero di casi di antifascismo vero e proprio, del resto sempre piú rari e circoscritti quasi esclusivamente a vecchi popolari, questa posizione era infatti caratterizzata sia da un progressivo avvicinamento e consenso verso il regime che aveva ovviamente gradi diversi, andando dall'afascismo al filofascismo (con un certo numero anche di iscrizioni al PNF, ai GUF, all'ONB, in parte opportunistiche ma in parte no) a seconda delle tradizioni locali

---

[324] Cfr. R. MORO, *Afascismo e antifascismo ecc.* cit., p. 746.

e familiari, delle influenze particolari e delle personali propensioni rispetto ai vari aspetti della realtà fascista, sia anche però da una estraneità e molto spesso da un marcato rifiuto di quegli aspetti piú propriamente fascisti del regime che direttamente o indirettamente contrastavano con i valori religiosi e con la cultura (in senso lato) cattolica. Con la conseguenza di dare al loro avvicinamento e consenso un limite, valicabile solo a prezzo di un abbandono del cattolicesimo, che si traduceva sul momento in una sostanziale non integrazione nel regime e in un trovare piú facilmente del resto degli italiani un rifugio nel *privato*, dato che, mentre questi avevano solo la famiglia e questa doveva da sola sostenere tutto l'urto del *pubblico* circostante, i cattolici militanti avevano anche attorno alla famiglia la loro comunità, parrocchiale o d'altro genere[325]. Il momento del maggior equilibrio tra le due facce di questa posizione e, quindi, dell'avvicinamento e del consenso al regime fu raggiunto nel 1936, in occasione della conquista dell'Etiopia, contemporaneamente o quasi alle prime avvisaglie in campo fascista dell'addensarsi della nuova crisi con l'Azione cattolica. Superato questo momento, la seconda faccia sarebbe, in genere, diventata quella sempre piú caratterizzante i cattolici italiani.

Come abbiamo già detto, stabilire un rapporto causa-effetto tra le preoccupazioni e il malcontento suscitati tra i cattolici dalle prime manifestazioni di avvicinamento dell'Italia fascista alla Germania nazista e le prime avvisaglie di ripresa della ostilità da parte fascista contro la Azione cattolica sarebbe sbagliato. Rispetto alla crisi del '38 quelle preoccupazioni e quel malcontento, come successivamente l'ostilità verso la legislazione razziale, non furono – lo ripetiamo – che delle concause e secondarie. Per capire la crisi è necessario rifarsi ad altre motivazioni, in parte le stesse che avevano determinato quella del '31, in parte nuove, strettamente connesse alla «svolta totalitaria» della seconda metà degli anni trenta e alla «rivoluzione culturale» che ne costituí il sostrato.

Una prima manifestazione va certamente individuata nel rilancio che sullo scorcio della prima metà degli anni trenta aveva cominciato ad avere l'Azione cattolica e nelle reazioni fasciste ad esso. Già grave di per sé – in quanto dimostrava che il successo riportato nel '31 era valso quasi solo ad infliggere una battuta d'arresto all'organizzazione cattolica, non a determinarne il declino e, in particolare, che la diocesanità dell'Azione cattolica con esso imposta invece di disarticolare l'organizzazione cattolica l'aveva accresciuta e centralizzata, facendo degli assistenti ecclesiastici

---

[325] Per la posizione della FUCI e dei Laureati e per le sue peculiarità e differenze rispetto a quella delle altre branche dell'Azione cattolica cfr. R. MORO, *La formazione della classe dirigente cattolica (1929-1937)*, Bologna 1979.

una sorta di prefetti attraverso i quali la Santa Sede teneva le fila di tutto –, questo rilancio era agli occhi del regime reso anche piú grave dal modo in cui si realizzava e dal fatto che appariva rientrare in una piú vasta strategia messa in atto dalla Chiesa con la Conciliazione e che si manifestava in mille modi, con «lo sviluppo delle scuole private, le campagne per il quotidiano cattolico e per "conquistare" radio e cinematografo, la diffusione dei ricreatori e delle sale parrocchiali, la moltiplicazione della stampa periodica, comprendente non solo organi locali ma pubblicazioni per la donna, la famiglia, l'infanzia, ecc.»[326] e denotava chiaramente una precisa volontà di penetrare e permeare capillarmente tutta la società italiana, dilatando l'influenza della Chiesa ben oltre le sue tradizionali aree di presenza. In questo contesto, il rilancio dell'Azione cattolica era per il fascismo un fatto inaccettabile e non solo nel caso in cui ad esso corrispondeva un avvicinamento limitato al regime, ma anche in quello di un avvicinamento sostanziale, dato che, perché questo divenisse totale, sarebbe occorso troppo tempo e non vi era comunque certezza che fatti nuovi non potessero interrompere il processo di avvicinamento e, addirittura, farlo regredire. Inaccettabile per il regime era soprattutto: 1) che la Azione cattolica tendesse a proiettarsi fuori dello stesso ambito parrocchiale e a prendere pubbliche iniziative di massa (raduni, pellegrinaggi, ecc.), quasi a voler ostentare le sue forze; 2) che il rilancio riguardasse soprattutto le organizzazioni giovanili e avvenisse dunque a danno di settori che al fascismo stavano particolarmente a cuore (la costituzione da parte di Gedda dei gruppi di Iuniores ebbe a questo proposito un peso notevole poiché fu intesa come volta a contrastare la diffusione dei Balilla); 3) che esso tornasse a incidere nel campo operaio, un altro settore assai delicato e difficile in cui il fascismo non era disposto a tollerare concorrenti; 4) che l'Azione cattolica non solo facesse concorrenza alle parallele organizzazioni del regime, ma – pur essendo in genere attenta a non dare spazio agli elementi antifascisti – istillasse nei propri organizzati una *vis* polemica che diceva di appuntarsi contro certi aspetti *immorali* della società moderna, ma che in pratica finiva spesso per avere come obiettivo il fascismo e suscitasse in essi una «doppia fedeltà» tutt'altro che priva di punte polemiche verso il regime. Tipica è a quest'ultimo proposito l'irritazione determinata dalla formula della *promessa* che facevano gli iscritti alla GIAC, laddove essa incitava ad «operare sempre per il bene e la grandezza vera della Patria»: per molti fascisti un vero e proprio giuramento che con quel «vera» contestava alla radice la politica del

---

[326] M. G. ROSSI, *La Chiesa e le organizzazioni religiose*, in *La Toscana nel regime fascista (1922-1939)*, Firenze 1971, I, p. 363.

regime e rivelava gli effettivi sentimenti dei dirigenti dell'Azione cattolica e, dunque, della Chiesa.

Una ricca ed eloquente serie di documenti[327] mostra come gli sviluppi di questa nuova situazione fossero, sin dal loro primo delinearsi, seguiti dal regime con la massima attenzione e fa anche vedere come la conseguenza di essi fu il diffondersi nelle sfere dirigenti fasciste della convinzione che si andasse costituendo qualche cosa che rassomigliava ad un partito cattolico in potenza, che – in determinate condizioni – avrebbe potuto trasformarsi in un vero e proprio partito. Nulla però risulta, sino a tutta la guerra d'Africa, circa eventuali iniziative del regime per contrastare il rilancio dell'Azione cattolica a meno di non ritenere che la modifica, nell'ottobre 1935, delle norme sulle casse rurali, oltre che rientrare nella ormai decennale politica fascista di controllo delle banche cattoliche[328], avesse anche lo scopo di ridurre le fonti di finanziamento locale dell'Azione cattolica. Né la cosa, considerata la delicatezza del momento, può meravigliare. Appena concluso il conflitto fu però fatto un primo passo, sotto forma di una nota diplomatica, con cui si segnalava alla Santa Sede una serie di fatti ritenuti non del tutto in armonia con gli accordi del '31. La Segreteria di Stato replicò a sua volta con una nota assai conciliante nella forma, ma che nella sostanza controbatteva puntigliosamente tutti gli addebiti mossi all'Azione cattolica[329]. Per il momento la questione sembrò chiusa. All'inizio del 1937 la Santa Sede preannunciò però una prossima ristrutturazione dell'Ufficio centrale e dei Sottosegretariati diocesani dell'Azione cattolica[330] che, come giustamente è stato scritto[331], costituiva «una modifica sostanziale agli statuti del dicembre 1931, che in base all'accordo del settembre [col regime], avevano stabilito la diocesanità dell'Azione cattolica e, quindi, lo svuotamento del ruolo dell'Ufficio centrale; ed era un ritorno, di fatto, all'ordinamento sorto dalla riforma del 1923, con l'aggiunta di un numero di organi e di funzioni che i vecchi statuti non prevedevano». In pratica era il ripristino della situazione che aveva contribuito a far scop-

---

[327] Cfr. soprattutto l'utilizzazione fattane da S. ROGARI, *Azione Cattolica e Fascismo* cit.
[328] Cfr. *ibid.*, I, pp. 425 sgg. e, per i precedenti, G. ROSSINI, *Il movimento cattolico nel periodo fascista*, Roma 1966, pp. 5 sgg. e S. ROGARI, *Santa Sede e Fascismo. Dall'Aventino ai Patti Lateranensi*, Bologna 1977, pp. 160 sgg.
[329] Cfr. S. ROGARI, *Azione Cattolica e Fascismo* cit., II, pp. 371 sgg.
[330] Quando fu realizzato nel 1938 l'Ufficio centrale il cardinal Pizzardo, che lo dirigeva, cercò di sminuirne l'importanza, assicurando all'ambasciatore presso la Santa Sede, Pignatti, che esso era solo un ufficio informazioni per le organizzazioni di Azione cattolica in tutto il mondo. Riferendo a palazzo Chigi queste dichiarazioni (il 1° aprile 1938), Pignatti consigliò di «stare a vedere» e avanzò la previsione di possibili attriti tra Pizzardo e la segreteria di Stato che, secondo lui, «non è stata soddisfatta di vedersi portar via l'Azione Cattolica». ASAE, *Santa Sede*, b. 38 (1938), fasc. 2, «Attività del Clero e dell'Azione Cattolica».
[331] Cfr. S. ROGARI, *Azione Cattolica e Fascismo* cit., I, p. 430.

piare la crisi del '31 e che gli accordi successivi ad essa avevano voluto eliminare. E, passando dal piano organizzativo a quello della concreta attività, poco tempo dopo gli organi dirigenti dell'Azione cattolica stabilivano il «tema comune» su cui tutte le organizzazioni dovevano concentrare la loro attività nel 1937-38, scegliendo un tema, quello della «moralità», le cui implicazioni ideologiche e al limite politiche sono fin troppo evidenti. Tanto piú che il programma di attività comprendeva anche

un'opera di analisi della comunità religiosa che, di fatto, il parroco aveva sempre fatto, ma che ora acquistava una sistematicità senza precedenti e che prevedeva la utilizzazione del laicato cattolico e il coordinamento delle informazioni in un Ufficio notizie. Gli uffici parrocchiali diventavano, cosí, strumenti di controllo «morale» e, quindi, indirettamente, parapolitico delle famiglie, simili a quelli fascisti.

Sotto questo profilo la stessa terminologia usata dai dirigenti cattolici richeggiava modi espressivi tipici del fascismo:

«Uno degli scopi piú pressanti dell'Azione Cattolica è la restaurazione cristiana della famiglia: essa perciò chiama i diversi membri, dà loro una formazione totalitaria in seno alle associazioni, e poi li restituisce alla famiglia perché la famiglia, come tale, cosí come prima unità sociale, tributi a Cristo, il Divino Re, il dovuto omaggio»[332].

Quali fossero i motivi che indussero l'Azione cattolica, cioè la Santa Sede, a prendere delle iniziative tanto esplosive è difficile dire. Il Rogari, a cui si deve il miglior studio sulla crisi del '38, ha scritto[333]:

Sembra che, di fronte ad una maggiore aggressività ideologica del regime, i cattolici vogliano stringere le proprie file facendo perno proprio su quell'istituto, la famiglia, che è tradizionale depositario della cultura e della prassi di vita cattolica, il contraltare dello statalismo fascista.

La spiegazione è suggestiva, ma non sufficiente. Non spiega, tra l'altro, perché la Santa Sede compisse un passo, come quello della ristrutturazione dell'Ufficio centrale, che di fatto poneva fine alla diocesanità dell'Azione cattolica, avvalorava i sospetti che si volesse fare di questa un partito in potenza ed era quindi piú che prevedibile che sarebbe stato inteso dal fascismo non solo come una violazione degli accordi del settembre 1931, ma come un vero e proprio atto di ostilità. Un passo, per di piú, che non aveva precedenti nel suo *modus agendi*, era in contrasto con la sua tradizionale cautela e con la sua cura di evitare scontri con il regime e, oltre tutto, non aveva apparentemente giustificazione, dato che – come si è già detto – in realtà gli svantaggi della diocesanità erano stati già in buona parte annullati grazie al tramite degli assistenti eccle-

---

[332] *Ibid.*, I, p. 431.
[333] *Ibid.*, p. 432.

siastici che facevano tutti capo al Vaticano. E, soprattutto, una tale spiegazione presuppone che la Santa Sede si sentisse tanto forte da potersi permettere una prova di forza. E ciò è impensabile. Per rispondere compiutamente all'interrogativo è necessario, a nostro avviso, andare oltre l'idea di una mera risposta alla crescente «aggressività ideologica» del fascismo. Una ipotesi potrebbe essere quella che l'operazione fosse stata imbastita in tutta fretta in vista della eventualità di un ritiro o addirittura di una scomparsa di Mussolini e, quindi, della necessità di presentarsi al momento della successione nelle migliori condizioni sia per influire su di essa sia per fronteggiarne eventuali sbocchi negativi. Una ipotesi non del tutto cervellotica dato lo stato di salute del «duce» nella seconda metà del 1936 e che potrebbe essere avvalorata dal fatto che l'anno dopo – quando ormai era chiaro che il problema della successione di Mussolini era niente affatto attuale – la Santa Sede si fece assai piú cauta e il cardinal Pizzardo, da cui dipendeva l'Azione cattolica, impartí direttive che miravano a rendere meno evidenti gli aspetti esteriori della ripresa organizzativa e di attività dell'Azione cattolica e, quindi, ad evitare lo scontro che si andava delineando con il regime[334]. Tutto sommato, pur non escludendo tale ipotesi del tutto (e non escludendo neppure la possibilità di una compresenza delle due), ne riteniamo tuttavia piú probabile un'altra. E cioè che la Santa Sede sia stata praticamente costretta a venir meno alla sua abituale cautela e ad agire come agí dalla necessità di controllare meglio l'Azione cattolica onde scongiurare il pericolo che l'avvicinamento e il consenso al regime determinatisi in essa negli ultimi anni e portati al loro acme dalla vittoriosa conclusione del conflitto etiopico potessero aumentare vieppiú e avviare, specie tra i giovani, un processo di effettiva fascistizzazione. Tanto piú che a sostegno di questa ipotesi vi è il modo con cui venne quasi sempre attuato il «tema comune» per il 1937-38: non solo a livello di educazione morale e culturale, ma soprattutto con un'azione volta a trattenere gli iscritti e i giovani in particolare nell'ambito delle parrocchie (potenziando in esse le attività ricreative e associative) e a non farli partecipare a nessuna forma di svago (particolarmente preso di mira fu il ballo[335]) e di attività «laica», specie – anche se ovviamente non veniva dichiarato pubblicamente – se orga-

[334] Cfr. *ibid.*, II, pp. 343 sgg. e 387 sg.
[335] La lotta contro i balli assunse in alcune regioni centro-settentrionali e soprattutto in Romagna toni duri, provocando accese polemiche sulla stampa locale (per esempio a Ravenna tra il settimanale fascista «Santa Milizia» e quello cattolico «Il Romagnolo») e persino alcuni interventi dell'«Osservatore romano» (*Contro il silenzio* e *Frutto d'ogni stagione*, rispettivamente apparsi il 27 gennaio e il 9 marzo 1938). Commentando con Ciano questi fatti, Mussolini il 5 luglio 1938 osservò: «i preti si illudono se credono di avere in Italia una forza positiva. È bastato che un prete di Verona, provincia cattolica, proibisse il ballo, perché tutta la gioventù disertasse le chiese e affollasse le sale di danza» (G. CIANO, *Diario* cit., p. 156).

nizzati dal fascismo (oltre che le organizzazioni giovanili l'azione prese spesso di mira il Dopolavoro). Un esempio, probabilmente limite per la mancanza di cautela del linguaggio usato (tant'è che Starace ne prese spunto per denunciare al ministero degli Esteri che «negli ultimi tempi... in alcune provincie vi sono stati veri e propri deragliamenti da parte delle associazioni giovanili d'azione cattolica» con conseguente «irrigidimento da parte delle gerarchie [fasciste] locali» e per chiedere di far presente la cosa in Vaticano[336]), ma non certo isolato, a giudicare almeno dai vari altri casi rilevati dalle autorità e spesso denunciati dalla stampa fascista locale, di come questa azione veniva condotta ci è offerto da quanto – con riferimento alla stagione estiva – scriveva l'8 agosto 1937 il «Bollettino della Parrocchia di S. M. in Albino Bergamasco»:

le funzioni parrocchiali, la Messa e la Dottrina si fanno sempre piú deserte e deploriamo che la domenica e le feste di precetto si convertano abusivamente in giorni di spassi, di divertimenti non sempre onesti, in ritrovi e passeggiate che si succedono ininterrottamente: in poche parole, in giorni di peccato. [Per cui ricordiamo] che [i soci delle congregazioni e delle associazioni], come non possono partecipare a spettacoli, cinema, varietà, ecc. fuori delle organizzazioni nostre, cosí non possono partecipare a passeggiate piú o meno organizzate.

Comunque sia, è indubbio che una delle motivazioni della crisi del '38 fu costituita dalle preoccupazioni e dalla irritazione suscitate nel fascismo dal rilancio e dallo sviluppo dell'Azione cattolica e dal sempre piú evidente impegno della Chiesa ad allargare la sua presenza nel paese, sino a precostituirsi qualcosa di molto simile ad un embrione di partito. Il diario di Ciano[337] è a questo proposito chiaro: Mussolini vedeva «nell'opera svolta dall'Azione Cattolica un tentativo di costituire un vero e proprio partito politico, che prevedendo ore difficili per il fascismo, vuol essere pronto a raccogliere la successione» e la sua irritazione era giunta (alla fine del 1937) a tal punto che si diceva «pronto a spolverare i manganelli sulla groppa dei preti». Né questo deve sembrare in contraddizione con quanto abbiamo detto or ora a proposito del crescente avvicinamento e consenso cattolico rispetto al regime, ché questo non poteva certo bastare al fascismo, specie nel clima della «svolta totalitaria» da esso avviata proprio in quel periodo. E qui, appunto, si inserisce la seconda motivazione della crisi, quella che in effetti la rese anche piú dura di quella del '31 (anche se di questa non ebbe la drammaticità pubblica) e che, per un verso, fa risultare ancor piú grave la sostanziale sconfitta

---

[336] ASAE, *Santa Sede*, b. 34 (1937), fasc. 2 «Attività del Clero e dell'Azione Cattolica», A. Starace al ministero degli Esteri, 26 agosto 1937.
[337] G. CIANO, *Diario* cit., pp. 233 (e anche 234) e 73.

che Mussolini subí in questa occasione (dovendosi rassegnare ad accettare di fatto il perdurare della situazione che, invece, avrebbe voluto far cessare) e, per un altro verso, spiega l'eco molto minore che, ciò nonostante, la crisi del '38 ebbe rispetto a quella del '31: allora il fascismo, vincitore, aveva avuto tutto l'interesse a valorizzarla al massimo; ora, sconfitto, preferí passarla sotto silenzio, aiutato in ciò dalla Chiesa che – paga del successo e preoccupata per altri aspetti della politica mussoliniana – era interessata a sua volta a venire incontro al «duce» per non favorire il gioco di quei fascisti (come Farinacci e Starace[338]) che soffiavano sul fuoco ed erano pronti, pur di spingerlo all'alleanza con Hitler, ad usare l'argomento che, cosí facendo, si sarebbe anche potuto prendere la rivincita su di essa.

Abbiamo già visto come Mussolini si fosse convinto da vari anni che la Chiesa non poteva costituire un sostegno effettivo per il regime[339]. Se a ciò si aggiunge che essa non gli rendeva neppure economicamente[340] e – cosa ben piú decisiva – che i fatti gli dimostravano che pressoché su tutti i principali problemi interni ed internazionali si muoveva lungo direttrici strategiche antitetiche o comunque divergenti dalle sue (gli unici veri punti d'accordo rimanevano quelli della lotta all'urbanesimo e, parzialmente, per lo sviluppo demografico[341] e al comunismo, anche se a quest'ultimo proposito non mancavano, almeno all'estero, episodi che autorizzavano qualche dubbio sulla monoliticità dell'impegno anticomunista dei cattolici[342]) è facile immaginare quanto egli fosse sollecitato dall'idea di ridimensionare l'Azione cattolica e di dimostrare cosí che neppure la Chiesa poteva osteggiarlo impunemente. Per cogliere appieno il significato che per Mussolini ebbe lo scontro del '38 con la Chiesa per l'Azione cattolica prima e per la legislazione razziale poi è necessario però inserire queste vicende in uno scenario piú ampio di quello immediatamente politico; bisogna vederle sotto il duplice profilo della «rivoluzio-

[338] La Santa Sede considerava Starace un «pericoloso pagano» (*ibid.*, p. 227) e riteneva (o, per non prendere troppo di petto Mussolini, tendeva a far credere) che «la tendenza di pesare sempre piú la mano sui cattolici» dipendesse, piú che dal governo, dall'«indirizzo ostile che il Partito sembra voler adottare verso la Chiesa cattolica». Cfr. ASAE, *Santa Sede*, b. 38 (1938), fasc. 2 «Attività del Clero e dell'Azione Cattolica», rapporto dell'ambasciatore Pignatti del 24 dicembre 1938.
[339] Cfr. *Mussolini il duce*, I, pp. 252 sgg.
[340] Cfr. G. CIANO, *Diario* cit., p. 173.
[341] È significativo che nell'unica grande manifestazione pubblica clerico-fascista di questo periodo, quella del 9 gennaio 1938 a palazzo Venezia per la premiazione degli ecclesiastici vincitori dei concorsi nazionali del grano banditi dal giornale «Italia e Fede», Mussolini – parlando a duemila sacerdoti, tra i quali sessanta tra vescovi e arcivescovi – limitò ai due soli campi della lotta contro l'urbanesimo e per «il potenziamento numerico degli italiani» il suo invito ai presenti a contribuire alla politica del regime. Cfr. MUSSOLINI, XXIX, pp. 48 sgg.
[342] Cfr. G. CIANO, *Diario* cit., pp. 73 e 83.
Per l'atteggiamento della Santa Sede verso la politica comunista della «mano tesa» ai cattolici cfr. T., *Parole di Padre e fermezza di Pastore*, in «L'osservatore romano» del 28 dicembre 1937.

Il regime di fronte al proprio futuro: il «totalitarismo» fascista 143

ne culturale» e della personale posizione del «duce» riguardo al cattolicesimo.

Dopo quello che abbiamo già detto sui caratteri della «svolta totalitaria» e della «rivoluzione culturale», per ciò che concerne il primo profilo il discorso può essere ridotto al minimo. Un'affermazione di Mussolini, riferita da Ciano nel suo diario sotto la data del 4 settembre 1938 [343], è praticamente sufficiente a mettere a fuoco il significato pedagogico-culturale che sotto tale profilo acquistava per lui lo scontro:

> Sto abituando gli italiani a convincersi che si potrà fare a meno di un'altra cosa: il Vaticano... La lotta contro queste grandi forze, almeno cosí giudicate da molti, serve a far la spina dorsale agli italiani. E serve anche a far vedere che certe montagne sono soltanto vesciche.

Piú complesso è il discorso relativo alla personale posizione di Mussolini. Nel diario di Ciano, alla data del 9 febbraio 1939 [344], si legge una annotazione – «da qualche tempo Mussolini ostenta sempre piú netto distacco da quanto concerne la Chiesa. Una volta non era cosí» – che sarebbe sbagliato intendere solo in un senso politico, tanto piú che essa trova una conferma niente affatto politica in un'affermazione fatta dallo stesso Mussolini ad A. Pavolini alcuni mesi dopo: «io vado sempre di piú verso l'eresia» [345]. Acceso anticlericale (sino ad assumere atteggiamenti che potevano far pensare ad un suo sostanziale anche se elementare ateismo [346]) in gioventú, Mussolini per molti anni – grosso modo sino all'inizio degli anni trenta – aveva considerato la religione e la Chiesa praticamente solo in termini immediatamente politici, cercando di utilizzarle in funzione del suo potere. In questi anni non aveva certo dismesso (anche se non ne faceva mostra) il suo anticlericalismo, ma – un po' per un processo d'intima maturazione e molto per l'influenza del fratello che, invece, era un sincero credente – era approdato per il suo personale problema religioso ad una posizione che non si può dire si configurasse come ateistica. Di essa e dei suoi ulteriori sviluppi negli ultimi anni della vita di Mussolini parleremo nel prossimo volume; per quel che si riferisce ai problemi di cui ci stiamo occupando, è sufficiente qui soffermarci su un suo solo aspetto: la sua estraneità assoluta al cristianesimo e, anzi, il suo radicale rifiuto di esso.

Verso la fine del 1919 Mussolini aveva scritto su «Il popolo d'Italia» [347]:

---

[343] G. CIANO, *Diario* cit., p. 173.
[344] *Ibid.*, pp. 250 e anche 261.
[345] G. BOTTAI, *Diario*, f. 724 alla data del 26 settembre 1939.
[346] Cfr. *Mussolini il rivoluzionario*, pp. 32 sg., 35 sg., 39, 70 sgg.
[347] Cfr. MUSSOLINI, XIV, p. 193.

Noi che detestiamo dal profondo tutti i cristianesimi, da quello di Gesú a quello di Marx, guardiamo con simpatia straordinaria a questo «riprendere» della vita moderna, nelle forme pagane del culto della forza e dell'audacia.

Quasi vent'anni dopo, parlando con N. D'Aroma[348], disse:

Cristianucci tutti voi! bisogna vivere come se non si dovesse mai morire. Solo cosí si fa il solco piú lungo e si edifica per i tempi dei tempi.

In queste due affermazioni sono, per cosí dire, sintetizzate le ragioni dell'opposizione «morale» di Mussolini al cristianesimo e (nonostante egli lo considerasse una forma di cristianesimo paganizzato[349]) al cattolicesimo, il suo considerarlo «una perniciosa dottrina di rinuncia e di umiliazione»[350] che corrompeva e svirilizzava gli uomini e i popoli (e in particolare quello italiano, che a causa dell'universalità della Chiesa romana, non era riuscito ad acquistare un proprio vero carattere nazionale[351]) e li privava del gusto e della capacità di impegnarsi nella vita terrena, di lottare per essa e di viverla con l'immedesimazione e la gioia che sole potevano tradursi in passione, forza e audacia collettive. Delle ragioni – come si vede – niente affatto originali, alla cui radice era un miscuglio di suggestioni culturali sulle quali non vale la pena di soffermarci tanto sono evidenti (salvo accennare ad una che viene in genere trascurata e che, invece, va tenuta presente per pressoché tutte le prese di posizione mussoliniane che in qualche modo riguardavano il cristianesimo, tanto come fatto sociale quanto come fatto storico nel quadro della civiltà romana: il *Cristo e Quirino* di Paolo Orano[352]) e caratteristiche di una certa polemica contro il cristianesimo tutt'altro che marginale nei decenni a cavallo del nostro secolo – quelli appunto nei quali Mussolini si era in gran parte formato – ma che spiegano bene perché il «duce», tutto proiettato ormai a suscitare e imporre agli italiani e ai giovani in specie una morale collettiva della «virtú» e del «sacrificio» civico, considerasse la religione cattolica e, dunque, la Chiesa non solo un ostacolo politico, ma anche un nemico ideologico, il piú temibile di quelli ancora presenti in Italia, e non vedesse l'ora di poterlo sconfiggere.

[348] N. D'AROMA, *Mussolini segreto* cit., p. 150.
[349] Cfr. G. CIANO, *Diario* cit., p. 163.
[350] In questi termini si era espresso nel 1904 in Svizzera, quando non aveva ancora remore al suo parlare, prendendo la parola in contradditorio con E. Vandervelde. Cfr. C. DELCROIX, *Un uomo e un popolo*, Firenze 1928, pp. 71 sgg., nonché E. VANDERVELDE, *Quando Mussolini mi faceva il contradditorio*, in «Il nuovo Avanti», 12 febbraio 1938.
[351] Cfr. G. CIANO, *Diario* cit., p. 412.
[352] Mussolini conosceva benissimo e aveva riletto piú volte il libro di P. Orano, da lui letto per la prima volta in gioventú. Cfr. MUSSOLINI, IV, p. 192 e soprattutto l'accenno ad esso nel discorso sugli accordi del Laterano tenuto alla Camera il 13 maggio 1929 (*ibid.*, XXIV, p. 43). Per quanto riguarda piú particolarmente il cristianesimo come fatto morale e sociale sono da vedere nel libro di Orano (i riferimenti sono alla terza edizione stampata a Firenze nel 1911) soprattutto le pp. 127 e 191-219.

Il regime di fronte al proprio futuro: il «totalitarismo» fascista 145

Detto questo, va per altro detto che, pur considerando la Chiesa una «vescica» e gli italiani un popolo sostanzialmente anticlericale e ghibellino a cui bastava «grattare la crosta» e dare il *la* per scatenarne tutto l'anticlericalismo latente[353], Mussolini non sottovalutava l'avversario[354] e si rendeva bene conto delle difficoltà che in quel momento uno scontro con la Chiesa gli avrebbe procurato. Per questo era assai critico («È idiota e inutile, e rende impopolare l'Asse tra le masse cattoliche italiane»[355]) verso i nazisti per la lotta al cattolicesimo da essi intrapresa[356], voleva evitare di arrivare – per il momento – ad uno scontro frontale e preferiva, intanto, manovrare per linee interne, limitandosi a ridimensionare l'Azione cattolica con un'azione capillare di logoramento, volta ad intimidirne gli iscritti, a costringerli sulla difensiva e, possibilmente, a farli distaccare dalle loro organizzazioni.

Se si tiene presente ciò, la dinamica della crisi del '38 appare chiara. In particolare si comprende la ragione del suo manifestarsi da parte fascista non con un'azione su vasta scala e con autorevoli pubblici attacchi della stampa a diffusione nazionale come nel '31, ma con una serie di iniziative e di azioni locali volte a moltiplicare i controlli e le tradizionali piccole vessazioni sulle organizzazioni cattoliche di ogni tipo (persino i centri nelle stazioni ferroviarie della Protezione della giovane furono presi di mira, imponendo loro di operare solo attraverso iscritti al PNF e nella «prescritta» divisa[357]), cosí da rendere loro la vita difficile, con-

---

[353] «Se il Papa continua a parlare, io gratto la crosta agli italiani e in men che si dica li faccio tornare anticlericali» (G. CIANO, *Diario* cit., p. 167, alla data del 22 agosto 1938).

[354] «Io non sottovaluto le sue forze [del papa], ma lui non deve sottovalutare la mia. L'esempio del 1931 insegna. Basterebbe un mio cenno per scatenare tutto l'anticlericalismo di questo popolo...» (*ibid.*, pp. 163 sg., alla data dell'8 agosto 1938).

[355] *Ibid.*, p. 202, alla data del 27 ottobre 1938, nonché alle pp. 212 sg. (13 novembre 1938): «Il Duce... dice che ogni violenza contro il clero e le chiese rende impopolare l'Asse, e che se una crisi aperta dovesse manifestarsi e il cattolicesimo dovesse subire la stessa sorte degli ebrei, difficilmente l'Asse potrebbe resistere». E ancora a p. 223.

[356] È assai significativo che, essendo apparso sulla rivista cattolica inglese «The Tablet» del 26 giugno 1937 un articolo di un domenicano che definiva il fascismo «un'autentica statolatria pagana, in palese contrasto con i diritti naturali della famiglia e con quelli soprannaturali della Chiesa» e ne metteva a questo proposito sullo stesso piano il fascismo e il nazismo, il ministro Alfieri intervenne direttamente su padre Tacchi Venturi, ottenendo che la segreteria di Stato vaticana facesse un passo sull'arcivescovo di Westminster e sul maestro generale dell'ordine dei predicatori perché facessero presente all'autore dell'articolo l'erroneità di trattare i due regimi «alla stessa stregua ed infliggendo loro lo stesso forte biasimo». ACS, *Min. Cultura popolare*, b. 119, fasc. 15.

[357] Con la seconda metà del maggio 1938 il ministero dell'Interno inviava a tutti i prefetti la seguente circolare riservatissima (parzialmente citata da S. ROGARI, *Azione Cattolica e Fascismo* cit., II, p. 341) con la quale accentrava presso la Direzione generale dei culti tutta la sorveglianza sull'«azione politica del clero»: «Il Ministero ha rilevato la necessità di un maggior coordinamento congiunto ad un piú ampio sviluppo del servizio delle informazioni di carattere politico-ecclesiastico.

«Come primo passo per raggiungere lo scopo, è opportuno che le Prefetture, indipendentemente dalle comunicazioni normalmente fatte ad altri uffici dell'Amministrazione dell'Interno o ad altri Ministeri, trasmettano, con tempestiva sollecitudine e con le annotazioni e i rilievi del caso, alla Direzione Generale dei Culti copia delle pubblicazioni di stampa cattolica di qualsiasi genere (quotidiani, settimanali, bollettini diocesani, parrocchiali, lettere pastorali, libri, riviste, opuscoli ecc.) che

testare ogni «deragliamento» e trarne pretesto per altre intimidazioni, vessazioni e anche azioni di forza. Tra i pretesti, i piú comuni furono quelli di esibire in pubblico «divise», bandiere e distintivi [358], di tenere conferenze su temi di carattere non esclusivamente religioso e di svolgere propaganda contro la partecipazione alle iniziative culturali, ricreative e sportive del PNF, della GIL e nell'OND, lasciando cosí trapelare il loro «livore» verso il regime [359]. Contemporaneamente venivano di

possono presentare particolare interesse per i riferimenti d'indole politica, sia interna che internazionale, in essi contenuti.

«Occorre, altresí, che formino oggetto di speciali, circostanziate segnalazioni alla citata Direzione Generale tutti i fatti di apprezzabile rilievo che riguardano l'atteggiamento del Clero nei suoi riflessi politici e, principalmente, quelli che siano suscettibili di influire sui rapporti tra autorità ecclesiastiche e autorità amministrative e politiche, prospettando le situazioni anormali eventualmente formatesi cosí al centro come alla periferia e le cause di esse. Soprattutto interesserà avere notizie frequenti e particolareggiate sull'attività dell'Azione Cattolica e sulle eventuali ripercussioni di tale attività nella vita politica locale.

«Si rende inoltre necessario che alla stessa Direzione Generale dei Culti sia contemporaneamente inviata, per conoscenza, copia di tutte le comunicazioni destinate ad altri uffici del Ministero dell'Interno o ad altri Ministeri, quando il loro contenuto abbia rapporto con l'azione politica del clero».

[358] La questione dei distintivi si trascinò sino quasi alla vigilia dell'entrata in guerra dell'Italia. L'11 maggio 1940 Buffarini-Guidi informò i prefetti e le competenti direzioni generali del ministero dell'Interno sui termini dell'accordo in merito raggiunto tra gli Esteri e la Santa Sede (ACS, *Min. Interno, Dir. gen. PS, Div. affari gen. e ris.* [1920-1945], G. 1, b. 146): «Il Ministero degli Affari Esteri ha comunicato il testo dell'accordo con la Santa Sede circa l'uso dei distintivi di Azione Cattolica.

«Si trascrive per norma delle EE. VV. detto testo e si prega di dare agli organi dipendenti le conseguenti istruzioni.

«1) Il distintivo di Azione Cattolica potrà essere portato:
a) durante le funzioni strettamente religiose in Chiesa, nelle processioni vere e proprie, nei sacri pellegrinaggi dove e quando essi siano completamente riuniti nella loro formazione;
b) nelle adunanze, nei convegni, nei ritiri o durante gli esercizi spirituali dei Soci d'Azione Cattolica Italiana, nelle feste e premiazioni catechistiche e di cultura religiosa promosse dall'Azione Cattolica Italiana per i suoi Soci, sempreché esse abbiano luogo nelle sedi stesse delle Associazioni di Azione Cattolica e, allorché esse abbiano luogo all'aperto, sia bene determinato il luogo e l'adunanza stessa.

«2) Ad evitare equivoci è da aggiungere che le norme date debbono interpretarsi letteralmente e che perciò i Soci delle Associazioni di Azione Cattolica, sotto la vigilanza dei loro Dirigenti, limiteranno, anche per impedire il ripetersi di spiacevoli incidenti, l'uso del distintivo di Azione Cattolica all'atto delle funzioni o manifestazioni sopra indicate; non dovranno, quindi, portarlo quando individualmente vi si recheranno o ne ritorneranno».

In attesa dell'accordo, nel 1938, la segreteria centrale della GIAC (e probabilmente anche quelle delle altre branche dell'Azione Cattolica) aveva dato in merito la seguente istruzione (*Archivio GIAC*, «Riservato»): «i giovani non portino il distintivo durante le riunioni a forma militare, nelle manifestazioni patriottiche e civili, nelle sedi proprie del Partito. Nel caso poi che siano invitati a togliere il distintivo fuori d'Associazione, non si oppongano, senza dare importanza alla cosa. Infatti sono in corso delle pratiche per via diplomatica affinché in ogni altra circostanza sia permesso di portare il distintivo».

[359] Tipico in questo senso è il seguente stralcio di un rapporto su una predica (che provocò nel novembre-dicembre 1937 un vivace incidente tra la Santa Sede e le autorità italiane) tenuta dal parroco di Albano Laziale, don Cesare Guerrucci, che, in seguito ad essa, fu fermato per alcune ore dalla polizia: «Il parroco, don Guerrucci, con una leggerezza che sorprende in un sacerdote che per abito mentale congenito o acquisito è sempre vigile ed accorto, ha confermato ancora una volta, dopo le inequivoche dimostrazioni date, il suo livore e la sua avversione al Regime ed alle organizzazioni dipendenti.

«Ha iniziato con il rilevare il felice esito della iniziativa delle conferenze, alle quali sono accorsi in media 350 giovani per sera, attribuendo questo risultato ai *meravigliosi sistemi di propaganda* dell'Azione Cattolica: sistemi, egli ha testualmente detto, che non si *basano sulla violenza, sulla coercizione sulla cartolina di mobilitazione*, ma bensí sulla spontaneità. Ed ha proseguito: "a fatto bloccate tutte le domande (anche quelle in corso di normale espletamento) di iscrizione al PNF presentate da membri dell'Azione cattolica e veniva messa in atto un'azione, un po' di convincimento e un po' d'intimidazione per scoraggiare nuove iscrizioni alle organizzazioni dell'Azione cattolica (specie a quelle giovanili) e per indurre coloro che ne facevano parte ad abbandonarle, arrivando spesso – soprattutto nelle zone nelle quali l'Azione cattolica era piú forte – a risollevare di fatto la questione della incompatibilità tra iscrizione alle organizzazioni fasciste e iscrizione a quelle cattoliche e, in conseguenza, a premere su coloro che si trovavano in tale condizione perché si dimettessero da quelle cattoliche, specie se si trattava di persone e in particolare di giovani che vi ricoprivano cariche di qualche rilievo.

All'inizio del 1938 questa azione e le reazioni da essa suscitate nei cattolici avevano ormai determinato una tale serie di tensioni e di incidenti [360] che Buffarini-Guidi avrebbe detto che la situazione stava diventando peggiore di quella del 1931 [361]. E, infatti, proprio nei primi giorni del gennaio 1938, il 5, il pontefice fece, tramite padre Tacchi Venturi, un passo estremamente energico su Mussolini. La nota si apriva con una rivendicazione dei compiti religiosi dell'Azione cattolica che non lasciava dubbi circa la decisione di Pio XI di difenderla ad ogni costo [362]:

Abbiamo piú volte definito l'Azione cattolica come la partecipazione del laicato all'Apostolato gerarchico della Chiesa. La Gerarchia ha assolutamente bisogno di questo valido aiuto dei laici per l'adempimento della sua missione e per il raggiungimento dei suoi fini spirituali negli individui, nella famiglia, nella società. Gli stessi Apostoli nella prima diffusione del Vangelo chiesero insistentemente questo aiuto a giovani, ad uomini, a donne. In seguito questa collaborazione del laicato continuò senza interruzione (sia pure sotto diverse forme) attraverso i secoli, sempre richiesta e benevolmente accolta dai Vescovi e dai Sacerdoti. I Sommi Pontefici, special-

---

noi i giovani accorrono perché comprendono che piú che con le armi, la civiltà, la religione, la Patria si difendono con la loro costante professione di fede, con il mantenersi puri e forti".

«"D'ora in avanti io raccoglierò piú spesso *questa gioventú troppo piena di partito*, e ne curerò l'educazione spirituale perché non è soltanto con *il ferro* che si può dare alla Patria una gioventú forte".

«Ha concluso invitando i genitori ad inviare alla Chiesa i propri figli perché è soltanto la Chiesa che può spiritualmente educarli.

«Ha finito con il ricordare che domenica 28 corrente alle ore 16 sempre nella sala comunale, vi sarà una dotta ed importante conferenza antiblasfema che sarà tenuta dall'On/le Mario Cingolani. Ha vivamente pregato tutti di fare propaganda perché la manifestazione riesca plebiscitaria.

«A tale proposito ha rilevato che mentre il codice penale punisce con pene severissime coloro che offendono S. M. il Re Imperatore e il DUCE, non punisce chi bestemmia la Vergine» (ASAE, *Santa Sede*, b. 38 [1938], fasc. 2, «Attività del Clero e dell'Azione Cattolica»).

[360] Per essi cfr. la documentazione esaminata nei vari saggi a carattere locale raccolti nel volume *Chiesa, Azione Cattolica e fascismo nell'Italia settentrionale durante il pontificato di Pio XI (1922-1939)*, a cura di P. Pecorari, Milano 1979.

[361] Cfr. G. CIANO, *Diario* cit., p. 83, alla data del 4 gennaio 1938.

[362] Per il testo completo della nota cfr. S. ROGARI, *Azione Cattolica e Fascismo* cit., II, pagine 382 sg.

mente in questo ultimo secolo, la richiesero con insistenza, essendo aumentate le necessità del popolo cristiano, soprattutto per gli amarissimi frutti portati dal liberalismo e dal socialismo allo spirito cristiano.

L'Azione Cattolica, cosí intesa, è oggi stabilita in tutte le nazioni, nelle quali la missione provvidenziale della Chiesa non è fraintesa; essa è desiderata e validamente promossa da tutto l'Episcopato come mezzo necessario per la salvezza delle anime...

Non possono adunque la Chiesa e il Papa rinunciare all'Azione Cattolica senza venir meno alla propria missione; combattere ed attentare all'esistenza e allo sviluppo dell'Azione Cattolica è combattere ed attentare alla vita stessa della Chiesa.

Seguivano alcuni passaggi piú distensivi: si sottolineava come l'Azione cattolica, «formando coscienze profondamente cristiane, e quindi amanti dell'ordine, del lavoro, del sacrificio, della disciplina», concorreva alla pace e alla prosperità della Nazione e «a mantenere vivo il genuino amor di patria» e ci si diceva «sempre disposti ad accogliere lealmente le segnalazioni od osservazioni, che possono comunque turbare le nostre buone relazioni con il Duce e i suoi alti Ministri» e ad esaminarle serenamente «per raggiungere una amichevole soddisfacente soluzione». Ma *in cauda venenum*; nella chiusa, infatti, il discorso si rifaceva non solo intransigente, ma chiaramente minaccioso, sino a lasciar balenare – sia pure in forma estremamente involuta e indiretta – l'estrema arma che alla Chiesa rimaneva se il regime non mutava rotta, la scomunica:

E qui sull'ultimo molto Ci preme pregare S. E. il Capo del Governo, cosí benemerito dell'Italia e può dirsi di tutto il mondo con la posizione risolutamente presa di fronte al comunismo e al socialismo, che voglia farsi a considerare con ogni maturità i sommi danni che piomberebbero sull'Italia, a Noi carissima anche perché nostra terra natale, quando avvenisse (Dio mai non permetta) si avessero ad instaurare le penose condizioni da Noi con sommo rammarico e tanta solennità deplorate nel giugno del 1931. Poiché in tal caso verrebbe a cessare quello stato tranquillo che da quasi sette anni dura tra il Vaticano e il Regime, con non poca utilità e gloria del Fascismo e con infinito cruccio degli antifascisti di tutto il mondo, i quali niente piú desiderano e si affannano di ottenere quanto che il Vaticano scomunichi l'uno e l'altro.

Sul momento il passo del papa non sembrò avere alcun effetto palese. Gli episodi di intolleranza, di intimidazione e talvolta di violenza infatti continuarono e la situazione sembrò anzi doversi aggravare per l'intervento in prima persona di Farinacci che in tre successivi articoli pubblicati nel mese di maggio su «Il regime fascista»[363] accusò le organizzazioni cattoliche di avere un atteggiamento «in pieno contrasto con le direttive e lo spirito del Partito fascista», di uscire dal campo strettamente

---

[363] *Redde rationem*, *Spieghiamoci meglio* e *Secondo avviso*, in «Il regime fascista», 12, 14 e 26 maggio 1938.

religioso loro assegnato e invaderne altri che, invece, erano loro preclusi e di avere ancora nelle loro file molti «vecchi ruderi dell'ex Partito Popolare» e sollevò la questione della incompatibilità tra iscrizione al PNF e all'Azione cattolica. In realtà il tono intransigente della nota pontificia aveva fatto capire a Mussolini la gravità del rischio di tendere vieppiú la corda della campagna contro l'Azione cattolica in un momento tanto delicato per il regime e alla vigilia di probabili nuovi motivi di tensione con la Chiesa (per l'avvio della fase antisemita della politica razziale) e lo aveva indotto ad avviare riservatissimi contatti con essa per trovare una soluzione della crisi.

Le notizie di cui si dispone su questi contatti sono scarsissime ed assai vaghe. Ciò che, comunque, si può dire è che 1) la trattativa dovette essere assai difficile, sia per la necessità per il «duce» di salvare la faccia, sia perché la Santa Sede doveva rendersi conto con chiarezza che, in realtà, Mussolini, piú che un accordo, cercava un armistizio, sia, infine, perché in Vaticano non tutti condividevano la linea di estrema intransigenza adottata da Pio XI; 2) a farla giungere in porto un peso notevole dovettero avere due fatti esterni ad essa. Il primo fu una nuova sortita di Farinacci, il 22 luglio[364], che rivelava chiaramente l'intenzione del leader dell'intransigentismo di scatenare una campagna (che avrebbe certo messo in difficoltà la Santa Sede, ma forse di piú Mussolini) contro i «relitti» popolari presenti nell'Azione cattolica che non avrebbe mancato di trovare vasti consensi nei Fasci periferici e avrebbe certamente provocato nuovi e piú gravi incidenti. Il secondo e anche piú importante (tanto è vero che i ministri dell'Interno e della Cultura popolare si impegnarono al massimo per impedirne la diffusione tramite la stampa, arrivando sino ad impedirne la pubblicazione da parte dei bollettini diocesani[365]), fu il

[364] *Radio cronaca*, in «Il regime fascista», 22 luglio 1938.
[365] Il divieto di pubblicare il discorso del pontefice provocò un passo del segretario di Stato presso l'ambasciatore Pignatti durante il quale il cardinal Pacelli definí il divieto una infrazione del Concordato. Il rapporto con cui l'ambasciatore presso la Santa Sede riferí il passo fu trasmesso, tra gli altri, al ministro dell'Interno che il 23 agosto rispose, a firma Buffarini-Guidi, in questi termini: «I provvedimenti prefettizi ai quali si accenna nella nota del R. Ambasciatore presso la Santa Sede riportata nel telespresso al quale si risponde sono stati evidentemente determinati da particolari esigenze di ordine politico locale, nessuna disposizione essendo stata emanata dal R. Governo in materia, per quanto concerne, *in modo specifico*, i Bollettini diocesani, organi delle Curie vescovili.
«Il rilievo di S. Em. il Cardinale Segretario di Stato offre, però, l'occasione di esaminare la questione nei suoi termini piú ampi e generali, vale a dire sotto il profilo della portata e dei limiti di applicazione di quanto è stato convenuto e disposto nell'art. 2, alinea II°, del Concordato con la Santa Sede. L'argomento ha già formato oggetto di trattazione con il Ministero della Cultura Popolare in seguito alla comparsa in qualche Bollettino diocesano di articoli d'indole politica o anche di carattere generale, ma che, comunque, sembravano avere piú propria sede nelle ordinarie pubblicazioni, soggette alla legge sulla stampa.
«Ora, i due Ministeri, dell'Interno e della Cultura Popolare, si sono trovati d'accordo nel ritenere che la facoltà di libera pubblicazione, di cui alla citata disposizione concordataria, non possa intendersi estesa al di là degli atti riguardanti il *governo spirituale dei fedeli*; nei quali atti non sono da comprendersi manifestazioni aventi essenziale o prevalente carattere politico, per quanto elevato

discorso rivolto dal papa il 28 luglio agli alunni del collegio di Propaganda fide. Il discorso è ricordato soprattutto perché fu nel corso di esso che Pio XI sottolineò come il razzismo fosse estraneo alla tradizione italiana e biasimò per la prima volta che l'Italia (con il comunicato di tre giorni prima con cui, come vedremo, il PNF aveva avallato e fatto proprio il manifesto degli «scienziati» razzisti) avesse imitato anche in questo campo la Germania [366]. In realtà il discorso ha una maggiore importanza in riferimento proprio alla questione dell'Azione cattolica, poiché fu in esso che il papa ripeté pubblicamente la minaccia già fatta riservatamente il 5 gennaio, ammonendo che

> con la Chiesa bisogna prendersela, non con l'Azione Cattolica: altrimenti si tratta di una ipocrisia che forse copre l'insidia di chi vorrebbe colpire l'Azione Cattolica senza colpire la Chiesa. No, non si può: chi colpisce l'Azione Cattolica colpisce la Chiesa, perché colpisce la vita cattolica; è quindi facile l'identificazione: chi colpisce l'Azione Cattolica colpisce il Papa... io vi raccomando di non colpire l'Azione Cattolica; ve lo raccomando, ve ne prego per il vostro bene, perché chi colpisce l'Azione Cattolica colpisce il Papa, e chi colpisce il Papa muore.

Se dopo il passo del 5 gennaio Mussolini poteva aver nutrito ancora qualche dubbio sull'effettiva determinazione del papa di giungere, pur di difendere l'Azione cattolica, alle estreme conseguenze, dopo queste parole dubbi non poteva piú averne. Convinto – giustamente – che, continuando sulla strada imboccata, lo scontro sull'Azione cattolica sarebbe stato inevitabile, mentre sulla questione della razza la posizione della Santa Sede era meno intransigente e piú venata da interne divisioni, egli nascose la sua ritirata agli occhi dell'opinione pubblica e del fascismo intransigente arroccandosi tutto sulla questione della razza. Tre giorni dopo, parlando a Forlí a un gruppo di federali, tuonò la sua replica [367]:

> Sappiate ed ognuno sappia che anche nella questione della razza noi tireremo dritto. Dire che il fascismo ha imitato qualcuno o qualcosa è semplicemente assurdo.

---

sia l'organo da cui emanano. In tal caso, sembra che non potrebbero piú invocarsi le garanzie indicate nella norma concordataria; ma si rientrerebbe, invece, nella sfera ordinaria delle disposizioni regolatrici della stampa, con tutte le logiche e inevitabili conseguenze, quando il contenuto della pubblicazione si rilevi in contrasto con determinate, sia pure momentanee, esigenze di ordine interno ed internazionale. Né, d'altra parte, sarebbe possibile una diversa linea di condotta in questa delicata materia, senza venir meno ad uno dei compiti fondamentali dello Stato, connessi con l'esercizio dei suoi diritti sovrani.
«Sembra che in sensi analoghi potrebbero farsi opportune comunicazioni alla Santa Sede, esprimendosi, per concludere, l'avviso che nei termini su esposti risieda la esatta interpretazione, nella lettera e nello spirito, dell'art. 2, alinea II°, del Concordato, alla cui osservanza il R. Governo si è costantemente attenuto, e intende attenersi anche in avvenire» ASAE, *Santa Sede*, b. 38 [1938], fasc. 2, «Attività del Clero e dell'Azione Cattolica».
[366] *Discorsi di Pio XI*, Torino 1961, III, p. 782.
Per gli aspetti riguardanti la questione razziale cfr. R. DE FELICE, *Storia degli ebrei italiani sotto il fascismo*, Torino 1972, cap. VI e, in particolare, pp. 285 sgg.
[367] MUSSOLINI, XXIX, p. 126.

E subito dopo diede il via alla conclusione dei contati da tempo in corso per l'Azione cattolica. Due settimane dopo, il 20 agosto, il segretario del PNF, Starace, e il presidente dell'Azione cattolica, Lamberto Vignoli, giungevano all'accordo [368].

I termini precisi dell'accordo sono a tutt'oggi ignoti. Ciò che si può dire è che si dovette trattare di una abbastanza vaga dichiarazione di intenti o, se si preferisce, di buone intenzioni fondata sulla riaffermazione della validità degli accordi del settembre 1931 (che Starace, non a caso, fece ripubblicare il 23 agosto dal «Foglio di disposizioni del PNF»[369]) e sulla promessa della Santa Sede di procedere in un prossimo futuro ad una nuova riforma degli statuti dell'Azione cattolica, volta, per un verso, a depoliticizzarla al massimo e ad eliminare da essa gli ultimi ex popolari (come voleva il regime) e, per un altro verso, a renderla ancor piú (come premeva al pontefice) parte integrante della Chiesa gerarchica.

Parlare di un nuovo vero e proprio accordo e di una effettiva composizione della crisi è impossibile. Non a caso Ciano, facendo cenno nel suo diario all'incontro Starace-Vignoli[370], scrisse che esso metteva «*almeno per ora*» fine «all'attrito tra Partito e Azione cattolica». Per Mussolini era un modo per mascherare l'impossibilità per il fascismo di portare a fondo la sua azione di ridimensionamento dell'Azione cattolica, ma anche di non legarsi troppo le mani in previsione di tempi migliori per riaprire la questione, ottenendo per intanto di dare una certa soddisfazione ai fascisti piú intransigenti. Per il pontefice era una indubbia vittoria, resa ancora maggiore da due fatti: 1) che, dopo quanto avvenuto negli ultimi anni, limitarsi a ribadire gli accordi del settembre 1931 voleva dire di fatto rinunciare da parte fascista a rinegoziare ciò che di quegli accordi si era dimostrato per il fascismo non funzionale ed accettare tacitamente la violazione fattane dalla Chiesa con la creazione dell'Ufficio centrale; 2) che – conoscendo la duttilità politica del «duce» – la Santa Sede poteva sempre sperare di poter ancora influire su di lui relativamente ad altri aspetti della sua politica, cosa ovviamente impossibile se la crisi fosse precipitata per la sua china. Una vittoria, per altro, che – se non ci si lascia prendere la mano dal senno di poi – è assai difficile pensare che la Santa Sede considerasse definitiva: nella seconda metà del 1938 nulla autorizzava infatti a pensare realisticamente né che Mussolini avesse definitivamente accantonato l'idea di riaprire tutta la questione in un momento per lui

---

[368] Sul complesso dei contatti cfr. S. ROGARI, *Azione Cattolica e Fascismo* cit., II, pp. 346 sgg. e 384 sgg.
[369] Cfr. *Atti del PNF*, vol. VII, tomo II, pp. 661 sg.
[370] G. CIANO, *Diario* cit., pp. 169 sgg., alla data del 26 agosto 1938.

piú favorevole né, ancor piú, che la fine del regime si stesse approssimando a passi da gigante.

Se si considera tutto ciò e si tiene presente l'eccitazione contro la Chiesa che da mesi serpeggiava nella base fascista (e, probabilmente, la riluttanza con la quale Starace doveva aver concluso l'accordo[371]), il fatto che la riforma degli statuti doveva essere ancora realizzata e, infine, l'esistenza di altri motivi di polemica tra il regime e la Chiesa (soprattutto per la questione della razza) si capisce perché l'attuazione dell'accordo fu pertanto laboriosa e caratterizzata – specialmente nelle zone piú tipicamente cattoliche e dove gli episodi di intolleranza e gli incidenti erano stati maggiori – da una coda di nuovi e talvolta vivaci polemiche ed incidenti, al punto che la conclusione della crisi si ebbe solo vari mesi dopo la morte di Pio XI e l'assunzione al pontificato del cardinal Pacelli.

Come giustamente è stato detto[372], l'atteggiamento di Pio XII riguardo al problema dell'Azione cattolica presentò un forte margine di continuità rispetto a quello di Pio XI. In particolare i nuovi statuti, anticipati nelle grandi linee dall'«Osservatore romano» il 24 maggio e il 2 agosto 1939, dovettero rispecchiare in larga misura l'impostazione loro data da Pio XI. Ciò non toglie che la morte di papa Ratti e l'elezione a pontefice del piú politico e meno irruente cardinal Pacelli contribuirono a normalizzare la situazione, tanto piú che il nuovo papa cercò subito di sdrammatizzarla: ricevendo in udienza di omaggio G. Ciano, il 18 marzo 1939, si affrettò a dirgli che era «ottimista» riguardo alla situazione religiosa italiana e «che, se siamo d'accordo, eliminerà il Cardinal Pizzardo e affiderà la direzione dell'Azione cattolica ad un Comitato di Arcivescovi Diocesani»[373]. Dopo di che l'approntamento dei nuovi statuti procedette spedito e tenendo conto dei desiderata del regime, tanto è vero che il 1° ago-

---

[371] Una eco della riluttanza con la quale Starace doveva aver eseguito l'ordine di Mussolini di por fine alla questione è evidente nel «Foglio d'ordini» del 25 novembre 1938 (*Atti del PNF*, vol. VIII, tomo II, pp. 126 sg.) dove egli ribadiva con durezza che 1) i distinti «essendo... una forma esteriore tradizionale dei partiti politici» potevano essere portati solo nell'ambito delle associazioni; 2) che queste non potevano svolgere attività atletiche e sportive, ma solo «ricreative ed educative con finalità religiose»; e concludeva: «È evidente che l'attività delle organizzazioni cattoliche, nei limiti di tali clausole [del settembre 1931], è possibile solo in quanto i dirigenti non abbiano appartenuto a partiti avversi al Regime».
Né è da escludere che – pur avendo dovuto ribadire che, come stabilito dagli accordi del 1931, non vi era alcuna incompatibilità tra iscrizione al PNF e alle organizzazioni dell'Azione cattolica – in realtà Starace cercasse, almeno in un primo tempo, di perseverare nella linea della incompatibilità. Tra i vari casi che si potrebbero a questo proposito addurre, ci limitiamo a citarne uno tratto da una lettera scritta il 30 agosto 1938 dall'assistente ecclesiastico diocesano della GIAC di Ancona alla segreteria centrale di Roma. In tale lettera (lo si veda in *Archivio GIAC*, «Riservata») si riferivano due casi di intimidazione ai danni di due iscritti al Fascio e alla GIAC per indurli a dimettersi dalla gioventù cattolica e si affermava che, essendosi i due giovani appellati al comunicato sugli accordi Starace-Vignoli, il segretario del Fascio locale aveva risposto «che i giornali potevano pubblicare quello che volevano ma che loro avevano ricevute delle circolari segrete per agire come agivano».

[372] Cfr. S. ROGARI, *Azione Cattolica e Fascismo* cit., I, pp. 441 sgg.
[373] G. CIANO, *Diario* cit., p. 268.

sto l'ambasciata presso la Santa Sede, riferendone la sostanza, se diceva che per un giudizio definitivo si sarebbe dovuta attenderne la concreta attuazione, esprimeva però su di essi una valutazione complessiva del tutto positiva: «La riforma dell'Azione Cattolica è senza dubbio notevole e conforme ai desideri del Governo Fascista»[374].

Se si considera che la sostituzione dei dirigenti laici con degli ecclesiastici e – meno che meno – le altre modifiche al precedente assetto introdotte con i nuovi statuti (alcune delle quali del tutto nominalistiche, come, per esempio, quelle di non definire piú i membri «tesserati» ma «ascritti» e di chiamare la tessera «pagella di adesione») non modificavano certo l'essenza dell'Azione cattolica, una simile valutazione potrebbe far pensare che l'ambasciatore presso la Santa Sede rientrasse in quella categoria di diplomatici che finiscono per fare inconsapevolmente proprie le motivazioni politiche dei paesi presso cui sono accreditati. In realtà anche gli altri giudizi allora espressi furono tutti piú o meno favorevoli; anche quelli piú meditati e che allargavano il discorso al retroterra dei nuovi statuti, alle condizioni e alla strategia della Chiesa in quel momento e – pur non nascondendo il loro compiacimento per il fatto che l'Azione cattolica avesse perso la sua autonomia e la sua mobilità e mostrasse una chiara tendenza al «raccoglimento spirituale in senso ecclesiastico» che faceva escludere «ogni possibile azione che giustifichi eventuali accuse

[374] ASAE, *Santa Sede*, b. 44 (1939), fasc. 1, «Attività politica del clero in Italia». In precedenti rapporti l'ambasciatore aveva riferito in merito a suoi colloqui con monsignor Colli (vescovo di Parma e segretario della Commissione cardinalizia per l'Azione cattolica), col cardinale arcivescovo di Palermo, Lavitrano (membro della stessa commissione) e con L. Vignoli sui lavori di revisione degli statuti. Particolarmente interessante è quanto aveva scritto del colloquio con l'arcivescovo di Palermo: «Il Porporato mi ha confermato quanto mi aveva detto Monsignor Colli, Vescovo di Parma sulla preparazione del nuovo Statuto che accentrerà la direzione effettiva dell'Azione Cattolica in mani ecclesiastiche. I laici saranno posti alla diretta dipendenza dei Vescovi dai quali riceveranno ordini.

«Il Cardinale mi ha dichiarato che la Commissione della quale fa parte, riceverà con piacere le osservazioni e le segnalazioni che si crederà di sottoporle e procurerà di dirimere gl'inconvenienti che le fossero segnalati.

«Ho detto al Cardinale che bisognava evitare tutto quello che avesse, anche indirettamente, sapore politico.

«L'Azione Cattolica del passato aveva peccato molto a questo riguardo. V'era, poi, la questione delle persone. Tutti coloro che avevano avuto una posizione di qualche rilievo nel cessato partito popolare, dovevano essere eliminati come persone politicamente sospette. Molti dei dirigenti dell'Ufficio Centrale d'Azione Cattolica si erano compromessi per avere assunto, in varie circostanze, atteggiamenti politici. Ho nominato al Porporato il Comm. Vignoli, il Prof. Gedda e il dott. Ambrosetti. Il Cardinale mi ha risposto che l'Ambrosetti è stato già messo da parte.

«Ho avuto l'impressione che, senza troppa fretta, l'Azione Cattolica sarà ricondotta alla sua tradizionale funzione religiosa, svuotandola del contenuto politico che aveva assunto sotto il Pontificato di Pio XI. Però non bisogna avere fretta anche perché la Chiesa evolve lentamente.

«Nel caso particolare la lentezza è sotto un certo aspetto giustificata, per un doveroso riguardo di Pio XII verso il Suo Predecessore.

«È noto che il defunto Papa aveva una particolare predilezione per l'Azione Cattolica che chiamava la pupilla dei Suoi occhi. Il Pontefice regnante, che di Pio XI è stato il piú fedele collaboratore, dimostra una certa decisione nel riformare l'Azione Cattolica. Mi pare che sia doveroso rendere questa giustizia a Pio XII e che si debba da parte nostra, e nel nostro stesso interesse, non rendere al Papa troppo difficile il Suo compito, esigendo che i tempi vengano accelerati».

di sconfinamento nel campo politico» – mostravano di rendersi conto che però l'Azione cattolica si era «notevolmente rafforzata», le sue finalità rimanevano immutate «non solo nell'ordine *spirituale*, ma anche in quello *civile e sociale*» e il «raccoglimento spirituale in senso ecclesiastico» non consisteva «in un semplice ripiegamento da posizioni politiche attive su un piano differente, ma piuttosto in un vero concentramento di forze, in vista... di un'attività piú energica e piú efficace»[375]. Tant'è che il Rogari è arrivato alla conclusione che il regime accogliendo bene la riforma l'avrebbe male interpretata[376]. Questo giudizio è, a nostro avviso, inaccettabile, sia se riferito a coloro che ignoravano i retroscena della crisi del '38, sia, a maggior ragione, se riferito a chi li conosceva.

Visto il decorso della crisi e considerando la situazione internazionale nel periodo in cui furono preparati (tra la fine del 1938 e gli inizi dell'agosto 1939), i nuovi statuti erano effettivamente quanto di meglio il fascismo poteva desiderare. Nel momento stesso in cui le circostanze politiche nazionali e internazionali avevano imposto a Mussolini di rinunciare per il momento non solo ad estendere ai cattolici la «rivoluzione culturale» fascista, ma anche a ridimensionare l'Azione cattolica, è infatti evidente che decisiva era tornata ad essere la normale logica immediatamente politica. Nel quadro di tale logica si poteva ancora pensare di agire per contrastare la spinta espansiva di certe iniziative cattoliche nella società civile. E infatti Bottai, in sede di Carta della scuola, cercò di frenare l'espansione delle scuole private religiose[377], il ministero della Cultura popolare prese provvedimenti per por fine alla proliferazione delle sale cinematografiche parrocchiali (quasi seicento nel 1939) e per costringerle a proiettare solo film a carattere religioso o educativo[378] e quello dell'Interno rese piú estesi e severi i suoi controlli sulla stampa minore, a diffusione diocesana e parrocchiale, in modo da impedirle qualsiasi «sconfinamento» fuori dal campo religioso e pietistico. Ma ciò che veramente importava era recuperare al massimo i cattolici al regime e – se ciò non era possibile – evitare che il loro malcontento (ché, nonostante

---

[375] Cfr. D. CANTIMORI, *I nuovi statuti dell'ACI*, in «Civiltà fascista», settembre 1940, pp. 705 sgg. In un successivo articolo, *Ancora sull'Azione Cattolica* (*ibid.*, ottobre 1940, pp. 800 sgg.), Cantimori, commentando alcuni recenti scritti cattolici sulla riforma dell'Azione cattolica testé attuata, avrebbe notato una certa tendenza a dare ad essa «quasi il valore di un nuovo *non expedit*»: «una specie di straniarsi del cattolico in quanto tale dalla attività politica ed economica, o politica e governativa».
[376] S. ROGARI, *Azione Cattolica e Fascismo* cit., II, p. 362.
[377] Per l'atteggiamento dei cattolici verso la Carta della scuola in genere e la sua incidenza sulle scuole private in specie cfr. M. BARBERA, *Questioni fondamentali della Carta della Scuola* e *La Carta della scuola*, in «Civiltà cattolica», 4 e 18 marzo 1939, nonché la replica di F. M. PACCES, *Il sacro e il profano nella Carta*, in «Critica fascista», 1° giugno 1939.
[378] Cfr. P. V. CANNISTRARO, *La fabbrica del consenso* cit., p. 317.

Il regime di fronte al proprio futuro: il «totalitarismo» fascista

tutto, per la gran maggioranza non è possibile parlare di antifascismo) si trasformasse in opposizione e in un punto di aggregazione per altri. E a questo secondo fine lo strumento migliore era la «nuova» Azione cattolica, sia perché ormai sotto l'effettivo controllo della gerarchia ecclesiastica e della Santa Sede, sia perché – unico punto a proprio favore segnato dal regime con la crisi del '38 – in essa la presenza ex popolare era ormai pressoché inesistente e non piú in grado di esercitare una propria influenza. Insomma, a quel punto e per il momento, la funzione di frigorifero che sino allora l'Azione cattolica aveva avuto – in parte almeno – per la Chiesa andava bene anche per il regime.

Nel prossimo capitolo vedremo quale, in questi anni, fu l'atteggiamento verso il regime, il fascismo e il «duce» degli italiani e quali risultati ottenne la «svolta totalitaria» mussoliniana. Quello che abbiamo detto a proposito della famiglia e della religione in quanto forze «estranee» con le quali la «rivoluzione culturale» fascista – aspetto e al tempo stesso sostanza del «totalitarismo» fascista – dovette misurarsi offre già del resto alcuni elementi per capire sia il suo sostanziale fallimento sia la totale incongruenza della pretesa di Mussolini di realizzare contemporaneamente due cose – lasciamo volutamente da parte la questione se singolarmente realizzabili – tra loro contraddittorie, quali la totalitarizzazione del regime e della società italiani e una politica di «grande presenza» internazionale.

Capitolo secondo

Il «consenso» tra la metà del 1936
e la metà del 1940

All'inizio del precedente capitolo abbiamo delineato un rapido quadro d'insieme dell'atteggiamento verso il regime fascista del paese nella seconda metà degli anni trenta. Anche se in qualche caso – in particolare parlando dei cattolici militanti – il nostro discorso è stato un po' piú approfondito, volutamente non siamo però entrati in dettagli, limitandoci ad accennare a ciò che ci è sembrato necessario per delineare il quadro di riferimento generale per il discorso sul regime, i suoi problemi, le sue prospettive per il futuro, che volevamo sviluppare. Nei prossimi capitoli, trattando dei vari momenti della politica estera fascista tra la metà del 1936 e la metà del 1940, vedremo le ripercussioni che essi ebbero sull'atteggiamento del paese in generale e delle sue varie componenti di fronte al regime e a Mussolini. Quello che abbiamo detto e quello che diremo non può però esaurire il problema. Per comprendere veramente la realtà italiana tra la conclusione della guerra d'Etiopia e l'entrata dell'Italia nel secondo conflitto mondiale, è necessario penetrare piú profondamente nell'atteggiamento del paese. È necessario rendersi bene conto di quale fosse il sottofondo sul quale agivano sia la politica di totalitarizzazione del regime di cui abbiamo già parlato sia la politica estera fascista di cui parleremo piú avanti e, dunque, capire, da un lato, quanto l'evoluzione della politica interna ed estera influí sull'atteggiamento del paese e, da un altro lato, in che modo questo reagí ad essa; ovvero, detto con altre parole, cosa in tale evoluzione può essere considerato una anticipazione di ciò che nell'atteggiamento del paese avvenne negli anni della partecipazione dell'Italia al secondo conflitto mondiale e cosa, invece, deve essere considerato peculiare della realtà del regime fascista *in questo periodo* della sua storia e, quindi, da vedere non nell'ottica del poi effettivamente realizzatosi, ma in quella in cui il regime doveva collocare il suo futuro. Se non si capisce ciò si ricade nell'errore, in cui – come giustamente ha osservato G. Amendola [1] – è caduta per anni la storiografia anti-

---

[1] G. AMENDOLA, *Storia del Partito comunista italiano 1921-1943*, Roma 1978, pp. 426 sgg.

fascista, quello cioè di gonfiare le prove di una opposizione manifesta alla guerra nel 1940 e – aggiungiamo noi – di una diffusa e consapevole opposizione al fascismo, che in realtà furono molto meno diffuse, manifeste e consapevoli di quello che comunemente si tende ad affermare e, per di piú, non avevano la forza per manifestarsi ed aggregarsi. O, peggio, in quello, contro il quale E. Curiel polemizzava esplicitamente e definiva «assurdo» già nel 1938[2], che «soltanto la repressione continua e spietata» riuscisse «a mantenere in piedi il regime fascista contro la volontà unanime degli italiani».

Nel giugno 1940 – ci riferiamo a questa data perché, ai fini del nostro discorso, è indubbiamente la piú significativa – ciò che a questo proposito caratterizzava la situazione italiana era:

1) la ancora notevole, nonostante tutto, presenza di un consenso al regime, largamente passivo ormai (il che non vuol dire però frutto solo di coercizione), ma in settori del paese non certo trascurabili anche attivo;
2) l'estrema debolezza, quantitativa e organizzativa e, quel che piú conta, politica (incapacità di iniziativa aggregatrice rispetto al paese) dell'antifascismo attivo di qualsiasi tendenza;
3) la completa dispersione ed impotenza di tutte le forze sociali e politiche interne al regime, attente ognuna solo ai propri particolari problemi e interessi e, quindi, oggettivamente e soggettivamente incapaci di qualsiasi iniziativa anch'esse.

Caratteristiche della situazione del giugno 1940, queste tre realtà vanno sempre tenute presenti per capire tutto il periodo di cui ci stiamo occupando e non bisogna lasciarsi trarre in inganno – sopravvalutandone l'importanza e dando loro il significato di una linea di tendenza – da fatti particolari, quali la ripresa antifascista in occasione delle prime fasi della guerra civile spagnola[3], o da forme di scontento e di preoccupazione per il futuro anche assai diffuse, quali quelle determinate dall'aggravarsi del pericolo di un conflitto intereuropeo[4] e dalle ripercussioni sulle condizioni di vita delle masse della sempre piú difficile situazione economica. Tali fatti, per quanto importanti e tali da destare l'attenzione e talvolta le preoccupazioni dell'apparato poliziesco e del PNF e per-

---

[2] E. CURIEL, *Scritti 1935-1945*, a cura di F. Frassati, Roma 1973, I, p. 202.
[3] Cfr. A. AQUARONE, *La guerra di Spagna e l'opinione pubblica italiana*, in «Il cannocchiale», 1966, n. 4/6, pp. 27 sgg.
[4] Cfr. *ibid.*, *Lo spirito pubblico in Italia alla vigilia della seconda guerra mondiale*, in «Nord e Sud», gennaio 1964, pp. 117 sgg., e, piú ampiamente, *L'Italia antifascista dal 1922 al 1940. La lotta dei protagonisti*, a cura di S. Colarizi, Roma-Bari 1976, II, pp. 445 sgg., e, per Milano, P. MELOGRANI, *Rapporti segreti della polizia fascista 1938/1940*, Roma-Bari 1979.

sino di qualcuno dei massimi esponenti del regime [5], furono infatti o momentanei e controllabili con gli strumenti repressivi di routine o non assunsero mai caratteri tali da poter parlare di un elementare antifascismo spontaneo delle masse o anche solo di una sorta di stadio di preparazione ad esso. Per assumere tali caratteri lo scontento e le preoccupazioni, per vivi che fossero, mancavano infatti di un elemento essenziale: una concreta prospettiva alternativa al fascismo e, salvo per piccoli gruppi – anche tra le masse operaie dove pure il problema era assai piú semplificato, riducendosi in pratica alla contrapposizione fascismo-comunismo –, un modello di regime in cui avere veramente fiducia per la sua

[5] Il 23 ottobre 1938 un informatore del PNF operante a Torino inviò a Roma la seguente informazione fiduciaria: «Nell'ambiente operaio torinese vi serpeggia un malcontento appena celato derivante sia dalla crisi economica per la quale le ore lavorative nei massimi stabilimenti sono ridotte, sia per le paghe che non permettono quel minimo tenore di vita necessario.
«Il malcontento si esplica in diverse forme, ma la piú comune è quella dello sparlare del Regime e dei provvedimenti autarchici che vengono presi. E di ciò se ne sente parlare fra gli operai appena si trovino fra vecchi compagni di cui possono fidarsi e tra donne, sia nei mercati cittadini, sia, in questi giorni, avanti alle scuole in attesa dei loro figli. Il malcontento che serpeggia è molto grave e sembra dilagare di giorno in giorno. Non è stato sufficiente il provvedimento della concessione della 53ª settimana, ma occorrerebbero delle forniture od importanti lavori pubblici tali da assorbire molta mano d'opera.
«Malcontento poi si ha fra le ragazze e donne sino ad oggi occupate in forte numero negli uffici commerciali ed industriali della città, il provvedimento di limitazione delle donne negli impieghi le tocca personalmente, e molte che non sanno come altrimenti guadagnarsi il pane sono preoccupate per il loro avvenire. Tutto questo stato di cose e di situazioni hanno creato una ostilità latente contro il Regime, ostilità che pubblicamente non si manifesta per paura ma che può essere provata e sentita da tutti».
Letta l'informazione, Starace – come usava fare in simili casi – la trasmise al federale di Torino, Piero Gazzotti, chiedendogliene ragione e sottolineando in particolare quanto affermato nell'ultimo periodo. La risposta che ricevette qualche giorno dopo da Gazzotti peccava certo di ottimismo; nonostante ciò, sulla base degli elementi oggi a nostra conoscenza, bisogna dire che la concreta sostanza politica della valutazione dello stato d'animo dei lavoratori torinesi fatta dal federale era, nel complesso, piú realistica di quella fatta dall'informatore: «Ho ricevuto la segnalazione fiduciaria n. 40605/B del 23 ottobre scorso.
«Stavo effettivamente io stesso per scriverti sulla situazione operaia torinese sulla quale ha richiamato la mia attezione anche il camerata Venturi Segretario dell'Unione Prov. Fascista dei Lavoratori dell'Industria, situazione che in questi ultimi tempi si è effettivamente appesantita piú che per i licenziamenti per le forti riduzioni dell'orario di lavoro che la Fiat Lingotto ha apportato.
«Nell'ultima quindicina di ottobre l'assorbimento della mano d'opera è cessato quasi completamente, eccettuate poche unità di operai specializzati ed è quindi aumentato il senso di disagio fra i lavoratori in quanto numerosi sono gli operai la cui disoccupazione dura ormai da vari mesi.
«Anche le sistemazioni provvisorie nelle quali sino a poco fa si aiutavano i disoccupati facendoli lavorare qualche giorno al mese sono venute a mancare.
«Il peggioramento della situazione è particolarmente sentito nei settori metallurgici, tessili, abbigliamento e trasporti meno nella chimica, arredamento ed edilizia.
«Questa Federazione segue con la maggior attenzione la situazione; quello che è certo si è che gli attesi alleggerimenti di tasse sulla benzina e sulle automobili porterebbero di colpo ad un sensibile miglioramento in quanto darebbero con un nuovo forte impulso all'industria automobilistica, nuove possibilità di lavoro a tutta l'industria piccola e media che opera a margine della prima.
«Non posso però a meno di notare con quanta ingiustificata pervicace insistenza l'informatore continui a parlare di una ostilità latente contro il Regime. Ciò *è falso*: la massa lavoratrice non è certo nello stato d'animo migliore per i sacrifici che sopporta e che in questi ultimi tempi si sono aggravati, essa è però abbastanza intelligente ed a conoscenza della situazione dei vari paesi per non far colpa al Regime dello stato di cose attuale né manca in ogni occasione di dimostrare quali sono i suoi veri sentimenti di assoluta devozione e illimitata fiducia nel DUCE» (ACS, PNF, *Situazione politica provincie*, fasc. «Torino»).

efficienza e per la sua adeguatezza a scongiurare mali maggiori o non diversi da quelli che travagliavano altri paesi o grazie ai quali il fascismo si era affermato.

Le relazioni annuali della direzione generale della PS e di Bocchini sull'attività antifascista, l'ordine pubblico e i sentimenti popolari [6], pur nel loro tono sempre piú burocratico e, qua e là, eccessivamente ottimistico [7], sono a questo proposito significative. Come quelle degli anni precedenti [8], esse continuano a considerare l'«ordine pubblico» e i «sentimenti popolari» distinti dall'«attività antifascista», come due problemi separati, privi di effettivo collegamento tra loro. L'antifascismo ha ampio spazio solo nella relazione relativa al 1936:

> Se l'impresa etiopica non ebbe alcun effetto in favore dei partiti politici antifascisti, ma anzi rafforzò ed esaltò lo spirito patriottico del popolo italiano e portò perfino ad un riesame di coscienza non pochi antifascisti, le vittorie dei «fronti popolari» nelle elezioni politiche francesi e spagnole prima e la guerra civile spagnola dopo hanno avuto un innegabile ripercussione in quella parte del popolo Italiano che non ha aderito con pieno animo al Regime.
> Ciò non solo non è sfuggito all'attenzione della polizia ma era stato previsto fin dal primo delinearsi della prevalenza dei partiti estremisti all'estero, cosicché è stato possibile apprestare subito i mezzi migliori per evitare che le speranze cosí presto rifiorite nell'animo dei pochi individui rimasti irriducibilmente avversari del Regime, avessero una qualsiasi influenza su vasti strati della popolazione. Con rapida e simultanea azione dell'OVRA e delle Questure, sono stati arrestati elementi antifascisti tra i piú audaci, da tempo tenuti d'occhio dagli organi di polizia, specialmente nelle provincie di Torino, Milano, Venezia, Padova, Rovigo, Trieste, Modena, Bologna, Livorno e, susseguentemente, in altre provincie, come Firenze, Savona, Parma, Ancona, Terni e Bari. Gli arrestati maggiormente responsabili sono stati denunziati al Tribunale Speciale e gli altri colpiti con provvedimenti di polizia.
> Da tale pronta azione della polizia sono stati sconvolti i primi e piú audaci disegni dei sovversivi, che mostrano ora di avere compreso l'inanità dei loro sforzi per raggiungere rapidamente i loro intenti e sono tornati ad usare una tattica piena

---

[6] ACS, *Min. Interno, Dir. gen. PS, Div. affari gen. e ris. (1903-49)*, «Massime», categ. D 1, fasc. «Attività della Divisione».

[7] Tra i vari casi che si potrebbero citare, il piú tipico è costituito dalle osservazioni relative all'andamento della disoccupazione. Sull'onda delle generali speranze suscitate dalla conquista dell'Etiopia, la relazione per il 1936 cosí tratta l'argomento: «Il fenomeno della disoccupazione che, in passato, specie nei mesi invernali, ha dato motivo a qualche preoccupazione, è grandemente diminuito e si ha fiducia che esso sarà definitivamente eliminato in un futuro molto prossimo, col collocamento nei vastissimi e redditizi territori dell'Impero delle eccedenze della mano d'opera, che non è possibile sistemare in Italia».
Nelle due successive l'ottimismo era piú moderato. In quella per il 1937 si legge: «Anche la disoccupazione è sensibilmente diminuita, sia per il collocamento di contingenti di operai nei territori dell'Impero, sia per un maggiore impulso dato alle industrie ed alle fabbriche».
E in quella per il 1938: «La disoccupazione, stazionaria in alcuni settori, è in sensibile diminuzione in altri grazie all'impulso dato dal Regime a fabbriche ed industrie ed al graduale invio di coloni ed operai in Libia e nell'Impero».
Nella successiva, quella per il 1939 è scomparso del tutto: «La disoccupazione, stazionaria in alcune zone, in sensibile diminuzione in altre, ha trovato sollievo nelle varie previdenze del Regime».

[8] Cfr. *Mussolini il duce*, I, pp. 81 sg.

di cautele che, seppure deve essere attentamente vigilata impone un'azione assai lenta e non può avere una vasta efficacia.

Dato il continuo e forte movimento di connazionali dall'Italia all'estero specialmente verso la Francia e viceversa, e tenuto conto che le direttive di ogni movimento contro il Regime vengono impartite dai centri antifascisti esistenti all'estero, la polizia si è preoccupata di seguire, per quanto possibile, l'attività di tali centri e il comportamento in genere degli emigrati. Ha potuto cosí constatare che un buon numero di fuorusciti, raggruppati intorno al partito comunista, al movimento «giustizia e libertà» e al movimento anarchico, si sono arruolati nelle milizie rosse spagnuole e svolgono un'intensa propaganda per indurre altri ad arruolarsi. Si sono avuti sintomi di tentativi di estendere tale propaganda anche nel Regno, specialmente verso operai specializzati, agendo sul loro animo non solo con argomenti di partito, ma anche con seducenti promesse di ricompensa. A simili tentativi la polizia ha opposto un'assidua opera di osservazione negli ambienti ritenuti piú idonei ed esserne influenzati ed ha proceduto a vari arresti, che hanno dato la prova però che i tentativi finora verificatisi sono di limitatissima portata. Ha potuto inoltre accertare che il «soccorso rosso» alle famiglie residenti nel Regno di sovversivi arruolatisi nelle milizie rosse spagnole invia periodicamente sussidi in varia misura, ricorrendo alle astuzie piú sottili per non farne trapelare la vera provenienza e per farli apparire spediti da singoli individui per motivi privati. Tale azione del «soccorso rosso», qualora non fosse stata subito repressa, sarebbe stato evidentemente il mezzo piú efficace di propaganda e pertanto la polizia, con tempestive e precise istruzioni impartite a tutte le Prefetture ha impedito che detti sussidi pervenissero ai destinatari.

In conseguenza degli avvenimenti spagnuoli si è avuta nel decorso anno una nuova forma di propaganda antifascista, diretta agl'italiani del Regno in quanto la radio di Barcellona ha iniziato la trasmissione di notizie, discorsi e conferenze, in lingua italiana, di contenuto consono naturalmente ai programmi rivoluzionari dei partiti che si sono resi padroni di detta città. Tali trasmissioni che possono essere captate nel Regno dai comuni apparecchi riceventi, non potevano non richiamare l'attenzione della polizia e, mentre sono stati già attuati mezzi per disturbarle in varie località del Regno, sono state date le opportune disposizioni per il rapido impianto di altri apparecchi idonei a renderle completamente inintelligibili agli ascoltatori italiani.

Nell'anno testé decorso, il partito comunista ha continuato a evolvere i suoi sistemi di propaganda verso forme sempre piú subdole e pericolose. Ha accentuato non solo il cosidetto metodo legale, con l'intento di penetrare negli organi sindacali del Regime ed impadronirsene, ma ha messo in programma un'opera di sottile persuasione, basata su le piú sfacciate ma anche piú seducenti menzogne, verso quegli strati della popolazione che finora aveva considerato, per la loro posizione e per le loro idee, in assoluta antitesi col partito, quali i piccoli proprietari, i cattolici e gli stessi iscritti al PNF. Su questo nuovo metodo il partito comunista ha fondato le piú grandi speranze e cerca di attuarlo con tutti i mezzi che gli sono possibili, tenuto conto che ha avuto successo, come è noto, all'estero ed è stato la base della formazione dei «fronti popolari». La polizia ha naturalmente adeguato i suoi mezzi di vigilanza e investigazione alla nuova tattica comunista per neutralizzarla efficacemente e non ha mancato di mettere sull'avviso gli organi responsabili dei sindacati. La propaganda comunista pertanto, quale attività organizzativa, non ha avuto nello scorso anno maggiore fortuna che negli anni precedenti.

Si è avuto invece un maggior numero di manifestazioni individuali di sovversivismo, esplicatesi con grida, discorsi privati, iscrizioni murali ecc., dovute indubbiamente alle ripercussioni della guerra civile spagnuola ed agli altri avvenimenti verificatisi all'estero in vantaggio dei partiti estremi. I responsabili sono stati sistematicamente arrestati e colpiti con provvedimenti di polizia.

Il movimento «giustizia e libertà» che ha continuato a tenersi distinto nell'opera di propaganda dal partito comunista, malgrado in un certo momento avesse stretto un patto di azione comune, si è esplicato nel decorso anno con la solita spedizione di manifestini e del libello «Giustizia e Libertà» in formati ridottissimi e col metodo reclamistico ripetutosi due volte e già usato nei decorsi anni, del lancio di palloncini di gomma, contenenti manifestini, da località prossime alla frontiera, in modo che, col favore del vento, cadessero nel territorio nazionale. Tale movimento, che si rivolge specialmente alle classi intellettuali, ha trovato minore rispondenza che negli anni precedenti negli oppositori del Regime residenti nel Regno e le poche persone che hanno voluto dare attività in suo favore sono state prontamente identificate ed arrestate.

Il movimento anarchico, piú povero di mezzi, nell'anno testé decorso, in conseguenza della lotta civile spagnuola, nella quale gli anarchici hanno tanta parte, ha avuto un certo risveglio e viene seguito attentamente dalla polizia per la maggiore pericolosità individuale dei suoi aderenti.

Gli altri minori partiti sovversivi che, per la loro limitata organizzazione, non possono esplicare un'efficace azione fuori dei confini dello Stato che l'ospita, non hanno avuta alcuna sensibile influenza negli avvenimenti del decorso anno e quando hanno voluto prendere parte attiva all'azione antifascista si sono dovuti rimettere al seguito di «giustizia e libertà».

Nelle relazioni per gli anni successivi non solo lo spazio dedicato all'attività antifascista è molto minore, ma esse lasciano chiaramente trasparire come – passato il momento iniziale della guerra civile spagnola e delle sue maggiori ripercussioni su un certo numero di antifascisti piú o meno «dormienti» – la lotta all'antifascismo, pur continuando ad imporre alle forze di polizia una costante opera di sorveglianza, prevenzione e repressione e un continuo sforzo di adeguamento ai sempre nuovi mezzi usati dai partiti antifascisti per far penetrare la loro voce in Italia e per mantenere i contatti con i gruppi di militanti che vi erano attivi, tornò con il 1937-38 a costituire per il regime un problema meno preoccupante di altri e – ciò che piú importa – addirittura decrescente [9]. Né ciò che oggi sappiamo sulla situazione e l'attività dell'antifascismo in

---

[9] Relazione per il 1937: «Anche nel decorso anno 1937 i pochi tentativi di propaganda sovversiva, specialmente ad opera del partito comunista, non hanno avuto maggiore fortuna degli anni precedenti.

«Anzi si è notato che i partiti antifascisti all'estero, pur non rinunziando ai tentativi di esplicare nel Regno la loro nefasta attività, hanno dovuto limitarne l'intensità e contentarsi di risultati ancor piú meschini che non per l'innanzi.

«Ciò è dovuto al fatto che gli esponenti del movimento sovversivo hanno dovuto ormai convincersi che l'azione di prevenzione e di repressione della polizia è ormai cosí organizzata ed efficace da rinunziare a tutte quelle forme di propaganda che implicano un certo rischio.

«Cosí, ad esempio, mentre viene insistito nell'invio dall'estero di stampe antifasciste, che ven-

questi anni contrasta sostanzialmente con questo quadro. Lo rende qua e là un po' piú mosso, non però molto diverso e soprattutto, dal punto di vista del regime, meno realistico[10].

Piú complesso è il discorso sull'«ordine pubblico» e sui «sentimenti popolari». Se si fa propria la logica di Bocchini e, dunque, si vede il problema alla luce discriminante del *turbamento* o meno dell'ordine pubblico e dell'atteggiamento pubblico della massa dei cittadini verso il regime, il quadro delineato dalle relazioni annuali della polizia è a questo

---

gono regolarmente sequestrate – si è notata una diminuzione nell'introduzione clandestina di stampati attraverso le frontiere.

«A parte tutto, il miglior ostacolo, ai tentativi di deleteria propaganda, è offerto dall'elevato spirito di patriottismo che anima il popolo italiano e dalla sua profonda devozione al Regime.

«Quelle poche volte in cui si è notato un principio di risveglio in quegli elementi – ben noti e individuati – ancora pervasi dalle vecchie ideologie, la polizia è sempre prontamente intervenuta arrestando i responsabili che sono stati nei casi piú gravi deferiti al giudizio del Tribunale Speciale per la Difesa dello Stato, negli altri casi colpiti da adeguati provvedimenti amministrativi».

Relazione per il 1938: «Anche nel decorso anno 1938 non sono mancati, sebbene in misura alquanto ridotta, i soliti tentativi dei centri esteri dei partiti sovversivi per cercare di diffondere la propaganda nel Regno, specie negli ambienti piú facili alla suggestione delle loro errate teorie.

«Sopratutto tale attività è stata caratterizzata da una continua ricerca di nuovi sistemi per sorprendere la vigile attenzione della polizia, ma ogni conato è immancabilmente ricaduto nel nulla.

«Cosí è stato tentato di affidare varî incarichi di partito a connazionali che rimpatriavano e che non avevano mai svolta alcuna attività politica di rilievo; cosí anche, al sistema delle missive in scrittura in simpatico, è andato sostituendosi quello di ritagliare le lettere in piú parti inviandone ognuna separatamente a diverso recapito.

«I risultati sono stati tuttavia scarsissimi, per l'azione decisa ed instancabile degli Organi di polizia che, giovandosi anche della estrema sensibilità acquistata con l'esperienza, sono in grado di individuare ogni minimo accenno di attività sovversiva e di intervenire tempestivamente ovunque ne ricorra la necessità, arrestando i responsabili e denunciandoli al Tribunale Speciale per la Difesa dello Stato o adottando nei loro confronti adeguati provvedimenti di polizia.

«Del resto, con l'improvvisa e definitiva disfatta dei rossi spagnoli è venuto meno uno degli avvenimenti che poteva essere sfruttato come pretesto per diffondere il malessere e il malcontento, e la popolazione ha avuto anzi una nuova prova della lungimirante saggezza politica del DUCE.

«Né riflessi di alcun rilievo hanno avuto i provvedimenti in favore della difesa della razza, la cui graduale applicazione trova il consenso delle masse».

Relazione per il 1939: «Nello scorso anno 1939, l'azione degli organi di polizia nel prevenire e reprimere ogni tentativo di propaganda sovversiva si è sempre mantenuta vigile ed intensa ed ha permesso d'identificare e colpire rapidamente ogni accenno di attività antifascista, d'altronde in continua diminuzione, denunziando i responsabili al Tribunale Speciale per la Difesa dello Stato e colpendoli, nei casi meno gravi, con adeguati provvedimenti amministrativi».

[10] Di tutte le iniziative intraprese dall'antifascismo in questi anni quella che, probabilmente, piú preoccupò il regime fu il progetto – vero o presunto che fosse – di uno sbarco di elementi antifascisti in Sardegna. Appena avuta notizia di esso, il 27 marzo 1938, Bocchini ne informò i ministri della Guerra e della Marina, i comandi generali delle Forze armate e della Guardia di Finanza e i prefetti della Sardegna con il seguente telegramma: «Viene riferito da fonte attendibile che da parte fuorusciti si starebbe organizzando uno sbarco in località imprecisata della Sardegna sbarco che dovrebbe provocare disordini e sollevazione popolazione specie fautori ex deputato Lussu. Preparativi si effettuerebbero Barcellona donde partirebbero gruppi destinati sbarco.

«Pregasi Ministero della Guerra e Marina e Comandi Generali Carabinieri Reali e Guardie di Finanza predisporre, con tempestivi urgenti accordi da prendersi con i Prefetti di Cagliari Nuoro e Sassari, ogni misura piú efficace per impedire che progetto di che trattasi abbia principio esecuzione. Comando Generale Carabinieri Reali è pregato inoltre tener presente eventualità prospettata nei prelevamenti rinforzi dall'isola in dipendenza servizi straordinari predisposti per note future cerimonie».

Contemporaneamente venne dato incarico all'ammiraglio Guido Bacci di Capaci di approntare il dispositivo di difesa. Furono messe in allarme le divisioni Caprera e Sabauda e stabilite varie forme di sorveglianza marittima e aerea. ACS, *Min. Marina, Gabinetto (1934-50)*, b. 67, fasc. «Ordine pubblico».

Il «consenso» tra la metà del 1936 e la metà del 1940 163

proposito sostanzialmente fedele e si può sintetizzare in quattro punti: 1) sostanziale assoluta tranquillità del paese; 2) qualche incidente e qualche agitazione di lavoro, per altro di scarso rilievo, dovuti essenzialmente a cause di natura locale e/o economiche e che non assunsero mai carattere politico, di opposizione al regime; 3) gli incidenti e le agitazioni a carattere economico ebbero luogo in gran maggioranza nella seconda metà del 1936 e all'inizio del 1937; dopo gli aumenti salariali del luglio '36 e soprattutto dell'aprile '37 il loro numero decrebbe notevolmente [11]; 4) in tutto il periodo considerato nulla faceva ritenere che i sentimenti popolari verso il regime fossero mutati. Se però si adotta una logica meno restrittiva, meno condizionata dalla discriminante del turbamento dell'ordine pubblico – meno poliziesca insomma e più storica – il discorso si fa subito più complesso. Per caratterizzare la realtà italiana di questi anni, infatti, non è più sufficiente fare riferimento solo alla sostanziale assoluta tranquillità del paese, ma bisogna tener conto anche e soprattutto della particolare *qualità* di questa «tranquillità», di cosa essa si sostanziava, di cosa la venava e delle ripercussioni che ciò aveva sull'atteggiamento degli italiani verso il regime. Solo così è possibile capire perché, pur esistendo forti tensioni, l'«ordine pubblico» fosse assolutamente normale, lo scontento per la politica del regime non si politicizzasse e non si trasformasse in opposizione, l'antifascismo facesse alcune

---

[11] Nella Relazione per il 1936 si legge: «La situazione interna del Paese è stata del tutto normale e l'ordine pubblico è stato assolutamente tranquillo durante l'anno testé decorso.

«Qualche incidente, d'importanza limitatissima, verificatosi in qualche comune del Regno, ha avuto carattere spiccatamente locale, non determinato da motivi politici, ma da ragioni economiche, da applicazione di tasse comunali, o da beghe personalistiche. L'intervento dell'Autorità ha eliminato gli inconvenienti e, nei casi di accertate responsabilità, si è provveduto a carico dei prevenuti ai sensi di legge.

«Qualche controversia tra mano d'opera e datori di lavoro è stata prontamente appianata dal tempestivo intervento delle Autorità Politiche e Sindacali, mentre le numerose provvidenze, adottate in favore delle classi più umili, e l'aumento dei salari e degli stipendi agli operai ed agli impiegati hanno dato alle suddette categorie di lavoratori la prova provata che il Regime Fascista, giusta la parola d'ordine di S. E. il Capo del Governo, va sempre più verso il popolo».

Nelle successive il discorso è anche più conciso e, via via, più rari sono gli accenni a incidenti o agitazioni determinati da difficoltà economiche:

1937: «L'ordine pubblico è stato assolutamente normale durante tutto l'anno 1937.

«Qualche incidente, avvenuto in alcuni comuni del Regno, fu determinato da beghe locali o da ragioni economiche e nessuno da motivi politici.

«L'accordo tra datori di lavoro ed operai ha prodotto i suoi benefici effetti sul lavoro, che si è svolto dovunque con ritmo febbrile».

1938: «Durante l'anno 1938 l'ordine pubblico si è mantenuto normale in tutto il Regno.

«Rare manifestazioni in alcuni Comuni, furono determinate da beghe locali, mai da motivi politici. Il lavoro ha ovunque proceduto con ritmo ordinato e febbrile e l'intervento sempre efficace e tempestivo degli organi competenti ha prontamente risolto le sporadiche vertenze fra datori di lavoro ed operai».

1939: «Nel corso dell'anno 1939 l'ordine pubblico si è mantenuto normale salvo vari incidenti di carattere locale, mai determinati da motivi politici».

1940: «Durante lo stesso anno l'ordine pubblico si è mantenuto normale salvo vari incidenti di carattere locale, mai determinati da motivi politici.

«La disoccupazione ha subito sensibile diminuzione per l'impulso dato alle industrie belliche e per i richiami alle armi».

brecce, significative per la loro localizzazione sociale (tra i giovani intellettuali) e per certi loro caratteri di novità, ma, agli effetti della solidità del regime, insignificanti, e – ciò nonostante – molte cose sotto l'apparente «tranquillità» del paese stesso mutando a tutti i livelli, anche all'interno del fascismo; tanto che, se si è parlato, in relazione a questi anni, del sorgere di un «nuovo antifascismo», con uguale ragione si può parlare del sorgere in questo stesso periodo di un «nuovo fascismo».

Passato il momento dell'entusiasmo e delle speranze determinati dalla vittoria in Etiopia, la seconda metà degli anni trenta fu contraddistinta da un processo di crescita dello scontento e delle preoccupazioni per la politica del regime e da un parallelo progressivo incrinarsi del consenso popolare. Su questo pressoché tutti coloro che si sono occupati del periodo in questione sono oggi concordi; le divergenze cominciano dopo, quando si tratta di valutare i caratteri, l'ampiezza e soprattutto le conseguenze di questo fenomeno. Ugualmente, pressoché tutti sono concordi nell'attribuire questa crisi del consenso alle ostilità e ai timori suscitati dalla politica interna e soprattutto estera fascista, dalla progressiva totalitarizzazione e invadenza nella vita privata del regime e, ancor piú, dal progressivo avvicinamento dell'Italia alla Germania, un avvicinamento che la gran maggioranza degli italiani considerava innaturale e soprattutto, piú tempo passava, foriero di guerra e in larga misura alla radice dell'involuzione totalitaria del regime. Minore rilievo viene dato invece alle difficoltà di vita e di lavoro delle masse. Eppure, se è indubbio che queste difficoltà furono una causa secondaria dell'incrinarsi del consenso popolare, il loro studio è di grande importanza per capire: *a)* come la «crisi del consenso» verificatasi in questi anni non fu determinata solo da fattori politici, ma, almeno in parte, fu anche innescata da motivi economici e politico-economici[12]; *b)* come essa ebbe a

[12] In un super rapporto riservatissimo a Bocchini sulla situazione politico-economica della provincia di Ferrara datato 1º marzo 1939 e redatto su esplicita richiesta della Direzione generale di PS dall'ispettore di zona per le provincie di Modena, Reggio Emilia, Parma, Rovigo, Ferrara e Piacenza, dopo una sintesi della situazione politica, definita complessivamente tale «che non può destare alcuna preoccupazione», ecco cosa si legge riguardo invece alla sua situazione economica: «Non ugualmente confortevole è invece il quadro che offre la situazione economica, la quale è delicatissima e merita un esame costante, metodico e diligentissimo. La situazione economica non può essere considerata a sé stante, ma va esaminata in intima connessione con quella politica, con la quale forma invece un complesso unico e sulla quale oggi predomina.

«Oggi economia diviene politica con la prevedibile conseguenza che un dato evento, che deve essere escluso in base ad un esame della situazione politica, deve essere invece ritenuto possibile in base a quello della situazione economica. Questa, ove invece di migliorare peggiorasse, potrebbe determinare collasso o crisi anche in chi è sinceramente e fervidamente attaccato al Regime. In poche parole: la massa andrà incontro serena e compatta e fiduciosa a qualsiasi evento – anche se deprecabile – ma potrebbe non sopportare serenamente e tranquillamente un aggravarsi del generale disagio economico. Il regime potrà chiedere ed avrà tutto dal popolo, ma è da augurarsi che non debba essere costretto a chiedere ulteriori sacrifici economici. Contro alcuni bisogni elementari e contro la miseria si lotta male» (ACS, *Min. Interno, Dir. gen. PS, Div. personale*, vers. 1963, b. 183).

seconda delle classi sociali e di età conseguenze diverse, che, a loro volta, per un verso, determinarono il sorgere di nuove forme di consenso, complessivamente minoritarie, ma non per questo meno significative per comprendere la realtà italiana del tempo e in particolare le loro ripercussioni sul fascismo e, per un altro verso, contribuirono notevolmente a spezzettare la società italiana in tante realtà chiuse e attente solo ai propri particolari problemi ed interessi, con la conseguenza – lo abbiamo già detto – di determinare una situazione di completa dispersione ed impotenza di tutte le forze sociali e politiche interne al regime e, quindi, di rendere in ultima analisi meno grave per il regime lo scadimento di tutta una serie di consensi dal piano attivo a quello passivo.

Se si scorrono i rapporti – soprattutto quelli della seconda metà del 1936, del 1937 e del 1938, ma, in definitiva, anche quelli del 1939 e della prima metà del 1940 – dei prefetti, degli informatori della polizia, del partito, dell'OVRA e del SIM emerge chiaro quanto in questi anni le difficoltà economiche accomunassero, in misura maggiore o minore, contadini, operai, piccoli e medio borghesi, assorbendone le energie e condizionandone gli atteggiamenti verso il regime. Particolarmente significative, per la loro maggiore oggettività, sono a questo proposito le relazioni settimanali che nel 1936-38 il SIM redigeva sulla base del servizio di censura espletato sulla corrispondenza diretta in Africa e in Spagna (e viceversa)[13]. Qualche stralcio può essere utile per dare un'immediata percezione del fenomeno:

18 marzo 1937:
Le espressioni riflettenti il disagio economico hanno mantenuto il tono usuale durante la settimana: un po' marcato a Lucca, a Sondrio e in provincia di Treviso.
In tutte le regioni le lamentele per l'imposta immobiliare aumentano di numero e assumono talora un tono aspro. Molti scrivono di non poter pagare e si rivolgono ai congiunti in AOI perché inviino il denaro occorrente. Altri, non disponendo di mezzi liquidi, affermano di dover contrarre debiti onerosi con persone avide d'illeciti guadagni o di assoggettarsi a condizioni gravose con istituti di credito. Un senso di timore e di risentimento è nell'animo di chi possiede una piccola casa o qualche modesto appezzamento di terreno, per il fatto di venire considerato un possidente: mentre non può far fronte con mezzi propri al prestito, teme un intervento fiscale o di esproprio da parte dello Stato.
In Sardegna si teme che sui depositi postali lo Stato intenda prelevare una somma del 20%. Detta voce è stata riscontrata in varie lettere della stessa regione.
Dalle provincie redente, gli argomenti politici sono sopraffatti da quelli d'indole economica. Emergono le lamentele dei rurali modesti e dei piccoli proprietari di fabbricati circa l'impossibilità di soddisfare gli eventuali obblighi derivanti da anticipazioni bancarie, per il prestito immobiliare 5%.

---
[13] ACS, Min. Interno, Dir. gen. PS, Div. affari gen. e ris. (1920-45), *1937*, b. 2; *1938*, b. 2.

Dal Regno, la corrispondenza si mantiene soddisfacente nonostante che la situazione economica non accenni a migliorare. Il disagio economico è avvertito in quasi tutte le regioni, ma in modo speciale nella Italia meridionale e nelle isole.

Quasi tutta la corrispondenza continua a mettere in rilievo il disagio assai sensibile delle classi medie e umili per effetto della disoccupazione, della pressione fiscale, del rincaro dei generi e della mancanza di credito e di movimento commerciale.

Le regioni dove piú marcato sembra il disagio connesso alla disoccupazione sono: Veneto, Lucania, Puglie, Calabria, Sicilia e Sardegna.

Da Napoli si annunzia la imminente riapertura dei cantieri navali Pattison, nei quali migliaia di operai appartenenti alle maestranze locali sperano di trovare lavoro.

Da S. Severino Rota e da Pandolo (Salerno) si comunica che la tubercolosi infierisce e miete vittime; ciò soprattutto per il regime di scarso nutrimento a cui si è obbligati dalle miserrime condizioni economiche.

Nelle province pugliesi si è determinato, a proposito della colonizzazione in AOI, uno stato d'animo di scoraggiamento: si crede da molti che l'operaio italiano in AOI verrà sostituito in notevole parte da operai indigeni d'ambo i sessi. Questa credenza fa dileguare molte speranze di operai e contadini pugliesi di potersi stabilire permanentemente in AOI.

A Gioia del Colle la popolazione deplora le manifestazioni sovversive ivi avvenute; si parla di molti arresti di «vigliacchi rossi».

In quasi tutte le regioni l'aumento dei salari e degli stipendi, specie nella categoria impiegati, sembra sia stato accolto con notevole freddezza. La grande maggioranza degli scriventi ravvisa una netta sperequazione tra l'esiguo aumento e l'eccessivo costo di vita. In altre parole l'aumento dei salari e degli stipendi avrebbe provocato da una parte un sensibile rialzo dei prezzi e dall'altra avrebbe polarizzato l'attenzione dei cittadini sulle disagiate condizioni di vita. L'aumento dei prezzi, secondo gli scriventi, inciderebbe in modo speciale sulle cibarie e sugl'indumenti, cioè sui generi di assoluta necessità.

3 luglio 1937:

Dalle province redente:

Alto Adige. Nel 50% della corrispondenza sono contenute notizie che riflettono disoccupazione, tasse elevate, mancanza di denaro circolante.

Goriziano. Da Cernizza e Idria di Montenero, ai confini italo-jugoslavi, alcuni sloveni accennano piú o meno velatamente ad un certo risveglio di sentimenti irredentistici.

A Gorizia le operaie del *cotonificio Brunner* lamentano di essere sfruttate fino all'esaurimento: a ciascuna operaia verrebbero ora affidate due macchine, invece di una sola come in passato. Per tale eccessivo lavoro molte operaie cadrebbero ammalate.

Dal Regno:

La nota predominante che si riscontra nella corrispondenza riflette gli annunci di rimpatrio, che preoccupano le famiglie per le conseguenze economiche.

Mentre dalle città si continua a comunicare le difficoltà che s'incontrano per trovare lavoro e gli alti prezzi dei generi alimentari, dai centri rurali si esprime concordemente soddisfazione per i buonissimi raccolti del frumento e della frutta.

In questa settimana si sono rilevate le seguenti altre notizie degne di nota.

– Dalla Lombardia si è rilevato molto malcontento per l'aumento continuo dei generi di prima necessità, e soprattutto del pane.

– Da Fontana Serra (Marche) sfiducia per l'andamento del mercato delle pelli. Il costo di queste, già elevato, subisce ancora aumenti. Il lavoro è fermo, e sino a fine settembre non si preannuncia alcuna ripresa. I dettaglianti sperano in un ribasso dei prezzi ed affermano che l'obbligo del pagamento in contanti, per questo articolo, intralcia molto il lavoro.

– Da Bari lagnanze perché gli uffici postali rifiutano di accettare pacchi postali per l'Etiopia, del peso di kg 2 contenenti effetti d'uso.

– Da Castelluccio Inferiore (Lucania) forti e fondate speranze per la presenza di importante giacimento di lignite. Si profila collocamento di mano d'opera nei lavori di estrazione e per l'impianto di uno stabilimento per l'estrazione della benzina ottenuta col processo della idrogenazione.

– Da Napoli, operai addetti a fabbriche di saponi annunciano di essere stati licenziati per mancanza di materie prime occorrenti al lavoro (grassi, soda caustica, olio di cocco). Accennano a favoritismi che sarebbero compiuti ad insaputa del Ministero; dicono cioè che ad alcune ditte vengono fornite in abbondanza le materie prime, mentre altre ditte non preferite sarebbero lasciate prive di tali materie.

L'accaparramento di ogni qualità di generi alimentari (specialmente farina, olio e strutto) viene effettuato a Napoli da molti privati secondo la loro possibilità economica, perché si prevedono ulteriori aumenti nel costo di detti generi.

– Dalla Sardegna e Sicilia si nota un qualche miglioramento della situazione economica, per la favorevole campagna stagionale (agrumi, grano, pomodori, ecc.).

10 novembre 1937:

Frequenti continuano ad essere le comunicazioni circa i richiami, con accenno ai soliti presunti scopi: invii in Libia, in Spagna ed anche in Cina.

La situazione economica generale si mantiene stazionaria. Si leggono spesso le solite lamentele per il disagio economico e disoccupazione con qualche accenno al gravame fiscale.

Alcune società anonime manifestano senso di preoccupazione per la decretata imposta sui capitali e, non potendo far gravare tale imposta sul consumatore per il prezzo dei prodotti già alto, pensano di rivalersi sugli operai riducendo il personale.

Insistenti accenni di disoccupazione sono fatti da Torino e Ferrara, ma con tono più accentuato sono quelli provenienti dalle regioni meridionali (specialmente dalle Calabrie) dove gli operai ed artigiani implorano i congiunti in AOI di procurare loro qualche lavoro, perché in Italia non è possibile trovarne.

Rispetto alla situazione agricola si prevede in generale un buon raccolto di ulive.

L'inizio dell'attività dell'Ente Pugliese per la colonizzazione in AOI viene segnalato con senso di conforto. Si scrive che molte sono le domande di agricoltori e reduci dell'Africa, che i colonizzatori avranno per primi anni una retribuzione di circa 20-25 lire giornaliere che in seguito diverranno proprietari dei terreni bonificati e che potranno richiamare presso di loro le famiglie.

20 agosto 1938:

Circa la situazione internazionale, quello che maggiormente viene posto in evidenza dalla corrispondenza è costituito:

– dal permanere dell'instabile situazione europea, che fa vivere con la preoccupazione di una eventuale guerra;
– dal prolungarsi della guerra in Spagna, che grava sulla nostra bilancia economica e che non ci dà possibilità di procedere presto alla valorizzazione del nostro Impero;
– dal comportamento guardingo dell'Inghilterra e da quello ostile della Francia, che fanno fortemente pensare essersi prefisse queste due nazioni di indebolirci economicamente il piú possibile.

Circa la situazione economica interna si rileva una crescente affannosità nella classe media per la ricerca di occupazioni, che viene spiegata con il maggiore assillo generato dall'aumentato costo della vita. «Guadagni poco o niente e spese molte» è la frase che riassume le condizioni manifestate da molte famiglie.

Viene segnalato l'elevato costo dei generi di prima necessità, specialmente del pane e della pasta, e si espone qualche bilancio domestico per dimostrare ai residenti in AO che le loro rimesse non danno piú modo di mettere da parte risparmi.

Si è rilevato qualche commento favorevole alla politica razzista annunciata dal Governo.

Nella sua immediatezza quanto emerge da queste relazioni e dalle altre fonti simili oggi disponibili sostanzia e precisa notevolmente il quadro della situazione economica della seconda metà degli anni trenta. Dopo la guerra d'Etiopia la ripresa economica già delineatasi dal 1934 non solo continuò, ma, nel complesso, si accentuò assumendo il carattere di un moderato sviluppo. Tra i fattori piú importanti di questa ripresa cinque meritano di essere rilevati. Primo: l'aumento (specie nel 1937) delle importazioni seguito alla fine delle sanzioni e parzialmente favorito con la seconda metà del '38 dalla caduta dei prezzi internazionali. Secondo: l'aumento dei traffici e delle attività connesse all'Impero. Terzo: la riduzione del 40,9 per cento del valore intrinseco della lira rispetto alla parità fissata nel '27 alla quale Mussolini, sotto le pressioni concordi di tutto il mondo economico, aveva dovuto piegarsi il 5 ottobre '36 onde rendere possibile un rilancio delle esportazioni, necessario a dare ossigeno e slancio all'economia italiana e a permettere le importazioni di materie prime indispensabili per ricostituire le scorte consumate durante la guerra, per attuare «il piano regolatore dell'economia italiana» annunciato dal «duce» il 23 marzo '36 e, in particolare, per precostituire le condizioni di base della politica autarchica [14]. Quarto: la politica monetaria attuata dal governo al fine di determinare un mutamento del volume e della distribuzione del reddito monetario annuo [15]. Quinto: il sempre maggior intervento dello Stato nell'attività economica, che, soprattutto attraverso la finanza pubblica, esercitò una

[14] Cfr. *Mussolini il duce*, I, pp. 695 sgg. e 78 sgg.
[15] Cfr. a questo proposito le osservazioni che già allora venivano fatte da F. DI FENIZIO, *L'economia di guerra come economia di monopoli*, Milano 1942.

forte spinta all'espansione, sia pure a costo di un raddoppio del disavanzo effettivo [16] e di un accrescimento del carico fiscale a spese specialmente del patrimonio (le entrate tributarie passarono dai sedici miliardi e mezzo del '35 a ventiquattro miliardi nel '39 [17]). In termini quantitativi generali l'effettiva entità della ripresa può essere desunta dalla progressione del reddito nazionale, degli investimenti e del prodotto privato lordo:

	1936	1937	1938	1939	1940
Reddito nazionale					
prezzi correnti (milioni di lire)	107 367	127 839	137 877	152 641	176 033
prezzi 1938 (milioni di lire)	128 280	137 995	137 877	146 115	138 041
prezzi 1938 pro capite (lire)	3 022	3 228	3 201	3 360	3 140
Investimenti lordi (milioni di lire)	21 738	30 285	28 741	34 933	32 148
Prodotto lordo privato (milioni di lire)					
agricoltura	28 538	37 681	40 138	43 816	51 698
industria	34 745	42 525	45 745	50 523	60 108
attività terziarie	40 483	44 112	47 881	53 257	61 422

Dati cosí generali non sono ovviamente sufficienti a delineare veramente la realtà della situazione economica, né tanto meno a permettere un discorso sulle reali condizioni di vita delle masse. La ripresa e lo sviluppo non furono infatti tra il '36 e il '40 né continui né uniformi. Il loro andamento fu diverso a seconda dei settori e delle ripercussioni che su di essi ebbero da un lato la politica estera mussoliniana (spese per l'Impero [18], per l'intervento in Spagna, per l'occupazione dell'Albania, per il riarmo, ecc.) e da un altro lato la politica autarchica, che – proprio perché mirava a rendere l'economia italiana il piú possibile autosufficiente – comportava tutta una serie di scelte particolari, una radicale trasformazione del sistema economico e un preventivo sviluppo dei settori necessari a rendere possibile una scelta tanto ambiziosa e tanto in contrasto con i caratteri dell'economia italiana e, quindi, almeno in un primo tempo, costi economici e sociali elevatissimi.

Tipico è il caso dell'agricoltura. Dopo la guerra d'Etiopia questa non ritrovò piú lo slancio di un tempo, anche se l'indice della produzione

---

[16] Secondo le elaborazioni di F. A. REPACI, *La finanza pubblica italiana nel secolo 1861-1960*, Bologna 1962, p. 323, il disavanzo effettivo, che nel '35 era stato di poco piú di 6 miliardi, nel '36 fu di 14,7, nel '37 di 18,9, nel '38 di 13,4, nel '39 di 14,4 e nel '40 di 29,4. In pratica, l'ammontare delle spese effettive, che nel quadriennio 1929-34 era stato pari a circa il 20 per cento del reddito nazionale lordo, passava a quasi il 30 per cento.
[17] Cfr. per tutto questo complesso di provvedimenti G. MAIONE, *L'imperialismo straccione. Classi sociali e finanza di guerra dall'impresa etiopica al conflitto mondiale (1935-1943)*, Bologna 1979, pp. 175 sgg.
[18] Per le spese connesse alla guerra d'Etiopia cfr. *ibid.*, pp. 124 sgg.

lorda vendibile passò da 88,8 nel 1936 a 98,2 nel 1940 con una punta sino a 104,06 nel 1939. In pratica si ebbe soprattutto un aumento della produzione cerealicola e delle colture industriali e olivicole, che si accompagnò però ad un ulteriore peggioramento delle colture pregiate da esportazione e della zootecnia. Né alcuno dei mali piú gravi che affliggevano l'agricoltura – soprattutto meridionale e montana – mostrò sintomi di miglioramento. E ciò mentre gli oneri che gravavano sull'agricoltura, invece di diminuire, aumentavano. Tant'è che nei primi mesi del '37 (l'annata agricola del '36 era stata, per l'andamento atmosferico, assai cattiva) il malcontento e le preoccupazioni degli agricoltori arrivarono ad un punto tale che la Confederazione fascista degli agricoltori si vide costretta a denunciare al ministro delle Corporazioni e al segretario del PNF il pericolo che un ulteriore diffondersi dello «scoramento» e del «disagio» potesse tarpare «ogni spirito di iniziativa» e affievolire «ogni energia ed attività», «con gravissime ripercussioni sull'economia della Nazione della quale l'agricoltura costituisce la base fondamentale»[19].

A giudicare dalla sua situazione, potrebbe sembrare che – nonostante i sempre riaffermati presupposti ruralistici del fascismo, la convinzione di Mussolini che fosse necessaria una forte agricoltura che incentivasse e al tempo stesso regolasse lo sviluppo industriale e le sue continue dichiarazioni sulla necessità di sviluppare e valorizzare l'agricoltura,

[19] La lettera, a firma del presidente della Confederazione, cosí riassumeva la situazione: «Le recenti numerose provvidenze nel campo sociale, l'aumento verificatosi nei salari e nei prezzi degli altri fattori della produzione (fertilizzanti, macchine, ecc.), hanno notevolmente accresciuto i costi di produzione di tutti i prodotti agricoli incidendo sui bilanci delle aziende. A carico di queste ultime poi sono stati addossati, col contributo che gli agricoltori sono chiamati a dare alla Patria mediante il prestito e l'imposta straordinaria, nuovi non indifferenti oneri ai quali altri se ne aggiungeranno a seguito delle iniziative per il risanamento della cassa rurale e della preannunciata estensione ai lavoratori agricoli degli assegni famigliari.

«Altri oneri imposti, soltanto alle categorie agricole, da esigenze di carattere superiore (mancata possibilità di utilizzare, in molti casi, le macchine facendo invece ricorso alla piú costosa attività umana, imposizione di assorbimento di determinati quantitativi fissi di mano d'opera, obbligo di eseguire durante la stagione invernale lavori straordinari di poca o di nessuna utilità al fine di alleggerire la disoccupazione, ecc.) contribuiscono a mettere in condizioni di maggior disagio l'economia agricola, mentre questa, uscita appena com'è dalla crisi in cui si è dibattuta negli anni scorsi, avrebbe bisogno di un periodo di tranquillo e reddittizio lavoro per mettersi in grado di fronteggiare, nello stesso interesse del credito e degli istituti finanziari, gli impegni assunti nel passato, e di sanare le ferite apertesi in taluni settori.

«È ben vero che in corrispondenza degli accresciuti costi di produzione i prezzi dei prodotti agricoli, mercé il provvido intervento del Governo e del Partito, hanno subito un aumento e molti di essi hanno raggiunto basi sufficientemente remunerative, ma purtroppo tali vantaggi sono stati praticamente annullati dalla diminuzione quantitativa assoluta verificatasi nella produzione, rispetto all'anno passato, per effetto dell'avverso andamento stagionale.

«Secondo i risultati di un'indagine eseguita dalla scrivente Confederazione, il valore della produzione agricola lorda dell'anno 1935 ha ammontato, quotando i prodotti ai prezzi allora correnti, a L. 24 204 875 700; la corrispondente produzione del 1936 invece, valutando le quantità prodotte in base ai prezzi oggi in vigore, dà un valore di L. 23 171 004 800: è quindi oltre un miliardo di meno che l'attività agricola ha realizzato rispetto all'anno passato. Tale differenza passiva sale ad oltre un miliardo e mezzo se si considera che, senza tener conto del prestito e dell'imposta straordinaria, i nuovi oneri di cui sopra hanno aumentato di circa 500 milioni le spese di produzione» (ACS, *Presidenza del Consiglio dei ministri, Gabinetto, Atti* [1937-39], fasc. 3-1-1/998).

di non lasciare cadere sotto il 50 per cento della popolazione la massa rurale e di migliorare il livello di vita dei contadini [20] – dopo la guerra d'Etiopia l'agricoltura fosse sacrificata all'industria e in particolare alla necessità di svilupparne quei settori necessari a permettere una vera e compiuta economia autarchica. In realtà una simile impressione è ingiustificata. Se si tiene conto dei gravissimi oneri che gravavano sul bilancio dello Stato, bisogna infatti riconoscere che l'agricoltura non fu affatto sacrificata. Solo che – nella logica autarchica – gli investimenti ad essa destinati furono soprattutto indiretti e destinati, nei piani del regime, a dare frutti procrastinati nel tempo. Essendo l'obiettivo primo l'autarchia, per il momento gli sforzi maggiori non furono indirizzati tanto a curare i mali di cui l'agricoltura soffriva quanto a creare le precondizioni della sua autosufficienza. In concreto, come fu stabilito nell'ottobre 1938 dalla Commissione suprema per l'autarchia, quelli che venivano considerati i due problemi nodali, la cerealicoltura e la zootecnia, dovevano essere risolti il primo attraverso il rilancio della bonifica integrale (che avrebbe dovuto permettere di estendere la superficie cerealicola a 5 milioni di ettari e di raggiungere una produzione annua di 90 milioni di quintali di grano e di 35 milioni di quintali di granoturco) e il secondo con una serie di opere idrauliche nella zona dei laghi prealpini, nel Centro e soprattutto nel Mezzogiorno che, permettendo una adeguata produzione foraggiera, avrebbero reso possibile portare la zootecnia al livello del fabbisogno nazionale (e recuperare le spese attraverso un maggior gettito tributario) [21]. Per realizzare questo complesso di opere si prevedeva occorressero cinque-sette anni di lavori (le ultime sarebbero dovute essere completate nel 1945) e una spesa di dieci miliardi circa, cinque a intero carico dello Stato, il resto, con particolari facilitazioni, dei privati [22].

In questa prospettiva acquista particolare significato lo sforzo economico e politico che in questi anni e specialmente tra il '38 e il '40 fu fatto per riattivare il meccanismo della bonifica integrale che prima la grande crisi e poi la guerra d'Etiopia avevano assai rallentato. In un primo momento, oltre che nell'Agro Romano, nella Bassa Friulana e nel Ferrarese, gli sforzi maggiori furono localizzati nelle zone del Volturno e del Tavoliere di Puglia, considerate quelle nelle quali la bonifica poteva assicurare un piú pronto ed elevato rendimento. In un secondo

---

[20] Cfr. MUSSOLINI, XXIX, pp. 15, 35 sg., 46 sgg., 117, 223, 226 sgg., 258 sg. e 349 sg.
[21] ACS, *Presidenza del Consiglio dei ministri, Gabinetto, Atti (1937-39)*, fasc. 3-1-1/2652, appunto di Tassinari per il «duce» in data 26 dicembre 1938.
[22] Cfr. G. TASSINARI, *Autarchia e bonifica*, Bologna 1940², *passim* e spec. pp. 92, 120, 124, 126, 131 sgg., 181 sgg., 193 sgg., 220 sg., 229 sgg. e 233; nonché pp. 176 sg. e 203.

momento fu avviata la bonifica in Sicilia e si cominciò a pensare a quella in Sardegna.

L'ultima e piú ambiziosa di queste iniziative, la colonizzazione del latifondo siciliano[23], data l'epoca in cui fu cominciata, il gennaio 1940, è stata spesso considerata una operazione essenzialmente propagandistica, volta soprattutto a distogliere l'attenzione dei contadini meridionali dall'imminente pericolo di guerra e a dar lavoro ad un certo numero di disoccupati. Che nella ideazione dell'«assalto al latifondo siciliano» abbiano potuto avere parte anche considerazioni di questo genere non è da escludere; ed è certo un fatto che esso fu valorizzato al massimo dall'apparato propagandistico del regime, anche piú delle altre opere di bonifica e della stessa nascita di Carbonia, Arsia, Guidonia, Aprilia, Pomezia, le ultime «città nuove del fascismo». Detto questo, ad accettare una valutazione cosí riduttiva dell'iniziativa ostano però troppi argomenti: *a*) il suo assai elevato costo economico (la sola spesa a carico dello Stato era prevista in un miliardo); *b*) le difficoltà politiche che essa poteva procurare al regime presso la proprietà nobiliare e la borghesia fondiaria assenteiste, non piú in grado di far modificare le leggi di bonifica come era avvenuto nel 1925-26, ma sempre estremamente sensibili a tutto ciò che consideravano andare contro i loro interessi[24]; *c*) il patrimonio di studi che era alle sue spalle e che, comunque si voglia giudicare sotto il profilo tecnico ed economico, testimonia un notevole impegno, tanto che, spesso, progetti non potuti realizzare allora per il sopravvenire della guerra, furono ripresi, talvolta con poche varianti, nel dopoguerra; *d*) la sua perfetta corrispondenza, tanto economica quanto ideologica, con gli obiettivi di fondo dell'autarchia e del ruralismo. Sotto il profilo economico l'«assalto al latifondo» mirava – come Mussolini aveva detto sin dall'estate del '37[25] e come aveva deciso la Commissione suprema per

[23] Per un quadro d'insieme dei concetti ispiratori della bonifica del latifondo siciliano cfr. *ibid.*, pp. 203 sgg. e soprattutto 244 sgg. Per un primo bilancio, assai negativo, di tutta l'operazione cfr. M. STAMPACCHIA, *Sull'«assalto» al latifondo siciliano nel 1939-43*, in «Rivista di storia contemporanea», ottobre 1978, pp. 586 sgg. Il piano di colonizzazione fu nel marzo '40 oggetto di un dettagliato rapporto del Consolato Usa a Palermo, critico sugli aspetti tecnici, ma assai interessante sotto il profilo politico. Il piano, vi si legge, non tendeva ad aumentare la produzione, ma soprattutto a migliorare le condizioni di vita dei lavoratori «e questo è uno scopo puramente socialistico» (ASAE, *Segreteria generale*, p. 239).

[24] I proprietari privati avrebbero dovuto concorrere alle opere di bonifica con circa un miliardo e mezzo di lire. Coloro che non volevano o potevano compiere la trasformazione dei loro fondi prevista dalla legge potevano incaricarne l'apposito ente di colonizzazione cedendo ad esso una parte della proprietà in pagamento. Gli inadempienti potevano essere espropriati. La legge non aveva lo scopo di colpire la proprietà e andava anzi a vantaggio di quella che disponeva dei mezzi per effettuare le opere richiestele (tanto è vero che nel suo primo anno di attuazione gli impegni assunti dai proprietari furono maggiori del previsto); indubbiamente essa portava però ad una riduzione della proprietà, sia pure assicurando ai proprietari di non doverla svendere.

[25] Il primo accenno mussoliniano a quello che poi verrà definito comunemente l'«assalto al latifondo» risale al 20 agosto 1937, a Palermo. Cfr. MUSSOLINI, XXVIII, pp. 239 sgg. I concetti enunciati in questa occasione furono ribaditi dal «duce» poco meno di due anni dopo a palazzo Venezia,

l'autarchia l'anno dopo – a trasformare la coltura delle zone di bonifica (circa cinquecentomila ettari) da estensiva in intensiva e ad aumentare cosí sia l'occupazione sia la produzione. Sotto il profilo ideologico, a sua volta, la prevista creazione di ventimila unità poderali, dotate di strade interpoderali, di canali di irrigazione e di acquedotti e gravitanti attorno ad un centinaio di nuovi borghi rurali [26], avrebbe dovuto – oltre che dimostrare concretamente l'impegno sociale del regime e la sua capacità di cominciare effettivamente a diminuire le «distanze sociali» – legare definitivamente alla terra una massa di famiglie contadine e di addetti alle attività collaterali ed indotte, con il triplice risultato a) di por fine all'estrema concentrazione di tale massa nei vecchi centri urbani (in Sicilia, secondo il censimento del '36, la popolazione vivente in case sparse era il 10 per cento mentre la media nazionale era del 26 per cento) e alla sua tendenza ad emigrare: b) di favorire lo sviluppo demografico («la vostra terra potrà nutrire il doppio della popolazione che oggi conta, perché la Sicilia deve diventare e diventerà una delle piú fertili contrade della terra» aveva detto a Palermo Mussolini il 20 agosto 1937); c) di contribuire alla formazione dell'«uomo nuovo» fascista: stimolando le «virtú rurali» delle popolazioni interessate e in particolare facendo dei coloni immessi nei poderi altrettanti pionieri e mettendo allo stesso tempo alla prova e «selezionando» le «energie morali» dei proprietari agricoli si sarebbe determinata una «spontanea mobilitazione e selezione di energie umane» che avrebbe dovuto costituire – come fu scritto [27] – «il gran lievito che sommoverà tutta la vita siciliana».

Il discorso fatto per l'agricoltura può parzialmente essere applicato anche all'industria. Diciamo parzialmente perché, se una parte dei programmi di sviluppo dell'industria impostati nel quadro della politica autarchica fu – come per l'agricoltura – bloccata dalla guerra e, ancor prima,

il 20 luglio 1939, quando fu ufficialmente reso pubblico il piano della bonifica. Cfr. *ibid.*, XXIX, pp. 304 sgg.
[26] Nel 1942-43 delle opere di bonifica previste erano state portate a termine le seguenti:

Dighe	1
Impianti di sollevamento	1
Canali d'irrigazione	52 km
Acquedotti	15 km
Strade di bonifica	76 km
Abbeveratoi	48
Trivellazioni	191
Borghi rurali	11
Case coloniche	3043

Al 31 agosto 1942 erano state immesse sulle terre colonizzate 1634 famiglie per un totale di 11 794 persone, in genere con contratti di colonia o di mezzadria miglioritaria.
[27] Cfr. P. FORTUNATI, *Aspetti sociali dell'assalto al latifondo*, Roma 1941, p. 63. Merita vedere l'intero opuscolo, edito dall'Istituto nazionale di cultura fascista, sia per l'aspetto tecnico sia per quello ideologico della bonifica integrale siciliana.

messa in serie difficoltà dalla compresenza di una bilancia commerciale in passivo, di una drastica contrazione delle rimesse degli emigrati e del turismo e di una grave crisi delle riserve auree, una parte di essi (assai piú consistente che nell'agricoltura) fu però realizzata, tanto che nel '37-38 l'indice della produzione industriale tornò al livello del 1929, pre «grande crisi», e nei due anni successivi continuò a crescere e nel 1939 la bilancia commerciale (compreso il commercio con le colonie) fu per la prima volta dopo oltre sessant'anni in attivo, anche a prezzo di una profonda trasformazione delle correnti commerciali (si vedano le annesse tabelle). Sui caratteri, i limiti, le distorsioni di questo sviluppo molto si potrebbe dire, anche se a tutt'oggi il periodo autarchico (e della guerra) è quello piú carente di studi specifici, tant'è che persino sui caratteri piú generali della politica autarchica si hanno spesso idee estremamente imprecise e non mancano coloro che la ritengono tutt'uno con l'economia di guerra (come fu in Germania), mentre l'obiettivo piú importante che con essa si voleva realizzare era essenzialmente il massimo delle esportazioni con il minimo di importazioni [28]. Ai fini del nostro discorso è però sufficiente soffermarci solo su alcuni aspetti. Per notevole che sia stato,

---

[28] Cfr. a questo proposito G. GUALERNI, *Industria e fascismo. Per una interpretazione dello sviluppo economico italiano tra le due guerre*, Milano 1976, pp. 109 sgg.

Commercio estero 1934-39 (in milioni di lire 1939: dati del ministero delle Finanze).

	Con i paesi esteri			Con le colonie
	1934	1939	differenza %	1939
Importazione				
Materie prime greggie	5 584,9	4 454,4	−20,24	
Materie prime semigreggie	2 540,4	2 254,9	−11,24	
Prodotti finiti	2 477,0	1 869,1	−24,54	
Generi alimentari	1 728,8	1 442,4	−16,57	
Totale	12 331,1	10 020,8	−18,74	276,0
Esportazione				
Materie prime greggie	972,6	748,1	−23,08	
Materie prime semigreggie	1 766,2	1 840,9	+4,23	
Prodotti finiti	2 759,9	3 228,7	+16,99	
Generi alimentari	2 576,2	2 634,6	+2,27	
Totale	8 074,9	8 452,3	+4,67	2349,3

lo sviluppo che l'industria ebbe nel quadriennio successivo alla guerra d'Etiopia non è il dato più importante per chi si pone di fronte alla realtà economica italiana del tempo con una prospettiva di tipo soprattutto politico generale e con l'intenzione di coglierne alcune conseguenze di ordine sociale e politico. Più importante è la trasformazione della base produttiva verificatasi in questi anni, molto come sviluppo (e definizione) delle tendenze già in atto e strettamente collegate all'impatto che aveva avuto in Italia la «grande crisi» e al modo con cui si era cercato di fronteggiarla e come conseguenza della nascita, negli anni immediatamente precedenti, dello «Stato industriale» e dello «Stato banchiere» (creazione dell'IMI e dell'IRI, nuova legislazione bancaria, ecc.), e un po' per l'indirizzo autarchico e la politica di riarmo imposti dal regime[29]. Caratteristiche essenziali di questa trasformazione furono una maggiore

[29] Cfr. per alcune considerazioni R. COVINO - G. GALLO - E. MANTOVANI, *Aspetti delle trasformazioni della base industriale italiana (1935-1947)*, in «Annali della Facoltà di Scienze Politiche – Università di Perugia», n. 13 (1973-76), pp. 157 sgg.

Commercio estero dell'Italia con i più importanti paesi negli anni 1934 e 1939.

	Importazione			Esportazione		
	1934 in lire 1939	1939	variaz. % nel 1939 sul 1934	1934 in lire 1939	1939	variaz. % nel 1939 sul 1934
Argentina	446,2	153,1	−65,69	353,9	214,1	−39,50
Belgio	373,0	198,1	−46,89	187,0	116,0	−37,67
Brasile	207,4	151,5	−26,95	109,3	85,4	−21,87
Egitto	252,4	129,1	−48,85	196,8	174,5	−11,33
Francia	711,0	153,5	−78,41	572,2	242,8	−57,57
Germania (Austria)	2 281,3	3 039,3	+33,23	1554,0	1897,7	+40,06
India Britannica	574,8	123,3	−78,55	192,7	118,2	−38,66
Inghilterra	1 150,2	567,6	−50,65	860,5	515,1	−40,14
Iugoslavia	331,8	246,4	−25,74	228,2	304,6	+33,48
Paesi Bassi	220,7	133,4	−39,56	218,7	192,9	−11,80
Polonia	153,4	262,5	+71,12	120,7	87,1	−27,84
Romania	196,6	415,6	+111,39	122,1	288,0	+138,69
Stati Uniti	1 556,6	979,4	−37,08	630,7	772,7	+22,51
Svizzera	475,9	336,4	−29,31	712,8	579,7	−18,67
Ungheria	160,4	422,9	+163,65	211,9	241,4	+13,92
Urss	358,0	43,4	−87,88	201,7	56,6	−71,94
Altri paesi	2 881,4	2 665,3	+7,50	1601,7	2565,5	+60,17
In complesso	12 331,1	10 020,8	−18,74	8074,9	8452,3	+4,67

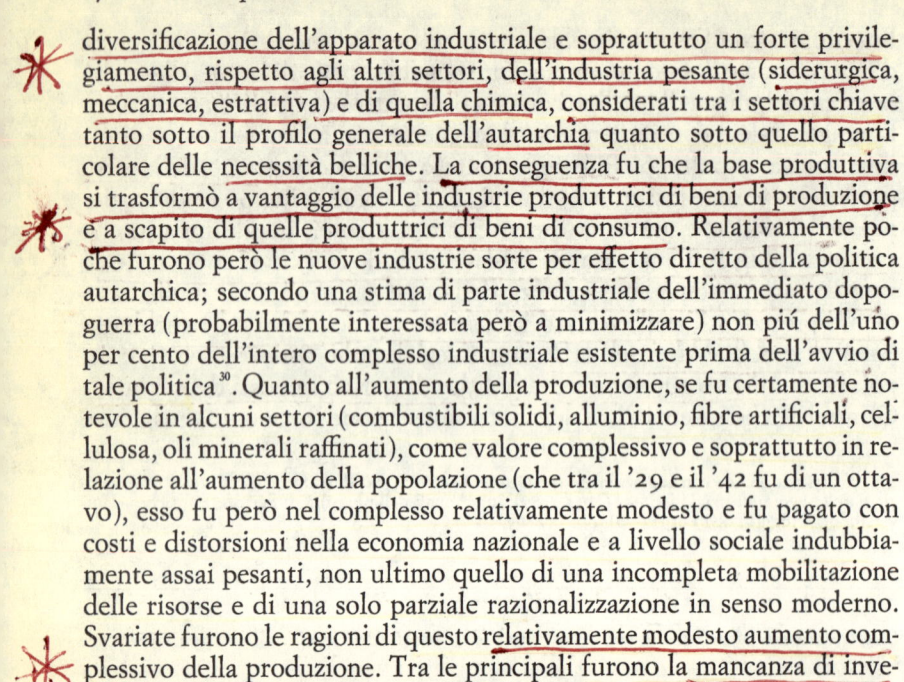

diversificazione dell'apparato industriale e soprattutto un forte privilegiamento, rispetto agli altri settori, dell'industria pesante (siderurgica, meccanica, estrattiva) e di quella chimica, considerati tra i settori chiave tanto sotto il profilo generale dell'autarchia quanto sotto quello particolare delle necessità belliche. La conseguenza fu che la base produttiva si trasformò a vantaggio delle industrie produttrici di beni di produzione e a scapito di quelle produttrici di beni di consumo. Relativamente poche furono però le nuove industrie sorte per effetto diretto della politica autarchica; secondo una stima di parte industriale dell'immediato dopoguerra (probabilmente interessata però a minimizzare) non più dell'uno per cento dell'intero complesso industriale esistente prima dell'avvio di tale politica [30]. Quanto all'aumento della produzione, se fu certamente notevole in alcuni settori (combustibili solidi, alluminio, fibre artificiali, cellulosa, oli minerali raffinati), come valore complessivo e soprattutto in relazione all'aumento della popolazione (che tra il '29 e il '42 fu di un ottavo), esso fu però nel complesso relativamente modesto e fu pagato con costi e distorsioni nella economia nazionale e a livello sociale indubbiamente assai pesanti, non ultimo quello di una incompleta mobilitazione delle risorse e di una solo parziale razionalizzazione in senso moderno. Svariate furono le ragioni di questo relativamente modesto aumento complessivo della produzione. Tra le principali furono la mancanza di investimenti stranieri e la crescente difficoltà di trovare crediti all'estero, conseguenze entrambe della posizione internazionale assunta da Mussolini, e la crisi delle riserve auree che col '38 determinò una sensibile riduzione delle importazioni che, a sua volta, per un verso, ridusse l'attività di tutta una serie di industrie e, per un altro verso, portò ad una contrazione anche delle esportazioni sulle quali si fondava in larga parte lo sviluppo della politica autarchica e la stessa realizzazione delle sue precondizioni di base [31].

Nonostante tutto ciò non si può negare che per il regime i risultati fossero positivi. Se – al di là delle affermazioni miracolistiche della propaganda e di certe interpretazioni *totalitarie* dell'autarchia prospettate da qualche fascista più esaltato – si tengono ben presenti i limiti insuperabili che ostavano alla realizzazione di una vera economia autarchica, è un fatto che, come hanno notato il La Francesca e il Gualerni [32], alla vigilia della guerra l'apparato industriale si presentava certamente più vario

[30] Cfr. MINISTERO COSTITUENTE, *Rapporto della commissione economica*, II: *Industria*, II: *Appendice alla relazione*, Roma 1946, p. 79 (dichiarazioni di Angelo Costa).
[31] Cfr. a questo proposito il secondo volume di F. GUARNERI, *Battaglie economiche tra due grandi guerre*, Milano 1953.
[32] S. LA FRANCESCA, *La politica economica del fascismo*, Roma-Bari 1973², p. 108; e G. GUALERNI, *Industria e fascismo* cit., pp. 131 sg.

e completo di un decennio prima e (salvo che per l'aspetto tecnologico e, ovviamente, per quello degli approvvigionamenti di materie prime) non inferiore a quello delle altre grandi potenze sia per l'efficienza degli impianti sia per la molteplicità di produzione. E questo non era certo un risultato di poco conto, specie se si considera: 1) che nel '40 il programma autarchico era tutt'altro che realizzato (tipico è il caso del piano siderurgico che, nonostante Mussolini considerasse la siderurgia, «dopo quello del pane», il settore «dove bisogna raggiungere il massimo dell'autarchia», era ancora lontano dall'auspicata autosufficienza nella eventualità di un conflitto [33]), un po' per obiettive difficoltà, molto per i contrasti di vedute e di interessi esistenti nel mondo economico e gli ostacoli e i ritardi che essi provocavano; 2) che – come vedremo – Mussolini riteneva che la guerra sarebbe scoppiata piú tardi di quando effettivamente cominciò (sicché pensava di avere piú tempo per portare avanti la politica autarchica) e che sarebbe stata una guerra breve, tale cioè da comportare uno sforzo economico relativamente limitato nel tempo e quindi meno condizionato dalla scarsezza di certe materie prime.

Conseguenze di rilievo delle trasformazioni determinate dalla politica autarchica furono, da un lato, l'assunzione di un ruolo sempre piú importante da parte delle industrie dell'IRI (alla vigilia della guerra esse assicuravano l'80 per cento delle costruzioni navali, il 77 per cento della ghisa, il 67 per cento dei materiali ferrosi, il 50 per cento dell'acciaio e degli armamenti, il 23 per cento della produzione meccanica) e, da un altro lato, l'accentuarsi della già marcata (ma rispetto agli altri paesi sino allora non eccezionale) tendenza alla concentrazione economico produttiva in un numero sempre piú ristretto di uomini (buona parte dei quali era presente anche nei consigli d'amministrazione delle industrie controllate dallo Stato), con tutte le conseguenze, in primo luogo economiche, ma anche politiche, facilmente intuibili. Piú di ogni discorso vale a questo proposito quello che il 15 settembre 1939 annotava nel suo diario Ettore Conti, un uomo che di questa realtà aveva una conoscenza diretta come pochissimi altri [34]:

> In questo periodo in cui si afferma quotidianamente di voler andare verso il popolo, si è venuta a formare una oligarchia finanziaria che richiama, nel campo industriale, l'antico feudalismo.
> La produzione è, in gran parte, controllata da pochi gruppi, ad ognuno dei quali

---

[33] Cfr. V. CASTRONOVO, *L'industria siderurgica e il piano di coordinamento dell'IRI (1936-39)*, in «Ricerche storiche» (Piombino), gennaio-aprile 1978, pp. 163 sgg.
[34] E. CONTI, *Dal taccuino di un borghese* cit., p. 655.
Per i precedenti di questa tendenza cfr. R. ROMEO, *Aspetti storici dello sviluppo della grande impresa in Italia*, in «Storia contemporanea», gennaio-marzo 1970, pp. 19 sg., in cui è citato un interessante documento che la denunciava, inviato a Mussolini nel novembre 1933.

presiede un uomo. Agnelli, Cini, Volpi, Pirelli, Donegani, Falck, pochissimi altri, dominano completamente i vari rami dell'industria.

In Italia abbiamo piú di diecimila Società Anonime esercenti attività industriali che rappresentano un capitale nominale di quaranta miliardi: di questi, 32 sono raggruppati in sole 500 società, cioè quasi i quattro quinti dei capitali sono in possesso del cinque per cento delle anonime; ed anche in questa frazione modesta ritornano spesso i medesimi nomi.

Sempre a proposito delle trasformazioni determinate dalla politica autarchica, ai fini del nostro discorso è importante notare che esse avvennero sostanzialmente tutte al di fuori dell'ordinamento corporativo. Se negli anni precedenti questo aveva largamente girato a vuoto, ora cessò praticamente di avere qualsiasi incidenza attiva sulla vita economica e sociale del paese e si ridusse – sempre nella pratica, ché a parole la sua funzione e la sua «marcia» continuarono ad essere esaltate ad ogni occasione – ad un organismo burocratico di collegamento che, nel migliore dei casi, fungeva da ufficio studi e negli altri si limitava a ratificare le decisioni prese dal governo o già trattate tra di loro dalle Confederazioni. Tant'è che non si esagera dicendo che l'ordinamento corporativo varato con gran *battage* tra la fine del '33 e gli inizi del '34 non solo fece in questi anni completo naufragio, confermando *ad abundantiam* i timori e le critiche piú o meno velate che già dal '35-36 erano stati prospettati in campo fascista sulla sua capacità – cosí come era stato realizzato – di incidere effettivamente sulla realtà sociale ed economica del paese e di costituire veramente la «terza via» tra liberalismo e socialismo, tra capitalismo e collettivismo [35], ma fu anche – silenziosamente ma concretamente – messo in mora dallo stesso regime per quel che concerneva tutta una serie di sue competenze e, in particolare, per quelle, appunto, che attenevano alla politica autarchica e, dunque, allo sviluppo dell'economia. Basta per rendersene conto leggere il discorso pronunciato alla Camera dal ministro F. Lantini il 12 marzo 1938, da cui risultano chiari gli effettivi limiti di competenza e di intervento del ministero delle Corporazioni [36], e soprattutto prestare attenzione a quello che, a nostro avviso, è il fatto piú importante e significativo di questi anni per quel che concerne le Corporazioni: la riduzione nel gennaio 1939 – dopo il fallimento dell'esperienza della Commissione suprema per l'autarchia, espressa dal Comitato corporativo centrale e tosto rivelatasi un «semplice or-

[35] Cfr. su questi timori e queste critiche P. CAPOFERRI, *La fine del Sindacato*, in «Gerarchia», aprile 1936, pp. 263 sgg.; F. M. PACCES, *Sbloccamento delle corporazioni e riorganizzazione corporativa dei Ministeri*, in «Critica fascista», 1° gennaio 1937, pp. 67 sgg.; P. CAPOFERRI, *Limiti e funzioni della legge sugli impianti industriali*, in «Gerarchia», dicembre 1937, pp. 832 sgg.; A. SILVI ANTONINI, *Gestione burocratica dell'economia corporativa*, in «Critica fascista», 1° febbraio 1938, pp. 100 sg.
[36] F. LANTINI, *Corporativismo e Autarchia nell'Anno* XVI, Roma 1938.

gano di orchestrazione e di parata»[37] – delle istituzioni corporative a meri organi tecnico-burocratici del Comitato interministeriale per l'autarchia[38].

Per quel che atteneva alle attività economiche private, la politica autarchica fu praticamente condotta direttamente dallo Stato con una serie di interventi regolamentari e disciplinari che vennero posti in essere a tutti i livelli, da quello creditizio a quello delle importazioni e delle esportazioni, a quello fiscale (esenzioni, tariffe preferenziali), a quello delle sovvenzioni, dei contributi, dei prezzi minimi garantiti, a quello della fissazione e del controllo dei prezzi al commercio, ecc. Questo tipo di interventi non metteva in discussione l'attività economica privata e in molti casi, sui tempi brevi, la favoriva. Ne riduceva però notevolmente i margini di autonomia aziendale e di scelta produttiva e – quel che piú conta – la costringeva in una condizione di crescente dipendenza rispetto allo Stato. Una condizione che anche i gruppi e gli esponenti del mondo economico piú miopi o piú favorevoli al regime e che avevano

---

[37] F. GUARNERI, *Battaglie economiche* cit., II, p. 40.
Della Commissione suprema dell'autarchia facevano parte tutti i membri del Comitato corporativo centrale. Alle sue riunioni partecipavano altresí i presidenti dell'Accademia d'Italia, del Consiglio nazionale delle ricerche, delle Consulte coloniali corporative, dell'Istituto ricerche industriali, dell'Azienda generale italiana petroli, dell'Azienda carboni italiani e dell'Azienda minerali metallici italiani, il commissario generale per le Fabbricazioni di guerra, il capo dell'Ispettorato per la difesa del risparmio e l'esercizio del credito, il segretario generale della Commissione suprema di difesa, A. De Stefani e G. O. Pession dell'Accademia d'Italia, A. Giannini del Consiglio nazionale delle ricerche; nonché in qualità di esperti, A. Pirelli, i senatori Bocciardo, Ferrari, Jacobini e Tofani, i consiglieri nazionali Cambi, De Ambris, Donegani, Garbaccio, Lojacono, Marinotti, Motta, Serono e Rocca. E, in rappresentanza della stampa, il presidente e il direttore dell'«Agenzia Stefani» e i direttori dei seguenti quotidiani: «Il Popolo d'Italia», «Il Corriere della Sera», «Il Corriere Padano», «La Gazzetta del Popolo», «Il Gazzettino», «Il Giornale di Genova», «Il Giornale d'Italia», «Il Giornale di Sicilia», «Il Lavoro Fascista», «Il Mattino», «Il Messaggero», «La Nazione», «L'Ora», «Il Piccolo di Roma», «Il Piccolo di Trieste», «Il Popolo di Roma», «Il Popolo di Trieste», «Il Regime Fascista», «Il Resto del Carlino», «Il Secolo-Sera», «Il Sole», «La Stampa», «Il Telegrafo», «Il Tevere», «La Tribuna».
Un organo cosí pletorico è evidente non potesse funzionare e finisse per costituire nulla piú che una cassa di risonanza di tipo propagandistico. Da quí fra la costituzione nel gennaio 1939 del Comitato interministeriale per l'autarchia, presieduto dal «duce» e composto dai ministri delle Corporazioni, delle Finanze, dell'Agricoltura e Foreste, per le Comunicazioni e gli Scambi e valute, dal segretario del PNF, dal capo di Stato maggiore, dal presidente del Consiglio nazionale delle ricerche, dal commissario generale per le fabbricazioni di guerra, dal governatore della Banca d'Italia e dal segretario della Commissione suprema di difesa. Il decreto legge che lo istituí prevedeva tra l'altro che il Comitato potesse «in deroga alle disposizioni vigenti, autorizzare nuovi impianti industriali, prescrivere alle imprese industriali di adottare determinati processi produttivi, stabilendone le modalità, e fissare i prezzi dei prodotti». La Commissione suprema per l'autarchia non fu sciolta, ma, in pratica, fu ridotta ad una funzione meramente rappresentativo-propagandistica.
È interessante notare che alla vigilia del 25 luglio '43 era in preparazione un provvedimento (da vedere soprattutto nel quadro del rilancio corporativo auspicato negli anni della guerra da alcuni settori fascisti, di cui si parlerà nel prossimo volume) che avrebbe dovuto passare al Comitato corporativo centrale tutte le competenze attribuite nel '39 al Comitato interministeriale per l'autarchia, nonché quelle attribuite al Comitato dei ministri per la difesa del risparmio e per l'esercizio del credito e al Comitato interministeriale di coordinamento per l'approvvigionamento, la distribuzione ed i prezzi dei prodotti industriali, agricoli e dei servizi. ACS, *Presidenza del Consiglio dei Ministri, Gabinetto (1937-39)*, fasc. 18-12/3051, e *1939-43*, fasc. 18-1/20573.

[38] Cfr. nello stesso senso G. GUALERNI, *Industria e fascismo* cit., pp. 196 sgg.

con esso piú possibilità di contrattazione avevano sempre cercato in tutti i modi di evitare e che gli indubbi vantaggi economici che, per il momento, l'accompagnavano (situazione di quasi monopolio di molti settori, prezzi altamente remunerativi, sicurezza di vedere assorbita la produzione, ecc.) non valevano certo – piú tempo passava – a controbilanciare e a rendere dunque piú accettabile, specie per quelli tra essi che sapevano guardare al futuro e si rendevano conto che accentuando vieppiú la scelta autarchica[39] gli aspetti negativi della situazione sarebbero diventati sempre piú gravi e quelli positivi (anche a prescindere dal pericolo di una guerra) sempre piú limitati e aleatori. E tra questi innanzitutto quello – acutamente messo in rilievo da S. Romano nella sua biografia di Volpi[40] – di una «funzionarizzazione» dell'economia rispetto al potere politico.

Secondo i suoi fautori e non solo quelli piú esaltati, tra i molti benefici che la politica autarchica avrebbe dovuto portare vi sarebbe dovuto essere anche quello di occupare gran parte, se non addirittura tutta, la manodopera disoccupata e di alleggerire la pressione sulla terra grazie alla bonifica e alla colonizzazione. In realtà sino a quando non si ebbero i primi consistenti richiami alle armi la diminuzione della disoccupazione fu assai lenta e per nulla totale. In conseguenza della fine della guerra d'Etiopia[41] se ne verificò addirittura un aumento, nonostante il generale Dallolio, commissario generale per le fabbricazioni di guerra, si fosse affrettato a suggerire a Mussolini alcuni provvedimenti per ridurre o almeno il piú possibile procrastinare licenziamenti da parte delle industrie belliche[42]. Nell'ottobre '35, al momento dell'inizio delle ostilità, i disoccu-

---

[39] Per gli industriali l'autarchia doveva essere intesa «come massimo potenziamento tecnicamente ed economicamente possibile delle energie e delle risorse produttive della Nazione» (G. BALELLA, *Giuseppe Volpi presidente della Confederazione degli industriali*, in *Giuseppe Volpi. Ricordi e testimonianze*, Venezia 1959, p. 78), senza per altro fare dell'economia italiana una economia chiusa. Significativa è a questo proposito una lettura «controluce» del discorso sulla «disciplina dell'industria nell'autarchia», tenuto ai dirigenti sindacali degli industriali nel novembre 1938 dal presidente della Confindustria Volpi. In esso (cfr. «L'Organizzazione industriale», 18 novembre 1938) Volpi, pur allineandosi entusiasticamente alle direttive del regime, insisteva con molto vigore sulla riaffermazione di due punti chiave: a) che l'autarchia non doveva portare ad un isolamento totale dell'economia nazionale dalle economie degli altri paesi: «L'autarchia per il nostro, come, del resto, per tutti i Paesi, non può raggiungersi in senso assoluto: sarà sempre necessario importare una certa quantità di materie prime che è impossibile produrre in Paese o sostituire con succedanei nazionali, e, in tempi normali almeno, non si potrà evitare l'importazione di prodotti finiti come mezzo per ottenere di poter esportare i nostri prodotti finiti»; b) che le esportazioni andavano potenziate al massimo.
[40] S. ROMANO, *Giuseppe Volpi. Industria e finanza tra Giolitti e Mussolini*, Milano 1979, passim e spec. pp. 206, 208 e 246.
[41] Nel maggio 1935, quando erano cominciati i richiami alle armi, il PNF aveva cercato di indurre le industrie ad assumere al posto dei dipendenti richiamati altrettanti lavoratori, possibilmente appartenenti alla stessa famiglia. Molte industrie avevano però preferito non rimpiazzare i richiamati e la Confindustria (preoccupata oltre tutto di difendere il principio della libera scelta della manodopera da assumere) aveva preso le loro parti, cfr. S. ROMANO, *Giuseppe Volpi* cit., p. 213.
[42] Il 30 giugno 1936 il gen. Dallolio inviò a Mussolini un promemoria nel quale tra l'altro si

Il «consenso» tra la metà del 1936 e la metà del 1940 181

pati ufficialmente censiti ammontavano a 602 058; un anno dopo, a guerra finita, erano saliti a 696 982: 128 798 nell'agricoltura, 476 733 nell'industria e 91 451 nel commercio e nel terziario in genere. Un anno ancora dopo erano calati di circa 46 000 unità nell'industria, ma complessivamente solo di 30 000. Nel '38 e nel '39 si ebbe una ulteriore diminuzione, in parte dovuta anche al trasferimento dei «ventimila» coloni in Libia per prendere possesso delle unità poderali predisposte da Balbo[43]. Alla vigilia dell'entrata dell'Italia in guerra i disoccupati ufficialmente censiti erano però ancora circa mezzo milione[44]. Un risultato, come si vede, assai poco esaltante, che però si spiega facilmente: in generale col fatto che, come abbiamo detto, la politica autarchica attivò in questi anni solo un piccolo numero di nuove aziende, e in particolare, sia con le difficoltà della bilancia commerciale e la conseguente contrazione delle importazioni che non solo frenò nuove iniziative, ma impedí a molte aziende di lavorare a pieno ritmo, inducendo lo stesso Mussolini a considerare «eventuali chiusure di stabilimenti, disoccupazione, ecc... mali infinitamente minori della emorragia delle nostre riserve, il cui esaurimento potrebbe avere conseguenze incalcolabili di carattere internazionale»[45], e sia con la diffusa tendenza della industria ad evitare, anche quando sarebbero state necessarie, nuove assunzioni e a preferire ad

---

diceva: «Come fare in modo che ritornandosi allo svolgimento naturale delle industrie e del lavoro il licenziamento degli operai sia mantenuto nei limiti piú ridotti affinché il disagio sia il meno diffuso, e siano evitate le dannose dispersioni?

«Prima di tutto occorre ritornare all'orario normale di 40 ore settimanali o al massimo per eccezioni veramente necessarie a 48 ore... ma non piú.

«Secondariamente nei licenziamenti procedere gradatamente – prima le donne poi gli uomini, prima il personale che può trovare facilmente collocamento in altre industrie, eppoi gli altri – Diminuire anche transitoriamente le 40 ore pur di ritardare i licenziamenti, tener conto delle necessità particolari, e di tutti gli interessi in causa.

«Inoltre ciascuna industria deve pensare a utilizzare il maggior numero di operai, non affrettando il lavoro, perché si deve perseverare nel guadagnar tempo – Durare è Vincere – Invece di chiedere 84-72-65-60-52 ore settimanali per le industrie privilegiate in fatto di commesse, contentarsi delle 40 ore, e aumentare se mai il personale, o al piú delle 48 ore» (ACS, *Presidenza del Consiglio dei ministri, Gabinetto, AA: 1934-1936*, b. 805, fasc. 1-1-10/4595). Nonostante questi propositi, poco piú di tre mesi dopo il Commissariato generale per le fabbricazioni di guerra autorizzava le imprese da esso controllate (1200) e in particolare quelle che lavoravano per l'aeronautica e la marina a portare l'orario settimanale sino ad un massimo di 60 ore (*Presidenza del Consiglio dei ministri, Verbali*, seduta del 10 ottobre 1936).

[43] Cfr. sulla colonizzazione della Libia e il trasferimento dei «Ventimila», ultimo momento spettacolare del fascismo «pacifico» e «lavoratore», C. G. SEGRÉ, *L'Italia in Libia dall'età giolittiana a Gheddafi*, Milano 1978, pp. 122 sgg.

[44] ACS, *Segreteria particolare del Duce, Carteggio riservato (1922-1943)*, fasc. 242/R «Gran Consiglio», sott. 14 (1936), ins. C; *ibid.*, *Carteggio ordinario*, fasc. 6028 e fasc. 50 960.

Altre fonti dànno cifre piú elevate: 1936: 700 483; 1937: 722 378; 1938: 712 454; 1939: 669 394; 1940: 599 766. Cfr. «Rassegna di statistiche del lavoro», febbraio 1949, p. 45.

[45] Cfr. F. GUARNERI, *Battaglie economiche* cit., II, p. 241 (13 febbraio 1938), anche p. 213 (9 luglio 1937). Che la diminuzione delle importazioni avesse «certamente delle conseguenze di carattere sociale» Mussolini ne era consapevole, pensava però che non bisognasse «eccessivamente preoccuparsi» della cosa. «Tutto ciò – scriveva a Guarneri – può essere superato e comunque sarà seguito e vigilato». Cfr. *ibid.*, pp. 240 e 213.

esse una maggiore utilizzazione della manodopera in servizio. Giocare sulle ore di lavoro (e sui turni), aumentandole (talvolta sino a sessanta) ma molto spesso anche diminuendole (una indagine condotta nel 1939 su poco piú di un terzo degli operai occupati rivelò che il 19,1 per cento di essi lavorava meno di quaranta ore) a seconda delle necessità era infatti per essa economicamente assai vantaggioso, dato che, col gioco dei turni, era possibile, nei casi limite, ottenere un lavoro di quarantotto ore senza corrispondere straordinari. Né a ciò ostava la settimana di quaranta ore (invece di quarantotto) – introdotta nel '34 per fronteggiare in qualche misura la disoccupazione (con un danno per i lavoratori di circa il 17 per cento del salario, solo in parte compensato dalla istituzione degli assegni familiari) e reintrodotta (dopo una breve parentesi in occasione della guerra d'Etiopia) dal marzo 1937 al novembre 1939 – dato che i contratti collettivi vigenti autorizzavano deroghe ad essa in casi particolari e gli organi corporativi quasi sempre le avallavano, nonostante le proteste dei sindacati [46].

In parte simile, ma piú complesso, è il discorso per ciò che concerne i salari e gli stipendi e piú in genere le ripercussioni della politica autarchica sulle condizioni di vita. Durante la guerra d'Etiopia e nei mesi immediatamente successivi il costo della vita era notevolmente aumentato. L'indice del Vannutelli registra 77,2 nel '34, 78,3 nel '35, 84,2 nel '36 [47]. Quello del «Bollettino dei prezzi» dell'ISTAT del 15 gennaio 1937 registrava un aumento da 81,52 a 85,98 dal dicembre '35 al dicembre '36 (e da 76,35 a 80,50 per il costo della sola alimentazione). Una rilevazione fatta dalla legazione del Sud Africa a Roma (sui prezzi al minuto di ventitre articoli base) e fonti fiduciarie della polizia politica davano a loro volta un aumento tra il settembre '35 e il settembre '36 tra il 27 e il 30 per cento e un successivo aumento del 15 per cento alla fine del gennaio '37, attivato in buona parte dalla svalutazione della lira operata il 5 ottobre (in occasione della quale era stato affidato al PNF il compito di controllare e «difendere» i prezzi, specie quelli dei generi di prima necessità, compito che per altro il partito riuscí ad assolvere solo parzialmente) e dalla scarsezza di merci conseguente all'esaurimento delle scorte a causa delle

---

[46] Il rispetto della settimana di quaranta ore fu nel '37 oggetto di un convegno organizzato dalla Confederazione fascista dei lavoratori dell'industria che, il 9 aprile 1937, fece anche un esplicito passo presso il ministro delle Corporazioni, mettendo in luce come evadendo la legge sulle quaranta ore, si falsava «il concetto al quale si ispira la riduzione della settimana lavorativa a 40 ore» e si danneggiavano i lavoratori tanto economicamente (riduzione del salario) quanto fisicamente (aumento del rendimento). Cfr. ACS, T. CIANETTI, fasc. «Settimana di 40 ore».
[47] C. VANNUTELLI, *Les conditions de vie des travailleurs italiens au cours de la période 1929-1939*, in *Mouvements ouvriers et depression économique de 1929 à 1939*, Assem 1966, p. 313.

sanzioni e al cattivo raccolto del 1936[48]. Di fronte ad un aumento così massiccio del costo della vita, tra luglio e agosto del '36 le retribuzioni furono aumentate dell'8-10 per cento. L'aumento non era però certo tale da riequilibrare il rapporto col costo della vita e fu annullato dai nuovi aumenti dei prezzi (compreso quello del pane, che Starace cercò di rinviare il piú possibile onde evitare che avvenisse subito dopo gli aumenti salariali e ne annullasse i benefici psicologici e politici[49]) che si ebbero nei mesi successivi. In breve la situazione tornò ad essere per ciò cosí precaria che i rapporti fiduciari della polizia e del partito, specie quelli dai grandi centri industriali, parlavano concordemente di «unanime malessere per le difficoltà della vita quotidiana, quando il guadagno giornaliero non consente di mantenere la famiglia a causa del continuo rincaro dei generi» e qualcuno arrivava a mettere in guardia dal «fidarsi troppo della apparente tranquillità e fedeltà al Regime specialmente se le condizioni economiche anziché migliorare dovessero peggiorare»[50]. Da qui la necessità nell'aprile '37 di adottare una serie di provvedimenti volti a riordinare e potenziare l'assistenza generica ai meno abbienti (istituzione degli Enti comunali d'assistenza) e a esercitare un controllo piú effettivo sui prezzi (trasferito dal partito alle Corporazioni) e il mese dopo di procedere ad un nuovo aumento salariale del 10 per cento[51]. Il mese successivo, cosí come era già avvenuto nel '36 (allora l'aumento aveva oscillato tra l'8 e il 13,63 per cento), anche gli stipendi dei dipendenti dello Stato e del parastato vennero aumentati in ragione dell'8 per cento (e del 10 per cento gli straordinari).

Cosí come quelli dell'anno prima, anche questi aumenti si dimostrarono però mediamente inadeguati a tenere il passo con l'aumento del costo della vita il cui indice registrò un continuo, anche se via via meno accelerato progresso: da 84,2 nel '36 a 92,2 nel '37 a 99,3 nel '38 a 103,7 nel '39. Da qui la necessità di altri due aumenti, entrambi del 10 per cento. Uno nel marzo 1939 (con esso i salari operai segnarono, ri-

---

[48] ACS, *Min. Interno, Dir. gen. PS, Div. polizia politica*, categ. 1, b. 164, Rapporto n. 90 del 10 febbraio 1937.
[49] ACS, *Segreteria particolare del Duce, Carteggio riservato (1922-1943)*, fasc. 242/R, «Starace Achille», pro memoria per Mussolini in data 13 agosto 1936.
[50] ACS, *Min. Interno, Dir. gen. PS, Div. polizia politica*, categ. 1, b. 164; PNF, *Situazione politica delle provincie*, «Milano», rapporto in data 6 marzo 1937.
[51] La necessità dell'aumento era stata annunciata da Mussolini il 16 aprile parlando ai gerarchi del partito riuniti a palazzo Venezia: «Si deve affermare che l'aumento salariale del 1936 è stato assorbito dall'aumento del costo della vita e dalla introduzione delle 40 ore. Ora si deve ricordare che gli operai italiani quando i prezzi scendevano e la crisi del sistema imperversava hanno accettato con ferma disciplina notevoli falcidie dei loro salari, oggi che la ripresa economica è in atto, è assolutamente giusto, quindi fascista, che i loro salari siano migliorati». Il discorso non fu però reso noto. Per il suo testo cfr. ACS, *Segreteria particolare del Duce, Autografi del Duce*, b. 8, fasc. XV (1937), sott. A.

spetto al '36, un aumento di circa il 34 per cento) e un altro nel marzo 1940. Fu solo con questi aumenti e soprattutto con quello del '39 (ché nel '40 il rapporto riprese a squilibrarsi) che – sempre mediamente – le retribuzioni segnarono come potere reale d'acquisto un vero miglioramento di cui, tra l'altro, è prova la crescita nella composizione dei consumi privati di quelli non alimentari (e all'interno di questi di quelli «di relazione» o voluttuari) rispetto a quelli alimentari [52].

Detto questo in generale, per avere un quadro reale della situazione sono necessarie alcune precisazioni. Gli aumenti delle retribuzioni del '36, '37, '39 e '40 ai quali ci siamo riferiti per scandire la progressione retributiva debbono essere considerati solo come termini di riferimento indicativi, appunto, di una progressione. Essi infatti non riguardarono tutti i salari e gli stipendi, ma solo quelli degli operai dell'industria e dei dipendenti dello Stato. Per altri lavoratori, come quelli agricoli [53] e i dipendenti privati, costituirono solo un punto di riferimento, che – a seconda dei casi – fu inteso in genere come un massimo e solo raramente come un minimo. Per altri ancora, tipico il caso degli artigiani, il loro valore di riferimento fu anche minore e i reali aumenti che ne derivarono furono, salvo casi eccezionali, inferiori. Né, infine, si può sorvolare sul fatto che anche per gli operai dell'industria gli aumenti salariali da noi ricordati offrono, per chi vuole ricostruire le condizioni di vita di quegli anni, un punto di riferimento solo indicativo. E ciò essenzialmente per tre motivi: 1) perché salari superiori ai minimi contrattuali erano tutt'altro che rari, specie nelle imprese maggiori e nei settori metalmeccanico, chimico ed elettrico; 2) perché i salari reali variavano a seconda delle ore di lavoro e queste in certi settori o imprese andarono progressivamente aumentando, anche se nel complesso l'aumento fu tra il '36 e il '39 modesto (da 157 ore mensili a 160, con un massimo di 163 nel '37); 3) perché i salari reali debbono essere considerati tenendo conto del loro incremento grazie agli assegni familiari e a una serie di aggiunte salariali introdotte o migliorate in questi anni (gratifica natalizia, remunerazione delle festività infrasettimanali e delle ferie, indennità di licenziamento e di pensionamento): una stima fatta dal Vannutelli ha potuto stabilire una incidenza degli assegni familiari nel 1936-40 tra il 10 e il 15 per cento del salario e delle altre aggiunte salariali attorno al 6 per cento [54].

---

[52] Cfr. B. BARBERI, *I consumi nel primo secolo dell'Unità italiana (1861-1960)*, Milano 1961.
[53] Per i salari agricoli cfr. P. ALBERTARIO, *La situazione dell'agricoltura. Primo contributo*, Roma s. d. [ma 1948], pp. 108 sg.
[54] V. ZAMAGNI, *La dinamica dei salari nel settore industriale*, in *L'economia italiana nel periodo fascista*, a cura di P. Ciocca e G. Toniolo, Bologna 1976, pp. 342 sgg., accetta la stima del Vannu-

Data la scarsezza – per non dire l'assenza – di studi specifici e la frammentarietà della documentazione di base relativa alle condizioni di vita degli italiani negli anni tra il 1936 e il 1940, trarre dagli elementi disponibili conclusioni precise è assai difficile, specie se ciò deve servire a precisare meglio il valore da attribuire – a livello di «consenso» – alle difficoltà e al disagio economici che caratterizzarono questo periodo e che per piú di un aspetto appaiono diversi da quelli che avevano caratterizzato gli anni precedenti, quelli di «quota novanta» prima e della «grande crisi» poi. Integrando gli elementi disponibili con quanto offerto dalle fonti coeve e soprattutto con quanto risulta dalla ricchissima messe di rapporti di polizia e degli informatori del PNF sui «sentimenti popolari» e le varie manifestazioni di disagio economico è però possibile tracciare un quadro – o, meglio, un mosaico, ché si tratta essenzialmente di fare un lavoro «per tessere» – che, pur essendo certamente di larga massima, non dovrebbe essere tuttavia molto lontano dalla realtà.

Il primo e piú evidente dato di fatto che emerge da questo lavoro di mosaico è che tutte le tessere documentano una realtà di disagio diffuso. Un esame piú approfondito porta però ad operare una distinzione in almeno tre categorie fondamentali di tessere: quelle che si riferiscono a situazioni di disagio perdurante, sostanzialmente statico, e che, in quanto tali, sono segnalate nei rapporti con brevi cenni di routine, salvo in particolari occasioni che momentaneamente acuivano il malessere o accendevano le speranze in un miglioramento della situazione; quelle che non solo sono sempre presenti, ma rivelano un disagio e una sua diffusione continuamente crescenti; quelle, infine, che rivelano invece un disagio sempre presente, ma piú accentuato in alcune località e con un andamento prima crescente e poi decrescente.

Tipici della prima categoria sono il disagio del mondo agricolo e quello dei dipendenti dello Stato (e in una certa misura degli artigiani). Due casi di disagio grave, ma che, nel complesso, sembrano i piú passivi e rassegnati e, sotto il profilo del consenso, i meno pericolosi per il regime e non di rado controbilanciati da una forte dose di fiducia nel «duce». Quello del mondo agricolo emerge soprattutto in occasione di congiunture produttive particolarmente sfavorevoli e dei vari inasprimenti fiscali che si registrano in questi anni [55]. Quello dei dipendenti

---

telli e conclude che in via di prima approssimazione si può ritenere che «il salario, al netto dei contributi sociali e comprensivo degli assegni familiari e degli altri elementi aggiuntivi, va aumentato di circa il 5% nel 1935-36, 10% tra il 1937 e il 1939, 15% nel 1940».

[55] Il 7 agosto 1936 fu disposta una riforma fiscale volta a migliorare e razionalizzare l'amministrazione finanziaria ed evitare le evasioni e che, tra l'altro, prevedeva l'istituzione (non realizzata), dell'anagrafe tributaria. Due mesi dopo veniva istituita una imposta straordinaria progressiva sui dividendi delle società commerciali, e una imposta straordinaria immobiliare venticinquennale. Un anno dopo veniva istituita una imposta straordinaria sul capitale delle società per azioni. Nel novem-

dello Stato soprattutto dopo la concessione di aumenti salariali agli operai, nell'attesa che fossero estesi anche a loro e immediatamente dopo. E sempre accompagnato da una sorta di rancore e di gelosia nei confronti degli operai, considerati oggetto di un trattamento economico privilegiato. Tipico è il seguente passo di un rapporto di polizia, datato 29 marzo '39, tutto dedicato alle attese e alle speranze degli statali romani[56]:

> Si lamenta in genere che questa categoria di silenziosi lavoratori dello Stato è molto dimenticata, ed in proposito si dice che tutti gli organi competenti si preoccupano della massa operaia ch'è quella che potrebbe dare fastidio, dimenticando assai facilmente che proprio la massa operaia in genere ha un introito mensile assai piú elevato di quello del povero impiegato.
> Si osserva infatti, che, l'impiegato, in genere è quasi sempre solo ed unico in casa a costituire fonte di guadagno, non solo, è col peso dei figli da fare studiare e da presentare nella società a secondo quelle esigenze sociali che la sua casta richiede.
> Nell'ambiente operaio, invece, le fonti di utile in una famiglia sono diverse e non indifferenti.
> Infatti, si dice, in una famiglia di operai composta dei genitori e di quattro figli superiori ai quattordici anni, coloro che mensilmente portano il loro contributo a casa, in genere, sono cinque, mentre nel caso del povero impiegato è sempre uno, il capo famiglia.

Nella seconda categoria si colloca invece il disagio, il malcontento dei ceti borghesi produttivi cittadini, dai piú elevati – finanza, industria, commercio in grande – ai piú bassi, piccoli commercianti, piccoli professionisti, ecc. I rapporti degli informatori sono pieni di riferimenti ad esso ed ogni anno di piú. E spesso assumono un tono cosí drammatico e carico di osservazioni politiche (implicite, ma spesso anche esplicite) che qualche gerarca locale per contestarne presso i superiori l'attendibilità, arrivò al punto di affermare che non potevano «essere state vergate che da un autentico antifascista, il quale osserva gli avvenimenti e i fatti attraverso il prisma della propria malafede»[57]. Lasciando per il momento da parte le preoccupazioni per la situazione internazionale e la politica estera mussoliniana, assai vive anch'esse ma con un andamento piú irregolare, ad alti e bassi a seconda delle vicende politiche internazionali, ciò che emerge da questi rapporti, sino ad imporsi su tutto il resto, è una preoccupazione e un malcontento crescenti per la situazione econo-

---

bre 1938 fu istituita una imposta straordinaria una tantum anche sul capitale delle aziende industriali e commerciali. Ad essa seguí l'istituzione, nell'ottobre 1939, di una imposta ordinaria sul patrimonio e, nel gennaio 1940, dell'imposta generale sull'entrata. Cfr. S. LA FRANCESCA, *La politica economica del fascismo* cit., pp. 88 sg., che valuta il gettito previsto dalle nuove imposte in circa 11 miliardi, quasi un decimo del reddito nazionale.

[56] ACS, *Min. Interno, Dir. gen. PS, Div. polizia politica*, categ. 1, b. 207.
Per l'andamento degli stipendi dei dipendenti statali cfr. ISTAT, *Sommario di statistiche storiche* cit., pp. 204 sg.

[57] Cfr. P. MELOGRANI, *Rapporti segreti della polizia fascista* cit., pp. 24 sgg.

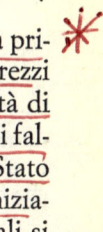

mica e per la politica autarchica, unanimemente considerata la causa prima della precarietà di questa situazione. Il continuo aumento dei prezzi e del costo della vita, la scarsezza di alcuni generi, la cattiva qualità di molti di quelli autarchici, il crescente carico fiscale, il moltiplicarsi dei fallimenti e dei protesti cambiari[58], l'inframettenza crescente dello Stato nella vita economica, lo spazio sempre piú ridotto lasciato alla iniziativa personale e privata in genere sono i temi piú ricorrenti, ai quali si accompagna uno stato d'animo per un verso sempre piú insofferente, per un altro verso d'impotenza, che denota un forte e assai diffuso scadimento del consenso e della stessa fiducia in Mussolini, mai accompagnato per altro da propositi d'impegno per mutare la situazione (per un cambiamento della quale in qualche raro caso si spera al massimo in un intervento «moderatore» del sovrano). Tra gli innumerevoli rapporti che potremmo citare ne scegliamo uno che, per il taglio, l'epoca – il febbraio 1939 – e la preparazione dell'informatore che esso rivela, ci pare riassuma bene il disagio e il malcontento della borghesia produttiva[59]:

[58] Col '38 fallimenti e protesti furono in aumento. Da una nota riassuntiva della documentazione statistica relativa al mese di settembre del 1939, trasmessa a Mussolini dal presidente dell'Istituto centrale di statistica, risulta che nei primi otto mesi del '39 furono dichiarati 4694 fallimenti, contro 3725 dello stesso periodo dell'anno precedente (26 per cento in piú) ed elevati 543 030 protesti cambiari per 336 823 000 lire contro 399 337 per 277 852 000 dell'anno precedente (36 e 21,1 per cento in piú). ACS, *Segreteria particolare del Duce, Carteggio ordinario (1922-1943)*, b. 509560, fasc. «Istituto Centrale di Statistica».
[59] ACS, PNF, *Situazione politica delle provincie*, «Milano», rapporto informativo in data 4 febbraio 1939. Per ciò che riguarda piú propriamente gli imprenditori industriali, assai interessante è ciò che scriveva un informatore della polizia da Genova suppergiú negli stessi giorni, il 25 gennaio 1939: «I datori di lavoro, in un primissimo tempo, quando cioè il Fascismo si opponeva violentemente all'azione delle camere del lavoro e delle leghe, azione, bisogna riconoscerlo, che stava dilagando nel bolscevismo, ritennero di aver trovato l'antidoto piú vero e migliore ed andarono incontro al Fascismo con la maggiore fiducia e, riteniamo, anche con larghezza di mezzi. La creazione delle Corporazioni sia dei datori di lavoro che dei prestatori d'opera, messe sullo stesso piano, con gli stessi diritti, con le discussioni di pari a pari, anzi, per interpretazioni non sempre esatte delle direttive del Duce, messe le prime in situazione sovente di inferiorità di fronte alle seconde, la dipendenza di ogni industria, di ogni commercio, di ogni attività in genere dal Ministero delle Corporazioni che ne regola e ne limita lo sviluppo e le iniziative quando lo ritiene necessario, i prelievi effettuati sul capitale e sui privati patrimoni, la limitazione dei dividendi, i gravami per contributi diversi ed a favore della classe operaia, la scarsa tutela da parte dei propri rappresentanti di fronte alla energia di quelli dei prestatori d'opera, il concorso piú o meno obbligatorio in tutte le iniziative del Partito, anche se eventualmente contrarie allo interesse dei singoli, tutto ciò è stato fonte di profonda delusione ed ha allontanati molti, almeno spiritualmente dal Partito – spiritualmente perché ovvie ragioni di opportunismo li spingono a "rimanere tesserati" ma nulla piú. I provvedimenti che man mano vengono presi dal Ministero non fanno che aumentare questo distacco. Cosí, per esempio, lo scioglimento degli uffici di collocamento passati anche essi alle dipendenze delle confederazioni dei lavoratori, rappresenta un'altra limitazione alle prerogative dei datori di lavoro, ai quali è negata "la richiesta nominativa". Si dice che a parità di capacità professionale, della quale, però, non è giudice il solo datore di lavoro, sono titoli preferenziali per l'avviamento al lavoro requisiti di natura sociale e politica: quali stato di bisogno del lavoratore, la prole a carico ed il numero di essa, l'anzianità di disoccupazione, l'iscrizione ai sindacati, le benemerenze di guerra o per la causa della Rivoluzione ecc. Ciò sta bene, ma il datore di lavoro, quello, cioè che rischia, deve accettare il lavoratore che gli viene mandato, senza la facoltà di scelta, almeno cosí viene interpretato l'articolo 10 delle nuove norme emanate e regolanti il collocamento. Il sistema darà luogo ad inconvenienti, perché maestranze cosí formate non possono essere omogenee, abili e desiderabili; a distanza di tempo

Nei circoli finanziari di Milano regna un nero pessimismo. Si tratta di cosa vecchia. Questo pessimismo regnava negli stessi ambienti, specialmente in quelli bancari, anche tre anni fa. Si è ritrovato a Torino, a Genova ed anche a Firenze. Anzi se un tempo questo pessimismo era circoscritto in certi ambienti, ora, a giudicare da quanto si è potuto constatare negli ultimi due anni, si è propagato in tutto il mondo economico arrivando fino al piú modesto esercente. È un fenomeno che ha avuto il suo inizio, dopo l'allineamento della lira.

Gli aspetti che assume questo stato d'animo sono infiniti e, ad elencarli tutti, non si finirebbe piú. Tutti però si possono ridurre ad un comune denominatore: sfiducia nel sistema autarchico e, quindi, riprovazione piú o meno palese degli attuali metodi economici.

Tutte le novità, e quindi anche i nuovi sistemi politici, sociali ed economici, cozzano contro la resistenza del conservatorismo, il quale è un male comune a tutti i mortali. La resistenza che ci interessa è di principio. Il mondo economico subisce, ma non si lascia convertire. Riterrà magari opportuno dare le piú ampie assicurazioni, professerà il suo consenso e cercherà di approfittare dell'occasione per tirare l'acqua al suo mulino; ma, in realtà, il mondo economico non cessa di rimpiangere l'antica libertà perduta, si irrita degli ostacoli che rappresentano le disposizioni del Regime e del diminuito valore dell'iniziativa personale, la quale, spesso, non era che brutale licenza. Nel mondo economico si cerca sempre invano un vero amico del Regime, un uomo che comprenda la imperiosa necessità attuale di mettersi incondizionatamente a servizio del Regime.

Leggendo i quotidiani, specialmente se da un certo tempo non si sono avuti contatti con questo mondo, ci si illude che le cose vadano mutandosi, che ci si avvicini finalmente ad una collaborazione sincera senza riserve mentali. Ma invariabilmente si è costretti a ricredersi.

Del resto, non v'è da stupirsi che cosí sia. Negli ambienti economici italiani è tradizionale ritenere che due paesi al mondo siano i modelli perfetti di economia: l'Inghilterra e l'America. Questi due paesi sono irrimediabilmente avversi ad un sistema economico come quello che vige in Italia: dunque, per la stragrande maggioranza dei nostri uomini di affari, il sistema italiano deve essere necessariamente errato.

Oltre a ciò basta scorrere la pagina finanziaria dei giornali esteri piú autorevoli in materia economica, per rendersi conto che il pessimismo nostrano ha il conforto di quasi tutti i portavoce dell'economia internazionale. La stampa di tutti i paesi democratici – dei cosidetti paesi economicamente forti – è unanime su quest'argo-

richiederà delle modifiche radicali, che si renderanno indispensabili, ma, intanto, produce danni, malcontenti moltissimi e malesseri davvero profondi.

«Ed apriamo qui, una parentesi: anche per i datori di lavoro può dirsi qualche cosa circa la soppressione delle iniziative; come gli operai di frequente sentivano il bisogno delle agitazioni e delle lotte, cosí non mancavano i momenti nei quali i datori di lavoro si illudevano – perché in molti casi era semplice illusione – di potere a loro beneplacito effettuare le serrate e ricondurre al dovere le proprie maestranze e... chiudiamo la parentesi.

«Dicevo che tutto quanto deprecano i datori di lavoro dà luogo a malessere; ora non bisogna dimenticare che il malessere può considerarsi una vera e propria malattia infettiva che si propaga con celerità e raggiunge tutti gli strati sociali, rendendolo piú generale e piú profondo di quanto possa supporsi; ne consegue che gli stati di tensione per ideologie antibolsceviche, per imperialismi – per i quali non siamo neppure molto maturi – rimangono superficialissimi e vengono considerati "diversivi" intesi ad distrarre l'attenzione dai problemi che assillano, come quello del caro vita, ed a far tollerare sistemi disciplinari che il carattere italiano – almeno quello delle attuali generazioni – mal tollera e che non sempre quelli incaricati di applicarla, quelli posti al comando sanno usare cum grano salis!» (ACS, *Min. Interno, Dir. gen. PS, Div. polizia politica*, categ. 1, b. 217).

mento e leggendo l'articolo tradotto dalla «Neue Zuercher Zeitung», ci si può persuadere.

Dal punto di vista particolare, interessa più che altro vedere se questo stato d'animo, che prevale negli ambienti finanziari, industriali e mercantili, può avere un'influenza sul resto dell'opinione pubblica e sul cosidetto «uomo della strada». Purtroppo, bisogna rispondere affermativamente. L'«uomo della strada» è attualmente più accessibile che mai a subire l'influenza di questa specie di pessimismo, perché è leso nei suoi interessi personali dai continui rincari, dalla costrizione nella quale si trova di dover ridurre ogni giorno il suo tenore di vita, dal timore che i suoi mezzi non possano più bastare e dal vedersi preclusa, o almeno, resa difficile la possibilità di aumentare i suoi redditi. L'«uomo della strada» vive in una continua apprensione, che si manifesta anche per motivi futilissimi: perché le uova rincarano di un soldo, perché la posta aerea per le Colonie ha subito un aumento, perché i pubblici spettacoli aumentano i prezzi ecc. Il pizzicagnolo, il droghiere, il panettiere, tutti i suoi fornitori, sono per lui altrettante agenzie allarmistiche: sono, in fondo, le ultime propagini del mondo economico, che vendono al minuto, oltre alle loro mercanzie, anche il pessimismo che regna nei loro ambienti.

La cosa assume troppo sovente l'aspetto di scoramento e di rassegnazione rabbiosa, che porta la gente allo scetticismo più assoluto in materia economica. Questo stato d'animo è illustrato dalla storiella di quel modesto ometto il quale, alla fine di una conferenza esaltante i successi economici, domandò la parola per chiedere al conferenziere: «Come spiega lei allora, che il cacio è aumentato anche stamane di du' soldi?»

Si ritiene che, diffondendosi, questo stato d'animo può diventare un elemento negativo nell'eventualità non impossibile che la Nazione venga chiamata ad opporre al nemico di domani uno sforzo economico, nel quale sarebbe necessario raccogliere tutti i valori di resistenza. E che esso sia, attualmente, uno degli elementi principali che concorrono a creare quell'atmosfera pesante che va appesantendosi sempre più.

Nella terza categoria si colloca il disagio degli operai. Il gran numero di rapporti ad esso dedicati non lascia dubbi: esso fu sempre vivo e presente in tutti i settori operai e lungo tutto l'arco di tempo di cui ci stiamo occupando. Alla sua origine erano motivi economici, ma – specie nelle imprese più grandi – anche altri, connessi alle condizioni di lavoro (organizzazione dei ritmi e dei turni, cottimi, orari ridotti o troppo elevati, ecc.), ai criteri di assunzione e di licenziamento (spesso arbitrari e col solo scopo di riassumere i lavoratori licenziati in una categoria inferiore), alla richiesta di una presenza sindacale in fabbrica. Diffuso ovunque, esso era maggiore tra gli operai delle categorie più basse [60] e delle grandi imprese di Torino, Milano, Genova, città dove il costo della vita era più

---

[60] In un rapporto da Milano in data 12 marzo 1940, redatto dunque dopo gli ultimi aumenti salariali, si legge: «L'operaio specializzato che guadagna bene per la penuria di questa mano d'opera, usufruirà della stessa percentuale d'aumento della maggioranza, e cioè manovali, uomini di fatica, ecc., che percepiscono paghe irrisorie nei confronti del costo della vita odierna...»

«Esempio – vi sono operai specializzati che percepiscono una media di L. 5 all'ora e cioè L. 40 per giornate lavorative di otto ore. Con l'aumento del 15% la paga giornaliera salirà a L. 46. Gli

elevato e dove la gran massa dei lavoratori non aveva (come sopravvivevano altrove) possibilità di integrare il lavoro in fabbrica con piccole attività agricole, dove i motivi di disagio non immediatamente economico erano maggiori e piú numerosi e dove piú alto era il numero dei vecchi operai con una esperienza sindacale e una formazione socialista. Molto vivo nel '36, nel '37 e ancora nel '38, nel '39 il disagio degli operai dell'industria, pur continuando, perse però – specie dopo gli aumenti del marzo – parte della sua intensità e, significativamente, mutò in buona parte le sue motivazioni. Piú che quelle immediatamente economiche, salariali, sino allora dominanti, in primo piano ne vennero altre, in parte sempre al fondo economiche, in parte piú propriamente sindacali. Tra le prime soprattutto quelle connesse agli oneri derivanti dai contributi sociali [61] e, dopo gli aumenti del '39 e specialmente del '40, dall'applicazione ai salari maggiori della imposta di ricchezza mobile e in certi casi della complementare [62]. Tra le seconde quelle connesse alle condizioni di

uomini, di fatica, manovali ecc. percepiscono invece L. 2,50 all'ora e cioè L. 20 al giorno. Coll'aumento del 15% essi arriveranno a L. 23.
«Siccome l'aumento concesso non riguarda la singola abilità lavorativa dell'operaio, ma è stato deliberato per il maggior costo della vita, si dice che uguale è l'onere famigliare dell'operaio specializzato come per quello dell'uomo di fatica, manovale, ecc. – Perciò si sperava che il Comitato Centrale Corporativo o avrebbe dovuto adottare una specie di scala proporzionale, oppure stabilire un aumento fisso giornaliero per tutte le categorie, appunto in considerazione dello stato eccezionale per cui vengono fatti gli aumenti deliberati. Insomma non creare ancora delle sperequazioni, che in un Regime normale sono giustificate dalle singole abilità lavorative, ma che nel caso specifico si riferiscono soltanto al fattore vita» (*ibid.*, b. 207).
Sulla classe operaia in questi anni (e durante tutto il periodo fascista) mancano ancora studi esaurienti. Utili, ma frammentari e spesso non approfonditi elementi sono offerti dalla recentissima serie di saggi raccolti nel ventesimo volume (1979-80) degli «Annali» della Fondazione G. G. Feltrinelli.
[61] Tipico è quanto si legge in un rapporto da Trieste in data 12 giugno 1939: «A suo tempo naturalmente tutto l'elemento operaio aveva accolto con vivissima soddisfazione l'annuncio dato dei miglioramenti che sarebbero stati apportati alle varie prestazioni previste per i differenti rami dell'assicurazione.
«Ma a tali miglioramenti, che in allora si supponevano introdotti sia perché il maggior numero di assicurati consentisse un migliore riparto delle somme da loro pagate, sia perché i capitali in lungo tempo accumulati sembrassero sufficienti a garantire maggiori erogazioni, sono ora seguite le necessarie perequazioni delle tabelle dei contributi. Un tanto [*sic*] ha fatto un po' smorzare l'entusiasmo di un tempo.
«Tra l'elemento operaio ed impiegatizio se ne è fatto oggetto di discussioni, che sono tuttora aperte. Si dice che le trattenute per le previdenze sociali sono attualmente assai considerevoli e tali da costituire una notevole falcidia dei salari, specie per quelli che non possono contare su lavori straordinari o su lavori a cottimo. Si dice che attualmente si paga quasi il doppio di prima che fossero introdotte tali modifiche e che quasi tutto il recente aumento di salario sia stato assorbito dai nuovi maggiori contributi di previdenza.
«Non manca poi chi mette la nota stonata, di nuovi e impellenti bisogni dello Stato di procurarsi comunque dei fondi necessari per far fronte alle impellenti grandi necessità del momento» (*ibid.*, b. 217).
[62] Alcune Federazioni fasciste, quale quella di Torino, già dall'inizio del 1938 avevano fatto presente l'opportunità di non tassare o almeno sospendere gli accertamenti fiscali per la complementare (ACS, PNF, *Situazione politica delle provincie*, «Torino», *Promemoria per S. E. Starace*», senza data ma del gennaio '38). Il 17 marzo 1939 la Direzione generale delle imposte dirette del ministero delle Finanze inviò ai dipendenti ispettorati compartimentali istruzioni per il non computo dei nuovi adeguamenti salariali ai fini dell'applicazione dell'imposta di ricchezza mobile. ACS, *Presidenza del Consiglio dei ministri, Gabinetto, Atti*, fasc. 18-5/1454).

lavoro e alla presenza del sindacato in fabbrica. Proiettando tutto il problema in una prospettiva politica generale, non è certo privo di significato che, mentre sino a tutto il 1938 i rapporti degli informatori e della polizia erano unanimi nel mettere in guardia dal considerare la massa operaia vicina al regime (e non di rado con toni assai allarmati), col 1939 le notazioni di questo tipo si fanno meno numerose e drammatiche e non ne mancano di ottimistiche o, almeno, non allarmistiche. Significativa è la seguente osservazione tratta da un rapporto da Milano in data 16 aprile 1940, in piena «non belligeranza»[63]:

> La classe operaia è forse la piú tranquilla. È quella che meno si occupa di politica. Anche la classe impiegatizia oggi è tranquilla. Quelli che continuamente sono malcontenti sono in gran parte i proprietari di case e terreni, i commercianti e anche molti industriali.

Abbiamo definito l'osservazione significativa riferendoci soprattutto a quello che sino a non molto tempo prima era stato il giudizio corrente della stragrande maggioranza degli informatori e dei funzionari della polizia, per marcarne la differenza. Prenderla alla lettera, generalizzarla, fondare su di essa e sulle altre consimili pure presenti in altri rapporti una valutazione complessiva dell'atteggiamento delle masse operaie verso il regime sarebbe però un errore. Altri rapporti, del '39, del '40 potrebbero – se presi ugualmente alla lettera – autorizzare ad affermare che la «tranquillità» degli operai fosse invece frutto di rassegnazione, di opportunismo, addirittura di un odio cosí radicato per il fascismo da arrivare ad augurarsi una guerra pur di liberarsi dall'«attuale schiavitú» e da attenderla mostrando «un contegno normale, tranquillo, ossequiente»[64]. Detto questo, va però detto anche che sullo scorcio degli anni trenta, parallelamente all'attenuarsi almeno in parte del disagio economico, qualche cosa nell'atteggiamento operaio verso il regime indubbiamente cominciò a mutare, smussandone – pur nel quadro del generale timore di una guerra e della ostilità per l'alleanza con la Germania (che però tra gli operai era meno vivace che nei ceti borghesi e anche contadini, specie tra i piú giovani) – alcune delle punte polemiche piú propriamente politiche. Anche se di esso si può dare una interpretazione anche in chiave di opportunismo, non è privo di significato il fatto che nel dicembre '39 – quando furono riaperte le iscrizioni al PNF per gli ex combattenti – non pochi furono gli operai che ne approfittarono per entrare nel par-

---

[63] P. MELOGRANI, *Rapporti segreti della polizia fascista* cit., p. 59.
[64] Cfr. *L'Italia antifascista dal 1922 al 1940* cit., II, pp. 464 sg. (rapporto da Siena in data 28 agosto 1939).

tito[65]. Di interpretazione meno dubbia è invece un altro fatto verificatosi nello stesso periodo: la simpatia con la quale anche tra gli operai si guardò alla Finlandia aggredita dall'Urss[66]. Né la cosa può meravigliare se appena si pensi agli anni che il fascismo era al potere, alla naturale trasformazione della composizione della classe operaia determinata dalla sostituzione degli elementi piú anziani con giovani che assai spesso non avevano conosciuto altra realtà che quella fascista, si erano formati nella sua atmosfera e nella sua scuola e non di rado provenivano dalla campagna, al condizionamento dell'ambiente e al progressivo venir meno di voci alternative e di gruppi antifascisti attivi in grado di prospettare forme di lotta credibili e per le quali valesse la pena correre rischi. E ancora, come verso la fine del '36 facevano realisticamente notare sulla stampa antifascista Eugenio Colorni e Ruggiero Grieco, che

> il fascismo non si era mai fatto una bandiera della difesa del capitalismo, né [aveva] mai posto sui magnati della finanza l'aureola della santità nazionale. Non solo: esso proclam[ava] il suo interesse per le classi lavoratrici, e si atteggia[va] a difensore di esse[67]

e che i lavoratori fascisti (ormai abbastanza numerosi) con cui essi erano a contatto erano, «nella grandissima maggioranza, degli operai onesti, i quali cred[evano] che il fascismo l'[avrebbe] fatta finita un giorno coi capitalisti, difende[vano] gli interessi propri e dei compagni di lavoro, e [erano] spesso *alla testa* delle lotte operaie»[68]. E tutto ciò senza considerare quanto stava avvenendo nei sindacati e in particolare in quelli dell'industria.

---

[65] In un rapporto da Roma in data 11 dicembre 1939 si legge: «Di quello che pure assai si discute molto favorevolmente fra gli operai è la decisione di far entrare nel Partito tutti gli ex combattenti e quello che vi posso assicurare, come ho sentito dire, il maggiore contingente lo daranno proprio gli operai i quali sono rimasti soddisfatti di questa grande decisione del Duce che darà a diversi la possibilità e l'onore di indossare la camicia nera.

«Come pure vi comunico che diversi ex sovversivi che conosco come addormentati, sono anche essi contenti di questo provvedimento e faranno anche essi come ex combattenti la domanda di entrare nel Partito, perché dicono che essi nel loro silenzio sono stati sempre ammiratori di Mussolini e lo dicono pubblicamente e che il Duce merita il plauso di tutti i cittadini in buona fede perché si è dimostrato veramente un uomo di una bontà e di una costanza fenomenale» (ACS, *Min. Interno, Dir. gen. PS, Div. polizia politica*, categ. 1, b. 217).

[66] In un rapporto da Sesto San Giovanni in data 9 dicembre 1939 si legge: «Gli avvenimenti che si svolgono in Finlandia hanno destato dolorosa impressione fra la popolazione locale e nella stessa massa operaia e mentre non si nascondono le simpatie per il piccolo popolo aggredito non si risparmiano aspri commenti contro un'azione cosí ingiusta e brutalmente aggressiva.

«Fra l'elemento operaio, non senza ironia si osserva questo singolare quanto istruttivo voltafaccia di coloro che han sempre predicato contro l'imperialismo e che ora non esitano a smascherare le loro mire e portare la distruzione e la miseria fra un popolo inoffensivo ed altamente civile.

«Le notizie confermanti l'eroica resistenza opposta dai Finlandesi e le difficoltà che i russi incontrano, nonché i particolari che i giornali pubblicano sulla guerra in corso, sono oggetto di compiacimento che apertamente indica come le generali simpatie seguano il popolo Finlandese» (*ibid.*).

[67] AGOSTINI [E. COLORNI], *Intorno al manifesto del PCdI. La lotta all'interno del fascismo*, in «Il nuovo Avanti», 31 ottobre 1936.

[68] R. G[RIECO], *Postilla*, in «Lo Stato operaio», novembre 1936, p. 797.

Nel primo tomo di questo volume[69] abbiamo parlato del risveglio di vita interna e di attività verificatosi nella prima metà degli anni trenta nei sindacati fascisti e delle conseguenze che ciò aveva avuto sotto il profilo tanto organizzativo quanto dello stabilirsi di una certa fiducia in essi da parte dei lavoratori, specie piú giovani. Per quel che concerneva piú propriamente gli operai questo fenomeno sino alla guerra d'Etiopia si era però mantenuto in termini complessivamente abbastanza ridotti, anche se aveva dato alcuni frutti che alla lunga si sarebbero rivelati assai importanti, in primo luogo quello di fornire i quadri sindacali di base e intermedi di un discreto numero di attivisti e di dirigenti provenienti direttamente dal mondo operaio e che, quindi, ne conoscevano la realtà meglio della gran maggioranza degli altri quadri, erano in genere partecipi dei suoi problemi e ne riscuotevano assai piú degli altri la fiducia. Con la conclusione della guerra d'Etiopia questo processo prese ad accentuarsi.

Nei sindacati e soprattutto nella Confederazione fascista dei lavoratori dell'industria (ché in quella dei lavoratori della terra i legami e le connivenze con i proprietari rimasero molto maggiori e ciò rese piú limitato il rinnovamento interno della Confederazione) le tendenze ad una azione piú genuinamente sindacale, le aspirazioni ad un ruolo sociale e politico piú attivo e diretto, la volontà di opporsi a chi avrebbe voluto svuotare il sindacato a tutto vantaggio delle corporazioni e, al limite, sopprimerlo o ridurlo a qualcosa di simile ai sindacati nazisti[70] si fecero piú forti e audaci. Le attese sociali per anni compresse e ora esaltate dalla vittoria africana ridiedero fiato ai vecchi sindacalisti rivoluzionari (o corridoniani, come amavano definirsi), ai Malusardi, ai De Ambris, ai Cianetti, ai Capoferri e, tra i piú giovani, ai Fontanelli, ai Venturi, che nel loro intimo non si erano mai rassegnati alla sconfitta-sconfessione di Rossoni, e fecero guardare con nuovo interesse ai sindacati ad un certo numero di giovani fascisti stanchi delle inconcludenti logomachie sul corporativismo e il «nuovo ordine sociale fascista». In questo nuovo clima, che non fu solo dei sindacati ma anche di altre organizzazioni ope-

---

[69] Cfr. *Mussolini il duce*, I, pp. 92 sgg. e 193 sgg.
[70] La prima difesa del modello sindacale fascista dai tentativi di importare in Italia quello nazista fu, probabilmente, quello di L. BEGNOTTI, *Evoluzione corporativa*, Roma 1934 (interessante anche per la rivendicazione dalla indispensabilità del sindacato anche in regime corporativo e per la difesa delle sue funzioni politiche). Per gli sviluppi successivi dell'atteggiamento del gruppo dirigente sindacale in materia assai significativa è la relazione che T. Cianetti redasse al ritorno da un suo viaggio compiuto nel 1937 in Germania, pubblicata in M. SIMONETTI, *Stato, Partito e Sindacato in Italia e in Germania attraverso una relazione del 1937 a Mussolini sul «Fronte tedesco del lavoro» (DAF)*, in «Ricerche storiche» (Piombino), gennaio-aprile 1979, pp. 180 sgg.

ranti nel mondo del lavoro[71], ma che ebbe le sue manifestazioni piú evidenti e significative nella Confederazione fascista dei lavoratori dell'industria, l'azione dei sindacati – specie dopo il «via libera» dato da Mussolini con l'accettazione nell'estate '36 delle loro richieste di aumento dei salari – si fece in breve piú decisa, trovando echi notevoli e spesso una sorta di cassa di risonanza nella stampa giovanile e, tramite essa, anche in molti dei maggiori organi fascisti. Certo le difficoltà non erano poche. Nonostante l'inizio di ripresa degli anni precedenti e l'impegno crescente di una parte dei suoi quadri[72], il sindacato fascista non poteva certo liberarsi facilmente (infatti non se ne liberò mai completamente) delle tare d'origine e dei limiti insiti nel particolare rapporto di forze sul

[71] Tipico prodotto di questo clima fu il *Pro-Memoria* (a stampa) che l'Ente nazionale fascista della cooperazione inviò ai componenti della commissione a cui il Gran Consiglio aveva affidato la preparazione della trasformazione della Camera dei deputati nella Camera dei fasci e delle corporazioni. In essa, dopo un ambiguo accenno alla corporazione proprietaria che potrebbe essere inteso anche in positivo, si leggano passi di questo tipo (pp. 7-8) che fanno trasparire atteggiamenti e stati d'animo nuovi: «Ventilata la corporazione proprietaria ed assuntrice di imprese, secondo schemi e teorie che sono rimaste nel vasto ambito di brillanti disquisizioni polemiche, è rimasta concreta la larga fioritura di iniziative, industriali e commerciali, che si sono identificate nei consorzi obbligatori, nelle compagnie, negli istituti e negli enti nazionali che, magari creati per risolvere situazioni di emergenza momentanea, si sono poi definitivamente innestati nell'attività economica del Paese e in modo da far sentire chiaramente il peso della loro esistenza.

«Purtroppo si è dovuto constatare che tali organismi sono stati in gran parte, o sono divenuti ben presto, l'emanazione di interessi particolari di categoria e, talora, di gruppi ben individuabili della stessa categoria. I consorzi fra industriali, dal ferro al cemento, dai metalli ai concimi, dai semi oleosi ai foraggi, dai laterizi al vetro, dalla carta alle ceramiche, dalle lane ai cotoni, ecc., sono le piú ampia e concreta manifestazione di tali agglomerati di interessi, che assumono sovente delle vere strutture monopolistiche e creano disarmonie tra gli elementi della stessa categoria o tra categorie affini, cosí da dare adito a delle autentiche sperequazioni, ai danni degli altri.

«Numerosissime sono le lamentele dei piccoli e medi industriali, e degli artigiani piú intraprendenti (che costituiscono la massa piú sana dell'industria nazionale), per le forme di imposizione e di assoluto arbitrio con cui questi consorzi o istituti operano a vantaggio di pochi grossi industriali. Tipica, ed è superflua una specifica citazione, l'azione svolta da tali organismi in materia di contingentamenti, di distribuzione di queste materie prime o di coefficienti di esportazione e di fissazione di prezzi interni.

«Non molto dissimile è la situazione creatasi nel campo commerciale, specialmente in seguito alla instaurazione degli scambi bilanciati ed al controllo delle valute. In questo settore soltanto l'azione energica ed oculata del Comitato dei Prezzi del Partito e del Sottosegretariato agli Scambi e Valute, hanno impedito l'estendersi di forme iugulatorie nel commercio nazionale, *specialmente perché è stata mantenuta aperta la valvola di sicurezza dei rifornimenti attraverso gli enti cooperativi di consumo*). Ciò nonostante, mentre vi sono stati dei commercianti italiani, onesti e consapevoli della loro responsabilità, che hanno accettato le nuove condizioni con perfetta disciplina e ne hanno subito anche evidenti svantaggi, vi sono stati quelli che, valendosi della loro particolare posizione, hanno potuto e saputo disporre a loro piacimento, di quote di merci di importazione, lucrando non già sul giusto e normale scambio dei prodotti, ma sul semplice possesso dei buoni di importazione. Nel seno delle stesse associazioni professionali del commercio, per il forte e manifesto contrasto fra i grossisti ed i venditori al dettaglio, si è sentita l'urgenza di riparare in parte a questo stato di cose, creando le compagnie sindacali, le quali però si sono limitate a salvaguardare gli interessi dei piú grossi, lasciando inalterate molte delle maggiori sperequazioni, ed acuendo quindi alcune già difficili situazioni» (ACS, *Presidenza del Consiglio dei ministri, Gabinetto, Atti (1937-39)*, fasc. 1-5-1/4387).

[72] Verso la fine del '38 la Confederazione fascista dei lavoratori dell'industria contava oltre 45 000 quadri (di cui solo 114 stipendiati): 20 segretari di Federazione nazionale, 94 segretari di Unione provinciale, 34 segretari di sindacati nazionali, 445 delegati di zona, 6449 delegati comunali, 3468 segretari di Sindacati interprovinciali e provinciali, 5336 segretari di Sindacati comunali, 34 685 membri di direttori, fiduciari e corrispondenti di azienda. Quanto al personale alle dipen-

quale si fondava il regime: burocratismo, corruzione, inferiorità psicologica rispetto ai datori di lavoro, diffidenza e sospetto politici nei confronti dei lavoratori, dipendenza dal potere politico, impreparazione tecnica erano diffusi un po' a tutti i livelli. Né si deve sottovalutare il condizionamento costituito per molti sindacalisti dalle infinite possibilità che, localmente, ma anche a livello nazionale, il padronato aveva di servirsi delle autorità di polizia e del partito per colpire coloro che gli davano troppo fastidio[73]. Ciò nonostante nel '36-37 e ancor piú nel triennio successivo (grosso modo sino all'entrata in guerra che, nel nome dei « superiori interessi della patria », sancí la fine del sindacalismo fascista in quanto forza capace di assolvere almeno parzialmente alla difesa dei lavoratori) i risultati conseguiti furono tutt'altro che insignificanti, sia sul terreno della contrattazione nazionale e aziendale[74] e del suo effettivo

denze della Confederazione, esso ammontava a 2558 unità, 514 in servizio al centro e il resto in periferia. Rispetto all'anzianità di partito questo personale era cosí suddiviso:

	Uomini	Donne	Totale
1919	68[a]	–	68
1920	170	–	170
1921	276	5	281
1922	220	4	224
1923	102	6	108
1924	50	3	53
1925	72	9	81
1926	113	13	126
1927	76	22	98
1928	70	22	92
1929	39	22	61
1930	40	30	70
1931	44	34	78
1932	175	38	213
1933	120	63	183
1934	48	119	167
1935	32	148	180
1936	23	45	68
1937	12	34	46
1938	8	25	33
Altri[b]			158
			2558

[a] Di cui 5 sansepolcristi.
[b] Sui quali mancavano dati precisi.

Nel '37 l'attività della Confederazione si articolò in 10 607 riunioni di direttori provinciali, 1720 riunioni plenarie di dirigenti e 11 780 assemblee di categoria.

[73] Cfr. per un caso concreto di questo tipo A. AQUARONE, *L'organizzazione dello Stato totalitario* cit., pp. 230 sg.
[74] In occasione degli aumenti del marzo 1940 la Confederazione fascista dei lavoratori dell'industria ottenne che essi fossero elevati del 15 per cento per gli impiegati di terza categoria (la piú numerosa) e per l'80 per cento degli operai. ACS, *Min. Interno, Dir. gen. PS, Div. polizia politica*, categ. 1, b. 207, P. Capoferri a A. Bocchini, 23 marzo 1940.

rispetto, sia su quelli della regolamentazione dei cottimi e dei ritmi di lavoro, della difesa dei lavoratori dalle sopraffazioni padronali (soprattutto dai licenziamenti ingiustificati, per evitare passaggi di categoria, per «turbolenza sindacale»), delle vertenze individuali, del controllo delle condizioni di lavoro, della mutualità e del collocamento, dell'apprendistato e ancor piú dell'assistenza[75]. Tant'è che Cianetti, nel suo già ricordato *Un fascista a Castelvecchio*, avrebbe scritto:

> Nel settore sociale c'era un tale fervore e si era raggiunta una tale quota di fermento innovatore che nel 1938, in occasione di un congresso della Confederazione dei lavoratori dell'industria, si dichiarò superata dallo spirito dei tempi la legge sindacale del 1926 e la stessa Carta del lavoro nelle parti normative.

I risultati piú significativi furono, nel '37, l'acquisizione del diritto di partecipare con propri rappresentanti alla definizione delle tariffe dei cottimi e, nell'ottobre '39, il riconoscimento e la reintegrazione ufficiale dei fiduciari di fabbrica. Inizialmente limitato al settore industriale, poi esteso a quello del credito e delle assicurazioni e a quello del commercio, politicamente questo fu certo il piú importante, sia perché realizzava una delle piú vive aspirazioni dei lavoratori sia perché equivaleva per il sindacalismo fascista ad una vera e propria rivincita sugli imprenditori che dieci anni prima avevano imposto la soppressione dei fiduciari. Sempre nel '39 altri due avvenimenti molto importanti furono la promulgazione, in aprile, della nuova legislazione in materia di assistenza ai lavoratori e, in ottobre, il trasferimento del Dopolavoro dalla competenza del PNF a quella dei sindacati. Il primo sancí l'aumento dell'indennità di disoccupazione (da lire 1,25-3,75 a 2,50-7 lire al giorno oltre un'aggiunta progressiva per i figli in età non superiore a quindici anni), il miglioramento delle pensioni di invalidità e vecchiaia (abbassando per questa il limite di età da 65 a 64 anni e in prospettiva a 60 per gli uomini e a 60 e 55 per le donne) e la loro reversibilità a favore dei superstiti, degli assegni familiari, delle assicurazioni e dei premi di nuzialità e natalità e, fatto assai importante, l'estensione delle assicurazioni sociali a tutta una serie di categorie di lavoratori che sino allora ne erano state escluse[76]. Nonostante gli indub-

---

[75] Significativo per la mutualità è l'andamento del rapporto tra numero dei casi di malattia denunziati (A) e numero dei casi di malattia indennizzati (B):

	A	B
1934	424 031	312 181
1935	492 010	425 201
1936	580 931	491 424
1937	680 003	631 012

[76] Sulla nuova legislazione cfr. B. BIAGI, *Riforma fascista della previdenza sociale*, Roma 1939; INFPS, *Convegno dei dirigenti della previdenza sociale (Forlí, 25 luglio 1939-XVII)*, Roma 1939;

bi vantaggi ad essi arrecati e nonostante che gli oneri maggiori fossero a carico dei datori di lavoro, la nuova legislazione – lo abbiamo accennato – suscitò tra i lavoratori notevoli malumori (che, per altro, stando a quello che il presidente della Confederazione fascista dei lavoratori della industria, T. Cianetti, scrisse a Mussolini, sarebbe stato in parte abilmente montato ad arte da «molti industriali» e da alcuni uomini politici che non avevano «saputo spogliarsi della loro posizione di datori di lavoro») per l'ammontare delle quote contributive ad essi accollate e ritenute troppo elevate. Per capire meglio lo spirito e i problemi del sindacalismo fascista in questi anni è significativo l'atteggiamento che su questo problema assunse la dirigenza sindacale. La misura e quindi l'onere della riforma (autorizzata personalmente da Mussolini che, sollecitato soprattutto dalle Confederazioni dei lavoratori, ne tracciò le linee di fondo in una lettera del 24 novembre '38 al presidente dell'INPS) furono oggetto di vivaci discussioni tra le Confederazioni dei datori e dei prestatori d'opera, il ministero delle Corporazioni e l'INPS. I datori di lavoro, con quelli dell'industria in testa, dichiararono subito che l'onere previsto era per essi insostenibile e mantennero questo atteggiamento anche dopo che una revisione del progetto li diminuí. A questo punto, tra una soluzione piú favorevole ai lavoratori, ma i cui oneri fossero ripartiti tra datori e prestatori d'opera e una meno favorevole ai lavoratori, ma i cui oneri non fossero a loro carico, la dirigenza sindacale optò per la prima con questa argomentazione un po' «pedagogica», ma soprattutto politica, che Cianetti ripeté a Mussolini (che non certo a caso poche settimane dopo lo trasferí dalla presidenza della Confederazione dei lavoratori dell'industria al sottosegretariato delle Corporazioni con il compito di occuparsi proprio della previdenza sociale[77])

INPS, *Il primo settantennio dell'INPS attraverso la legislazione previdenziale*, Roma 1970, pp. 265 sgg.; nonché ACS, *Segreteria particolare del Duce, Carteggio ordinario (1922-43)*, fasc. 509562, «Istituto Naz. della Previdenza Sociale».

[77] In un rapporto fiduciario da Genova in data 31 luglio 1939 si legge: «La notizia della nomina di Cianetti a sotto segretario alla Previdenza Sociale è stata accolta con vivo compiacimento in tutti gli ambienti sindacali dove era sentita la necessità che a capo di tutti i servizi della previdenza fosse posto un elemento che godesse d'una certa autorità fra le masse lavoratrici.

«È noto che i recenti aumenti dei contributi per la Previdenza hanno destato non poco malcontento fra le masse lavoratrici le quali, pur apprezzando i miglioramenti apportati in tutti i campi della previdenza sociale, hanno visto diminuire l'importo del loro salario. Le masse lavoratrici affermano che i nuovi contributi per la previdenza hanno annullato il recente aumento salariale ed hanno perciò creato un senso di disagio nel loro bilancio domestico. L'aumento dei contributi è stato ritenuto troppo forte specialmente in questi momenti, in cui la vita è notevolmente rincarata, nel mentre per contro i guadagni, anziché aumentare, sono diminuiti. Si spiegano quindi tutte le lamentele, le critiche e le mormorazioni che sono state fatte, e che ancora si fanno, da parte degli operai e degli impiegati.

«Le organizzazioni sindacali non sono state troppo attive nello svolgere un'opera di propaganda tra le masse per convincerle ad accettare con serenità l'aumento dei contributi per la previdenza. È mancata quella efficace opera di persuasione a valutare meglio le provvidenze che il Regime ha stabilito per i lavoratori. Le organizzazioni sindacali si sono limitate a distribuire nelle officine e negli

ancora dopo il varo della nuova legislazione per rispondere alle critiche mosse appena fu chiaro che essa aveva scontentato non solo i datori di lavoro – il che era prevedibile e previsto – ma anche larga parte dei lavoratori [78].

Era opportuno fare gravare sui datori di lavoro tutti gli oneri della riforma? Questa domanda fu posta da tutti quando Voi ordinaste al camerata Biagi di marciare.

Apparve subito l'opportunità della partecipazione dei lavoratori per i seguenti principali motivi:

a) Se la previdenza esercita, oltre la sua funzione specifica, anche una funzione educativa, non può non essere alimentata dagli stessi operai, i quali, solo attraverso il sacrificio di un contributo, saranno interessati al suo sviluppo.

b) Una riforma delle assicurazioni sociali non può avvenire a scadenze brevi: riforme radicali possono verificarsi ogni venti anni. La riforma dell'anno XVII, attesa ed invocata dalle masse lavoratrici, doveva essere radicale, doveva cioè garantire quel deciso passo in avanti alla legislazione sociale da Voi giustamente ordinato. E poiché gli oneri di una riforma non potevano essere che notevoli, se non fosse stata ammessa la partecipazione dei lavoratori, il contributo dei datori di lavoro avrebbe dovuto essere contenuto in percentuali molto piú modeste di quelle globalmente adottate.

La riforma sarebbe stata modestissima, mentre i lavoratori avrebbero dovuto ringraziare, piú del necessario, il buon cuore dei datori di lavoro.

c) La mancata partecipazione operaia agli oneri della riforma, sarebbe stata politicamente capitalizzata dai datori di lavoro. Non si faceva mistero, nella Confederazione degli Industriali specialmente, del proposito di ottenere delle

uffici dei manifestini che in forma piana illustrano le nuove migliorie apportate alle pensioni, ai sussidi di disoccupazione, ai premi di nuzialità e di natalità (allegati N. 2) ecc. ma tale forma di propaganda ha lasciato il tempo che ha trovato anzi, gli operai e gli impiegati, hanno maggiormente mormorato dicendo che si trattava di belle cose ma che nessuno era in grado di sostenere nuovi oneri.

«Il lavoratore è sempre restio a credere ai benefici dell'avvenire e guarda agli effetti immediati. Nel caso in questione ha guardato alla riduzione dell'importo salariale ed ha mormorato e continua a mormorare...

«Del resto anche in altri tempi i lavoratori avevano la stessa mentalità di oggi. Ricordo che nel 1920 varie categorie di lavoratori scioperarono perché non volevano subire il pagamento dell'importo delle marchette d'assicurazione sociale... mentre poi, quando coll'andare degli anni qualcuno cominciò a liquidare anche una minima pensione, fu esaltata la previdenza sociale.

«Oggi necessita che sia svolto ex novo tutto il lavoro di propaganda tra le masse lavoratrici, specialmente tra gli impiegati, per riportarle allo stato di serenità e fare loro accogliere con maggiore comprensione ed entusiasmo il sacrificio degli aumenti di quote per la previdenza che assicura loro tanti benefici.

«Questa opera di persuasione e di propaganda può essere svolta da S. E. Cianetti che tra le masse lavoratrici gode molta fiducia ed autorità.

«In vari stabilimenti è stato commentato che al rapporto di Forlí, presieduto da S. E. Lantini, varii direttori delle sedi dell'Istituto di Previdenza Sociale abbiano affermato che le masse lavoratrici si siano mostrate comprese della necessità della riforma della previdenza sociale, cioè dello aumento delle quote. Nei loro commenti gli operai hanno ripetuto quello che in questi giorni andavano dicendo e cioè, che allo stato attuale si trovano molto a disagio di dovere pagare onerosi contributi per la previdenza e per l'assistenza, disagio che deriva dal rincaro costo della vita e dalla scarsità dei guadagni.

«Gli operai hanno anche detto che i dirigenti in genere, siano sindacali, politici ecc. hanno la smania di dire che tutto va bene e cosí ingannano il Duce...» (ACS, Min. Interno, Dir. gen. PS, Div. polizia politica, categ. 1, b. 217).

[78] ACS, T. CIANETTI, b. 18, in data 6 giugno 1939.

riassicurazioni e delle garanzie nei confronti delle organizzazioni operaie allo scopo di sostare nelle revisioni periodiche dei contratti di lavoro e delle tabelle salariali.

Credo di sapere, per averne avuto notizia dallo stesso interessato, che il Conte Volpi abbia manifestato tali propositi anche dinanzi a Voi, DUCE. E come si sarebbe potuto non dare qualche garanzia ai datori di lavoro che si accollavano tutto l'onere della riforma?

Unanimi consensi incontrò invece tra i lavoratori (ma non tra gli industriali) il passaggio dell'OND ai sindacati. Un provvedimento apparentemente anodino, ma che in realtà era molto sentito dai lavoratori e che – ma di questo torneremo a parlare – rientrava nella logica della parte piú sensibile e dinamica della dirigenza sindacale, che vedeva in esso un passo significativo sulla strada di una maggiore autonomia e iniziativa delle proprie organizzazioni e, dunque, di un aumento del loro peso politico [79].

Alla luce di quanto abbiamo detto non è difficile comprendere i mutamenti che in questi anni si produssero nell'atteggiamento di vasti settori operai, soprattutto di piú giovane età.

Nel '36 l'atteggiamento degli operai verso i sindacati fascisti era ancora molto differenziato, a seconda delle situazioni locali, della maggiore o minore sopravvivenza della tradizione socialista e della maggiore o minore capacità di intervento dimostrata dai sindacati stessi. Come riferiva un rapporto del dicembre, per esempio [80]:

Nelle zone operaie della grande Genova, l'umore delle masse lavoratrici non è dei piú tranquillizzanti.

Ovunque si manifesta una tendenza contro l'azione sindacale che secondo gli operai non è adeguata alle necessità del momento; contro le innumerevoli violazioni di leggi e contratti di lavoro fatte da industrie; contro l'assistenza del Partito che non è ritenuta sufficiente; ecc.

L'attenzione delle masse è sempre rivolta agli avvenimenti in Spagna. Se ne parla moltissimo e si dice che la vittoria sarà delle milizie rosse. Qualcuno non nasconde che dalla vittoria delle milizie rosse scaturirà «qualcosa» anche in varie altre nazioni, compresa l'Italia.

In altre zone, specie laddove il sindacato era piú attivo e si era impegnato per tutelare in qualche modo i lavoratori, non mancavano coloro che guardavano ad esso con occhio diverso, si impegnavano nelle sue atti-

[79] Nella stessa ottica bisogna vedere lo sforzo fatto dalla Confederazione fascista dei lavoratori dell'industria per sviluppare propri Gruppi culturali e sindacali (nel '37 funzionavano 86 gruppi e 150 sezioni con oltre 900 istruttori, frequentati da oltre 12 000 lavoratori e quadri sindacali di base) che si contrapponevano alle scuole di fabbrica istituite dalle aziende maggiori e, in un certo senso, anche a quelle professionali statali. Cfr. per qualche altro elemento T. M. MAZZATOSTA, *Il regime fascista tra educazione e propaganda* cit., pp. 125 sgg.
[80] ACS, PNF, *Situazione politica delle provincie*, «Genova», rapporto in data 9 dicembre 1936.

vità (soprattutto assistenziali e previdenziali [81]) e avrebbero voluto che queste fossero maggiori e non limitate solo alle questioni immediatamente economiche e mutualistiche [82]. Nelle aziende nelle quali nel luglio '36 vi erano state agitazioni in occasione del primo aumento salariale generalizzato e dei rinnovi dei contratti nazionali e queste avevano visto in prima linea i fiduciari di fabbrica (a quell'epoca non ancora riconosciuti e contrattualmente non tutelati) l'avvicinamento degli operai al sindacato era anche maggiore [83].

Col '37, col '38, col '39 e ancora nel '40, di fronte al crescere e al concretizzarsi dell'iniziativa sindacale e al relativo miglioramento della condizione salariale e assistenziale (e, almeno per alcuni settori di vecchi operai, probabilmente anche in conseguenza del dissolversi delle speranze suscitate dagli avvenimenti spagnoli e del loro precipitare verso una soluzione che sembrava confermare l'invincibilità del fascismo), questo atteggiamento delle masse lavoratrici subí però notevoli trasformazioni. Il sindacato acquistò via via piú credibilità e sulla sua scia anche il fascismo fece largamente breccia tra i lavoratori e in particolare tra i giovani operai, anche – sia ben chiaro – se il «consenso» che questo si guadagnò fu essenzialmente passivo e – salvo casi impossibili a quantificare, ma assai limitati – larghissimamente condizionato dall'ambiente e dalla capacità del sindacato di migliorarne, sia pur lentamente, le condizioni di vita e di lavoro e di dare in qualche modo sfogo alle loro pur sempre vive istanze anticapitaliste [84]. Eugenio Curiel che conosceva bene e dall'inter-

[81] Cfr. a questo proposito M. MONTAGNANA, *Quadri operai fascisti*, in «Lo Stato operaio», ottobre 1936, pp. 711 sgg.
[82] In un rapporto informativo da Torino datato settembre 1936 si leggono queste interessanti osservazioni frutto evidente di varie suggestioni, ma che denotano una realtà in movimento: «Taluni operai lagnano infine la mancanza di un loro giornale o pubblicazione che oltre servire quale mezzo di diffusione sindacale, potrebbe aver riferimento ai problemi di categoria e professione che li riguardano, mentre potrebbe pure servire ad illustrare opere, provvidenze e disposizioni del Regime verso la classe operaia. La necessità di una piú vasta propaganda sindacale si commenta sarebbe pure opportuna, anche per lo spirito stesso della massa, che ha nel suo complesso pochi contatti con le organizzazioni sindacali, limitati piú che altro alla cura di questioni economiche e particolari immediate, mentre dai commenti che si raccolgono, molti di essi vorrebbero piú direttamente seguire tutti i problemi che direttamente o indirettamente interessano la categoria e costituiscono la vita dell'operaio nel campo del lavoro e della propria attività quotidiana. Uguale propaganda potrebbe pure venir esercitata fra gli operai nei gruppi rionali, da essi commentati, troppo poco frequentati per mancanza di confidenza nell'ambiente. A tale riguardo, aggiungesi, conferenze, riunioni od altro, potrebbero contribuire alla maggior frequenza operaia, nella sede, con evidente vantaggio per la miglior comprensione politica e sindacale» (ACS, PNF, *Situazione politica delle provincie*, «Torino»).
[83] Cfr. l'accenno in questo senso di E. Curiel su «Lo Stato operaio» del marzo-aprile 1937, riprodotto in E. CURIEL, *Scritti* cit., I, p. 29.
[84] Tipico in questo senso è lo scarso interesse e assai spesso lo scetticismo e la sfiducia che la gran maggioranza dei lavoratori, anche giovani, dimostrava per tutti quegli aspetti della politica interna del regime che non riguardavano in qualche modo la loro condizione. Significativo è quanto riferiva il 16 maggio 1938 un informatore della polizia da Torino a proposito delle reazioni suscitate dalla decisione del Gran Consiglio di dar vita alla Camera dei Fasci e delle corporazioni. A proposito di quelle dei lavoratori scriveva: «Al riguardo, ho interpellato diverse persone e ho constatato che in merito sono pochi coloro che hanno un'idea precisa di cosa sarà questa Camera dei Fasci e

no la situazione italiana e che si sforzava di indurre i partiti antifascisti a prendere coscienza di questa nuova realtà e di adeguare ad essa la loro azione, sfruttandone tutte le possibilità, scrisse tra la fine del '38 e i primi del '39 per la stampa antifascista osservazioni assai precise. A proposito dei giovani scriveva[85]:

> il regime afferma di volere la giustizia sociale, afferma che è tempo di raccorciare le distanze e di fondare il «secolo della potenza del lavoro». Convinti di questi argomenti, i giovani intervengono, in camicia nera, nelle assemblee sindacali, reclamando soddisfazione contro l'arbitrio padronale.

Gli anziani, che avevano conosciuto la libertà, il vero sindacalismo, e avevano vissuto il suo smantellamento violento ad opera dei fascisti e che non «parlavano fascista» come i giovani, erano piú cauti e diffidenti, ma anche sfiduciati e rassegnati. Anche per loro comunque il sindacato fascista, in quella situazione, era pur sempre l'unico strumento attraverso cui – nonostante tutti i suoi limiti, la sua demagogia, le sue contraddizioni interne, la sua mancanza di vera autonomia, la sua utilizzazione da parte del regime come strumento per arrivare ad influenzare quelle masse che il PNF riusciva a raggiungere solo marginalmente – si poteva fare una difesa, una lotta di classe e che, bene o male, rappresentava una tutela. Come scriveva ancora Curiel[86],

> la funzione del sindacato fascista è insopprimibile e l'operaio licenziato va al sindacato fascista per farsi, sia pur debolmente, rappresentare nella liquidazione dell'indennità, va all'ufficio di collocamento (ormai passato definitivamente ai sindacati) per iscriversi sulle liste, va al sindacato per le assicurazioni sociali, per la mutualità, va al sindacato per protestare contro le piú flagranti inosservanze dei contratti collettivi. Spesso poi si trova riunito nelle assemblee di categoria ed ha modo di discutere coi compagni e coi piccoli funzionari le rivendicazioni piú immediate. In definitiva, possiamo concludere che le poche espressioni di una lotta economica di classe del proletariato industriale italiano hanno luogo nell'ambiente sindaca-

> delle Corporazioni; generalmente non se ne sente a parlare e quei pochi che se ne occupano, dicono:
> «Per noi lavoratori, le cose non cambieranno.
> «Avendo aumentato il numero dei rappresentanti, certamente, dovremo aspettarci un aumento dei contributi sindacali.
> «Non saremo mai liberi di eleggerci il nostro candidato.
> «Difficilmente il rappresentante di una data categoria, potrà difendere veramente gl'interessi di questa.
> «Come in altri casi, saranno pochi gli eletti che avranno la necessaria competenza e conoscenza della categoria che rappresenteranno.
> «Per farla breve e per il momento, la massa operaia ripone ben poca fiducia e speranza in questo cambiamento, però è concorde nel riconoscere che se tale Camera dei Fasci e delle Corporazioni sarà eletta senza commettere le solite parzialità e con elementi che conoscano a fondo gl'interessi che saranno chiamati a rappresentare e difendere, potrà fare molto per il complesso dell'economia individuale e nazionale, migliorando e rimediando a tante manchevolezze» (ACS, Min. Interno, Dir. gen. PS, Div. polizia politica, categ. 1, b. 159).

[85] E. CURIEL, Scritti cit., I, p. 209.
[86] Ibid., I, pp. 236 sg.

le fascista... Il ricordo dei tempi della libertà sindacale sussiste, senz'altro, nelle masse dei lavoratori piú anziani, ma esso non impedisce ormai una partecipazione talvolta attiva alla vita sindacale fascista. L'operaio che va al sindacato sa spesso, specie se anziano, quanto limitate siano le sue possibilità, sa come Cianetti sia la volgare espressione della volontà del grande capitale, ma ormai è legato spesso da vincoli di fiducia verso l'onestà e la buona fede di qualche piccolo e medio funzionario, il quale ha talvolta costituito il nucleo polarizzatore di una campagna di rivendicazioni operaie.

Sulla base di quanto siamo venuti dicendo relativamente alla realtà economica e alle sue ripercussioni sullo stato d'animo del paese rispetto al regime, ci pare si possa concludere che – contrariamente a quanto molto spesso viene affermato – sullo scorcio degli anni trenta, se in tutte le classi e gli ambienti sociali il malcontento e le preoccupazioni erano assai diffusi, nella classe operaia essi erano minori o comunque politicamente meno preoccupanti per il regime e – sempre dal punto di vista delle loro implicazioni politiche per il regime – tutto sommato decrescenti, mentre in altri settori della società italiana, anche in quelli nei quali sino allora il fascismo aveva avuto la sua base piú organica, erano crescenti.

Tra le conseguenze di questa nuova fase della vita sindacale e del consenso che essa incontrò in larghi settori operai le piú significative ai fini del nostro discorso sono quelle prodottesi a livello delle confederazioni sindacali e, al solito, essenzialmente della Confederazione fascista dei lavoratori dell'industria, e, a maggior ragione, a livello del regime e della sua composita realtà.

A livello confederale – lo abbiamo già detto – gli anni tra la metà del '36 e la metà del '40 furono caratterizzati: *a*) da un allargamento e da una trasformazione dei quadri di base e intermedi, in larga parte con elementi nuovi e giovani legati piú dei vecchi alle maestranze (che assai spesso li espressero direttamente) e piú sensibili ai loro problemi, alla loro mentalità, al loro spirito di classe e che inevitabilmente influenzarono in qualche misura anche gli altri quadri di base e intermedi e – se pur in misura assai minore – anche la dirigenza (o, se non la influenzarono, la costrinsero a non perdere troppo il passo con essi e con la base); *b*) da un progressivo risvegliarsi o radicalizzarsi delle posizioni di gran parte dei dirigenti di formazione sindacalista rivoluzionaria, anarco sindacalista, socialista; *c*) da un aumento della presenza e della influenza della generazione fascista piú giovane, spesso desiderosa solo di sistemarsi e di far carriera, ma spesso anche di portare nel sindacato la propria interpretazione «rivoluzionaria» e «sociale» del fascismo[87]. Sommandosi e interreagendo tra loro questi tre fatti determinarono una miscela, non certo

---

[87] Cfr. *ibid.*, I, *passim* e specialmente gli scritti per la stampa antifascista dell'emigrazione.

esplosiva, ma – rispetto a quelle che erano state sino allora la politica dei sindacati fascisti e la realtà del regime – indubbiamente sufficiente a mettere a rumore e a dividere profondamente questa realtà e a determinare il prender corpo nel gruppo dirigente della Confederazione fascista dei lavoratori dell'industria di alcune tendenze che è difficile non considerare piú politiche che sindacali. Un esame della stampa e della pubblicistica sindacale e degli stessi interventi dei maggiori esponenti sindacali fascisti permette di individuare le piú significative di queste tendenze. La prima e piú evidente fu costituita da un anticapitalismo, spesso retorico e parolaio, ma spesso anche sincero, che, abbastanza contenuto e dissimulato in un primo tempo, esplose sempre piú chiaro e financo aggressivo appena poté utilizzare in qualche modo come schermo la polemica antiborghese. Solo che, mentre questa in genere – lo abbiamo visto – si appuntava essenzialmente contro la «mentalità», lo «spirito» borghesi, quella di molti sindacalisti andava oltre e, con la scusa di mirare alla piena realizzazione del corporativismo e al «superamento del capitalismo, quale manovratore incontrastato e pericoloso dell'economia», sosteneva la necessità «di togliere all'attività privata e al capitalismo in specie la libertà di operare in contrasto con gli interessi della collettività» e – forte di ciò – attaccava la Confindustria su una serie di questioni che, molto spesso, non erano sindacali ma politiche (la politica monopolistica dei grandi gruppi, la «consorziomania», la tendenza «ad esprimere quasi sempre parere sfavorevole all'accoglimento delle domande di nuovi impianti o di ampliamento, grandi o piccoli che siano, dando quasi l'impressione di intravvedere in ogni domanda un danno per i propri associati», quasi a voler «condannare il dinamismo a favore della staticità», la politica dei prezzi e della scarsa manodopera, ecc.), valorizzava i tecnici contro le dirigenze aziendali e rivendicava al sindacato il diritto di rifiutare «di riconoscere la identità degli interessi di un gruppo di capitalisti e di banchieri con quelli del popolo» e di sostenere un «livellamento della ricchezza» e l'eliminazione non del capitale come proprietà privata, ma del capitale come sistema capitalistico, «come strumento di governo assoluto dell'economia del Paese, in contrasto con gli interessi generali della Nazione»[88]. Una seconda tendenza, pure molto viva, fu quella di sostenere la necessità di un ampliamento tanto delle competenze quanto dell'autonomia del sindacato. Tutto ciò che riguardava i lavoratori doveva essere di competenza del sindacato: le retribuzioni, le condizioni di lavoro, ma anche la formazione professionale, l'assistenza, la

---

[88] P. CAPOFERRI, *L'ora del lavoro*, Milano 1941 (raccolta di scritti e discorsi dal 1938 al marzo 1941), *passim* e spec. pp. 107 sgg., 119 sgg. e 154 sgg.

formazione culturale e politica. E al limite l'economia. Come il 3 novembre 1938 Luigi Fontanelli scriveva su «Il lavoro fascista» a commento della sessione della Commissione suprema dell'autarchia tenutasi nelle settimane precedenti [89], le confederazioni dei lavoratori avevano capito

che il «sociale» propriamente detto non lo si serve soltanto con quello che si potrebbe chiamare «l'attacco frontale» della consueta, tradizionale azione del sindacato, ma anche e soprattutto portando il sindacato fascista ad operare sul terreno dei problemi fondamentali dell'economia nazionale come lo strumento naturale piú diretto e piú sicuro del Partito.

Riallacciandosi a questa tendenza, fuori del sindacato non mancò chi, come S. Panunzio [90], arrivò a parlare di legge espansiva del sindacato in tutti i lati e in tutti i sensi della vita economica e di passaggio dal sindacalismo giuridico professionale a quello economico produttivo e, infine, al «parasindacalismo»; e cioè al sindacato che «promuove, organizza e controlla gli enti economici parasindacali, che sono gli enti economici collettivi: piú propriamente le *intese* nell'industria; le *compagnie* nel commercio; i *consorzi* nell'agricoltura; le *cooperative di produzione e di lavoro* fra i lavoratori». Ai fini del nostro discorso molto piú interessanti sono però altre manifestazioni di questa tendenza, il cui significato politico non può essere sottovalutato. Ad alcune abbiamo già fatto cenno: la concorrenza, sostanzialmente fallita, al ministero dell'Educazione nazionale sul piano del controllo delle scuole professionali e quella, conclusasi invece positivamente, al partito per il controllo del Dopolavoro. Altre è possibile coglierle qua e là nel loro affiorare nel corso di singole prese di posizione anche di esponenti di primo piano, come Pietro Capoferri, il successore di T. Cianetti al vertice della Confederazione fascista dei lavoratori dell'industria dal settembre 1939 [91]. Tra queste le piú significative sono quelle che testimoniano una sotterranea polemica tanto con l'assetto corporativo vigente, accusato di pletorico burocratismo che rallentava l'esame e la soluzione delle vertenze, trascinava le procedure in «labirinti dannosi» e comportava spese sproporzionate, quanto con il PNF, accusato a sua volta di «fatalismo rivoluzionario» e cioè di curare la disciplina formale, ma di essere sostanzialmente indifferente e inadeguato ai problemi e alla mentalità delle masse lavoratrici, interrompendone o fiaccandone cosí il «mirabile trasporto verso il Duce, nel quale

[89] L. FONTANELLI, *Fino all'estremo limite*, in «Il lavoro fascista», 3 novembre 1938.
[90] S. PANUNZIO, *Parasindacalismo*, in «Il maglio», 13 luglio 1938; ID., *L'iniziativa sindacale nella produzione*, in «Rivista del lavoro», gennaio 1940, pp. 13 sgg.; nonché la prefazione a G. BATTISTA, *Dinamica del sindacato. Gli enti economici collettivi*, Pisa 1942.
[91] Non molto utili sono invece le sue memorie P. CAPOFERRI, *Venti anni col fascismo e con i sindacati*, Milano 1957.

Il «consenso» tra la metà del 1936 e la metà del 1940

esse vedono l'Uomo che le ha liberate dalle speculazioni dei mercanti della politica e le ha avviate verso un piú giusto tenore di vita»[92]. Una terza tendenza, che non è riscontrabile a livello di stampa e pubblicistico, ma risulta da altre fonti, fu, infine, quella a cercare di ricostruire l'unità sindacale dei lavoratori con un «ribloccamento» delle confederazioni che ripristinasse (facendo leva su un vago accenno, alcuni anni prima, di Mussolini con Rossoni nel senso di definire un «errore» lo «sbloccamento») la situazione esistente prima dello «sbloccamento» della fine del 1928[93], con tutte le conseguenze che ciò avrebbe comportato sotto il profilo del peso politico del sindacato e, all'interno di esso, della federazione piú attiva ed avanzata, quella dei lavoratori dell'industria. Né, infine, per capire quali fossero le prospettive alle quali tendeva la parte piú viva della dirigenza sindacale, è privo di significato (anche se la cosa non ebbe seguito) che nel '38 Cianetti avesse presentato a Mussolini uno studio sull'azionariato operaio e sulla partecipazione agli utili dei lavoratori.

La cassa di risonanza di questa nuova fase della vita sindacale era costituita dalla stampa giovanile, in primo luogo quella dei GUF[94], e dalla stampa provinciale fascista[95] dove pure la presenza giovanile era

---

[92] P. CAPOFERRI, *L'ora del lavoro* cit., pp. 143 sg. e 125 sg.

[93] Favorevole al «ribloccamento» fu anche T. Cianetti, che, tra l'altro, accennò alla possibilità di potervi arrivare in un colloquio dei primi del 1938 con E. Curiel: ACS, *Min. Interno, Dir. gen. PS, Div. polizia politica, Informazioni personali*, p. 69, fasc. «Eugenio Curiel», relazione sugli interrogatori di Curiel dopo l'arresto, datata Milano, 26 dicembre 1939, f. 9.

[94] Alla vigilia dell'entrata in guerra, la stampa del GUF era la seguente: 1. Bologna, «Architrave»; 2. Cagliari, «Sud-Est»; 3. Cremona, «Eccoci»; 4. Firenze, «Rivoluzione»; 5. Forlí, «Via Consolare»; 6. Genova, «Il Barco»; 7. Milano, «Libro e Moschetto»; 8. Modena, «La Marcia»; 9. Napoli, «IX Maggio»; 10. Padova, «Il Bò»; 11. Palermo, «L'Appello»; 12. Parma, «Il Piccone»; 13. Pisa, «Il Campano»; 14. Roma, «Roma Fascista»; 15. Sassari, «Intervento»; 16. Torino, «Il Lambello»; 17. Trieste, «Decima Regio».

[95] Alla vigilia dell'entrata in guerra, la stampa periodica provinciale del PNF era la seguente: 1. Agrigento, «A noi!»; 2. Alessandria, «Il Corriere di Alessandria»; 3. Ancona, «Sentinella Adriatica»; 4. Aosta, «La Provincia di Aosta»; 5. Apuania, «Il Popolo Apuano»; 6. Arezzo, «Giovinezza»; 7. Ascoli Piceno, «Eja!»; 8. Asti, «La Provincia di Asti»; 9. Avellino, «Il Corriere dell'Irpinia»; 10. Belluno, «La Provincia delle Dolomiti e del Piave»; 11. Benevento, «Il Sannio Fascista»; 12. Biella, «Il Popolo Biellese»; 13. Bologna, «L'Assalto»; 14. Bolzano, «Combattere»; 15. Brindisi, «Il Giornale di Brindisi»; 16. Cagliari, «Vincere»; 17. Caltanissetta, «Di Guardia»; 18. Catanzaro, «Audacia»; 19. Cattaro, «Le Bocche di Cattaro»; 20. Chieti, «Nuovo Abruzzo»; 21. Cosenza, «Calabria Fascista»; 22. Crema, «La Voce di Crema»; 23. Cuneo, «La Provincia Grande»; 24. Ferrara, «XX Dicembre»; 25. Firenze, «Il Bargello»; 26. Fiume, «Stile Fascista»; 27. Foggia, «Fiammata»; 28. Forlí, «Il Popolo di Romagna»; 29. Gorizia, «Voce Fascista»; 30. Grosseto, «La Maremma»; 31. L'Aquila, «Il Corriere di Abruzzo»; 32. La Spezia, «Il Popolo della Spezia»; 33. Lecce, «Vedetta Mediterranea»; 34. Lecco, «Il Popolo di Lecco»; 35. Livorno, «Sentinella Fascista»; 36. Lodi, «Il Popolo di Lodi»; 37. Lucca, «L'Artiglio»; 38. Macerata, «L'Azione Fascista»; 39. Milano, «Il Fascio»; 40. Monza, «Il Popolo di Monza»; 41. Novara, «L'Italia Giovane»; 42. Nuoro, «Nuoro Littoria»; 43. Parma, «La Fiamma»; 44. Pavia, «Il Popolo»; 45. Perugia, «L'Assalto»; 46. Pesaro, «L'Ora»; 47. Pescara, «L'Adriatico»; 48. Pisa, «L'Idea Fascista»; 49. Pistoia, «Il Ferruccio»; 50. Portoferraio, «Il Popolano»; 51. Ragusa, «La Vedetta Iblea»; 52. Ravenna, «Santa Milizia»; 53. Rovigo, «Il Polesine Fascista»; 54. Salerno, «Il Popolo Fascista»; 55. Sassari, «La Fionda»; 56. Sesto S. Giovanni, «Il Popolo di Sesto»; 57. Siena, «La Rivoluzione Fascista»; 58. Sondrio, «Il Popolo Valtellinese»; 59. Spalato, «Ti con nu, nu con ti»; 60. Taranto, «Il Rostro»; 61. Teramo, «Il Solco»; 62. Terni, «Acciaio»; 63. Torino, «Il Popolo

in genere cospicua. Assai cauta, per nulla recettiva e talvolta piú o meno velatamente critica era invece la grande stampa d'informazione. Quanto ai grandi quotidiani fascisti e alle riviste politiche e politico culturali, il loro atteggiamento variava a seconda degli esponenti o dei gruppi fascisti che erano loro dietro. Se si fa eccezione per «Il popolo d'Italia», anch'essi nella grande maggioranza dei casi erano piuttosto cauti e – a ben leggerli – lasciano trasparire assai spesso, piú che vero consenso, preoccupazione, soprattutto per le «intemperanze» sindacaliste e anticapitaliste dei giovani. Significativo è l'atteggiamento di «Critica fascista». Sulle sue pagine in questi anni molto si parlò di sindacati, di rapporto sindacato-partito, sindacato-GUF, di Littoriali del lavoro, di formazione fascista dei giovani operai, ecc., ma essenzialmente per sostenere la tesi dell'opportunità del contributo dei giovani alla discussione di certi problemi e alla loro piú corretta messa a fuoco e per valorizzare lo spirito fascista e «rivoluzionario» della gioventú; scarse invece furono (con le eccezioni piú significative, forse, di certe *Stoccate* di B. Ricci) le prese di posizione a favore delle tendenze di fondo che si manifestavano nel sindacato e delle tesi di quei giovani fascisti che le avrebbero volute fatte esplicitamente proprie e portate avanti dal regime e in primo luogo dal partito. Né questo atteggiamento può meravigliare. Alla sua radice erano infatti non di rado prevenzioni ormai radicate da anni nei confronti dei sindacati (fascisti o no poco importava), preoccupazioni per la stabilità degli equilibri su cui si fondava il regime, rapporti, diretti ed indiretti, talvolta anche tutt'altro che limpidi, con il mondo economico-finanziario, industriale e agrario e – laddove queste e consimili motivazioni non agivano – un assai diffuso stato d'animo che spingeva i piú dei dirigenti fascisti o ad invocare la disciplina piú ferrea da parte di tutti o ad arroccarsi in difesa del «quieto vivere» e, quindi, a paventare o almeno a tenersi alla larga da ogni novità che non promanasse direttamente dal «duce» e non avesse, dunque, il suo esplicito imprimatur, evitando tutto ciò che poteva costituire un «pericolo» e tanto piú se queste novità potevano scalfire o mettere addirittura in forse le loro personali posizioni di potere. Né, infine, bisogna dimenticare che, se nel vertice fascista – quello che in pratica controllava in grandissima parte la stampa quotidiana e periodica piú importante e cercava di influenzare anche quella provinciale e minore – i gruppi, i clan erano numerosi, di uomini «di sinistra» non ve ne erano praticamente piú e i pochissimi che potenzialmente lo erano ancora erano degli isolati, che non osavano offrire pretesti ai loro

delle Alpi»; 64. Trento, «Credere, Obbedire, Combattere»; 65. Treviso, «Il Piave»; 66. Venezia, «Italia Nova»; 67. Vercelli, «La Provincia di Vercelli»; 68. Volterra, «Il Corazziere».

avversari per non essere del tutto emarginati o, almeno, denunciati da qualche informatore o da qualche fanatico come filobolscevici [96]. Significativo è quanto, nell'aprile '37, diceva un intimo amico e collaboratore di Rossoni per spiegare alcuni velati attacchi all'ex leader dei sindacati fascisti apparsi in quelle settimane su un giornaletto locale fascista e che un solerte informatore subito riferí a palazzo Venezia [97]:

> Bisogna pensare che egli è solo in seno al Partito, in seno al Governo, in seno al Gran Consiglio a rappresentare la corrente che vuole che il Fascismo vada sempre piú verso il popolo e si adegui alle sue pregiudiziali programmatiche che, essendo state formulate da Mussolini, non contrastano, ma vogliono favorire l'ascesa delle masse popolari e le categorie lavoratrici. Il Duce non ha mai tradito le sue origini, e non ha mai fatto un mistero delle sue tendenze. Gli atteggiamenti momentanei sono una cosa diversa; possono essere soltanto delle misure tattiche destinate a rendere piú sicuro e piú prossimo il raggiungimento degli obbiettivi fondamentali. Ma tutti gli uomini che circondano il Capo o vengono dai nazionalisti (e sono quindi dei reazionari venuti al Fascismo come a un movimento che avrebbe stroncate le velleità delle rivendicazioni operaie) o sono divenuti dei mestieranti, dei professionisti delle politiche, che hanno una sola preoccupazione: salvare la propria posizione personale... Coloro che parlano di un movimento di sinistra in seno al Partito non conoscono la reale posizione delle cose. Nessun movimento di sinistra è possibile in questo momento in Italia, perché mancano gli uomini, tutti i gerarchi del Partito e delle organizzazioni sindacali giustamente osserva lo stesso Rossoni sono conservatori per la stessa legge della difesa della propria esistenza. L'errore maggiore è però di coloro che vogliono fare apparire Rossoni come espressione di un movimento contrario al Capo, e, peggio ancora, come uno degli aspiranti alla successione. Rossoni ed i suoi amici siamo mussoliniani e vogliamo rimanere tali [98].

Detto questo, va però anche detto che quei giornali e quei giovani che parteciparono alla polemica sindacale, mettendovi assai spesso una carica chiaramente anticapitalista e non di rado attaccando e denuncian-

---

[96] Particolarmente presi di mira da questo genere di accuse erano coloro che avevano un passato di sinistra e coloro che, anche solo per motivi di studio, si interessavano di problemi relativi al comunismo e all'Urss. Tipica in questo senso è una nota, del 1938, per il ministero della Cultura popolare dal titolo *Fascismo di sinistra o bolscevismo?* In essa si prendevano particolarmente di mira (ricordando all'uopo un articolo di P. GENTIZON, *Moscou vu de Rome*, in «Gazette de Lausanne», 26 luglio 1937) oltre a Tommaso Napolitano e Gaspare Ambrosini (per i loro studi sull'Urss) Corrado Alvaro, Berto Ricci, Corrado Perris e si riprendevano le accuse contro U. Spirito, B. Spampanato, A. Nasti, E. Weiss, A. Volpicelli e F. Vassalli già lanciate nel 1933 da G. Cavallucci nel suo *Il Fascismo è sulla via di Mosca?* (ACS, *Min. Cultura popolare*, b. 126, fasc. «Centro studi anticomunisti», sott. «Napolitano»).
[97] ACS, *Segreteria particolare del Duce, Carteggio riservato (1922-1943)*, W/R, fasc. «Rossoni Edmondo», sott. 2.
[98] Secondo l'amico di Rossoni, responsabili di questa situazione erano anche quei militanti dei partiti di sinistra che a suo tempo non si erano uniti al fascismo: «se voi, anziché chiudervi nelle vostre pregiudiziali e nel vostro nichilismo, vi foste messi a giusto tempo al seguito del Duce le cose sarebbero andate certo diversamente. Lo pensa lei che cosa sarebbe, per esempio, il Gran Consiglio se in esso vi fossero una diecina di elementi che avessero le stesse origini e conservassero la stessa mentalità politica di Rossoni, anziché essere un alto consesso di nazionalisti? Allora sí che il Gran Consiglio potrebbe diventare l'organo supremo della rivoluzione mussoliniana!»

do disfunzioni, incomprensioni, situazioni e uomini – sia sindacalisti inefficienti o corrotti sia imprese e imprenditori disonesti o che violavano i contratti di lavoro, compivano rappresaglie contro i quadri sindacali di base, ecc. – non incontrarono vere difficoltà e se incorsero in qualche disavventura fu, piú che per interventi da Roma, per beghe e interventi di carattere locale. Persino Curiel, autore nel 1937-38 su «Il Bò» e nel 1939 (dopo l'introduzione dei provvedimenti contro gli ebrei e immediatamente prima del suo arresto come comunista) su «Corrente»[99] di una nutrita serie di articoli di carattere sindacale che – essendo concepiti nella logica non di un fascista, ma di un antifascista che si muoveva in collegamento con le centrali di GL, del PSI e del PCdI, sfruttando tutte le possibilità di denuncia e di agitazione antifascista possibili da una posizione «entrista» quale era la sua – furono certamente tra i piú duri, documentati e anticapitalisti tra quelli apparsi in quel periodo sulla stampa fascista, persino Curiel, dicevamo, non ebbe difficoltà e, anzi, attirò con essi l'attenzione di uomini come Cianetti e Bottai che vollero conoscerlo e parlare con lui di problemi sindacali e politici[100]. Per non dire di Ruggero Zangrandi e di alcuni suoi amici che, messisi in luce per le loro posizioni, furono invitati a scrivere su vari giornali fascisti e sullo stesso «Popolo d'Italia». Dalle colonne del quotidiano di Mussolini Zangrandi tra l'agosto '38 e il maggio '39 poté cosí sviluppare una campagna sindacale assai vivace, per la quale ebbe contatti anche con esponenti sindacali di primo piano come Cianetti e il segretario della Confederazione dei lavoratori del commercio, Riccardo Del Giudice (che mise addirittura a sua disposizione documenti riservati atti a corroborare la sua polemica contro le violazioni sindacali commesse dall'UPIM e dalla Rinascente), e che suscitò scalpore sia in Italia sia all'estero e nell'emigrazione antifascista, specie dopo che uno degli scritti dello Zangrandi fu addirittura attribuito da molti a Mussolini[101].

[99] Su «Corrente di vita giovanile» (fondato a Milano nel 1938 sotto la direzione di Ernesto Treccani), le sue trasformazioni e il suo gruppo cfr. R. DE GRADA, *Il movimento di «Corrente»*, Milano 1952; M. VALSECCHI, *Gli artisti di «Corrente»*, Milano 1963; *Corrente di vita giovanile (1938-1940)*, a cura di A. Luzi, Roma 1975; G. DESIDERI, *Antologia della rivista «Corrente»*, Napoli 1979; e D. ZUCARO, *Cospirazione operaia. Resistenza al fascismo in Torino-Milano-Genova 1927-1943*, Torino 1965, pp. 206 sgg.
[100] Gli articoli di questi anni sono raccolti nel primo volume di E. CURIEL, *Scritti* cit., cfr. per i piú significativi riguardanti i sindacati soprattutto, pp. 61 sgg., 103 sgg., 107 sg., 115 sgg., 127 sgg., 136 sg., 138 sg., 155 sgg., 165 sgg., 195 sgg. e 253 sgg.
Per la vicenda politica di Curiel e il suo arresto (il 24 giugno 1939, al ritorno da un viaggio all'estero) cfr. la prefazione di G. Amendola al suddetto volume, nonché quanto scritto dallo stesso G. AMENDOLA, in *Storia del Partito comunista italiano* cit., pp. 360 sgg., e soprattutto M. PANZANELLI, *L'attività politica di Eugenio Curiel (1932-1943)*, in «Storia contemporanea», marzo-aprile 1979, pp. 253 sgg.
[101] Su tutta la vicenda cfr. R. ZANGRANDI, *Il lungo viaggio attraverso il fascismo. Contributo alla storia di una generazione*, Milano 1962, pp. 182 sgg.

Il «consenso» tra la metà del 1936 e la metà del 1940

Alla fine del 1934 Ugo D'Andrea, recensendo *Logica della Corporazione* di Luigi Fontanelli e polemizzando con la sua interpretazione del corporativismo, si era chiesto, «se tutta la sostanza della rivoluzione si fa economica e se non v'è piú distacco tra economia corporativa ed economia bolscevica, bisogna proprio ammettere che le due rivoluzioni del dopoguerra, il Fascismo e il Bolscevismo, non sono che due aspetti di uno stesso volto» e aveva ammonito che, se cosí fosse stato, ciò avrebbe «inquieta[to] gli uomini che hanno vissuto e combattuto lunghi anni in una vicenda politica tanto diversa da quella descritta»[102]. Ora, a pochi anni di distanza, l'«inquietudine» di cui aveva parlato D'Andrea era divenuta un fatto reale e generalizzato, su cui, oltre tutto, agivano da moltiplicatore la sempre piú precaria situazione internazionale e la politica estera, interna ed economica di Mussolini.

Ritenere questa «inquietudine» e il distacco psicologico dal regime che per molti ne conseguiva caratteristici del solo mondo economico-finanziario e imprenditoriale sarebbe sbagliato. Anche se le ragioni di «inquietudine» erano parzialmente diverse, il distacco psicologico dal regime si verificava infatti anche negli altri settori della classe dirigente e della borghesia in genere. Il fascismo e soprattutto il PNF non avevano mai goduto in questi ambienti di grande prestigio. In essi essere fascisti voleva molto spesso dire essere mussoliniani, avere fiducia nel «patriottismo» e nel «buon senso» del «duce», condividerne le scelte di fondo, riconoscersi nel suo «realismo» e nella sua «modernità». Quanto al partito, molti, forse i piú, lo avevano sempre considerato una sorta di superfetazione in gran parte «ormai» inutile e spesso dannosa e troppo invadente, in mano in genere a gente senza arte né parte, a burocrati, a profittatori, a «brutti arnesi», a giovinotti a caccia di potere e di denaro o con strane idee in testa, che «rovinavano il fascismo» pretendendo di imporre agli italiani ciò che essi già sentivano liberamente o una serie di cose di cui non vi era in realtà alcun bisogno e che, comunque, si sarebbero potute fare con piú discrezione, senza «rompere le scatole» ai «buoni cittadini». Ciò non toglie che il discredito di cui il fascismo e il partito furono oggetto in questi anni non aveva precedenti. Al sommo del discredito, della irrisione, della ostilità vera e propria era Starace, simbolo e responsabile primo di tutto ciò che veniva considerato negativo, grottesco, invadente, retorico, «non mussoliniano» nel regime[103]. Ma – salvo rare eccezioni (determinate in genere o dalla simpatia umana che il per-

---
[102] U. D'ANDREA, *Discussioni corporative. Logica della Corporazione*, in «Giornale d'Italia», 4 novembre 1934.
[103] Tra le molte lettere anonime inviate a Mussolini per denunciare le «malefatte» di Starace e chiederne l'allontanamento dalla segreteria del partito scegliamo, a mo' di esempio, la seguente che,

sonaggio suscitava o dalla fama di tecnico piú che di politico che l'accompagnava) – anche gli altri gerarchi non si salvavano dalle critiche e dal generale discredito che accomunava tutta la gerarchia fascista, dai maggiori esponenti ai minori. E in particolare dall'accusa di affarismo e di illeciti e fantastici arricchimenti. Un'accusa questa qualche volta giustificata, ma in molti casi eccessiva ché se in periodo fascista si costituirono grandi e rapide fortune economiche, piú che i politici veri e propri (che, in genere, piú che arricchirsi veramente, approfittarono dei vantaggi connessi al potere per assicurarsi facilitazioni e un tenore di vita che, date le origini di molti di loro e le abitudini riservate e modeste della gran parte della classe politica prefascista, apparvero a molti scandalosi) esse riguardarono soprattutto il sottobosco economico che viveva ai margini della politica vera e propria. Per non dire di un altro fatto che in questi stessi anni contribuí notevolmente al distacco psicologico dal regime di non trascurabili settori della classe dirigente tradizionale e del notabilato (soprattutto meridionale [104]) che avevano aderito ad esso per un misto di motivazioni patriottiche, di classe e di potere locale e l'avevano servito «in buona coscienza» sino a quando avevano potuto farlo sulla base di una prassi riassumibile nella formula «autonomia nell'obbedienza»: il loro rendersi conto che la progressiva totalitarizzazione del regime rendeva sempre meno possibile salvaguardare nell'«obbedienza» la loro «autonomia» e portava alla loro graduale sostituzione con nuovo personale politico espresso direttamente e spesso promosso socialmente dal fascismo [105].

oltretutto, ha il pregio di provenire evidentemente da un fascista: «Duce! la durata di Starace comincia essere un disgusto del popolo italiano.
«Ma non capite che questo tale è un vigliacco, un arricchito, un frivolo!!
«Il campo che gli date è tanto che sembra Vi superi.
«Cominciate a capire, che Starace ha molto stancato, e a Voi ancora no?...
«Duce siate energico, come eravate di piú i primi tempi, cambio di guardia spesso. – non fate *indurire* troppo i gerarchi, perché *arricchiti* per loro, non pensano piú al popolo.
«Casa Littorio che dovrebbe essere la casa dove gli italiani corrono per un appoggio, per un conforto. Mentre Starace colle sue disposizioni, non fà nulla e danneggia e disgusta il popolo.
«Casa Littorio ricevono, *dicono* una volta alla settimana, ma piú dagli *uscieri* che dai gerarchi.
«A che serve il grande e costoso palazzo Littorio? Per una sede confortabile, per una fortezza al grande capo Starace?...» (ACS, *Segreteria particolare del Duce, Carteggio riservato* [1922-1943], W/R, fasc. «Starace Achille», sott. 1).
[104] Vari accenni a questo fenomeno si trovano negli atti del convegno di studi *Mezzogiorno e fascismo*, Napoli 1978, e in particolare nella comunicazione di M. FATICA, *Appunti per una storia di Napoli nell'età del fascismo*, ibid., I, pp. 115 sgg.
[105] Un aspetto particolare, ma significativo di questo fenomeno è costituito da quanto avvenne nell'aristocrazia. Subito dopo l'andata al potere del fascismo tra essa molti avevano guardato al fascismo con simpatia e dovevano aver pensato ad un sorta di *revanche* aristocratica. Primo nucleo di questa tendenza erano state l'Unione cavalleresca e la «Rivista araldica» che avevano dato vita ad un movimento abbastanza sviluppato e ramificato che nel 1930 aveva inviato addirittura un memoriale a Mussolini proponendo un inquadramento ufficiale e giuridico della nobiltà nello Stato fascista. Altre iniziative si erano mosse in altre direzioni, neolegittimistiche, assolutistiche, fascistico-aristocratiche, ecc. All'interno del fascismo loro punti di riferimento erano stati «La nobiltà della

Se, dunque, non si può dire certo che l'«inquietudine» e il distacco psicologico fossero peculiari del mondo economico, difficile è negare però che in esso non fossero in genere più vivi. Le carte di polizia (rapporti dei prefetti, informazioni fiduciarie, intercettazioni telefoniche, ecc.) sono a questo proposito una fonte ricchissima di notizie e, a leggerle senza preconcetti, concorde. Sotto le vesti dell'obbedienza formale e del lealismo più assoluto e pur partecipando a tutte le manifestazioni «dovute», esso – nonostante i vantaggi che ne traeva – era tra tutte le componenti del regime e della società italiana la più intimamente scontenta e preoccupata per la politica mussoliniana e in particolare per la continua perdita di autonomia che essa le imponeva rispetto sia allo Stato sia ai sindacati [106]; per non dire della irritazione e dei timori in esso suscitati dalla polemica antiborghese e dall'anticapitalismo sempre più affiorante tra le giovani generazioni fasciste e che a qualcuno richiamavano addirittura alla memoria «l'Avanti! dello Scalarini» [107]. Qualche accenno si può persino cogliere sulla stampa di categoria, per esempio su «L'organizzazione industriale» del 20 aprile 1939, nel resoconto dedicato ai lavori dell'assemblea dell'ASIA, durante la quale A. Pirelli si lamentò dell'eccessiva interferenza governativa. Né, infine, si può sottovalutare la documentazione offerta da opere memorialistiche come *Battaglie economiche* di Felice Guarneri e *Dal taccuino di un borghese* di Ettore Conti. In quest'ultima particolarmente significative sono le considerazioni che accompagnano il già ricordato passo sull'oligarchia finanziaria che dominava l'industria: un misto di orgogliosa rivendicazione di quanto egli e i suoi amici dell'«oligarchia» avevano fatto per l'economia italiana e di protesta per gli attacchi di cui ora erano oggetto:

stirpe» di S. M. Cutelli e, in qualche misura, «L'Impero». Cfr. A. A. MONTI, *Dottrina e posizioni del neolegittimismo*, Brescia 1923; e *Estrema destra*, Firenze 1927; R. R. PETITTO, *Legittimismo*, Milano-Roma 1923; e *Aristocrazia custode*, Brescia 1931; A. PASINI, *Impero unico*, Roma 1924; C. PELLIZZARI, *Funzioni moderne della nobiltà*, Roma 1930; S. M. CUTELLI, *L'aristocrazia nella rivoluzione*, Roma 1930. In campo fascista tutte queste tendenze erano state viste in genere con insofferenza e ostilità. Il fascismo – si diceva – sentiva l'esigenza di una aristocrazia, non del sangue, ma propria, «del Littorio», degli uomini cioè che venivano dall'esperienza «della guerra e della rivoluzione»: cfr. C. PELLIZZI, *Sulla esigenza di un patriziato del regime fascista*, in «La nobiltà della stirpe», 3 dicembre 1931. Il regime da parte sua utilizzò «l'aristocrazia a livello locale, nominando molti nobili podestà (per la Toscana cfr. E. RAGIONIERI, *Il Partito Fascista [Appunti per una ricerca]*, in *La Toscana nel regime fascista* cit., I, pp. 70 sg.), ma lasciò cadere tutte le proposte di una sua valorizzazione politica, come quella di rendere il Senato ereditario e riservato alle due aristocrazie, del sangue e della «rivoluzione».
Con il 1937-38 buona parte dei nobili che rivestivano cariche amministrative o le lasciarono spontaneamente o furono sostituiti.
[106] Giustamente R. SARTI, *Fascismo e grande industria (1919-1940)*, Milano 1977, p. 121, ha posto a questo proposito l'accento sulla reintroduzione ufficiale dei fiduciari in fabbrica nel 1939, notando che essa e il provvedimento di due anni prima che aveva dato il diritto ai sindacati di intervenire alle riunioni nelle quali venivano stabilite le tariffe dei cottimi «furono sufficienti a suscitare fra gli imprenditori la spiacevole impressione che il regime stesse diventando troppo radicale».
[107] E. CONTI, *Dal taccuino di un borghese* cit., p. 616 (novembre 1938).

gli esponenti delle grandi società vengono regolarmente chiamati plutocrati, affamatori del popolo, reazionari che tramano contro ogni forma di progresso e di democrazia: non si sa o non si dice che le centinaia di milioni dei capitali incriminati appartengono a decine di migliaia di risparmiatori; si finge di ignorare che spesso il maggior azionista è lo Stato, attraverso all'«IRI»; si nasconde che gli utili assegnati all'«ingordo capitale» sono una piccola frazione di quanto è distribuito al lavoro: si accomunano nell'invidia e nel conseguente odio i massimi dirigenti con coloro che hanno disonestamente guadagnato con la speculazione e con altri mezzi illeciti... Comunque questo sistema permette di coordinare varii rami della produzione, facilitando progressi tecnici ed evitando doppioni; né mi pare che l'azione degli uomini che ne sono gli esponenti abbiano abusato delle influenze raggiunte. Per mio conto ritengo che questi concentramenti, piú che alla audacia dei dominatori, sono dovuti al progresso medesimo della tecnica produttiva...,

che si concludeva con una frase che lascia trapelare l'incertezza per il futuro che era alla base di tali considerazioni:

se si deve arrivare ad un socialismo di Stato, ciò che io depreco, speriamo di arrivarci almeno cosí, attraverso ad una razionale evoluzione [108].

A questo punto, prima di avviarci a trarre le conclusioni del nostro discorso, un interrogativo si impone. Come abbiamo visto, Mussolini considerava «eventuali chiusure di stabilimenti, disoccupazione, ecc... mali infinitamente minori della emorragia delle nostre riserve [valutarie]» e riteneva le loro conseguenze sociali qualche cosa di cui «non bisogna eccessivamente preoccuparsi» poiché «tutto ciò può essere superato e comunque sarà seguito e vigilato». Il significato di queste affermazioni, ripetute ben due volte per scritto a Guarneri tra la metà del '37 e i primi del '38, non lascia dubbi: Mussolini era pronto a sacrificare le condizioni di vita delle masse lavoratrici e – pur di riuscire a realizzare la sua politica autarchica – era disposto, se necessario, a sfidare il malcontento di una parte almeno di tali masse. Scelta la sua strada, era insomma deciso a percorrerla fino in fondo. Sin qui, possiamo dire, tutto è chiaro. E il discorso può valere anche per gli altri settori della società italiana sui quali gravavano, direttamente o indirettamente, gli oneri della politica autarchica. Quello che invece può destare perplessità è perché Mussolini non si premunisse contro un eccessivo deterioramento del rapporto del regime con il mondo economico e imprenditoriale (ma, a ben vedere, il discorso vale anche per quella parte della borghesia che aveva voluto o accettato un certo fascismo e ora cominciava a temere di averne di fronte un altro) almeno per quanto dipendeva dalla politica sindacale e, soprattutto, perché non impedisse che esso venisse attaccato

[108] *Ibid.*, pp. 655 sgg.

da una parte del fascismo – minoritaria e senza responsabilità politiche quanto si vuole, ma pur sempre in qualche misura avallata dal fatto di potersi esprimere liberamente e persino sul giornale personale del «duce» – lasciando cosí accreditare l'immagine di un fascismo in via di trasformazione proprio nel senso paventato dal D'Andrea qualche anno prima e dando in conseguenza un significato politico piú radicale di quello che in effetti avevano ad avvenimenti (come il riconoscimento dei fiduciari di fabbrica) già di per sé assai sgraditi al mondo economico e imprenditoriale.

Dato che, come abbiamo visto nel precedente capitolo, è assolutamente da escludere che in questo periodo Mussolini potesse pensare ad una vera «svolta sociale», l'unica risposta *politica* (ché, come vedremo nel prossimo capitolo, ad essa se ne devono aggiungere una di tipo ideologico e una di tipo piú personale, psicologico) all'interrogativo che ci siamo posti ci pare si possa trovare nella polemica antiborghese, nel significato che Mussolini le attribuiva nel piú generale contesto della «svolta totalitaria» del regime e nella già riscontrata sua tendenza – pur di favorirne il radicamento – a non impegnarsi a fondo per impedire che essa fosse spostata, ad opera di quei fascisti che auspicavano una vera «svolta sociale», dal terreno della «mentalità» e dello «spirito» borghesi al terreno sociale. Una risposta che, per altro, suscita una questione di primaria importanza e che porta il nostro discorso nel cuore del suo problema: quella del carattere che ebbe in questi anni il «consenso», del peso che questo aveva per il regime e per Mussolini in particolare e, dunque, del significato reale della «crisi del consenso» verificatasi in questo periodo.

Da quanto abbiamo sin qui detto due cose emergono chiare: 1) passato il primo, brevissimo, momento delle speranze e delle attese suscitate dalla vittoria in Etiopia, già nel corso del '36 e soprattutto durante i tre anni e mezzo successivi la politica economica, interna ed estera di Mussolini provocarono notevoli difficoltà, malumori e preoccupazioni in tutta la società italiana, anche se in misure e con andamenti diversi a seconda delle sue componenti; 2) in conseguenza di ciò l'atteggiamento degli italiani verso il regime si modificò notevolmente; la crisi del «consenso» riguardò essenzialmente i ceti che in passato avevano piú accettato o addirittura espresso il fascismo; in altri, sino allora piú refrattari o ostili, questo segnò invece qualche punto a suo favore, anche se si trattò di un successo in gran parte effimero e superficiale. Per avere tutti i termini del problema, a queste due cose se ne deve poi aggiungere un'altra non meno importante: di entrambi questi fenomeni il vertice fascista e

Mussolini in particolare ebbero sempre piena consapevolezza e poterono seguirli in tutti i loro sviluppi, fasi ed aspetti particolari grazie all'occhiuta fittissima rete informativa con la quale innanzi tutto la polizia [109], ma anche i carabinieri, il partito, la milizia, la segreteria particolare del «duce» e persino singoli gerarchi (che non potevano accedere direttamente alle fonti ufficiali di informazione o che desideravano informazioni piú tempestive e finalizzate ai loro giochi di potere) avevano avvolto tutto il paese, senza distinzioni e a tutti i livelli. A questa fittissima e tutto sommato efficiente rete informativa ben poco sfuggiva; certo meno di quanto si sarebbe portati a credere sulla base di fatti e di comportamenti che oggi ci sono noti e che spesso siamo indotti a pensare dovessero allora essere ignorati, dato che altrimenti ci pare assurdo non abbiano provocato diretti interventi repressivi. I quali in realtà assai spesso non ci furono non per ignoranza dei fatti e dei comportamenti in questione, ma perché la logica del regime (evitare «scandali», rispettare certi equilibri interni, non perdere elementi che con il loro comportamento non ortodosso facevano poco danno, ecc.) o quella poliziesca (sorvegliare meglio certi ambienti e i loro collegamenti, crearsi nuove fonti di informazione, ecc.) o quella dei responsabili dei singoli servizi («filtrare» certe informazioni sulla base dei propri rapporti personali ovvero per stabilire contatti con certi ambienti in previsione del «dopo Mussolini», ecc.) inducevano ad ignorarli. Anche se ovviamente non tutto arrivava sul tavolo del «duce» e non mancavano – per piaggeria, per carrierismo, per insipienza – tentativi di prospettargli la realtà in termini piú rosei, ciò che Mussolini sapeva era moltissimo, piú che sufficiente per renderlo pienamente edotto dello stato d'animo del paese.

Eppure tutto si può dire, salvo che in questi anni Mussolini si sia (a parte casi in cui essa andava a vantaggio della monarchia) veramente preoccupato di questa crisi del consenso. Certo la seguiva, la controllava e talvolta interveniva con qualche iniziativa volta a frenarla. Tipica in questo senso – anche se ebbe pure altre motivazioni – fu la sostituzione, a fine ottobre del 1939, di Starace, ormai universalmente inviso, con Ettore Muti alla segreteria generale del PNF [110]. Piú di questo però

---

[109] La polizia aveva tre fasce di informazioni: quelle che affluivano direttamente al capo della polizia, quelle che affluivano ai prefetti e quelle che affluivano ai questori. Ogni sera Bocchini faceva pervenire a Mussolini le notizie e i rapporti piú importanti della giornata, corredati da suoi appunti personali. Settimanalmente si recava poi a rapporto da lui (in un primo tempo i rapporti erano stati quotidiani).

[110] L'allontanamento di Starace dalla segreteria del PNF suscitò in tutti gli ambienti un vero entusiasmo. Nel fascicolo «Starace» del *Carteggio riservato* della *Segreteria particolare del Duce* (1922-43), sott. 1, sono conservate alcune lettere assai significative. Una incomincia cosí: «Eccellenza che gioia! che gioia! che gioia! Lo sapete che è stato un urlo di giubilo – ovunque? È dunque finito il regno della mafia, della camorra organizzata? Il regno della piú spudorata corruzione?... Ma

non fece. Neppure laddove un suo intervento moderatore avrebbe potuto rendere meno vivo e diffuso il malumore di certi ambienti piú direttamente presi di mira dalla polemica sociale e dal populismo del fascismo giovanile e, piú in genere, frenare in qualche misura il distacco psicologico dal regime di sempre piú larghi settori della classe dirigente tradizionale e dei suoi intellettuali; due settori della società ai quali in altri tempi egli aveva rivolto grande attenzione e che aveva cercato di legare a sé anche a costo di scontentare il fascismo piú genuino e intransigente.

Nei precedenti volumi e anche nel primo tomo di questo abbiamo spesso, direttamente o indirettamente, trattato il problema del «consenso». Traendo le conclusioni di quanto abbiamo via via osservato, ci pare che il problema si possa porre in questi tre termini, che corrispondono poi ai tre livelli che aveva assunto il consenso, specie dalla fine degli anni venti e sino immediatamente dopo la guerra d'Etiopia, quando esso toccò il suo culmine.

Ad un primo livello vi era il «consenso» dei settori ancora preindustriali della società italiana, sostanzialmente estranei nella loro gran maggioranza alla sfera politica e per i quali il regime fascista non si differenziava spesso pressoché in nulla dal precedente regime. Specie in certe zone montane e del Sud questo tipo di consenso era un fatto che non può essere trascurato e si configurava come accettazione passiva della realtà e, quanto al comportamento culturale e «politico», come recezione dell'atteggiamento del clero (spesso indigeno) e del notabilato locale. A questo livello, se si politicizzava, il consenso si riduceva al mito del «duce», «buon padre», «figlio del popolo», «uomo della provvidenza», ecc. Non a caso l'iconografia del «duce» espressa a questo livello aveva sovente caratteri di tipo ingenuamente religioso. E non a caso (e fatto indicativo dell'isolamento e della mancanza di informazione in cui vi si svolgeva ancora la vita) è da questi ambienti che proviene buona parte delle lettere scritte a Mussolini da sconosciuti per invocare il suo aiuto ancora per varî giorni dopo il 25 luglio 1943.

Ad un secondo livello si collocava quello che, grosso modo, si può definire il consenso borghese, nonché di una parte dei settori piú propriamente popolari partecipi in qualche misura della cultura borghese. Un consenso largamente superficiale, passivo. La sua caratteristica nettamente prevalente era stata di tipo patriottico conservatore, con alcuni innesti «moderni» che, in genere, erano soprattutto il riflesso, per un verso dei progressi che la società italiana andava facendo sulla via della

cosa faceva Mussolini, che è un leale, che è un galantuomo, a tollerarsi vicino quel tortuoso nemico? Perché *nemico* gli era, credetelo!...» E un'altra: «Grazie Duce di aver liberato l'Italia dall'incubo "Starace"».

modernizzazione e, dunque, anche della massificazione, che si voleva contrastare e regolare con una «rivoluzione dall'alto»; e, per un altro verso, della ricerca di *sicurezza* (e, dunque, di *ordine*, non solo politico-sociale, ma anche morale e psicologico) suscitata dalla progressiva dissoluzione dei rapporti personali e sociali borghesi tradizionali determinata dalla modernizzazione, che, a sua volta, portava ad una esasperazione del nazionalismo, inteso, per altro, piú che come imperialismo vero e proprio, come un fortissimo senso della *comunità* nazionale (del trasferimento cioè del momento unitario sul terreno sociale) e, talvolta, della *civiltà* italiana (erede di Roma, della Chiesa e dell'umanesimo) intesa come fattore unitario, razionalizzatore e rigeneratore. A questo livello il regime era stato concepito soprattutto come una necessità politica, sociale e morale e, in concreto, come un autoritarismo tutto sommato moderato e rivolto essenzialmente contro la minaccia di nuovi conflitti sociali e contro coloro che, impenitentemente, lo rifiutavano. Un autoritarismo che non avrebbe dovuto, per altro, uscire da certi limiti, non avrebbe dovuto eccedere, né, tanto meno, intaccare gli equilibri sociali di fondo e ledere le prerogative e l'autonomia sia della classe dirigente, sia delle grandi istituzioni «tutorie» (monarchia, esercito). A questo livello il PNF – lo si è detto – non godeva in genere di molte simpatie. I suoi esponenti di punta erano quasi sempre invisi. Un buon borghese, anche «fascista», poteva avere rapporti con loro, ma si sentiva diverso. Un notissimo clinico, fascista convinto, deputato per piú legislature e poi consigliere nazionale, vedeva, quando necessario, Farinacci, ma evitava che frequentasse la sua casa e che le sue figlie venissero in contatto con lui. I fascisti ben visti, stimati, erano gli ex nazionalisti, gli ex fiancheggiatori, alcuni moderati tipo De Stefani, Giuriati, al massimo qualche eroe di guerra, che per il suo «petto azzurro» godeva di un trattamento di favore, o un Balbo, per la sua simpatia umana e le sue imprese aviatorie. E poi vi era Mussolini, il «duce». Per questi ambienti il fascismo era Mussolini o, meglio, il fascismo era accettato, si era fascisti perché Mussolini era il «duce del fascismo». Un uomo dal passato torbido, che per alcuni costituiva ancora un punto interrogativo, una ragione di vago malessere, ma che si era ravveduto e per i piú era questo ciò che contava. Un uomo talvolta imprevedibile, capace di colpi di testa che sarebbe stato meglio non facesse, ma – finalmente! – «un uomo». Un uomo che per alcuni aveva salvato l'Italia e l'aveva resa rispettata nel mondo e di cui per altri non era possibile fare a meno, poiché era su di lui che si reggeva tutta la costruzione del regime e senza di lui o tutto sarebbe crollato (e in peggio, ché gli odî dei vinti sarebbero riesplosi piú furibondi) o si sarebbero dovuti fare i conti con il fascismo intransigente, che lui solo era in grado di controllare. E, ancora, l'uomo che aveva dato all'Italia la Conciliazione, l'aveva preservata da una crisi economica quale aveva colpito altri paesi europei, aveva «redento» l'Agro pontino, le aveva dato strade, opere pubbliche, treni in orario, una legislazione sociale «d'avanguardia», le aveva restituito la Libia e, alla fine, dato l'Impero. Di fronte a questi «successi», per molti gli aspetti negativi e preoccupanti del regime, pur avvertiti, erano passati in secondo piano, erano diventati quasi sempre oggetto di mugugno e di barzellette sostanzialmente innocui, mentre il mito del «duce», favorito, instillato, celebrato quotidianamente da tutto l'apparato propagandistico del regime, si estendeva continuamente.

Con questo – sia ben chiaro – non vogliamo dire che questo tipo di consenso si fosse trasformato, fosse diventato piú attivo. Qualsiasi consenso attivo, per essere veramente tale, ha bisogno di partecipazione politica, di effettivo spirito critico, di vera informazione. Tutte cose che a questo consenso – nonostante il mito del «duce» – mancavano o erano surrogate dal mero inquadramento nel PNF e/o nelle organizzazioni di massa fasciste e dalla partecipazione – talvolta spontanea e sentita, ma spesso solo dovuta – alle manifestazioni, alle iniziative del regime. È però un fatto che questo consenso largamente e superficialmente passivo si era, anno dopo anno e soprattutto in conseguenza della vittoria nella guerra d'Etiopia, esteso e ancora si sarebbe in qualche misura esteso sin verso la metà del 1938. Né la cosa, ancora una volta, può meravigliare. Quindici e piú anni di regime «pieno» e – non va sottovalutato – vittoriosi per il fascismo sino a farlo sembrare invincibile, quindici e piú anni per i piú di isolamento dal resto del mondo, di informazione selezionata e finalizzata, di propaganda continua, di sempre minor presenza e credibilità di voci alternative, non potevano non incidere un po' a tutti i livelli e soprattutto a quelli meno convinti della necessità, morale innanzi tutto, di resistere alla pressione dell'ambiente, specie quando, in occasione della guerra d'Africa, anche alcuni simboli della resistenza sembrarono vacillare.

Erano – ha ricordato Laura Lombardo Radice [111] – gli anni del consenso, della vittoria in Etiopia, sembrava che quel regime dovesse durare un secolo. E anche tra gli antifascisti si affacciava un problema drammatico: «Che ne sarà dei nostri figli? È giusto che continuino nella nostra strada, chiudendosi cosí ogni possibilità di carriera, e anche di vita?»

Infatti in qualcuna delle famiglie antifasciste nasceva ora negli anziani il caso di coscienza: «Io sono quello che sono, ho fatto tempo fa la mia scelta, ma non voglio danneggiare i miei figli».

---

[111] G. GEROSA, *Le compagne*, Milano 1979, pp. 166 sg.

In un certo senso, si può dire che questo consenso raggiunse la sua massima espansione nello stesso momento in cui cominciò ad incrinarsi.

Sulla crisi del consenso avviatasi quasi subito dopo la conclusione del conflitto etiopico e sviluppatasi negli anni successivi molto è stato scritto. Noi stessi nelle pagine precedenti vi abbiamo fatto continuamente riferimento, sia pure con una precisazione sulla quale ci sembra giunto il momento di essere piú chiari, dato che altrimenti si corre il rischio di falsare tutta la realtà del periodo di cui stiamo parlando dando alla crisi del consenso che tutto lo percorse e, in certa misura, lo caratterizzò, dei connotati che essa non ebbe e che furono invece degli anni della partecipazione dell'Italia al secondo conflitto mondiale e soprattutto degli ultimi, quelli che videro le sorti della guerra volgere per l'Asse sempre piú irrimediabilmente al peggio. Nelle pagine precedenti abbiamo parlato di «crisi del consenso», precisando però anche quella che, a nostro avviso, fu nella stragrande maggioranza dei casi la peculiarità di questa crisi: un «distacco *psicologico* dal regime». Vasto, molto vasto, sostanziato di alcune motivazioni comuni e di innumeri motivazioni particolari («non v'è italiano, forse, che non abbia almeno un punto di dissenso dal fascismo», scriveva giustamente il Partito comunista nel novembre 1938 in un fascicolo di impostazione politica e di istruzioni per l'azione in Italia [112]), ma, salvo casi quantitativamente trascurabili, nulla piú che un distacco psicologico. Fatti salvi alcuni casi particolari e che riguardavano soprattutto alcuni giovani intellettuali, parlare di opposizione politica, non diciamo attiva, ma consapevole, sarebbe profondamente sbagliato.

Apparentemente sembrerebbe che molte cose dovessero portare in questa direzione: le delusioni delle speranze suscitate dalla conquista dell'Impero, l'intervento in Spagna, l'avvicinamento sempre maggiore, sino all'alleanza, alla Germania, il pericolo crescente che tutto ciò portasse ad una guerra, l'autarchia, le difficoltà economiche, la progressiva totalitarizzazione, invadenza, chiusura e militarizzazione del regime, il nuovo conflitto con la Chiesa per l'Azione cattolica, l'adozione della legislazione antisemita, la polemica antiborghese, le inquietudini per il volto populista che, sotto la spinta sindacale e giovanile, il fascismo sembrava stesse assumendo, la crescente insofferenza per una propaganda e una mobilitazione di massa che, non facendo piú leva come in passato su stati d'animo, motivi culturali, piú o meno confuse aspirazioni bene o

---

[112] *Qual è la vera situazione presente*, riprodotto in *L'Italia antifascista dal 1922 al 1940* cit., II, p. 396.

male reali e diffusi, erano sempre piú sentite come estranee e spesso in contrasto con essi, la sempre piú diffusa disistima per gli esponenti del regime, ecc. In realtà tutte queste cose non bastavano a creare una vera e consapevole opposizione e, in ultima analisi, neppure a porne le precondizioni a livello spontaneo. A parte che – come giustamente ha scritto Italo Calvino[113] – «tra il giudicare negativamente il fascismo e un impegno attivo antifascista c'era una distanza che forse oggi non riusciamo piú a valutare», quindici e piú anni di regime «pieno» avevano prodotto un guasto e messo in moto una serie di meccanismi sociali dei quali la gran maggioranza degli italiani non si era neppure resa conto e che ormai costituivano una realtà, ancor prima che impossibile a rompere dall'interno, paralizzante e che, per di piú, per un verso, si autosviluppava e, per un altro verso, si autocelava ai piú con la forza – che è poi la vera grande forza di tutti i totalitarismi, senza la quale anche quella repressiva non è sufficiente – di ciò che è, di ciò che assicura un *ordine* (che, tutto sommato, è fonte di garanzia e di sicurezza) e di ciò che non ha alternative.

Sul guasto morale, la smoralizzazione della vita – che si affermava invece voler portare ad un livello etico superiore su cui fondare addirittura una nuova civiltà e un «ordine nuovo» valido per tutte le nazioni europee – la sua riduzione a slogans e a miti «dalla breve e teatrale fortuna» e all'appagarsi di risultati immediati e quindi contingenti, inadeguati e strumentali tanto è stato scritto che non varrebbe la pena insistervi, se non fosse estremamente significativo far riferimento a quanto, qualche anno dopo, Alberto De Stefani avrebbe scritto nel già citato saggio del 1941 *Confidenze e convinzioni*[114], lasciandoci una testimonianza non solo insospettabile, ma del piú vivo interesse per comprendere il dramma morale che questo guasto dovette ad un certo punto suscitare nell'animo di quei fascisti che ne erano consapevoli e capivano che il fascismo era andato ben oltre le primitive finalità che essi gli avevano assegnato:

> Noi viviamo piú che mai in un'atmosfera contradditoria, non conseguenziale, carica di incertezze e di inquietudini che pervade le anime, presi nei sobbalzi che agitano il piano della storia, le quali sono mosse e buttate or qua or là senza saperne veramente il perché.
> L'irrequietezza, nata dal relativismo positivistico e generatrice di una disposizione alle piú lamentevoli incoerenze, è andata sostituendosi alla stabilità dei prin-

---

[113] *La generazione degli anni difficili*, a cura di E. A. Albertoni, E. Antonini e R. Palmieri, Bari 1962, p. 76.
[114] A. DE STEFANI, *Sopravvivenze e programmi nell'ordine economico* cit., pp. IX sg., XVII sgg. e XX.

cipi e dei sentimenti che ha cessato di essere un imperativo ed un abito da quando la sentiamo come monotonia e come tale ci pesa. Una specie di assoluto esistenziale, chiuso nella cronaca che può essere fatta passare anche per storia, si spaccia come assoluto universalistico...

La sofisticazione della verità che è stata identificata nei desideri e nei fatti che li attuano, ci ha liberato perfino dalla preoccupazione di andare in cerca di pudibondi alibi dialettici che in altri tempi erano adoperati a giustificazione dei motivi e degli atti e come residui di un metro assoluto individuale e sociale non del tutto eliminato. Anche il pentimento morale, estremo palpito del carattere, sta rarefacendosi come stato d'animo tendente a rinnegare l'intenzione o l'atto e cioè a contrastare l'esistenziale che, nel suo scetticismo relativistico, non si preoccupa di porre il problema della virtù e della colpevolezza.

Il dilagare di un criterio di condotta semplicemente esistenziale coincide con l'estendersi della disciplina giuridica della vita. Il moltiplicarsi delle norme ed il loro applicarsi ad atti e rapporti già affidati all'imperativo morale, e questo esistenzialismo pragmatistico, che a sua volta si estende deteriorandoci, possono sembrare fenomeni contradditori e logicamente escludentisi. Realmente non lo sono. La legislazione concepita soltanto come il prodotto di un interesse generale e reciproco e ad esso esclusivamente ispirata, istituisce degli obblighi e dei limiti a comune difesa suggeriti da una convenienza transazionale ed utilitaria. L'ordine giuridico concorda con l'ordine morale e ne è una estrinsecazione solo in quanto la legge abbia per presupposto e realizzi un assoluto efficacemente sentito da coloro cui si applica e che la devono osservare. Ma se queste due condizioni mancano, e in quanto manchino, i due ordini sono tra di loro in un rapporto non necessario e l'estendersi del diritto non implica necessariamente l'estendersi della morale come d'altronde il fatto del diminuire dei litigi e della frequenza delle violazioni delle leggi, pur avendo un'importanza politica, non costituisce un sicuro indice morale. La carità non può essere sostituita dalla previdenza sociale e dalle assicurazioni; il timore di Dio dalle norme che tutelano il culto; l'amore del prossimo dal diritto delle obbligazioni; i doveri familiari dal diritto di famiglia; la veridicità dal divieto di calunniare o di falsa testimonianza; la sapienza e l'illuminato giudizio dalla carta della scuola.

Il rispetto formale del diritto è compatibile con il disordine interiore e con la più squallida ed opaca miseria morale; il diritto da solo non ha il potere di sanarla, ma semplicemente di renderla giuridicamente e non socialmente inoffensiva... L'ordine giuridico crea però ed avvalora l'illusione di un ordine delle anime...

Nel travaglio filosofico-politico del superare l'individuo per sostituirvi la categoria, il sindacato, la massa, lo Stato, si è andati forse troppo oltre a scapito dei loro presupposti morali che sono la carità e l'amore di patria e del prossimo. Nomi che non dovrebbero invecchiare!...

Il grandioso processo di rinnovamento in cui siamo impegnati va oltre le fondate rivendicazioni autonomistiche continentali e mediterranee e comprende anche il proposito di attuare un nuovo ordine, che, se nuovo ha da essere e perché compensi i sopportati dolori, dovrebbe risultare diverso e migliore degli ordini già conosciuti e fermentati dai popoli e dalle preesistenti invenzioni finalistiche e strutturali. Non migliore soltanto come mito o ideologia o come proponimento ed etichetta, ma migliore in concreto e perciò che si riferisce alla vita interiore dell'individuo, delle famiglie e dei popoli ed espressione e strumento della loro compiutezza e nobiltà... Tutto questo tocca all'essenza della civiltà; gli uomini di Stato e politici non se ne possono disinteressare come di cosa estranea o più grande di loro perché essi medesimi adoperano questa parola-leva a strumento dialettico e finalistico. Non bastano le leggi e la struttura giuridico-amministrativa a creare un nuovo tipo di civiltà...

Quanto ai meccanismi sociali, i piú importanti ai fini del nostro discorso erano due. Sotto la parvenza di una estrema politicizzazione di massa, una sempre piú marcata ed effettiva depoliticizzazione della società che, per un verso, portava al sempre piú accentuato distacco e alla sempre crescente disistima nei riguardi del PNF[115] e, per un altro verso, ad una pressoché generale repugnanza per la politica in sé che rendeva ai piú impensabile di potersi impegnare politicamente contro il fascismo e screditava a priori il modello democratico. E un'altrettanto marcata parcellizzazione e dispersione delle forze sociali (e, dunque, delle loro potenzialità di agire politicamente entro il regime) in tante realtà particolari ognuna chiusa in se stessa e con problemi e forme di controllo del dissenso propri, ma tutte dipendenti, ognuna attraverso propri canali, dallo Stato, con la conseguenza che la crescita delle difficoltà economiche le portava a concentrarsi e chiudersi vieppiú in se stesse per affrontare i propri problemi senza curarsi di quelli delle altre e ad appoggiarsi ancor di piú allo Stato, diventandone sempre di piú dipendenti anche se non ne condividevano la politica generale. Fallita socialmente e politicamente, l'organizzazione corporativa si dimostrava a questo proposito un potente strumento di integrazione delle varie realtà nello Stato e, dunque, di consenso, dando loro la copertura necessaria per far prevalere, nella tutela degli interessi e nella realizzazione degli accordi di categoria, quelli che De Stefani definiva gli «interessi materialistici»[116], ovvero la loro autodifesa a scapito della collettività.

Stante questa realtà, una evoluzione del distacco psicologico dal regime verso il dissenso e l'opposizione, anche solo interna, al regime, era per questo tipo di consenso impensabile, ed è significativo che anche i comunisti se ne erano resi conto. Parlando a Mosca a un gruppo di compagni italiani nel gennaio '37, non a caso Togliatti indicava ai comunisti, come «il problema dell'ora», quello «di unire tutto ciò che il fascismo ha diviso: unire la classe operaia, economicamente e politicamente, unire gli operai ai contadini, unire il proletariato alle classi medie, unire il nord al sud, unire le vecchie alle nuove generazioni»[117]. E l'anno dopo, nel già ricordato fascicolo di impostazione politica e di istruzioni per la

---

[115] Per la critica di un fascista moderato alla realtà del PNF cfr. *ibid.*, pp. XXVII sgg.
[116] Cfr. *ibid.*, p. XXIV, dove la critica a questo aspetto del funzionamento dell'organizzazione corporativa si lega a quella, già ricordata, allo stato-amministrazione.
[117] *Introduzione* di P. Spriano al primo tomo del quarto volume di P. TOGLIATTI, *Opere*, a cura di F. Andreucci e P. Spriano, Roma 1979, p. LIII.

azione in Italia[118], i comunisti riconoscevano che «le masse non verranno mai automaticamente a noi [comunisti e antifascisti in genere]; ma siamo noi che dobbiamo attirarle a noi, metterle in movimento, guidarle». E – cosa ancor piú significativa – piú che verso questo tipo di consenso essi rivolgevano la loro attenzione e la loro azione «entrista» verso quello piú politicizzato e attivo dei militanti e quadri fascisti, dimostrando cosí chiaramente di rendersi conto che a livello del consenso piú generico (anche se psicologicamente incrinato) la depoliticizzazione, i guasti morali e la parcellizzazione sociale rendevano praticamente disperata e inutile un'azione, mentre a quello del consenso piú politicizzato e attivo vi erano piú possibilità di giocare sulle delusioni, il malcontento, le sincere aspirazioni sociali e rivoluzionarie di una parte almeno dei fascisti. Ma di quest'ultimo aspetto, che attiene al terzo livello del consenso, quello appunto attivo, parleremo tra poco. Ora, per concludere col secondo livello, vogliamo sottolineare due altri motivi che rendevano il distacco psicologico verificatosi in esso praticamente inoperante e permettevano al regime di recuperare quasi completamente questo consenso su due terreni «superiori» a quello del regime fascista.

Il primo di questi motivi era costituito dalla notevole presa che a questo livello aveva il nazionalismo. Sia quello che potremmo definire di stampo patriottico-risorgimentale e che faceva perno sulla concezione mazziniana della nazionalità e del dovere dei cittadini di servire la comunità, sia quello, piú moderno ed esasperato, tipico del fascismo e che questo aveva in buona parte mutuato dai nazionalisti, tendente ad utilizzare i valori nazionali come strumento di integrazione di tutto il popolo attorno all'idea dell'interesse collettivo della nazione intesa come valore assoluto superiore a tutti gli altri, nonché come portatrice di una nuova civiltà e di un nuovo «primato» degli italiani. Componente essenziale di questo nazionalismo – già presente nella cultura italiana ottocentesca e degli inizi del secolo[119], ma ora valorizzato al massimo sino a costituire un elemento fondamentale della propaganda e della retorica del regime, ma anche della sua cultura ufficiale e dell'educazione dei giovani – era il mito di Roma e della romanità[120]. Di esso ogni anno di piú fu fatta una utilizzazione in tutte le chiavi e a seconda di tutte le circostanze e le esigenze particolari: per suffragare il ruralismo fascista (in questa

---

[118] *Qual'è la vera situazione presente*, in *L'Italia antifascista dal 1922 al 1940* cit., II, p. 397.
[119] Cfr. a questo proposito P. TREVES, *L'idea di Roma e la cultura italiana del secolo XIX*, Milano-Napoli 1962; F. CHABOD, *Storia della politica estera italiana dal 1870 al 1896*, Bari 1965, I, pp. 215 sgg.
[120] Sul mito di Roma nel periodo fascista mancano studi di insieme e particolari di rilievo. Alcune utili osservazioni nei contributi di L. CANFORA, *Classicismo e fascismo*, di M. CAGNETTA, *Il mito*

chiave furono impostate le celebrazioni del bimillenario virgiliano) e la campagna demografica (la lotta al celibato e all'infecondità fu un aspetto assai messo in luce durante quelle del bimillenario di Augusto), per avvalorare la politica estera mussoliniana nelle sue varie fasi (*pax romana*, espansione imperiale, *mare nostrum*, lotta contro Cartagine, prospettata come il pendant di quella contro l'Inghilterra) e (da parte dei fascisti moderati) il rafforzamento dello Stato per graduale adattamento alle sue nuove necessità [121] e persino per cominciare cautamente a prospettare la possibilità che Mussolini, quando fosse morto Vittorio Emanuele III, si *inducesse* ad assumerne in qualche modo le funzioni, cosí come Augusto, morto Lepido, «si indusse ad assumere il pontificato massimo» con il consenso di una «moltitudine di elettori quanti non si ricordava che ne fosse venuta mai» a Roma «da tutte le parti d'Italia»[122]. E, piú in generale, per fare di Roma antica, delle sue virtú e della sua potenza, il modello a cui gli italiani *nuovi* dovevano tendere, consapevoli che esisteva una «unità di concetto e di metodo della politica italiana attraverso i secoli» di cui Mussolini e il fascismo erano gli interpreti[123]. Il tutto finalizzato alla valorizzazione di altri due miti. Quello dell'universalismo della civiltà romana, della quale la civiltà fascista doveva essere la ripresa in termini moderni, per cui Pietro De Francisci scriveva nel 1939[124]:

> Anche oggi, camminando secondo le direttrici della nostra tradizione, noi stiamo gettando le basi di una civiltà universale. Ma perché questo edificio sia solido e perché raggiunga l'altezza cui tende il suo Fondatore, bisogna che l'energia iniziale non solo si conservi, ma si accresca quanto piú la costruzione si sviluppa e si innalza. Bisogna che il nostro sangue e il nostro spirito che abbiamo ritrovati, dopo aver eliminato e dissimilato gli elementi estranei che vi si erano infiltrati, mantengano la loro purezza, la loro ricchezza, la loro forza, il loro calore. Per questo, cioè proprio per l'adempimento della nostra missione universale, noi stiamo in campo a difendere la nostra razza, la nostra tradizione, la nostra anima: perché la storia ci insegna che quando l'Italia decade tutti gli orizzonti si oscurano e il mondo si impoverisce: e che quando l'Italia rinasce a stagione novella tutti i cieli si accendono della luce della sua civiltà.

di Augusto e la «rivoluzione» fascista e Appunti su guerra coloniale e ideologia «romana», e di P. FEDELI, *Studio ad uso del latino nella scuola fascista*, in *Matrici culturali del fascismo*, Bari 1977, pp. 85 sgg., 153 sgg., 185 sgg. e 209 sgg. e ancora di M. CAGNETTA, *Antichisti e Impero fascista*, Bari 1979; nonché di L. PERELLI, *Sul culto fascista della romanità*, in «Quaderni di storia», gennaio-giugno 1977, pp. 197 sgg.; e, infine, di D. COFRANCESCO, *Appunti per un'analisi del Mito romano nell'ideologia fascista*, in «Storia contemporanea», maggio-giugno 1980, pp. 383 sgg.

[121] Cfr. in particolare il discorso «L'Italia di Augusto e l'Italia di oggi» pronunciato il 20 febbraio 1937 per celebrare il bimillenario augusteo e riprodotto in *Incontri* da G. BOTTAI, Milano 1943, pp. 41 sgg. e spec. pp. 44 e 52; nonché la voce «Roma» del *Dizionario di politica*, IV, p. 134.
[122] G. BOTTAI, *Incontri* cit., p. 60.
[123] Cfr. *ibid.*, p. 68.
[124] P. DE FRANCISCI, *Civiltà romana*, Roma 1939, pp. 157 sg.

E il mito di Mussolini – nuovo Augusto per alcuni, nuovo Cesare per altri e, forse, i piú – che era presentato come l'espressione piú tipica e consapevole della tradizione romana avendola fatta risorgere nel «secondo Impero di Roma»,

nato – come scriveva non uno dei soliti propagandisti, ma uno dei maggiori storici antichi del tempo, Luigi Pareti[125] – per la virile potenza della nostra gente, e per le sue nuove, inderogabili necessità demografiche e materiali, spirituali e morali; sorto a tanti secoli di distanza, in nuovo clima storico; animato da un nuovo originalissimo Genio della stirpe, si presenta, per piú lati, politicamente ed eticamente superiore al primo, e con un suo nuovo verbo da diffondere.

Cosí, attraverso il mito di Roma e della romanità, il nazionalismo, già di per sé vivo a livello borghese, sfociava anch'esso nel mito piú importante di tutti, quello di Mussolini, che costituisce appunto il secondo dei due motivi grazie ai quali il regime riusciva a recuperare – come dicevamo – quasi completamente il consenso che per altri versi era entrato in crisi.

Del mito di Mussolini sono state date molteplici spiegazioni un po' in tutte le chiavi e soprattutto ricorrendo alla psicologia sociale e alla sua utilizzazione da parte degli strumenti di informazione di massa. Mussolini «uomo forte», «buono», «giusto», «padre», «maschio», «concentrato dei caratteri nazionali», ecc. sono altrettanti aspetti del mito con i quali si è cercato di spiegare il successo del mito stesso. Non è nostra intenzione entrare in questo tipo di problemi. Ai fini del nostro discorso è importante soprattutto constatare la presenza del mito e la sua incidenza a tutti i tre livelli del consenso dei quali stiamo parlando e, in un certo senso, specialmente proprio al secondo, quello «borghese». Quanto alle sue spiegazioni tre sono a nostro avviso essenziali. Una è subito detta: il carisma di cui indubbiamente Mussolini godeva. Un'altra è certamente quella alla quale tutti in genere si richiamano: l'azione massiccia, martellante, grossolana talvolta, abbastanza sofisticata talaltra (tanto da ottenere risultati persino presso degli stranieri) di tutti gli strumenti di informazione di massa e non di rado della stessa cultura, anche della meno asservita, tesa a diffonderlo ovunque, in tutte le forme possibili, valoriz-

---

[125] L. PARETI, *I due Imperi di Roma*, Catania 1938, pp. 244 sg.
Di quest'opera uscí a Venezia nel 1944 una nuova edizione molto accresciuta, *Passato e presente d'Italia. Saggio storico-politico*, assai interessante per la parte nuova dedicata ai «fatti e problemi della guerra attuale», nella quale, tra l'altro, il parallelo tra Cesare e Mussolini, già presente nella prima edizione, era ripreso e sviluppato alla luce del 25 luglio: Cesare era stato ucciso dal nemico interno che «voleva impedirgli nuove vittorie, era geloso della sua grandezza, aveva interessi inconfessabili da difendere», ugualmente avevano cercato di fare e in parte erano riusciti a fare i nemici di Mussolini; «ma vi è pure una Provvidenza divina! L'Uomo grande, che i traditori volevano seviziato dai nemici, fu invece salvo miracolosamente, per merito dell'amico magnanimo, e di eroici esecutori della sua volontà»... (pp. 425 sgg.).

zando tutti gli aspetti della biografia e della personalità di Mussolini, ricorrendo ai piú spericolati paralleli storici e persino ad antiche profezie e antichissime leggende. Si pensi, per fare un solo esempio, che in un opuscolo per la Gioventú araba del littorio (la GIL libica) la grandezza, la potenza e il successo di Mussolini vennero attribuiti al fatto che il famoso anello di Salomone, scomparso da millenni, era ricomparso misteriosamente – e dunque per volontà divina – a Roma, nelle mani del «duce»[126]. Su entrambe queste spiegazioni non ci pare sia il caso di soffermarci. Un discorso merita invece la terza, tanto piú che solo ultimamente essa ha cominciato ad essere abbozzata[127]. Ci riferiamo all'azione di concreto capillare sostegno del mito mussoliniano svolta, soprattutto con la metà degli anni trenta, dalla Segreteria particolare del Duce. Un'azione che sarebbe certo eccessivo ed ingiusto ritenere sia stata concepita come sostegno del mito di Mussolini (almeno in un primo momento, ché sicuramente nacque dalle cose, come un fatto di routine burocratica, mentre è piú difficile escludere che in un secondo tempo non ne venisse compresa l'importanza politica) e che, del resto, di questo mito era largamente una conseguenza, ma che finí per diventarne un aspetto significativo ed importante, certo da non sottovalutare per comprendere tutte le *nuances* del consenso[128].

Come abbiamo già avuto occasione di accennare, via via che il fascismo si consolidava al potere e il prestigio di Mussolini si diffondeva, il numero di coloro, vecchi amici e conoscenti di Mussolini, fascisti, persone note, meno note e soprattutto sconosciuti di tutte le condizioni sociali, che si rivolgevano al «duce» per esprimergli il loro consenso, il loro affetto, il loro entusiasmo (talvolta, ma piú raramente e in forma ovviamente anonima, il loro dissenso e insultarlo), ma anche e soprattutto per chiedergli aiuto, lavoro, giustizia era progressivamente aumentato, sino a diventare, con la guerra d'Etiopia, un fenomeno tutt'altro che trascurabile e di misura senza precedenti nella storia italiana, anche rispetto al numero di coloro che tradizionalmente si rivolgevano al sovrano. Uno studio sistematico della relativa vastissima documentazione, in buona parte conservatasi, è in questa sede impossibile, anche se sarebbe del piú vivo interesse[129]. Ai fini del nostro discorso basterà dire che nell'anno

---

[126] E. PANETTA, *L'anello di Salomone*, Firenze 1939.
[127] T. M. MAZZATOSTA - C. VOLPI, *L'Italietta fascista (lettere al potere 1936-1943)*, Bologna 1980.
[128] La Segreteria particolare del Duce fu diretta sino al marzo 1934 da Alessandro Chiavolini a cui successero Osvaldo Sebastiani e, dal giugno 1941, Nicolò De Cesare. Il suo personale, funzionari, impiegati e subalterni era nel 1925 di circa venti unità salite a circa quaranta all'inizio degli anni trenta, a circa cinquanta nella seconda metà e circa sessantacinque alla vigilia del 25 luglio '43.
[129] Informato del carattere di questa documentazione, già nell'aprile 1936 Gioacchino Forzano, scrivendo a Mussolini, gli suggerí l'idea di pubblicarne un certo numero in volume e si offrí di occuparsene personalmente: «da tempo ho in animo di fare una pubblicazione che sarebbe la piú bella

xv (ottobre '36 - ottobre '37), un anno in cui il fenomeno aveva già assunto dimensioni notevoli, ma non toccato il vertice, giunsero a Mussolini dal territorio nazionale 123 047 richieste di sussidio e 77 578 di lavoro[130]. A queste si devono poi aggiungere le istanze piú specifiche che venivano inoltrate a Mussolini tramite i ministri ritenuti competenti: nell'anno XVI solo da quello delle Finanze ne furono trasmesse a palazzo

per far sapere bene e chiaro al mondo che cosa è il cuore della gente italiana per Mussolini e il cuore di Mussolini per la gente italiana.
a) la pubblicazione potrebbe anche non portare il nome dell'autore per eliminare ogni sospetto di esibizioni personali.
b) dovrebbe essere venduta a scopo benefico. Tradotta in 4 lingue.
«La materia della pubblicazione dovrebbero essere "*le lettere a Mussolini*".
«Da questa miniera si dovrebbe potere estrarne tante cose preziose.
«Chiesi una volta all'avv. Sebastiani quante lettere erano indirizzate al giorno all'E. V.; mi rispose: circa 3000. Ora: per quali ragioni la gente si rivolge a Lei, come, perché; come viene risposto, come tutto questo funziona, può essere oggetto di un'opera nobilissima. Io ho l'orgoglio di sentirmi le mani e il cuore purissimi per tentare questa impresa.
«Le chiedo per ciò forse con molta audacia che Ella giustificherà solo con la mia devozione di permettermi di *provarmi*» (ACS, *Segreteria particolare del Duce, Carteggio riservato* [1922-1943], W/R, fasc. «Forzano Gioacchino»).

[130]

	Sussidi richiesti	Domande di occupazione
Piemonte	2 720	2 843
Liguria	1 705	2 592
Lombardia	7 117	13 865
Venezia Tridentina	975	647
Veneto	7 620	7 147
Venezia Giulia e Zara	1 331	1 213
Emilia	6 991	4 736
Italia settentrionale	28 459	33 043
Toscana	6 826	5 054
Marche	3 481	1 204
Umbria	1 736	621
Lazio	25 541	8 910
Italia centrale	37 584	15 789
Abruzzi e Molise	4 547	2 120
Campania	11 933	8 938
Puglie	7 418	3 405
Lucania	1 358	607
Calabrie	6 516	2 684
Italia meridionale	31 772	17 754
Sicilia	21 635	9 879
Sardegna	3 597	1 113
Italia insulare	25 232	10 992
Regno	123 047	77 578

ACS, *Segreteria particolare del Duce, Carteggio ord.* (1922-1943), fasc. 169621, «Statistica delle istanze presentate alla Segreteria».

Il «consenso» tra la metà del 1936 e la metà del 1940 227

Venezia 18 029[131]. In un primo tempo, prima che diventasse troppo onerosa, questa massa di richieste veniva interamente istruita caso per caso dalla Segreteria particolare del Duce che chiedeva alla polizia informazioni sugli interessati e talvolta sui casi denunciati, ne trattava una parte direttamente e ne trasmetteva il resto agli uffici governativi competenti. A tutti, sia pure sommariamente, veniva risposto e si cercava di andare incontro ai loro desideri, inviando in moltissimi casi una somma di danaro, variabile, per quelli piú comuni e generici, tra le 50 e le 500 lire (in genere 250), per altri, giustificati da gravi malattie, morti, perdite

---

[131] Secondo la statistica fattane dalla Segreteria particolare del Duce le istanze riguardavano le seguenti voci e sottovoci:

IMPOSTE

Ricchezza mobile - Terreni e fabbricati
numerosa famiglia	785
mancanza di mezzi	1 350
troppo gravose, riduzione	891
sospensione atti di pignoramento	124
proroga o dilazione	87
cessazione esercizio o fallimento	100

Imposta celibi
mancanza di mezzi	963
troppo gravose, riduzione	877
proroga o dilazione	104
richiamato sotto le armi	163
inabile al matrimonio	116
passato al matrimonio	153
con figli riconosciuti	104
con famiglia a carico	83

Prestito e Imposta straordinaria
numerosa famiglia	306
mancanza di mezzi	646
troppo gravose, riduzione	682
proroga o dilazione	83

Tributi comunali e provinciali
numerosa famiglia	571
mancanza di mezzi	733
troppo gravose, riduzione	885
dazio consumo	56
proroga o dilazione	79
richiamato sotto le armi	40

Tasse sugli affari
tassa di registro	57
tassa di lusso e scambio	22
tassa di bollo	26
tassa sulle concessioni governative	29
tassa di successione	59
tasse scolastiche	16

totale	10 190

OCCUPAZIONI

manifatture tabacchi	1142
saline	61
Regia Zecca	15
Poligrafico dello Stato	179
ammissione pubblici concorsi	100
assunzione avventizi	165
assunzione personale subalterno	70
passaggio in ruolo	73
promozioni	61
totale	2156

CONCESSIONI SPECIALI

rivendite generi di monopolio	591
banchi lotto	114
coltivazioni tabacchi	31
ammissione carriera lottisti	25
trasferimento rivendite monopolio	26
rinnovo rivendite monopolio	15
totale	802

PENSIONI

pensioni ordinarie	510
riversibilità pensioni ordinarie	139
pensioni di guerra	446
riversibilità pensioni di guerra	140
polizze combattenti	222
assegni vitalizi	38
buonuscite	25
aumento pensioni ordinarie di guerra	206
totale	1726

DEMANIO

riduzione canoni demaniali	17
affitto case e terreni demaniali	39
cure gratuite termali	11
derivazioni di acque pubbliche	11
totale	78

MATRIMONI REGIA GUARDIA DI FINANZA

matrimoni	169
nulla osta sfavorevole matrimonio	26
promozioni per matrimoni	23
trasferimenti per matrimonio	17
totale	235

CONTRAVVENZIONI

contravvenzioni tassa scambio	61
contravvenzioni tassa di bollo	54
contravvenzioni tassa di registro	33
contravvenzioni concessioni governative	36
contravvenzioni varie	55
totale	239

SUSSIDI E RIMBORSI

sussidi	323
rimborso tasse indebite	26
rimborso imposte indebite	234
premi di nuzialità e natalità	50
totale	633

ARRUOLAMENTI E TRASFERIMENTI

arruolamenti Regia Guardia di Finanza	354
riammissioni Regia Guardia di Finanza	72
riammissioni impiegati civili	42
trasferimenti Regia Guardia di Finanza	43
trasferimenti impiegati civili	167
rafferme e rescissioni rafferme	16
totale	694

MUTUI E TITOLI

mutui bancari	19
prestiti governativi	21
conversione titoli debito pubblico	29
conversione titoli esteri	20
riscossione titoli debito pubblico	32
riscossione titoli esteri	5
abbuono debiti	92
cessioni stipendio	41
totale	259

CAMBIO MONETE

cambio monete italiane fuori corso	191
cambio monete italiane deteriorate	23
cambio moneta estera fuori corso	14
cambio moneta estera	16
restituzione valuta sequestrata	43
totale	287

CONTRABBANDO

contrabbando doganale	34
coltivazione clandestina del tabacco	17
contrabbando alcool	13
contrabbando valuta	11
contrabbando imposte di fabbricazione	4
richiesta importazioni	34
richiesta esportazioni	14
totale	127

DEPOSITI CAUZIONALI

svincolo depositi cauzionali	71
pagamento esproprio terreni	18
pagamento esproprio case	11
totale	100

RISARCIMENTO DANNI

risarcimento danni di guerra	118
contributi terremoto	55
contributi alluvioni	9
contributi per danni siccità	7
totale	189

VARIE

varie	304
totale	304
Totale generale	18 029

di strumenti di lavoro, ecc., ammontante anche a migliaia e decine di migliaia di lire, e per qualcuno persino a centinaia di migliaia (alla vedova di un noto fascista e studioso fu comprata la biblioteca del marito, poi assegnata ad una pubblica istituzione culturale). Tra i postulanti si trovavano talvolta anche antifascisti (specie socialisti che avevano conosciuto personalmente Mussolini); anche di loro la Segreteria si occupava e li aiutava. Divenute le richieste troppo numerose e urgenti (varie lettere risultano scritte nella imminenza di un pignoramento o di uno sfratto) per espletare le indagini su tutte, fu stabilito il principio di inviare automaticamente una piccola somma a tutti i generici richiedenti, anche quando era chiaro che si trattava di postulanti abitudinari, e di esaminare a fondo i casi piú impegnativi, le richieste di lavoro e simili. Nel 1938 il settore beneficenza spicciola fu, all'interno della Segreteria, affidato alla direzione di Edda Ciano. Il valore politico di questa attività della Segreteria particolare del Duce è evidente. Chi aveva ottenuto ciò che chiedeva (e le richieste erano le piú disparate) o anche solo un pur modesto aiuto economico non solo si vedeva confermato nella sua fiducia nel «duce», ma ne parlava con parenti, amici e vicini (talvolta, ringraziando, chiedeva una fotografia di Mussolini che poi teneva in casa in bella mostra) e la cosa veniva risaputa da altri ancora: si innestava insomma un processo a macchia d'olio che, se spingeva altri a imitare il «fortunato», dava però al mito di Mussolini una concretezza tutta particolare[132]. Né l'attività della Segreteria particolare si limitava a ciò. Oltre che a questa beneficenza individuale, le grosse somme delle quali essa disponeva grazie a tutta una serie di entrate rappresentate dalle oblazioni di industrie, giornali, enti, dalle donazioni di singoli (talvolta somme minime, spesso in buoni del tesoro, che venivano inviate a Mussolini), dagli introiti de La provvida, dal fondo «rappresentanza» del presidente del Consiglio e da altri fondi della Pubblica sicurezza e del ministero delle Corporazioni, ecc. venivano largamente utilizzate a favore di istituzioni di beneficenza e di assistenza, che si rivolgevano direttamente ad essa o le venivano segnalate, e per finanziare in tutto o in parte lavori pubblici di vario genere, richiesti da Comuni e organizzazioni varie[133]. Altre elargizioni

---

[132] Nelle *Informazioni Cremonesi*, alla data del 26 ottobre 1937, si legge a questo proposito: «I gesti che il Duce andrebbe compiendo in molti posti d'Italia a favore di diseredati, per sovvenire famiglie cadute in miseria, alleviare dolori, premiare atti di civiltà e di bene si passano di bocca in bocca.
«A magnificarli maggiormente sarebbero proprio i beneficiati, i quali per lo piú non sono mai in possesso della tessera del Partito. Ieri era un professore perseguitato in provincia, oggi un giornalista senza lavoro, oppure un ex sovversivo... Questi episodi, formerebbero a detta di parecchi un'aureola non meno splendida di tante altre sul capo venerato del Fondatore dell'Impero».
[133] Per maggiori elementi si vedano in *Appendice*, documento 4, gli elenchi dettagliati per al-

ancora venivano fatte in occasione dei viaggi di Mussolini nelle varie regioni (in occasione del viaggio in Sicilia nell'agosto '37 esse ammontarono a 3 669 825 lire, in occasione di quello del maggio 1939 in Piemonte a 9 930 500 [134]) e in altre circostanze: in occasione del rapporto dei prefetti tenuto da Mussolini nel novembre-dicembre '38 furono per esempio cune provincie da noi scelte come campioni e tratte da una rilevazione fatta dalla Segreteria particolare del Duce nel 1943 sui dati relativi agli anni dal 1932 in poi.

[134] Perché il lettore possa farsi una piú precisa idea dei criteri con cui venivano fatte queste elargizioni, riportiamo la loro distinta:

Viaggio in Sicilia: agosto 1937.

Sussidi diretti:			
a Messina	L. 141 900		
a Catania	187 600		
a Siracusa	109 775		
a Ragusa	74 225		
a Enna	19 475		
a Caltanissetta	36 050		
a Agrigento	43 150		
a Trapani	54 825		
a Palermo	130 825	L.	797 825
Sussidi a mezzo prefetti:			
a Messina	L. 100 000		
a Catania	200 000		
a Siracusa	50 000		
a Ragusa	50 000		
a Enna	50 000		
a Caltanissetta	50 000		
a Agrigento	50 000		
a Trapani	50 000		
a Palermo	100 000		700 000
Premi nuziali - Lago Pergusa (Enna)			42 000
Sussidi ai minatori disoccupati di Sticoni (Caltanissetta)			50 000
Elargizioni a Istituti benefici:			
Enna, colonie del PNF	L. 100 000		
Palermo, Casa del Sole	100 000		
Palermo, Albergo dei poveri	50 000		
Palermo, Asilo materno	50 000		
Palermo, Istituto suore Croce	50 000		350 000
Contributi per lavori ed opere varie:			
Nicolosi (Catania), edificio scolastico	L. 150 000		
Siracusa, ospedale (1ª rata)	500 000		
Enna, rimboschimento	400 000		
Caltanissetta, case popolarissime	500 000		
Caltanissetta, organo alla chiesa Cela	30 000		
Agrigento, Casa della madre e del fanciullo	50 000		
Trapani, Casa littoria	100 000		1 730 000
Totale generale		L.	3 669 825

Viaggio in Piemonte: maggio 1939.

  FONDO LAVORI

   Novara:

ospedale	L. 500 000	
refezione GIL	250 000	
famiglie numerose	200 000	

   Asti:

strada Serole	310 500	
OMI	250 000	
colonie GIL	250 000	

   Alessandria:

famiglie numerose	250 000	
GIL	500 000	
ospedale	500 000	

   Torino:

palazzo comandi militari	250 000	
refezione scolastica GIL	1 000 000	
famiglie numerose	1 000 000	

   Aosta:

strada Antei-Torgnone	500 000	L. 5 760 500

  FONDO BENEFICENZA

   Vercelli:

restauri di Sant'Andrea	L. 200 000	
sede GIL	500 000	
famiglie numerose	500 000	
strada Curino	100 000	

   Aosta:

Sacrario Battaglione Aosta	20 000	1 320 000

  FONDO RAPPRESENTANZA

   Aosta:

Scuola C. M. Alpinismo	L. 50 000	
famiglie numerose	200 000	
GIL	200 000	
case popolarissime	1 000 000	

   Cuneo:

comune di Busca	80 000	
famiglie numerose	250 000	
OMI	200 000	
colonie GIL	500 000	
refezione GIL	200 000	
opere pubbliche	170 000	2 850 000

   Totale generale   L. 9 930 500

Il «consenso» tra la metà del 1936 e la metà del 1940 233

elargiti 13 465 000 lire per opere pubbliche, case popolarissime e assistenza in trentotto provincie. Le cifre riassuntive relative a tutto questo complesso di attività da noi rintracciate nella documentazione della Segreteria particolare del Duce sono nella seguente tabella; ad esse, per avere un quadro veramente completo, bisognerebbe aggiungere le somme erogate tramite la Presidenza del consiglio dei ministri (di cui non abbiamo ritrovato i rendiconti) e quelle date talvolta *brevi manu* da Mussolini personalmente e non contabilizzate in dettaglio:

	Beneficenza (a singoli e istituzioni)	Assistenza (a enti e istituzioni)	Totali beneficenza e assistenza	Lavori
1937-38	5 404 927,80	7 050 275,65	12 455 203,45	25 898 378,80
1938-39	6 748 587,05	9 593 464,10	16 342 051,15	27 026 746,25
1939-40	6 416 239,40	10 420 858,15	16 837 097,55	27 946 277,80
1940-41	13 165 245,65	9 281 810,35	22 447 056,00	23 071 686,00
Totali	31 734 999,90	36 346 408,25	68 081 408,15	103 943 088,85
Totale generale			172 024 497	

Uno sforzo organizzativo ed economico cosí considerevole e – non va mai dimenticato – inserito nel piú vasto contesto della campagna propagandistica volta a tener vivo il mito mussoliniano è chiaro che rendesse – lo si è già detto – anche politicamente e specialmente a tutto vantaggio della immagine umana del «duce», dando concretezza, se non altro, a quella parte del mito che si fondava appunto sull'immagine dell'«uomo buono», «figlio» e «padre» al tempo stesso del popolo. Una immagine assai importante per determinare e conservare il consenso piú propriamente popolare, meno sollecitato da altri aspetti del mito, ma che aveva una influenza anche ad altri livelli.

A questi altri livelli e soprattutto a quello «borghese» la forza del mito di Mussolini era però soprattutto un'altra. Per un verso il successo che aveva sempre arriso al «duce» e che faceva sorgere nei piú ottimisti, anche di fronte alle maggiori difficoltà e ai maggiori rischi, il dubbio: «e se, anche questa volta, avesse ragione?» E per un altro verso la speranza che non abbandonava neppure molti dei piú pessimisti e – come bene ha ricordato Cesare Pavese [135] – faceva loro sperare che alla fine l'«uomo della provvidenza» «in un lampo di genio o di magnanimità o di senso comune aprisse gli occhi e la smettesse di arrischiare» e le cose si aggiustassero da sé. Non molto, come si vede, ma, in una situazione morale e di parcellizzazione sociale quale quella che abbiamo descritto,

---

[135] C. PAVESE, *La letteratura americana e altri saggi*, Torino 1951, p. 226.

sufficiente a bloccare ogni possibilità di un consistente sviluppo della crisi del consenso dal disagio, dal distacco psicologico ad una vera e propria opposizione. E questa poi, a ben vedere, è la stessa conclusione alla quale in questi anni dovettero pervenire – andando all'osso del problema – gli osservatori stranieri meglio informati ed attenti alla realtà italiana. Valga per tutti il caso dell'ambasciata francese a Roma, probabilmente la piú sistematica e acuta nel seguire le ripercussioni delle vicende interne e soprattutto internazionali sull'opinione pubblica italiana.

In piú occasioni i diplomatici francesi a Roma, oltre a cercare di ricostruire i vari aspetti del «consenso» su cui poteva contare il regime e a riferire a Parigi le reazioni negative via via suscitate nei vari ambienti sociali dalla politica fascista, si posero, tra il '37 e il '40, il problema di quanto realmente le difficoltà economiche e il malcontento per la politica mussoliniana avrebbero potuto incidere sull'atteggiamento degli italiani in caso di un conflitto con le potenze occidentali. Ebbene, a distanza di molti mesi, durante i quali si erano verificati fatti importantissimi e sempre piú gravi ed era anche cambiato il responsabile dell'ambasciata, sicché è difficile pensare ad una preconcetta fedeltà ad una data visione delle cose, la conclusione fu sempre la stessa: anche in caso di conflitto Mussolini non avrebbe avuto vere difficoltà interne. Il 30 novembre 1937, dopo aver esaminato l'atteggiamento delle principali componenti della società italiana, l'incaricato d'affari Jules Blondel scriveva [136]:

> In realtà l'armatura del regime fascista è sufficientemente identificata con quella della nazione perché la prospettiva di una guerra possa determinare dei movimenti popolari sufficienti a farla crollare. E all'interno del fascismo stesso l'autorità di Mussolini rimane, secondo ogni apparenza, assolutamente incontestata, senza che si possa per il momento vedere menomamente se da parte di una o piú persone del suo *entourage* e in particolare del conte Ciano si eserciti una qualsiasi influenza in grado di influire sulle sue decisioni.

Piú di un anno dopo, il 6 gennaio 1939, l'ambasciatore André François-Poncet cosí concluse un suo rapporto dedicato agli stessi problemi [137]:

> Da tutte le considerazioni che precedono e specialmente da quelle che concernono il malcontento assai diffuso in numerose classi della popolazione italiana, bisogna naturalmente guardarsi dal trarre delle conclusioni ottimistiche quanto alla resistenza che incontrerebbe il governo fascista se arrivasse a lanciare l'Italia in una guerra contro la Francia. L'opinione che formulava questa ambasciata in occasione della crisi del settembre 1938, può essere ripetuta oggi. La nazione italiana, in tale caso, seguirebbe certamente i suoi capi, all'inizio, e sarebbe illudersi pericolosamente considerare l'eventualità di un movimento d'opinione suscettibile di essere d'ostacolo ad una mobilitazione diretta contro il nostro paese.

---

[136] *DDF*, s. II, VII, p. 563.
[137] *Ivi*, s. II, XIII, pp. 554 sg.

E con questo crediamo di aver risposto all'interrogativo dal quale abbiamo preso le mosse: stante questa realtà, il problema del consenso passivo «borghese» non esisteva per Mussolini o, laddove esisteva, non comportava concessioni, «cedimenti» che sarebbero stati non solo contrari alla concezione morale e politica del «duce», ma politicamente pericolosi agli effetti di quel consenso al quale ormai egli piú teneva e con il quale, solamente, doveva fare politicamente i conti, quello attivo, quello dei fascisti e dei giovani se voleva – come voleva – che il fascismo sopravvivesse alla sua morte.

Stabilire con precisione la consistenza del consenso attivo non è possibile. Grosso modo se ne possono però indicare le aree principali, sebbene esse in buona parte si sovrapponessero. Anche se tra essi non mancavano certo gli opportunisti, i travets della politica, una era costituita dai quadri del PNF, della GIL e della MVSN (complessivamente 200-210 000) e, con «perdite» piú ragguardevoli, delle altre maggiori organizzazioni di massa del regime e dei sindacati. Un'altra era costituita dai fascisti della prima e della seconda «generazione» per i quali il fascismo era ancora una realtà viva e, nonostante tutto, vitale o rivitalizzabile. Generalizzando, si può dire che i primi si ricollegavano soprattutto al vecchio intransigentismo e i secondi erano presenti soprattutto nella stampa quotidiana e periodica (ove però non mancavano anche molti «vecchi») e nei quadri dei ministeri piú tipicamente fascisti, quelli della Cultura popolare e delle Corporazioni, e di organismi come la Confederazione dei professionisti e artisti. Un'altra ancora era, infine, costituita dai giovani, in primo luogo dai gufini. Tra le tre aree le differenze erano notevoli per mentalità, prospettive, punti di riferimento all'interno del vertice fascista. A parte le situazioni locali, nella prima i piú si riconoscevano soprattutto in Starace e, specie via via che anche a questo livello l'astro del segretario generale del PNF prese a spegnersi sempre piú rapidamente, in Farinacci o, meno però, in altri vecchi squadristi della prima ora come Scorza. Nella seconda il leader piú prestigioso era Bottai, al quale guardavano i corporativisti e gran parte di coloro che privilegiavano il momento culturale del fascismo e una rivitalizzazione del partito non nei termini però dell'intransigentismo piú o meno farinacciano. Questi stessi motivi avrebbero dovuto fare di Bottai anche il leader pressoché incontrastato dei giovani; in realtà tra essi, pur non mancandogli un certo seguito, il direttore di «Critica fascista» non era popolare come si potrebbe credere e come talvolta è stato sostenuto; a suo svantaggio giocavano infatti due fattori: la sua non ben definibile, ma da molti giovani percepita, *ambiguità* e soprattutto la sua sostanziale formazione idealistica, gentiliana, una «colpa», questa, che per la maggioranza della gioventú fascista era ormai una discriminante. In effetti, anche se sul terreno pratico una parte dei giovani si appoggiava a qualche gerarca di primo piano (Bottai appunto, Ricci, Starace e alla vigilia della guerra A. Pavolini e soprattutto G. Ciano), i piú non avevano altro punto di riferimento che Mussolini nel quale si riassumevano tutte le loro speranze di rinnovamento del regime e di rilancio del fascismo.

Con questo, sia ben chiaro, non vogliamo dire che tutta la gioventú e in particolare quella che passava per i GUF fosse fascista. Non solo la memorialistica, ma la stessa stampa dell'epoca sono a questo proposito eloquenti. La seconda metà degli anni trenta fu caratterizzata a livello giovanile da varî fenomeni. Tra questi uno dei piú evidenti era costituito dall'accentuarsi del processo di depoliticizzazione da noi già rilevato per gli anni immediatamente precedenti[138]. Un misto di istintivo disinteresse, di diffusa insofferenza e talvolta di disgusto per la politica portava molti giovani a ritirarsi in se stessi, a cercare una sistemazione che permettesse loro di essere coinvolti il meno possibile nella politica, nel caso «peggiore» a rifugiarsi nella letteratura e nella cultura in genere e in particolare in quella che, pur non essendo veramente antifascista, coltivava però dei valori che non erano quelli fascisti[139]. Nei confronti di questi giovani «marginali, indolenti di spirito e rammolliti nei muscoli» non mancavano coloro – come l'autore della nota *Giovani in linea*, apparsa il 15 gennaio 1938 su «Eccoci», il giornale del GUF di Cremona – che avrebbero voluto drastici provvedimenti: «o mettersi con noi in linea e camminare con passo accelerato od uscire dai ranghi che non possono e non devono sentire il peso della loro lentezza». Per il regime essi non costituivano però un vero problema: salvo rarissimi casi, venivano infatti risucchiati nel gran mare del consenso passivo. Cosí come, al limite, non lo costituivano i casi di giovani di famiglia antifascista che si mantenevano nella tradizione familiare: piú che un problema politico, essi erano per il regime quasi sempre solo un fatto di polizia e, per di piú, meno impegnativo di altri, ché, date le famiglie dalle quali provenivano, erano piú facili ad individuare.

Politicamente, il vero problema era costituito dai giovani fascisti, quelli del consenso attivo. Senza di loro il fascismo non avrebbe potuto

[138] Cfr. *Mussolini il duce*, I, p. 104.
[139] Notava giustamente F. AZZALI, *Testimonianze di giovani. La crisi della cultura*, in «Critica fascista», 15 novembre 1938, p. 29, che «mentre nell'ambito delle teoriche discussioni s'afferma l'impotenza di una cultura non estraniata dalle nostre reali esigenze, peraltro la pratica delle cose smentisce quasi sempre tali affermazioni dottrinarie».

avere un futuro. Se si prescinde dai meri opportunisti, interessati solo a far carriera, essi erano però in un modo o in un altro tutti assai critici verso il regime a cui rimproveravano il suo conformismo, la sua grettezza provinciale, che si trasformava in chiusura aprioristica verso il nuovo, verso ciò che veniva maturando nella cultura straniera [140], il suo rifiuto a riconoscere loro la libertà di discuterlo e di interpretare il fascismo secondo la loro sensibilità e le loro aspirazioni, il suo sostanziale conservatorismo e il suo rifiutarsi ad una vera svolta sociale e, soprattutto, la sua mancanza di effettiva coerenza. Una colpa, questa, che per una gioventù che, in ultima analisi, era essenzialmente alla ricerca di chiarezza e di coerenza – talvolta in maniera intransigente e irrazionalmente emotiva – era la peggiore di tutte, quella dalla quale le altre venivano fatte tutte discendere. Cosí critici da arrivare in certi casi sino alla fronda vera e propria e da rendere possibile che proprio nelle loro file si formasse buona parte del nuovo antifascismo (unitario o, comunque, meno condizionato dalle vecchie divisioni tra i partiti); quasi sempre in conseguenza della delusione per la realtà del regime e della constatazione che non solo era impossibile migliorarla, ma che essa tendeva a degradarsi e a degenerare sempre piú. Negli anni di cui ci stiamo occupando – quelli che Gino Germani ha definito il terzo stadio della evoluzione dei giovani rispetto al fascismo [141] – i casi di passaggio all'antifascismo vero e proprio erano però ancora poco rilevanti. Se infatti le sollecitazioni costituite nel '38-39 dall'Anschluss, dalla campagna razziale e dal patto d'acciaio spinsero molti giovani a tirare, per cosí dire, i remi in barca, a disimpegnarsi psicologicamente e politicamente (ché a compiere il passo ulteriore, quello di passare all'antifascismo, si frapponevano ancora numerosi ostacoli, non ultimi il forte sentimento nazionale che caratterizzava la gioventú fascista e le impediva di distinguere tra patria e governo e la mancanza di una realistica alternativa al fascismo), per la maggioranza esse non ebbero altro effetto che accrescere il suo desiderio di trasformare il regime dal di dentro e di rendere il fascismo coerente alla idea che se ne era fatta. La rottura col fascismo per i piú di questi giovani sarebbe avvenuta piú tardi, nel '42-43, in conseguenza della prova drammatica e *liberatrice* (in tutti i sensi, non ultimo quello della mancanza di un'alternativa realistica al fascismo) della guerra. Solo allora una parte di essi sarebbe passata all'antifascismo e, molto spesso, al Partito comunista [142]. Ma un'altra parte

---

[140] In occasione dei Littoriali del 1940 G. CABELLA, *Littoriali*, in «Primato», 1° maggio 1940, p. 1, prospettò la possibilità di allargare la partecipazione ai Littoriali anche a giovani non italiani.
[141] Cfr. *Mussolini il duce*, I, pp. 102 sg.
[142] Cfr. L. LOMBARDO-RADICE, *Fascismo e anticomunismo. Appunti e ricordi 1935-1945*, Torino 1947, p. 65: «Gli anni fra la guerra d'Etiopia e la seconda guerra mondiale non furono ancora, a

– anch'essa in un certo senso liberata dalla guerra, in quanto «liberata» dal regime – avrebbe aderito alla Repubblica Sociale Italiana, a quello che era o credeva fosse il «suo» fascismo.

Anche tra i giovani, come si vede, le dispersioni, sotto il profilo del consenso attivo, erano dunque molto forti. Per quel che riguarda gli anni che qui ci interessano, è però difficile non concordare con Agostino Nasti, quando nel '38, prendendo lo spunto dai Littoriali di quell'anno, scriveva che, tutto sommato, il bilancio per il fascismo era attivo. Certo una cosa era la *massa* e un'altra l'élite, rimaneva però il fatto, come egli diceva, che

anche noi siamo stati un'élite: tutti gli altri ci hanno seguito. Se dunque siamo riusciti a formare, a nostra volta, un'élite, possiamo ritenere raggiunti i nostri scopi [143].

Nonostante la «crisi del consenso», il fascismo insomma era in grado non solo di conservare il consenso attivo di larga parte dei vecchi fascisti, ma – cosa assai piú importante – di suscitarne anche uno nuovo e, quel che piú conta, tra i giovani, tra coloro che ne avrebbero dovuto assicurare la continuità.

Accontentarsi di questa constatazione o limitarsi ad accompagnarla con alcune considerazioni, tipo quella del prezzo che Mussolini doveva pagare per ottenere questo consenso giovanile, sarebbe però troppo semplicistico. Che il prezzo da pagare consistesse soprattutto nell'accordare ai giovani una libertà di critica, di stampa, di parola quale a nessun altro era concessa [144] e una loro utilizzazione (convinta o strumentale poco

---

nostro avviso, anni di raccolta per il Partito comunista italiano in Italia. Senza pretendere affatto di fare la storia del Partito comunista italiano in quegli anni, posso dire, per quella che è stata l'esperienza di molti piuttosto che non quella personale, che, perlomeno negli ambienti della cultura, della piccola e media borghesia, l'influenza degli avvenimenti internazionali nello sbloccamento della barriera anticomunista e nella determinazione di nuovi orientamenti politici, è stata piú grande che non quella esercitata dal lavoro tenace e giustamente indirizzato dei comunisti italiani. E ciò, direi, fino ai primi mesi del 1943, fino agli scioperi del marzo-aprile». Nella stessa linea e con riferimento a tutto l'antifascismo cfr. anche G. AMENDOLA, *Intervista sull'antifascismo* cit., p. 147.

[143] A. NASTI, «Élite» e massa fra i giovani, in «Critica fascista», 1º luglio 1938, p. 263.

[144] Ha scritto a questo proposito G. S. SPINETTI, *Vent'anni dopo. Ricominciare da zero*, Roma 1964, pp. 78 sgg.: «Nei periodici giovanili indipendenti, delle federazioni e dei GUF si poteva cosí leggere qualche volta delle critiche all'esibizionismo, ai lussi e alla "dolce vita" di alcuni "gerarchi", senza nominarli, ma redatte in modo che si potevano identificare. Critiche alla loro vuotezza, oltre che alla loro retorica. Insinuazioni sulle loro capacità, sulla loro buona fede e sulla loro intelligenza. Critiche ai ricchi "borghesi" conformisti, agli "arrivisti" e ai "panciafichisti". Discussioni sulla impreparazione della classe dirigente, in genere, sulla disorganizzazione dei vari organi e uffici statali, sul caro-vita e sugli speculatori in guerra e in pace, nonché sull'affarismo e sui "cumuli" degli incarichi e degli stipendi da parte di elementi dirigenti. Discussioni accesissime sulla dottrina del fascismo e sull'ortodossia di certe idee di personalità della "cultura ufficiale". Riconoscimenti senza sottintesi che il fascismo mancava di una vera e propria dottrina e di una sua filosofia. Accuse aperte all'imperante sistema di rappresentanza politica, nella quale non si nascondeva il pensiero che tutto sarebbe dovuto cambiare alla morte del "Duce", specie per quanto concerneva le nomine dall'alto. Critiche al corporativismo e al sindacalismo, ritenuti il piú delle volte asserviti agli interessi dei capitalisti. Differentissime interpretazioni della "giustizia sociale" e dell'"andare verso il popolo" mussoliniani. Critiche aperte a chi diceva "tutto va bene", alla statolatria, al razzismo e alle concezioni

conta) privilegiata nell'apparato del regime [145] – due cose che la dirigenza del partito non vedeva spesso di buon occhio e cercava di contrastare e di strumentalizzare ricorrendo ad una serie di espedienti volti a emarginare o a corrompere gli elementi piú impegnati – è infatti implicito in quanto abbiamo già detto parlando sia del rapporto giovani-fascismo negli anni precedenti a quelli dei quali ci stiamo occupando, della tendenza già allora nettamente emersa nella gioventú fascista a tutto ripensare e della sua aspirazione a *pesare* sulla realtà del regime [146], sia dell'effetto negativo che tra i giovani aveva avuto, all'inizio della guerra d'Etiopia, l'arroccamento del regime sul «credere, obbedire e combattere» [147], sia, infine, della scelta fatta da Mussolini di non frenare la polemica giovanile neppure quando questa poteva diventare controproducente rispetto all'atteggiamento verso il regime dei ceti contro i quali piú si appuntavano questa polemica e, in genere, gli orientamenti sociali emergenti tra i giovani. E ciò, si badi bene, pur essendo Mussolini pienamente consapevole che su questi orientamenti facevano leva l'antifascismo e in particolare i comunisti per sviluppare la loro politica «entrista» e per far breccia tra i giovani [148]. Se si vuole capire il rapporto giovani-fascismo in questi anni e le sue peculiarità rispetto a come si configurava nei precedenti è necessario spingere l'analisi piú a fondo.

Se si esaminano la stampa e in genere gli scritti dei giovani, i resoconti e, laddove si è conservata, la documentazione dei Littoriali e anche la memorialistica si ha l'impressione che in questo periodo la maggioranza dei giovani fascisti, anche quando si occupava di questioni culturali e persino tecniche, non faceva in pratica che cercare di definire il proprio fascismo e soprattutto di rendere il regime conforme ad esso [149], e lo faceva

"aristocratiche" o "autoritaristiche" della gerarchia... I giovani, in altre parole, si sentivano piú liberi degli anziani nel sostenere le loro idee, sia perché le loro critiche erano piú tollerate di quelle degli anziani, sia perché criticando il fascismo, non pretendevano, come gli anziani, di far riferimento al loro passato».
Nello stesso senso cfr. anche quanto scritto da R. ZANGRANDI in *La generazione degli anni difficili* cit., p. 279.

[145] I giovani che si mettevano in luce, specie nei Littoriali, venivano subito utilizzati – secondo alcuni «troppo e troppo bene» – in incarichi a carattere nazionale, spesso depauperando la periferia di elementi che vi sarebbero stati preziosi. Cfr. V. ZINCONE, *Funzione dei Littoriali. Cinque anni di esperienza*, in «Critica fascista», 1° maggio 1938, pp. 196 sg.
[146] Cfr. *Mussolini il duce*, I, pp. 228 sgg.
[147] *Ibid.*, pp. 778 sg.
[148] La prima circostanziata circolare di Bocchini sull'attività «entrista» dei comunisti è del 31 luglio 1936. Ad essa ne seguirono altre il 9 novembre dell'anno successivo e il 7 aprile 1938. Particolarmente interessante è quest'ultima nella quale si ricollegano a questa attività alcune manifestazioni antinaziste avvenute in occasione di proiezioni di documentari LUCE in cui appariva Hitler e, piú in genere, le voci (raccolte anche dalla stampa antifascista dell'emigrazione) relative ad «atteggiamenti assunti dagli studenti universitari e secondari decisamente ostili all'Asse Roma-Berlino» in varie località, soprattutto del centro-nord. ACS, *Min. Interno, Dir. gen. PS, Div. affari gen. e ris.* (1903-49), circolari, bb. 13 e 15 e (1920-45), 1938, b. 31.
[149] Sui Littoriali manca uno studio d'insieme approfondito; del tutto insoddisfacente G. LAZZARI, *I Littoriali della cultura e dell'arte*, Napoli 1979.

affermando quasi sempre di sentirsi «senza maestri» (un motivo che tornerà negli anni del dopoguerra, rovesciato e carico di polemica nei confronti della cultura antifascista, cosí come allora lo era nei confronti di quella ufficiale fascista) e di riconoscersi solo nel magistero mussoliniano, dibattendo tutti i problemi culturali, politici e sociali del momento (quasi sempre in termini che poco avevano in comune con l'ortodossia fascista o, se erano in linea con essa, erano però in polemica con quei fascisti che non si comportavano conseguentemente ad essa), partecipando ai Littoriali, impegnandosi nell'attività sindacale, andando a combattere in Spagna e soprattutto discutendo, sia al suo interno sia con i piú anziani, la realtà del regime. E tutto ciò dando molto spesso l'impressione o di girare a vuoto e di esaurirsi in rissose polemiche verbali (contro la borghesia, il capitalismo, il conservatorismo, ecc.), velleitarie e fine a se stesse, o di porsi con la sua critica fuori e spesso contro il fascismo. Il che è certamente, almeno in parte, vero, ma non spiega in effetti nulla e finisce per portare a conclusioni che – ancor prima di essere storicamente inaccettabili – lasciano interdetti per la contraddizione avvertibile alla loro radice.

Un caso tipico è costituito dalla posizione di Ruggero Zangrandi. Rievocando la sua esperienza, egli ha cosí sintetizzato quelli che «era[no], *grosso modo*, la posizione di quasi tutti i giovani fascisti», il loro fascismo: un fascismo *convinto,* perché fondato sulla convinzione «che il fascismo fosse l'espressione piú moderna e realistica del socialismo»; *battagliero,* perché consapevole della necessità, specie per i giovani, «di "condurre avanti la rivoluzione", non già contro gli antifascisti, sbaragliati dai nostri predecessori, ma piuttosto in antagonismo con questi ultimi, ormai esposti alla tentazione della "vita comoda", e soprattutto contro i "profittatori" del fascismo, i quali tramavano per volgere la rivoluzione a proprio vantaggio; meglio, in pratica, per insabbiarla. E costoro erano, chiaramente per noi, i capitalisti, i vecchi ceti conservatori in genere, la monarchia, il clero, la burocrazia statale e la stessa burocrazia fascista e corporativa». Detto questo, poche pagine dopo, egli però conclude: «la generazione cui appartengo non fu, nella sua maggioranza, autenticamente fascista»[150]. Un'affermazione che fa il paio con quella di chi, ricordando l'«estrema libertà di critica e di linguaggio» che si riscontrava ai Littoriali, ha parlato di «antifascismo in camicia nera, ingenuo, piú irrequieto che positivo», che sarebbe servito però «ad evitare che il fascismo, nel momento cruciale della sua esistenza, avesse con sé quei giovani

---

[150] *La generazione degli anni difficili* cit., pp. 276 e 284.

intelligenti che pur aveva coccolato e premiato»[151], e che si possono spiegare entrambe solo, da un lato, con la sopravvalutazione delle vicende personali di alcuni giovani fascisti (significative, ma atipiche) e, da un altro lato, con la suggestione di un apriori storicamente inaccettabile: il fascismo era tutt'altra cosa.

Che nel fascismo di questi giovani ci fosse qualcosa di diverso rispetto a quello delle «generazioni» precedenti, degli squadristi in particolare, era una cosa che piú o meno confusamente avevano percepito allora anche questi ultimi. Tipico è quanto scriveva, prendendo spunto dai Littoriali del 1939, Agostino Nasti[152]:

> L'osservazione piú interessante da fare è, naturalmente, relativa alla mentalità fascista di questi giovani, preoccupazione assillante, ansiosa aspettazione di noi «anziani».
> È presto detto: questi giovani hanno quasi tutte le «convinzioni» connesse alle idee e teorie del Fascismo; ma qualche volta ci viene il sospetto che non abbiano i «sentimenti» (alogici o meglio prelogici), le ostinate imbattibili credenze che noi abbiamo. Non che non abbiano fede fascista: ce l'hanno; ma ci sembra che sia di natura diversa dalla nostra. Ci spieghiamo questo fatto pensando che la Rivoluzione per noi è stata un fatto passionale, per loro no; difatti, noi l'abbiamo vissuta, essi l'hanno sentita raccontare, o, al piú, l'hanno vista nebulosamente in quanto ragazzi che avevano intorno ai dieci anni. Ma questo fatto, anche se dà un leggero disagio al nostro sentimento, può soddisfare il nostro cervello, voglio dire la nostra preoccupazione che l'opera nostra sia continuata e compiuta, la nostra volontà che, nella storia, si realizzi compiutamente il nostro programma politico. Questi giovani sono *fascisti*, non c'è dubbio. D'altra parte, probabilmente per la mancanza dell'elemento «passione», in essi sono vivi alcuni aspetti forse inguaribili dell'anima italiana...: un certo ironico scetticismo, un'aria scanzonata, un razionalismo freddo che si oppone a tutto ciò che è verità di tipo dogmatico o norma generale di costume. L'atteggiamento degli italiani di fronte al Cattolicesimo insegni.

Né Nasti era stato il solo a percepire questa differenza. Sempre su «Critica fascista» (e per limitarci solo a questa rivista) si può citare quanto scritto da Aldo Airoldi in risposta allo stesso Nasti[153] e soprattutto un articolo di qualche tempo prima di Vasco Pratolini[154] in cui, difendendo

---

[151] *Autobiografie di giovani del tempo fascista*, Brescia 1947, pp. 56 sg. (Ugoberto Alfassio Grimaldi).
[152] A. NASTI, *Orientamenti dei giovani*, in «Critica fascista», 15 aprile 1939, pp. 185 sg.
[153] A. AIROLDI, *I giovani e l'intelligenza*, ivi, 15 luglio 1939, pp. 284 sg. In risposta a Nasti, l'autore osservava che non si poteva generalizzare e trarre illazioni ingiustificate «giacché non è questione, nei giovani, di una intelligenza intrinsecamente abulica in quanto scissa dalle leggi e necessità della vita e pronta a metterle ogni momento in dubbio, per vivere solo di tale fatica: non si tratta di *intellettualismo* cerebrale, ma semmai di uno spietato *realismo*, che anche ai principî – nei confronti dell'esperienza attuale – dà un valore non assoluto, quanto si direbbe strumentale. E neppure è possibile però parlare di vero e proprio pragmatismo, quanto dell'effetto, piú o meno contingente e involontario, di una determinata cultura posta a contatto con un determinato momento storico».
[154] V. PRATOLINI, *Testimonianze di giovani. Polemica sulla polemica*, ibid., 15 ottobre 1938, p. 376.

la gioventú fascista dalle critiche di superficialità e di velleitarismo che le venivano mosse da alcuni (e che in qualche misura anch'egli le aveva mosso), l'autore riaffermava la sua certezza che questa gioventú non avrebbe passato tutto il suo tempo a *sferruzzare* «i propri umori quotidiani contro un "gusto" mondano della socialità», ma, al contrario, avrebbe trovato nella meditazione «il principio fondamentale dell'azione» e concludeva che, come le guerre «valgono per i ponti che tagliano col passato», «le rivoluzioni valgono per l'avvenire che presumono, al di fuori, anzi al di sopra, degli avversari e quindi della polemica». Chiaro ammonimento a considerare il futuro del fascismo alla luce di come esso era visto da questi giovani.[155]

Oggi, avendo la possibilità di considerare l'intero iter di questi giovani, questo «qualcosa di diverso» può essere messo meglio a fuoco e appare come la prima, confusa appunto, percezione del delinearsi e prender forma di un «nuovo fascismo», tipico della gioventú del regime, ma – nonostante tutte le sue peculiarità – sostanzialmente nella linea del *movimento* e che se a noi oggi risulta sfocato e tronco è perché esso – al contrario del «nuovo antifascismo» che cominciò anch'esso a prendere corpo nello stesso periodo – non poté svilupparsi compiutamente, dato che la crisi del '42-43 prima e poi quella del '45 ne determinarono la fine e, in parte, la confluenza nel «nuovo antifascismo» e in particolare nella sua versione comunista. E questo senza dover postulare per spiegarla né una origine fascisticamente spuria o non autentica di esso né una conversione opportunistica. Ché, se si possono individuare con sicurezza alcuni caratteri peculiari di questo «nuovo fascismo», tra essi sono la sua carica sinceramente rivoluzionaria e il suo radicale superamento e rifiuto della realtà prefascista e non solo per quel che riguardava i suoi partiti, ma anche la stessa idea di democrazia politica, che per esso sopravviveva (quando sopravviveva) solo limitatamente al momento della vita interna del partito che, per altro, rimaneva però partito unico. Su questi due caratteri – che spiegano perché chi dal «nuovo fascismo» passò all'antifascismo scelse quasi sempre la milizia comunista – tutti coloro che hanno vissuto dall'interno l'esperienza della gioventú fascista della seconda metà degli anni trenta e della prima metà degli anni quaranta sono concordi. Lo hanno ammesso senza ambagi e reticenze uomini dalle

[155] E. CURIEL, *Bilancio dei Littoriali* (in *Scritti 1935-1945* cit., I, pp. 41 sgg.) dal canto suo, pur puntando molto sul lavoro politico tra questi giovani, non li considerava affatto non autenticamente fascisti. Come antifascista che, in quel momento, scriveva per i comunisti, egli li considerava, al contrario, «giovani di reale valore e capacità che vogliono realmente realizzare una piú alta giustizia sociale e chiedono una maggiore libertà di parola» e che, in quanto tali, «ci interessano oggi come esponenti di una corrente viva e fresca di energie che meritano di essere attentamente seguite ed aiutate...»

personali diversissime esperienze come Gastone S. Spinetti[156], Ruggero Zangrandi[157], Ugoberto Alfassio Grimaldi e lo aveva scritto, sin dal '38, Eugenio Curiel[158]. Come retrospettivamente scriverà l'Alfassio Grimaldi[159], tutto ciò era per questi giovani «un mondo sepolto».

E i giovani non sono portati a fare gli archeologi. Potevano ammettere che si negasse il fascismo, ma per andar oltre, non per tornare a quelle posizioni che nella loro deficienza ne avevano appunto giustificato l'avvento. La storia cominciava il 28 ottobre dell'anno fatale: prima c'era il marasma e l'utopia.

Altri elementi peculiari del «nuovo fascismo» erano un fortissimo senso della comunità, non intesa però come la intendevano i nazionalisti o i nazionalsocialisti, ma proiettata nell'universale, come missione, e un altrettanto fortissimo populismo; il tutto inscritto in una cornice contraddistinta da un acceso e intransigente spiritualismo e da una concezione della rivoluzione intesa a sua volta come radicale trasformazione del modo di vivere, della qualità della vita e, dunque, della civiltà. In uno degli scritti piú caratteristici del «nuovo fascismo», *Rivoluzione ideale* di Edgardo Sulis[160], si legge:

La rivoluzione è anzitutto una rivolta contro la civiltà esistente e pertanto non può accettare lo stato di cose contro il quale è nata. È sempre almeno un tentativo di sostituire civiltà a civiltà, di agire sull'universale. Una rivoluzione che non aspiri all'impero della sua idea, una rivoluzione circoscritta dai confini nazionali entro cui è nata, non è ideale, ma solo assestamento di forze meramente materiali nell'ambito della vecchia idea. Non è rivoluzione quella che si ferma alla potenza nazionale, in quanto la potenza nazionale è conseguibile sotto tutti i regimi e non sposta, per se stessa, una riga della civiltà nella quale è conseguita. Vi può essere infatti, una rivoluzione senza potenza nazionale, agente sull'universale prima che sul nazionale. La rivoluzione che non porta alla nuova civiltà è un colpo di stato piú o meno accordato con la situazione esistente...

Obiettivo della rivoluzione era «l'uomo, che riprende, dopo secoli di remo coatto, il timone della storia». La borghesia, «responsabile delle attuali sofferenze dei popoli», doveva essere ricacciata «nei ranghi del

---

[156] «La democrazia piú che per morte violenta, ci apparve che fosse morta da sé, per senilità o malattia». G. S. SPINETTI, *Difesa di una generazione*, Roma 1948, p. 24.
[157] «È giusto, forse, precisare che ci fu un aspetto del fascismo che essi [i giovani] condivisero realmente, senza che si possa parlare di malintesi, almeno fino ad un certo tempo: e fu la polemica contro la democrazia tradizionale, i "ludi cartacei", il parlamentarismo inconcludente. I giovani avevano fretta (come sempre, credo) e ritennero che questi "vecchi schemi" servissero ormai solo a perder tempo, a ritardare e a impantanare il cammino della rivoluzione» (R. ZANGRANDI, *I giovani e il fascismo*, in *Fascismo e antifascismo [1918-1936]. Lezioni e testimonianze*, Milano 1962, p. 211).
[158] E. CURIEL, *Scritti 1935-1945* cit., I, p. 223.
[159] *Autobiografie di giovani del tempo fascista* cit., p. 55.
[160] E. SULIS, *Rivoluzione ideale*, Firenze 1939, pp. 34 sg.

popolo, dal quale e solo dal quale può nascere la nuova aristocrazia». E con l'aristocrazia – fatto tutto spirituale, di coscienza e di volontà – la gerarchia, «fra gli uomini, non fra le diverse quantità delle cose degli uomini, quale volle la maggioranza irresponsabile per garantire l'autorità del numero e la legge della materia». La borghesia, la macchina, la proprietà (ovvero l'iniziativa economica) e «la libertà di faticare di meno» erano i cardini della civiltà moderna e la causa della sua miseria morale e materiale contro cui la rivoluzione fascista doveva realizzarsi. Ancora il Sulis scriveva a questo proposito[161]:

> La macchina è la vera e sola causa della disoccupazione perché tutte le altre cause discendono da essa, dal suo sistema... Il lavoratore non è piú libero di fronte alla macchina: gli è mancata la libertà dell'iniziativa, la libertà di lavorare e quindi di vivere... La misura della civiltà è il lavoro umano... Il tenore di vita è la forza o la debolezza di un popolo. L'illusione di attingere una maggiore civiltà sollevandolo squassa i popoli e spinge il popolo in una vita falsa che non può essere la sua. Nel tenore di vita del popolo privo di sogni borghesi è la stabilità politica della nazione, è la soluzione del problema demografico, è la stroncatura della superproduzione e del capitalismo... Il Fascismo è contro la vita comoda e pertanto propone un abbassamento del tenore di vita borghese e un assestamento del tenore di vita popolare, al di fuori di qualsiasi illusione «conformistica», affermando che i mezzi materiali devono essere adeguati sempre all'iniziativa ideale dell'uomo e cioè alla sua missione o al suo compito, intendendo tale idea come la piú fiera demolizione dei sogni di benessere. I mezzi non sono proprietà della vita ma armi della storia. Questa è la giustizia sociale... L'uomo è proprietario di nulla: la proprietà non esiste nel significato economico del termine. Ogni uomo ha il dovere di dominare la sua parte di materia secondo le necessità che sorgono dalla volontà di assolvere la propria missione... Lo Stato non nega l'iniziativa quando essa sia la volontà di assolvere la propria missione ma ha il dovere di negarla e sopprimerla quando tale iniziativa sia di natura economica e miri al benessere personale, sempre opposto per definizione a quello di nazione. Togliendo l'iniziativa al denaro e consegnandola all'idea cioè alla volontà di missione, si impedisce l'accumularsi della proprietà individuale. La proprietà è oggi la caratteristica dell'uomo isolato, autonomo. Il collettivismo di cui s'è parlato come del volto dei nuovi tempi, riguarda non l'individuo economico proprietario il quale è sempre isolato in se stesso, ma l'individuo-massa, cioè quello che va verso la proprietà, che la desidera, che la sogna; il proprietario in potenza. Entrambi: proprietario in potenza e in atto, sono due figure dell'antistoria moderna, il prodotto di una libertà materiale in cui essi credono di poter liberare se stessi, imprigionandosi sempre di piú. L'idea fascista nega l'uno e l'altro e vi sostituisce l'uomo della missione e l'uomo del compito: missione dell'aristocrazia e compito del popolo. La prima ha in consegna i mezzi di comando: le aristocrazie non hanno mai conquistato una proprietà col lavoro né mai la conquisteranno; il popolo non ha mai avuto per proprietà che il suo lavoro il quale costruisce i mezzi del comando. Non vi è altro di vero, di necessario e di forte. Il proprietario è il servo della materia, perduto per la missione, piú ancora perduto per la patria.

---

[161] *Ibid.*, pp. 164, 229 sg., 250 sgg.

Il «consenso» tra la metà del 1936 e la metà del 1940 245

Anagraficamente e anche per taluni aspetti della sua formazione culturale, Sulis non era un prodotto della nuova generazione fascista, ma piuttosto di quella «di mezzo» (era nato nel 1903), quella, per intenderci, di un Berto Ricci, di cui era anche amico e collaboratore. L'esserci riferiti a lui potrà forse apparire dunque poco corretto. Se, ciò nonostante, abbiamo citato la sua *Rivoluzione ideale* è perché riteniamo che questo libro – su cui torneremo nel prossimo capitolo – rifletta largamente molti stati d'animo, suggestioni culturali e prospettive del «nuovo fascismo» e che pertanto – pur non potendo avere certo il valore di una sorta di sua *summa* – possa costituire un utile punto di riferimento per rendersi conto di quali fossero alcune delle linee di tendenza lungo le quali il «nuovo fascismo» si andava sviluppando. E ciò anche se, dato il suo stadio embrionale, ve ne erano anche altre; talvolta assai diverse, ma che muovevano tutte dalle stesse premesse: un forte spiritualismo, un sincero spirito rivoluzionario, un desiderio vivissimo di chiarezza e di coerenza morale e politica. Il che spiega, tra l'altro, perché il «nuovo fascismo» poté assumere anche l'aspetto «mistico» tipico della Scuola milanese di mistica fascista, che, nata nel 1930, aveva vivacchiato sino all'epoca del conflitto etiopico per poi avere uno sviluppo e un irradiamento nazionale che, se furono favoriti da Roma, non dipesero però certo da questo favore, che infatti non bastò ad assicurare il successo ad altre iniziative del genere che non corrispondevano però alla sensibilità delle nuove generazioni, ma dipesero essenzialmente dallo spirito di «missione» e di «dedizione alla causa fascista» che animava i giovani che ne facevano parte e dal significato polemico che esso aveva rispetto ai troppi fascisti che, di fronte alle «vette più ardue» indicate da Mussolini alla rivoluzione, si erano «fermati sul ciglio della strada» e cercavano di evitare che «dalla politicità si torni alla rivoluzione piena e travolgente delle ore di audacia e di lotta»[162]. E spiega, ancora, come esso tenne sempre a distinguere nettamente il proprio universalismo fascista dal vecchio nazionalismo e – a

---

[162] *La missione*, in «Libro e moschetto», 25 novembre 1939.
Sulla Scuola di mistica fascista cfr. D. MARCHESINI, *La scuola dei gerarchi. Mistica fascista: storia, problemi, istituzioni*, Milano 1976. Come scrive il Marchesini (p. 134): «il radicalismo rivoluzionario, unito all'indubbia onestà e buona fede, portava i mistici a rivolgere i propri strali polemici contro il "carrierismo" e il "pescecanismo", contro il fascismo atrofico di coloro che "vorrebbero inchiodare" la Rivoluzione riducendola a vigile e disciplinato guardiano delle loro piccole e grandi ma pur sempre miserevoli fortune, dimenticando che il Fascismo lo si serve e di esso non ci si "serve", e dei timorosi che "nella Rivoluzione hanno visto e continuano a vedere solo il carabiniere che deve garantire la loro modesta tranquillità casalinga". Si trattava di una critica di costume, per una moralizzazione della vita pubblica, per un'opera di "bonifica" o di recupero verso "quelli che badano al sodo, gente con molti profitti, arrivati, con tutti i crismi, che ostentano fervore e generosità fino a quando tira vento in poppa, pronti poi a mandare in malora tutti se non tornano i loro conti, se sono *saltati* in qualche elenco di insigniti oppure perché si accorgono che la Rivoluzione continua senza di loro e senza il loro aiuto"».

livello internazionale – il fascismo di Mussolini dai vari «fascismi» di Degrelle, Mussert, Salazar, ecc., considerandoli dei movimenti di destra e reazionari «che occorreva ripudiare decisamente per evitare di essere coinvolti nel loro discredito»[163], e, fino a che fu possibile, anche dal franchismo e dal nazionalsocialismo[164].

Decisivo per comprendere il «nuovo fascismo» e distinguerlo da quello delle altre «generazioni» fasciste è soprattutto il desiderio di chiarezza e di coerenza morale e politica, sia in quanto esigenza personale sia in quanto fattore indispensabile per rinnovare *ab imis* il regime e radicare nel popolo il senso della comunità e della missione universale che essa doveva realizzare. Se non lo si ha sempre presente molti atteggiamenti della nuova generazione fascista diventano incomprensibili o appaiono contraddittori. Un caso tipico è costituito dall'atteggiamento verso la Germania. Come scriveva il 6 marzo 1937 «Fronte unico» (ma le citazioni si potrebbero moltiplicare), la maggioranza dei giovani fascisti considerava dannoso che all'estero si qualificasse la dottrina nazista «senz'altro come fascista». Eppure, anche se erano assai critici verso il nazismo, questi giovani in genere accettarono in buona fede la politica mussoliniana verso la Germania come una necessità non solo politica. Italia e Germania, fascismo e nazionalsocialismo erano due realtà diverse, specie quanto ai metodi con i quali perseguivano i loro obiettivi. Poiché combattevano però entrambe una stessa civiltà, la loro alleanza era non solo opportuna (per difendere la pace o per realizzare una nuova civiltà, a seconda dei punti di vista) ma piú «morale» che continuare in una prassi diplomatica fatta di «giri di valzer» che non risolveva nulla e confondeva le idee al popolo. Caratteristico di questo modo di impostare la questione è quanto scriveva nel marzo '38 «Roma fascista»[165]:

> Già da qualche tempo, per mezzo di patti di amicizia, di non aggressione, di mutua consultazione, l'Europa si avvicina ad un equilibrio diplomatico, che almeno apparentemente dovrebbe garantire la stabilità, senza tuttavia mitigare quello stato di tensione tra i popoli, che ormai è diventato cronico. Questo stato di falsa confidenza o di ingiustificata diffidenza è del resto piú spiegabile quando si osservi la capacità che hanno le nazioni di cambiare amicizie e alleanze, di aiutare e proteggere quelle che hanno abbattuto, di abbattere coloro da cui sono stati aiutati

---

[163] V. BUONASSISI, *Il Partito e l'internazionale fascista*, in «Critica fascista», 1° marzo 1938, p. 142.
[164] Ancora in occasione dei Littoriali del 1938 la distinzione tra fascismo e nazionalsocialismo fu piú volte ribadita, pur ammettendo che tra i due regimi esistevano alcune analogie di posizioni che li ponevano sulla stessa «linea di battaglia» (G. LONGO, *I Littoriali dell'anno* XVI. *Orientamenti della gioventú fascista*, in «Civiltà fascista», maggio 1938, p. 444) e rendevano possibile una intesa politica. «Ma non si potrà mai andare oltre – ammoniva V. Buonassisi su "Critica fascista" –: esiste un asse Roma-Berlino-Tokio, non una internazionale fascista».
[165] P. MOLAJONI, *Fascismo e Paneuropa*, in «Roma fascista», 21 marzo 1938.

e protetti. È possibile credere che uno il quale abbia seguito la cinematografia della politica estera europea del dopo guerra, possa avere fiducia nella durabilità di un protocollo diplomatico?

Per non dire poi di coloro per i quali una guerra «rivoluzionaria», come sarebbe stata quella dell'Asse, avrebbe avuto il vantaggio di farla finita sia con i nemici esterni sia con quelli interni e di aprire cosí finalmente le porte alla realizzazione della «civiltà» fascista. Di quest'ultimo atteggiamento e delle sue concrete estrinsecazioni negli anni della guerra parleremo nel prossimo volume. Per il momento ci basta richiamare l'attenzione sulla fortuna che nel periodo di cui ci stiamo occupando arrise, tra la gioventú fascista, al modello del *rivoluzionario corridoniano* in cui si riassumevano tutti o gran parte dei miti che nutrivano il fascismo di tale gioventú.

Ancora piú tipico di quello verso la Germania è l'atteggiamento verso la politica antiebraica.

L'antisemitismo e il razzismo mancavano in Italia di qualsiasi reale consistenza e tradizione di massa. Il primo era presente quasi solo nella versione cattolica, non aveva però piú dinamismo e, salvo casi particolari e del tutto marginali, sopravviveva quasi esclusivamente come elemento della cultura religiosa tradizionale circoscritto ad ambienti assai limitati, nonostante il rilancio che alcuni settori del clero e in particolare i gesuiti della «Civiltà cattolica» ne avevano fatto nell'immediato dopoguerra attualizzando in chiave antibolscevica il cliché ottocentesco dell'ebraismo «padre» e «anima» di tutte le rivoluzioni. Quando, nell'immediato dopoguerra appunto, questo cliché aveva avuto, come in molti altri paesi, anche una versione laica, pure Mussolini l'aveva per un breve momento recepito. Al contrario del nazionalsocialismo e di quasi tutti i veri o presunti fascismi europei e non solo europei, il fascismo italiano non si era mai caratterizzato però in senso antisemita. A parte Aldo Finzi (un ebreo per altro completamente assimilato e convertito) il gruppo dirigente dei Fasci di combattimento non aveva contato nessun ebreo. Tra i fascisti antemarcia vi erano stati però piú di duecento ebrei e molti, specie in relazione alla scarsa consistenza dell'ebraismo italiano, erano stati gli ebrei che successivamente si erano iscritti al PNF. Ebreo era stato anche un ministro del regime, Guido Jung. E ebree erano state quasi tutte le «ninfe egerie» di Mussolini per le questioni economiche: negli anni venti (specie in occasione della politica di «quota novanta»), con Maggiorino Ferraris, i senatori Ugo Ancona e Achille Loria e successivamente il senatore Teodoro Mayer, che, come scrive F. Suvich nelle sue memorie, era stato «forse il piú apprezzato consulente in materia finanziaria».

L'unico vero antisemita tra i fascisti di qualche rilievo era stato, dal 1920, il direttore de «La vita italiana», Giovanni Preziosi, un ex prete arrivato al fascismo tramite il nazionalismo e successivamente legatosi a Farinacci [166]. La sua influenza sul fascismo era stata però sempre scarsissima e il suo antisemitismo sino al '37-38 non aveva praticamente fatto proseliti [167].

Tra i giovani in particolare il razzismo e l'antisemitismo erano sempre stati condannati e avevano costituito uno dei principali motivi delle loro critiche al nazionalsocialismo e del loro considerare il fascismo molto superiore ad esso. Eppure, se è un fatto – riconosciuto dagli stessi fascisti [168] – che la svolta antiebraica del 1938 trovò tra i giovani molte opposizioni e indusse molti di essi a «tirare i remi in barca» nei riguardi del fascismo, è anche un fatto, su cui non si possono chiudere gli occhi, che per molti, per la maggioranza, dei giovani fascisti del consenso attivo essa non fu un elemento di rottura o di crisi e che non furono pochi coloro che la fecero sinceramente propria, nonostante essa venisse accolta dalla gran maggioranza degli italiani e degli stessi fascisti con perplessità e molto spesso con ostilità [169].

A parte coloro che l'accettarono per conformismo, interesse personale, paura, le ragioni principali che indussero un certo numero di fascisti delle vecchie generazioni ad approvare e talvolta a richiedere l'introduzione anche in Italia della politica antisemita furono sostanzialmente tre. Per alcuni fu la convinzione che essa costituisse un passo decisivo sulla strada di un maggiore e sempre piú stretto accordo con la Germania, da essi ritenuto necessario per poter costituire un fronte unico contro l'Inghilterra e la Francia, per rendere piú totalitario il regime e per rilanciare nel partito e nel paese la politica intransigente. Tipico in questo senso è il caso di Farinacci, per il quale la politica razzista, di cui egli fu uno dei piú decisi assertori e tra i primi propugnatori, era e doveva essere considerata un fatto squisitamente politico, ma personalmente non era né un vero antisemita né un vero razzista (non credeva cioè alla teoria del sangue e non nutriva nei confronti degli ebrei i pregiudizi tipici del vero antisemita), tant'è che tre settimane dopo la pubblicazione del manifesto degli «scienziati» razzisti scrisse a Mussolini [170]:

---

[166] Su G. Preziosi cfr. R. DE FELICE, *Giovanni Preziosi e le origini del fascismo (1917-1931)*, in «Rivista storica del socialismo», settembre-dicembre 1962, pp. 493 sgg.
[167] Per il rapporto fascismo-ebrei cfr. R. DE FELICE, *Storia degli ebrei italiani sotto il fascismo* cit.
[168] Cfr. le ammissioni in questo senso di G. LANDRA, *Il razzismo e la gioventú italiana*, in «La difesa della razza», 5 dicembre 1942.
[169] Cfr. a questo proposito le osservazioni di J. EVOLA, *Razzismo e gioventú*, in «Roma fascista», 11 dicembre 1940.
[170] Cfr. R. DE FELICE, *Storia degli ebrei italiani sotto il fascismo* cit., p. 242.

A dirti francamente il mio pensiero, il problema razziale, visto da un punto di vista antropologico, non mi ha mai persuaso. Il problema è squisitamente politico; mi convinco ancora una volta che quando gli scienziati vogliono rendere un servizio alla politica, compromettono qualsiasi problema. Sul terreno filosofico e scientifico si può sempre discutere, sul terreno politico, dove ci sono delle ragioni di Stato, si agisce e si vince.

Per altri (spesso, ma non sempre, di formazione cattolica) ad imporre la politica antisemita era essenzialmente la necessità di preservare dall'impatto dissolvitore della cultura moderna quella tradizionale e cattolica. Per costoro colpire l'ebraismo, metterlo al bando, equivaleva a tagliare le radici della cultura moderna negatrice di tutti i valori tradizionali o, per chi non vedeva nella «mentalità ebraica» o nella «colpa» degli ebrei (il *deicidio*) le origini di tale cultura, a giustificare in qualche misura la lotta contro di essa con la forza di un mito che bene o male aveva una sua storia antichissima e poteva essere rinverdito facendo appello alla tradizione cattolica. Tipici sono a questo proposito i casi – diversi, ma inscrivibili in una analoga logica operativa – del Centro studi anticomunisti e in particolare della sua Sezione letteratura che dal '36-37 aveva fatto proprio il piú acceso antisemitismo (e filonazismo), andava sollecitando per la «bonifica libraria» le soluzioni piú estremiste e attribuiva all'«influsso dell'ebraismo» persino «la mentalità filobolscevica» che a suo dire corrompeva taluni ambienti ed esponenti della cultura e del giornalismo fascisti e in particolare la «sinistra fascista»[171]; e di un Costamagna per il quale

dal giorno in cui Baruch Spinoza è comparso nella scena della filosofia ha fatto un grande balzo in avanti l'opera distruttiva di quella morale tradizionale, fideista e positiva, che aveva sostenuto per millenni la compagine delle nazioni dell'Europa. La morale matematica del pensatore giudaico-olandese ha aperto la via alla morale formale dell'idealismo che oggi ancora, con diverso accento, Benedetto Croce e Giovanni Gentile vorrebbero predicare alla gioventú italiana del Littorio[172].

Per alcuni esponenti della sinistra fascista, infine, la politica antisemita aveva, cosí come per Farinacci, un valore tutto politico e, anche per essi, doveva dunque essere tenuta fuori dall'«orrido letto di Procuste» di «certa scienza»; a differenza dal gerarca di Cremona che la vedeva nell'ottica filotedesca e intransigente, per essi il suo significato positivo era però quello di costituire un primo passo per dare concretezza alla polemica antiborghese e una sorta di cartina al tornasole per giudi-

---

[171] Sull'attività del Centro studi anticomunisti cfr. ACS, *Min. Cultura popolare*, b. 126, fasc. «Centro Studi Anticomunisti»; *Min. Interno, Dir. gen. PS, Div. affari gen. e ris. (1903-49)*, b. 432.
[172] LA DIREZIONE, *Professori ebrei e dottrina ebraica*, in «Lo Stato», agosto-settembre 1938, p. 490.

care la borghesia. Scriveva a questo proposito su «Il lavoro fascista» del 4 settembre 1938 Luigi Fontanelli:

> Il problema della razza, ed in modo speciale il conseguente, indispensabile atteggiamento antisemita del Fascismo, costituisce un reagente efficacissimo per discriminare non soltanto gli ebrei, ma tutte quelle zone grigie nelle quali – sotto il segno del piú meschino «spirito borghese» – si muovono coloro che provengono dalle vecchie classi dirigenti ed il cui motto potrebbe essere il seguente: «Ho cambiato distintivo, perché mi faceva comodo, ma niente altro»... Benissimo, dunque, che anche attraverso la questione della razza si intensifichi la vigile e severa attenzione del Fascismo rivoluzionario su questi ambienti dove ancora serpeggia il piú deleterio e corrosivo spirito individualista, cioè antifascista. Giustamente è stato scritto che non meno pericolosi degli ebrei sono gli amici degli ebrei... Gli ambienti che dimostreranno scarsa sensibilità di fronte al problema della razza si identificheranno esattamente con quelli che non sentono lo spirito collettivo imposto da una superiore civiltà, che non credono al corporativismo se non come ad un sistema escogitato non già per risolvere ma per evitare o rinviare i maggiori problemi sociali del tempo... La rivoluzione non dà tregua a questi elementi, a queste zone grigie che rappresentano la superstite, tenacissima mentalità di quella vecchia Italia presuntuosa, vuota, intellettualistica e ruffiana che faceva comodo a tutti e paura a nessuno... Ora cominceranno ad accorgersi che non tuonava soltanto: che piove, che pioverà...

Detto questo, se ci si sforza di mettere a fuoco la peculiarità della posizione affiorante nella gioventú fascista, essa risulta sostanzialmente simile all'ultima ora ricordata, ma anche caratterizzata soprattutto da una duplice speranza. Quella di fare del razzismo – inteso in senso molto piú spiritualistico che biologico [173] – la forza spirituale aggregante quella *comunità* – nazionale, ma in prospettiva anche universale – che questi giovani inseguivano piú di ogni altra cosa e ritenevano indispensabile per radicare veramente il fascismo nel popolo.

> Il razzismo – si legge nel numero del 30 giugno 1939 del notiziario del GUF di Catanzaro «Razzismo» – oltre che un problema biologico è essenzialmente un elevamento etico, che tocca le coscienze ed acuisce il senso della nazione, il senso di questa comunità umana che si sa stretta da vincoli di lingua, di religione, di storia comuni, ma che trova il piú saldo elemento di coesione in quella identità di pensare e di agire dipendenti dalla conformazione psichica di una razza unitaria.

E la speranza di trovare nell'assenza sino allora negli italiani di una coscienza razziale la spiegazione del perché la cultura fascista si era dimostrata inadeguata a soddisfare le loro esigenze spirituali e, piú in genere,

---

[173] A proposito del razzismo biologico, è da notare che la stampa giovanile fascista pubblicò anche dopo il 1938 un buon numero di prese di posizione di critica non solo indiretta ma anche diretta verso di esso, sottolineando spesso la «superiorità» del razzismo italiano, spiritualista, rispetto a quello tedesco, biologico appunto.

del perché la società italiana non aveva saputo realizzare veramente il fascismo. Questo atteggiamento traspare qua e là un po' da tutta la stampa giovanile; piú che altrove appare però in modo chiaro dalle lettere dei lettori a «La difesa della razza». In questa rubrica un buon numero di giovani, studenti liceali, universitari e anche qualche operaio e impiegato (tra i quali è possibile incontrare nomi di giornalisti, pubblicisti, politici piuttosto noti nel dopoguerra e spesso con posizioni non di tipo neofascista) discusse sino ai primi del '41 un po' di tutto, criticando «razzisticamente» tutti i principali aspetti della cultura italiana del tempo e mettendo sotto accusa e sotto revisione ogni valore, spesso anche quelli religiosi. Il razzismo era per questi giovani il modo per poter finalmente «capire» e «criticare» tutta la storia italiana, attaccando a fondo la «corruzione borghese», e per realizzare finalmente una «concezione religiosa della vita». Quanto all'antisemitismo, in questo contesto esso non era molto spesso che un pretesto per mettere finalmente alla prova gli italiani e lo stesso fascismo. E talvolta l'elemento antisemita vero e proprio era cosí scarsamente sentito da non comportare l'ostracismo per quegli autori ebrei che la sensibilità di questi giovani sentiva culturalmente ed emotivamente vicini [174].

Su «Roma Fascista», l'organo del GUF della capitale, tra il dicembre 1940 e l'aprile 1941 si svolse un dibattito su due anni di razzismo in Italia che è per noi del piú vivo interesse, sia perché lascia trasparire come in due anni molti entusiasmi per la politica razzista si fossero dissolti di fronte alla constatazione che, ancora una volta, il regime non era riuscito a tenere in pugno la situazione e coloro che erano prevalsi erano stati i «filogiudei», i «pietisti» [175], sia perché la conclusione del dibattito, che cercava di conciliare i vari orientamenti emersi nel corso del dibattito stesso sui caratteri del razzismo italiano, fu contestata vivacemente da un gruppo di giovani fascisti che sostenne che il razzismo doveva essere considerato solo come «antagonismo di coscienza» rispetto alle altre razze [176]. La conclusione del dibattito, cosí come piú in generale la perdita di mordente che col '41-42 registrò l'impegno razzista di molti giovani fascisti, sono certo da ricollegare in parte alla nuova situazione che cominciava a delinearsi con gli insuccessi delle armi italiane in Grecia e

---

[174] Un caso tipico (e che suscitò la vibrata protesta di G. Preziosi nel numero di dicembre del 1942 de «La vita italiana») fu l'iniziativa annunciata dal giornale del GUF di Forlí, «Pattuglia», nel novembre 1942 di pubblicare una scelta di scrittori giuliani tra i quali Svevo e Saba.

[175] La tesi del fallimento del razzismo fascista sarebbe stata esplicitamente sostenuta, talvolta con argomenti non dissimili – ma enunciati a tutte lettere – da quelli che erano affiorati nel dibattito di «Roma Fascista» da G. PREZIOSI, *La battaglia antiebraica è fallita»?!*, in «La vita italiana», febbraio 1942, pp. 176 sgg.

[176] *O razzismo o nazionalismo o antirazzismo*, in «Roma fascista», 2 aprile 1941.

che investí via via anche vasti settori giovanili, in parte sono però anche la conferma che – per quanto a noi la cosa possa oggi sembrare assurda e addirittura mostruosa, ma il dovere dello storico è quello di capire, non quello di emettere condanne che, di per sé, non aiutano a capire la realtà – per molti di questi giovani anche l'impegno razzista rispondeva ad una esigenza di ordine «morale» e di rinnovamento.

Quanto abbiamo detto sul consenso giovanile e sul «nuovo fascismo» ci pare possa – per quel che riguarda il periodo che qui ci interessa – portare ad una conclusione che, a sua volta, riconduce il nostro discorso sul consenso in generale a quello del rapporto tra questo consenso e le prospettive sia di Mussolini sia del regime. Se, al punto a cui era arrivato il regime, il problema politico del consenso si riduceva quasi solo a quello del consenso attivo, è infatti evidente che tali prospettive non potevano che essere diverse e, al limite, divergenti. Per il regime e per la sua anima piú propriamente moderata e conservatrice («fiancheggiatrice» o «fascista» poco importa), la svolta totalitaria della seconda metà degli anni trenta e il prender corpo del «nuovo fascismo» non potevano avere infatti come conseguenza altro che il suo porsi di fronte al «dopo Mussolini» (e prepararsi intanto ad esso) nella prospettiva di una progressiva liquidazione – e dunque liberalizzazione – del fascismo, che, sola, gli avrebbe potuto permettere di costituirsi (attingendo a quello passivo) un proprio consenso attivo in grado di contrastare e di battere politicamente quello allora in atto e, cosa per esso ancora piú grave e potenzialmente foriera di drammatiche conseguenze per il suo potere, in via di espansione grazie alle nuove generazioni fasciste. A meno di non dichiararsi a priori battuto, per il regime questa era l'unica via di sopravvivenza. Una via non facile, ma, tutto sommato, non impossibile da percorrere, specie se si considera il peso che ancora aveva la monarchia, il ruolo che potevano giocare la Chiesa e i cattolici militanti, gli interessi ormai costituiti che spingevano una parte del fascismo «storico» a sostenere il regime, le ambizioni personali di quei fascisti che, a torto o a ragione, potevano sperare di gestire la fase post mussoliniana del regime, nonché la cultura tradizionale di molti fascisti anche del consenso attivo. Una via, comunque, certo piú facile del bivio di fronte al quale si trovava Mussolini: da un lato vivere e morire nel regime, limitandosi a lucrare i vantaggi che nonostante tutto una «svolta totalitaria» tronca gli assicurava; da un altro lato cercare di portare alle estreme conseguenze la «svolta» stessa puntando tutto sul proprio mito e su quella parte del consenso attivo che era espresso dal *movimento* e in primo luogo dai giovani fascisti. Una scelta – non vi è dubbio – da far tremare le vene ai polsi di chiunque. E che, per di piú, doveva essere fatta da un uomo intimamente opportunista, che *vere* decisioni non aveva mai prese, che non aveva fiducia negli uomini, che non sapeva rinunciare all'uovo oggi per la gallina domani, che non era piú nel suo pieno vigore fisico e intellettuale e che, come se tutto ciò non bastasse, oscillava di continuo tra gli opposti poli del realismo e del buon senso contadino e della convinzione che «nulla è piú imminente dell'impossibile» e che la sua missione storica fosse quella di «realizzare l'impossibile».

Capitolo terzo

Mussolini tra il realismo politico
e il mito della nuova civiltà

La conquista dell'Etiopia determinò tra i collaboratori di Mussolini e, piú in genere, all'interno del gruppo dirigente fascista reazioni che potrebbero offrire da sole materia per un libro e fornire spunti e conferme assai interessanti per la messa a fuoco di problemi quali il rapporto tra «capo» e «gregari» e il comportamento politico e la «responsabilità» di coloro che rivestono cariche nei moderni regimi autoritari e totalitari a forte caratterizzazione ideologica e carismatica. Problemi che è indispensabile aver presenti per rendersi compiutamente conto delle cause dello «scollamento» in tanti centri di potere – che non si muovevano affatto all'unisono e spesso tendevano soprattutto o a guadagnar tempo o a valorizzare il polo monarchia in funzione frenante del polo Mussolini – che, sotto l'apparente monoliticità, caratterizzò dopo il '36 il vertice fascista e di riflesso il regime.

Come abbiamo già detto, la conquista dell'Etiopia determinò all'interno del gruppo dirigente fascista la fine di ogni manifestazione di dissidentismo e di ogni velleità di atteggiarsi ad anti Mussolini: il prestigio, il carisma del «duce» ne erano stati cosí accresciuti che nessuno ormai contestava il suo «genio» e il suo potere. E non sfuggirono alla regola neppure coloro che avrebbero voluto un altro tipo di gestione del partito e un diverso orientamento della politica fascista e criticavano per questo Mussolini come mai l'avevano criticato da quando era al governo. Anche non condividendo una parte sempre maggiore delle sue decisioni politiche e, piú spesso ancora, non riuscendo a comprenderne la logica, il quadro strategico di riferimento (ché proprio nella mancanza di idee chiare sulle intenzioni di Mussolini e nella irritazione per questa condizione di inferiorità da lui voluta, prima ancora che nel dissenso vero e proprio per la politica del «duce», va individuata l'origine dello scontento di molti) e temendo sempre piú che la sua involuzione ideologica e caratteriale finisse per pregiudicare ciò che egli – ed essi con lui – avevano realizzato, l'idea di disgiungere le loro responsabilità dalle sue o, addirittura, di opporglisi (che pure, con la metà del '38, alcuni cominciarono a prendere in considerazione) non riusciva ad avere la meglio sulla loro personale fiducia in lui e sulla speranza, alimentata da questa fiducia, che ad un certo punto il suo «genio» politico trovasse una soluzione che risolvesse positivamente la situazione [1]. E ciò anche se nello stesso tempo via via piú numerosi diventavano coloro che nel loro intimo, pur paventando la situazione che si sarebbe potuta verificare, attendevano sempre piú ansiosamente il momento in cui, uscito di scena Mussolini, avrebbero potuto essi stessi prendere finalmente nelle loro mani le redini del fascismo e del regime e guidarli secondo le loro vedute e la loro concezione del fascismo.

È di primaria importanza comprendere questa contraddizione di fondo nell'atteggiamento morale e politico di parte (ma la piú significativa, che, salvo eccezioni, il resto era costituito da figure politicamente e caratterialmente troppo scialbe e troppo preoccupate dalla prospettiva di un domani senza Mussolini per arrischiare comunque alcunché) del gruppo dirigente fascista verso Mussolini; altrimenti non si coglie completamente tutto un aspetto della realtà fascista di questi anni – quello della passività di tanti uomini, anche personalmente responsabili e patrioti, di fronte al dramma che andava maturando e che non è spiegabile solo con l'opportunismo, la paura, la miopia – e viene meno la possibilità di comprendere veramente lo stesso «dramma» mussoliniano che di questa contraddizione si nutriva, si serviva e al tempo stesso ne era travagliato.

«Il Capo?! E chi ne capisce piú niente!»... «Proprio non lo si capisce

---

[1] Da quanto si può desumere dalle fonti a nostra disposizione, le motivazioni che piú dovettero indurre coloro che non condividevano la politica di Mussolini a non disgiungere le loro responsabilità dalle sue furono (a parte in qualche caso la paura) o la convinzione della inutilità pratica di atti puramente personali o la fede nella validità del fascismo che faceva passar sopra a singoli, anche gravi, motivi di dissenso, ritenendoli non tali da suscitare una «irresistibile resistenza morale». Questo fu per esempio il caso Bottai: cfr. il suo *Diario*, ff. 598 sg., alla data dell'8 novembre 1938. Per il primo caso cfr. quanto scritto da G. BASTIANINI, *Uomini cose fatti. Memorie di un ambasciatore*, Milano 1959, p. 244, a proposito di G. Ciano. Nel gennaio 1939 avendogli chiesto Bastianini perché, dato il suo scontento e la sua diversa maniera di vedere le cose, non si dimettesse, Ciano rispose: «Sono pronto a farlo se gli altri lo facessero con me, ma tutti si lamentano e nessuno dice a lui con la fermezza necessaria che cosí non si può andare avanti. Se tu assistessi al Consiglio dei ministri che dura un'ora al massimo perché nessuno parla piú all'infuori di lui, ti sentiresti ben piú umiliato che qui dentro. Qui [a palazzo Chigi] almeno ci sono io che non ho peli sulla lingua». Suppergiú la stessa posizione che, piú icasticamente, De Bono avrebbe due anni dopo confidato al proprio diario: «Sono un servaccio io pure; ma d'altra parte la rivolta di uno a che servirebbe?!» E che già nell'ottobre 1938 aveva cosí riassunto: «Non mi ci trovo piú per tante cose che vanno a sfascio. Parlarne al Principale? Ma mai! *Sarebbe voce isolata*. Tutti o quasi la pensano come me, ma chi ha il coraggio di parlare?!» ACS, E. DE BONO, *Diario*, q. 44, alla data del 13 marzo 1941 e q. 43, alla data del 30 ottobre 1938.

In una prospettiva piú ampia, di una eliminazione cioè di Mussolini dal potere, rivelatore è un altro passo delle memorie di Bastianini (p. 57): «Quanti nel vederlo avviarsi sulla china fatale han cercato di fermarlo quando ancora niente era compromesso! Ma come si ferma un uomo che ha tutto il potere di se stesso e della Nazione nelle proprie mani? Si deve alzare su di lui il pugnale di Bruto? Certo egli è lí alla giusta distanza del braccio, ma non sempre i piccoli spazi sono valicabili e noi lo amiamo di quell'amore tenace che si nutre di ammirazione e di sofferenza. Noi stiamo lí accanto a lui e facciamo il nostro dovere d'italiani...»

quell'uomo»... «Mussolini non lo si capisce». Chi ha dimestichezza con i diari, le memorie, le testimonianze dei collaboratori di Mussolini degli anni 1936-40 sa bene che affermazioni come queste – tratte dal diario di De Bono [2] – sono tutt'altro che rare e che anzi una delle note piú ricorrenti in questo genere di fonti è proprio quella relativa alla sempre crescente difficoltà dei collaboratori di Mussolini a capire le vere intenzioni del «duce» e ad avere con lui un rapporto se non proprio del tutto normale (ché anche in precedenza, salvo casi rarissimi, i rapporti del «duce» con i suoi collaboratori erano stati sempre venati da una sorta di piú o meno sottile ambiguità e, per di piú, dopo tanti anni un certo logoramento agli occhi dei suoi piú stretti collaboratori della immagine di Mussolini, come di qualsiasi «grande», era inevitabile) almeno limpido. E questo sia per la sua crescente «impenetrabilità», sia – contrariamente alle apparenze – per la sempre piú evidente (per essi) incertezza e contraddittorietà di fondo della sua politica, sia, infine, per il suo atteggiamento verso di essi circa i vari aspetti e implicazioni di tale politica. Un atteggiamento talvolta (ma sempre piú raramente, specie con i «politici», ché con i «tecnici» le cose andavano un po' meglio) aperto e disponibile ad ascoltare le loro opinioni e, apparentemente, a tenerne conto, ma in realtà lontano, come di un uomo proiettato in una dimensione «superiore» e rispetto alla quale i problemi da essi prospettati sembravano perdere d'importanza o, addirittura, apparire «meschini», «sorpassati», frutto di schemi che ormai avevano fatto il loro tempo. Anche se poi, alla prova dei fatti, era evidente che non lo erano affatto e che Mussolini se ne rendeva conto e sentiva, crucciandosene, tutto il loro peso, ma sembrava ciò nonostante non riuscire o non volere affrontarli con il realismo, la duttilità, il pragmatismo che sino allora avevano contraddistinto il suo operare politico e, quando agiva, dava l'impressione di improvvisare, di essere sempre piú spesso mosso da impulsi piú o meno irrazionali, dettati non già, come in passato, dal suo «fiuto», dal suo «genio politico», ma da una visione tutta soggettiva di quello che sarebbe stato il futuro della civiltà e dei popoli che *contavano*, da «doveri verso la storia» e talvolta persino da meri rancori, ovvero di agire contro le sue convinzioni, costretto da circostanze che non riusciva a dominare.

Nelle memorie, nelle testimonianze scritte dopo la morte di Musso-

---

[2] ACS, E. DE BONO, *Diario*, q. 43, alle date del 10 gennaio e 20 novembre 1939 e del 16 gennaio 1940. E nello stesso senso si veda quanto, già alla fine del '38, riferiva a Parigi l'ambasciatore François-Poncet: «In questa fine d'anno, il pensiero, i progetti del Duce restano sempre avvolti nel mistero. Gli amici, i familiari del dittatore sono, per altro, i primi ad ammettere che egli si avvolge in un segreto sempre piú impenetrabile, che non è piú lo stesso di un tempo, che è molto cambiato, che non riceve piú alcuno e che nessuno oggi, salvo, forse, il conte Ciano, sa dire ciò che prepara e verso quali obiettivi si dirige». *DDF*, s. II, XIII, pp. 471 sg.

lini e la conclusione dell'esperienza fascista spesso l'attestazione del disagio e dello scontento dei loro autori si accompagna a dei piú o meno riusciti tentativi di penetrare psicologicamente la personalità di Mussolini. Tipiche in questo senso sono le memorie di Acerbo e soprattutto di Bastianini e la testimonianza *Ecco Mussolini* rilasciata nel 1965 da Grandi[3]. Diversi sia nell'*animus* che li muove sia nella valutazione dei singoli aspetti della personalità di Mussolini, questi tentativi hanno in genere un punto in comune: tutti, piú o meno chiaramente, prospettano l'immagine di un uomo sempre piú dominato in questo periodo da due personalità che si sovrappongono e spesso entrano in collisione tra di loro. La stessa interpretazione è al centro delle pagine che a Mussolini (e al proprio stato d'animo verso di lui) aveva dedicato Bottai nel suo diario il 29 luglio 1940. Trattandosi di una testimonianza coeva, non influenzata quindi né dal senno del poi né da qualsiasi rispetto umano per un uomo ormai scomparso, e per di piú inedita, pensiamo sia il caso di riprodurla integralmente, tanto piú che, tra quelle da noi conosciute, essa ha anche il pregio di documentare meglio di tutte la contraddizione di fondo di buona parte del gruppo dirigente fascista rispetto a Mussolini in questo periodo[4]:

Noto, leggendo questo tratto della «Lucrezia Borgia» di Maria Bellonci. «Non è facile definire il carattere politico di Alessandro VI: quando si sarà detto che in lui, come in tutti gli uomini, vivono in embrione molti individui e diversi, non si sarà ancora chiarito per quale stimolo diventassero attive nel suo spirito le forze molteplici che vi si agitavano e che facevano dire ai contemporanei: – Il papa ha dieci anime –».

È da tempo, piú vivace in questi ultimi mesi, che un egual quesito si pone nel mio spirito a proposito di Mussolini. Che la personalità d'un uomo sia molteplice, ognuno sente anche in sé medesimo: molteplicità e contraddizione, drammatica spesso, sconcertante sempre e causa di smarrito abbandono alla propria giornata. E che un uomo di comando, piú che abbandonarvisi, domini i propri diversi caratteri e ne usi per farsene armi di governo e dominio, è anche abbastanza chiaro. La politica del politico comincia proprio da lui, dal suo proprio interno, dal riconoscere e guidare i contrastanti partiti, che si dibattono e combattono in lui. Ma nell'uomo d'eccezione questo uso spregiudicato della propria molteplicità arriva al paradosso e al cinismo.

Di quanti Mussolini non favoleggia la gente? Infiniti. Ma bisogna ridursi a due, essenziali, per trascurare i minori, che son tutta apparenza calcolata, a dimostrazione d'una «versatilità» da offrirsi all'ammirazione pubblica. I Mussolini contadino, soldato, sportivo, minatore, operaio, uomo di mondo, ecc. sono altrettante reincarnazioni da attore, entro certi limiti utili e necessarie a un capo. Cosí il Mussolini cupo, allegro, tragico, divertito, assorto, accigliato, ironico, curioso, sentenzioso, paradossale, che abita a palazzo Venezia e ogni volta sorprende i visitatori,

---

[3] D. GRANDI, *Ecco Mussolini*, in «Epoca», 18 aprile 1965.
[4] G. BOTTAI, *Diario*, ff. 952 sgg.

anche abituali, è sempre un Mussolini da ribalta. È il gran «generico» di cui da Zacconi in poi dicono gli esperti s'è persa sul teatro la razza. Ma, insomma, questa è «molteplicità» o «versatilità» da recita: nel profondo, tutto si riduce a due, a un dualismo vitale, a una sorta di «duplicità» manovrata. Mussolini uno e Mussolini due. Inconsapevolmente vicini l'uno all'altro per anni, poi cresciuti in progressiva conoscenza l'uno dell'altro, amici, si può dire, e congiuranti a uno scopo, legati da un patto d'alleanza nella lotta della vita.

Mussolini uno: tutto fiuto, «da bestia» com'ei si compiace ripetere, sensibilissimo ai nessi storici, al segreto senso degli avvenimenti, dotato d'una forza d'intuizione mirabile, miracolosa, specie di rabdomanzia della storia, vero e proprio genio della storia, la cui conoscenza subito in Lui si traduce in azione. Un «grande» Mussolini, questo, di fronte a cui lo spirito stupito si piega reverente: enorme, da ricordare quel «pezzo di natura» della definizione corradiniana, un «unico», tra i viventi, visionario e realista, profetico e concreto, audace e misuratissimo. In fondo, dopo tante definizioni e tanti esempi, noi non sappiamo bene che cosa sia un «genio»: ma il piú semplice e rapido contatto con Mussolini ci fa avvertiti essere egli un «genio», intelligenza smisurata e intermittente, diseguale, ottima a distanza, mediocre o nulla da vicino, affetta da uno spropositato presbitismo. Inimitabile, questo Mussolini, ma esemplare: astro, che guida il cammino, anche se non è in fondo al tuo cammino, come potrebb'essere una lanterna. Ma cotesta esemplarità irraggiungibile pochi la tengono d'occhio: è faticosa a sopportare e non dà beni immediati. E, allora, i piú si volgono a quell'imitazione di Mussolini, che è possibile.

E, cioè, del Mussolini numero due: un uomo della vita di tutti i giorni, immerso nella sua trita «quotidianità»; eppercíò, furbo, piccolo, meschino, con le minime gelosie e invidie degli uomini comuni, pronto alla bugia, all'inganno, alla frode, dispensatore di promesse non mantenute, sleale, infido, vile, senza parola, senza affetti, incapace di fedeltà e d'amore, capacissimo di sbarazzarsi calcolatamente dei suoi seguaci piú fidi. Ed è questo, proprio, il Mussolini «versatile» e «molteplice» al modo dei teatranti, di cui scrivevo piú sopra: che camuffa sotto vesti e parti e volti cangianti quella sua natura traditrice e bassa, di capobanda. Il Mussolini adatto alla facile imitazione dei piú, quello su cui si sono fatti e rifatti i gerarchi da conio, che d'ufficio in ufficio o di provincia in provincia gli rifanno il verso, riecheggiano la sua oratoria, scimmiottano le sue pose, il suo cipiglio, la sua brusca scortesia, la sua fredda alterigia, il suo chiuso orgoglio.

Tra questi due Mussolini ci tocca di vivere, con una fedeltà troppo consapevole per non soffrirne fino al disgusto e alla ribellione, con la coscienza che bisogna servirlo difendendosene, amarlo negandoglisi, offrirgli la vita salvandola. Amara sorte: come d'un amore inconfessabile.

Per ricostruire il clima morale e politico del tempo testimonianze come questa di Bottai e come le altre che abbiamo ricordato sono certo del piú vivo interesse. In particolare l'agghiacciante chiusa del passo del diario di Bottai lo rende con una immediatezza e un realismo che nessun discorso storico potrebbe mai avere. Ma per il biografo di Mussolini che valore hanno? La tesi delle due personalità in esse piú o meno esplicitamente prospettata e che significativamente si ritrova anche in alcuni scritti stranieri del tempo (sebbene all'estero le immagini piú diffuse di Mussolini fossero a quest'epoca o quella del politico «realista» o quella del «paranoico»[5]) è certamente suggestiva, ma recepirla sic et simpliciter è altrettanto certamente impossibile. Personalmente però non la accantoneremmo nemmeno del tutto. In essa, a nostro avviso, è infatti l'eco semplificata di una realtà piú complessa, che affondava le radici nella personalità, nel carattere di Mussolini e che era il frutto dell'evoluzione ideologica determinata in lui dalla vicenda etiopica e che egli esitava a rendere esplicita, perché, in ultima analisi, egli stesso non riusciva ad accettarla pienamente: razionalmente la considerava giusta, ma il suo buon senso non ne era del tutto convinto, ne aveva paura ed era consapevole che non sarebbe stata accettata né compresa dai piú. Da qui la sua «impenetrabilità», la discontinuità del suo comportamento, lo scadimento di identità e di sicurezza della sua politica, che molti, anche tra i suoi collaboratori e persino tra gli osservatori stranieri, ebbero la tendenza a spiegare in chiave immediatamente caratteriale e, assai spesso, dando una grande importanza all'influenza negativa che il suo incipiente declino fisico e il suo stato di salute avrebbero avuto sul suo carattere. Tipico è in questo senso quanto ha scritto il capo dell'OVRA Guido Leto[6]:

> La tendenza di Mussolini a non prendere mai una decisione propria e ad *imporla* quando si trovava di fronte a tesi contrastanti si aggravò sempre piú col passare del tempo, tanto che molti ritenevano che fosse causata un po' dalle sue condizioni di salute che non furono mai brillanti e che gli toglievano l'energia per affrontare recriminazioni, proteste o altro.

Alla luce di quanto oggi noi sappiamo sulle condizioni di salute di Mussolini, questa spiegazione manca di qualsiasi validità; per un verso sopravvaluta l'influenza sul carattere di Mussolini del declino fisico e per un altro verso sottovaluta e addirittura riduce ad un aspetto della involuzione caratteriale l'evoluzione ideologica che, invece, caratterizza la biografia di Mussolini in questo periodo. Serve però a far capire come, filtrando dagli ambienti fascisti tra i giornalisti e i diplomatici stranieri e, tramite loro, nella stampa internazionale, essa – grazie anche al fatto che dopo la guerra d'Africa le uscite in pubblico di Mussolini si

---

[5] Nel periodo di cui ci stiamo occupando l'immagine piú diffusa di Mussolini (specie nella stampa non popolare e sensazionalista) era quella di un politico «realista». Tipico esempio può essere considerato l'articolo di J. SAUERWEIN, *The «big four»: three realistists, one mystic*, in «New York Times Magazine», 30 ottobre 1938. Ancora un anno dopo (cfr. *Sur M. Hitler et M. Mussolini*, nella «Gazetta de Lausanne», 19 settembre 1939) persino C. Jung considerava Mussolini un uomo «ragionevole», essenzialmente guidato dall'interesse del suo popolo e distingueva nettamente la sua personalità da quella del «veggente» Hitler, espressione suprema della filosofia pangermanista e della sua aspirazione al dominio del mondo. A quest'epoca, anche coloro che parlavano di un Mussolini «paranoico», in genere facevano risalire la sua paranoia alla malattia che lo avrebbe colpito attorno al 1939; cfr. in questo senso l'articolo di J. WHITAKER, *Mussolini: Turning point in a dictator's career*, in «Daily Telegraph», 28 aprile 1941, di cui parleremo appresso.
[6] G. LETO, *OVRA. Fascismo-Antifascismo*, Bologna 1952, p. 146.

fecero sempre meno frequenti avvalorando indirettamente le voci sulle sue cattive condizioni di salute – finisse per diventare un elemento essenziale per spiegare la politica di Mussolini presso larghi settori dell'opinione pubblica dei paesi democratici; tanto essenziale che anche coloro che si rendevano conto che il «voltafaccia» mussoliniano aveva tutta una serie di ragioni ideologiche e politiche, non riuscivano però a sottrarsi alla tentazione di fare comunque dello stato di salute di Mussolini o, almeno, del suo invecchiamento [7], la chiave decisiva di esso e, paradossalmente, di trovare conferma di ciò nelle notizie... sugli exploits sportivi e sull'ottimo stato di salute del «duce» che venivano di tanto in tanto riportate dalla stampa italiana e riprese (specie in occasione dei suoi compleanni) da quella internazionale. Assai indicativo è in questo senso un articolo scritto per il «Daily Telegraph» del 28 aprile 1941 da John Whitaker, un autorevole giornalista inglese non aprioristicamente ostile a Mussolini ma che, anzi, aveva per lui una sorta di rispetto, al punto da cominciare il suo articolo notando che se il «duce» fosse morto prima di portare l'Italia in guerra il giudizio della storia avrebbe «potuto passar sopra alle sue incoerenze e alla congenita fallacia del suo opportunismo critico» e soffermarsi invece su alcuni aspetti positivi della sua opera. Scriveva il Whitaker [8]:

> Ho potuto appurare da fonti degne di fede, quantunque molti particolari siano appena abbozzati, che nella primavera del 1939 Mussolini ebbe un colpo che per parecchi giorni gli cagionò una paralisi parziale del viso. So ch'egli dovette nella piú grande segretezza restare a letto per cinque settimane in una località vicino a Milano. In seguito si ritirò in una casa privata in prossimità di Forlí, sua città natale. So che in vicinanza di Forlí egli fu visitato da uno specialista svizzero, perché l'occhio sinistro era rimasto offeso.
> Questo colpo capitò nel peggior momento possibile sia della vita personale di Mussolini che dello sviluppo del fascismo. Ad esso, a mio avviso, è da attribuirsi l'alleanza con la Germania e, alla fine, l'entrata in guerra dell'Italia. Esso capitò in un momento in cui per la prima volta Mussolini aveva acquistato la consapevolezza delle devastazioni prodotte dall'età e dalla solitudine che circonda chi ha raggiunto un alto potere...
> Politicamente, la situazione era, due anni fa, egualmente ardua e sconcertante. Dopo diciassette anni il fascismo era decaduto: si faceva un bel parlare di «vivere come leoni»; gli italiani erano stanchi. L'Etiopia e la Spagna avevano esaurito le forze anziché aver formato un popolo d'acciaio. Mussolini constatò che gli italiani volevano il pane e non i circhi. Anziché aver formato una élite, Mussolini constatò che i suoi piú fidati ministri volevano dei guadagni illeciti e una diminuzione della

---

[7] Tipico in questo senso D. CLARKE, *Hitler ought to remember that Conquerors are not at their best after 50...*, in «Daily Express», 17 aprile 1939, che riteneva che Mussolini avesse cominciato a commettere errori dopo aver compiuto i cinquant'anni e tra essi, in particolare, quello di aver lasciato la politica estera nelle mani «di una cricca germanofila, al cui centro è il conte Ciano» che si muoveva sostanzialmente solo in base alla propria vanagloria.

[8] J. WHITAKER, *Mussolini ecc.* cit.

tensione. Questo avvenne in un momento in cui Mussolini aveva la certezza che l'avvenire del mondo sarebbe presto stato deciso. E allora improvvisamente fu colpito. Queste sono le delusioni personali e politiche su cui rifletteva mentre era a letto.

Credo che egli abbia deciso di concludere un'alleanza con Hitler al fine di ravvivare il fascismo, unendolo al piú giovane e piú violento movimento nazista. Credo che la decisione si sia basata sulla politica interna e su considerazioni ideologiche, non già su un'analisi della situazione internazionale. Il dittatore pose in prima linea il fascismo e non l'Italia.

Mussolini credeva che Hitler sarebbe stato malleabile, ma, una volta conclusa l'alleanza, constatò che aveva firmato col sangue un patto cosí impegnativo come quello di Faust con Mefistofele. Nella fiducia che francesi e inglesi non lo avrebbero attaccato a cuor leggero, Mussolini credette di aver scongiurato il pericolo di una invasione germanica e ottenuto per sé una posizione di equilibrio.

Informati del colpo subito da Mussolini e dei timori e delle apprensioni che gliene derivavano, Hitler e i suoi agenti trattarono astutamente l'italiano. Lo lusingarono. Le due rivoluzioni erano le stesse. Se Hitler avesse vinto la guerra, il secolo presente sarebbe divenuto «il secolo di Mussolini». Gli dissero queste cose, e il dittatore che andava avanti negli anni e temeva per l'avvenire del fascismo, le trovò piacevoli. Se non fosse stato per il colpo, io credo che l'astuzia contadinesca avrebbe salvato Mussolini. Dato che non stava molto bene, egli dovette rinunciare a comparire in pubblico e sospendere le conversazioni private. Perse il contatto con la pubblica opinione del suo paese e non ebbe quasi nessun consigliere all'infuori dei tedeschi...

Se si tiene presente quando fu scritto, alcune osservazioni contenute nell'articolo non erano banali; ciò che però falsava tutta l'analisi era la premessa dalla quale essa prendeva le mosse. Una premessa che si può capire solo se ci si rifà alle infinite voci che da anni circolavano in Italia e all'estero sulla salute di Mussolini.

Come di norma in tutti i regimi autoritari e totalitari, le condizioni di salute di Mussolini furono sempre avvolte in un alone di mistero (se ufficialmente se ne parlava era in forma indiretta, attraverso la diffusione di immagini che dimostrassero l'ottima forma del «duce», aviatore, sciatore, ecc.) e suscitarono le voci piú disparate, dietro le quali il piú delle volte erano speranze e timori non sempre confessabili. E ciò tanto in Italia quanto all'estero, con la sola differenza che in Italia si potevano solo sussurrare, correndo per di piú il rischio di passare per propalatori di notizie false e tendenziose atte a turbare la «serenità» del paese, mentre all'estero se ne parlava non solo nelle cancellerie e nei circoli politici, ma anche sulla stampa sempre pronta a riprendere e diffondere qualsiasi notizia sulla salute di Mussolini, sia per la notorietà del personaggio sia perché buona parte del futuro del fascismo era legata alla vita del «duce» e ogni voce su di essa faceva notizia. Tant'è che non si esagera dicendo che questo tipo di voci accompagnò praticamente Mussolini per tutto il periodo durante il quale fu al potere. Si pensi che le prime notizie su una presunta sua grave malattia apparvero sulla stampa spagnola a metà del gennaio 1923 [9]. Nel 1939, uno degli anni in cui esse furono piú numerose (gli altri furono il 1925-26 e il 1942-43) sebbene in realtà la sua salute fosse nel complesso buona, si parlò prima di una grave malattia agli occhi, per curare la quale Mussolini si sarebbe addirittura recato segretamente a Zurigo dal celebre dottor Vogt, e poi persino di un colpo apoplettico [10]. In genere però le voci si riferivano agli sviluppi o di una infezione sifilitica, contratta secondo alcuni in gioventú e secondo altri nell'immediato dopoguerra, o piú spesso dell'ulcera per la quale era stato curato nel 1925. Che Mussolini fosse affetto da una infezione sifilitica [11]

[9] La notizia fu trasmessa per telegramma a Roma il 20 gennaio 1923 dall'ambasciata a Madrid insieme ad una richiesta di precisazioni. Sulla copia del telegramma Mussolini annotò di suo pugno: «crepo – ahimè – di salute! Muss.».
[10] Cfr. ACS, *Segreteria particolare del Duce, Carteggio riservato (1922-43)*, fasc. FP/R «Mussolini Benito», sott. 6, «Malattia del Duce», ins. A «Dicerie sui vari mali e presunti ferimenti»; G. PINI, *Filo diretto con Palazzo Venezia* cit., pp. 193 sg.; nonché C. ALVARO, *Quasi una vita. Giornale di uno scrittore*, Milano 1951, p. 216.
[11] La storia della sifilide di Mussolini fu utilizzata in tutti i modi, persino per costruire una sorta di cabala contro Mussolini. Dalle carte di polizia (ACS, *Min. Interno, Dir. gen. PS, Div. affari gen. e ris.* [1930-31], sez. II, b. 39 bis) risulta che agli inizi degli anni trenta veniva fatto circolare in ambienti antifascisti un foglietto cosí concepito:
«Qui è la scienza. Chi ha intelligenza conti il numero della Bestia poiché è numero di uomo. E il suo numero è seicentosessantasei 666 (San Giovanni, *Apocalisse* XII 18)

ALFABETO CIFRATO in uso presso gli antichi popoli e i moderni per cui alle prime nove lettere si dà la numerazione delle unità

```
1  2  3  4  5  6  7  8  9
A  B  C  D  E  F  G  H  I
```

alle altre la numerazione delle decine

```
10  20  30  40  50  60  70  80  90  100  110  120
L   M   N   O   P   Q   R   S   T   U    V    Z
```

Controllare la somma a lato, convertire le cifre in lettere per avere la soluzione del problema	4
	100
	3
	5
	2
	5
	30
	9
Strana coincidenza: 666 ha un altro significato applicabile alla cara Bestia. Si chiama cura 666 quella che si fa per curare la piú vergognosa delle malattie sessuali: la sifilide. Orbene il nostro grande educatore delle giovani generazioni è deliziato da questa simpatica malattia dalla vigilia della Marcia su Roma (fatta per moralizzare l'Italia) e l'ha contratta nel piú lurido ed economico postribolo di Milano	90
	40
	20
	100
	80
	80
	40
	10
	9
	30
	9
	666»

– convinzione assai diffusa tra gli antifascisti di piú antica data, che vedevano in essa una spiegazione della sua «follia» – è da escludere. La autopsia e l'esame del cervello compiuti presso l'Istituto di medicina legale dell'Università di Milano nel 1945 da una équipe di medici diretta dal professor Carlo Mario Cattabeni ha escluso categoricamente la presenza di alterazioni patologiche di natura luetica [12]. L'autopsia ha ridimensionato notevolmente anche la gravità della presunta ulcera, che pure gli era stata diagnosticata nel 1925 e che aveva preoccupato nel 1942-43 medici come Arnaldo Pozzi e Cesare Frugoni (che, per altro, non avevano escluso neppure la presenza di una infezione amebica), giungendo alla conclusione che, quando fu ucciso, Mussolini soffriva solo di «una modesta gastrite atrofica». Ulcera o gastrite che fosse (non è qui il caso di addentrarci nella questione se la diagnosi d'ulcera fosse sbagliata o se furono le cure a cui fu sottoposto ai tempi della Repubblica sociale dai medici tedeschi a far scomparire quasi completamente la malattia), i disturbi di cui Mussolini soffriva erano certamente in buona misura di origine psichica, connessi cioè al suo stato d'animo. Le date sono eloquenti: la salute di Mussolini attraversò le due crisi piú gravi dopo il delitto Matteotti e quando fu chiaro che per l'Asse la guerra era ormai perduta. Nel gennaio 1943 il professor Pozzi glielo aveva detto a tutte lettere [13]:

> Non vorrei che mi fraintendeste, Eccellenza. Io penso che il vostro stato d'animo, come è influenzato dai vostri disturbi, cosí, a sua volta, ne possa accentuare o mitigare l'intensità. Se non fossimo in guerra (e quale guerra), se non vedeste tanta desolazione intorno a voi...

Ma Mussolini doveva già esserne consapevole, se mesi prima, parlando col figlio Vittorio, aveva detto, alludendo alle continue gravissime perdite che subiva il naviglio che riforniva le truppe in Africa settentrionale, «la mia ulcera sono i convogli» [14]. E ciò anche se nel marzo 1945 nel corso di quel patetico sfogo e al tempo stesso abilissimo tentativo di autogiustificazione che fu il cosidetto «soliloquio all'isola Trimellone» dicesse al giornalista Ivanoe Fossani che una delle sue due «disgrazie» era stata l'ulcera allo stomaco, «che avrebbe atterrato un bue e che sovente mi impediva, nonostante il grande sforzo di volontà, di disporre dell'energia necessaria» [15].

---

[12] Cfr. in A. POZZI, *Come li ho visti io. Dal diario di un medico*, Milano 1947, pp. 218 sgg., il resoconto delle risultanze dell'esame necroscopico pubblicato da C. M. Cattabeni nel 1945 in «Clinica Nuova»; nonché G. URGNANI, *Tutta la storia del verbale dell'autopsia di Mussolini. Un cervello per la storia*, in «L'Europeo», 3 marzo 1966.
[13] A. POZZI, *Come li ho visti io* cit., p. 124.
[14] V. MUSSOLINI, *Mussolini e gli uomini nel suo tempo*, Roma 1977, p. 9.
[15] MUSSOLINI, XXXII, p. 178.

Tra la metà del '36 e la metà del '40 la salute di Mussolini non registrò nessuna crisi lontanamente paragonabile a quelle del '25 e del '42-'43. Un lento logoramento indubbiamente però vi fu. In parte, per cosí dire, normale, dovuto all'età, in parte anche alla continua, eccezionale tensione dei due anni precedenti, prima per la guerra d'Africa e poi per la gravissima malattia della figlia Anna Maria. Tensione, non va dimenticato, che, oltre tutto, era venuta dopo che nel '31-32 la salute di Mussolini aveva registrato un primo peggioramento dopo il superamento della crisi del '25. Ne sono conferma due fatti. Che negli ambienti politici romani tra la fine dell'ottobre '36 e la seconda metà del gennaio '37 (cosí come durante buona parte del '39) si parlò spesso di un suo cattivo stato di salute, mettendo in relazione con esso i vari soggiorni che in questo periodo egli fece alla Rocca delle Camminate, consigliatigli, si diceva, dai medici per riposarsi [16]. E che con la seconda metà del '36 Mussolini cominciò sempre piú spesso a farsi accompagnare nei suoi spostamenti fuori Roma (anche brevissimi) dal suo medico abituale, il dottor Angelo Puccinelli, cosa che in precedenza non aveva mai fatto [17]. Di questo lento logoramento e del suo inizio in corrispondenza con la conclusione del conflitto etiopico abbiamo del resto anche varie testimonianze dirette, in genere di persone che non vedevano Mussolini continuativamente e, quindi, potevano notarlo piú facilmente [18].

Nonostante ciò, gli elementi di cui oggi disponiamo non autorizzano a ritenere che nel periodo di cui ci stiamo occupando le condizioni di salute di Mussolini fossero tali da influire in misura significativa sulla sua personalità e sulla sua capacità politica, sicché, in conclusione, tutto induce ad un notevole ridimensionamento della loro incidenza, che va riportata nei limiti di quel tanto che può essere considerato mediamente normale in un uomo che aveva avuto una vita tutt'altro che facile e soggetta a gravi stress psichici e fisici, ma che in definitiva conduceva una esistenza assai regolare e sotto costante controllo medico e le cui crisi

[16] *Informazioni Cremonesi*, alle date del 29 ottobre 1936 e del 19 gennaio 1937. È interessante notare che queste voci rilanciarono quelle relative ad una prossima riforma costituzionale che avrebbe istituito il gran cancellerato per Mussolini e lasciato la Presidenza del Consiglio a Galeazzo Ciano.
[17] Nel '36 il dottor A. Puccinelli seguí Mussolini per complessivi dodici giorni. Nei primi otto mesi del '37 per ben quarantasei e precisamente: dal 21 al 25 aprile a Forlí e Venezia, dal 25 maggio al 1° giugno a Forlí, dal 14 al 19 e dal 27 al 30 sempre di giugno a Riccione, il 24 luglio a Firenze-Pisa-Viareggio, dal 26 al 30 luglio a Riccione, dal 9 al 21 agosto in Sicilia e, ancora in agosto, dal 28 al 31 a Riccione. Cfr. ACS, *Segreteria particolare del Duce, Carteggio ordinario (1922-43)*, PG/R, b. 17, fasc. «Puccinelli dr. Angelo».
[18] Tra gli italiani un caso tipico è quello di R. Cantalupo (*Fu la Spagna. Ambasciata presso Franco. Febbraio-aprile 1937*, Milano 1948, p. 55) che lo vide nell'agosto '36 dopo quattro anni di soggiorno all'estero. Assai piú numerosi sono i casi di stranieri, diplomatici e soprattutto giornalisti, particolarmente attenti a cogliere ogni segno di declino o di malattia. Cfr., per esempio, H. L. Matthews («New York Times» 20 agosto 1939) e F. Sondern jr («The American Mercury», marzo 1940).

erano essenzialmente connesse al suo stato psichico. Per una giusta comprensione del comportamento e dell'azione politica di Mussolini, piuttosto che del suo stato di salute riteniamo si debba tenere conto, se mai, della sua involuzione caratteriale determinata dalla vicenda etiopica. Ma anche qui senza le sopravvalutazioni a cui le fonti già ricordate potrebbero indurre. Una cosa deve essere infatti ben chiara: se l'incidenza di questa involuzione sulla personalità e sulle capacità politiche di Mussolini fu maggiore di quella del logoramento fisico, il suo peso rimase tuttavia sostanzialmente marginale, limitandosi ad influire su di esse nel senso, per un verso, di renderle meno pronte e duttili e, per un altro verso, di determinare una partecipazione umana di Mussolini più intensa e caparbia ad una serie di questioni che ora gli apparivano fondamentali, mentre in passato le avrebbe affrontate piú pragmaticamente. Le scelte politiche di Mussolini (decisioni e incertezze) rimasero fondamentalmente delle scelte razionali, quello che mutò fu l'impegno emotivo – la «forza immediata a vivere», per usare una bella e pregnante espressione di don Giuseppe De Luca – che egli mise in esse.

Nelle pagine finali del primo tomo di questo volume[19], indicando le manifestazioni piú significative di questa involuzione, abbiamo parlato del nuovo senso di sicurezza, tra fatalistico e predestinato, che il successo conseguito in Etiopia aveva sviluppato in Mussolini. Tra le varie manifestazioni questa fu probabilmente quella che ebbe maggiore incidenza politica, a ben vedere, anche piú del suo crescente *amore della grandezza*. Anche se Mussolini l'aveva preparata nei minimi dettagli e ne aveva definito gli obiettivi finali solo via via, tenendo conto della evoluzione del contesto internazionale, l'impresa etiopica si era sostanzialmente fondata sull'*intuizione* che l'Inghilterra non sarebbe mai andata oltre una opposizione limitata. In alcuni momenti questa *intuizione* aveva assunto il carattere di una scommessa e Mussolini aveva avuto la consapevolezza di stare giocando il tutto per tutto. Il clamoroso successo alla fine conseguito aveva avuto ciò nonostante la conseguenza di accrescere a dismisura in Mussolini la fiducia, la sicurezza nella infallibilità del suo «fiuto politico», delle sue intuizioni e di esaltare vieppiú in lui gli elementi volontaristici. Ancora poche settimane prima della fine, nel marzo 1945, questa fiducia, questa sicurezza sarebbero state in lui cosí forti da costituire una sorta di autogiustificazione dei suoi errori e della sua sconfitta. Parlando prima con la moglie dell'addetto stampa dell'ambasciata tedesca presso la RSI («non ho mai sbagliato seguendo il mio istinto, ma sempre quando ho obbedito alla ragione»[20]), poi con I. Fossani («Quando ho

---

[19] *Mussolini il duce*, I, pp. 798 sgg.
[20] MUSSOLINI, XXXII, p. 158.

fatto di mia testa ho sempre indovinato. Ogni uomo ha la sua stella. La mia è una stella buona, ma non posso associarla ad altre senza neutralizzarla... Io non ho mai bluffato. Ho alzato spesso la voce, ma mai ho puntato alla cieca sulla carta della fortuna. Là dove non avevo la forza, avevo la certezza politica»[21]) avrebbe sostenuto che i suoi errori non sarebbero stati suoi, ma conseguenze di interferenze esterne che gli avrebbero impedito di agire secondo la sua intuizione politica. Nel caso della guerra, per esempio, l'interferenza di Hitler, che non gli aveva voluto lasciare la direzione politica generale della guerra stessa. E non si creda che dicendo queste cose non fosse sincero, che cercasse di attenuare in extremis le sue responsabilità scaricandole sugli altri. A suo modo egli era assolutamente sincero, cosí come lo era stato negli anni tra il '36 e il '40, rievocando i quali Bastianini ha scritto nelle sue memorie[22]:

> Una sola cosa... è sicura e terribile: che la sua convinzione d'essere infallibile è sincera. Se fosse soltanto un'ostentazione per la piazza sarebbe facile, nonostante la sua abilità polemica, discutere con lui, ma egli, che ha voluto abolire ogni discussione nel partito come nel parlamento e nel governo, ha conquistato insieme con l'impero l'intimo convincimento della propria infallibilità. È sicuro di sé e della sua stella; gli altri devono soltanto, dopo quella prova storica, riconoscergli il diritto di essere infallibile in ogni evenienza ora e sempre.
>
> «Credere, obbedire, combattere», il comando da lui dato alla nazione non è retorica ma sincerità. In quelle tre parole c'è infatti la sintesi della sua giornata: egli crede in sé, obbedisce alle sue ispirazioni, combatte per tradurle in realtà.

Sicuro della sua infallibilità, è naturale che Mussolini vagheggiasse traguardi sempre piú grandi ed ambiziosi e sentisse, per sé e soprattutto per gli altri, anche piú prepotentemente che in passato la suggestione degli elementi volontaristici e fideistici e fosse portato a considerarli sempre piú decisivi e a sottovalutare invece quelli piú propriamente razionali. Laddove c'era *fede* e *volontà* tutto o quasi diventava possibile; persino gli ostacoli che sembravano insuperabili si dimostravano aggirabili. Tipica è a questo proposito la risposta che nel gennaio 1937 diede a Ettore Conti che gli aveva fatto presente l'impossibilità per l'economia italiana di sostenere ancora un ritmo di spese pubbliche e un disavanzo tanto sostenuti: «Voi vi sbagliate, l'Italia è ricca e i danari ci sono: basta saperli scovare. *Del resto mai una questione economica ha arrestato il cammino della Storia*»[23]. Questo aspetto della sua personalità è decisivo per capire una parte notevole ed assai importante della sua politica. Se per un verso il successo aveva esaltato la sua fiducia in se stesso, per un altro verso esso in un primo momento aveva notevolmente modifi-

[21] *Ibid.*, p. 175.
[22] G. BASTIANINI, *Uomini, cose, fatti* cit., p. 51.
[23] E. CONTI, *Dal taccuino di un borghese* cit., p. 549 (il corsivo è nostro).

cato il suo giudizio, sino allora – lo si è visto – sostanzialmente negativo, sugli italiani, facendogli credere che essi si avviassero finalmente a costituire «una unità di fede e di azione» sulla quale – grazie al suo personale prestigio e alla tendenza *a credere* che era convinto caratterizzasse l'uomo moderno – avrebbe potuto fare completo affidamento e che gli italiani avrebbero seguito la sua futura politica con la stessa fede e lo stesso entusiasmo e spirito di sacrificio con i quali avevano vissuto la vicenda etiopica.

In questa condizione psicologica e, per di piú, ormai sicuro che il problema per il fascismo non era piú quello di «durare», di resistere alle spinte esterne, ma, se mai, di guardarsi da quelle interne allo stesso regime che si sarebbero potute manifestare al momento della sua scomparsa, l'ottica politica di Mussolini, sino allora ristretta ad orizzonti assai limitati, quali quelli del nocchiero che deve navigare sotto costa, tra scogli e bassi fondali, si allargava a dismisura come il suo senso di sicurezza e il suo amore di grandezza, tendeva ai mari aperti, oltre l'orizzonte, al futuro non piú immediato. «Io guardo le cose con cinquant'anni d'anticipo». In quest'affermazione (fatta a Bottai pochi mesi dopo la conclusione del conflitto etiopico [24]), che, se affondava le radici nei meandri della sua personalità, trovava però anche alimento, come vedremo, nel suo convincimento che i rapporti di base tra le nazioni stessero per mutare profondamente e che, quindi, fosse indispensabile per l'Italia precorrere i tempi di questo mutamento e precostituirsi le condizioni piú favorevoli ad affrontare la nuova realtà; in questa affermazione, dicevamo, è riassunto il senso di questa sua nuova ottica. Ed è al tempo stesso la chiave per capire tanto il suo *cesarismo* quanto la sua profonda irritazione – una irritazione che era molto simile alla reazione provocata da una inconcepibile *offesa* subita – contro tutti non appena si rese conto che, contrariamente alla sua prima impressione, gli italiani e la stessa gran maggioranza dei fascisti e persino dei suoi collaboratori non erano affatto cambiati, non avevano «acquisito l'Impero alla loro coscienza» e, invece che nuovi «piú luminosi» e piú «eroici» traguardi, si attendevano da lui un lungo periodo di raccoglimento, di lavoro, di benessere, di pace, non la «politica dell'Impero» insomma, ma quella «del piede di casa» contro la quale per anni il fascismo aveva tuonato in tutte le sedi e alla quale aveva fatto risalire gran parte dei mali della vituperata «Italietta» liberale.

A proposito del *cesarismo* di Mussolini è necessaria una precisazione. La retorica e la propaganda fascista paragonarono infinite volte il «duce»

[24] G. BOTTAI, *Diario*, ff. 507 sg., alla data del 2 ottobre 1936.

a Cesare, arrivando sino a raffigurarlo nei suoi panni. Mussolini, a sua volta, fu certamente, come molti uomini della sua generazione e formazione, profondamente partecipe del mito di Roma e della romanità e se ne servi abbondantemente sia per sottolineare il carattere e la funzione *universale* della «civiltà» romano-cattolico-fascista in contrapposizione alle «civiltà» senza profonde radici e grettamente nazionalistiche degli altri popoli, sia per offrire agli italiani un punto di riferimento che potesse al tempo stesso costituire un elemento di «fierezza» capace di far loro superare ogni complesso di inferiorità rispetto agli altri popoli («Di qui si organizzava la civiltà, da queste sette colline lambite dal Tevere tutto il mondo faceva allora capo a Roma. Come si fa a non essere orgogliosi, a non vibrare di fierezza, pensando che eravamo luce, quando tutto intorno erano tenebre; che eravamo civiltà, quando tutto intorno era barbarie»[25]), offrire una serie di esempi «pedagogici» a proposito dei comportamenti collettivi che determinavano, secondo lui, l'ascesa e la decadenza dei popoli e, soprattutto, rappresentare un mito storico attorno al quale cercare di aggregare e di unificare le varie tradizioni e culture nazionali e di cui servirsi per dare alle masse una coscienza nazionale. Far discendere il *cesarismo* mussoliniano di questi anni dal mito di Roma sarebbe però una semplificazione. Indubbiamente su di esso giocavano motivi culturali di questo tipo; la sua molla era però un'altra, in parte connessa ai nuovi approdi ideologici del «duce» in questo periodo, in parte di tipo caratteriale. Quando, nell'ottobre 1937, Mussolini diceva[26]

> Cesare? la figura piú alta e piú profonda della storia. Se c'è un inimitabile, è il dittatore romano che, *con i suoi superbi disegni, ha aperto tempi nuovi a Roma e alla società umana.*
>
> Cesare è la perfezione del potere, l'intelligenza fatta carne. È il tramite, la misura che restò irraggiungibile a chicchessia, fra il cielo e la terra

il richiamo alla romanità era del tutto secondario, minore certo di quello alla concezione spengleriana del ruolo civile e politico degli uomini di statura cesarea nella crisi della civiltà contemporanea. Ciò a cui Mussolini pensava erano i suoi «superbi disegni» che – come quelli di Cesare – avrebbero aperto «tempi nuovi» all'Italia e, grazie ad essa, alla civiltà europea, era il valore *universale* e dunque *storico* nel senso piú pieno del termine dell'opera alla quale ormai si sentiva chiamato.

---

[25] MUSSOLINI, XXIV, pp. 287 sg. (27 ottobre 1930).
[26] Cfr. N. D'AROMA, *Mussolini segreto* cit., p. 134 (il corsivo è nostro). Già a E. LUDWIG, *Colloqui con Mussolini* cit., pp. 63 sg., Mussolini aveva detto: «Io amo Cesare. Egli solo riuniva in sé la volontà del guerriero con l'ingegno del saggio. In fondo era un filosofo, che contemplava tutto *sub specie aeternitatis*. Sí, egli amava la gloria, ma il suo orgoglio non lo divideva dalla umanità».

Rendersi conto delle implicazioni psicologiche e caratteriali di questa *vocazione*, di questa *missione cesarea* a cui Mussolini si sentiva chiamato è assolutamente indispensabile per capire l'origine e l'eccezionale intensità di molte sue scelte e reazioni politiche e, piú in genere, il mutamento di atteggiamento verso la politica e la sua gestione quotidiana che vari fatti lasciano trasparire essersi verificato in lui, ma che altrimenti o restano incomprensibili o finiscono per portare a dar credito a spiegazioni fondate su un tracollo fisico in realtà inesistente.

Il terreno su cui il mutamento appare piú evidente è certamente quello della gestione quotidiana del potere. Come abbiamo già detto, subito dopo la conclusione della guerra d'Etiopia Mussolini non solo affidò ufficialmente la direzione della politica estera a Galeazzo Ciano e di quella coloniale e corporativa rispettivamente a Lessona e Lantini, ma perse anche molto dell'interesse che prima aveva avuto per la gestione quotidiana della macchina del regime. Di molte questioni, soprattutto di politica interna, che prima aveva trattato personalmente mantenne solo la supervisione e il coordinamento politico generale, lasciandole per il resto molto piú che in passato alla cura dei loro diretti responsabili e della sua segreteria particolare. Per sé mantenne quelle di ordine generale, di indirizzo politico vero e proprio e la supervisione della politica estera (in realtà per un paio di anni piú apparente che effettiva: si pensi all'intervento in Spagna che, come vedremo, a parte un breve periodo subito dopo Guadalajara, fu sostanzialmente gestito da Ciano forzando in un certo senso la mano a Mussolini). Significativo è a questo proposito quanto già il 30 luglio 1936 l'ambasciatore francese De Chambrun scriveva al ministro Delbos[27]:

> Dopo i suoi recenti successi che hanno considerevolmente accresciuto il suo prestigio, il signor Mussolini ha una tendenza molto marcata a scaricare sui suoi collaboratori immediati le incombenze governative. Egli sembra voler piuttosto concentrare la sua attenzione sull'organizzazione profonda del regime e sulle direttive generali della politica italiana che non sugli affari correnti, qualsiasi sia la loro importanza. Cosí poco a poco il suo personaggio, cosí spesso in vista, comincia ad offuscarsi mentre egli s'astrae nelle sue meditazioni. Si riparla a mezze parole nei circoli dirigenti di una trasformazione possibile della gerarchia governativa. Il signor Mussolini diventerebbe, se si deve credere a queste voci, una sorta di arcicancelliere del nuovo Impero che resta d'altra parte ancora da definire dal punto di vista costituzionale. L'ammiraglio Costanzo Ciano, attualmente presidente della Camera dei deputati, sarebbe nominato in questa ipotesi Presidente del Consiglio, mentre suo figlio Galeazzo resterebbe a capo del dipartimento degli Affari esteri.

---

[27] *DDF*, s. II, III, pp. 85 sg.

Se si considera come Mussolini sino allora aveva tutto accentrato nelle sue mani e tutto controllato personalmente, disperdendosi in una miriade di attività marginali e impedendo che i loro naturali responsabili potessero dispiegare appieno le loro capacità e sentirsi veramente responsabili, si trattava indubbiamente di un fatto estremamente significativo e che avrebbe potuto avere conseguenze assai positive se un quindicennio di gestione della macchina dello Stato e del partito tutta imperniata sulla persona del «duce» non avesse ormai reso i piú incapaci a decidere autonomamente e ad assumersi vere responsabilità e non li avesse abituati a considerare il potere fine a se stesso o, peggio, uno strumento da usare soprattutto per rafforzare le proprie posizioni presso Mussolini e rispetto ai propri colleghi. Da qui il rapido determinarsi di una situazione per molti aspetti peggiore di quella precedente e caratterizzata, per un verso, da un ulteriore scadimento dell'efficienza generale (con le sole eccezioni particolari rappresentate dalla gestione di F. Guarneri, sino all'ottobre '39, del ministero degli Scambi e valute e di D. Grandi, dal luglio '39, di quello della Giustizia) e, per un altro verso, dal costituirsi attorno a Galeazzo Ciano (e, almeno in un primo tempo, a Starace e Buffarini-Guidi) di un nuovo composito ma potentissimo centro di potere che riproduceva in peggio la situazione precedente attorno a Mussolini e che, un po' per irrequietezze personali e smanie di potere unite a scarsezza di idee chiare e ad eccessiva sicurezza, un po' per insoddisfazione per come le cose andavano, un po' per rafforzare le *chances* successorie di Ciano, tendeva spesso a prendere la mano allo stesso Mussolini ovvero a radicalizzare o disattendere le sue scelte politiche in funzione delle proprie vedute e interessi di gruppo e, talvolta, personali.

Stante questa situazione, nel giro di meno di due anni, il ruolo di Ciano divenne assolutamente centrale. Tant'è che Grandi anni dopo cosí l'avrebbe rievocato[28]:

> Ciano era a quel tempo, non bisogna dimenticarlo, l'effettivo padrone d'Italia. Palazzo Chigi era diventato la diretta succursale di Palazzo Venezia. La maggior parte della giornata era spesa da Ciano nel ricevere prefetti, questori, federali. Lo Stato Maggiore generale aveva un ufficio distaccato a Palazzo Chigi, un ufficio «operativo» che trasmetteva direttamente ordini alle alte autorità delle Forze Armate. Queste ultime si uniformavano senza obiettare agli ordini e alle direttive del Ministro degli Esteri il quale accentrava sempre piú apertamente nelle sue mani buona parte dei poteri che sino allora Mussolini aveva gelosamente conservato per sé solo. Ciano era il vice dittatore. Il fatto che Mussolini, di cui si conosceva la profonda diffidenza e la a volte puerile gelosia verso tutti i suoi collaboratori senza eccezione, non soltanto tollerava ma altresí appoggiava apertamente questo progressivo con-

[28] D. GRANDI, *Pagine di memorie*, in *Archivio D. Grandi*, b. 164, fasc. 202, ins. 3.

centramento dei poteri della dittatura nella mano di suo genero, l'uomo concordemente piú odiato dalla Nazione, aveva indotto ormai tutti a ritenere che il Dittatore avesse ormai prescelto suo genero a succedergli come Duce N. 2.

Anche se il parziale ritiro di Mussolini dalla gestione del regime non fu ovviamente reso di pubblica ragione e formalmente tutto continuava come prima, a poco a poco qualcosa cominciò però a trapelare. Col 1937-1938 le voci e le critiche sul ruolo sempre piú importante di Ciano e del suo clan si fecero piú numerose e con esse prese a diffondersi sempre piú la convinzione che «Mussolini non sapeva» e che la responsabilità di ciò che non andava fosse da attribuire soprattutto ai suoi collaboratori che gli nascondevano la realtà, lo ingannavano, lo «tradivano». Una «frase amara che corre per l'Italia», riferita alla data del 23 gennaio 1939 da Bottai nel suo diario[29], sintetizza bene questo malessere: «Si stava meglio quando comandava Mussolini».

Alla base del mutato atteggiamento di Mussolini erano certo motivazioni razionali quali la convinzione che ormai la situazione del regime fosse talmente solida da non comportare piú il suo personale continuo controllo su tutto e – in un primo momento – il desiderio di mettere alla prova le capacità politiche di Ciano e, al tempo stesso, di *lanciarlo* come numero due del regime e suo successore[30]. Né è da sottovalutare il peso che, inizialmente, dovettero avere il logoramento e la stanchezza conseguenti alla lunga tensione degli ultimi due anni e, forse, il prendere concretezza della relazione con la Petacci. Tutte motivazioni reali e da non sottovalutare, ma che non debbono fare passare in seconda linea la perdita di interesse umano per la gestione quotidiana del potere e, in ultima analisi, per la politica che in questo periodo si verificò in Mussolini in conseguenza dell'allargarsi del suo orizzonte dalla politica alla Storia e al suo personale *mito* in essa[31]: ormai proiettato nel futuro e sicuro di anticiparlo col suo genio, la routine politica, il presente vissuto

---

[29] G. BOTTAI, *Diario*, f. 626, alla data del 23 gennaio 1939.
[30] In un primissimo momento il lancio di Ciano fu cosí intenso e cosí fuori dal tradizionale modus operandi di Mussolini e del regime che suscitò perplessità persino all'interno del vertice fascista. Tipico è quanto annotò G. BOTTAI nel suo *Diario* (ff. 514 sgg.) alla data del 27 ottobre 1936. Dopo aver definito il «lanciamento dell'articolo Ciano» il «fenomeno saliente dell'ora» ed essersi chiesto chi lo voleva – Ciano o Mussolini – e a che scopo, Bottai scriveva: «Tutti dicono: per indicare e imporre il successore. Può essere: ma, data la molteplicità del carattere mussoliniano, è bene riservarsi altre due soluzioni: prima, che *subisca* l'invadenza Ciano, come subí, ieri, quelle Cesarino Rossi, Farinacci, Turati, Arpinati, etc. etc., in quella specie di passività sorniona, che è propria del genio che si riposa; seconda, che lo lasci scoprire per "fregarlo a vantaggio dei figli"».
[31] Che Mussolini si considerasse già nel mito lo dimostra questo biglietto da lui inviato alla figlia Edda il 17 novembre 1936 trasmettendole un ritaglio di un articolo su di lei apparso su un settimanale di Zurigo: «Cara Edda, appena tornata ti mando l'acclusa nota della "Weltwoche" di Zurigo. A poco a poco entri nella leggenda! Affettuosamente tuo papà. Mussolini» (ACS, *Segreteria particolare del Duce, Carteggio riservato* [1922-43], FP/R, fasc. «Ciano Galeazzo e contessa», sott. 4). L'articolo, a firma di René Hesse, definiva Edda «la donna», con la signora Roosevelt, «piú influente del mondo» e una «delle piú strane e delle piú attraenti figure di donna del nostro tempo».

giorno per giorno, perdeva per lui di importanza e, psicologicamente, d'interesse, diventava qualcosa che poteva essere amministrato, nella sua luce, da altri. I suoi compiti diventavano altri. Da un lato, portare gli italiani all'altezza delle prove e dei compiti che li avrebbero attesi e gettare le premesse necessarie perché potessero affrontarli nelle migliori condizioni, sia sotto il profilo «imperiale», della forza morale e materiale, sia sotto quello della funzione che essi avrebbero dovuto avere nell'assicurare l'*universalità* della nuova civiltà, la sua capacità di non ripetere la grettezza delle «civiltà» nazionali. Da un altro lato, lasciare ai posteri le prove e l'insegnamento della sua *storica* intuizione di questo futuro. Tipiche sono a questo proposito certe sue affermazioni conservateci dal diario di Ciano, da quello di Bottai e da altre fonti e che a noi sembrano assurde, paradossali, incredibili, ma che egli pronunciava – meglio sarebbe dire lasciava cadere – di tanto in tanto con certe persone, sicuro che esse le avrebbero raccolte e tramandate ai posteri come altrettante massime testimonianti come egli avesse previsto la realtà della futura civiltà. Un futuro che egli si proponeva di anticipare in un'opera, *Europa 2000*, e che sentiva in un certo senso di vivere già in sé, di scrutare, sollevandosi col suo genio al disopra di quella routine politica quotidiana che pure sino allora aveva costituito tutta la sua vita e che, in definitiva, gli aveva dato le soddisfazioni maggiori.

Specie nei primi tempi – prima che il peso della routine lo costringesse a tornare a fare i conti con la realtà – questa sua tendenza psicologica a chiudersi sempre piú in se stesso, a meditare e a proiettarsi nel futuro era cosí forte che piú di uno di coloro che gli erano vicini o erano piú capaci di cogliere la differenza tra il suo atteggiamento attuale e quello precedente se ne resero in qualche modo conto. Alcuni fermandosi alle manifestazioni piú esteriori, al suo voler far sentire le distanze anche in privato («Non l'uomo, ma la statua stava dinnanzi a me. Dura pietrosa statua»[32]) e al suo atteggiarsi in pubblico a simbolo. «Sguardo astratto e assente, di simbolo», notava Bottai[33] e De Bono, piú caustico: «adesso si limita a fare il figurante in tutte le buffonate che Starace escogita»[34]. E non molto diversamente si esprimevano Lucien Romier sul «Figaro»: «Nelle manifestazioni rituali del regime la sua maschera pare sempre la stessa, ma con qualcosa di piú teso e di meno presente», e C. A. Lyon sul «Sunday Express»: «Mussolini non è piú lo Splendido Avventuriero. Egli è una istituzione, una specie di semi Dio. Egli è divenuto piú ostinato, meno comunicativo, un po' meno cordiale. Tale mutamento

[32] G. BOTTAI, *Diario*, ff. 500 sg. (agosto 1936).
[33] *Ibid.*, ff. 505 sg., alla data del 10 settembre 1936.
[34] ACS, E. DE BONO, *Diario*, q. 43, alla data del 4 luglio 1938.

si spiega probabilmente col trionfo della sua politica. Bisogna bene considerare che Mussolini ha la coscienza di avere compiuto, con l'impresa etiopica, una delle poche guerre che hanno recato danno soltanto al nemico»[35]. Altri andando piú a fondo e lasciandoci delle testimonianze assai interessanti per darci modo di capire alcune delle reazioni piú immediate che questo suo mutamento suscitava e l'atmosfera da esso determinata tra certi suoi collaboratori. Valga per tutte questa di Roberto Cantalupo[36]:

> Trovai un uomo molto diverso da quello che avevo lasciato quattro anni prima. Il profilo della sua persona era diventato grosso e rotondo nelle spalle, gonfio nel viso e nel collo, rosso e lucente per bruciature di sole, gli occhi lustri e dilatati, lo sguardo alquanto fisso, lento e vitreo, astratto dalle cose e dalle persone che gli erano davanti. Dov'era egli realmente?
> Mi disse cose che mi lusingavano, ma molto dall'alto, e con accento studiato e convenzionale, con voce e cadenza «ufficiali». Tutto sonò falso in quel colloquio: le sue parole scandite come se ci fosse stato un gran pubblico a raccoglierle, la presenza di Ciano, membro della sua famiglia e ministro, falso anche il contegno mio perché non seppi che cosa dire e mi chiusi nel silenzio. Mi interessava osservare Mussolini. La sua distanza immensa fra sé e me. Dava del voi, distaccato, e, nonostante la sua buona volontà, come impossibilitato a ritornare su questa terra: alcune parole le lasciava cadere con estrema cautela, come perle rare che si potessero volatilizzare al contatto con l'aria. Tuttavia dalla sua persona si sprigionava ancora una forza considerevole, e uno strano fascino.
> Soprattutto guardava Ciano. Non guardava me al quale parlava, ma Ciano: e lo guardava con benevolenza ma anche con un certo imbarazzo come se il giovane fosse un maestro di protocollo al quale tacitamente egli domandava se andava bene come stava comportandosi col nuovo arrivato. Ciano assentiva alle parole del capo con brevi cenni riguardosi, faceva cauta ma puntuale controscena, interloquiva con poche parole di sussiegoso consenso, e a un certo punto mi fece intendere che potevo ritirarmi. Ebbi l'impressione che qualche incaricato invisibile dovesse in quel momento far cadere il sipario. Dissi a Mussolini che prendevo congedo da lui come ministro degli Esteri e mi avviai solo alla porta, in fondo lieto, molto lieto, di andarmene... Ciano mi raggiunse dopo qualche minuto e, come un regista che ha fatto girare un provino del suo film, mi domandò: «Come lo hai trovato?» Risposi: «Non l'ho ritrovato. Ho trovato un altro». Ciano ebbe un sorriso che mi parve di sopportazione e di soddisfazione insieme: «Sai, ha assaporato la grande gloria, vede noialtri dall'alto, piccoli piccoli, vive in un mondo suo. Forse è meglio, lasciamolo nell'olimpo, potrà fare grandi cose. Quanto a noi, rispettiamo la concentrazione del suo spirito, e agli affari di questa terra penseremo noi». Quel noi significava: io.

Da questa *olimpica* condizione psicologica, ancor prima che dal peso inesorabile della routine, Mussolini – lo si è detto – venne tratto dal-

---

[35] L. ROMIER, *Le nouveau Mussolini*, in «Le Figaro», 15 ottobre 1937 (sotto il profilo della psicologia di Mussolini dopo la guerra d'Etiopia tutto l'articolo è da vedere); C. A. LYON, *Mussolini is a changed Man*, in «The Sunday Express», 8 gennaio 1939.
[36] R. CANTALUPO, *Fu la Spagna* cit., pp. 55 sg. La testimonianza si riferisce all'agosto 1936.

l'amara constatazione d'essersi sbagliato nel ritenere che la guerra d'Etiopia avesse trasformato gli italiani. Pochi mesi bastarono a dimostrargli che tra le loro aspirazioni e i suoi programmi vi era un abisso. L'irritazione suscitata da questa delusione ebbe conseguenze caratteriali d'importanza decisiva.

Nel marzo 1945, nel corso del già ricordato «soliloquio» col Fossani, Mussolini avrebbe definito la morte del fratello la seconda delle due disgrazie della sua vita[37]:

> Arnaldo era un italiano di antico stampo: probo, intelligente, sereno, umano. Era il mio anello di congiunzione col popolo. Ciò che mi riferiva era sempre esatto, giustissimo quello che mi consigliava. Dopo la sua scomparsa crebbe la mia diffidenza per gli uomini. Rarissime volte ho stimato le persone che ho conosciuto. Il genere umano è ancora troppo legato agli stimoli animali. L'egoismo è la legge sovrana. Anche le persone cosidette superiori valgono per la piccola parte in cui si sono specializzate; le altre parti sono completamente negative. Nel popolo minuto ho trovato le piú belle virtú sociali. I piú ricchi sono i critici piú spietati della vita, perché il piacere conduce all'esasperazione dei sensi. Chi cade nella rete dei godimenti materiali è perduto per la società. Il lavoratore che assolve il dovere sociale senz'altra speranza che un pezzo di pane e la salute della propria famiglia, ripete ogni giorno un atto di eroismo.

Che la morte del fratello avesse reso piú profonda la solitudine umana di Mussolini (influendo anche sul suo aspetto piú propriamente familiare, dato che Arnaldo era l'unica persona che riuscisse ad avere una certa influenza sulla moglie Rachele e, quindi, a far sí che Mussolini trovasse in famiglia quella distensione e serenità che altrove non aveva[38]) ed avesse contribuito ad esasperare la sua tendenza psicologica a rinchiudersi in se stesso, a non avere amici (nella seconda metà degli anni trenta l'unica persona per cui nutrí qualche cosa di simile all'amicizia e nella

---

[37] MUSSOLINI, XXXII, p. 178.
[38] Apparentemente serena e ordinatissima per chi la vedeva dal di fuori, la vita familiare di Mussolini era in realtà piena di tensioni. Edda, ricordando la sua infanzia e giovinezza ha scritto: «Il vero dittatore, in famiglia, nonostante i lineamenti delicati, gli occhi azzurri, i capelli biondi e un'aria di candore, era mia madre. Anche nei miei ricordi piú remoti la vedo tenace e irremovibile». Ed è arrivata a sostenere che il padre si sarebbe *buttato nella politica* «per essere il meno possibile a casa ed evitare cosí le scenate di gelosia di mia madre» (E. CIANO, *La mia testimonianza*, Milano 1975, pp. 39 e 50). Nei primi anni i contrasti tra i due coniugi erano stati causati essenzialmente dalla gelosia della Rachele. Successivamente, dopo il trasferimento della moglie e dei figli a Roma, anche dall'educazione dei figli. «Nell'educazione dei figli, mentre mio padre era l'elemento poetico, indulgente, affettuoso; colui che alimentava i sogni della nostra infanzia e li realizzava, mia madre personificava la solidità: era una donna pratica, con i piedi in terra, e assicurava la stabilità del focolare domestico: quando occorreva, era anche svelta di mano, per riportarci sulla retta via» (*ibid.*, p. 40). Divenuti i figli grandi entrambi i Mussolini ebbero però verso di loro un atteggiamento estremamente riservato e rispettoso della loro nuova autonomia familiare. Col tempo la Rachele aggiunse, invece, alla gelosia una sorta di petulante (anche se non sempre immotivata) sospettosità e critica verso molti collaboratori del marito e gerarchi in genere, con il risultato, per un verso, di irritare ancor piú Mussolini, per un altro verso, di acuire la sua già forte sospettosità e, per un altro verso ancora, di non fare nulla per rompere l'isolamento in cui egli viveva.

quale ripose vera fiducia fu Manlio Morgagni), a non frequentare nessuno fuori dai rapporti «d'ufficio», a diffidare di tutti e a sentirsi circondato da collaboratori fragili e insicuri è un dato di fatto, di cui, del resto, abbiamo già parlato [39]. Eppure le parole dette a Fossani rispondono solo parzialmente a verità. Morto Arnaldo, la solitudine umana e la sfiducia verso tutti ebbero infatti una ulteriore accentuazione dopo la guerra di Etiopia. Prima la solitudine umana, successivamente la sfiducia, quando sopravvenne la delusione. E con esse la solitudine tout-court, un po' come naturale conseguenza di quella umana, un po' a causa delle crescenti norme di sicurezza messe in atto attorno alla sua persona che – togliendogli anche gran parte di quegli estemporanei sfoghi fisico-sportivi nei quali in passato spesso si era rifugiato – finirono per rendere sempre piú uguali le sue giornate, col risultato, per un verso, di farlo rinchiudere sempre piú nel suo mondo interiore e, per un altro verso, di farlo sentire sempre piú insoddisfatto di questa sua condizione [40] e, quindi, piú polemico verso coloro che considerava *responsabili* di essa, ma anche sempre piú desideroso di solitudine. Assai significativo è a questo proposito il fatto che, nonostante tutte le pressioni fattegli, l'unica norma di sicurezza da lui sempre rifiutata fu quella di ridurre al minimo indispensabile l'uso dell'aereo: al volo, da lui guidato, nella solitudine del cielo non volle mai rinunciare.

In questo contesto umano e psicologico si deve quasi certamente vedere anche l'inizio, proprio in questo periodo, della relazione con la Petacci. Sino allora Mussolini aveva avuto numerose relazioni con donne di tutte le condizioni. Come abbiamo già detto, si era però trattato di rapporti in genere occasionali, «rapidi» e di breve durata, senza troppi «fronzoli» sentimentali e che umanamente non avevano significato nulla per lui. Tant'è che non sono mancati coloro che le hanno definite pressoché animalesche e si è detto persino che, giunto al potere, Mussolini

---

[39] *Mussolini il duce*, I, pp. 300 sgg. Accenni alla sfiducia di Mussolini verso tutti e alla sua mancanza di amici sono rintracciabili anche nella stampa straniera, cfr., per esempio, «Jutarnji List» (di Zagabria), 25 ottobre 1937.
[40] Per il peso psicologico che le norme di sicurezza per la sua protezione avevano su Mussolini cfr. l'esordio del suo «soliloquio» col Fossani: «Ah! Ero stufo, sono stufo, sarò stufo della continua sorveglianza. Sono anni che ad ogni passo trovo una faccia che mi spia. Le noie del potere sono due: dover trattare con ogni sorta di imbecilli ed essere controllato anche nelle cose intime. Lo fanno per il tuo bene, dicono, ma intanto ti strappano a te stesso. È una prigione dorata» (MUSSOLINI, XXXII, pp. 168 sg.). E, in forma anche piú immediata, cfr. questo suo appunto-sfogo per la sua Segreteria particolare in data 26 ottobre 1937: «Domandare alla PS se mi è proibito passare per via Nazionale. Mi fanno fare sempre via Labicana. Un giorno andrò per via Nazionale a piedi» (ACS, *Segreteria particolare del Duce, Carteggio ordinario* [1922-43], b. 278, fasc. 500014, «Min. Interno»; nonché, piú in generale, Q. NAVARRA, *Memorie del cameriere di Mussolini* cit., pp. 23 sgg. Attorno alle norme per la sicurezza di Mussolini alcuni giornali stranieri si sbizzarrirono in questi anni ad inventare le storie piú fantastiche, come quelle che Villa Torlonia fosse circondata da piú file di carabinieri e poliziotti «spalla a spalla» e che Mussolini portasse (anche sotto il pigiama) una corazza d'acciaio. Cfr. per tutti L. FARAGO, *Steel ring around Mussolini*, in «Ken», 17 novembre 1938.

ricevesse quasi regolarmente una donna al giorno[41], scelta nei modi piú disparati, ma soprattutto tra quelle (ed erano molte) che cercavano in mille modi di arrivare direttamente o indirettamente sino a lui[42]. La piú lunga, stabile e impegnativa[43] di queste relazioni era stata quella con Margherita Sarfatti, già da tempo conclusa però all'epoca della quale stiamo parlando. Delle doti amatorie del «duce» si sussurrava spesso e delle sue avventure parlarono a piú riprese vari giornali stranieri, specie in occasione di episodi piú clamorosi, come quello di Magda Fontages[44]. In complesso, anche la stampa straniera si occupò però per anni della vita amorosa di Mussolini senza darle importanza, essenzialmente come una curiosità piccante, non come qualcosa che avesse influenza sulla sua vita psichica e sulla sua politica. Tipico è quanto, ancora nel marzo 1940, avrebbe scritto Frederic Sondern jr sull'«American Mercury»:

> Si è molto pettegolato sugli amori del Duce, ma non vi può essere una donna che abbia influito su di lui. Egli stesso ha spesso detto che una donna è come una parentesi in una frase, tolte le parentesi il significato resta lo stesso.

E del resto anche all'estero non mancarono giornali che parlavano di lui come di un uomo tutto lavoro e famiglia, dalla vita sentimenta-

---

[41] Mussolini era al corrente di queste dicerie e, riferendosi ad esse, cosí, nell'ottobre 1937, si espresse con N. D'Aroma (*Mussolini segreto* cit., p. 134): «In fatto di donne, ho la mia esperienza eguale a quelle di tutti gli uomini sani, che nella vita fanno la loro parte né piú né meno degli altri, perché se io, Mussolini, dovessi addossarmi tutte le donne che mi attribuiscono, francamente avrei dovuto essere, piú che un uomo, uno stallone.
«Mi sono sempre guardato dall'odioso ruolo di don Giovanni, perché un simile ruolo mi ha sempre fondamentalmente ripugnato. L'"homme à femme" è quasi sempre un cretino, un pappagallo che ripete la sua lezioncina: un essere inutile e monotono».
Anche piú interessante è per noi quello che, quasi due anni dopo, Mussolini *confessò* scherzosamente a Luciana Frassati, la figlia dell'ex direttore de «La Stampa». Prendendo spunto da un accenno del «duce» alla «mancanza di carità» di definire certi ospizi «Casa dei derelitti», questa gli disse sorridendo: «Sarebbe la stoffa del santo che parla in voi?» Al che Mussolini: «No certamente perché la mia carne non mi permette di essere santo. L'avrete sentito dire». E, alla risposta della Frassati «Non ho sentito nulla di speciale. Certo però che in questo campo non vi si paragona a Hitler», la conversazione proseguí tra seria e scherzosa cosí:
«MUSSOLINI È l'unica cosa che mi tenta... Non mangio che...
«FRASSATI Probabilmente verdure sole.
«MUSSOLINI Sí, frutta, verdure... e poche. A casa credo che non spendano piú di 4 o 5 lire al giorno per il mio vitto. Il denaro non mi seduce. Ma cado sempre in una sola cosa; e credo che vi cadrò sempre, naturalmente fin che potrò, e ciò mi impedisce di essere santo.
«FRASSATI Non siete l'unico in questo mondo. Mi sono sempre domandata quale valore abbia la virtú nella vecchiaia.
«MUSSOLINI A questo proposito in Romagna c'è un proverbio molto espressivo: Da giovane dà la carne al diavolo, da vecchio le ossa al Signore» (L. FRASSATI, *Il destino passa per Varsavia*, Bologna 1949, p. 40).
[42] Su questi amori di Mussolini cfr., oltre agli scritti indicati in nota a p. 303 di *Mussolini il duce*, I, Q. NAVARRA, *Memorie del cameriere di Mussolini* cit., pp. 199 sgg., e N. D'AROMA, *Mussolini segreto* cit., pp. 421 sgg.
[43] La sorella Edvige ha scritto a proposito di essa: «L'amore di Benito per quella scrittrice fu nuovo e profondo – a mio parere – perché riuscí a domare le disposizioni piú vere del suo animo e della sua mente, perché egli amò, in quella occasione, anche le qualità o i difetti femminili verso cui era sempre rimasto prima, e tornò ad essere dopo, indifferente o sprezzante» (E. MUSSOLINI, *Mio fratello Benito*, Firenze 1957, p. 164).
[44] Cfr. *Mussolini il duce*, I, p. 303 n.

le estremamente regolare, insensibile al richiamo di amori extradomestici.

Rispetto a questo tipo di relazioni, quella con la Petacci rappresentò un fatto profondamente nuovo. Non solo per la sua durata, ma anche per il tipo di donna prescelta (nel '36 Clara Petacci aveva ventiquattro anni e poteva essere definita certamente una bella donna, mentre quasi tutte le precedenti amanti di Mussolini erano state, secondo l'espressione usata nelle sue memorie dal cameriere personale di Mussolini a palazzo Venezia[45], delle «spasimanti stagionate», spesso neppure belle) e soprattutto per il modo e l'intensità (specie dopo una grave malattia da cui la Petacci fu affetta negli ultimi mesi del 1940) con i quali Mussolini la visse. Nella sua superficialità, G. Ciano disse un giorno a Bottai che «una sola variante c'è stata, con l'età, ai suoi costumi affettivi e amatorii: d'essere passato dalle molte donne a una sola donna, la Petacci, amante mai riconosciuta, con guardia di carabinieri alla porta di casa, onore e sorveglianza ad un tempo»[46]. A parte che Mussolini ebbe, contemporaneamente alla Petacci, anche altre amanti, il giudizio di Ciano è inaccettabile. L'origine della relazione con la Petacci va cercata altrove. Da un lato nella solitudine umana di Mussolini e nel particolare momento in cui si verificò, e cioè dopo la lunga tensione della guerra d'Etiopia e della malattia di Anna Maria. E da un altro lato nel desiderio del «duce» di sentirsi ancora giovane, di reagire all'incipiente declino fisico causatogli dall'età. Quello stesso desiderio che lo spingeva a voler apparire in pubblico sempre agile e scattante e che faceva tristemente annotare a Bottai nel suo diario questa considerazione: «Penso a che cosa sarebbe questo Capo, se avesse, tra le molte forme di coraggio che nessuno gli nega, quella di maturare in dignità e serenità»[47].

Secondo le *fonti* più «accreditate»[48], la relazione tra Mussolini e la Petacci ebbe inizio verso l'ottobre 1936. Non è però da escludere che essa debba essere retrodatata di qualche mese, probabilmente alla fine del giugno. Ciò che importa notare è però che i due si conoscevano già da

---

[45] Q. NAVARRA, *Memorie del cameriere di Mussolini* cit., p. 200.
[46] G. BOTTAI, *Diario*, f. 959.
[47] *Ibid.*, f. 759, alla data del 3 gennaio 1940.
[48] Sulla relazione di Mussolini con la Petacci esiste una letteratura vastissima, spesso contraddittoria e meramente scandalistica. Tra gli scritti più attendibili cfr. F. BANDINI, *Claretta. Profilo di Clara Petacci e dei suoi tempi*, Milano 1960, nonché le testimonianze di L. DE VINCENTIS, *Io son te...*, Milano 1947; G. PERSICHETTI, *Memorias de Clara Petacci la enamorada de Mussolini*, Madrid 1947; Z. RITOSSA, *Mia «cognata» Claretta Petacci*, in «Tempo», 7 febbraio - 9 maggio 1957; M. PETACCI, *Dopo sedici anni una testimonianza definitiva di Myriam Petacci sul dramma della sorella*, in «Oggi», 2 marzo - 18 maggio 1961; P. DONADIO, *Una tragica storia d'amore*, in «Tempo», 22 settembre - 24 novembre 1962. Di C. PETACCI è stato pubblicato *Il mio diario*, Milano 1946, che, salvo alcuni accenni retrospettivi, si riferisce però ai mesi del 1943 successivi al 25 luglio.

tempo. Della esistenza della Petacci Mussolini era al corrente sin dal 1926. In occasione dell'attentato della Gibson, la Petacci, allora quattordicenne e già in estasi di fronte a lui, gli aveva scritto una lettera di giubilo per lo scampato pericolo:

Per la seconda volta, hanno vigliaccamente attentato alla Tua sacra persona. Una donna! Quale ignominia, quale viltà, quale obbrobrio! Ma è straniera e tanto basta! Duce amato, perché hanno tentato un'altra volta di toglierti al nostro forte e sicuro amore?
Duce, mio grandissimo Duce, nostra vita, nostra speranza, nostra gloria, come vi può essere un'anima così empia che attenti ai fulgidi destini della nostra bella Italia? O, Duce, perché non vi ero! Perché non ho potuto strangolare quella donna assassina, che ha ferito te, divino essere? Perché non ho potuto toglierla per sempre dalla terra Italiana, che è stata macchiata dal tuo puro sangue, dal tuo grande, buono sincero sangue romagnolo?
Duce, io voglio ripeterti come l'altra tristissima volta, che ardentemente desidererei di posare la testa sul Tuo petto per udire ancor vivi i palpiti del Tuo cuore grande... Duce, la mia vita, è per Te!
IL DUCE È SALVO, W IL DUCE!

E qualche giorno dopo gli aveva mandato alcune sue poesie non meno esaltate. Tanto è vero che Mussolini ebbe la curiosità di sapere chi fosse «questa pazza»[49]. Il primo, casuale, incontro tra i due avvenne sei anni dopo, nell'aprile 1932. Sulla strada tra Ostia e Castelfusano, il passaggio della macchina del «duce» suscitò tra gli occupanti di un'altra vettura tali scene di entusiasmo che Mussolini fece fermare la sua per salutarli. Sulla macchina era la Petacci con alcuni familiari. Dopo questo incontro la Petacci, che era allora già fidanzata (si sarebbe sposata nel '34 per separarsi legalmente due anni dopo, nel luglio '36), fu invitata varie volte a palazzo Venezia e si instaurò una certa dimestichezza anche tra Mussolini e i suoi familiari (il padre era medico, non archiatra come talvolta è stato detto, dei Sacri palazzi apostolici, la madre una Persichetti) che vennero anche discretamente aiutati dalla sua Segreteria che si occupò di cercare una consulenza al padre e poi di raccomandare il fratello Marcello. Per quattro anni i rapporti tra Mussolini e la Petacci rimasero però circoscritti ad un'affettuosa amicizia, in cui Mussolini si compiaceva di proteggere la donna, arrivando – lui che, a parte la musica, non aveva alcun interesse e sensibilità per le arti – sino ad interessarsi

[49] Lettera e poesie sono conservate in ACS, *Segreteria part. del Duce, Carteggio ord. (1922-1943)*, fasc. 14382, «Petacci Francesco», sott. 2 «Petacci Clara», ove pure è conservata copia della lettera di risposta inviata dalla Segreteria il 19 maggio 1926: «Gentile Signorina, L'espressione della Sua giovanile e fervida devozione, ricca di tanta ingenua confidenza, è giunta, con i Suoi versi, a S. E. il Capo del Governo.
«Egli, sensibile alla gentilezza della piccola fascista, mi ha incaricato di rendermi interprete del Suo sentito ringraziamento. Distinti saluti».

delle sue prove come pittrice[50] e ad adoperarsi per rendere possibile il suo matrimonio (il fidanzato non aveva l'età minima prevista per gli ufficiali d'aviazione). Il mutamento dei loro rapporti avvenne, come si è già detto, solo nella seconda metà del 1936, solo allora, infatti, Mussolini decise di fare della Petacci la sua amante piú o meno stabile[51].

Per piú di un anno la relazione non fu risaputa che da pochissimi e nessuno le diede una particolare importanza. In un ambiente solitamente bene informato come quello della mostra cinematografica di Venezia attorno a Vittorio Cini nel settembre del 1938 se ne sussurrava come una novità, il cui inizio sarebbe risalito a quattro mesi prima[52]. E quando divenne un fatto abbastanza notorio fu soprattutto per l'esca data ai pettegolezzi e alle critiche dalle fortune cinematografiche della sorella della Petacci, Myriam (in arte Myriam di San Servolo), e specialmente dai maneggi economici del fratello Marcello e dal fatto che, nel 1939, i Petacci si costruirono a Monte Mario una stravagante e, per il tempo, lussuosa villa (la Camilluccia)[53]. Un fatto questo che per molti assunse il valore

---

[50] Nella seconda metà del dicembre 1936 la Petacci tenne una mostra personale, a Roma, nella Sala dei cultori d'arte. La presentazione del catalogo fu curata da Piero Scarpa che scrisse: «Quando si possiede ingegno e sensibilità, anche se il temperamento dinamico incontenibile ed insaziabile di chi arte professa provoca indecisioni e mutamenti di rotta, in definitiva il valore emerge e la ricompensa per il travaglio subito non si fa attendere a lungo.

«Claretta Petacci, giovane di non comune talento è dotata di un'anima assai sensibile, perché è riuscita con encomiabile forza di volontà a disciplinare le proprie facoltà spirituali ch'erano celate dall'aspetto preponderante del suo carattere volitivo, in breve tempo ha potuto offrire la prova evidente che le sue possibilità sono di gran lunga superiori a quelle prevedute sul suo conto dai maggiori ottimisti.

«Infatti, osservando attentamente le opere qui esposte, sarà facile concludere con il pieno elogio dell'autrice, la quale in questa prima mostra personale già rivela eminenti qualità di tecnica e d'interpretazione che nella limpida espressione pittorica, cioè priva di trucchi e non carica di sapere, ci segnalano un'artista sincera e italianissima che studia il vero e lo riproduce con chiarezza e con emotività.

«Nei dipinti di Claretta Petacci nessuna presunzione di novità o di audacia vuol avere la tecnica essendo questa giudiziosamente disciplinata al soggetto affinché esso possa manifestare, attraverso una pittura piú o meno riassuntiva, tutto il lirismo che possiede in luogo d'una meticolosa esibizione d'ogni particolare strettamente legato al crudo verismo.

«Marine, vedute, paesaggi, composizioni, figure e fiori sono pittoricamente trattati dalla nostra artista, che ha viaggiato molto in Italia e all'Estero, con passione e con particolare sentimentalità cosí che questa mostra costituisce l'essenza migliore della sua anima tormentata che però ha tanti bagliori di luce senza veli e che riesce ad esprimere la sua forza e la sua grazia creando, senza smarrire la verità, un mondo trascendentale avvolto da un'atmosfera di poesia».

[51] Per gli incontri con la Petacci fu approntato a palazzo Venezia il cosiddetto «appartamento Cybo» dove la donna usava passare molte ore in attesa che Mussolini, alla fine delle sue udienze, la raggiungesse.

[52] Cfr. U. OJETTI, *I taccuini 1914-1943*, Firenze 1954, p. 496.

[53] Molti, allora e dopo, ritennero che la villa fosse un regalo di Mussolini. In realtà nella costruzione della villa Mussolini non vi ebbe parte alcuna. Con le sue amanti il «duce» non fu mai splendido di doni, con la Petacci allargò un po' i cordoni della borsa, ma in misura molto minore di quello che si è detto. Lo si desume dai documenti contabili della Segreteria particolare che teneva la sua amministrazione e anticipava tutte le sue spese personali (periodicamente rifuse dall'amministratore de «Il popolo d'Italia» e, piú raramente e soprattutto negli anni della seconda guerra mondiale, con la vendita di quote dei Buoni del Tesoro in cui Mussolini usava investire di solito i suoi beni).

Per avere una idea precisa dell'ammontare dei beni liquidi di Mussolini ci si può rifare alla situazione di questi alla data del 25 luglio 1943 e in particolare al prospetto di essa preparato in ocdi una sorta di riconoscimento ufficiale del «ruolo» della Petacci presso Mussolini, ne fece circolare il nome in ambienti sempre piú larghi, spingendo via via persino molti sconosciuti a rivolgersi a lei per aiuti e raccomandazioni. Detto questo, va per altro detto che nel periodo che qui ci interessa la relazione tra Mussolini e la Petacci non ebbe praticamente alcun risvolto politico. Discreta di natura, paga e soddisfatta del suo amore e preoccupata solo per le infedeltà che di tanto in tanto il «duce» le riservava, la Petacci si tenne in questo periodo pressoché fuori dai maneggi politici (il suo primo intervento di questo tipo dovette probabilmente verificarsi verso la fine del '40, quando «casa Petacci» si adoperò per far nominare l'ammiraglio A. Riccardi, padrino di Marcello, sottosegretario alla Marina); Mussolini, a sua volta, non pensò mai menomamente a lei come ad una possibile «consigliera» politica; e quanto al gruppo dirigente fascista, esso cominciò ad interessarsi veramente a lei e a pensare di servirsene per i suoi giochi di potere solo tardi, quando si rese conto che per Mussolini non si trattava di una delle solite avventure un po' piú protratta nel tempo, ma di un legame effettivo e che la Petacci esercitava su di lui un reale ascendente. Basti dire che l'occhiuto e scaltro Buffarini-Guidi ritenne opportuno fare la sua personale conoscenza solo alla fine del '38, tramite un amico del fratello. Né si può dire che – soprattutto in questo periodo – la relazione con la Petacci distogliesse Mussolini dalle sue incombenze politiche e dalle sue «meditazio-

---

casione della loro consegna, durante il governo Badoglio, al figlio Vittorio (ACS, *Segreteria personale del Duce, Carteggio riservato* [1922-1943], FP/R, sott. «Valori personali del Duce»):

L. 431 308,30 (Quattrocentotrentunomilatrecentotto e 30/100) in contanti.
500 000,00 (Cinquecentomila). Assegno del Banco di Roma n. 43/109259.
100 000,00 (Centomila). Quattro ricevute provvisorie della Banca d'Italia (n. 274), del Banco di Sicilia (n. 142), del Banco di Napoli (n. 457) e dell'Istituto di Credito delle Casse di Risparmio Italiane (n. 10) di lire 25 000,00 (Venticinquemila) ciascuna relative alla sottoscrizione in buoni del tesoro quinquennali 5% 1948.
4 000 000,00 (Quattro milioni). Quaranta cartelle da L. 100 000,00 (lire centomila) ciascuna di BTN 1949 con cedola scadenza il 15 febbraio 1944.
1 000 000,00 (Un milione). Dieci cartelle da lire 100 000,00 (centomila) ciascuna di BTN 1950 (1ª emissione) con cedola scadenza il 15 febbraio 1944.
900 000,00 (Novecentomila). Nove cartelle da lire 100 000,00 (centomila) ciascuna di BTN 1950 (2ª emissione) con cedola scadenza il 15 marzo 1944.
700 000,00 (Settecentomila). Sei cartelle da lire 100 000,00 (centomila) ciascuna e due cartelle da L. 50 000,00 (cinquantamila) ciascuna di BTN 1951 5% con cedola scadenza il 15 aprile 1944.
500 000,00 (Cinquecentomila). Cinque cartelle da lire 100 000,00 (centomila) ciascuna di BTN 4% 1951 con cedola scadenza il 15 marzo 1944.
500 000,00 (Cinquecentomila). Una ricevuta provvisoria della Banca d'Italia (n. 49) per altrettante nominali sottoscritte in Buoni del Tesoro quinquennali 5% 1948.
25 000,00 (Venticinquemila). Cinque obbligazioni del PNF per la costruenda Casa Littoria, di L. 5000 (cinquemila) ciascuna, 5% con cedola scadenza 1° ottobre 1943.
10 000,00 (Diecimila). Ricevuta provvisoria della Soc. An. Cooperativa Edificatrice di abitazioni per gli operai di Como (n. 4277) per altrettanti nominali sottoscritte.

ni», come da piú parti veniva asserito [54]. In realtà essa fu per lui essenzialmente un modo per sentirsi ancora giovane, per trovare qualche momento di distensione e riempire in qualche misura la solitudine umana con un rapporto il piú possibile semplice, disinteressato e sicuro. Questo soprattutto era infatti il grande nodo umano e psicologico di Mussolini da quando la guerra d'Etiopia era finita.

Pur essendo ben consapevole di averla voluta lui e di averla dovuta imporre alla maggioranza di essi, Mussolini non aveva vissuto in solitudine la guerra d'Etiopia, ma in stretto rapporto con i suoi collaboratori, ai quali in parecchi casi aveva dato anche piena fiducia. Nella solitudine si chiuse completamente dopo, quando il successo gli aprí davanti la visione del futuro, della «nuova civiltà», e gli rese insopportabile ogni intimità con coloro che non erano partecipi di essa e, quindi, non lo capivano o, peggio, volevano discuterla con lui [55]; con coloro che non riuscivano a rendersi conto che ormai ciò che faceva premio su tutto erano il carattere, la forza d'animo, la volontà, di fronte ai quali tutto il resto doveva passare in seconda linea, perdere di importanza. Tipico è questo suo sfogo con D'Aroma del novembre '37 [56]:

Molti italiani vorrebbero da me, in ogni mio fatto, sempre intelligenza pura, raffinatezza rara, quintessenza di spirito e voi siete tra questi.
Ma non volete persuadervi che è il carattere quello che fa premio su tutto? Dovete convincervi, una volta per tutte, che la forza d'animo, il coraggio morale, la volontà senza intermittenze, portano spesso, è vero allo sgarbo, alla cafoneria, come dice certa chiacchiera che gira contro di me; ma ci sono certe difficoltà, per un capo, alle quali sovente lo spirito resta estraneo.
Lo spirito si lascia commuovere da cento, mille considerazioni sussidiarie e ci può anche «manquer de suite». Sono fede e carattere i termini intangibili e fissi della mia azione. Il resto, ha meno importanza di quello che credete.

Due mesi prima, nel settembre, parlando con De Begnac, si era per un momento aperto su questa sua condizione umana [57]:

Solitudine, meditazione, ricordi. Non ho un amico. Non conosco la società. Mi guardo bene dal frequentarla. Avrò messo, in diciotto anni, una ventina di volte la marsina e, sempre, per motivi «ufficiali». Una volta tentati di andare a teatro, in poltrona. Dovetti andarmene per cedere agli artisti gli applausi a scena aperta. La

[54] Cfr. per esempio A. SOFFICI, *Sull'orlo dell'abisso*, in A. SOFFICI - G. PREZZOLINI, *Diari 1939-1945*, Milano 1962, pp. 36 sg., alla data del 9 settembre 1939.
[55] Ad Alfieri, che gli aveva chiesto se «un piú vivo commercio con gli uomini» non avrebbe confortato la sua solitudine, Mussolini rispose: «No. Riconosco che questa solitudine è triste. Ma mi ci sono abituato. E la preferisco perché mi difende dall'intimità, in cui non s'è mai soli a tracciare i confini tra sé e gli altri». Cfr. G. BOTTAI, *Diario*, ff. 959 sg., alla data del 29 luglio 1940.
[56] N. D'AROMA, *Mussolini segreto* cit., p. 136.
[57] Y. DE BEGNAC, *Palazzo Venezia. Storia di un regime*, Roma 1950, pp. 109 sgg.; nonché, per le sue decisioni, quello che disse nel già ricordato colloquio con L. FRASSATI, *Il destino passa per Varsavia* cit., p. 41.

motocicletta rappresentò, per un certo periodo, la mia salvezza. Poi, Bocchini e la *stradale* dotarono la *presidenziale* di macchine velòci quanto la mia Guzzi. Avevo «rovesciato» paurosamente sulla Roma-Ostia. Con molti francobolli mi era tamponato le numerose sgraffiature. Mi presero per una collezione, quando tornai a casa. No, non è, ve lo assicuro, una vita piacevole, la mia. Con Arnaldo potevo confidarmi. Galeazzo mi è vicino, ma, anche per lui, resto il «Presidente». La famiglia cammina per conto suo. È giusto che sia cosí. I miei figli si facciano – da soli – una strada. È noto come essi non nuotino nell'oro. Il giornale deve, spesso, mediante miei ordinativi, provvedere alle loro necessità. Bruno si sta affermando. Vittorio è uno di quelli che piú capiscono, in Italia, di cinematografo. I concorrenti lo adulano e lo detestano. Meglio che abbia la vita difficile. Romano già possiede una propria personalità. Anna Maria, la piú cara, è il fiore scampato alla morte. Un giorno, mentre essa stava molto male, in una cerimonia ufficiale, mi donarono una bambola per lei, una compagna silenziosa per la sua tristezza. Dissi a qualcuno di ringraziare. Io non potevo. Si parla molto, troppo forse, della influenza di Edda su di me. È una istintiva. Le voglio bene, molto bene. Ascolto lei come ascolto tutti. Ma le decisioni le prendo da solo, durante la notte o al mio risveglio, poco dopo l'alba. Quello che tormenta l'uomo pubblico è il non poter conservare segreti per alcuno. Tutti possono scrutare nella mia anima. Mi sento, ovunque, osservato. La fiducia degli umili sostiene il mio coraggio. L'adulazione dei cortigiani alimenta il mio disgusto. Ma è impossibile, specialmente a me, far piazza pulita delle *coulisses* della cronaca. È piú semplice liquidare un dirigente di «ufficio cerimoniale». A volte penso che il mio amico sia il re che tanto mi deve, cui tanto il fascismo è debitore.

Chi è riuscito meglio a cogliere questa solitudine, cosí come, del resto, tutto il groviglio psicologico in cui essa si inseriva, è stato Bastianini, un uomo *semplice* (e senza eccessive ambizioni), ma profondamente affezionato a Mussolini e proprio per questo attento al suo comportamento e alle sue reazioni con la sensibilità di chi veramente ne soffriva. È per questo che, pur nella loro apparente superficialità, le pagine delle sue memorie dedicate all'*uomo* Mussolini sono preziose per capire anche il *politico* Mussolini di questi anni [58]. A proposito della «solitudine» si legge [59]:

> Adesso... piú che mai egli vuol essere solo. Sul culmine che ha raggiunto è ritornato il solitario dei tempi duri. Il calore della sua immaginazione ha acceso la esaltazione psichica che lo possiede ed egli si è staccato dagli uomini con negli occhi una visione abbagliante di grandezza e nel cuore un'aspirazione superumana sempre piú ardente. Egli soffre e gode in solitudine la «voluttà dell'energia» ed anche lui come il poeta di Gardone schernisce «come una ridevole e miserevole effeminazione della vecchia anima europea la sensibilità morbosa, il culto della pietà, il vangelo della rinunzia, il bisogno di umiliarsi e di redimersi».

Può sembrare e forse è una pagina di cattiva letteratura, ma rende bene la realtà. E altrettanto bene rendono le conseguenze di questa solitudine le altre pagine in cui Bastianini osserva come questa chiusura in

---

[58] G. BASTIANINI, *Uomini, cose, fatti* cit., pp. 33 sgg.
[59] *Ibid.*, pp. 38 sg.

se stesso, traducendosi in sempre piú scarsi effettivi rapporti con i suoi collaboratori e, piú in genere, con il mondo esterno (dopo la guerra di Africa il numero delle udienze fuori obbligo d'ufficio diminuí notevolmente [60]), influisse non poco nel far scemare in Mussolini il gusto e la capacità per la mediazione e lo spingesse sempre di piú o a non decidere o a «osare»; e le altre ancora in cui egli tratteggia il tipo di rapporti che questa chiusura in se stesso finí per instaurare tra Mussolini e i suoi collaboratori e le reazioni che esso suscitava tra questi [61]:

Adesso piú che mai solo col suo spirito, egli è e vuol essere in rapporti lontani con l'umanità. Dal culmine dove sta spaziano insieme la sua mente e le sue ambizioni verso orizzonti invisibili a noialtri che ci contentiamo di servire a qualcosa nella vita e non portiamo né le marche né il peso di un destino storico. Noi lo guardiamo sovente ammirati ma molto spesso trepidanti e vorremmo essergli piú vicini e vorremmo esprimergli col calore della gratitudine e con la fedeltà del sangue che abbiamo in parecchi versato per l'Italia e nel suo nome i nostri pensieri, le preoccupazioni che talvolta ci rubano il sonno, le nostre osservazioni quotidiane al contatto con la vita di tutti, con la gente della strada, con quegli uomini che dinanzi a lui sono soltanto folla piú o meno plaudente e che noi vediamo come vicini, come padri, come figli, fuori, al lavoro, in casa, al cinematografo. Gli sarebbe tanto utile! Anche s'egli ha fatto di sé un'astrazione, anche se ha creato e vuol mantenere intorno a sé l'aura del mito, quanto gli gioverebbe il saper tutto di tutti ma non a mezzo della polizia che inquisisce, del Federale che impartisce ordini, del Prefetto che scrive rapporti generali con formule burocratiche. Noi gli vorremmo parlare come una volta, per dirgli che questa cosa dovrebbe essere corretta, che quell'altra non ci pare tempestiva, che quell'ordine è inopportuno, che quell'argomento è fallace, che il buon senso della gente respinge tale cosa, che il buon gusto sconsiglia quell'altra. Vorremmo insomma potergli parlare, con l'accento di un tempo, il semplice linguaggio della realtà come ci appare. Non ci riusciamo che raramente e non lo troviamo mai o quasi nello stato d'animo di chi ha piacere di ascoltare. Secondo un cerimoniale ormai invalso noi dovremmo entrare nell'immenso suo studio a passo rapidissimo, salutare romanamente appena giunti davanti al suo tavolo, porgergli le carte che rechiamo, prendere nota delle sue postillazioni, rispondere alle sue domande, riprendere indietro le carte postillate, salutare romanamente e partire a passo di corsa. Ciononostante s'egli, o il caso, ce ne offre il destro riusciamo a parlargli ma se sono argomenti estranei alla sfera del nostro compito ufficiale egli c'interrompe, ci richiama all'esecuzione pura e semplice delle nostre incombenze. Non ci arrendiamo, spiamo i momenti favorevoli, afferriamo le buone occasioni e gli parliamo ma non è facile e talvolta la sua collera deborda spezzando il dialogo.

A determinare questo stato d'animo (e le sue conseguenze) contribuí in misura notevolissima – lo si è detto – l'innestarsi sulla chiusura in se

---

[60] Il fatto che Mussolini diventasse dopo la guerra d'Etiopia molto meno accessibile, persino agli ambasciatori e ai giornalisti, che prima aveva ricevuto con grande frequenza e liberalità e ora dovevano accontentarsi di parlare con Ciano, fu presto notato anche dalla stampa internazionale. Cfr., per esempio, C. J. S. S., *The founder of the Empire*, in «Manchester Guardian», 21 luglio 1937.
[61] G. BASTIANINI, *Uomini, cose, fatti* cit., p. 39.

stesso della delusione. Fu allora che solitudine, delusione, offesa, irritazione e sfiducia verso tutti divennero per cosí dire un *fatto politico*, uno stato d'animo e un comportamento aventi diretta influenza sulla sua azione politica. Da un lato, trasformandosi in una sorta di vera e propria stizza e insofferenza verso chi lo criticava o anche solo non condivideva le sue valutazioni e le sue decisioni e le voleva discutere. Da un altro lato, ingenerando in lui una sorta di rancore verso tutti e in particolare verso coloro che, per la loro condizione sociale, culturale[62] e politica e per la loro vicinanza a lui, secondo il suo punto di vista piú sarebbero dovuti essere pronti a comprenderlo e ad assecondarlo e, se non lo erano, non poteva essere che per pochezza d'animo, miopia, grettezza, mancanza di senso del dovere e del sacrificio, per una sorta di tabe morale che, sempre dal suo punto di vista, doveva avere una origine storico-sociale.

Da qui la sfiducia, la sospettosità e, in fondo, la disistima via via crescenti verso tanti suoi collaboratori che traspaiono dal suo comportamento verso di loro e dai suoi giudizi (spesso esasperati e durissimi[63]) e che culmineranno nel marzo 1940 nella drastica affermazione fatta a Gasparini: «Ci sono dei ministri che pensano di notte come possono nuocermi di giorno»[64]. Comportamento e giudizi che spiegano bene tanto il contesto psicologico da cui nascevano asserzioni come «tirate le somme, davanti a certa stupidità interessata, io voglio essere e restare incomprensibile»[65] e il conseguente atteggiamento[66] che suscitava in tanti suoi collaboratori lo sconforto e l'irritazione (e i timori che essi a loro volta alimentavano) per non riuscire piú a capire cosa egli celasse dietro la sua «impenetrabilità», quali fossero i suoi veri propositi, quanto il diffon-

[62] Questo stato d'animo dovette avere un peso determinante nello spingere sempre piú Mussolini a perdere interesse per i contatti con l'alta cultura, a disinteressarsi ad essa, ma a guardarla anche con sospetto e a *coprirla* sempre meno nei confronti di Starace e del fascismo piú rozzo e intransigente e a dare invece credito a mezze figure della cultura ed ad alcuni giovani intellettuali del «nuovo fascismo». Il ruolo di «protettori» degli intellettuali venne cosí via via assunto da Farinacci e soprattutto da Bottai, attorno al quale si venne creando il mito dello «spirito liberale» del fascismo. Secondo R. ZANGRANDI, *Il lungo viaggio attraverso il fascismo* cit., p. 399, Bottai se ne sarebbe servito, specie ai tempi di «Primato», per rafforzare le sue *chances* successorie.
[63] Il diario di G. CIANO riferisce vari di questi giudizi: cfr. per esempio, tra i piú caratteristici quelli su Balbo (pp. 28, 68, 114 e 141), su Grandi (pp. 236 e 254) e su De Vecchi (p. 194). Ma anche verso Ciano Mussolini divenne col '37-38 sempre piú critico, cfr. N. D'AROMA, *Mussolini segreto* cit., pp. 135, 167 e 190. Nella stessa opera, p. 218 si veda il durissimo giudizio su Buffarini-Guidi: «è talmente bugiardo, che non si osa credere la piú piccola percentuale di quello che riferisce». Interessante per capire come, nonostante non avesse stima e fiducia in loro, Mussolini continuasse a servirsi di certi collaboratori è quanto egli disse nell'ottobre '38 a Ciano (*Diario* cit., p. 194) a proposito di De Vecchi: «Forse ti parrà mefistofelico quanto ti esporrò, ma conviene far cosí. Il De Vecchi ha sempre creato una massa di guai dovunque io l'abbia messo. Ma non importa. Anzi, bisogna incoraggiarlo perché vada sempre peggio. Dargli la sensazione di approvare il suo operato, insaponargli la via e attendere che prenda uno scivolone cosí grosso, cosí definitivo da sentirsi liquidato ancor prima che davanti a sé. E allora, me lo sarò levato dai piedi per sempre».
[64] G. BOTTAI, *Diario*, ff. 790 sgg., alla data dell'8 marzo 1940.
[65] N. D'AROMA, *Mussolini segreto* cit., p. 147.
[66] Per questo atteggiamento cfr. G. BASTIANINI, *Uomini, cose, fatti* cit., pp. 40 sgg. e spec. 52.

dersi e il moltiplicarsi tra coloro che non vivevano la realtà del suo entourage (e soprattutto tra coloro che non avevano rapporti con esso e ne ricevevano solo gli echi), delle voci sulla disinformazione in cui i suoi collaboratori lo avrebbero tenuto e sul «tradimento» che lo avrebbe circondato. Da qui, ancora, il rafforzarsi in lui della convinzione che fosse assolutamente necessaria una radicale «riforma morale» e della ostilità verso lo «spirito» e la «mentalità» borghesi – ritenuti la causa della incapacità del popolo italiano di «sentire» i suoi doveri e la sua «missione» – e il loro tendere ad assumere in lui caratteri non solo politici ma ideologici e, addirittura, di «questione personale» alla quale dare la preminenza su ogni altra cosa, dedicare tutte le energie[67] e trattare con la massima intransigenza (si ricordino i «poderosi cazzotti allo stomaco» del suo discorso «semisegreto» del 25 ottobre '38), costasse quel che costasse[68]. E, per contrapposto, lo svilupparsi in lui di una crescente vena populistica che lo portava a considerare il «popolo minuto» il vero depositario delle «piú belle virtú sociali» e, quindi, la parte della nazione che, avendo una «piú elastica coscienza civile»[69] ed essendo mossa da un fine ideale e non egoistico, come era invece la borghesia, piú di tutte le altre era in grado di comprenderlo e di seguirlo, e che arrivava al punto da farlo veramente sentire a suo agio, contento e sereno, solo nelle rare occasioni in cui si trovava tra il popolo e in particolare tra i contadini[70].

[67] Il particolare impegno messo da Mussolini nella campagna antiborghese è testimoniato da come egli la seguí nei minimi dettagli sino ad intervenire in prima persona con biasimi, elogi, segnalazioni di tutti i tipi. Valgano per tutti questi esempi. In un appunto autografo conservato nelle carte della sua segreteria personale (ACS, *Segreteria particolare del Duce, Carteggio ordinario* [1922-1943], b. 278, fasc. 500014, «Min. Interno») datato 1° ottobre 1936 si legge: «In via XXIV Maggio vi è una trattoria bolognese che tiene visibilmente esposto un "Menu" – dire al trattore di togliere il "menu" e di mettere una "lista" o similia».
Sul problema del *lei* gli interventi furono assai numerosi. Il 5 giugno 1939 Mussolini inviò a tutti i ministeri questo telegramma: «Malgrado le precise disposizioni già impartite, troppo frequentemente si continua a far uso del "Lei": ciò sta a dimostrare scarso senso di disciplina e mancanza di carattere. Esigo che in tutte le Amministrazioni si faccia uso del "Voi" sia nei rapporti interni quanto nei rapporti con il pubblico. Avvertite che questo mio ordine perentorio deve essere pienamente osservato sotto la responsabilità dei dirigenti» (*Archivio Deposito Min. Pubblica Istruzione*, b. 137). L'anno dopo, il 16 febbraio 1940, avendo la «Gazzetta dell'Emilia» denunciato il perdurante uso del «lei», telegrafò al prefetto di Modena: «Riceverete un congruo numero di copie di una rivista antilei che diramerete a quei strani professori di coteste scuole medie i quali – secondo quanto mi è dato leggere nella Gazzetta dell'Emilia – non sono ancora capaci di spogliarsi di questa senile e imbecille livrea straniera ignota alla lingua romana e italiana sino al 1600» (ACS, *Min. Interno, Ufficio cifra, Tel. in partenza*, sub data).
Pochi giorni prima, il 2 febbraio, Mussolini aveva inviato a Starace, nella sua qualità di Comandante generale della MVSN, il seguente pure sintomatico telegramma: «Molto bene lo sfilamento di stamani col passo romano che forestali e universitari hanno eseguito alla perfezione.
«Mediocre come sempre la marcia degli ufficiali che non farete piú.
«Stesso sfilamento potrebbe ripetersi il prossimo 11 febbraio nelle vie di un quartiere popolare di Roma» (*ibid.*).
[68] Cfr. per l'analisi psicologica dell'impegno messo da Mussolini nella campagna antiborghese G. BASTIANINI, *Uomini, cose, fatti* cit., pp. 32 sgg. e spec. 37 sg.
[69] Cfr. *ibid.*, p. 37.
[70] P. GENTIZON, *Autour de Mussolini. Banquets et discours*, in «Gazette de Lausanne», 3 gennaio 1938, riferisce che in occasione di un banchetto a palazzo Venezia offerto agli organizzatori del-

E sempre da qui, infine, quello che certamente fu l'aspetto piú negativo sotto il profilo politico di questa sua involuzione caratteriale: il suo sentire sempre piú necessario e urgente bruciare i tempi della sua «missione». E ciò per tre convinzioni in lui fortissime: 1) che la realtà internazionale e i rapporti di forza tra i popoli fossero alla vigilia di radicali trasformazioni, che sfuggivano agli altri solo perché essi non avevano la sua sensibilità politica e la sua capacità di vederne le ragioni e i sintomi in una serie di fatti già in atto; 2) che, dunque, fosse necessario per l'Italia essere in grado di giungere a questo «appuntamento con la Storia» nelle migliori condizioni per esercitare la sua «missione»; 3) che, scomparso lui, nessuno dei suoi collaboratori ed «eredi» avrebbe avuto la statura morale e politica necessaria a guidarla in questa storica impresa. Insomma, dato che senza di lui l'Italia non sarebbe certo arrivata preparata al suo «appuntamento con la Storia», a Mussolini non rimaneva che una cosa da fare: accelerare al massimo il processo di preparazione morale e materiale degli italiani e dell'Italia in modo da portarlo a termine prima di dover passare la mano ad altri. Tutto ciò, se da un lato voleva dire spingere al massimo l'acceleratore della totalitarizzazione del regime, della «rivoluzione culturale» fascista e della politica autarchica, senza preoccuparsi delle conseguenze negative collaterali che tale accelerazione inevitabilmente avrebbe avuto, da un altro lato, voleva anche dire fidarsi al massimo del proprio «fiuto» politico e «osare», rischiare molto piú che in passato: non lasciare perciò maturare e decantare le cose, ma prenderle d'assalto, fidando nella propria intuizione e nella convinzione che, contrariamente alle apparenze, «per le ore che ci apprestiamo a vivere, niente è piú imminente dell'impossibile»[71]. E voleva anche dire mettersi psicologicamente nella condizione di chi, non volendo lasciarsi sfuggire nessuna occasione per rafforzare la propria posizione, non escludeva affatto e anzi prevedeva esplicitamente di poter ricorrere ad ogni mezzo per compensare l'inferiorità materiale in cui l'Italia si trovava rispetto alle altre grandi potenze. Veramente tipico è a questo proposito quanto Mussolini disse già il 28 ottobre 1936 a Bottai[72]:

Ho sempre detto che la guerra etiopica doveva essere breve. Perciò ho dato mezzi superiori alle richieste dei comandanti. Perché picchiasse sodo e presto... La pros-

l'Esposizione nazionale del tessile, Mussolini, sia durante il pranzo sia dopo, ignorò autorità e industriali e si dedicò completamente agli ospiti di condizione popolare, con un impegno e una scioltezza per nulla demagogici, ma frutto evidente dell'agio psicologico che la loro compagnia gli procurava.
[71] La frase fu adoperata da Mussolini nell'ottobre 1939 con Ciano in riferimento ai rapporti tedesco-sovietici (cfr. N. D'AROMA, *Mussolini segreto* cit., p. 204); essa riassume però bene l'atteggiamento psicologico con cui egli visse tanta parte di questo periodo.
[72] G. BOTTAI, *Diario*, ff. 517 sg., alla data del 31 ottobre 1936. Per una eco di questo discorso, relativo al «rapido corso» che avrebbe dovuto avere la prossima guerra italiana cfr. MUSSOLINI, XXIX, p. 76 (discorso in Senato del 30 marzo 1938).

sima sarà una guerra di sette settimane... Noi possiamo farlo... Noi non abbiamo bisogno di consultare nessuno. Pensa alla sorpresa degli italiani il giorno che si svegliassero e leggessero sui giornali questa notizia: una squadra aerea italiana ha bombardato la squadra navale inglese di Malta – si ritiene che numero tot di navi sia colato a picco... Mi è piaciuta la definizione di Pariani. Mi diceva l'altro giorno: noi dobbiamo prepararci a fare una guerra brigantesca. Giusto!

Che ciò fosse in contrasto con l'immagine di una Italia grande, morale, virtuosa da lui vagheggiata e prospettata ai quattro venti e con l'importanza da lui attribuita all'*onore* dei popoli e alla carica «civilizzatrice» che esso conteneva [73] e, soprattutto, che comportasse rischi gravissimi e tali da poter portare ad una tragedia nazionale Mussolini se ne rendeva conto, e nel suo intimo un po' se ne compiaceva per quel tanto di «eroico» e di «drammatico», di superomistico che ne veniva alla sua «impresa». Per quel che concerneva la contraddizione morale, il suo «machiavellismo» bastava però a far cadere ogni scrupolo e a fargli trovare tutta una serie di argomenti per sanarla. Da quello offertogli dalla teoria della violenza elaborata nell'immediato primo dopoguerra dal suo amico Sergio Panunzio [74] a quello che, probabilmente, credeva di poter dedurre dall'«esempio» di Giuseppe Mazzini. Un autore questo – vale la pena di sottolinearlo – che Mussolini aveva conosciuto tardi, praticamente durante la grande guerra, e che poi aveva sostanzialmente posto nel dimenticatoio, ma a cui era ora tornato ad interessarsi, sotto lo stimolo un po' di Gentile (che, come pensatore, considerava sempre un «grandissimo», anche se su varie questioni politiche lo criticava, e che gli portava i volumi della edizione nazionale del grande genovese via via che venivano pubblicati [75]) e un po' di Oriani (un autore a lui da sempre tra i piú congeniali ma per il quale proprio ora aveva avuto un ritorno di fiamma [76]) dal quale doveva aver tratto l'immagine di un Mazzini a lui

---

[73] Sul problema dell'*onore* torneremo piú avanti. Per il momento basterà notare che vi sono elementi per affermare che Mussolini aveva cominciato a pensare al problema almeno dal dicembre 1933, quando aveva letto la *Vita di Gobineau* di Lorenzo Gigli allora pubblicata e si era soffermato sulla p. 85 ove era riferito un passo di Gobineau sul ruolo dell'onore «e l'idea civilizzatrice» in esso contenuta presso i popoli bianchi. Cfr. la copia del volume in ACS, «Collezione Mussolini».
[74] Prima ne *Il concetto della guerra giusta*, Campobasso 1917 (alla cui elaborazione Mussolini doveva avere in qualche misura «partecipato» durante il suo soggiorno a Ferrara) e soprattutto nel fortunato *Diritto, Forza e Violenza. Lineamenti di una teoria della violenza*, Bologna 1921, S. Panunzio aveva teorizzato, sviluppando Sorel in senso idealistico e giusnaturalistico, la profonda differenza tra *forza* (essenzialmente conservatrice) e *violenza* (essenzialmente innovatrice) e sostenuto la piena moralità della violenza quando essa «erompe dalla vita e dalle viscere profonde dello spirito del mondo, se è libera ed insieme necessaria, se esce dalla storia e non dal capriccio, *se esce*, in una parola, *dalla storia e diviene a sua volta degna di storia*» (p. 56). «Il diritto non sopravviene alla violenza e non la qualifica e determina eticamente *ab extra*, ma è la stessa violenza: il diritto naturale non può non essere violenza, e la violenza non può non essere diritto. Mezzo e fine, materia e forma, corpo e anima nella violenza coincidono e si consustanziano; la violenza è organismo, non meccanismo, è idea, non schema astratto, storia, non astrazione concettuale» (p. 57).
[75] Cfr. N. D'AROMA, *Mussolini segreto* cit., pp. 209 sg.
[76] Questo «ritorno di fiamma» si concretizzò tra l'altro, il 26 giugno 1939, in una visita d'omag-

simile per tanti versi, per la «forza morale», per l'«irresistibile influenza» che aveva avuto sulle «anime» dei migliori dei suoi contemporanei, per la sua concezione morale della rivoluzione («la nuova società è dunque politica e religiosa: una riforma vi dovrebbe precedere la rivoluzione; l'educazione ne sarà mezzo e scopo perché la personalità morale è il primo e ultimo termine della storia e della vita»)[77] e nella fattispecie per il realismo e la spregiudicatezza con i quali era riuscito a far convivere il suo moralismo e il suo senso dell'onore con una continua trama di congiure e di attentati contro i nemici della libertà italiana. Quanto poi ai rischi, se qualcuno – approfittando di qualche momento di distensione e di «abbassamento della guardia» per insinuarsi con l'interrogativo giusto tra i suoi monologhi sulla «nuova civiltà» e sulla violenza «drammatica e definitiva» («perché solo la violenza, condotta con finalità storiche e morali precise, s'accorda con l'evoluzione ed è feconda») – riusciva a metterlo in qualche misura di fronte alle sue responsabilità, il suo buon senso contadino e la sua sicurezza nel proprio «fiuto politico» sembravano riprendere il sopravvento. I suoi eroi e modelli storici, Cesare, con la sua capacità di «aprire tempi nuovi» alla società, e Napoleone, con la sua «straordinaria lotta contro il suo tempo, ch'egli alla fine riesce a piegare», cedevano improvvisamente il passo ad un mentore assai piú modesto e prosaico, al padre Alessandro, ed egli si diceva sicuro del suo «senso del limite», della sua capacità di fermarsi al momento giusto:

> L'importante è di restare nell'estrema circonferenza del compasso... Mio padre, nelle lunghe sere d'inverno, diceva che l'arte di vivere e d'agire era, per ciascun uomo, di non superare la propria apertura di compasso.
> Non sono per natura uno scomposto o un avventato; io medito e calcolo sempre ogni mio atto, perché alla scuola della fame ho imparato ad adeguarmi.
> Comunque andrà, non dimenticherò, di certo, l'apertura massima del compasso mio e del compasso del paese [78].

In questa condizione psicologica e ormai convinto che l'Italia sarebbe potuta arrivare al suo «appuntamento con la Storia» solo con lui,

gio di Mussolini all'«eremo» del Cardello, alla tomba e alla casa di Oriani. Nella biblioteca dello scrittore Mussolini volle vedere i manoscritti de *La lotta politica in Italia* e della *Rivolta ideale* e sottolineò l'importanza di queste due opere. Cfr. «Il popolo d'Italia», 27 giugno 1939. Al Cardello Mussolini era già intervenuto, il 27 aprile 1924, ad una celebrazione di Oriani pronunciandovi un discorso di esaltazione della sua opera e in particolare proprio dei due libri testé ricordati (cfr. MUSSOLINI, XX, pp. 244 sg.), che fu successivamente utilizzata come prefazione all'*Opera omnia*, curata dallo stesso Mussolini e edita da Cappelli.
[77] Cfr. A. ORIANI, *La lotta politica in Italia*, II, p. 85, ma si vedano in genere tutte le pp. 81-97 dedicate da Oriani a Mazzini. Non è da escludere che Mussolini, oltre alle «analogie» tra lui e Mazzini, abbia tratto da Oriani anche alcune indicazioni di comportamento *ex contrario*, in particolare quelle sulla necessità per il «rivoluzionario» dell'odio, «questa forza suprema delle rivoluzioni» (pp. 89 sg.).
[78] N. D'AROMA, *Mussolini segreto* cit., pp. 193 sg.

via via che il tempo passava persino il problema della successione diventava per Mussolini meno assillante. Mentre all'estero se ne parlava con una sempre maggiore insistenza, spesso carica di piú o meno sottintesi timori e speranze («Anche se Mussolini destina Ciano come suo successore per condurre a termine la sua politica – scriveva nell'ottobre '38 sulla «Quarterly Review» Charles Petrie [79] –, non è detto che i suoi desideri debbano essere necessariamente esauditi. Abbiamo visto come sia stato impossibile a molti dittatori di continuare a governare dalla tomba il loro paese»), si passavano in rassegna i vari nomi e si azzardavano previsioni [80], a Roma Mussolini – sempre piú deluso e scontento del suo «delfino» [81] – sembrava invece considerare tutto sommato tale problema secondario. O avrebbe potuto personalmente portare a termine la sua «missione» o non avrebbe fatto a tempo. Nel primo caso avrebbe avuto tempo per pensarci e per scegliere con calma l'uomo adatto, nel secondo occuparsi della sua successione sarebbe stato pressoché inutile... Veramente significativa è a questo proposito una secca risposta da lui data nell'aprile 1938 a Ciano e cosí riferita da N. D'Aroma che fu presente al colloquio tra i due [82]:

Con un occhio che non gli ho mai conosciuto in quasi vent'anni, Ciano ha detto a bruciapelo a Mussolini:
«Saprete certamente che, durante la vostra malattia, c'è stato chi ha pensato ad una vacanza improvvisa del potere. Se tutto ciò dovesse accadere, Dio guardi, non so quando, ma dovesse accadere, bisognerà che lasciate scritte, e ci pensiate, delle direttive, delle... – esita – delle disposizioni...»
«Mai, – risponde categorico Mussolini, fissandolo con un rancore palese, – mai... perché odio i testamenti politici, detesto gli eredi designati e non posso pensare che un popolo e un partito, per il fatto che mi prescelsero o mi seguirono, debbano poi supinamente accettare ad occhi chiusi un mio ordine in materia cosí impegnativa, cosí delicata. Già, troppo, io ho premuto nel senso della disciplina e degli ordini dall'alto».
«E allora?» incalza Ciano, con un tremito impercettibile che gli agita le mani.

[79] C. PETRIE, *When dictators die*, in «The Quarterly Review», ottobre 1938, pp. 265 sgg.
[80] Secondo F. OWEN, *March of a Dictator*, in «Evening Standard», 14 gennaio 1939, la scomparsa di Mussolini avrebbe costituito per il regime il momento della verità: «quando questo genio turbolento, brillante, brutale non sarà piú, il sistema che costruí con furiosa energia e non poca devozione si troverà di fronte alla sua vera prova».
[80] I nomi piú ricorrenti erano, oltre a quelli di G. Ciano (in genere non auspicato dalla stampa democratica) quelli di Balbo, e soprattutto di Grandi (il piú ben visto). Altri nomi che venivano affacciati erano quelli di Farinacci, di Starace e di Bottai. Nella seconda metà del '38 si sparsero all'estero per l'ennesima volta voci di una grave malattia del «duce» e qualcuno parlò di una situazione cosí precaria delle finanze italiane da fare ritenere probabile una imminente caduta di Mussolini. In tale occasione da varie parti si prospettò una successione del «capace, popolare e ambizioso» principe di Piemonte, in prima persona o con Grandi come primo ministro. Cfr. in particolare C. PETRIE, *When dictators going to fall?*, in «The Weekly Standard East London», 8 ottobre 1938.
[81] Per alcune delle critiche di Mussolini a Ciano cfr. N. D'AROMA, *Mussolini segreto* cit., pp. 167, 171 e 190.
[82] *Ibid.*, pp. 151 sg.

«Allora, – risponde Mussolini, – prenderà il potere chi saprà nel partito dominare gli uomini e le cose: chi avrà maniera e forza d'animo. La battuta di Napoleone alla vigilia di Wagram per me è giusta. Non ci sono in tema di successione, opinioni o presupposti da esprimere; vale semplicemente il diritto di gioco: chi vince... vince!»

Delineati i tratti essenziali della involuzione caratteriale di Mussolini, è giunto il momento di cercare di definire i termini generali della sua evoluzione ideologica. Diciamo i termini generali perché, anche se il periodo tra la metà del 1936 e la metà del 1940, e soprattutto i primi due anni, fu per Mussolini un periodo di molte letture e di solitarie «meditazioni» che ebbero grande influenza sulla sua personalità, sulla sua ideologia e sulla sua azione politica, su questa evoluzione la documentazione è assai scarsa ed è giocoforza limitarsi a quel che di essa è possibile ricostruire sulla base delle pochissime e frammentarie fonti disponibili. Il testo fondamentale di questo nuovo approdo ideologico sarebbe dovuto essere *Europa 2000*. In esso Mussolini avrebbe dovuto delineare i caratteri della «nuova civiltà» che, a suo dire, stava per affermarsi in Occidente e, nell'ambito di questo discorso, spiegare i motivi per cui era convinto che i popoli che di là a pochi decenni avrebbero dominato il mondo sarebbero stati il tedesco, l'italiano, il russo e il giapponese. In realtà Mussolini non incominciò mai neppure a scrivere *Europa 2000* e tutto lascia pensare che, per quanto convinto delle sue idee, non l'abbia scritta perché nel suo intimo era consapevole di non essere in grado di farne una compiuta esposizione e la considerava soprattutto una intuizione del suo «genio» e del suo «fiuto politico», rispetto alla quale una serie di suggestioni culturali e politiche, in parte presenti ed operanti in lui da tempo, in parte recepite occasionalmente qua e là (anche laddove meno ci si aspetterebbe) nel tentativo appunto di dare ad essa una sistemazione ideologica, non riuscivano ad organizzarsi in un discorso compiuto e spesso erano motivate solo psicologicamente, in funzione cioè di quelli che in quel momento egli considerava i principali ostacoli alla sua politica. Tanto è vero che non risulta che ne parlasse diffusamente neppure con chi, bene o male, gli era piú vicino o con coloro – tipico è il caso di Nino D'Aroma, il cui *Mussolini segreto* è, proprio per questo, una fonte per noi preziosa – ai quali era solito dare direttive e suggerimenti per i loro commenti politici giornalistici e radiofonici ai fatti del giorno e che, quindi, avrebbero potuto cominciare a farla circolare.

Le uniche due testimonianze dirette su *Europa 2000* ci sono state conservate da G. Ciano e da N. D'Aroma. Ciano, nel suo diario, alla data del 6 settembre 1937 annotava[83]:

---

[83] G. CIANO, *Diario* cit., p. 34.

Mussolini tra il realismo politico e il mito della nuova civiltà 291

Il Duce si è scagliato contro l'America, paese di negri e di ebrei, elemento disgregatore della civiltà. Vuole scrivere un libro: l'Europa nel 2000. Le razze che giocheranno un ruolo importante saranno gli italiani, i tedeschi, i russi e i giapponesi. Gli altri popoli saranno distrutti dall'acido della corruzione giudaica. Rifiutano persino di far figli perché ciò costa dolore. Non sanno che il dolore è il solo elemento creativo nella vita dei popoli. Ed anche in quella degli uomini.

E giusto un anno dopo, nel settembre 1938, D'Aroma scriveva a sua volta[84]:

Una rivista inglese è uscita recando la notizia che Mussolini sta per pubblicare un libro razziale e demografico, dal titolo *Europa 2000*. Alla fine di un rapporto poiché mostra di volersi intrattenere, domando sulla veridicità dell'annuncio.
Calmo ed ironico risponde: «È verissimo: non so come sia trapelata la notizia. Ma deve essere arrivata a Londra via Palazzo Chigi. Bisognerà che un giorno o l'altro vada con una ramazza a Piazza Colonna per sbarazzare quel palazzo di certa immondizia filo-britannica che Galeazzo protegge.
Scriverò sí, questo libro, ma per dimostrare che nell'anno 2000 i popoli che domineranno il mondo, saranno solo tedeschi, italiani, russi e giapponesi».

Pur collimando, le due testimonianze presentano una certa diversità. Il Mussolini riferito da D'Aroma parla solo dei popoli che avrebbero dominato nel 2000, non contesta l'argomentazione «razziale e demografica» attribuita al libro che voleva scrivere, ma non entra in particolari. Quello di Ciano, invece, entra in qualche misura nel merito precisando il carattere di tale argomentazione in senso antinegro e antisemita e soffermandosi soprattutto sulla «creatività» del dolore. Per noi la piú importante è dunque questa, tanto piú che nulla autorizza a non ritenerla attendibile. Sia perché non si vede il motivo di una eventuale manipolazione di essa da parte di Ciano, sia perché è fuori dubbio che nel settembre '37 Mussolini già si poneva per l'Italia sia il problema di impedire il diffondersi del meticciato sia quello di «difendersi» dall'«ostilità» antifascista dell'«ebraismo internazionale» e della massoneria, che, a suo dire, si era rivelata in occasione della guerra d'Etiopia[85], ed è compren-

[84] N. D'AROMA, *Mussolini segreto* cit., p. 167.
[85] Per il rapporto Mussolini - «ebraismo internazionale» durante la guerra d'Etiopia e il sorgere nel «duce» (probabilmente per influenza di Aloisi e di padre Tacchi Venturi: cfr. P. ALOISI, *Journal* [25 *juillet 1932 - 14 juin 1936*], Paris 1957, pp. 326, 330, 332 e 364) della convinzione che l'«ebraismo internazionale» (di cui egli nell'ottobre-novembre '35 aveva ricercato l'aiuto per scongiurare le sanzioni) fosse – nonostante quello che lui aveva fatto per gli ebrei tedeschi e profughi dell'Europa centro orientale – intrinsecamente antifascista e filo inglese, cfr. R. DE FELICE, *Storia degli ebrei italiani sotto il fascismo* cit., pp. 175 sgg. Sul rapporto Mussolini-massoneria negli anni trenta manca qualsiasi studio. Esso dovette essere piú semplice, in quanto piú nettamente antagonistico. Nonostante ciò non si può del tutto escludere che in vista dell'impresa etiopica da parte fascista siano stati fatti cauti tentativi per assicurarsi la neutralità della massoneria internazionale. Un argomento in questo senso potrebbe essere costituito dal benestare concesso alla partecipazione fascista del pastore metodista Ettore Busan al Congresso universale della massoneria di Rito Scozzese Antico e Accettato che si tenne a Bruxelles nel giugno 1935 e che – sia pure dopo vivacissimi contrasti e grazie soprattutto all'appoggio della massoneria statunitense – riconobbe il Busan come unico legittimo rappresentan-

sibile che egli guardasse ad entrambi i problemi in riferimento non solo all'Italia in quel momento, ma – data la sua sempre piú accentuata tendenza a vedere tutti i problemi come manifestazioni della crisi della civiltà occidentale [86] e nella prospettiva della «missione» che l'Italia doveva assolvere per rinnovare tale civiltà – alla società tout-court. Detto questo, la seconda parte della testimonianza conservataci da Ciano e, piú in generale, quello che sappiamo sul «razzismo» di Mussolini ci inducono tuttavia a ritenere che la caratterizzazione razziale dell'argomentazione mussoliniana debba essere intesa in un senso molto lato e al tempo stesso particolare, essenzialmente psichico-spirituale; l'unico senso, del resto, che permette un discorso che – dovendosi applicare a quattro popoli razzialmente tanto diversi e che nessun vero razzista avrebbe mai accomunato [87] – non potrebbe altrimenti avere alcuna caratterizzazione razziale.

L'idea forza dalla quale l'argomentazione mussoliniana prendeva le mosse era di carattere prettamente demografico. Ed era pienamente coerente con quel filo logico che abbiamo visto sviluppare da Mussolini da oltre un decennio attraverso il discorso dell'Ascensione e la prefazione al libro di Korherr *Regresso delle nascite morte dei popoli* [88] e che ora – appena conclusa la guerra d'Etiopia – egli aveva ripreso a svolgere con una insistenza (tra il maggio '36 e il gennaio '38 scrisse per «Il popolo d'Italia» una quindicina di articoli e di note, tutti anonimi, sulle vicende demografiche europee e in particolare italiane, francesi e inglesi [89] e ispirò tutta una serie di interventi sugli stessi temi dei maggiori addetti alla «cultura popolare») che già di per sé dimostra l'importanza che egli attribuiva al problema. Il tedesco, il russo, il giapponese e (nonostante una serie di gravi *défaillances*) l'italiano erano gli unici grandi popoli civili demograficamente in espansione. Gli altri e in particolare il francese e l'inglese vedevano invece le loro popolazioni diminuire a ritmo progressivamente accelerato e invecchiare inesorabilmente. Nel giro di qualche lustro, al massimo di un ventennio, questo andamento demografico avrebbe capovolto i rapporti di potenza, tanto sotto il profilo della disponibi-

---

dell'Italia. La vicenda risulta da una lunga relazione confidenziale («La Massoneria italiana. Sotto il fascismo. Dopo l'occupazione alleata di Roma. Le sue relazioni con gli Stati Uniti d'America e la sua attuale crisi di riorganizzazione [Febbraio 1945]») e dai documenti ad essa allegati, redatta dal commissario di PS Giuseppe Dosi per i servizi del Governo militare alleato in Italia, ed è confermata in ACS, *Min. Interno, Dir. gen. PS, Div. polizia politica*, fasc. «Busan Ettore», e, piú in generale, ID., *Div. polizia politica – Materia*, b. 138, fasc. K59, «Massoneria in Italia»).

[86] Cfr. *Mussolini il duce*, I, pp. 39 sgg.
[87] Per un quadro del razzismo europeo cfr. G. L. MOSSE, *Il razzismo in Europa dalle origini all'olocausto*, Bari 1980.
[88] Cfr. *Mussolini il fascista*, II, pp. 377 sgg.; e *Mussolini il duce*, I, pp. 39 e 150 sgg.
[89] Cfr. MUSSOLINI, XXVIII, pp. 2 sg., 17, 23, 41 sg., 78 sg., 103 sg., 106 sg., 109 sg., 110 sg., 116 sg., 123 sg., 185, 192, 203 sg.; XXIX, pp. 51 sg.

lità che i vari paesi avrebbero avuto di giovani atti al lavoro e alle armi (e delle loro capacità guerriere[90]), quanto di quello dei «vuoti di presenza» che ciò avrebbe inevitabilmente comportato per i popoli attualmente dominanti e che sarebbero stati altrettanto inevitabilmente colmati dai popoli ricchi di potenziale demografico e umano[91].

Su questo ruolo fondamentale del fattore demografico rispetto alla vita e alla funzione storica dei popoli Mussolini non aveva dubbi di sorta. Per lui la parabola delle nazioni era soprattutto «una diretta proiezione del flusso demografico che ne forma la circolazione sanguigna». Demograficamente,

una nazione è sempre in eterna posizione di combattimento: non può mai fermarsi sulle linee raggiunte ed attendere che il tempo trascorra. O avanza o indietreggia. Se sfugge al primo caso, piomba senza remissione nel secondo[92].

In pratica, come scriveva nel novembre '36 su «Il popolo d'Italia»[93], alla lunga

i nati in eccedenza sono l'arma del più forte. Le armi d'acciaio non possono illudersi di mietere all'infinito, anche se vincessero, per assurdo, sul numero con la risorsa meccanica. Perciò i popoli in fiore non temono il domani... Fortunate quelle nazioni che detengono e custodiscono il magnifico segreto di quest'arma silenziosa ed invincibile, buona, al medesimo tempo, per la guerra e per la pace.

Forte di questa convinzione, per Mussolini il problema era quello di stabilire le ragioni della decadenza demografica dei popoli. E ciò tanto più che, se gli italiani erano ancora demograficamente in espansione (grazie alla fecondità rurale e meridionale), il ritmo di tale espansione andava però diminuendo pericolosamente e la politica demografica del regime volta a capovolgere questa tendenza si dimostrava impari alla bisogna, sicché vi era il serio pericolo che in breve tempo anche l'Italia passasse nel novero dei popoli in declino e che Mussolini vedesse quindi frustrati i suoi sforzi per farne un popolo dominante e addirittura l'elemento decisivo della «nuova civiltà» che egli era sicuro stesse preparandosi.

Alla fine del gennaio '37 Mussolini pubblicò su «Il popolo d'Italia» due articoli che erano a questo proposito un vero grido d'allarme: se le

[90] «È ormai accertato che laddove la natalità decade, le nascite femminili superano le maschili e quindi i popoli perdono a poco a poco la capacità militare e guerriera» (*Vecchiaia*, in «Il popolo d'Italia», 15 gennaio 1937: MUSSOLINI, XXVIII, p. 104).
[91] Il 10 dicembre 1938, in Consiglio dei ministri, Mussolini, parlando del declino demografico francese, disse che la Francia «tra dieci anni sarà ridotta a trenta milioni di abitanti. Noi saremo sessanta milioni. E poiché la natura ha paura del vuoto, saremo noi che colmeremo i vuoti nel territorio della Francia». G. BOTTAI, *Diario*, f. 618, alla data dell'11 dicembre 1938.
[92] MUSSOLINI, XXVIII, p. 3 (21 maggio 1936).
[93] *Ibid.*, p. 79 (18 novembre 1936).

cose continuavano ad andare come stavano andando, la crisi demografica italiana avrebbe presto eguagliato e superato quella francese.

Per illustrare il fenomeno che minaccia l'esistenza del popolo italiano – scriveva nel secondo dei suoi articoli [94] –, vale la pena di esaminarlo in due cicli: quello che va dal 1881 al 1924 e quello che va dal 1924 al 1936. È nel 1881 che si ebbe in Italia il piú alto coefficiente di nascite, il trentotto per mille. Da allora cominciò il declino, lentissimo, specie nei primi tempi, ma costante. Nel corso di quarantatre anni, il coefficiente diminuí del nove per mille. Nel 1924 troviamo il coefficiente di natalità esattamente del ventinove per mille. Nel 1936 è disceso al ventidue virgola due per mille. Il confronto è chiaro. Mentre la prima diminuzione del nove per mille si era graduata nello spazio di quarantatre anni, la seconda del sette per mille si svolge nello spazio di soli dodici anni: il fenomeno ha quindi assunto un ritmo molto piú accelerato e preoccupante. In cifre assolute si passa da un milione e centoventiquattromila nati nel 1924 ad appena novecentocinquantamila nel 1936 e cioè centosessantanovemila nati in meno. L'immancabile ottimista trova un residuo motivo di consolazione nell'aumento dei matrimoni verificatosi nel 1936, ma questo non significa nulla. Anche nel 1934 ci furono ventitremila matrimoni in piú nei confronti del 1933, ma furono in gran parte infecondi e lo dimostra il coefficiente di natalità che ha continuato a calare. Vien fatto di chiedersi ora, se la politica demografica del regime, iniziata col discorso del 1926 e concretatasi in un complesso imponente ed organico di provvedimenti di ordine materiale e morale, si possa considerare praticamente fallita.

È praticamente fallita. Poiché, non solo non si rimonta la corrente (e forse sarebbe stato troppo superbo sperarlo!), non solo non si arresta il declino, ma si è visto tale declino assumere una velocità catastrofica e la natalità scendere a coefficienti tali che fra poco saranno al livello di quelli francesi.

Ancora l'8 dicembre '36 Mussolini aveva dato dell'andamento demografico italiano la spiegazione che ne dava da anni e che valeva per l'Italia come per gli altri paesi civili:

in tutti i centri toccati dalla decadenza della civiltà industriale e urbanistica, le bare superano le culle, la morale decade e la razza insenilisce. La forza demografica dell'Italia è ancora e sempre nelle campagne [95].

Ora, a meno di due mesi di distanza, di fronte all'evidenza dei primi dati dell'ultimo censimento, questa spiegazione rimaneva valida ma non era piú sufficiente. La civiltà industriale, l'urbanesimo non erano certo una realtà solo italiana (e francese e inglese), eppure il Giappone, la Russia e soprattutto la Germania avevano un andamento demografico diverso da quello italiano (e francese e inglese). Da qui la necessità per Mussolini di integrare questa spiegazione generale con un'altra piú particolare che motivasse le diversità dell'andamento demografico nei vari

---

[94] *Ibid.*, pp. 110 sg. (*Cifre in declino*, 30 gennaio 1937).
Il primo articolo, *In casa nostra*, era uscito il 26 gennaio. Legato ai due precedenti è in un certo senso anche *Si rivede Pangloss*, del 15 febbraio 1937.
[95] MUSSOLINI, XXVIII, p. 87.

paesi industrializzati e in specie il caso italiano con il suo andamento tendenziale piú simile a quelli francese e inglese che a quelli tedesco, russo e giapponese.

Trovare una spiegazione del genere era però assai difficile. Una spiegazione storico-politica non era sufficiente. Poteva servire a spiegare il passato, i cinquant'anni successivi all'unità durante i quali – secondo Mussolini – lo Stato e i vari regimi che si erano succeduti al potere avevano fatto tutto ciò che «d'imbecille e d'ignobile» si poteva fare contro la famiglia e dunque contro la sua capacità di «prolificare e accrescere la forza viva e continua del paese»[96]. Ma non spiegava il perdurare e addirittura l'accelerarsi del ritmo di diminuzione del coefficiente di natalità in periodo fascista, quando l'atteggiamento dello Stato rispetto alla famiglia si era capovolto e il regime si era impegnato in tutti i modi per favorire lo sviluppo demografico ed esaltare la prolificità. Impensabile era anche una spiegazione in chiave razziale. A parte che Mussolini non poteva assolutamente accettare l'idea, implicita in essa, di una inferiorità razziale degli italiani e tutta la sua cultura era di tipo per cosí dire spiritualista, una spiegazione in termini antropologici e biologici applicata a popoli razzialmente tanto diversi avrebbe infatti costituito un assurdo.

In questa situazione a Mussolini dovette sembrare che l'unica spiegazione possibile fosse quella di attribuire l'incapacità degli italiani a comportarsi demograficamente come i tedeschi, i russi e i giapponesi e la loro tendenza a seguire invece le orme dei francesi e degli inglesi a un elemento *morale* particolare, per un verso connesso all'industrializzazione (e quindi comune a tutti i paesi civili e in Italia piú attivo nelle aree dove la moderna società industriale e l'urbanesimo erano piú forti) e, per un altro verso, piú forte in Italia che in Germania, in Russia e in Giappone per le particolari vicende del nostro paese, quelle piú antiche che – per dirla con l'Oriani[97] – avevano «mutato» la sua storia «in eco della storia europea» e ridotto la sua voce a ripetere quelle «di Francia, di Germania, d'Austria, di tutti» e soprattutto quelle piú recenti, caratterizzate dalla cronica subalternità e passività culturale e morale della borghesia italiana rispetto ai modelli democratico-borghesi franco-inglesi. Subalternità e passività culturale e morale che si sarebbero manifestate attraverso un *egoismo* che in passato aveva costituito l'insegna, lo spirito dell'«Italietta» liberal borghese, «rinunciataria», legata alla politica del «piede di casa», sorda ai valori nazionali e popolari, e che con-

---

[96] Cfr. N. D'AROMA, *Mussolini segreto* cit., pp. 127 sg.
[97] A. ORIANI, *La lotta politica in Italia*, Bologna 1946, III, p. 435.

dizionava ancora l'atteggiamento di tanta parte della borghesia verso il fascismo. Tipica in questo senso è l'ultima parte del già ricordato articolo di Mussolini della fine del gennaio '37 sulla situazione demografica italiana. Dopo il grido d'allarme da noi citato, esso cosí continuava:

> Le cause di questo fenomeno sono di natura esclusivamente morale. Non c'entra la posizione economica, poiché coloro che potrebbero allevare e mantenere nidiate di figlioli, ci presentano i loro palazzi o i loro lussuosi appartamenti deserti di bimbi e popolati di cani e cagnette, mentre al contrario il popolo piú bisognoso continua a credere – prolificando – nella santità e nella eternità della vita.
> Quello della denatalità è un fenomeno tipico di egoismo borghese. Sotto questo punto di vista, le schiere di borghesi, celibi, coniugi infecondi, o sposi del figlio unico sono fortissime nel regime fascista. Basta guardarsi attorno!

La polemica contro l'«egoismo borghese», l'«infinita vigliaccheria delle classi cosiddette superiori della società»[98] e l'azione corruttrice da esse esercitata tra il popolo non era certo nuova in bocca o sotto la penna di Mussolini. E per trovarne le tracce non c'è bisogno di risalire sino agli anni della sua milizia socialista. Discorsi come quelli sulla necessità di dar vita ad una «nuova aristocrazia dello spirito» e di reagire al diffondersi delle «tendenze suicide» a credere che nella società moderna ormai tutto fosse facile, «miracolisticamente» provvedibile da parte dello Stato e «dovuto» e «a rinunciare ad ogni sforzo per dominare il destino»[99] ne erano altrettanto chiare manifestazioni da piú di un decennio almeno. Nel nuovo clima determinato dal clamoroso successo conseguito nella vicenda etiopica e in particolare dalla «impotenza» dimostrata in tale occasione dall'Inghilterra (una «impotenza» tanto maggiore di quella che Mussolini aveva previsto da permettergli di conseguire risultati ben piú grandi di quelli che aveva pensato di poter ottenere e che, pertanto, assumeva in lui una dimensione, un valore non piú politico ma storico[100]), questa polemica acquistava però nuovi significati sia rispetto alla realtà italiana sia a quella europea e mondiale. Se infatti a livello della realtà italiana essa si traduceva in una dimensione etica e pedagogica della politica autarchica, nella convinzione cioè che fosse necessario che «tutta la nazione» non si limitasse a uniformarsi disciplinatamente alle esigenze autarchiche, ma si facesse una «mentalità autarchica» e conformasse ad essa tutta la vita (tant'è che Starace arrivò a porre tra i compiti dell'Istituto nazionale di cultura fascista quello di determinare «la

[98] L'espressione fa parte del discorso dell'Ascensione; cfr. MUSSOLINI, XXII, p. 367.
[99] Cfr. *ibid.*, p. 86 (3 marzo 1926).
[100] Tipico è in questo senso il particolarissimo significato che egli attribuiva al fatto che, durante il conflitto etiopico, la flotta inglese inviata nel Mediterraneo non disponesse delle regolamentari dotazioni di munizioni. Cfr. G. BASTIANINI, *Uomini, cose, fatti* cit., p. 49.

autarchia spirituale della Nazione»), e, soprattutto nella giustificazione – prima ancora che politica «storica» – della campagna antiborghese di lí a poco avviata dal regime, a livello della realtà europea e mondiale per Mussolini essa finiva per diventare la chiave per spiegare sia uno dei problemi che da vari anni piú gli stavano a cuore e che ora gli appariva decisivo, quello della «crisi di civiltà» che travagliava l'Occidente, sia le diverse parabole demografiche, ma a questo punto anche morali tout-court, dei vari popoli che questa crisi collettiva vivevano.

Cause di fondo della crisi rimanevano – lo si è detto – l'industrialismo e soprattutto, come diceva Mussolini, il «supercapitalismo» con le sue perniciose conseguenze di una «modernità cinica e superficiale» che allontanava troppo l'uomo dalla natura, lo rendeva sempre piú individualista e quindi egoista e asociale («l'individuo è distruttore, è sabotatore, quando non è, come accade da noi in certi ceti borghesi, del tutto asociale») e lo spingeva, piú che a «vivere», a «prosperare» senza credere ed impegnarsi veramente in nulla, mentre «l'avvenire è dei popoli credenti», dei popoli «non materialisti», dotati di quel «senso collettivo» della vita «che vince sempre sull'egoismo individuale» e che costituisce il *vero idealismo*, quello cioè non «astratto e sentimentale», ma «dinamico e virile», fondato su una consapevole concezione della vita[101]. Il diverso grado della crisi o, se si preferisce, la maggiore o minore reattività rispetto ad essa dei vari popoli dipendeva però da circostanze storiche e soprattutto da fattori di tipo essenzialmente morale e culturale che Mussolini non riuscí mai a precisare bene e di cui, pertanto, dette – sempre in privato – spiegazioni abbastanza vaghe sino a che – con la seconda metà del '38 – sembrò propendere verso quella dell'esistenza di *razze spirituali* storicamente formatesi e presenti anche all'interno dei vari popoli occidentali, che – a mo' di corpi e di anticorpi – lottavano tra di loro per affermarsi e avevano la prevalenza a seconda delle circostanze storiche e cioè della capacità morale e politica delle élite spirituali (le «aristocrazie») di educare le masse, trasfondendo in esse i loro valori: i greco-romani e i giudeo-cristiani. La prima credente nell'eroismo, nella lotta, la seconda nella giustizia e nella pace.

Lo spunto (o la conferma) per la parte generale di questa spiegazione – quella relativa all'esistenza di razze «spirituali» storicamente formatesi – quasi certamente Mussolini doveva averlo tratto – come si vedrà piú avanti – da alcuni scritti di Julius Evola. Quello relativo alla

---

[101] Per questi concetti cfr. MUSSOLINI, XXVIII, p. 198 e soprattutto N. D'AROMA, *Mussolini segreto* cit., pp. 115 sg., 131, 199 e 214 sg.

seconda parte – il loro coesistere e lottare all'interno dei vari popoli – pare lo traesse invece da *La fin des aventures* (1931) e in genere da quanto Guglielmo Ferrero in quegli anni andava pubblicando in Francia sulla rivoluzione francese e sull'«avventura» napoleonica e in particolare dalla sua immagine della lotta tra i due «Geni invisibili della Città» che, a suo dire, caratterizzava la recente storia europea, ma che aveva anche precedenti ben piú remoti[102]. La *paternità* dello spunto (o della conferma) è comunque di scarsa importanza. Ciò che conta è che questa spiegazione corrispondeva bene tanto agli orientamenti culturali di fondo di Mussolini, quanto alle sue esigenze politiche pratiche, cosicché divenne, insieme all'idea della «nuova civiltà» – caratterizzata dal superamento tanto della ormai esaurita democrazia[103] quanto del «supercapitalismo» distruttore della civiltà e dall'affermarsi della «concezione eroica della vita» propugnata dal «fascismo» – il nodo ideologico attorno al quale il «duce» venne concependo la sua politica e la sua personale missione storica. Culturalmente, s'inseriva senza difficoltà nella sua visione spiritualistica e volontaristica della «vita» e della storia dei popoli e non contraddiceva affatto la sua convinzione che le origini piú genuine e vitali della civiltà occidentale fossero nello «spirito classico» e in particolare nella concreta realizzazione fattane dalla romanità e che (e qui la suggestione di Orano e in una certa misura di Oriani si faceva assai forte) il giudaismo e il cristianesimo fossero rispetto ad esso elementi sostanzialmente estranei e in definitiva corruttori, anche se il secondo, grazie all'universalismo dell'impero romano, era potuto diventare a sua volta una realtà universale e, in determinate circostanze storiche, aveva – pur depauperandolo e svirilizzandolo – permesso la trasmissione alla posterità del patrimonio classico. In un certo senso, si può addirittura dire che tale spiegazione era l'elemento sino allora mancante per dare una compiuta sistemazione a tutta una serie di suggestioni assai vive nella cultura di Mussolini e che in questo periodo vennero assumendo un peso sempre piú rilevante sulla sua ideologia e sulla sua politica: da quelle di Mazzini (concetto spiritualistico di nazione e nazione come missione) e Gioberti (primato morale e civile degli italiani, «novello Israele fra i popoli d'Europa»), giunte a lui

---

[102] Cfr. *ibid.*, pp. 159 sg. e 202 sg.
Per il loro presunto spunto cfr. G. FERRERO, *La fin des aventures. Guerre et paix*, Paris 1931, *passim*, nonché, per una corretta comprensione della lotta tra i due «Geni invisibili della Città», ID., *Potere*, Milano 1947 (1ª ed. in America 1942, *passim*), e per un inquadramento generale P. P. PORTINARO, *Democrazia e dittatura in Guglielmo Ferrero*, in «Comunità», ottobre 1979, pp. 271 sgg.
[103] Cfr. a questo proposito i due articoli anonimi di Mussolini *Il capestro di Dèmos* e soprattutto *Il caso Ladlow* in «Il popolo d'Italia» del 3 e del 28 dicembre 1937 riprodotti in MUSSOLINI, XXIX, pp. 27 sgg. e 39 sgg.

soprattutto attraverso la lettura fattane da Gentile, a quelle di Oriani («ogni razza ha una coscienza e un pensiero originale; ... ogni popolo serba della propria razza il carattere essenziale; tutte le creazioni posteriori si ispireranno alle sue concezioni primitive»[104]) e di Spengler[105]. Politicamente poi, questa spiegazione aveva in quel particolare momento due pregi assai importanti per lui. Quello di permettergli di contrapporre a quello nazista un proprio razzismo che – data per scontata la comune appartenenza degli italiani e dei tedeschi (e non solo di essi) «al gruppo indo-europeo e precisamente a quelle razze che hanno creato la civiltà mondiale»[106] – si caratterizzava soprattutto per l'accento che metteva sul contributo spirituale e di civiltà rappresentato dalla classicità e da Roma che tale patrimonio non solo aveva portato ai vertici della sistematizzazione, ma aveva anche reso – attraverso il suo impero e la sua egemonia morale – universale in Occidente. E quello di spiegare in termini anch'essi «spirituali» le resistenze borghesi e cattoliche alla sua politica e di dare quindi alla sua reazione contro di esse non solo una «giustificazione», ma un carattere «morale» che gli permetteva di prendersela, almeno per il momento, con lo «spirito borghese» ma non con la borghesia, con l'«invadenza clericale», ma non con la religione cattolica. Con il doppio risultato di poter maneggiare l'arma antiborghese e anticattolica con la massima duttilità e di non correre il rischio di indebolire pericolosamente i confini tra fascismo e comunismo. E ciò sia per ovvii motivi di politica interna ed internazionale, sia per coerenza con la sua convinzione che il «fascismo» costituisse la «terza via» tra capitalismo e comunismo e dunque anticipasse la «nuova civiltà» e dovesse quindi affermarsi via via in tutti i paesi civili, sia pure assumendo i caratteri adatti ad ognuno di essi («Ogni nazione avrà il "suo" fascismo; cioè un fascismo adatto alla situazione peculiare di quel determinato popolo; non c'è e non ci sarà mai un fascismo da esportare in forme standardizzate, ma c'è un complesso di dottrine, di metodi, di esperienze, di realizzazioni, soprattutto di realizzazioni, che a poco a poco investono e penetrano in tutti gli Stati della comunità europea e che rappresentano il fatto "nuovo" nella storia della civiltà umana»[107]); e che la «missione» di quello italiano fosse di esercitare sugli altri quel «primato morale» che

---

[104] A. ORIANI, *Rivolta ideale*, Bologna 1930, pp. 114 sg.
[105] Cfr. *Mussolini il duce*, I, p. 41.
[106] MUSSOLINI, XXIX, p. 126.
[107] Nello stesso articolo (anonimo), *Europa e fascismo*, apparso ne «Il popolo d'Italia» del 6 ottobre 1937 (MUSSOLINI, XXIX, pp. 1 sg.), Mussolini scriveva che «il Giappone non è "formalmente" fascista, ma il suo atteggiamento antibolscevico, l'indirizzo della sua politica, lo stile del suo popolo lo portano nel numero degli Stati fascisti» e dava un giudizio largamente positivo anche sull'esperienza brasiliana (sulla quale cfr. E. CARONE, *O Estado Novo (1937-1945)*, Rio de Janeiro - São Paulo 1977).

solo ad esso era possibile esercitare in quanto erede e portatore piú genuino dello «spirito classico» e del suo «universalismo». «Universalismo» che solo avrebbe potuto effettivamente spiritualizzare la «nuova civiltà» che andava prendendo corpo e organizzarla in un «nuovo ordine» che – come l'impero di Roma – fosse veramente una comunità, sia rispetto ai popoli che la componevano sia rispetto agli altri meno civili, ma destinati anch'essi a crescere e a svilupparsi, cosí come era avvenuto per quelli che, nell'impero romano, erano venuti a contatto con la sua superiore civiltà.

Dire che Mussolini non aveva la stoffa dell'ideologo è quasi un'ovvietà. La sua cultura – lo si è visto – non era certo nutrita di studi sistematici e organici, ma era quella di un autodidatta formatosi attraverso una serie di letture vaste ma disordinate, frutto di una notevole curiosità intellettuale, non sorretta però da spirito critico e facile a soggiacere a quelle suggestioni che gli sembravano confermare in qualche modo le sue convinzioni di base e servire ai suoi progetti politici[108]. Né, ad onor del vero, pur amando presentarsi talvolta nelle vesti dell'«intellettuale», mai aveva veramente cercato di indossare quelle dell'ideologo. Per anni, quando si trattava di «durare», anche i suoi interventi di maggior «impegno» o che come tali furono presentati – «Forza e consenso» (1923), «Preludi al Machiavelli» (1924), la prefazione al Korherr (1928) gli scritti e discorsi del 1932-34 sulla «grande crisi» – avevano avuto un carattere essenzialmente politico. L'unica vera eccezione era stata la *Dottrina del fascismo*, per la quale, non a caso, egli aveva però chiesto aiuto a Gentile. Ciò non toglie che, di fronte alla povertà e alla sconclusionatezza culturale della sua «evoluzione» ideologica successiva alla guerra d'Etiopia or ora delineata, qualcuno possa chiedersi se – riferendoci ad essa come ad un fatto importante – non l'abbiamo sopravvalutata. In realtà un simile dubbio, a prima vista non immotivato, è assolutamente da respingere. Se non si ha ben presente quello che abbiamo definito il «nodo ideologico» attorno al quale Mussolini venne in questo periodo concependo il suo mondo morale, la sua politica e la sua personale missione storica è infatti impossibile capire veramente la sua azione politica, la logica di fondo che ne collegava le singole manifestazioni come

[108] Sulla cultura di Mussolini Suvich nelle sue memorie ha scritto: «Mussolini aveva una, sia pure frammentaria, ma vasta erudizione in alcuni campi storici. Conosceva particolarmente le circostanze del nostro Risorgimento e del periodo successivo; e poi a sprazzi, secondo le sue letture, assiduissime, vari periodi della storia antica – Impero romano – e della storia mondiale in genere. Era il tipo di erudizione di un autodidatta, ma sorretto da una acutezza di giudizi, da una immediata ricezione di idee e di dati e da una memoria formidabile.
«Le sue conversazioni nel campo di politica estera, di sociologia, di filosofia, di religione erano sempre interessanti e originali. La concezione poteva essere errata, e lo era alle volte, ma – all'infuori delle teatralità per la folla – non diceva mai cose banali».

tante tessere di un mosaico e l'intensità dell'impegno morale che egli vi metteva e sul quale agiva da moltiplicatore la particolare sua condizione caratteriale e psicologica da noi delineata. E, soprattutto, è impossibile capire la drammatica potenzialità del salto di qualità rappresentato dal passaggio dalla logica del «durare» a quella dell'«osare». Una potenzialità che in gran parte doveva sfuggire allo stesso Mussolini e che comunque finiva per fargli perdere ogni giorno di piú – contrariamente a quanto credeva – la percezione di quale fosse la reale «apertura massima del compasso» oltre la quale l'«osare» – nonostante le sue indubbie capacità politiche e il realismo del suo buon senso contadino – si trasformava inevitabilmente nella premessa della catastrofe.

A questo punto, prima di trarre alcune conclusioni da quanto sinora detto, è necessario mettere bene in chiaro una cosa. Per quanto decisivi per comprendere la personalità di Mussolini in questi anni, lo stato di salute, la condizione umana e psicologica, e persino l'evoluzione ideologica, che pure fu quello che piú incise (specie in alcune circostanze e soprattutto, come vedremo, nella crisi cecoslovacca), debbono sempre essere visti come aspetti, come componenti della politica mussoliniana e non sovrapposti meccanicamente ad essa, quasi a far scaturire questa da quelli. Gli anni di cui ci stiamo occupando furono certamente per Mussolini anni di involuzione, di grave involuzione, senza la quale è impossibile capirli e capire i successivi. Tuttavia ciò non vuol dire che l'azione politica di fondo di Mussolini non rimanesse sostanzialmente un'azione «politica», legata strettamente alla realtà interna ed internazionale e, anche se Mussolini avrebbe voluto in gran parte ignorarla, alla sua routine. Nonostante i suoi nuovi «orizzonti», il «duce» era troppo buon politico e realista, e insicuro, per ignorarla. E, anche se lo avesse voluto, il suo peso glielo avrebbe impedito. Capire questo è fondamentale. Ed è proprio perché fosse piú comprensibile che abbiamo preferito iniziare questo volume con due capitoli tutti politici e affrontare solo successivamente il «problema Mussolini»: perché fosse chiaro che certe scelte mussoliniane avevano una loro giustificazione politica (rispetto alla logica interna del regime, del fascismo e del potere di Mussolini) *anche a prescindere* dalla involuzione del «duce». L'importanza, il peso di questa furono indubbi, ma complementari, ed agirono sui processi politici di fondo, essenzialmente in senso radicalizzante, non determinante. Come vedremo, essi non costituirono mai l'elemento decisivo delle scelte essenziali. Tipico è in questo senso il caso della scelta in base alla quale Mussolini portò nel 1940 l'Italia in guerra a fianco della Germania. Ciò non vuole però dire che la politica di Mussolini si possa veramente capire senza tener sempre presente tale involuzione e la sua incidenza, tanto sotto il profilo della radicalizzazione da essa operata, quanto sotto quello della definizione di una certa scala di valori e di una certa prospettiva ideologica che – pur senza assumere mai un peso decisivo – indubbiamente influenzarono però varie singole scelte. Alcuni casi concreti varranno a spiegare meglio ciò che vogliamo dire.

Prendiamo innanzitutto quello dell'antibolscevismo. Nella seconda metà degli anni venti e soprattutto nel successivo quinquennio la polemica antibolscevica era andata in molti settori del fascismo perdendo vigore. La pianificazione sovietica aveva suscitato un vasto interesse, specie nel gruppo bottaiano gravitante attorno alla Scuola di scienze corporative di Pisa [109]. Lo stesso si può dire per il cinema e il teatro sovietici. Né erano mancate voci che si erano spinte sino a mettere in guardia contro coloro che guardavano all'Unione Sovietica con gli occhi della «letteratura politica d'appendice» dei fuorusciti russi o con la mentalità tipica dei conservatori piú incalliti o che avevano sostenuto che, grazie al bolscevismo, la Russia si stava finalmente avvicinando alla civiltà moderna. Veramente tipico (ma non fu il solo caso del genere) è quanto fu scritto nel settembre-dicembre 1931 nel corso di un dibattito su «Roma o Mosca?» svoltosi sulle colonne di «Critica fascista». Il dibattito, aperto in seguito ad un articolo di S. Panunzio (*La fine di un regno*) mirante a combattere queste tendenze e a sostenere che tra «Roma e Mosca» vi era una antitesi morale radicale, si concluse nel nome di una «nettissima antitesi». Esso è per noi di grande significato, perché molti degli interventi rivelano un interesse e una «disponibilità» per l'esperienza sovietica veramente notevoli, tanto da giungere in qualche caso a negare l'antitesi e a prefigurare un avvicinamento tra «Roma e Mosca». Bruno Spampanato in particolare, dopo aver messo in soffitta l'antitesi («Roma o Mosca era un motivo dialettico per la nostra prima attività politica») e averla sostituita con quella «Roma e Mosca o la vecchia Europa» («Due popoli soli... hanno affrontato il problema del regime, avviandosi alla democrazia nuova che caratterizzerà il secolo nostro... Il capitalismo si è scavato la fossa. A Roma e a Mosca ve lo hanno adagiato piú o meno bruscamente dentro...»), arrivava a parlare del bolscevismo russo come del «preludio del fascismo» [110]. Tutto ciò, sommato alle tesi esposte da Ugo Spi-

---

[109] Si veda, tra l'altro, la pubblicazione nel 1934 del volume *Bolscevismo e capitalismo*, una raccolta di scritti e discorsi di Stalin, Molotov, Kujbyšev e Grinko, e nel 1935 di quello *L'economia sovietica*, una raccolta di saggi di autori di tutto il mondo curata da G. Dobbert.
[110] B. SPAMPANATO, *Universalità di Ottobre. Roma e Mosca o la vecchia Europa?* e *Universalità di Ottobre. La crisi d'Europa*, in «Critica fascista», 1° e 15 novembre 1931, pp. 405 sgg. e 434 sgg. Nello stesso senso cfr. anche R. BERTONI, *Il trionfo del fascismo nell'Urss*, Roma 1934.

rito a Ferrara e a tutta una serie di altre prese di posizione piú o meno nello stesso senso, spiega bene reazioni come quella piú volte ricordata dal Cavallucci col suo drammatico grido d'allarme «il fascismo è sulla via di Mosca?»

Con la fine della guerra d'Etiopia questi discorsi non solo cessarono completamente, ma l'opposizione al bolscevismo si fece di nuovo nettissima, tornando a costituire uno dei cardini della ideologia e della propaganda fasciste. Le spiegazioni che di ciò si sono date sono state varie. Innanzi tutto la guerra civile spagnola e il carattere antibolscevico che fu dato all'intervento italiano in Spagna e, subordinatamente, il desiderio fascista di mettere in difficoltà e premere sui governi occidentali che appoggiavano i repubblicani spagnoli e sui partiti borghesi che sostenevano il fronte popolare in Francia. Poi l'occasione particolarmente propizia offerta al fascismo dagli avvenimenti interni russi, dai grandi processi e dalle purghe staliniane, per rilanciare il proprio ruolo di salvatore della civiltà occidentale dalla «barbarie asiatica del bolscevismo» e battere in breccia le simpatie per il comunismo risvegliate o suscitate in certi ambienti di antifascisti dormienti e di giovani dalle vicende spagnole e dalle delusioni per la politica di Mussolini. In realtà queste spiegazioni sono solo parzialmente vere, anche se lo stesso Mussolini sembrò talvolta accreditarle – specie la seconda – con una serie di prese di posizione personali [111]. In particolare, sono vere, ma non valgono che assai parzialmente per il fascismo piú genuino e per Mussolini, per i quali la motivazione di fondo dell'antibolscevismo fu in questo periodo piuttosto un'altra, derivante direttamente dalla idea mussoliniana della «nuova civiltà». Se il fascismo voleva costituire la «terza via», è chiaro infatti che non poteva esservi piú spazio per gli interessi e per le «disponibilità» per il bolscevismo sovietico di qualche anno prima. «Supercapitalismo» privato o monopolistico e «supercapitalismo» di Stato, democrazia borghese e bolscevismo erano, in questa logica, manifestazioni solo apparentemente diverse di quella stessa civiltà che il fascismo voleva superare. Parlando a Milano il 1° novembre 1936, Mussolini era a questo proposito chiaro [112]:

> Nessuna meraviglia – disse – se noi oggi innalziamo la bandiera dell'antibolscevismo. Ma questa è la nostra vecchia bandiera! Ma noi siamo nati sotto questo segno, ma noi abbiamo combattuto contro questo nemico, lo abbiamo vinto, attraverso i nostri sacrifici ed il nostro sangue. Poiché quello che si chiama bolscevismo

---

[111] Cfr. MUSSOLINI, XXVIII, pp. 154 sgg. e 194 sgg.; XXIX, pp. 61 sgg. (sull'Urss) e XXVIII, pp. 182 sg. e 227 sg.; XXIX, pp. 44 sg. (sulla Spagna e il comunismo in genere).
[112] *Ibid.*, XXVIII, p. 70.

o comunismo non è oggi, ascoltatemi bene, non è oggi che un supercapitalismo di Stato portato alla sua piú feroce espressione: non è quindi una negazione del sistema, ma una prosecuzione ed una sublimazione di questo sistema.

E dietro di lui si allinearono subito tutte le «sinistre» fasciste, dai bottaiani di stretta osservanza ai giovani dei GUF. Come scriveva R. Bilenchi, il bolscevismo era divenuto «non altro che uno dei due *estremi politicamente combacianti di una stessa civiltà materialista*»[113]. Compito del fascismo non era quello né di polemizzare con esso ricadendo, «pur dichiarando il contrario, nelle posizioni prese dai varii Stati democratici, liberali, capitalisti, borghesi», né di scimmiottarlo, ma di «essere piú rivoluzionari di Mosca» e di condannarla e vincerla «imponendo nel mondo le prove di una rivoluzione fascista». In questa logica, a R. Bilenchi che scriveva[114]

noi abbiamo già combattuto il comunismo e lo respingiamo come tecnica; alla violenza distruggitrice immediata del vecchio mondo capitalista noi opponiamo un gradualismo sia nella distruzione che nella riedificazione. Il che s'inquadra nel processo della storia d'Italia del secolo scorso, in cui la questione del proletariato è strettamente legata, da che Mazzini la rilevò per primo, al raggiungimento della integrità e della potenza italiana. Subordinando le rivendicazioni proletarie all'urgenza delle unità si iniziava quel gradualismo che, rifiutando la violenza per la violenza, dava avvio a quella successione di piani ideali che, compiuti colla grande guerra, sboccavano nella necessità ideale e pratica della rivoluzione fascista.

In quanto dottrina noi non solo respingiamo il comunismo perché abbiamo una storia ed una concezione dell'individuo diverse da quelle russe, ma ci prendiamo il grave compito di superare il comunismo aprendo il varco alla umana, vera civiltà del lavoro.

Cosí noi, popolo italiano, assumiamo la responsabilità di avere iniziato una rivoluzione contro il super-capitalismo

facevano eco B. Ricci, che, precisando che il fascismo doveva essere «piú rivoluzionario di Mosca», affermava[115]:

---

[113] R. BILENCHI, *I nemici della rivoluzione*, in «Critica fascista», 10 novembre 1936, pp. 3 sgg.
[114] ID., *Fascismo e bolscevismo. Appello ai polemisti*, in «Critica fascista», 1° febbraio 1937, pp. 99 sgg.
[115] B. RICCI, *Del «piú» e del «meno»*, in «Critica fascista», 1° giugno 1937, p. 269; nonché ID., *Quelli che si meravigliano*, ivi, 15 luglio 1937, p. 319: «Il Fascismo è rivoluzione e non Vandea, popolo e non casta, lavoro e non denaro».
Nello stesso numero di «Critica fascista» in cui apparve il secondo dei due scritti citati di B. Ricci erano anche due articoli di A. NASTI, *Orizzonte internazionale* e di T. NAPOLITANO, *Il «fascismo» di Stalin* che, nonostante il loro tono antibolscevico, erano cosí impegnati «a sinistra» che P. GENTIZON ne prese spunto per scrivere il già ricordato articolo *Moscou vu de Rome* che suscitò le preoccupazioni del Centro studi anticomunisti. Per la replica di «Critica fascista» all'articolo di P. Gentizon cfr. *ibid.*, T. NAPOLITANO, *Il «fascismo» di Stalin ovvero l'URSS e noi*, 1° ottobre 1937, pp. 396 sgg. L'episodio è interessante perché dimostra l'entusiasmo suscitato in vari settori del fascismo dalla speranza che la «sfida» al bolscevismo significasse l'inizio di una nuova politica sociale del regime.

ci sono e ci devono essere vari modi di superare Mosca nella sincerità, intensità, umanità e universalità della rivoluzione. Per esempio:

abolire non la proprietà, che recisa rinasce come la coda delle lucertole, ma il proletariato ossia i senza proprietà; ossia riconoscere la proprietà, e con lei lo sviluppo di tutte le potenze della personalità umana, come attributo inseparabile del produttore;

eliminare non l'iniziativa individuale ma l'accumularsi indefinito della ricchezza privata;

combattere in noi stessi e nel costume civile ogni avanzo di materialismo antistorico e antiquato, vero oppio del popolo e vera religione per signori;

unire progressivamente i popoli nel segno dell'Impero, che è l'unica internazionale possibile e giusta;

non fornicare col capitalismo mondiale, ma saperlo avere contro di sé, e rispondergli con l'adunata del 2 ottobre XIII

e faceva eco persino un bottaiano di stretta osservanza come F. M. Pacces, il quale sottolineava la profonda differenza esistente tra l'antibolscevismo fascista, volto al superamento di ogni tipo di capitalismo attraverso il corporativismo, e quelli capitalista, cattolico e nazista, tinto, questo, solo polemicamente di rosso, «ma in realtà, come sempre, rosso-bianconero», e animato non tanto da una vera consapevolezza antibolscevica, quanto dal suo antisemitismo e antirussismo e dal «vecchio mito tedesco» della marcia verso oriente[116].

Impostata in questi termini, la polemica antibolscevica costituí in realtà per Mussolini e per molti fascisti l'altra faccia, il completamento ideologico, anche se temporalmente si avviò, per motivi contingenti (quelli appunto in genere addotti per spiegarla), circa un anno prima, di quella antiborghese e se questa (pure per motivi contingenti, soprattutto di politica estera) non si dispiegò in tutta la sua conseguenzialità «teorica» sino a concretizzarsi in una vera e propria presa di posizione statuale contro la democrazia, come avvenne invece con il patto anti-komintern per l'antibolscevismo. Veramente significativo è che su questa impostazione si trovasse d'accordo persino C. Pellizzi nel suo *«Borghese» e borghesia* che, pure, come si è detto, polemizzava con certi eccessi della polemica antiborghese. Anche per lui polemica antibolscevica e polemica antiborghese correttamente intesa erano una sola cosa.

---

[116] F. M. PACCES, *Antibolscevismo e antibolscevismi varî*, in «Critica fascista», 1º luglio 1937, pp. 289 sgg. (editoriale).

Spunti antinazisti – anticomunismo per «necessità geografiche» e assenza di vero spirito anticapitalista – erano presenti anche nell'articolo già citato di R. BILENCHI, *I nemici della rivoluzione*. Nello stesso senso e cioè in quello della necessità di distinguere tra i vari anticomunismi e di non degradare quello fascista («che è un anticomunismo rivoluzionario che ha saputo creare alle classi lavoratrici un nuovo stato sociale nel quale esse hanno trovato le reali e concrete fonti del loro elevamento morale e materiale») al livello di quello conservatore cfr. anche A. MELCHIORI, *Roma e Mosca*, Roma 1937, la cui argomentazione manca però della genuinità che si riscontra in altri scritti del tempo, come quelli ora ricordati.

Il Fascismo – scriveva [117] – mira alla scomparsa del paria sociale, del proletariato *puro*. Esso mira anche alla scomparsa del supercapitalismo, ossia del tirannello *borghese*. Il suo fine dunque non è di ridurre, ma anzi di estendere quanto piú possa, su basi etico-giuridiche, il fenomeno economico-sociale della piccola e media borghesia.

Sia ideologicamente sia politicamente il fatto è tutt'altro che da sottovalutare. Non è certo un caso che quando, alla vigilia dello scoppio della seconda guerra mondiale, Hitler e Stalin si accordarono, molti sinceri fascisti ne rimasero sgomenti, sentirono il bisogno di ribadire il *loro* anticomunismo e di negare che si potesse considerare il regime bolscevico un «fascismo rosso» [118] e in qualche caso arrivarono a pensare che il «tradimento» nazista potesse (o dovesse) sciogliere (o liberare) l'Italia dai vincoli contratti con il «patto d'acciaio».

Ugualmente da non sottovalutare è l'incidenza, sia «positiva» sia «negativa», dell'idea della «nuova civiltà» sul problema dell'atteggiamento verso il nazismo e sui rapporti italo-tedeschi. Anche a questo proposito ridurre tutto a motivi di politica estera e/o alla presunta sostanziale identità dei due regimi sarebbe sbagliato. I motivi di politica estera furono certo quelli nettamente prevalenti e in ultima analisi decisivi; alla loro affermazione contribuí però in qualche misura (e, a nostro avviso, da non sottovalutare appunto) anche l'idea della «nuova civiltà» e questa a sua volta ebbe certamente una influenza notevole sul modo con cui – pur nell'ambito dell'Asse prima e del «patto d'acciaio» dopo – si definí l'atteggiamento di larghi settori del fascismo e dello stesso Mussolini nei riguardi del nazismo e dei rapporti presenti e soprattutto futuri, a livello cioè di «nuova civiltà» e di «nuovo ordine», con esso. E ciò anche se, indubbiamente, dopo il giugno '40 a questo livello e soprattutto a quello concernente il «nuovo ordine» fu messa la sordina a certi discorsi, sfumandoli e circoscrivendoli in genere al campo economico onde evitare contrasti e polemiche troppo esplicite con i tedeschi. Anche a questo proposito non mancano testimonianze significative. Basti pensare a quanto avrebbe scritto nel 1941 nel già piú volte citato *Confidenze e convinzioni* un fascista moderato e tutt'altro che portato a cavalcare l'utopia come A. De Stefani [119]:

> L'ordine nuovo europeo, di cui si parla però senza la necessaria chiarezza forse per evitare le intempestive compromissioni, non può limitarsi ad essere un nuovo

---

[117] C. PELLIZZI, «*Borghese*» *e borghesia* cit., p. 332.
[118] Cfr. a mo' di esempio M. RIVOIRE, *Situazione contraddittoria*, in «Critica fascista», 1° ottobre 1939, pp. 365 sgg. in cui, tra l'altro, l'autore si ricollegava esplicitamente all'articolo del settembre 1931 *La fine di un regno* di S. Panunzio per ribadire l'esistenza di «una profonda insuperabile antitesi tra fascismo e bolscevismo».
[119] A. DE STEFANI, *Sopravvivenze e programmi nell'ordine economico* cit., pp. XXI sg.

ordine economico né uno statuto nuovo che attui un minimo di unità politica europea. Non può rimanere sul piano del materialismo classista piú o meno generalizzato e dittatoriale... Se il nuovo ordine europeo ha da essere, come si vuole, antiplutocratico ed anticomunista, il problema di una nuova civiltà, nonostante l'ardua impresa di purificare la vita da un clima tutto pervaso di relativismo e di materialismo, non può a meno di presentarsi. Non possiamo pensare che la nostra lotta contro il materialismo e contro i suoi antecedenti e conseguenti dottrinari e di fatto, sia un espediente tattico usato per far accettare ai popoli condotti a lottare contro di esso, una giustificazione antimitica, e cioè mitica essa stessa, con la consapevolezza che il materialismo non può essere vinto né in noi stessi né nell'ordine sociale... Il nuovo ordine europeo sarà un fatto politico d'importanza trascendente e non un semplice spostamento nei rapporti di forza, frutto di un diverso raggruppamento politico, soltanto se contribuirà al risanamento delle gerarchie materialistiche e ad una sostituzione di valori a pseudo-valori.

Un altro caso che merita di essere visto da vicino è quello dei rapporti con la Germania. L'inizio della svolta nei rapporti italo-tedeschi avvenne nel giugno-luglio '36, allorché, conclusosi il conflitto etiopico, Mussolini, sotto lo stimolo di Ciano, dovette convincersi che la riconciliazione con l'Inghilterra non sarebbe stata facile e avrebbe avuto bisogno di tempi abbastanza lunghi e pensò che per giungere ad essa fosse opportuno minacciare Londra e soprattutto Parigi con la carta tedesca e, intanto, non rimanere isolato. Sino allora Mussolini aveva lasciato cadere le avances di Hitler. Nel settembre dell'anno prima, quando questi gli aveva fatto sapere tramite il professor Guido Manacorda, che si era recato da lui per presentargli la sua edizione italiana del *Faust*, che non avrebbe partecipato ad eventuali sanzioni contro l'Italia, il suo commento era stato: «Già, cosí la Germania si farà la sua riserva aurea alle nostre spalle»[120]. E ancora nel luglio '36, pur piegandosi ad assumere un diverso atteggiamento verso Berlino, disse a Bastianini che Hitler doveva stare attento ai «mali passi» ed evitare di suscitare una nuova coalizione contro la Germania[121]. Come da questo atteggiamento iniziale si arrivò all'Asse e al «patto d'acciaio» lo si vedrà nei prossimi capitoli. Ciò che qui ci importa chiarire è che se da parte italiana si giunse all'alleanza sulla base di considerazioni tutte dettate dalle esigenze del gioco diplomatico di Mussolini e di Ciano e nonostante il «duce» e larghi settori del gruppo dirigente fascista avessero molte e sostanziali riserve sulla Germania e sul nazismo, una parte piú o meno consapevole nello spianare la strada all'alleanza l'ebbe anche la suggestione della «nuova civiltà».

Pur avendo rispetto ed ammirazione per il senso della disciplina e le capacità organizzative del suo popolo, Mussolini aveva sempre nutrito

---

[120] G. BOTTAI, *Diario*, ff. 974 sgg.
[121] G. BASTIANINI, *Uomini, cose, fatti* cit., p. 45.

verso la Germania una ostilità di fondo, intessuta di sospetto e di timore (per non dire di paura tout-court) cosí radicati e che non avrebbe mai dismessi da spingerlo un giorno a spiegare a C. Pellizzi l'alleanza in questi termini: «i tedeschi sono amici difficili e nemici terribili, ho scelto di averli amici». Verso il nazismo il suo atteggiamento era rimasto sempre molto critico [122]. Come ha scritto Acerbo [123],

Mussolini da principio aveva avuto scarsa fiducia e poca considerazione del movimento nazista, mettendone in dubbio e sovente anche in ridicolo i postulati ed i metodi, e prendendosi comunque cura di chiarire, in ogni circostanza, che essi non avevano nulla in comune con i principi e la prassi del fascismo se si escludeva il fatto che per una parte ne erano una cattiva copia, quando invece per il resto rappresentavano idee e norme non accettabili dal temperamento degli italiani se non addirittura ad essi ripugnanti. E molti ricorderanno il tono di compatimento, talvolta indulgente tal'altra sarcastico, con cui egli prima del 1935 parlava di Hitler.

Né le cose cambiarono sostanzialmente dopo il '36, salvo che per un certo tempo – grosso modo sino allo scoppio della seconda guerra mon-

---

[122] Cercando di sintetizzare il rapporto Mussolini-Hitler, F. Suvich ha scritto nelle sue memorie: «All'origine c'era la diversità di carattere, di mentalità, di origine etico-culturale dei due protagonisti: l'uno latino e cattolico, l'altro – anche se nato in Austria – prussiano e pagano; l'uno concreto e possibilista, l'altro astratto e fanatico. Questa diversità si rifletteva anche nel reciproco atteggiamento dei due uomini: Mussolini non ha simpatizzato per Hitler: prima ha cercato di dirigerlo, poi lo ha osteggiato e poi lo ha subito... Hitler ha creduto nel suo incontro con Mussolini come a un fatale evento per capovolgere il mondo e credeva nel principio di amicizia che lo legava a Mussolini (dico principio e non sentimento, perché non so se Hitler fosse capace di sentimenti) e gli è rimasto fedele anche nelle avversità – la "Deutsche Treue" (fedeltà tedesca). Mussolini ha sempre considerato Hitler un anormale e lo proclamato principio dell'amicizia fra i due uomini gli dava fastidio. Io non ho seguito piú questi rapporti negli anni successivi alla mia presenza agli Esteri, ma non mi maraviglierei se Mussolini, pure nella sua impotenza, quando ha dovuto affidarsi anima e corpo all'altro, lo avesse odiato.
«Nei riguardi dei reciproci regimi i sentimenti erano diversi: Hitler non credo avesse nessuna considerazione del Fascismo come espressione del popolo italiano, del quale aveva un concetto molto modesto, lo considerava soltanto come espressione della concezione politica di Mussolini; Mussolini derideva l'ideologia hitleriana, ma strumentalizzava, fino a che ha potuto, ai suoi fini il Nazismo, e quando è diventato succubo di Hitler non lo è stato per la personalità di Hitler o per la ideologia del movimento ma per il suggestivo e grandioso quadro di organizzazione militare che si era creato in Germania.
«Forse si potrebbe dire che Hitler ha creato il movimento sulla ideologia, mentre Mussolini ha adattato la ideologia alle esigenze del movimento.
«Altro elemento di incompatibilità fra i due movimenti era il povero concetto che Hitler aveva del popolo italiano: ad onta delle sue affermazioni in contrasto; questo risulta anche dal *Mein Kampf.* Anzi Hitler aveva tanta maggiore stima di Mussolini, in quanto egli era arrivato a fare quello che aveva fatto con un popolo cosí indisciplinato, scettico e con poco senso della solidarietà nazionale, come il popolo italiano. Per quanto ciò rimanesse nel sottofondo, non era certo un apprezzamento che Mussolini potesse accettare.
«Ho avuto nelle mani – non ricordo come mi sia pervenuto – un programma che girava tra i Gauleiter sulla futura organizzazione dell'Europa: il centro direzionale sarebbe stato nelle mani dell'elemento tedesco, assistito a parità di condizioni da inglesi e altri nordici. La Francia era anche ammessa nel gruppo direzionale. Italiani, iberici, greci e altri mediterranei erano nel gruppo dei soggetti. Non so se il documento fosse autentico, comunque era significativo della mentalità e della tendenza dei nazisti».
[123] G. ACERBO, *Fra due plotoni di esecuzione* cit., p. 420; nonché *Mussolini il duce*, I, pp. 428 sg., 496 e 505. Per il giudizio, pure negativo, di Mussolini sul gruppo dirigente nazista cfr. Y. DE BEGNAC, *Palazzo Venezia* cit., pp. 616 sg.

diale e, forse, in qualche misura sino alla campagna di Grecia – il «duce» si illuse di poter giocare sulla grande e sincera ammirazione politica e personale che Hitler nutriva per lui per tenerlo a freno e imporgli la *sua* politica. Il diario di Bottai testimonia che verso la fine del '37 Mussolini ragionava negli stessi termini con i quali si sarebbe espresso nel '45 col Fossani: «i tedeschi dirigano loro la guerra, lascino dirigere a me la politica»[124]. Per il resto, nel suo intimo, il «duce» «continuò a nutrire un'inestinguibile avversione» per il regime nazista, via via resa piú lancinante da una «torturante gelosia» per la potenza e i successi di Hitler[125] Né la cosa a ben vedere può meravigliare.

Anche a prescindere dal suo sospetto e dal suo timore per la Germania e le sue mire espansionistiche ed egemoniche, troppi erano gli aspetti del nazionalsocialismo che egli non poteva accettare, per convinzione, per opportunità politica, per la suggestione imitativa che esercitavano in certi settori del fascismo. Per limitarci ai piú importanti, ricordiamo la concezione dello Stato e del partito, il razzismo di stampo biologico con la relativa appendice della superiorità della razza ariana e – soprattutto negli anni in cui l'Asse prese corpo – la concezione della futura economia nazionale ed internazionale.

Ovviamente, un po' per opportunità politica e un po' per la sua diffidenza verso tutti, Mussolini si guardava bene – salvo in qualche raro momento di particolare irritazione o di particolare abbandono – dal mettere in piazza queste critiche. Eppure non mancano elementi, sia diretti sia indiretti, per documentarle. Cosí come non mancano elementi che testimoniano che, anche dopo il giugno del '40, con incosciente faciloneria egli continuò a credere che dopo la vittoria del Tripartito certe concezioni naziste non sarebbero state destinate al successo, si sarebbero dovute rivedere e che, comunque, non avrebbero contagiato, grazie alla sua superiore civiltà, l'Italia[126].

Pur tenendo conto di tutto ciò, crediamo tuttavia difficile negare – come già dicevamo – che la suggestione della «nuova civiltà» non abbia anch'essa giocato un suo ruolo attivo nello spianare, consapevolmente o no poco importa, la strada all'alleanza. Se molte e talvolta irriducibili erano le differenze e le incompatibilità tra il fascismo – specie nella concezione di Mussolini – e il nazionalsocialismo, una cosa e importante i

---

[124] G. BOTTAI, *Diario*, f. 546.
[125] G. ACERBO, *Fra due plotoni di esecuzione* cit., p. 420; D. GRANDI, *Frammenti di diario*, 17 novembre 1944, «Io e Mussolini», in *Archivio D. Grandi*, b. 152, fasc. 199, sott. 6, ins. 2, è anche piú drastico: «Uno degli uomini che egli ha odiato di piú al mondo è stato Hitler. Sembra questo un paradosso, ed è la pura verità».
[126] Cfr., per esempio, G. CIANO, *Diario* cit., pp. 632 sg.; B. SPAMPANATO, *Contromemoriale*, Roma 1952, II, pp. 130 sgg.

due movimenti avevano in comune: l'ostilità ideologica e, ancor prima, psicologica e morale per la «vecchia» civiltà e per il «vecchio» ordine internazionale e per le sue manifestazioni piú caratteristiche, la democrazia borghese e il bolscevismo e con essa il mito di una «nuova civiltà» della quale essi dovevano essere i portatori. Non a caso il 26 marzo 1939, parlando a Roma alla «vecchia guardia» squadrista, Mussolini avrebbe detto [127]:

> L'Asse non è soltanto una realizzazione fra due Stati: è un incontro di due rivoluzioni che si annunciano in netta antitesi con tutte le altre concezioni della civiltà contemporanea. Qui è la forza dell'Asse e qui sono le condizioni della sua durata.

Di fronte a questa comunione di nemici e di obiettivi, era facile che il fatto che vi fossero molte e talvolta irriducibili differenze a tutti i livelli (di ideologia, di tattica, di mezzi, di concreta realizzazione della «nuova civiltà») perdesse in qualche misura di peso, diventasse qualche cosa da tenere sí ben presente, ma da non «sopravvalutare», da affrontare e risolvere in un secondo tempo, dopo la sconfitta del «vecchio ordine». E ciò soprattutto per Mussolini, un po' per la sua fiducia nella propria abilità politica e influenza personale su Hitler e nella superiorità dello «spirito italiano», un po' per la sua sicurezza nel proprio «senso del limite» e spregiudicatezza politica, un po' per la sua convinzione che per l'Italia si trattasse di bruciare i tempi e raggiungere certi obiettivi *necessari* mentre poteva ancora giovarsi del suo «genio» e della sua guida. Il che contribuisce a spiegare, per un verso, perché Mussolini si indusse ad un'alleanza che nel suo intimo temeva e, al fondo, non voleva e, per un altro, perché – nonostante l'Asse e persino il «patto d'acciaio» e tutta la retorica sui due popoli e i due regimi che marciavano «spalla a spalla» in una «granitica unità di spiriti e di intenti» – Mussolini e il fascismo a lui piú vicino, quello piú partecipe appunto del mito della «nuova civiltà», non fecero nulla o ben poco per eliminare le differenze e le incompatibilità tra fascismo e nazionalsocialismo e, anzi, nei limiti del possibile, tennero sempre (esplicitamente o no anche questo poco importa) a rimarcarle e a rivendicare la giustezza delle proprie posizioni politiche ed ideali. E contribuisce anche a spiegare perché le prime concrete forme di collaborazione tra gli apparati dei due regimi si realizzarono in quei campi in cui esisteva un'effettiva concordanza [128].

---

[127] MUSSOLINI, XXIX, p. 251; nonché l'accenno nella intervista di R. Strunk del «Völkischer Beobachter», pubblicata da tale giornale il 18 gennaio 1937 e riprodotta solo parzialmente da «Il popolo d'Italia» del giorno dopo e ora in MUSSOLINI, XXVIII, p. 105.

[128] Tipici sono a questo proposito i contatti e gli accordi che nel 1936-37 si ebbero a livello delle due polizie e che riguardarono l'azione antibolscevica e contro i fuorusciti, mentre, in questa prima fase, da parte italiana furono lasciati cadere i tentativi fatti dai tedeschi per estenderli anche a quella

A parte l'accenno al diverso corso delle due rivoluzioni contenuto nel discorso pronunciato a Berlino il 28 settembre 1937 [129] e la vigorosa sottolineatura «ogni nazione avrà il suo fascismo» nel già ricordato articolo *Europa e Fascismo* del 6 ottobre successivo, Mussolini si astenne dal toccare in pubblico il problema delle differenze tra fascismo e nazionalsocialismo. Né la cosa può meravigliare. È però assai significativa la lettura di alcune opere da lui più o meno direttamente ispirate o comunque da lui lette e approvate prima della pubblicazione apparse in questi anni e non solo in quelli in cui si preparava l'alleanza, ma anche in quelli successivi al «patto d'acciaio». In esse non solo gli accenni al nazismo sono minimi o addirittura mancano del tutto, per esempio in *Processo alla borghesia* (curato da E. Sulis e apparso nell'aprile 1940), ma non di rado il discorso che vi è svolto era in serrata anche se non esplicita polemica con esso e prospettava una concezione del fascismo e della «nuova civiltà» che nulla aveva in comune con quella del nazionalsocialismo. Tipico è il caso della già ricordata *Rivoluzione ideale* di Edgardo Sulis, che l'aveva scritta su esplicita indicazione di Mussolini («ordine» dirà nella lettera con cui a metà dicembre del 1939 gliene manderà la prima copia) dopo un colloquio avuto con lui il 24 marzo dell'anno prima e che Mussolini aveva letta e approvata in precedenza e, quel che più conta, doveva aver trovato di suo pieno gradimento dato che poco dopo affidò al Sulis il delicato compito di compilare una raccolta di brani tratti dai suoi scritti e discorsi per il volume *Mussolini contro il mito di Demos* [130]. In essa, sin dalle prime pagine [131], l'autore metteva bene in rilievo che la definizione «Fascismo uguale Stato autoritario e totalitario» doveva essere considerata «parziale»:

> Altri popoli – scriveva – si son dati e si daranno uno Stato autoritario e totalitario: ma non pertanto si può parlare di Fascismo anche se le restaurazioni di alcuni stati si chiamano fasciste per distinguerle da quella bolscevica... Bisogna guardare al Fascismo nel suo atteggiamento, nella sua coscienza di fronte alla civiltà attuale... Noi non possiamo difendere l'ordine che non è nostro e non abbiamo ancora instaurato l'ordine della nuova civiltà... Il transitorio potenziamento di alcuni caratteri della civiltà attuale che si verificano nei regimi totalitari in genere, non ha che spartire con la Rivoluzione fascista.

contro gli ebrei (cfr. R. DE FELICE, *Storia degli ebrei italiani sotto il fascismo* cit., pp. 244 sg. e 533 sgg.); nonché quelli tra i rispettivi organi preposti alla prevenzione e propaganda antibolscevica (ACS, *Min. Interno, Dir. gen. PS, Div. affari gen. e ris.* [1903-49], b. 430).
[129] MUSSOLINI, XXVIII, p. 249.
[130] ACS, *Segreteria particolare del Duce, Carteggio ordinario (1922-43)*, fasc. 509534, «Sulis Edgardo». A proposito del Sulis vale la pena ricordare che alla fine dell'ottobre 1932 egli era stato condannato a due anni di confino per un vivace contrasto, in parte personalistico in parte politico, con le autorità del suo paese natale in Sardegna.
[131] E. SULIS, *Rivoluzione ideale* cit., pp. 15, 16, 18.

Passato poi a parlare della «nuova civiltà» fascista, il Sulis dedicava un intero capitolo al problema della «nuova aristocrazia», presentandola come la base di tale civiltà e sottolineando che sarebbe stata un'aristocrazia «della coscienza del fine e assolutamente spirituale» e non «materiale, del sangue»: un discorso che se, per un verso, si riferiva all'aristocrazia tradizionale, alla nobiltà, per un altro si riferiva però anche a quella nazista del sangue [132]. E infine, un altro capitolo era dedicato al problema della «macchina e lavoro» in cui, come in tutto il libro, non si faceva il minimo cenno al nazionalsocialismo, ma in realtà si polemizzava di continuo con esso.

Né, a ben vedere, Mussolini procedette molto diversamente persino a proposito di quelle differenze e incompatibilità che l'opportunità politica gli impose di sacrificare sull'altare dei sempre piú stretti rapporti con la Germania. Il caso piú tipico è quello della concezione della razza.

Mussolini non era mai stato razzista e neppure antisemita [133], anche se ad un certo momento – per «smentire» l'autenticità di quanto Ludwig gli aveva messo in bocca [134] e per controbattere coloro che l'accusavano di esserlo diventato per imitazione o addirittura per le pressioni naziste – affermò di esserlo stato sin dagli anni del primo dopoguerra e riesumò a questo scopo alcuni suoi articoli del 1919-22 [135], che in realtà dimo-

---

[132] *Ibid.*, pp. 85 sgg.
[133] Volendo essere piú precisi si può dire:
   a) che Mussolini personalmente non aveva, e sostanzialmente non ebbe neppure dopo essere giunto al potere, vere prevenzioni antisemite; gli Ebrei in genere non gli erano né particolarmente simpatici né particolarmente antipatici; riconosceva loro tutta una serie di doti e di capacità, specie nel campo economico-finanziario, e, per certi aspetti, ne aveva anzi, come popolo, un notevole rispetto; certo, egli non andava esente da alcuni spunti e pregiudizi antisemiti, questi non erano però in lui determinanti e non andavano oltre quel minimo comune un po' a molti uomini della sua generazione e della sua formazione culturale;
   b) che, in ogni caso, questo fondo d'antisemitismo tradizionale non aveva su di lui conseguenze pratiche: non gli impedí, per esempio, di collaborare a pubblicazioni fatte da Ebrei (come nel 1908 a «Pagine libere» dell'Olivetti) e di avere tra i suoi amici e collaboratori anche piú intimi degli Ebrei come Cesare e Margherita Sarfatti e l'avvocato E. Jarach;
   c) che, tanto meno, questo fondo d'antisemitismo tradizionale non ebbe a lungo quel carattere «razzista» che dopo il 1938 gli apologeti della campagna razziale e lo stesso Mussolini vollero dargli;
   d) che, ancora, questo fondo d'antisemitismo tradizionale non aveva e non ebbe sino al 1936-1937 significato politico; il Mussolini delle «origini» e degli anni successivi sino alla campagna razziale non sposò mai le tesi estreme di Preziosi (che mai ebbe su di lui vera influenza e dimestichezza e per il quale, anzi, Mussolini non aveva, personalmente, alcuna simpatia) e di simili corifei italiani e stranieri dell'antisemitismo ad oltranza;
   e) che, oltre tutto, in lui vi era un certo timore, diciamo cosí reverenziale, per la «potenza ebraica» nel mondo.
[134] Cfr. E. LUDWIG, *Colloqui con Mussolini* cit., pp. 70 sgg.; nonché, per le reazioni di Ludwig ai provvedimenti razziali fascisti il suo articolo *Adieu Mussolini*, in «Lyon-Républicain», 18-20 dicembre 1938.
[135] I principali tra questi articoli erano *I complici* e *Ebrei, Bolscevismo e Sionismo italiano*, apparsi su «Il popolo d'Italia» del 4 giugno e del 19 ottobre 1919 (MUSSOLINI, XIII, pp. 168 sgg. e XV, pp. 269 sgg.) e, ma già con un tono parzialmente diverso, *Rappresaglia*, sempre su «Il popolo d'Italia» del 25 giugno 1922 (MUSSOLINI, XVIII, pp. 256 sg.); cfr. su di essi R. DE FELICE, *Storia degli ebrei italiani sotto il fascismo* cit., pp. 68 sgg.

strano solo che egli aveva condiviso alcuni luoghi comuni sull'ebraismo allora molto diffusi e oscillato tra diverse e contrastanti interpretazioni dell'ebraismo stesso. Tanto è vero che in quello stesso periodo, in occasione del suo primo discorso parlamentare, parlando della situazione palestinese e della politica del governo d'allora verso di essa e avendo criticato la politica filo ebraica attuata dall'Inghilterra in Palestina, aveva tenuto a premettere che nelle sue parole non si doveva vedere «alcun accenno ad un antisemitismo che sarebbe nuovo in quest'aula», ma solo un giudizio politico [136]. Giunto al potere il razzismo e l'antisemitismo erano stati da lui visti per anni sempre in termini politici e condannati. Tipico è a questo proposito un passo del messaggio personale che il 31 marzo 1933 aveva fatto pervenire ad Hitler nel vano tentativo di indurlo a non insistere nella sua lotta contro gli ebrei:

> Ogni regime ha non solo il diritto ma il dovere di eliminare dai posti di comando gli elementi non completamente fidati, ma per questo non è necessario, anzi può essere dannoso, portare sul terreno della razza – semitismo e arianesimo – quello che è invece semplice misura di difesa e di sviluppo della rivoluzione [137].

Come abbiamo già avuto occasione di accennare, questo atteggiamento cominciò a mutare solo in occasione della guerra d'Etiopia, quando Mussolini si convinse che l'«ebraismo internazionale» gli era ostile e si muoveva in una prospettiva decisamente antifascista. Ugualmente, fu dopo il conflitto etiopico – lo si è pure già visto – che, preoccupato dall'idea che nei territori dell'impero si sviluppassero forme di meticciato e indignato dall'assenza di «dignità razziale» dimostrata dai militari e dai civili in Etiopia, pose sul tappeto il problema di dare una «coscienza razziale» agli italiani. Il tutto in una prospettiva che sarebbe stata di là a qualche tempo quella della polemica antiborghese e della «rivoluzione culturale» fascista entro cui si inseriva tale polemica. Alla teorizzazione di un razzismo fascista e ai veri e propri provvedimenti contro gli ebrei italiani o che vivevano in Italia si giunse però solo dopo due anni, attraverso una serie di fasi preparatorie dell'opinione pubblica scandite da tre fatti principali: nell'aprile 1937 la pubblicazione del libro di Paolo Orano *Gli ebrei in Italia*; il lancio, il 14 luglio 1938, del cosidetto «manifesto della razza», redatto da un gruppo di *scienziati* sotto l'egida del ministero della Cultura popolare e con il diretto intervento di Mussolini [138] e che, al nono paragrafo, intitolato «Gli ebrei non appartengono

---

[136] Cfr. MUSSOLINI, XVI, p. 439.
[137] Per tutta la vicenda cfr. R. DE FELICE, *Storia degli ebrei italiani sotto il fascismo* cit., pp. 128 sgg.
[138] In Gran Consiglio, il 6 ottobre 1938, Mussolini affermò a proposito del «manifesto»: «Sono

alla razza italiana», conteneva questa affermazione: «Gli Ebrei rappresentano l'unica popolazione che non si è mai assimilata in Italia, perché essa è costituita da elementi razziali non europei, diversi in modo assoluto dagli elementi che hanno dato origine agli italiani»; e, infine, la riunione del Gran Consiglio del 6 ottobre 1938 che stabilí l'introduzione dei provvedimenti stessi [139].

Anche se non si devono dimenticare le responsabilità di certi elementi del gruppo dirigente fascista e dello stesso *entourage* mussoliniano, non vi è dubbio che la responsabilità della decisione di introdurre l'antisemitismo di Stato in Italia deve essere tutta attribuita a Mussolini. Riassumendo, si può dire che la prima causa della decisione di Mussolini – prima, sia ben chiaro, in ordine di tempo, non certo di importanza – va ricercata in alcune prese di posizione antifasciste ed antitaliane di singoli ebrei e di organizzazioni ebraiche straniere in occasione della guerra di Etiopia e, poi, di quella di Spagna. Nella situazione di isolamento morale in cui l'Italia venne a trovarsi in quegli anni, Mussolini (e qui sarebbe interessante riuscire a stabilire sotto quali influenze) fu portato a generalizzare queste prese di posizione e a credere che l'«internazionale ebraica», alleata dei nemici del fascismo, fosse scesa in guerra contro di lui. Il fallimento dei passi fatti intraprendere ad alcuni ebrei italiani, come si è accennato, durante la crisi etiopica a Ginevra, Parigi e Londra per scongiurare le sanzioni dovette confermarlo in questa convinzione, che gli fu vieppiú confermata – e con ciò arriviamo alla seconda causa – dal fatto che quasi contemporaneamente alcuni industriali e uomini d'affari ebrei italiani, che sino allora erano stati favorevoli o non ostili alla sua politica, cominciarono a nicchiare e a muovere critiche piú o meno velate ad essa e in particolare alle sue conseguenze economiche. Non è certo privo di significato che, parlando con Y. De Begnac nel '41, gli avrebbe detto: «Mi accorsi dell'ostilità ebraica verso il fascismo allorché, in economia, incominciò a svolgersi la nostra politica di emergenza» [140]. Né va sottovalutato un episodio, in sé quasi insignificante, ma che agli occhi di Mussolini dovette assumere un valore emblematico, tanto da riferirlo in Gran Consiglio il 6 ottobre '38 a riprova della necessità dei provvedimenti in discussione [141]: l'arresto a Firenze nell'aprile di quell'anno di Gia-

---

io, che, praticamente, l'ho dettato». G. BOTTAI, *Diario*, f. 611. Per quel che se ne sa, in realtà Mussolini dovette soprattutto intervenire sul testo elaborato dagli *scienziati*.
[139] Cfr. per tutto *ibid.*, pp. 254 sgg. Per il testo integrale del «manifesto della razza» si veda in *Appendice*, documento 5.
[140] Y. DE BEGNAC, *Palazzo Venezia* cit., p. 643.
[141] G. BOTTAI, *Diario*, f. 611. Sulla vicenda cfr. ACS, *Min. Interno, Dir. gen. PS, Casellario politico centrale*, fasc. «Lumbroso Giacomo». È da notare che il Lumbroso, ex nazionalista passato al fascismo nel 1920 e dopo la «marcia su Roma» esponente del dissidentismo toscano, si era rifiutato

como Lumbroso per aver diffuso manifestini a firma «un gruppo di combattenti e vecchi fascisti» contro l'Anschluss e l'imminente visita in Italia di Hitler. Che un vecchio squadrista come il Lumbroso potesse arrivare a tanto dovette essere per lui l'ennesima prova di quanto lo «spirito ebraico» fosse *dissolvitore* di tutti i «valori nazionali». Il peso di questi motivi fu però certo non inferiore di quello rappresentato dal prendere corpo in lui (anche sotto il loro stimolo) della convinzione – lo si è visto – che lo spirito della «razza» giudeo-cristiana (di cui gli ebrei avrebbero costituito la quintessenza, per la loro maggiore coesione e purezza razziale e per i loro legami sovranazionali) rappresentasse l'anticorpo «spirituale» che si opponeva al pieno dispiegamento tra gli italiani dei positivi valori greco-romani e che teneva viva la «mentalità» borghese. Ciò non toglie che il fatto *decisivo*, quello che dovette far sí che tutte queste cause *tendenziali* facessero corpo e inducessero Mussolini ad imboccare la via dell'antisemismo di Stato, fu un altro. Fu il nuovo corso preso dai rapporti italo-tedeschi.

Arrivati al punto a cui questi rapporti erano arrivati nel 1938 la scelta antisemita era praticamente ormai obbligata. Per motivi *pratici*, dato che i rapporti sempre piú numerosi e a tutti i livelli tra Italia e Germania rendevano ogni giorno piú inaccettabile l'assurdo, imbarazzante e sgradevole fatto che allo stesso tavolo potessero sedere come rappresentanti dei due paesi tedeschi convinti antisemiti e persecutori di ebrei e italiani di religione ebraica. Per motivi *politici*, dato che la difformità in materia di politica ebraica che caratterizzava i due regimi costituiva un cosí stridente elemento di contrasto da togliere all'Asse gran parte di quella credibilità che, invece, Mussolini voleva che essa avesse sia all'estero sia all'interno. Né è affatto da escludere che essa servisse in quel particolare momento a Mussolini per dare ad Hitler un «pegno» – ai suoi occhi non troppo impegnativo, ma per il Führer di grande significato – mentre rifiutava ancora di stringere con lui quella formale alleanza che i tedeschi gli chiedevano con tanta insistenza e che lui ancora recalcitrava a sottoscrivere [142]. Ciò che invece si deve assai probabilmente escludere è che i tedeschi abbiano influito sulla decisione di Mussolini con una esplicita richiesta. Nel 1938 il «duce» non avrebbe tollerato un intervento diretto di Hitler di questo tipo, né questo l'avrebbe tentato. Né, del resto, alcun documento o alcuna testimonianza ha sino ad

---

nel 1930 di rientrare nel partito e si era convertito al cattolicesimo al momento del suo matrimonio con una nobil donna (il che spiega l'interessamento in suo favore di p. Tacchi Venturi sia prima sia dopo la sua condanna a cinque anni di confino).

[142] La tesi del «pegno» è stata adombrata da A. TAMARO, *Venti anni di storia (1922-1943)*, Roma 1954, III, pp. 305 sgg.

oggi minimamente fatto sospettare un simile intervento diretto e, anzi, vi è una precisa annotazione in contrario di Ciano: alla data del 3 dicembre '37 (quando cioè la preparazione del terreno per i provvedimenti era già iniziata) egli scriveva nel suo diario: «Gli ebrei mi caricano di anonime ingiuriose accusandomi di aver promesso a Hitler la loro persecuzione. Falso. Mai i tedeschi ci hanno parlato di questo argomento»[143].

Per obbligata che fosse, Mussolini voleva però che la scelta antisemita non si riducesse ad una piú o meno pedissequa recezione della concezione razzista nazista e della relativa legislazione. Ad una soluzione del genere ostavano molte ragioni, di prestigio, di politica interna, di immagine nel mondo, ecc. Tutte vere e valide, ma che non possono farne dimenticare un'altra, che – a nostro avviso – valeva e, in definitiva, compendiava tutte: quella di marcare, nonostante tutto, la differenza tra fascismo e nazismo, salvaguardare l'autonomia ideologica del primo dal secondo e inserirsi nella *sua* visione «spiritualista» della «nuova civiltà».

Andando alla ricerca di questa «coerenza», Mussolini sarebbe arrivato nell'estate del 1941 a trovare che la posizione piú corrispondente alla sua concezione e ai suoi fini politici era quella esposta da Julius Evola nel suo *Sintesi di dottrina della razza*, uscito qualche mese prima e da lui letto «fra il 25 e il 29 agosto XIX in Germania»[144]. L'Evola era uno strano tipo di intellettuale e di fascista, quasi sconosciuto allora ai piú, che aveva cominciato la sua attività pubblicistica su «Lo Stato democratico» della Democrazia sociale di Colonna di Cesarò, aveva poi collaborato a «Critica fascista», suscitando con i suoi articoli vivaci reazioni da parte dell'«Osservatore romano» e della stampa cattolica e fascista moderata per aver sostenuto la tesi di un fascismo rivoluzionario e sollevato in questo contesto il problema della incompatibilità fra fascismo e cristianesimo[145], ed era infine approdato – grazie ai buoni uffici di G. Preziosi – a «Il regi-

---

[143] G. CIANO, *Diario* cit., pp. 64 sg.
[144] L'indicazione risulta scritta di pugno di Mussolini sulla copia del libro letta dal «duce». La copia presenta vari segni e sottolineature pure di pugno di Mussolini. Tra i piú importanti:
p. 82: «occorre mantener viva la tensione spirituale, il superiore fuoco, l'interna anima formatrice, che elevò originariamente quella materia fino a quella determinata forma, traducendo una razza dello spirito in una corrispondente razza dell'anima e del corpo».
p. 96 (sottolineato con violenza): «teoria dinamica, anziché statica, della razza e della ereditarietà».
p. 100: «elevazione di razze relativamente inferiori attraverso varii cicli di eredità».
p. 125 (sottolineato in rosso): «Una idea, dato che agisca con sufficiente intensità e continuità in un dato clima storico e in una data collettività, finisce col dar luogo ad una "razza dell'anima" e, col persistere dell'azione, fa apparire nelle generazioni che immediatamente seguano un tipo fisico comune nuovo, da considerarsi, da un certo punto di vista, come razza nuova?».
[145] Dagli articoli su «Critica fascista» prese spunto il libro *Imperialismo pagano*, Todi-Roma 1928, in cui Evola sosteneva che se il fascismo era veramente «volontà d'impero» doveva tornare alla tradizione pagana e la Chiesa doveva essere esautorata e subordinata allo Stato.

me fascista» di Farinacci, sul quale aveva curato dal 1934 una pagina culturale periodica intitolata *Diorama filosofico*[146]. L'opera forse più significativa di Evola era stata sino allora *Rivolta contro il mondo moderno* del 1934; se Evola cominciava ad essere allora un po' noto era però soprattutto per *Il mito del sangue*, apparso nel 1937, nel quale tuttavia si era limitato ad esporre le principali teorie razziste dal romanticismo al nazismo. Solo quattro anni dopo egli espose la sua dottrina personale, appunto nella *Sintesi di dottrina della razza*, contrapponendo alla concezione esclusivamente biologica e antropologica del razzismo quella della «razza interiore», della «razza dello spirito», valorizzando in questa prospettiva la razza «ario-romana» come una «razza centrale e guida» e arrivando a parlare di una razza «– nuova ed antica ad un tempo – che ben si potrebbe chiamare *razza dell'uomo fascista* o *razza dell'uomo di Mussolini*».

Mussolini (che già conosceva alcune tesi di Evola da lui esposte dal 1935 in poi e che aveva voluto anche in qualche caso esprimere il suo consenso alle riviste e ai quotidiani che le avevano ospitate), letta la *Sintesi di dottrina della razza*, volle conoscerne l'autore. Ecco come Evola ha raccontato l'incontro nelle sue memorie[147]:

> Avendo letto il libro, egli mi fece chiamare e lo elogiò perfino al disopra del suo reale valore, dicendomi che proprio di una dottrina del genere egli aveva bisogno. Essa gli dava il modo di considerare problemi analoghi a quelli affrontati dalla Germania, e quindi di «allinearsi», mantenendo però un atteggiamento indipendente, facendo valere quell'orientamento spirituale, quel primato dello spirito, che esulava da gran parte del razzismo tedesco. In particolare, la teoria della razza arioromana e il corrispondente mito potevano integrare l'idea romana proposta, in genere, dal fascismo, nonché dare una base all'intenzione di Mussolini di rettificare e innalzare, col suo Stato, il tipo medio dell'Italiano e di enucleare da esso un uomo nuovo.

Già al momento dell'avvio della politica antisemita, nell'estate del 1938, Mussolini aveva però cercato di distinguersi dai nazisti sia con la «moderazione» dei provvedimenti adottati contro gli ebrei[148], sia soprattutto sforzandosi di prendere il più possibile le distanze da essi col dare al razzismo fascista un carattere non biologico ma «spirituale». Indicativo è a questo proposito il compiacimento con cui accolse il primo editoriale che «Critica fascista» dedicò alla nuova *Politica fascista della*

---

[146] Cfr. *Diorama. Problemi dello spirito nell'etica fascista. Antologia della pagina speciale di «Regime Fascista» diretta da Julius Evola*, a cura di M. Tarchi, Roma 1974.
[147] J. EVOLA, *Il cammino del Cinabro*, Milano 1963, p. 169, nonché pp. 161 sg. per la conoscenza di Mussolini di alcuni precedenti articoli dell'autore.
[148] Per questi provvedimenti cfr. R. DE FELICE, *Storia degli ebrei italiani sotto il fascismo* cit., pp. 334 sgg.

razza[149]. In esso[150] – contrariamente ad altri commenti di quei giorni – il discorso era infatti tutto tenuto sul piano della «unità morale» e della «educazione nazionale» perseguite dal fascismo, si lodava il fatto che il «manifesto della razza» non si fosse avventurato sul terreno filosofico e religioso e ci si sforzava di farne una lettura diversa da quella che invece ne facevano, per insensibilità morale o politica, per conformismo, per zelo filotedesco, i piú, sostenendo che

> la dichiarata mancanza d'intenzioni filosofiche o religiose – mentre segna chiaramente e impegnativamente le direttrici, i limiti, il realistico equilibrio della concezione razzistica italiana, in armonia ai motivi essenziali della romanità cesarea e cristiana – non deve peraltro indurre ad un'interpretazione o, peggio, ad una elaborazione grettamente materialistica della dichiarazione. I fondamenti, infatti, del razzismo italiano sono e devono essere eminentemente spirituali, anche se esso parte, opportunamente, da «dati» puramente biologici.

Giunti a questo punto, il nostro discorso potrebbe ormai volgere alla conclusione. Qualche considerazione è tuttavia ancora necessaria. È evidente che, oltre a molta confusione culturale e a molta presunzione, al fondo di questa posizione ideologico-politica di Mussolini vi fossero molto velleitarismo e soprattutto molto vivere – oltre che nel mito – alla giornata e, via via che le difficoltà e le contraddizioni della sua politica venivano a galla, una crescente sensazione di trovarsi a dover fare i conti con una realtà politica molto piú complessa e molto piú difficile da padroneggiare di tutte quelle affrontate in precedenza[151]. Ciò che ci importa rilevare è però la contraddizione per eccellenza che in essa si annidava. Ammesso per assurdo che la «nuova civiltà» fosse alle porte, poteva veramente Mussolini credere di poter portare l'Italia al suo «appuntamento con la Storia»? E di potercela portare lui, in un lasso di tempo cioè relativamente breve? L'interrogativo è sostanziale. Anche se hanno fallito, anche se sono stati dei «grandi distruttori puri», ad alcuni uomini è difficile negare la qualifica di *grande*. Recentemente il problema è stato discusso, sulla scia di Fest, da Haffner e da altri studiosi persino in rela-

---

[149] «Alfieri mi dice che l'editoriale di "C. F." sul problema della razza gli è piaciuto. La spiegazione puramente deterministica e materialistica della "razza" si attenua e si equilibria nel concetto storico di civiltà. Trovo Mussolini molto calmo, deciso a non lasciarsi prendere la mano dagli zelatori» (G. BOTTAI, *Diario*, ff. 580 sg., alla data del 5 agosto 1938).

[150] CRITICA FASCISTA, *Politica fascista della razza*, in «Critica fascista», 1° agosto 1938, pp. 290 sg. Nei numeri successivi la rivista di Bottai tornò spesso sul tema del razzismo, cercando di ribadire le tesi esposte nel primo editoriale (cfr. per esempio CRITICA FASCISTA, *Il razzismo fascista*, 1° settembre 1938, pp. 322 sg.; B. RICCI, *Codreanu*, 15 dicembre 1938, p. 62; G. A. LONGO, *Il «punto» del razzismo fascista*, 1° ottobre 1939, pp. 367 sg.), ma pubblicando anche e sempre piú sovente articoli impostati non *spiritualisticamente* e addirittura corrivi al razzismo tedesco.

[151] L'8 marzo 1940 G. Bottai annotava nel suo *Diario* (f. 790): «Aumentano voci e notizie intorno allo "smarrimento" di Mussolini. Io lo vedo sempre lucido e diritto nel giudizio; solo come immelanconito dinnanzi a un gioco troppo piú complesso di quello abissino o spagnolo, perché a vincerlo basti il fiuto del genio».

Mussolini tra il realismo politico e il mito della nuova civiltà 319

zione ad Hitler. Il posto occupato da Mussolini nella storia contemporanea europea in un momento che si è rivelato decisivo per il mondo intero, e non solo relativamente alle questioni morali e politiche allora sul tappeto, autorizza a porre il problema anche per lui. Autorizza, anche chi rifiuta la concezione che lo muoveva e gli obiettivi che si poneva, a chiedersi se egli credeva veramente in essi e nella possibilità di realizzarli o se fu solo un avventuriero che – preso nella tagliola di lui stesso attivata – cercò di *tirare a campare* ricorrendo a tutti gli espedienti e sforzandosi di nascondere a sé e agli altri la propria impotenza dietro un polverone di parole in cui neppure lui credeva. Se il primo interrogativo è sostanziale, il secondo che da esso discende è, come si vede, decisivo per un compiuto giudizio storico, non solo e, al limite, non tanto sull'uomo politico, ma sull'uomo tout-court.

Per cercare di dargli risposta è opportuno porsi alcuni quesiti. Innanzi tutto quello di cosa Mussolini pensava di dover fare per portare l'Italia al suo «appuntamento con la Storia». Anche se ci rendiamo bene conto che si trattava di questioni tra loro correlate e interdipendenti, per comodità espositiva e dato che dei vari aspetti della questione abbiamo ampiamente già parlato nei precedenti capitoli o parleremo nei prossimi e all'inizio dell'ultimo volume di questa nostra biografia, in questa sede divideremo la questione stessa in due aspetti complessivi, quello piú propriamente di politica interna e quello piú propriamente di politica estera.

All'interno, ciò che Mussolini considerava essenziale doveva essere: 1) educare fascisticamente gli italiani e soprattutto i giovani, in modo da sottrarli alle suggestioni dello «spirito borghese», e farne un popolo «pronto alla prova»; 2) realizzare una compiuta economia autarchica tale da mettere il paese in grado di essere il piú possibile autosufficiente; 3) dotare l'Italia di una forza militare anch'essa adeguata alla «prova».[152] Per fare tutto ciò (lasciamo ovviamente stare la questione se fosse possibile o no) di quanto tempo Mussolini pensava di poter disporre? Dirlo con precisione è impossibile. Ciò che si può dire è che ad una «prova» impegnativa egli non pensava certo prima del 1943-44. Nel 1942 infatti a Roma si sarebbe dovuta tenere l'Esposizione universale, l'«olimpiade

[152] Oltre che militarmente e tecnicamente, le forze armate dovevano per Mussolini essere trasformate anche moralmente. Nel *Diario* di G. BOTTAI, ff. 736 sg., alla data del 26 ottobre 1939, si legge a questo proposito: «Si viene a parlare dell'Esercito. Manifesta apertamente il suo disprezzo per la sua mentalità arretrata. "Non ci può piú essere l'esercito d'una dinastia. Se pure gli eserciti ànno mai sostenuto le dinastie, le ànno sostenute quando erano in auge, per abbandonarle quando cadevano". Si deve andare verso l'esercito di popolo. Io accenno alla mia esperienza africana, auspicando il principio del popolo armato (milizia) in una mobilitazione permanente dei quadri. Dello Stato Maggiore dà questa definizione: "È quell'organo che prepara le guerre di ieri per perdere la vittoria di domani". Dell'esercito tedesco ammira certe innovazioni rivoluzionarie: il rancio comune a soldati e ufficiali combattenti, che crea un costume militare nuovo; la penetrazione a fondo nel paese nemico, senza alcuna preoccupazione di collegamenti, copertura alle ali, etc.».

delle civiltà» come egli la chiamava [153], che per lui doveva avere un duplice scopo: di prestigio, glorificare, con la sua grandiosità («la parte italiana dell'Esposizione 42 è destinata a rimanere nei secoli, con edifici che avranno le proporzioni di San Pietro e del Colosseo... il tutto sarà dominato da un gigantesco arco romano») e la sua perfetta organizzazione, il ventesimo anniversario del suo potere, ed economico, procurare all'economia italiana un massiccio apporto straordinario di valute pregiate che servisse a reintegrare le riserve depauperate dalle guerre in Etiopia e in Spagna e dalla politica autarchica e a far fronte alle ultime spese per essa e per la preparazione bellica. Il che, tutto sommato, fa pensare che anche il 1943 non fosse in realtà che un termine *post quem*. E nel 1943 Mussolini avrebbe avuto sessant'anni, una età a cui realisticamente poteva pensare di poter arrivare in condizioni fisiche e intellettuali ancora tali da permettergli di affrontare la sua grande prova.

Ma in cosa consisteva questa «prova»? A cosa mirava Mussolini? Molto si è favoleggiato su ciò, basandosi essenzialmente sull'espressione mussoliniana «marcia all'Oceano» riferita da Ciano nel suo diario [154] e dandole un valore assai estensivo. La relazione tenuta da Mussolini in Gran Consiglio nella notte tra il 4 e il 5 febbraio 1939 e per la quale, come per quella che vi aveva tenuto il 30 novembre 1938, impegnò tutti i presenti al piú assoluto riserbo, è l'unico documento al quale si può fare riferimento. Ad essa è strettamente collegata quella del 30 novembre, per la quale però non abbiamo che i sunti che ne fecero nei loro diari Ciano, Bottai e De Bono. Secondo il resoconto di Ciano [155], Mussolini avrebbe «piú o meno detto»:

> Vi comunico le mete prossime del dinamismo fascista. Come è stata vendicata Adua, vendicheremo Valona. L'Albania diventerà italiana. Non posso né voglio ancora dirvi quando e come. Ma lo sarà. Poi, per necessità della nostra sicurezza in questo Mediterraneo che ancora ci costringe, abbiamo bisogno della Tunisia e della Corsica. Il confine deve andare al Varo. Non punto sulla Savoia perché è fuori della cerchia alpina. Tengo invece presente il Ticino, perché la Svizzera ha perduto la sua forza di coesione ed è destinata un giorno a venir dislocata, come lo saranno molti piccoli Paesi. Tutto ciò è un programma. Non posso fissare termini di tempo. Segno soltanto le direttrici di marcia.

Quelli di De Bono e soprattutto di Bottai [156], contengono in piú qualche particolare indiretto, assai interessante, sui rapporti con la Germania e aggiungono alle rivendicazioni italiane Gibuti. Scriveva Bottai:

---
[153] MUSSOLINI, XXIX, pp. 265 sg.
[154] G. CIANO, *Diario* cit, p. 248.
[155] *Ibid.*, p. 219.
[156] ACS, E. DE BONO, *Diario*, q. 43, alla data del 2 dicembre 1938; G. BOTTAI, *Diario*, ff. 622 sg.

Mussolini tra il realismo politico e il mito della nuova civiltà 321

Voglio dirvi quali sono le linee direttive del dinamismo fascista degli anni a venire. Non ci prefiggiamo delle date. Lo sviluppo della nostra azione sarà più o meno rapido nel tempo, a seconda delle circostanze. Abbiamo vendicato Adua, con la conquista dell'Etiopia. Vendicheremo Valona, con l'annessione dell'Albania. L'Albania ci è necessaria per gravitare sulla regione balcanica. Contrapporremo alla linea di penetrazione tedesca, lungo il Danubio, la linea Durazzo Istambul. Vengo al Mediterraneo. La nostra posizione in questo mare chiuso è pessima. Bisogna migliorarla. Ci è necessaria la Tunisia; e la Corsica. Poi, c'è un'altra questione con la Francia: Gibuti. Infine, terremo di mira la Svizzera. La Svizzera sta crollando. I giovani Svizzeri non sentono la Svizzera. Noi porteremo il nostro confine al Gottardo.

La relazione del 4-5 febbraio non è sostanzialmente che l'argomentazione e lo sviluppo di quanto già detto da Mussolini il 30 novembre. Data la sua importanza e dato che ad essa dovremo fare riferimento nei prossimi capitoli, è opportuno riprodurla integralmente nel testo scritto, contrariamente alla sua abitudine, da Mussolini e da lui non solo letto in Gran Consiglio, perché – come si legge nelle prime righe – rimanesse agli atti del supremo organo del fascismo ad indicare gli obiettivi futuri della politica estera fascista, ma inviato anche al re [157]. Eccola [158]:

Questa relazione è scritta perché deve rimanere agli atti del Gran Consiglio quale documento orientatore della politica estera italiana a breve, a lunga, a lunghissima scadenza. La premessa della quale parlo è la seguente: gli Stati sono più o meno indipendenti a seconda della loro posizione marittima. E cioè sono indipendenti quegli Stati che posseggono coste oceaniche o hanno libero accesso agli oceani; sono semi-indipendenti gli Stati che non comunicano liberamente cogli oceani e sono chiusi in mari interni; non sono indipendenti gli Stati assolutamente continentali che non hanno sbocchi né sugli oceani, né sui mari.

L'Italia appartiene alla seconda categoria di Stati. L'Italia è bagnata da un mare interno, che comunica cogli oceani attraverso il Canale di Suez, comunicazione artificiale che si può facilmente ostruire anche con mezzi di fortuna e attraverso lo stretto Gibilterra, dominato dai cannoni della Gran Bretagna.

L'Italia non ha quindi una libera comunicazione cogli oceani; l'Italia è quindi realmente prigioniera nel Mediterraneo e più l'Italia diventerà popolosa e potente e più soffrirà della sua prigionia.

Le sbarre di questa prigione sono la Corsica, la Tunisia, Malta, Cipro: le sentinelle di questa prigione sono Gibilterra e Suez. La Corsica è una pistola puntata sul cuore dell'Italia; la Tunisia sulla Sicilia, mentre Malta e Cipro costituiscono una minaccia a tutte le nostre posizioni del Mediterraneo centrale ed occidentale. Grecia, Turchia, Egitto, sono Stati pronti a far catena colla Gran Bretagna e a perfezionare l'accerchiamento politico-militare dell'Italia. Grecia, Turchia, Egitto de-

---

[157] Ricevuto il testo, il re ne *dette ricevuta* a Mussolini con un brevissimo biglietto in cui lo ringraziava «per l'invio della Relazione tanto importante e tanto chiara che ho letto col più vivo interesse» (ACS, *B. Mussolini, Valigia*, b. 1, fasc. 6).
[158] L'originale della relazione è scomparso dal fascicolo della Segreteria particolare del Duce in cui era conservato. Il testo è desunto dalle copie fotografiche fatte dagli Alleati dopo la capitolazione dell'Italia (nn. dei fotogrammi da 000038 a 000046) conservate a Washington e al St Anthony's College di Oxford. G. BOTTAI, *Diario*, ff. 629 sgg. ne dà un riassunto, molto sommario ma fedele.

vono essere considerati Stati virtualmente nemici dell'Italia e della sua espansione. Da questa situazione, la cui rigorosa obiettività geografica salta agli occhi e che tormentò anche prima del nostro regime gli uomini che vedevano oltre la contingenza politica immediata, si traggono le deduzioni seguenti:

1ª. Compito della politica italiana che non può avere e non ha obiettivi continentali d'ordine territoriale europeo, salvo l'Albania, è quello di rompere in primo luogo le sbarre della prigione.

2ª. Rotte le sbarre, la politica italiana non può avere che una parola d'ordine: marciare all'oceano.

Quale oceano? L'Oceano Indiano, saldando attraverso il Sudan, la Libia coll'Etiopia, o l'Atlantico attraverso l'Africa Settentrionale francese.

Tanto nella prima, come nella seconda ipotesi, ci troviamo di fronte alla opposizione franco-inglese. Affrontare la soluzione di tale problema, senza avere le spalle assicurate nel continente è assurdo. La politica dell'Asse Roma-Berlino risponde quindi ad una necessità storica di ordine fondamentale. Cosí il nostro atteggiamento nella guerra civile spagnola.

Queste premesse sembrano lontane, ma mi portano diritto alla giornata del 30 novembre XVII, alla manifestazione della Camera fascista. Dopo Monaco la propaganda dei nostri avversari esterni ed anche interni fu condotta su queste linee: 1ª che il vero artefice della pace fu Chamberlain; 2ª che l'Italia finse di mobilitare, data l'opposizione del popolo e della Corona, ma effettivamente non mobilitò; 3ª che l'Asse aveva funzionato ancora una volta e funzionava esclusivamente a favore della Germania. Quest'ultimo punto fu il piú insinuato e diffuso in Francia e di riflesso in Italia.

Le tre proposizioni suesposte sono false e falsa è soprattutto l'ultima. Nel «Figaro» del 13 gennaio 1939, lo scrittore Lucien Romier, uno fra i migliori, mette le cose a posto: «Tutti dicono, egli scrive, che la Germania è politicamente debitrice dell'Italia. Facciamo un po' i conti. La Germania ha annesso l'Austria e smantellato la Cecoslovacchia. Essa fu aiutata dall'astensione italiana nell'Europa centrale e dallo sbarramento di protezione che le veniva assicurato dall'Italia al sud dei paesi danubiani, sulle Alpi, l'Adriatico ed il Mediterraneo. Ma d'altra parte l'Italia poté resistere alle sanzioni e conquistare rapidamente l'Etiopia, grazie alla Germania. Se la Germania, come le era stato domandato dall'Inghilterra, avesse applicato le sanzioni, il risultato dell'impresa italiana sarebbe stato piú che dubbio. Ugualmente grazie alla pressione dell'Asse, cioè della Germania, l'Italia ottenne che la sua conquista fosse riconosciuta e fosse sostituita nei suoi confronti una politica Chamberlain a una politica Eden».

Tuttavia poiché una politica deve tener conto degli stati d'animo anche se non giustificati dalla logica dei fatti, ma soprattutto per le ragioni vitali che ho esposto nella prima parte della mia relazione, io diedi ordine al Partito di cominciare a muovere le acque mediterranee, a rendere popolari questioni che sembravano accantonate ma non lo erano state da parte del Governo come vi sarà dimostrato dal Ministro degli Esteri, nella relazione che vi farà sull'attività svolta in Corsica e in Tunisia dai nostri organi ufficiali e dalle nostre cellule.

Questa propaganda doveva essere fatta, in un primo tempo, col sistema da bocca a bocca, da circolo a circolo e non doveva – sino a nuovo ordine – esplodere in pubbliche manifestazioni.

La seduta del 30 novembre.

Un regime autoritario e totalitario, cioè senza partiti di opposizione, deve avere il coraggio dell'autocritica. Dopo l'inattesa manifestazione del 30 novembre – manifestazione che era nell'aria, ma avrebbe potuto avere svolgimento diverso, qualora fosse stata preordinata – bisogna tracciare il bilancio dell'attivo e del passivo. Al nostro passivo stanno le seguenti voci: 1ª) La manifestazione della Camera tolse rilievo, anzi fece passare in secondo ordine, tutta l'opera svolta dall'Italia prima e durante Monaco; 2ª) La manifestazione ha dato l'allarme; cosa che bisognava evitare, allarme politico e allarme militare, con conseguenti misure in Corsica, in Tunisia e a Gibuti; 3ª) Le rivendicazioni non furono tutte intonate. Ora bisogna che la politica estera fascista, stabilisca questo assioma: tutto ciò che è al di qua delle Alpi ci appartiene; tutto ciò che è al di là non è nostro. Questo dicasi per la Savoia. Quanto al nizzardo trattasi di una modesta rettifica di confine e di una città oramai completamente francesizzata; 4ª) Proprio nel giorno in cui – attraverso lo sciopero generale – la crisi della politica francese sembrava attingere il suo acme, la manifestazione dei deputati fascisti dava immediatamente una svolta alla situazione e ristabiliva una nuova «unione sacra» contro l'Italia. Non bisogna tuttavia credere a una durata eterna di questa «unione sacra» in un paese come la Francia. Tanto è vero che nel *Petit Bleu* del 19 gennaio si leggeva quanto segue a proposito della incoerenza e della confusione parlamentare «*Tutti erano uniti ieri per opporsi alle rivendicazioni italiane; oggi ricominciano gli insulti e le divisioni a proposito della Spagna*». Ma resta l'unione contro l'Italia; 5ª) La manifestazione fatta alla vigilia del viaggio di Ribbentrop, poté dare l'impressione che fosse un moto di dispetto per l'accordo franco-tedesco che io avevo approvato sin dall'ottobre e che fu definito da chi lo trattò «*una grande limonata*»; 6ª) La manifestazione pose in pericolo il viaggio a Roma di Chamberlain, viaggio desiderabile per ragioni troppo evidenti; 7ª) La manifestazione ha provocato il viaggio di Daladier in Corsica e in Tunisia nonché una esaltazione del neo-imperialismo francese; 8ª) Si dava al mondo l'impressione che la conquista dell'Impero ci aveva delusi.

All'attivo stanno le voci seguenti: 1ª) Impostazione del nostro problema mediterraneo innanzi al mondo, anche se in massima parte ci è ostile. Significativo a tale proposito l'articolo di Duff Cooper; 2ª) Fine della francofilia a base di sorelle latine, grazie anche ai sanguinosi insulti che la stampa francese ha rivolto alle nostre forze armate; 3ª) Crescente popolarità dell'Asse dato il contegno di piena solidarietà della stampa di Berlino e grazie alle dichiarazioni del Führer.

Il 17 dicembre.

La manifestazione della Camera non impegnava il Governo, ma il Governo fascista non poteva ignorarla. In data 17 dicembre il Ministro degli Esteri mandava una lettera dell'Amb[asciatore] di Francia, nella quale dichiarava «non entrate in vigore» le convenzioni Mussolini-Laval del gennaio 1935.

La nostra tesi è dal punto di vista strettamente giuridico, inoppugnabile. Nessuna delle clausole di quegli accordi è stata applicata: essi sono decaduti. Colla nota del 17 dicembre il Governo fascista faceva il «punto» diplomatico della situazione, ma nello stesso tempo riconosceva i limiti delle nostre aspirazioni, aspirazioni non metropolitane, ma coloniali e cioè Tunisia, Gibuti, Suez. La Francia ha risposto praticamente con un «*fin de non recevoir*» sostenendo cioè la tesi opposta alla nostra. Da allora nessun contatto si è più avuto, né si avrà prima della fine della guerra di Spagna, come è stato dichiarato nella maniera più formale a Chamberlain.

Che cosa vogliamo?

Quantunque la Corsica non possa – in base alla nota del 17 dicembre – fornire materia di negoziati – quantunque la Corsica, bisogna riconoscerlo, sia oramai profondamente infranciosata – noi non possiamo rinunciarvi, perché la Corsica – oltre ad essere geograficamente, storicamente, etnicamente, linguisticamente italiana – rappresenta per noi un interesse strategico vitale. Il *modus procedendi* non può essere che il seguente; 1°. tempo: ravvivare le tendenze autonomistiche dei Corsi; 2°. tendere all'indipendenza della Corsica; 3°. annessione all'Italia.

Tunisia.

Rivendicazioni di carattere territoriale nei confronti della Tunisia, non potrebbero essere avanzate che in pieno accordo col mondo arabo. 1°) tempo: quindi, statuto degli italiani di Tunisi; 2°) tempo: sostituire l'Italia alla Francia nel protettorato del Bey.

Gibuti.

Per quanto concerne Gibuti vi sono maggiori possibilità di negoziati, anche per il fatto che la Gran Bretagna non avrebbe a temere alterazioni nello statu-quo del Mediterraneo. Qui si possono ottenere oltre che agevolazioni ferroviarie e portuali, cessioni di carattere territoriale, ma si tratta di vedere, se la eventuale contropartita da dare alla Francia non sarebbe eccessiva.

Sviluppi prevedibili.

L'Italia può scegliere una o l'altra delle seguenti strade:

a) non dare ulteriore corso alla faccenda e attendere tempi migliori; rimettendo il tutto a una sistemazione generale di eventi che non tarderà. Insabbiare, in altri termini, la questione. Ma dopo tanto clamore una soluzione del genere sarebbe considerata una brutta ritirata strategica, un «macchina indietro», equivalente a una sconfitta diplomatica. Fascisti e non fascisti potrebbero concludere che è bastato che la Francia ritrovasse un po' di «mordente» per soffocare «nel germe» le naturali aspirazioni del popolo italiano.

b) negoziare, prendendo quale punto di partenza la nota italiana del 17 dicembre e cioè – statuto degli italiani di Tunisi, interessi italiani di carattere ferroviario e portuale in Somalia, tariffe del Canale di Suez, qualche rettifica di frontiera. Un accordo di questo genere non sarebbe l'ideale, ma presentato convenientemente al popolo italiano, finirebbe per incontrarne l'approvazione, anche per il fatto che allontanerebbe possibili complicazioni.

c) presentare al momento opportuno il nostro programma massimo alla Francia. Qui i casi sono soltanto due. La Francia accetta di discutere e allora si resta sul terreno diplomatico o la Francia respinge ogni proposta e allora non rimarrebbe che il ricorso alle armi.

Caratteri di una guerra franco-italiana.

Che a una prova di forza si debba giungere un giorno fra noi e la Francia, non v'ha dubbio, anche per il fatto che la Francia rispetta soltanto i popoli dai quali è stata battuta. Si tratta di sapere se il momento è propizio. Esaminiamo i caratteri che una guerra italo-francese potrebbe assumere. Dal punto di vista terrestre sulle Alpi, nessuna possibilità di decisione. Difficile per noi passare, altrettanto difficile per i francesi. In Libia i nostri apprestamenti difensivi e i loro non autorizzano a sperare una decisione su quel fronte. Unico fronte terrestre, ove le forze francesi potrebbero essere travolte, è il somalo, quantunque, oggi, la cosa sia già meno facile di prima. La guerra franco-italiana assumerebbe quindi un carattere aereo-marittimo. Qui possiamo considerarci se non superiori, almeno uguali in forze. Una guerra del genere può durare molto a lungo a meno che non intervengano altri fattori ad accelerarla o a meno che non assuma carattere europeo e mondiale. Possiamo noi contare sulla solidarietà germanica? Dopo il discorso del Führer, non è piú possibile dubitarne.

Siamo noi oggi, febbraio del 1939, nelle condizioni «ideali» per fare una guerra? Nessuno Stato è mai nelle «condizioni» ideali per fare una guerra, quando si voglia con ciò intendere una sicurezza matematica di vittoria. Ogni guerra – anche la meglio preparata – ha le sue incognite. Ma non v'è dubbio che la nostra preparazione sarà migliore fra qualche anno e precisamente:

a) quando avremo rinnovato tutte le nostre artiglierie (1941-42);
b) quando avremo in squadra le 8 navi da battaglia e un numero forse doppio di sommergibili (1941-42);
c) quando l'impero sarà del tutto pacificato, potrà bastare a se stesso e darci l'armata nera;
d) quando avremo realizzato almeno il 50% dei nostri piani autarchici;
e) a esposizione del '42 chiusa, esposizione che deve rinforzare le nostre riserve;
f) quando avremo fatto rimpatriare il maggior numero possibile di italiani dalla Francia. Questi 600-700 mila italiani residenti in Francia costituiscono un veramente grave problema.

Allo stato degli atti, la diplomazia fascista lavorerà per ottenere la soluzione migliore di cui al numero due e nel contempo le forze armate affretteranno la loro preparazione onde essere pronte a fronteggiare qualsiasi evento.

Come si vede, la vera e propria «marcia all'Oceano», non era per Mussolini un obiettivo sui tempi brevi. Doveva rientrare in quelli sui tempi lunghi e, piú probabilmente, lunghissimi. Sui brevi, a parte l'Albania, per la quale sarebbe meglio parlare di tempi brevissimi, Mussolini pensava solo di «rompere le sbarre» della «prigione» mediterranea. E nemmeno tutte, solo quelle in mano alla Francia, la Corsica e la Tunisia. Quelle in mano inglese, Malta e Cipro, restavano infatti fuori dai suoi piani a breve termine. Sicché si può avanzare l'ipotesi di una periodizzazione della «marcia all'Oceano» in tre fasi: *prima* (sui tempi brevi e, comunque, non prima della chiusura dell'E 42): Corsica e Tunisia; *seconda* (sui tempi lunghi): Malta e Cipro; *terza* (sui tempi lunghissimi): Suez o Gibilterra. Tutto ciò, tradotto in termini politici operativi, voleva dire che Mussolini, pur essendosi assicurato con l'Asse la copertura delle spalle sul continente, cioè sulle Alpi, non intendeva, per il momento almeno, scendere in conflitto con l'Inghilterra. Il suo nemico era, sempre per il momento, la Francia, ai danni della quale si doveva realizzare la prima fase, possibilmente senza ricorso alle armi e cioè giocando sulla minaccia tedesca e sulla convinzione che – di fronte alla nuova situazione creata dall'Asse – l'Inghilterra o sarebbe arrivata ad un accordo mediterraneo con l'Italia per staccarla dalla Germania o si sarebbe mantenuta estranea ad un eventuale conflitto italo-francese. Assai sintomatico è a questo proposito che, nel quadro di questa strategia, Mussolini, nell'aprile-maggio '38, pensasse di proporre ai tedeschi, per «dare un contenuto all'Asse» e non fargli perdere significato dopo gli accordi con l'Inghilterra, solo un «patto di reciproco rispetto» e si preoccupasse al contempo di «rendere ermetiche le frontiere con la Germania» (con la costruzione del «vallo del Littorio» al Brennero) e «semi ermetiche quelle con la Iugoslavia», perché, come riferisce Ciano, credeva possibile «un'alleanza slavo-tedesca sulla base dei due irredentismi»[159]. Come Ciano avrebbe scritto a fine ottobre '38, si trattava insomma di «tenere le due porte aperte» tra Germania e Inghilterra e di non chiuderne, «forse per sempre, una e non la meno importante» con una vera e propria alleanza con la Germania[160]. Né, a ben vedere, molto diverso è il senso della posizione che Mussolini illustrò la sera del 21 marzo 1939 al Gran Consiglio subito dopo che Hitler, violando gli accordi di Monaco, aveva occupato la Boemia e la Moravia[161]. È vero che, nonostante quanto avvenuto, egli sostenne intransigentemente che non si dovessero «mollare» i tedeschi, ma lo fece inquadrando il problema nel contesto generale della questione tedesca da Versailles in poi, onde ribadire la sua accusa alla Francia di avere, lasciando cadere a suo tempo il «patto a quattro»[162], «demolito questo mezzo di convogliamento della Germania» e, ciò che piú importa, concludendo che con l'accordo con la Germania

noi siamo gli arbitri della situazione in Europa. Se noi non vorremo, la Germania non sarà accerchiata. Questo è il nostro pegno. In questa situazione, la Francia non farà la guerra. Noi dobbiamo seguire la politica dell'asse da popolo serio. Niente giri di valzer.

---

[159] G. CIANO, *Diario* cit., pp. 129 e 131.
Il 26 aprile 1938 Mussolini, fatto un quadro della situazione politica generale, disse a Badoglio che «mentre non dobbiamo avere preoccupazioni né per la frontiera occidentale né per quella orientale, devono essere prese precauzioni molto serie alla frontiera nord». ACS, *Min. Marina, Gabinetto (1934-50)*, b. 68, fasc. «Mobilitazione», Badoglio a Cavagnari, 27 aprile 1938. Sul problema Mussolini tornò piú volte, sino al 14 febbraio 1940, allorché, prendendo la parola in sede di Commissione suprema di difesa, disse: «Oggi il nostro Paese si mura e sbarra le porte di casa. Uno sfondamento della nostra fascia fortificata non solo dev'essere impossibile, ma deve essere impensabile.
«Abbiamo una fortificazione che ci è stata data dal Padreterno, ma le valli – fra i monti – bisogna bloccarle con una rete di fortificazioni, piú che con una linea, in modo non passi neppure il vento. Ciò su tutti i fronti, ivi compreso quello svizzero: fronte occidentale, nord e nord est; fortificazioni su tutta la linea, da Ventimiglia al Quarnaro.
«Sono in corso i lavori e l'ossatura sarà pronta prima dell'estate. Naturalmente, dopo sarà perfezionata». ACS, *Min. Africa Italiana, Dir. gen. affari politici (1900-43)*, b. 9, «Verbali della XVII sessione della Commissione Suprema di Difesa (8-14/II/1940)».
[160] G. CIANO, *Diario* cit., p. 203.
[161] Se ne veda l'ampio resoconto in G. BOTTAI, *Diario*, ff. 636 sgg., riprodotto in *Appendice*, documento 6.
[162] Sempre a proposito del «patto a quattro» cfr. N. D'AROMA, *Mussolini segreto* cit., p. 163.

Nonostante l'attacco ai «giri di valzer», una simile impostazione del problema difficilmente può essere intesa come un accantonamento della politica delle «due porte aperte».
Che dire di questo programma? A prima vista si potrebbe ricollegarlo alla vecchia, tradizionale impostazione grandiana e mussoliniana della politica estera italiana in chiave di «peso determinante». Di essa ha infatti il realismo generale, di fondo. Ma, a ben vedere, gli manca quello, per cosí dire, particolare. Anche a prescindere per un momento dalla convinzione che l'Inghilterra non avrebbe sostenuto la Francia, la sua ottica trascurava infatti di considerare quale sarebbe stato l'atteggiamento dell'Urss e degli Stati Uniti. Del fattore sovietico (su cui Grandi avrebbe, come vedremo, invano richiamato l'attenzione di Mussolini ancora nell'aprile del '40 sottolineandone la decisiva importanza), non vi era traccia alcuna. A quello americano Mussolini fece un breve accenno in Gran Consiglio il 21 marzo '39 per liberarsi però subito del problema:

> Fronte unico delle democrazie? Non se ne farà nulla. Gli Stati Uniti daranno cannoni a contanti.

Per un realista come Mussolini, pensare ad una pura e semplice sottovalutazione di due elementi cosí importanti del quadro internazionale è difficile. La spiegazione piú probabile è un'altra, che, oltre tutto, contribuisce a spiegare anche la convinzione del «duce» che l'Inghilterra o non avrebbe sostenuto la Francia o, addirittura, si sarebbe accordata con l'Italia: l'innestarsi sul suo realismo di sempre della suggestione, del condizionamento del mito della «crisi di civiltà» che stava corrodendo dall'interno le società non fasciste.

Il caso dell'Urss era il piú evidente. I grandi processi staliniani contro la «vecchia guardia» bolscevica, le purghe, erano lí a dimostrare che lo stato sovietico era in avanzata dissoluzione. Come aveva scritto su «Il popolo d'Italia» l'8 aprile '37 [163],

> Complotti, processi, condanne a morte dei vecchi bolscevichi, collasso economico, miseria universale e nera: questo è il bilancio ventennale del regime che trova ancora, sempre piú rari, ma sempre piú cretini, gli osservatori indulgenti nei paesi delle «grandi» democrazie. Il caso Jagoda, terzo della serie, è un indice certo dello stato di avanzata disgregazione interna della Russia.

In questa situazione, con «tutti i quadri alti e bassi dell'armata rossa» destinati ad essere preda di «una tremenda crisi di sfiducia» [164],

---

[163] MUSSOLINI, XXVIII, p. 156.
[164] *Ibid.*, p. 196.

l'Urss cessava per lui di costituire un fattore significativo del quadro internazionale. Piú complesso è il discorso per gli Stati Uniti. Verso di essi infatti Mussolini aveva un doppio atteggiamento. Da un lato ne ammirava la «giovinezza», il civismo, «lo splendido senso collettivo che vince sempre sull'egoismo individuale» e il «senso di massa», che si traduceva in «coscienza e potenza di fronte al particolarismo individualista e decadente dell'Europa»[165]. Da un altro lato considerava però il loro «spirito» contrario a quello «classico» degli europei[166] e incapace dunque tanto di scrollarsi di dosso l'egoismo, quanto di sollevarsi veramente sino alle vette della creazione di una vera civiltà. E, per di piú, gli Stati Uniti erano intimamente minati dal tarlo del supercapitalismo e della democrazia. Per quanto episodica e accolta dalla grande maggioranza della grande stampa e della classe politica piú responsabile nel modo piú critico, una proposta come quella avanzata verso la fine del '37 da oltre duecento membri del Congresso di emendare la costituzione degli Stati Uniti in maniera che una eventuale decisione del governo di scendere in guerra

[165] Cfr. N. D'AROMA, *Mussolini segreto* cit., pp. 116 e 130 sg.
[166] Cfr. *ibid.*, p. 195.
Mussolini giudicava spesso i popoli secondo propri schemi via via sempre piú rigidi. Ecco come F. Suvich li ha riassunti nelle sue memorie, con particolare riferimento agli anni 1932-36, quando ebbe con lui contatti quotidiani: «Complesso il suo stato d'animo nei riguardi dei popoli stranieri e delle varie razze.

«Non amava lo spirito prussiano, che conosceva e giudicava bene, ed era per la sua natura di latino e di cattolico fondamentalmente ostile alla filosofia nazista; ma gli imponeva [sic] lo spirito nazionale e militare dei tedeschi. Subiva invece il fascino dello spirito e della cultura francesi, al quale fascino di deliberato proposito cercava di sottrarsi, perché considerava la Francia una nazione militarmente decadente...

«Non credo penetrasse lo spirito anglosassone; non amava l'Inghilterra, ma ne ammirava la tradizione militare, soprattutto navale, e la fierezza, per i Nord-americani aveva una spiccata simpatia (ne riceveva moltissimi), ma si arrestava molto alle forme esteriori della loro spregiudicatezza e della loro "buoyancy"; non penso avesse un concetto sufficientemente preciso della loro formidabile efficenza e potenzialità.

«Nei riguardi dei Russi aveva una posizione – mi sia passata la parola – polivalente; combatteva il comunismo in casa e non tollerava influenze russe sul nostro paese, ma non aveva nessuna ostilità pregiudiziale contro il comunismo russo: ne seguiva l'evoluzione con interesse ed era piuttosto impressionato dalla personalità di Stalin; e cercava di favorire l'avvicinamento della Russia all'Occidente.

«Aveva una del tutto particolare simpatia per gli Olandesi, ammirando questo piccolo popolo che aveva saputo crearsi un grande impero. Gli piacevano la loro flemma e il loro spirito buontempone: "gente tranquilla", come mi ha detto un giorno, "che vede tutto il mondo con gli occhiali colorati in rosa": curiosa questa inclinazione – e non ho ragione per ritenere che non fosse sincera, per gente che stava agli antipodi del suo temperamento; li distingueva dagli altri nordici, per i quali pensava fosse leggenda la loro fama di freddezza. Diceva che sono piú isterici di noi latini e che noi siamo piú equilibrati...

«Aveva una marcata preferenza per gli Ebrei (la campagna razzista di qualche anno dopo entra in tutto un altro ordine di idee) che del resto sono stati sempre mescolati alla sua vita: ne ammirava l'intelligenza, la vivacità di spirito e la genialità.

«Molto influiva sul suo giudizio e sulle sue simpatie il modo come le nazioni straniere giudicavano l'Italia e in modo particolare il valore del soldato italiano. Su questo punto era di una suscettibilità legittima, ma che arrivava a forme esasperate e morbose. Un giudizio che suonasse poco rispettoso per il valore italiano lo metteva in uno stato di furore e non aveva pace fino a che non aveva esaurito tutte le non trascurabili risorse della sua polemica e tutte le possibili ritorsioni da parte della stampa italiana».

dovesse, per diventare esecutiva, essere approvata da un referendum popolare era per lui indicativa non solo dell'assurdità e della degenerazione del sistema democratico, ma del danno che esso aveva arrecato anche ad un popolo per altri versi cosí «sano» come quello americano [167] e finiva per assumere ai suoi occhi un valore emblematico, portandolo anche qui a concludere che gli Stati Uniti non costituissero neppur'essi un vero problema e che la loro «solidarietà» con le altre democrazie si sarebbe ridotta a fare dei buoni affari. Grosso modo, insomma, lo stesso ragionamento che faceva per l'Inghilterra e che a lungo lo portò a credere che, sui tempi brevi, sino a che sulla graticola fosse stata solo la Francia, avrebbe potuto evitare una rottura con essa e, addirittura, trovare – come all'inizio del novembre '36 disse a Ward Price [168] – una formula di «salvaguardia degli interessi anglo-italiani nel Mediterraneo». Un mito, un sogno, che Mussolini nel 1938, con gli «accordi di Pasqua» con Londra e con quello di Monaco, dovette per un momento illudersi di essere sul punto di realizzare, cogliendo insieme due risultati per lui decisivi: staccare l'Inghilterra dalla Francia e assicurarsi al contempo, grazie all'accordo con Londra, una posizione di forza verso la Germania. Veramente significativo è a questo proposito quanto scriveva, commentando gli «accordi di Pasqua» (che, a suo dire, avevano sancito il principio della «parità e condominio imperiale» nel Mediterraneo) alla vigilia della visita a Roma di Hitler – ancor prima, quindi, che Monaco sancisse la *remissività* di Londra e di Parigi –, un fedele interprete della politica mussoliniana, Bruno Spampanato [169]:

> In occasione della gradita visita del Führer del Reich germanico l'Italia spiega in onore dell'ospite le sue truppe, la sua armata aerea, la sua flotta, le sue moltitudini inquadrate, le sue immense e disciplinate folle. Spettacolo istruttivo per tutti e da cui sarà lecito o addirittura necessario trarre una morale: che cioè «questo» Impero è nato, e la sua vita va accettata e rispettata, come nella sua saggezza ha fatto la Gran Bretagna imperiale.

Di lí a poco piú di un anno i fatti avrebbero clamorosamente smentito questo sogno e Mussolini sarebbe dovuto tornare dal regno del mito a quello della realtà e avrebbe dovuto cercare nuove vie per la sua politica, sbagliando per di piú ancora una volta le sue previsioni. Come vedremo nei prossimi capitoli, dire – come talvolta viene detto – che la responsabilità di aver gettato l'Italia nelle braccia della Germania è stata soprattutto della miopia degli anglo-francesi è vero solo in minima parte.

---

[167] Cfr. MUSSOLINI, XXIX, pp. 39 sgg.
[168] *Ibid.*, XXVIII, p. 78.
[169] B. SPAMPANATO, *1938 l'anno decisivo*, Napoli 1939², p. 137.

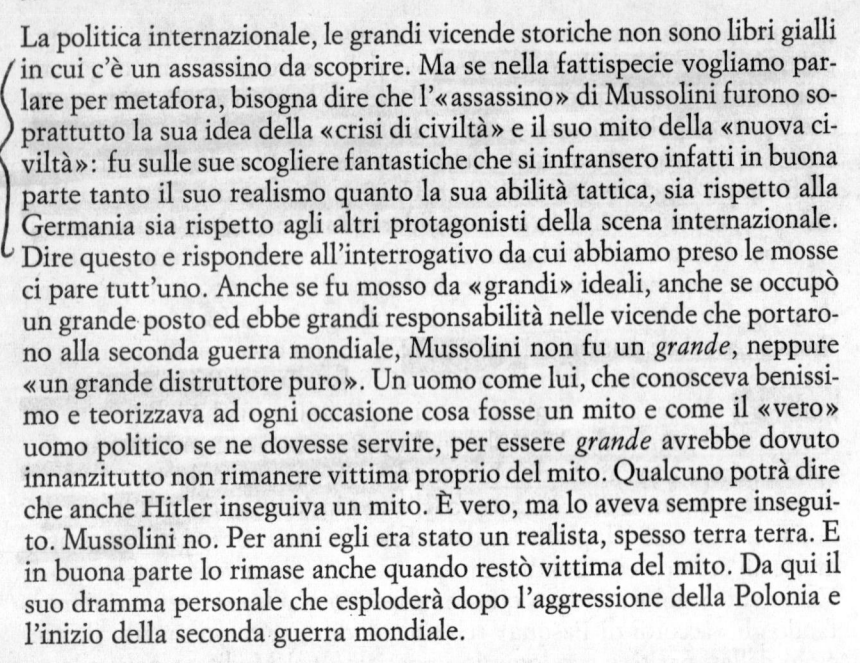

La politica internazionale, le grandi vicende storiche non sono libri gialli in cui c'è un assassino da scoprire. Ma se nella fattispecie vogliamo parlare per metafora, bisogna dire che l'«assassino» di Mussolini furono soprattutto la sua idea della «crisi di civiltà» e il suo mito della «nuova civiltà»: fu sulle sue scogliere fantastiche che si infransero infatti in buona parte tanto il suo realismo quanto la sua abilità tattica, sia rispetto alla Germania sia rispetto agli altri protagonisti della scena internazionale. Dire questo e rispondere all'interrogativo da cui abbiamo preso le mosse ci pare tutt'uno. Anche se fu mosso da «grandi» ideali, anche se occupò un grande posto ed ebbe grandi responsabilità nelle vicende che portarono alla seconda guerra mondiale, Mussolini non fu un *grande*, neppure «un grande distruttore puro». Un uomo come lui, che conosceva benissimo e teorizzava ad ogni occasione cosa fosse un mito e come il «vero» uomo politico se ne dovesse servire, per essere *grande* avrebbe dovuto innanzitutto non rimanere vittima proprio del mito. Qualcuno potrà dire che anche Hitler inseguiva un mito. È vero, ma lo aveva sempre inseguito. Mussolini no. Per anni egli era stato un realista, spesso terra terra. E in buona parte lo rimase anche quando restò vittima del mito. Da qui il suo dramma personale che esploderà dopo l'aggressione della Polonia e l'inizio della seconda guerra mondiale.

Capitolo quarto
La politica fascista nelle sabbie mobili spagnole

Il 23 marzo 1936, in occasione della seconda Assemblea nazionale delle corporazioni, Mussolini aveva affermato che con l'entrata in vigore delle sanzioni era iniziata una «nuova fase» della storia italiana [1]:

> L'assedio economico... ha sollevato una serie numerosa di problemi che tutti si riassumono in questa proposizione: l'autonomia politica, cioè la possibilità di una politica estera indipendente, non si può piú concepire senza una correlativa capacità di autonomia economica. Ecco la lezione che nessuno di noi dimenticherà! Coloro i quali pensano che finito l'assedio si ritornerà alla situazione del 17 novembre si ingannano.
> Il 18 novembre 1935 è ormai una data che segna l'inizio di una nuova fase della storia italiana. Il 18 novembre reca in sé qualche cosa di definitivo, vorrei dire di irreparabile. La nuova fase della storia italiana sarà dominata da questo postulato: realizzare nel piú breve termine possibile il massimo possibile di autonomia nella vita economica della nazione.

Come abbiamo già visto [2], queste parole devono essere considerate come l'annuncio di quella che sarebbe stata la politica autarchica, non solo in quanto necessità imposta dalle sanzioni, ma come caratteristica permanente dell'economia italiana anche dopo la loro fine [3]. Qualcuno

---
[1] MUSSOLINI, XXVII, p. 242.
[2] *Mussolini il duce*, I, p. 697.
[3] Anche senza voler assolutamente attribuire a N. Bombacci il «merito» di avere suggerito a Mussolini la politica autarchica, ma solo a dimostrazione di come certe soluzioni politico-economiche si facessero da qualche tempo strada e, in particolare, a «sinistra», è da segnalare una lettera che il 6 luglio 1934 l'ex deputato comunista, già dalla fine dell'anno prima ormai allineato su posizioni di netto fiancheggiamento («voi siete l'interprete felice e fedele di un ordine nuovo politico ed economico che nasce e si sviluppa col decadere del capitalismo e con la morte della socialdemocrazia... Sento che nella Corporazione, sotto la vostra guida, sotto la guida dello Stato fascista totalitario, è soltanto possibile trovare, in questa fase storica, quell'armonia necessaria al progresso civile e al benessere della società», aveva scritto a Mussolini il 17 novembre 1933), aveva indirizzato al «duce», che, lettala, aveva annotato in margine: «presentarmi un piano dettagliato». In essa Bombacci aveva proposto la costituzione di un Centro «che sappia capire e farsi ascoltare dagli Enti e dalle persone interessate» e che dovesse «prima studiare, poi segnalare e soprattutto persuadere, importatori, commercianti e industriali a trovare, senza chiasso pubblicitario, la via migliore per sostituire, quando sia possibile, il prodotto estero con quello nazionale, accontentando il consumatore e facendo l'interesse dell'economia nazionale». E, se necessario, dovesse far capire agli operatori economici «che lo Stato fascista, corporativo quando non concorra la collaborazione effettiva delle categorie interessate, dovrà ricorrere a mezzi autoritari per regolare il commercio estero in rapporto a tutta la vita economica nazionale» (ACS, *Segreteria particolare del Duce, Carteggio riservato* [*1922-1943*], H/R, fasc. «Nicola Bombacci»).

ha voluto però vedere in esse anche qualcosa di piú: una sorta di annuncio che le sanzioni avevano mutato definitivamente, irreparabilmente anche la politica estera fascista e convinto il «duce» che, se l'Italia voleva avere un ruolo internazionale di rilievo, l'avrebbe potuto avere «solo *contro* e non piú *con* le due democrazie occidentali» e, quindi, con la Germania contro l'Inghilterra e la Francia[4]. Una simile lettura risente però troppo del «senno del poi», precorre i tempi e falsa i reali propositi di Mussolini. È vero che quando il «duce» fece l'affermazione in questione il momento per lui piú drammatico della guerra d'Etiopia, quello immediatamente successivo al fallimento del piano Hoare-Laval, era ormai, dopo il fatto nuovo della rimilitarizzazione della Renania, passato ed egli poteva guardare al futuro con minori preoccupazioni e cominciare a pregustare il sapore del successo e, al limite, addirittura ad accarezzare anche propositi di vendetta nei confronti della Francia e soprattutto dell'Inghilterra. Da questo a dire però che egli pensasse a un capovolgimento cosí radicale della sua politica ce ne corre. A ben vedere, il passo non autorizza una interpretazione cosí estensiva. Lo vieta la premessa da cui muove l'argomentazione da esso svolta: la necessità per l'Italia di mettersi in grado di godere di una propria «autonomia politica» e di avere «la possibilità di una politica estera *indipendente*». Poiché si deve escludere che Mussolini pensasse ad una «autonomia» *contro tutti*, questa premessa negava alla radice la possibilità stessa di un capovolgimento cosí radicale, che, invece di accrescere e di esaltare l'«indipendenza» della politica estera italiana, ne avrebbe ristretto al massimo e praticamente annullato i margini di «autonomia». È chiaro infatti che, comportando una esplicita scelta di campo, esso avrebbe voluto dire rinunciare non solo a tutta una tradizione diplomatica (cosa assai difficile in politica estera dove esistono «leggi» di tipo quasi naturale) viva e sentita in gran parte della «carriera» ma anche in larghi settori del fascismo, ma – ciò che piú conta – avrebbe voluto dire rinunciare alla politica del «peso determinante», che sola poteva assicurare o, almeno, dare l'illusione di assicurare alla politica estera fascista una propria «autonomia». E ciò soprattutto nella prospettiva che il successo conseguito con il conflitto etiopico e il crescente dinamismo tedesco inducessero l'Inghilterra a riconsiderare la propria politica verso l'Italia e ad accettare prima o poi la richiesta di Mussolini di addivenire ad un *accordo generale* che ponesse su una base paritaria i rapporti italo-inglesi nel Mediterraneo. Né questo vale solo per la seconda metà del marzo '36, ma

---

[4] F. D'AMOJA, *La politica estera dell'Impero. Storia della politica estera fascista dalla conquista dell'Etiopia all'Anschluss*, Padova 1967, p. 40.

anche per il periodo successivo alla fine del conflitto etiopico. Nelle intenzioni di Mussolini questa prospettiva ebbe valore certo sino alla firma del «patto d'acciaio», ma, come si vedrà, in un certo senso anche dopo, praticamente sino alla disfatta militare della Francia nel 1940.

A nostro avviso, non di un «capovolgimento» nel '36 della politica estera fascista si deve parlare, ma dell'inizio di uno spostamento del suo asse, accompagnato da una nuova gerarchia di valori attribuita nel suo quadro a Francia, Inghilterra e Germania. Mentre l'importanza della Francia decresce in un certo senso agli occhi di Mussolini e di Ciano, quella della Germania sale, trasformandosi da deterrente «passivo», per premere sulla Francia e tramite essa sull'Inghilterra, in deterrente «dinamico» per premere soprattutto sull'Inghilterra e non perché questa prema a sua volta sulla Francia per indurla ad accordarsi con l'Italia, ma perché accetti finalmente di discutere l'*accordo generale* offertole da Mussolini. E questo senza che ciò implichi una vera scelta di campo a fianco della Germania, che sarebbe stata per Mussolini controproducente sia tatticamente sia strategicamente, avrebbe annullato il suo «peso determinante», lo avrebbe reso succube della Germania e gli avrebbe creato gravissimi ostacoli a proposito di tutta una serie di problemi che, a torto o a ragione, egli pensava necessario risolvere prima di riprendere l'iniziativa in campo internazionale.

Di alcuni di questi problemi, quelli piú propriamente connessi alla realtà interna del regime, abbiamo già parlato e non è dunque il caso di tornare su essi. Di altri, quelli connessi alla situazione economica e all'avvio della politica autarchica, abbiamo pure già parlato. Essi meritano però di essere qui brevemente richiamati per quel tanto che incidevano direttamente sulla politica estera. Nella prospettiva di dover subito rimettere in moto l'economia italiana e di avviarla al contempo sulla via dell'autarchia, essenziale era infatti riattivare e accrescere le importazioni e le esportazioni e recuperare quei mercati che durante la guerra erano cominciati a sfuggire al commercio italiano, in particolare quelli balcanici, nei quali la già notevole penetrazione tedesca era in pochi mesi ancora aumentata. E questo in buona parte era compito di palazzo Chigi che, infatti, si impegnò subito a fondo per riallacciare a livello governativo i vecchi rapporti (con la Francia fu stipulato già l'11 agosto un modus vivendi con il quale i due governi stabilivano di ammettere le rispettive importazioni «nella misura maggiore possibile») e per sfruttare le possibilità che i contatti, ufficiali ed ufficiosi[5], presi all'uopo offrivano

---

[5] Un ruolo non trascurabile ebbero in questo senso durante tutto il periodo che stiamo considerando i contatti presi fuori dei canali diplomatici ufficiali, in particolare tramite i corrispondenti dell'Agenzia Stefani e i numerosi rappresentanti e inviati dei CAUR. Specie nella penisola balcanica,

per valutare le disposizioni politiche verso l'Italia dei vari paesi ex sanzionisti e in particolare di quelli del bacino mediterraneo, che durante la guerra piú si erano collegati con l'Inghilterra (Grecia e Turchia), e della Piccola Intesa e soprattutto la Iugoslavia e la Romania. Nella nuova situazione determinata dal crescente dinamismo politico ed economico

ma anche nei paesi baltici, si venne cosí a stabilire con la seconda metà degli anni trenta una sempre piú intensa «diplomazia parallela» che non di rado godeva di una larga autonomia rispetto a quella ufficiale (che talvolta era addirittura tenuta quasi all'oscuro di molte sue iniziative) e agiva con larga disponibilità di mezzi economici che le permettevano di finanziare gruppi politici ritenuti a torto o a ragione filo fascisti o comunque filo italiani, giornali e singoli uomini politici. Su questa «diplomazia parallela» manca a tutt'oggi qualsiasi studio specifico. Gli unici accenni un po' consistenti ad essa si possono trovare, per l'Europa orientale e i CAUR in particolare, in J. W. BOREJSZA, *Il fascismo e l'Europa Orientale. Dalla propaganda all'aggressione*, Bari 1981.

Iniziata da Mussolini in Germania negli anni venti, la pratica della «diplomazia parallela» si era via via estesa sempre di piú. Grandi prima e Suvich poi erano però riusciti in gran parte a neutralizzarla. Nelle sue memorie Suvich ricorda gli sforzi da lui messi in atto presso Mussolini. Parlando dei suoi quotidiani rapporti con lui a palazzo Venezia ha scritto: «La cartella degli Esteri [di Mussolini] conteneva di solito qualche rapporto di osservatori volontari, o magari incaricati da lui – questo non mi constava – e qualche ritaglio di giornale italiano e straniero che pensava potesse avere interesse. "Io faccio il segretario dei miei Sottosegretari" mi ha detto un giorno, ed era un po' vero. Questi rapporti che riceveva direttamente erano un guaio. Si trattava in genere di gente poco preparata che andava all'estero già predisposta a trovare che quanto facevano i nostri rappresentanti diplomatico-consolari era sbagliato, che tutti erano snob, che non avevano la sensibilità degli interessi nazionali e che passavano le giornate a correr dietro alle donne o a giocare a golf o a bridge. Naturalmente arrivati sul posto trovavano che le cose stavano cosí, come pensavano loro, e quindi il "rapporto al Duce".

«Mussolini – pure osservante delle gerarchie – per una sua congenita, non dimenticata inclinazione all'eterodossia, dava corda a questi informatori irregolari, ne leggeva i rapporti e poi me li passava corredati di sottolineature e punteggiature in rosso e bleu. "Vede Suvich che l'ambasciatore fa...?" "Ma no, Presidente, il signor tale dice che l'ambasciatore fa... e probabilmente ha torto. Mi lasci appurare la cosa".

«Era veramente una fatica di Sisifo scalzare alcuni suoi preconcetti, perché poi ritornava da capo. Ma infine il rapporto andava a finire nel sepolcro dell'archivio e non se ne parlava piú».

Nella seconda metà degli anni trenta essa finí per contagiare anche le istituzioni piú caute e tradizionaliste, suscitando confusione e perplessità persino in alcuni di coloro ai quali si rivolgeva, preoccupando vari governi e procurando alla diplomazia ufficiale piú difficoltà che concreti vantaggi. Assai significativo (anche sotto altri aspetti) è quanto scrisse il 28 settembre 1937 D. Grandi nella sua qualità di ambasciatore a Londra, all'addetto navale presso la sua stessa ambasciata: «Il R. Ministero della Marina, Ufficio Informazioni – MARISTAT, colla leggerezza ed incompetenza propria di certi uffici militari i quali vogliono fare della politica estera invece di badare alle loro navi, cannoni, siluri e a quelli degli altri, ha organizzato recentemente un servizio di informazioni e di contatti politici tra suoi e pretesi fiduciari del Governo Britannico. Da accertamenti da me personalmente eseguiti ho potuto constatare che le persone incaricate di tale servizio altro non sono se non dei millantatori screditati, ignoranti dell'ambiente politico britannico. Ad ogni buon fine, avendo identificato tali fiduciari del R. Ministero della Marina, Reparto Informazioni Maristat, ho dato ordine alla squadra del Fascio di Combattimento di Londra di dar loro una vigorosa bastonatura, onde abbiano la possibilità di riferire qualche cosa di piú preciso e di piú concreto circa i risultati della loro missione a Londra.

«Questi fiduciari, allo scopo di accreditare la loro missione politica, si sono naturalmente presentati negli ambienti della Camera dei Comuni e dell'Ammiragliato, come fiduciari del R. Ministero della Marina, dando cosí l'impressione che, mentre il Duce e il Ministro degli Esteri parlano duramente al Governo Britannico nelle trattative diplomatiche, la R. Marina, sottomano, si mostrerebbe ansiosa, per proprio conto, di stabilire contatti sul terreno politico e sollecitare un'intesa politica che non può mancare naturalmente di essere interpretata negli ambienti britannici come il frutto di una soverchia preoccupazione della Marina Italiana di allontanare l'ipotesi di un conflitto con la Marina Britannica. È superfluo che io mi dilunghi per fare constatare alla S. V. gli effetti deleteri di tutto ciò per il nostro prestigio e soprattutto per il prestigio della nostra eroica Marina...» (ACS, *Min. Aeronautica, Gabinetto, 1937*, b. 38, fasc. 9-1-7; nonché *Archivio D. Grandi*, b. 47, fasc. 112, ove è anche un'altra lettera in pari data di Grandi a Ciano sull'episodio con maggiori particolari e apprezzamenti negativi sui contatti cercati dalla Marina in Inghilterra».

tedesco questi due ultimi paesi stavano infatti diventando per l'Italia sempre piú importanti, perché stabilire con essi buoni rapporti voleva dire bloccare la spinta della Germania verso sud-est ed alleggerire in qualche misura la sua pressione sull'Ungheria e soprattutto sull'Austria, gli unici veri punti d'appoggio che Roma aveva sul continente.

E poi c'era il grosso problema di portare a termine il piú presto possibile l'occupazione, la pacificazione dell'Etiopia. La conquista di Addis Abeba e la fuga del negus avevano infatti concluso il conflitto solo dal punto di vista internazionale. Perché esso potesse essere effettivamente considerato chiuso occorreva estendere l'occupazione a tutto il paese, ancora in gran parte in mano ai capi locali, ottenerne la sottomissione, disarmare i loro uomini e organizzare concretamente il nuovo assetto della colonia. Solo dopo ciò si sarebbe potuta ritirare gran parte delle truppe (una misura questa assai urgente dati gli oneri finanziari che un esercito cosí numeroso comportava) e passare alla seconda fase della conquista, la valorizzazione economica dell'Impero [6] e la creazione di una grande «armata nera» [7]. L'importanza e l'urgenza che Mussolini attribuiva alla realizzazione di questi tre obiettivi spiega in parte (altre ragioni furono la volontà di non ripetere l'esperienza fatta in Libia, dove la riconquista e la «pacificazione» si erano trascinate per anni, e il desiderio di dimostrare al mondo che le popolazioni etiopiche erano favorevoli all'Italia che le aveva «liberate» dallo schiavismo e dall'oppressione del negus) non solo la rapidità, ma anche l'estrema durezza con cui l'occupazione e la «pacificazione» furono portate avanti, malgrado l'e-

[6] Ai primi del '37 Mussolini inviò in Africa il sottosegretario all'Agricoltura e foreste G. Tassinari per un primo esame delle possibilità di sfruttamento economico e di colonizzazione dell'Impero. Tassinari compí un lungo giro in Somalia, Eritrea, nel Tigré, nella zona di Gondar, nello Scioa e nell'Harar giungendo alla «meditata convinzione» – come telegrafò a Mussolini alla vigilia del suo rientro in Italia, il 25 febbraio – che l'Impero offriva «grandi possibilità... per raggiungere indipendenza economica Madre Patria» (ACS, *Presidenza del Consiglio dei ministri, Gabinetto, Atti* [1934-1936], b. 1066, fasc. 17/7, n. 6643/6.2).

Alla valorizzazione dell'Etiopia si mostrarono interessati (grazie anche all'intensa attività svolta in questo senso da Suvich a Washington) nel 1936-37 gli americani, che inviarono in Italia a studiare il problema l'ex sottosegretario di Stato Phillips. Il deteriorarsi della situazione internazionale portò però ad una interruzione dei contatti. Decisivo fu il peso del progressivo avvicinamento dell'Italia al Giappone. Come Suvich riferiva a Roma il 3 dicembre 1937, tale avvicinamento aveva suscitato negli Usa una ostilità verso l'Italia (accusata «di aver aggravato la situazione rompendo la solidarietà tra le potenze firmatarie del Trattato dei Nove») seconda solo a quella verso il Giappone. A ciò si era poi aggiunto il riconoscimento italiano del Manciukuò. Riferendo di un suo colloquio con Sumner Welles, Suvich scriveva a questo proposito: «Mentre fino ad ora la contesa con l'Italia era limitata piú che altro al campo ideologico, ora, dopo il nostro schieramento a favore del Giappone, si considera [l'Italia] passata definitivamente nel campo degli interessi politici contrari a quelli americani». In questa situazione, come riferiva Suvich in un altro rapporto del 14 gennaio 1938, «anche gli americani amichevolmente disposti verso l'Italia (e ce ne sono moltissimi) che ci avevano fiancheggiato nella questione etiopica e nella questione spagnola, non approvano il nostro avvicinamento al Giappone nell'attuale momento e quindi non sono disposti a levare la voce in nostro favore di fronte alla marea incalzante delle ostilità» (ASAE, *Stati Uniti*, b. 34 [1937] e b. 46 [1938]).

[7] Il primo accenno alla sua intenzione di creare un'«armata nera» Mussolini lo fece l'8 maggio '36 (parlando di un milione di uomini), cfr. P. ALOISI, *Journal* cit., p. 382.

stremo interesse di Mussolini a dare della presenza italiana in Etiopia una immagine tutta incentrata sull'opera civilizzatrice che essa vi svolgeva. Opera – per la verità – che, passato il primo anno e mezzo dell'occupazione e pur con molte contraddizioni e disfunzioni, la presenza italiana riuscí anche a svolgere in alcuni settori della vita etiopica.

Alla fine dell'inverno '36-37 l'occupazione era un fatto ormai praticamente compiuto. Per realizzarla non si era certo usata la mano leggera. Mussolini aveva infatti autorizzato sin dal luglio Graziani «a iniziare e condurre sistematicamente politica del terrore e dello sterminio contro i ribelli e le popolazioni complici»[8]. Contro i «ribelli» e le popolazioni che li appoggiavano erano state cosí condotte vere e proprie operazioni militari con l'impiego di aerei e anche di gas asfissianti (il cui uso era stato pure personalmente autorizzato dal «duce»). E non erano nemmeno mancate esecuzioni di prigionieri e di capi «ribelli». Particolarmente spietata era stata la repressione seguita all'attentato attuato ad Addis Abeba il 19 febbraio 1937 contro Graziani e in cui il viceré fu gravemente ferito insieme a ventinove militari, trenta civili e cinque personalità indigene. Per due giorni la capitale dell'Impero aveva vissuto nel terrore (pare che i morti sfiorassero i tremila), poi la repressione si era attenuata, ma, al tempo stesso, si era fatta piú sistematica ed era stata estesa anche ad altre località, coinvolgendo, tra fucilati e rinchiusi in campo di concentramento, varie migliaia di individui, compresi numerosi religiosi. E se Mussolini non fosse intervenuto le cose sarebbero andate anche peggio. Alla notizia dell'attentato il «duce» era stato drastico: «Tutti i civili e i religiosi comunque sospetti devono essere passati per le armi senza indugi», aveva telegrafato a Graziani. Ma quando il viceré gli aveva proposto «di radere al suolo la vecchia città indigena e accampare tutta la popolazione in un campo di concentramento fino a che essa non si sarà ricostruita le sue abitazioni» si era affrettato a telegrafargli: «Tale misura solleverebbe nel mondo una impressione sfavorevolissima e non raggiungerebbe lo scopo». Stante questa realtà, la pacificazione fu assai piú lunga della conquista. Focolai di ribellione si mantennero qua e là vivi a lungo e taluni non si spensero praticamente mai. Un netto miglioramento della situazione si sarebbe cominciato a delineare solo col 1938, dopo il richiamo di Graziani e la sua sostituzione con il duca d'Aosta[9];

[8] Cfr. a questo proposito G. ROCHAT, *L'attentato a Graziani e la repressione italiana in Etiopia nel 1936-37*, in «Italia contemporanea», marzo 1975, pp. 3 sgg., basato essenzialmente sulle carte dell'archivio di Graziani e dal quale abbiamo tratto le citazioni.
[9] Per la scelta del duca d'Aosta cfr. quanto Mussolini scrisse il 10 novembre 1937 a Graziani per comunicargli la fine del suo viceregno. MUSSOLINI, XLII, p. 197. Gli argomenti addotti corrispondevano bene alla psicologia e al modus operandi del «duce» e al suo crescente timore per possibili «speculazioni» antitaliane e antifasciste. Secondo il già ricordato rapporto dell'incaricato d'af-

ciò non toglie però che in alcune zone le cosiddette «operazioni di grande polizia» sarebbero continuate sin quasi a saldarsi con quelle della seconda guerra mondiale [10].

Il primo vero passo distensivo verso la Germania Mussolini l'aveva fatto, lo si è detto [11], il 6 gennaio 1936, nel momento piú difficile di tutta la vicenda etiopica. Parlando con l'ambasciatore tedesco von Hassel, aveva accennato alla possibilità che Berlino e Vienna regolassero i loro rapporti sulla base di un accordo amichevole che, per un verso, assicurasse l'indipendenza austriaca e, per un altro verso, portasse l'Austria «nella scia della Germania» e ne facesse un suo «satellite». L'avance era stata però accolta a Berlino con grande (e giustificata) diffidenza. «Qui si temeva una manovra machiavellica di Mussolini, che cioè per alleggerire la sua situazione critica in Abissinia egli volesse gonfiare la questione austriaca e fare successivamente delle avances alle potenze occidentali» [12]. L'unico a darle credito era stato Hitler. Successivamente Mussolini aveva fatto qualche altro passo distensivo. L'atteggiamento italiano in occasione della crisi determinata dalla rimilitarizzazione della Renania doveva però aver ben poco incoraggiato i diffidenti a fidarsi del fiuto del Führer. Ai tedeschi Mussolini aveva assicurato che non si sarebbe associato a misure contro di loro, poi però il suo atteggiamento si era fatto piú duttile. Alla fine, il 19 marzo, Grandi (che aveva realizzato un *do ut des* con gli inglesi sul problema da tempo in discussione di un inasprimento delle sanzioni), forzandogli la mano, aveva addirittura votato, sia pure con alcune riserve, la condanna della Germania. Con i tedeschi il «duce» si era dissociato dall'operato di Grandi e si era offerto di accordarsi con loro per una comune linea sul problema di Locarno; in pratica però – a parte gli accordi tra le due polizie già da tempo in via di maturazione e alcune visite di gerarchi nazisti in Italia e fascisti in Germania – sino alla fine del conflitto etiopico nei rapporti tra i due paesi non solo non era avvenuto nulla di nuovo, ma da parte italiana ci si era soprattutto preoccupati di rassicurare Parigi e Londra che l'avvicinamento italo-tedesco era «di carattere puramente psicologico, senza nessun substrato di accordi segreti o di preparativi di accordi segreti». Come abbia-

---

fari francese Blondel (*DDF*, s. II, VII, pp. 864 sg.) la scelta del duca d'Aosta sarebbe invece stata, almeno in parte, dettata dalla volontà di privilegiare il ramo cadetto dei Savoia, di sentimenti fascisti, e sarebbe dunque rientrata nel quadro dei contrasti tra Mussolini e il sovrano.
[10] Sulle operazioni di «grande polizia» durante il viceregno del duca d'Aosta cfr. U. CAVALLERO, *Gli avvenimenti militari dell'Impero. Dal 12 gennaio 1938-XVI al 14 aprile 1939-XVII*, 6 voll., Addis Abeba 1940.
Per un quadro d'insieme sull'organizzazione dell'Impero cfr. A. SBACCHI, *Il colonialismo italiano in Etiopia 1936-1940*, Milano 1980.
[11] *Mussolini il duce*, I, p. 732 e, piú in genere, pp. 729 sgg.
[12] J. PETERSEN, *Hitler e Mussolini. La difficile alleanza*, Bari 1975, p. 412.

mo già detto[13], queste assicurazioni erano state sí date da Suvich, che ad un avvicinamento alla Germania era nettamente ostile; nulla però autorizza a ritenere che Mussolini non condividesse l'impostazione e la stessa visione generale che il suo sottosegretario agli Esteri dava ai rapporti italo-tedeschi. La sola reale differenza tra i due era una maggiore disposizione di Mussolini ad un atteggiamento duttile, che in caso di necessità gli permettesse di giocare senza troppe difficoltà anche la carta tedesca per non rimanere completamente isolato e premere sugli anglo-francesi. Parlare, come è stato fatto, di un contrasto Mussolini-Suvich non è lecito. Che qualcuno vi potesse credere, specie dopo l'allontanamento di Suvich da palazzo Chigi, anche Mussolini lo pensava. Accomiatandosi da lui in giugno, gli disse: «e ora diranno che io allontano il mio moderatore e che lo faccio per romperla con la Francia e con l'Inghilterra, uscire dalla Società delle nazioni e gettarmi nelle braccia della Germania». Ma aggiunse anche: «tutte sciocchezze, perché io continuerò a fare con Galeazzo la stessa politica che ho fatto con lei»[14]. E, a modo suo, era sincero.

Certo, con Ciano ministro, Suvich non poteva rimanerere sottosegretario agli Esteri. A parte che, poiché si promuovevano ministri Lessona ed Alfieri, la cosa avrebbe assunto un sapore punitivo, tanto è vero che Mussolini tenne moltissimo a fargli accettare un'ambasciata di grande prestigio come quella di Washington (dove oltre tutto Suvich poteva essere utilissimo per il suo equilibrio e le sue relazioni con il mondo economico internazionale), cosí come aveva fatto quattro anni prima quando aveva nominato Grandi a Londra; a parte questo, ad una sua permanenza a palazzo Chigi ostavano, per un verso, le critiche e la sorda lotta fattegli da Ciano nei mesi precedenti e, per un altro verso, la non dissimulata ostilità verso di lui dei tedeschi (Hitler parlando con Manacorda

---

[13] *Mussolini il duce*, I, pp. 732 sgg.
[14] F. SUVICH, *Memorie*. Anche successivamente e in circostanze ben diverse Mussolini negò che la politica di Suvich non fosse stata la sua. Ecco come, sempre nelle sue memorie, Suvich ha narrato l'episodio avvenuto nel 1942: «Mussolini usava ricevere a periodi fissi i Segretari federali di gruppi di Province contermini che riferivano per iscritto sulla situazione.

«Una volta ricevendo i segretari delle province giuliane e dalmate (Trieste, Fiume, Gorizia, Istria, Zara) il segretario di Trieste, che era un povero diavolo, che agiva soltanto per suggerimento della centrale del partito, parlando dei deputati triestini è uscito con questa bella sparata (riporto a memoria secondo quanto mi è stato riferito da Ciano che otteneva sempre copia dei verbali di queste riunioni).

«Riferendosi dunque ai deputati triestini il Federale in parola ha detto: E in quanto all'onorevole Suvich di famiglia slava, che è noto a Trieste per essere il protettore degli Ebrei, degli Austriaci e degli antifascisti e che ha fatto la politica antinazista in contrasto con le direttive del regime... A questo punto Mussolini lo ha interrotto dicendo: vi inibisco di continuare; Suvich appartiene a una famiglia patriottica italiana... e se ha fatto quella politica, lo ha fatto perché quella era la mia politica».

Cfr. anche *Rapporto al Duce*, a cura di G. B. Guerri, Milano 1978, p. 290.

l'aveva accusato di fare una politica «triestina»). E ciò, anche se Mussolini non voleva capovolgere la sua politica con Berlino, ma solo stabilire un nuovo tipo di rapporti con la Germania, rendeva ovviamente opportuno cogliere l'occasione di un generale rimpasto del governo per allontanarlo con tutti gli onori da palazzo Chigi. Dire questo non vuol tuttavia dire che, almeno a livello di intenzioni, Mussolini mentisse dicendogli che intendeva fare con Ciano la stessa politica che aveva fatto con lui. Che questa fosse la sua intenzione ci pare fuori dubbio e quanto abbiamo già detto sulle sue preoccupazioni e le sue mosse verso Londra e Parigi immediatamente a cavallo della conquista di Addis Abeba e della proclamazione dell'Impero ci pare lo dimostri [15]. La carta tedesca era per lui l'*ultima ratio*, da giocare solo se non fosse riuscito a ricucire le relazioni con le potenze occidentali e con l'Inghilterra in particolare. Una *ultima ratio* tutt'altro che gradita e certamente onerosa, perché – a meno di poter raggiungere in extremis un accordo con Parigi e Londra – prima o poi avrebbe comportato l'Anschluss, ma alla quale egli dovette ricorrere prestissimo, in pratica subito dopo la fine della guerra in Africa, allorché, in giugno, la decisione del governo inglese di raccomandare alla Società delle nazioni la revoca delle sanzioni, accompagnata però dal non allontanamento di Eden dal Foreign Office e dall'evidente proposito di non voler menomamente sentir parlare d'*accordo generale* e di non voler neppure riconoscere l'Impero, lo indusse – ossessionato com'era dall'idea di trovarsi isolato da tutti – a dar via libera all'accordo austro-tedesco dell'11 luglio con il quale Hitler cominciò a minare l'indipendenza austriaca.

A spingere Mussolini a prendere questa decisione contribuí probabilmente il tempismo di Hitler nel fargli sapere, il 29 giugno, di essere pronto a riconoscere «senza contropartita» l'impero se l'Italia lo avesse desiderato. Un peso certo maggiore dovette però averlo la presenza di Ciano a palazzo Chigi.

Dire che Ciano fosse filo nazista sarebbe falsare la realtà. Non lo era per una questione di *gusto*, di *stile* e perché in definitiva la politica era per lui qualche cosa in cui l'ideologia, gli ideali non avevano praticamente spazio. Il fascismo lo aveva appena sfiorato, anche se ne aveva fatto uno dei massimi esponenti del regime. Essenzialmente era e si considerava un conservatore borghese, tipico rappresentante di una nuova aristocrazia del potere. Come Bottai annotò nel suo diario, si proclamava, «un po' per vezzo e un po' per innata propensione, schiettamente "forcaiolo"», e «reazionario». Per lui fascismo equivaleva a regime e

[15] *Mussolini il duce*, I, pp. 736 sgg. e 748 sgg.

regime a potere. E concepiva tutto in termini di potere. Da qui la sua totale sordità e insensibilità per quelli che per i veri fascisti, vecchi e giovani, erano gli ideali, le problematiche del fascismo, per le loro preoccupazioni, *in quanto fascisti*, per il fallimento del corporativismo, per gli orientamenti di fondo del regime, per il «dopo Mussolini». Ragazzo durante la guerra '15-18 non ne aveva vissuto tutta la drammaticità, i timori, le passioni e ciò contribuiva a non fargli sentire il «problema tedesco» con l'intensità con cui lo sentivano un Mussolini, un Suvich, un Grandi, le cui formazioni, pur diversissime tra loro, avevano però in comune un'altra cosa che a lui mancava: il legame con il Risorgimento e dunque una sorta di tradizione antitedesca. Né, a livello caratteriale, va sottovalutato ciò che intuí bene Luciana Frassati quando lo conobbe: «doveva essere buono ma esaltato, come tutti i giovani dalla carriera troppo rapida» [16]. Arrivato poco piú che trentatreenne ad occupare praticamente il secondo posto del regime e per di piú con l'onore ma anche l'onere di essere il genero del «duce», la sua ambizione era quella di dimostrarsi all'altezza del posto occupato, il suo massimo desiderio di servirsene per crearsi una *propria* base di potere che gli permettesse di oscurare tutti gli altri astri del firmamento fascista (in primo luogo i due piú luminosi, Balbo e Grandi) e di rendere cosí assolutamente sicura la sua posizione di «delfino», di successore non solo *in pectore* di Mussolini. Anche se non trascurava affatto gli altri, il campo attraverso il quale questa sua definitiva affermazione doveva realizzarsi era quello della politica estera. Un campo in cui la sua esperienza era, tutto sommato, assai limitata e periferica, ma in cui egli era convinto di poter far molto, non tanto nel senso di mutarne i caratteri, le tendenze di base – poiché si rendeva conto che, anche se lo avesse voluto, non avrebbe potuto farlo, dato che alle sue spalle avrebbe pur sempre avuto Mussolini – ma in quello di darle maggior incisività e *astuzia*. Assai significativo è a questo proposito il fatto che il suo primo atto come ministro degli Esteri fu quello di nominare capo di gabinetto, al posto di Aloisi, O. De Peppo, che era stato suo direttore generale per i servizi della propaganda al ministero per la Stampa e la propaganda, e di circondarsi di propri uomini non legati alle gestioni di Grandi e di Suvich, allontanando quasi tutti i loro predecessori. Nel quadro di questo *avvicendamento* in un primo momento anche Grandi avrebbe dovuto essere allontanato da Londra. L'intenzione, in verità, era stata di Mussolini, irritato dai riconoscimenti che alcuni grandi giornali inglesi tributavano al suo ambasciatore; ma egli in un secondo

---

[16] L. FRASSATI, *Il destino passa per Varsavia* cit., p. 29.

momento tornò però su di essa lasciando Grandi a Londra[17]. Ciano – ai cui progetti e alla cui ambizione la presenza a Londra di Grandi doveva dare molto fastidio – non aveva però fatto nulla per dissuaderlo ed è molto probabile che fosse rimasto assai irritato dal ripensamento del «duce». Non altrimenti si spiega la subdola azione che nei tre anni successivi egli condusse contro Grandi presso Mussolini per metterlo in cattiva luce e appropriarsi dei suoi successi.

Pur non essendo filo nazista e pur non volendo capovolgere la politica estera italiana, Ciano era però convinto che per renderla piú incisiva e *astuta* e per potervi imprimere i caratteri della propria personalità era necessario avere verso Berlino un atteggiamento meno timoroso e piú

[17] Le *Informazioni Cremonesi*, alle date del 12 e 16 ottobre '36, provano che le notizie della destituzione di Grandi da Londra, della sua nomina a governatore del Dodecaneso e della revoca dei due provvedimenti trapelarono negli ambienti politici romani suscitando non poca meraviglia.
D. Grandi ci ha cosí ricostruito l'episodio: «... In data 18 giugno 1936... Eden in un dibattito alla Camera dei Comuni comunicava che il gabinetto inglese aveva deciso di raccomandare alla Società delle Nazioni l'abrogazione delle sanzioni contro l'Italia... Nel mattino seguente il "Daily Express" pubblicava una mia fotografia colle seguenti parole "The winner". Si tratta di una espressione usata in Inghilterra per identificare il cavallo vincitore di una corsa. Il corrispondente dell'Agenzia Stefani da Londra, nel trasmettere a Roma la notizia, tradusse la parola "The winner", per ignoranza o per malizia, "Il vittorioso". Mussolini andò su tutte le furie e ordinò immediatamente a Ciano di sostituirmi come Ambasciatore a Londra. Ciano mi telegrafò di recarmi subito a Roma e, non senza un palese imbarazzo, mi comunicò la decisione del Duce offrendomi l'ufficio di Ambasciatore a Buenos Aires ovvero quello di Governatore di Rodi e delle isole italiane dell'Egeo. Mi sentivo amareggiato e stanco. Dopo i quattro anni logoranti di Londra, l'isola di Rodi mi appariva come un posto tranquillo. Il Governo di Rodi era considerato come un incarico modesto, presso ché ignorato da Palazzo Chigi. Fare l'ambasciatore di Mussolini in una grande capitale europea era compito difficile. Col giovane Ciano Ministro degli Esteri le difficoltà sarebbero state maggiori. Senza esitazione e con visibile sorpresa di Ciano accettai Rodi. Il mio successore a Londra sarebbe stato l'ambasciatore Guariglia. Rimase stabilito che dopo un mese di riposo a Ischia avrei fatto ritorno a Londra per chiedere al Governo e a Sua Maestà britannica il gradimento per Guariglia. Era intanto scoppiata la guerra civile in Ispagna e a metà settembre fui invitato da Ciano ad anticipare il mio ritorno a Londra per sollecitare le pratiche di gradimento del mio successore. La notizia del mio richiamo era già trapelata e la stampa britannica non aveva mancato di esprimere il sincero rammarico per la mia prossima partenza da Londra. Era nelle buone usanze che un ambasciatore al termine della sua missione facesse una visita di congedo ai suoi colleghi. Senonché i tempi stringevano ed io pensai di profittare della prima riunione del "Comitato per il non intervento in Spagna" per salutare i miei colleghi. La conferenza, cui partecipavano i rappresentanti di 27 stati, convocata dal governo britannico e presieduta da Eden, Ministro degli Esteri, ebbe luogo al Foreign Office, nella grande sala chiamata "Locarno Room". Avevo già dato le consegne dell'Ambasciata al Consigliere Guido Crolla, il quale sedeva al lungo tavolo della Conferenza. Proprio nel momento in cui entravo si era alzato a parlare l'Incaricato d'affari della Russia Sovietica di nome Cahgan, il quale con parole aspre, offensive e violente, prese ad attaccare l'Italia invitando la Conferenza a condannare il nostro paese per l'azione svolta in soccorso dei nazionalisti spagnoli. Non esitai un attimo a pregare il Consigliere Crolla di cedermi il suo posto e domandai immediatamente la parola. Parlai per circa un'ora, improvvisando in inglese e replicando al rappresentante comunista con parole non meno aspre e non meno dure di quelle che egli aveva usato nei confronti del mio Paese e del mio Governo. Fu quella, credo, la prima volta, dopo il Congresso di Vienna, che attorno a un tavolo di conferenze internazionali veniva usato da diplomatici accreditati un linguaggio cosí scoperto e cosí aspro. Nel giorno stesso i giornali di Londra davano un ampio resoconto dei discorsi, non mancando di sottolineare il tono drammatico con cui si era svolta la Conferenza. Altrettanto fecero i giornali italiani nella edizione della sera. Mussolini mi chiamò da Roma per telefono e mi domandò se avevo già presentato la domanda di gradimento per l'Ambasciatore Guariglia. Risposi che non l'avevo ancora potuto fare, essendo stato impedito il giorno precedente nella Conferenza al Foreign Office, ma che l'avrei fatto il giorno stesso. Replicò Mussolini: "Non lo fare piú. Tu rimani ambasciatore a Londra"».

dinamico, in maniera da costringere Londra e Parigi a riconoscere l'impero e a riprendere su nuove basi i vecchi rapporti con Roma[18]. Un programma, come si vede, non diverso nella sostanza da quello di Mussolini, ma che nelle mani di un uomo come lui, privo di effettiva esperienza diplomatica ed «esaltato», tendeva inevitabilmente ad assumere un dinamismo, una grossolanità e una *sicurezza* (anche se Ciano personalmente era un insicuro) che in altre mani non avrebbe certamente avuto e che poteva influenzare anche Mussolini. E ciò tanto piú dato il particolare momento psicologico e ideologico che, come si è visto, il «duce» stava attraversando.

Nell'estate del '32, quando Mussolini l'aveva allontanato da palazzo Chigi, Grandi aveva affidato al suo diario duecento pagine di considerazioni sui tre anni durante i quali aveva retto la politica estera italiana, su come egli la concepiva, su cosa aveva potuto fare e non fare, sulla sua collaborazione con il «duce» e sul loro diverso modo di considerare e di affrontare le relazioni internazionali. Fondamentali per capire la personalità di Grandi e la politica estera che egli avrebbe voluto veder realizzata dal fascismo, nonché la sostanza del rapporto Grandi-Mussolini, queste pagine[19] offrono tutta una serie di elementi di fatto e di spunti preziosi per capire quale fosse l'atteggiamento psicologico con il quale il «duce» si poneva di fronte ai problemi di politica estera e come il suo modus agendi fosse largamente condizionato da questo atteggiamento psicologico. Scriveva tra l'altro Grandi:

> Tutta la politica estera [di Mussolini] ha le sue premesse in «stati d'animo subbiettivi», nella sua psicologia complessa e complicata.
> Non si può fare il dittatore fuori del proprio paese. A meno che non si faccia la guerra. Ma egli non può fare la guerra, sebbene egli non abbia altro sogno. La consapevolezza di essere il «quarto» in ordine d'importanza, determinata dalla fatale gerarchia di potenza fra le Nazioni, fra i rappresentanti della Gran Bretagna, della Francia, della Germania (e non pensiamo per il momento all'America e alla Russia) non gli va giú. Non sa e non vuole rassegnarsi a ciò. Sente il suo orgoglio e la sua vanità, come ferite. E allora preferisce abbandonare il gioco dei giganti, per mettersi nel gioco dei bambini, ossia le Piccole Potenze, le quali, solo per il fatto di essere piú piccole, si inchinano – o meglio fanno finta di inchinarsi, perché esse non dimenticano, anzi, il gioco dei giganti! – davanti a lui...
> In tre anni Mussolini non mi ha mai detto quale era, quale è il suo piano, la sua linea, la sua direttiva di politica estera. Forse non lo ha...
> Egli non conosce, non cura, non capisce la difficile arte del negoziato. Considera il negoziatore come un «furbo» e null'altro. Mussolini decide. Sta agli altri di ac-

---

[18] Su Ciano e la Germania cfr. anche M. MICHAELIS, *Il Conte Galeazzo Ciano di Cortellazzo quale antesignano dell'asse Roma-Berlino*, in «Nuova rivista storica», gennaio-giugno 1977, pp. 116 sgg.
[19] D. GRANDI, *Diario*, agosto 1932, in *Archivio D. Grandi*, b. 25, fasc. 90, sott. 40.

cettare. Nello stesso modo egli accetta spesso quello che gli altri decidono. Nero e bianco. Non conosce la difficile arte del mercato, del contratto, del negoziato. Non può conoscerla. Egli è un Capo. E cioè un grande Poeta. Ma la Nazione accanto al Capo abbisogna di un buon amministratore che faccia bene gli affari della Nazione.
 Inoltre Mussolini considera tutto il mondo, le questioni internazionali, ecc., ecc. a raggera. Egli al centro. Tutto parte o viene a lui o da lui. No il mondo è diverso. Le proporzioni, le strade sono diverse.
 Può darsi che il contatto diretto degli affari diplomatici gli dia il senso della realtà piccola e della realtà grande, di cui è fatta la vita di tutti i giorni, la vita degli uomini. La vita di un uomo e di un popolo senza Poesia non è vita. Ma la vita non è fatta di sola Poesia.

Dal '22 al '29, pur con questi limiti caratteriali e con questa concezione delle relazioni internazionali (oltretutto in lui non ancora completamente sviluppatisi e in parte controbilanciati da un'ancor viva curiosità umana per il contatto con i diplomatici stranieri), Mussolini aveva potuto reggere senza troppe difficoltà e danni il timone della politica estera italiana. In un periodo in cui il quadro internazionale era sostanzialmente statico e in cui per il «duce» la politica estera era ancora completamente subordinata a quella interna, si trattava infatti in definitiva quasi solo di pilotarla nella scia di quella inglese, avventurandosi al massimo sul mare dei «bambini» (Albania, Grecia, Iugoslavia). Il peso dei limiti di Mussolini si era fatto più evidente negli anni successivi – specie dopo il '32, quando l'allontanamento di Grandi da palazzo Chigi l'aveva privato di un «amministratore» abile e realista –, man mano che il quadro internazionale si era fatto meno statico e la politica estera aveva acquistato per lui sempre maggiore importanza. Sino alla guerra d'Etiopia comunque Mussolini era stato in grado di reggerne tutto sommato abbastanza bene il timone. L'impresa d'Etiopia aveva per molti aspetti sconvolto i termini sui quali sino allora si era fondata la politica estera italiana. Il «duce», con l'aiuto pressoché unanime e convinto di gran parte della «carriera», di Suvich e di Grandi, aveva però complessivamente ancora retto il timone, anche se tutta la sua politica si era fondata essenzialmente su una intuizione al limite della scommessa, che però si era rivelata vincente e tale perciò da costituire per lui un capolavoro che, sul momento, aveva segnato una svolta netta nella storia interna del regime. Né, pur essendone stati sconvolti per molti aspetti i tradizionali termini di base, si può dire che la politica estera italiana fosse uscita dal conflitto etiopico irrimediabilmente condannata ad un radicale mutamento di rotta. Una eventualità del genere era infatti respinta da Mussolini, che, non a caso, cercò subito – lo si è visto [20] – di riaprire in qualche modo il di-

---

[20] Cfr. *Mussolini il duce*, I, pp. 748 sgg.

scorso con la Francia e, soprattutto, non dismise affatto l'idea di un accordo con l'Inghilterra, anche se esso era da lui concepito non come un puro e semplice ritorno ai rapporti precedenti la crisi etiopica, ma come un *accordo generale* che mettesse i due paesi su un piede di parità nel Mediterraneo e in un rapporto privilegiato di cui, col passare del tempo, egli ritenne avrebbe dovuto fare le spese la Francia. E, quel che piú conta, tale eventualità non era esclusa nemmeno da una parte tutt'altro che trascurabile della classe politica conservatrice inglese, che – come vedremo tra poco – se aveva perso gran parte della sua fiducia nella buona fede di Mussolini, era però convinta che ad un accordo con lui si sarebbe dovuti arrivare, anche se era fermamente decisa ad arrivarvi alle proprie condizioni e non a quelle del «duce» e sicura che egli, alla fine, non lo avrebbe potuto rifiutare.

Stante questa realtà di fatto, che si inseriva a sua volta in una situazione internazionale ormai in rapido deterioramento (e che, oltre tutto, era in buona parte diventata tale in conseguenza proprio dell'iniziativa mussoliniana in Etiopia), a reggere il timone della politica estera italiana sarebbe stato piú che mai necessario un uomo di grande esperienza diplomatica, capace di tenere a freno i sentimenti e i risentimenti e di trattare tutto; disposto a subire le leggi e i tempi del negoziato senza lasciarsi andare ad impazienze e ad isterismi e soprattutto ad accontentarsi del molto già ottenuto e del poco che, forse, era ancora ottenibile e ad accettare di rientrare in quel ruolo di «quarto» che – nonostante il successo riportato in Etiopia – continuava ad essere (e ad essere sempre di piú) quello dell'Italia. Avventurarsi sul terreno delle ipotesi circa l'esistenza o no nel gruppo dirigente fascista di un simile uomo è in sede storica praticamente inutile: anche se fosse esistito, è infatti chiaro che, date la personalità di Mussolini e la realtà del regime, egli non avrebbe avuto alcuna possibilità di vedersi affidata la guida della politica estera. Quello che invece è certo è che né Mussolini né Ciano erano uomini del genere.

Mussolini, il «capo», nonostante negli ultimi quattro anni (e che anni!) fosse stato a contatto diretto con la politica estera, non solo non ne aveva tratto quel senso della realtà internazionale che Grandi aveva sperato esso potesse dargli, ma, al contrario, aveva moltiplicato ed esasperato i suoi precedenti limiti: l'egocentrismo, l'affidarsi alla sicurezza delle sue intuizioni piuttosto che ad una meditata analisi della realtà e delle varie possibilità che da essa potevano scaturire, l'impazienza di vederle realizzate e, dunque, l'insofferenza e il disprezzo per il negoziato, la sfiducia nei suoi ambasciatori (da lui considerati inevitabilmente «indigenizzati», corrotti cioè dall'ambiente politico del paese in cui erano accreditati e, quindi, poco attendibili[21]), l'incapacità di accettare persino l'idea di uno scacco, l'irritabilità quasi isterica e spesso sfociante nella ritorsione per l'«incomprensione» di cui la sua politica era oggetto e per le critiche e gli attacchi (specie giornalistici) che gli venivano mossi. Il tutto aggravato dalle interferenze della sua involuzione psicologica e del prender corpo della sua idea della «nuova civiltà». Né Ciano, che in quella situazione avrebbe dovuto essere il «buon amministratore» degli affari della Nazione, era migliore. Alcuni limiti di Mussolini erano anche i suoi; altri, specie nei primi tempi, li assorbí da lui con un processo di ammirata identificazione che richiama alla mente il mimetismo di certi animali; altri ancora discendevano dalla sua condizione di «delfino» in cerca di autoaffermazione. Col tempo una parte di questi limiti si sarebbe corretta e Ciano sarebbe diventato via via piú critico nei confronti di quelli del suocero e della sua politica e avrebbe anche voluto modificarla. Ma a parte il fatto che, quando Ciano si rese conto di essere stato «ingannato» dai tedeschi, la situazione era ormai troppo compromessa per poter essere veramente raddrizzata, convincere Mussolini a un completo *revirement* era una impresa che né Ciano né altri poteva realizzare. Anche se il dramma personale del progressivo distacco di Ciano dal suocero non può essere ignorato e costituisce una delle pagine umanamente

[21] Ha scritto a questo proposito D. Grandi rievocando i sette anni passati come ambasciatore a Londra: «Sapevo, per esperienza, come limitata, per non dire nulla, era l'influenza che le nostre missioni diplomatiche esercitavano sulle decisioni che Mussolini prendeva a Roma. Egli non amava consultare alcuno, e meno ancora i diplomatici, che disprezzava e di cui diffidava. Egli considerava i diplomatici semplicemente come un male inevitabile, come personaggi fatalmente "corrotti" dall'ambiente politico del paese straniero in cui risiedevano; "indigenizzati" cosí egli li chiamava. Sospettoso di tutto e di tutti, egli era portato a scartare aprioristicamente i loro giudizi e le loro informazioni. Egli era felice ogni qualvolta poteva provare una valutazione errata da essi fatta a dimostrare che egli aveva adottato una linea d'azione opposta a quella da essi indicata. Dare un consiglio a Mussolini significava correre il rischio che egli facesse l'opposto. Ciò succedeva quasi sempre, e ciò creava nel capo missione diplomatico all'estero, ansioso di servire il proprio Paese, di raggiungere un determinato fine nell'interesse del proprio paese, dei continui, e spesso irresolubili, casi di coscienza. L'ambasciatore quando indirizzava un dispaccio a Mussolini aveva sempre un doppio quesito da risolvere, quello dell'informazione in se stessa e quello, ben piú delicato e difficile, del *modo* con cui questa informazione era data, allo scopo di suscitare in lui quella "reazione" che verosimilmente potesse indurlo a seguire una determinata linea di condotta. Tra l'avviso di un ambasciatore e quello di un informatore anonimo, egli non esitava, nove volte su dieci, a fidarsi di quest'ultimo. Le capitali straniere pullulavano di questa gente avida, mediocre, irresponsabile, degli informatori "fiduciari", inviati da Mussolini. Costoro corrispondevano con lui personalmente attraverso canali diretti e sconosciuti. Il loro potere era straordinario e pericoloso. Anziché cooperare colle missioni diplomatiche, la loro attività principale si riduceva ad un'azione di controllo costante dell'opera di quelle e soprattutto della loro "fedeltà", determinando uno stato perenne di turbamento tutt'altro che ingiustificato. Scoprire l'informatore e possibilmente intendersi con lui, onde evitare che facesse del male, era una delle maggiori preoccupazioni del capo missione. Mussolini non divideva i funzionari in capaci ed incapaci, bensí in fedeli e infedeli» (D. GRANDI, *Memorie*). Questo atteggiamento di Mussolini non era nuovo. Già nel gennaio 1932, parlando con G. Giuriati, aveva fatto uno sfogo contro la diplomazia: «Adesso è un momento di attesa, ma si cammina verso la guerra. Ho bisogno di cambiare tutta la diplomazia, quella che c'è è inferiore al suo compito e forse peggio... Nessuno o quasi dei nostri ambasciatori è a posto. Anche nei gradini minori gravi deficienze... Ho bisogno di rappresentanti che rappresentino non un'Italia qualunque, ma l'Italia fascista». In *Archivio G. Giuriati*, appunti del colloquio con Mussolini dell'11 gennaio '32.

piú interessanti e drammatiche della *petite histoire* degli ultimi anni del regime, in sede storica ciò che veramente conta per un giudizio su Ciano sono i suoi primi anni a palazzo Chigi. E su questi il giudizio non può essere piú negativo: Ciano non solo non esercitò (o tentò) alcuna azione di freno su Mussolini, ma ebbe una parte di primo piano nel rendere la politica estera italiana piú avventurista e aggressiva e nello spingere il «duce» a superare alcune remore ed incertezze nell'impegnarsi in certe operazioni rispetto alle quali il suo «senso del limite» era tendenzialmente piú vivo di quello del genero.

Coerentemente alla sua convinzione che per rendere piú incisiva e *astuta* la politica estera italiana era necessario un atteggiamento meno timoroso e piú dinamico verso la Germania, appena nominato ministro degli Esteri, Ciano, da un lato assunse verso la Francia e l'Inghilterra un atteggiamento meno conciliante di quello che nelle settimane precedenti avevano avuto Mussolini e Suvich (e Grandi a Londra) e rispose ai sondaggi di Parigi e di Londra volti a stabilire le vere intenzioni italiane con una serie di condizioni preliminari: rifiutò di partecipare alla conferenza di Montreux sugli stretti perché «fino a quando le sanzioni non saranno tolte e giustizia sarà fatta, l'Italia si asterrà da ogni forma di collaborazione internazionale» e quanto alla conferenza dei paesi del patto di Locarno subordinò la partecipazione italiana a quella della Germania e all'abrogazione degli accordi mediterranei contratti dall'Inghilterra durante la crisi etiopica con la Turchia, la Grecia e la Iugoslavia; chiese la chiusura delle legazioni ad Addis Abeba e la revoca della rappresentanza etiopica alla Società delle nazioni, facendo chiaramente capire di voler un pieno e sollecito riconoscimento dell'Impero; e, infine, non fece mistero che per Roma la questione europea era inscindibile da quella mediterranea e dunque da risolversi contestualmente se si voleva che l'Italia riprendesse la sua tradizionale politica di collaborazione continentale [22]. Da un altro lato premette sempre piú l'acceleratore della revisione dei rapporti con la Germania, prima dando via libera, appunto, all'accordo austro-tedesco dell'11 luglio e subordinando la presenza italiana alle trattative per un nuovo patto di Locarno a quella tedesca, poi – specialmente dopo che il 23 settembre l'assemblea della Società delle nazioni ebbe riconosciuto per la sessione in corso la validità della rappresentanza etiopica [23]

---

[22] Cfr. *L'Europa verso la catastrofe 184 colloqui... verbalizzati da Galeazzo Ciano*, Verona 1948, pp. 20 sgg.; nonché F. D'AMOJA, *La politica estera dell'Impero* cit., pp. 53 sgg.
[23] La riconferma del seggio all'Etiopia (voluta soprattutto da un gruppo di paesi minori) suscitò a Roma la piú viva irritazione, tanto piú che durante una sua visita nella capitale italiana il segretario generale della Società delle nazioni Avenol aveva lasciato sperare in una ben diversa soluzione della questione. Conseguenza di essa fu certamente la decisione di richiedere che il nuovo ambasciatore francese, il successore di De Chambrun, presentasse le credenziali al «Re d'Italia e Imperatore

– moltiplicando i contatti e gli ammiccamenti con Berlino, sino ad arrivare nella terza decade di ottobre a recarsi personalmente – primo ministro degli esteri dall'andata al potere di Hitler – in Germania in visita ufficiale.

Con questa tattica Ciano indubbiamente ottenne alcuni risultati, per esempio la decadenza degli accordi mediterranei inglesi e la chiusura delle legazioni ad Addis Abeba. Non riuscí però a fare veri e propri passi avanti con Parigi e soprattutto con Londra.

Nonostante la presenza al governo di L. Blum e del fronte popolare, Parigi non avrebbe visto di malocchio un riavvicinamento con Roma. Il Quai d'Orsay in particolare (ma anche gli ambienti militari) dopo la rimilitarizzazione della Renania sarebbe stato interessato, oltre che a un nuovo patto di Locarno, alla stipulazione di un patto mediterraneo a cui partecipasse anche l'Italia, in maniera, per un verso, di controllarla e, per un altro verso, di avviare una prima effettiva *détente* che si sarebbe poi potuta estendere anche al continente vero e proprio. E un patto del genere poteva essere accettato anche dal governo francese, che avrebbe potuto giustificare il suo accordo con «i fascisti assassini di Matteotti» con i superiori interessi della pace, della conciliazione tra tutti i popoli e del rafforzamento della sicurezza collettiva che Blum aveva posto a base della sua politica estera nella dichiarazione programmatica fatta al Senato il 23 giugno[24]. Ostile al patto mediterraneo era però l'Inghilterra, perché convinta – non a torto[25] – che l'Italia ne avrebbe approfittato per cominciare a porre con lei sul tappeto un pezzo dell'*accordo generale* e perché, come vedremo subito, in quel momento essa era contraria a qualsiasi accordo con Roma. In questa situazione è evidente che la Francia del fronte popolare non poteva essere piú «realista» dell'Inghilterra conservatrice[26].

Molto piú ferma, anche se in ultima analisi piú miope, era la posizione di Londra[27]. Qui sia la maggioranza del governo, sia gran parte dei capi militari (soprattutto della marina), sia ancor piú il Foreign Office e

---

d'Etiopia» e cioè che la Francia procedesse al riconoscimento *de iure* dell'Impero. E a De Chambrun Ciano, al ritorno dal suo viaggio in Germania, fece capire che se – contrariamente ai sani propositi «di ridare vita nuova all'amicizia franco-italiana» – si era indotto a farlo era stato proprio in seguito all'inatteso voto ginevrino. Cfr. *DDF*, s. II, III, pp. 625 sg.
[24] Cfr. *L'œuvre de Léon Blum*, I, Paris 1964, pp. 357 sgg.
[25] Il 10 ottobre, parlando col giornalista francese Pierre Dupuy, Mussolini si dichiarò disposto a concludere un accordo mediterraneo, ma disse che la sua intenzione era di arrivare ad una parità di forze in tale mare con l'Inghilterra. Cfr. *DDF*, s. II, III, p. 500.
[26] Sulla posizione francese rispetto al progettato patto mediterraneo cfr. *DDF*, s. II, II, pp. 706 sgg. e III, pp. 218 sg., 399 sg., 403 sg., 469 sgg., 789 sg.
[27] La critica piú a fondo e piú convincente degli errori della politica anglo-francese verso Mussolini è stata svolta da L. NOËL, *Les illusions de Stresa. L'Italie abandonnée à Hitler*, Paris 1975, *passim* e spec. pp. 99 sgg.

in primis Eden erano assolutamente contrari a qualsiasi concessione all'Italia. La guerra d'Etiopia e ancor piú la «guerra bianca» tra Italia e Inghilterra che si era svolta parallelamente alla prima nel Mediterraneo, mettendo in crisi non solo il prestigio britannico, ma anche le comunicazioni imperiali e la sicurezza delle posizioni inglesi in uno dei piú vitali gangli del sistema imperiale, rivelando in modo macroscopico l'impreparazione e l'arretratezza del sistema difensivo britannico e sconvolgendolo con l'imporgli la dura realtà di un terzo fronte mai prima preso in considerazione e, per di piú, collocato laddove sino allora a Londra si era ritenuto esservi il punto di smistamento piú rapido e sicuro tra gli altri due fronti [28], avevano prodotto un tale choc da indurre tutti a rivedere i loro precedenti giudizi sull'Italia, su Mussolini e su come comportarsi verso di loro. Eden, probabilmente il piú in vista tra i fautori della linea dura verso l'Italia, ha cosí spiegato le ragioni della sua intransigenza nelle sue memorie [29]:

> L'abrogazione delle sanzioni da parte della Lega fece sperare a molti che si potessero ristabilire buone relazioni tra l'Italia e la Gran Bretagna. L'argomento che spesso si adduceva era che, se soltanto avessimo fatto al Duce una concessione, egli l'avrebbe ricambiata e le nostre relazioni sarebbero presto migliorate. Io avevo poca fiducia che le cose sarebbero andate cosí perché il ragionamento mi sembrava fondato su un'interpretazione sbagliata del carattere di Mussolini. Per me questi era un opportunista duro e scaltro, che avrebbe considerato le concessioni come un segno di debolezza e che non si curava affatto dei principi della Lega e del fronte di Stresa. Si sarebbe gettato da qualunque parte sembrasse offrirgli i vantaggi piú grossi. Non potevamo, per ragioni morali e pratiche, entrare in una simile competizione o offrirgli il bottino che cercava; era quindi inevitabile che Hitler e Mussolini si avvicinassero l'uno all'altro. Il Duce aveva fatto la sua scelta fra l'avventura africana e la stabilità europea. Egli abbandonò l'Austria quando marciò sull'Abissinia... Ritenevo quindi che il nostro atteggiamento verso Roma dovesse consistere in caute avances. Dovevamo dar prova di buona volontà ma non cedere sugli interessi vitali, né contare sul rispetto del fascismo per le sue promesse quando queste avessero cessato di fargli comodo.

In queste parole vi è, sotto il profilo dell'analisi, molto di vero. Vero è soprattutto ciò che è implicito nell'ultimo periodo: ogni accordo per Mussolini sarebbe stato un armistizio. Nella concezione storico-politica del «duce» prima o poi l'Italia si sarebbe rivolta comunque contro l'Inghilterra. Su questo non vi sono dubbi; anche se è impossibile trascurare due problemi, quello dei tempi di durata di questo armistizio, tempi certamente lunghi, e, di conseguenza, quello di cosa sarebbe avvenuto nel

---

[28] Cfr. a questo proposito R. QUARTARARO, *La crisi mediterranea del 1935-36*, in «Storia contemporanea», dicembre 1975, pp. 801 sgg.
[29] A. EDEN, *Memorie*, I: *Di fronte ai dittatori (1931-1938)*, Milano 1962, p. 532.

«dopo Mussolini», se cioè i successori del «duce» sarebbero rimasti fedeli alla sua concezione storico-politica. Persino un moderato e un antinazista convinto come Grandi, che concepiva l'avvicinamento alla Germania solo come un espediente tattico per costringere Londra a «venire a patti» con Roma e Berlino [30] e successivamente «accettare i vantaggi concreti di una intesa coll'Italia» – l'obiettivo a cui egli piú mirava e di cui sarebbe voluto essere il realizzatore –, nel '36 considerava (o, comunque, riteneva opportuno prospettare a Roma) questa «intesa» provvisoria, un *armistizio*. Ne è prova una sua lunghissima lettera (ventisei pagine) a Ciano scritta da Londra il 6 novembre 1936 per illustrargli la situazione politica inglese all'indomani del suo viaggio in Germania e per informarlo, con non celato compiacimento, del fallimento a cui stava andando incontro, di gaffe in gaffe, la missione di Ribbentrop in Inghilterra. In essa [31] si legge infatti tra l'altro:

Per quanto riguarda l'Italia, e il problema dei rapporti italo-britannici, nessuno si fa piú oramai in Inghilterra la minima illusione che essi possano ritornare quali essi erano prima dell'anno 1935. Neppure si fanno gli inglesi soverchie illusioni sulla possibilità di riguadagnare l'Italia a un eventuale possibile blocco anti-germanico. Dalla battaglia di Trafalgar fino alla guerra «bianca» tra l'Italia e l'Inghilterra dell'anno 1935-36 nel Mediterraneo e in Africa, la nozione geografica, politica e militare dell'Italia per gli inglesi è stata per un secolo la seguente: «*Regno di Napoli allungato verso il Nord*». Dopo la sconfitta che nell'anno 1935-36 Mussolini ha inflitto all'Inghilterra, quest'ultima facendo uno sforzo di raggiustamento veramente notevole per la mentalità tardigrada e opaca di questa gente, ha improvvisamente e precipitosamente «realizzato» (come si dice qui) la nuova nozione geografica, politica, militare dell'Italia di Mussolini. L'Inghilterra *si è resa perfettamente conto che l'Impero Italiano di Etiopia è l'Impero Italiano sul Mediterraneo*. Io credo sinceramente che, almeno sino ad oggi, il motivo del riarmo precipitoso e frettoloso delle basi navali britanniche nel Mediterraneo non è dovuto ad un piano precostituito di una possibile rivincita contro l'Italia (questa gente ha ormai troppo la mentalità dei turchi dell'Impero Ottomano dell'800 per concepire un piano tanto orgoglioso e pericoloso) quanto alla effettiva «paura» di trovarsi impreparata di fronte a quello che la maggioranza degli inglesi ritiene sia invece il fatale movimento in avanti della Rivoluzione Fascista e cioè il dominio completo del Mediterraneo. Questa gente fa uno sforzo marcatamente visibile per mostrare di superare il rancore della sconfitta patita e di accettare i vantaggi concreti di una intesa coll'Italia, intesa la quale non potrà peraltro essere basata se non su un piano di *provvisorietà sto-*

[30] Il 6 novembre 1936 Grandi scriveva a questo proposito a Ciano: «... se l'Italia e la Germania mostreranno all'Inghilterra sempre piú di costituire un blocco compatto, senza incrinature, senza angoli morti, senza tentazioni di sfruttare a proprio vantaggio le difficoltà dell'altro, decisi a seguire una direttrice comune e presentare un fronte comune alle altre Potenze, la politica brittannica sarà costretta a venire a patti con Roma e Berlino contemporaneamente, accettando cioè quelle condizioni che Roma e Berlino d'accordo detterano a Londra per garantire e mantenere in Europa e nel mondo quella pace che sola permette all'Impero brittannico di mantenersi faticosamente unito ed in vita» (*Archivio D. Grandi*, b. 40, fasc. 92, sott. 2, ins. 2).
[31] *Ibid*. Il passo è tra quelli che Grandi citerà il 18 novembre nella sua relazione in Gran Consiglio per ricostruire la sua azione in sede di Comitato per il non-intervento in Spagna.

rica. È insomma l'armistizio, non la pace. A questo armistizio ci vengono pian piano sudando, marciando di traverso, avanzando di 3 passi e retrocedendo di due; ma ci vengono perché non ne possono fare a meno.

Tanto piú Italia e Germania mostreranno all'Inghilterra di essere unite, tanto piú l'Inghilterra sarà costretta a venire a patti coi due grandi Popoli Fascisti.

Tu hai illustrato ciò con straordinaria efficacia al Führer.

I protocolli firmati fra Te e Hitler debbono considerarsi effettivamente come la nuova grande leva che il Duce ha messo sotto questa vecchia scricchiolante Europa.

Dove Eden non è piú nel vero o, nel migliore dei casi, spaccia le sue convinzioni per la politica inglese è laddove lascia credere che questa sia stata coerente a quelle. Nella realtà la politica inglese verso l'Italia tra il '36 e il '40 cercò sempre, sia pure tra alti e bassi, un accordo con Roma (giustamente Grandi nelle sue memorie ha scritto: «Alla possibilità di intendersi colla Germania, con Hitler e col nazismo, la politica inglese rinunciò di fatto, definitivamente soltanto dopo il 15 marzo 939, cioè dopo il proditorio colpo di mano su Praga. Alla speranza di intendersi con Mussolini non rinunciò se non il 10 giugno 940») e non si basò affatto sul presupposto che non si dovessero fare concessioni a Mussolini su questioni di fondo perché egli non avrebbe rispettato gli accordi, ma perché il governo e ancor piú il Foreign Office erano convinti: *a*) che, per il momento, l'Italia era impossibilitata a muoversi perché prima doveva consolidarsi sulle posizioni conquistate; *b*) che questo lasso di tempo avrebbe permesso all'Inghilterra di realizzare il suo riarmo; *c*) che si potesse raggiungere un accordo con Hitler che avrebbe isolato completamente Mussolini; *d*) che Mussolini, comunque, non sarebbe mai arrivato sino al punto di legarsi indissolubilmente con Hitler e che l'avvicinamento italo-tedesco era solo un fatto strumentale per premere su Londra e Parigi; *e*) che l'Italia fosse quindi recuperabile senza concessioni sostanziali, senza *accordo generale* e, per alcuni, persino senza riconoscimento dell'Impero. La documentazione oggi disponibile è a questo proposito eloquente e rende la posizione inglese assai piú complessa di quanto appare dalle memorie di Eden [32].

---

[32] Un'altra lunga lettera di Grandi a Ciano, del 15 dicembre 1936 (*ibid*.), prospetta indirettamente l'ipotesi che nella seconda metà del '36 la questione dei rapporti con l'Italia si ricollegasse in qualche misura per il governo conservatore inglese a quella della permanenza sul trono di Edoardo VIII (con cui Grandi aveva ottimi rapporti personali). Baldwin e il gabinetto secondo Grandi erano stati contro il sovrano e avevano manovrato per costringerlo ad abdicare essenzialmente per difendere «la politica dell'attuale Partito Conservatore che Re Edoardo aveva dichiarato e mostrava di voler direttamente sfidare e attaccare». «Re Edoardo, come Principe di Galles prima e dopo come Re, era diventato effettivamente la bandiera e la speranza a cui guardavano fiduciosi non soltanto le grandi masse britanniche ma anche tutti coloro in Inghilterra, i quali sono convinti che per salvare o almeno trattenere l'Impero nella sua curva di decadenza storica occorrerà staccarsi definitivamente dalla ormai impotente e corrosa tradizione democratica e andare coraggiosamente incontro anche in Inghilterra alla Rivoluzione del Secolo xx. Re Edoardo era considerato a ragione per i principi che

Particolarmente importante ai fini del nostro discorso è la convinzione inglese, presente anche nei francesi, ma tutto sommato in forme meno radicate e via via piú problematiche[33], che Mussolini non si sarebbe mai legato veramente ad Hitler. Per l'ambasciata inglese a Roma si trattava di un dato di fatto da cui discendeva tutto il resto. In un rapporto d'insieme del 19 settembre sulle relazioni italo-inglesi il consigliere Ingram cosí la teorizzava[34]:

> Il lato femminile della politica estera italiana, il flirt con la Germania, mentre non va mai cosí lontano da compromettere l'Italia in vista di altri eventuali partners, non è mai riuscito, almeno fino a quanto abbiamo visto finora, a raggiungere risultati consistenti da autorizzare la conclusione che laddove gli interessi dei due paesi corrono in parallelo debba seguire di necessità un'azione corrispondente. E non è avvenuto nulla che ci possa far pensare che l'Italia ha perso la sua libertà di manovrare libera da impegni con Berlino.

Neppure la visita in ottobre di Ciano in Germania valse a incrinare veramente questo ottimismo. Come l'ambasciatore francese De Chambrun telegrafava a Parigi il 24 ottobre, per Drummond la visita, nonostante il rilievo datole a Roma e a Berlino, non avrebbe certamente comportato risultati veramente sostanziali[35]. Né a Londra si era di diverso avviso. Come riferiva al Quai d'Orsay l'ambasciatore francese a Londra dopo un incontro col sottosegretario aggiunto Sargent (che seguiva particolarmente i rapporti con l'Italia), al Foreign Office, nonostante l'ostilità che caratterizzava i reciproci rapporti, non si prendeva «sul tragico» la «*querelle*» con l'Italia e si credeva che «alla lunga» conversazioni dirette con Roma avrebbero risolto «litigi che non hanno un carattere vitale per nessuno dei due paesi»[36].

Come si vede, a Londra si era capita benissimo la tattica di Mussolini e di Ciano (che, oltretutto, con le loro periodiche avances per un accordo[37] non riuscivano certo a dissimularla bene) e, apparentemente, ci

---

egli apertamente professava, a torto per le deficienze di carattere che egli non aveva ancora rivelato, come l'uomo di questa grande, futura e possibile rivoluzione... Negli ultimi mesi soprattutto le due parole "King-Dictator" sono state pronunziate con una frequenza che non poteva non preoccupare vivamente il Partito Conservatore. Quest'ultimo, il quale ha in Baldwin il suo esponente tipico e il suo capo riconosciuto, aspettava al varco il Re, deciso a giocare grosso per sbarazzarsi di questo incomodo Monarca la cui popolarità incontestabile presso le grandi masse brittanniche rendeva problematica o pericolosa la vita futura del conservatorismo democratico e liberale».

[33] Cfr. *DDF*, s. II, III, pp. 74 sgg. (rapporto di Charles-Roux che riferisce l'analoga convinzione di Pio XI, che però cambiò idea dopo la prima visita di Ciano in Germania), 164 sgg., 603 sgg., 631 sgg. e spec. 634 sg., 658 sg. Secondo l'ambasciatore De Chambrun (*ibid.*, pp. 576 sg.) il vero obiettivo di Mussolini era quello di un direttorio delle grandi potenze «responsabili» sulla linea del patto a quattro.
[34] *PRO*, F. O., 371 20411/R 5652/226/22.
[35] *DDF*, s. II, III, p. 615.
[36] *Ibid.*, p. 471.
[37] Cfr., per questa avance, *ibid.*, pp. 347, 363 sg. e soprattutto 629 sgg.

si era pienamente adeguati ad essa. Ogni tanto si poteva fare a Mussolini qualche piccola concessione per soddisfare un po' il suo prestigio e fargli sbollire un po' la delusione e l'irritazione, ma di un vero accordo non era neppure da parlare. Per il momento almeno, ché alla fine Mussolini sarebbe tornato all'ovile. E al resto avrebbe provveduto il tempo: il «duce» non era certo immortale e quando lui non ci sarebbe piú stato si sarebbe visto. In questa logica fu concluso anche il *gentlemen's agreement* del 2 gennaio 1937. Il modo come esso fu realizzato e soprattutto il momento, dopo la visita di Ciano in Germania e il discorso di Milano in cui Mussolini parlò esplicitamente di «asse Roma-Berlino», sono estremamente significativi.

Sino verso la fine di agosto Mussolini e Ciano avevano in un certo senso atteso che l'avvicinamento italiano alla Germania cominciasse a produrre i suoi primi effetti a Parigi e a Londra. Ai primi di settembre, di fronte al silenzio francese e soprattutto inglese, il «duce» aveva cominciato a mostrare i primi segni di impazienza e di irritazione e aveva dato istruzioni a Grandi di assumere una posizione intransigente sulla questione spagnola[38]. Gli evidenti tentativi inglesi di giungere ad un accordo diretto con Hitler e il voto della Società delle nazioni del 23 settembre avevano successivamente portato al massimo l'irritazione italiana e indotto Ciano ad un nuovo e piú clamoroso passo su Berlino. Si era cosí messo in moto il meccanismo che aveva portato il 20-24 ottobre Ciano a Berlino e a Berchtesgaden[39]. A Berlino il ministro degli Esteri

---

[38] Il 5 settembre Mussolini aveva scritto all'ambasciatore a Londra la seguente lettera: «Caro Grandi, Le ultime estive manifestazioni della politica inglese hanno tutte avuto, volontariamente o no, carattere anti-italiano.
    a) viaggio del Re in Adriatico e nel Mediterraneo Orientale, senza toccare alcun porto italiano, pur utilizzando quello di Brindisi per la posta reale. La stampa di Belgrado e di Ankara ha valutato il viaggio come una manifestazione di anti-italianità.
    b) visita del Re ad Ataturk.
    c) viaggio di Samuel Hoare nel Mediterraneo e a Malta.
    d) soppressione della lingua italiana a Malta, con un tratto di penna.
    e) fallimento delle trattative commerciali, a causa delle pretese esorbitanti della Gran Bretagna.
    f) accordi con l'Egitto, in funzione prevalentemente anti-italiana.
    g) notizie circa la creazione di una base navale inglese in Adriatico.
«Tutto ciò non sorprende, ma ci impone una linea di condotta analoga a cominciare dalle riunioni del cosiddetto, "Comitato di controllo" per la non "ingerenza in Spagna", nel quale Comitato – se si farà – non bisognerà fare la minima concessione alle vedute della Gran Bretagna e della Francia» (*Archivio D. Grandi*, b. 42, fasc. 103, sottof. 2).
[39] La visita fu presentata dalla stampa italiana con il massimo rilievo, come a dimostrare che non si trattava di una iniziativa diplomatica piú o meno di routine, e dando al tempo stesso alla figura di Ciano uno spazio che non mancò di colpire gli osservatori piú attenti delle cose del regime: come se si volesse accreditarlo agli occhi di tutti come il «delfino». Tipico è quanto già il 20 ottobre l'ambasciatore De Chambrun scrisse a Parigi: «La dittatura personale inaugurata dal signor Mussolini nel 1922 non aveva mai tollerato sino ad oggi che alcun uomo potesse grandeggiare ed emergere al punto da emergere dalla massa dei luogotenenti designati a servire il "Capo". I due esempi piú clamorosi a questo riguardo sono stati quelli del signor Grandi e del maresciallo Balbo, usciti pure l'uno e l'altro dai ranghi dei fedeli della prima ora, ma i successi stessi dei quali ne hanno determinato assai presto l'allontanamento... Questo "livellamento", attuato nei confronti di personalità che,

italiano si era incontrato col suo collega von Neurath e aveva sottoscritto un protocollo segreto di collaborazione tra i due governi. Il clou del viaggio era stato però l'incontro a Berchtesgaden con Hitler, durante il quale Ciano aveva consegnato al Führer un fascicolo di trentadue documenti raccolti dal Foreign Office per documentare «Il pericolo tedesco» (con una introduzione di Eden estremamente dura e sprezzante verso la Germania e Hitler) che Grandi era riuscito ai primi di settembre a procurarsi attraverso i suoi canali personali, fascicolo col quale Ciano si proponeva di controbattere le aperture inglesi verso Berlino[40]. Lo stesso giorno il governo tedesco aveva annunciato il riconoscimento de iure dell'Impero.

Sul piano politico concreto il viaggio (ma gli inglesi non potevano saperlo) non aveva avuto grandi risultati; il protocollo segreto di collaborazione o ribadiva cose già nei fatti o era assai generico; anche per chi conosceva il modus operandi di Mussolini, un suo significato però lo aveva. Ciò nonostante in un primo momento a Londra esso fece pochissimo effetto. Ma il 1° novembre era giunto il discorso di Mussolini a Milano, un discorso tutto impostato sulla politica estera[41], in cui il «duce», dopo aver definito illusioni il disarmo, la sicurezza collettiva e la pace indivisibile e avere ripetuto le sue critiche alla Società delle nazioni, aveva esaminato i rapporti dell'Italia con una serie di paesi europei. Il centro del discorso aveva però riguardato la Germania e l'Inghilterra. A proposito dei rapporti con la prima aveva detto:

Gli incontri di Berlino hanno avuto come risultato una intesa fra i due paesi su determinati problemi, alcuni dei quali particolarmente scottanti in questi giorni. Ma queste intese, che sono state consacrate in appositi verbali debitamente firmati, questa verticale Berlino-Roma, non è un diaframma, è piuttosto un asse attorno

---

come Grandi e Balbo, acquistavano troppo rilievo in Italia come all'estero, ha funzionato con lo stesso rigore nel campo della stretta politica interna, dove ecatombi successive di segretari del partito fascista, di segretari federali come di ministri, sottosegretari di Stato e di podestà hanno periodicamente dimostrato che era privilegio di uno solo di durare e di grandeggiare nell'esercizio del potere. Una tale volontà si è d'altronde cementata in maniera significativa con l'adozione delle disposizioni impartite nel 1932 e a termini delle quali solo il Re e il signor Mussolini hanno diritto alle acclamazioni.
«Ora, sembra sempre piú evidente che un'eccezione a questa regola sia stata stabilita a favore del conte Ciano... L'impressione nettissima è che se questo entusiasmo [per Ciano] andava al coraggioso aviatore della guerra d'Etiopia, esso andava anche e soprattutto verso l'erede possibile della dittatura. La pubblicità che è stata data a queste manifestazioni tanto attraverso la stampa quanto attraverso il cinematografo testimonia in ogni caso che questi segni di popolarità sono considerati come appartenenti al patrimonio di famiglia e non dànno ombra in alto loco. E bisogna pertanto interpretarli, perché io non credo che, malgrado tutto, la persona del conte Ciano abbia ancora acquistato il favore popolare a tal punto, non altrimenti che come una sorta di riflesso familiare» (*DDF*, s. II, III, pp. 547 sg.).
[40] Per la preparazione del viaggio e i resoconti dei colloqui di Ciano con Neurath e Hitler cfr. *L'Europa verso la catastrofe* cit., pp. 74 sgg.
[41] MUSSOLINI, XXVIII, pp. 67 sgg.

al quale possono collaborare tutti gli Stati europei animati di volontà di collaborazione e di pace.
La Germania, quantunque circuita e sollecitata, non ha aderito alle sanzioni. Con l'accordo dell'11 luglio è scomparso un elemento di dissensione fra Berlino e Roma e vi ricordo che, ancor prima dell'incontro di Berlino, la Germania aveva praticamente riconosciuto l'Impero di Roma.

Da questi, dopo aver parlato dell'anticomunismo del fascismo, quasi a sottintendere che fosse esso a sostanziare i rapporti con la Germania, era passato a quelli con l'Inghilterra:

> Mi sono occupato sin qui del continente. Bisogna che gli italiani a poco a poco si facciano una mentalità insulare, perché è l'unico modo per porre al giusto piano i problemi della difesa navale della nazione.
> L'Italia è un'isola che si immerge nel Mediterraneo. Questo mare (io qui mi rivolgo anche agli inglesi, che forse in questo momento sono alla radio), questo mare per la Gran Bretagna è una strada, una delle tante strade, piuttosto una scorciatoia con la quale l'impero britannico raggiunge piú rapidamente i suoi territori periferici... Se per gli altri il Mediterraneo è una strada, per noi italiani è la vita. Noi abbiamo detto mille volte, e ripeto dinanzi a questa magnifica moltitudine, che noi non intendiamo minacciare questa strada. Non ci proponiamo di interromperla, ma esigiamo d'altra parte che anche i nostri diritti ed interessi vitali siano rispettati.
> Non ci sono alternative: bisogna che i cervelli ragionanti dell'impero britannico realizzino che il fatto è compiuto ed irrevocabile. Piú presto sarà e tanto meglio sarà.
> Non è pensabile un urto bilaterale e meno ancora è pensabile un urto che da bilaterale diventerebbe immediatamente europeo. Non c'è quindi che una soluzione: l'intesa schietta, rapida, completa sulla base del riconoscimento dei reciproci interessi. Ma se cosí non fosse, se veramente, cosa che io escludo sin da oggi, si meditasse, veramente, di soffocare la vita del popolo italiano in quel mare che fu il mare di Roma, ebbene si sappia che il popolo italiano balzerebbe come un solo uomo in piedi, pronto al combattimento con una decisione che avrebbe rari precedenti nella storia.

E una settimana dopo Mussolini aveva precisato ulteriormente il suo pensiero in una intervista rilasciata a Ward Price per il «Daily Mail»[42]. Ciò a cui pensava era non un patto di non aggressione («io non voglio aggravare oltre la pattomania che ha imperversato recentemente»), ma piú semplicemente un *gentlemen's agreement*:

> Gli interessi anglo-italiani nel Mediterraneo non sono antagonistici, ma complementari. Né l'una, né l'altra nazione può permettersi il lusso di essere ostile all'altra in quel mare. L'accordo dovrebbe quindi assicurare la salvaguardia degli interessi anglo-italiani nel Mediterraneo, dovrebbe essere conseguentemente bilaterale ed il suo carattere dovrebbe essere tale da rassicurare completamente gli altri Stati mediterranei. Il trovare una formula che dia vita a questo accordo non è dif-

---

[42] *Ibid.*, pp. 77 sg.

ficile; ma un preludio necessario ad una tale formula è la nuova atmosfera che si viene formando. Questa nuova atmosfera giustifica la convinzione che si sta per svoltare il foglio nel libro delle relazioni tra i nostri due paesi.

Fu solo dopo queste due prese di posizione mussoliniane che a Londra ci si cominciò a muovere, probabilmente, piú che per vera convinzione, per le speranze che il discorso di Mussolini aveva suscitato in larghi settori dell'opinione pubblica inglese. Il 13 novembre, dopo una serie di contatti e di prese di posizioni a Londra e a Roma per sondare meglio le intenzioni italiane e mettere preliminarmente in chiaro che l'importanza del Mediterraneo era eguale per i due paesi, Eden dette il via alla preparazione delle trattative. Un memorandum da lui redatto nello stesso giorno per il Foreign Office mostra chiaramente lo spirito che lo animava:

> Se non si dà un'ulteriore risposta alle avances del signor Mussolini, questi tornerà senza dubbio ai sospetti e alle animosità degli ultimi diciotto mesi e farà uso con accresciuta energia dei numerosi strumenti di cui dispone per volgere a nostro danno il potenziale negativo della politica italiana. Fra questi vi sarà una sempre maggiore collaborazione e intesa con la Germania, che sarà sfruttata non solo a nostro danno ma, alla fine, a nostro pericolo. Una risposta sollecita, prudente e non ingenerosa potrebbe d'altra parte favorire una *détente* nel Mediterraneo mentre è in corso il riarmo britannico... È di primaria importanza che ci dimostriamo forti. Dobbiamo continuare nel Mediterraneo tutti i nostri preparativi su una scala con cui l'Italia non può competere facilmente. Questo impressionerà non solo i paesi mediterranei ma la Germania, e ridurrà agli occhi dei tedeschi l'attrattiva dell'Italia. Subordinatamente a questa considerazione, la bilancia degli argomenti sembra inclinare a favore di un approccio amichevole. Lo scarso affidamento che l'Italia dà è un motivo di circospezione piuttosto che di inazione. Si può anche presumere che man mano che il nostro riarmo procede e la nostra potenza militare e navale diviene maggiore, sarà sempre piú conveniente per l'Italia mantenere e consolidare rapporti di collaborazione con la Gran Bretagna, una volta che questi siano stati ristabiliti su una base appropriata [43].

Nei giorni successivi due ulteriori spinte all'apertura di trattative formali vennero dall'aggravarsi della situazione spagnola (specie in riferimento alla presenza italiana nelle Baleari) e dalle notizie relative alla prossima firma di un accordo «anticomunista» tra Germania e Giappone.

Iniziatesi a Roma il 5 dicembre, le trattative vere e proprie procedettero nel complesso abbastanza lisce e rapide [44]. Gli inglesi miravano ad un accordo formalmente distensivo, limitato al Mediterraneo e che non fosse

---

[43] A. EDEN, *Memorie* cit., I, pp. 540 sg.
[44] Cfr. per le trattative ASAE, *Carte Lancellotti*, 148: «Gentlemen's agreement»; nonché A. EDEN, *Memorie* cit., I, pp. 529 sgg. e in particolare, pp. 541 sgg., ma soprattutto P. BRUNDU OLLA, *L'equilibrio difficile. Gran Bretagna, Italia e Francia nel Mediterraneo (1930-1937)*, Milano 1980, pp. 99 sgg.

per essi impegnativo o, peggio, aprisse la strada a successivi accordi di piú ampia portata. Non volevano assolutamente toccare le questioni etiopica e societaria, che avrebbero portato le conversazioni a trattare il problema del riconoscimento dell'Impero. Le uniche cose che stavano loro a cuore erano ottenere dall'Italia la formale assicurazione di non avere mire sulle Baleari e la cessazione della propaganda antibritannica nel Medio Oriente. E, in subordine, introdurre in qualche modo nell'accordo anche la Francia, soprattutto per placare i timori suscitati a Parigi dalla notizia delle trattative. Non appena si resero conto che Ciano cercava di allargare le conversazioni alle relazioni anglo-italiane in genere ed era contrario a coinvolgere in qualsiasi modo la Francia nell'accordo, essi ridussero però subito le loro richieste alla sola questione delle Baleari. E ottenuta la formale assicurazione che non vi erano stati negoziati per modificare lo statu quo nel Mediterraneo occidentale e che «per quanto riguarda l'Italia, l'integrità territoriale attuale della Spagna deve restare in ogni circostanza intatta e inalterata», non videro piú ostacoli a concludere l'accordo. Il 2 gennaio 1937 il *gentlemen's agreement* era sottoscritto:

> Il Governo Italiano ed il Governo di Sua Maestà del Regno Unito;
> animati dal desiderio di contribuire crescentemente, nell'interesse generale della pace e della sicurezza, al miglioramento delle relazioni fra di loro e fra tutte le Potenze mediterranee, e decisi a rispettare i diritti e gli interessi di tali Potenze;
> riconoscono che la libertà di entrata, di uscita e di transito nel Mediterraneo è un interesse vitale tanto per l'Italia quanto per le diverse parti dell'Impero Britannico, e che tali interessi non sono in alcun modo contrastanti fra loro; escludono ogni proposito di modificare, o, per quanto li riguarda, di veder modificato lo statu quo relativo alla sovranità nazionale dei territori del bacino del Mediterraneo;
> si impegnano al rispetto dei loro reciproci interessi e diritti in tale zona;
> convengono di adoperarsi in ogni possibile modo per ostacolare qualunque attività suscettibile di nuocere alle buone relazioni che la presente dichiarazione ha lo scopo di consolidare.
> La presente dichiarazione è rivolta ai fini di pace e non è diretta contro alcuna potenza.

Il fatto che, pur essendo cosí vago, l'accordo andasse bene a Mussolini e soprattutto a Ciano non è di difficile comprensione. A livello di prestigio, esso sanciva di fatto il riconoscimento inglese che l'Italia aveva nel Mediterraneo interessi altrettanto vitali dell'Inghilterra. A livello di politica estera, bene o male schiudeva una porticina per eventuali successivi negoziati di carattere piú «generale» e, per il momento, rafforzava la posizione italiana rispetto alla Germania [45] e poteva servire da bi-

---

[45] Nonostante Roma tenesse informata Berlino della trattativa, è assai sintomatico che i tedeschi, almeno in un primo tempo, nutrirono preoccupazioni circa la vera portata del *gentlemen's*

glietto da visita presso quei paesi mediterranei che nel '35-36 si erano allineati dietro l'Inghilterra e in primo luogo presso la Iugoslavia con la quale, come vedremo, Ciano si accingeva ad instaurare un nuovo tipo di rapporti onde farne un elemento di contenimento della spinta tedesca verso sud-est. A livello di politica interna infine, esso si prestava ottimamente a ridimensionare i timori e le ostilità suscitati in larghi settori del paese e dello stesso regime dall'avvicinamento alla Germania e dalle prime manifeste prove di aiuto ai nazionalisti spagnoli. E tutto ciò senza loro legar le mani in nulla.

Piú complesso è il discorso per gli inglesi. Dato lo spirito con cui si erano indotti alla trattativa, è chiaro che anche per essi l'accordo andava bene. Formalmente esso corrispondeva infatti alla loro strategia di fondo verso l'Italia: non li impegnava praticamente in nulla, poteva servire a frenare l'avvicinamento italiano alla Germania, ridimensionava i loro timori per le Baleari. E tutto ciò senza alcun cedimento rispetto alle posizioni da essi assunte in sede di Società delle nazioni. In realtà – e con questo torniamo al nostro discorso sull'insieme della posizione inglese e sulla sua miopia – cosí facendo il Foreign Office dimostrava di non essersi reso conto che lo scoppio della guerra civile spagnola aveva introdotto anche nel quadro dei rapporti italo-inglesi un elemento nuovo che la sua strategia non avrebbe dovuto invece sottovalutare. Sin dal 9 agosto l'ambasciatore francese presso la Santa Sede Charles-Roux aveva lucidamente scritto a Y. Delbos che gli avvenimenti spagnoli avrebbero potuto costituire – come infatti in larga misura costituirono – il fatto «che potrebbe unire contro di noi Roma e Berlino». E aveva ammonito: «Evitiamo di fornire a questa unione l'occasione di stringersi o di rafforzarsi»[46]. Oltre che per la Francia, il discorso valeva anche per l'Inghilterra. E, anzi, valeva piú per Londra che per Parigi. Perché gli inglesi non erano coinvolti come i francesi nella guerra civile spagnola; perché era con essi che Mussolini cercava soprattutto l'accordo, consapevole che con i francesi era piú difficile raggiungerlo e ormai ammaestrato dall'esperienza del '35 che gli aveva dimostrato che l'accordo con Parigi senza quello con Londra serviva ben poco; perché solo essi avevano la possibilità di indurlo a non impegnarsi in un'avventura, nella quale, oltre tutto, egli stesso, come vedremo, era restio ad impegnarsi a fondo. In questa situazione, conoscendo Mussolini, Londra avrebbe dovuto o rifiutare le sue avances, quale che fosse il costo a livello di una

agreement, al punto che Ribbentrop cercò di sondare a questo proposito persino Grandi. Cfr. in *Archivio D. Grandi*, b. 40, fasc. 93, sott. 2, ins. 2, D. Grandi a G. Ciano, Londra 23 novembre 1936.
[46] *DDF*, s. II, III, p. 167.

parte della propria opinione pubblica, in modo da costringerlo ad offrire di piú per evitare di dover finire in braccio ad Hitler o mostrare verso di lui una maggiore disponibilità, se non altro per il futuro, in modo da tenerlo sulla corda. E soprattutto non avrebbe dovuto ridurre in sede di trattative per il *gentlemen's agreement* il discorso sulla Spagna praticamente solo alla questione delle Baleari, che per un Ciano e per un Mussolini (ma non solo per essi) poteva avere un solo significato: per l'Inghilterra ciò che importava era che non fosse mutato lo statu quo territoriale spagnolo, mentre per il resto... Tanto è vero che i primi consistenti invii di truppe italiane in Spagna cominciarono pochi giorni dopo il 2 gennaio 1937. Lasciare che Mussolini si impegnasse in Spagna voleva dire favorire Hitler, dargli un'esca che neppure il «duce» – se se ne fosse reso conto – gli avrebbe dato. Cosí come si svolse, ci pare che la vicenda del *gentlemen's agreement* dimostri bene la scarsa duttilità della politica inglese verso l'Italia, il suo essere prigioniera di una serie di schemi, anche giusti, ma che la rendevano miope e incapace di adeguarsi tempestivamente ad una realtà in continuo movimento quale era quella del momento e, in particolare, quella della politica estera fascista.

Detto questo, passiamo ora a vedere quale era stato sino a questo momento l'atteggiamento del governo fascista e di Mussolini verso la guerra civile iniziatasi in Spagna il 17 luglio 1936 e quali ripercussioni essa aveva avuto sulla politica estera italiana. Sia per questo primo periodo sia per i successivi il nostro discorso – lo diciamo subito – si appoggerà largamente sul recente ottimo studio di J. F. Coverdale, *I fascisti italiani alla guerra di Spagna*[47] che dell'intervento italiano in Spagna ha dato una ricostruzione intelligente ed equilibrata e fondata su una vasta documentazione di prima mano. Singoli contributi successivi e i nuovi elementi da noi tratti dalla documentazione conservata nell'archivio privato del generale Emilio Faldella, responsabile del SIM in Spagna, possono utilmente integrare qua e là la ricostruzione del Coverdale; l'importanza di questa opera sta però soprattutto nell'aver messo bene in luce i caratteri e i limiti di fondo dell'intervento italiano, sgombrando il campo da alcune affermazioni formulate *a caldo* che a lungo ne hanno svisato i contorni e falsato in buona parte il significato storico rispetto al corso della politica estera fascista in genere e alla posizione di Mussolini in particolare.

[47] Bari 1977. L'edizione italiana è piú ricca e completa di quella americana, apparsa nel 1975, e deve essere sempre preferita a questa.

Merito essenziale del Coverdale è di avere chiarito due punti: che l'Italia non ebbe parte alcuna nella ideazione e nella preparazione della sollevazione militare che dette inizio alla guerra civile e che l'intervento italiano fu dovuto non a motivazioni di ordine ideologico (anche se queste furono largamente utilizzate dalla propaganda del regime ad uso interno e, aggiungiamo noi, dalla diplomazia fascista per mettere in difficoltà i governi francese e soprattutto inglese) né a volontà di instaurare in Spagna un regime di tipo fascista, come in genere asserito, e meno ancora a considerazioni di ordine economico (che ebbero invece un peso notevole su quello tedesco), ma essenzialmente a ragioni di ordine politico-strategico tradizionali. E cioè che la Spagna potesse politicamente e militarmente collegarsi strettamente con la Francia e che questa potesse servirsi del territorio spagnolo e in particolare delle Baleari (sulle quali non a caso tanto si sarebbe appuntata l'attenzione italiana) per trasferire, in caso di guerra, le sue truppe africane sul territorio metropolitano. Di fronte a questo obiettivo, tutti gli altri passarono e sostanzialmente rimasero sempre in secondo piano. Come scrive il Coverdale, non esistono prove a sostegno della tesi che «durante le prime fasi della guerra l'atteggiamento degli italiani sia stato influenzato in misura apprezzabile da progetti a breve scadenza per una trasformazione della Spagna in una dittatura fascista»[48]. E anche nelle successive fasi i progetti di questo tipo rimasero sempre nel vago e nettamente subordinati all'obiettivo di assicurare la vittoria a Franco in modo da escludere ogni influenza francese in Spagna[49]:

> Gli obiettivi ideologici fascisti in Spagna avevano un carattere piú negativo che positivo: Mussolini si preoccupava piú di impedire il successo di una rivoluzione di sinistra in Spagna [che avrebbe resa strettissima la collaborazione franco-spagnola] che di favorirvi il fascismo. Se si escludono gli incidenti suscitati dalla missione Farinacci nel 1937, Roma non fece alcun serio tentativo per indurre i nazionalisti spagnoli a seguire il modello fascista, né tentò di rafforzare e appoggiare i gruppi filofascisti presenti nella coalizione nazionalista. Questo atteggiamento passivo e difensivo non derivava da mancanza di desiderio di vedere la costituzione di regimi fascisti all'estero... esso piuttosto dimostra che in Spagna i tradizionali fattori di politica estera, fondati sul prestigio e la forza, e l'obiettivo ideologico negativo di impedire la sconfitta delle forze con le quali si era impegnato, ebbero il sopravvento sull'ambizione di promuovervi il fascismo ogniqualvolta si delineò un conflitto tra essi.

Né quest'ottica «francese» nel giudicare la situazione spagnola e i rapporti italo-spagnoli era a palazzo Chigi un fatto nuovo.

---
[48] *Ibid.*, p. 75.
[49] *Ibid.*, pp. 366 sg.

Dall'analisi del Coverdale risulta bene che sino al 1931 Mussolini aveva prestato scarso interesse alla Spagna, non aveva fatto nulla per incoraggiare Primo De Rivera a trasformare il suo regime in senso fascista e che la sua unica preoccupazione era stata che Madrid non stabilisse stretti rapporti politico-militari con Parigi. La caduta della monarchia e la proclamazione della repubblica avevano suscitato a Roma grande impressione. A parte quella per l'atteggiamento della Chiesa – che piú che alla Spagna si riferiva però all'Italia [50] – le maggiori preoccupazioni erano state tre: che il ritorno alla democrazia parlamentare facesse della Spagna un altro centro di attività degli esuli antifascisti, che la situazione potesse precipitare rapidamente ad esclusivo vantaggio del «comunismo» e, soprattutto, che Madrid «fosse trascinata piú a fondo nell'orbita francese, a detrimento dell'Italia». Dopo il primissimo choc, queste preoccupazioni però si erano attenuate ben presto, anche prima e piú nettamente di quanto il Coverdale ritiene. Il diario di Dino Grandi, allora ministro degli Esteri, è a questo proposito assai significativo [51]. Il 14 aprile 1931, appena avuta la notizia della caduta della monarchia, Grandi, anticipando il giudizio che Mussolini avrebbe dato nei suoi *Aforismi* sull'atteggiamento della Chiesa, ma al tempo stesso allargando il discorso al piú ampio contesto dei rapporti internazionali, aveva scritto:

> È una notizia ben triste per noi. La Repubblica in Spagna significa probabilmente l'alleanza colla Francia, il vassallaggio a Parigi. La partita iniziata mezzo secolo fa tra Berlino e Parigi finisce colla vittoria di Delcassé nel 1931?
> La Repubblica in Spagna vuol dire per l'Italia la guerra nel Mediterraneo perduta prima di combattere. Può voler dire la continuità territoriale della Francia col suo Impero africano.
> Il prete ha aiutato la massoneria francese e spagnola ad abbattere il trono di Borbone. I Gesuiti hanno concluso ormai dappertutto un patto colla democrazia e le sinistre. Il prete è stato sempre l'arbitro della vita della Spagna. Se il Re se ne è andato, ciò significa probabilmente che il clero spagnolo ha voluto la caduta del trono dei Borboni.
> Il punto della possibile futura situazione spagnola è tutto qui. Cosa farà la Chiesa? Cosa dirà anche Londra? La nuova situazione spagnola può alterare l'equilibrio del Mediterraneo a nostro danno e a danno dell'Inghilterra. Tanto piú oggi Londra e Roma hanno l'interesse a collaborare insieme.

Un'altra annotazione di dodici giorni dopo (26 aprile) mostra però che Roma, passato il primo momento d'orgasmo, già considerava con piú serenità la situazione e optava per una prospettiva di stabilizzazione e di rafforzamento della repubblica, e anteponeva nettamente le considerazioni di ordine politico classico alle pregiudiziali ideologiche:

---

[50] *Mussolini il duce*, I, pp. 129 sgg.
[51] D. GRANDI, *Diario*, in *Archivio D. Grandi*, b. 22, fasc. 90, sott. 33.

Anche il Duce ritiene che la Repubblica si consolida. Io gli ho detto che concordo perfettamente. La Spagna è morfologicamente refrattaria al comunismo. D'altronde, poiché la Repubblica si consolida, è meglio si consolidi al piú presto e fortemente. Una Spagna forte, qualunque sia il suo regime interno, ha probabilità di resistere meglio alle pressioni francesi.

La costituzione del governo Azaña aveva rafforzato palazzo Chigi in questo atteggiamento. Nei primi anni della repubblica l'unica vera spina nel fianco (a parte la presenza di un certo numero di esuli antifascisti in Spagna) era stata costituita per Roma dalle ricorrenti voci sull'esistenza di un preteso accordo segreto sottoscritto ancor prima della rivoluzione da emissari francesi e dei partiti repubblicani spagnoli con cui questi, in cambio di un congruo aiuto finanziario alla loro causa, si sarebbero impegnati a consentire ai francesi in caso di guerra il passaggio di truppe dal Nord Africa alla Francia e l'occupazione delle Baleari. Tant'è che proprio su questa ipotesi erano state impostate nel 1932 le grandi manovre della marina italiana. Il grande successo dei partiti di centro-destra nelle elezioni del novembre '33 non aveva placato questi timori. Sintomaticamente questi erano però rapidamente diminuiti, sino a determinare a Roma una sorta di disinteresse per la Spagna, con la seconda metà del '34 e soprattutto col '35 parallelamente al miglioramento dei rapporti tra Roma e Parigi e alla firma degli accordi Mussolini-Laval. In questo contesto, persino i rapporti con i «fascisti» spagnoli e con il gruppo di José Antonio Primo De Rivera si erano sviluppati relativamente tardi, non avevano assunto la consistenza e l'impegno di quelli stabiliti con le similari formazioni francesi o inglesi ed esistono elementi per ritenere che, pur non mancando nell'ambiente fascista e anche diplomatico simpatie per Primo De Rivera, lo scopo precipuo di tali rapporti fosse quello di contrastare lo stabilirsi di una influenza privilegiata nazista sulla Falange[52].

Visto in questo quadro, il fatto che a tre riprese, nell'aprile '32, nell'autunno '33 e nel marzo '34, elementi spagnoli della destra conservatrice e tradizionalista si fossero recati a Roma per chiedere aiuti per i loro progetti insurrezionali contro la repubblica, riuscendo ad ottenere – grazie soprattutto all'interessamento di Balbo – adesioni e mezzi (solo in minima parte effettivamente consegnati però loro, dato che il grosso sa-

---

[52] Per i rapporti con J. A. Primo De Rivera cfr. J. COVERDALE, *I fascisti alla guerra di Spagna* cit., pp. 43 e 49 sgg.; nonché B. NELLESSEN, *La rivoluzione proibita. Ascesa e tramonto della Falange*, Roma 1965, p. 84.
De Rivera fu ricevuto a Roma da Mussolini il 19 ottobre 1933; per alcune sue considerazioni sull'incontro cfr. J. A. PRIMO DE RIVERA, *Obras completas*, Madrid 1949, pp. 317 sg. I primi aiuti economici a De Rivera furono dati dal ministero della Stampa e propaganda nel gennaio 1935. Col dicembre di quell'anno furono però dimezzati (da 50 mila lire mensili a 25 mila) e non piú riscossi.

rebbe dovuto essere dato solo dopo l'inizio delle rivolte) non può essere sopravvalutato[53]. Innanzitutto perché i contatti non erano stati sollecitati da Roma ma dagli spagnoli; in secondo luogo perché – lo si è già detto – questo tipo di contatti rientrava ormai in una sorta di normalità per il fascismo e veniva coltivato qualche volta in polemica con i «tradizionalisti» del ministero degli Esteri, piú spesso nella speranza di cogliere qualche «buona occasione», senza però che ciò influisse sugli indirizzi di fondo della diplomazia ufficiale; in terzo luogo perché questi accordi non prevedevano, appunto, nulla che fosse in contrasto con la linea di fondo perseguita da palazzo Chigi e non si proponevano nessun obiettivo ideologico o territoriale. Tipico è l'accordo segreto del 1934 con i monarchici di Renovación española e con i Carlisti, il piú importante dei tre e alla conclusione del quale partecipò personalmente anche Mussolini. In cambio dell'aiuto italiano in denaro e armi e del riconoscimento «in quanto sia internazionalmente possibile» del nuovo governo spagnolo, Balbo e Mussolini avevano chiesto che questo, una volta al potere, procedesse alla denuncia e alla rescissione del famoso preteso accordo segreto franco-spagnolo e alla stipulazione di due trattati, uno, che qui ci interessa meno, commerciale («ai fini di coordinare le zone di esportazione di determinati prodotti di ambo i paesi») e uno di amicizia e neutralità, nel quale – come era scritto nell'accordo segreto –

verrà precisato che entrambe le potenze sono d'accordo per il mantenimento dello «stato quo» del Mediterraneo occidentale per quanto si riferisce ai diritti territoriali della Spagna tanto di sovranità che di protettorato. L'Italia garantirà alla Spagna lo «statu quo» sopra detto.

Sicché non si può non convenire con il giudizio che di esso ha dato il Coverdale[54]:

Il fatto che l'accordo fosse stato concluso dopo le elezioni del 1933, nelle quali i partiti di centro-destra avevano impartito una schiacciante sconfitta alla sinistra spagnola, dimostra che la permanente ostilità di Mussolini contro la repubblica non si fondava tanto sugli aspetti ideologici quanto su tradizionali considerazioni politiche e militari. È infatti possibile cogliere chiaramente, nelle clausole dell'accordo, l'intento antifrancese, che appunto costituisce una chiave per la sua comprensione. I timori italiani circa un trattato segreto – che accordasse alla Francia dei diritti speciali nelle isole Baleari e il diritto di transito per le truppe attraverso la penisola iberica – erano infondati, ma effettivi. Mussolini sentiva per i monarchici un'affinità

---

[53] Per questi contatti cfr. J. F. COVERDALE, *I fascisti alla guerra di Spagna* cit., pp. 38 sg., 44 sgg.; R. GUARIGLIA, *Primi passi in diplomazia e rapporti dall'ambasciata di Madrid 1932-1934*, a cura di R. Moscati, Napoli 1972, pp. 374 sgg.; M. MAZZETTI, *I contatti del governo italiano con i cospiratori militari spagnoli prima del luglio 1936*, in «Storia contemporanea», novembre-dicembre 1979, pp. 1181 sgg.
[54] J. F. COVERDALE, *I fascisti alla guerra di Spagna* cit., pp. 46 sg.

appena maggiore che per i repubblicani, ma i monarchici potevano essergli utili, mentre i repubblicani no. Egli desiderava aiutarli per aver modo di ridurre l'influenza francese in Spagna e nel Mediterraneo occidentale, ed essi da parte loro erano perfettamente disposti ad accettare l'aiuto fascista per restaurare la monarchia. Mussolini fu indotto dal proprio realismo politico ad appoggiare un gruppo di monarchici conservatori piuttosto che uno dei nuovi gruppi fascisti, per il quale aveva una maggiore simpatia ideologica, ma che non esercitava quasi alcuna influenza sul corso della politica spagnola.

La maggior parte dei capi di governo avrebbe preferito non incontrarsi personalmente con dei cospiratori e non avrebbe permesso ad un ufficiale di cosí alto grado come il maresciallo Balbo di firmare un accordo con loro. Per questi aspetti puramente formali l'accordo è perciò caratteristico del regime fascista; nella sostanza esso però appartiene alla lunga, anche se non nobile, serie di casi di connivenza da parte di potenze straniere con cospiratori che mirano ad abbattere un governo legittimo.

Con la fine del '34 questi contatti erano stati però lasciati cadere dagli italiani. Due tentativi per riattivarli fatti dagli spagnoli nell'aprile del 1935 e nel giugno 1936 erano caduti nel vuoto [55]. Il 16 luglio '36 – il giorno prima che in Marocco iniziasse l'insurrezione militare contro la repubblica – quando l'addetto militare a Madrid trasmise la prima notizia sull'imminente insurrezione [56], a Roma si era praticamente all'oscuro di ciò che maturava. In verità dell'imminenza di un movimento insurrezionale Renovación española aveva, all'inizio della seconda metà di giugno, informato il ministero dell'Aereonautica che, a sua volta, aveva informato quello degli Esteri. Ciano e Mussolini però non avevano dato importanza alla notizia poiché da anni i gruppi antirepubblicani annunciavano di essere sul punto di passare all'azione e non lo facevano mai. La stessa sorte avevano avuto tra il 12-13 e il 15 luglio le notizie portate personalmente a Roma da uno dei capi del Partito tradizionalista, Rafael Olazabal, che aveva fatto parte della «delegazione» che aveva sottoscritto l'accordo segreto del marzo 1934. Anche a lui non era stato dato credito ed era stato rifiutato qualsiasi aiuto [57]. Per alcuni giorni palazzo Chigi brancolò cosí praticamente nel buio, senza riuscire ad avere un quadro preciso della situazione. Gli stessi insorti, del resto, non cercarono di prendere altri contatti, forse delusi dalla mancanza di interesse dimostrata da parte italiana per le notizie trasmesse a Roma nelle settimane e nei giorni precedenti. Solo il 19 luglio – lo stesso giorno in

---

[55] Cfr. M. MAZZETTI, *I contatti del governo italiano con i cospiratori ecc.* cit., p. 1186.

[56] M. GABRIELLI, *Una guerra civile per la civiltà*, Roma 1966, pp. 9 sgg. Nulla conferma alcune notizie pervenute dopo l'inizio dell'insurrezione al Foreign Office da Praga circa presunti contatti e addirittura accordi tra i militari spagnoli e l'Italia già prima della insurrezione. Per tali notizie cfr. R. QUARTARARO, *Politica fascista nelle Baleari (1936-1939)*, Roma 1977, p. 24.

[57] Cfr. M. MAZZETTI, *I contatti del governo italiano con i cospiratori ecc.* cit., p. 1187.

cui «Il popolo d'Italia», sulla base delle notizie che pervenivano dal Marocco e dalla Spagna, scrisse che probabilmente la ribellione sarebbe stata soffocata in pochi giorni – il generale Franco, di fronte alle gravi difficoltà che incontrava il movimento insurrezionale, decise di mandare a Roma il giornalista monarchico Luis Bolín per chiedere l'invio di alcuni aerei. Giunto a Roma il 21 (prima era andato a farsi autorizzare la missione dal generale Sanjurjo) il Bolín ebbe il 22 e il 23 luglio due incontri, prima con Ciano poi con Anfuso. Il primo si mostrò abbastanza disponibile, il secondo però, invece di confermargli questa disponibilità, gli disse che la richiesta non poteva essere accettata [58]. La richiesta di Franco era in realtà già nota a Roma sin dal giorno prima che il Bolín incontrasse Ciano. Il generale, per guadagnar tempo, l'aveva infatti trasmessa anche tramite l'addetto militare italiano a Tangeri. Il generale (allora colonnello in servizio presso il SIM) Faldella così ha ricostruito questa prima serie di contatti [59]:

> Preciso come furono formulate le richieste di Franco:
> Il 20 luglio fece chiedere all'addetto militare a Tangeri, maggiore Giuseppe Luccardi, se il Governo italiano sarebbe stato disposto a concedere aerei *per trasporto truppe*. Il telegramma di Luccardi giunse al SIM (gli addetti militari corrispondevano soltanto col SIM dal quale dipendevano) il mattino del 21 luglio. Roatta mi mandò a chiamare, per sentire il mio parere e io gli dissi: «La Spagna è come una sabbia mobile; se si mette dentro la mano, ci si va dentro del tutto. Se le cose andranno male, si darà la colpa a noi; se andranno bene, ci si dimenticherà. Però qualcosa bisogna fare, senza impegnarci apertamente».
> Il generale Baistrocchi accolse il parere negativo del SIM e Mussolini nella giornata lo confermò.
> Il 21 luglio il generale Franco invitò il maggiore Luccardi ad un colloquio alla frontiera e Luccardi lo riferí in un telegramma giunto a Roma il 22. Franco fece un quadro *nero* della situazione: la flotta rossa gli impediva di portare le truppe dal Marocco al continente. Rinnovava la richiesta urgente di 8 aerei *da trasporto* con personale *civile*, dichiarando che la concessione era *decisiva* per l'esito del «movimento». Disse a Luccardi che rivolgeva analoga richiesta ai Tedeschi. L'Aereonautica non aveva aerei da trasporto.
> Il maggiore Luccardi aveva riferito del colloquio – come era suo dovere – al Ministro Plenipotenziario a Tangeri, De Rossi del Lion Nero, il quale dopo un colloquio con Franco del 22 luglio (per distogliere Franco dal proposito di effettuare un colpo di mano nel porto di Tangeri per impadronirsi di navi da guerra spagnole che vi sostavano) telegrafò al Ministero Esteri la richiesta del generale Franco e trovò Ciano favorevole.

[58] Cfr. L. BOLÍN, *España. Los años vitales*, Madrid 1967, pp. 169 sgg. e in particolare pp. 176 sgg.
[59] Il passo citato è alle cc. 6 e 7 di una lunghissima «recensione privata» scritta dal gen. E. Faldella (e conservata nel suo archivio privato) al libro di J. L. ALCOFAR NASSAES, *C.T.V. Los legionarios italianos en la Guerra Civil Española 1936-1939*, Barcelona 1972. Nella sua «recensione» Faldella corregge alcuni errori del libro e lo discute, integrandolo con una ricca messe di notizie e di documenti.

Intanto il 22 Luccardi telegrafava sollecitando una risposta. Il 23 telegrafò che il generale Franco gli aveva fatto comunicare che era da prevedere una futura influenza tedesca in Spagna in conseguenza del rifiuto dell'Italia. Il 24 telegrafò che Franco aveva comunicato a De Rossi del Lion Nero che la situazione dei nazionalisti peggiorava, che i Francesi aizzavano i marocchini contro gli spagnoli e che a Parigi era stato deciso l'invio di 25 aerei da Marsiglia a Barcellona.

In risposta al telegramma, il Ministro Ciano gli telegrafò di chiedere a Franco che precisasse le sue richieste. Il 25 – o il 26 – il maggiore Luccardi ebbe un altro colloquio con Franco, il quale chiese – come immediata necessità –: 12 aerei da trasporto, 12 aerei da ricognizione, 10 aerei da caccia, 3000 bombe per aerei, 40 mitragliatrici controaeree, 4-5 navi da trasporto. Io annotai il telegramma: «Abbiamo fatto un gran passo avanti dagli 8 aerei da trasporto!»

Il 26 giunse il telegramma di Luccardi al SIM e quello analogo di De Rossi del Lion Nero al Ministero Esteri. Contemporaneamente il colonnello Gabrielli, addetto militare a Madrid, telegrafava che aerei francesi erano arrivati a Barcellona. Fu allora presa la decisione di inviare i 12 aerei S. 81.

Contemporaneamente a Roma si registravano altri due passi spagnoli. Uno ad opera dell'ex sovrano Alfonso XIII, che viveva in Italia e che si incontrò personalmente con Mussolini, che però non volle prendere alcun impegno specifico. Un altro, il 26 luglio, presso Ciano, ad opera di Antonio Goicoechea, uno dei maggiori esponenti di Renovación española e che era stato uno dei sottoscrittori dell'accordo segreto del marzo 1934, inviato a Roma dal generale Mola (che contemporaneamente aveva mandato a Berlino il conte di Valdeiglesias). In un certo senso questo fu il passo decisivo. Dapprima Ciano si mostrò restio a impegnarsi; quando però Goicoechea gli ebbe illustrato la situazione, parlato dei consensi popolari sui quali gli insorti potevano fare affidamento e gli ebbe ribadito che Mola, Franco e gli altri generali si impegnavano a rispettare totalmente l'accordo segreto del '34 Ciano si mostrò disposto a fornire dodici aerei S. 81, purché questi fossero regolarmente pagati. Il prezzo non era indifferente, oltre un milione di sterline, ma Goicoechea non ebbe difficoltà ad impegnarsi a sua volta: nei giorni successivi il finanziere spagnolo Juan March provvide al pagamento [60]. Il 30 luglio i dodici aerei partivano per il Marocco.

Anche se fu Ciano a dire a Goicoechea che gli avrebbe venduto gli aerei, non vi è dubbio che la decisione fu da lui presa d'accordo con Mussolini. La disponibilità già dimostrata, e che poi dovette rimangiarsi con Bolín, mostra però che Ciano era tra i due il più propenso ad aiutare gli insorti, così come successivamente fu il più favorevole ad un intervento vero e proprio. Mussolini era più incerto. All'inizio addirittura contra-

---

[60] Cfr. J. F. COVERDALE, *I fascisti alla guerra di Spagna* cit., pp. 68 sgg. e le fonti indicate *ibid.*, a p. 78.

rio. Lo confessò lo stesso Ciano a Cantalupo quando, nel gennaio 1937, gli annunciò la sua prossima nomina ad ambasciatore presso il governo franchista[61]:

> Debbo confidarti che in principio egli era contrario alla partecipazione dei nostri volontari. Quando Franco, a Tangeri nello scorso luglio, domandò al nostro console generale dodici aeroplani, in calce al telegramma che riferiva la richiesta, Mussolini scrisse col lapis blu: «No». Tre giorni dopo la domanda pervenne in forma piú insistente e Mussolini scrisse per l'ufficio: «Atti». Soltanto quando arrivò la richiesta piú pressante e piú angosciata concesse i dodici aeroplani: unicamente affinché scortassero dal cielo tre navi che dovevano trasportare dal Marocco alla costa spagnola tre *banderas* dei marocchini, cioè il primo nucleo delle truppe franchiste. Poi la cosa si è ingrandita per le pressioni ricevute da varie parti, e ora ci stiamo ben dentro. Quando partirai ti dirò tutto. Oggi mi limito ad avvertirti che non possiamo restarci a lungo: abbiamo l'Etiopia addosso: ci è andata bene ma dobbiamo fare in modo che se la scordino. Gli inglesi non domandano di meglio che di rabbonirsi, e hanno inventato il Comitato di non intervento anche per cominciare a raffreddare la faccenda spagnola e le sue ripercussioni internazionali. Tra breve Franco darà una forte spallata a Madrid attraversando il Jarama e liberando la capitale. Roatta farà prima un'incursione con i legionari dritto su Valencia lungo il mare, poi si trasporterà con i suoi uomini a Guadalajara per piombare sulla capitale. Con il crollo del centro crollerà anche il Nord. Bilbao e Santander, il fronte sarà accorciato di oltre mille chilometri, e tutto si ridurrà all'assedio di Barcellona. Questione di alcune settimane. Tienti pronto a partire.

Ciò che è importante è comunque che la decisione fu presa dopo aver saputo *a*) di quella di Léon Blum di inviare aerei e armi al governo repubblicano per soffocare la ribellione[62]; *b*) che sia Franco sia Mola si erano rivolti anche a Berlino. Sul momento, la seconda notizia dovette avere un peso secondario, ma il suo valore «aggiuntivo» non va sottovalutato, anche se, indubbiamente, la decisione fu presa in un'ottica essenzialmente antifrancese e di politica mediterranea[63]. Anche a questo proposito, chi ha visto meglio è stato, pur non conoscendo tutti gli elementi di fatto oggi disponibili, il Coverdale, che giustamente ha scritto[64]:

> La notizia che il Fronte popolare francese aveva deciso di fornire armi alla repubblica autorizzava a ritenere probabile che la Spagna avrebbe dimostrato la sua gratitudine per l'aiuto ricevuto nel soffocare la rivolta avvicinandosi maggiormente

---

[61] R. CANTALUPO, *Fu la Spagna* cit., pp. 63 sg.
[62] Cfr. a questo proposito P. RENOUVIN, *La politique extérieure du premier ministère Léon Blum*, in E. BONNEFOUS, *Histoire politique de la Troisième République*, VI, Paris 1965, pp. 394 sgg.; nonché J. MOCH, *Rencontres avec... Léon Blum*, Paris 1970, pp. 190 sgg.; e, piú in genere, J. SALAS LARRAZÁBAL, *Intervención extranjera en la guerra de España*, Madrid 1974, capp. I e II.
[63] Significativo è a questo proposito quanto scritto dall'ex ambasciatore repubblicano a Parigi L. ARAQUISTAIN, *Las grandes potencias y la guerra de España (1936-1939)*, in «Cuadernos», marzo-aprile 1957, p. 69. Per lui la decisione di Mussolini sarebbe stata determinata non da affinità ideologiche con i ribelli, ma da «una ragione di politica mediterranea».
[64] J. F. COVERDALE, *I fascisti alla guerra di Spagna* cit., pp. 70 sg.

alla Francia e collaborando piú attivamente con essa a detrimento dell'Italia. Il 26 luglio l'ambasciatore [a Madrid] Pedrazzi richiamò l'attenzione del ministro degli Esteri su un'intervista del leader socialista spagnolo Largo Caballero pubblicata su «Paris soir». Largo prevedeva che, repressa la ribellione, la Spagna si sarebbe data un governo socialista, avrebbe abbandonato la neutralità e preso il suo posto al fianco degli altri governi democratici nella lotta contro quelli antidemocratici. Secondo l'ambasciatore ciò dimostrava che un'eventuale vittoria governativa sulla rivoluzione nazionale spagnola avrebbe assunto un ulteriore rilievo internazionale. Dall'altro lato, se i ribelli fossero riusciti con l'aiuto italiano a rovesciare il regime repubblicano appoggiato dai francesi, ci si sarebbe potuti aspettare da parte loro, come minimo, un occhio di riguardo per gli interessi italiani e l'adozione di una netta linea antifrancese.

Il peso che queste considerazioni ebbero sulla decisione di Mussolini di autorizzare il primo invio di aeroplani risulta in maniera chiara dal fatto che Ciano, nei suoi colloqui con Goicoechea, insistette tanto sulla fedeltà ai termini dell'accordo del 1934 che obbligava la Spagna a denunciare il presunto patto segreto franco-spagnolo. Lo stesso duce, nel 1939, giustificando davanti al Gran Consiglio del fascismo la decisione di aiutare Franco, insistette sull'importanza dei motivi strategici e politici affermando che la partecipazione italiana alla guerra civile rispondeva a una «necessità storica di ordine fondamentale», il bisogno dell'Italia di ottenere libero accesso al mare.

La richiesta di aiuti rivolta dai ribelli ai tedeschi (e da questi subito accettata: i primi aerei tedeschi da trasporto, che Franco utilizzò per trasferire in Andalusia le sue truppe, arrivarono il 29 luglio) e, piú in genere, l'atteggiamento assunto da Hitler verso la nuova situazione determinatasi in Spagna, se non furono decisivi rispetto alla prima decisione di Mussolini e di Ciano, ebbero però una grande importanza rispetto a quelle adottate nelle settimane immediatamente successive. Allo stato della documentazione, nulla autorizza a credere che Ciano e soprattutto Mussolini, pur avendo alla fine deciso di inviare i dodici S. 81, avessero idee chiare su cosa avrebbero poi fatto e, in particolare, che avessero deciso di andare oltre l'invio di un limitato numero di aerei e di armi[65]. La cosa piú probabile è che fossero fiduciosi che un modesto aiuto in materiali avrebbe messo i generali ribelli in condizione di portare in breve tempo a vittoriosa conclusione la sollevazione. Contrariamente a quanto subito ritennero i francesi[66], è anche assai improbabile che a fine luglio essi pensassero di mettere in qualche modo le mani sulle Baleari. Lo fa ritenere il fatto che quando gli insorti di Maiorca, trovandosi in difficoltà, pensarono anch'essi di rivolgersi a Roma per aiuto, l'accoglienza loro riservata fu

---

[65] A tutto il 28 agosto l'Italia inviò ai ribelli 12 aerei da bombardamento e 27 da caccia, 5 carri armati veloci, 12 cannoni antiaerei e 40 mitragliatrici. Alla stessa data i tedeschi avevano inviato 26 aerei da bombardamento e 15 da caccia, 20 cannoni antiaerei, 50 mitragliatrici e 8000 fucili.
[66] Cfr. *DDF*, s. II, III, pp. 130 sgg., da cui risulta che i francesi pensavano anche a un probabile colpo di mano tedesco sulle Canarie.

tutt'altro che entusiasta, le trattative non rapidissime e, al solito, si sentirono dire che se volevano degli aerei dovevano comprarli. E se, alla fine di agosto, fu inviato a Maiorca Arconovaldo Bonaccorsi (il famoso «conte Rossi») fu solo dopo una ennesima pressante richiesta del leader falangista locale di avere un consigliere militare. Solo a questo punto dall'Italia cominciarono ad affluire i primi veri aiuti e fu costituita una base italiana nell'isola [67].

A «chiarire» le idee a Mussolini e a Ciano e ad indurli a fare un ulteriore passo sulla strada dell'intervento in Spagna, specie dopo che il quadro internazionale aveva cominciato a definirsi e i timori di un massiccio aiuto francese al governo repubblicano si erano parzialmente ridimensionati, un po' per le resistenze che Blum aveva incontrato non solo nel paese ma persino all'interno del suo governo e un po' per la discreta ma ferma azione di freno messa in atto dall'Inghilterra, furono soprattutto i nazisti, che videro subito negli avvenimenti spagnoli l'*occasione* per rendere piú effettivo il riavvicinamento italo-tedesco e, al tempo stesso, per mettere un nuovo e ben grosso ostacolo sulla via di quello tra l'Italia e gli anglo-francesi.

Il 31 luglio il governo francese, ormai al corrente del primo invio di aerei da parte dell'Italia (due degli S. 81, avendo finito il carburante, erano caduti nel Marocco francese e un terzo in mare), aveva dovuto abbandonare l'idea di aiutare direttamente i repubblicani spagnoli e si era indotto a proporre all'Inghilterra e all'Italia, in quanto potenze mediterranee, l'opportunità di adottare «delle regole comuni di non intervento». Successivamente l'invito sarebbe stato esteso alla Germania e al Portogallo e via via all'Urss e a vari altri paesi. Sulla base di un preciso appunto preparatogli da Mussolini, Ciano aveva cercato di prendere tempo [68]. Non aderire alla iniziativa francese non sarebbe stato però possibile, dato che avrebbe equivalso ad autocondannarsi al piú completo isolamento internazionale, poiché persino la Germania era disposta ad accettarla. E, d'al-

---

[67] Cfr. J. F. COVERDALE, *I fascisti alla guerra di Spagna* cit., pp. 124 sgg.
[68] Cfr. i resoconti dei suoi colloqui, tra il 3 e il 17 agosto, con l'ambasciatore francese in *L'Europa verso la catastrofe* cit., pp. 50 sgg. In essi è evidente la suggestione degli «appunti per una risposta orale alla proposta francese di "non" intervento nella guerra civile spagnola» redatti da Mussolini per Ciano il 4 o il 5 agosto:
  « 1) L'Italia aderisce in principio alla tesi del non-intervento nella guerra civile che tormenta la Spagna.
  2) L'Italia domanda se la solidarietà morale con una delle parti in conflitto – solidarietà che è espressa e si esprime attraverso manifestazioni pubbliche, campagna di stampa, sottoscrizioni di denaro, arruolamenti di volontari etc. non costituisca già una clamorosa e pericolosa forma d'intervento.
  3) L'Italia desidera sapere se l'impegno del non intervento avrà carattere universale aut meno, se impegnerà soltanto i governi o anche i privati.
  4) L'Italia desidera conoscere se il governo proponente ha in vista anche modalità di controllo, circa l'osservanza aut meno dell'impegno di non intervento».

tra parte, aderirvi, per un verso, non escludeva la possibilità, se lo si fosse ritenuto opportuno, di continuare ad aiutare i nazionalisti per vie traverse e, per un altro, poteva offrire buone possibilità di manovra politica. Sicché, se si vuole riassumere la posizione italiana nelle prime settimane dell'agosto, si deve dire che chi meglio la colse fu l'incaricato d'affari tedesco a Roma che il 14 agosto cosí la riassumeva a Berlino [69]: tutte le simpatie italiane andavano ai nazionalisti, che venivano aiutati con forniture di armi e di munizioni; una vittoria del governo spagnolo era considerata a Roma una vittoria della Francia sull'Italia e del bolscevismo, che, una volta avesse preso piede in Spagna, si sarebbe propagato anche fuori dalle sue frontiere.

Se pertanto l'Italia, scriveva il diplomatico tedesco, auspica ardentemente la vittoria dei ribelli, essa si sforza d'altro canto a non inasprire la situazione internazionale. Ciò spiega il suo atteggiamento nella questione dell'accordo di non intervento proposto dalla Francia. Si è persuasi che, una volta firmato l'accordo, le consegne d'armi italiane non saranno piú possibili a differenza delle consegne francesi difficili a controllare, e ci si sente allora sfavoriti in rapporto alla Francia, di cui si diffida. Tuttavia non si vorrebbe essere coloro che ostacolano l'accordo. È perciò che è verosimile che l'Italia firmerà egualmente un accordo di non intervento. Essa cerca tuttavia di differirne la conclusione per poter continuare il piú a lungo possibile a fornire armi al generale Franco. Da qui le questioni incidentali e i controprogetti che voi conoscete e che hanno naturalmente per scopo, nell'ipotesi della conclusione di un accordo, di impedire innanzitutto il piú possibile alla Francia e alla Russia di continuare il loro aiuto al partito governativo.

E infatti il 21 agosto l'Italia aveva aderito alla proposta francese, nonostante la viva irritazione suscitata a palazzo Venezia e a palazzo Chigi dalle prese di posizione di alcune personalità politiche e sindacali francesi, tra cui il ministro dell'Interno, in netto appoggio dei repubblicani spagnoli [70].

Durante queste settimane l'atteggiamento tedesco verso l'Italia era stato estremamente discreto. Tanto la Wilhelmstrasse quanto Ribbentrop, impegnato nella sua missione straordinaria a Londra, erano, sia pure per motivi parzialmente diversi, troppo interessati alla proposta francese per fare alcunché che potesse indurre Roma a non accettarla. Appena Roma l'ebbe fatto, Hitler però si mosse subito. Il principe d'Assia, marito di una delle figlie di Vittorio Emanuele III, Mafalda, e alto gerarca nazista, fu inviato a Roma con l'«incarico speciale» di proporre a Mussolini «una collaborazione piú stretta possibile negli affari spagnoli» e, tanto per cominciare, di mandare presso il generale Franco due ufficiali di collegamento, uno italiano e uno tedesco, nonché di rassicurare Roma sul-

---

[69] *DGFP*, s. D, III, pp. 38 sgg.
[70] Cfr. *DDF*, s. II, pp. 265 sg. nonché pp. 233 sg. e 259 sg.

le intenzioni tedesche. «Noi – doveva farle sapere – non abbiamo nessun'aspirazione politica e tantomeno territoriale nel Mediterraneo, bensí il solo interesse che il bolscevismo non si instauri in Spagna e si diffonda dalla Spagna in altri paesi». Della visita lampo del principe d'Assia a Roma sappiamo solo quanto von Neurath riferí il 27 agosto, subito dopo il ritorno del principe a Berlino al direttore del dipartimento politico della Wilhelmstrasse: il «duce» aveva dichiarato di non poter prevedere l'esito della lotta in Spagna e, proprio per questo, aveva accettato la proposta tedesca, ritenendola utile per poter meglio valutare le possibilità di vittoria del generale Franco, e aveva a sua volta assicurato che neppure lui aveva «aspirazioni politiche e tanto meno territoriali nel Mediterraneo»[71].

Nonostante il tono relativamente non impegnativo della risposta di Mussolini, la missione del principe d'Assia costituí un momento importante e per certi versi decisivo della politica spagnola fascista. In seguito ad essa, infatti, il 26 agosto Ciano informava il capo del SIM, Roatta, che «erano stati presi accordi col Reich per l'invio presso il generale Franco di una missione italiana ed una tedesca» che avrebbero avuto il compito di «esaminare possibilità e proposte per appoggio dei nazionalisti da parte delle forze armate (forniture di materiale bellico e personale)» italiane e tedesche, «consigliare il Comando superiore spagnolo sull'eventuale sviluppo delle operazioni militari», «garantire interessi rispettive nazioni nel campo politico, militare ed economico» e collaborare tra loro a questi scopi. Due giorni dopo il generale Roatta prendeva contatti con l'ammiraglio Canaris, capo del servizio informazioni tedesco, per i dettagli dell'operazione; dopodiché, il 1° settembre, le due missioni (a capo di quella italiana fu messo il colonnello Faldella) partivano per la Spagna accompagnate dallo stesso Roatta, dato che, sino a quando, col 1° gennaio '37, Ciano non accentrò presso l'Ufficio Spagna del ministero degli Esteri tutta la gestione dell'operazione, questa fu affidata al SIM[72].

Appena avviata, la «collaborazione» italo-tedesca si dimostrò subito una tagliola destinata a far avanzare ogni giorno di piú la politica italiana nelle sabbie mobili spagnole oltre le stesse iniziali intenzioni di Roma e a rendere sempre piú difficili i rapporti italo-inglesi. Tanto è vero che Grandi nelle sue memorie ha scritto[73]:

---

[71] Cfr. M. MICHAELIS, *La prima missione del Principe d'Assia presso Mussolini (agosto 1936)*, in «Nuova Rivista Storica», 1971, pp. 367 sgg.
[72] ACS, *Segreteria particolare del Duce, Carteggio riservato (1922-1943)*, fasc. 463/R, «Spagna», sott. 6; nonché la documentazione in *Archivio E. Faldella*.
[73] D. GRANDI, *Memorie*.

I rapporti italo-brittannici, messi in pericolo dalla questione abissina, furono di fatto compromessi e avvelenati dalla questione spagnola. Questa, non quella, è la causa *vera* del turbamento definitivo. La questione abissina era stata una malattia acuta ma breve. Come tutte le malattie brevi essa avrebbe determinato una guarigione rapida e contribuito, alla fine, per rafforzare i rapporti italo-brittannici. La questione spagnola ebbe i caratteri di una malattia subdola, lenta, progressiva. Essa finí per divenire cronica. Fu il grande strumento, in mano alla Germania, per creare un abisso sempre maggiore tra Italia e Gran Bretagna. Essa preparò il Patto anticomintern, stabilí la prima cooperazione militare tra Hitler e Mussolini. Essa era stata un secolo prima all'origine della decadenza della dittatura napoleonica, doveva essere egualmente all'origine della decadenza della dittatura nazista e fascista. Cosí come un secolo prima Spagna e Russia furono il fattore determinante, Spagna e Russia dovevano in diverso ambiente storico tornarlo ad essere di nuovo.

La documentazione oggi disponibile lascia intravvedere che se il gruppo dirigente berlinese era assai cauto e diviso sulle prospettive e i limiti dell'impegno tedesco in Spagna[74], quasi tutti (e in particolare i capi dell'esercito e i diplomatici) erano comunque decisi a dare alla collaborazione con gli italiani un carattere largamente strumentale e il meno impegnativo possibile. Ciò che ai piú interessava era sia sfruttare al massimo l'appoggio a Franco per assicurarsi durature basi economiche nel paese e usare la Spagna come un poligono militare sperimentale, e sia impegnarvisi militarmente e, nei limiti del realizzabile, anche politicamente il meno possibile in modo diretto, in maniera da cercare di salvare al massimo l'«immagine» internazionale della Germania e di non pregiudicare i loro tentativi di accordo con Londra; ma, al tempo stesso, facendo di tutto per impegnarvi al massimo l'Italia e cosí pregiudicare il piú possibile le possibilità di un riavvicinamento italo-inglese[75]. Da qui la loro tendenza a sollecitare l'impegno italiano, lasciando capire di essere disposti a farlo a loro volta su un piano di parità e talvolta impegnandosi addirittura a farlo, per poi tirarsi quasi sempre indietro o, almeno, ridimensionare la loro partecipazione effettiva. Tra i varî documenti che si potrebbero citare a questo proposito uno dei piú eloquenti è costituito da un lungo rapporto del 18 novembre 1936 dell'ambasciatore a Roma von Hassel in cui la strategia «italiana» della politica tedesca in Spagna è delineata con estrema chiarezza. In esso si legge[76]:

[74] Sull'intervento tedesco in Spagna cfr. M. MERKES, *Die deutsche Politik im spanischen Bürgerkrieg 1936-1939*, Bonn 1969; *Der Spanische Bürgerkrieg in der internationalen Politik (1936-1939)*, a cura di W. Schieder e C. Dipper, München 1976; A. VIÑAS, *La Alemania nazi y el 18 de julio*, Madrid 1977; L. PAPELEUX, *L'amiral Canaris entre Franco et Hitler*, Tournai 1977.
[75] Secondo l'ambasciatore De Chambrun (che diceva di aver avuto la notizia da «una personalità importante dell'entourage immediato di Mussolini»), persino sulla decisione di mandare i primi aiuti agli insorti spagnoli avrebbero influito le pressioni dei tedeschi che avrebbero fatto a questo scopo leva sul «presunto aiuto da noi dato al governo di Madrid» e sul «pericolo comunista». Cfr. *DDF*, s. II, III, p. 197.
[76] *DGFP*, s. D, III, pp. 170 sgg.

Data la linea politica generale da me indicata, la Germania, a mio avviso, ha tutte le ragioni per augurarsi che l'Italia si interessi sempre piú attivamente alla questione spagnola. Il conflitto spagnolo può giocare nelle relazioni dell'Italia con la Francia e l'Inghilterra, un ruolo analogo a quello del conflitto d'Abissinia, nel senso che mette nettamente in rilievo l'opposizione degli interessi reali delle potenze e allontana cosí per l'Italia il rischio di lasciarsi prendere nelle macchinazioni occidentali. La lotta per il prestigio politico in Spagna scopre l'opposizione naturale che esiste tra l'Italia e la Francia, nello stesso tempo in cui la potenza italiana nel Mediterraneo occidentale entra in competizione con quella dell'Inghilterra. L'Italia troverà tanto piú conveniente per lei appoggiarsi fortemente alla Germania per far fronte alle potenze occidentali, in vista proprio dell'accordo generale che è augurabile vedere realizzarsi tra l'Europa occidentale e l'Europa centrale sulla base di una completa eguaglianza di diritti. Questa situazione ci impone, a mio avviso, come direttiva, di lasciare all'Italia l'iniziativa della sua politica in Spagna, ma nello stesso tempo di favorire attivamente questa politica con la nostra benevolenza in un modo abbastanza stretto per evitare che gli avvenimenti non prendano una piega che nuoccia agli interessi immediati o lontani della Germania, sia che la Spagna nazionalista subisca una disfatta, sia anche che l'Inghilterra e l'Italia concludano tra loro una intesa diretta se la situazione continuasse a stabilizzarsi. Noi non abbiamo molti motivi di mostrarci gelosi che il fascismo si assegni innanzi tutto la spinosa missione di realizzare un programma politico e sociale sotto un'etichetta che è stata sino adesso puramente militare e anticomunista. Chiunque conosca gli spagnoli e il clima spagnolo deve mostrarsi scettico, e anche inquieto per l'avvenire delle relazioni germano-spagnole (forse anche per la collaborazione germano-italiana), davanti a un tentativo di trapiantare il nazionalsocialismo in Spagna con dei metodi tedeschi e grazie al concorso dei tedeschi. Il fascismo latino, di struttura politica piú formale, ha possibilità migliori di riuscire; una certa antipatia dello spagnolo per l'italiano, e in linea di massima un atteggiamento di rivolta contro lo straniero che pretende comandare, possono costituire degli ostacoli. Spetta agli italiani vedere come venirne a capo. Quanto a noi, non avremmo che a rallegrarci che a sud della Francia si costituisse un elemento che, immune di bolscevismo, ma invece alleato dell'Italia, desse a riflettere ai francesi e agli inglesi: un elemento che si opponesse alla traversata del territorio da parte delle truppe francesi provenienti dall'Africa e che, in campo economico, rispondesse pienamente ai nostri bisogni.

Da parte italiana ci si accorse presto che nell'atteggiamento tedesco vi era qualche cosa di equivoco. I primi ad avvertirlo furono probabilmente Roatta e Faldella. Anche Ciano ne ebbe presto la sensazione, ma, quasi certamente, piú che ad una manovra per tagliargli l'erba sotto i piedi con Londra, dovette pensare che i tedeschi tendessero ad «intrufolarsi» troppo nella politica interna spagnola e, tramite essa, nel Mediterraneo[77]. E comunque non fece nulla per contrastare il gioco tedesco. Probabilmente anche perché condizionato lui pure dal sotterraneo ma vastissimo lavoro dell'ambiente politico ed economico italiano (specie agricolo, particolarmente interessato al mercato tedesco) che, proprio

[77] R. CANTALUPO, *Fu la Spagna* cit., pp. 64 sg.

in questo periodo, i tedeschi stavano avviando e che cominciava a dare i suoi primi frutti. Un lavoro [78] che oggi è assai difficile ricostruire nei particolari, ma che non va assolutamente sottovalutato se si vuol comprendere la realtà della politica italiana dalla metà del '36 in poi e le ragioni di certe diffuse simpatie per i tedeschi determinatesi soprattutto nel '37-38 in ambienti che sino allora ne erano stati immuni e talvolta ne avevano persino contrastato le primissime manifestazioni da parte di alcuni esponenti o gruppi fascisti intransigenti.

Un peso assai forte nello spingere Roma ad impegnarsi sempre di piú in Spagna ebbero certamente anche la pronta risposta dell'antifascismo alla rivolta militare e all'appoggio dato ad essa dal governo fascista (la prima a prendere posizione sin dal 31 luglio fu «Giustizia e Libertà» con la parola d'ordine «la guerra civile del proletariato di Spagna è guerra di tutto l'antifascismo; il posto per i rivoluzionari è in Spagna» [79]), ben presto concretizzatasi con l'invio di volontari nell'esercito repubblicano [80], e l'arrivo prima (fine di agosto) dei primi consiglieri e poi (in ottobre) delle prime forniture belliche dall'Urss [81]. Insieme alla costituzione del governo presieduto da Largo Caballero, di cui facevano parte (per la prima volta in Europa occidentale) oltre a repubblicani e socialisti anche i comunisti, quest'insieme di fatti, oltre a dare un duro colpo alle speranze di una rapida vittoria dei nazionalisti, fu giudicato a Roma una «sfida» antifascista all'Italia e insieme una grave minaccia di infezione «rossa» che dalla Spagna avrebbe potuto allargarsi anche ad altri paesi

---

[78] Rievocando questo lavorio, D. GRANDI nelle sue *Memorie* ha scritto: «Fu altresí fatto leva sulle difficoltà economiche dell'Italia, uscita vittoriosa ma finanziariamente esausta. Il piú grande sbocco per i prodotti agricoli dell'Italia era sempre stata la Germania. Gli interessi degli agricoltori italiani vennero utilizzati come strumento dell'intesa italo-tedesca. Commissioni di tecnici, di politici cominciarono scambi di visite fra Roma e Berlino. Gli uomini vicini a Mussolini vennero fatti segno ad una campagna di accaparramento persistente, con tutti i mezzi. Le donne non furono trascurate. Mentre si inviavano a Roma stuoli di belle tedesche a "lavorare" tra uomini del fascismo e del Partito, Edda Ciano, la figlia del Duce, era invitata ed accolta a Berlino come una regina, e non si mancò di mettere in rilievo l'accoglienza fatta dai tedeschi confrontandola con quella fredda e compassata che gli inglesi le avevano riservato negli anni precedenti a Londra. Questa donna tornò dalla Germania inebriata e divenne una delle piú attive propagandiste dell'alleanza italo-tedesca. Ciano, suo marito, fu, e non mancò di mostrarlo, geloso della posizione politica che la moglie si era acquistata agli occhi dei tedeschi. Tutto fu fatto per dimostrare la pretesa identità fra fascismo e nazismo. I tedeschi dichiaravano a gran voce di imitare il fascismo, e quest'ultimo senza accorgersene copiava i metodi, l'organizzazione tedesca. Gli uomini che mostravano riluttanza ad aderire a quest'ordine d'idee furono indicati e denunciati come pericolosi, infedeli, corrotti dalla perfida propaganda anglo-sassone. Bisognava toglierli di mezzo, sbarazzarsi di loro».
Per il viaggio di E. CIANO in Germania e il suo iniziale filotedeschismo cfr. *La mia testimonianza* cit., pp. 122 sgg.
[79] Cfr. C. ROSSELLI, *Oggi in Spagna domani in Italia*, Torino 1967, pp. 17 sgg.
[80] Sul volontariato italiano nelle file repubblicane A. GAROSCI, *La vita di Carlo Rosselli*, Roma-Firenze-Milano 1945; R. PACCIARDI, *Il battaglione Garibaldi*, Roma 1945; L. LONGO, *Le Brigate internazionali in Spagna*, Roma 1956.
[81] Sull'intervento sovietico in Spagna cfr. D. T. CATTEL, *La diplomazia sovietica e la guerra di Spagna*, Milano 1963; ID., *I comunisti e la guerra civile spagnola*, Milano 1962; *Der Spanische Bürgerkrieg* cit., pp. 225 sgg.

e persino rimbalzare in qualche misura in Italia, risvegliando fermenti mai del tutto sopiti [82]. A ciò si deve aggiungere che Franco, assai preoccupato per i primi arrivi di aerei, carri armati e materiali sovietici, il 16 ottobre, in due successivi colloqui da lui sollecitati, uno nel pomeriggio e uno nella serata, chiese al colonnello Faldella nuovi massicci aiuti. Come risulta dai due rapporti subito inviati dal SIM a Roma, Franco non chiese l'invio di uomini, ma di aerei, di carri armati e di armi anticarro, nonché (a metà tra Italia e Germania) di due sommergibili e di due cacciatorpediniere per «togliere ai rossi la libera disponibilità dei porti» e per «acquistare il dominio del mare». Oltre a ciò – e questo fu l'oggetto del secondo colloquio – Franco «espresse il suo vivo desiderio che la aviazione italiana da Maiorca e possibilmente quella della Sardegna effettuino bombardamenti nel porto di Cartagena contro i piroscafi mercantili che trovansi nel porto stesso». Il tutto prospettato con l'argomento che egli aveva «ormai di fronte non soltanto la Spagna rossa, ma la Russia» e che sentiva «di combattere una crociata contro il bolscevismo, crociata nella quale gli interessi della Spagna si confondono con gli interessi italiani e tedeschi», sicché era opportuno «affrontare la cosa nella sua integrità e dargli a lui, Franco, i mezzi per combattere l'ormai dichiaratosi nemico russo» [83]. È chiaro che di fronte ad appelli cosí pressanti era difficile sottrarsi, tanto piú che anche la missione militare del SIM in Spagna, pur nella sua cautela, mostrava di condividerli. Tipico è a questo proposito il giudizio da essa espresso a conclusione dell'analisi della situazione spagnola fatta in un'ampia relazione stilata il 16-17 novembre 1936 [84]:

TUTTO SOMMATO esistono nelle forze bianche (specie esercito e marina) gravi deficienze.
Ma le stesse esistono, in maggior proporzione, nelle forze avversarie.
Perciò ritengo che se gli appoggi e i rifornimenti dati da paesi stranieri ai rossi saranno compensati da equivalenti appoggi e rifornimenti ai nazionalisti, questi avranno il successo.

Un peso notevole ebbero però anche la presenza di Ciano a Palazzo Chigi e il particolare momento psicologico che – come si è visto – attraversava Mussolini. Come ha scritto Felice Guarneri, che, come sottose-

---

[82] Per le reazioni suscitate dallo scoppio della guerra civile spagnola nei vari ambienti sociali e in particolare in quelli operai e popolari in genere e tra l'antifascismo «dormiente» e per l'attenzione con cui esse furono seguite dalle forze di polizia si vedano, oltre al già piú volte citato saggio di A. AQUARONE, *La guerra di Spagna e l'opinione pubblica italiana* cit., pp. 27 sgg., i documenti prefettizi e dell'OVRA (ACS, Min. Interno, Dir. gen. PS, Div. affari gen. e ris. [*1920-1945*], 1936, b. 22) riprodotti in *Appendice*, documento 7.
[83] In *Archivio E. Faldella*.
[84] ASAE, *Ufficio Spagna*, b. 10, rapporto n. 502 al SIM, datato Salamanca, 16-17 novembre 1936-XV, f. 18.

gretario prima e ministro poi per gli Scambi e valute, ebbe con lui continui rapporti per la vicenda spagnola[85].

> Ciano considerava la Spagna, e in seguito, assieme con questa l'Albania, quali campi di suo riservato dominio, e giudicava il nostro intervento in quei paesi come due capolavori della sua politica e il miglior ornamento della sua corona comitale.
> ... Ma egli aveva cacciato l'Italia in quest'avventura avventatamente, con un gesto di spavalderia guascona, e insieme di leggerezza giovanile, senza misurarne le conseguenze; vi aveva perseverato, con l'assenso quasi passivo di Mussolini, per farsene una sua propria gloria quando i capi militari responsabili avevano dato per certo che, dopo la conquista di Malaga, le forze franchiste avrebbero liberato Madrid entro quindici giorni.

Un giudizio, come si vede, molto duro, ma sostanzialmente giusto. Nella vicenda spagnola Ciano vide certamente la possibilità non solo di imprimere alla politica estera italiana un tono nuovo, piú dinamico, ma anche di meritarsi subito la fiducia accordatagli da Mussolini e di scrollarsi di dosso la qualifica di «genero» del «duce» guadagnandosi «sul campo» i suoi diritti di «delfino». Il tutto condito, come giustamente ha notato Guarneri, con una incredibile leggerezza e con un'altrettanto incredibile avventatezza che lo portarono a voler accentrare sotto il suo personale controllo la direzione di tutta la questione spagnola, sino ad improvvisarsi quasi anche stratega. Tipico è quanto narrato da Cantalupo, riferendo il suo incontro con lui nella seconda decade del gennaio '37[86]:

> Forse per riprendere il tema della caduta piú o meno prossima di Madrid, si alzò e si avvicinò a un grande leggio di legno di stile cinquecentesco che era nel centro della sala e sul quale era spiegata una carta militare della Spagna, picchiettata nel mezzo da una striscia irregolare di bandierine rosse, spagnole e italiane che si fronteggiavano. Ciano volle indicarmi come stavano le cose e come ben presto sarebbero state: Roatta su Malaga e Valencia, Orgaz sul Jarama e Madrid, Roatta di nuovo sulla Sierra e di lí su Guadalajara, crollo e rottura del sistema madrileno con liberazione della capitale, resa a discrezione dei paesi baschi, corsa da San Sebastiano a Barcellona, «mollamento» francese del Governo repubblicano, pace generale e liquidazione della partita. Non prevedeva né inconvenienti né ritardi.
> Intanto spostava bandierine, faceva muovere reggimenti, rettificava fronti di battaglia. Pareva giocasse a scacchi. Non lo riconoscevo piú, non era piú una persona seria: era un ginnasiale in veste di stratega, un generale dilettante. Appuntando spilli sulla carta creava ipotesi incoraggianti e sicurezze strategiche. Recitava.

Stanti questo suo atteggiamento psicologico e questa sua volontà di autoaffermazione e con un Mussolini che tendeva sempre piú a rinchiudersi nei problemi ideologici e che – presa, sia pure dopo molte incer-

---

[85] F. GUARNERI, *Battaglie economiche* cit., II, pp. 243 e 132.
[86] R. CANTALUPO, *Fu la Spagna* cit., p. 65.

tezze, la decisione di aiutare i ribelli – nutrendo fiducia in lui e volendolo, al tempo stesso, mettere alla prova e valorizzarlo, gli dava una libertà di azione che un Grandi o un Suvich non avevano mai avuto, è evidente che le possibilità per Ciano di rendersi conto del gioco tedesco e dei rischi che esso comportava per l'Italia erano assai scarse. E, anzi, i tedeschi trovarono in lui un inconsapevole alleato che giorno dopo giorno portò sempre piú l'Italia nelle sabbie mobili spagnole. E ciò tanto piú che per un aiuto piú consistente e addirittura per un intervento a fianco dei nazionalisti premevano, sia pure con diverse motivazioni, molte forze.

Nettamente a favore di Franco e per un aperto aiuto ai nazionalisti erano pressoché unanimemente le organizzazioni, i giornali, il clero cattolici dalle piú alte gerarchie ai livelli piú bassi. Preoccupati dalla prospettiva di un'affermazione del «bolscevismo ateo» in Spagna e profondamente turbati dagli eccidi, dalle violenze e dagli orientamenti anticattolici che avevano cominciato a caratterizzare la vita delle regioni controllate dai repubblicani, essi, come ha sottolineato l'Aquarone[87], erano scesi in campo sin dai primissimi giorni della ribellione, quando la stampa del regime e persino giornali come «Il regime fascista» mantenevano ancora un atteggiamento abbastanza cauto e mostravano incertezze e perplessità nel valutare le vicende spagnole. Per l'«Osservatore romano», che aveva dato sin dal 23 luglio il là alla campagna, «far questione di politica, di reazione o di libertà, di autoritarietà o di democrazia di regimi, di governi, di partiti» era solo far confusione. Per l'organo vaticano (27-28 luglio) bisognava solo «far questione di umanità pura, semplice, inequivocabile. Il bivio deve decidere se si è o se si procede con l'umanità o fuori di essa». In questa prospettiva, per l'«Osservatore romano» e sulla sua scia per la stragrande maggioranza della stampa cattolica (anche quella dei gruppi giovanili ed intellettuali meno legati a posizioni conservatrici e impegnati nella ricerca di tematiche nuove, autonome e peculiari dei cattolici[88]) era un assurdo mettere sullo stesso piano – come facevano certi cattolici di altri paesi – l'intervento di gruppi di cittadini stranieri a favore della libertà e dell'indipendenza di un paese quale si era verificato in altri tempi e circostanze e l'intervento «al servizio della III Internazionale» che era in atto in Spagna (17-18 agosto). In questo paese, come scriveva padre Rosa sulla «Civiltà cattolica»[89], «orrende tragedie, delitti selvaggi, infernale tragedia di sangue, di incendi,

[87] A. AQUARONE, *La guerra di Spagna* ecc. cit., p. 4.
[88] Cfr. R. MORO, *Afascismo e antifascismo* ecc. cit., p. 767.
[89] E. ROSA, *L'«Internazionale» della barbarie nella sua lotta contro la civiltà*, in «Civiltà cattolica», 19 settembre 1936, pp. 141 sgg.

di stragi, di follia collettiva, dimostrano ormai scatenata sui popoli una satanica tempesta, foriera di morte, nonché di profonda decadenza delle nazioni». Di fronte a questa realtà parlare di non intervento diventava un crimine contro l'umanità. Ciò che occorreva era una ferma «resistenza alla nuova barbarie» che, oltre tutto, avrebbe dato nuovo «impulso ad una piú intensa vita cristiana»[90].

Su una linea simile si muovevano anche alcuni gruppi fascisti moderati che, preoccupati per certi orientamenti radicali che circolavano nel regime e per l'avvicinamento alla Germania, vedevano in un aiuto italiano ai nazionalisti in nome dell'antibolscevismo e dell'antimassonismo e della difesa della civiltà cristiana un modo per rafforzare i legami tra il fascismo e la Chiesa e per dare al regime una prospettiva di sviluppo interno ed internazionale di tipo moderato e «cattolico-latino».

Pur senza sottovalutare affatto questo tipo di prese di posizione, alle quali, non a caso, una volta deciso di continuare sulla via degli aiuti ai nazionalisti e, poi, di imboccare quella dell'intervento vero e proprio, la stampa fascista prese a fare da cassa di risonanza e a servirsene a sostegno della validità e del buon diritto delle proprie tesi, va per altro detto che un peso maggiore avevano (anche per le loro possibilità di agire direttamente su Ciano e su Mussolini) le pressioni del PNF e della Milizia.

Al partito che, per un verso, si rendeva conto che tra una parte del fascismo e soprattutto tra gli intellettuali e i giovani il carattere tradizionalista e di destra conservatrice e reazionaria che contraddistingueva nettamente il movimento dei militari ribelli suscitava incertezze e perplessità, tanto che non mancavano neppure posizioni piú o meno apertamente critiche verso di esso[91], e, per un altro verso, voleva cogliere l'occasione per esercitare una propria funzione di stimolo e di iniziativa politica sul governo e per riprendere finalmente il sopravvento sui «fiancheggiatori» e i fascisti moderati, ciò che stava a cuore era di dare alla politica verso la Spagna un carattere apertamente fascista e nella logica della nuova «coscienza dell'Impero» che doveva diventare comune a tutti gli italiani. Sul piano interno questo voleva dire porsi di fronte agli avvenimenti spagnoli, valutarli, viverli in una prospettiva di partecipazione ideologica che, superando ogni «particolarismo», ogni «provincialismo», ogni visione tradizionale e diplomatica della complessità e della interdipendenza delle vicende internazionali, li proiettasse appunto nel piú vasto e decisivo contesto di una consapevole «coscienza» dei

---

[90] e. r., *Vita Ecclesiae*, in «Studium», ottobre 1936, p. 588.
[91] Cfr. A. AQUARONE, *La guerra di Spagna ecc.* cit., pp. 13 sgg.

doveri e dei compiti «imperiali» dell'Italia e degli italiani. E questo non solo rispetto a se stessi, ma anche rispetto al mondo e in primo luogo agli stessi spagnoli, poiché, sul piano esterno, nella logica del partito rientravano la fascistizzazione del movimento spagnolo e la creazione in Spagna di un regime sul tipo di quello italiano. Il piú lucido e in ordine di tempo uno dei primissimi ad indicare questa duplice prospettiva era stato Bottai su «Critica fascista», scrivendo già il 1° settembre[92]:

> Quei valori universali, che il Fascismo contiene in sé e che furono fin qui costantemente sacrificati e compressi dalle occorrenze di una politica meramente nazionale, debbono, ora, sul piano imperiale, espandersi, allargare la loro influenza, prendere il sopravvento su altri piú contingenti e particolari, avanzare decisamente sul fronte della battaglia internazionale. Il non-intervento e la non-ingerenza sono una cosa, principi riferibili a date situazioni di spazio e di tempo; ma il diritto e il dovere d'un popolo, che si senta portatore d'una nuova concezione di vita civile, di manifestarla, di propagarne la coscienza, sono un'altra cosa. E questa non contraddice a quella.
> Si possono non fornire armi; ma non si possono non fornire idee ai popoli, che combattono.

I portabandiera di questa azione del PNF furono però Starace e Farinacci, che sin dal 6 agosto aveva scritto a Mussolini auspicando «ardentemente che gli avvenimenti spagnoli ci mettano, quanto piú presto possibile, in condizione d'intervenire» e ponendosi a sua piena disposizione per qualsiasi cosa potesse essere utile intraprendere «senza compromettere eccessivamente il governo perché sono anche direttore di un giornale»[93]. E sarebbe stato proprio in questa prospettiva che, nel marzo '37, sarebbe nata la tanto discussa missione di Farinacci in Spagna, l'unico tentativo fascista di una certa importanza di interferire politicamente ed ideologicamente nelle vicende interne dei nazionalisti, cercando di privilegiarne un gruppo, i falangisti (che, come Farinacci scrisse da Salamanca il 5 marzo a Mussolini, erano «l'unico movimento che guardi a Roma e sia entusiasta del fascismo»), e farne il centro di aggregazione di un futuro partito unico di tipo nettamente fascista. La missione[94] non sortí però nessun effetto concreto e suscitò tutta una serie

[92] G. BOTTAI, *Sul piano imperiale*, in «Critica fascista», 1° settembre 1936, pp. 321 sgg.
[93] A. AQUARONE, *La guerra di Spagna ecc.* cit., p. 24.
[94] Sulla missione Farinacci si dispone di notizie scarse ed imprecise. R. CANTALUPO (*Fu la Spagna* cit., pp. 146 sgg.) ne ha scritto abbastanza ampiamente, ma la sua narrazione dà l'impressione di essere viziata da un'ostilità pregiudiziale (e reciproca in verità) verso Farinacci. Gli unici elementi un po' precisi sono desumibili dalle lettere inviate da Farinacci a Mussolini dalla Spagna e subito dopo il suo ritorno in Italia. Cfr. ACS, *Segreteria particolare del Duce, Carteggio riservato (1922-1943)*, 242/R, fasc. «R. Farinacci», sott. 39. È molto probabile che la missione dovette nascere (o almeno avere via libera) dopo la lettura da parte di Mussolini di un «appunto» per Ciano, datato 18 novembre 1936 e redatto da un funzionario di palazzo Chigi (F. Anfuso?) che si era recato in precedenza in Spagna. Nella prima parte di tale appunto (che è conservato in ACS, *Segreteria particolare*

di sospetti e di malumori, accresciuti dal fatto che il «Times» diffuse la notizia che Farinacci avrebbe avuto il compito di persuadere Franco ad accettare come sovrano il duca d'Aosta [95]. Farinacci ebbe contatti con i falangisti di Manuel Hedilla, il creatore dell'organizzazione sindacale della Falange e capo provvisorio del movimento dopo la scomparsa dalla scena di Primo De Rivera e degli altri principali esponenti di esso durante la prima fase dell'insurrezione, e con i *requetés* «per gettare le basi di un nuovo movimento nazionale, che Franco dovrebbe valorizzare e utilizzare». Franco (che non vedeva affatto di buon occhio i falangisti e il gruppo di Hedilla in particolare, tanto è vero che poche settimane dopo l'avrebbe fatto arrestare e condannare a morte, anche se poi la pena fu commutata nel carcere) gli disse però che non intendeva «contare su questi partiti, perché essi non hanno capi di un certo valore» e gli fece capire di non volersi in alcun modo legare le mani. Come Farinacci scrisse a Mussolini nella già ricordata lettera del 5 marzo, egli non aveva «an-

---

del Duce, fasc. «Gran Consiglio», sott. 14 [1936], ins. C) si legge questa analisi della situazione politica interna nazionalista che potrebbe bene aver servito di base alla missione di Farinacci:
«*Generale Franco*.
È difficile poter giudicare Franco come Capo di un movimento nazionale a carattere popolare, come il rappresentante, cioè, di una forza che conquista lo Stato per virtú del suo impeto rivoluzionario. Franco soltanto adesso comincia a rendersi conto che è il Capo di un vasto movimento sociale e che la Spagna si aspetta da lui una rinnovazione. Finora è stato un Generale, legato perciò ad un gruppo di Generali e come tale obbligato per entrare in contatto con la Nazione ad uscire dai legami puramente militari. Essendo il piú giovane, il piú intelligente ed il piú solido dei Generali che si sono rivoltati contro i marxisti, egli si è, istintivamente, orientato verso una educazione politica che somiglia al Fascismo. Dico somiglia perché la "Falange" alla quale Franco non lesina le sue simpatie è un vastissimo partito che è stato troppo presto provato dal fuoco per aver tempo di adattarsi un programma. Franco è una cera malleabile. È il solo dei Generali spagnoli al quale si possa francamente dire che ignora qualcosa. Agli altri è meglio non dirlo. Se si vuole che la Spagna moderna non si irrigidisca, dopo questo sforzo cruentissimo, in una forma di Stato feudale e clericaleggiante che finirebbe per aggiungere altro sangue al molto già versato, bisognerà opportunamente catechizzare il Generalissimo e indurlo a curare e a temprare la "Falange". Franco è, perciò, il solo Fascista della Spagna. Il nazismo non ha presa su di lui perché Franco è galiziano, razionale, ama rendersi conto, vuol vedere. Un certo gruppo della "Falange" conta di sbarrargli la strada mettendo fra di lui ed il popolo spagnolo il giovane De Rivera, se sarà possibile ottenerne la liberazione. Mettere cioè il "politico" al posto del militare. Il maggiore ostacolo all'interno per Franco è però costituito dai
Requetés
«I requetés sono gli aderenti al partito legittimista spagnolo, il cui Capo è morto recentemente a Vienna. Inquadrati in maniera organica, abbastanza numerosi, hanno dato buona prova al fuoco. Raccolgono tutti i relitti della Spagna classica, nobile, feudale. Mancando adesso di Capo finirebbero per accomodarsi con la branca dei Borboni che ha regnato per ultima. La loro attiva partecipazione alla lotta anti-marxista, la circostanza che alcuni dei Generali piú in vista (Mola, Orgaz) sono Requetés, può creare gravi imbarazzi a Franco quando vorrà organizzare lo Stato. Franco ne diffida, ma la Falange è ancora troppo inorganica per attirare i Requetés che sono fieri delle loro formazioni militari. Si aggiunga che la "Falange" è quella che ha maggiormente "*limpiado*" ripulito cioè, le città occupate fucilando il fucilabile. Un conflitto sarà inevitabile tra Falange e Requetés se Franco non esprime una dottrina sociale capace di assimilare questo mondo turbolento che ha radici in quanto c'è di piú intimamente spagnolo».

[95] R. CANTALUPO, *Fu la Spagna* cit., pp. 146 sgg., sostiene che la notizia era vera e che Farinacci agiva d'accordo con Mussolini. La sua versione è confermata da M. G. VENERO, *Falange en la guerra de España: La Unificación y Hedilla*, Bordeaux 1967, p. 312 che riferisce una dichiarazione di Hedilla di molti anni dopo ma che probabilmente dipende da quanto scritto dal Cantalupo. Il generale Faldella, nella sua già ricordata «recensione privata» al libro di J. L. Alcofar Nassaes, le nega qualsiasi fondamento.

cora nessuna idea precisa di quella che sarà la Spagna di domani» e si preoccupava «soltanto di vincere la guerra e di mantenere poi, per un lungo periodo, un governo autoritario (o meglio dittatoriale) per ripulire la nazione di tutti coloro che hanno avuto contatti diretti o indiretti o simpatie per i rossi». L'unico punto su cui Franco fu un po' preciso fu a proposito del sistema corporativo, che disse di voler applicare «cosí come è stato fatto in Italia, in Germania, in Austria e in Portogallo». Persino sul problema della monarchia si tenne assolutamente nel vago. «Prima – gli disse – debbo creare la nazione, poi penseremo se sarà il caso di nominare un re». Un fiasco, come si vede, su tutta la linea, ma che non toglie significato alla missione, che resta tipica dell'atteggiamento del PNF e dei suoi tentativi per forzare l'evoluzione del nazionalismo in senso fascista e di contrastare la linea di non interferenza nelle faccende politiche interne dei nazionalisti seguita invece da palazzo Chigi e dal SIM. Tanto piú che, anche se si concluse con un fallimento, la missione di Farinacci ebbe tuttavia luogo e ciò dimostra che le pressioni del PNF riuscivano a far breccia persino laddove esse tendevano a raggiungere obiettivi che Ciano e Mussolini non dovevano condividere o dovevano concepire (soprattutto Mussolini) in un'ottica diversa: non quella di una fascistizzazione del nazionalismo (difficilmente realizzabile e controproducente in quel momento sia presso gli spagnoli sia a livello diplomatico), ma quella di poter contare su un partito amico che potesse agire su Franco per indurlo ad una conduzione piú dinamica della guerra. E questo lascia intendere quanto tali pressioni dovettero essere forti e persuasive laddove invece non vi era una netta difformità di vedute, come nel caso della presentazione e della utilizzazione sul piano interno della guerra civile e dell'intervento italiano.

Tutto sommato, piú che il PNF chi ottenne in questo senso i risultati maggiori e, ciò che piú conta, piú gravidi di conseguenze per la politica italiana in Spagna fu però la Milizia. Sul ruolo della MVSN nella genesi dell'intervento italiano in Spagna si hanno pochissimi elementi. Un'attenta lettura della documentazione disponibile dell'Ufficio Spagna rivela tuttavia che esso dovette essere estremamente importante e assai piú congeniale alle vedute di Ciano di quello del PNF. Sotto il profilo politico generale la sua posizione doveva essere simile a quella del partito e non è affatto da escludere che su questo terreno Starace e Russo, il capo di Stato maggiore della MVSN, si muovessero in qualche modo di conserva. Su un terreno piú specifico la Milizia dovette però vedere nella guerra di Spagna una insperata possibilità di prendersi una rivincita sull'esercito che, specie dopo la sostituzione di De Bono con Badoglio, aveva raccolto in Etiopia la gran maggioranza degli allori e riconfermato sotto tutti i profili la sua supremazia su di essa. Se la guerra d'Etiopia era stata tutto sommato una guerra «nazionale» – dovevano pensare i capi della MVSN – la guerra di Spagna avrebbe dovuto essere una guerra «fascista» e, dunque, della Milizia, e ciò tanto piú che, salvo rari casi, l'esercito, e ancor piú la marina, mostravano di guardare alle vicende spagnole con estrema cautela e non nascondevano il loro desiderio di far da freno alle tendenze ad impegnarvisi piú di quanto già non si era fatto. Un successo della Milizia in Spagna avrebbe rafforzato molto il suo scarso prestigio e le avrebbe permesso di porre i suoi rapporti con l'esercito su un piano nuovo e per essa certo assai piú vantaggioso. Da qui non solo il suo premere, come il PNF, per una maggiore iniziativa italiana in Spagna e per un intervento diretto, ma anche il suo sforzo per bruciare i tempi dell'operazione ed essere essa la protagonista dell'intervento. Alcuni accenni conservatici dal diario di Ciano a proposito degli sfoghi polemici di Badoglio contro l'impresa spagnola, nei quali al nome di Ciano si abbinava quello di Russo, e il tono con cui Ciano, dopo la conquista di Santander, rievocava gli attacchi mossi a lui e a Russo dopo Guadalajara e la sua difesa della Milizia in quelle «ore bige» [96] sono estremamente significativi e confermano l'impressione che si ricava dalla lettura della scarsa documentazione specifica disponibile. E confermano soprattutto l'udienza e il consenso che le pressioni della Milizia dovevano aver trovato presso Ciano.

Nelle prime settimane della guerra civile gli aiuti italiani ai nazionalisti erano consistiti essenzialmente in materiali e in personale tecnico. Alcuni di questi tecnici (artiglieri, carristi e aviatori) avevano partecipato ai combattimenti. Sino alla fine di dicembre in Spagna non vi furono però veri reparti combattenti, né Franco (che il 1° ottobre era stato nominato comandante supremo e capo dello Stato degli insorti e si era insediato a Burgos), pur avendo insistentemente sollecitato nuovi e piú massicci invii di armi e di materiali e, come si è visto, l'intervento dell'aeronautica italiana per bloccare i porti repubblicani, aveva mai chiesto l'invio di truppe. L'inizio del passaggio da questa prima fase di aiuto a quella dell'intervento vero e proprio si ebbe nell'ultima decade di ottobre, allorché Roma, preoccupata per la situazione di stasi che si stava delineando in Spagna e convinta che gli aiuti sovietici ai repubblicani, da un lato, potessero alterare i rapporti di forza a favore di questi ultimi, ma, da un altro lato, potessero a livello internazionale giocare a favore

---

[96] G. CIANO, *Diario* cit., pp. 28 sg.; nonché il giudizio a p. 29: «Questa impresa di Spagna trova la costante opposizione della Marina, che fa resistenza passiva. L'Aereonautica benissimo. L'Esercito con regolarità. La Milizia con slancio».

dell'Italia e giustificare in qualche modo un suo maggior intervento in Spagna, credette che un maggior impegno italo-tedesco a favore di Franco sarebbe stato decisivo e avrebbe determinato in breve tempo il crollo dei repubblicani. Forte di questa convinzione, Ciano, durante il suo viaggio in Germania, informò von Neurath e Hitler che Mussolini era intenzionato a «compiere uno sforzo militare decisivo per determinare il tracollo del governo di Madrid» e chiese loro se erano pronti «ad associarsi a tale azione». È importante notare che nei colloqui con von Neurath (durante i quali fu concordato uno «sforzo militare immediato e comune», il riconoscimento del governo di Franco dopo la conquista di Madrid e la definizione di un'azione comune nel caso che in Catalogna si costituisse uno stato autonomo «rosso») si parlò solo di inviare mezzi e soprattutto aerei e sottomarini. Di un eventuale invio di «reparti di truppa» parlò solo Hitler [97]. Anche se a Roma non mancavano i sostenitori di un intervento in prima persona [98], nella terza decade di ottobre Mussolini e probabilmente anche Ciano non pare dunque pensassero ancora ad un passo tanto impegnativo e rischioso. A indurli a cambiare idea fu, il mese successivo, l'inattesa ferma resistenza dei repubblicani alle porte di Madrid.

Messa di fronte alla prospettiva di un ulteriore prolungamento della guerra civile, Roma decise di bruciare i tempi. Il 18 novembre, contemporaneamente alla Germania, essa riconobbe il governo franchista e avviò subito trattative con esso per concludere un accordo segreto che regolasse i reciproci rapporti. Dieci giorni dopo l'accordo era concluso.

Come giustamente ha notato il Coverdale [99], l'accordo [100] mostra ancora una volta «il carattere nettamente antifrancese dell'intervento dell'Italia in Spagna» e riflette le stesse preoccupazioni che erano state alla base di quello del marzo '34, impedire cioè ogni possibilità di trasferimento di truppe francesi dal Nord Africa in Francia attraverso la Spagna. Tant'è che giustamente M. Toscano ha scritto che esso non costituiva «nulla di trascendentale» e non ripagava certo l'Italia degli sforzi militari già sostenuti e soprattutto di quelli che avrebbe sostenuto per aiutare Franco e ancor piú dei rischi e del danno che tale sostegno arrecava alla sua posizione diplomatica internazionale [101].

---

[97] Cfr. *L'Europa verso la catastrofe* cit., pp. 89 e 95.
[98] È da notare che quando Hitler disse di essere disposto ad inviare anche «reparti di truppa», Ciano gli disse che «al momento della lotta per le Baleari noi avevamo già preparato due battaglioni di Camicie Nere». Il che dimostra la «solerzia» della Milizia. Cfr. *ibid.*, p. 95.
[99] J. F. COVERDALE, *I fascisti italiani alla guerra di Spagna* cit., p. 146.
[100] Per il suo testo cfr. *ibid.*, pp. 391 sg., nonché *L'Europa verso la catastrofe* cit., pp. 120 sg.
[101] M. TOSCANO, *L'Asse Roma-Berlino – Il Patto AntiComintern – La guerra civile in Spagna – L'Anschluss – Monaco*, in AA.VV., *La politica estera italiana dal 1914 al 1943*, Torino 1963, p. 207.

Negli stessi giorni in cui veniva negoziato l'accordo, da parte franchista fu dato inizio al reclutamento di volontari italiani per la Legione straniera e da parte italiana si cominciò a parlare di inviare in Spagna reparti, sino ad una divisione, di Camicie nere [102]. Sul momento però non doveva essere questa l'idea di Mussolini. Il 6 dicembre egli tenne a palazzo Venezia una riunione dedicata alla situazione spagnola alla quale intervennero Ciano, i tre sottosegretari militari, il capo del SIM e, per i tedeschi, l'ammiraglio Canaris. Dal resoconto giunto sino a noi [103] risulta chiaramente che il «duce» si pronunciò per una intensificazione degli invii di aerei e per l'impiego di sino ad otto sommergibili nel blocco dei porti mediterranei repubblicani (Ciano sostenne addirittura che si dovesse arrivare ad uno per porto), ma disse che le grandi unità militari dovevano essere subito apprestate, ma inviate solo se i sovietici ne avessero inviato a loro volta.

Il DUCE – si legge nel resoconto – ritiene che i Sovieti non manderanno delle grandi unità militari. È naturalmente da prevedere che l'Urss intensificherà l'invio di materiale bellico. Per essere in ogni modo pronte ad ogni eventualità, il Capo del Governo stima necessario:
1) che l'Italia e la Germania, nella contingenza spagnuola preparino delle grandi unità militari, senza però inviarle subito;
2) che degli elementi militari, tanto italiani che tedeschi, vengano inviati alla spicciolata in Spagna e inquadrati nella Legione Straniera o negli altri corpi spagnoli, a seconda delle varie esigenze tecniche e militari della Spagna nazionalista;
3) che venga, rispettivamente, allestita una divisione in Italia e in Germania e che si disponga del suo invio in Spagna soltanto quando sarà precisamente accertato che l'Urss avrà fatto invio nella zona rossa di contingenti militari;
4) che le grandi riserve di uomini di cui, a quanto Gli risulta, dispone il Generale Franco vengano istruite da ufficiali germanici e italiani e integrate soprattutto da ufficiali delle varie specialità (artiglieria, genio, aviazione, ecc.);
5) che uno Stato Maggiore italo-germanico diriga e coordini le operazioni accanto allo Stato Maggiore spagnolo;
6) che si attui, con ogni mezzo, la distruzione dei centri vitali dell'avversario.
In questo momento – dice il DUCE – noi dobbiamo effettuare una vera «corsa al mare». È mia convinzione che la soluzione della situazione spagnola si potrà ottenere dal mare. Il giorno cioè in cui avremo bloccato i porti rossi del Mediterraneo, il Governo di Valenza si renderà conto che la partita è perduta. Bisogna tener conto che, tanto in Italia che in Germania, occorrono due mesi per l'istruzione delle grandi unità. In questo periodo soprattutto bisognerà rendere impossibile ogni traffico nel Mediterraneo in direzione della Spagna, adoperando nella maniera più effettiva aviazione e sottomarini.

---

[102] Cfr. J. F. COVERDALE, *I fascisti italiani alla guerra di Spagna* cit., pp. 149 sg. Ai volontari gli spagnoli offrivano 3 mila lire d'ingaggio e 40 lire al giorno. Per gli ingaggi pagati dai repubblicani cfr. *DDF*, s. II, III, pp. 806 sg.
[103] In *Archivio E. Faldella*.

Durante la riunione l'ammiraglio Canaris non sollecitò alcun invio di truppe italiane. Conformemente a quanto già l'addetto militare a Berlino aveva fatto sapere a Roma nei giorni immediatamente precedenti e Magistrati e l'addetto navale avrebbero confermato nei successivi [104], Canaris – pur concordando con le direttive esposte da Mussolini – si preoccupò soprattutto di lasciar intendere che la Germania non aveva intenzione di impegnarsi a fondo come l'Italia. A proposito dell'eventuale invio di una divisione tedesca addusse due difficoltà: la «massa imponente di trasporti (almeno 60 piroscafi)» che l'invio avrebbe richiesto e il fatto che esso avrebbe attirato l'attenzione «delle potenze navali europee e soprattutto dell'Inghilterra». Quanto al blocco navale, sostenne che era necessario aumentare il numero dei sommergibili previsti, ma disse anche di ritenere giusto «che il compito del blocco venga devoluto all'Italia». Insomma, raggiunta la certezza che gli italiani erano decisi ad impegnarsi a fondo, i tedeschi cominciavano a defilarsi e a scaricare su Roma l'onere politico e militare maggiore dell'aiuto a Franco [105]. Stanti cosí le cose e non essendo avvenuto nulla nei giorni immediatamente successivi che potesse aver indotto Mussolini a ritornare sui suoi propositi, tanto meno arrivi di truppe sovietiche o sollecitazioni da parte di Franco o della missione del SIM in Spagna, il fatto che il 10 dicembre il «duce» decidesse di fare inviare tremila Camicie nere «a innervare le formazioni nazionali spagnole» e che alcuni giorni dopo – senza che Mussolini avesse impartito altre istruzioni – palazzo Chigi chiedesse alla Milizia di preparare un secondo contingente ci pare si debba spiegare soprattutto con le pressioni (e i preparativi) da tempo in atto in questo senso da parte della Milizia [106] e con il loro sommarsi con il desiderio di

[104] Il 2 dicembre '36 il colonnello E. Marras aveva informato il SIM che solo Göring era favorevole ad un «intervento larvato italo-tedesco su piú vasta scala, dal quale con ottimismo rispondente suo temperamento entusiastico si riprometta pronti successi». I capi militari e lo stesso Hitler erano invece molto piú cauti e non volevano correre rischi di complicazioni. «Hitler – scriveva sempre Marras – ritiene che anziché proseguire con Russia gara invio rinforzi in Spagna estendendo campo operazioni ed aumentando perdite, converrebbe ostacolare movimenti russi alle origini, ad esempio, mediante azione diplomatica tendente vietare passaggio Mediterraneo navi sovietiche con armi e munizioni. Egli pensa che tale azione da svolgere in sede da studiare (Comitato non intervento, governo inglese?) dovrebbe essere svolta dall'Italia appoggiandosi suoi riconosciuti interessi mediterranei, mentre intervento Germania in questo senso rinforzerebbe prevenzioni che si hanno in questo momento circa realtà intenzioni pacifiche tedesche». Il 18 dicembre M. Magistrati informava a sua volta Ciano che l'atteggiamento tedesco relativamente ad una intensificazione dell'azione comune italo-tedesca in Spagna non appariva «perfettamente netto e definitivo» e che Berlino dava l'impressione di essere restio ad impegnarsi di piú se non si fosse trovato il modo di dare al suo intervento «una qualche veste di legalità, in una forma piú precisa e internazionalmente giuridica che non quella costituita dalla formula della "lotta contro il bolscevismo"». Quattro giorni dopo l'addetto navale a Berlino riferiva a sua volta di essere dovuto intervenire direttamente su Canaris per ottenere il rispetto degli impegni presi a Roma il 6 dicembre in materia persino di invii di aerei. Tutti tre i documenti sono conservati in *Archivio E. Faldella*.
[105] Col mese di dicembre i tedeschi ridussero anche gli invii di armi e di materiali. Cfr. J. F. COVERDALE, *I fascisti italiani alla guerra di Spagna* cit., pp. 153 sgg.
[106] Cfr. *ibid.*, pp. 154 sgg.

Ciano (che aveva ormai concentrato nell'Ufficio Spagna del ministero degli Esteri la gestione della operazione) di bruciare le tappe dell'intervento in Spagna, convinto che esso sarebbe stato risolutivo e che ritardarlo avrebbe comportato il rischio di non poterlo piú attuare perché nel frattempo l'Italia si sarebbe potuta venire a trovare, o in sede di negoziati per il *gentlemen's agreement* o del Comitato londinese per il non intervento, nella condizione di dover accettare qualche iniziativa volta a bloccare gli aiuti stranieri alle due parti in lotta. Ci confermano in questa idea due fatti. Che la decisione fu presa senza aver prima trattato la cosa con Franco e sapendo che il generalissimo era contrario ad essa, tanto è vero che quando, il 14 dicembre, il colonnello Faldella gli comunicò il primo invio protestò vivacemente esclamando indignato: «Quien los pidió?» E, alle imbarazzate risposte di Faldella, aggiunse «Quando si mandano truppe in un paese amico, si chiede almeno il permesso!»[107]. E che le Camicie nere, giunte in Spagna, non furono usate per *innervare* le truppe spagnole, per creare cioè reparti misti, ma furono impiegate autonomamente.

Con l'arrivo a Cadice, a fine dicembre, dei primi battaglioni della Milizia l'intervento italiano in Spagna entrò in una nuova fase, politicamente e militarmente assai piú impegnativa delle due precedenti, quella che aveva visto a fine luglio l'invio dei primi dodici S.81 e la successiva, nei mesi di agosto-dicembre, che, pur vedendo un crescente aiuto ai ribelli e il riconoscimento del loro governo, era tuttavia stata ancora caratterizzata da una certa «prudenza» formale. Con l'invio delle prime Camicie nere anche questa «prudenza» venne messa da parte.

In un primo momento Ciano aveva puntato soprattutto su una rapida vittoria di Franco e, in questa prospettiva, sulla «neutralizzazione» interna ed internazionale del governo Blum, in modo da rendergli difficile di aiutare in misura consistente i repubblicani, mentre da parte italiana e tedesca – nelle more dei negoziati per il non-intervento – si sarebbe continuato ad aiutare i nazionalisti. Le istruzioni da lui mandate a Grandi il 7 settembre sono chiare[108]:

> Il Duce pensa che fin dalle prime riunioni del Comitato di Controllo, tu dovrai svolgere azione diretta ad inchiodare la Francia alla neutralità. Chiedere cioè che il controllo sia stabilito in modo effettivo e diretto. Se la proposta non verrà accettata, ognuno riprenderà, o continuerà, la libertà d'azione e la responsabilità sarà francese.

---

[107] In *Archivio E. Faldella*. Cfr. anche R. CANTALUPO, *Fu la Spagna* cit., p. 108, e quanto lo stesso Cantalupo raccontò il 6 marzo 1943 a G. BOTTAI, *Diario*, f. 1447, che conferma Faldella e prova come Franco continuò a crucciarsi per la cosa.
[108] *Archivio D. Grandi*, b. 42, fasc. 103, sott. 2.

Se invece sarà accolta, le fratture nel Governo francese si accentueranno. E nel Fronte Popolare spagnolo si determinerà il contrasto tra gli elementi di estrema – anarchici e comunisti – e gli altri, poiché i primi accuseranno le democrazie di averli abbandonati al loro destino, di aver disertato le responsabilità nel momento della lotta. Già se ne hanno i primi segni: alle recenti sconfitte dei rossi seguono adesso le recriminazioni contro Blum e contro lo stesso governo sovietico, protettori e alleati giudicati insufficienti. A San Sebastiano tra anarchici e socialisti si sono sparati. Un'azione da noi svolta adesso per mettere l'accento sul fatto che il Governo franco-giudaico di Blum è stato l'iniziatore della neutralità, abbandonando così il Governo similare di Madrid, varrà certamente ad acuire le frizioni che già esistono tra compari e, conseguentemente, ad accelerare il collasso.

In una primissima fase non è nemmeno da escludere che Ciano si fosse illuso di potersi avvalere in qualche modo della «complicità» dell'Inghilterra [109], sfruttando a questo scopo i suoi timori per una crisi europea e per un radicalizzarsi a sinistra del regime repubblicano [110]. Appena era stato chiaro che, nonostante questi timori, Londra non era disposta a venir meno alla sua linea di sostanziale accordo con Parigi e a lasciare via libera a Roma e Berlino nella loro politica di appoggio ai nazionalisti, tutti gli sforzi di Ciano si erano però indirizzati a cercare di paralizzare l'azione del governo inglese facendo leva sulla minaccia di una presenza sovietica nel Mediterraneo e di una bolscevizzazione della Spagna e successivamente dell'Europa. Gli aiuti sovietici ai repubblicani e la mobilitazione delle «sinistre» in difesa della repubblica erano diventati così i suoi cavalli da battaglia per mettere il governo inglese in difficoltà di fronte all'opinione pubblica conservatrice e moderata inglese ed internazionale e per giustificare in qualche modo gli aiuti italiani, tedeschi e portoghesi. La punta di diamante di questa azione era stato Grandi in sede di Comitato per il non-intervento. Anche se lunga, è opportuno citare a questo proposito la parte della relazione da lui svolta in Gran Consiglio il 18 novembre per illustrare la sua azione [111]:

> Sin dalle prime riunioni del Comitato di non-intervento, in esecuzione delle direttive impartitemi dal Ministro degli Esteri, io ho dichiarato che l'Italia intendeva stabilire un controllo effettivo e rigoroso dell'Accordo di non-intervento.
> I rappresentanti Tedesco e Portoghese si sono affiancati, sebbene dapprima riluttanti, alla posizione italiana. Questa dichiarazione da parte nostra ha ottenuto subito il risultato che il Ministro Ciano ha preveduto nelle sue istruzioni. Tanto l'Inghilterra quanto la Francia avevano costruito con troppo affrettato entusiasmo la impalcatura del Comitato di non-intervento, soprattutto ritenendo che né l'Italia,

---

[109] Cfr. G. B. GUERRI, *Galeazzo Ciano* cit., p. 231.
[110] A questo scopo l'ambasciata italiana a Londra si era subito mobilitata per consigliare e aiutare gli emissari inviati da Franco nella capitale inglese (tra cui il duca d'Alba) per lavorarsi gli ambienti conservatori e creare una corrente di simpatia e di appoggio ai nazionalisti. Cfr. in *Archivio L. Vitetti*, Vitetti a Ciano, 25 agosto 1936.
[111] *Archivio D. Grandi*, b. 43, fasc. 106.

né la Germania né il Portogallo avrebbero accettato misure di controllo. Ciò avrebbe implicitamente dato al Governo Francese e anche al Governo Inglese un alibi facile e comodo per giustificare un intervento sia pure relativo a fianco del cosidetto Governo legittimo social-comunista di Madrid. La tempestiva dichiarazione italiana in favore del controllo ha disorientato i piani francesi e inglesi, e ci ha fatto guadagnare un altro mese prezioso in Ispagna. Questo è senza dubbio il primo risultato concreto e positivo della posizione assunta dall'Italia. Siamo cosí arrivati ai primi di ottobre, ed è soltanto a questo momento che è entrata in scena la Russia... [che] uscendo dal riserbo sino allora tenuto nel Comitato di non-intervento ha iniziato un'offensiva verbale e demagogica contro gli asseriti interventi fascisti da parte dell'Italia, della Germania e del Portogallo in aiuto del Generale Franco.

Il Governo Inglese come al solito ha mostrato segni manifesti di appoggiare, sia pure subdolamente e indirettamente, la nuova attività della Russia sovietica contro l'Italia e la Germania fino al punto da presentare esso stesso, il Governo Brittannico, una serie di denunzie contro l'Italia e la Germania, facendo cioè sue le accuse presentate a Ginevra dal cosidetto Ministro degli Affari Esteri spagnolo del Vayo. Ho informato il Duce di questa manovra anglo-sovietica, e il Duce con una telefonata che difficilmente potrò dimenticare mi ha ordinato di rompere i vetri e nella seduta del 9 ottobre, in obbedienza alle Sue istruzioni, io li ho rotti contrattaccando violentemente vuoi l'Inghilterra vuoi la Russia sovietica con documentazioni e contro-denunzie che hanno fatto la piú profonda impressione in tutto il pubblico brittannico.

A questo contrattacco del 9 di ottobre altri quattro ne sono seguiti contro la Russia Sovietica, per inchiodare il comunismo di Mosca alle sue precise responsabilità, per reagire alle accuse sovietiche, e per impedire che Francia e Inghilterra si schierassero apertamente a fianco del Governo di Mosca...

Mi limito a fissare schematicamente alcuni di quelli che ritengo essere i risultati raggiunti almeno sino ad oggi:

1) Di fronte all'atteggiamento risoluto dell'Italia Fascista, e alla nostra accusa di essere in contatto con la Russia, l'Inghilterra ha fatto ancora una volta quello che fa sempre di fronte a coloro che mostrano il pugno forte e duro. Essa non ha piú osato affiancarsi alla Russia che la abbandonato completamente alla sua sorte, senza osare piú mettersi contro di noi.

2) Quello di immobilizzare parimenti la Francia. Il Governo Francese di fronte all'attacco inflessibile e deciso dell'Italia Fascista contro la Russia sovietica non ha osato prendere un'attitudine di difesa del bolscevismo russo che mentre da una parte l'avrebbe sclassificata definitivamente agli occhi del mondo, avrebbe portato a rendere piú difficili e piú delicati di quanto ancora già non siano le relazioni della Francia con l'Italia. Si è visto cosí, per effetto dell'azione decisa e violenta dell'Italia, una prima frattura della solidarietà franco-sovietica nel Comitato di non-intervento... Il piano russo di creare in relazione al problema spagnolo una specie di fronte unico franco-anglo-russo è completamente fallito.

Per contro (e questo è il terzo risultato) abbiamo stabilito un fronte unico di 3 paesi fascisti: Italia, Germania e Portogallo, che si sono affiancati all'Italia stabilendo cosí una solidarietà concreta non solo di fronte al problema spagnolo, ma di fronte al comunismo, stabilendo ancora una volta che nella guerra anti-comunista il Fascismo italiano non solo ha una priorità storica, ma la forza di guidare gli altri Paesi a questa lotta. Non è la Germania che ha trascinato noi alla lotta anticomunista. Siamo noi che nella questione spagnola abbiamo trascinato la Germania...

Mantenendo continuamente la Russia inchiodata nell'azione di complicità dell'anarchia spagnola, abbiamo dato coraggio a tutti coloro che in Inghilterra cercano di opporsi ad una intesa colla Russia, ed abbiamo fatto dell'efficace e dell'ottima propaganda fascista...

Il passaggio all'intervento militare vero e proprio costituí un decisivo salto di qualità della politica fascista verso la Spagna. In teoria esso non ne voleva però modificare né lo spirito né le prospettive, ma solo renderla «compatibile» con gli sviluppi delle trattative internazionali per una effettiva realizzazione degli accordi di principio sul rispetto del non-intervento nella guerra civile. Tant'è che esso va seguito tenendo sempre presenti le fasi di tali trattative e le loro date piú significative e innanzitutto quella del 25 gennaio, giorno in cui il governo italiano rese nota la sua volontà di proibire il reclutamento e la partenza dei volontari, a condizione che anche gli altri facessero altrettanto e fosse concordato un efficiente sistema di controlli, quella del 20 febbraio, giorno in cui Roma comunicò di tradurre in atto tale volontà, e quella dell'8 marzo, in cui il Comitato londinese per il non-intervento approvò il piano per i controlli e ne fissò l'entrata in vigore di lí a cinque giorni [112]. Se non ci si rende conto di ciò si perde la possibilità di capire che inviando i primi reparti di Camicie nere né Mussolini né Ciano prevedevano di dare inizio ad un intervento tanto lungo, tanto impegnativo militarmente ed economicamente e tanto gravido di conseguenze politiche, destinato ad incidere massicciamente su tutto il quadro della loro politica estera. Tanto che è lecito chiedersi se la loro decisione (e specialmente quella di Mussolini) sarebbe stata la stessa se l'avessero previsto.

Inviando i primi reparti organici, l'idea di Ciano – tipica del suo «realismo» e della sua «astuzia» – e, superate via via le ultime incertezze, di Mussolini era di porre Franco di fronte al fatto compiuto, indurlo ad accettare subito altri invii che lo mettessero in grado di accelerare le operazioni e di dare una svolta decisiva al conflitto [113]; e, subito dopo, por fine all'intervento diretto e farsi sostenitori di un blocco internazionale totale di ogni sorta di aiuti alle due parti in lotta, lasciando

---

[112] Cfr. J. F. COVERDALE, *I fascisti italiani alla guerra di Spagna* cit., pp. 185 sgg.; nonché D. GRANDI, *La guerra di Spagna nel Comitato di Londra (luglio 1936 - aprile 1939)*, I, Milano 1943, pp. 130 sgg.
[113] È probabile che a far superare a Mussolini le ultime incertezze contribuissero l'insistenza e la sicurezza con le quali molti politici, giornalisti e militari sostenevano che un modesto intervento italiano sarebbe stato risolutivo. Valga per tutti quanto ai primi di novembre Luigi Barzini scriveva da Salamanca all'amministratore de «Il popolo d'Italia», Barella, in una lettera che Mussolini lesse il 15 dicembre '36: «Pensare che una divisione, o due, di un esercito come il nostro, entrerebbero come lame nel burro, per tutto, e in un paio di mesi finirebbero la loro passeggiata con un repulisti generale fino alla costa» (ACS, *Segreteria particolare del Duce, Carteggio riservato [1922-1943]*, 241/R, fasc. «Barzini Luigi», sott. 2).

così il generalissimo in condizione di poter completare senza troppe difficoltà le operazioni contro i «rossi». Pronti a ritirare a questo punto anche i propri «volontari» se lo stesso fosse stato possibile ottenere per quelli che combattevano nelle file repubblicane. In questa prospettiva persino la partecipazione della Germania all'operazione diventava in un certo senso secondaria, auspicabile sotto il profilo militare, meno sotto quello politico, sia particolare [114] sia generale, ché, come vedremo, lo «sblocco» della guerra civile si sarebbe dovuto accompagnare nei piani di Mussolini e di Ciano ad un rilancio su vasta scala della politica italiana verso l'Inghilterra. La prova migliore che questa fosse l'idea «strategica» in base alla quale ebbe inizio l'intervento vero e proprio in Spagna è nel «riassunto» delle conclusioni raggiunte tra Mussolini e Göring nel corso del colloquio da loro avuto a Palazzo Venezia nel pomeriggio del 14 gennaio '37. In esso si legge [115]:

---

[114] Cfr. J. F. COVERDALE, *I fascisti italiani alla guerra di Spagna* cit., p. 161.
[115] In *Archivio E. Faldella*; nonché J. F. COVERDALE, *I fascisti italiani alla guerra di Spagna* cit., pp. 160 sgg.
Le decisioni del «riassunto» vanno integrate con le deliberazioni operative prese il giorno dopo in una riunione tenuta a palazzo Chigi da Ciano con i sottosegretari dei tre dicasteri militari, Pariani, Cavagnari e Valle, il Capo di Stato maggiore della MVSN, Russo, l'ammiraglio Biancher, Pietromarchi, capo dell'Ufficio Spagna, e F. Anfuso. In tale riunione fu deciso un programma *minimo* di intervento, da attuarsi entro il 31 gennaio (11 000 Camicie nere con rifornimenti per due mesi e 30 aerei), e un programma *massimo*, da attuarsi – se le circostanze internazionali lo avessero reso possibile – entro il 10 febbraio (altri 11 000 uomini circa e, eventualmente, altri 12 aerei d'assalto). Assai importanti e significativi sono i propositi politici e militari di palazzo Chigi. Eccoli:
«1) L'ambiente internazionale – sotto la spinta inglese – tende, alacremente, a porre fine alla lotta in Spagna.
Per conto nostro questa si deve concludere col trionfo dei nazionali.
2) Delle misure che potrebbero essere adottate, internazionalmente, per tentare la pacificazione, il *blocco* è quella che si presenta come praticamente attuabile.
Da parte nostra, quindi, dobbiamo avere sul suolo spagnolo uomini, armi e materiali in misura sufficiente, prima che venga applicato il blocco. Non solo, ma occorre che sia evitato qualsiasi sperpero data la difficoltà che si incontrerebbe per rifornire uomini, armi e munizioni.
3) Lo sperpero si evita con la buona azione di *comando* ed è su questo che occorre anzitutto, insistere perché vi sia uno Stato Maggiore che funzioni per impostare i piani, predisporre i mezzi e coordinare l'azione sino al raggiungimento dello scopo.
Soprattutto deve costantemente essere tenuto presente che il maggior dispendio e il minor utile sono sempre dati dall'impiego dei mezzi a spizzico, per operazioni di dettaglio, mentre la maggiore economia è data dal *concentramento dei mezzi* per battere il nemico violentemente ed a fondo, insistendo sino ad ottenerne l'annientamento.
Ogni sosta è ripresa di fiato, prolungamento di lotta.
4) Il contingente italiano deve essere *impiegato riunito*, per operazioni *a massa*.
È quindi necessario che esso sia affidato al comando di un nostro generale che dovrà avere ampia libertà di azione per poter operare, come meglio crederà, al raggiungimento degli scopi che gli verranno fissati dal comando delle forze spagnole (generale Franco).
Opporsi a qualsiasi tendenza di impiego delle forze *diluendole su ampie fronti*.
5) Il contingente italiano dovrà essere impiegato su *direttrici decisive*.
Evidentemente queste non possono che essere determinate sul posto, in base alla situazione. Dalla visione che qui si ha di questa, direttrici di una certa importanza, appaiono:
a) *Teruel-Valencia*, scopo: separare la Catalogna dal resto della Spagna e puntare – poi – in quella direzione che la situazione indicherà come più opportuna sfruttando il successo per la decisione della lotta.
L'azione da Teruel-Valencia dovrebbe essere preceduta da un'azione di bombardamento

1) La Germania e l'Italia sono tuttora animate dalla volontà di assicurare la vittoria di Franco.

2) Il fatto che gli si apportino degli aiuti non deve però indurre Franco alla inattività e destare presso di lui la speranza che l'Italia e la Germania faranno la guerra al posto suo per i proprî interessi.

3) Verrà fatto presente ancora una volta a Franco il grande aiuto materiale e morale che gli è stato accordato finora dai due Paesi. Un ultimo grande apporto da parte dell'Italia (soldati e materiale) e della Germania (materiale) avrà luogo fino al 31 gennaio.

4) Allo scopo di guadagnar tempo fino al 31 gennaio per questo aiuto, si adotterà sul terreno diplomatico una tattica di temporeggiamento. A tal fine la Germania e l'Italia si accorderanno esattamente sul modo di rispondere all'ultima nota inglese e sulle istruzioni da impartire ai loro Ambasciatori per le trattative nel Comitato di non intervento.

5) Tosto che alla fine del mese di gennaio sarà ultimata l'azione di soccorso prevista sopra, verrà proposta la totale chiusura della Spagna e si presenterà al riguardo un piano comune per il blocco.

6) Si effettuerà un'energica pressione su Franco per indurlo ad accelerare le sue operazioni e per l'impiego totale dei larghi mezzi a sua disposizione. Sembra desiderabile di mettergli a fianco uno Stato Maggiore germanico-italiano, allo scopo di indurlo a compiere le operazioni militari in modo opportuno.

7) La Marina provvederà a continuare il servizio di informazioni e ad assicurare la sicurezza dei trasporti.

8) La Germania e l'Italia non si lasceranno in alcuna maniera condurre da altre Potenze in una situazione tale da cui potrebbero sorgere delle complicazioni internazionali.

Al 31 dicembre '36 l'Italia aveva inviato in aiuto dei nazionalisti circa 10 000 uomini, in massima parte (7848) Camicie nere. Poco piú di un mese e mezzo dopo, al 18 febbraio, il loro numero ascendeva a

(con navi ed aerei provenienti dal mare) su Valencia, che faccia temere uno sbarco. Ciò allo scopo di attirare in quella zona forze e mezzi dell'avversario.
Sempre nell'intendimento di facilitare lo sviluppo di tali operazioni, si dovrebbe anche attuare – all'inizio dell'azione – un improvviso e violento mitragliamento e bombardamento, con aerei, su Cuenca ove sembra che siano concentrati mezzi motorizzati dei rossi, in grado di manovrare sia in direzione di Teruel che di Madrid.
b) *Siguenza-Guadalajara*, per cadere a tergo di Madrid e procedere al suo accerchiamento, qualora ne valesse ancora la pena.
c) *Malaga*.
L'azione su Malaga ha, oltre che un'influenza morale, lo scopo locale – di valore logistico – di fornirci una base piú vicina. Questo scopo perderebbe, naturalmente, ogni importanza qualora venisse attuato il blocco. L'azione potrebbe però avere ugualmente buon effetto qualora non ci si limitasse all'occupazione della città ma si sfruttasse il successo agendo verso est il piú profondamente possibile che situazione e mezzi consentiranno.
«Evidentemente delle tre azioni, la prima riveste carattere realmente decisivo ma appunto per questo andrebbe opportunamente inquadrata in una complessa azione delle forze spagnole che fissasse il nemico in ogni settore. Sarebbe cosí consentito, colla massa lanciata su tale direttrice, di sfruttare in pieno il successo procedendo, il piú rapidamente possibile, su Valencia.
«Qualora tale azione sia condivisa dal comando spagnolo occorrerebbe calcolare i tempi per la preparazione e precisare l'inizio dell'operazione, per gli eventuali concorsi dal mare e dall'aria». Anche questi due documenti sono conservati in *Archivio E. Faldella*.

48 823, di cui 29 006 Camicie nere, il resto militari dell'esercito. Ad essi, per avere un quadro complessivo dello sforzo fatto da Roma per concludere rapidamente il conflitto, si devono aggiungere piú di cento aerei (in tutto, dall'inizio della rivolta militare al 18 febbraio, 248), piú di 400 cannoni e 600 mortai (in tutto rispettivamente 542 e 756), una quarantina di carri armati (in tutto 81) e oltre 3000 automezzi (in tutto 3783), un gran numero di armi leggere, munizioni e attrezzature varie, nonché i mezzi navali, mercantili e da guerra, impiegati per trasportare questa massa di uomini e di materiali, per scortarli e per bloccare i porti repubblicani [116].

Nonostante questo notevolissimo sforzo e nonostante gli altrettanto notevoli aiuti in mezzi forniti dai tedeschi, la guerra civile spagnola non ebbe – come noto – né nella prima metà del '37 né ancora per buona parte dell'anno successivo quella svolta decisiva che Mussolini e Ciano avevano previsto e sulla quale avevano fondato la loro strategia politica. E l'Italia, invece di uscirne in pochi mesi, vi si venne a trovare sempre piú coinvolta, senza la possibilità di tirarsene fuori se non entrandoci sempre piú dentro, per sostenere i nazionalisti e portarli il piú rapidamente possibile alla tanto agognata vittoria.

Sulle prime, in febbraio, la conquista di Malaga, nella quale le truppe italiane (il CTV, Corpo truppe volontarie, come vennero chiamate) ebbero il ruolo piú importante, sembrò confermare tutte le piú rosee previsioni. Un mese dopo però il fallimento dell'offensiva su Guadalajara non solo gelò ogni entusiasmo, ma determinò a Roma e soprattutto in Mussolini una reazione cosí viva e, tutto sommato, cosí esagerata da sconvolgere quel tanto di strategia sin lí elaborata per risolvere la questione spagnola e da ripercuotersi su tutta la politica estera fascista.

Non è questa la sede per entrare negli aspetti tecnico militari della battaglia di Guadalajara e neppure per discutere le cause (anticipato inizio dell'offensiva rispetto ai piani del comando italiano, scarso addestramento delle truppe, deficienza dei quadri subalterni e organizzativa in genere, mancato appoggio da parte delle truppe nazionaliste sul Jarama, ecc. [117]) della sconfitta italiana. E ciò tanto piú che sotto il profilo

---

[116] J. F. COVERDALE, *I fascisti italiani alla guerra di Spagna* cit., pp. 163 sgg.
[117] In Consiglio dei ministri, il 10 aprile, Mussolini indicò succintamente cosí le cause della sconfitta: «La partecipazione delle nostre divisioni alla battaglia sul fronte di Madrid – riassunse Bottai nel suo *Diario*, ff. 526 sgg. – sembrerebbe essersi avverata contro il suo parere. "Una massima da tener presente: non abbandonare mai il settore, su cui s'è già conseguito il successo". Allude alla vittoria di Malaga. "La mia formula: 'corsa al mare' andava mantenuta fino in fondo. Da Malaga su Almeria; e, poi, su Cartagena, Alicante, restringendo, via via, il fronte marittimo del nemico. Restringendo, quindi, le sue basi di rifornimento dal mare". Parla dell'aviazione. Altra massima: "Vince su terra chi è in grado di far massa nel cielo". La battaglia di Guadalajara: "Il soldato è stato eroico. Una legione di Camicie Nere è andata al fuoco con la fanfara in testa. Errori di comando:

meramente militare questa non ebbe nulla di drammatico [118], tant'è che in altre circostanze essa non avrebbe certo avuto l'eco, il significato e le conseguenze che ebbe. Agli occhi dell'antifascismo di tutto il mondo Guadalajara assunse infatti un valore, un significato che andavano molto al di là della sua effettiva portata militare: dopo quindici anni di continue vittorie e di apparente invincibilità, il fascismo era stato battuto e a batterlo era stato un esercito popolare e antifascista nelle cui file combattevano anche gli antifascisti italiani; contrariamente a quanto tanti pensavano, il fascismo poteva dunque essere sconfitto: Guadalajara stava lí a dimostrarlo e ad indicare la strada maestra da percorrere, non quella della rassegnazione e del cedimento, ma quella della lotta e della vittoria. Da fatto militare, insomma, Guadalajara divenne subito un fatto politico, un grande fatto politico che suscitò l'entusiasmo di tutto l'antifascismo, rincuorò un buon numero di scettici e di dubbiosi e inferse un colpo durissimo al prestigio del fascismo e di Mussolini. Né, su tutto un altro versante, si debbono sottovalutare le sue ripercussioni e conseguenze tra i nazionalisti e sui rapporti tra questi e gli italiani. Sotto il profilo immediatamente militare Guadalajara fu uno scacco non solo per gli italiani, ma, ovviamente, anche per i nazionalisti; psicologicamente e politicamente la sconfitta subita dal CTV finí però per non risultare loro tutto sommato sgradita [119]. Psicologicamente, serviva a ridimensionare il senso di superiorità che animava gli italiani e a ripagare l'orgoglio degli spagnoli ferito dall'arrivo non richiesto delle truppe italiane e dalla pretesa degli italiani di risolvere essi il conflitto e di insegnare loro come si dovesse fare. Politicamente, serviva, per un verso, a bloccare possibili non gradite interferenze interne italiane, sul tipo di quelle vere o presunte manifestatesi con la missione di Farinacci, e, per un altro verso, a rafforzare la posizione di Franco («in una guerra civile vale piú una sistematica occupazione accompagnata dalla necessaria "limpieza" che una rapida rotta degli eserciti che lascia il paese ancora infestato da avversari», come aveva detto il 13 febbraio al colonnello

---

uomini portati al fuoco dopo trenta chilometri di marcia, senza riposo – indumenti da clima meridionale, con temperatura sotto zero – gli autocarri portati sulle prime linee – l'aviazione non era in grado di volare per le forti nevicate. Ma, soprattutto, deficienze dei subalterni; eroici, forse, ma senza mestiere. È il punto debole della nostra organizzazione militare"... Mussolini accenna poi alla *difficoltà della "guerra di dottrine"*. "Non v'è l'elemento immediato della difesa del territorio, del suolo, della patria, della casa, della famiglia. Non è facile formare una coscienza militare in guerra di dottrine". Il da farsi ora. "Ò mandato il generale Bastico. Il migliore, che avessimo sotto mano. Consegna: la rivincita, a qualunque costo". Ripercussioni in Italia: "A un certo punto ò detto a Starace: 'Vediamo, se il vino dello squadrismo, che teniamo in serbo da tanto, è ancora buono. Stappatene qualche bottiglia. Il vino è ancora ottimo. S'è fracassata qualche testa, parecchie radio. Tutto è in ordine'"».
[118] Cfr. J. F. COVERDALE, *I fascisti italiani alla guerra di Spagna* cit., pp. 201 sg. e spec. 228 sgg.
[119] Cfr. R. CANTALUPO, *Fu la Spagna* cit., pp. 207 sg.

Faldella[120]) di fronte alle pressioni italiane per una conduzione piú dinamica delle operazioni.

Le ripercussioni di Guadalajara non si limitarono però solo alla politica spagnola. La sconfitta si verificò nel momento in cui – prevedendo il prossimo vittorioso sblocco della guerra civile spagnola – Roma stava preparando il terreno per riprendere il discorso con Londra. L'ormai vicina sessione di maggio della Società delle Nazioni era vista in questa prospettiva come una tappa decisiva. Se essa avesse eliminato le ultime code della questione etiopica il discorso con Londra avrebbe potuto avviarsi su un terreno piú concreto di quello su cui si era realizzato il *gentlemen's agreement* e sfociare in quell'*accordo generale* a cui Mussolini non aveva mai rinunciato e che, nella nuova situazione europea determinatasi con la rimilitarizzazione della Renania e il rinnovato dispiegarsi del dinamismo tedesco verso l'Austria, tanto lui quanto Ciano sentivano sempre piú urgente e necessario per disincagliare la politica estera italiana dalle secche sulle quali l'aveva portata il conflitto etiopico. E ciò tanto piú che nella situazione politica inglese e in particolare nella vicenda interna del partito conservatore vi erano sintomi che incoraggiavano a pensare che anche a Londra non mancassero coloro che si orientavano verso una revisione della politica sin lí attuata dal Foreign Office verso l'Italia. In questa prospettiva varie erano le iniziative che Roma stava portando avanti, alcune dirette a preparare il terreno direttamente su Londra, altre, a piú vasto raggio, volte a rafforzare la posizione dell'Italia in Europa rispetto tanto alla Germania quanto, indirettamente, alla stessa Inghilterra, in maniera da potersi al momento opportuno sedere al tavolo delle trattative per l'*accordo generale* nelle condizioni che Mussolini e Ciano ritenevano le piú vantaggiose. Nel novero delle prime rientrava il viaggio che proprio nei giorni di Guadalajara (12-21 marzo '37) Mussolini stava facendo in Libia; tra le seconde la piú importante era certamente l'accordo che Ciano si accingeva a sottoscrivere con la Iugoslavia.

Come ha giustamente notato il Segré[121], la visita che Mussolini stava facendo in Libia tendeva politicamente e propagandisticamente soprattutto ad anticipare il nuovo programma di colonizzazione della «quarta sponda» che il regime era sul punto di avviare e a valorizzare al massimo le prime realizzazioni di esso, in particolare il completamento della litoranea libica (la cosiddetta via Balbia) che percorreva tutta la colonia dal

---

[120] L'affermazione è citata dal gen. E. Faldella nella sua già ricordata «recensione privata» al libro di J. R. Alcofar Nassaes sul CTV; nonché, piú ampiamente, ciò che Franco disse a R. CANTALUPO, *Fu la Spagna* cit., pp. 230 sgg., alla vigilia del suo rientro in Italia.
[121] C. SEGRÉ, *L'Italia in Libia* cit., pp. 122 sg.

confine con la Tunisia a quello con l'Egitto e doveva costituire l'asse portante del suo sviluppo (ma anche una via militare di primaria importanza). Ciò non toglie che la visita si inquadrasse bene anche nel contesto della sperata prossima ripresa del discorso con Londra. Bene, almeno, secondo la logica di Mussolini e di Ciano, per la quale il miglior modo di addivenire ad un accordo era quello di dimostrarsi forti ed intransigenti e, non di rado, di minacciare chi si voleva portare al tavolo dei negoziati.

Con la sua presenza e con il solenne annuncio della decisione del regime di procedere alla colonizzazione di massa della Libia il «duce» tendeva a sottolineare due cose: da un lato la volontà dell'Italia di dedicarsi alla trasformazione delle sue colonie in un impero pacifico e fiorente e da un altro lato la sempre maggiore importanza che in questa prospettiva aveva per essa il Mediterraneo. I vari discorsi da lui pronunciati durante la visita e le interviste rilasciate alla stampa estera sono estremamente significativi. Il 17 marzo, parlando a Tripoli, volle dissipare gli allarmi che la sua visita, le manovre della marina italiana nel Mediterraneo centrale alle quali egli avrebbe assistito durante il viaggio di ritorno (e che si diceva avessero come tema il blocco delle comunicazioni tra Gibilterra e Suez), i lavori di fortificazione intrapresi a Pantelleria e nell'Egeo e le notizie di prossimi invii di nuove truppe in Libia avevano suscitato in varî paesi e soprattutto in Inghilterra[122]:

[122] Qualche giorno prima della partenza di Mussolini per la Libia, il 9 marzo, l'agenzia Press Tribune di Chicago diramava da Londra una nota che riassumeva bene questi timori: «Gli inglesi sono adirati del viaggio di Mussolini in Libia ove assisterà alle manovre navali intese a sperimentare le possibilità della flotta Italiana nel bloccare il Mediterraneo da Gibilterra a Suez.

«Secondo il punto di vista britannico, queste manovre navali accoppiate all'invio dei cosidetti "volontari" italiani alla Spagna ed al recente ordine che proibisce agli aeroplani stranieri di volare sopra Pantelleria (isola che viene pesantemente fortificata dagl'Italiani) hanno mutato in lettera morta il famoso "Gentlemen's Agreement" Mediterraneo del quale è stato tanto altamente parlato.

«D'altra parte secondo il punto di vista Italiano l'accordo mediterraneo è già lettera morta a causa del colossale riarmo britannico.

«Gli elementi militaristi di Londra aggiungono ora altre visibili cause per la partecipazione inglese in una futura guerra generale Europea.

«La causa numero uno sarebbe data dalla ripetizione degli eventi del 1914, ossia da un attacco improvocato contro Belgio o Francia da parte della Germania.

«La causa numero due è data da una eventuale aggressione germanica nell'Europa Sud-orientale.

«Ed infine la causa numero tre è fornita da qualche tentativo di MUSSOLINI di chiudere il Mediterraneo, perché egli ha detto che è in grado di farlo.

«La Gran Bretagna allunga il collo verso l'Egitto, Palestina e verso il Canale di Suez, perché l'Inghilterra è disturbata – nello stesso modo che lo è la Francia – a causa della nuova strada libica che parte dalla Tunisia e finisce in Egitto.

«Da lungo tempo si nutre qui il sospetto che Mussolini non abbia in Ispagna interessi particolari, sia commerciali che politici, e che quindi le grandi forze là inviate abbiano mire strategiche, ossia la mira che queste forze – in qualche eventuale circostanza – possano dar man forte al tentativo Italiano di tenere i nemici dell'Italia lontani dal Mediterraneo.

«Infine i britanni temono che l'Italia si dia ad incoraggiare i moti fra gli arabi della Palestina, ossia all'altra estremità del Mediterraneo, al che si deve aggiungere l'esperimento imminente per

Questo continuo allarmismo nevropatico, questa seminagione di panico e di sospetto – disse [123] – non serve certamente alla causa della pace, perché turba profondamente l'atmosfera fra i popoli.

Questo viaggio è imperialista nel senso che a questa parola hanno sempre dato, danno e daranno i popoli virili. Ma non ha disegni reconditi e mire aggressive contro chicchessia. Entro il Mediterraneo e fuori noi desideriamo di vivere in pace con tutti e offriamo la nostra collaborazione a coloro che manifestino un'identica volontà.

Ci armiamo sul mare, nel cielo e sulla terra, perché questo è il nostro imperioso dovere di fronte agli armamenti altrui, ma il popolo italiano esige di essere lasciato tranquillo, perché è intento ad una lunga e dura fatica.

E il giorno dopo, all'inviato del «Daily Mail», Ward Price [124], riaffermò la sua volontà di pace, ripeté che «dal punto di vista coloniale» l'Italia era, dopo la conquista dell'Etiopia, «soddisfatta» e pronta «a giungere a una amichevole sistemazione con la Gran Bretagna su tutte le questioni che essa desiderasse trattare nei riguardi dei territori confinanti coi nostri possedimenti» e a cooperare con tutte le nazioni coloniali europee per lo sviluppo dell'Africa, «continente che rappresenta il complemento dell'Europa ed è necessario ai suoi interessi economici». E anche riguardo all'Europa si espresse nei termini più concilianti: ribadí che l'Italia non pensava affatto ad assicurarsi basi nelle Baleari o nel Marocco spagnolo, che essa «non ha fatto e non farà nulla che possa anche indirettamente violare la integrità territoriale della Spagna» e che, dopo la fine della guerra civile, «non ha intenzione alcuna di ingerirsi negli affari spagnoli». E non escluse neppure che i «volontari» italiani potessero rientrare abbastanza presto, se fosse stato raggiunto un accordo generale «per ritirare dalla Spagna anche gli altri, che sono in numero infinitamente maggiore». Quanto, infine, ad un nuovo accordo di Locarno,

---

sbarrare questo mare nel punto in cui è appena di 100 miglia di larghezza, dalla costa Africana all'Europa.

«In mare aperto gli inglesi non considerano l'aeroplano come una minaccia per la Marina da Guerra, ma in un braccio di mare abbastanza stretto il pericolo dell'aviazione è reale; e nel Mediterraneo vi sono piú di un punto adatti all'attacco aereo e sottomarino contro ogni genere di nave, sia mercantili che da guerra.

«Per tutte queste ragioni si ha la convinzione che Mussolini sia ben deciso a mettere a prova le condizioni per le quali l'Italia possa eventualmente riuscire a controllare tutto il Mediterraneo.

«Sussiste il dubbio sulla futura politica dei Paesi di Dittatura, Italia e Germania; dubbi che le divergenze fra di loro non siano state rimosse neppure dai recenti avvenimenti. Però gli osservatori militari non credono che l'Italia sia disposta da sola a sfidare l'Inghilterra tentando la chiusura del Mediterraneo. Ma se la Germania – come sospettato in alcuni Circoli Diplomatici – ha dei disegni verso l'Europa Sud-orientale, è possibile che l'Italia sia in grado di farsi prestare un buon servigio dalla Germania, consistente nel guardarle i fianchi sul mare: cosí l'Italia potrebbe annunciare la chiusura del Mediterraneo. Sono appunto queste possibilità che avrebbero indotto l'Inghilterra ad imbarcarsi in un sí colossale programma di riarmo: e molti profeti asseriscono ora che gl'inglesi vogliono essere abbastanza forti per tenere a bada i tedeschi, per poter cosí schiacciare Mussolini che non riuscirono a far cadere nel 1935».

[123] MUSSOLINI, XXVIII, p. 145.
[124] *Ibid.*, pp. 147 sgg.

l'Italia – disse – è pronta a fare il possibile per giungere ad una conclusione e l'accordo potrà essere facilitato dalla creazione dell'asse Roma-Berlino. Questo asse, comunque, non è stato creato per provocare disordini in Europa, ma per imporvi la pace e l'ordine.

Lo stesso giorno però, ricevendo in dono da un gruppo di notabili libici la «spada dell'Islam», non si limitò ad assicurare che Roma avrebbe presto concretamente dimostrato il suo interessamento per il «sempre miglior destino» delle sue popolazioni musulmane [125], ma – sia pure *en passant* – volle ricordare la «simpatia» dell'Italia per i «musulmani del mondo intero» [126]. Un accenno, questo, che poteva non avere alcun significato particolare ed essere solo di circostanza, ma che, in quel momento politico, poteva anche avere – e come tale infatti fu inteso – per qualcuno e soprattutto per l'Inghilterra il valore di una minaccia o, se si preferisce, di una «esortazione» ad accordarsi con l'Italia se non voleva che questa le creasse difficoltà nel mondo arabo, come già aveva fatto nel '35-36 e come in una certa misura continuava ancora a fare con le trasmissioni di Radio Bari e con una serie di maneggi sotterranei in Egitto, in Palestina e nell'Iraq con i movimenti antinglesi e panarabi locali e persino nell'Arabia Saudita e ancor piú nello Yemen con un'azione di penetrazione e di aiuti a quei governi tradizionalmente considerati dagli inglesi inseriti nella loro sfera imperiale [127].

A proposito di tutte queste iniziative è necessario essere molto chiari, sia per capirne la vera natura, sia per rendersi conto del modus operandi e delle contraddizioni della politica fascista di questo periodo. Viste

[125] Per le conseguenze per la popolazione indigena della nuova politica fascista di colonizzazione della Libia cfr. C. G. SEGRÉ, *L'Italia in Libia* cit., pp. 168 sgg. Nel quadro di questa nuova politica il 30 novembre 1938 il Gran Consiglio, su proposta di Balbo, decise che le quattro provincie libiche entrassero a far parte integrante del territorio del Regno, estese ai cittadini italiani libici di esse l'ordinamento sindacale-corporativo e stabilí l'istituzione di una cittadinanza speciale per i nativi musulmani che, oltre ad avere compiuto i diciotto anni e a non aver riportato condanne comportanti pene restrittive della libertà personale e a farne richiesta, sapessero leggere e scrivere l'italiano o avessero conseguito benemerenze militari o civili al servizio dell'Italia o avessero fatto parte per almeno un anno della Gioventú araba del Littorio. Cfr. «Foglio d'ordini», 1° dicembre 1938, nonché il r. d. l. 9 gennaio 1939, n. 70 che attuò la deliberazione. Nonostante questi provvedimenti gli italiani mantennero in Libia una posizione nettamente dominante rispetto alla popolazione indigena, anche a quella godente della nuova cittadinanza. Cfr. C. G. SEGRÉ, *L'Italia in Libia* cit., pp. 124 sgg.
[126] MUSSOLINI, XXVIII, pp. 146 sg.
[127] Su questo aspetto della politica fascista manca qualsiasi studio d'insieme. Per alcuni cenni ad essa negli anni precedenti cfr. *Mussolini il duce*, I, pp. 653 sgg. Per l'attività di Radio Bari cfr. V. VACCA, *Ar-Rādyō. Le Radio arabe d'Europa e d'Oriente e le loro pubblicazioni*, in «Oriente moderno», settembre 1940, pp. 444 sgg.; D. J. GRANGE, *Structure et tecnique d'une propagande: Les émissions arabes de Radio Bari*, in «Relations internationales», 1974, n. 2, pp. 165 sgg.; ID., *La propagande arabe de Radio Bari (1937-1939)*, ivi, 1976, n. 5, pp. 65 sgg.; C. A. MACDONALD, *Radio Bari: Italian Wireless Propaganda in the Middle East and british counter measures 1934-38*, in «Middle Easter Studies», maggio 1977, pp. 195 sgg. Sulla prima fase dell'azione italiana in Egitto cfr. M. TEDESCHINI LALLI, *La propaganda araba del fascismo e l'Egitto*, in «Storia contemporanea», dicembre 1976, pp. 717 sgg. Per quella dello Yemen cfr., infine, R. QUARTARARO, *L'Italia e lo Yemen. Uno studio sulla politica di espansione italiana nel Mar Rosso (1923-1937)*, ivi, ottobre 1979, pp. 811 sgg.

in una prospettiva storica, esse ci appaiono oggi pressoché irrilevanti e comunque prive di concreti risultati e non mancano validi elementi per dire che anche a Roma non dovevano essere considerate che un deterrente generico e con non altre prospettive che quelle, tutte strumentali, di un loro futuro sacrificio sull'altare del tanto desiderato *accordo generale* con Londra. Qualche cosa si era convinti però che potessero sul momento rendere politicamente, dato che gli inglesi non si erano ancora riavuti dal trauma che esse – nel clima di frustrazione per la loro impotenza militare nel Mediterraneo [128] – avevano loro provocato nel '35-36 ed erano portati a sopravvalutarne ancora enormemente l'entità e la pericolosità, sicché si pensava dovessero essere desiderosi di togliersi la loro spina dal fianco. In realtà il loro effetto era però diverso. All'opinione pubblica inglese e a buona parte anche dei responsabili della politica britannica queste iniziative apparivano infatti non come un espediente tattico, come uno strumento di pressione a cui l'Italia avrebbe rinunciato al tavolo dei negoziati, ma come altrettante prove che Mussolini, checché proclamasse, non era affatto «soddisfatto» e, ubriaco del successo riportato in Etiopia, pensava ad estendere il suo impero in Egitto, nel Sudan, nel Medio Oriente, sull'altra sponda del Mar Rosso [129]. Da qui il loro risultato del tutto controproducente rispetto al fine che esse volevano contribuire a raggiungere.

Di fronte a queste e ad altre simili iniziative di disturbo e di pressione (negli stessi giorni, mentre Mussolini brandiva la «spada dell'Islam», Ciano, nella stessa logica, si muoveva per assicurare alla sua politica verso Londra il deterrente-emolliente di un accordo con il Giappone [130]) vie-

---

[128] Testimonianze eloquenti di queste frustrazioni si possono trovare sia nella stampa del tempo (cfr. per esempio, quanto scriveva G. Ward Price nel «Daily Mail» del 28 maggio 1936) sia nella successiva memorialistica anche autorevole (cfr., per esempio, D. KELLY, *The Ruling Few*, London 1952, pp. 170 sgg.).
[129] Le fonti archivistiche inglesi, diplomatiche e militari, offrono una documentazione vastissima che prova senza ombra di dubbio l'assoluta sopravvalutazione britannica dell'azione italiana in Egitto e nel Medio Oriente, la vastità dei timori e le incredibili deduzioni da essi provocate.
[130] Sino alla guerra d'Etiopia l'atteggiamento politico italiano verso i paesi e gli avvenimenti dell'Estremo Oriente era stato improntato in senso sostanzialmente «coloniale», di tutela e di sviluppo cioè degli interessi economici italiani nella regione e soprattutto in Cina. Da qui una politica sostanzialmente «filocinese». I primi sintomi di mutamento si ebbero nel '35-36, un po' in conseguenza della disponibilità giapponese a fornire all'Italia carbone e benzina, un po' per le simpatie dimostrate da alcuni ambienti militari giapponesi (specialmente della Marina), interessati ad un indebolimento della potenza inglese e a un suo maggior impegno mediterraneo, per la causa italiana (cfr. ACS, *Min. Marina, Gabinetto [1934-50]*, b. 175), un po', infine, in conseguenza del cominciare a prendere piede a palazzo Chigi della convinzione (espressa per la prima volta da Grandi nel gennaio 1936 in riferimento all'andamento della Conferenza navale di Londra) che all'Italia potesse giovare politicamente e militarmente che l'Inghilterra si trovasse impegnata in Estremo Oriente. Da qui il progressivo affermarsi (anche se non senza resistenze, specie da parte di alcuni ambienti economici che avevano il loro portavoce politico in A. De Stefani) di un atteggiamento non più di tipo «coloniale» ma finalizzato politicamente e quindi un progressivo passaggio della politica filocinese sino allora attuata a quella filogiapponese. Dopo la firma tra Germania e Giappone del patto anti-Komintern (25 novembre 1936) questo nuovo atteggiamento si trasformò nella ricerca di un accordo

ne naturale pensare allo spirito e ai mezzi che nella seconda metà degli anni venti avevano caratterizzato la politica fascista verso la Francia: fare una politica anti-francese per giungere ad un accordo con la Francia[131]. In realtà se lo spirito e i mezzi erano sostanzialmente gli stessi, applicati alla politica verso l'Inghilterra, essi erano ora ancor piú che allora controproducenti e pericolosi. Dati gli spazi di tempo sempre piú ristretti che il crescente dinamismo tedesco e la minaccia sempre presente di un accordo anglo-tedesco lasciavano all'iniziativa politica italiana, essi diventavano infatti non solo un elemento controproducente rispetto agli obiettivi che si volevano conseguire e causa di diffidenze verso l'Italia anche in quei paesi che non erano pregiudizialmente ostili ad essa o che, comunque, si trovavano nella condizione di non poterne ignorare l'iniziativa politica, ma – cosa ancor piú grave – necessitavano per poter dare qualche risultato di continui successi che rafforzassero l'immagine di un regime potente e sempre vittoriosamente all'attacco. Con il risultato che anche le operazioni politiche piú accorte e meglio riuscite (come quella verso la Iugoslavia) erano esposte ai contraccolpi negativi di qualsiasi scacco, anche secondario e solo di prestigio, come quello di Guadalajara.

I rapporti con la Iugoslavia avevano costituito sino allora una pagina tra le piú travagliate della politica estera fascista, caratterizzata da fasi alterne, ma, nel complesso, piú di disaccordo, di polemica e di tensione (anche assai gravi) che di accordo e di distensione. Alle radici di queste particolarità e difficoltà erano state ed erano ancora molte ragioni. Innanzitutto il trattato di Rapallo e ancor prima la nascita stessa della Iugoslavia che molti fascisti non avevano mai accettato, sia per la loro pretesa di considerare l'Adriatico una sorta di «mare interno» italiano, sia perché fermamente convinti che una serie di località dalmate «rimaste» entro i confini iugoslavi fossero italiane. In sé e per sé l'irredentismo dalmata (pur essendo certamente piú consistente di quelli corso, nizzardo, savoiardo, maltese e ticinese) non ebbe mai un'estensione e un peso particolari, anche se disponeva di proprie organizzazioni e di numerose pubblicazioni che lo tenevano vivo e che nei momenti di tensione davano regolarmente fiato alla polemica antiiugoslava, ed aveva una sua pre-

---

dello stesso tipo tra Italia e Giappone. Agli inizi del '37 alcuni giornali giapponesi cominciarono a loro volta a parlare di intenzioni di Tokio di allargare il patto anti-Komintern ad altri paesi tra cui l'Italia. Cfr. M. R. GODLEY, *Fascismo e nazionalismo cinese: 1931-1938. Note preliminari allo studio dei rapporti italo-cinesi durante il periodo fascista*, in «Storia contemporanea», dicembre 1973, pp. 739 sgg.; G. BORSA, *Tentativi di penetrazione dell'Italia fascista in Cina: 1932-1937*, in «Il Politico», settembre 1979, pp. 381 sgg.; V. FERRETTI, *La politica estera italiana e il Giappone imperiale (gennaio 1934 - giugno 1937)*, in «Storia contemporanea», ottobre 1979, pp. 873 sgg.; ID., *La politica estera giapponese e i rapporti con l'Italia e la Germania (1936-1939)*, ivi, dicembre 1976, pp. 783 sgg.

[131] Cfr. *Mussolini il duce*, I, pp. 356 sgg.

senza (specialmente attraverso i testi scolastici) nella formazione dei giovani. In particolare, negli anni di cui stiamo parlando, esso non ebbe mai effettiva influenza sulla politica di palazzo Chigi. Detto questo, va pure detto che, anche se in qualche occasione gli provocava addirittura dei disturbi, il regime – coerentemente al suo tipico modus agendi volto a tenersi tutte le strade aperte per ogni eventualità – non solo lo lasciò vivere indisturbato, ma lo aiutò economicamente e se ne serví largamente ogni volta lo ritenne utile per drammatizzare i rapporti con Belgrado e per cercare di mobilitare l'opinione pubblica italiana contro la Iugoslavia e la Francia. Altre ragioni erano a loro volta l'irredentismo slavo (forte soprattutto nella Venezia Giulia) e la politica di snazionalizzazione della minoranza slava messa in atto dal regime, spesso con una durezza che non poteva non suscitare reazioni e proteste iugoslave[132].

Per reali che fossero, queste ragioni di polemica e talvolta di contrasto non raggiunsero però mai l'importanza e il peso di quelle suscitate dalle preoccupazioni e dalle contromanovre determinate a Belgrado dalla politica italiana di penetrazione in Albania e a Roma dai legami che la Iugoslavia aveva con la Piccola Intesa e con la Francia[133]. A palazzo Chigi non mancavano coloro che, sia attorno alla metà degli anni venti sia successivamente, quando Grandi fu ministro degli Esteri, avrebbero voluto trovare – soprattutto in vista di un maggiore impegno italiano in Africa – un accordo con Belgrado per una politica albanese comune (e, al limite, per una spartizione tout-court dell'Albania). Questa tendenza non riuscí però mai ad avere la meglio su quella (che aveva, nonostante qualche momento di ripensamento del «duce», il suo punto di riferimento in Mussolini) che considerava l'amicizia tra Belgrado e Parigi (concretizzatasi nel novembre '27 in un vero e proprio trattato rinnovato per altri cinque anni nel 1932) un ostacolo alla politica danubiano-balcanica dell'Italia e un pericolo di accerchiamento e vedeva quindi i rapporti con la Iugoslavia nell'ottica di quelli tra Roma e Parigi e di conseguenza, a seconda dell'andamento di questi, pensava a quelli nei termini o di un distacco di Belgrado da Parigi o di una neutralizzazione di Belgrado

[132] Su questo complesso di problemi mancano soddisfacenti studi d'insieme. Utili elementi si possono desumere da P. PEDACE, *La questione adriatica nella stampa e pubblicistica fra le due guerre*, Roma s. d. [ma 1977]; M. PACOR, *Confine orientale. Questione nazionale e resistenza nel Friuli - Venezia Giulia*, Milano 1964; E. APIH, *Italia fascismo e antifascismo nella Venezia Giulia (1918-1943)*, Bari 1966; L. ČERMELI, *Sloveni e croati in Italia tra le due guerre*, Trieste 1974.
[133] Cfr. G. CAROCCI, *La politica estera dell'Italia fascista (1925-1928)*, Bari 1969, *passim*; P. PASTORELLI, *Italia e Albania. Origini diplomatiche del Trattato di Tirana del 22 novembre 1927*, Firenze 1967; M. POULAIN, *L'Albanie dans la politique des puissances 1921-1926*, in «Revue d'histoire moderne et contemporaine», ottobre-dicembre 1978, pp. 530 sgg.; F. D'AMOJA, *Declino e prima crisi dell'Europa di Versailles. Studio sulla diplomazia italiana ed europea (1931-1933)*, Milano 1967, *passim* e spec. pp. 159 sgg.; M. ORMOS, *À propos de la sécurité est-européenne dans les années 1930*, in «Acta Historica. Academiae Hungaricae», 1970, nn. 3-4, pp. 307 sgg.

via Parigi. Da qui l'assenza, in pratica, di una coerente politica verso la Iugoslavia, una serie di frizioni con l'Inghilterra e, ad aggravare il tutto, un impegnarsi dal '26-27 in poi in una serie di contatti con i movimenti irredentisti antiserbi – macedoni e soprattutto croati – che, per quanto venissero mantenuti segreti, non sfuggivano ovviamente al governo di Belgrado e accrescevano i timori e le animosità verso la politica italiana non solo in Iugoslavia, ma anche in molte altre cancellerie[134]. E questo anche se nel complesso tali rapporti, pur essendo volti a creare difficoltà interne alla Iugoslavia e ad assicurarsi degli alleati nella eventualità di un precipitare dei rapporti con essa, miravano soprattutto, in un primo tempo, a tenere questi movimenti sotto controllo ed evitare che essi potessero far precipitare la situazione interna iugoslava e, in un secondo tempo, ad impedire che essi fossero monopolizzati da altri governi con i quali erano pure in contatto, quello ungherese e quello nazista[135]. Tipica è a questo proposito la posizione di Grandi il quale nei rapporti con questi movimenti e soprattutto con i croati ebbe parte notevole. Come attesta chiaramente il suo diario[136], Grandi riteneva infatti i croati un prezioso strumento per indebolire politicamente la Iugoslavia e come tali da sostenere, ma considerava l'eventualità di uno Stato indipendente croato come il primo passo sulla via di una ricostituzione dell'Austria-Ungheria e, in questa prospettiva, una iattura per l'Italia. Né le cose

[134] Anche sui rapporti tra il fascismo e il separatismo croato mancano studi d'insieme veramente approfonditi. Sul movimento ustaša il miglior lavoro è B. KRIZMAN, *Ante Pavelić i Ustaše*, Zagreb 1978. Oltre ad esso cfr. G. CAROCCI, *La politica estera dell'Italia fascista* cit., pp. 168 sgg.; F. D'AMOJA, *Declino e prima crisi dell'Europa di Versailles* cit., pp. 146 sgg.; utili notizie in T. SALA, *Basi italiane del separatismo croato (1929-1941)*, in *L'imperialismo italiano e la Jugoslavia. Atti del convegno italo-jugoslavo*. Ancona 14-16 ottobre 1977, Urbino 1981, pp. 283 sgg.
Pur offrendo un panorama ricco e documentato dei rapporti tra fascismo e separatismo croato questi studi hanno il limite di focalizzare la loro attenzione solo sugli ustaša. In realtà dopo la morte di Radić anche il Partito dei contadini croati ebbe contatti, insieme agli ustaša, con Roma. In particolare il 13-14 ottobre 1929 A. Pavelić e A. Kossutić (segretario di tale partito) ebbero due lunghi incontri con R. Forges Davanzati (che teneva i contatti con i croati, come V. Gayda li teneva con i macedoni), che ne fece a Grandi una dettagliata relazione, che fu portata a conoscenza sia del ministro della Guerra, gen. Gazzera, sia del ministro della Real Casa, Mattioli Pasqualini. Cfr. D. GRANDI, *Diario*, alla data del 18 ottobre 1929, ove sono allegati vari documenti relativi all'incontro. In *Archivio D. Grandi*, b. 13, fasc. 90, sott. 8.
[135] Parlando della politica fascista nei confronti degli ustaša F. Suvich così si esprime nelle sue *Memorie*: «Ma perché, se Mussolini non voleva usare gli Ustascia a scopi operativi o aggressivi si teneva in casa e favoriva questi elementi compromettenti (che egli stesso aveva definito "inutili e pericolosi")? La ragione per me è chiara ed è certamente quella autentica: Mussolini, come piú volte accennato, era terribilmente geloso della preponderanza che i tedeschi, soprattutto per i rapporti fra Re Alessandro e Goering, prendevano in Yugoslavia. Gli Ustascia non solo davano fastidio, ma preoccupavano la Yugoslavia, soprattutto perché il movimento aveva preso consistenza su basi internazionali, mentre i capi risiedevano in Italia. Erano gli Ustascia quello che oggi si direbbe un "deterrent", per influire sulla Yugoslavia per indurla ad appoggiarsi sull'Italia, anziché sulla Germania; il giorno in cui fosse avvenuto questo avvicinamento all'Italia, Mussolini avrebbe gettato a mare – come del resto è avvenuto dopo l'eccidio di Marsiglia – gli Ustascia, senza pensarci un momento. Questa funzione de "deterrent" spiega anche perché queste attività Ustascia, invece di essere tenute segrete e riservate, sono state quasi sbandierate».
[136] Cfr. D. GRANDI, *Diario* cit., alla data del 18 ottobre 1929.

cambiarono sostanzialmente dopo che Grandi lasciò palazzo Chigi. Come giustamente ha scritto il D'Amoja[137],

la «questione croata» rivestí nella politica estera italiana dal 1932 al 1934 una importanza ben minore di quella che considerandola piú nelle apparenze che nella sostanza si è indotti ad attribuirle. Fu tattica di accompagnamento; minaccia ventilata e lasciata in sospeso; motivo di pressione e d'intimidazione sul governo di Belgrado. Mai azione decisa e convinta.

Stante questo modo tutto particolare e riflesso di concepire le relazioni con Belgrado e date le ricorrenti tensioni provocate dalla politica italiana in Albania, dalle voci che circolavano su di essa (come quelle, agl'inizi del '33, circa una prossima unione doganale italo-albanese) e dalle difficoltà della situazione interna iugoslava, che piú di una volta spinsero i governanti di Belgrado a drammatizzare a fini di politica interna i rapporti con l'Italia, questi dalle fine del '27 alla fine del '33 erano stati pressoché sempre tesi, al punto che piú volte (nella primavera del '28, nel settembre del '30, tra il dicembre '32 e il gennaio '33) erano persino corse voci di un possibile pericolo di conflitto. Un accenno di *détente* da parte italiana si era avuto solo agli inizi del '34, in conseguenza del miglioramento che stava delineandosi nei rapporti italo-francesi[138]. Il fallito putsch nazista di Vienna, i timori suscitati dai sempre piú cordiali rapporti che Berlino stava stabilendo (oltre che con gli ustaša) con il governo di Belgrado[139] e soprattutto l'ulteriore definirsi del riavvicinamento italo-francese avevano nei mesi successivi – come si è già visto[140] – fatto sperare in un concretizzarsi di essa, tanto piú che nello stesso senso premevano anche la Francia e l'Inghilterra. Tutto proiettato ormai verso l'Etiopia e desideroso quindi di coprirsi le spalle ed accordarsi con Parigi, Mussolini vi aveva voluto contribuire in prima persona. Alla fine di agosto, in un colloquio con il rappresentante iugoslavo a Roma Ducić, si era mostrato disposto ad un accordo e il 6 ottobre successivo a Milano aveva pubblicamente affermato di essere convinto che, nonostante le polemiche con le quali – a suo dire – da parte iugoslava si avvelenavano i rapporti tra i due paesi, esistevano «condizioni precise di fatto» per una intesa[141]. Tre giorni dopo a Marsiglia gli ustaša avevano però assassinato re Alessandro e Barthou. Nonostante tutti gli sforzi di Laval, le relazioni italo-iugoslave ne avevano subito risentito profondamente. Come Stojadinović aveva scritto nelle sue memorie[142],

---

[137] F. D'AMOJA, *Declino e prima crisi dell'Europa di Versailles* cit., p. 152.
[138] Cfr. P. ALOISI, *Journal* cit., p. 177.
[139] Cfr. *ibid.*, pp. 208 e 214.
[140] *Mussolini il duce*, I, pp. 509 sgg.
[141] MUSSOLINI, XXVI, pp. 357 sg.; nonché P. ALOISI, *Journal* cit., p. 225.
[142] M. STOJADINOVIĆ, *Jugoslavia fra le due guerre*, Bologna 1970, p. 101.

di una diretta responsabilità italiana nel delitto non emerse né allora né poi alcuna prova. La presenza di Ante Pavelić in Italia, la protezione che gli ustaša vi godevano, il fatto che gli attentatori erano arrivati in Francia dall'Italia e il rifiuto di Mussolini di far estradare Pavelić e altri due croati accusati di essere gli organizzatori dell'eccidio spiegano però bene l'eccitazione anti italiana che aveva caratterizzato nei mesi successivi la opinione pubblica iugoslava e la brusca interruzione del processo di *détente* appena avviato. Il sopravvenire della crisi etiopica con l'adesione convinta della Iugoslavia alle sanzioni e al sistema inglese di contenimento mediterraneo dell'Italia avevano fatto il resto.

Conclusasi la vicenda etiopica, il contesto dei rapporti italo-iugoslavi si era però presentato in termini notevolmente diversi. Come nel '34, Roma sentiva ancora il bisogno di un accordo. In primo luogo per recuperare le posizioni perdute durante la guerra nella regione danubiano-balcanica, bloccare la penetrazione tedesca verso sud-est (e in primo luogo proprio in Iugoslavia) e cercare di dare vita ad un «sistema» tra gli stati interessati a sostenere il più a lungo possibile la pericolante indipendenza austriaca. In secondo luogo per rassicurare l'Inghilterra e dimostrarle sia la propria volontà di pace e di autonoma collaborazione per il mantenimento dell'equilibrio europeo, sia l'inutilità del suo insistere per associare ad un eventuale accordo anglo-italiano la Francia. Un accordo era desiderato ora però anche con pari intensità da Belgrado. Un po' per recuperare il mercato italiano, indispensabile alle sue esportazioni (specie di legname) e soprattutto per fronteggiare il crescente dinamismo tedesco, ma anche per rendere la propria posizione meno condizionata dagli accordi con la Piccola Intesa (ormai in crisi) e con la Francia. Agli occhi del governo di Belgrado questi rimanevano ancora i due punti di riferimento della politica iugoslava; il nuovo presidente, Stojadinović (che, oltretutto, non condivideva la politica filosovietica di Beneš e della Francia e non dissimulava le sue tendenze autoritarie, tanto che Ciano lo avrebbe definito «un fascista... se non... come affermazione aperta di partito, ... certamente per la sua concezione dell'autorità dello Stato e della vita» [143]), si rendeva però conto che da soli essi non bastavano più a garantire la sicurezza della Iugoslavia e potevano addirittura esporla al rischio di trovarsi coinvolta in gravi complicazioni. In questo nuovo contesto, quando Mussolini – nel già ricordato discorso milanese del 1° novembre 1936, lo stesso, non a caso, che aveva spianato la via al *gentlemen's agreement* – aveva affermato che negli ultimi tempi l'atmosfera tra i due paesi era «grandemente migliorata» e aveva aggiunto che

---

[143] Cfr. *L'Europa verso la catastrofe* cit., p. 160.

«oggi ormai esistono le condizioni necessarie e sufficienti di ordine morale, politico ed economico per mettere su nuove basi di una concreta amicizia i [loro] rapporti»[144], Stojadinović – ormai convinto che l'Inghilterra e la Francia non erano in grado di garantire veramente la Iugoslavia e non erano neppure disposte ad aiutarla economicamente – aveva colto la palla al balzo: aveva messo tra parentesi come «opportunista e platonica» la parte del discorso del «duce» in cui si parlava dell'Ungheria come della «grande mutilata» alla quale andava «resa giustizia» e aveva dato subito istruzioni perché fosse raccolta l'avance italiana[145]. In questo reciproco clima di buona volontà le trattative erano procedute rapide, nonostante l'evidente malumore e le preoccupazioni che la prospettiva di un accordo italo-iugoslavo avevano suscitato a Parigi, a Praga e anche a Londra[146] (favorevole era stata invece la posizione di Berlino, interessata ad isolare sempre piú la Cecoslovacchia), e avevano influenzato in senso favorevole all'Italia l'atteggiamento della Turchia e della Romania – l'altro paese danubiano-balcanico su cui Roma (nonostante la difficoltà della cosa dati i suoi rapporti con l'Ungheria) piú puntava per dar vita nella regione ad un proprio sistema d'influenze che potesse giocare una funzione al tempo stesso antifrancese e antitedesca – e avevano favorito anche il riavvicinamento, dopo anni di tensione, tra la Bulgaria e la Iugoslavia. In un primo momento Ciano aveva puntato addirittura ad un trattato di alleanza, poi, di fronte al rifiuto iugoslavo di spingersi, almeno per il momento, tanto avanti, i negoziati si erano indirizzati verso un patto d'amicizia e di mutua collaborazione. Non generico però, ma tale da por fine a tutte le maggiori controversie tra i due paesi, da quelle di frontiera (fine dei reciproci irredentismi) a quelle relative al trattamento delle minoranze slave in Italia a quelle derivanti dalla presenza in Italia degli ustaša[147].

---

[144] MUSSOLINI, XXVIII, p. 69.
[145] M. STOJADINOVIĆ, *Jugoslavia fra le due guerre* cit., pp. 167 sg.
[146] Per la posizione inglese cfr. O. CARMI, *La Grande-Bretagne et la Petite Entente*, Genève 1972, pp. 319 sgg.; nonché piú in genere N. IORDACHE, *La Petite Entente et l'Europe*, Genève 1977, pp. 289 sgg.
[147] Tre allegati segreti al trattato si riferivano direttamente o indirettamente alla questione degli ustaša. Il piú importante stabiliva che A. Pavelić e gli altri capi ustaša sarebbero stati internati e sarebbe stata loro interdetta qualsiasi attività politica. Per la bassa forza fu previsto che una parte di essa potesse essere avviata, come lavoratori, nelle colonie. Entro tre mesi, le autorità italiane avrebbero fatto conoscere a quelle iugoslave i nominativi e i luoghi di internamento, di confino o di residenza. In seguito a questo accordo, agli iugoslavi fu fornito un elenco di 508 nominativi, parte dei quali di internati nelle isole Lipari o inviati in Libia e in Somalia. 202 ustaša, contattati da un delegato iugoslavo e che non avevano preso parte ad azioni terroristiche accettarono di rientrare in patria. Cfr. M. STOJADINOVIĆ, *Jugoslavia fra le due guerre* cit., pp. 173 sgg.
Carattere segreto – non volendo l'Italia sconfessare pubblicamente la politica sin lí seguita e creare pericolosi precedenti invocabili dai tedeschi dell'Alto Adige – ebbero pure gli accordi in favore della minoranza slava, alla quale furono riconosciuti in via amministrativa vari diritti. Cfr. *ibid.*, pp. 175 sg.

Ai primi di marzo tutto era pronto per la firma del trattato, fissata per la seconda metà del mese a Belgrado con l'intervento di Ciano. Guadalajara ovviamente non ne pregiudicò la conclusione formale che ebbe regolarmente luogo il 25 marzo. Non vi è dubbio però che la sconfitta del CTV – appannando notevolmente l'aureola di potenza che dopo la guerra d'Etiopia circondava l'Italia fascista – sminuí non poco la portata del successo conseguito dalla diplomazia italiana. In particolare, essa rese Stojadinović assai piú cauto; da un lato, meno disponibile a fare ulteriori passi per prendere le distanze da Parigi e dalla Piccola Intesa e avvicinarsi a Roma e, da un altro lato, piú propenso, se mai, a privilegiare piú i rapporti con la Germania che quelli con l'Italia, con grave pregiudizio di tutta la strategia di Ciano, che si venne a trovare nella condizione di aver fatto tutta una serie di concessioni politiche ed economiche e di non poterne raccogliere che in minima parte i frutti previsti. E, per di piú, su una questione come quella dei rapporti con la Iugoslavia che negli ambienti fascisti piú intransigenti era particolarmente sentita e a proposito della quale ogni «cedimento» suscitava reazioni negative non facilmente ignorabili, specie da chi, come Ciano, aveva tutti gli occhi addosso. E ciò anche se, pur essendo venuti meno sul versante piú propriamente iugoslavo alcuni dei risultati che da esso si erano attesi, il trattato di Belgrado indubbiamente altri frutti arrecò. Come il 1° aprile Grandi scriveva a Ciano, la sua firma contribuí infatti a mettere almeno un freno alla fortissima tensione anti italiana determinatasi in Inghilterra subito dopo Guadalajara e ad indurre il governo inglese ad intervenire per moderarla: anche se battuta militarmente in Spagna, l'Italia fascista dimostrava con esso di essere un avversario ancora capace di iniziative che non potevano essere assolutamente sottovalutate per gli sviluppi sia negativi sia positivi che esse potevano avere rispetto alla politica occidentale e inglese in particolare[148].

Mussolini ricevette le prime notizie sulla battaglia di Guadalajara

---

[148] *Archivio D. Grandi*, b. 40, fasc. 93, sott. 2, ins. 3.
Scriveva tra l'altro Grandi: «Mi risulta che alla riunione del Consiglio dei ministri [inglese] del 24 marzo l'Accordo italo-jugoslavo è stato oggetto di discussione e di esame, e che, dopo aver riconosciuto che l'avvenimento non si poteva considerare in senso favorevole agli evidenti interessi della Gran Bretagna nel Mediterraneo, è stato tuttavia deciso di fare ad esso, non foss'altro in apparenza, buona e favorevole accoglienza, e ciò per i seguenti motivi:
  1) Per mascherare di fronte all'opinione pubblica brittannica l'insuccesso dell'azione diplomatica inglese.
  2) Per dare al Duce la prova delle effettive intenzioni da parte del Governo Brittannico di "smobilitare" e rimettere le relazioni italo-brittanniche nel piano di una possibile normalità.
  3) Per il dubbio che, pur dovendosi presentemente considerare l'Accordo Italo-Jugoslavo come un indebolimento delle posizioni inglesi nel Mediterraneo, tale Accordo possa nel futuro divenire una linea di resistenza contro la pressione tedesca in direzione dello stesso Mediterraneo, e quindi "giocare" alla lunga indirettamente a favore degli stessi interessi brittannici».

mentre era in Libia. Sulle prime non drammatizzò la sconfitta e cercò soprattutto di farsi una idea precisa della situazione e delle cause del fallimento dell'offensiva. I suoi telegrammi a Ciano [149], che gli ritrasmetteva via via le notizie, sono chiari. Il primo, spedito a mezzogiorno del 17 marzo, era cosí concepito:

> Dall'insieme dei telegrammi di Colli non sono riuscito ad avere e non ho una chiara visione della situazione. È positivo che nostra azione non ha raggiunto il suo obiettivo e che nell'andamento della battaglia è mancato lo stile di Malaga. È necessario conoscere entità nostre perdite in uomini e mezzi. Gravi inconvenienti contatti nostri legionari con fuorusciti italiani erano facilmente prevedibili e potevano essere ovviati e dovranno esserlo in seguito. Quanto ai quadri inferiori deficienti è necessario mandare aliquote di nuovi ufficiali per sostituirli. È sommamente deplorevole passività degli spagnoli durante la battaglia e sommamente deplorevole la passività dei loro organismi di propaganda di fronte alla inscenatura compiuta contro le truppe italiane da parte dell'antifascismo europeo e soprattutto è importante conoscere cosa si vuole fare per riprendere iniziativa delle operazioni e attendo comunicazioni sui risultati del colloquio Franco-Colli, rapporto annunciato, ma non ancora ricevuto. Infine mi è necessario sapere se subalterni inetti appartengono alla Milizia o alle altre formazioni.

Il secondo, del giorno dopo, diceva:

> Ricevo telegramma contenente dati circa nostre perdite e resoconto colloquio di Colli col generale Franco. Non ho elementi per accettare ottimismo Franco circa troppe volte annunciato crollo resistenza rossa Madrid. Telegrafa a Colli per dirgli che approvo testo sua lettera indirizzata a Franco e che insista per la seguente soluzione che considero la migliore: ritiro nostre truppe in seconda linea per riorganizzarle e prepararle a una nuova offensiva.

Quanto al terzo, inviato il 19 marzo, non faceva in pratica che ribadire alcune delle cose già dette:

> Se Farinacci è ancora in Spagna, può essere utilizzato per contropropaganda di cui parla Colli. Cosa migliore è evitare contatto fra italiani sulle prime linee.

Da questi telegrammi appare chiaro che Mussolini non pensava per il momento di ritirarsi dalla Spagna. Piú difficile è dire se ciò fosse già dettato dalla volontà di prendersi una rivincita sul campo o se dipendesse da un'ancora non precisa informazione sulla situazione. Diciamo questo perché, rientrato a Roma, nel «duce» presero a convivere per un certo tempo due stati d'animo che indicano l'insorgere in lui di un irrisolto contrasto che deve essere tenuto presente se si vogliono capire la sua posizione personale e le difficoltà nelle quali la politica fascista si venne a trovare dopo Guadalajara.

---

[149] MUSSOLINI, XLII, pp. 181 sg. Colli era il nome di copertura del generale Roatta.

Da un lato vi erano la rabbia e il desiderio lancinanti di *restituire* e di riscattare in maniera eclatante la sconfitta subita. Questo stato d'animo si fece vieppiú forte appena Mussolini ebbe tutti gli elementi per: *a*) comprendere che era ormai impossibile determinare in breve tempo quella svolta nella situazione militare che, secondo i suoi piani, avrebbe dovuto decidere le sorti della guerra civile; *b*) rendersi conto sia della vastità e della violenza della campagna antifascista e antitaliana orchestrata sulla sconfitta del CTV (e sulle notizie provenienti dall'Etiopia circa la repressione seguita all'attentato contro Graziani) dalla stampa antifascista di tutti i paesi per presentare Guadalajara come una delle piú «decisive» battaglie della storia di tutti i tempi (a creare questa immagine fu soprattutto E. Hemingway con una serie di corrispondenze dalla Spagna) e come la «Caporetto» del fascismo, sia – ciò che piú importava – degli echi che essa aveva avuto in ambienti e giornali, specialmente inglesi, che con l'antifascismo militante poco o nulla avevano a che fare e che quindi assumevano un valore tutto particolare; *c*) valutare le conseguenze che ciò aveva non solo sul prestigio dell'Italia e del fascismo (il 22 marzo alla Camera dei Comuni un deputato laburista era arrivato ad affermare tra le risate generali che se il Comitato per il non-intervento non avesse fatto presto a trovare una soluzione «i volontari italiani stanno correndo cosí in fretta per conto proprio che essi saranno già giunti in Italia quando il Comitato avrà raggiunto le sue conclusioni»), ma anche per i suoi programmi di politica estera; *d*) fare un primo bilancio delle ripercussioni interne della sconfitta per quel che riguardava sia gli ambienti antifascisti (per i quali Guadalajara costituí una iniezione di speranza quale da anni non avevano mai avuto) sia per quei settori del fascismo che non avevano visto di buon occhio l'intervento in Spagna e che colsero la palla al balzo per dare nuovo fiato alle loro critiche. Da un altro lato vi era la consapevolezza che Guadalajara – a meno di un ritiro dei «volontari», che però avrebbe costituito un clamoroso riconoscimento della sconfitta subita e avallato le esagerazioni su di essa diffuse ai quattro venti dall'antifascismo e, dunque, un colpo gravissimo al prestigio interno ed internazionale del fascismo – allontanava di molto la «svolta» della guerra civile e ciò condannava l'Italia ad impegnarsi sempre di piú in Spagna e rendeva inoltre assai problematico lo sperato avvio di una nuova fase nei rapporti con l'Inghilterra. E questo senza parlare delle altre conseguenze, interne ed internazionali, «secondarie».

Prendere una decisione non era certo facile, specie per un uomo come Mussolini per il quale le questioni di prestigio passavano avanti a tutto. Eppure il «duce» fu a lungo incerto e combattuto. Rientrato la sera del

22 a Roma (da piú parti si parlò di «precipitoso» ritorno, in realtà la sua presenza nella capitale per il diciottesimo anniversario della fondazione dei Fasci di combattimento era prevista da tempo), il giorno dopo, dal balcone di palazzo Venezia, si preoccupò di ostentare la massima sicurezza e di *ammonire* gli inglesi a non farsi trascinare dall'ondata di antifascismo in atto. L'anniversario della fondazione dei Fasci, disse [150] cade mentre una delle solite tempeste infuria contro questa nostra magnifica Italia fascista; è una tempesta di carta stampata.

Questa inondazione di torbidi inchiostri, alla quale logicamente si collega l'oratoria isterica ed ipocrita di certi pulpiti anglicani, i quali sono sempre pronti a vedere la pagliuzza nell'occhio altrui, mentre il loro è schiacciato da pesanti e secolari travi, non riuscirà minimamente a scuotere la nostra imperturbabile calma e la calma non meno imperturbabile di tutto il popolo italiano.

Alla malafede altrui, opponiamo la nostra indiscutibile lealtà; al castello delle menzogne altrui, il soffio impetuoso e travolgente della nostra verità; all'odio cieco altrui, il nostro consapevole disprezzo.

Siamo collaudati dall'assedio economico, che, dopo nove mesi, si è concluso con una resa: quella degli assedianti.

Tuttavia sarà necessario proclamare che queste cosidette campagne inscenate dai pacifisti di professione costituiscono la preparazione alle complicazioni e ai conflitti, per cui ancora una volta si dimostra che costoro sono i veri e temibili nemici di quella pace e di quella collaborazione europea che noi sinceramente vogliamo e pratichiamo coi fatti.

Si dice che il popolo italiano sia un popolo facile all'oblio. Errore! Errore! Uno dei tanti errori nei quali spesso cade l'osservatore straniero superficiale o ignaro. Il popolo italiano ha invece una memoria tenacissima e sa aspettare. Abbiamo aspettato quarant'anni per vendicare Adua, ma ci siamo riusciti!

E se anche questo un giorno potesse accadere, che le memorie inlanguidissero, saremmo qui noi a risvegliarle e a pungolarle.

Camicie nere!

Ricordare e prepararsi! Questo è il monito dell'odierna celebrazione.

Il giorno dopo rassicurò Franco che poteva «contare sull'aiuto dell'Italia fascista» [151]. Una formula ambigua che denota la sua incertezza. Lo conferma il telegramma che nella nottata del 25 inviò a Grandi mentre Ciano era in Iugoslavia. Un telegramma imbarazzato e infantilmente machiavellico, ma che dimostra che, pur non sapendo o volendo prendere una vera decisione, egli propendeva per un ritiro dei «volontari» su tempi brevi e alla luce del quale la frase «è chiaro che non darò ordine di ritirare i volontari se prima non ci sarà stata una netta rivincita» contenuta nell'altro telegramma inviato il giorno dopo al re [152], per riferir-

---

[150] MUSSOLINI, XXVIII, pp. 152 sg.
[151] Cfr. J. F. COVERDALE, *I fascisti italiani alla guerra di Spagna* cit., p. 255 e R. CANTALUPO, *Fu la Spagna* cit., pp. 210 e 213.
[152] MUSSOLINI, XLII, pp. 185 sg.

gli del suo viaggio in Libia, della situazione in Spagna e della firma degli accordi con la Iugoslavia, assume un significato ben piú preciso di quello che a prima vista si sarebbe portati a darle: non legato alla prospettiva di una vittoria che decidesse le sorti della guerra civile, ma a quella, molto piú prosaica e «personale» di una rivincita del CTV che cancellasse l'«onta» di Guadalajara. Nel telegramma a Grandi.[153] Mussolini prima affermava che non avrebbe piú mandato altri uomini in Spagna, «né masse né gruppi»; poi aggiungeva che non avrebbe ritirato però quelli che vi erano «sino a quando non sarà vendicato l'insuccesso piú politico che militare di Guadalajara»; ma subito dopo precisava (pur cercando di nascondersi dietro l'atteggiamento degli spagnoli: «uno dei motivi che mi fa prospettare questa eventualità è atteggiamento degli stessi spagnoli che fu di dispetto dopo Malaga e oggi è indefinibile, ma non simpatico») le sue vere intenzioni: ottenuta la rivincita non escludeva «l'eventualità di un ritiro dei nostri reparti se gli altri beninteso si impegneranno a fare altrettanto». Che era sí la sua vecchia tesi, ma solo in apparenza, dato che, passando alle istruzioni relative alla posizione che Grandi avrebbe dovuto assumere in sede di Comitato per il non intervento, precisava:

> Poiché circa il ritiro dei volontari si tratta di affidare l'esame del problema ad un sottocomitato tecnico, io credo che si possa accettare in tesi di principio tale proposta salvo poi approvarla come inapplicabile o a ritardarne l'applicazione sino a quando le nostre forze non si siano prese una completa rivincita che secondo quanto ci viene comunicato dalla Spagna potrebbe accadere fra dieci o quindici giorni.

Forse, se i maggiori esponenti del Foreign Office non fossero stati in quei giorni fuori sede per le vacanze pasquali e soprattutto se Grandi (al quale il «duce» aveva lasciato la scelta del momento piú opportuno per fare la sua *démarche*) non avesse ritenuto che «convenisse attendere che la polemica antifascista si smorzasse onde non rischiare tendenziose interpretazioni», questo telegramma di Mussolini avrebbe potuto modificare molte cose. Quello che è certo è che, appena rientrato da Belgrado, Ciano riuscí però a strappare a Mussolini l'autorizzazione ad ordinare a Grandi di soprassedere all'avvio di nuove concrete trattative per il ritiro dei volontari. Il che non vuole dire che lo avesse convinto a persistere sino in fondo nell'intervento. Ciò che Ciano dovette riuscire ad ottenere fu in pratica solo di prendere tempo, di non «precipitare» le decisioni, di stare a vedere quale sarebbe stato il nuovo corso delle operazioni, di attendere soprattutto l'«immancabile» e «necessaria» ri-

---

[153] *Ibid.*, pp. 184 sg., nonché *Archivio D. Grandi*, b. 70, fasc. 159, sott. 16.

vincita. Poi si sarebbe deciso... E ciò, certamente, giocando – oltre che sul suo machiavellismo – sul suo desiderio di non riconoscere il fallimento della propria politica, ma, al contrario, di confermarne la validità con una clamorosa rivincita sul campo e facendo leva al massimo su quanto von Hassel gli aveva già detto il 25 marzo (ma che, allora, non gli aveva impedito di dare a Grandi l'ordine di discutere il ritiro) e che i tedeschi, preoccupatissimi di un possibile ritiro degli italiani dalla Spagna, avevano preso a ripetere in tutti i toni: cioè che il Führer e tutti gli ambienti berlinesi erano convinti che egli era assolutamente risoluto a riportare una piena vittoria[154]. Una soluzione ambigua, che non risolveva nulla, continuava a far sprofondare l'Italia nelle sabbie mobili spagnole e le legava diplomaticamente le mani in un momento che poteva essere decisivo; ma che, dato lo stato d'animo in cui si trovava e i dubbi che lo assillavano, «razionalmente» doveva essere per Mussolini la piú facile, specie dopo che Ciano gli aveva fatto rinunciare a quella dettatagli dal suo «istinto politico». E questo anche se egli doveva nel suo intimo esserne scontento, «sentire» che era sbagliata e crucciarsene. Tanto è vero che 1) lo stesso Ciano, qualche giorno dopo avergli strappato la revoca delle istruzioni impartite a Grandi in sua assenza, doveva riconoscere con Cantalupo: «è molto turbato, teme di aver fatto un errore, deve ora decidere se insistere o svincolarsi»[155]; 2) il 20 aprile, l'incaricato d'affari francese a Roma, Blondel, riteneva vi fossero sintomi di un disimpegno italiano dalla Spagna e di una ricerca di accordo con l'Inghilterra[156]; e 3) ancora il 3 maggio, affrontando con von Neurath il problema spagnolo, Mussolini non avrebbe nascosto di essere ancora incerto e, non sapendo trovare una soluzione, si sarebbe arroccato dietro la vecchia speranza di una possibile rapida svolta della guerra civile.

Il Duce... – si legge nel verbale del colloquio redatto da Ciano[157] – fa alcune osservazioni circa la lenta condotta delle operazioni da parte di Franco. Sarebbe suo intendimento di continuare ad aiutare il Generale Franco fino alla fine di maggio; poi, qualora niente di nuovo si fosse manifestato, mettergli questa alternativa: o andare avanti rapidamente, oppure ritirare le truppe italiane...

Trascorso un altro mese, dimostratosi che le conseguenze negative di Guadalajara, per gravi che fossero rispetto all'obiettivo di una «svolta» decisiva della guerra, erano tutto sommato meno drammatiche di quanto temuto sulle prime e attenuatasi anche l'ondata antifascista suscitata dalla sconfitta, Mussolini per un verso riacquistò sicurezza e per

---

[154] DGFP, s. D, III, pp. 258 sgg.
[155] R. CANTALUPO, *Fu la Spagna* cit., p. 246.
[156] DDF, s. II, V, pp. 502 sgg.
[157] Cfr. *L'Europa verso la catastrofe* cit., p. 175.

un altro tornò ad abbandonare quasi completamente a Ciano la gestione della politica estera. Di una reale possibilità di ritiro dalla Spagna non si parlò piú [158]. «Moralmente» Mussolini chiuse la pagina di Guadalajara il 26 agosto 1937 quando i legionari del CTV entrarono alla testa delle forze nazionaliste in Santander. Ufficialmente egli l'aveva però già chiusa il 17 giugno, quando «Il popolo d'Italia» aveva pubblicato un suo articolo (anonimo, ma cosí inconfondibile che nessuno ebbe dubbi su chi ne fosse l'autore), intitolato appunto *Guadalajara*, dal tono falsamente pacato e storicizzante, che voleva costituire la parola definitiva su tutta la vicenda, la sua vulgata ufficiale per gli italiani e per il mondo. «Tutt'al piú» Guadalajara era stato un «insuccesso», «che non poteva avere e non ha avuto conseguenze di carattere militare».

Un *insuccesso* che la speculazione antifascista è riuscita a gonfiare per un momento, onde rialzare il morale depresso delle masnade bolsceviche sul fronte spagnolo e sul fronte della terza internazionale. Piú che di un insuccesso, deve parlarsi di una vittoria italiana, che gli eventi non permisero di sfruttare a fondo.

Le truppe italiane si erano battute benissimo e si consideravano vittoriose. Se vi era stato un errore, questo era stato commesso dal comando quando aveva dato loro l'ordine di retrocedere. «Dei quaranta chilometri dell'avanzata, venti rimasero tuttavia in possesso dei legionari». Una cosa comunque era «certa come un dogma di fede, della nostra fede: anche i morti di Guadalajara saranno vendicati» [159].

Nonostante la *vendetta* di Santander, politicamente Guadalajara rimase però per Mussolini ancora a lungo un problema aperto. Mentre per Ciano, che aveva voluto consapevolmente l'intervento in Spagna e ne aveva fatto il fulcro della *sua* politica, essa fu presto una pagina da dimenticare, per lui, che prima non aveva voluto l'intervento e poi l'aveva accettato un po' per «dovere», un po' trascinatovi da Ciano e dagli estremisti del partito e, comunque, sperandolo sempre breve, limitato e tale da non compromettere la sua libertà di movimento tra Inghilterra e Germania, rimase sin quasi alla fine della guerra civile spagnola una sorta di oscura *tentazione* del suo «senso del limite» e della sua sensibilità politica. Un ammonimento ricorrente a risolvere, costasse quel che costasse, la sua politica di intervento e a liberare l'Italia dalla palla al piede della Spagna, che egli non sarebbe mai stato capace di ascoltare e di cui cercò di liberarsi accollando nella sua mente alla preconcetta *ostilità* francese e soprattutto inglese la responsabilità di una situazione che,

---

[158] È per altro significativo che ancora il 7 luglio Ciano sentisse il bisogno di smentire a von Hassel che Mussolini avesse cambiato idea sul ritiro dei volontari. Cfr. *DGFP*, s. D, III, pp. 403 sg.
[159] MUSSOLINI, XXVIII, pp. 198 sgg.

invece, era tutta sua, ma che, ciò nonostante, troppi accenni – anche con Franco [160] – alla eventualità di un disimpegno italiano se la guerra non si fosse finalmente decisa stanno a dimostrare quanto dovesse assillarlo.

Non è nostra intenzione spiegare la politica estera fascista di questo periodo ricorrendo alla chiave della psicologia mussoliniana. Una simile spiegazione sarebbe doppiamente sbagliata, perché essa ebbe certamente delle motivazioni piú reali e perché dopo Guadalajara ben presto il «duce» – lo si è detto – tornò a delegarne in gran parte la guida a Ciano e si rinchiuse di nuovo nel suo isolamento. Ciò detto, siamo però anche convinti che per capire a fondo la fase politica successiva a Guadalajara (una fase assai importante e drammatica alla quale in genere non viene prestata l'attenzione che invece merita) sia impossibile prescindere dall'influenza che su di essa ebbe la psicologia mussoliniana, tanto direttamente quanto indirettamente, come fattore su cui giocarono cioè coloro che dovevano, italiani e stranieri, fare i conti con lui [161].

Dopo Guadalajara, anche se non si sottrasse alle sabbie mobili spagnole ma anzi – per un verso, sperando di attraversarle piú rapidamente e, per un altro verso, temendo che lo scacco subito rendesse Hitler meno interessato all'accordo con l'Italia e potesse spingere Berlino ad accordarsi con Londra –, vi sprofondò ancora di piú, sino a sfiorare come non mai il limite della rottura con Londra [162], Mussolini sentí vivissimo il desiderio di uscirne e si rese conto bene (certo meglio di Ciano [163]) che solo uscendone avrebbe potuto veramente riavviare il discorso con l'Inghilterra, scongiurare il pericolo, tutt'altro che ipotetico, che Londra e Berlino concludessero un accordo sopra la sua testa che lo avrebbe messo fuori gioco [164] e ridare in tal modo una prospettiva effettiva alla sua

---

[160] Ancora per il febbraio 1938 cfr. J. F. COVERDALE, *I fascisti italiani alla guerra di Spagna* cit., pp. 313 sgg.

[161] Le memorie di D. Grandi sono a questo proposito una fonte preziosa, anche se troppo portata ad attribuire un ruolo decisivo alla psicologia mussoliniana e all'azione esercitata su di essa dai tedeschi per convincere il «duce» della malafede della politica francese e soprattutto-inglese verso l'Italia.
Si veda in *Appendice*, documento 8 (riprodotto dai DDF, s. II, VIII, pp. 99 sgg.) un tipico esempio della importanza che alla personalità psicologica e culturale di Mussolini veniva attribuita anche all'estero per cercare di prevederne la politica: si tratta infatti di uno studio ad hoc elaborato all'inizio del 1938 da uno dei piú preparati diplomatici francesi a Roma, Jean-Paul Garnier.

[162] Nelle sue memorie D. Grandi ha scritto: «Se io dovessi rispondere al seguente quesito: Quale è stato l'anno piú delicato nei rapporti italo-brittannici prima del 1940? Non esiterei a rispondere: l'anno 1937. Esso fu altresí il periodo piú difficile e piú arduo per la mia opera di ambasciatore a Londra».

[163] Anche per Ciano l'«amicizia» con l'Inghilterra doveva essere un cardine della politica estera italiana. «Finché starò io a questo posto, saremo amici degli inglesi», disse ai primi di aprile a R. CANTALUPO (*Fu la Spagna* cit., p. 261). Questa sua consapevolezza era resa però concretamente inoperante dal suo desiderio di vincere la *sua* guerra in Spagna e dalla convinzione da esso ingenerata di poter procrastinare l'accordo con Londra sino a quando non avesse conseguito la vittoria in Spagna e lo potesse negoziare lui, in modo da non doverne spartire il merito con nessuno.

[164] Per un quadro complessivo cfr. K. MIDDLEMAS, *The diplomacy of illusion. The british gov-*

politica con la Germania. E questo non solo dopo che col giugno (ritiratosi Baldwin dalla guida del governo britannico e sostituitolo Chamberlain) da Londra cominciarono a giungere segnali sempre piú chiari che anche il nuovo premier e una parte del suo governo erano desiderosi – nonostante le «perplessità» di Eden – di riavviare il discorso con l'Italia e di raggiungere con essa un accordo, ma non potevano farlo se non si trovava una soluzione per por fine all'intervento italiano in Spagna. Assai significativo è a questo proposito ciò che, «con tono spesso drammatico», già il 12 giugno egli disse all'ambasciatore von Hassel. Il perno della futura politica mondiale era nelle relazioni dell'Italia e della Germania con l'Inghilterra (l'importanza della Francia e dell'Urss era molto minore, dato che era sua convinzione che la prima stava andando verso una grave crisi sociale e la seconda era alla vigilia di serie convulsioni interne). Il suo piú vivo desiderio era quello di raggiungere un accordo generale con l'Inghilterra (riconoscimento dell'Impero, regolamento delle questioni relative alle colonie italiane e inglesi, Mediterraneo), anche se era chiaro che a Londra gli spiriti non erano ancora maturi per esso. Prima o poi ci si sarebbe però dovuti arrivare: in una lotta tra il leone britannico e il leopardo italiano, questo avrebbe potuto soccombere, ma il leone ne sarebbe comunque uscito cosí gravemente ferito da preferire, in previsione di ciò, l'accordo alla lotta. L'importante era che la Germania non si lasciasse sedurre dalle illusioni suscitate sistematicamente dall'Inghilterra per separare Berlino da Roma. L'Asse doveva rimanere unito: nessuna intesa vi doveva essere tra Berlino e Londra senza Roma e tra Roma e Londra senza Berlino [165].

Ricostruire questo intrico di considerazioni politiche e di stati d'animo, spesso contrastanti, di Mussolini e di Ciano, questo tessuto di realismo e di velleità, di audacie, di paure e di fatalismo, di machiavellismi piccoli e grandi, di convinzioni radicate, di pregiudizi e di risentimenti, è indispensabile per capire veramente la politica italiana tra Guadalajara e la firma degli «accordi di Pasqua». Solo avendolo ben presente in tutti i suoi aspetti e in tutte le sue interreazioni si capisce perché, nel timore che la Germania le sfuggisse e, al tempo stesso, nella speranza di indurre l'Inghilterra a passare sopra alla «pregiudiziale spagnola» pur

---

ernment and Germany, London 1972; nonché D. C. WATT, *Historiography of Appeasement*, in *Crisis and controversy. Essays in honour of A. J. Taylor*, New York 1976, pp. 110 sgg.
[165] *DGFP*, s. D, III, pp. 327 sgg.
Una prova evidente della paura che Mussolini e Ciano avevano di un accordo anglo-tedesco concluso sopra la testa dell'Italia e anche solo che gli anglo-francesi potessero pensare ad un indebolimento dell'Asse è costituita dal disappunto suscitato a Roma, pochi giorni dopo, dalla notizia che von Neurath si accingeva a compiere una visita a Londra e dalle contromanovre subito messe in atto per bloccare l'iniziativa tedesca. Cfr. *ibid.*, pp. 339 sg., nonché *L'Europa verso la catastrofe* cit., pp. 186 sgg.

di contrastare un ulteriore avvicinamento dell'Italia alla Germania, Roma (pressata dalle richieste tedesche perché inducesse il governo austriaco a dare «piena esecuzione» all'accordo dell'11 luglio dell'anno prima), da un lato – per bocca di Mussolini, il 22 aprile a Venezia – confermò a Schuschnigg di non volere l'Anschluss, ma da un altro lato fece filtrare, negli stessi giorni, la notizia (tramite P. Gentizon che aveva avuto un incontro con Ciano) che l'Anschluss era inevitabile («in Austria tutto ciò che è giovane è nazi») e fece scrivere da Gayda (noto in tutto il mondo come il piú autorevole portavoce di palazzo Chigi) che era imminente una partecipazione dei nazisti austriaci al governo di Vienna[166]. Salvare con questi piccoli machiavellismi l'Austria non era certo possibile. Sia Mussolini che Ciano se ne rendevano altrettanto certamente conto. Dire però che avessero già passato l'Austria sul *conto perdite* è difficile. Il 6 gennaio '36, quando aveva aperto alla Germania e prospettato la soluzione di una satellizzazione dell'Austria, Mussolini lo aveva fatto perché si sentiva l'acqua alla gola, ma sperando che il tempo gli avrebbe permesso di impedire che attraverso la breccia da lui cosí aperta passasse l'Anschluss. Lo dimostrano l'aiuto e l'appoggio italiani nel '36 al riarmo austriaco (sospesi solo quando fu evidente che continuarli avrebbe determinato una situazione insostenibile con Berlino) e l'*ammonimento* che personalmente il «duce» fece pervenire a Vienna un mese dopo l'accordo austro-tedesco dell'11 luglio: avete venti mesi di tempo per portare il vostro esercito a venti divisioni e per poter cosí «fare politica»[167]. Anche se paventavano l'eventualità che la Germania sfuggisse loro e si accordasse con l'Inghilterra sopra la testa dell'Italia, né Mussolini né Ciano avevano cessato di sperare di poter salvare l'Austria, anche se il primo, in previsione del peggio, cominciava a precostituirsi l'alibi per cercare (come nel caso della Spagna) di scaricare eventualmente la responsabilità dell'Anschluss sugli austriaci e in particolare sulla loro «scarsa simpatia» e fiducia verso l'Italia[168]. In definitiva, essi pensavano, tutto sarebbe dipeso da come si sarebbero configurati i rapporti italo-inglesi. In attesa di ciò l'Austria poteva servire da esca, ma l'importante era che il luccio tedesco non la divorasse. Lo stizzito diniego col capo con cui Mussolini, pochi giorni dopo l'incontro veneziano con Schuschnigg, commen-

---

[166] Cfr. L'*Europa verso la catastrofe* cit., pp. 165 sgg.; K. SCHUSCHNIGG, *Un requiem in rosso-bianco-rosso*, Milano 1947, pp. 279 sgg.; *DDF*, s. II, V, pp. 563 sgg.; «Il giornale d'Italia», 23 aprile 1937; nonché, piú in generale, J. GEHL, *Austria, Germany and the Anschluss 1931-1938*, London 1963, pp. 133 sgg.
[167] Cfr. L. MONDINI, *Il riarmo dello Stato federale austriaco*, in «Storia e politica», gennaio-giugno 1974, pp. 106 sgg.; L. JEDLICKA, *Austria e Italia dal 1922 al 1938*, ivi, p. 102.
[168] Cfr. L'*Europa verso la catastrofe* cit., pp. 139 e 224.

tò l'affermazione di Göring che l'Anschluss era fatale [169] è sintomatico. Ma, ancora piú, lo sono l'ultimo «machiavellico» tentativo concepito da Ciano dopo l'incontro che lui e il «duce» avrebbero avuto a Roma il 6 novembre '37 con von Ribbentrop [170] e durante il quale la sorte dell'Austria era apparsa loro ormai praticamente segnata e segnata su tempi brevi: quello di suggerire al governo austriaco di «legare le mani» a Hitler... aderendo al patto anti-Komintern [171]; e il fatto che dal famosissimo «memorandum Hossbach» risulta senza ombra di dubbio che nel novembre del '37 (dopo cioè la visita di Mussolini in Germania e all'indomani dei colloqui romani di von Ribbentrop testé ricordati) persino Hitler considerava impossibile prevedere quale sarebbe stato l'atteggiamento italiano (specie se Mussolini non fosse stato piú vivo) al momento della realizzazione dell'Anschluss [172]. Tant'è che nei suoi piani la guerra di Spagna avrebbe dovuto durare il piú a lungo possibile: una rapida e totale vittoria di Franco non essendo da lui desiderata sia per tenere il piú a lungo possibile alta la tensione nel Mediterraneo (ed evitare un accordo italo-inglese) sia nella eventualità che la guerra civile si trasformasse in un conflitto anglo-franco-italiano che gli avrebbe permesso di risolvere la questione ceca e quella austriaca [173].

Come si vede, il discorso ritorna sempre alla Spagna. In questa prospettiva la stessa visita di Mussolini in Germania dal 25 al 29 settembre 1937, per importante che sia stata, assume un valore minore di quello che in genere le viene attribuito. Assai importante sotto il profilo dell'immagine di unità e di potenza della Germania che il «duce» ne riportò e per il peso psicologico che negli anni successivi avrebbero avuto sul suo «senso dell'onore» alcune delle parole da lui pronunciate a Berlino, al Campo di maggio, a proposito della «solidarietà» che doveva animare i rapporti tra le due rivoluzioni e i due popoli [174], essa fu politicamente meno importante di quanto si è spesso creduto. Rientrato in Italia, il 4 ottobre, Mussolini telegrafò da Forlí a Vittorio Emanuele III una prima brevissima relazione sulla sua visita che possiamo considerare del

---

[169] Cfr. P. SCHMIDT, *Da Versaglia a Norimberga*, Roma 1951, pp. 322 sg.
[170] Cfr. *L'Europa verso la catastrofe* cit., pp. 223 sg.
[171] Cfr. L. JEDLICKA, *Austria e Italia dal 1922 al 1938* cit., p. 104.
[172] Cfr. *DGFP*, s. D, I, p. 36.
[173] Cfr. *ibid.*, pp. 36 sg. Dal «memorandum Hossbach» risulta chiaramente che nella sperata eventualità di un conflitto anglo-franco-italiano Hitler si sarebbe mantenuto neutrale, limitandosi a rifornire l'Italia di materie prime. Il che spiega perché alla fine del 1937 egli non puntasse affatto ad un'alleanza militare con l'Italia, che sarebbe diventata per lui importante solo dopo gli «accordi di Pasqua», quando l'eventualità di un conflitto nel Mediterraneo non fu attuale e prese invece consistenza quella di una maggiore pendolarità della politica italiana o addirittura di un ulteriore avvicinamento italo-britannico.
[174] Per le prese di posizione pubbliche del «duce» in Germania cfr. MUSSOLINI, XXVIII, pp. 245 sgg.

tutto attendibile e che è la migliore testimonianza del valore che egli le attribuiva[175]:

... mio viaggio a Monaco e Berlino ha avuto *il carattere dimostrativo che si voleva*. Unico colloquio di carattere politico quello nella casa privata del Führer a Monaco, durante il quale il Führer mi confermò che avrebbe continuato ad aiutare la Spagna coll'invio di mezzi. Goering viceversa mi parlò dell'Austria per assicurarmi che nessuna mossa sarebbe stata fatta in quella direzione senza una previa intesa coll'Italia. Mia impressione è che Reich non ha rinunciato all'Anschluss; attende solo che gli eventi maturino. La preparazione militare segue un ritmo molto accelerato ma allo stato degli atti non abbiamo nulla o poco da imparare. Nella stessa rivista militare di Berlino non mancarono gli sfasamenti e gli incidenti di tutte le riviste. Ho notato in tutti un atteggiamento di antipatia verso l'Inghilterra. Il popolo germanico ha avuto un contegno molto simpatico.

Di un viaggio di Mussolini in Germania (protocollarmente era il «duce» che doveva restituire la visita fatta in Italia da Hitler nel 1934) si era cominciato a parlare da tempo. Inizialmente a volerlo erano stati i tedeschi, interessati a legare a loro piú strettamente l'Italia. Il 23 gennaio Göring ne aveva parlato personalmente con Mussolini, dicendogli che «il Führer sarebbe straordinariamente lieto se il Duce volesse fare una visita in Germania». Mussolini gli aveva risposto che desiderava anche lui rivedere Hitler, ma non era andato oltre un'affermazione molto generica: una sua visita in Germania era «nell'ambito delle possibilità»[176]. Nei mesi successivi da parte tedesca si era tornati periodicamente alla carica, sia direttamente sia indirettamente, senza però che Roma desse seguito alla cosa. La decisione di massima di recarsi in Germania, probabilmente in autunno, Mussolini la prese e la comunicò al maresciallo von Blomberg solo ai primi di giugno, durante la rivista navale organizzata in onore dell'ospite nel golfo di Napoli[177]; quella definitiva fu presa ai primi di agosto; l'annunzio ufficiale fu dato il 3 settembre. La sequenza di queste date è significativa. La seconda metà di marzo, aprile, maggio (come ancora buona parte di giugno) erano stati mesi neri nei rapporti italo-britannici. La campagna della stampa inglese e francese contro l'Italia per le vicende spagnole e di Addis Abeba e per l'assassinio dei fratelli Rosselli e quella messa in atto per controbatterla dalla stampa italiana avevano toccato vertici mai raggiunti, tanto che l'8 maggio Roma, un po' per rappresaglia un po' per non far circolare certe notizie, aveva vietato l'ingresso in Italia di tutti i giornali inglesi ad eccezione del «Daily Mail», dell'«Evening News» e dell'«Observer» e aveva ri-

---

[175] *Ibid.*, XLII, pp. 194 sg., il corsivo è nostro.
[176] *L'Europa verso la catastrofe* cit., p. 138.
[177] Cfr. M. MAGISTRATI, *L'Italia a Berlino (1937-1939)*, Verona 1956, pp. 54 sg.

chiamato i giornalisti italiani a Londra, e il 25 giugno Farinacci (*Troncare i rapporti*) su «Il regime fascista» sarebbe arrivato a scrivere che, stando cosí le cose, era meglio per l'Italia una guerra con l'Inghilterra e la Francia subito, data la debolezza militare della prima e interna della seconda, piuttosto che quando sarebbe stato loro piú vantaggioso[178]. In quello stesso periodo si era invece delineata una notevole distensione nei rapporti tra la Germania e l'Inghilterra, tanto è vero che a metà giugno von Neurath avrebbe pensato di recarsi a Londra in visita ufficiale, accettando un invito inglese in questo senso. In questi frangenti Roma aveva tutto l'interesse di incalzare da presso Berlino e di far credere a Londra che tutto tra Italia e Germania filava nel migliore dei modi e che, anzi, grazie anche all'ostilità britannica, l'Asse faceva progressi. Da qui, prima, il discorso in Parlamento di Ciano del 13 maggio che, pur lasciando la porta aperta verso l'Inghilterra, metteva l'accento sul «parallelismo di politiche tra Italia e Germania» e sul continuo rinsaldamento della «feconda collaborazione» tra i due paesi[179], poi l'annuncio di Mussolini a von Blomberg che accettava l'invito di Hitler, senza tuttavia dargli un immediato seguito. Rasserenatosi con la seconda metà di giugno l'orizzonte inglese (il 21 luglio furono revocati i provvedimenti contro l'introduzione della stampa d'oltre Manica) e avviatisi i contatti tra Roma e Londra per una revisione dei rapporti tra i due paesi, si potrebbe credere che per Mussolini il viaggio in Germania dovesse perdere di interesse. In realtà non era cosí. In primo luogo perché, in previsione di uno sviluppo positivo dei contatti con gli inglesi, il «duce» aveva tutto l'interesse a non allarmare troppo Hitler e poi perché, secondo il suo solito, egli voleva trattare con Londra dalla posizione piú forte possibile e, quindi, era interessato a far pesare al massimo sui negoziati i suoi «ottimi» rapporti con Berlino. Tipico in questo senso è il discorso da lui pronunciato il 20 agosto a Palermo[180]. Fermo, ma nella sostanza estremamente conciliante verso l'Inghilterra:

quando ritorno a riflettere sull'ultimo biennio delle nostre relazioni con Londra, io sono portato a concludere che al fondo c'è stata una grande incomprensione: l'opinione era rimasta indietro, si aveva dell'Italia una concezione superficiale e pittoresca, di quel pittoresco che io detesto. Non si conosceva ancora questa giovane, risoluta, fortissima Italia. Ora, con gli accordi di gennaio, ci fu un chiarimento

---

[178] L'articolo di Farinacci fu sconfessato da Ciano sia con l'ambasciatore inglese che con quello tedesco. Il mese dopo Farinacci fece un'altra violenta *sortita* giornalistica (*Principi ideali o sterline?*, in «Il regime fascista», 8 luglio 1937) attribuendo «la decapitazione del movimento falangista» messa in atto da Franco e le voci di una possibile restaurazione monarchica alle mene dell'Inghilterra per stabilire un proprio «protettorato» sulla Spagna.
[179] *Atti Parlamentari, Camera dei Deputati*, seduta del 13 maggio 1937, pp. 3716 sgg.
[180] MUSSOLINI, XXVIII, pp. 241 sg.

della situazione; poi accaddero degli episodi incresciosi, sui quali in questo momento è inutile ritornare. Oggi c'è di nuovo una schiarita all'orizzonte. Considerando la comunità delle frontiere coloniali, io penso che si può arrivare ad una conciliazione duratura e definitiva tra la via e la vita.

Cosí l'Italia è disposta a dare la sua collaborazione a tutti i problemi che investono la vita politica europea.

E, al tempo stesso, rassicurante verso la Germania e, quindi, indirettamente ricattatorio verso Londra:

non si arriva a Roma ignorando Berlino o contro Berlino, e non si arriva a Berlino ignorando Roma o contro Roma. Tra i due regimi c'è una solidarietà in atto: voi mi intendete quando dico che c'è una solidarietà in atto. Sia detto nella maniera piú categorica che noi non tollereremo nel Mediterraneo il bolscevismo o qualcosa di simile.

In secondo luogo perché, dopo le prime incoraggianti battute, il riavvicinamento anglo-italiano aveva subito un brusco arresto in conseguenza della gravissima situazione venutasi a determinare nel Mediterraneo in seguito ad alcuni siluramenti di navi repubblicane spagnole e neutrali ad opera di «misteriosi» sommergibili che tutto lasciava ritenere fossero italiani. Come vedremo tra poco, ciò stava determinando una situazione non solo del tutto nuova, ma che sembrava minacciare di poter arrivare al limite della completa rottura. Da qui, in agosto, quando la visita di Mussolini avrebbe dovuto servire per premere su Londra e per rassicurare Berlino, l'avvio della sua preparazione. Poi, il 3 settembre, quando il quadro internazionale stava ormai mutando completamente e stava facendosi per Roma sempre piú nero, il suo annunzio ufficiale, come una sorta di *alto là* nei confronti dell'Inghilterra e della Francia e – al solito – anche di *vengo teco* nei confronti della Germania, tutt'altro che propensa a farsi coinvolgere nelle avventuristiche operazioni italiane a sostegno di Franco. Salvo alla fine – resisi conto di aver teso troppo la corda e di non poter fare affidamento in caso di crisi sulla Germania ed entrati nell'ordine di idee di cercare di sdrammatizzare i rapporti con Londra e Parigi (deciso, in parole povere, di rinunciare all'uso dei sommergibili per bloccare i rifornimenti ai «rossi») – ridare alla visita in Germania quel carattere essenzialmente «dimostrativo» che Mussolini e Ciano le avevano voluto dare ai primi di agosto, quando ne avevano avviata concretamente la preparazione e che essa – come il «duce» telegrafò al re – effettivamente ebbe. «Carattere dimostrativo» che prova, da un lato, la larga strumentalità della politica di Mussolini verso la Germania rispetto a quella verso l'Inghilterra, da un altro lato, il decisivo condizionamento su questa di quella attuata in Spagna. Un condizionamento di cui Mussolini si rendeva conto, ma di cui non riusciva a liberarsi e che ebbe un peso decisivo su tutta la sua strategia politica, sino a determinarne praticamente la paralisi prima e il fallimento poi.

Pur incapace di una vera decisione, nei primi mesi dopo Guadalajara Mussolini si mosse in Spagna con una certa cautela. Durante le operazioni di primavera il CTV fu quasi completamente tenuto in riserva[181]. E lo stesso avvenne in estate, con la sola eccezione della sua partecipazione in forze all'offensiva su Santander (dopo di che fu nuovamente ritirato dalle prime linee e sino alla primavera del '38 partecipò a pochissime operazioni). In questo periodo fu curata soprattutto la sua riorganizzazione[182]. A parte 72 apparecchi da caccia, destinati ad assicurare ai nazionalisti la superiorità aerea, assai limitati furono anche gli invii di rifornimenti e di rinforzi: a tutto agosto non arrivarono in Spagna che 1500 uomini[183].

Questa relativa cautela si spiega solo in parte con la necessità di riorganizzare il CTV. Non è difficile pensare che ad essa contribuissero anche l'incertezza di Mussolini e il desiderio, suo e di Ciano, di non drammatizzare vieppiú i già tanto scossi rapporti con l'Inghilterra e, anzi, di cercare di migliorarli. E ciò tanto piú dopo che – assunta Chamberlain la guida del governo inglese – cominciarono a giungere i primi segnali di un possibile mutamento di atteggiamento di Londra a conferma delle previsioni di Grandi del marzo-aprile[184] sul prender corpo tra una parte dei conservatori di una tendenza a cercare un accordo con l'Italia (previsioni che avevano contribuito ad indurre Grandi a non dare subito seguito al telegramma di Mussolini del 25 marzo al fine di non indebolire in anticipo la forza contrattuale italiana). Lo autorizza a pensarlo il fatto che, appena l'ambasciatore inglese a Roma Drummond, il 19 giugno, fece un primo cauto sondaggio d'apertura con Ciano, questi si affrettò ad inviare a Grandi il resoconto del colloquio, accompagnandolo con una lettera che è per noi del massimo interesse, dato che dimostra, da un lato, quanto – nonostante il tono ingenuamente freddo e distaccato da lui usato – a Ciano e a Mussolini (l'accenno alle «direttive superiori» è chiaro) stesse a cuore l'accordo con l'Inghilterra e, pur di raggiungerlo, fossero disposti ad accontentarsi di ben poco e, da un altro lato, quanto Ciano sottovalutasse l'ostacolo spagnolo[185]:

---

[181] Contemporaneamente furono date precise istruzioni per evitare che reparti italiani si trovassero a diretto contatto con reparti delle Brigate internazionali in cui vi fossero italiani.
[182] In questo quadro Roatta fu sostituito col gen. Bastico, poi sostituito a sua volta col gen. Berti.
[183] Cfr. J. F. COVERDALE, *I fascisti italiani alla guerra di Spagna* cit., pp. 258 sgg.
[184] Cfr. in particolare le due lunghissime lettere di Grandi a Ciano il 2 e il 7 aprile, in *Archivio D. Grandi*, b. 40, fasc. 93, sott. 2, ins. 3.
[185] *Archivio D. Grandi*, b. 47, fasc. 112, in data 20 giugno 1937. Per il resoconto del colloquio Ciano-Drummond del giorno prima cfr. *L'Europa verso la catastrofe* cit., pp. 190 sgg.

Caro Grandi,

Ti ho mandato il resoconto di un mio colloquio con Drummond. Per quanto egli abbia premesso di parlare a titolo puramente personale, mi sembra che il tono della sua conversazione sia tale da lasciar facilmente riconoscere l'imbeccata ufficiale. D'altra parte le sue parole non differiscono molto da quelle che recentemente ha avuto occasione di dirti Eden.

Dalla mia risposta a Drummond ti potrai facilmente rendere conto di quelle che sono le direttive superiori. Allo stato degli atti un ravvicinamento con l'Inghilterra non solo appare possibile, ma anche desiderabile. Bisogna però che si tratti di un ravvicinamento completo e di una chiarificazione integrale che non lasci zone di nebbia o di ombra. Quando abbiamo concluso il gentlemen's agreement, da una parte e dall'altra si è ritenuto che su certi punti si poteva scivolare, nella speranza che il tempo sarebbe da solo valso ad arrotondare quegli angoli che allora non potevamo smussare noi. Invece alla prova dei fatti è stato proprio nel settore dell'ombra che le complicazioni si sono manifestate.

Ciò insegna per il futuro. Se ad una chiarificazione si vuole e si può arrivare, bisogna che essa sia totalitaria. Prima cosa riconoscimento dell'impero: riconoscimento giuridico senza ombra di equivoci o di polemiche, che dia la certezza a noi e alle popolazioni indigene dell'Impero che l'Inghilterra non intende mai piú tornare sul passato. Ciò fatto, credo che molto altro da aggiungere non lo avremo. Esiste, è vero, il problema spagnolo, ma mi sembra che ormai gli inglesi abbiano dovuto convincersi che non nutriamo ambizioni di sorta nei confronti della penisola iberica e che in ultima analisi la lotta che abbiamo condotto e che vittoriosamente conduciamo in Spagna serve, oltre la nostra causa, anche quella stessa dell'Inghilterra, che una installazione di regime bolscevico non può desiderare né in Spagna, né altrove.

Tu sul posto conosci certamente in modo perfetto uomini e stati d'animo. Non tocca quindi a me di darti suggerimenti o consigli. Ma se credi venuto il momento, senza d'altra parte far niente di precipitato o di frettoloso, per far comprendere agli inglesi che da parte nostra siamo pronti, in determinate eque condizioni, a stringere la mano che essi mostrano di tenderci, potrai senz'altro farlo.

L'occasione buona potrebbe essere quella della tua partenza in breve congedo. Prima di partire, potresti cercare di incontrarti con Chamberlain, dirgli quanto io stesso ho detto a Drummond e quanto sopra ti ho brevemente accennato, e chiedergli infine se egli non desidera che tu venendo a Roma porti un messaggio del nuovo Capo del Governo, al Duce. Questo tuo passo potrebbe servire a rompere il primo ghiaccio. Ed è mia impressione che forse dopo il ghiaccio possa sciogliersi con una certa facilità.

Per quanto riguarda la visita di Neurath, non ho niente da segnalarti di particolare. Su ogni punto siamo d'accordo, ed anche lui cercherà di dare un contributo al ravvicinamento tra Roma e Londra che, come tu ben sai, noi non ricerchiamo con la minima ansia, ma che d'altra parte non intendiamo dogmaticamente respingere.

A questo punto, prima di procedere oltre nel nostro discorso, è necessario aprire una parentesi. Qualche giorno prima che si verificassero

---

Al passo di Drummond a Roma seguiva alcuni giorni dopo a Parigi un passo di lord Lloyd su Cerruti, di cui l'8 luglio Ciano informò Grandi (*ibid.*).

i fatti di cui stiamo parlando, il 9 giugno '37, a Bagnoles-sur-l'Orne, in Francia, Carlo e Nello (che si era recato a trovare il fratello) Rosselli erano stati uccisi da un gruppo di *cagoulards* che aveva tentato di camuffare il delitto in modo da cercare di attribuirlo a contrasti interni dell'antifascismo (tesi poi sostenuta anche dalla stampa fascista). Sulla origine del delitto vi è ben poco da dire. La documentazione oggi disponibile prova senza ombra di dubbio che il delitto fu commesso su mandato del SIM e che la uccisione di Carlo Rosselli era stata studiata almeno dal febbraio, nel quadro di un'azione volta a sopprimere varie «persone incomode» e cioè esponenti attivi dell'antifascismo impegnati nel sostegno della Spagna repubblicana e nella denuncia dell'intervento italiano contro di essa. Mentre le indagini e i procedimenti penali svoltisi in Francia contro gli esecutori materiali del delitto e i loro capi francesi non hanno mai ufficialmente affrontato il problema dei mandanti stranieri[186], gli elementi emersi nel corso di quelli svolti in Italia dopo la caduta del fascismo non lasciano dubbi, anche se, alla fine, la serie dei

[186] In realtà già nel marzo 1938 le autorità francesi si convinsero che l'Italia era implicata nel delitto. Ne è prova il fatto che il capo di gabinetto del ministro degli Interni del secondo governo Blum ne informò segretamente il 26 dello stesso mese Manlio Morgagni, che si trovava a Parigi e che ne riferí subito a Roma in questi termini: «Durante la notte del 25, il signor D. mi chiamò al telefono avvertendomi che aveva una comunicazione urgentissima da farmi e che sarebbe venuto la mattina a trovarmi in albergo.
«Difatti alle 9 era da me.
«Premise che il suo era un passo puramente personale. Avendo saputo cose che potevano pregiudicare ogni buona volontà reciproca, si affrettava a comunicarmele perché, a mia volta, le trasmettessi a chi meglio credevo.
«Le autorità francesi erano venute a conoscere i nomi di coloro che avevano ucciso i fratelli Rosselli, e degli autori di altri clamorosi delitti politici.
«L'Italia vi appariva implicata seriamente.
«Dettomi questo mi aggiunse che tutto ciò poteva essere causa di un grave scandalo che, scoppiando, avrebbe certo reso meno possibile un successivo tentativo di riavvicinamento.
«Mi informò, inoltre, che durante la notte aveva saputo che i prevenuti erano in Italia e cioè: FILHOL e DOULET a Sanremo, e CORN a Milano.
«Mi prospettava quindi questo dilemma: o respingere i nominati alla frontiera, o custodirli, o farli fuggire. Avrebbe desiderato apprendere che costoro fossero in Svizzera, in Spagna o altrove. Essendo essi in Italia riteneva la cosa assai grave e ragione, quindi, di scandalo e con questo suo passo riteneva di tentare di evitarlo.
«Mi ha espresso il desiderio che questo atto di amicizia venga apprezzato al suo giusto valore e se di ciò mi ha informato con tanta sollecitudine, è perché ritiene che qualsiasi possa essere la decisione in Italia, occorre agire subito.
«Al termine di ogni suo dire io gli ho espresso la mia meraviglia per essersi rivolto a me per cosa di simile natura, ma che, ad ogni modo, mi sarei interessato presso il rappresentante del mio Paese a Parigi.
«E cosí ho fatto recandomi dal nostro Incaricato d'affari all'Ambasciata di Parigi e limitando la mia informazione a quanto avevo appreso» (ACS, *Agenzia Stefani*, b. 1, n. 68).
Un simile atteggiamento è facilmente comprensibile se si pensa che si era a pochi giorni dall'Anschluss, che in Francia molti speravano che l'occupazione dell'Austria da parte di Hitler potesse indurre Mussolini a riavvicinarsi alla Francia. Lo stesso interlocutore di Morgagni era stato, in un colloquio del giorno prima (*ibid.*, n. 76), esplicito: «Se l'Italia si avvicina alla Francia, la Germania non potrà piú fare la guerra. Ma se questo avvicinamento fosse inattuabile che farà l'Italia con una Germania che non si preoccupa di nulla ed una Francia ostile?
«La risposta non è difficile.
«L'Italia dovrà accordarsi con l'Inghilterra; non ne può fare a meno. Di conseguenza si ritirerà

processi celebrati si è conclusa con un'assoluzione generale. Come ha scritto G. Salvemini, che piú di ogni altro ha approfondito le vicende del delitto e dei processi ai quali esso ha dato luogo [187], è certo che «il delitto fu compiuto dai *cagoulards* francesi per mandato ricevuto da un ufficiale del SIM italiano, Navale; che costui ricevé il mandato dal suo superiore nel SIM Emanuele; che costui lo ricevette certamente da Galeazzo Ciano» [188]. Storicamente la questione potrebbe considerasi a questo punto chiusa. In sede di biografia di Mussolini è però impossibile non chiedersi quale fu la parte del «duce» nel crimine. Secondo Salvemini [189] «è assai difficile per non dire impossibile» pensare che Ciano avesse agito di testa sua «e non per eseguire una volontà di Mussolini». Probabilmente Salvemini ha ragione. Un dubbio però resta. È possibile che Mussolini – che, oltre tutto, sapeva benissimo per l'esperienza fatta dopo il delitto Matteotti i rischi insiti in questo genere di cose – potesse credere che la soppressione di un uomo della notorietà di Carlo Rosselli non avrebbe danneggiato la sua immagine all'estero e la sua politica?

dalla Spagna anche perché, come hanno dichiarato a noi gli stessi spagnoli, "se non ve ne andrete spontaneamente penseranno essi a scacciarvene".
«Ma per noi francesi la gravità minacciosa del problema non è questa. Fino a che voi italiani state a Malaga, a Saragozza, noi francesi staremo fermi. Ma quando voi continuaste ad avanzare e giungeste sulle nostre frontiere dei Pirenei, allora l'aspetto delle cose è radicalmente cambiato. Allora voi avreste contro tutta la Francia. Non quella del Fronte popolare, ma la Francia con tutto il suo popolo e con una sola volontà. La Francia si ritroverebbe e si alzerebbe compatta in piedi. Noi non vogliamo una terza frontiera da difendere, questo è positivo.
«Se voi vi avvicinaste ai Pirenei, e se questo conducesse alla guerra, noi la faremmo, appunto perché vogliamo toglierci l'incubo della terza frontiera.
«La guerra, io penso, è lontana, ma è sicura e inevitabile in questo preciso caso. Noi non potremmo starcene quieti ad osservare, assenti, come se tutto ciò non ci riguardasse.
«Quindi, ecco quello che è un desiderio o una speranza diffusa nell'attuale delicata contingenza: «L'Italia in Spagna non ha nulla da guadagnare. Se l'Italia facesse il gesto di non volersi avvicinare alle nostre frontiere in Catalogna, sarebbe tale atto che le procurerebbe la riconoscenza della Francia, non solo, ma del mondo. Sarebbe un gesto di alto significato pacificatore, e l'Italia avrebbe tutto da guadagnare a compierlo...
«Contrariamente a ciò che voi credete, nessun governo francese non sarà mai piú disposto a fare la pace con l'Italia che il Governo di Fronte popolare.
«Perché se fra qualche tempo si avrà un Governo di Unione nazionale, questo sarà molto piú esigente nelle sue pretese. E si capisce il perché.
«Chamberlain vuol fare la pace con voi perché ne ha assoluto bisogno per la sua politica di governo e per gli interessi del suo paese. Chi piú di ogni altro ne guadagna siamo noi francesi.
«L'Inghilterra, accordandosi con voi, mette noi in una posizione di sicura tranquillità. Sappiamo press'a poco quali sono le basi dell'Accordo. L'Inghilterra non vorrà mai permettere una situazione che possa eventualmente danneggiarci. Ci preserva da ogni vostro colpo di testa. Voi, qualora ne abbiate la voglia, non potete piú far nulla contro di noi.
«Un governo francese di unione nazionale si varrà di questa situazione di fatto e se ne varrà in un eventuale negoziato discutendo le vostre proposte, maggiormente vagliando le proprie.
«Il Governo di Fronte popolare le accetterebbe *subito, non appena presentate*».
In questa situazione, nulla di piú logico che i francesi si guardassero bene dal rendere noto quanto avevano appurato sulle dirette responsabilità italiane nell'uccisione dei fratelli Rosselli.
[187] G. SALVEMINI, *L'assassinio dei Rosselli*, in *No al fascismo*, a cura di E. Rossi, Torino 1957, p. 255. Ulteriori elementi, successivamente emersi, in, c. BERNADAC, *«Dagore». Les carnets secrets de la Cagoule*, Paris 1977, pp. 39 sg., 68 sg., 76 sg. e 82 sgg.
[188] G. SALVEMINI, *L'assassinio dei Rosselli* cit., p. 304.
[189] *Ibid*.

E,. soprattutto, che – per convinto che fosse che le «ragioni politiche» erano piú forti di tutto – potesse correre in quel momento il rischio di provocare una levata di scudi contro di lui che avrebbe potuto bloccare o almeno rinviare nel tempo la tanto desiderata ripresa del discorso con Londra? E ciò tanto piú dati i segnali positivi che in questo senso venivano – lo si è detto – già dal marzo-aprile e, come non bastasse, dovendo essere al corrente delle voci che, sin dai tempi della guerra d'Africa[190], davano Rosselli in contatto con Eden, con colui cioè che egli, non a torto, considerava il maggior ostacolo al riavvicinamento con Londra. Pur consapevoli che il problema non potrà quasi certamente essere mai risolto, c'è da chiedersi se tutta l'«operazione persone incomode» e, dunque, l'assassinio dei Rosselli non fossero nati – come ha sempre detto di ritenere il colonnello Emanuele[191] – a insaputa di Mussolini, come una iniziativa personale di Ciano, e che questi, nella sua leggerezza, non ne avesse piú seguito gli sviluppi e, quindi, non l'avesse piú potuta fermare. Che è poi la spiegazione che sembra adombrasse lo stesso Mussolini parlando, nel luglio '37, con Y. de Begnac[192]:

anche la tragedia Rosselli diventerà problema di Stato. Altri due morti attraverso la nostra strada. La storia deciderà sul perché della loro sorte. Non sempre il potere arriva a controllare le azioni dell'apparato che lo rappresenta.

Con ciò – sia chiaro – non vogliamo *assolvere* Mussolini, ché, in ogni caso, di questo come di altri delitti del fascismo ebbe certamente la responsabilità che discende dall'aver creato e lasciato creare il clima morale in cui queste cose potevano avvenire e dall'essersi circondato di uomini capaci di concepirle e farle eseguire. Né vogliamo dire che egli non fosse capace di pensarle e di ordinarle anche personalmente, ché l'ordine da lui dato nel febbraio '39 di fucilare tutti gli italiani che avevano combattuto con i «rossi» e che erano stati fatti prigionieri in Spagna («i morti non raccontano la storia»)[193] parla chiaro. La ragione del nostro inter-

[190] Cfr. in *Archivio D. Grandi*, b. 80, fasc. 161, sott. 4, l'ambasciata di Londra al ministero degli Esteri, tel. in data 9 ottobre 1935.
[191] Cfr. G. SALVEMINI, *L'assassinio dei Rosselli* cit., pp. 268 sgg.
[192] Y. DE BEGNAC, *Palazzo Venezia* cit., p. 613.
Su questa linea, una indiretta conferma che Mussolini non fosse al corrente di «iniziative» del genere si può, forse, trovare in un'annotazione del *Diario* di G. CIANO (p. 37) sotto la data del 16 settembre 1937 (quando Mussolini doveva essere ormai sul chi vive) e che si riferisce agli attentati dinamitardi di cinque giorni prima dei *cagoulards* contro due sedi di organizzazioni industriali francesi: «Il Duce è preoccupato che la polizia francese sia sulle traccie degli autori degli attentati a Parigi. Em[anuele] mi dice che è impossibile. Comunque noi non c'entriamo. Sono francesi al servizio di Met[enier?]»
[193] Cfr. G. CIANO, *Diario* cit., p. 256. Ciano per parte sua aveva già impartito disposizioni in questo senso sin dal febbraio 1937: «Resta inteso che mentre i prigionieri spagnoli dovranno venire rispettati, bisogna passare subito per le armi i mercenari internazionali. Naturalmente, per primi, i rinnegati italiani». Cfr. G. B. GUERRI, *Galeazzo Ciano* cit., p. 247.

rogativo è tutt'altra: cercare di mettere il piú possibile a fuoco l'atteggiamento politico, il modus operandi, la psicologia di Mussolini in questo momento. È infatti evidente che, se si potesse stabilire con certezza che il «duce» era al corrente di quanto si andava organizzando contro Rosselli e non lo impedí, bisognerebbe concludere che il suo *realismo* era ormai o molto indebolito (da non fargli pensare alle conseguenze) o fortissimo (da renderlo sicuro che ripercussioni gravi a livello di «grande politica» non vi sarebbero state): due conclusioni che, però, alla luce del suo comportamento politico complessivo in questo periodo non ci paiono, né l'una né l'altra, accettabili. Detto questo, chiudiamo la parentesi e torniamo alle relazioni anglo-italiane e all'influenza su di essa delle vicende spagnole.

All'ambasciata italiana a Londra la lettera di Ciano del 20 giugno fu accolta come «il cacio sui maccheroni». Dal momento in cui si era concluso il conflitto etiopico Grandi era personalmente tutto teso a ricostruire l'amicizia italo-inglese. Già l'anno precedente egli aveva avuto una parte notevole nel preparare il *gentlemen's agreement*, anche se Ciano aveva voluto poi negoziarlo personalmente a Roma, tagliando praticamente fuori dalle trattative l'ambasciata di Londra. Diventato primo ministro Chamberlain, Grandi aveva già mosso le prime pedine, convinto che il momento favorevole fosse finalmente arrivato. Ora, dopo la lettera di Ciano, si buttò a capofitto nell'operazione, pronto – se necessario – a servirsi di tutti i mezzi, persino a far dire a Chamberlain e Mussolini piú di quanto erano disposti a dire, pur di creare tra loro quella «fiducia» che sola avrebbe potuto permettere l'avvio di quel negoziato che entrambi volevano, ma che, nella loro reciproca diffidenza, entrambi temevano potesse naufragare con gravi conseguenze per il loro prestigio e la loro politica. Ripercorrendo dopo la conclusione degli «accordi di Pasqua» nel suo diario [194] le varie fasi della vicenda, Grandi ha cosí narrato i retroscena dell'avvio dei negoziati:

Sin dal giugno, e cioè dall'avvento di Chamberlain a Downing Street, ho creduto che egli era il solo uomo col quale ci si sarebbe potuti intendere.
Ho «sentito» che io dovevo assolutamente fare di tutto per determinare una comprensione psicologica tra il Duce e Chamberlain. Ero sicuro che se fossi riuscito a creare un senso di simpatia, di stima per la buona fede reciproca fra Mussolini e Chamberlain forse si sarebbe potuti venire ad un chiarimento definitivo fra noi e l'Inghilterra.
È dal mese di giugno che mi sono messo a lavorare a tale scopo. Ho sentito che vi era un solo terreno sul quale battere Eden. Eden era fissato nell'idea di dimo-

---

[194] D. GRANDI, *Frammenti di diario*, 26 aprile 1938, in *Archivio D. Grandi*, b. 151, fasc. 199, sott. 2, ins. 3.

strare la cattiva fede di Mussolini. Bisognava distruggere questo piano di Eden cercando di dimostrare a Chamberlain la buona fede di Mussolini.

Questo è stato il criterio direttivo di tutta la mia azione «personale» dal giugno al febbraio di quest'anno. *Determinare in Chamberlain la stima e la fiducia per Mussolini non bastava tuttavia. Occorreva una cosa ancora piú difficile: determinare in Mussolini la stima e la fiducia per Chamberlain.* Questo era piú difficile ancora. Eppure ci sono riuscito. In che modo?

Ho cercato di «avvicinare» personalmente questi due uomini, sia pure da lontano, e cosí mentalmente distanti.

Nei miei rapporti a Roma ho fatto di Chamberlain una pittura assai piú ottimistica di quello che egli fosse effettivamente, rappresentandolo come un *amico* dell'Italia ed un *ammiratore* del Duce, molto piú «amico» e «ammiratore» di quello che Chamberlain fosse effettivamente. Ho «inventato» io stesso un messaggio di Chamberlain al Duce nel giugno del 1937, durante il periodo dell'Incoronazione, ossia durante uno dei momenti piú delicati e piú difficili delle relazioni italo-inglesi. Per la verità Chamberlain non mi ha incaricato *mai* di un messaggio per il Duce. Le cose andarono cosí. Durante il pranzo al Foreign Office per il birth day di Re Giorgio VI Eden presentò al nuovo Primo Ministro (da pochi giorni nominato dopo le cerimonie dell'Incoronazione) tutti gli ambasciatori. Chamberlain trattenne ciascuno di noi per qualche minuto dicendo delle parole cortesi ad ognuno. A me disse delle parole cortesi, ma non con un determinato significato politico. Mi bastarono tuttavia per una comunicazione a Roma nella quale «esagerai» volutamente il carattere di queste innocue parole di Chamberlain e il loro aspetto di riguardo per la persona del Duce, aspetto che Chamberlain non si sognò affatto di darvi...

Cominciata a rompere la diffidenza di Roma, cosí da rendere Mussolini e Ciano piú disposti a raccogliere vari segnali che intanto erano cominciati ad arrivare anche da parte inglese, e ricevuto il *via libera* da Ciano, Grandi intensificò al massimo la sua azione concentrandola adesso tutta su Chamberlain e ancor piú sul suo entourage di partito che sapeva proiettato ancor piú del premier sulla prospettiva di un accordo con Roma. In un paio di settimane quest'azione dette i primi frutti. Il 12 luglio Grandi poteva scrivere a Ciano che nei giorni immediatamente successivi sarebbe arrivato a Roma Adrian Dingli, un maltese, consulente legale dell'ambasciata e al tempo stesso uomo di fiducia di Joseph Ball, intimo amico di Chamberlain, capo dell'Organizzazione di propaganda del governo e consulente politico del Partito conservatore. Dingli, della cui missione «assolutamente non ufficiale» il premier era al corrente, avrebbe voluto incontrare Ciano per verificare le effettive possibilità di una *détente* generale nelle relazioni tra i due paesi e sondare la sua posizione su alcuni punti particolari[195]. Il 16 e il 17 luglio Dingli

---

[195] Si veda in *Appendice*, documento 9, la lettera del 12 luglio 1937 (*Archivio D. Grandi*, b. 40, fasc. 93, sott. 2, ins. 3). Sempre nell'*Archivio D. Grandi* (b. 66, fasc. 158, sott. 1 e 2) sono conservati un ricco carteggio (29 giugno 1937 - 13 giugno 1940) relativo all'attività del Dingli e il *Diario* (1º luglio 1937 - 10 maggio 1940) dello stesso Dingli relativo alla sua azione di intermediario segreto

ebbe due incontri con Ciano sui quali redasse un ampio resoconto [196] che, appena rientrato a Londra, consegnò a Ball e questi a Chamberlain, che ne dovette essere pienamente soddisfatto se pochi giorni dopo, scavalcando di fatto il Foreign Office (tutt'altro che convinto della buona fede di Mussolini e in quei giorni particolarmente in allarme per le notizie di un prossimo rafforzamento delle guarnigioni italiane in Libia [197]), accettò una richiesta di colloquio di Grandi, trasmessagli, il 21 luglio, tramite Eden.

L'incontro tra i due ebbe luogo il 27 mattina a Downing Street. Grandi fu abilissimo, addirittura mefistofelico. Ripetendo un «giochino» già abbozzato il 21 con Eden (su cui però non aveva avuto effetto), inventò per Chamberlain un «messaggio» di Mussolini, illustrandogliene il contenuto e via via commentandoglielo, ma senza ovviamente darglielo in mano. Poi passò al contenzioso politico che divideva i due paesi. Infine, vistolo finalmente convinto della volontà di Mussolini di giungere ad un accordo, gli «strappò» (Chamberlain dirà lo «incoraggiò» a scrivere) quella lettera per il «duce» che a lui, Grandi, era necessaria per soddisfare la vanità di Mussolini e per indurlo a superare le sue ultime incertezze e imboccare la strada delle trattative [198]. Una lettera vera, questa volta, al contrario dell'inesistente «messaggio» mussoliniano («Sono io che ho domandato a Chamberlain di scrivere a Mussolini come rispondesse al messaggio, che per la verità era immaginario, perché il Duce *mai* mi aveva incaricato di un messaggio di questo genere» [199]), nella quale il premier scriveva:

Caro signor Mussolini,
    ho avuto un lungo colloquio questa mattina con il conte Grandi che mi ha portato il messaggio che voi avete avuto la gentilezza di inviarmi. Indubbiamente egli vi riferirà ciò che gli ho detto ma desidero inviarvi una nota personale e il conte Grandi mi ha incoraggiato a scrivere.
    Anche se ho trascorso alcune delle mie più felici vacanze in Italia sono ora passati diversi anni da quando ho visitato il vostro paese ed è perciò che con mio grande rincrescimento io non ho mai avuto l'opportunità di incontrare vostra Eccellenza. Ma ho spesso sentito mio fratello, sir Austen, parlare di voi e sempre con la massima stima. Era solito dire che voi eravate «un'ottima persona con cui trattare».
    Da quando sono diventato primo ministro sono stato afflitto dal vedere che le

---

tra Chamberlain-Ball Grandi e Roma. Su tale azione cfr. R. QUARTARARO, *Inghilterra e Italia. Dal Patto di Pasqua a Monaco (con un'appendice sul «canale segreto» italo-inglese)*, in «Storia contemporanea», ottobre-dicembre 1976, pp. 648 sgg.

[196] Se ne veda il testo in R. QUARTARARO, *Inghilterra e Italia ecc.* cit., pp. 655 sgg.
[197] Cfr. A. EDEN, *Memorie* cit., I, pp. 564 sgg.
[198] Cfr. in *Archivio D. Grandi*, b. 40, fasc. 93, sott. 2, ins. 3, D. Grandi a G. Ciano, 28 luglio 1937, il resoconto *ufficiale* che dell'incontro Grandi fece a Roma.
[199] D. GRANDI, *Frammenti di diario* cit., 26 aprile 1938.

relazioni tra l'Italia e la Gran Bretagna sono ancora lontane da quel vecchio sentimento di mutua fiducia e affetto che è durato per tanti anni. Malgrado l'amarezza provocata dall'affare abissino io credo che è possibile restaurare quei vecchi sentimenti se possiamo solo spazzar via le incomprensioni e i sospetti infondati che offuscano la nostra reciproca fiducia.

Io perciò accolgo di tutto cuore il messaggio che mi avete inviato e desidero assicurarvi che questo governo è mosso solo dai piú amichevoli sentimenti verso l'Italia e sarà pronto in qualsiasi momento ad aprire conversazioni con l'intento di chiarire l'intera situazione e di rimuovere tutte le cause di sospetto e incomprensione.

Quattro giorni dopo, il 31 luglio, Mussolini rispose a Chamberlain con una cordialissima lettera nella quale diceva di condividerne il giudizio e il desiderio che fosse «possibile ricondurre le relazioni tra i nostri due paesi sul piano di una cordiale e proficua collaborazione»:

Gli interessi dell'Italia e della Gran Bretagna non sono contrastanti né in Mediterraneo né altrove. Anzi essi possono costituire attraverso la loro pacifica coesistenza un motivo di piú attivo incremento allo sviluppo dei nostri rapporti.

Se, come V. E. accenna, l'atmosfera è in alcune zone ancora oscurata da nubi di infondati sospetti e malintesi, una completa e franca chiarificazione dei reciproci intendimenti varrà certamente a ristabilire quella mutua fiducia sulla quale deve basarsi ogni vitale intesa internazionale.

A tale scopo sono lieto di accogliere l'idea avanzata da V. E. di iniziare delle conversazioni durante le quali dovranno venire esaminate in uno spirito di sincera collaborazione quelle questioni che attendono di essere risolte ai fini di un ritorno all'auspicata intesa italo-britannica.

Nelle sue memorie, stese in Portogallo nel 1944, Grandi avrebbe definito questa lettera

calda, scritta con tono di sincerità, e scritta visibilmente da lui medesimo. Lo stile di Mussolini era inconfondibile. Mussolini si dichiarava disposto a seguire il Premier nella sua proposta. Il ghiaccio era rotto. Un rapporto di fiducia personale si era creato fra i due uomini. Non si trattava se non di reciproche dichiarazioni di buona volontà generica, ma già era sembrato ed era moltissimo. La notizia di questo scambio di lettere fu data alla stampa. Essa determinò una distensione immediata tra i due paesi, dimostrando come artificioso e irreale fosse lo stato dei rapporti tra Roma e Londra. Essa dimostrò altresí che la situazione dei rapporti tra Roma e Berlino era ancora ben lungi dall'essere una posizione definitiva.

Eppure se si leggono le pagine di diario dello stesso Grandi scritte nei mesi successivi lo scambio di lettere si trova un'affermazione nettamente in contrasto con queste parole e che lascia allibiti: nelle settimane che seguirono il 31 luglio Mussolini avrebbe sperato «di trascinare la Germania alla guerra contro l'Inghilterra»[200]. Come è possibile spiegare due giudizi cosí contrastanti? Cerchiamo di capirlo.

[200] Cfr. *ibid.*, 26 aprile e 3 giugno 1938.

Apparentemente a fine luglio la strada verso il tanto auspicato *accordo generale* era aperta. In realtà invece esso era ancora in alto mare. E non perché Mussolini e lo stesso Ciano non lo volessero. Sulla sua strada vi erano due ostacoli che Grandi non aveva previsto. Uno era la situazione spagnola, le eterne sabbie mobili spagnole nelle quali Mussolini con la sua incapacità di dare un taglio netto all'intervento italiano stava per sprofondare ancora una volta di piú, aiutato a ben morire dai tedeschi che se una cosa non volevano era che l'accordo anglo-italiano chiudesse loro le porte dell'Austria e della Cecoslovacchia. L'altro – probabilmente piú inconsapevolmente che consapevolmente – era Ciano, che, invece di spingere Mussolini a battere il ferro mentre era caldo, preferí rinviare l'inizio dei negoziati a fine settembre e non fece nulla per spianarne la strada. Dire con certezza perché non è facile. Alcune ipotesi però si possono fare. Innanzitutto una, di tipo personale, meschino, ma da non sottovalutare: cosí come l'anno prima, Ciano voleva sottrarre a Grandi la gestione dei negoziati, per poi attribuirsene tutto il merito [201]. Da un altro lato Ciano voleva far fare «anticamera» agli inglesi, far «capire loro» che l'Italia fascista non aveva fretta. Da un altro lato ancora, pur avendo sempre teso all'accordo, non doveva aver idee precise sul suo effettivo contenuto: da qui il suo desiderio di prepararsi con calma ad esso e – credendolo ormai a portata di mano – di escogitare come farlo «rendere» di piú. E, infine, doveva esservi il desiderio, per un verso, di preparare in qualche modo il terreno con i tedeschi, specie ora che Mussolini si era lasciato andare con von Blomberg a parlare di un suo prossimo viaggio «probabilmente in autunno» in Germania, e, per un altro verso, di far pesare sui negoziati con Londra l'ulteriore «rafforzamento» dell'Asse che il viaggio avrebbe accreditato [202]. Inviandogli la lettera di Mussolini per Chamberlain, Ciano cosí scriveva a Grandi:

---

[201] La notizia che Chamberlain aveva scritto a Mussolini aveva suscitato in Italia una impressione enorme. Un appunto per il «duce» di Starace datato 31 luglio riferiva: «La notizia della lettera personale autografa, indirizzata al DUCE da Chamberlain, ha prodotto una profonda impressione, naturalmente favorevole.
«Ricorrono frasi di questo genere: *Il* DUCE *ha vinto ancora una volta*; *il* DUCE *ha nuovamente piegato l'Inghilterra*; *il* DUCE *conduce l'Inghilterra per la capezza.*
«Anche la notizia della lettera autografa indirizzata al DUCE dal Re del Belgio, che accompagna il progetto di Van Zeland, ha suscitato commenti favorevoli.
«È convincimento generale che la leva di comando, per quanto riguarda l'Europa, è effettivamente nelle mani del DUCE» (ACS, *Segreteria particolare del Duce, Carteggio riservato [1922-1943]*, 242/R, fasc. «Starace A.», sott. 1).
[202] Nello stesso giorno in cui Mussolini scrisse a Chamberlain, Ciano ricevette l'ambasciatore giapponese Hotta che gli trasmise l'offerta di «una intesa a carattere anti-comunista, del tipo di quella a suo tempo raggiunta fra Tokio e Berlino» e di un accordo segreto «di collaborazione tecnica nel campo militare». Il 2 agosto Ciano informò tutto compiaciuto Grandi, chiedendo la sua opinione sulla incidenza che la cosa avrebbe potuto avere sui negoziati italo-inglesi, ma non nascondendogli il suo personale punto di vista: «L'accordo col Giappone aumenta a dismisura la nostra forza e secondo quanto tu hai sempre affermato, e i fatti confermato, niente come la forza rende malleabili

Il Duce pensa che le conversazioni debbano avere luogo a Roma. Ciò è certamente giusto e conveniente. Epoca: dalla seconda metà di agosto in poi.

Adesso, o almeno tra breve avranno luogo le manovre. Roma, praticamente, si sposta in Sicilia. Converrà attendere il ritorno. D'altra parte all'accordo pubblico con gli inglesi non è possibile arrivare se non dopo il riconoscimento dell'Impero: non credo che con tutta la sua buona volontà, Chamberlain possa farlo prima che Ginevra non abbia sciolto i singoli Governi dall'obbligazione collettiva. Quindi fine settembre. Allora, meglio che adesso, potremo giudicare con qual gesto sarà bene suggellare solennemente la ripresa della vecchia collaborazione.

Intanto conviene esaminare l'agenda delle conversazioni. Noi molti suggerimenti da fare non ne abbiamo: per quanto riguarda il Mediterraneo l'accordo del 2 gennaio è esauriente o quasi, a meno che non si voglia scendere in problemi specifici.

Sarà necessario invece definire con chiarezza i rapporti tra l'Impero e le limitrofe colonie britanniche. Materia da fare trattare particolarmente dagli esperti politici e coloniali. Londra dovrebbe mandarci i suoi.

Credo che gli inglesi avranno altri punti da sottoporre all'esame. Radio, propaganda nei paesi Arabi, armamenti in Libia, forse Palestina, forse Accordo Navale ecc. Si potrà anche parlare, tra le altre forse numerose cose omesse, dell'Arabia e del Mar Rosso. Questioni tutte che potranno essere studiate ed, a mio avviso, risolte senza trascendentali difficoltà.

Piú che nella materia, l'ostacolo era negli spiriti. Se in buona fede ci si mette intorno ad un tavolo, l'accordo può con una certa facilità venire raggiunto. Il primo colpo di vento ha già spazzato molte nubi – o, per lo meno, le ha smosse. Il che è già molto, quando si pensa all'atmosfera plumbea che, ancora pochi giorni or sono, gravitava sull'Europa [203].

La lettera di Ciano è incredibile, di una superficialità politica piú unica che rara, che lascia trapelare la convinzione non di dover andare ad una difficile trattativa, ma di avere ormai in tasca un successo clamoroso: la pretesa di poter ottenere il riconoscimento dell'impero prima di avviare i negoziati è eloquente. E, soprattutto, essa non prendeva in considerazione, neppure *per incidens*, lo strettissimo collegamento che esisteva e che non poteva non venir stabilito dagli inglesi in sede di trattative, tra la questione spagnola e i rapporti anglo-italiani. Una lettera che lasciò Grandi allibito e spaventato, al punto che, di fronte agli avvenimenti che si sarebbero verificati in agosto e in settembre, sarebbe arrivato a pensare per vari mesi che a Roma in realtà non si voleva l'ac-

---

i tuoi padroni di casa» (*Archivio D. Grandi*, b. 47, fasc. 114, G. Ciano a D. Grandi, 2 agosto 1937). Appena ricevuta la lettera, Grandi (che era sí sostenitore anche lui della maniera forte, ma che si rendeva conto che in quel momento un accordo col Giappone non avrebbe facilitato i negoziati con Londra) gli rispose con una lettera molto diplomatica ma ferma, sconsigliando nettamente di negoziare e concludere in quel momento l'accordo. Tre mesi prima, «in piena campagna di stampa antitaliana», «avrebbe prodotto indubbiamente un effetto positivo», ora, a ridosso dei negoziati con Londra, «non potrebbe che avere un'influenza negativa» (*Archivio D. Grandi*, b. 40, fasc. 93, sott. 2, ins. 3, D. Grandi a G. Ciano, 5 agosto 1937).

[203] *Archivio D. Grandi*, b. 47, fasc. 12, G. Ciano a D. Grandi, 31 luglio 1937.

cordo, ma, tutto al contrario, si mirava alla guerra. Salvo successivamente ricredersi e convincersi che la colpa di tutto doveva essere equamente divisa tra i maneggi tedeschi per bloccare l'accordo, l'inconsistenza politica e l'ambizione di Ciano e l'incapacità psicologica di Mussolini di esporsi al rischio di essere accusato di debolezza ritirandosi dalla Spagna.

Il 2 agosto Grandi consegnava a Chamberlain la lettera di Mussolini; il giorno successivo Ciano rilasciava all'Universal News Service una intervista pienamente in linea con il nuovo sviluppo che le relazioni italoinglesi stavano prendendo; una settimana dopo il Foreign Office cominciava a studiare i vari aspetti delle prossime trattative. Lo stesso giorno al largo della costa spagnola una nave cisterna inglese subí un attacco aereo. Nei giorni successivi altre navi, spagnole e neutrali, vennero attaccate nel Mediterraneo, sin al largo della costa turca, da aerei e da misteriosi sommergibili che era difficile non ritenere italiani o forniti a Franco dall'Italia. Cosa stava succedendo? Cosa poteva aver indotto Roma ad una serie di atti cosí gravi che non potevano non riportare la questione spagnola in primissimo piano, sollevare l'indignazione generale e mettere in crisi la *détente* appena stabilita con Londra?

Nel Mediterraneo la situazione era andata peggiorando sin da maggio-giugno, quando alcune navi italiane e tedesche in servizio di perlustrazione al largo delle coste spagnole nel quadro delle misure adottate dal Comitato londinese per il non intervento erano state attaccate da aerei repubblicani. Gli italiani, all'inizio, si erano limitati a protestare presso il Comitato. I tedeschi invece avevano reagito all'attacco subito il 29 maggio dalla «Deutschland» bombardando per rappresaglia Almeira e comunicando al Comitato di aver deciso di «cessare di prendere parte al piano di controllo» e ai lavori del Comitato stesso sino a quando non avessero avuto garanzie che fatti del genere non si sarebbero piú ripetuti. Come ha scritto il Coverdale [204],

la decisione tedesca era stata presa senza consultare l'Italia e senza averla in precedenza informata. In risposta a una richiesta di spiegazioni da parte italiana, von Neurath disse che sarebbe stato meglio per l'Italia continuare ad essere presente nel Comitato di non intervento; ma Mussolini non era disposto a seguire una linea d'azione diversa da quella tedesca, ritenendo che una tale condotta avrebbe potuto dare adito a speculazioni circa divergenze di vedute tra i due paesi con l'unica conseguenza di indebolire la loro influenza. Egli perciò diede istruzioni a Grandi di informare il comitato che le navi italiane sarebbero state ritirate dall'attività di perlustrazione e che l'ambasciatore italiano non avrebbe piú partecipato alle sue riunioni.

---

[204] J. F. COVERDALE, *I fascisti italiani alla guerra di Spagna* cit., p. 281.

La decisione tedesca ed italiana aveva molto allarmato Parigi e soprattutto Londra (che aveva anche temuto che all'origine di tutto ci fosse un piano sovietico per far naufragare completamente la politica di non intervento) che si erano adoperate per far recedere Berlino e Roma da essa. Il 18 giugno i tedeschi avevano però denunciato un nuovo attacco e quattro giorni dopo, avendo i francesi e gli inglesi rifiutato di adottare i provvedimenti concordati prima che fossero espletati opportuni accertamenti, la Germania si era ritirata definitivamente dalle operazioni di controllo, tosto seguita dall'Italia.

Non è da escludere che questi fatti avessero fatto pensare a Mussolini che da parte sovietica si volesse preparare il terreno per l'invio di massicci aiuti al governo repubblicano e che l'Inghilterra e soprattutto la Francia fossero in qualche modo d'accordo. Quel che è certo è che quando, il 3 agosto, il generale Franco aveva telegrafato al suo ambasciatore a Roma che tutte le notizie in suo possesso concordavano nel far ritenere imminente l'invio ai repubblicani di un «possente» aiuto russo in carri armati (2500), mitragliatrici motorizzate (3000), aerei (300), ecc. e che era dunque necessario agire d'urgenza per arrestare i trasporti sovietici a sud dell'Italia e sbarrare le rotte per la Spagna e lo aveva incaricato di chiedere a questo scopo l'aiuto della marina italiana [205], Mussolini – temendo che gli aiuti sovietici capovolgessero le sorti del conflitto – si era subito mostrato disposto a prendere in considerazione la richiesta senza neppure preoccuparsi di controllare prima le notizie che erano alla sua origine. Il 5 agosto aveva ricevuto il fratello di Franco, Nicolas, latore di una lettera personale del generale per lui, nella quale era rinnovato l'appello, e, se aveva rifiutato la richiesta di impiegare per il blocco unità di superficie, aveva però acconsentito ad impartire ordini per l'impiego di sei sommergibili [206].

I primi siluramenti avvennero tra il 10 e l'11 agosto; altri seguirono sino al 18, sia al largo delle coste spagnole sia nel Canale di Sicilia, a danno di navi di varie nazionalità. A fine mese due navi sovietiche furono affondate vicino ad Algeri e a Capo Matapan. Nella notte tra il 31 agosto e il 1° settembre fu attaccato anche un cacciatorpediniere inglese, scambiato per spagnolo. Due giorni dopo, vicino Valenza, fu affondato un mercantile inglese. Il 4 settembre Ciano dette ordine di sospendere fino a nuovo ordine le azioni, nonostante i nazionalisti insi-

---

[205] *DGFP*, s. D, III, p. 432.
[206] Cfr. J. F. COVERDALE, *I fascisti italiani alla guerra di Spagna* cit., pp. 283 sg. Ciano si era dichiarato favorevole all'impiego di sommergibili fuori dei limiti delle acque territoriali francesi sin dal 20 marzo. Cfr. ACS, *Min. Marina, Gabinetto (1934-50)*, b. 164.

stessero nel sostenere che il blocco navale, se continuato per tutto il mese, avrebbe avuto effetti decisivi [207].

Le reazioni della stampa, dell'opinione pubblica e di larghi settori politici francesi e inglesi erano state vivacissime. In Inghilterra gli ambienti governativi, pure consapevoli che sussistevano pochi dubbi sulla nazionalità dei sommergibili, in un primo momento avevano tenuto un atteggiamento molto cauto, specie quelli piú proiettati verso un accordo con l'Italia. Ancora il 24 agosto, l'incaricato d'affari G. Crolla che – preoccupato per le eventuali ripercussioni dei siluramenti – aveva chiesto a Sargent quale fondamento avessero le voci circolanti negli ambienti francesi di Londra secondo le quali l'interesse britannico per l'accordo con Roma si fosse raffreddato in conseguenza degli incidenti avvenuti nel Mediterraneo e si pensasse di differire l'inizio delle conversazioni, si era sentito rispondere «categoricamente che nessun mutamento era avvenuto nei sentimenti e nei propositi del governo britannico» [208]. Nei giorni successivi il ripetersi degli attacchi e le pressioni francesi sempre piú decise ed insistenti per indurre Londra ad assumere una posizione di fermezza [209] (e far naufragare cosí il riavvicinamento italo-inglese che Parigi temeva in quel momento piú di ogn'altra cosa) avevano però determinato un mutamento di atteggiamento, anche se la documentazione oggi disponibile lascia trasparire una notevole cautela inglese a non lasciarsi trascinare da Parigi in iniziative troppo drastiche, quale un intervento diretto su Roma [210]. Alla fine l'Inghilterra aveva accettato l'idea di convocare a Nyon una conferenza sulla sicurezza nel Mediterraneo. Di fronte al pericolo che l'Italia rimanesse isolata, Ciano si era visto costretto ad ordinare la sospensione delle azioni e le sue prime reazioni non erano state completamente contrarie all'iniziativa. Una violenta protesta sovietica, accusante l'Italia di essere responsabile dell'affondamento di alcune navi russe e richiedente adeguate riparazioni, gli fece però mutare tosto atteggiamento, tanto piú che il comportamento tedesco appariva sempre meno chiaro e il mezzo migliore per non correre il rischio di rimanere completamente isolato dovette sembrargli quello di rifiutare di partecipare alla conferenza e di ottenere dai tedeschi di non parteciparvi neppure loro. Il tutto con l'argomento che, dopo le accuse sovietiche, l'Italia non avrebbe potuto sedere allo stesso tavolo con l'Urss.

---

[207] Cfr. G. CIANO, *Diario* cit., p. 33; J. F. COVERDALE, *I fascisti italiani alla guerra di Spagna* cit., p. 288.
[208] Cfr. in *Archivio D. Grandi*, b. 47, fasc. 112, G. Crolla al ministro degli Esteri, 25 agosto 1937.
[209] Cfr. *DDF*, s. II, VI, pp. 624 sg., 648 sg. e 657 sg.
[210] Cfr. *ibid.*, pp. 651 sg.

La Conferenza di Nyon si svolse dal 10 al 17 settembre. Due giorni bastarono per raggiungere un primo accordo sul problema dei sommergibili (un secondo relativo alle navi di superficie e agli aerei fu raggiunto in quelli successivi) che fu sottoscritto il 14. Esso stabiliva che i paesi partecipanti alla conferenza (Inghilterra, Francia, Bulgaria, Egitto, Grecia, Iugoslavia, Romania, Turchia e Urss) si impegnavano ad attaccare e distruggere qualsiasi sommergibile che attaccasse navi neutrali o che fosse sorpreso nelle vicinanze di un luogo ove fosse stata attaccata una nave neutrale. Il compito di attuare questa decisione era assegnato alle flotte inglese e francese per quanto riguardava il Mediterraneo occidentale (eccezion fatta per il Tirreno), il canale di Malta e il Mediterraneo orientale, eccezion fatta per le rispettive acque territoriali che venivano assegnate alla sorveglianza delle marine dei vari paesi presenti a Nyon [211].

L'esclusione del Tirreno dai pattugliamenti aveva come fine quello di permettere all'Italia di aderire a sua volta all'accordo e di vedere così assegnato alla propria flotta questo mare. Una offerta simile era però ovviamente inaccettabile per Roma. A parte ogni altra considerazione, accettarla avrebbe voluto dire rinunciare alla propria immagine di grande potenza mediterranea. E infatti palazzo Chigi la respinse, il 14 settembre, con un secco comunicato che, ribaditi i vitali interessi dell'Italia nel Mediterraneo, rivendicava per essa la necessità di trovarsi «in condizioni di parità assoluta con qualsiasi altra potenza, in qualsiasi zona del Mediterraneo».

Chi si basasse solo sul diario Ciano potrebbe pensare che, stilato questo comunicato, a Roma si aspettassero a pié fermo le successive mosse franco-inglesi, sicuri che alla fine Parigi e Londra, di fronte all'intransigente fermezza italiana, si sarebbero accorte di essere andate troppo oltre e tutta l'operazione Nyon si sarebbe sgonfiata [212]. In realtà le settimane successive all'apertura della Conferenza di Nyon furono vissute a palazzo Chigi in tutt'altra condizione di spirito e non si sbaglia affermando che la maggiore preoccupazione di Ciano e di Mussolini fu quella di uscire *loro* dal vicolo cieco in cui si erano cacciati. E ciò soprattutto non appena fu chiaro che la Germania non aveva nessuna intenzione di sostenere sino in fondo la posizione italiana, tanto da far credere a Londra e a Parigi di star svolgendo un'azione moderatrice su Roma [213]. La

---

[211] Cfr. *ibid.*, pp. 752 sgg.
[212] Cfr. G. CIANO, *Diario* cit., pp. 37 sgg.
[213] Per l'atteggiamento tedesco in tutta la vicenda, così come almeno appariva all'esterno, cfr. il lungo rapporto da Berlino dell'ambasciatore François-Poncet del 16 settembre 1937, in *DDF*, s. II, VI, pp. 797 sgg., nonché il tel. dello stesso del 22 settembre, *ibid.*, pp. 829 sg.

prova migliore di ciò che diciamo è in come Ciano gestí la vicenda di Nyon, un modo tutto diverso da quello che in quei giorni i mass media del regime cercarono di accreditare.

Ricevendo comunicazione dai rappresentanti inglese e francese a Roma delle prime deliberazioni elaborate a Nyon, Ciano, il 13 settembre, tenne a sottolineare la sua «disapprovazione»; il giorno successivo, sollecitato perché facesse sapere se l'Italia avrebbe cooperato alle operazioni contro la «pirateria nel Mediterraneo» decise dalla conferenza, prima aveva cercato di guadagnar tempo (e, probabilmente, di accennare ad una contromanovra nascondendosi dietro alla necessità di consultare Berlino), poi aveva diramato il comunicato di cui abbiamo detto. Non appena si era convinto che a Nyon tutti erano decisi a fare sul serio e che le deliberazioni prese dalla conferenza sarebbero state approvate anche senza il «benestare» italiano e, quel che piú conta, sarebbero state attuate con la massima decisione e rapidità, il suo atteggiamento mutò però subito, arrivando sino al punto di far ritirare dalla circolazione le ultime edizioni del «Giornale d'Italia» che era uscito con un fondo di Gayda troppo duro e, due giorni dopo, di far fare dal rappresentante italiano a Ginevra un sondaggio presso la delegazione francese alla Società delle Nazioni per sapere se il comunicato del 14 era considerato un *fin de non-recevoir* assoluto o tale da lasciare ancora la strada aperta a un negoziato ad iniziativa della Francia e dell'Inghilterra. Messi sull'avviso da questo passo, inglesi e francesi avevano colto l'occasione della trasmissione all'Italia del testo delle decisioni addizionali relative agli attacchi aerei e di navi di superficie contro il naviglio neutrale, adottate a complemento di quelle relative agli attacchi sottomarini, per informare Ciano che eventuali «osservazioni positive» italiane sarebbero state esaminate «con tutta l'attenzione che meriterebbero». Gettatagli la cima, Ciano vi si afferrò con tutte le sue forze, non desiderando di meglio, a questo punto, che tirarsi fuori dai marosi in cui lui e Mussolini si erano cacciati senza troppo perdere pubblicamente la faccia. La mattina del 19 consegnò ai rappresentanti inglese e francese a Roma una *comunicazione verbale* nella quale si *precisava* che l'espressione «parità di diritto con qualsiasi altra potenza e in qualsiasi zona del Mediterraneo» doveva essere intesa nel senso che l'Italia avrebbe partecipato alle misure navali adottate a Nyon se alla sua flotta fosse stata riservata una posizione «eguale» a quella assegnata alle flotte inglese e francese. E, come non bastasse, aggiunse che, se questo principio fosse stato sancito, la partecipazione italiana poteva essere considerata subito acquisita in teoria e sarebbe stata tradotta in pratica al piú presto possibile, sperabilmente prima della sua partenza il 24 per Berlino (con il cui governo, tenne a precisare, quello italiano era stato in contatto per tenerlo al corrente della sua posizione, non per consultazioni). Una ritirata, come si vede, su tutta la linea che il 21 si spinse sino all'accettazione, senza battere ciglio, di Parigi come sede delle riunioni degli esperti navali dei tre paesi per stabilire i particolari tecnici dell'*accordo*[214], e che non giustifica menomamente il tono trionfalistico con cui Ciano la presentò nel suo diario: «È una bella vittoria. Da imputati siluratori a poliziotti mediterranei, con esclusione degli affondati russi»[215]. In primo luogo perché – se propagandisticamente poté affermare di essere stata promossa «poliziotto» e, quindi, implicitamente assolta come pirata – l'Italia dovette però rinunciare definitivamente ai siluramenti. In secondo luogo perché la esclusione dei sovietici dai pattugliamenti nel Mediterraneo non era stata certo ottenuta dall'Italia, ma voluta sin dall'inizio e del tutto autonomamente dalla Francia e soprattutto dall'Inghilterra. In terzo luogo – e con questo veniamo al nodo centrale di tutta la vicenda – perché, nonostante la loro clamorosa e rapidissima ritirata, Mussolini e Ciano in realtà erano ancora per cosí dire sotto choc e tutt'altro che sicuri che l'aver «incassato» Nyon li avesse messi al sicuro da prove e pericoli ben piú grandi.

Anche se una volta tanto nulla trapelò all'esterno, a palazzo Venezia e a palazzo Chigi le due settimane di Nyon erano state tra le piú nere per il regime dai tempi della crisi Matteotti. L'allineamento dell'Inghilterra sulle posizioni della Francia, l'eccitazione anti italiana determinata nell'opinione pubblica (non solo di sinistra) inglese e francese dai siluramenti e dal gran rilievo dato dal regime fascista, desideroso di cancellare per sempre l'*onta* di Guadalajara, alla partecipazione italiana alle vittoriose operazioni su Santander e l'ambiguo defilarsi dei tedeschi, nonostante l'imminenza ormai della visita di Mussolini in Germania, avevano dato infatti alimento alle ipotesi piú drammatiche, non esclusa la piú drammatica di tutte: quella che, abbandonata l'idea di un accordo, il leone britannico avesse abbracciato quella di farla finita per sempre col leopardo italiano e che Nyon non fosse in pratica che il primo passo sulla strada di un vero e proprio conflitto.

Un'annotazione del diario di Ciano lascia trasparire questo stato di tensione. Sotto la data del 19 settembre si legge[216]:

---

[214] Su tutte queste vicende dal 12 al 21 settembre cfr. *ibid.*, pp. 763 sg., 766 sg., 774, 775, 777, 787 sg., 789, 790 sg., 810 sg., 819 sg., 820 sg., 823, 828 sg.
[215] G. CIANO, *Diario* cit., p. 39.
[216] *Ibid.*, p. 38 (i corsivi sono nostri).

Il Duce telefona spesso per conoscere gli sviluppi della battaglia diplomatica in corso. *Nel frattempo, prepara l'azione militare.* Bruno partirà il 22 per Palma. E con lui tutto lo stormo di Biseo. Li invidio. Ma sono, *almeno per ora*, inchiodato a questo tavolo.

Alla luce di quanto oggi sappiamo, è pressoché sicuro che l'*azione militare* che Mussolini preparava non erano le operazioni del CTV (dopo la caduta di Santander praticamente interrotte per il momento), ma quelle in vista di un eventuale conflitto con l'Inghilterra e la Francia. Ugualmente, la partenza dello stormo di Biseo per le Baleari non doveva rientrare nel normale contesto degli aiuti a Franco, ma inserirsi in un quadro militare piú vasto. Non si giustificherebbe altrimenti quel «almeno per ora» dell'ultimo periodo, che ha un senso se riferito ad un conflitto vero e proprio, mentre è inconcepibile se riferito alle operazioni del CTV. A meno di non voler fare due ipotesi una piú assurda dell'altra: che Ciano arrivasse al punto di pensare di andare – lui, il ministro degli Esteri – «volontario» in Spagna ovvero di dimettersi da ministro.

La prova migliore è però in una lettera personale autografa che Ciano scrisse a Grandi il 18 settembre[217]:

Caro Dino,

Ti scrivo, d'ordine del Capo, per chiederti alcune cose che gli stanno a cuore e per ragguagliarti su alcuni provvedimenti presi di recente, che giudico utile farti conoscere.

Comincio da questi ultimi. In seguito alla situazione che si è prodotta è stato deciso l'invio di nuove forze in Libia: tre divisioni, che partiranno, sia pure numericamente ridotte, nei prossimi giorni.

Inoltre sono stati ceduti a Franco alcuni sottomarini: due per ora, e due tra breve che opereranno come forze legionarie nelle acque territoriali.

Infine le forze aeree delle Baleari sono state molto rafforzate. Si conta di servircene contro i porti rossi. Il blocco che abbiamo interrotto in mare libero verrà praticamente effettuato in futuro rendendo la vita impossibile nei porti di Valenza, Barcellona, Tarragona, Alicante e Almeria. I bombardamenti saranno durissimi e continuativi.

Queste notizie te le do per tua riservata informazione; perché tu possa fare meglio il punto e conoscere i misteri degli eventi futuri.

Ma ciò che il Capo vuol conoscere da te è l'effettivo stato d'animo inglese, quanto c'è dietro le quinte da Nyon in poi. Come sono andate le cose, tu lo sai meglio di me. Allo stato degli atti da parte nostra non c'è niente da fare. Aspettiamo. Con calma e con freddezza. Ed anche con quella formidabile decisione di cui tu sei stato testimone a Palazzo Venezia.

Se veramente esistesse una volontà di intesa, la possibilità offerta dalla nostra ultima nota non si sarebbe lasciata cadere. Invece – giudicando da qui, racco-

---

[217] In *Archivio D. Grandi*, b. 48, fasc. 121. La lettera è datata 18 settembre, nel diario Ciano vi accenna sotto la data del 17.

gliendo alcune notizie e anche leggendo tra le righe di una stampa provocatrice e ricattatoria – l'animo non sembra chiaro.

Quello che conta è saperlo per tempo.

Questo è quanto il Duce ti chiede. Una inchiesta rapida e un tuo giudizio sintetico e, come sempre, sereno. In base a questo se non decisioni, saranno almeno fissati alcuni provvedimenti di varia natura, per i quali è indispensabile avere tempo e altamente vantaggioso prendere l'iniziativa.

Ti scrivo – e ciò valga anche per tua norma di condotta – perché abbiamo avuto ragione di dubitare della segretezza dei cifrari.

Nonostante la sua tortuosità, il suo dire e non dire, il senso della lettera è chiaro e richiama immediatamente alla memoria (a parte lo stile) un'altra lettera che Mussolini aveva scritto a Grandi l'8 agosto 1935[218]. Come allora il «duce», Ciano voleva sapere da Grandi se a suo avviso l'Inghilterra aveva deciso di far guerra all'Italia.

Allora, per l'Etiopia, Grandi si era sentito sicuro di poter rassicurare Mussolini. Ora non sappiamo con precisione cosa rispose a Ciano nel corso di una conversazione telefonica che ebbe con lui la mattina del 20 settembre, appena ricevuta la lettera e mentre a Roma già si stava registrando una prima schiarita, avendo – come si è detto – gli anglo-francesi mostrato di non voler lasciar cadere il sondaggio fatto presso di loro a Ginevra. Quello che è certo è che, questa volta, non dovette essere una risposta incoraggiante, anche se al tempo stesso sicuramente tale da cercare di far passare a Mussolini e Ciano ogni velleità di colpi di testa «preventivi»[219]. Ne è prova il lungo rapporto che Grandi avrebbe inviato a Ciano l'11 ottobre successivo dietro sua esplicita richiesta di una risposta scritta alla lettera inviatagli il mese prima[220].

Quando Grandi scrisse questo rapporto la situazione si era leggermente decantata, ma non certo menomamente schiarita. Il 30 settembre, lo stesso giorno del rientro a Roma di Mussolini e Ciano dalla Germania, a Parigi i tecnici navali anglo-franco-italiani avevano raggiunto l'accordo per i pattugliamenti del Mediterraneo. Alla flotta italiana era stata attribuita la zona tra Creta, Porto Said, il golfo di Sollum e l'imbocco dell'Adriatico. Il principio della piena «parità» era rimasto però nella penna, cioè né contestato, né affermato (come avrebbe voluto Roma). Il nodo politico della situazione era però ormai un altro. Sullo slan-

---

[218] «Caro Grandi, al punto in cui sono le cose, si tratta di sapere se la G[ran] B[retagna] è disposta a farci la guerra per evitare che noi la facciamo all'Etiopia. È necessario, quindi, che io abbia le tue impressioni sulla questione». Lo si veda in MUSSOLINI, XLII, p. 114.

[219] Cfr. comunque in G. CIANO, *Diario* cit., p. 42 la seguente annotazione in data 4 ottobre: «Ricevuto stamani il Duca d'Aosta, che mi ha fatto un rapporto sul suo viaggio in Inghilterra. A suo dire l'accordo dovrebbe essere possibile. Ma, tirata per i capelli, l'Inghilterra può anche fare la guerra e farla bene. Ripeteva frasi di Grandi».

[220] Archivio D. Grandi, b. 70, fasc. 159, sott. 18, G. Ciano a D. Grandi, 10 ottobre 1937, tel. in arrivo n. 507.

cio del successo conseguito con la Conferenza di Nyon, i francesi avevano imbastito una massiccia azione volta ad agganciare ancor piú alla loro politica l'Inghilterra (dove le vicende di agosto e settembre avevano messo in gravi difficoltà Chamberlain e riportato in primo piano la leadership di Eden sulla politica estera) e ad indurla ad approfittare della situazione per premere con forza su Roma e metterla alle corde nella questione spagnola. Come Delbos aveva detto ad Eden il 17 settembre, l'impegno italiano in Spagna e la presenza italiana a Maiorca potevano avere due sole risposte: o una occupazione anglo-francese di Minorca o un energico passo congiunto su Roma (accompagnato da un'azione su Berlino perché si dissociasse dall'Italia nel caso questa volesse mostrarsi intransigente) per risolvere il problema dell'intervento fascista in Spagna, avvertendo al tempo stesso «solennemente» Mussolini che, in caso contrario, la frontiera dei Pirenei sarebbe stata riaperta agli aiuti al governo repubblicano. Gli inglesi avevano scartato la prima ipotesi e avevano svolto una notevole azione di freno sulla Francia. Avevano però aderito alla proposta di un energico passo su Roma, anche se si erano mostrati contrari ad un'eventuale riapertura della frontiera franco-spagnola e avevano indotto Parigi a rimandare il passo a dopo la visita di Mussolini in Germania, per non spingere vieppiú il «duce» nelle braccia di Hitler. Il 2 ottobre Inghilterra e Francia avevano cosí trasmesso all'Italia una nota comune con la quale il governo di Roma era invitato a intraprendere il piú presto possibile conversazioni, volte a realizzare, se possibile, un accordo sulle misure adatte ad assicurare l'applicazione di una effettiva politica di non intervento. Una volta realizzato il rimpatrio dei volontari, concludeva la nota, la questione del riconoscimento «sotto certe condizioni» dei diritti di belligeranza alle due parti in lotta (richiesto dall'Italia per i nazionalisti) avrebbe potuto essere suscettibile di una soluzione. La risposta italiana, ovviamente negativa, era stata consegnata il 9 ottobre. Secondo essa, la questione del non intervento non interessava solo Francia, Inghilterra e Italia, ma anche altri paesi e senza l'adesione dei governi di Burgos e di Valenza qualsiasi decisione non avrebbe potuto dare risultati pratici. Il governo fascista era dunque d'avviso che convenisse continuare a trattarla in seno al comitato di Londra e faceva altresí presente che in ogni caso non avrebbe partecipato a nessun genere di iniziative a cui non fosse stata invitata o non partecipasse anche la Germania [221]. Al momento mancavano ancora le reazioni ufficiali di Parigi e di Londra; a Roma nulla lasciava però sperare che

---

[221] Cfr. *DDF*, s. II, VI, pp. 814 sgg., 838 sgg., 802, 880 sg.; VII, pp. 4 sgg., 7 sg., 18 sg., 51 sg., 52, 58, sg., 62 sg., 78 sg., 90 sg.

esse potessero essere «positive» e si tornava a pensare al peggio. Da qui, appunto, la richiesta, il 10 ottobre, di Ciano a Grandi di un dettagliato rapporto in risposta alla sua lettera personale del 18 settembre, che gli aggiornasse la situazione rispetto a quanto già gli aveva detto per telefono il 20 settembre.

La risposta di Grandi fu molto abile[222]. Elogiava la fermezza e l'abilità di Ciano nel respingere la nota anglo-francese usando le espressioni che piú avrebbero riempito di compiacimento il giovane ministro. Poi prospettava per l'immediato futuro una situazione di «altalena», tutto sommato, lasciava capire, non troppo pericolosa:

> Ogni qualvolta si è registrato un peggioramento nelle relazioni italo-brittanniche, il Governo Francese (nelle sue tre espressioni fondamentali: Fronte Popolare, Stato Maggiore e Quai d'Orsay) ha cercato immediatamente di profittarne e di trascinare l'Inghilterra a posizioni cosí avanzate contro l'Italia da rendere poscia difficile se non impossibile per l'Inghilterra di ritrarsi decentemente. Costituire finalmente il blocco armato delle due democrazie obbligando l'Italia a scegliere fra l'umiliazione e la guerra: questo lo scopo dell'azione francese, e questo è accaduto dopo Malaga e Guadalajara, dopo l'Incoronazione, dopo Bilbao, dopo Santander, dopo gli incidenti nel Mediterraneo e Nyon. L'Inghilterra ha sempre da principio aderito e si è poscia sempre – almeno sino ad oggi – rifiutata all'ultimo momento di seguire la Francia nel gioco pericoloso.

Dopo questa premessa Grandi entrava finalmente nel vivo e rispondeva al duplice quesito circa l'effettivo stato d'animo inglese e le «intenzioni» di Londra riguardo all'Italia. E lo faceva in termini netti, anche se attenti ad evitare di ferire l'«ipersensibilità» di Ciano con valutazioni negative sul passato che non potevano cambiare i termini della situazione, ma potevano predisporre negativamente verso il suo dire un uomo come Ciano già prevenuto nei suoi confronti e al quale chi sa quanto era dovuto costare scrivergli come gli aveva scritto. Al primo quesito era facile rispondere:

> Nella questione spagnola lo stato d'animo inglese è decisamente ostile all'Italia. Le differenze o meglio le graduazioni in questo sentimento di ostilità sono dovute piuttosto al modo di esprimersi delle diverse correnti politiche, ma tali differenze sono, nella sostanza, appena apprezzabili. Durante i diciotto mesi del conflitto italo-abissino o meglio, per essere piú esatti, del conflitto italo-brittannico, vi sono stati sempre in Inghilterra dei gruppi politici a noi favorevoli. Questi gruppi politici, nei momenti piú delicati, hanno, con il loro intervento, neutralizzato efficacemente, in seno al Parlamento, nello stesso Gabinetto e nella pubblica opinione, la campagna di eccitazione anti-italiana e anti-fascista delle sinistre. Questi gruppi politici che noi abbiamo allora denominato per semplificazione «l'antisanzionismo brittannico», sono andati man mano ingrossando fino al punto di guada-

---

[222] *Archivio D. Grandi*, b. 40, fasc. 93, sott. 2, ins. 3.

gnare il membro piú influente del Gabinetto Baldwin, Neville Chamberlain, alla cui pressione dentro ma soprattutto fuori del Gabinetto si dovette nel giugno 1936 la decisione del Governo Brittannico di abolire le sanzioni. In materia di Spagna sono invece tutti d'accordo, dai «Die-hards» all'estrema destra fino ai radicali dell'estrema sinistra, nel considerare l'azione italiana in Ispagna come un pericolo in atto per quelli che gli Inglesi chiamano «gli interessi vitali». Questi, e non certo le ideologie, sono stati gli stimoli che hanno mosso con moto lento ma uniformemente accelerato la riluttante pacifistica anima del popolo brittannico.

Anche lo spirito popolare ha subito durante quest'anno un cambiamento sensibile. Durante il conflitto abissino le manifestazioni anti-italiane organizzate dalle frazioni pacifiste societarie e anti-fasciste, erano frequenti e rumorose, ma il grosso pubblico brittannico non si è mai lasciato prendere dalla propaganda anti-italiana. Oggi queste manifestazioni rumorose dell'anti-fascismo si sono fatte assai rare, ma lo spirito pubblico (soprattutto dall'Incoronazione in poi) è diventato freddamente ostile, per non dire francamente nemico. Nel 1935-1936 Mussolini era o applaudito o fischiato nei cinematografi inglesi. Oggi l'apparire del Duce è salutato da un silenzio freddo e ostile. Gli Inglesi, nel popolo come nella classe dirigente, considerano ormai l'Italia come il nemico potenziale N. 1. Tutto quello che era il peso ragguardevole di odio, di rancore e di timore nutrito fino a qualche tempo fa dagli Inglesi verso la Germania nazista si è spostato sull'Italia fascista.

Durante le sanzioni, eccezion fatta per una scarsa minoranza, l'ipotesi di una guerra fra l'Inghilterra e l'Italia non era considerata come un'eventualità possibile. Uno dei tanti motivi del nostro successo è stato appunto quello di costringere gli Inglesi a considerare la guerra come una conseguenza quasi fatale della loro politica. Ciò è bastato per vedere immediatamente gli Inglesi ritirarsi preoccupati e fare di tutto onde allontanare questa eventualità. Oggi la situazione è diversa. La ipotesi di una guerra fra Italia e Inghilterra è considerata fra le eventualità probabili. Il pubblico, pur mostrando di rendersi conto delle difficoltà e dei pericoli per l'Inghilterra di un conflitto coll'Italia, ne discute nondimeno come di una calamità che può diventare necessario di affrontare.

In questa situazione politica e psicologica non vi è da meravigliarsi se l'onesto e coraggioso tentativo fatto da Chamberlain alla fine di luglio, diretto a superare una volta per sempre il punto morto delle relazioni italo-brittanniche sia, almeno per il momento, fallito...

Piú difficile era rispondere al secondo quesito e Grandi lo faceva per gradi successivi:

Tu mi domandi quanto c'è dietro le quinte di Nyon. Nyon altro non è se non il tentativo, questa volta riuscito, da parte di Eden e del Foreign Office, di riprendere il controllo e l'iniziativa della politica estera brittannica che Chamberlain era riuscito alla fine di luglio ad avocare esclusivamente a sé... In questa situazione psicologica e politica anormale, tutti i giorni sono buoni, per cosí dire, perché noi e gli Inglesi veniamo seriamente alle mani nel Mediterraneo, anche senza averne né noi né gli Inglesi la premeditata intenzione. Il Duce ha fatto molto bene a mandare tre divisioni in Libia e a fissare tutti i provvedimenti necessari per fronteggiare qualsiasi eventualità.

Quando giungono qui le notizie che partono nostre truppe per la Libia, ossia per la frontiera dell'Egitto, gli orecchi si fanno attenti e gli spiriti si calmano... Piú noi mostriamo che crediamo alla possibilità di una aggressione franco-inglese contro di noi, e che siamo freddamente decisi e pronti a fronteggiare la guerra, provocata dagli altri, piú gli Inglesi faranno il possibile per allontanare questa eventualità, la quale tuttavia nel momento presente e per ragioni obbiettive, non è, ripeto, un'eventualità da escludersi senz'altro.

La parte, per cosí dire, analitica del rapporto finiva qui. Ad essa seguiva una conclusione che, poi, costituiva il vero nucleo del discorso di Grandi. Premesso che era difficile se non impossibile dare una risposta sicura circa le effettive intenzioni inglesi, sia perché, non essendo l'Inghilterra un regime totalitario, le decisioni di questo tipo non spettavano ad un uomo solo sia perché l'esperienza del luglio 1914 (quando in meno di quarantott'ore Londra aveva annunziato prima la propria neutralità, poi il suo ingresso in guerra) dimostrava che le decisioni piú importanti potevano essere determinate «fuori di ogni disegno calcolato o previsto» da avvenimenti dell'ultima ora, sicché – e qui Grandi parlava a nuora perché suocera intendesse – ciò che bisognava soprattutto controllare erano «gli avvenimenti» (perché in essi «senza dubbio sta la pericolosità della situazione attuale»), egli scriveva infatti:

> Nel momento in cui scrivo, 11 ottobre, io ritengo di poter escludere che il Gabinetto inglese, sinedrio composto di una ventina di persone le quali decidono collegialmente o per voto di maggioranza, abbia l'intenzione di fare la guerra all'Italia. Ritengo di poter escludere che Chamberlain abbia la piú lontana intenzione di farlo. Al contrario sono convinto che egli non lascerà cadere (Chamberlain che ho incontrato qualche giorno fa ha tenuto ancora una volta a ripetermelo personalmente) l'iniziativa già presa lo scorso luglio per giungere ad una riconciliazione coll'Italia che egli ha riaffermato essere e rimanere un caposaldo della sua politica. Ritengo di poter escludere parimenti che l'Ammiragliato abbia la volontà o il piano, almeno in questo momento, di una guerra coll'Italia. Al contrario l'Ammiragliato continua oggi ad agire, come già nel 1935 e 1936, quale forza moderatrice del Foreign Office, intervenendo sempre perché il Foreign Office agisca a sua volta come moderatore a Parigi. Mi risulta che, subito dopo Nyon, l'Ammiragliato ha esplicato un'azione decisiva in questo senso. Il comunicato dell'altro giorno di secca smentita all'asserita aggressione di un sottomarino pirata, e naturalmente italiano, contro la nave «Basilisk» è stato diramato dall'Ammiragliato direttamente, previa autorizzazione del Primo Ministro, e contro la volontà del Foreign Office, il quale ha fatto di tutto per fermare questa comunicazione, definendola inutile e intempestiva, ma sulla quale l'Ammiragliato ha insistito per tagliar corto ad una seconda speculazione anti-italiana che già cominciava ad inscenarsi sul tipo di quella a seguito del preteso mancato siluramento del «Havoc».
>
> Malgrado tutto ciò, un avvenimento qualsiasi potrebbe tuttavia precipitare la situazione. I margini sono andati restringendosi e le resistenze diminuendo: non vi sarebbe da stupirsi se uno stato di tensione effettivamente acuta provocasse una accensione automatica.
>
> Verificandosi queste eventualità è mia convinzione che l'Inghilterra si batterebbe fino in fondo. L'Inghilterra è ancora ben lungi dall'essere preparata e armata quale essa si ripromette e come sarà, ma è certo che questi due anni di febbrile pre-

parazione industriale, meccanica e anche morale, hanno dato agli Inglesi una confidenza e una fiducia in se stessi, confidenza e fiducia che essi certamente non avevano nell'agosto del 1935 quando all'apparire delle due Divisioni alla frontiera egiziana, l'Inghilterra, per la prima volta dopo Trafalgar, si è trovata improvvisamente nell'alternativa di scegliere tra il pericolo di una guerra mediterranea a cui non era preparata nelle armi e negli spiriti, e l'umiliazione, scegliendo alla fine quest'ultima. Non mancano tra gli stessi conservatori coloro i quali ritengono che bisogna profittare di questo momento in cui la Francia sembra voler prendere l'iniziativa di una politica di forza, in cui la Germania non è militarmente pronta e la solidarietà fra l'Italia e la Germania, a loro avviso, non ancora perfezionata, per risolvere l'«incubo mediterraneo». Costoro sono pochi e la loro voce priva, in questo momento, di autorità: ma ci sono.

Questi sono in sostanza gli elementi della situazione, che soltanto il Duce, nel Suo istinto divinatore, può pesare e valutare, alla luce di altri e certo piú importanti e decisivi elementi che Egli solo conosce.

Il fallimento del grottesco ultimatum franco-brittannico, fallimento determinato dalla nostra risposta di avantieri, ha rimesso di colpo nelle mani dell'Italia l'iniziativa dell'azione internazionale.

Le guerre piú dure a vincersi sono quelle che bisogna vincere giorno per giorno.

Rapporti di questo livello e di questo tono a palazzo Chigi non ne arrivavano piú ormai da tempo. Nonostante la cautela e le sviolinate ad hoc di Grandi a lui e al «duce», piú di un suo passo dovette probabilmente irritare Ciano. Il quadro e le previsioni prospettati non lasciavano però spazio per iniziative e furbizie che avrebbero potuto determinare quegli «avvenimenti» che Grandi aveva raccomandato di tenere sotto controllo al massimo. Anche a non voler dar credito a quanto Grandi scriveva circa la perdurante disponibilità di Chamberlain a una riconciliazione con l'Italia, rifiutate le conversazioni a tre, se si volevano prevenire nuove iniziative della Francia [223] e non offrirle ulteriori argomenti per influire su Londra e, possibilmente, cercare di ridare speranza e credibilità a coloro che nel governo inglese e nel Partito conservatore erano meno favorevoli a drammatizzare la situazione e a mettere la politica britannica a rimorchio di quella francese, l'unica cosa da fare era prendere qualche iniziativa distensiva e non compiere nuovi passi falsi in Spagna.

Nella prima direzione – una volta «salvata la faccia» rifiutando di cedere alle minacce anglo-francesi – Mussolini era disposto a spingersi parecchio innanzi, purché potesse mascherare la sua ritirata e presentarla come una *sua* iniziativa costruttiva. Significativo è quanto si legge nel diario di Ciano sotto la data dell'11 ottobre [224]:

---

[223] Cfr. a questo proposito *DDF*, s. II, VII, pp. 102 sg., 103 sgg., 116 sg.
[224] G. CIANO, *Diario* cit., p. 44.

Il Duce, che segue [la situazione] molto da vicino con calma ed anche con formidabile decisione, mi ha chiamato stasera una seconda volta. Ha parlato di varie questioni. Pensa che un Comitato di 6 potenze (Italia, Francia, Gran Bretagna, Germania, Portogallo e Russia) potrebbe risolvere la questione dei volontari nonché quelle della belligeranza.

Per il momento Ciano non credette però di spingersi tanto innanzi. Incoraggiato probabilmente anche dal fatto che Chamberlain la sera dell'8 ottobre – quando si era ancora in attesa della risposta italiana alla nota anglo-francese del 2 – in occasione del congresso del suo partito non aveva nascosto la speranza che la risposta italiana fosse favorevole e potesse quindi costituire un progresso reale nel regolamento della questione spagnola e rendere cosí anche possibile l'inizio delle previste conversazioni anglo-italiane (che i francesi si erano adoperati in tutti i modi per far scomparire completamente dall'orizzonte politico), il 15 dette istruzioni a Grandi di assumere un atteggiamento distensivo in seno al Comitato per il non intervento [225]:

> Bisogna concedere qualche cosa. Quindi segnare tre punti: pronti a discutere il piano di evacuazione volontari; chiedere alle parti in conflitto le loro intenzioni in merito e se queste sono positive allora fissare un piano di evacuazione; contemporaneamente aver il riconoscimento della belligeranza.

Forte di queste istruzioni, Grandi assunse immediatamente una posizione cosí duttile e conciliante da non risultare quasi in nulla differente da quella inglese, isolando cosí in seno al comitato londinese l'Urss, mettendo in difficoltà la Francia e, ciò che piú conta, ravvivando le speranze di Chamberlain nella possibilità di riprendere il discorso con Roma.

Assai piú tortuoso – al solito – fu invece il comportamento nella concreta situazione in Spagna. Nel pieno della crisi, Ciano era stato ben consapevole della necessità di non fare passi falsi. Anche a questo proposito il suo diario è eloquente. Sotto la data del 5 ottobre vi si legge [226]:

> Lungo colloquio con Pariani sulla situazione in Spagna. Sarebbe d'avviso di mandare le truppe alpine in forza per sfondare su Valencia. Ma quali sarebbero le reazioni franco-britanniche? Conviene prendere iniziative che possano condurre a un conflitto? Io dico di no. In primo luogo perché la Germania non è pronta. Lo sarà tra tre anni. Poi perché noi scarseggiamo di materie prime e di munizioni. Infine perché un conflitto del genere ci attirerebbe l'odiosità generale. Però la situazione spagnola è grave e merita una soluzione rapida. Ne parlerò al Duce.

---

[225] *Ibid.*, p. 46.
[226] *Ibid.*, p. 43. Nello stesso senso cfr. anche l'annotazione del 12 ottobre: «Ho visto Russo, in relazione ai nuovi contingenti di CC.NN. per la Spagna. Per ora, io sono contrario all'invio. Troppo pericoloso» (p. 45).

Mussolini, a sua volta, era incerto. Voleva «impressioni fresche», tant'è che per averle fu deciso l'invio di Anfuso in missione in Spagna. Passati alcuni giorni e visto che al rigetto della proposta di Parigi e di Londra non seguivano altri passi «minacciosi», al timore cominciò però a subentrare, al solito, un senso di maggior sicurezza e a riaffacciarsi la idea che, tutto sommato, si potesse anche osare e vincere. Ancora una volta il diario di Ciano è rivelatore. Già sotto la data del 14 ottobre vi si legge[227]:

> La nota è stata accettata nei suoi concetti fondamentali, da Londra e da Parigi. Ne sono sorpreso. Dopo le minacce degli ultimi giorni, questa ritirata franco-britannica induce a riflettere sul declino di questi due popoli. Verrà un momento, o forse è già venuto, in cui tutto potremo osare e giocare la partita suprema.

Sulle prime, comunque, ci si mosse con una certa cautela. Gli invii ai nazionalisti di aerei e di navi già stabiliti non furono cancellati, ma per il momento non ne avvennero altri, nonostante le sollecitazioni del comando del CTV e del generale Pariani. Quando però il 19 ottobre fu Franco a chiedere una divisione per liquidare definitivamente il fronte delle Asturie – pur avendone avuto Mussolini una impressione «penosa» – la divisione fu concessa[228], salvo non farla più partire, appena, conquistata Gijon, il suo apporto non fu stimato più necessario. Ormai anche Ciano cominciava a pensare alla Spagna come a «questa dannata guerra»[229]; ma né lui né Mussolini erano capaci di venirne fuori. A fine anno, quando persino il comandante del CTV propose il ritiro delle fanterie, Ciano – invece di appoggiarlo – si fece prendere dal timore di perdere la faccia: «non possiamo arrischiare il prestigio dell'Italia su venti battaglioni di fanteria» e scaricò tutto il peso della decisione su Mussolini[230]:

> Domani andremo insieme dal Duce. Mi ascolterà e deciderà. Io mi domando però se con tutti gli sforzi fatti e i sacrifici sopportati conviene ritirarci proprio mentre, per il piccolo scacco di Teruel, l'astro di Franco non è cosí fulgido come due mesi orsono. Non assumeremmo la responsabilità di un insuccesso dei bianchi? Non diamo nuovo coraggio ai rossi e a chi li rifornisce e li spalleggia? Non diamo forse agli stessi spagnoli la possibilità di liberarsi troppo a buon mercato del debito di riconoscenza che hanno e devono avere per noi? A queste domande risponderà domani il Duce. Il problema merita la più attenta riflessione. Ogni decisione presenta dati sfavorevoli. Quest'affare di Spagna è lungo e gravoso.

---

[227] *Ibid.*, p. 45.
[228] *Ibid.*, p. 47; nonché *DGFP*, s. D, III, pp. 356 sg.
[229] G. CIANO, *Diario* cit., p. 48.
[230] *Ibid.*, p. 74, nonché pp. 74-75.

Contrario Ciano, anche Mussolini si pronunciò contro il ritiro delle fanterie: i «volontari» sarebbero rimasti in Spagna «sino a nuovo ordine». Poiché però la strategia di Franco, piú politica che militare, non corrispondeva affatto agli interessi italiani, minacciava di far durare la guerra ancora per mesi se non addirittura per anni e comportava da parte italiana investimenti *ad infinitum* in uomini e denaro, era necessario far finalmente capire a Franco che doveva cercare una soluzione militare decisiva e che, a questo scopo, bisognava istituire un comando unico spagnolo-italiano-tedesco. Il generale Berti fu all'uopo inviato da Franco con precise istruzioni, ancor prima di aver interpellato i tedeschi [231]. Ma pochi giorni dopo, appena la battaglia di Teruel sembrò sul punto di risolversi vittoriosamente, ricominciò la solita altalena degli entusiasmi e delle speranze [232], sino a raggiungere il limite dell'incoscienza. Basti dire che, avendo l'aviazione legionaria preso a bombardare massicciamente Barcellona e altre località «rosse», Ciano arrivò al punto di chiedere al generale Valle di partecipare, lui il ministro degli Esteri, ad una delle future azioni... [233]. Salvo poi, sopravvenuta l'immancabile solita doccia fredda, tornare a crucciarsi e decidere un ennesimo passo su Franco – questa volta personale di Mussolini – minacciandolo di ritirare le truppe italiane se non si fosse deciso a preparare e condurre «sino in fondo» «una battaglia di masse che porti alla distruzione dell'apparato nemico» [234].

Mussolini scrisse questa lettera il 2 febbraio 1938. Venti giorni dopo Franco non aveva ancora risposto. Il 23 febbraio il «duce» ne sollecitò telegraficamente la risposta e, via via sempre piú irritato, tre giorni dopo ordinò all'aviazione di stanza nelle Baleari di astenersi da ogni azione. Solo negli ultimissimi giorni di febbraio Franco si fece finalmente vivo. La sua lettera (formalmente datata... 16 febbraio), in teoria dava ragione a Mussolini («Non ho mai contato sul crollo spontaneo delle retrovie nemiche. Ho sempre progettato di provocarlo con una schiacciante vittoria e con l'annientamento dell'esercito nemico»), in pratica ribadiva la convinzione che fosse necessario agire con estrema prudenza. Quanto alle truppe italiane, non ne chiedeva esplicitamente la permanenza, ma poneva la questione in modo da chiudere praticamente la bocca al «duce»: «la loro permanenza in Spagna è considerata in tutto il mondo come un atto di solidarietà con la nostra nazione, mentre la loro assenza

---

[231] *DGFP*, s. D, III, pp. 543 sg. e anche 547 sg.; nonché G. CIANO, *Diario* cit., p. 75.
[232] Cfr. *ibid.*, p. 81.
[233] *Ibid.*
[234] Cfr. J. F. COVERDALE, *I fascisti italiani alla guerra di Spagna* cit., pp. 311 sgg.

darebbe, sul piano internazionale, la sensazione di un abbandono»[235]. Proprio quello che Mussolini aveva sempre piú temuto e ancor piú temeva in quel momento, mentre l'orizzonte si stava facendo per lui sempre piú buio in Austria ed egli si trovava ormai nell'assoluta necessità di accordarsi con l'Inghilterra, ma – appunto per questo – non poteva ritirarsi ormai dalla Spagna per non esporsi all'accusa che questo fosse il prezzo che aveva dovuto pagare a Londra.

Dire che dall'ottobre '37 i rapporti anglo-italiani non avevano registrato sostanziali progressi solo a causa della questione spagnola sarebbe eccessivo; difficile sarebbe però anche considerare la questione spagnola altrimenti che la causa principale delle difficoltà che avevano reso impossibile riallacciare il filo del discorso avviato a fine luglio e che la crisi dell'agosto-settembre aveva – almeno per quel che concerneva i propositi di Chamberlain e di Mussolini – interrotto ma non spezzato. A rendere difficile una *détente* avevano contribuito vari altri motivi politici e psicologici. Tra essi si deve annoverare la tendenza inglese ad agire quanto piú possibile in stretto accordo con la Francia, cosa che – essendo Parigi a quest'epoca sostanzialmente contraria ad un accordo anglo-italiano e tendendo, anzi, a premere su Londra perché assumesse verso l'Italia un atteggiamento intransigente che portasse avanti la linea dura inaugurata a Nyon – rendeva difficile, anche volendo, prendere effettive iniziative per riavviare concretamente il discorso con Roma, dato che questa, pur affermando di volere l'accordo con l'Inghilterra, sembrava però ferma nel rifiutare di associare in qualsiasi modo ad esso la Francia e non mostrava neppure la minima disponibilità a compiere qualche atto distensivo verso Parigi che facilitasse le cose agli inglesi[236]. D'altro canto Londra tendeva anche a privilegiare l'aspetto tedesco della politica dell'*appeasement*, con il risultato di offrire nuova esca (come in novembre, quando Halifax si era recato in visita a Berlino) ai sospetti e ai timori di Mussolini di vedere inglesi e tedeschi accordarsi tra loro sulla sua testa. Né bisogna sottovalutare l'influenza che su una parte degli uomini alla guida della politica estera britannica aveva la preoccupazione (ideologica, economica e politica, specie in relazione alla sempre piú difficile situazione in Estremo Oriente) di procedere d'accordo con gli Usa, i quali non vedevano affatto di buon occhio che l'Inghilterra cedesse sulla questione di principio del riconoscimento *de jure* dell'impero fascista

---

[235] *Ibid.*, pp. 315 sg.
[236] L'unico e, allo stato delle nostre conoscenze, inspiegabile accenno all'opportunità di una collaborazione italo-francese per difendere la latinità apparve su «La tribuna» del 19 novembre 1937 (in concomitanza cioè della visita di Halifax in Germania) per la penna di F. SCARDAONI, *La stampa e l'Europa. Il piú grave errore politico del nostro tempo.* Dal *Diario* cit. di G. CIANO, p. 59 risulta che l'articolo non era stato ispirato dall'alto e che Mussolini ne fu molto irritato.

per concludere un accordo che a Washington era considerato col piú profondo scetticismo e che appariva in contrasto con i propositi accarezzati tra la fine del 1937 e gli inizi del 1938 da Roosevelt di prendere una grande iniziativa volta, nelle sue intenzioni, a bloccare il progressivo deterioramento della situazione internazionale con una serie di accordi relativi alla riduzione degli armamenti, all'eguaglianza di accesso alle materie prime e alle leggi sulla condotta della guerra ovvero a smascherare e isolare moralmente e politicamente Germania, Italia e Giappone se queste l'avessero lasciata cadere o respinta[237]. Da parte italiana a rendere

[237] Cfr. soprattutto A. EDEN, *Memorie* cit., I, pp. 685 sgg. L'ostilità americana al riconoscimento dell'Impero (dimostrata anche dalle difficoltà che nel '37 incontrarono i negoziati per il rinnovo del trattato di commercio e di navigazione tra i due paesi, dato che l'Italia voleva che nel preambolo del nuovo trattato ci si riferisse al re anche come Imperatore d'Etiopia) oltre che da una questione di principio dipendeva in buona parte dall'ostilità suscitata negli Usa dall'avvicinamento dell'Italia alla Germania e, successivamente, dalla politica filo giapponese di Roma. Per quel che riguarda la Germania Suvich in un rapporto del 4 febbraio '37 era stato assai chiaro: «È vero che l'Italia fascista ha avuto fino a 4 anni fa un ambiente relativamente favorevole in una parte della popolazione, ma la situazione è oggi fondamentalmente mutata. Quello che ha messo l'opinione pubblica americana contro l'Italia fascista è stato il sorgere del nazional-socialismo con le sue manifestazioni in America e la guerra etiopica.
«La crisi etiopica è superata e l'opera di civiltà e di pace che l'Italia sta svolgendo in Africa, se opportunamente valorizzata qui, non potrà che incontrare le simpatie del pubblico americano. La questione del Nazismo rientra nelle linee generali della nostra politica estera. Il nazismo ci ha danneggiato soprattutto per il fatto che i due movimenti, nell'opinione pubblica americana, sono stati fino ad un certo punto identificati e che si sono attribuiti al Fascismo determinate manifestazioni caratteristicamente naziste che qui incontrano la generale disapprovazione... Come si presenta oggi la situazione sulla base di una divisione fra potenze fasciste e potenze democratiche, non c'è nessun dubbio che le simpatie dell'America sono per il secondo gruppo anche se di questo dovesse far parte la Russia e soprattutto se al gruppo delle potenze fasciste partecipasse il Giappone. Questa simpatia di oggi potrebbe tradursi in un aiuto di domani in caso di conflitto ad onta di tutte le leggi sulla neutralità che il Congresso potrà votare. Anche prima dell'intervento nella guerra mondiale, l'America aveva un atteggiamento di neutralità che si è modificato poi radicalmente in pochi mesi.
«Un altro punto che si può fissare è quello che l'America tenderà sempre a correre in aiuto dell'Inghilterra quando questa sia in pericolo e ciò per due ordini di motivi. Da un lato c'è la comunità di sangue e la tradizione che unisce le due nazioni, dall'altro la convinzione di questo paese che l'Inghilterra è un elemento indispensabile dell'equilibrio mondiale e quella su cui si può piú contare per mantenere la pace» (ASAE, *USA*, b. 32 [1936-37]).
Oltre a ciò, va per altro detto che mentre i principali collaboratori di Roosevelt, C. Hull e S. Welles, erano nettamente ostili al riconoscimento dell'Impero, altri esponenti politici statunitensi, tra cui l'ambasciatore a Roma W. Phillips, lo ritenevano opportuno per «reagire» al «processo di irrigidimento» della politica italiana e per sbloccare le relazioni italo-britanniche. Cfr. W. Phillips a C. Hull, 20 dicembre 1937, in *Carte Roosevelt, PSF, Italy: State Department (1937).*
Nello stesso rapporto l'ambasciatore si soffermava sulla situazione interna italiana scrivendo: «L'atmosfera qui a Roma è molto ansiosa. L'intellighenzia non è favorevole a questi stretti legami con la Germania ed il Giappone, ma si esprime, se pure lo fa, in mormorii. Il duce ha ipnotizzato completamente le masse che sono pronte a seguirlo dovunque voglia condurle. In quanto al Duce non vede nessun diplomatico tranne l'Ambasciatore tedesco, ed ha chiaramente dimostrato che non vuole vedere americani, per quanto importanti essi siano. Io non ho perciò opportunità di parlargli e il mio unico contatto con lui è quindi attraverso Ciano. Ciò non è soddisfacente perché uno non sa mai precisamente cosa Ciano tralasci. Sempre piú Mussolini si sta isolando e il naturale risultato può ben essere un irrigidirsi del suo atteggiamento verso i suoi critici e un sentimento di soddisfazione nel preoccuparli con una piú stretta associazione con i suoi amici tedeschi e giapponesi».
Piú complessa era la posizione di Roosevelt. Il presidente (su cui dovevano influire a quest'epoca varie considerazioni contingenti determinate dalla scadenza elettorale del '38) era indubbiamente ostile al fascismo, ma non tanto da considerare l'Italia già irrimediabilmente legata alla Germania e non doveva pertanto escludere la possibilità di agire positivamente su di essa facendo leva, per un verso, sulla personalità di Mussolini e, per un altro verso, sulle difficoltà economiche dell'Ita-

difficile una *détente* era stato invece soprattutto il sistematico ricorso all'«emolliente» delle minacce e delle pressioni indirette, da quelle ormai tradizionali messe in atto per creare difficoltà agli inglesi nel mondo arabo a quelle, per cosí dire, nuove, rese possibili dal precipitare della situazione in Estremo Oriente e dal conflitto cino-giapponese [238]. Particolare irritazione e preoccupazione avevano suscitato a Londra l'adesione italiana, il 6 novembre, al patto anti-Komintern [239] e l'atteggiamento nettamente filo giapponese assunto dall'Italia alla Conferenza delle nove potenze convocata nello stesso periodo a Bruxelles per discutere il conflitto cino-giapponese e cercarne una soluzione. In una situazione di tensione e di crisi queste iniziative italiane non potevano certo favorire una *détente*. In un quadro diverso non sarebbero state però esse che, data la loro evidente strumentalità, avrebbero potuto impedirla. Persino W. Churchill era sicuro che Mussolini non desiderava essere trascinato in un conflitto con l'Inghilterra e tanto meno con l'Inghilterra e la Francia

lia. A questo scopo sin dalla fine del '36 Roosevelt si era detto con Suvich disposto ad incontrarsi «in una crociera verso acque europee» con Mussolini per parlare con lui della situazione mondiale (ASAE, *USA*, b. 32 [*1936-37*], rapporto di Suvich in data 18 dicembre 1936) e la stessa proposta fece nell'ottobre '37 a Vittorio Mussolini, da lui ricevuto in forma strettamente privata in occasione di un suo viaggio negli Stati Uniti per motivi cinematografici (cfr. v. MUSSOLINI, *Vita con mio padre*, Verona 1957, pp. 79 sgg.). Il momento di maggior «apertura» verso l'Italia di Roosevelt dovette probabilmente essere nel luglio 1937, prima della crisi mediterranea, quando si rivolse per iscritto personalmente a Mussolini e ribadí con Suvich il suo desiderio di incontrarsi col «duce». Si veda a questo proposito in *Appendice*, documento 10 il rapporto inviato a Roma da Suvich il 30 luglio. Anche dopo la crisi mediterranea e l'allineamento italiano sulle posizioni del Giappone in occasione della Conferenza delle Nove Potenze (che aveva dato un colpo gravissimo alle simpatie residue per l'Italia negli Usa) da parte americana ci si sforzò però di non perdere i collegamenti con l'Italia e, almeno a parole, di solleticare a questo fine l'amor proprio di Mussolini. Come Suvich riferiva in un suo rapporto del 17 febbraio '38 C. Hull ancora a quest'epoca teneva a fargli sapere che nonostante tutto «Roosevelt pensa sempre al Duce come all'uomo politico che potrebbe aiutarlo piú degli altri domani in un tentativo del genere» (assicurare la stabilità economica come premessa della pace politica).
[238] Nel 1937 cominciarono tra l'altro i rapporti tra il regime e il leader nazionalista indiano Chandra Bose che, nel corso dell'anno, ebbe vari incontri con Mussolini e con Ciano. Cfr. ACS, *Min. Interno, Dir. gen. PS, Div. affari gen. e ris.*, categ. I. 4. 1, *Austria. Movimento sovversivo antifascista. 1937*, nota della Sezione Terza in data 18 dicembre 1937; nonché G. CIANO, *Diario* cit., pp. 88 sg.; S. C. BOSE, *La lotta dell'India (1920-1934)*, Firenze 1942, p. 308.
[239] Che l'adesione italiana al patto anti-Komintern avesse come obiettivo principale quello di premere sull'Inghilterra risulta chiaramente da quanto Grandi scrisse a Ciano il 9 novembre. Ai primi d'agosto, subito dopo lo scambio di lettere tra Chamberlain e Mussolini, Grandi – lo si è detto – si era dichiarato contrario all'adesione italiana, temendo che potesse avere un'influenza negativa sui prossimi negoziati italo-inglesi. Sfumati questi, ora, anche Grandi fu favorevole all'adesione. «Ho l'impressione – scrisse a Ciano – che il colpo abbia colpito il centro del bersaglio, sotto ogni punto di vista». L'adesione italiana al patto aveva messo in crisi, continuava, coloro che sostenevano una politica di intransigenza nei confronti di Roma e di lusinga e di intesa nei confronti di Berlino, dimostrando loro che l'Asse non era un bluff puramente dimostrativo e ideologico destinato a non resistere alla prova dei divergenti interessi italiani e tedeschi, ma una realtà che poteva aggregare anche altre forze. Cfr. in *Archivio D. Grandi*, b. 40, fasc. 93, sott. 2, ins. 3, D. Grandi a G. Ciano, 9 novembre 1937.
Secondo i dati dell'Ammirragliato britannico, la flotta italiana era a quest'epoca pari al 48 per cento di quella inglese, ma questa era per il 50 per cento nel Mar del Nord, per il 15 per cento in Estremo Oriente, per l'8 per cento nell'Oceano Indiano e nel Mar Rosso e solo per il 27 per cento nel Mediterraneo e ciò rendeva «la politica britannica estremamente prudente *vis-à-vis* dell'Italia». Cfr. *DDF*, VII, p. 304.

insieme e che la sua «diplomazia di potenza» tendeva solo a rafforzarsi al massimo nel Mediterraneo. Come egli scrisse sull'«Evening Standard» del 15 ottobre 1937, l'unico pericolo di guerra stava «nel fatto che egli possa ritenere che sotto una diretta minaccia di guerra il governo britannico possa retrocedere come ha fatto in occasione del conflitto etiopico». Da qui la necessità che Inghilterra e Francia operassero nel piú stretto accordo possibile e «non lascino il signor Mussolini in alcun dubbio circa l'atteggiamento che questi governi potrebbero essere in ultima analisi costretti ad assumere». Una posizione, come si vede, assai lucida e ferma, ma che – cosí come era formulata – non escludeva a priori la possibilità di un accordo con l'Italia. E, infatti, il vero nodo dei rapporti anglo-italiani era costituito dai limiti che l'Inghilterra era disposta a concedere alla «potenza» italiana nel Mediterraneo e dal grado di fiducia che, dopo le «delusioni» a getto continuo degli ultimi tre anni, le due parti erano reciprocamente capaci di raggiungere. Tutto il resto finiva per diventare secondario rispetto a questi due *fatti*, uno squisitamente politico, l'altro squisitamente psicologico, specie per quel che concerneva Mussolini e Ciano per i quali sia la politica sia la fiducia si caricavano molto piú che per i responsabili della politica britannica di motivazioni irrazionali e talvolta personalistiche, di pregiudizi e, quando le cose sembravano loro andar bene, persino di sogni farneticanti sul «declino» inglese e sulla «potenza» italiana che li inducevano per qualche tempo a pensare che, tutto sommato, l'accordo con l'Inghilterra non fosse poi veramente tanto necessario[240], salvo, quando ai sogni si sostituivano gli incubi, farsi cogliere dalla sfiducia e dal timore e rifugiarsi in pericolose fughe in avanti verso la Germania che se, ancora, non incidevano veramente nella realtà della politica estera del regime, contribuivano però a deteriorare vieppiú il quadro internazionale e rafforzavano il partito filo-tedesco in Italia.

Stanti cosí le cose, il vero ostacolo sulla strada dell'accordo con l'Inghilterra era costituito dalla questione spagnola. Per quanto Chamberlain e tutto un importante settore del Partito conservatore fossero convinti della opportunità di accordarsi con l'Italia, la questione spagnola era infatti per essi il nodo di tutta l'operazione: il nodo morale, il nodo politico, il nodo della «fiducia» che andava sciolto per poter concludere l'accordo e farlo accettare al resto del partito, all'opinione pubblica in-

---

[240] Tipica in questo senso è un'annotazione del *Diario* di G. CIANO (p. 76) sotto la data del 31 dicembre 1937: «L'offensiva in Spagna procede bene... Il Duce di buon umore, ha chiesto in presenza mia a Valle, la forza dell'aviazione. Entro l'anno 3000 apparecchi di programma, piú 750 in soprannumero. Mi ha detto che in queste condizioni, se gli inglesi non fanno l'accordo, si avvicina il giorno di quel famoso bollettino!»

glese e alla Francia. E il piú convinto era Eden, che – da parte sua – considerava Mussolini un «gangster» col quale qualsiasi accordo sarebbe stato senza valore e che, se accettava l'idea di un possibile «accordo» con l'Italia, era per non lasciare nulla di intentato e perché non poteva non tener conto dei rapporti di forze esistenti nel governo e nel partito, ma era deciso a giungervi solo alle sue condizioni.

Alla vigilia della Conferenza di Nyon Eden aveva scritto a Churchill [241]:

> Questo è il momento di ricondurre l'Italia al rispetto dei suoi doveri internazionali... Non sembra che la Germania sia pronta a entrare in un grande conflitto entro l'anno, e, se si spera di poter concludere futuri rapporti amichevoli con l'Italia, le cose dovrebbero venir condotte a termine ora. Il pericolo che ci minaccia è dovuto alla certezza di Mussolini di poter bluffare e far la voce grossa per vederci ritirare alla fine dopo qualche chiacchiera inutile».

Forte di questa convinzione, il ministro degli Esteri si era impegnato a fondo per la buona riuscita della conferenza e poi nel successivo passo anglo-francese del 2 ottobre. Dopo il rigetto italiano della proposta di avviare conversazioni a tre per la Spagna non aveva seguito i francesi nei loro propositi oltranzisti e, anzi, aveva svolto una notevole azione per moderarli; ciò non vuol però dire che avesse modificato minimamente la sua posizione di fondo. Lo dimostra il fatto che una delle prime cose che Chamberlain e Ball fecero sapere a Grandi quando si riavviarono i *pourparlers* tra loro fu di non servirsi nelle sue comunicazioni a proposito di essi con Roma dei soliti telegrammi cifrati (decifrabili dal Foreign Office) ma «soltanto di lettere o rapporti» inviati per corriere [242]. E infatti, anche se il premier e alcuni membri del governo erano desiderosi di riavviare il discorso con Roma e da parte italiana si erano fatti vari passi per riprendere il filo al punto in cui si era interrotto in agosto, per vari mesi i rapporti anglo-italiani non avevano registrato alcun progresso. Il 6 novembre, lo stesso giorno in cui Ciano sottoscriveva il patto anti-Komintern, un passo di Grandi presso il Foreign Office, prospettante l'opportunità di iniziare i «previsti» negoziati al fine di evitare che in caso contrario l'Italia potesse soggiacere alle pressioni tedesche, non aveva ottenuto da Eden che una risposta vaga e dilatoria. E un altro, poco meno di un mese dopo, aveva ottenuto una risposta ancor piú scoraggiante: perché l'Inghilterra potesse prendere in considerazione il riconoscimento dell'impero occorreva che prima l'Italia ritirasse i volon-

---

[241] W. CHURCHILL, *The second world war* cit., I, pp. 189 sgg.
[242] *Archivio D. Grandi*, b. 40, fasc. 93, sott. 2, ins. 3, D. Grandi a G. Ciano, 15 ottobre 1937.

tari dalla Spagna, sgombrasse le Baleari, cessasse la propaganda verso gli arabi e moderasse i toni antibritannici della sua stampa [243].
La risposta di Mussolini non si era fatta attendere. Una settimana dopo, la sera dell'11 dicembre 1937, dopo una riunione convocata ad hoc del Gran Consiglio, il «duce» dal balcone di palazzo Venezia aveva annunciato il ritiro dell'Italia dalla Società delle nazioni [244].

Abbiamo voluto – aveva detto –, durante lunghi anni, offrire al mondo uno spettacolo di inaudita pazienza. Non avevamo dimenticato e non dimenticheremo l'obbrobrioso tentativo di strangolamento economico del popolo italiano perpetrato a Ginevra. Ma qualcuno pensava che ad un certo momento la Lega delle nazioni avrebbe compiuto un gesto di doverosa riparazione. Non lo ha fatto. Non lo ha voluto fare...
In queste condizioni non era piú oltre tollerabile la nostra presenza sulla porta di Ginevra. Feriva la nostra dottrina, il nostro stile, il nostro temperamento di soldati...
L'uscita dell'Italia dalla Società delle nazioni è un evento di grande portata storica, che ha attirato l'attenzione del mondo e le cui conseguenze non sono ancora del tutto prevedibili.
Non per questo noi abbandoniamo le nostre fondamentali direttive politiche, tese verso la collaborazione e la pace...

In Italia la decisione di Mussolini aveva colto i piú di sorpresa, ma non aveva neppure fatto troppo effetto. In un certo senso era stata accolta con sollievo. Nei giorni immediatamente precedenti la riunione del Gran Consiglio in vari ambienti era serpeggiato un senso di incertezza e di timore che aveva dato esca alle ipotesi piú disparate, tanto è vero che, dopo l'annuncio, vi era stato chi aveva sostenuto che Mussolini avrebbe voluto in realtà farne un altro, ma che alla fine aveva dovuto rinunciare ai suoi propositi ed era ripiegato su quello dell'abbandono di Ginevra [245]. A livello diplomatico la decisione di Mussolini aveva suscitato invece minore sorpresa. L'incaricato d'affari francese a Roma la aveva prevista appena saputo della convocazione del Gran Consiglio e ne aveva dato la spiegazione piú corretta: il «duce» aveva voluto rendere piú difficile un eventuale riavvicinamento anglo-tedesco (dopo l'uscita dell'Italia dalla Società delle nazioni un ritorno a Ginevra della Germania sarebbe stato impossibile, a meno che Berlino fosse disposta a dare un colpo «fatale» all'Asse) e aveva voluto anche «far intendere

---

[243] ASAE, *Fondo Lancellotti*, 187; D. C. WATT, *Gli accordi mediterranei anglo-italiani del 16 aprile 1938*, in «Rivista di studi politici internazionali», gennaio-marzo 1959, pp. 66 sg.
[244] MUSSOLINI, XXIX, pp. 32 sgg.
[245] Cfr. *DDF*, s. II, VII, pp. 759 sgg., F. Charles-Roux a Y. Delbos, 20 dicembre 1937. Dalle *Informazioni Cremonesi*, alle date dell'11 e del 14 dicembre risulta che due ipotesi, che circolavano negli ambienti politici romani, erano che il Gran Consiglio annunciasse l'istituzione del Gran Cancellierato a vita per Mussolini e, addirittura, l'abdicazione del re.

all'Inghilterra che è cattiva tattica cercare sistematicamente di guadagnar tempo e di cloroformizzare» i negoziati con Roma [246]. Lo stesso senso in cui dovette intenderlo Chamberlain, tanto piú che nelle settimane successive sia l'incaricato d'affari italiano a Londra Crolla, sia Ciano a Roma con l'ambasciatore britannico, sia personalmente Mussolini nel corso di un fortuito incontro, il 5 gennaio 1938, all'Opera con lo stesso Perth si erano mostrati attenti a sottolineare il desiderio italiano di superare gli ostacoli «psicologici» che dividevano i due paesi e di raggiungere un accordo «pieno e completo» [247].

Per Chamberlain l'ora di riprendere il filo del discorso interrotto in agosto era ormai giunta. Molto piú cauto e sostanzialmente ostile era però sempre Eden. Ciò spiega, da un lato, il progressivo accentuarsi ai primi del gennaio '38 delle divergenze tra il premier e il suo ministro degli Esteri [248] e, da un altro lato, la sempre piú marcata tendenza del primo a cercare di sbloccare la situazione all'insaputa e alle spalle del secondo ricorrendo a mezzi e «canali» personali extra diplomatici. Uno di questi «canali», il meno importante e il piú difficile a tenere nascosto ad Eden e al Foreign Office, era stata la cognata dello stesso Chamberlain, lady Ivy. In viaggio di piacere in Italia, la vedova di Austen Chamberlain aveva avuto alcuni incontri con Ciano e con Mussolini ai quali aveva mostrato due lettere scrittele dal cognato nelle quali (soprattutto nella seconda che Ciano e Mussolini avevano visto il 1° febbraio) egli si diceva disposto a riconoscere formalmente l'impero e ad avviare a fine febbraio le conversazioni per l'accordo. Mussolini aveva «approvato e concordato», affermando di volere un accordo «completo, duraturo e tale da costituire la base di collaborazione per i due Imperi», e aveva praticamente dettato a lady Ivy la risposta per il cognato [249]. Il secondo e molto piú importante «canale» era stato quello londinese di A. Dingli che Grandi era riuscito a riattivare sin dall'ottobre con una operazione del tipo di quella da lui già messa in atto nel luglio e che sola spiega come un uomo cauto e responsabile come Chamberlain avesse potuto, in seguito ad essa, pensare di agire alle spalle di Eden e spingersi a scrivere certe cose alla cognata.

Dopo le drammatiche settimane dell'agosto e del settembre tutti gli sforzi di Grandi erano stati rivolti a ricucire la situazione e in particolare a convincere Chamberlain che Mussolini voleva sempre la riconci-

[246] *DDF*, s. II, VII, pp. 645 sg.
[247] Cfr. D. BOLECH CECCHI, *L'accordo di due imperi. L'accordo italo-inglese del 16 aprile 1938*, Milano 1977, pp. 20 sg. e 25.
[248] Cfr. *ibid*., pp. 21 sgg.; A. EDEN, *Memorie* cit., I, pp. 693 sgg.; R. DOUGLAS, *Chamberlain and Eden: 1937-1938*, in «Journal of Contemporary History», gennaio 1978, pp. 97 sgg.
[249] Cfr. G. CIANO, *Diario* cit., pp. 71 sg., 81, 92 e 100.

liazione e che «i disgraziati incidenti mediterranei dovevano considerarsi una circostanza al di fuori della sua volontà». Per ottenere questo risultato Grandi aveva pensato di inventare un nuovo messaggio del «duce» per il premier. Il punto era però come giungere sino a lui. Ecco come lo stesso Grandi in una sua pagina di diario dedicata alla ricostruzione delle vicende che portarono alla caduta di Eden ha narrato l'episodio[250]:

> Restava il problema pressoché insolubile di mettermi in comunicazione con Chamberlain all'insaputa di Eden. Eden dopo l'esperienza della mia visita a Downing Street alla fine di luglio non intendeva che la cosa si ripetesse a nessun costo, né Chamberlain, indebolito, avrebbe mai osato di far trovare Eden davanti a una convensazione coll'Italia a Downing Street.
> Chi mi ha aiutato è stato Poliakoff. Dissi a Poliakoff, cacciatore di notizie riservate e piccanti, che io avevo un messaggio per il Primo Ministro da parte del Duce e che non sapevo come consegnarglielo. Domandai a Poliakoff se egli non avesse potuto attraverso Lord Tyrrel, noto amico di Chamberlain, far sapere a Chamberlain che io ero in possesso di questo messaggio, ma che ero nell'impossibilità materiale di consegnarglielo. Poliakoff è corso da Tyrrel. Tyrrel è corso a Downing Street, e nella stessa giornata Poliakoff è ritornato all'Ambasciata per dirmi che alle 5 del pomeriggio Chamberlain mi avrebbe chiamato al telefono personalmente. Io quasi stentai a credere la cosa. Invece alle 5 precise Chamberlain personalmente domandava al telefono di parlarmi. Egli mi domandò se era effettivamente vero che io avessi un messaggio di Mussolini. Io gli risposi che era vero e gli lessi al telefono questo falso messaggio da me inventato, composto di tre punti.
> Il primo che il Duce interpretava un recente discorso di Chamberlain nel senso che Chamberlain manteneva la confidenza personale di Mussolini.
> Il secondo che le difficoltà nel Comitato di Non-Intervento derivavano dal contegno della Russia e della Francia e dagli attacchi della stampa brittannica, ma che ciò malgrado Mussolini era deciso a lavorare per l'adozione del Piano brittannico.
> Il terzo che Mussolini manteneva la sua offerta per un completo accordo fuori e dentro al Comitato con l'Inghilterra.
> Chamberlain, sempre al telefono, mi espresse la sua piú viva soddisfazione e mi incaricò di richiamare [sic] il messaggio di Mussolini dettandomi egli stesso le parole che io ho mandato a Roma senza dire naturalmente che esse erano la risposta a un messaggio del Duce che mai mi era arrivato. Ma in questo modo io ho potuto determinare in Chamberlain uno stato d'animo favorevole verso il Duce e nel Duce uno stato d'animo favorevole verso Chamberlain; riprendere cosí insomma la posizione da me determinata alla fine di luglio mediante lo scambio di lettere Chamberlain-Mussolini...
> Dopo questo cosidetto scambio di messaggi sono cominciati i miei contatti con il fiduciario di Chamberlain, Sir Joseph Ball. È dopo questo falso scambio di messaggi che Chamberlain ha autorizzato il suo uomo di fiducia a mettersi in diretto contatto con me al di sopra della persona di Eden. È cosí cominciato quel lavoro fra me e Ball che ha contribuito notevolmente a determinare la situazione della ca-

[250] D. GRANDI, *Frammenti di diario*, 3 giugno 1938, in *Archivio D. Grandi*, b. 151, fasc. 199, sott. 2, ins. 3.

duta di Eden e a mantenere fra me e Chamberlain un contatto discreto ed efficace per regolare, ciascuno nel modo migliore, la nostra reciproca azione; l'azione di Chamberlain nei confronti di Eden, la mia azione nei confronti del Duce e di Ciano. Io ero sicuro di Chamberlain, Chamberlain era sicuro di me...
Eden ha fatto di tutto nel Comitato di Non-Intervento durante i mesi di ottobre e novembre per compromettere definitivamente qualsiasi possibilità di intesa italo-brittannica. Io ho continuato a dare a Chamberlain l'impressione della nostra attività conciliante, senza mai informare Roma di nulla perché ero certo che Roma non avrebbe potuto rendersi conto della necessità di questo lavoro diplomatico ed avrebbe certamente congelato e impedito a me di lavorare. Non esiste quasi nessun dispaccio di informazioni a Roma del mio lavoro con Ball. Se l'avessi fatto ero certo che mi avrebbero fermato. Ho preferito prendere tutto sulle mie spalle, il rischio e la responsabilità. Ne valeva effettivamente la pena, come i fatti hanno poi in seguito dimostrato.
Io ho continuato per tre mesi a dare a Chamberlain l'impressione che bisognava assolutamente che egli agisse coraggiosamente, altrimenti l'Italia sarebbe stata perduta per sempre per l'Inghilterra. Ho illustrato a Chamberlain giorno per giorno i sentimenti del Popolo italiano, il quale considerava ormai come ineluttabile un conflitto con l'Inghilterra. Mi sono servito di tutto per rappresentare a Chamberlain questa situazione giorno per giorno, nello stesso tempo ho esagerato con Chamberlain le tendenze conciliative di Mussolini. Queste tendenze conciliative non sono di fatto mai esistite, ma tutte le volte che mi sono recato al Comitato di Non-Intervento ho fabbricato a uso e consumo di Chamberlain delle pretese istruzioni di Roma per un'attitudine conciliativa. Per la verità le istruzioni di Roma erano rade e inesistenti. Non vi è che un telegramma il quale mi dice di esacerbare la polemica contro la Francia e contro l'Inghilterra. Ossia esattamente il contrario di quello che in verità io ho fatto e soprattutto ho fatto intendere a Chamberlain. D'altra parte Chamberlain mi ha pressoché ogni giorno comunicato le istruzioni che egli dava a Eden e che Eden non ha mai da parte sua seguito, il che rendeva a me possibile di valutare la preconcetta ostilità di Eden contro l'Italia e nello stesso tempo informare Chamberlain del modo come il suo Ministro degli Esteri disobbediva alle sue istruzioni e direttive.

Ridata cosí fiducia a Chamberlain, il 10 gennaio '38 – dopo cioè i primi incontri romani di lady Ivy con Ciano – l'ambasciata italiana a Londra era stata informata che il premier era ormai disposto ad avviare al piú presto e in assenza di Eden i negoziati con Grandi. Questi era in quel momento a Roma. Tornato subito a Londra, non aveva però dato seguito al messaggio[251], rendendosi bene conto delle difficoltà e dei rischi di un'operazione del genere con un Eden ostile che avrebbe potuto provocare una crisi del governo, un Ciano che ne sarebbe stato praticamente scavalcato anche lui e un Mussolini che voleva l'accordo, ma che non si era veramente convinto che per concluderlo occorreva essere disposto a risolvere il nodo spagnolo e che non poteva essere esposto al rischio di

---

[251] Per i contatti segreti del gennaio '38 cfr. R. QUARTARARO, *Inghilterra e Italia ecc.* cit., pp. 668 sgg.

un fallimento, dato che – a parte ogni altra considerazione – esso avrebbe avuto come conseguenza il definitivo rapido scivolamento dell'Italia nelle braccia di Hitler. Da qui, probabilmente, era nata la seconda lettera di Chamberlain alla cognata, quella che Mussolini aveva visto il 1° febbraio. Tra intermediari vari, impazienze, necessità di prender tempo, inganni, equivoci e machiavellismi, è difficile dire per quanto tempo la vicenda sarebbe potuta andare ancora avanti e tanto meno come si sarebbe potuta concludere se ad imprimerle una svolta non fosse sopravvenuta improvvisamente – lo si è detto – la concreta minaccia di un prossimo precipitare della situazione austriaca.

Il 4 febbraio in Germania aveva avuto luogo tutta una serie di mutamenti nelle piú alte cariche militari e politiche (tra cui la nomina di von Ribbentrop a ministro degli Esteri in sostituzione di von Neurath) che poteva avere solo una interpretazione: Hitler aveva voluto rendere i vertici del Reich piú omogenei e adeguati ai suoi programmi politici, eliminando da essi gli elementi meno sicuri o che, comunque, avevano sino allora portato nella politica tedesca ipotesi strategiche o metodi che non collimavano del tutto con i suoi. Tra questi mutamenti era anche il richiamo da Vienna di von Papen. Il 12 febbraio Hitler convocava a Berchtesgaden il cancelliere Schuschnigg, che quattro giorni dopo era costretto a rimaneggiare il suo governo e a includervi, in qualità di ministro dell'Interno, il capo dei nazisti austriaci Seyss-Inquart. Il 5 febbraio una nota dell'«Informazione diplomatica» aveva espresso il plauso del governo di Roma per le decisioni «particolarmente felici e adeguate alle necessità del momento» del Führer e Mussolini aveva telegrafato a Hitler la propria soddisfazione per la sua assunzione del comando effettivo di tutte le forze armate del Reich[252]. Ai facili entusiasmi[253] erano però seguite tosto le maggiori preoccupazioni: già il 13 febbraio Ciano annotava nel suo diario: «l'Anschluss è inevitabile. Bisogna solo, per quanto possibile, ritardarlo»[254]. Mussolini, che l'11 si era detto favorevole ad una nazificazione dell'Austria («Ciò che non è integrale, non è sicuro: la Romania insegna»)[255], in pochi giorni aveva dovuto cambiare idea. Sotto la data del 18 febbraio si legge nel diario di Ciano[256]:

Il Duce stamani era piuttosto irritato con la Germania per il modo con cui la questione con l'Austria è stata condotta. Intanto i tedeschi avrebbero dovuto avvertirci: invece nemmeno una parola. Poi, se invece di fermarsi sulle posizioni

---

[252] MUSSOLINI, XXIX, pp. 458 sg.
[253] Cfr. G. CIANO, *Diario* cit., p. 94.
[254] *Ibid.*, p. 98.
[255] *Ibid.*, p. 97.
[256] *Ibid.*, p. 100.

raggiunte, pensassero di arrivare al vero e proprio Anschluss, si determinerebbero delle condizioni generali del tutto diverse da quelle in cui l'Asse fu costituito e che richiederebbero un riesame della situazione.

Sino allora Ciano aveva parlato di «regolamento totalitario» delle relazioni italo-inglesi, e aveva sollecitato l'avvio dei negoziati previsti a fine luglio, ma in definitiva non si era impegnato a fondo per essi, né aveva fatto veramente qualche cosa per impedire ad Eden di bloccarli. Riprendendo un'efficace espressione dell'incaricato d'affari francese a Roma [257], si potrebbe dire che dopo la grande paura di Nyon Mussolini era stato spinto ad accreditare l'immagine di una Italia fascista ancor piú vicina alla Germania nazista da una sorta di *spite-party* tipico della sua psicologia. Ciano, probabilmente, all'Asse ci aveva creduto e, nonostante tutto, continuava a crederci anche di piú e, tutto sommato, doveva aver considerato sino allora l'Inghilterra meno pericolosa e politicamente determinante di quanto la considerasse Mussolini. Ora però, messo di fronte alla minaccia dell'Anschluss in tempi brevi, il suo atteggiamento mutò completamente e il 16 si precipitò a scrivere a Grandi una lettera che, sotto un tono apparentemente pacato, era tutto un grido d'allarme e una invocazione di *stringere* con l'Inghilterra [258]:

Caro Dino,

Dal mio telegramma del 15 avrai rilevato ancora una volta qual è qui lo stato d'animo e le conseguenti intenzioni circa l'intesa con Londra. Non avrei nulla da aggiungere se nel frattempo non si fosse verificato il fatto nuovo che, se non modifica la situazione nel fondo, determina pur sempre l'utilità di un aggiornamento di tattica. Il fatto nuovo è il Convegno di Berchtesgaden, con quanto ne è risultato. La nazificazione dell'Austria può ormai considerarsi, se non completa, certamente molto avanzata. Ciò era previsto. Cosí come adesso è facile prevedere che nuovi sbalzi in avanti dell'offensiva nazista si verificheranno ancora. Quando? Questa è la domanda, cui la risposta appare difficile. Ed è proprio in relazione a questa incertezza che deve venir esaminata la situazione delle trattative italo-britanniche. Per usare una formula del Duce, come sempre efficacissima, oggi ci troviamo nell'intervallo tra il quarto e il quinto atto della vicenda austriaca. Quando il quinto atto comincerà? Non è possibile prevederlo. Ma non è affatto da escludere che i tempi si accelerino.

Questo intervallo, *e solo questo intervallo*, può essere utilizzato per le trattative tra noi e Londra. Oggi, eventuali concessioni o transazioni rientrano nel normale gioco del dare e dell'avere della diplomazia e, se si comincia a trattare, nessuno potrà in alcun modo parlare di pressioni alla porta o di acqua alla gola. Ma domani, qualora l'Anschluss fosse un fatto compiuto, qualora la grande Germania dovesse ormai gravitare sulle nostre frontiere con la mole crescente dei suoi set-

---

[257] *DDF*, s. II, VII, pp. 288 sg.
[258] La lettera è riprodotta in *L'Europa verso la catastrofe* cit., pp. 245 sg.; l'originale, da cui l'abbiamo riprodotta, in *Archivio D. Grandi*, b. 55, fasc. 144.

tanta milioni di uomini, allora per noi diverrebbe sempre piú difficile concludere o soltanto parlare con gli inglesi perché non si potrebbe evitare all'interpretazione mondiale di scorgere nella nostra politica di avvicinamento con Londra un'andata a Canossa sotto la pressione tedesca. Perciò sembra venuto il momento in cui bisogna dare un colpo di acceleratore alla conclusione di quei pourparlers che sinora si sono rivelati statici e quindi inutili. Chiarisco subito un punto: non è che il Duce sia oggi piú ansioso di ieri di stringer la mano agli inglesi. Come ieri è desideroso di un'intesa, se questa è possibile: come ieri è pronto ad affrontare qualsiasi prova, anche la piú dura, se ciò appare necessario. La conclusione dei pourparlers può quindi essere positiva o negativa. Non spetta solo a noi di assumerci una tale responsabilità: gli inglesi dovranno averne la congrua parte. Ma bisogna che una conclusione ci sia, e ci sia rapidamente. Perché se nuovi ritardi dovessero ancora venire causati dal bizantinismo dei pregiudizi e delle pregiudiziali, se nel frattempo la marcia nazista in Austria dovesse compiere il progresso definitivo e metterci davanti al fatto compiuto, allora non esisterebbe piú l'alternativa e noi dovremmo indirizzare definitivamente la nostra politica in un senso di netta, aperta, immutabile ostilità contro le Potenze Occidentali.

Tanto ti comunico per tua norma di condotta. Sono certo che troverai il modo di far capire agli inglesi quando e come ti parrà piú utile ed indicato, che se vogliamo compiere uno sforzo per cercare di condurre in porto la pericolante navicella delle nostre relazioni, bisogna deciderci a farlo presto, poiché il tempo stringe e non tutte le carte del gioco possono rimanere sempre e soltanto nelle mani nostre e in quelle loro.

La lettera, il cui arrivo gli era stato preannunciato da Roma, fu nelle mani di Grandi alle nove della mattina di venerdí 18 febbraio. Il diario di Grandi ci ha conservato le reazioni da essa suscitate [259]:

> Ahimè, ahimè, che tristezza nel leggere quello che Ciano mi scrive.
> È la lettera di gente che ha proprio perduto la testa. È la confessione del fallimento della politica dell'Asse Roma-Berlino, e una specie di SOS a Londra.
> Ahimè. Il mio destino è quasi sempre quello di pensare il rovescio di quello che a Roma pensano. Adesso che le cose vanno male per l'Asse, ecco che Roma si dichiara pronta a venire a qualsiasi accordo con Londra. Guai se io seguissi questa tattica. Bisogna dare agl'Inglesi, oggi piú che mai, la sensazione *netta* e precisa che, oggi piú che mai, noi siamo fedeli all'Asse, e *non, dico non*, abbiamo nessuna fretta di concludere.
> Guai se Eden conoscesse il contenuto di questa lettera che è, dal punto di vista inglese, la giustificazione *piena* della politica di Eden, il quale sostiene che il tempo *lavora* a vantaggio dell'Inghilterra contro l'Italia, e che l'Italia dovrà ad un certo momento venire a patti con Londra in condizioni assai piú svantaggiose di oggi. L'Italia, sostiene [sic] Eden e Churchill, i quali *non* vogliono fare l'accordo *adesso* con noi, ad un certo momento dovrà scegliere la sudditanza piena con Berlino o la sudditanza piena con Londra.
> Quello è quanto dice anche Ciano, nella sua lettera. A Roma sono quindi disposti a tradire Berlino per Londra.

---

[259] D. GRANDI, *Frammenti di diario*, 18 febbraio 1938, in Archivio D. Grandi, b. 151, fasc. 199, sott. 2, ins. 3.

Adesso. No. Non è questa la linea. Bisogna *adesso* prendere dall'Asse Roma-Berlino tutti i vantaggi dopoché abbiamo già incassato con la caduta dell'Austria tutti gli svantaggi.
Ad ogni modo, io continuerò questi giorni a fare come Nelson – *non vedere il segnale*. E vado avanti.
Se andrà bene, Viva l'Italia. Dirò, come sempre, che è stato in seguito alle loro istruzioni.
Se va male, il rischio è tutto mio.
Cosí, credo, si deve servire Mussolini e l'Italia.

Contrariamente a quanto pensava, Grandi non ebbe però bisogno di giocare a rimpiattino con gli inglesi. Gli avvenimenti austriaci avevano infatti avuto anche su Chamberlain un effetto decisivo e l'avevano indotto a bruciare gli indugi e, se necessario, anche a mettersi apertamente contro Eden. Questi nei giorni immediatamente precedenti aveva cercato a piú riprese di incontrare Grandi. L'ambasciatore italiano aveva però lasciato cadere tutte le richieste, volendo assolutamente evitare un incontro che o non avrebbe portato a nulla o avrebbe peggiorato la situazione. E lo aveva fatto sapere tramite il «canale segreto» a Chamberlain. Il 17 a un terzo invito di Eden era seguita, via Ball, la notizia che all'incontro, proprio la mattina del 18, sarebbe intervenuto anche Chamberlain[260]. Da qui l'accettazione da parte di Grandi. L'incontro si svolse in due fasi, una nella tarda mattinata, e un'altra nel pomeriggio e fu decisivo.

Grandi – che riferí il giorno dopo a Ciano sull'incontro con un rapporto di ben cinquanta pagine[261] – visse un'esperienza del tutto sui generis. Di fronte a lui non erano i due massimi responsabili della politica estera britannica, ma due uomini, ormai esacerbati da una serie di sempre piú radicate diversità di opinioni, che perseguivano ipotesi politiche diverse e le volevano far trionfare definitivamente. Non a caso, nelle ultime pagine del suo rapporto, Grandi avrebbe scritto:

È certamente questa discussione di ieri una delle piú paradossali e straordinarie alle quali mi sia mai occorso di prendere parte.
Chamberlain e Eden non erano un Primo Ministro e un Ministro degli Esteri che discutevano con un Ambasciatore di un Paese straniero una delicata situazione di carattere internazionale. Erano, e si rivelavano di fronte a me, al di fuori e al di sopra di ogni convenzione protocollare, due nemici di fronte l'uno all'altro e come due galli, in una vera e propria attitudine di combattimento. Le domande e i quesiti postimi man mano da Chamberlain, erano tutti – nessuno escluso – intenzionalmente a me posti allo scopo di avere determinate risposte, che valessero a

---

[260] Cfr. R. QUARTARARO, *Inghilterra e Italia* ecc. cit., pp. 675 sgg.; nonché l'inizio del rapporto di Grandi a Ciano di cui alla nota seguente.
[261] Lo si veda riprodotto in *L'Europa verso la catastrofe* cit., pp. 249 sgg.

smentire e a smantellare le posizioni dialettiche e polemiche sulle quali evidentemente Eden aveva in precedenza costruito o tentato di giustificare, contro lo stesso Chamberlain e davanti ai suoi colleghi di Gabinetto, la sua miserabile politica antiitaliana e anti-fascista.

Eden, da parte sua, non ha mostrato alcun ritegno a scoprirsi in pieno davanti a me, quale egli è sempre stato, e quale io ho sempre descritto che egli è, un nemico irriducibile del Fascismo e dell'Italia.

Alla fine di questi colloqui di tre ore i due uomini che io avevo di fronte mi hanno dato l'impressione, non cancellabile, che, al di là delle parole, delle argomentazioni, delle polemiche e delle stesse questioni discusse, essi stavano giocando, o almeno si preparavano a giocare, il gioco grosso del loro destino futuro nel Governo e nel Partito conservatore, e si precostituivano le armi polemiche per la riunione del Gabinetto che ha luogo in questo momento, mentre scrivo il presente rapporto, riunione che potrebbe essere fra di loro una battaglia definitiva e risolutiva.

Poiché il rapporto di Grandi a Ciano è ampiamente noto, non entreremo nei particolari dell'incontro. Ai fini del nostro discorso, ciò che importa è il fatto che praticamente Chamberlain – ormai deciso ad imboccare la strada dell'accordo con Roma – pose due sole questioni pregiudiziali. Volle sapere se era vero che l'Italia avesse «dato il suo preventivo assenso all'intervento tedesco e nazista nella politica interna austriaca ed al conseguente progressivo assorbimento dell'Austria, in cambio di determinati e specifici impegni da parte tedesca di secondare determinati disegni dell'Italia nel Mediterraneo e in Europa». E – per quanto concerneva la Spagna – se l'Italia era disposta a dichiararsi in sede di Comitato per il non-intervento d'accordo con la formula britannica propostale[262] da Plymouth e da Eden una decina di giorni prima per risolvere i problemi della belligeranza e del ritiro dei volontari. Chiariti questi due punti, tutte le altre questioni erano risolvibili, a cominciare da quella del riconoscimento dell'impero, e i negoziati potevano essere avviati al piú presto, a Roma, dove gli italiani volevano si svolgessero. Alla prima questione Grandi poté rispondere con facilità: era falso che tra Roma e Berlino esistesse un accordo segreto per l'Anschluss. Molto piú difficile gli fu rispondere alla seconda. Anche se nella sua ultima lettera Ciano non aveva fatto parola della Spagna, egli sapeva bene che a Roma, – passata ormai la paura di un conflitto – non ci si sarebbe mai decisi, e certo non in quel momento e in quelle circostanze, a ritirarsi dalla Spagna prima della vittoria di Franco. Si limitò perciò a dire che non conosceva cosa Mussolini e Ciano pensavano della proposta e che pertanto non poteva prendere alcun impegno definitivo. Poi – insistendo il premier nel chiedere una risposta positiva entro il lunedí succes-

---

[262] Sulla genesi di questa domanda cfr. *DDF*, s. II, VIII, p. 413.

sivo, «prima di dare egli stesso una risposta di accettazione definitiva di questo progetto d'accordo» dopo averlo sottoposto all'approvazione del gabinetto – si era, ad ogni buon conto (e cioè, come avrebbe scritto a Ciano, «allo scopo di far "pesare" un'eventuale accettazione da parte italiana della proposta» inglese), dilungato in una critica «personale» della proposta in questione.

A parte questa questione in sospeso, alla fine della seconda fase dell'incontro l'avvio dei negoziati era, in linea di principio, varato. Per renderlo effettivo non mancava che l'approvazione da parte del gabinetto inglese. In questa sede, il giorno dopo, lo scontro tra Chamberlain e Eden (già esploso nella pausa tra le due fasi dell'incontro con Grandi [263]) fu durissimo. Eden disse esplicitamente che se la proposta fosse stata approvata si sarebbe dimesso. Vana essendo risultata una proposta di compromesso avanzata da Halifax, la riunione fu aggiornata all'indomani pomeriggio [264]. Nella serata Chamberlain fece sapere a Grandi che per «vincere la battaglia di domani» aveva bisogno dell'accettazione italiana della proposta Plymouth-Eden per le questioni della belligeranza e dei volontari. Nel pomeriggio Grandi aveva parlato per telefono con Ciano. Questi gli aveva detto dapprima che «forse» si sarebbe potuta accettarla. Poi, alle insistenze di Grandi per essere autorizzato ad accettarla formalmente, gli aveva detto di attendere sino a lunedí. Era, aveva addotto come giustificazione, solo a Roma. Il «duce» non c'era: «bisogna attendere». E gli aveva suggerito di valersi intanto della «"buona impressione" avuta da Roma»...[265]. Attenersi ad una simile linea di condotta avrebbe voluto dire quasi certamente far naufragare tutto, l'accordo e il governo Chamberlain, con in piú la prospettiva che a questo ne succedesse un altro piú o meno sulle posizioni di Eden. Prendere una decisione non era facile, ma il giorno dopo Grandi finí per prenderla. Ecco come il suo diario ci ha conservato la cronaca di quel giorno e della notte successiva, nonché le considerazioni, politiche e personali (tutt'altro che irrilevanti per capire i rapporti tra Ciano e Grandi e le personalità dei due) che essa via via gli suggerí [266]:

> Siamo giunti ad una fase effettivamente drammatica della situazione.
> Dicano e pensino a Roma quello che vogliono. Alle 14 mando Fracassi da Ball per comunicargli, con preghiera di *subito* comunicarlo a Chamberlain, che ho avuto

---

[263] Cfr. D. BOLECH CECCHI, *L'accordo di due imperi ecc.* cit., p. 34.
[264] Cfr. *ibid.*, pp. 36 sg., e per i successivi sviluppi a livello governativo, parlamentare e di opinione pubblica, pp. 38 sgg.; A. EDEN, *Memorie* cit., I, pp. 734 sgg. e pp. 769 sgg., nonché *DDF*, s. II, VII, pp. 445 sgg., 466 sgg., 525 sgg. e 619 sgg.
[265] D. GRANDI, *Frammenti di diario*, 19 febbraio 1938, in *Archivio D. Grandi*, b. 151, fasc. 199, sott. 2, ins. 3.
[266] *Ibid.*, 20 febbraio 1938.

istruzioni da Roma che l'Italia accetta la formula proposta da Chamberlain venerdí. *Non è vero* che ho ricevuto queste istruzioni, ma lo faccio ugualmente.

Bisogna farlo. D'altra parte il rischio è piccolo. Ma bisogna marciare subito. Eden ha di nuovo minacciato le sue dimissioni. Siamo al punto culminante. Stasera, o va, o spacca.

Alle ore 18 comunico a Ciano che ho accettato la formula, e che ciò ha effettivamente giovato enormemente a Chamberlain nella riunione di Gabinetto.

Chamberlain mi manda a ringraziare per la tempestiva comunicazione.

Londra vive delle ore elettriche.

Alle ore 20 le dimissioni di Eden sono annunciate ufficialmente.

Alalà – Viva l'Italia!

Lo comunico a Ciano che è a pranzo a casa della Principessa Colonna.

Notte indimenticabile. All'Ambasciata siamo tutti come matti di gioia.

Il piú aspro nemico dell'Italia se ne è dunque andato, se ne è andato.

Da oggi si inizia effettivamente un nuovo capitolo nella storia dei rapporti italo-brittannici.

Eden darà domani la grande battaglia ai Comuni.

Churchill cerca di sobillare i conservatori.

I laburisti agitano la piazza.

Non è ancora detta l'ultima parola.

Domani Chamberlain avrà una giornata durissima. Bisogna aiutarlo fino in fondo.

Vi è chi dice che avremo domani sera un Governo di sinistra presieduto da Eden.

Può darsi. Ma non lo credo.

Chamberlain è tosto.

. . . .

Oggi è la rivalsa. Chi mai potrà togliermi la gioia di queste giornate fantastiche.

Lo so che dovrò pagarle. A Roma a quest'ora si sta facendo di tutto per diminuire il mio successo, la parte che io ho avuto in questa battaglia.

Forse che ho dimenticato i mesi *amari* dopo la fine vittoriosa delle sanzioni?

Forse che ho dimenticato le settimane *amare* dopo la conclusione del gentlemen's agreement?

No. Roma mi farà pagare amaramente anche questo. Ne sono certo. Cosí ha fatto sempre.

Telefono a Roma ogni ora.

Avanti ieri – vedi lettera Ciano – dopo il colpo nazista in Austria a Roma avevano perduto la testa.

Ieri sera *non* credevano che *fosse vero* quello che stava accadendo.

Oggi che abbiamo vinto, a Roma tutto sembra la cosa piú naturale del mondo.

Ciano mi telefona oggi con una voce cosí diversa.

Giovedí e venerdí per 3 volte consecutive, per telefono, mi ha detto che io devo agire, agire, agire perché se non riusciamo adesso siamo perduti. La sua voce era ansiosa, inquieta. Era di un uomo che diceva chiaramente: siamo nelle tue mani.

Oggi, che siamo riusciti, che c'è la vittoria, la sua voce è quella di un uomo che mi vuol far capire che *è lui che ha fatto tutto*.

Ha avuto perfino il coraggio di dirmi che egli sapeva tutto da Lady Chamberlain, una povera buona sciocca donna che è a Roma.

Andrà a finire che chi ha fatto *tutto* in questi giorni è Ciano e Lady Chamberlain, da Roma e nei salotti di Roma.
Ciano ha avuto perfino il cattivo gusto di dirmelo già, a chiare parole, per telefono. Egli desidera che io telefoni, *non* che scriva. I miei rapporti o telegrammi questi giorni *non* sono graditi. Non desiderano avere dei documenti che possano «impicciarli» a scrivere la storia a modo loro.
È sin troppo chiaro.

. . . .

Il 21, a cose fatte, Ciano, per telefono, avrebbe detto a Grandi «Come e perché questa formula? La discuteremo poi»[267]. In realtà le fonti inglesi lasciano capire che se Chamberlain ebbe la meglio su Eden tanto che questi si dimise dal governo (a sostituirlo fu chiamato Halifax) e i Comuni approvarono la politica del premier ciò dipese in larga misura proprio dalla tempestiva «accettazione» italiana della proposta inglese per la Spagna. Ugualmente, il successivo svolgimento dei negoziati e soprattutto le vicende ancora successive – tra la firma degli «accordi di Pasqua» e la loro entrata in vigore – dei rapporti italo-inglesi mostrano chiaramente come fu proprio l'equivoco atteggiamento di Roma a proposito della questione spagnola a rendere difficili tali rapporti e a togliere praticamente ogni effettivo valore al tanto sospirato *accordo generale*.

Le vicende dei negoziati romani sono note[268]. Risolta la crisi, Chamberlain li avviò subito. L'8 marzo l'ambasciatore inglese a Roma Perth e Ciano avevano il primo dei quindici colloqui attraverso i quali si sarebbe concretizzato l'accordo. Tra il primo e il secondo colloquio si verificò, l'11 marzo, l'Anschluss, che però non ebbe alcuna ripercussione negativa sui negoziati, sebbene – come vedremo nel prossimo capitolo – Mussolini non reagisse menomamente ad esso e lasciasse cadere un passo francese per una «consultazione» tripartita nello spirito di Stresa[269]. L'intenzione britannica di giungere rapidamente ad una conclusione positiva dei negoziati fu subito evidente. La questione pregiudiziale per gli italiani, quella del riconoscimento de iure dell'impero, fu subito impostata da Londra a Ginevra per rendere possibile il riconoscimento stesso allorquando la Società delle nazioni – su proposta inglese – avesse risolto favorevolmente il problema del riconoscimento della sovranità italiana

---

[267] *Ibid.*, 21 febbraio 1938.
[268] Cfr. D. BOLECH CECCHI, *L'accordo di due imperi ecc.* cit., pp. 45 sgg.; nonché R. QUARTARARO, *Roma tra Londra e Berlino. La politica estera fascista dal 1930 al 1940*, Roma 1980, pp. 377 sgg.
[269] Il Gran Consiglio, in sessione dal 10, approvò il 12 marzo un o.d.g. sugli avvenimenti austriaci assolutamente in linea con la posizione ufficiale del governo. È però assai significativo che ad esso seguí subito un voto auspicante che le conversazioni in corso tra Ciano e Perth conducessero «a realizzare un accordo conforme all'interesse dei due paesi e tale da eliminare ogni motivo di contrasto fra loro» (PNF, *Il Gran Consiglio del Fascismo ecc.* cit., pp. 640 sg.).

sull'Etiopia. Sulle questioni «minori» o l'accordo fu raggiunto facilmente o fu trovata l'opportuna formula diplomatica per risolverle nel modo meno insoddisfacente possibile, affidandone la concreta soluzione agli effetti generali che l'accordo avrebbe avuto e alla buona volontà delle parti di renderlo realmente operante. Detto questo, va anche detto che, per quel che riguarda l'Italia, ha ragione il Pastorelli quando afferma che l'accordo fu «largamente soddisfacente nel settore Africa - Mar Rosso - Arabia» e che, anche se non furono raggiunti tutti gli obiettivi vagheggiati, «i compromessi, accettati soprattutto per l'urgenza con cui si [svolse] l'ultima fase del negoziato, [furono] comunque ispirati al principio della posizione paritaria dei due contraenti».[270] Piú volte gli inglesi – un po' per rassicurare Parigi, dove l'apertura dei negoziati aveva prodotto in genere allarmi e preoccupazioni a non dire, e un po' per l'oggettiva importanza che la cosa avrebbe avuto – cercarono di coinvolgere in qualche modo la Francia nei negoziati, ma sempre senza esito, arroccandosi gli italiani, dietro la duplice risposta di non gradire accordi plurilaterali e di essere disposti a studiare successivamente la possibilità di un accordo bilaterale con la Francia. Di fronte a questo fermo atteggiamento Londra finí per rinunciare ai suoi tentativi. Nessun ostacolo trovò invece la richiesta inglese che fossero diminuite le forze italiane in Libia: il 27 marzo Ciano informava Perth che esse sarebbero state ridotte all'incirca della metà, con immediato inizio dei ritiri con un ritmo settimanale di mille uomini. Ugualmente Roma procedette subito a moderare alquanto i toni e i contenuti della propaganda di Radio Bari.

L'unico vero nodo dei negoziati fu costituito dal ritiro dei «volontari» dalla Spagna. Chamberlain si rendeva bene conto delle difficoltà che la soluzione di questa questione creava all'Italia e realisticamente non considerava «una *conditio sine qua non* ad un accordo che l'Italia dovesse ritirarsi dalla Spagna prescindendo da ciò che potessero fare altri paesi»[271], ma non poteva neppure accettare a questo proposito gli anguilleggiamenti di Ciano, dato che non trovare una soluzione alla questione voleva dire rendere difficile sia l'approvazione degli accordi in sede parlamentare sia la posizione dell'Inghilterra in sede di Società delle nazioni, con le ripercussioni, oltretutto, che ciò avrebbe avuto sulla questione del riconoscimento dell'impero. Alla fine il problema fu risolto con uno scambio di note accluse al testo dell'accordo. Con la prima l'Italia dava la sua «piena adesione» alla formula inglese per l'evacuazione

---

[270] P. PASTORELLI, *La politica estera fascista dalla fine del conflitto etiopico alla seconda guerra mondiale*, in *L'Italia fra Tedeschi e Alleati. La politica estera fascista e la seconda guerra mondiale*, a cura di R. De Felice, Bologna 1973, pp. 109 sg.
[271] D. BOLECH CECCHI, *L'accordo di due imperi ecc.* cit., p. 55.

proporzionata dei volontari stranieri e si impegnava «a dare pratica e reale esecuzione a tale evacuazione nel momento e alle condizioni che saranno determinate dal Comitato di non intervento sulla base della formula suddetta» e, comunque, a ritirare immediatamente i suoi volontari dal territorio spagnolo «al momento in cui avrà termine la guerra civile». Con la stessa nota l'Italia ribadiva altresí di non avere «alcuna mira territoriale o politica», di non cercare «alcuna posizione economica privilegiata nella Spagna metropolitana, nelle Isole Baleari, in alcuno dei possedimenti spagnoli d'oltremare o nella zona spagnola del Marocco» e di non avere «alcuna intenzione di mantenere qualsiasi forza armata in alcuno dei suddetti territori». Con la seconda l'Inghilterra si diceva soddisfatta della nota italiana, affermava di giudicare «una sistemazione della questione spagnola come un prerequisito per l'entrata in vigore dell'Accordo» e informava a sua volta l'Italia che il governo britannico «essendo desideroso che vengano rimossi quegli ostacoli che al presente possono essere mantenuti per impedire la libertà degli Stati membri relativamente al riconoscimento della sovranità italiana sull'Etiopia, intende[va] intraprendere dei passi alla prossima riunione del Consiglio della Società delle nazioni, con il proposito di chiarire la situazione degli Stati membri a questo riguardo». La soluzione cosí escogitata serví a risolvere, collegandole, le due questioni pregiudiziali che stavano a cuore a Roma e a Londra e permise di concludere positivamente i negoziati e di giungere, il 16 aprile 1938 a palazzo Chigi, alla firma dei relativi protocolli e dei loro numerosi allegati [272]. La sua conseguenza fu però che l'entrata in vigore dell'accordo sarebbe avvenuta solo quando i due governi l'avessero decisa congiuntamente e cioè quando le due pregiudiziali fossero state soddisfatte.

Con una buona dose della sua solita esagerazione e leggerezza, il 14 aprile Ciano annotò [273]:

> Il Duce era contento. Con oggi si chiude veramente l'impresa etiopica e si chiude con un accordo imperiale, dovuto soprattutto all'intransigenza d'acciaio di un uomo, che ha creduto e voluto, solo, contro tutto il mondo, e spesso contro molti dei suoi.

In realtà gli «accordi di Pasqua», se recarono alcuni vantaggi contingenti alla politica fascista e trovarono un largo e sintomatico favore nell'opinione pubblica italiana (come notò Perth, illustrando a Londra la cerimonia della firma e l'atteggiamento della gente radunatasi per l'occasione sotto palazzo Chigi, «dall'aspetto generale della folla e dal-

---
[272] Per i testi dei protocolli e degli allegati si veda *ibid.*, pp. 247 sgg.
[273] G. CIANO, *Diario* cit., p. 125.

l'assenza di camicie nere... questa manifestazione era completamente spontanea, un raro avvenimento negli annali dell'Italia fascista»[274]), sarebbero risultati sui tempi lunghi sostanzialmente sterili[275], nonostante avessero in potenza, come aveva sperato Grandi[276], tutti gli elementi per dare inizio ad un nuovo capitolo della storia dei rapporti italo-britannici. Nel prossimo capitolo vedremo le ragioni per cui rimasero sterili. Ad una è però opportuno far qui riferimento. Firmati a metà aprile del '38, gli «accordi di Pasqua» entrarono in vigore il 16 novembre, sette mesi dopo. Un intervallo di tempo troppo lungo perché, in una situazione internazionale tanto drammatica e in movimento, il loro valore non si fosse nel frattempo assai logorato, tanto che la loro entrata in vigore passò quasi inosservata e avvenne, come vedremo, piú sull'onda della nuova situazione determinata dagli accordi di Monaco che per la loro intrinseca forza. Eppure in quei sette mesi tanto Roma quanto Londra ne avevano desiderato l'entrata in vigore e l'avevano anche chiesta. Da parte italiana si era cominciato a far pressioni in questo senso sin dai primi di giugno non appena la Società delle nazioni ebbe risolto favorevolmente all'Italia il problema della sovranità sull'Etiopia e il riconoscimento de iure dell'impero era diventato pertanto possibile per l'Inghilterra[277]. A rendere la cosa impossibile era stata, al solito, la questione spagnola, l'incapacità di Mussolini e di Ciano a tirarsi fuori dalle sabbie mobili spagnole persino quando ormai la vittoria di Franco era scontata. I resoconti dei colloqui che Ciano ebbe a questo proposito con l'ambasciatore Perth[278] sono estremamente indicativi; ancora di piú lo è però quello di un altro colloquio che, sullo stesso problema, l'incaricato d'affari italiano a Londra, Crolla, ebbe il 3 agosto con Chamberlain[279]. Da esso risulta infatti in modo inoppugnabile che il premier inglese era cosí comprensivo e disposto a venire incontro alle *esigenze* italiane da arrivare a dire di essere pronto ad accontentarsi di «un fatto qualunque», di «un ragionevole pretesto» per dichiarare che la Spagna aveva cessato di costituire un pericolo per la pace dell'Europa e far entrare quindi in vigore gli «ac-

[274] Cfr. D. BOLECH CECCHI, *L'accordo dei due imperi ecc.* cit., p. 68.
[275] Già il 13 luglio 1938 Mussolini in uno dei suoi soliti telegrammi informativi al re sulla situazione interna ed internazionale, accennando agli «accordi di Pasqua» li definiva «in stato di sofferenza» e aggiungeva «ne riparleremo a questione di Spagna sistemata». MUSSOLINI, XLIII, pp. 6 sg.
[276] Come aveva previsto, Grandi fu tenuto da Ciano accuratamente fuori dai negoziati e quando l'accordo fu concluso l'apparato propagandistico del regime (continuando in un'azione già iniziata dal febbraio) fece di tutto per non collegare il suo nome con esso. Assai diverso fu l'atteggiamento britannico. Chamberlain, ai Comuni, ricordò esplicitamente il ruolo decisivo avuto da Grandi e gli stessi concetti ripeté in una lettera personale scrittagli il 3 maggio '38. Il diario di Grandi contiene vari sfoghi per questa plateale diversità di atteggiamento nei suoi confronti.
[277] Cfr. *L'Europa verso la catastrofe* cit., pp. 325 sgg.
[278] Cfr. *ibid.*, pp. 333 sgg., 339 sgg., 347 sgg. e 354 sgg.
[279] Archivio D. Grandi, b. 55, fasc. 145, G. Crolla a Ministero Esteri, 3 agosto 1938.

cordi di Pasqua». «Vi dirò per esempio – disse a Crolla – che io sarei anche disposto a considerare sufficiente un ritiro parziale o "sostanziale" di volontari». E, su richiesta dell'incaricato d'affari italiano, precisò: «intendo un ritiro "sostanziale", e cioè non totale, anche senza necessità di armistizio».

Insomma, neppure quando venne loro offerto tutto l'aiuto possibile per farlo, Mussolini e Ciano seppero trovare il coraggio morale – ché a questo punto solo di questo si trattava, dato che sulla vittoria di Franco non vi erano ormai piú dubbi – per tirarsi fuori dalle sabbie mobili spagnole. Nonostante la gravità della situazione internazionale, dopo questo discorso di Chamberlain a Crolla, a Roma occorsero ancora due mesi per «trattare» con Franco il ritiro (con inizio dal 16 ottobre) di un primo «sostanziale» contingente di «volontari».

Assai spesso gli storici, trattando dell'intervento fascista in Spagna, ne hanno messo in rilievo il costo in uomini – 3819 morti (di cui 2042 appartenenti all'esercito, alla marina e all'aeronautica e 1777 appartenenti alla Milizia) e tra 11 e 12 000 feriti[280] –, in materiali (759 aerei, 1801 cannoni, 1426 mortai, 3436 mitragliatrici, 157 carri veloci, 6791 veicoli a motore, ecc.) e in denaro (complessivamente circa otto miliardi e mezzo[281]). Talvolta la loro attenzione si è soffermata anche sull'influenza assai forte che esso ebbe sul mutamento di atteggiamento rispetto al fascismo di vasti settori dell'opinione pubblica francese, inglese e americana che sino allora l'avevano giudicato «una soluzione accettabile dei problemi italiani» e che, in seguito ad esso, cominciarono a guardarlo sempre piú come un pericolo per la pace e la democrazia e ad identificarlo tout-court col nazismo, da cui sino allora lo avevano distinto. Molto meno spesso – a causa soprattutto della distorsione ottica dovuta al condizionamento degli ultimi approdi della politica fascista che ha indotto i piú a considerare tale politica già a quest'epoca definita nel senso di una netta scelta di campo a fianco della Germania – ci si è soffermati invece a valutare l'importanza che l'intervento italiano e, ancor piú, il sempre maggiore impegno in esso di Ciano e dello stesso Musso-

[280] I «volontari» italiani in Spagna furono complessivamente poco meno di 80 mila, di cui circa 30 mila della Milizia. I volontari presenti nelle file repubblicane e in particolare nelle Brigate internazionali furono complessivamente circa 40 mila, provenienti da cinquantatre paesi; francesi 8500, tedeschi 5000, polacchi 4500, italiani 4109, statunitensi 3000, inglesi 2500, cecoslovacchi 2000, iugoslavi 1600, ungheresi 1200, cubani 850, austriaci 600, argentini 500, romeni 500, svedesi 500, bulgari 450, norvegesi 400, finlandesi 350, estoni 200, lituani 142, irlandesi 127, lettoni 110, ecc. Dall'Urss andarono in Spagna oltre 2 mila sovietici (tra cui 772 aviatori, 359 carristi e 491 tecnici) nonché 589 emigrati politici di vari paesi.

[281] Nel maggio 1940, dopo lunghe trattative iniziate alla metà del '38, tra il governo italiano e quello spagnolo fu raggiunto un accordo in base al quale la Spagna si impegnò a rifondere ratealmente all'Italia 5 miliardi per le spese da essa sostenute durante la guerra civile per aiutare i nazionalisti.

lini (anche se le due posizioni non sono per noi, come si è visto, assimilabili) ebbero nel togliere alla politica fascista buona parte di quella agilità e spregiudicatezza di movimenti e autonomia che pure essa in teoria voleva avere e nel dare allo stesso intervento in Spagna un significato diverso da quello che, per Mussolini, esso aveva inizialmente avuto. Eppure, storicamente, questo è stato per Mussolini e per il fascismo il significato piú importante, la conseguenza piú pesante di tutta la vicenda spagnola. Anche se ricercato affannosamente quando fu evidente che Hitler aveva ormai deciso l'Anschluss sui tempi brevi e che non era possibile fermarlo, l'*accordo generale* con l'Inghilterra, concretatosi negli «accordi di Pasqua», era stato concepito in questa logica di agilità e di spregiudicatezza di movimenti e di autonomia (che, a sua volta, non era altro che la riedizione-continuazione di quella del «peso determinante»). Con la sua incapacità di tirarsi fuori, persino alla penultima ora, dalle sabbie mobili spagnole per non dare l'impressione di venir meno alla parola data pur di compiacere l'Inghilterra, e, dunque, di avere bisogno o addirittura paura di essa, in sostanza fu proprio lo stesso Mussolini a mettere in crisi la propria politica o, almeno, a tarparle notevolmente le ali, quando il «peso determinante» dell'Italia era ancora una realtà (o, se si vuole, un'apparenza, ma in situazioni del genere l'apparenza è quasi sempre piú importante della realtà) e Mussolini era – qualsiasi cosa se ne dica col senno del poi – troppo utile agli occhi di tanta parte delle classi politiche occidentali per far loro considerare impossibile accordarsi con lui. Il fatto che il «duce» non si rendesse conto di ciò o, peggio, non fosse in grado di affrontare il rischio di un momentaneo scacco di prestigio e delle inevitabili conseguenti polemiche va visto e spiegato – come qualsiasi realtà storica – tenendo presente una molteplicità di fattori. Di essi abbiamo detto in questo e nel precedente capitolo. Ciò non toglie che il fatto in qualche misura vada visto anche sotto il profilo del realismo politico di Mussolini e che, sotto tale profilo particolare, si debba concludere che anche il realismo politico mussoliniano cominciava, a contatto del mito, a mostrare *défaillances* e limiti che non possono essere sottovalutati se si vuol veramente capire la figura e la politica di Mussolini in questo periodo e la loro incidenza sulla realtà del regime.

Capitolo quinto

Dall'asse al «patto d'acciaio», un cammino di timori e di incertezze

L'Anschluss fu per Mussolini uno scacco durissimo. Pur essendo intimamente convinto che esso fosse pressoché inevitabile e che, a meno di fatti imprevedibili, non avrebbe potuto far nulla per evitarlo, il «duce» non si era rassegnato del tutto a questa idea [1], doveva aver nutrito sino all'ultimo la speranza che potesse essere scongiurato e, soprattutto, doveva essersi illuso che, in ogni caso, non sarebbe avvenuto a cosí breve scadenza. Se proprio doveva subirlo, aveva bisogno del tempo necessario per concludere prima l'accordo con l'Inghilterra e per preparare ad esso gli italiani, facendo loro accettare due idee: che nella nuova realtà determinata dall'Asse l'indipendenza dell'Austria non fosse per l'Italia piú indispensabile e che l'Asse non costituisse un pericolo, ma, al contrario, rafforzasse la posizione dell'Italia, le rendesse possibile un «realistico» accordo con l'Inghilterra e successivamente anche con la Francia e la mettesse nella condizione di farsi promotrice di un nuovo «patto a quattro» che avrebbe assicurato all'Europa un lungo periodo di pace, per ottenere il quale erano però necessari alcuni «inevitabili ritocchi» all'assetto determinato a Versailles tra cui, appunto, l'Anschluss.

Verso la Francia Mussolini era – lo si è detto – meno disponibile che verso l'Inghilterra. Per il momento non escludeva però affatto un periodo di riavvicinamento, anche se nei suoi progetti esso avrebbe dovuto aver luogo dopo quello con Londra, indipendentemente da esso e

---

[1] Anche secondo quanto riferiva ancora il 20 gennaio '38 a Parigi l'incaricato d'affari francese a Roma, Blondel, Mussolini era nel suo intimo contrario all'Anschluss; non avrebbe però fatto nulla per evitarlo, ma avrebbe cercato di ottenere in cambio un effettivo appoggio per realizzare i suoi obiettivi egemonici nel Mediterraneo e in particolare in Africa. Proprio per questo motivo, Hitler, che voleva evitare di mettersi contro la Francia e forse l'Inghilterra, aveva sino allora rispettato lo statu quo austriaco. Sempre secondo Blondel, Ciano era probabilmente meno ostile all'Anschluss sia perché pensava soprattutto all'interesse della collaborazione italo-tedesca ed era incline a «faire la part du feu» e ad adottare anche in politica estera le concezioni totalitarie che Mussolini riservava piú volentieri a quella interna, sia perché sottovalutava il pericolo della presenza germanica alla frontiera. «La frontiera nord – pare dicesse – non è un fiume»; «è una barriera impenetrabile di ghiaccio otto mesi all'anno e di rocce scoscese durante il resto del tempo» e dunque facilmente difendibile. *DDF*, s. II, VIII, pp. 28 sg., nonché (*ibid.*, pp. 72 sgg.) quanto cinque giorni dopo l'ambasciatore presso la Santa Sede, Charles-Roux, riferiva su ciò che Pompeo Aloisi aveva confidato ad un suo collaboratore.

ad iniziativa di Parigi. La Francia, come Mussolini disse al nuovo ambasciatore tedesco a Roma von Mackensen quando lo ricevette la prima volta[2], non poteva pensare di prendere contatto con Roma «per la scala di servizio», via Londra. Doveva farsi avanti lei e nelle condizioni a lei meno favorevoli, sotto la minaccia tedesca, dopo essere stata sconfitta in Spagna e dopo che l'Inghilterra si era distaccata da lei nella politica verso l'Italia. Mentre è difficile credere che su questa «disponibilità» mussoliniana avessero qualche influenza – come invece pensava l'incaricato d'affari francese a Roma Blondel[3] – le «vecchie inclinazioni intellettuali e sentimentali» del «duce» verso la Francia, facile è al contrario comprenderne le motivazioni politiche di fondo, specie se si considera che il fine ultimo della sua strategia per l'immediato futuro era, appunto, la conclusione di un nuovo «patto a quattro» di cui l'Italia, oltre ad essere il «freno» e il «garante» al tempo stesso della Germania (cosí come l'Inghilterra lo sarebbe dovuto essere della Francia), avrebbe dovuto costituire l'elemento di raccordo e di equilibrio. Relativamente facile, dopo quello che abbiamo detto, è capire anche perché Mussolini riteneva che il riavvicinamento con Parigi dovesse venire dopo quello con Londra e fosse meno urgente. A farglielo ritenere contribuivano infatti, oltre ad alcune considerazioni piú propriamente politiche, varie altre che affondavano le loro radici nei meandri della sua psicologia e della sua ideologia. Tra quelle politiche le piú importanti erano: il minor *pericolo* di un accordo franco-tedesco sulla testa dell'Italia rispetto a quello, realisticamente meno improbabile, tra Germania e Inghilterra; l'assai maggior difficoltà di un accordo con Parigi che con Londra, sia per la maggior complessità e pesantezza del contenzioso, sia soprattutto per la minore facilità di trovare una base d'accordo con la Francia, assai piú impegnata psicologicamente, ideologicamente e politicamente dell'Inghilterra a sostenere la Spagna repubblicana e tutt'altro che favorevole o rassegnata ad una vittoria nazionalista e, dunque, ad una ulteriore permanenza in Spagna dei «volontari» italiani; la speranza che, attribuendo all'«intransigenza» francese la responsabilità della mancata rapida soluzione della questione spagnola e del perdurare della tensione italo-francese, fosse possibile mettere un cuneo tra Londra e Parigi e forse dividerle; la difficoltà ideologica e politica di giustificare un riavvicinamento con la Francia governata dal Fronte popolare, legata da un patto di amicizia e collaborazione con l'Urss e sul cui territorio era concentrata la parte piú attiva dell'antifascismo italiano e ciò, per di piú, men-

---

[2] *DGFP*, s. D, I, pp. 1078 sg.
[3] *DDF*, s. II, VIII, pp. 621 sgg.

tre il Fronte popolare era in difficoltà e non si poteva escludere che potesse entrare da un momento all'altro in crisi. Era qui che le considerazioni politiche si confondevano e facevano tutt'uno con quelle ideologiche. L'eventualità che il Fronte popolare perdesse il potere non era infatti per Mussolini un dato naturale, che discendeva direttamente dal carattere democratico dell'assetto politico francese. Nella sua visione ideologica, il Fronte popolare era una delle manifestazioni della profonda crisi, morale e civile ancor prima che politica, che attanagliava e logorava progressivamente la Francia e nella quale la piú macroscopica e *incontrovertibile* era il continuo declino demografico con i suoi annessi e connessi, crisi della famiglia, *nigrizzazione* della popolazione, urbanesimo, ecc. Tutto ciò, unito all'asprezza delle lotte sociali e politiche che accompagnavano l'esperienza del Fronte popolare, gli faceva pensare non solo che questo avesse i giorni contati[4], ma che il suo fallimento fosse la piú evidente conferma della crisi dell'intera società francese. E anche qui con tutti gli annessi e connessi che la sua particolare visione ideologica era portata ad attribuire a questa crisi: l'inarrestabilità del declino della potenza francese e in particolare della capacità di tenere ancora a lungo le fila del suo impero e del suo sistema politico internazionale e l'ormai prossima trasformazione del suo assetto politico interno ad opera di «forze nuove», *destinate* a prendere prima o poi il potere[5]. Tutte considerazioni che spingevano Mussolini a ritenere piú opportuno procrastinare il riavvicinamento con Parigi. Né, infine, si debbono sottovalutare le considerazioni che abbiamo definito di ordine psicologico: il rancore che Mussolini (e con lui alcuni settori del fascismo) covava contro la Francia per il «tradimento» del 1935 e ancor piú contro la stampa francese alla quale attribuiva il fallimento del piano Laval-Hoare e non perdonava i continui attacchi (ormai non piú circoscritti solo a quella di sinistra, ma sempre piú frequenti anche su quella della destra tradizionale) all'Italia, al fascismo, alla sua persona e, cosa che lo faceva ancor piú imbestialire, al valore dei soldati italiani. Di fronte a questi attacchi la reazione del «duce» (e sulla sua scia anche di molti dei mas-

---

[4] Tipico in questo senso è il «sottofondo» delle pacate e tutt'altro che polemiche considerazioni sui rapporti italo-francesi svolte da Mussolini ancora il 29 novembre 1938 in occasione della udienza di insediamento concessa all'ambasciatore François-Poncet: a piú riprese il «duce» portò direttamente o indirettamente il discorso sulla crisi sociale e sulle agitazioni che travagliavano in quei giorni la Francia, lasciando chiaramente trasparire la sua convinzione che sino a quando questa crisi non fosse stata «superata», i rapporti tra i due paesi non si sarebbero normalizzati. *DDF*, s. II, XII, pp. 843 sgg.
[5] La speranza nelle «forze nuove» francesi e nel loro ambito in formazioni politiche di tipo fascista come il Parti populaire français di J. Doriot (cfr. su di lui D. WOLF, *Doriot. Du communisme à la collaboration*, Paris 1969) non era solo di Mussolini ma anche di Ciano. Cfr. J. CARCOPINO, *Souvenirs de sept ans 1937-1944*, Paris 1953, p. 31.

simi responsabili della politica e soprattutto della stampa fasciste) era cosí sproporzionata ed assurda da fargli perdere qualsiasi senso della misura, mettere completamente da parte il suo realismo e renderlo simile ad un bambino ridotto dalla propria impotenza a ricorrere alle piú ridicole ripicche. Un piccolo esempio può essere piú efficace di qualsiasi discorso. Il 24 ottobre '38 Radio Parigi Mondiale trasmise la notizia che, per la prima volta da quando il fascismo era al potere, era stato scoperto un complotto fascista contro la vita del «duce». Venuto a conoscenza della trasmissione, il ministro della Cultura popolare, D. Alfieri, si mise subito in contatto con Ciano e con un procedimento tipicamente mussoliniano i due decisero non una smentita, ma una «radio rappresaglia» e cioè la diffusione di una serie di false notizie riguardanti la Francia, tra le quali quella della messa in stato d'accusa dell'ex presidente L. Blum e del segretario generale della CGT L. Jouhaux in quanto coinvolti in un torbido scandalo verificatosi poco tempo prima a Marsiglia e che vedeva gli indiziati, tra cui un certo numero di funzionari di polizia, accusati dei reati piú abbietti, tratta delle bianche, spaccio di stupefacenti, truffa, ecc...[6].

Stanti queste premesse e data la vasta ostilità esistente in Francia verso un cedimento nei confronti dell'Italia e di Mussolini, le possibilità di un riavvicinamento erano scarsissime. Eppure subito dopo l'Anschluss vi fu per un certo tempo piú di una possibilità di normalizzare in qualche misura i rapporti tra i due paesi.

Nonostante il panico – lo si è visto – prodotto a palazzo Venezia e a palazzo Chigi dalle sue prime avvisaglie in febbraio, l'Anschluss colse Mussolini e Ciano di sorpresa. Hitler, edotto dal principe d'Assia che Roma era scontenta di come egli aveva condotto fin lí le cose e che – anche se ufficialmente si diceva d'accordo nel riconoscere il passo avanti «molto notevole» fatto dalla Germania «nell'accrescimento della sua influenza in Austria» – riteneva necessaria una sua dichiarazione che confermasse «che l'Austria continua ad esistere come Stato indipendente»[7], si guardò bene dal preavvertirli di quanto preparava. Solo nel momento in cui le sue truppe si accinsero a varcare la frontiera austriaca, l'11 marzo, scrisse a Mussolini una lettera, che il principe d'Assia gli consegnò il giorno stesso. La lettera rifaceva la storia delle ultime vicende tra Germania ed Austria secondo il punto di vista tedesco, con un

---

[6] ACS, *Min. Cultura popolare*, b. 11, fasc. 151. Di tutta la vicenda Alfieri dette notizia il giorno stesso a Mussolini con un apposito «appunto».
[7] Cfr. *L'Europa verso la catastrofe* cit., pp. 247 sgg. Secondo informazioni raccolte dall'ambasciata francese presso la Santa Sede e che avevano come fonte il conte Della Torre, il 9 marzo, di fronte all'improvviso precipitare della situazione austriaca e al comportamento di Hitler verso di lui, Mussolini era «fuori di sé». *DDF*, s. II, VIII, pp. 683 sgg.

accenno, tra l'altro, alla Cecoslovacchia che non poteva lasciare molte illusioni sui propositi di Hitler anche riguardo a questo paese (tanto è vero che, quando da parte italiana si domandò l'autorizzazione a pubblicare la lettera, Hitler ne chiese la soppressione[8]), spiegava le ragioni della decisione presa e concludeva con una formale dichiarazione di rispetto dell'intangibilità della frontiera del Brennero:

una cosa ora io desidero assicurare a Lei, Eccellenza, in modo solenne, a Lei, quale Duce dell'Italia Fascista:
1) Non si scorga in questo atto altro che un atto di legittima difesa nazionale e quindi una azione, che ogni uomo di carattere al mio posto compirebbe nel medesimo modo. Anche Lei, Eccellenza, non potrebbe agire diversamente, se fosse in gioco il destino di italiani. Ed io, come Führer e come nazionalsocialista non posso fare altrimenti.
2) In un'ora critica per l'Italia io Le ho dimostrato la fermezza delle mie disposizioni interiori. Non dubiti che, anche nell'avvenire, nulla sarà mutato a questo riguardo.
3) Qualunque possa essere la conseguenza dei prossimi avvenimenti, io ho tracciato una netta frontiera tedesca verso la Francia e ne traccio ora una, altrettanto netta, verso l'Italia. È il Brennero.
Questa decisione non verrà mai né discussa né attaccata. Questa decisione non l'ho presa nell'anno 1938 ma subito dopo la fine della Grande Guerra e non ne ho mai fatto un mistero.

Visto come erano andate le cose, l'unico punto «all'attivo» di Mussolini era questa dichiarazione; sicché non meraviglia che se ne dicesse «contento»[9], anche se era evidente che essa non bastava certo a rendere sotto nessun profilo lo scacco subito meno grave e tanto meno liquidabile con qualche battuta come quella, riferita da Ciano[10], che l'Anschluss aveva «tolto un equivoco dalla carta europea» e che altri ancora dovevano essere tolti: Cecoslovacchia, Svizzera e Belgio. E ciò tanto piú che, mentre Hitler nella sua lettera e poi al Reichstag una settimana dopo si impegnava a considerare la frontiera del Brennero fuori discussione, una delle primissime conseguenze dell'Anschluss era stato il rinfocolarsi sia in Austria che in Alto Adige delle speranze in una prossima «liberazione dei fratelli sudtirolesi». Del resto, la prova migliore di quanto poco Mussolini si fidasse realmente delle dichiarazioni di Hitler è costituita dal fatto che, come già abbiamo avuto occasione di dire, fu proprio dopo di esse che egli prese la decisione di «rendere ermetica» la frontiera con la Germania e «semi ermetica» quella con la Iugoslavia.

---

[8] G. CIANO, *Diario* cit., p. 112. Per il testo della lettera di Hitler ASAE, *Raccolta Ciano*, «Lettere Mussolini-Hitler».
[9] *Ibid.*, p. 111.
[10] *Ibid.*, p. 112.

Come Hitler aveva previsto, da parte italiana non vi fu nessuna reazione negativa. Alle avances francesi per un esame a tre della situazione nello spirito di Stresa, palazzo Chigi rispose, l'11, che tra Italia, Inghilterra e Francia non vi era nulla da concordare per l'Austria e al principe d'Assia, latore della lettera di Hitler, fu detto che l'Italia seguiva «con assoluta calma» gli eventi. Il 12 marzo il Gran Consiglio approvò una dichiarazione, preparata da Mussolini e da Ciano, che, addossate tutte le responsabilità a Schuschnigg e preso atto «col piú profondo interesse» della lettera di Hitler, definiva «quanto è avvenuto in Austria come il risultato di uno stato di fatto preesistente e l'aperta espressione dei sentimenti e della volontà del popolo austriaco» e approvava il rigetto della proposta francese, «che per essere senza basi e senza scopo, sarebbe valsa soltanto a rendere piú difficile la situazione internazionale» [11]. Quattro giorni dopo Mussolini affrontava personalmente alla Camera la questione austriaca con un discorso, date le circostanze, abbastanza abile e dai toni moderati e rassicuranti [12]. Rifattane rapidamente la storia, il discorso [13] si articolò essenzialmente su tre punti. Il primo dedicato ai motivi della passività italiana:

> Ai circoli piú o meno ufficiali d'Oltralpe che ci domandano perché non siamo intervenuti per «salvare» l'indipendenza dell'Austria, rispondiamo che non avevamo mai assunto alcun impegno del genere, né diretto o indiretto, né scritto o verbale. Gli austriaci, bisogna proclamarlo, hanno sempre avuto il comprensibile pudore di non domandarci dei gesti di forza per difendere l'indipendenza dell'Austria, perché noi avremmo risposto che un'indipendenza la quale ha bisogno degli aiuti militari stranieri, anche contro la maggior parte del proprio popolo, non è piú tale. Chi conosce gli austriaci sa che le prime resistenze a un nostro intervento sarebbero venute da loro.
> L'interesse dell'Italia all'indipendenza dello Stato federale austriaco esisteva; ma si basava evidentemente sulla pregiudiziale che gli austriaci tale indipendenza volessero, almeno nella loro maggioranza; ma quanto accade in questi giorni nelle terre austriache dimostra che l'anelito profondo del popolo era per l'Anschluss. Ai superstiti cultori di un machiavellismo deteriore che noi respingiamo, si può osservare che, quando un evento è fatale, val meglio che si faccia con voi, piuttosto che malgrado voi, o, peggio, contro di voi. In realtà è una rivoluzione nazionale quella che si compie, e noi italiani siamo i piú indicati a comprenderla nelle sue esigenze storiche e anche nei suoi metodi, che sembrano sbrigativi, come furono sempre quelli di tutte le rivoluzioni.

[11] Cfr. PNF, *Il Gran Consiglio del Fascismo ecc.* cit., pp. 640 sg. Fu dopo questa dichiarazione che Hitler inviò al «duce» il suo famoso telegramma: «Mussolini, non lo dimenticherò mai!», a cui Mussolini rispose: «Mio atteggiamento è determinato dall'amicizia fra i nostri due paesi consacrata nell'Asse» (MUSSOLINI, XXIX, p. 459).
[12] Cfr. in questo senso il giudizio dell'incaricato d'affari francese, Blondel, in *DDF*, s. II, VIII, p. 856.
[13] MUSSOLINI, XXIX, pp. 67 sgg.

Il secondo volto a tentare di dissipare le paure suscitate dalla presenza tedesca sulla frontiera italiana:

> Vi sono nel mondo individui cosí superficiali, cosí opacamente ignoranti delle condizioni dell'Italia fascista, che credono di impressionarci con la cifra globale dei milioni di tedeschi e con la loro presenza ai nostri confini.
> Anzitutto l'Italia, questa Italia, non si lascia facilmente impressionare. Non ci sono riusciti, durante la guerra d'Africa, cinquantadue Stati. L'Italia ha una volontà sola, un'anima dura e marcia diritto.
> Siamo tanto poco impressionati che ammettiamo tranquillamente che fra qualche anno, per il solo fatto del movimento naturale della popolazione, mentre noi saremo cinquanta milioni, i tedeschi saranno ottanta milioni, ma non su una sola, su dieci frontiere, fra le quali, quella italiana è la frontiera di due popoli amici: una frontiera intangibile.

Il terzo, infine, volto a riaffermare la piena validità dell'Asse, messa alla prova, «collaudata» dall'Anschluss:

> Quando il dramma austriaco giunse nei giorni scorsi al quinto atto, gli avversari mondiali del fascismo spiarono se l'occasione buona non fosse finalmente venuta per mettere l'uno di fronte all'altro i due regimi totalitari e frantumare la loro solidarietà attraverso un urto che sarebbe stato, tra l'altro, lo diciamo ai pacifisti di professione, il preludio di una nuova guerra mondiale...
> Ma perché non dirlo? Anche milioni di germanici stettero in ascolto. Era giunta l'ora di quello che si poteva chiamare il «collaudo» dell'Asse. Ora i germanici sanno che l'Asse non è una costruzione diplomatica efficiente soltanto per le occasioni normali, ma si è dimostrato solido soprattutto in quest'ora eccezionale, nella storia del mondo germanico e dell'Europa.
> Le due nazioni la cui formazione unitaria è stata parallela nel tempo e nei modi, unite come sono da una concezione analoga della politica della vita, possono marciare insieme per dare al nostro travagliato continente un nuovo equilibrio, che permetta finalmente la pacifica e feconda collaborazione di tutti i popoli.

Strettamente collegato all'Anschluss, anche se non vi si faceva esplicito cenno, fu, infine, il discorso che due settimane dopo Mussolini tenne in Senato sul bilancio di previsione dei ministeri militari (quello dopo il quale scattò l'operazione primo maresciallato). Erano tredici anni, dal 1925, che il «duce» non affrontava in sede parlamentare i problemi militari. È difficile non pensare che tornando ad affrontarli personalmente in quel momento e affermando che quanto a preparazione militare tutto sommato molto era stato fatto e il resto «lo faremo ad ogni costo» e che egli dedicava ai problemi militari la massima parte della sua giornata [14] l'intenzione di Mussolini non fosse quella di cercare ancora una volta di rassicurare coloro che vedevano nell'Anschluss una minaccia diretta per l'integrità territoriale dell'Italia.

---

[14] Cfr. *ibid.*, pp. 74 sgg. e specialmente pp. 81 sg.

Sul piano interno, queste dichiarazioni e il massiccio sforzo messo in atto sulla loro falsariga da tutti gli strumenti di cui il regime disponeva per «orientare» l'opinione pubblica non valsero però ad attenuare le reazioni del tutto negative e le preoccupazioni che l'Anschluss aveva provocato (i rapporti dei prefetti sono a questo proposito eloquenti e concordi) in larghissimi settori del paese, tra i comuni cittadini come tra i fascisti e non solo tra gli anziani, ma anche tra i giovani (all'Università di Roma un convegno di politica estera in cui parlava, nel quadro dei pre-Littoriali, V. Gayda fu trasformato da un gruppo di giovani antifascisti in una manifestazione antitedesca con la partecipazione di gran parte dei gufini presenti [15]), nella élite del regime e persino tra i membri del Gran Consiglio, dove Balbo aveva criticato duramente i tedeschi ed espresso addirittura timori per il futuro di Trieste e qualche critica pare avesse avanzato anche Bottai [16]. Al punto che non si esagera dicendo che, sul piano interno, l'Anschluss fu sentito da molti come la prima vera sconfitta del fascismo e costituí per molti altri un fatto cosí grave da far loro guardare con sempre maggior preoccupazione e spesso ostilità alla politica dell'Asse. Né la cosa può meravigliare se appena si pensi alle scarse simpatie che la Germania nazista (nonostante la vasta azione di penetrazione che essa svolgeva in Italia e il martellante impegno dell'ultimo anno e mezzo della propaganda del regime a favore dell'Asse) riscuoteva nel complesso in Italia, all'ancor viva animosità antitedesca degli anni della guerra '14-18 (per non parlare della tradizione risorgimentale anch'essa ancor viva ed operante in larghi settori del paese), al ricordo non meno vivo degli avvenimenti del '34 e della ben diversa posizione allora assunta da Mussolini rispetto all'indipendenza austriaca e, infine, al timore piú o meno chiaramente percepito da tanti che l'Anschluss non fosse che il primo (o un nuovo, secondo come veniva giudicato l'intervento in Spagna) passo su una strada che poteva essere molto pericolosa e sulla quale l'Italia rischiava di essere trascinata dalla Germania contro i suoi interessi e le sue aspirazioni.

Sul piano diplomatico l'effetto di queste dichiarazioni fu, tutto sommato, piú positivo. Che Mussolini non si sarebbe opposto all'Anschluss era stato pressoché scontato in partenza. Ciò nonostante, a Londra e soprattutto a Parigi per alcune settimane ci si domandò con ansia quale sarebbe stata la reazione italiana all'Anschluss. Non è certo privo di significato che il 12 marzo l'incaricato d'affari francese a Roma, in genere

---

[15] Cfr. R. ZANGRANDI, *Il lungo viaggio attraverso il fascismo* cit., pp. 162 sgg.
[16] Per Balbo cfr. G. CIANO, *Diario* cit., p. 111; per Bottai cfr. *DDF*, s. II, VIII, pp. 902 sgg., dove si afferma che anche Mussolini avrebbe usato nei confronti dei tedeschi un linguaggio «assez désobligeant».

piuttosto parco di suggerimenti, si fosse affrettato a consigliare a Delbos di cercare di evitare il piú possibile, data «l'estrema sensibilità» di Mussolini e il suo carattere impulsivo, che la stampa francese attaccasse il comportamento dell'Italia [17]. Poiché era abbastanza pacifico che Mussolini non aveva voluto ma subito l'Anschluss e che avrebbe cercato una rivalsa, l'interrogativo – specie a Parigi – era se la sua reazione sarebbe stata quella di accelerare il riavvicinamento all'Inghilterra e di estenderlo anche alla Francia o se, invece, avrebbe stretto vieppiú i rapporti con la Germania, dando ad essi (come si temeva anche in Vaticano [18]) il carattere di un'alleanza militare.

Le prospettive dopo la vicenda austriaca non lasciavano dubbi (il discorso pronunciato ai Comuni da Chamberlain il 24 marzo è chiaro) sulle intenzioni di Hitler di affrontare entro breve tempo anche la questione dei Sudeti. In questi frangenti, anche se era chiaro che per avere una visione piú precisa dei propositi di Roma era necessario attendere il viaggio che Hitler avrebbe fatto ai primi di maggio in Italia per restituire la visita in Germania di Mussolini dell'anno prima, a Parigi (dove era andato al Quai d'Orsay Paul-Boncourt, l'uomo dell'adesione francese al «patto a quattro») ai primi di aprile si cominciò a prendere in seria considerazione «la nécessité de renouer le contact avec Rome». La cosa era però piú facile da pensarsi che da farsi, specie perché – ammessa la disponibilità italiana – Mussolini e Ciano avrebbero certamente preteso che i negoziati si svolgessero (cosí come quelli con gli inglesi) a Roma, dove la Francia non aveva che un incaricato d'affari e accreditare un nuovo ambasciatore avrebbe voluto dire riconoscere a priori l'Impero, cosa che Parigi in quel momento non poteva permettersi non avendolo fatto neppure Londra, che, pure, non aveva incontrato, sulla strada dei negoziati con Roma, questo ostacolo avendo avuto l'accortezza di non ritirare dalla capitale italiana il proprio ambasciatore accreditato prima che si ponesse la questione dell'Impero. Da qui un primo sondaggio francese, tramite il senatore Puricelli, presidente della Fiera di Milano, per cercare di capire le intenzioni italiane e sapere se, eventualmente, le trattative avrebbero potuto essere svolte da un negoziatore ad hoc, a cui sarebbe stato dato il rango di ambasciatore solo dopo la loro conclusione positiva [19]. Le prime reazioni italiane a questo e ad altri sondaggi nonché alcune indiscrezioni sui colloqui che, a cavallo dell'Anschluss, il mi-

---

[17] *Ibid.*, pp. 736 sgg.
[18] *Ibid.*, p. 741. Sin dal 9 marzo Blondel si era dichiarato cautamente ottimista circa le prospettive di un prosieguo positivo delle trattative italo-inglesi e di un riavvicinamento italo-francese (*ibid.*, pp. 691 sgg.).
[19] *Ibid.*, IX, pp. 248 sgg.

nistro degli Esteri polacco aveva avuto a Roma [20] non sembrarono negative. Ciano lasciò capire che, per lui, tra Francia e Italia non vi era alcun «problema», ma solo una «questione psicologica», la sola questione tecnica pendente essendo quella della ferrovia Gibuti - Addis Abeba da regolarsi tra esperti e che non doveva essere d'ostacolo ad una completa intesa tra i due paesi. L'Italia era sul punto di concludere i negoziati con l'Inghilterra; anche se con la Francia non vi era stata alcuna presa di contatto ufficiale, era possibile giungere rapidamente ad un accordo anche con essa [21]. Dire quanto Ciano fosse sincero accreditando questa immagine dei rapporti italo-francesi è difficile. Dato il momento, non è però affatto da escludere la sua buona fede. Ciò che è certo è che la sua risposta ebbe un notevole peso nel far decidere a metà aprile il nuovo ministro degli Esteri francese, G. Bonnet (il 12 aprile Daladier aveva sostituito Blum alla guida del governo del Fronte popolare), a dare via libera alle trattative, pur stabilendo per esse limiti assai precisi e circoscritti, strettamente legati agli accordi sottoscritti da Laval e da Mussolini nel gennaio del 1935 [22].

In realtà il riavvicinamento italo-francese non avrebbe mai preso corpo. I colloqui preliminari Ciano-Blondel, che ebbero luogo parallelamente e sull'onda della conclusione degli «accordi di Pasqua» allo scopo di definire le basi dei negoziati veri e propri, anche se furono accolti, soprattutto dalla stampa britannica, come l'indice che la riconciliazione tra Roma e Parigi era ormai sulla buona strada (già il 20 aprile il «Times» scrisse «è fin d'ora chiaro che da entrambe le parti l'atmosfera è molto migliorata, il che rende improbabile un rinvio delle previste conversazioni» e il «Daily Herald», del 20 aprile, arrivò addirittura a prevedere che gli accordi anglo-italiani e franco-italiani sarebbero stati seguiti da un tentativo volto ad indurre la Germania ad accettare un nuovo «patto a quattro», ipotesi che, per altro, trovava scarse simpatie in vasti settori politici sia inglesi che francesi che la consideravano fuori dal quadro politico delle grandi potenze democratiche), non approdarono però a nulla, anche se, formalmente, lasciarono per il momento le cose impregiudicate. E, in realtà, senza che nessuna delle due parti se ne dolesse. I francesi volevano agganciare strettamente l'accordo a quello concluso

---

[20] Sulla missione del ministro degli Esteri polacco cfr. E. COSTA BONA, *La visita del colonnello Beck a Roma nel marzo 1938*, in «Il politico», giugno 1979, pp. 316 sgg. Oltre che con Ciano, Beck si incontrò anche con Mussolini che gli apparve non in grado di opporsi alle mire di Hitler sull'Austria e sulla Cecoslovacchia, ma «seriamente» preoccupato «che l'azione della Germania si estendesse troppo vigorosamente in direzione sud-orientale». Per maggiori elementi cfr. J. BECK, *Dernier rapport politique polonais 1926-39*, Neuchâtel 1951, pp. 145 sgg.
[21] DDF, s. II, IX, pp. 372 sgg.
[22] Cfr. *ibid.*, pp. 378 sg. e 400 sgg., nonché pp. 398 sgg. con le prime reazioni di Ciano alla comunicazione ufficiale di Blondel.

nel gennaio '35, a loro favorevolissimo, e, per il resto, ricalcarlo su quello anglo-italiano (con qualche variante a loro favore) e chiudere cosí definitivamente tutto il contenzioso in atto e potenziale[23]. Ufficialmente mostravano una gran fretta di concluderlo; in effetti un rinvio dei negoziati andava loro benissimo. Come ha opportunamente sottolineato il D'Amoja[24], il governo francese, come quello inglese, voleva evitare che l'Italia stringesse, in occasione della prossima visita di Hitler, vieppiú i legami dell'Asse, «ma se Londra aveva cercato di raggiungere questo obiettivo firmando l'accordo con l'Italia e dandole parzialmente soddisfazione, pur se dopo aver lasciato in sospeso l'entrata in vigore dell'accordo come una spada di Damocle sospesa sul governo italiano, il governo di Parigi si limitò a insistere sulla possibilità di concludere un accordo, facendo intendere che ciò sarebbe dipeso dall'esito della visita di Hitler». Da parte italiana poi di fretta non ve ne era né ufficialmente né effettivamente. Concluso l'accordo con Londra e fatto sapere di essere disposti ad arrivare ad un accordo anche con Parigi e rinforzata cosí notevolmente la propria posizione rispetto alla Germania, per il momento si voleva – prima di decidere se procedere oltre e su quali basi – vedere l'esito dei colloqui con i tedeschi in occasione della visita di Hitler in Italia.

Il viaggio di Hitler in Italia va visto, sotto il profilo dei rapporti italo-tedeschi, tenendo conto delle diverse posizioni delle due parti in causa. Sino verso la fine del '37, lo si è detto, Hitler aveva escluso di concludere un'alleanza militare con l'Italia. Nel determinare questa sua posizione dovevano, probabilmente, aver avuto qualche influenza gli orientamenti di larghi settori della classe politica e militare «fiancheggiatrice» tedesca e di buona parte del vecchio personale della Wilhelmstrasse, tutti piú o meno scettici sull'efficienza militare italiana e sull'affidabilità dell'Italia come alleato (a fine giugno '37, parlando con L. Blum, Schacht non aveva usato mezzi termini: «sappiamo – gli aveva detto[25] – che l'Italia non è mai un'alleata sicurissima») e, in genere, volti a moderare il dinamismo del Führer. La ragione principale è però da ricercare nella doppia speranza di Hitler, allora ancor viva, o di giungere ad un accordo con l'Inghilterra o di poter approfittare di un conflitto italo-anglo-francese determinato dalla politica italiana in Spagna (sintomatici sono i «consigli» che a fine ottobre von Ribbentrop aveva dato a Ciano «di non abbandonare mai piú Maiorca, nuova formidabile pedina nel nostro gioco

---

[23] Cfr. *ibid.*, pp. 442 sgg., 445 sgg., 454 sgg., 473 sg., 523 sgg., 563 e 591 sgg.
[24] F. D'AMOJA, *La politica estera dell'Impero* cit., p. 165.
[25] *DGFP*, s. D, I, p. 135.

Mediterraneo»[26]) per mettere le mani sull'Austria e i Sudeti. Il fallimento della missione speciale di von Ribbentrop a Londra, la nomina di questo a ministro degli Esteri, la svolta del 4 febbraio[27] e l'avvio dei negoziati italo-inglesi avevano però determinato un mutamento di rotta. Convintosi della impraticabilità delle due strade su cui aveva puntato e deciso a bruciare lo stesso i tempi per risolvere le questioni austriaca e cecoslovacca, Hitler aveva cominciato seriamente a pensare alla necessità di rendere formale l'Asse. E ciò tanto piú dopo l'Anschluss, che se, da un lato, aveva dimostrato la «disponibilità» di Mussolini, da un altro, aveva lasciato intravvedere il suo scontento per l'iniziativa di Berlino e, dunque, l'urgenza per la Germania di prevenire e bloccare una sua possibile «fuga» verso Londra e Parigi. La data in cui von Weizsäcker[28] colloca la decisione di Hitler di concludere un trattato di alleanza con Mussolini, il 2 aprile 1938, è significativa. Il punto di vista italiano era diverso. Innanzitutto Mussolini e Ciano si rendevano conto che l'Asse, specie dopo l'Anschluss, non era affatto popolare in Italia e che, se essi l'avessero voluto rendere piú stretto ed effettivo, era ancora necessaria una lunga preparazione a tutti i livelli. Contrari ad un'alleanza militare erano tra l'altro anche alcuni esponenti militari, come il sottocapo di Stato maggiore dell'esercito, generale Soddu, e dietro a loro il sovrano. Come ciò non bastasse, vi era poi tutta una serie di questioni particolari e di nodi di fondo da sciogliere. Tra le prime quella dell'Alto Adige, bruscamente riaperta, nonostante la lettera di Hitler dell'11 marzo, dall'Anschluss (il 3 aprile Ciano aveva annotato: «In Alto Adige continua una propaganda che noi non possiamo tollerare: i 212 000 tedeschi alzano troppo la testa e si parla persino di confine ad Ala o a Salorno. Ho consigliato il Duce di parlarne con il Führer. In Italia la corrente antitedesca, fomentata dai cattolici, dai massoni e dagli ebrei, è e diviene sempre piú forte. Se i tedeschi faranno gesti imprudenti in Alto Adige, l'Asse può saltare da un momento all'altro»[29]), e quella di una seria e precisa determinazione delle sfere di reciproco interesse nell'Europa danubiano-balcanica, dove il dinamismo tedesco non lasciava sperare nulla di buono e mostrava di non voler rispettare i «diritti acquisiti» e le «riserve di caccia» dell'Italia. Tra i secondi fondamentale era quello rappresentato dai programmi di Hitler, in primo luogo quelli riguardanti la Cecoslovacchia, nei quali Mussolini e Ciano non volevano essere coinvolti direttamente e certo non in modo tale da pregiudicare

[26] G. CIANO, *Diario* cit., p. 49.
[27] Sulla svolta del 6 febbraio '38 cfr. H. FOERTSCH, *Schuld und Verhängnis*, Stuttgart 1951.
[28] E. VON WEIZSÄCKER, *Erinnerungen*, München 1950, pp. 158 sg.
[29] G. CIANO, *Diario* cit., p. 120.

irrimediabilmente i loro rapporti con Londra e, in misura minore, con Parigi. In questa situazione parlare di alleanza non era possibile.

E infatti – come bene ha messo in luce il Toscano[30] – la parte piú propriamente politica della visita di Hilter in Italia (dal 3 al 9 maggio 1938) fu assai modesta e, tutto considerato, piú simile ad un balletto d'opera buffa che a quell'importantissimo incontro al vertice che gli apparati propagandistici dei due paesi si sforzarono d'accreditare. I tedeschi cercarono a piú riprese di «stringere» gli italiani e di portare le conversazioni sul concreto; gli italiani di non scoprire troppo le loro vere intenzioni[31] e soprattutto di sfuggire ogni discorso impegnativo, sfruttando anche l'eccezionale impegno che richiedevano le grandiose cerimonie in programma e la scarsezza di tempo che esse lasciavano. Paul Schmidt, il principale interprete del gruppo dirigente nazista, ci ha lasciato nelle sue memorie un significativo quadro di questo balletto[32]:

Negli otto giorni del viaggio, tra ricevimenti nelle reggie, banchetti ufficiali e manifestazioni spettacolari che si susseguirono quasi incessantemente, ebbi relativamente poco da fare come interprete... La... principale ragione del mio lavoro relativamente scarso durante tutto il viaggio fu il riserbo degli italiani. Mussolini e Ciano sfuggivano visibilmente da ogni serio discorso politico, che ogni tanto Hitler, e piú ancora Ribbentrop, cercavano di intrecciare. Già il programma, che non prevedeva alcun tempo libero per colloqui del genere, caratterizzava quell'atteggiamento italiano; tuttavia durante i vari ricevimenti sarebbe stato facile discutere di questioni politiche, cosa che Hitler e Ribbentrop avrebbero desiderato tanto. Ma sia il dittatore italiano che suo genero facevano le mostre di non accorgersene.

Se pure io avessi avuto un dubbio su questo atteggiamento degli italiani, esso sarebbe scomparso nel constatare come essi reagivano allorquando noi presentammo loro una proposta d'alleanza... Ciano lasciò passare qualche giorno prima di rimetterci una «controproposta», che non meritava per nulla tale nome. Era un pezzo di carta che non diceva assolutamente niente e costituiva per ciò stesso un evidente rifiuto. Vi fu allora una breve e violenta discussione tra Ribbentrop e Ciano,

---

[30] M. TOSCANO, *Le origini diplomatiche del Patto d'Acciaio*, Firenze 1956, pp. 13 sgg. Oltre al volume del Toscano, sugli incontri del maggio '38 cfr. D. C. WATT, *An earlier model for the Pact of Steel. The draft treaties exchanged between Germany and Italy during Hitler's visit Rome in may 1938*, in «International Affairs», aprile 1957, pp. 185 sgg.; e ID., *Hitler's visit to Rome and the may weekend crisis: a study in Hitler's response to external stimuli*, in «Journal of Contemporary History», gennaio-marzo 1974, pp. 23 sgg.

[31] Il 12 maggio '38 von Weizsäcker cosí riassumeva la posizione italiana quale era emersa dai colloqui. L'Italia mostrava di perseguire una politica di consolidamento, di pace, di sicurezza e di armamento. «Non si deve concludere da ciò che l'Italia per l'avvenire si dichiarerà pienamente soddisfatta nel Mediterraneo; ma gli obiettivi lontani dell'Italia nel Mediterraneo non sono ancora, sembra, determinati. Si dovrà cercarli in una politica principalmente rivolta contro la Francia, mentre l'Inghilterra sarà il piú possibile risparmiata. Nulla ha dimostrato che l'Italia abbia ambizioni di territori spagnoli. La politica spagnola dell'Italia, come la sua politica cinese, sembrerebbe non essere mutata; si prova in generale del risentimento verso gli Stati Uniti e si ignora la Russia. Si considera che la Francia è entrata in un'era di decadenza interna e marcia verso la guerra civile» (*DGFP*, s. D, I, p. 1110).

[32] P. SCHMIDT, *Da Versaglia a Norimberga* cit., pp. 360 sg. Non dissimile è il quadro tracciato dall'allora capo di gabinetto di Ribbentrop E. KORDT, *Wahn und Wirklichkeit*, Stuttgart 1947, pp. 106 sg.

in contrasto veramente grottesco con quanto veniva presentato al pubblico sulla grande scena delle manifestazioni ufficiali. La qualità principale di Ribbentrop era la sua cocciutaggine. Piú volte l'ho visto insistere in una proposta, senza neppure peritarsi di essere scortese. Stancava cosí l'avversario fino ad indurlo a dire di sí, magari contro voglia. Anche questa volta egli tentò questa tattica, ma non ebbe successo. «La solidarietà tra i nostri due regimi – disse Ciano con un sorriso che mi parve sarcastico – si è mostrata in questi giorni con tale evidenza che un formale trattato d'alleanza è superfluo!» Da queste parole credetti di comprendere che gli italiani non avevano ancora digerito l'Anschluss e tanto meno i metodi con i quali era stato imposto. I loro sguardi volgevano ancora verso occidente, come è confermato oggi dal diario di Chamberlain. Nulla di ciò, tuttavia, trapelò all'esterno in quei giorni.

All'inizio della visita Ciano sottopose a von Ribbentrop uno schema di accordo volto a garantire formalmente il rispetto delle frontiere comuni e a stabilire con precisione e tutelare i rispettivi interessi nel settore danubiano-balcanico. Secondo von Weizsäcker[33], esso «somigliava piú ad un trattato di pace con un nemico che ad un trattato di alleanza con un amico». Ma a Roma doveva esservi la speranza di farlo accettare ai tedeschi come una sorta di male minore. Questo, almeno, pare si possa desumere da un'annotazione di Ciano del 1° maggio, riferentesi alla sua preparazione[34]:

> Presento al Capo lo schema dell'eventuale trattato con la Germania. Concorda. Lo proporrò a Ribbentrop, facendogli presente che è nel comune interesse sottoscriverlo. Abbiamo fatto un Patto con Londra, tra poco ne faremo uno con i francesi: se non si fissano le posizioni anche con Berlino, tutti diranno che l'Asse è liquidato e che stiamo tornando a Stresa.

La replica di von Ribbentrop fu invece la presentazione di un progetto di alleanza militare, «pubblica o segreta» a scelta dell'Italia. Nei giorni successivi Hitler ne parlò personalmente, sia pure, pare, con una certa cautela, con Mussolini almeno tre volte, ma senza esito. Il 5 maggio Ciano (che era contrario all'idea di un'alleanza[35]) annotava a questo proposito[36]:

> Ribbentrop ci ha offerto un patto di assistenza militare, pubblico o segreto, a nostra scelta. Io ho senz'altro espresso al Duce parere contrario, cosí come ho fatto ritardare la conclusione di un patto di consultazione e di assistenza politica.
> Il Duce intende farlo. E lo faremo perché ha mille ed una ragione di non fidarsi delle democrazie occidentali. Ma io ho pensato che era bene di ritardarlo, per non creare delle difficoltà a Chamberlain, alla vigilia della riunione del Consiglio [della Società delle nazioni]. Vi dovrà varare il riconoscimento dell'Impero. La firma di

---

[33] E. VON WEIZSÄCKER, *Erinnerungen* cit., pp. 158 sg.
[34] G. CIANO, *Diario* cit., p. 132.
[35] Cfr. *ibid.*, p. 135.
[36] *Ibid.*, p. 135.

un patto, che avrebbe potuto essere suscettibile di varie interpretazioni, compresa quella d'alleanza segreta, avrebbe reso piú difficile il suo compito e data un'arma alle opposizioni a Ginevra.

Alla fin fine l'atto politicamente piú significativo risultò lo scambio di brindisi a conclusione del pranzo in onore dell'ospite a palazzo Venezia [37]. Come subito notarono gli osservatori stranieri, anche in questa occasione Mussolini fu molto piú riservato (e, secondo Blondel [38], «freddo») di Hitler. Il «duce», che, oltre tutto era rimasto assai male impressionato, come Ciano («Parla di fare guerre a dritta e a manca, senza un avversario precisato o un obiettivo definito»), da von Ribbentrop e dalla sua frenesia bellicista («appartiene alla categoria dei tedeschi che portano disgrazia alla Germania», aveva detto il giorno prima al genero) [39], non andò oltre espressioni come «la legge etica dell'amicizia», la «comunanza ideale», la «collaborazione» e insistette molto sul tasto della pace e della «convivenza internazionale».

La Germania e l'Italia – disse – hanno lasciato dietro di sé le utopie, alle quali l'Europa aveva ciecamente affidato le sue sorti, per cercare tra loro e per cercare con gli altri un regime di convivenza internazionale, che possa instaurare equamente per tutti garanzie piú effettive di giustizia e di sicurezza e di pace. A questo si può giungere soltanto quando gli elementari diritti di ciascun popolo a vivere, a lavorare e a difendersi siano lealmente riconosciuti e l'equilibrio politico corrisponda alla realtà delle forze storiche che lo costituiscono e lo determinano. Noi siamo convinti che è su questa via che le nazioni d'Europa troveranno quella tranquillità e quella pace che sono indispensabili a preservare le basi stesse della civiltà europea.

Hitler usò termini molto piú caldi, quasi lirici. Parlò di «uguali interessi» e di «comunanza di ideologie» che legavano strettamente Germania e Italia, di sviluppo e di approfondimento «in stretta collaborazione per l'avvenire» dell'amicizia divenuta sempre piú salda negli ultimi anni, di «fatalità di un destino» comune delle due razze. E infine – è difficile dire se per goffaggine o in un estremo tentativo di dissipare l'ombra dell'Anschluss che aveva cosí pesantemente condizionato in quei giorni l'atteggiamento italiano – tornò a ripetere le assicurazioni già date nella sua lettera di due mesi prima.

È mia incrollabile volontà – disse con tono solenne e quasi ispirato – ed è anche mio testamento politico al popolo tedesco, che consideri intangibile per sempre la frontiera delle Alpi eretta tra noi dalla natura. Sono certo che per Roma e per la Germania ne risulterà un avvenire glorioso e prospero.

---

[37] Cfr. MUSSOLINI, XXIX, pp. 94 sgg.
[38] *DDF*, s. II, IX, p. 660.
[39] G. CIANO, *Diario* cit., p. 133.

Come abbiamo avuto occasione di dire altrove [40], facendo questa solenne dichiarazione Hitler era personalmente sincero; contrariamente ad altri esponenti nazisti, per lui l'alleanza con l'Italia valeva veramente il passaggio del Sud Tirolo sul «conto perdite». Proprio questo rende ancor piú significativo – in quanto mostra sino a che punto Hitler non si sentisse sicuro di poter indurre Mussolini ad un'alleanza vera e propria – il fatto che i tedeschi, sino al momento in cui non raggiunsero quasi completamente questa sicurezza, abbiano messo in atto una sorta di resistenza passiva a rendere noto in Germania il «testamento politico» di Hitler e ancor piú a tradurlo, come voleva Roma, in un documento diplomatico ufficiale. E ciò nonostante che da parte italiana si fosse sin dal 20 aprile fatto un passo presso Göring perché, come Ciano aveva scritto a Magistrati, Berlino sconfessasse pubblicamente i «tentativi sediziosi» degli irredentisti sudtirolesi e facesse tacere «gli zelatori che si affannano a tener viva una questione che invece deve venir considerata chiusa, e chiusa per sempre» e Göring avesse mostrato di condividere l'idea «che qualsiasi funzione espansionistica tedesca del Tirolo va spenta sul nascere». In pratica i tedeschi usarono la questione dell'Alto Adige come uno strumento di pressione per indurre Mussolini ad accedere alla idea di un'alleanza, sapendo bene che il problema alto-atesino, mentre sino allora era stato per il regime tutto sommato marginale, ora era diventato, per i suoi echi interni ed esteri, sostanziale. Tanto sostanziale, aggiungiamo noi, che quando il «duce» era stato informato il 24 aprile da Ciano dell'andamento del colloquio di Magistrati con Göring, era arrivato, in uno dei suoi tipici scatti d'ira, ad ipotizzare persino la possibilità di un conflitto. Scriveva Ciano nel suo diario sotto quella data [41]:

Col Duce abbiamo ancora lungamente parlato della questione dell'Alto Adige. È giunta, tramite Magistrati, la risposta di Göring, che non mi sembra molto esplicita.
Piú tardi il Duce mi ha telefonato: «Ho chiarito le mie idee in materia. Se i tedeschi si portano bene e sono rispettosi sudditi italiani, potrò favorire la loro cultura e la loro lingua. Se pensano però di spostare di un sol metro il palo di frontiera, sappiano che ciò non avverrà senza la piú dura guerra, nella quale coalizzerò contro il germanesimo tutto il mondo. E metteremo a terra la Germania per almeno due secoli».

Durante i suoi colloqui romani con Mussolini Hitler – riprendendo una idea già prospettata da Göring a Renzetti e a Magistrati – aveva suggerito, come soluzione della questione dell'Alto Adige, il trasferimento

---

[40] R. DE FELICE, *Il problema dell'Alto Adige nei rapporti italo-tedeschi dall'Anschluss alla fine della seconda guerra mondiale*, Bologna 1973, pp. 7 sgg.
[41] G. CIANO, *Diario* cit., p. 130.

in Germania degli allogeni. Mussolini, che nel 1941 avrebbe definito *provvidenziale*, «quando l'etnia non va d'accordo con la geografia», il ricorso agli scambi di popolazioni e l'esodo di parte di esse allo scopo di far coincidere razza, nazione e Stato[42], aveva opposto un rifiuto. E ciò nonostante che Ciano avesse già da un mese preso in considerazione l'idea e fosse personalmente favorevole ad essa[43]. Né la cosa può meravigliare. Mentre per il genero la questione della minoranza tedesca in Alto Adige era essenzialmente un fatto politico da risolvere il piú rapidamente e radicalmente possibile onde evitare che potesse interferire nella politica interna ed estera italiana, per Mussolini risolverlo come proponevano i tedeschi sarebbe equivalso a sancire clamorosamente il fallimento dei suoi baldanzosi propositi, ampiamente pubblicizzati negli anni precedenti, e della relativa azione per italianizzare l'Alto Adige e – quel che sarebbe stato peggio – l'infondatezza della sua pretesa di «formare» le nuove generazioni secondo la sua volontà. Conclusasi con un nulla di fatto la visita di Hitler, in pratica Berlino lasciò cadere il discorso sulla questione della minoranza sudtirolese, ma al tempo stesso non fece nulla perché essa trovasse una sua normalizzazione.

Apparentemente la visita di Hitler si concluse con un quasi completo nulla di fatto. In effetti essa ebbe subito conseguenze assai importanti per la politica estera italiana e determinò o fece maturare nelle settimane e nei mesi successivi una serie di iniziative di politica interna ed estera che, pur non essendo né decisive né irreversibili, condizionarono pesantemente la realtà e l'immagine del regime in Italia e all'estero e le ulteriori scelte mussoliniane.

Il «duce», un po' consapevolmente, un po' perché ancora sotto l'impressione dell'Anschluss, un po' per l'influenza di Ciano che non voleva pregiudicare i buoni rapporti cosí fortunosamente ristabiliti con Londra e le favorevoli prospettive di un miglioramento di quelli con Parigi, un po', probabilmente, per la difficoltà di controproporre un accordo «minore» dopo che gli era stata offerta l'alleanza, non aveva voluto concludere con Hitler alcun accordo ufficiale impegnativo. Cosí come si erano svolte, le cose dovevano essere andate però oltre le intenzioni sue e dello stesso Ciano. Respingere l'offerta troppo impegnativa di un'alleanza era una cosa, dover rinunciare al patto di reciproco rispetto o a qualcosa d'altro che comunque desse un significato piú preciso all'Asse e ne sot-

---

[42] Cfr. MUSSOLINI, XXX, p. 97.
[43] G. CIANO, *Diario* cit., pp. 120 sg.

tolineasse la vitalità era un'altra cosa. Cosí come Ciano aveva previsto, il rischio era – e le prime reazioni della stampa internazionale piú autorevole e responsabile lo confermarono – che si traesse la conclusione che l'Asse fosse in difficoltà e che Mussolini veleggiasse verso altri lidi. Con la duplice conseguenza *a)* di dare un significato diverso da quello voluto al previsto riavvicinamento alla Francia e di indebolire la forza contrattuale italiana nelle relative trattative; *b)* di rendere piú difficili i rapporti con gli inglesi per quel che concerneva il ritiro dei «volontari» dalla Spagna. Per non dire di una terza, per Mussolini non meno e forse ancor piú grave: che in Italia e all'estero si pensasse che le difficoltà dell'Asse dipendessero dalla scarsissima popolarità e persino ostilità che essa aveva tra gli italiani e che la freddezza della partecipazione popolare alle cerimonie in onore di Hitler aveva confermato. E ciò, si badi bene, proprio nel momento in cui Mussolini poteva dire di aver acquisito o di ritenere di aver acquisito almeno tre cose di grande importanza. *Prima*: che Hitler *voleva* l'alleanza con lui e ciò se, per un verso, era piú di quanto egli voleva a sua volta, per un altro verso, costituiva per lui un elemento di forza e una grossa tentazione, sia perché lo metteva al sicuro dal tanto paventato pericolo di trovarsi isolato, sia perché lo metteva in grado di poter contare per tutta una serie di operazioni sull'appoggio tedesco sino allora dimostratosi assai aleatorio ed equivoco. *Seconda*: che Hitler, proprio perché *voleva* l'alleanza con lui, era disposto a giocare anche pesante per ottenerla, come dimostrava il suo atteggiamento nella questione dell'Alto Adige e come di lí a pochissimo avrebbero dimostrato certe sue manovre aventi per oggetto la piú preziosa delle «riserve di caccia» italiane, l'Albania. *Terza*: che Hitler, per il momento, non pensava per risolvere la questione dei Sudeti allo «sfasciamento» della Cecoslovacchia, ma solo alla sua «cantonalizzazione» e che (e qui Mussolini un po' era stato ingannato da Hitler, un po' aveva lui stesso pregiudicato la situazione dichiarandogli a tutte lettere il suo «disinteresse» per il destino della Cecoslovacchia e la sua «solidarietà completa» per le rivendicazioni tedesche verso di essa[44]) «ogni ricorso alla forza era da escludersi, almeno per alcuni anni»[45], cosa che gli dava un largo margine, sia in generale di manovra politica, sia in particolare per realizzare alcuni obiettivi espansionistici con la copertura tedesca e senza l'aperta opposizione di un'Inghilterra interessata a mantenere con lui buoni rapporti.

A tutto questo, per avere un quadro completo della situazione, si

---

[44] Cfr. *ibid.*, p. 141.
[45] Cfr. *ibid.*, pp. 142 e 166.

deve aggiungere che – nonostante la fantasmagoria delle manifestazioni organizzate in onore dell'ospite e l'impegno di Starace nel mobilitare il partito e le organizzazioni da esso dipendenti – la visita di Hitler non aveva affatto contribuito a rendere piú favorevoli alla Germania gli italiani e, se mai, aveva fatto aumentare le perplessità e i timori vivi in molti. In particolare, essa aveva provocato da parte di Pio XI e della Santa Sede una serie di prese di posizione i cui echi non erano rimasti circoscritti al mondo cattolico in senso stretto, ma erano rimbalzati in settori assai piú vasti del paese e avevano fatto sperare a molti che di fronte all'opposizione della Chiesa Mussolini avrebbe fatto *macchina indietro* e, a livello dell'antifascismo dormiente, addirittura che tra il Vaticano e palazzo Venezia si stesse per verificare un'aperta rottura a cui il fascismo non sarebbe potuto sopravvivere. Il fatto che la Chiesa fosse ostile al nazionalsocialismo era noto da tempo ed era stato sancito ufficialmente, oltre che da una serie di pubbliche dichiarazioni, di proteste e di condanne di libri di autori nazisti, dall'enciclica *Mit brennender Sorge*. Pubblicata nel marzo 1937 quasi contemporaneamente alla *Divini Redemptoris* contro il comunismo, l'enciclica aveva avuto però una eco assai piú ridotta della notizia che il papa, per sottolineare la sua riprovazione per la visita di Hitler, aveva lasciato Roma e si era ritirato a Castel Gandolfo e in un pubblico discorso aveva detto [46]:

tristi cose avvengono, molto tristi cose, e da lontano e da vicino. È tra le tristi cose questa: che non si trova troppo fuori posto e fuor di tempo l'inalberare a Roma, il giorno della Santa Croce, l'insegna di un'altra croce che non è la Croce di Cristo. È dire tutto per far comprendere fino a qual punto sia necessario pregare, pregare, pregare, affinché la misericordia di Dio sia fatta e discenda anch'essa in tutta la Sua larghezza.

Basta a dimostrarlo il fatto che Mussolini, invece di ignorare tutto ciò per non dare maggior risonanza alla cosa, autorizzò la pubblicazione su «Il popolo d'Italia» di un duro corsivo di Goffredo Coppola che polemizzava esplicitamente col pontefice [47]:

Se è necessario parlar chiaro, noi vorremmo dire al Padre di noi tutti cattolici che sono passati quattrocentocinquanta anni dal giorno che don Pedro Marique portò a Toledo la reliquia di Sant'Eugenio; e che oggi è pericoloso assai parlare

---

[46] Cfr. «Osservatore romano», 5 maggio 1938.
[47] UTINAM, *La reliquia e la Croce*, in «Il popolo d'Italia», 8 maggio 1938. Per l'attribuzione a G. Coppola e la personale autorizzazione di Mussolini a pubblicarlo cfr. G. PINI, *Filo diretto con Palazzo Venezia* cit., p. 151.
Il cardinale Pacelli fece sapere all'ambasciatore Pignatti che il papa considerava la chiusa dell'articolo «ingiuriosa per la sua persona» e che, se «non si fosse provveduto subito, il Papa avrebbe pensato Lui a mettere le cose a posto». ASAE, *Santa Sede*, b. 39 (*1938*).

della croce di Cristo e agitarla come se fosse un'arma e ritrovarsi poi nella minacciosa e sogghignante compagnia di usurai, massoni e bolscevichi, senza piú nelle mani neppure la frusta che li cacci dal tempio di Dio, ma solo, disperatamente solo, a pregare pregare pregare.

Né migliori erano stati i risultati per quel che riguardava il gruppo dirigente fascista e il sovrano. Su Vittorio Emanuele III il diario di Ciano è esplicito. Alla data del 7 maggio esso reca: «Il Re gli rimane [a Hitler] sempre ostile e tende a farlo passare per una specie di degenerato psico-fisico»[48]. Al vertice del regime, pochi erano coloro che osavano prendere posizione contro l'eventualità di accordi piú stretti con la Germania e solo Balbo aveva il coraggio di affrontare con Mussolini il problema senza mezzi termini[49], ma i piú erano perplessi, preoccupati, taluni nettamente ostili, o comunque ritenevano che i rapporti con la Germania non dovessero andare oltre certi limiti e servire soprattutto a rompere l'isolamento in cui l'Italia si era venuta a trovare con la guerra d'Africa e con l'intervento in Spagna, a fungere da «passaporto» per rientrare, «senza pagare dazio» e lucrando ancora qualche cosa, nel consorzio delle grandi potenze «soddisfatte» e pacifiche. I filonazisti decisi erano pochi e la visita di Hitler – mentre aveva accresciuto tra gli altri le perplessità e i timori e aveva spianato la strada al superamento, nel nome della comune opposizione al pericolo di piú stretti rapporti con la Germania, di vecchi contrasti personali e politici (tipico il caso di Balbo e di Grandi) – non aveva granché accresciuto le loro file. Il che – e questo era uno degli aspetti piú deteriori e gravidi di conseguenze negative di tutta la vicenda – non vuol per altro dire che il problema dei rapporti con la Germania non trovasse anche molti pronti a servirsene strumentalmente per i propri fini personali e di potere. Sotto la data del 12 luglio '38 il diario di Bottai reca a questo proposito un'annotazione assai significativa[50]:

La Germania nazista sembra essere divenuta la terra di paragone della nostra fede. Un viaggio in Germania è una buona carta in mano ai gerarchi e sottogerarchi in cerca di fortuna. È intorno alla Germania che si forma il gioco delle tendenze e controtendenze. Gli zeli, le riserve, i sospetti, le speranze, i timori d'un Regime chiuso è qui che si scoprono, in questa zona «esterna» della politica (ma «esterna» in modo che i motivi dell'«interna» vi si riflettono e ne colorano la discussione).

---

[48] G. CIANO, *Diario* cit., p. 134. Meno esplicito, ma sostanzialmente del medesimo significato politico quanto annotava due giorni dopo De Bono nel suo diario sull'atteggiamento del re: «scettico circa l'amicizia tedesca; Egli non credeva il Führer padrone della situazione. Nell'Alto Adige sono successi dei fattacci...» (ACS, E. DE BONO, *Diario*, q. 43). Per un altro sfogo del re cfr. N. D'AROMA, *Vent'anni insieme* cit., pp. 259 sgg.
[49] Cfr. L. FEDERZONI, *Italia di ieri per la storia di domani* cit., pp. 162 sg.
[50] G. BOTTAI, *Diario* cit., ff. 558 sg.

Ecco perché anche la stampa straniera, in ispecie francese, vi punta. Perché ricerca in quella zona quegli atteggiamenti diversi, che la rigida ortodossia ad uso interno non consente, ormai, piú.

Se non si tiene presente questa situazione è difficile rendersi conto di quante e quanto importanti furono le conseguenze della visita di Hitler. Cominciamo da quelle interne. Personalmente, Mussolini – lo si è visto – poteva avere le sue incertezze e le sue perplessità. Ciò che però non tollerava assolutamente era che altri potessero nutrire dubbi e peggio ancora mettere in dubbio l'opportunità di ciò che egli faceva e addirittura osare di contrastarlo. Sul piano interno, ciò ebbe come conseguenze l'immediato accentuarsi delle sue critiche ed ostilità verso la monarchia, la Chiesa e la borghesia (contro coloro che considerava cioè i piú tenaci ostacoli e avversari della sua politica) l'accelerazione e la radicalizzazione dei suoi programmi di totalitarizzazione del regime e l'avvio di una duplice campagna a tutti i livelli, volta, da un lato, a convincere gli italiani della «necessità storica» dell'Asse e dell'«incontro della rivoluzione fascista e della rivoluzione nazionalsocialista» e, da un altro lato, a suscitare «un'ondata di gallofobia per liberare gli italiani dall'ultima schiavitú: quella verso Parigi»[51]. Strumento e motore di questa azione fu il PNF, subito mobilitato da Starace e impegnato in una serie di iniziative che, nella sostanza, si sarebbero in gran parte dimostrate controproducenti (il 5 settembre il segretario del partito avrebbe confessato a Ciano: «Mi ripugna pronunciare questa parola, ma c'è aria di Quartarella. Il Partito è saldo e a posto. Lo stesso, il popolo. La fronda è invece nella borghesia»[52] e poco piú di un mese dopo, quando, come vedremo, dopo Monaco l'azione del partito era stata ulteriormente intensificata, con tutt'altro spirito De Bono avrebbe annotato nel suo diario che, secondo Bocchini, ci si avviava «ad una dittatura Starace» appoggiata da G. Ciano e da Farinacci[53]), ma che, apparentemente e specialmente per quel che riguardava

[51] G. CIANO, *Diario* cit., p. 146. Cfr. *ibid.*, p. 145 per quel che riguarda la partecipazione personale di Ciano a questa duplice campagna.
[52] *Ibid.*, p. 174.
[53] ACS, E. DE BONO, *Diario*, q. 43, alla data del 19 ottobre 1938.
In connessione col giro di vite totalitario successivo alla visita di Hitler, vi fu – secondo il *Diario* di G. BOTTAI (f. 569, alla data del 21 luglio '38) – un tentativo di Starace e di Ciano di allontanare da capo della polizia Bocchini e sostituirlo con un «uomo fidato», sembra Celso Luciano. La notizia è credibile non solo sotto il profilo delle lotte di potere tra i vari gruppi, ma anche sotto quello piú propriamente politico. Bocchini infatti se, per un verso, era un efficientissimo capo della polizia (cfr. su di lui P. CARUCCI, *Arturo Bocchini*, in *Uomini e volti del fascismo*, a cura di F. Cordova, Roma 1980, pp. 63 sgg.) per un altro verso era e rimase sempre un uomo del vecchio regime che, se non faceva il doppio gioco, si muoveva però in una logica che non era certo quella totalitaria e manteneva una serie di contatti con oppositori e critici del regime che è difficile stabilire se tendessero a sorvegliarli meglio o a non perdere del tutto i rapporti con essi in vista di un'eventuale cambia-

i vertici e buona parte dei quadri intermedi del regime, ottennero indubbiamente il risultato di «mettere in linea» molti dei critici. Sintomatica è a questo proposito un'annotazione di Ciano già sotto la data del 21 giugno[54]:

> Inaugurazione del Congresso di Diritto italo-germanico, con un buon discorso di Frank [ministro della Giustizia tedesco]. Anche gli anti-Asse Bottai e De Francisci applaudivano calorosamente. Hanno capito l'aria che tira...

Su tutto ciò non ci soffermeremo però oltre avendone già parlato nei precedenti capitoli. Un discorso piú lungo merita invece l'avvio ufficiale in questo stesso periodo della politica della razza. Dei precedenti, delle sue due fasi, delle motivazioni generali e di taluni aspetti di essa abbiamo già parlato; data la sua importanza e la vastità degli echi e delle ripercussioni che essa ebbe è però opportuno vederne qui piú da vicino le vicende e cercare di definirne anche il nesso con la visita di Hitler.

Nel luglio del '38 tutto era maturo perché la questione razziale entrasse nella sua seconda fase, quella piú propriamente antisemita, e diventasse uno dei cardini della politica del regime. Mussolini aveva maturato il convincimento della sua necessità politica e ideologica. Il piccolo nucleo iniziale di fascisti antisemiti attorno a G. Preziosi si era rafforzato e saldato organicamente con quella parte del fascismo – di cui Farinacci era l'esponente piú in vista ed autorevole – che, un po' per scelta politica e un po' per rilanciare la propria leadership nel partito e nel regime, puntava ormai tutto su una stretta collaborazione e alleanza italo-tedesca e su una totalitarizzazione di tipo nazista del fascismo. L'influenza tedesca, palese e occulta, cominciava a dare i suoi frutti, tra cui, appunto, il prendere piede di un antisemitismo circoscritto, ma in grado di manifestarsi dalle pagine di un certo numero di periodici e di pubblicazioni di partito o ai margini di esso[55]. I rapporti italo-tedeschi, infine, erano arrivati ad un punto che anche sul piano funzionale la scelta antisemita era, come si è detto, praticamente obbligata. Eppure non vi è dubbio che anche sull'adozione della politica razziale o, meglio, sul suo passaggio dalla prima alla seconda fase, la visita di Hitler ebbe una influenza notevole. E, vale la pena ripeterlo, non perché i tedeschi avessero fatto delle formali richieste in questo senso (la cosa non è stata ancora provata; è negata da Ciano e tutto sommato è improbabile, an-

---

mento della situazione. Cfr. per esempio G. CARONIA, *Con Sturzo e con De Gasperi*, Roma 1979, pp. 103 sgg.
[54] G. CIANO, *Diario* cit., p. 150. Sul congresso cfr. S. MESSINA, *Le relazioni giuridiche italo-germaniche e il convegno di Roma*, in «Civiltà fascista», agosto 1938, pp. 688 sgg.
[55] Cfr. a questo proposito quanto osservava l'incaricato d'affari francese presso la Santa Sede, Rivière, già il 29 gennaio 1938, in *DDF*, s. II, VIII, pp. 136 sg.; nonché per un quadro piú ampio R. DE FELICE, *Storia degli ebrei italiani sotto il fascismo* cit., pp. 204 sgg.

che se Mussolini successivamente avrebbe detto a Grandi, non si capisce bene se per scusarsi o, piú probabilmente, per sottolineare la sua resistenza alle offerte tedesche di alleanza, che Hitler gli aveva chiesto l'alleanza e la politica antisemita e lui gli aveva dato solo la seconda[56]), ma perché quello era per Mussolini il momento di imboccare a bandiere spiegate la strada dell'antisemitismo di Stato. Lo era psicologicamente, perché, se anche avesse avuto ancora alcune incertezze sulla sua opportunità esse erano destinate a cadere di fronte alla violenza della sua irritazione contro la borghesia, la Chiesa e la monarchia e alla sua convinzione che la politica della razza avrebbe costituito il piú potente «cazzotto» che egli poteva loro sferrare. Lo era politicamente sul piano interno, perché dare una «coscienza razziale» agli italiani era per lui ormai diventato una tappa fondamentale della costruzione dell'«uomo nuovo fascista». E lo era politicamente anche sul piano internazionale perché gli permetteva, da un lato, di marcare nettamente la differenza profonda che doveva esservi tra l'Italia fascista e i paesi democratici (e soprattutto la Francia), con i quali l'Italia poteva anche trovare una base d'accordo, ma con la consapevolezza che essi erano una cosa diversa dalla quale ormai non poteva venire «altro che pourriture», e, da un altro lato, di rassicurare Hitler – alleanza o non alleanza – sull'effettiva direzione della sua marcia e di smentire le voci che volevano l'Asse in difficoltà.

Nel febbraio '38, quando tutti gli sforzi di Roma erano stati tesi ad avviare i negoziati con Londra e si voleva spianare loro la strada da ogni possibile ostacolo, Mussolini aveva diffuso, il 16, l'«Informazione diplomatica» n. 14 che, pur dichiarando che il governo fascista si riservava «di vegliare sull'attività degli ebrei di recente giunti nel nostro paese e di fare in maniera che la parte degli ebrei nella vita d'insieme della Nazione non sia sproporzionata ai meriti intrinsechi individuali ed all'importanza numerica della loro comunità», affermava a tutte lettere l'infondatezza dell'«impressione» che si aveva «in certi ambienti stranieri» «che il Governo fascista stia per inaugurare una politica antisemita». Il problema ebraico, continuava la nota, poteva essere risolto solo «creando in qualche parte del mondo, non in Palestina, uno Stato ebraico». Quanto al governo fascista, esso non aveva mai pensato e non pensava neppure ora «a prendere misure politiche, economiche, morali, contrarie agli ebrei in quanto tali, salvo, beninteso, nel caso in cui si trattasse di elementi ostili al Regime»[57]. A soli cinque mesi di distanza, ma

---

[56] Cfr. in *Archivio D. Grandi*, b. 164, fasc. 202, ins. 3.
[57] Cfr. R. DE FELICE, *Storia degli ebrei italiani sotto il fascismo* cit., pp. 272 sg.

in un contesto internazionale per Mussolini assai diverso, la pubblicazione, il 14 luglio, del manifesto degli «scienziati» sulla razza mostrò chiaramente quanto quella dichiarazione fosse stata strumentale [58].

Undici giorni dopo la pubblicazione del manifesto, il 25 luglio, un comunicato del PNF rendeva noti i nomi di coloro che avevano redatto il manifesto stesso e di coloro che vi avevano aderito e annunciava che esso era stato preparato sotto l'egida del ministero della Cultura popolare [59]. Subito dopo, in un'atmosfera surriscaldata al massimo dall'azione concentrica di quasi tutta la stampa (il 5 agosto iniziava le pubblicazioni con grande *battage* il famigerato quindicinale «La difesa della razza» diretto da Telesio Interlandi) «piú del solito servilmente schifosa» come avrebbe annotato a metà settembre De Bono nel suo diario [60], si mise in moto la macchina dei provvedimenti antisemiti [61]. Il 2-3 settembre il Consiglio dei ministri ne approvava un primo lotto. Agli ebrei stranieri veniva fatto divieto di stabilire la loro dimora nel regno, in Libia e nell'Egeo; quelli che già vi risiedevano dovevano partirne entro sei mesi; quelli che avevano avuto la cittadinanza italiana dopo il 1918 se la videro revocata. Quanto alla scuola, gli ebrei erano esclusi dall'insegnamento d'ogni grado e ordine, e agli alunni di «razza ebraica» era fatto divieto di frequentare le scuole pubbliche; per quelli delle elementari erano istituite apposite sezioni nelle località in cui il loro numero non era inferiore a dieci; per quelli delle medie le Comunità israelitiche avrebbe potuto istituire scuole private.

I primi provvedimenti per gli ebrei stranieri non riguardavano l'Africa orientale. La cosa lumeggia bene la posizione di Mussolini. Come si è detto, l'«Informazione diplomatica» del 16 febbraio aveva accennato alla necessità di creare «in qualche parte del mondo», «non in Palestina» (è evidente la preoccupazione di cattivarsi le simpatie arabe e, al tempo stesso, di non mettere vieppiú in allarme l'Inghilterra), «uno Stato ebraico». L'accenno era stato interpretato dalla stampa internazionale e anche da qualche governo nel senso che Mussolini pensasse di creare lo Stato ebraico in AOI e, piú precisamente, nella zona del lago Tana abitata dai *falasciá*. Le richieste di precisazione in tal senso erano state, allora, lasciate cadere da palazzo Chigi. Non vi è dubbio però che nel 1938

---

[58] L'assoluta strumentalità dell'«Informazione diplomatica» n. 14 risulta ancor piú evidente da una notizia raccolta da G. BOTTAI e riferita nel suo *Diario* alla data del 16 luglio 1938 (ff. 564 sg.): della preparazione del manifesto Mussolini avrebbe incaricato *sin dall'ottobre 1937* Guido Landra, dichiarandogli di considerarsi «"nordico", nient'affatto affine ai Francesi, sí bene agli Inglesi e ai Tedeschi».
[59] Dal *Diario* cit., di G. BOTTAI (ff. 563 sg.) risulta che Starace e il PNF erano stati tenuti all'oscuro di tutto e furono colti di sorpresa come tutti gli altri dalla pubblicazione del manifesto.
[60] ACS, E. DE BONO, *Diario* cit., q. 43, alla data del 13 settembre 1938.
[61] Cfr. R. DE FELICE, *Storia degli ebrei italiani sotto il fascismo* cit., pp. 275 sgg.

Mussolini pensava (e vi pensò ancora per parecchio tempo) di *sistemare* (come Stato o piú probabilmente come *riserva*) gli ebrei in qualche parte dell'AOI. Il diario di Ciano è a questo proposito chiaro. Alla data del 30 agosto vi si legge [62]:

> Il Duce... mi comunica anche un suo progetto di fare della Migiurtinia una concessione per gli ebrei internazionali. Dice che il paese ha notevoli riserve naturali che gli ebrei potrebbero sfruttare.

e a quella del 4 settembre [63]:

> Quanto alla colonia di concentramento degli ebrei, il Duce non parla piú della Migiurtinia, bensí dell'Oltre-Giuba, che presenterebbe condizioni di vita e di lavoro migliori.

Né la cosa rimase allo stadio di mere elucubrazioni: suppergiú nello stesso periodo il capo dell'Ufficio centrale cartografico dell'Impero, colonnello G. Adami, ebbe infatti l'incarico di studiare *in loco* la possibilità di insediare in Etiopia un primo gruppo di millequattrocento capifamiglia ebrei [64]. La cosa è di notevole interesse in quanto dimostra che Mussolini, nel momento stesso in cui avviava la legislazione antisemita, carezzava l'idea di trovare una soluzione della «questione ebraica» e di servirsene per valorizzare l'Impero.

Dopo i provvedimenti del 2-3 settembre, la successiva tappa fu costituita dalle deliberazioni adottate dal Gran Consiglio il 6 ottobre e destinate a sancire i «cardini» della politica razziale fascista. Il mese circa intercorso tra la riunione del Consiglio dei ministri e quella del Gran Consiglio fu per piú di un aspetto decisivo. Esso fu dedicato infatti a sgombrare il terreno dai due maggiori ostacoli che potenzialmente si frapponevano al varo di una compiuta legislazione antisemita. Del primo di essi, Vittorio Emanuele III, Mussolini ebbe ragione senza difficoltà. Il sovrano non era certo un antisemita, ma non era neppure uomo da andare ad uno scontro frontale con Mussolini su una questione del genere, specie se ciò lo doveva portare a far causa comune con «i preti» [65]. E ciò tanto piú dopo che Buffarini-Guidi l'ebbe informato dei termini «moderati» sui quali il «duce» intendeva impostare la politica della razza. La relazione che dell'incontro il sottosegretario dell'Interno fece a Mussolini il 12 settembre non lascia dubbi [66]:

---

[62] G. CIANO, *Diario* cit., p. 170.
[63] *Ibid.*, p. 173.
[64] Cfr. R. DE FELICE, *Storia degli ebrei italiani sotto il fascismo* cit., pp. 281 sg.
[65] Cfr. a questo proposito N. D'AROMA, *Vent'anni insieme* cit., p. 274.
[66] Cfr. R. DE FELICE, *Storia degli ebrei italiani sotto il fascismo* cit., p. 284.

Duce,

Mi pregio riferirVi i termini del colloquio avuto a San Rossore con S. M. il Re in occasione del giuramento di alcuni Vescovi.

Il Re, di fronte alla politica antiebraica attuata dal Regime, si trovava nello stato d'animo da Voi previsto. Mentre si esprimeva in termini pienamente favorevoli circa i provvedimenti adottati nei confronti degli ebrei di nazionalità straniera, avanzava riserve a proposito delle decisioni adottate contro gli ebrei di nazionalità italiana.

Mi invitava a presentare a Voi due lettere: una del Colonnello Ugo Modena, Capo di S. M. della Divisione Fossalta, invocante un generico trattamento di pietà, ed una del Tenente Valfredo Segre, già appartenente all'Aviazione Legionaria, che accompagnava la restituzione di una medaglia al valore.

Facevo immediatamente presente al Re quanto Voi mi avevate ordinato di comunicargli e cioè che per gli ebrei di nazionalità italiana sarebbero state fatte precise discriminazioni, attraverso le quali, varie categorie (decorati al valore, volontari e mutilati delle 4 guerre, minorati per la causa fascista, ecc.) avrebbero avuto il riconoscimento delle loro benemerenze.

Il Re allora si tranquillizzava completamente e diceva testualmente: «Sono veramente lieto che il Presidente intenda procedere a queste distinzioni, riconoscendo i meriti di quegli ebrei che si sono distinti per attaccamento alla Patria» ed aggiungeva: «ero sicuro che la grande sensibilità, la profonda intuizione e la larga generosità del Presidente avrebbero determinata una tale linea di condotta».

Il Re poi mi intratteneva a parlare dell'ebreo Dr. Stykold, che egli definiva uno dei piú grandi clinici attualmente in Italia, e si augurava che si potesse lasciare nel nostro Paese ad esercitare la professione.

Piú difficile fu superare l'ostacolo della Santa Sede o, meglio, di Pio XI. Al momento della riunione del Gran Consiglio la questione con la Santa Sede non era stata ancora risolta. Alla fine anche quest'ostacolo sarebbe però stato superato. Un moderato antisemitismo era pur sempre nella tradizione cattolica e nel clero italiano non mancavano coloro che, sulla scia della «Civiltà cattolica», consideravano gli ebrei una componente importante del liberalismo, della democrazia, della massoneria e del bolscevismo [67]. Di fronte ad argomentazioni come quelle che Farinacci svolse in una conferenza tenuta a Milano il 7 novembre, poi riprodotta in un opuscolo a grande diffusione dal titolo *La Chiesa e gli Ebrei*, costoro si sentivano a disagio e non sapevano dar torto al gerarca cremonese che *dimostrava* loro che diventando antisemita il fascismo non aveva fatto altro che adeguarsi «agli insegnamenti che ci furono dati dalla Chiesa durante venti secoli» e, forte di questo argomento, chiedeva minaccioso se, per caso, «la Chiesa ufficiale» non si sentisse improvvisamente filosemita «perché oggi i comunisti, i massoni, i democratici, i nemici dichiarati della Chiesa, le offrono i loro servizi e le dispensano

---

[67] Cfr. a questo proposito *ibid.*, pp. 30 sgg.

lodi». E poi, per molti altri, tra il clero come in Vaticano, vi era la questione dell'Azione cattolica che rendeva assurdo pensare di sommare scontro a scontro mentre un piú duttile atteggiamento sull'una poteva forse facilitare un buon componimento dell'altra. Ciò aiuta a spiegare perché, pur essendo la grandissima maggioranza dei cattolici italiani nettamente contraria ai provvedimenti antisemiti, l'opposizione della Santa Sede fu relativamente debole – specie se confrontata con l'energia messa in atto per difendere l'Azione cattolica –, formalistico-giuridica e non sostanziale e comunque volta contro il «razzismo» e non – salvo un accenno di Pio XI nella primissima fase della controversia ad un gruppo di pellegrini belgi («no, non è possibile ai cristiani partecipare all'antisemitismo»; «l'antisemitismo è inammissibile; noi siamo spiritualmente dei semiti») – contro l'antisemitismo puro e semplice.

Con la *Mit brennender Sorge* la Chiesa aveva condannato il razzismo nazista, ateo e materialista, il razzismo italiano si annunciava però con caratteristiche diverse; per molti aspetti si sarebbe potuto addirittura «armonizzare» con la posizione della Chiesa. Questa indubbiamente fu l'opinione di una parte notevole del vertice cattolico italiano. Non a caso «La civiltà cattolica» del 6 agosto, commentando il manifesto degli «scienziati», scriveva:

> Chi ha presenti le tesi del razzismo tedesco, rileverà subito la notevole divergenza di quelle proposte da queste del gruppo di studiosi fascisti italiani. Questo confermerebbe che il fascismo italiano non vuole confondersi con il nazismo o razzismo tedesco intrinsecamente ed esplicitamente materialistico e anticristiano.

E, molto piú esplicitamente, all'indomani della pubblicazione del manifesto il gesuita A. Brucculeri aveva scritto su «L'avvenire» di Roma del 17 luglio (*Razzismo italiano*) un vero e proprio inno al manifesto stesso.

Ma anche senza ridurre tutto a queste posizioni di punta, è chiaro che l'aspetto *coloniale* della politica razzista trovava consenzienti gli ambienti vaticani e cattolici in genere ed egualmente consenzienti trovava i primi e parte dei secondi l'aspetto *antisemita* del «discriminare e non perseguitare» annunciato il 5 agosto dall'«Informazione diplomatica» n. 18. Ciò che preoccupava i piú era che con il manifesto degli «scienziati» il razzismo italiano diventasse una «presa di posizione teorica» e «una ideologia dagli assiomi intangibili». Ancora di piú preoccupava poi il fatto che il fascismo non prendeva di petto gli ebrei come religione, ma come razza, cioè, in parole povere, anche gli ebrei convertiti al cattolicesimo. Se i provvedimenti non avessero leso i diritti concordatari della Chiesa e il suo prestigio, negandole il diritto di tutelare tutti coloro che si erano messi o si sarebbero messi sotto la sua protezione, è dubbio che essi avrebbero suscitato la sua opposizione. Le *ragioni* del governo fascista erano infatti, se si eccettuano questi due aspetti particolari, «comprese» da molti in Vaticano e ai provvedimenti erano riconosciuti «alcuni lati buoni». In pratica l'azione della Santa Sede fu tutta diretta ad ottenere dal governo italiano una modifica della legislazione razziale, non a contrastarla *in toto*. E anche qui con posizioni diverse riguardo sia le persone sia i tempi. Cosí come abbiamo già avuto occasione di dire [68], la posizione piú dura e battagliera fu, specie prima che fossero chiare le vere intenzioni di Mussolini e quando si temeva che conseguenze della politica razziale sarebbero state l'introduzione del divorzio, l'annullamento dei matrimoni misti e la sterilizzazione degli ebrei, quella del pontefice. Essa non era però comune a tutto il Sacro Collegio e comunque, conosciute le vere intenzioni del «duce», l'opposizione del Vaticano si ridusse sostanzialmente ad un punto solo: quello dei matrimoni degli ebrei convertiti. Due rapporti dell'ambasciatore presso la Santa Sede a Ciano del 7 e 10 ottobre '38 sono eloquenti. Nel secondo si legge:

> Come ho già avuto l'onore di riferire, le recenti deliberazioni del Gran Consiglio in tema di difesa della razza non hanno trovato in complesso in Vaticano sfavorevoli accoglienze, riferendosi alla riserva manifestata anche nel breve commento dell'«Osservatore Romano» del 7 corrente, ai riflessi che le nuove disposizioni potrebbero avere nei riguardi del matrimonio quale è disciplinato dalla Chiesa.
> Da Monsignor Montini, Sostituto per gli Affari Ordinari alla Segreteria di Stato, ho avuto conferma di tali impressioni e piú particolarmente che le maggiori per non dire uniche preoccupazioni della Santa Sede si riferiscono al caso di matrimoni con ebrei convertiti.

È significativo che, ottenuta parzialmente soddisfazione dal governo italiano con la soppressione dell'art. 2 del progetto di quello che fu poi il d. l. 17 novembre 1938 n. 1728 (che in pratica definiva concubinato il matrimonio di un ebreo, anche convertito, con un ariano), davanti all'intransigenza di Mussolini verso le sue altre richieste (riguardanti soprattutto l'art. 7), la Santa Sede non solo mantenne sempre la polemica sul terreno strettamente giuridico-concordatario, ma – violato dall'Italia il Concordato – si limitò ad una discreta e formale protesta diplomatica, guardandosi bene non solo dall'assumere, ma dal lasciar anche solo temere un atteggiamento di estrema intransigenza come per la questione dell'Azione cattolica.

Detto questo, ecco come in concreto si manifestò l'opposizione della

---

[68] *Ibid.*, pp. 286 sgg.

Santa Sede. La prima presa di posizione ufficiale contro il razzismo fascista fu dello stesso pontefice. Il 28 luglio, tre giorni dopo la pubblicazione del comunicato del PNF, Pio XI, ricevendo gli alunni del Collegio di propaganda fide, sottolineò come il razzismo fosse estraneo alla tradizione italiana e biasimò che l'Italia avesse imitato la Germania. Come già abbiamo detto nel primo capitolo trattando della questione dell'Azione cattolica, Mussolini, punto sul vivo, replicò due giorni dopo dichiarando che «anche nella questione della razza noi tireremo dritto»[69]. Contemporaneamente, Ciano informava il nunzio apostolico, monsignor Borgongini-Duca, che se la Santa Sede avesse insistito nelle sue critiche l'urto sarebbe stato inevitabile; in questo primo scambio di idee apparve però già evidente che le preoccupazioni vaticane erano soprattutto per i matrimoni degli ebrei convertiti. Nelle settimane successive vi furono vari altri incontri tra Ciano, Buffarini-Guidi, Borgongini-Duca e Tacchi-Venturi. In questo clima si arrivò, tra reciproche prese di posizione, le piú violente delle quali erano quelle a distanza (per Mussolini è da ricordare soprattutto il pezzo dedicato nel discorso pronunciato a Trieste il 18 settembre alla questione della razza e alle accuse rivoltegli di aver voluto imitare o, addirittura, di aver ceduto alle suggestioni dei nazisti[70]) che spinsero due giornali francesi l'«Œuvre» e soprattutto «Choc» a parlare di una possibile partenza del papa per la Francia[71], alla riunione del Gran Consiglio del 6 ottobre. Dopo le enunciazioni programmatiche fatte in questa sede le trattative entrarono nella fase del negoziato. Il 2 novembre Buffarini-Guidi trasmise a padre Tacchi-Venturi la parte del progetto di legge, elaborato per attuare i deliberati del Gran Consiglio, che riguardava i matrimoni. Nel corso dei negoziati, che ebbero momenti altamente drammatici, la Santa Sede riuscí ad ottenere la soppressione dell'articolo 2 del progetto (sul *concubinato*), non riuscí però ad ottenere che l'articolo 7 (poi 6 del d. l. n. 1728) riconoscesse i matrimoni contratti dagli ebrei convertiti al cattolicesimo. Invano Pio XI dichiarò che in questo modo si violava il Concordato, invano scrisse personalmente a Mussolini e al re, rispettivamente il 4 e il 5 novembre. Il «duce» non gli rispose neppure e, anzi, fece sapere di «aver l'impressione che il Vaticano tiri troppo la corda» e di essere disposto, se il papa insisteva, ad ingaggiare una lotta a fondo contro la Chiesa; quanto a Vittorio Emanuele, si limitò a rispondere di aver trasmessa la lettera ricevuta al «du-

---

[69] Tre giorni dopo, con un articoletto anonimo pubblicato il 3 agosto da «Il Tevere» e ripreso il giorno dopo da «Il popolo d'Italia» (*I Tedeschi le Cinque giornate e il Papa*) Mussolini tornava a polemizzare col discorso di Pio XI del 28 luglio, questa volta per accusarlo di *confondere* tra i tedeschi, amici e alleati dell'Italia durante il Risorgimento, e gli austriaci, suoi oppressori.
[70] MUSSOLINI, XXIX, p. 146.
[71] Cfr., per un accenno a queste notizie, *Enigmi*, in «Osservatore romano», 14 settembre 1938.

ce» (7 novembre). Approvata la legge dal Consiglio dei ministri il giorno 10, il 13 novembre la Santa Sede presentò all'ambasciata d'Italia una nota ufficiale di protesta per la violazione dell'articolo 34 del Concordato; alla nota seguí il giorno dopo un articolo (*A proposito di un nuovo decreto legge*) dell'«Osservatore romano» che ne ripeteva le argomentazioni principali. Nelle settimane successive, sino alla morte del papa, vi furono ancora altre trattative, che però non approdarono a nulla e che continuarono a muoversi esclusivamente sul terreno giuridico-concordatario[72].

Il Gran Consiglio fu investito del problema della razza e della definizione dei provvedimenti da adottare nella prima riunione della sessione di ottobre, quella del 6, presenti tutti i suoi membri con la sola eccezione di De Vecchi. Mussolini aveva personalmente preparato sin dagli inizi di settembre il testo della *dichiarazione* da fare approvare. Già prima della riunione ad esso erano state però portate varie significative modifiche, tra le quali la soppressione del primo periodo in cui si diceva che il Gran Consiglio faceva sue «le dieci proposizioni elaborate dagli Universitari fascisti», cioè il manifesto del 14 luglio. Altre ne sarebbero state apportate durante la riunione, prima della sua approvazione[73].

Il resoconto piú particolareggiato della riunione è quello conservatoci dal diario di Bottai[74]:

> Mussolini «attacca» con impeto polemico. È una polemica interiore, che si fa strada tra aspre parole contro probabili oppositori, presenti e assenti. «È dal 1908 – afferma – che vo' meditando il problema. Si potrà documentarlo. Si legga, del resto, il mio discorso di Bologna ("questa nostra stirpe ariana e mediterranea") del 3 aprile 1921». Poi, afferra dei fogli staccati di rivista: «Sentite che cosa è accaduto in una città della Valle Padana». Sono le pagine dello scritto di Nello Quilici, sulla «Nuova Antologia», che dimostrano la penetrazione ebraica nel tessuto politico-amministrativo-culturale di Ferrara. La «botta» va diritta a Balbo, che cerca di darsi un contegno. Accenna al fenomeno per Trieste. Fa un rapido accenno all'Impero. «Bisogna porre, e nettamente, il problema. Se non si corre ai ripari, si perde l'Impero». Ricorda i casi del Goggiam; cita episodi di convivenza

---

[72] Per queste polemiche e trattative cfr., oltre a R. DE FELICE, *Storia degli ebrei italiani sotto il fascismo* cit., pp. 285 sgg., e i relativi documenti in appendice, pp. 547 sgg. e 550 sgg., A. MARTINI, *Studi sulla questione romana e la Conciliazione*, Roma 1963, pp. 175 sgg. e 203 sgg.; secondo quanto riferiva a Parigi il 6 settembre '38 Charles-Roux (*DDF*, s. II, XI, pp. 37 sg.) padre Tacchi-Venturi riteneva che nella questione degli ebrei Mussolini non avesse agito di sua iniziativa, ma per soddisfare una richiesta tedesca.
[73] Per le varie stesure della «dichiarazione», le loro vicende e le possibili interpretazioni di esse cfr. R. DE FELICE, *Storia degli ebrei italiani sotto il fascismo* cit., pp. 553 sgg. e 291 sgg.
[74] G. BOTTAI, *Diario* cit., pp. 610 sgg., alla data del 6 ottobre 1938.
Nella seduta del 18 ottobre De Vecchi si sarebbe affrettato a dichiarare «che se fosse stato presente alla riunione del Gran Consiglio del fascismo del 6 ottobre XVI, alla quale non partecipò per doveri del proprio servizio, avrebbe pienamente aderito alle decisioni prese nei confronti del problema della razza». Cosí il «Foglio d'ordini» del PNF del 26 ottobre 1938, p. 9.

di bianchi con donne negre. Torna agli ebrei. «Il residuo antifascismo è di marca ebraica. I conati di azione ostile a Hitler, durante il suo viaggio in Italia, sono dovuti a ebrei. Fu un ebreo, Giacomo Lumbroso di Firenze, a compilare e a diffondere i manifestini che incitavano gl'italiani a "dimostrare" contro Hitler, con il pretesto patriottico dell'Anschluss». Parla del Manifesto. «Sono io, che, praticamente, l'ò dettato». Descrive rapidamente la situazione dei 470 mila ebrei di Germania: ànno una loro Camera Culturale, dei giornali, delle riviste, dei teatri loro. «Non esiste, dunque, questa persecuzione a fondo. Gli ebrei sono separati e isolati». Schernisce coloro che paventano la reazione a nostro danno della finanza ebraica. «È un pallone gonfiato. E, se non lo fosse, noi la affronteremo lo stesso». Deplora l'atteggiamento della Chiesa. «Dichiaro che questo Papa è nefasto alle sorti della Chiesa Cattolica».

Letta la «dichiarazione» («documento, dice, che può definirsi la "Carta della Razza". Piú importante della "Carta del Lavoro"»). Dà la parola a Farinacci, il quale, rilevata l'assenza di De Vecchi, a cui attribuisce un significato di voluta astensione, si perde in luoghi comuni. Balbo e De Bono, dopo di lui, cercano di mitigare le decisioni, allargando ai «combattenti» le categorie da favorirsi. Lungo dibattito. Mussolini ondeggia, desideroso di mollare un poco.

Io faccio la mia esposizione sulla scuola. Sostengo la necessità, dopo i provvedimenti già adottati, di tener duro. «Riammettendo gli ebrei nell'insegnamento – concludo – noi abbasseremmo il livello morale della scuola. Costoro ci odierebbero per averli cacciati ci disprezzerebbero per averli riammessi». La mia tesi è accettata.

Tra i «molli»: Federzoni. Tra i «duri»: Starace.

Piú sommarie, ma non prive anch'esse di interesse, specie per quel che riguarda Mussolini, le annotazioni del diario di Ciano[75]:

Gran Consiglio. Problema degli ebrei. Parlano in favore Balbo, De Bono e Federzoni. Gli altri, contro. Soprattutto Bottai che mi sorprende per la sua intransigenza. Si oppone a qualsiasi attenuazione dei provvedimenti. «Ci odieranno perché li abbiamo cacciati. Ci disprezzeranno perché li riammetteremo». Il Duce negli intervalli, mi dice. «Le discriminazioni non contano. Bisogna sollevare il problema. Ora l'antisemitismo è inoculato nel sangue degli italiani. Continuerà da solo a circolare e a svilupparsi. Poi, anche se stasera sono conciliante, sarò durissimo nella preparazione delle leggi».

Il piú tenace nel chiedere delle attenuazioni dei provvedimenti previsti fu Balbo che l'anno dopo, nella sua qualità di governatore della Libia, si adoperò con successo per evitare che la legislazione razziale fosse estesa anche agli ebrei libici[76]. Nonostante le attenuazioni che egli, De

---

[75] G. CIANO, *Diario* cit., p. 193. Molto piú sommario il diario di E. DE BONO (q. 43, alla data del 6 ottobre 1938): «Il problema della razza non è stato bene impostato – Settarismo. Io ho parlato in difesa dei combattenti sostenuto da Balbo e Federzoni; contro: Starace, Buffarini e Farinacci; ma, infine, ha vinto la mia tesi. Ma i casi da considerarsi sono tanti e tanti. Basta – vedremo».
[76] Cfr. R. DE FELICE, *Ebrei in un paese arabo. Gli ebrei nella Libia contemporanea tra colonialismo, nazionalismo arabo e sionismo (1835-1970)*, Bologna 1978, pp. 259 sgg.
Qualche critica all'aspetto storico scientifico del problema della razza in Italia, quale era stato posto nel manifesto degli «scienziati», dovette muovere – non è chiaro se in questa o in altra riu-

Bono e Federzoni riuscirono a introdurre [77], la dichiarazione alla fine approvata (il resoconto del «Foglio d'ordini» del PNF, contrariamente al solito, non specificò né all'unanimità, né per acclamazione) fu assai dura. Per gli ebrei stranieri essa (per il testo integrale si veda in Appendice il documento n. 11) confermava il divieto di entrata e l'espulsione, con le sole eccezioni per quelli in età superiore ai sessantacinque anni e per quelli sposati con un italiano. Quanto a quelli italiani, veniva fatto loro divieto di appartenere al PNF, di possedere o dirigere piú di cinquanta ettari di terreno e aziende con piú di cento dipendenti e di prestare servizio militare. La dichiarazione annunciava poi la prossima emanazione di ulteriori provvedimenti sull'esercizio professionale, in base ai quali sarebbero state di lí a poco vietate agli ebrei pressoché tutte le attività. La dichiarazione stabiliva altresí alcune categorie di ebrei benemeriti (famiglie di caduti in guerra e per la causa fascista, combattenti insigniti di ricompense al valore, mutilati e invalidi, fascisti iscritti al partito nel 1919-22 e nel secondo semestre del 1924, legionari fiumani, ecc.) per i quali le suddette minorazioni civili non dovevano essere applicate in tutto o in parte. Erano questi i cosiddetti «discriminati»: con i loro familiari circa seimilacinquecento individui. Confermando quanto già deciso in settembre, gli ebrei erano anche esclusi dall'insegnamento e veniva loro vietato di frequentare scuole non esclusivamente per ebrei. Negli ultimi capoversi la dichiarazione affermava, infine, che non era esclusa «la possibilità di concedere, anche per deviare la emigrazione ebraica dalla Palestina, una controllata immigrazione di ebrei europei in qualche zona dell'Etiopia» e che «questa eventuale e le altre condizioni fatte agli ebrei» sarebbero potute essere «annullate o aggravate a seconda dell'atteggiamento che l'ebraismo assumerà nei riguardi dell'Italia fascista» e prendeva atto «con soddisfazione» della istituzione nelle principali Università di cattedre di studi sulla razza.

Sulla base di questa deliberazione nella seconda metà di quello stesso mese e nel novembre fu messa in vigore una serie di provvedimenti legislativi (il piú importante fu il d. l. 1728 del 17 novembre [78]) e amministrativi che sancirono la nuova condizione degli ebrei in Italia.

Come è facile immaginare, le reazioni suscitate da questi provvedimenti, pur essendo essi, dopo la pubblicazione del manifesto del 14 lu-

---

nione del Gran Consiglio dell'ottobre '38 – anche G. Acerbo. Cfr. ACS, *Min. Cultura popolare*, b. 113, fasc. 1, appunto, senza data, ma della fine del dicembre '39 o degli inizi del gennaio '40, di Acerbo al ministro.
[77] Cfr. R. DE FELICE, *Storia degli ebrei italiani sotto il fascismo* cit., p. 296.
[78] Cfr. *ibid.*, pp. 299 sgg., nonché pp. 562 sgg. (per il testo del d. l.) e 335 sgg. (per la successiva applicazione).

glio, praticamente scontati, furono all'estero vivacissime, anche in ambienti fino allora simpatizzanti per l'Italia. A parte la Germania e in qualche misura alcuni paesi danubiano-balcanici piú vicini all'Asse e dove era piú o meno vivo l'antisemitismo, gli unici paesi che li accolsero con favore furono quelli arabi [79]. In Italia l'impressione fu enorme. Nonostante le gocce di veleno antisemita sparse nei due anni precedenti e la massiccia azione di supporto di tutti i mezzi di comunicazione di massa e del partito, i provvedimenti contro gli ebrei non incontrarono nella grande maggioranza degli italiani alcuna simpatia, né in sé, né per il significato di ulteriore passo sulla via dell'alleanza con la Germania che fu loro subito dato. Si può anzi dire che fu proprio con la campagna per la razza che la propaganda fascista fallí per la prima volta clamorosamente la prova e che per la prima volta cospicue masse di italiani, che sino allora erano fascisti o, se si vuole, mussoliniani, ma non certo antifascisti, cominciarono a guardare con occhio diverso al fascismo e allo stesso Mussolini. Se ai vertici della politica e dell'amministrazione, nel giornalismo e anche in non trascurabili settori della cultura molti furono i casi di adesione, quasi sempre per viltà o per opportunismo, alla politica razziale, l'incidenza di questi casi diminuiva però a mano a mano che si scendeva nella scala sociale e in quella delle responsabilità politiche e amministrative. E chi, lí per lí frastornato dal martellare della propaganda, non fu subito mosso a sdegno dai provvedimenti, assai spesso lo fu poco dopo, quando si rese conto del dramma, morale ancor prima che materiale, che essi significavano per gli ebrei, del mercimonio di cui furono tosto oggetto le «discriminazioni» e le «arianizzazioni» e, piú in genere, degli «arrangiamenti» ai quali molti ebrei si videro costretti per sfuggire alla legge e all'arbitrio di molti dei suoi esecutori. Per non dire del patrimonio di energie morali, intellettuali e imprenditoriali di cui l'Italia era improvvisamente privata. La stampa del tempo è eloquente. Una sua attenta lettura permette di rintracciare, tra le centinaia di articoli e di notizie dedicati alle «colpe» degli ebrei e a non meglio definite manifestazioni di «sdegno» popolare contro di essi, accenni diretti ed indiretti che rivelano chiaramente come l'opinione pubblica reagisse, in maggioranza, negativamente alla politica razziale. La campagna contro il «pietismo», condotta con tanto vigore dalla stampa tra il novembre '38 e il gennaio '39, è la migliore riprova, offertaci dal regime stesso, delle resistenze e dell'avversione che l'antisemitismo incontrava nel paese e in particolare nelle masse cattoliche [80]. Detto questo è però neces-

---

[79] Cfr. *ibid.*, pp. 329 sgg.
[80] Cfr. *ibid.*, pp. 301 sgg. e 371 sgg.

sario anche dire che, per quanto grave, la lacerazione prodotta dalla legislazione antisemita fu, tutto sommato, dal punto di vista del «consenso», meno decisiva di quanto talvolta viene affermato. Per un certo numero di italiani essa costituí indubbiamente un drammatico campanello d'allarme che ebbe un ruolo decisivo nel determinare il loro distacco psicologico dal regime e in certi casi il loro passaggio all'opposizione. In questo senso le sue conseguenze furono certo maggiori di quelle determinate dall'intervento in Spagna che aveva toccato ambienti piú circoscritti o in qualche modo mai penetrati dal fascismo, ma aveva anche rafforzato il consenso verso di esso di alcuni ambienti cattolici che l'avevano vissuto come una crociata in difesa della cristianità. Per gli altri il tempo, l'assuefazione, la paralizzante realtà morale e materiale del rapporto paese-regime, quale l'abbiamo delineata nel secondo capitolo, la quasi completa assenza di casi di violenza contro gli ebrei e, al tempo stesso, la constatazione che, alla prova dei fatti, gli effetti della persecuzione erano o apparivano meno drammatici («all'italiana», come si prese a dire da molti) di quanto in un primo tempo era stato pensato, il piccolo numero degli ebrei che faceva sí che per i piú la legislazione razziale rimanesse qualche cosa di non effettivamente presente nelle sue concrete conseguenze e, infine, il vedere sostenere e diffondere la necessità della svolta antisemita (o minimizzarne la portata) da parte di uomini – e qui le responsabilità di certi settori della cultura e del clero furono indubbiamente pesanti – rispettati e stimati finirono per far rientrare in buona parte il trauma iniziale e per trasformarlo in poco piú di un intimo malessere, in uno dei tanti motivi di scontento e di critica, ma non tale per altro da trasformare in dissenso e in opposizione vera e propria quello che abbiamo definito il distacco psicologico dal regime.

Viste le conseguenze interne della visita di Hitler, vediamo ora quelle che essa ebbe sulla politica estera. Il primo, clamoroso segno di quanto la visita, contrariamente alle apparenze, avesse inciso sulla politica estera italiana fu il discorso pronunciato da Mussolini a Genova il 14 maggio, cinque giorni dopo la partenza di Hitler.

A Londra e a Parigi la visita – lo si è detto – era stata seguita con la massima attenzione e non era stata giudicata negativamente. I francesi in particolare ne avevano tratto la convinzione che il riavvicinamento italo-francese ne uscisse facilitato. Né il primo colloquio di Blondel con Ciano, l'11 maggio, dopo la partenza di Hitler, aveva fatto loro mutare sostanzialmente parere, anche se l'incaricato d'affari francese aveva dovuto constatare in Ciano «disposizioni sensibilmente meno concilianti» di quelle di cui aveva fatto mostra a fine aprile [81]. In realtà, come aveva annotato nel suo diario [82], Ciano non era stato esplicitamente piú negativo solo per non correre il rischio di pregiudicare le deliberazioni che proprio in questi giorni la Società delle nazioni stava adottando per chiudere definitivamente la questione etiopica secondo la proposta avanzata dall'Inghilterra nel quadro dei negoziati per gli «accordi di Pasqua». Per Roma l'accordo con Parigi non era infatti piú auspicabile. Per Mussolini soprattutto a causa dell'irritazione suscitata in lui dalle voci che l'Asse fosse in difficoltà che, come si è detto, circolavano un po' in tutti gli ambienti politici e giornalistici occidentali piú seri e a causa del desiderio di fugarle e, in prospettiva, di rafforzare invece i rapporti con la Germania. Dire come egli pensasse di concretizzare questo rafforzamento è praticamente impossibile. Da buon realista, Mussolini temeva nel suo intimo un'alleanza vera e propria e, al fondo, non la voleva; al tempo stesso l'idea di essa affascinava ed attraeva la parte meno razionale della sua personalità e traeva nutrimento sia dal suo «travaglio» ideologico e dalla conseguente convinzione che la Francia fosse prossima al collasso, sia dalla sua irritazione contro tutti coloro che in Italia erano contrari all'Asse. Piú congeniale ai suoi piani e al suo «fiuto» politico sarebbe stato un accordo di altro tipo, meno impegnativo. Egli si rendeva però conto che i tedeschi non lo avrebbero accettato e si sarebbero serviti di tutti i mezzi di pressione per giungere all'alleanza. In questa situazione, non sapendo prendere una decisione, a nostro avviso, Mussolini cercava soprattutto di guadagnar tempo, sperando che la soluzione del problema venisse dalle cose. Vista in questa luce la sua posizione, è evidente che certe sue affermazioni a Ciano e ad altri collaboratori sulla sua volontà di giungere prima o poi ad un'alleanza formale con la Germania non possono essere prese alla lettera, cosí come quelle contro i tedeschi, e hanno valore essenzialmente solo per capire il suo stato d'animo (generale e soprattutto in relazione a singoli fatti che lo irritavano particolarmente) e la lotta interiore che lo angustiava e lo rendeva sempre piú incline agli sfoghi contro gli uni o gli altri, agli improvvisi mutamenti d'umore, agli abbandoni allo stato d'animo del momento. L'unica cosa per lui sicura era che del riavvicinamento alla Francia non se ne dovesse piú fare assolutamente nulla. Tutto lo impediva: ragioni di politica estera, ragioni di politica interna, ragioni ideologiche, per non dire dei suoi personali umori, variabili su quasi tutto il resto, ma non a questo proposito.

---

[81] *DDF*, s. II, IX, pp. 689 sgg., 705 e 721 sg.
[82] G. CIANO, *Diario* cit., p. 135.

Per Ciano le ragioni erano in parte le stesse, in parte altre. Tra queste vi era la «taccagneria francese»[83] che avrebbe reso oltre tutto scarsamente produttivo un eventuale accordo con Parigi. Ma soprattutto vi era il fatto che Ciano, che – pur essendo il piú tenace sostenitore e il realizzatore dell'Asse sino al punto di arrivare, il 14 febbraio '38, solo due giorni prima di scrivere per ordine di Mussolini a Grandi la famosa lettera impetrante l'accordo con Londra, a prospettare al generale Pariani «l'utilità di creare fin d'ora un Comitato segreto di guerra italo-tedesco»[84] – sino allora aveva osteggiato l'alleanza anche con Mussolini, ora, che pure Hitler la voleva, la desiderava piú di chiunque altro. Dire il perché di questo capovolgimento di posizione (se capovolgimento fu, ché non è da escludere che Ciano fosse stato sempre personalmente propenso all'alleanza, ma non l'avesse mostrato, conoscendo bene sia i diversi progetti di Mussolini e la sua intima ostilità ad essa sia l'indisponibilità tedesca) non è facile; alcune ipotesi però sono possibili. Tra esse la piú probabile e che riassume tutte le altre è che nell'alleanza con la Germania Ciano vedesse soprattutto il modo per affermare definitivamente il suo ruolo di delfino e di guadagnarsi quei meriti personali che l'intervento in Spagna, dato come erano andate le cose, i pericoli corsi, il fatto che Mussolini ad un certo momento aveva stimato necessario prenderne direttamente in mano la gestione politica e ricorrere a Grandi per salvare la situazione, non gli aveva fatto acquistare. Da un lato, perché facendosi assertore dell'alleanza e realizzandola *lui* (il che spiegherebbe anche il consiglio dato a Mussolini durante la visita di Hitler di non accettare l'offerta fattagli da von Ribbentrop) avrebbe messo fuori gioco i suoi piú forti concorrenti alla successione, Balbo e Grandi, entrambi contrari ad essa, e perché poteva pensare di guadagnarsi l'appoggio del partito filotedesco[85]. Da un altro lato, perché l'alleanza con la Germania, nei suoi progetti, doveva rendergli possibile quel successo personale che la Spagna non gli aveva dato: permettergli cioè l'occupazione dell'Albania.

All'occupazione di questo paese Ciano aveva cominciato a pensare parecchio tempo prima della visita di Hitler. Già sotto la data del 25

---

[83] *Ibid.*
[84] *Ibid.*, p. 98.
[85] A questo proposito si deve aggiungere che proprio con la seconda metà del '38 i rapporti di Ciano con Farinacci si fecero piú stretti e da piú parti (abbiamo visto il caso di De Bono) il nome di Farinacci fu spesso incluso tra quelli del «gruppo Ciano». Nella stessa prospettiva vale la pena ricordare che quando, dopo la morte di Costanzo Ciano, si pose la questione della sua successione come presidente della Camera dei fasci e delle corporazioni e sembrò che la scelta fosse tra Grandi e Farinacci, Ciano in un primo momento propendette per il secondo e, quando Starace gli fece presente l'inopportunità della cosa, si orientò poi per un terzo nome, per «una scialba figura quale Teruzzi o Acerbo». Cfr. G. CIANO, *Diario* cit., p. 318.

agosto '37 (dopo gli accordi, dunque, del marzo con la Iugoslavia e una sua visita a Tirana in aprile) il suo diario reca un'annotazione in questo senso, confermata da quanto emerso in occasione del processo intentato nel dopoguerra contro F. Jacomoni, allora ministro plenipotenziario a Tirana e successivamente *magna pars* della sua politica albanese[86]. Perché questa idea prendesse consistenza era stato però necessario l'Anschluss, rispetto al quale per Ciano l'occupazione dell'Albania avrebbe dovuto costituire la *rivalsa* italiana e ciò tanto piú dato che vi erano elementi per far temere che il dinamismo tedesco potesse estendersi anche in direzione della piú preziosa e tradizionale delle «riserve di caccia» italiane. Il 26 marzo egli aveva annotato[87]:

> Mi domando se la situazione generale, e particolarmente l'Anschluss, non ci permettano di fare un passo avanti verso il sempre piú completo dominio di questo paese che *sarà* nostro. Sembra che Belgrado sia ansioso di un'alleanza militare: credo che l'Albania possa rappresentarne il prezzo.

Alla fine del mese successivo si era recato in Albania per le nozze di re Zog. Di ritorno dal viaggio, il 30 aprile, doveva aver illustrato a Mussolini la ricchezza mineraria dell'Albania e la minaccia tedesca in termini tali che il «duce», già irritatissimo – come si è visto – contro i tedeschi per la questione dell'Alto Adige (il 24 si era sfogato minacciando di coalizzare il mondo e mettere a terra la Germania «per almeno due secoli»), aveva concordato con lui sulla «necessità di una soluzione integrale» e gli aveva detto «che pur di avere l'Albania» era «pronto anche a far la guerra»[88]. Battendo il ferro finché era caldo, due giorni dopo Ciano aveva scritto per Mussolini un resoconto del suo viaggio tutto teso a tener vivi il suo interesse e la sua preoccupazione per le mire tedesche e a vellicare ed eccitare le corde piú sensibili della sua personalità e che si chiudeva con una minuta disamina dei vari modi con cui risolvere il problema albanese: «allacciamento sempre piú stretto del paese attraverso vincoli economici che finiscono per giocare anche nel settore politico», «spartizione, d'accordo con la Iugoslavia e forse anche con la Grecia» e «annessione attraverso una unione personale», quella da lui nettamente preferita e per porre le cui premesse prospettava una serie di proposte atte a prepararne il terreno[89].

[86] *Ibid.*, p. 28; nonché F. JACOMONI DI SAN SAVINO, *La politica dell'Italia in Albania* cit., p. 357.
[87] G. CIANO, *Diario* cit., p. 117.
[88] *Ibid.*, p. 131.
[89] Lo si veda riprodotto in *L'Europa verso la catastrofe* cit., pp. 305 sgg. Per valutare la cura messa da Ciano nel prospettare il problema nei termini piú adatti a far scattare la sensibilità di Mussolini, tipico è il seguente passo (p. 312): «Il nostro prestigio e i nostri interessi, presenti e futuri, non possono tollerare invadenze di estranei, né sarebbe prudente attendere che la minaccia che ora appena si delinea venisse nettamente a sagomarsi.

«L'Albania, che ci appartenne ogni qualvolta nella storia cercammo e trovammo nei Balcani la

Il 10 maggio, in treno, rientrando a Roma da Firenze dove si erano accomiatati da Hitler, Ciano discusse con Mussolini il documento, ottenendo il «via libera» per il maggio dell'anno successivo. Il relativo passo del diario di Ciano è ai fini del nostro discorso estremamente importante perché mostra come per il ministro degli Esteri (le «decisioni» erano sue: Mussolini non fece che concordare su di esse e il suo atteggiamento successivo fa pensare che per lui si trattasse solo di un'approvazione di massima, tutt'altro che impegnativa) l'Italia dovesse andare all'alleanza con la Germania essenzialmente per poter occupare l'Albania. In esso si legge infatti[90]:

> Egli concorda sulle mie decisioni e ritiene che il mese buono per agire sarà il maggio prossimo. Cosí avremo un anno per la preparazione locale e per quella internazionale. Poiché una crisi diplomatica si produrrà e Francia e Inghilterra saranno inevitabilmente contro di noi, conviene stringere il Patto con la Germania. Questo varrà anche a consigliare alla Iugoslavia una grande moderazione. La Iugoslavia, separata dalle sue amicizie occidentali e orientali, stretta tra l'Italia e la Germania dovrà abbozzare e adottare l'atteggiamento che noi abbiamo adottato di fronte all'Anschluss.

Il giorno stesso Ciano dava istruzioni a Jacomoni di prepargli un piano d'azione locale e una settimana dopo parlava dei suoi progetti anche al generale Pariani[91]. Tutto lascia pensare inoltre che nei giorni successivi egli cercasse di tener vivo l'interesse di Mussolini per l'Albania giocando in particolare sulla minaccia tedesca su quel paese[92].

Il discorso di Genova nacque in questo contesto. Mussolini ne aveva preparato il testo[93] con cura; esso doveva infatti servire a puntualizzare la posizione dell'Italia dopo la visita di Hitler e a darne l'interpretazione «autentica»: una posizione piú fredda, ma, almeno ufficialmente per

---

naturale via della nostra espansione, che anche in tempi recenti mentre è stata riconosciuta dagli stranieri al nostro diritto fu abbandonata dalla viltà dei governanti, è stata in sedici anni di politica mussoliniana nuovamente congiunta all'Italia da legami di grande entità. Questa opera, della cui singolare importanza bisogna sbarcare in terra albanese per rendersi conto appieno, dovrà trovare al momento opportuno il suo compimento attraverso l'annessione dell'Albania all'Italia. Molte ragioni e di ogni ordine determinano la necessità di un tale avvenimento del quale gli stessi albanesi cominciano ad ammettere l'eventualità e forse la fatalità. Alcuni di essi, e non i peggiori, lo desiderano. Il popolo albanese, nel regime imperiale turco, fu, almeno nelle epoche piú recenti, il meno ribelle tra tutti quelli soggetti al dominio della mezzaluna. Nell'esercito e nelle amministrazioni del Sultano i piú intraprendenti figli dell'Albania trovarono quelle possibilità di carriera e di avvenire che oggi la piccola Patria indipendente non può riservare loro. Lasciar sperare un ritorno a possibilità analoghe nell'ambito dell'Impero di Roma sarebbe molto lusinghiero - e mi è stato apertamente detto - per la parte migliore della gioventú albanese. Gli altri non contano. O contano molto meno».

[90] G. CIANO, *Diario* cit., pp. 134 sg.
[91] *Ibid.*, pp. 135 e 137, nonché pp. 146, 150, 157 sg. e 164.
[92] Cfr. *ibid.*, p. 138 e anche p. 141 (per un suo «netto» passo sull'ambasciatore tedesco von Mackensen per ricordargli che «la questione albanese è per noi "questione di famiglia"»).
[93] Lo si veda in ACS, *Segreteria particolare del Duce, Carteggio riservato (1922-1943), Autografi del Duce*, b. 8, fasc. XVI (1938), sott. A.

non allarmare gli inglesi, non ostile verso la Francia, e una piú aperta verso la Germania. Salito sul podio a forma di prora navale, il «duce» ne pronunciò però praticamente un altro, diverso in vari punti da quello preparato: molto piú chiuso verso la Francia («Voi mi consentirete di essere circospetto per quanto concerne le conversazioni con la Francia perché esse sono in corso. Non so se arriveranno a una conclusione, anche perché in un fatto estremamente attuale, cioè la guerra di Spagna, noi siamo ai lati opposti della barricata»), piú impegnativo verso la Germania («La collaborazione fra le due rivoluzioni, destinate a dare l'impronta a questo secolo, non può essere che feconda... Le parole che furono pronunciate nella notte del 7 maggio a palazzo Venezia... sono qualche cosa di solenne e di definitivo nella storia») e persino scortese ed altezzoso verso l'Inghilterra («L'ultimo discorso pronunciato dal primo ministro inglese è un tentativo per uscire dal ginepraio dei luoghi comuni e riconoscere in tutta la sua maestà e la sua forza questa che è la nostra Italia, l'Italia del fascismo e delle camicie nere. L'accordo fra Londra e Roma è l'accordo di due imperi, e si estende dal Mediterraneo al Mar Rosso, all'Oceano Indiano»)[94].

Disquisire sulla ragione di questi mutamenti di tono e di sostanza è inutile. Secondo Ciano, che era presente, la folla lo avrebbe trasportato[95]. Piú probabile è però che il mutamento fosse dovuto ad un improvviso stato d'animo, ad uno dei suoi sempre piú frequenti scarti d'umore: lo stesso Ciano il giorno prima aveva annotato che mentre si recava a Genova Mussolini era «sempre piú antifrancese», irritato con Perth per le sue pressioni in favore dell'accordo con Parigi e desideroso di impiegare i «volontari» italiani nella nuova offensiva che Franco stava preparando[96]. Quale fosse stato il motivo, ciò che è certo è che il discorso produsse in tutte le capitali (anche a Berlino) meraviglia e impressione. Gli inglesi, sia pure in forma cortese, fecero sapere di sentirsi obbligati a far presente che – dopo che Chamberlain a Londra e Halifax a Ginevra avevano «esaltato» gli «accordi di Pasqua» – il governo britannico considerava «che le espressioni usate dal Duce non erano quelle che a Londra si attendevano»[97]. Sicché, per riparare alla gaffe commessa ed evitare che Chamberlain si venisse a trovare in troppo gravi difficoltà con l'opposizione, Mussolini si vide costretto a incaricare Ciano di mettere lui «un po' di balsamo sulle ferite fatte a Genova» agli inglesi, approfittando di un di-

---

[94] MUSSOLINI, XXIX, pp. 99 sgg.
[95] G. CIANO, *Diario* cit., p. 136.
[96] *Ibid.*
[97] *L'Europa verso la catastrofe* cit., pp. 318 sgg.

scorso che avrebbe dovuto pronunciare il 2 giugno a Milano [98]. I tedeschi ufficialmente non dissero verbo. È però significativo che i negoziati economici tra i due paesi che sino allora erano andati a rilento, al punto che Mussolini cominciava ad esserne preoccupato, giunsero rapidamente in porto (28 maggio) e un mese dopo von Ribbentrop rinnovò all'ambasciatore Attolico l'offerta di un'alleanza militare [99]. Quanto ai francesi, il discorso di Genova fu per essi una vera e propria doccia fredda. Bonnet si affrettò subito a dare istruzioni a Blondel perché chiedesse a Ciano assicurazioni che da parte italiana si desiderava la continuazione e il successo dei negoziati e gli facesse sapere che Parigi era convinta, da parte sua, che essi potessero sfociare molto rapidamente in un accordo [100]. E qualche giorno dopo, il 22 maggio, fece personalmente un passo nello stesso senso presso l'incaricato d'affari italiano a Parigi [101]. Il tutto però senza alcun esito: Mussolini, dopo avere detto in un primo momento a Ciano di ritardare «ogni comunicazione a Blondel» sino a quando non fossero stati noti i risultati dei negoziati economici con i tedeschi, allorché questi si conclusero felicemente decise di interrompere quelli con Parigi, autorizzò Ciano ad informare della sua decisione anche gli inglesi e, come se ciò non bastasse, ordinò a Starace di avviare la già ricordata «ondata di francofobia» in tutto il paese [102].

La rottura dei negoziati italo-francesi preoccupò molto Londra, sia come sintomo di un nuovo atteggiamento italiano, sia per le ripercussioni che avrebbe potuto avere sulla situazione in Spagna, sia, infine, perché il governo inglese, pur non condividendo del tutto il modo con cui i francesi avevano impostato i negoziati con Roma, non poteva certo aggravare le preoccupazioni di Parigi e autorizzare i propri avversari a parlare di crisi dei rapporti franco-britannici mettendo in vigore gli accordi con l'Italia senza che questa avesse prima adempiuto agli obblighi da questi previsti (il ritiro dei «volontari»); ma si rendeva anche conto che, ciò non facendo, i risultati che si era proposta di ottenere con gli accordi stessi correvano il rischio di vanificarsi [103]. Altro motivo di scon-

---

[98] Cfr. G. CIANO, Diario cit., pp. 139 e 141; nonché per il discorso di Ciano «Relazioni internazionali», 11 giugno 1938, p. 439. Nel discorso Ciano si sforzò soprattutto di sottolineare l'importanza per la pace europea degli accordi italo-inglesi e di mostrare l'unità di intenti delle politiche dei due governi.
[99] Cfr. ibid., p. 152.
[100] DDF, s. II, IX, pp. 746 sgg.
Blondel, colto completamente di sorpresa dal discorso, cercò di trovarne la spiegazione nell'irritazione di Mussolini verso la stampa internazionale che aveva parlato di un'Italia «umiliata» dall'Anschluss e nella situazione spagnola e si consolò trasmettendo a Parigi vari rapporti sulla sorpresa e il malcontento che esso aveva suscitato nell'opinione pubblica italiana. Cfr. ibid., pp. 729 sg., 757 sg., 807 sgg. e 811 sgg.
[101] Cfr. ibid., pp. 861 sg.; nonché G. CIANO, Diario cit., p. 141.
[102] Cfr. ibid., pp. 137, 139 e 143.
[103] Cfr. D. BOLECH CECCHI, L'accordo di due imperi cit., pp. 131 sgg.

tento e di preoccupazione, strettamente connesso al primo, era per gli inglesi l'atteggiamento italiano rispetto alla questione spagnola, che Perth aveva in giugno piú volte discusso senza esito con Ciano [104] e che il 2 luglio si concretizzò nella consegna da parte di Ciano all'ambasciatore inglese di una dura nota (redatta da Mussolini [105]) nella quale si accollava all'«intransigenza» inglese sul ritiro dei «volontari» italiani la mancata entrata in vigore degli «accordi di Pasqua», quando, sempre secondo la nota, era evidente che il ritiro era in quel momento impossibile, e sorgeva, dunque, il conseguente rischio «di compromettere gli effetti morali» degli accordi stessi; e, *dulcis in fundo*, si accusavano indirettamente gli inglesi di tentare di stabilire una connessione («che non fu mai affacciata né all'inizio delle trattative italo-britanniche né durante il loro svolgimento ed anzi fu sempre formalmente esclusa») tra un eventuale accordo italo-francese e l'applicazione di quello italo-inglese e si asseriva a tutte lettere che, se ciò fosse stato vero, vi era «il rischio di far decadere anche gli accordi italo-britannici», malgrado la minaccia fosse alla fine mitigata da un'affermazione per noi assai interessante, dato che mostra bene quanto a quest'epoca Mussolini tenesse ancora a non pregiudicare troppo i suoi rapporti con Londra e a tenersi aperte con lei tutte le porte: «la ripresa delle conversazioni italo-francesi potrà eventualmente verificarsi dopo l'applicazione degli accordi del 16 aprile, non mai prima c ciò per ragioni cosí intuitive che si stima inutile rappresentare» [106]. Nonostante queste preoccupazioni e l'indubbio nuovo deterioramento dei rapporti italo-inglesi, la questione dei Sudeti impedí per il momento che tra Roma e Londra si arrivasse ad una vera e propria crisi. Di fronte all'acutizzarsi della tensione tra Berlino e Praga, Londra aveva tutto l'interesse ad evitarla e a cercare di non perdere il collegamento con Roma.

Nonostante la determinazione con la quale i tedeschi avevano risolto la questione austriaca, a Roma per parecchio tempo non si dette molta

---

[104] Cfr. *L'Europa verso la catastrofe* cit., pp. 325 sgg., 333 sgg. e 339 sgg., nonché D. BOLECH CECCHI, *L'accordo di due imperi* cit., pp. 117 sgg.
[105] Cfr. G. CIANO, *Diario* cit., pp. 153 e 155. Il 4 luglio, ad Aprilia, nel corso di un breve discorso ai contadini prima della trebbiatura, Mussolini accusò le «cosidette grandi demoplutocrazie» (e quindi, pur non nominandola, anche l'Inghilterra) di aver sperato di piegare l'Italia a sollecitare il loro aiuto economico: «I calcoli sono falliti. Ma questi nemici dell'Italia, che si sono rivelati per quello che sono sotto la loro ridicola ed abbietta grinta, vanno additati al popolo italiano perché se ne ricordi in ogni tempo ed in ogni circostanza di pace e di guerra». MUSSOLINI, XXIX, pp. 120 sg.
[106] Cfr. *L'Europa verso la catastrofe* cit., pp. 341 sgg. (per il testo della nota), 343 sgg. (per il resoconto di Ciano del colloquio durante il quale la illustrò a Perth) e 347 sgg. (per la replica inglese, l'11 luglio).

importanza al maturare della crisi cecoslovacca. Se era dato per scontato che Hitler mirasse ad annettere i Sudeti alla Germania, si pensava però che, come i tedeschi avevano lasciato intendere durante la visita del Führer, il problema non sarebbe diventato attuale prima di qualche anno e che Berlino si sarebbe per il momento limitata ad appoggiare le richieste di autonomia avanzate dal Sudeten Deutsche Partei e concretizzatesi negli otto punti del programma di Karlsbad [107]. Tipico è l'atteggiamento assunto dall'Italia durante la prima fase della crisi, nel maggio. A Perth (durante tutta la prima fase della crisi e sino a quando non si convinse che Mussolini parteggiava per i tedeschi il governo inglese tenne costantemente informata Roma dell'evolversi delle proprie posizioni), che il 21 e il 22 gli prospettò la situazione come «estremamente grave, anzi come la piú grave che si sia presentata dalla fine della guerra europea in poi», Ciano rispose convinto che, a suo avviso, non vi erano invece elementi per drammatizzarla [108]. E sostanzialmente ottimista rimase certo sino a tutta la prima settimana di agosto [109] e probabilmente sino al 19 agosto, quando l'addetto militare a Berlino lo informò che notizie raccolte tra ufficiali tedeschi facevano ritenere inevitabile e imminente (per la fine di settembre) l'attacco contro la Cecoslovacchia [110]. Sia pure con alti e bassi di umore, anche Mussolini per un certo tempo dovette essere della stessa opinione di Ciano, tanto piú che era convinto che i tedeschi non fossero preparati e gli inglesi fossero «terrorizzati» dalla prospettiva di un conflitto [111]. Da qui la spiegazione del modo con cui Roma sottovalutò e trattò la crisi cecoslovacca, finendo per trovarsi senza rendersene conto in un drammatico vicolo cieco, un modo angusto ed estremamente riduttivo (nell'ottica del gioco tattico italiano fra Berlino e Londra e del desiderio di umiliare Parigi) che a lungo le impedí di rendersi conto della gravità della crisi e degli impegni che essa giorno dopo giorno determinava per l'Italia.

In occasione della prima fase della crisi, il 26 maggio, essendo stati sollevati dubbi all'estero e anche in Germania sul reale atteggiamento italiano, Ciano informò l'ambasciatore tedesco «che il nostro punto di vista non è diverso da quello esposto al Führer e a Ribbentrop: disinte-

---

[107] Per i precedenti storici della questione dei sudeti cfr. F. LEONCINI, *La questione dei Sudeti 1918-1938*, Padova 1976; per le sue vicende nel 1938 cfr. J. W. WHEELER-BENNETT, *Il patto di Monaco. Prologo alla tragedia*, Milano 1968; B. CELOVSKY, *Das Münchener Abkommen von 1938*, Stuttgart 1958; H. KÖNIGER, *Der Weg nach München*, Berlin 1958.
[108] *L'Europa verso la catastrofe* cit., pp. 321 sgg.
[109] G. BOTTAI, *Diario* cit., f. 581, alla data del 6 agosto 1938.
[110] G. CIANO, *Diario* cit., p. 166.
[111] *Ibid.*, p. 140.

resse per i destini di Praga; solidarietà completa con la Germania». Lo stesso giorno, in un momento di pessimismo, Mussolini disse al genero che, in caso di guerra, sarebbe subito sceso in campo a fianco dei tedeschi [112]. In realtà tutto il comportamento di Mussolini (e di Ciano dietro di lui) nei mesi della crisi lascia forti dubbi sulla credibilità di questa affermazione e non mancano elementi per ritenere che avesse visto giusto von Ribbentrop quando dai suoi colloqui romani aveva tratto la convinzione che nel caso di un conflitto l'Italia sarebbe rimasta in «stato di allerta», non avrebbe ostacolato l'azione tedesca, ma non l'avrebbe neppure appoggiata attivamente [113]. Durante tutta la crisi, anche nei momenti piú drammatici, l'iniziativa diplomatica di Roma fu pressoché nulla, quasi si volesse evitare qualsiasi passo impegnativo. A maggio tra Alfieri e Goebbels furono stabiliti accordi per armonizzare la polemica della stampa italiana e tedesca con quella francese. Ma, pur essendosi affacciati nelle menti di Mussolini e di Ciano i primi dubbi sulle reali intenzioni tedesche [114], nulla fu fatto per chiarirli. Un mese dopo, quando, come si è detto, von Ribbentrop tornò a parlare con l'ambasciatore Attolico di alleanza, specificando – per spianarle evidentemente il terreno – che nell'eventualità di un conflitto provocato dall'azione tedesca in Cecoslovacchia «l'impegno non avrebbe giocato nei confronti dell'Italia» [115], Mussolini fece proporre a Ciano un incontro tra i due ministri degli Esteri a Como per discutere l'offerta. Ma specificò anche che «bisognerà spiegare ai tedeschi ch'io farò l'alleanza quando essa sarà popolare; sto lavorando per renderla tale». Il che fa sorgere il dubbio che l'incontro piú che a discutere l'alleanza dovesse servire a chiarire le intenzioni tedesche circa la Cecoslovacchia [116]. Quando però, l'11 luglio, von Ribbentrop mostrò di voler lasciar cadere la proposta d'incontro e il principe d'Assia da lui inviato a Roma non portò alcun vero elemento nuovo, nulla fu fatto per avere i «desiderati» ragguagli. Passato un altro mese, quando le notizie trasmesse dall'addetto militare e poi da Atto-

---

[112] *Ibid.*, p. 141.
[113] *DGFP*, s. D, I, p. 1110.
Secondo R. FEILING, *The life of Neville Chamberlain*, London 1947, p. 373, che prospetta sostanzialmente il punto di vista del premier inglese, il desiderio di Mussolini sarebbe stato addirittura non tanto quello di assecondare una vittoria tedesca, quanto di giungere ad una transazione diplomatica della quale potessero beneficiare l'Ungheria e la Polonia.
[114] G. CIANO, *Diario* cit., p. 142.
[115] M. MAGISTRATI, *L'Italia a Berlino* cit., p. 200.
[116] G. CIANO, *Diario* cit., p. 152.
Quasi contemporaneamente una nota interna del Quai d'Orsay definiva la posizione italiana «estremamente equivoca»: nonostante l'apparente disinteresse e l'ostilità verso la Cecoslovacchia, «è impossibile prevedere l'atteggiamento di Roma in caso di un conflitto generale». *DDF*, s. II, X, p. 208.

lico [117] non lasciavano piú molto adito a dubbi, la prima reazione di Ciano fu a nostro avviso rivelatrice:

> In via politica non ci è stato detto niente [dai tedeschi]. Dovremmo quindi restare sulle posizioni del maggio, quando ci fu assicurato che ogni ricorso alla forza era da escludersi, almeno per alcuni anni.

Subito dopo fu deciso un passo diretto su Berlino:

> Do istruzioni scritte ad Attolico di recarsi da Ribbentrop e chiedere informazioni precise su quanto il Governo del Reich intende fare in Cecoslovacchia, e ciò ai fini di «poter prendere le nostre misure tempestive alla frontiera occidentale». Questa comunicazione avrà molta eco presso i tedeschi perché spiega fin dove siamo disposti a giungere. In realtà le informazioni da Berlino lasciano sempre piú prevedere la prossima crisi nella questione ceca. Si avrà la localizzazione del conflitto oppure la Francia darà fuoco alle polveri? In una tale eventualità per noi non esiste altra alternativa se non quella di schierarci subito, con tutti i mezzi, a fianco della Germania. Il Duce è deciso all'azione. Di qui, la necessità di sapere le cose per tempo e completamente [118].

Sembrerebbe, finalmente, un atteggiamento chiaro, ma Ciano non dice di aver lasciato cadere un invito tedesco a partecipare all'ormai vicino congresso nazionalsocialista di Norimberga (quale miglior occasione per chiarire tutti i problemi direttamente?) [119] né che, qualche giorno dopo, la violenta campagna della stampa italiana contro la Francia (per la Spagna), che durava da circa tre mesi e proprio in quei giorni aveva raggiunto le vette del parossismo, subí una cosí brusca attenuazione da meravigliare gli stessi francesi [120]. E poi ci sono le altre annotazioni dello stesso Ciano del 29 agosto e del 2 e 3 settembre, che tutto sono, tranne che la conferma di una ormai scontata decisione a partecipare ad un eventuale conflitto, che non si voleva e che non si sarebbe saputo assolutamente come giustificare agli occhi degli italiani [121], e dànno piuttosto ragione al cardinal Pacelli che in quegli stessi giorni era convinto, come riferiva l'ambasciatore francese presso la Santa Sede [122], che l'Italia non avrebbe seguito la Germania in guerra. Sotto la data del 29 agosto Ciano scriveva [123]:

---

[117] Per l'azione svolta dall'ambasciata a Berlino cfr. M. MAGISTRATI, *L'Italia a Berlino* cit., pp. 215 sgg.
[118] G. CIANO, *Diario* cit., pp. 221 sgg., alle date del 19 e 20 agosto 1938.
[119] M. MAGISTRATI, *L'Italia a Berlino* cit., p. 219.
[120] *DDF*, s. II, X, pp. 896 sgg. (30 agosto 1938).
[121] Cfr. anche M. MAGISTRATI, *L'Italia a Berlino* cit., p. 253.
[122] *DDF*, s. II, XI, pp. 4 sg. e 5 sg. Nello stesso senso il cardinal Pacelli si era espresso anche con gli inglesi. Cfr. *DBFP*, s. III, II, p. 136. Della stessa opinione si diceva qualche giorno dopo (il 9 settembre) Blondel, aggiungendo che l'obiettivo dell'Italia era quello di dividere l'Inghilterra dalla Francia. *Ibid.*, pp. 102 sg. e 103 sgg.
[123] G. CIANO, *Diario* cit., p. 170.

Sulla questione ceca, che è sempre piú scottante, il Duce prevede che i tedeschi faranno agire i Sudeti: un'insurrezione scoppierà all'interno. Se Benes reagirà con violenza, Hitler avrà la possibilità di realizzare un intervento che agli occhi del mondo avrà una giustificazione plausibile. La Francia difficilmente si muoverà. Non è pronta ad una guerra in genere e tanto meno ad una guerra aggressiva. Gli inglesi faranno di tutto per scongiurare un conflitto, che temono piú di ogni altro paese al mondo.

E quattro giorni dopo [124]:

Il Duce è inquieto perché i tedeschi non ci fanno conoscere che ben poco i loro programmi nei confronti della Cecoslovacchia. Mi ordina di parlare con Assia. Vuol sapere fin dove la Germania intende spingere le cose, quanto e come si aspetta di essere aiutata da noi. Attolico, nei suoi rapporti, non fornisce, per ora, elementi decisivi: è personalmente ostile ad una nostra compromissione troppo spinta.
. . . .

Prunas manda un telegramma circa un colloquio tra Bonnet e l'Ambasciatore tedesco a Parigi. Termini molto precisi: la Francia, l'Inghilterra e i Soviet interverrebbero subito, con l'appoggio americano. Avrà un tale linguaggio effetti utili sulla Germania, o Hitler non è andato troppo in là per tirarsi indietro?

E, infine, il 3 settembre [125]:

Attolico ha avuto un colloquio con Ribbentrop. Nessun elemento nuovo. Se vi sarà la provocazione, i tedeschi attaccheranno. Niente altro sarebbe stato deciso dal Führer. Abbiamo tutta la convenienza a non sollecitare altre risposte. È chiaro che i tedeschi non vogliono immetterci nel gioco. Ciò lascia a noi tutta e piena libertà d'azione in qualsiasi evenienza.

In effetti, sino alla pubblicazione, il 9 settembre, dell'«Informazione diplomatica» n. 19 [126], Roma non prese posizione. E anche con l'«Informazione diplomatica», piú che prendere veramente posizione, non fece che cercare di seminare zizzania tra Londra e Parigi e, avendola quattro giorni prima i francesi informata di aver mobilitato dei riservisti sul Reno ma non sulle Alpi, volle a sua volta far sapere di non aver preso da parte sua nessuna disposizione di carattere militare. E tutto ciò nel contesto di una dichiarazione che si apriva sí con un richiamo all'Asse, ma che, per la specifica questione, faceva tutta perno sulla riaffermazione dell'appoggio agli otto punti del programma di Karlsbad e, dunque, della risoluzione della questione dei Sudeti nell'ambito della Cecoslovacchia.

Come subito aveva previsto Blondel [127], questa posizione apparve però a Berlino troppo moderata (il 12 settembre Hitler pronunciò al congres-

---

[124] *Ibid.*, p. 172.
[125] *Ibid.*, p. 173.
[126] Se ne veda il testo (scritto da Mussolini) in MUSSOLINI, XXIX, pp. 498 sg.
[127] DDF, s. II, XI, pp. 128 sgg.

so di Norimberga il suo famoso discorso che, pur non ponendo ancora sul tappeto il problema dell'annessione dei Sudeti al Reich, faceva però chiaramente capire che per la Germania una soluzione basata sull'autonomia era insufficiente), tanto è vero che i tedeschi proposero immediatamente un incontro segreto al Brennero tra Hitler e Mussolini da tenersi prima del 25 settembre. Serrato per la prima volta da vicino, Mussolini, che contemporaneamente aveva ricevuto da Grandi un invito di Chamberlain ad intervenire su Hitler in senso moderatore, che doveva averlo confermato nella sua convinzione che gli inglesi non volevano assolutamente un conflitto, e che da Attolico era informato che l'azione tedesca era stata molto probabilmente stabilita per la fine del mese, fece sapere a Berlino «che se in questo momento hanno bisogno di un'azione in loro favore, egli "è pronto ad andare un passo avanti dell'ultima Informazione diplomatica"» ma che *precedenti impegni* gli impedivano d'incontrare il Führer prima dell'inizio di ottobre[128].

Da questo momento la partecipazione del «duce» alla vicenda cecoslovacca si fece indubbiamente piú attiva, frenetica addirittura. Il 14 settembre veniva pubblicata l'«Informazione diplomatica» n. 20[129], da lui personalmente redatta, che, dopo aver definito il discorso di Hitler di due giorni prima «un potente contributo alla chiarificazione del problema sudetico», affermava che – non essendo interesse dell'Europa e del mondo, ma solo dei «bolscevichi di oriente e di occidente» scatenare una guerra – l'unica soluzione era ormai quella di porre il problema «sul piano concreto del diritto di autodecisione, che non può essere negato ai sudeti». Alla nota faceva seguito il giorno dopo la pubblicazione su «Il popolo d'Italia» di un articolo, anonimo, ma cosí tipicamente mussoliniano che tutti ne riconobbero in Italia e all'estero l'autore. Da alcune settimane lord Runciman era stato inviato da Chamberlain e Halifax in Cecoslovacchia quale mediatore ufficioso tra il Sudeten Deutsche Partei e il governo di Praga. L'articolo era scritto come una *Lettera a Runciman*: esso precisava quanto prospettato il giorno prima nella nota dell'«Informazione diplomatica» proponendo una serie di plebisciti «non soltanto per i sudeti, ma per tutte le nazionalità che lo domanderanno» (per i polacchi e per gli ungheresi della Cecoslovacchia cioè) e invitava l'Inghilterra a sostenere la proposta facendo sapere che non avrebbe mai fatto la guerra per conservare quello «Stato-finzione mostruoso» che era la Cecoslovacchia[130]:

---

[128] G. CIANO, *Diario* cit., pp. 176 sgg., alle date del 12 e 13 settembre 1938.
[129] La si veda in MUSSOLINI, XXIX, pp. 499 sg.
[130] *Ibid.*, pp. 141 sgg.

A Versaglia si doveva creare una Boemia – nome storico – con una omogenea popolazione di cechi; si volle invece gonfiare una Cecoslovacchia – entità mai esistita! – e si creò uno Stato artificioso, che recava in sé sin dalla nascita gli elementi della sua debolezza e della sua dissoluzione... Dopo il discorso di Hitler, viene il bello, per voi, o signor Runciman. Voi potete agire e compiere qualche cosa che passerà alla storia. Non è piú il tempo di compromessi. Karlsbad è superata. Benès, da vecchio parlamentare ha perduto la corsa. Voi, signor Runciman, dovete semplicemente proporre a Benès il plebiscito non soltanto per i sudeti, ma per tutte le nazionalità che lo domanderanno. Benès respingerà il plebiscito? E allora voi gli potreste far sapere che l'Inghilterra ci penserà sette volte prima di scendere in guerra semplicemente per conservare uno Stato-finzione mostruoso anche nella sua conformazione geografica, tanto che fu chiamato a volta a volta Stato coccodrillo o Stato salsiccia. Se Londra fa sapere che sta ferma, nessuno si muove. Il gioco, qui, non vale assolutamente la candela, anche se è infilata nei candelabri massonici del Grande Oriente. Se Hitler pretendesse di annettersi tre milioni e mezzo di cechi, l'Europa avrebbe ragione di commuoversi. Ma Hitler non pensa a ciò. Chi vi scrive questa lettera è in grado di dirvi, confidenzialmente, che qualora gli venissero offerti tre milioni e mezzo di cechi, Hitler declinerebbe garbatamente, ma risolutamente, tanto regalo. Il Führer si occupa e preoccupa dei tre milioni e mezzo di tedeschi e soltanto di loro. Nessuno gli può contestare tale diritto. Nessuno può opporsi all'adempimento di tale dovere. Meno di tutti noi italiani, che abbiamo dei precedenti in materia.

Coraggio, mister Runciman. Proponete il plebiscito, anzi i plebisciti. È un compito magnifico e delicato. Ci sono zone compatte, dove il plebiscito significherà l'annessione pura e semplice ai popoli fratelli; ci sono delle zone, viceversa, dove le razze si sono terribilmente frammischiate ed un taglio netto è impossibile. Qui potrebbe entrare in scena il regime delle cosiddette cantonalizzazioni paritarie o qualche cosa del genere. Il che sarebbe, fra l'altro, nella tradizione democratica. Fissate le zone del plebiscito, rimarrebbero da stabilire la data, le modalità, il controllo, che potrebbe essere di carattere internazionale, come già avvenne con risultati soddisfacenti nel plebiscito della Saar.

La sera dello stesso giorno in cui apparve l'articolo si sparse la notizia che Chamberlain aveva chiesto di incontrare Hitler e che i due uomini politici si sarebbero visti il giorno dopo. Appena informatone Mussolini disse a Ciano [131]:

> Non ci sarà la guerra. Ma questa è la liquidazione del prestigio inglese. In due anni l'Inghilterra è andata due volte al tappeto.

In realtà le cose sembrarono tosto avviate su tutt'altra strada; una strada che Mussolini e Ciano non avevano previsto e sulla quale non avrebbero voluto che l'Italia fosse trascinata, ma che il modo angusto e ambiguo con cui avevano fino allora gestito la loro politica rendeva a questo punto ben difficile non percorrere, a meno di perdere la faccia. Nell'incontro di Berchtesgaden Hitler reclamò in termini ultimativi la

---

[131] G. CIANO, *Diario* cit., p. 178.

annessione dei Sudeti. Chamberlain rispose «che poteva personalmente dichiarare di ammettere il principio del distacco della regione sudeta», ma che doveva consultare il suo governo, lord Runciman e i francesi. Convinto il governo francese e costretto con un ultimatum quello cecoslovacco a piegarsi (se voleva resistere non avrebbe avuto l'aiuto anglo-francese), il 22 e 23 settembre Chamberlain si incontrò nuovamente con Hitler, questa volta a Godesberg. Con sua grande sorpresa Hitler era però diventato piú intransigente: con l'argomento che una dilazione troppo lunga avrebbe permesso ai cechi troppe possibilità di «evasione», egli chiese infatti che i territori a maggioranza tedesca fossero sgombrati (senza distruzione alcuna o sottrazione di attrezzature, impianti e beni) dalle truppe cecoslovacche e occupati da quelle tedesche entro il 1° ottobre, che quelli a forte minoranza tedesca fossero sottoposti in novembre a plebiscito col diritto di partecipazione ad esse per tutti coloro che vi avevano risieduto al 28 ottobre 1918 o vi erano nati prima di questa data (circa 580 000 persone emigrate in Germania) e che plebisciti fossero previsti anche per i polacchi del distretto di Teschen e per gli ungheresi della Slovacchia meridionale. Di fronte a queste nuove incredibili richieste Chamberlain era tornato a Londra non senza aver prima fatto presente con la massima energia ad Hitler i rischi che la pace avrebbe corso se egli avesse insistito su di esse. Come tutta risposta Hitler gli fece sapere, il 27 settembre, che il giorno dopo alle quattordici la Germania avrebbe proceduto alla mobilitazione generale. A questo punto varie cose erano ancora avvolte nel mistero, in primo luogo quale sarebbe stato l'atteggiamento dell'Urss, legata dal '35 alla Cecoslovacchia da un'alleanza che prevedeva assistenza solo se la Francia avesse fatto fronte ai suoi impegni, ma che non era di facile attuazione non essendovi contiguità territoriale dell'Urss né con la Cecoslovacchia né con la Germania e avendo Polonia e Romania rifiutato l'eventuale passaggio di truppe sovietiche. Una cosa era comunque certa: che la guerra era ormai ad un passo e che Francia ed Inghilterra sembravano proprio non potersi piú tirare indietro.

In queste due settimane palazzo Chigi era rimasto pressoché inattivo. Si ha quasi l'impressione che la sua maggiore preoccupazione fosse di mantenere i contatti con i polacchi e soprattutto con gli ungheresi e di operare, da un lato, perché la Germania non fosse la sola a trarre vantaggio dalla crisi [132] e, da un altro lato, perché Varsavia e Budapest non si prestassero però a dar fuoco alle polveri. Il 22 settembre Ciano aveva ricevuto il rappresentante ungherese a Roma che gli aveva riconfermato

[132] *Ibid.*, p. 180.

le rivendicazioni del suo paese sui territori cecoslovacchi abitati da ungheresi. Ciano gli aveva, a sua volta, riconfermato l'appoggio italiano, ma aveva esortato gli ungheresi «a seguire e a sostenere l'iniziativa tedesca o polacca, ma non di essere i primi ad attaccare e ciò per evitare che giuochino ancora i legami della Piccola Intesa»[133]. Per tenersi legati gli ungheresi Roma doveva probabilmente aver fatto loro anche qualche promessa abbastanza impegnativa per il caso di un conflitto a cui avesse partecipato anche l'Urss. Difficilmente si spiegherebbe altrimenti la loro richiesta, il 24 settembre, all'addetto militare colonnello Pallotta perché fossero inviate urgentemente in loro aiuto un certo numero di squadriglie di aerei da caccia (quattordici in tutto) per la difesa di Budapest e di due centri industriali e soprattutto che il Pallotta trasmettesse la richiesta a Roma senza alcun commento (salvo quello di consigliare, per il momento, l'invio di un solo gruppo) e indicasse anche l'aeroporto dove far scendere gli aerei e avviare il personale specializzato e i primi materiali indispensabili[134]. Con gli altri e soprattutto con gli inglesi l'atteggiamento di palazzo Chigi era stato ambiguo e sfuggente. Ancora il 22 settembre, a Perth che gli aveva fatto capire che l'Inghilterra non desiderava la guerra, ma che «la farà se la Germania non saprà arrestarsi là dove la moderazione consiglia» Ciano aveva caldeggiato una soluzione «integrale» del problema cecoslovacco «e che cioè anche l'Ungheria e la Polonia avessero la debita soddisfazione», ma non aveva lasciato trapelare nulla circa la posizione dell'Italia in caso di conflitto[135]. E ciò mentre una settimana prima, pur senza ufficialmente sbilanciarsi, aveva lasciato intendere che in caso di guerra l'Italia avrebbe affiancato la Germania[136]. La stessa inattività aveva caratterizzato i comandi militari, che da poco avevano deciso di procedere ad una riforma dell'ordinamento divisionale, rendendo vari osservatori stranieri scettici su una partecipazione italiana ad un eventuale conflitto[137]. Solo il 25 settembre era stata decisa la mobilitazione di 25 mila specialisti alla quale seguirono due giorni dopo i primi concreti provvedimenti per assicurare «in un primo tempo la neutralità armata»[138]. In compenso, dal 18 al 26 settembre Mussolini aveva percorso in lungo e in largo il Veneto e la Vene-

---

[133] *L'Europa verso la catastrofe* cit., pp. 361 sgg.
[134] ACS, *Min. Aereonautica, Gabinetto, 1938*, b. 70, fasc. 9-5-12/1.
La richiesta potrebbe, forse, avvalorare la notizia che, dopo Monaco, Daladier diede a L. Blum e J. Moch secondo la quale nei giorni immediatamente precedenti la conclusione della crisi i sovietici avevano mandato 200 aerei da bombardamento in Cecoslovacchia (via Romania). Cfr. J. MOCH, *Recontres avec... Léon Blum* cit., pp. 254 sg.
[135] *L'Europa verso la catastrofe* cit., pp. 362 sg.; e G. CIANO, *Diario* cit., pp. 181 sg.
[136] Cfr. *ibid.*, p. 178.
[137] *DBFP*, s. III, II, p. 221; nonché *DDF*, s. II, XI, pp. 141 sg., 563 sg. e 604 sg.
[138] G. CIANO, *Diario* cit., pp. 184 e 185.

zia Giulia pronunciando tutta una serie di discorsi, a Trieste (il 18), a Gorizia e Udine (il 20), a Treviso (il 21), a Padova e Belluno (il 24), a Vicenza (il 25) e a Verona (il 26).

Quale fosse stato lo scopo di questa intensissima attività oratoria del «duce» (i *precedenti impegni* per i quali aveva «dovuto» declinare per il momento la proposta di incontro con Hitler) non è facile da dire con sicurezza. Secondo l'incaricato d'affari francese [139], sarebbe stato quello di rassicurare, convincere e galvanizzare gli italiani e far loro accettare la sua politica. Secondo invece il maresciallo Caviglia [140], Mussolini voleva far credere di essere pronto ad entrare in guerra («mentre sa perfettamente che l'Italia non è in condizioni di farlo») e aiutare con tale minaccia la Germania «ad avere i Sudeti senza spargimento di sangue». Due spiegazioni che non possono essere respinte a priori, ma che a nostro avviso, non sono certo piú credibili di un'altra: e cioè che Mussolini volesse potere giorno per giorno, a seconda di come evolveva la situazione internazionale, dire la sua, commentare gli sviluppi della crisi in un modo che assicurasse alle sue prese di posizione un'ampia risonanza interna ed internazionale, ma che, al tempo stesso, non fosse del tutto ufficiale. Una attività oratoria tanto intensa e spettacolare è infatti difficile da spiegare solo con ragioni di politica interna.

Tra tutti questi discorsi [141] il piú importante sia politicamente sia soprattutto per capire la posizione di Mussolini fu il primo, quello di Trieste. Ricollegandosi idealmente a quanto scritto nella *Lettera a Runciman* («Se Londra fa sapere che sta ferma, nessuno si muove»), Mussolini, dopo aver ribadito la sua tesi che solo i plebisciti potevano offrire una soluzione pacifica della crisi cecoslovacca ed essersi augurato che comunque l'eventuale conflitto fosse «limitato e circoscritto», disse [142]:

Ma se questo non avvenisse e si determinasse pro o contro Praga uno schieramento di carattere universale, si sappia che il posto dell'Italia è già scelto.

Tutto il senso del discorso – come Blondel fece subito notare a Bonnet [143] – stava in quell'*universale*: l'Italia sarebbe scesa in guerra a fianco della Germania *solo* se anche l'Inghilterra fosse scesa in guerra. E che

---

[139] DDF, s. II, XI, pp. 411 sg., nonché 562 sg. (sulla difficoltà di dare un senso preciso ad essi).
[140] E. CAVIGLIA, *Diario* cit., p. 188. Sempre sotto la stessa data (il 27 settembre '38) Caviglia scriveva: «Mussolini parla tutti i giorni, qualche volta in due luoghi diversi nello stesso giorno. Si ripete, spesso si contradice. Viaggia con la *claque* che non sempre capisce quando deve applaudire. Lo chiamano "il carro di Tespi"».
[141] Per i loro testi cfr. MUSSOLINI, XXIX, pp. 144 sgg.
[142] *Ibid.*, p. 146.
[143] DDF, s. II, XI, p. 307.

questo fosse il senso del discorso non vi è dubbio alcuno. In treno, viaggiando verso Trieste, Mussolini era stato con Ciano esplicito[144]:

> Ho preso le decisioni – gli aveva detto –. Se il conflitto si produrrà in Germania, Praga, Parigi e Mosca, io resterò neutrale. Se la Gran Bretagna interverrà, generalizzando la lotta e dandole un carattere ideologico, allora ci getteremo nella fornace. L'Italia e il fascismo non potrebbero essere neutrali.

E anche in queste parole, se si vuol comprendere fino in fondo tutto il significato della posizione di Mussolini, è necessario non lasciarsi sfuggire il decisivo valore di quel *carattere ideologico*. Per Mussolini se l'Inghilterra fosse scesa in guerra l'avrebbe fatto non per una scelta politica ma ideologica. Il «duce» era convinto che Chamberlain e la maggioranza conservatrice non volevano la guerra *per* la Cecoslovacchia. Se vi si fossero indotti, ciò avrebbe voluto dire che avevano deciso la guerra *contro* Hitler e il totalitarismo. Solo in questo caso il posto dell'Italia sarebbe stato a fianco della Germania, perché sarebbe stato evidente che – messe le cose sul terreno ideologico – tra Roma e Londra non ci sarebbe piú stata possibilità alcuna di accordo, il pendolo si sarebbe fermato e tutti i progetti politici di Mussolini, a cominciare da quello di un nuovo «patto a quattro» non avrebbero piú avuto possibilità alcuna di realizzazione. A questo punto, per l'Italia fascista non sarebbe rimasta che l'alea della prova suprema.

Sugli altri discorsi vi è poco da dire. In essi Mussolini in pratica non fece che commentare gli sviluppi della crisi nei suoi alti e bassi di quei giorni, continuando ad insistere sulla necessità di una soluzione «integrale», non limitata cioè solo ai Sudeti, ma che desse soddisfazione anche a Varsavia e a Budapest (è evidente il suo interesse a porsi in un certo senso *super partes*, a non lasciare che la Germania egemonizzasse totalmente la Polonia e l'Ungheria e a rafforzare in prospettiva i governi di questi due paesi), a manifestare il suo consenso per gli sforzi di Chamberlain per pilotare la navicella della sua iniziativa politica «verso il porto della pace» e a sottolineare che, comunque, «il popolo italiano, dopo quattro anni di severissime prove» era pronto «come non mai ad affrontare quelle successive»[145]. Due sole affermazioni particolari meritano di essere ricordate. Una nel discorso di Padova[146]

se in Italia ci fossero aliquote di quelli che io chiamo gli uomini che stanno perennemente dietro alla persiana, quelli che io chiamo moralmente i borghesi, dichiaro che saranno immediatamente messi fuori di combattimento,

---

[144] G. CIANO, *Diario* cit., p. 179.
[145] MUSSOLINI, XXIX, p. 161 (discorso di Vicenza).
[146] *Ibid.*, p. 158.

perché rivela come Mussolini si rendesse conto dei timori e delle ostilità che la posizione da lui assunta suscitava nel paese. Un'altra in quello di Verona, l'ultimo, pronunciato il 26 settembre, quando ormai la situazione sembrava precipitare verso un epilogo tragico: dopo il fallito incontro di Godesberg, Praga aveva mobilitato, Parigi aveva richiamato oltre 750 000 riservisti, Londra era sul punto di dichiarare lo stato di emergenza e di mobilitare la flotta. In questi frangenti Mussolini disse [147]:

> Lo sviluppo degli avvenimenti può svolgersi secondo queste linee: ci sono ancora alcuni giorni di tempo per trovare una soluzione pacifica. Se questa non si trova, è quasi sforzo sovrumano poter impedire un conflitto.
> Se questo scoppia in un primo tempo può essere localizzato.
> Io credo ancora che l'Europa non vorrà mettersi a ferro e fuoco, non vorrà bruciare se stessa per cuocere l'uovo imputridito di Praga.
> L'Europa si trova di fronte a molti bisogni, ma certamente il meno urgente di tutti è quello di aumentare il numero degli ossari che sorgono cosí frequenti sulle frontiere degli Stati.
> Vi è tuttavia da prevedere il terzo tempo: quello nel quale il carattere del conflitto sarà tale che ci impegnerà direttamente. E allora non avremo e non permetteremo nessuna esitazione.
> Debbo ancora aggiungere che la successione di questi tre tempi può essere straordinariamente rapida.

Come si vede, Mussolini cercava ancora di non chiudere tutte le porte avanti a sé e ripeteva in pratica ancora una volta quello che aveva detto a Trieste: sino a quando il conflitto fosse stato «localizzato», sino a quando cioè l'Inghilterra non avesse deciso di parteciparvi, egli ne sarebbe rimasto fuori.

Nonostante le sue speranze e i suoi machiavellismi, la mattina del 28 settembre anche per Mussolini la situazione ormai si presentava irrimediabilmente compromessa. Alle ore quattordici sarebbe scaduto l'ultimatum di Hitler e nulla poteva piú ragionevolmente far ritenere che, di fronte all'aggressione tedesca, l'Inghilterra non si sarebbe mossa. Già il 26 Ciano, saputo che Hitler aveva respinto l'ultima proposta inglese, aveva annotato nel suo diario: «È la guerra. Dio protegga l'Italia e il Duce» [148]. E in questa previsione, già il 25 Mussolini gli aveva parlato dell'opportunità di un suo incontro con von Ribbentrop «per mettere in chiaro i termini dell'intervento italiano», incontro poi fissato, due giorni dopo, per il 29 a Monaco, con la partecipazione dei rispettivi capi militari [149], ed egli stesso aveva cominciato a dare istruzioni al generale Valle

---

[147] *Ibid.*, pp. 163 sg.
[148] G. CIANO, *Diario* cit., p. 184.
[149] Cfr. *ibid.*, pp. 184 e 185.

perché studiasse il ritiro dell'aeronautica legionaria dalla Spagna, sia per poterne disporre in patria e in Libia, sia perché Franco aveva fatto sapere che in caso di un conflitto europeo si sarebbe dichiarato neutrale [150].
Improvvisamente, quando l'ora fatale stava ormai approssimandosi, avvenne il colpo di scena che nessuno piú si attendeva. Ecco come Ciano ha narrato nel suo diario il drammatico susseguirsi degli avvenimenti di quel 28 settembre 1938 [151]:

> Ore 10. Mancano quattro ore allo scoppio delle ostilità, allorché Perth telefona che chiede udienza. Lo ricevo subito. Dice, ed è molto commosso, che Chamberlain fa appello al Duce per un intervento amichevole in queste ore che considera le ultime ore utili per salvare la pace e la civiltà. Ripete la garanzia che Inghilterra e Francia hanno già offerto per la retrocessione dei Sudeti. Chiedo a Perth se devo considerare la démarche come un invito ufficiale al Duce di assumere il ruolo di mediatore. Sí. Allora non c'è tempo da perdere: l'offerta merita di essere presa in considerazione. Dico a Perth di attendermi a Palazzo Chigi. Vado dal Duce. Concorda subito sull'impossibilità di opporre un fine de non recevoir alla domanda di Chamberlain. Telefona ad Attolico: «Andate dal Führer e ditegli, premesso ch'io in ogni evenienza sarò al suo fianco, che consiglio di dilazionare di 24 ore l'inizio delle ostilità. Nel frattempo mi riservo studiare quanto potrà essere fatto per risolvere il problema». Torno a Palazzo Chigi. Informo Perth che le ostilità dovranno avere inizio oggi e confermo che il nostro posto è con la Germania. Trema in volto e ha gli occhi arrossati. Quando aggiungo che però il Duce ha accolto la richiesta di Chamberlain ed ha proposto 24 ore di rinvio, scoppia in un riso pieno di singhiozzi e si precipita alla sua Ambasciata. Poco dopo chiede una nuova udienza. Reca un messaggio di Chamberlain al Duce e copia di quello diretto a Hitler: una concreta proposta di conferenza a 4 con l'impegno di arrivare alla soluzione radicale del problema sudetico entro sette giorni. Non si può rifiutare: se Hitler lo facesse si attirerebbe l'odio del mondo ed avrebbe tutta la responsabilità del conflitto. Palazzo Venezia: il Duce decide di appoggiare la domanda inglese, tanto piú che ormai il Führer, aderendo al desiderio di Mussolini, ha [diramato] un fonogramma di istruzioni. Parlo con Perth per informarlo, parlo con Attolico per dargli direttive. Naturalmente annullo l'incontro con Ribbentrop e Keitel, fissato ieri.
> Da una telefonata, risulta che anche Blondel si prepara a fare «un passo». Niente affatto: non intendiamo che la Francia si intrometta. Tutta la questione cambierebbe aspetto ed i tedeschi drizzerebbero le orecchie a ragione. Telefono a Perth: «Mi risulta che la Francia si prepara a mettersi in mezzo. Vi avviso che qualsiasi passo di Blondel sarebbe assolutamente controproducente. Fate in modo che non abbia luogo. Il nostro lavoro sarebbe in pericolo». È d'accordo e s'impegna ad agire secondo la mia richiesta.
> Ore 15. Attolico telefona che Hitler è in massima d'accordo, facendo alcune riserve di carattere secondario.

---

[150] Cfr. *ibid.*, pp. 184 sg.
[151] *Ibid.*, pp. 185 sg. Per la ricostruzione della giornata per quel che riguarda l'azione svolta dall'ambasciatore a Berlino cfr. M. MAGISTRATI, *L'Italia a Berlino* cit., pp. 248 sgg. Per la versione inglese cfr. *DBFP*, s. III, II, pp. 588, 590, 600 e soprattutto pp. 641 sgg.; per quella francese *DDF*, s. II, XI, pp. 662 sgg. (nulla risulta dalle memorie di J. BLONDEL, *Au fil de la carrière. Récit d'un diplomate 1911-1938*, Paris 1960). Per il messaggio di Roosevelt cfr. *FRUS, 1938*, I, pp. 677 e 689.

Pone però una condizione: la presenza di Mussolini, che considera la sola garanzia. Il Duce accetta. Si partirà alle 18 di questa sera per essere alle 10,30 a Monaco sede della Conferenza.

Torno dal Duce con l'Ambasciatore d'America latore di un molto tardivo messaggio di Roosevelt. Resto col Duce solo. Dice: «Come vedi, sono moderatamente felice, perché, sia pure a caro prezzo, potevamo liquidare per sempre Francia e Gran Bretagna. Ne abbiamo prove ormai schiaccianti».

Alle 18, partenza. Il voto unanime dell'Italia è con noi.

Della partenza per Monaco Bottai ci ha lasciato nel suo diario una descrizione che vale piú di qualsiasi lungo discorso [152]:

Ieri, alle cinque e mezza del pomeriggio, ci àn chiamati in fretta alla stazione. Partiva Mussolini, per l'incontro a Monaco con Hitler, Daladier, Chamberlain. Una spessa siepe di curiosi, tenuti a bada. Starace, tra ministri, gerarchi, giornalisti, sotto la pensilina, con aria da domatore. Mi accosto. Fa, con le mani, un gesto volgare di allusione alla «fortuna» di Mussolini. Forse, vuole intendere, la fortuna di aver minacciato la guerra senza l'intima convinzione di doverla o volerla fare, anzi in vero paventandola; e di essere, ora, chiamato a salvare la pace. Arriva Mussolini con Galeazzo. L'aria è grigia, spenta; neppure il nostro monotono e meccanico grido: «Du-ce! Du-ce!», cui si unisce la gente intorno, la solleva. Gli animi, forse, si sollevano un poco. Questi animi compressi nell'organizzazione. Mussolini è in borghese; Galeazzo in divisa di generale della Milizia. Un uomo e un vestito; un uomo assorto, scuro in volto, semplice, finalmente, nell'intima ansia dell'ora; un vestito, con dentro un ragazzone vano e astuto, che procede con un ondeggiare di mongolfiera. Alfieri e Starace sono di malumore, perché non possono, anche loro, arrampicarsi sul treno dietro il Capo. Per questa volta, il quartetto Ciano-Alfieri-Starace-Sebastiani non funziona. Mussolini fila diritto sul treno. La situazione sembra irritarlo. Montato sul suo vagone, si affaccia e si ritrae nervosamente dal finestrino, affrettando la partenza, con improvvisi segni di mano.

A questo punto, prima di passare a parlare della conferenza di Monaco, è necessario fare un passo indietro e vedere come si era arrivati all'appello di Chamberlain. Per lungo tempo si è ritenuto che la decisione del premier inglese di rivolgersi a Mussolini [153] fosse nata come una sorta di ultimo disperato tentativo, in cui lo stesso Chamberlain avrebbe riposto scarsissima fiducia, per non lasciare nulla di intentato per scongiurare la guerra ormai imminente. Se su di essa giocarono delle influenze «esterne», queste sono state viste in mai ben precisate pressioni francesi (che ci furono, ma successive alle istruzioni a Perth perché prendesse contatto con Ciano), nei messaggi di Roosevelt del 26 settembre a Hitler, Beneš, Daladier e allo stesso Chamberlain e del 27 a Mussolini e soprattutto nella richiesta fatta ad Halifax da Perth il 27 di essere autorizzato a dire a Ciano che il governo inglese sperava che Mussolini avrebbe consentito

---

[152] G. BOTTAI, *Diario* cit., ff. 607 sgg., alla data del 29 settembre 1938.
[153] Per il testo del messaggio cfr. *DBFP*, s. III, II, p. 587.

ad usare la sua influenza per indurre Hitler ad accettare le ultime proposte di Chamberlain[154]. Nessuno per anni ha mai ritenuto che sulla decisione del premier britannico avessero influito iniziative italiane, di cui, del resto, non si aveva notizia alcuna. Né la cosa può destare meraviglia.

Anche se i rapporti tra Roma e Londra erano stati nella primavera-estate del '38 formalmente corretti e da parte inglese ci si era sforzati di farli apparire migliori di quelli che erano, in realtà l'atteggiamento italiano di fronte alla Francia, nella questione spagnola e in quella cecoslovacca aveva via via ridotto la fiducia di Chamberlain nell'efficacia degli «accordi di Pasqua» e con essa la sua stima personale nel realismo politico di Mussolini. Ancora agli inizi di luglio il premier aveva difeso con Daladier la sua politica verso Roma scrivendogli[155]:

> Comincerò la mia risposta ripetendo che io sono certo che Lei non ha mai dubitato del fatto che io considero la solidarietà italo-britannica come la chiave di volta della nostra politica estera e che io non permetterei mai a me stesso di essere allontanato da questa convinzione del desiderio di stabilire amichevoli relazioni con altri paesi... Si ricorderà di quanto Le dissi a Londra, che nel fare un accordo con l'Italia la nostra intenzione andava molto al di là del semplice chiarimento dei vari fattori di sospetto e di irritazione che esistevano fra di noi. Noi abbiamo considerato l'accordo Anglo-Italiano come un valido passo avanti verso il nostro scopo finale e cioè un generale *appeasement* europeo. Da questa concezione ne deriva che, a meno che quell'accordo non sia seguito da una simile riduzione della tensione esistente fra l'Italia e la Francia, noi ci saremmo avvicinati di poco al nostro obiettivo. Abbiamo pertanto tutti i motivi e tutte le intenzioni di usare tutta la nostra influenza che possiamo esercitare per raggiungere quello scopo finale... Io non escludo la possibilità di una intenzione [italiana] di indebolire l'asse Parigi-Londra, ma vi sono [dell'atteggiamento italiano nella questione spagnola e verso la Francia] altre spiegazioni che mi sembrano più probabili. La rivelazione di un tale disegno, sia ora che in seguito, distruggerebbe subito, entro limiti considerevoli, la cordialità dei rapporti anglo-italiani e ciò sarebbe largamente impopolare in Italia. Inoltre, il risultato sarebbe inevitabilmente quello di rendere l'Italia più che mai dipendente dai favori della Germania e, per quanto buone possano essere le loro relazioni, non posso credere che una tale situazione sarebbe gradita al Governo italiano.

Nelle settimane successive il progressivo accentuarsi della campagna di stampa italiana contro la Francia e l'ambiguo atteggiamento di Roma di fronte al riaccendersi della crisi cecoslovacca avevano però gettato molta acqua su queste speranze e su questi propositi. Se a ciò si aggiunge che, come è stato giustamente notato[156] «permaneva in seno al For-

---
[154] *Ibid.*, p. 561.
[155] Citato in R. QUARTARARO, *Inghilterra e Italia ecc.* cit., pp. 619 sg.
[156] *Ibid.*, p. 616.

eign Office e al Gabinetto la corrente di opinione lasciata in retaggio da Eden, che continuava a giudicare la politica italiana come esclusivamente opportunista e intenta essenzialmente a trovarsi dal lato vincente nel prossimo conflitto», risulta chiaro perché – in mancanza di qualsiasi altro elemento – il passo di Chamberlain su Mussolini della mattina del 28 settembre sia stato da tutti considerato per anni, a seconda della valutazione che si dava della personalità e della politica di Chamberlain, un gesto o di disperazione o di grande responsabilità. Un gesto, comunque, in cui altri non avevano avuto sostanzialmente parte e certamente non l'Italia. Solo recentemente è stato possibile rettificare questa convinzione, far luce sui retroscena della vicenda e stabilire la parte che in essa vi ebbe l'Italia; non nelle persone di Mussolini e di Ciano, che in essa entrarono solo quando Perth telefonò al secondo la mattina del 28 settembre e che dei suoi retroscena rimasero sempre all'oscuro, ma in quella di Grandi, che ne fu, se non proprio il deus ex machina, l'ideatore [157].

Durante la crisi cecoslovacca Grandi era stato lasciato da Roma senza direttive e praticamente all'oscuro di ciò che Mussolini e Ciano pensavano. In un paio di occasioni e in particolare in due rapporti, l'uno del 27 maggio e l'altro del 25 giugno, egli aveva cercato, illustrando le difficoltà nelle quali Chamberlain si trovava con l'opposizione e con una parte del suo stesso partito, di far capire a Ciano la gravità del deterioramento che si stava verificando nelle relazioni italo-britanniche [158], ma senza risultato. Né miglior esito i suoi sforzi avevano avuto in agosto quando era stato in Italia per trascorrervi le ferie. Mussolini, che stava dando il via alla «campagna razziale» e lo sapeva contrario sia ad essa che ad ogni forma di ulteriore avvicinamento alla Germania, non l'aveva neppure voluto ricevere [159]. Tornato in sede e riaggravatasi la crisi cecoslovacca, Grandi aveva fatto presente a Ciano il mutamento di atteggiamento, psicologico ancor prima che politico, che si andava delineando in Inghilterra verso l'eventualità di un conflitto. Ma Roma, ancora una volta, non aveva dato segni di capire. Pochi giorni dopo, il 12 settembre, Ball gli aveva fatto pervenire la richiesta di Chamberlain di un intervento moderatore di Mussolini su Hitler. Anche a questo passo Roma non aveva però risposto. Tre giorni dopo Chamberlain si incontrava con Hitler a Berchtesgaden. Sino a quel momento Grandi non aveva preso nessuna iniziativa. Come il 30 settembre avrebbe scritto in

---

[157] Cfr. *ibid.*, pp. 630 sgg., che ha utilizzato l'«appunto» di D. Grandi di cui si parlerà appresso, pubblicandone anche alcuni stralci e controllandone l'autenticità sulle fonti britanniche (p. 640), compresi i documenti di A. Dingli (pp. 678 sg.).
[158] Cfr. *ibid.*, pp. 616 sgg.
[159] G. CIANO, *Diario* cit., p. 163.

un lungo «appunto» di quarantuno pagine destinato ad «aiutare nel futuro il mio ricordo di queste due settimane, le piú drammatiche dalla fine della Grande Guerra e anche, sia detto, per la mia missione di Ambasciatore a Londra»[160],

fino a questo momento, in attesa di istruzioni da Roma, che non sono mai arrivate, io non mi sono mai creduto autorizzato né a recarmi al Foreign Office né, come avevo scritto in precedenza a Ciano, a cercare di incontrare Chamberlain o Halifax. Sapevo benissimo che Ciano nulla gradiva di piú che io non mi muovessi. La lettura dei giornali italiani di queste giornate mi forniva questa sensazione. I giornali italiani hanno continuato per una settimana a stampare a grossi caratteri che l'Ambasciatore brittannico a Roma stava immediatamente per rientrare dall'Inghilterra per avere contatto con Ciano. Lord Perth, viceversa, era in Scozia. Qualche contatto senza importanza fra l'Incaricato d'Affari brittannico a Roma e Ciano era stato riportato, per istruzioni superiori, a grandi caratteri nei giornali di Roma, allo scopo di far credere al pubblico italiano che anche l'Italia era «dentro» a questi negoziati, il che non era assolutamente vero. D'altra parte era evidente che Roma non desiderava che l'Ambasciata d'Italia a Londra apparisse e nulla facesse che potesse dare l'impressione che i contatti fra il Governo Italiano e quello Inglese avvenivano per il tramite dell'Ambasciata d'Italia a Londra.

Ora, di fronte al fatto nuovo dell'incontro di Berchtesgaden, Grandi ancora una volta aveva deciso di agire di sua iniziativa. Il 15 settembre aveva inviato Dingli da Ball affinché facesse sapere a Chamberlain che egli riteneva «opportuno se non necessario» che Mussolini non fosse lasciato fuori dalle trattative.

Ho insistito – avrebbe scritto nel suo «appunto» del 30 settembre – sulla utilità per la Gran Bretagna che il Governo fascista fosse tenuto al corrente degli avvenimenti direttamente dal Governo Brittannico e non lasciare che Roma fosse informata soltanto dal Governo tedesco. Mi sono vivamente rammaricato del fatto che Chamberlain si era consultato con Daladier ed aveva informato Roosevelt del suo progetto di recarsi in Germania da Hitler, mentre nulla era stato fatto dal Governo brittannico per informare Mussolini e il Governo fascista. Ho insistito inoltre sulla necessità e sui grandi vantaggi che per una soluzione pacifica della questione sudeta sarebbe stata un'attiva partecipazione italiana, sull'influenza decisiva che il Duce avrebbe potuto avere per determinare questa pacifica soluzione. Ma per fare questo bisognava non perdere tempo; bisognava che Chamberlain non lasciasse fuori il Duce e lo tenesse informato direttamente e minutamente di quello che faceva e di quelli che potevano essere i suoi progetti. Ho detto da ultimo che la mancata comunicazione da parte inglese al Duce del viaggio di Chamberlain a Berchtesgaden non poteva non determinare in Italia delle reazioni sgradevoli e confermare l'opinione che l'Inghilterra desiderava lasciar fuori l'Italia da tutta questa faccenda.

---

[160] In *Archivio D. Grandi*, b. 151, fasc. 199, sott. 2, ins. 3. Della vicenda Grandi avrebbe successivamente scritto, con poche varianti e minori particolari, nelle memorie stese, senza l'ausilio di documenti, in Portogallo.

Contemporaneamente aveva cercato di spiegare a Roma l'assenza di una preventiva informazione relativa al viaggio del premier e il fatto che di esso erano stati invece messi al corrente francesi e statunitensi con l'argomento che Chamberlain, già accusato di tradimento dall'opposizione, aveva dovuto farlo per non dare nuova esca a queste accuse.

Sulle prime il tentativo di Grandi di riavviare un discorso tra Londra e Roma era sembrato non dare risultati. La *Lettera a Runciman*, nella quale Mussolini aveva proposto di imporre a Praga piú di quanto avesse chiesto sino allora Hitler, e il discorso di Trieste, con la sua affermazione che in caso di guerra generalizzata l'Italia sarebbe stata a fianco della Germania, avevano avuto, come è facile immaginare, un effetto completamente negativo su Londra. Il 19 Halifax, parlando con Grandi, non glielo aveva nascosto:

> facendo un accenno al discorso di Trieste, Halifax mi ha fatto capire che il Governo inglese considerava ormai l'Italia al cento per cento dall'altra parte e che quindi l'Inghilterra riteneva inutile considerare Mussolini come un possibile apporto nell'opera di mediazione.

Ciò nonostante Grandi aveva insistito sull'opportunità per il governo inglese di rivolgere un appello a Mussolini:

> Ho detto a Halifax che era mio avviso personale che il Duce non solo non voleva la guerra, ma avrebbe fatto di tutto per evitarla. Ho illustrato la situazione particolarmente delicata delle nostre relazioni colla Germania e l'impossibilità per il Duce di prendere alcuna iniziativa se Chamberlain o il Governo brittannico non avessero officiato direttamente e apertamente il Duce in questo senso.

Il ministro degli Esteri inglese non aveva, ancora una volta, nascosto la sua incredulità, ma una sua domanda (se l'accordo fra le quattro grandi potenze e l'azione equilibratrice di Roma su Berlino e di Londra su Parigi erano ancora, a suo avviso, il fondamento della politica italiana) aveva dato a Grandi qualche speranza e l'aveva indotto, per un verso, a continuare a tenere Ball sotto pressione perché convincesse Chamberlain a rivolgersi a Mussolini e, per un altro verso, a rassicurare Roma circa l'atteggiamento di Londra verso l'Italia. Per vari giorni nulla era però accaduto. Cosí, dopo l'incontro di Godesberg, Grandi aveva fatto un nuovo tentativo, questa volta attraverso l'ex ambasciatore a Roma Graham. Ecco come Grandi ha riferito nel suo «appunto» del 30 settembre l'episodio e i suoi sviluppi visti da Londra:

> Telefono a Graham di venire a colazione lunedí mattina 26 settembre. Ho con lui un lungo colloquio. Anche lui è d'accordo con me. Mussolini è il solo che abbia in mano la chiave della situazione, ossia della pace. Forse è tardi, ma non si devono ancora lasciar cadere tutte le speranze. Io prego Graham di andare da Halifax

e, nella sua responsabilità e autorità di ex Ambasciatore britannico a Roma, di cercare di persuadere Halifax di agire e di agire subito a Roma. Occorre però qualche cosa di diretto fra Chamberlain e Mussolini che ponga l'appello a lui sullo stesso piano dell'appello a Roosevelt e dei numerosi appelli di Chamberlain a Hitler. Altrimenti è inutile. Una comunicazione indiretta fatta per il tramite di Ambasciatori non basta piú. Forse peggiorerebbe anziché giovare. Prego Graham di fare tutto il possibile.

Graham (Graham mi comunicherà questo mercoledí mattina e me lo comunicherà colle lacrime agli occhi mercoledí nelle prime ore del pomeriggio) si reca al Foreign Office, martedí, 27 settembre. Non riuscendo ad essere ricevuto da Halifax, mette per iscritto quello che egli pensa sulla situazione e sulla necessità di fare appello al Duce subito e direttamente da parte di Chamberlain. L'appunto di Graham passa a Halifax, il quale, dopo averlo letto, lo manda a Chamberlain. Cadogan informa Graham che tanto Chamberlain quanto Halifax avevano avuto la sua comunicazione.

È convocato il Parlamento. La mobilitazione inglese, francese e cecoslovacca continua. Non un soldato viene richiamato ancora in Italia, ma si aspetta la mobilitazione italiana di minuto in minuto. Le discordie tra i partiti in Inghilterra improvvisamente spariscono. Di fronte all'imminenza e alla fatalità del conflitto tutti si raggruppano intorno a Chamberlain. Si parla di un Ministero della Concentrazione Nazionale, un Gabinetto di guerra con laburisti, Churchill e Eden, presieduto da Chamberlain. Le previsioni circa la seduta del Parlamento, fissata per mercoledí, 28 settembre, sono diverse da quelle che si facevano. Non piú una seduta tempestosa, bensí una specie di appello alla nazione alla guerra, dopo quelle che saranno state le dichiarazioni di Chamberlain.

I miei telegrammi a Roma di queste ore riproducono questa situazione. Discorso di Hitler che lascia immutata la situazione. Dichiarazioni di Chamberlain che chiaramente fanno capire il fallimento definitivo dei negoziati. Londra è praticamente in uno stato di guerra. Bisogna dire che l'Inghilterra è stata all'altezza della sua tradizione storica di potenza guerriera in queste giornate. Alzandomi, mercoledí mattina, 28 settembre, ho avuto la sensazione esatta che soltanto un miracolo poteva arrestare lo scoppio della guerra. La giornata di mercoledí si è aperta come la giornata tragica del nuovo conflitto europeo. La guerra era nell'aria, negli spiriti, nella fatalità delle cose. Questo l'ho telefonato a Roma. Mentre telefonavo a Roma che soltanto un miracolo poteva ormai arrestare la catastrofe, il miracolo si è verificato. Nelle prime ore della mattina Chamberlain ha finalmente telegrafato al Duce. Perth ha consegnato il telegramma alle ore 10 a. m. Il seguito è conosciuto. Ma io ho ignorato il tutto e dovevo apprenderlo soltanto alla Camera dei Comuni. Quando mi sono recato alla Camera dei Comuni il mio cuore era grosso. Ero ormai sicuro dentro di me che quella seduta era la seduta della guerra. Con me erano sicuri tutti, e anche, credo, Chamberlain, il quale, per un'ora e mezza, ha pronunciato un discorso che non era se non la premessa dell'appello alla nazione per la guerra. Tutti sanno ormai lo svolgimento di questa seduta indimenticabile. Il colpo di scena al momento esatto in cui Chamberlain, finita la parte espositiva del suo discorso a giustificazione del suo operato e a condanna preventiva della Germania, è stato interrotto dalla comunicazione da Roma e da Berlino, la quale ha capovolto interamente la situazione nel modo che tutti conoscono.

Io non credo che mai piú al mondo io assisterò ad un momento tanto drammatico. Mussolini ha trionfato. È lui che milioni e milioni di madri devono oggi benedire. Tutti sono stati all'altezza di quel momento indimenticabile. Anche gli stessi laburisti, i quali non hanno resistito all'acclamazione entusiastica all'indirizzo del Duce. Persino Churchill, astioso e cattivo, il quale si preparava oggi al discorso forse il piú importante di tutta la sua carriera politica, ha compreso che egli doveva recarsi da Chamberlain e stringergli la mano. Soltanto uno non ha potuto farlo: Eden. Per tutta la seduta e durante il discorso di Chamberlain io l'ho guardato attentamente. Aveva un sorriso della persona soddisfatta che preparava la grande rientrata politica e la vendetta contro Chamberlain. Eden stringeva un fascio di carte che era il suo discorso il quale avrebbe dovuto cominciare subito dopo le dichiarazioni di Chamberlain. Se la risposta di Roma e di Berlino non fosse arrivata a tempo, ieri sarebbe stata la grande giornata del trionfo di Eden. Il gioco era troppo facile per lui. Egli avrebbe troppo facilmente dimostrato che egli aveva avuto ragione e che la politica di Chamberlain era stata un fallimento completo ed egli aveva il diritto di domandare al Parlamento brittannico di essere l'uomo della guerra di domani, il Pitt contro i due Napoleoni: Mussolini e Hitler. Ciò era nella fatalità delle cose. Tutti lo sentivano. Non era da escludere che la sera stessa fosse stato il Primo Ministro d'Inghilterra. Il colpo di scena ha ricollocato Eden, forse per sempre, nell'oscurità della sconfitta. Egli lo ha sentito e non ha avuto la forza di assumere la maschera che il vecchio Churchill è riuscito a simulare. Eden è uscito mogio mogio dall'Aula senza guardare nessuno, e nessuno l'ha guardato...

La mattina del 29, giovedí, mi reco a Heston a salutare Chamberlain che parte per Monaco. Quando arrivo all'aerodromo di Heston trovo che già molti Ministri sono arrivati. Cerco di tenermi in disparte. Halifax mi scopre, mi viene incontro, mi stringe affettuosamente la mano e mi porta in mezzo ai suoi colleghi del Parlamento e dice ad alta voce queste parole: «Here is the wise man who was right». Grande affabilità e cordialità da parte di tutti. Poco dopo arriva Chamberlain. Io mi faccio da parte, e di nuovo Halifax mi viene incontro per portarmi alla volta di Chamberlain. Chamberlain mi scorge a un dieci passi di distanza e mi viene incontro stringendomi fortemente la mano e mi dice: «Grazie, grazie. Tra poche ore vedrò il vostro Capo e sono certo che qualche cosa di buono risulterà dal nostro incontro». Gli rispondo: «Ne sono certo», come risulterà. Chamberlain mi stringe ancora la mano dicendo «Grazie di tutto». Dopo di che sale sull'apparecchio. Egli è felice. Egli sa che ormai la sua missione non può fallire.

Io torno a Londra e penso che se Chamberlain non si fosse deciso a fare quello che modestamente io mi ero permesso di fargli presente da 10 giorni a questa parte e fare appello direttamente al Duce, come diversa sarebbe stata la giornata di oggi.

Tornato a Londra Ball mi telefona che desidera vedermi. Lo ricevo alla presenza di Dingli e di Crolla. Ball mi butta le braccia al collo cogli occhi pieni di lacrime. Egli mi dice: «Sono incaricato dal Primo Ministro di esprimervi la sua gratitudine. Egli mi incarica di dirvi che voi avete avuto ragione e che egli è felice di avere seguito il vostro consiglio di rivolgersi direttamente a Mussolini. Noi dobbiamo a Mussolini la pace del mondo...» Alle 3 p.m. Halifax mi manda a chiamare. Egli ha una faccia molto diversa da quella del nostro colloquio precedente di una settimana fa. Halifax è sorridente e mostra ogni sforzo per farmi dimenticare il silenzio di tutti questi giorni nei miei riguardi. Egli è un signore all'antica maniera e le prime parole che egli mi dice sono queste: «Voi avevate ragione. Il vostro consiglio era giusto. Sia lodata la Provvidenza che abbiamo seguito all'ultimissimo momento questo vostro consiglio».

Ho' risposto semplicemente a Halifax: «Vi ringrazio di ricordare tutto ciò». Halifax ha replicato: «Non lo dimentico e non lo dimenticherò mai».

Dopo di che Halifax mi ha domandato le mie previsioni sul Convegno di Monaco e si è stupito nel sentire da me che io non avevo alcun dubbio sulla rapida riuscita del Convegno stesso. Non vi è dubbio ho insistito.

Halifax mi ha detto che egli era tuttavia perplesso perché le difficoltà erano grandissime.

Ho replicato a Halifax che le difficoltà non erano grandissime. La difficoltà grandissima era già superata, quella di mettere insieme i 4 responsabili delle 4 Grandi Nazioni d'Europa. I quattro non avrebbero potuto ormai piú separarsi senza un accordo. Dal momento che essi avevano accettato di discutere insieme tutti e quattro, nella stessa misura erano obbligati di fronte a se stessi a riuscire. La pace è ormai assicurata.

Halifax mi ha ascoltato e ha detto che prevedeva nelle mie parole un buon augurio e mi ha ancora ringraziato stringendomi con effusione la mano [161].

Come Grandi aveva previsto, a quel punto, la Conferenza di Monaco (29-30 settembre) non poteva fallire il suo obiettivo. Almeno momentaneamente. Le ripercussioni interne in Germania sarebbero state troppo negative: anche i tedeschi, come i francesi, gli inglesi e gli italiani volevano la pace. Le manifestazioni di simpatia che gli abitanti di Monaco tributarono del tutto spontaneamente a Daladier e a Chamberlain e che suscitarono tanta ira in Hitler [162] lo dimostrano. Hitler e soprattutto Ribbentrop, è vero, avrebbero voluto stravincere e aumentare ancora il prezzo da far pagare alla Cecoslovacchia (la grande assente a Monaco ove si decideva il suo destino) e, dunque, alla Francia e all'Inghilterra. E ciò avrebbe potuto far naufragare la conferenza. Ma sia nello stesso gruppo dirigente nazista, sia alla Wilhemstrasse non mancavano coloro che volevano impedirlo. Conosciute le intenzioni di von Ribbentrop, von Weizsäcker si era affrettato a farle conoscere ad Attolico, in procinto di partire da Berlino per Monaco, e a fargli avere le condizioni formulate in precedenza e che ora Hitler e von Ribbentrop si accingevano a considerare superate dagli avvenimenti [163].

Della conferenza (Mussolini e Ciano si recarono a Monaco in treno, a Kufstein li aspettava Hitler col quale proseguirono il viaggio) abbiamo vari resoconti. I piú utili per noi sono per altro quelli di coloro che intervennero in tutto o in parte ai suoi lavori: Ciano, l'ambasciatore francese a Berlino François-Poncet, l'interprete di Hitler Paul Schmidt. Al-

---

[161] Sullo svolgimento della seduta alla Camera dei Comuni (per il resoconto ufficiale cfr. HOUSE OF COMMONS, *Debates, 1938*, CCCXXXIX, cc. 26 sgg.) Grandi riferí con un telegramma a Roma, pubblicato in R. QUARTARARO, *Inghilterra e Italia ecc.* cit., pp. 640 sg.
[162] Cfr. P. SCHMIDT, *Da Versaglia a Norimberga* cit., pp. 389 sg.
[163] Cfr. *ibid.*, p. 387; M. MAGISTRATI, *L'Italia a Berlino* cit., p. 152; M. LUCIOLLI, *Palazzo Chigi: anni roventi. Ricordi di vita diplomatica italiana dal 1933 al 1948*, Milano 1976, p. 61.

l'ambasciatore francese dobbiamo, tra l'altro, una descrizione dal vivo di alcuni dei protagonisti al momento del loro primo incontro alla Führerhaus, la sede della conferenza [164]:

> I membri della Conferenza prendono contatto gli uni con gli altri, in un salone dove è stato preparato un «buffet». Si scambiano strette di mano cortesi, ma fredde e si osservano reciprocamente: Mussolini, tozzo, stretto nella sua uniforme, la maschera cesariana, con aria di protezione, molto a suo agio, e come a casa sua, fiancheggiato da Ciano, grosso giovanotto vigoroso, sempre attorno al suo padrone, ufficiale d'ordinanza piuttosto che ministro degli Affari Esteri; Chamberlain, un poco grigio, curvo, le sopracciglia folte, i denti sporgenti, il viso bollicinoso, le mani arrossate dai reumatismi, un tipo di vecchio uomo di legge britannico, circondato da Wilson e da Strang, come lui vestiti di nero, riservati e privi di rilievo; Hitler amabile, nonostante la sua voce burbera e contadina, ma turbato, agitato, assai pallido e del resto impossibilitato a parlare con i suoi invitati dato che ignora l'inglese, il francese, l'italiano e i suoi ospiti non capiscono il tedesco salvo Mussolini, che il Führer non abbandona un istante.

La prima parte della seduta, dalle 12,45 alle 15 trascorse in questioni preliminari. Daladier fu il piú esplicito: si trattava di sottoporre la Cecoslovacchia ad una amputazione che doveva rafforzare la sua salute o era un modo per indebolirla e portarla a morte? Mussolini dichiarò che le intenzioni di Hitler erano state fraintese. Si trattava di consolidare e di rispettare l'esistenza della Cecoslovacchia. Il momento decisivo si ebbe nel tardo pomeriggio. La discussione procedeva faticosamente. Mussolini stava quasi sempre sprofondato nella sua poltrona.

> I suoi lineamenti – è ancora François-Poncet a ricordarlo [165] – di una mobilità straordinaria, non rimangono un istante in riposo; la bocca si apre in un largo sorriso e si contrae in una smorfia; le sopracciglia si alzano per lo stupore e si aggrottano per la minaccia; gli occhi hanno una espressione divertita e incuriosita, e, improvvisamente, lanciano lampi.
> In piedi, accanto a lui, Hitler lo cova con lo sguardo; ne subisce l'attrazione, è come affascinato, ipnotizzato; quando il «Duce» ride, egli ride; se il «Duce» si acciglia, egli si acciglia; è un vero spettacolo di mimetismo che doveva lasciarmi una impressione duratura e farmi credere, d'altronde a torto, che Mussolini esercitasse sul Führer un ascendente ben stabilito. Effettivamente quel giorno lo esercitava. In altri momenti era Mussolini, nella sua incerta condotta, a subire l'influenza del suo emulo, divenuto suo complice.

L'«iniziativa» risolutiva della conferenza fu di Mussolini: nella generale incertezza e temendo che Hitler e von Ribbentrop guastassero tutto con un loro intempestivo ed intransigente intervento, ad un certo punto tirò fuori dalla tasca le primitive condizioni tedesche che von

---

[164] A. FRANÇOIS-PONCET, *Ricordi di un ambasciatore a Berlino*, Milano 1947, pp. 277 sg.
[165] *Ibid.*, pp. 278 sg.

Weizsäcker aveva fatto avere ad Attolico e le presentò «come parte integrante di un originale progetto italiano»[166], che non esisteva, ma che nei giorni successivi Roma avrebbe cercato di accreditare, cosí come la tesi che, anche senza il passo inglese, Mussolini sarebbe intervenuto presso Hitler[167].

Risolta la questione piú grossa, il «duce» sembrò in qualche momento quasi estraniarsi dal prosieguo della trattativa. Ciano, ancora in adorazione davanti a lui, cosí ce lo descrive[168]:

Il Duce, un po' annoiato dall'atmosfera vagamente parlamentaristica, che sempre si crea nelle conferenze, s'aggira per la stanza, con le mani in tasca e un po' distratto. Di tanto in tanto, aiuta nella ricerca di una formula. Nel suo grande spirito, sempre all'avanguardia degli eventi e degli uomini, l'accordo è ormai scontato e, mentre gli altri ancora si affannano in problemi piú o meno formali, a lui quasi non interessa piú. È già oltre e medita altre cose.

Ormai sicuro di come le cose sarebbero andate a finire, Mussolini parlò abbastanza a lungo e molto cordialmente con Chamberlain dei rapporti anglo-italiani e della Spagna (fu anche ventilato un colloquio formale tra i due il giorno dopo, ma Mussolini preferí non farne niente perché esso avrebbe potuto «urtare la sensibilità tedesca»[169]) e, soprattutto, si concentrò sul problema delle rivendicazioni polacche e ungheresi che gli altri, a questo punto, avrebbero preferito lasciar cadere o, almeno, rinviare ad altra occasione, ma che egli, dopo le sue prese di posizione degli ultimi quindici giorni, non poteva ovviamente non continuare a sostenere.

Gli altri, tutti gli altri, – annoterà Ciano[170], – avrebbero volentieri fatto a meno di parlarne. Cercano in realtà di sfuggire alla discussione. Ma, come sempre avviene, quando c'è una forte volontà, questa predomina e gli altri le si coagulano intorno. Il problema viene discusso e risolto attraverso una formula che non esito a definire molto brillante.

Verso le nove di sera la seduta fu sospesa. Hitler invitò tutti a cena. Solo gli italiani però accettarono, francesi e inglesi si scusarono dicendo che dovevano mettersi in contatto con i loro governi.

Ci trovammo dunque seduti a cena con Hitler e Mussolini, – ha ricordato P. Schmidt[171] – e in una compagnia esclusivamente italo-tedesca, alla tavola dei ban-

---

[166] M. MAGISTRATI, *L'Italia a Berlino* cit., p. 254.
[167] Cfr. *DDF*, s. II, XI, p. 703; nonché E. CAVIGLIA, *Diario* cit., pp. 189 sg.
[168] G. CIANO, *Diario* cit., p. 188.
[169] *Ibid*. Mentre Ciano tende ad accreditare una certa freddezza di Mussolini verso Chamberlain, questi, in una lettera del 2 ottobre all'arcivescovo di Canterbury, esaltò l'amicizia e la cordialità dei suoi colloqui col «duce». Cfr. R. FEILING, *The life of Neville Chamberlain* cit., p. 376.
[170] *Ibid*.
[171] P. SCHMIDT, *Da Versaglia a Norimberga* cit., p. 388.

chetti troppo lunga per quell'occasione. Fu allora che Mussolini parlò delle conseguenze catastrofiche che si sarebbero verificate per l'Italia durante la guerra etiopica, se la Società delle Nazioni avesse esteso le sanzioni al petrolio, anche per soli otto giorni.

Ripresi i lavori, alle una del mattino del 30 settembre il testo dell'accordo fu pronto. Mezz'ora dopo avvenne la firma.
Mussolini e Ciano ripartirono subito per Roma. Entrato in Italia, il treno del «duce» fu fatto oggetto lungo il percorso di spontanee crescenti manifestazioni di entusiasmo che – come stava accadendo ad Hitler per quelle che Monaco aveva tributato a Chamberlain e Daladier – resero Mussolini sempre piú irritato, via via che capí il vero significato di tanto entusiasmo. Ecco come Anfuso ha ricordato quest'aspetto del viaggio [172]:

> Varcato il Brennero... trovammo che se i bavaresi piangevano di gioia, gli italiani si prosternavano non davanti al Duce fondatore dell'Impero ma all'angelo della pace... Giunti a Verona, dove pochi giorni prima Mussolini aveva detto di essere armato sino ai denti, riscuotendo acclamazioni frenetiche, notammo che il fatto di aver deposto le armi a Monaco di Baviera gli valeva, da parte della stessa folla, trasporti estatici ai quali, come tribuno, non poteva aspirare, essendo gli omaggi mistici privilegio dei taumaturghi. Fra Verona e Bologna, scorsi contadini letteralmente in ginocchio al passaggio del suo treno... A Bologna, roccaforte di un fascismo tumultuosamente bellicoso, Mussolini si accorse di essere divenuto santo e ne arguí che gli effetti di Monaco avevano superato le sue previsioni: gli italiani preferivano chiaramente i rami di olivo a quelli d'alloro e la colomba all'aquila.

A Roma una folla plaudente attendeva il «duce» [173]. Affacciatosi al balcone di palazzo Venezia, Mussolini pronunciò pochissime parole: «Camerati! Voi avete vissuto ore memorabili. A Monaco noi abbiamo operato per la pace secondo giustizia. Non è questo l'ideale del popolo italiano?» [174]; ma dovette tornare al balcone molte volte, richiamato dalla folla.

Raramente l'entusiasmo popolare era stato attorno a lui cosí spontaneo e convinto, forse solo il giorno della conquista di Addis Abeba. Per Mussolini era un trionfo, ma non quello che avrebbe voluto: dov'era l'anima guerriera ed eroica degli italiani? Quell'entusiasmo aveva

---

[172] F. ANFUSO, *Da Palazzo Venezia al Lago di Garda (1936-1945)*, Bologna 1957, pp. 84 sgg.
[173] Anche del ritorno a Roma di Mussolini G. BOTTAI ha lasciato traccia nel suo *Diario* cit. (f. 609, alla data del 30 settembre '38): «Ritorno di Mussolini da Monaco. C'è in aria una venatura di commozione schietta. Perfino Balbo sembra contento, meno occupato [?] di sé. Arriva il treno. Dietro il Duce, a ruota, Galeazzo trionfante, con un ghigno complicato, come dicesse: eccomi qua, non debbo scomparire, ma ci fui e ci sono anch'io! – A palazzo Venezia, si volta di scatto verso Balbo, che si congratula con lui, e gli dice con malcontenta stizza: "Vedi, dunque, che la politica dell'asse serve a qualche cosa". Sempre sull'autodifesa».
[174] MUSSOLINI, XXIX, p. 166.

un'altra origine e un altro significato, che al «duce» non potevano piacere. Era naturale e comprensibile che gli italiani fossero contenti e orgogliosi perché si era evitata la guerra e l'Italia, «grazie a Mussolini», era stata l'arbitro a cui, *obtorto collo*, le democrazie si erano dovute alla fine rivolgere e che Hitler aveva ascoltato. Ma il loro entusiasmo andava oltre questi limiti, rivelava una gioia per lo scampato pericolo, un attaccamento alla pace cosí smodati da denotare mancanza di «dignità», di «spirito di sacrificio», «gretto egoismo borghese», «pacifismo», paura non diversi da quelli delle «esangui» e «putride» democrazie. In lui gli italiani non applaudivano, insomma, l'«artefice geniale di Monaco», ma il «salvatore della pace» e questo dimostrava che l'«uomo nuovo fascista» era lungi dall'esser stato formato. Il suo «senso delle masse», dopo quello che aveva visto dal treno, non poteva ingannarsi. E poi c'erano le relazioni della polizia – quelle delle settimane precedenti e quelle che gli pervennero nelle successive – tutte concordi (cosí come i rapporti che i diplomatici stranieri trasmettevano ai loro governi[175]) nel descrivere lo stato d'animo degli italiani, prima di Monaco sotto l'incubo della guerra, di una guerra che non volevano e non capivano perché l'Italia dovesse fare, dopo Monaco di esultanza per lo scampato pericolo e di osanna al «duce» che aveva «salvato la pace». E, oltre alle relazioni della polizia, c'erano le moltissime lettere che uomini e soprattutto donne di ogni condizione (ma, in genere, modeste) gli avevano scritto e continuavano a scrivergli, lettere spontanee e che, tanto nella loro semplicità, quanto, talora, nella loro ingenua ricerca di soluzioni della crisi e nella loro fiducia nel «duce», non lasciavano dubbi e che costituiscono per noi una documentazione preziosa per capire e valutare sia cosa la crisi cecoslovacca e Monaco significarono per larghissimi settori del popolo italiano, sia come incisero sul «consenso», sia, infine, alcuni aspetti del «consenso» stesso, in particolare il suo fondo *mussoliniano*[176]

[175] Per quel che riguarda i francesi, si vedano, per il dopo Monaco, DDF, s. II, XI, p. 703.
[176] ACS, *Segreteria particolare del Duce, Carteggio ordinario (1922-1943)*, C 32 e C 34.
Ecco alcuni esempi del contenuto e del tono di tali lettere.
Prima di Monaco.
Una madre che aveva perso il figlio nella guerra '15-18: «Eccellenza Salvate l'Italia! Lasciate quel criminale. Il soldato italiano non combatte per dei briganti. Vi volevamo tanto bene, non distruggeteci ora – Pietà di tanta sventura, salvateci, lasciate il maledetto chiodo che sempre del male à fatto. La guerra distrugge anche voi. Pietà di tante madri – siete padre anche voi».
Un gruppo di donne milanesi: «Duce! noi pensiamo che nulla è impossibile a Voi! Se volete Voi potete salvare la pace!
«Duce salvate la pace!
«Salvate migliaia di vite umane! Trovate un'idea, agite Duce! *Voi potete tutto ciò che volete!*
«Duce Salvate la pace! Dio e gli uomini non potranno che benedirvi! »
Due «umilissime maestre, Vostre Colleghe», da Asti: «Ci permettiamo rivolgerci a Voi, Ecc., e pregarVi non come Capo del Governo e Fondatore dell'Impero, ma come Padre generoso e grande.
«In quest'ora in cui si decidono i destini dell'Europa e della nostra Patria adorata, Vi scongiu-

E questo per non dire delle attestazioni di plauso e di consenso, per lui ben diverse, che gli venivano dal mondo politico, economico, intellettuale, anche da persone che sino al giorno prima avevano guardato con spavento e criticato il suo atteggiamento nella questione cecoslo-

riamo a nome di tante madri, sorelle, spose, di tanti bimbi innocenti, di allontanare il piú possibile il grave pericolo della guerra. Fate che le nostre officine, i nostri cantieri, le nostre buone e laboriose popolazioni rurali, sebbene pronte ai Vostri cenni, possano attendere al ritmo fecondo della pace ai loro lavori e far sí che in quella pace da Voi Duce tanto auspicata, traggano gli elementi di vita per le maggiori fortune della nostra amata Italia».

Una orfana di guerra, da Genova: «Duce, impedite la guerra. Consigliate Hitler che la causa è santa piú di qualunque questione sudetica.

«V'esorto nel nome di mia madre che sofferse il soffribile sino all'immatura fine.
– per tutte le Madri, le spose, le sorelle di troppi innumeri Eroi d'Italia e del Mondo, per le loro lacrime tutt'ora vive, cocenti
– nel nome dei Caduti...
– col diritto di quello che ho patito di miseria morale e materiale, in mia vita senza fanciullezza e giovinezza.

«E con me gli orfani tutti.

«Duce, non si ricostruisce un popolo coll'amore e col coraggio di questi venti anni per sacrificarlo a una questione sudetica. Perché la guerra è sterminio per vincitori e vinti e passeranno secoli prima che il mondo partorisca un nuovo Artefice...»

La moglie di un vecchio squadrista, da Savona: «Amatissimo Duce. Io Vi scrivo a nome di tante mamme, mogli e figlie di Savona... Voi potete tutto nel mondo, se volete. Avete fatto tante cose meravigliose, avete trasformato l'Italia in un Impero, in una grande Nazione, però fate che ora tutta la Vostra opera non vada distrutta. Fate che l'Italia rimanga in pace. Tutto il popolo italiano vuole la pace e non la guerra. Quelli che acclamano alla guerra sono una misera percentuale e sono dei ragazzi o gente che non ha nulla da perdere. Ma nel loro cuore vogliono anch'essi la pace.

«Interrogate le persone di buon senso e sentite la loro risposta.

«Noi non vogliamo nemmeno pensare che le nostre case vengano distrutte, che siano rase al suolo le industrie che ci danno da vivere, che tutto venga annientato.

«E la vita di milioni di persone non vale nulla? Tra queste c'è anche quella dei Vostri figli.

«Per chi dobbiamo sacrificare tutto? Per della gente che non conosciamo neppure, che non amiamo, per una causa che non c'interessa. Duce, sappiate che vogliamo la pace. La chiediamo come una grazia suprema...»

Una «vecchia fascista della prima ora», da Napoli: «Duce, voi soltanto potete salvare l'Europa dal flagello che la minaccia. La pace sarebbe assicurata da un atto di arrendevolezza di Hitler che si ostina ormai su una questione piú di forma che di sostanza, perché i Sudeti li avrà indubbiamente e l'Inghilterra se ne farà garante... Soltanto a voi potrebbe fare il bel gesto di cedere per continuare a meritarsi l'elogio di moderazione e di pazienza che gli faceste nei discorsi del Veneto, e perché a voi, non credo, saprebbe rifiutarsi... Se voi glielo chiedeste e Hitler ve lo accordasse diventereste piú di quanto non lo siete per i benpensanti, l'Idolo del Mondo!»

Una donna, da Milano: «Duce! in questo momento gravissimo per l'Italia e per l'Europa intera solo voi al mondo, forse piú che Dio, potete salvare l'umanità dalla catastrofe spaventosa della guerra. È impossibile che una mente divina, soprannaturale, come la vostra non possa trovare una soluzione pacifica del dissidio.

«Duce! tentate l'impossibile e sarete benedetto da milioni di madri e di spose».

Una italiana da Losanna: «Eccellenza. Per pietà. Lei che profondamente ama il suo popolo e che umanamente può tutto, faccia l'impossibile di non mettere l'Italia a fuoco ed a sangue. Stiamo tranquilli e siamo bravi. Dio benirà [sic] il Duce, i suoi aiutanti e la Patria, la nostra Patria, Eccellenza, che è cosí bella e grande».

Un notaio, da Molfetta: «Duce del Fascismo, in questi giorni di febbrile trepidazione, vigilia tremenda del cataclisma che dovrà sconvolgere (mercé la guerra) non solo la stessa esistenza delle Nazioni e degli Stati, ma anche la stessa struttura dell'Umanità, in tutte le manifestazioni dei suoi attuali erronei ordinamenti, mi permetta, Eccellenza, a me... che io possa dal piccolo livello ove mi trovo, manifestare una parola, pronunciare una invocazione, affermare un desiderio. Questa parola è breve, e si compendia nelle due sillabe: *Pace!*

«Era questa la parola amata e predicata da Cristo! La parola dell'Angelo, la parola che rappresenta, per l'Umanità, l'unica e piú grande sua aspirazione, la piú grande sua felicità! – la *pace*!!

«Non dovrebbe essere questa la parola amata e preferita da una Nazione e dal suo *Capo*, che ha messo il Cristianesimo come base di religione, di morale, e di legge, alla Nazione istessa?...

vacca e, non di rado, anche molti altri aspetti della sua politica e che ora sembravano – e talvolta sinceramente – dimenticare tutto (o forse sperare che la lezione servisse a fargli cambiar politica) di fronte al «successo» (o allo scampato pericolo) di Monaco. Un caso tipico è quello

«Eccellenza. Come Uomo, come Cittadino, come Cristiano, nonché come *Capo* fortunato di un popolo di 50 milioni di sudditi, non bramerebbe anche Lei che queste spaventevoli sciagure siano evitate? E che infine la parola *Pace* possa volere trionfare, per il bene e per la salvezza di tutti?...»
E, infine, un ingegnere fascista, da Roma: «A S. E. Benito Mussolini, Duce d'Italia,
«Un'idea:
– Recatevi in aereo, subito, da Hitler. Convincetelo ad accettare che le zone sudetiche e quelle in contestazione vengano occupate al piú presto da forze militari italiane e vi rimangano fino a plebisciti ultimati.
– Proseguite in aereo per Londra dopo avervi convocato Benes e naturalmente Chamberlain. Convincete questi signori ad accettare la detta soluzione.
«Hitler forse accetterà dato che Vi considera un buon amico anche per le prove che gli avete dato in questi giorni e la formale promessa che avete fatto di essere al suo fianco in caso di conflagrazione...
«Se questo piano riuscirà avrete salvato l'Europa e forse il mondo da un grande massacro e Vi renderete soprattutti benemerito».

Dopo Monaco.
Un primario degli Ospedali civili di Genova: «Duce! non potevate provare piú umanamente il Genio che vi ha concesso Dio, il quale, disse un giorno il Pontefice: visibilmente Vi protegge. Grazie!»
Un'operaia chimica, da Milano: «A Voi Ill.mo Nostro Duce che avete salvato tutta l'intera umanità e specialmente la nostra cara e bella Italia, unita alla mia famiglia, invio. E lunga vita e che Iddio le dia tanta salute, unito a tutti i suoi cari; e auguri anche ai nostri buoni Sovrani, Imperatori. Grazie di cuore per tutto quello che fa. Duce, Duce, Duce».
La sorella di un caduto della guerra '15-18, da Venezia: «Duce, in alto c'è un Supremo, ma dopo di Lui, siete Voi, sulla terra. L'avevo sempre pensato, ed ora, con questa prova suprema, m'avete data la certezza... Permettete che, a mezzo di questo foglio, Vi mandi i miei e di mia famiglia i ringraziamenti, per la salvezza della nostra bella e vittoriosa Italia.
«L'Iddio Vi benedica».
Un insegnante, da Giarre: «Duce, Tu sei la luce del mondo e il sale della terra. Io che ti seguo e ti adoro perché hai fatto della nostra patria il faro luminoso cui s'affida l'umanità che ha perduto le vie del futuro, vorrei guardarti negli occhi in cui la nostra stirpe si riconosce e si esalta e baciar la tua mano possente che comanda e affida col gesto di Cesare e di Gesú».
Una bidella, da Torino: «Duce, giunga a Voi un sentito grazie per la pace conclusa. Mio nipote combatté già per l'Impero era ora nuovamente richiamato. La mia ansia la può solo immaginare chi ha un cuore di padre come Voi. Ed ora che, mercé Vostra, o Duce, la pace è conclusa, vada a Voi il mio sincero e sentito grazie anche a nome di tutte le mamme che come me vivevano in ansia e in affanno. Dio che tutto vede, saprà rendervi tutto il bene che Voi fate all'Italia e all'umanità. A Voi la mia fede».
«Una mamma vedova della grande guerra»: «Che Dio Vi benedica Duce! Voi siete la luce che illumina il mondo!»
Un uomo, da Verona: «O Duce che il Buon Dio seguirà ovunque i vostri passi e vi conserverà salute forza e lunga vita.
«Mi permettete che in segno alla mia piú alta devozione baci le vostre mani».
Una giovane di venticinque anni, da Roma: «Duce, che Dio ti benedica! Questa è la preghiera che parte dal mio cuore ogni mattina, è per Voi e per i miei cari. E si rinnova piú fervida alla vigilia di qualche grande evento... e Dio mi ascolta e benedice Te e le tue opere, per il bene della nostra Italia».
E, infine, un possidente toscano, da Sinalunga: «Duce, consentiTe che io Vi gridi la mia riconoscenza di padre, la mia ammirazione di uomo e la mia esaltazione di fascista per il modo mirabile con cui avete risolto, senza sforzo apparente e con un tempismo perfetto, una situazione che appariva ormai paurosa a tutto il mondo.
«Voi, Duce, salvando la pace, avete innalzato di mille cubiti il nome Vostro e quello della nostra Italia...
«Duce, Voi a Monaco avete incommensurabilmente estese le frontiere ideali ed economiche della Nazione; Dio Vi conservi a lungo per il suo bene!»

del principe di Piemonte che il 30 settembre si affrettò ad inviare al sottosegretario alla Presidenza Medici del Vascello il seguente biglietto [177]:

> Caro Medici! Vi sarò molto grato se vorrete dire Voi – per me – al Duce tutta la parte che ha preso agli avvenimenti di questi giorni.
> Avrei voluto telegrafare o scrivere direttamente – ma ho pensato – che piú presto e meglio tramite Vostro – i miei sentimenti sarebbero giunti a Lui.
> Ditegli – Vi prego – tutta la mia esultanza per questo nuovo cosí grande successo personale!
> Ditegli come il mio animo di italiano ancora ha vibrato di gratitudine – di fierezza – di profonda completa ammirazione..

Arrivati a questo punto, prima di passare al «dopo Monaco», a ciò che per la politica interna ed estera italiana esso significò e anche a ciò che avrebbe potuto significare, è necessario fermarsi un momento su un problema che sino ad ora abbiamo solo sfiorato. Tutti coloro che vissero la crisi cecoslovacca vicino a Mussolini e anche quasi tutti gli osservatori stranieri in Italia, non ultimo il pontefice [178], erano convinti che nel settembre '38 Mussolini tutto voleva tranne un conflitto e soprattutto che l'Italia fosse costretta a parteciparvi. Alcune sue battute, come quella riferita da Ciano a chiusura delle sue annotazioni relative agli avvenimenti del 28 settembre non devono ingannare. Mussolini era consapevole della impreparazione militare italiana, si rendeva conto che il conflitto sarebbe stato lungo (il che avrebbe aggravato l'inferiorità militare dell'Italia) e, molto probabilmente, che, qualunque ne fosse stato l'esito (e in quel momento la sua considerazione per la preparazione e le capacità militari tedesche non era ancora particolarmente grande), esso avrebbe impoverito tutti i belligeranti e portato acqua al mulino del comunismo internazionale [179]. Oltre a ciò, egli era cosí consapevole che l'Asse era «ancora» impopolare che pare dicesse che per farlo accettare agli italiani gli ci sarebbero voluti dodici anni [180] e che la politica autarchi-

---

[177] ACS, *Presidenza del Consiglio dei ministri, Gabinetto, Atti (1937-39)*, fasc. 15-2/5778. Sulla base di questo biglietto e della difficoltà di considerarlo – data la figura morale del principe ereditario – frutto di mero opportunismo, non riteniamo attendibili le notizie (del resto assai vaghe e di per sé poco convincenti) che l'anno dopo furono trasmesse a Londra dall'ambasciatore inglese al Cairo circa un presunto colpo di stato che nei giorni immediatamente precedenti Monaco sarebbe stato tramato dalla principessa di Piemonte, da Badoglio (che avrebbe assicurato l'adesione anche di Graziani) e da alcuni non meglio identificati antifascisti milanesi per abbattere il regime e proclamare sovrano, sotto la reggenza di Maria José, il piccolo Vittorio Emanuele; e ciò con la personale adesione del principe Umberto che – sempre secondo le notizie raccolte dagli inglesi – avrebbe addirittura firmato anticipatamente la sua rinuncia alla successione al padre. Cfr. D. BOLECH CECCHI, *Un colpo di stato antifascista di Maria José nel settembre 1938?*, in «Il politico», dicembre 1979, pp. 677 sgg.
[178] Cfr. *DDF*, s. II, XI, pp. 731 sg. Per l'atteggiamento del pontefice di fronte alla crisi cecoslovacca e a Monaco cfr. A. MARTINI, *Pio XI, la pace e gli accordi di Monaco*, in «Civiltà cattolica», 20 settembre 1975, pp. 457 sgg.
[179] Questa era, tra l'altro, l'opinione dell'ambasciatore Perth, cfr. *DBFP*, s. III, III, p. 499.
[180] Cfr. E. DE BONO, *Diario* cit., q. 43, alla data del 30 ottobre 1938.

ca, premessa di una «effettiva» autosufficienza economica e quindi di un vero riarmo, era anch'essa ancora cosí in alto mare da escludere la possibilità di far fronte alle esigenze di una guerra moderna, per di piú quasi certamente lunga. Se ciò era vero – e anche noi ne siamo convinti – l'interrogativo d'obbligo è: perché Mussolini si impegnò al punto che se una guerra generale fosse scoppiata non avrebbe potuto non parteciparvi e, senza il colpo di scena dell'appello di Chamberlain, vi avrebbe partecipato? Limitarsi a rispondere con quanto abbiamo già detto parlando del discorso di Trieste non è sufficiente. Rispondere ricorrendo ad argomenti quali l'indebolimento delle sue capacità politiche, il puro azzardo, il senso del dovere verso Hitler, l'impossibilità morale e politica, dopo quanto aveva detto, di smentirsi o, peggio, l'influenza dell'ottimismo e della leggerezza di Ciano è impossibile. Meno di un anno dopo, in una situazione per lui piú difficile – l'Asse concretizzatosi in vera e propria alleanza –, questi stessi argomenti non avrebbero avuto la forza di spingerlo a partecipare al conflitto innescato dalla questione di Danzica e di impedirgli sin dall'inizio di tenere un atteggiamento assai piú cauto. E, quanto a Ciano, se è vero che, da sostenitore dell'alleanza con la Germania, egli si era nel frattempo trasformato in suo critico ed avversario, è però anche vero che non era certo lui che poteva indurre Mussolini a non fare quello che «sentiva» di dover fare. La risposta all'interrogativo che ci siamo posti va dunque cercata altrove. E, a nostro avviso, la si può trovare solo facendo ricorso all'«ideologia» mussoliniana e alla sua forza di condizionamento, talmente operante in questo periodo da aver la meglio sul suo senso politico e sulla sua capacità di «non superare la propria apertura di compasso». Ci riferiamo cioè alla sua convinzione che la Francia e l'Inghilterra non avrebbero fatto la guerra perché demograficamente «vecchie» e quindi prive del dinamismo morale necessario per rischiare e sacrificarsi e perché i loro «esangui» ed «egoistici» regimi democratici (e soprattutto quello inglese in cui non erano neppure presenti quelle energie sovvertitrici e ideologiche che operavano invece in quello francese e ne condizionavano il governo) erano anch'essi partecipi della stessa mancanza di dinamismo. Convinzione dalla quale derivava la certezza che, appoggiando Hitler e, anzi, andando per certi aspetti anche piú avanti di lui, egli avrebbe potuto cogliere senza rischio alcuno tutta una serie di risultati positivi: dare un colpo, umiliare la Francia e l'Inghilterra, mettere in crisi i loro rapporti e in particolare quelli della Francia con l'Urss, dare una prova lampante della vitalità dell'Asse, acquistarsi simpatie e consensi in Polonia e in Ungheria utili a contrastare la crescente presenza politica ed economica tedesca in questi due paesi. E di tale convinzione vi è una eco nella chiusa del suo discorso del 25 ottobre '38 al Consiglio nazionale del PNF, laddove, concludendo la sua perorazione a sostegno dei compiti che il partito doveva assolvere per formare fascisticamente gli italiani, disse [181]:

> Io ero matematicamente sicuro che i francesi e gli inglesi non si sarebbero mossi contro di noi. Da dove deriva questa sicurezza? Dalla tabella delle categorie delle popolazioni inglesi e francesi divise per età. Risultava da quelle tabelle di origine francese che in Francia ci sono dodici milioni di uomini che hanno piú di cinquantacinque anni finiti. Ci potranno essere delle eccezioni, ma la grande massa, giunta al traguardo dei cinquantacinque anni, è una massa stanca, disillusa, che ha avuto le inevitabili malattie che accompagnano la vita dei mortali, che desidera soltanto bere dell'acquavite, fumare dell'ottimo tabacco, stare tranquilla.
> Il dinamismo è finito. Non può piú esistere; è finito, perché il dinamismo è dei giovani. Sono i giovani che rischiano, gli altri, se hanno arrischiato, chiudono il capitolo; se non hanno arrischiato, non desiderano piú farlo. Ecco perché noi siamo sicuri del nostro futuro, ecco perché tendiamo tutte le nostre energie del popolo italiano verso l'obiettivo della potenza. Perché l'Europa del domani sarà un complesso di tre o quattro masse democratiche, attorno alle quali saranno dei piccoli satelliti. Noi saremo una di quelle grandi masse.

Visto in questa prospettiva «ideologica», non solo il comportamento di Mussolini nella vicenda cecoslovacca acquista una sua logica che altrimenti non avrebbe, ma fa intravvedere quanto la lezione del settembre '38 influí sul suo comportamento dell'agosto successivo, quando, abbandonate (checché avesse detto al Consiglio nazionale del PNF per giustificare il suo comportamento, esaltare la sua lungimiranza e fermezza e offrire una «prova inoppugnabile» della necessità di realizzare le sue direttive politiche) le sue sicurezze «ideologiche», il «duce» affrontò la crisi che portò allo scoppio della seconda guerra mondiale con tutt'altro spirito e realismo politico.

E veniamo al «dopo Monaco». In politica interna, si potrebbe essere tentati di dire che Monaco non ebbe conseguenze o, se ne ebbe, l'unica sembrerebbe essere stata quella di provocare, sia pure con i limiti ben precisi che abbiamo detto, l'ultimo balzo in alto del termometro del «consenso», se non per la politica, per il prestigio personale di Mussolini. Tutte le varie iniziative che abbiamo visto caratterizzare il regime negli ultimi due anni di pace per l'Italia erano state infatti avviate o messe allo studio prima di Monaco. Limitarsi a questa constatazione sarebbe però sbagliato sia in generale, sia soprattutto per quel che riguarda

[181] MUSSOLINI, XXIX, pp. 195 sg.

Mussolini. Contrariamente all'apparenza, Monaco ebbe infatti conseguenze estremamente importanti per la realtà del regime. Non determinò nuove iniziative, ma indusse Mussolini e dietro di lui i varii organismi preposti alla politica di massa del regime, il PNF e i ministeri della Cultura popolare e dell'Educazione nazionale, ad accelerare la realizzazione di tali iniziative e mettere in esse una carica radicale nuova.

Dopo la delusione provocata in lui dall'atteggiamento del popolo italiano di fronte alla prospettiva di un conflitto europeo e dalla reazione del paese all'accordo di Monaco, per Mussolini era infatti necessario ancor piú di prima bruciare i tempi della totalitarizzazione del regime e portarla intransigentemente il piú a fondo possibile, in modo da farla finita con tutti coloro che non condividevano e cercavano di frenare la sua politica e in modo da dare finalmente vita, attraverso le giovani generazioni, all'«uomo nuovo». I diari di Ciano, Bottai, De Bono, le sue pubbliche prese di posizione, tutto ciò che sappiamo sul suo atteggiamento psicologico, i suoi propositi, la sua azione di governo e di capo del fascismo non lasciano a questo proposito dubbi. La sua irritazione contro la monarchia e i suoi propositi di farla finita con essa, contro la Chiesa (in Gran Consiglio il 18 ottobre parlò del Vaticano come del «ghetto cattolico» e di Pio XI come del «pontefice che lascerà dietro di sé il maggior cumulo di macerie»[182] e un mese dopo fece una terribile lavata di testa al federale di Milano, R. Parenti, accusandolo di aver avuto la dabbenaggine di credere che il cardinale Schuster fosse diventato un fascista e di aver creato cosí pericolose confusioni tra la Chiesa e il fascismo[183]) e soprattutto contro la borghesia raggiunsero il loro acme dopo Monaco. E fu dopo Monaco che piú dure e frequenti tornarono a farsi le sue prese di posizione ruralistiche e in favore della campagna demografica[184]. Per non dire del suo discorso «semisegreto» del 25 ottobre '38 al Consiglio nazionale del PNF, quello dei tre «poderosi cazzotti allo stomaco della borghesia» e della spiegazione del perché della sua sicurezza di fronte alla crisi cecoslovacca, in cui il riferimento a come gli italiani avevano vissuto Monaco è esplicito e netta è la sua condanna del comportamento, anche in quell'occasione, della borghesia[185]:

---

[182] Cfr. G. CIANO, *Diario* cit., p. 197; nonché G. BOTTAI, *Diario* cit., f. 617, alla data del 18 ottobre 1938.
[183] Cfr. in ACS, *Segreteria particolare del Duce, Carteggio riservato (1922-1943)*, 242/R, fasc. «Parenti Rino», la lettera, in data 29 novembre '38, con la quale Parenti cercò di giustificarsi.
[184] Cfr. MUSSOLINI, XXIX, pp. 221-23.
Già il 17 settembre 1938 Mussolini aveva diramato a tutti i prefetti il seguente ordine telegrafico: «È necessario arginare il piú rapidamente e radicalmente possibile l'esodo dei rurali. Nell'attesa di una legge che sto elaborando ordini che non siano iscritti agli uffici di collocamento i contadini che abbandonano il loro podere» (ACS, *Min. Interno, Ufficio cifra, Tell. in partenza, sub data*).
[185] MUSSOLINI, XXIX, pp. 192 sgg.

siamo usciti da una grave crisi: quella di Monaco. Ma, notate bene, camerati, che ci sono, per Monaco, due cose sulle quali si mette l'accento. I borghesi mettono l'accento sulla parola «pace»; viceversa i fascisti degni di questo nome mettono l'accento su un altro fatto: è la prima volta dal 1861 che l'Italia ha avuto una parte preponderante e decisiva. Quello che è avvenuto a Monaco è colossale... Ora l'Asse sta sullo stomaco a questi borghesi, che hanno sempre l'occhio sulla Francia e pensano che l'Inghilterra è l'ideale di ogni Stato ed anche di ogni individuo educato... Ma soprattutto perché l'Asse significa la fine di tutte quelle ideologie, di tutte quelle tendenze nelle quali ancora, per una parte residua, la borghesia crede... Questi ridicoli residui pretenderebbero di rappresentare il popolo italiano, questi burattini di un teatro demolito vorrebbero che noi li prendessimo sul serio. Non lo abbiamo fatto e non lo faremo.

Motore di questa azione fu soprattutto, come già dopo la visita di Hitler, il partito guidato da Starace, che vi si dedicò, com'era sua abitudine, con foga intransigente e fanatica. Il 3 novembre '39, nella relazione redatta per il passaggio delle consegne a Muti, nominato suo successore alla guida del PNF[186], Starace, passando in rassegna i vari settori d'intervento del partito e le tematiche centrali di formazione politica al centro della sua azione di segretario generale, avrebbe posto l'accento soprattutto sullo sviluppo «fino al limite estremo» da lui dato alla struttura capillare del partito, in modo da spingere «l'opera di coesione e di educazione» del partito stesso non solo «in tutti i settori e in tutte le categorie», ma «fino all'unità minima, alla quale esso potesse rivolgersi: cioè fino al singolo».

La creazione dell'uomo, dell'italiano nuovo di Mussolini, capace di credere di obbedire di combattere, è stato infatti l'obbiettivo costante, verso il quale il partito si è rivolto con tutte le sue forze.

In queste parole vi sarebbe stata certo molta sopravvalutazione dei risultati conseguiti, ciò che qui però ci interessa mettere in rilievo è che lo sforzo massimo in questa direzione fu prodotto dopo Monaco e in particolare dopo la riunione del Gran Consiglio del 18 ottobre '38 in cui Starace tenne una relazione che, per quanto ne sappiamo, fu in larga parte legata proprio alla situazione «morale» interna durante gli ultimi mesi e incentrata in particolare sugli atteggiamenti emersi rispetto all'Asse, alla politica razziale, alla crisi dei rapporti con la Chiesa, alla crisi cecoslovacca e all'accordo di Monaco.

I risultati di questa azione ci appaiono oggi assai modesti e – lo abbiamo già detto – spesso controproducenti e proprio soprattutto per la pretesa di Mussolini e di Starace di portarla sino «all'unità minima»,

---

[186] ACS, *Segreteria particolare del Duce, Carteggio riservato (1922-1943)*, 242/R, fasc. «Starace on. Achille», sott. 1, «Attività politica».

al singolo, per il loro voler entrare cioè sin nelle case e addirittura negli animi della gente, anche di coloro che – pur non essendo o non pensando neppure di poter essere contrari al regime nel suo insieme – volevano però salvaguardare almeno la loro vita privata di «buoni» e «fedeli» cittadini e «fascisti» dalle intrusioni dello Stato e della sua politica. Da qui una crescente stanchezza, insofferenza e irritazione per le continue iniziative del partito e delle organizzazioni da esso dipendenti, una sempre piú diffusa ricerca di sottrarsi e difendersi da esse che, generalizzandosi sempre di piú, finiva per gettare ancor piú discredito sul partito e sul regime, un estraniarsi e resistere passivamente anche ad altre iniziative che, invece, non mancavano né di logica né di utilità, un manifestare la propria critica e la difesa della propria sfera privata attraverso il ricorso alla battuta sarcastica e all'irrisione (le famose barzellette), in sé certo non pericoloso per il regime, ma che contribuiva a determinare un'atmosfera di scontento e di denuncia che finiva per contagiare anche una parte dei fascisti e per preoccupare quei gerarchi, ed erano i piú, che non condividevano questi «eccessi», li consideravano politicamente pericolosi e frutto di mera infatuazione imitativa per il nazionalsocialismo. Per non dire di quelli che vedevano nell'azione di Starace un pericolo anche piú grave: una manovra dello stesso Starace per rilanciare il PNF a danno dello Stato e in chiave populistica, ovvero una manovra del «gruppo Ciano» per finire di accentrare tutto il potere nelle proprie mani. Da qui, anche a questo livello, il diffondersi – anche prima che nel paese – di un crescente malcontento, in parte sincero in parte dettato dal timore di essere prima o poi accantonati ed estromessi dal potere a vantaggio di altri uomini e gruppi di potere direttamente collegati con Starace, con Ciano, con i tedeschi. E ciò anche se in realtà il sodalizio politico tra Ciano e Starace (e Alfieri e Sebastiani), sorto soprattutto in funzione – lo si è visto – del comune interesse per un piú impegnativo intervento in Spagna e rafforzatosi poi grazie un po' al comune atteggiamento filotedesco e un po' all'interesse di Starace di rafforzare la propria posizione di segretario generale del PNF insidiata da molti e pericolosi aspiranti (da Bottai a Farinacci) e di evitare che Ciano potesse pensare di mettere al suo posto un proprio uomo[187], cominciava proprio allora a scricchiolare. Anche Ciano era infatti tra coloro che consideravano negativamente il nuovo giro di vite interno avviato dopo la visita di Hitler e vieppiú accentuato dopo Monaco. Solo che, non avendo il coraggio di affrontare

---

[187] È sintomatico che all'inizio del 1937 fosse circolata la voce di una prossima sostituzione ai vertici del PNF di Starace con R. Riccardi sostenuto, appunto, da Ciano. Cfr. *Informazioni Cremonesi*, alla data del 17 gennaio 1937.

direttamente il problema con Mussolini, di cui conosceva benissimo la intransigenza in materia, cercò di agire su Starace e di convincerlo a moderare l'azione del partito e soprattutto la campagna antiborghese [188], incontrando però un netto diniego. Molte cose si possono infatti dire e sono state dette *ad abundantiam* per anni, durante il fascismo e dopo, contro Starace, ma non che fosse un opportunista o che avesse paura di mettersi, se lo riteneva giusto, contro i potenti. Di modesta intelligenza e di ancor più modesta cultura, era però un uomo onesto, coerente e in buona fede. Fedelissimo a Mussolini in modo quasi morboso, tanto che quando fu estromesso anche da comandante della Milizia e non ebbe più alcuna possibilità di avere rapporti diretti con lui ne soffrí moltissimo e la sua maggior gioia era di poterlo almeno vedere, frammisto alla folla, quando si affacciava dal balcone di palazzo Venezia o interveniva a qualche pubblica cerimonia, non si può però dire che la sua azione tesa ad eseguire e interpretare le direttive del «duce» fosse priva di convinzione. E se non di rado strafaceva nell'attuare tali direttive, non di rado era perché cercava di essere perfino più coerente dello stesso Mussolini, arrivando sino a discutere senza paura con lui certe sue decisioni e certi suoi tentennamenti o tatticismi [189].

Constatare che questi risultati furono modesti e spesso controproducenti non deve però portare a sottovalutare l'importanza, il significato potenziale della scelta politica che era alla loro origine e ancor meno a sopravvalutare la loro incidenza negativa rispetto al regime. Quanto abbiamo detto nel secondo capitolo parlando del «consenso» in questi anni ci sembra dovrebbe rendere chiaro sia cosa vogliamo dire sia la diversità delle prospettive lungo le quali si muovevano Mussolini facendo questa scelta politica e coloro che, all'interno dello stesso gruppo dirigente fascista, la criticavano o addirittura non la condividevano. Una diversità di prospettive che mostra bene a che punto, verso la fine del '38, fosse ormai arrivata l'evoluzione del regime rispetto alle premesse sulle quali esso si era costituito e aveva per circa un decennio preso corpo. Una diversità che – nonostante tutto – la politica interna rivelava in quel momento meglio della politica estera, dato che, se la lezione di Monaco esasperò in senso ideologico la prima, costrinse al tempo stesso Mussolini a ritornare ad una concezione e ad una gestione assai meno

---

[188] Cfr. G. CIANO, *Diario* cit., p. 222 e anche pp. 201 e 223.
[189] Il meno peggiore tra i profili un po' ampi di Starace è quello di S. SETTA, *Achille Starace*, in *Uomini e volti del fascismo* cit., pp. 443 sgg.; molto più storicamente valido è però il breve elzeviro di C. LAURENZI, *Starace fascista «sui generis»*. *Il prode Achille*, in «Il giornale nuovo», 20 settembre 1978, che mette bene a fuoco la sua personalità e anche la sua azione politica, tanto negli aspetti più criticabili e negativi, quanto in quelli positivi, in particolare la sua fermezza nel combattere «una battaglia, coraggiosa e inutile, contro un certo perenne malcostume italiano».

ideologica della seconda. Né, per finire con la politica interna, si deve sopravvalutare il fallimento degli sforzi per vincere l'ostilità del paese all'Asse e a ogni idea di guerra che Monaco aveva rivelato tanto clamorosamente e aveva reso anche piú diffusa. A metà maggio, esaminando nel suo già ricordato rapporto alla direzione del Partito socialista la situazione italiana [190], E. Curiel si era ampiamente soffermato sul problema di quale sbocco avrebbe potuto avere questa ostilità. E, con molto realismo, aveva esortato ad «andare cauti» nel trarre conclusioni ottimistiche. Almeno sui tempi brevi, ché in una prospettiva piú lunga il suo giudizio, tenendo conto della «maturazione» delle forze cattoliche, della media e piccola borghesia commerciale e industriale profondamente toccate dalle difficoltà economiche e dei giovani, era stato piú positivo. «L'enorme maggioranza della popolazione italiana» – aveva scritto – era, «o per ragioni storiche o semplicemente per la riluttanza ad un'alleanza aggressiva», contraria all'Asse e ad una guerra. Poteva esservi qualcuno che guardava «con qualche soddisfazione» alla prospettiva di un «ricatto su qualche Stato (la Iugoslavia, per esempio) che rechi molteplici "vantaggi" senza perdita alcuna e che risolva il "problema delle materie prime"»; nessuno però voleva una guerra generale:

> noi possiamo infatti affermare colla massima sicurezza che nemmeno il vecchio gregario fascista, che nemmeno l'ufficiale di carriera, patriottardo e sciovinista, desiderano l'urto generale delle potenze europee: nemmeno essi seguono il fascismo in queste sue ultime e ineluttabili conseguenze.

Ciò nonostante, «la profonda e nefasta influenza che il fascismo ha esercitato su tutti e alla quale non si sottraggono interamente gli stessi antifascisti dichiarati e piú o meno militanti» rendeva questo stato d'animo, questa opposizione del tutto inoperante politicamente:

> Oggi infatti – continuava Curiel – non è possibile ritenere questo stato di opinione capace di un'efficace pressione sulla dittatura, anzitutto perché essa è in grado di reprimere facilmente ogni velleità di oppositori, ma soprattutto perché la nazione italiana ed alla sua testa la maggioranza del proletariato non sanno esattamente cosa volere. Il fascino delle democrazie è sensibilmente ridotto sotto il peso della propaganda fascista e sotto le poco convincenti dimostrazioni di anni. (Non si deve credere però che tutti accettino in blocco il giudizio fascista: lo accettano i giovani fascisti e antifascisti, i vecchi antifascisti, delusi nelle loro speranze).
> E la conseguenza di questo odio resta solo in un senso di scoramento generale, in uno scetticismo disperato sull'avvenire immediato.
> Esso rende possibile qualche breve segno di opposizione, ma il significato di questi gesti isolati e sporadici, non sorretti dall'ambiente scettico e stanco, non si deve sopravvalutare: possono essere soltanto le testimonianze di uno stato d'animo,

---

[190] E. CURIEL, *Scritti* cit., I, pp. 203 sgg.

che si mostra anche nei numerosi suicidi tra i richiamati, che si mostra nel rilassamento della disciplina militare, ma che non credo possa oltrepassare questi limiti. Esso si esaurisce nei «sentito dire» sulla monarchia e lo stato maggiore, si culla nella speranza di un colpo di testa di Mussolini, provoca ondate di ottimismo ingiustificabili (nell'ultima settimana buona parte della gente era convinta che la guerra non si sarebbe fatta).

Vera a metà maggio, questa diagnosi era ancor piú vera cinque mesi dopo, quando l'«intervento risolutore» di Mussolini aveva rinfocolato molte speranze, fatto perdere vieppiú credito alla Francia e all'Inghilterra, attenuata la paura. E ciò in un contesto internazionale che sarebbe andato degradandosi (anche in conseguenza di Monaco) sempre di piú sino a sfociare, questa volta sí, nella guerra con una tale rapidità che le previsioni di chi, come Curiel, puntava sulla progressiva maturazione delle forze potenzialmente ostili al regime si sarebbero dimostrate nel migliore dei casi affidate a tempi troppo lunghi.

E veniamo ora alle conseguenze che l'accordo di Monaco ebbe per la politica estera mussoliniana. Ché ormai piú che sul ruolo di Ciano si deve mettere l'accento su quello di Mussolini, dato che con l'estate del '38 il «duce» aveva ormai praticamente ripreso nelle sue mani la direzione della politica estera, lasciandone al genero poco piú che la gestione quotidiana, cedendogli per altro sempre di piú la direzione di quella interna, di cui il genero divenne in pratica il vero deus ex machina.

Alcuni anni orsono il Pastorelli ha scritto [191] che la Conferenza di Monaco

rappresenta l'apice della nuova politica mussoliniana. La Germania questa volta ha informato regolarmente delle sue mosse, giungendo fino a proporre un incontro segreto fra i due capi al Brennero. La Gran Bretagna – ma l'iniziativa è anche francese – si rivolge all'Italia per la mediazione. Anche a Monaco, Mussolini ha un ruolo determinante: impone lo schema d'accordo che, se pure di origine tedesca, era superato di ventiquattro ore, e impone le rivendicazioni ungheresi. Hitler deve accettare entrambe le cose, dando veramente a Mussolini il ruolo di «primo». A questo punto tutto procede nel modo migliore: la stretta amicizia con la Germania dà forza a Mussolini ma non lo lega, ed è pure accompagnata dalla desiderata posizione di primato rispetto ad Hitler; una vera situazione di privilegio che consente di mantenere, e forse di migliorare, i risultati raggiunti con gli inglesi, e di procedere al regolamento delle questioni pendenti con i francesi.

Per capire la politica estera fascista successiva a Monaco questo quadro teorico o, se si preferisce, potenziale è da tenere sempre presente. Esso, infatti, è non solo teoricamente perfetto, ma corrisponde sostan-

---

[191] P. PASTORELLI, *La politica estera fascista dalla fine del conflitto etiopico alla seconda guerra mondiale* cit., p. 111.

zialmente a come anche Mussolini doveva vedere la situazione e i possibili sviluppi della sua politica lungo una linea di dinamismo molto maggiore che nei due anni precedenti, reso possibile e dal prestigio e dalla riconoscenza che l'Italia si era (o egli credeva si fosse) acquistati con Monaco e dall'oggettiva maggiore possibilità che Roma nella nuova situazione internazionale (in cui oltre tutto la questione spagnola incideva molto meno di prima, un po' perché la vittoria dei nazionalisti era ormai praticamente scontata e, dopo la posizione presa da Franco nel momento culminante della crisi cecoslovacca, preoccupava sempre meno Londra e in qualche misura anche Parigi, un po' perché il fuoco dell'attenzione internazionale si era ormai spostato al centro Europa) aveva di *pendolare* tra Londra e Berlino.

Non è facile dire con certezza come in concreto Mussolini pensasse di muoversi in questa nuova situazione. Molti elementi disponibili portano a ritenere però che – fermo restando ovviamente l'Asse Roma-Berlino, che solo gli poteva assicurare il peso politico e il deterrente necessari a realizzare il suo progetto –, egli pensasse di affiancare ad esso una sorta di altro asse Roma-Londra, che non escludesse naturalmente il primo e neppure quello tra Londra e Parigi, ma che dovesse essere, per cosí dire, quello portante di tutto il sistema, in quanto avrebbe dovuto avere la funzione di assicurarne l'equilibrio di fondo, servire da freno e da ammortizzatore delle intemperanze degli altri due reciproci partners e fungere da fulcro di un direttorio di fatto delle quattro grandi potenze, che non sarebbe stato piú il vecchio «patto a quattro» – sia perché non formalizzato, sia soprattutto perché al suo interno vi sarebbero state in pratica due potenze «maggiori», per la loro funzione moderatrice ed egemonica, Inghilterra e Italia, e due potenze «minori», Germania e Francia –, ma avrebbe avuto in pratica una funzione simile e, come quello, sganciata dalla Società delle Nazioni, che, a sua volta, sarebbe dovuta essere «riformata» e al limite liquidata. A questo sistema triassico Mussolini, infine, non doveva escludere che si potessero via via aggregare altri assi minori e complementari, come quello – da lui e ancor piú da Ciano concepito in funzione di contenimento ad est e a sud-est del dinamismo tedesco – Roma-Praga-Versavia e Roma-Belgrado-Budapest [192]. In quest'ultima prospettiva assai significativi sono alcuni accen-

[192] Nei mesi immediatamente successivi a Monaco da parte italiana fu svolta una intensa attività anche in direzione della Romania con un quadruplice intento: favorire la costituzione di una Triplice danubiana (Polonia, Ungheria, Romania), avvicinarla all'Asse, contrastare la spregiudicata penetrazione economica tedesca in quel paese e trovarvi uno sbocco per l'economia italiana. Molte speranze furono a questi ultimi due fini attribuite ad una missione economica, guidata da R. Riccardi e svoltasi in novembre e che successivamente passò anche in Iugoslavia. ACS, *Segreteria particolare del Duce, Carteggio riservato (1922-1943)*, W/R, fasc. «Riccardi R.», sott. 1.

ni del diario di Ciano[193] e ancor piú l'azione svolta a Monaco e subito dopo a sostegno delle rivendicazioni polacche e soprattutto ungheresi ai danni della Cecoslovacchia, non a caso osteggiate sino all'ultimo dai tedeschi e, alla fine, accettate da essi solo per non pregiudicare la possibilità di giungere alla tanto desiderata alleanza formale con Roma[194].

Di questo complesso piano è possibile trovare, subito dopo Monaco, qualche eco persino nella stampa fascista piú seria e piú vicina a Mussolini, in particolare in due articoli di «Civiltà fascista», *Ragioni inglesi della crisi di settembre* e *A Monaco e dopo Monaco*[195], nei quali, non a caso, si insisteva sulla necessità di deideologizzare i problemi internazionali (sulla cui strada Monaco sarebbe stato un primo passo), si diceva a tutte lettere che

> mentre l'Inghilterra ha dimostrato nella piú grave crisi degli ultimi vent'anni di saper portare nell'asse Londra-Parigi una influenza di moderazione e di pace, l'Italia dal canto suo ha saputo esercitare nell'asse Roma-Berlino una funzione parallela a quella dell'Inghilterra. Per modo che si potrebbe anche pensare che l'Europa nuova tenda ad ordinarsi non tanto su un patto a quattro, quanto su una libera collaborazione delle potenze continentali, regolata da due valvole di sicurezza: quella dell'Impero Inglese e quella dell'Impero Italiano. Il primo insulare, ma reso ormai continentale dallo Stretto, il secondo continentale, ma reso quasi insulare dalla barriera delle Alpi

e si arrivava ad accennare alla possibilità che il «brusco tuffo nella realtà» di Monaco, che aveva fatto riprendere alla Francia «immediato contatto con i suoi interessi nazionali», la inducesse anche a «cercare la sua sicurezza nel potenziamento della propria forza, nella stipulazione di alleanze fondate sulla comunità di interessi nazionali, non sulla solidarietà delle ideologie». Un accenno, quest'ultimo, assai interessante, dato che il piano di Mussolini non escludeva affatto e, anzi, prevedeva – a questo punto – un accordo diretto con Parigi.

Maestro di equilibri in politica interna e naturalmente portato a non chiudersi mai alle spalle alcuna porta, l'idea di Mussolini doveva essere insomma quella di non legarsi maggiormente con la Germania («Noi dobbiamo – annotava il 27 ottobre Ciano[196] – tenere le due porte aperte. L'alleanza oggi ne chiuderebbe, forse per sempre, una e non la meno importante») e di cercare di dar vita ad un sistema europeo fondato su

---

[193] Cfr. in particolare G. CIANO, *Diario* cit., p. 192.
[194] Cfr. *ibid.*, pp. 193, 195, 195 sg., 196 sg. (da cui risulta che Ciano era anche piú di Mussolini convinto dell'opportunità di sostenere integralmente le rivendicazioni ungheresi e di «accerchiare» la Germania), 199, 200, 204, 204 sg.; nonché *L'Europa verso la catastrofe* cit., pp. 366 sgg.
[195] HISTORICUS, *Ragioni inglesi della crisi di settembre*, in «Civiltà fascista», ottobre 1938, pp. 920 sgg. (da cui sono tratte le citazioni); ERBA, *A Monaco e dopo Monaco*, *ibid.*, novembre 1938, pp. 1005 sgg.
[196] G. CIANO, *Diario* cit., p. 203.

un equilibrio di rapporti bilaterali tra loro condizionantisi, di cui Londra e Roma costituissero la cerniera ed il perno al tempo stesso. Una idea difficile da tradurre in atto, ma forse non irrealizzabile, se non avesse avuto il difetto di prevedere anche una serie di concreti vantaggi per l'Italia che, di fatto, la rendevano irrealizzabile. Poco importa se oggettivamente o per «miopia» altrui. E questo non tanto per i vantaggi che egli, spinto anche da Ciano, pensava di assicurarsi in Albania, ché, tutto sommato, Londra e Parigi potevano forse anche finire per accettare di fargli occupare, tanto piú che un'Albania saldamente in mani italiane poteva rappresentare un concreto ostacolo alla penetrazione tedesca lungo il Danubio, ma per quelli di cui avrebbe dovuto fare le spese la Francia. Per quanto limitati potessero essere *per il momento*, questi vantaggi comportavano infatti tre conseguenze che li rendevano inaccettabili a Londra ancor prima che a Parigi e tali da pregiudicare alla radice tutto il piano mussoliniano. Prima conseguenza: avendo bisogno per essere ottenuti dei «buoni uffici» di Londra a Parigi o, almeno, di un rifiuto inglese di appoggiare i francesi nella vertenza, avrebbero pregiudicato i rapporti anglo-francesi sui quali si fondava tutta la politica di Londra. Seconda conseguenza: avrebbero alterato il rapporto di forze tra Italia ed Inghilterra nel Mediterraneo a vantaggio dell'Italia, in un momento, per di piú, in cui, data la situazione in Estremo Oriente, questa via era per l'Inghilterra ancor piú vitale che in tempi normali. Terza conseguenza: le richieste italiane, già col solo essere prospettate – per non parlare del fatto che una volta posta sul tappeto la questione, diventava ovvio che esse erano solo le prime, a cui ne sarebbero seguite altre piú onerose – dimostravano che lo «spirito di conciliazione e di pace» di Mussolini era tutto strumentale e che il suo vero scopo era quello di poter continuare a servirsi – senza legarsi definitivamente con Hitler – della minaccia dei suoi rapporti privilegiati con Berlino per fare la *propria* politica e rafforzare la *propria* posizione a spese della Francia e indirettamente dell'Inghilterra e che, dunque, battendo la strada dell'accordo con lui non ci si sarebbe neppure assicurati veramente l'amicizia dell'Italia in caso di conflitto con la Germania, dato che Mussolini avrebbe continuato a pendolare sempre e a perseguire solo il proprio egoistico vantaggio e a rafforzarsi.

 I piú recenti studi sui rapporti anglo-italiani dopo Monaco e in particolare quelli della Quartararo [197] non lasciano dubbi in proposito. Dopo la prima effimera euforia – quell'euforia «da incubo» che in Inghilterra come in Francia colse per un momento tanti e che cosí bene ha saputo

---

[197] R. QUARTARARO, *Roma tra Londra e Berlino* cit., pp. 404 sgg.

rendere François Mauriac quando, nell'ottobre, scriveva: «La guerra regna ancora e piú che mai nei cuori e negli spiriti. Da domani ricominceremo il nostro sforzo. Oggi, abbiamo il diritto di respirare, di benedire Dio, di ascoltare i nostri ragazzi fare dei progetti, di guardarli non ancora straziati, con le mani ancora monde di sangue»[198] – la politica inglese abbandonò, nella sostanza, la ricerca di un vero *appeasement* cosí con Roma come con Berlino e si indirizzò sempre piú nettamente sulla strada del riarmo e della stretta alleanza con la Francia (e del rafforzamento dei legami con gli Usa) e, dopo la clamorosa ed inequivoca conferma della fondatezza del giudizio politico su cui essa si fondava che le venne dalla definitiva liquidazione, nel marzo '39, della Cecoslovacchia da parte di Hitler, del tentativo di accerchiare la Germania (trattative anglo-francesi con l'Urss) e l'Italia (accordi con la Grecia e la Turchia). Alla fine del '38 la scelta inglese era ormai fatta. Il discorso di Chamberlain ai Comuni del 15 dicembre, il messaggio da lui indirizzato in occasione dell'inizio del nuovo anno al periodico del suo partito «Home and Empire» e le sue dichiarazioni, pure ai Comuni, del 6 gennaio '39 sono chiari. E ancora piú eloquente è l'analisi delle prospettive della politica estera fascista che Perth inviò ad Halifax il 27 dicembre '38, da cui risulta come gli inglesi fossero ben consapevoli di cosa Mussolini voleva e come lo giudicassero: senza isterismi, ma con un disincantato realismo pari solo alla ormai acquisita convinzione che, se non si poteva assolutamente escludere che, alla fine, se si fosse convinto che i vincitori sarebbero stati gli anglo-francesi grazie all'apporto determinante dell'Italia, il «duce» potesse trovare il suo tornaconto a schierarsi con loro, era però sicuro che, per il momento, egli non aveva nessuna intenzione di staccarsi da Berlino e mirava solo a lucrare dei vantaggi ai danni della Francia, sicché i rapporti franco-italiani rischiavano di diventare «con tutta probabilità un fattore della massima importanza per la pace europea»[199]. Si capisce pertanto bene come alla fine dell'anno Londra lasciasse cadere persino alcune *avances* italiane, per vari aspetti interessanti, fatte tramite il «canale segreto» ambasciata a Londra - Dingli-Ball volte a prospettare, in vista dell'ormai prossima visita di Chamberlain e di Halifax a Roma, una serie di proposte che, se accettate, avrebbero potuto non solo migliorare i rapporti italo-inglesi, ma contribuire «a liberare l'Italia dalla soggezione dell'Asse»: assistenza economica inglese in collaborazione con l'Italia all'Ungheria, attenuamento della campagna anti-italiana in atto a Malta, accettazione del punto di vista ita-

[198] F. MAURIAC, *Cronache politiche 1933-1954*, Verona 1968, p. 93.
[199] *DBFP*, s. III, III, pp. 496 sgg.

liano che rifiutava di considerare valido l'accordo franco-italiano del gennaio '35 riguardo alla Tunisia, incremento degli scambi economici italo-inglesi e, infine, eventuale collaborazione britannica allo sviluppo dell'Etiopia [200].

Dire questo – va messo bene in chiaro – non vuole per altro dire che, decisi ormai a non fare piú vero affidamento sulla politica di *appeasement*, ma assai interessati a rinviare il piú possibile nel tempo un'eventuale prova di forza con la Germania (e, probabilmente, con l'Italia), in modo da poterla affrontare nelle migliori condizioni di preparazione, e raggiunta ormai altresí la convinzione che su Mussolini non si potesse fare alcun calcolo sicuro sino all'ultimo momento, gli inglesi rinunciassero a cercare di evitare un ulteriore deterioramento dei rapporti con Roma – tanto è vero che, come si è visto nel precedente capitolo, a metà novembre si giunse all'entrata in vigore degli «accordi di Pasqua» – e rinunciassero a favorire un miglioramento di quelli franco-italiani, in maniera da non perdere i contatti con l'Italia, frenare nei limiti del possibile gli sforzi della Germania di legarla completamente a sé, ed evitare che il contrasto tra Roma e Parigi aggravasse vieppiú la tensione internazionale e la facesse precipitare verso una prematura crisi. In questa prospettiva vanno visti, a nostro avviso, gli apparentemente non sempre limpidi rapporti anglo-francesi nel periodo post Monaco. Sia per quel che concerne l'atteggiamento verso la Germania, sia – ed è ciò che qui ci interessa – per quel che concerne quello verso l'Italia [201]. Per quel che riguardava l'Italia, il problema, per Londra, era quello di non mettere in allarme i francesi, facendo loro pensare ad un indebolimento dell'impegno inglese ad agire in stretto accordo con essi; ma, al tempo stesso, di muoversi in modo da non dare a Parigi l'impressione di essere disposta a marciare sempre e comunque con lei. In questo secondo caso, infatti, il rischio era di rendere i francesi troppo sicuri e, dunque, troppo intransigenti con Roma e di rischiare quindi di gettare definitivamente e prematuramente Mussolini nelle braccia di Hitler o, peggio, di far precipitare tutta la situazione. Nel primo caso, invece, il rischio, in verità minore, era di gettare nella disperazione i francesi, di incrinare i rapporti con essi e di incoraggiare, contro le proprie intenzioni e i propri interessi, quei gruppi che a Parigi desideravano un accordo con l'Italia e che, ridotti appunto alla disperazione, avrebbero anche potuto rassegnarsi all'idea di raggiungerlo a condizioni troppo onerose per l'equi-

---

[200] Cfr. R. QUARTARARO, *Inghilterra e Italia ecc.* cit., pp. 679 sgg.
[201] Cfr. a questo proposito J.-B. DUROSELLE, *La décadence* cit., pp. 381 sgg. e soprattutto 389 sgg.

librio mediterraneo. Paradossalmente infatti, ma a pensarci bene poi non troppo, data l'esposizione molto maggiore e piú diretta della Francia alla minaccia di un conflitto, mentre in Inghilterra nel giro di poche settimane tutti o quasi avevano idee chiare sull'atteggiamento da tenere verso l'Italia, a dividersi e ad avere incertezze a questo proposito erano stati – parallelamente al definitivo sgretolarsi e poi concludersi dell'esperienza del Fronte popolare – la classe dirigente e lo stesso governo francese. Nettamente ostili ad un accordo con Roma erano la destra nazionalista (tipica la posizione di De Kerillis) e, con qualche *défaillance* di tipo pacifista, la sinistra; incerti e tentati dalla prospettiva di un accordo alcuni settori del centro, che speravano di poter riuscire in prospettiva a mettere in difficoltà l'Asse e a staccarne l'Italia. Veramente significativo è il modo con cui il governo aveva reagito alla frase che a conclusione della conferenza di Monaco Mussolini aveva detto a Daladier: «spero che adesso non dimenticherete piú il mio indirizzo». Se era, come ritiene L. Noël [202], un invito a inviare un ambasciatore a Roma, mai invito era stato raccolto tanto rapidamente: già il 3 ottobre Bonnet aveva infatti informato l'incaricato d'affari italiano a Parigi che la Francia avrebbe accreditato a Roma un proprio ambasciatore, con tutto ciò che questo comportava e cioè il riconoscimento dell'impero.

In questo contesto, vediamo ora le mosse di Mussolini.

Il 2 ottobre, appena rientrato da Monaco, il «duce» esaminò con Ciano la situazione e stabilí di serrare da presso gli inglesi e ottenere finalmente l'entrata in vigore degli «accordi di Pasqua», se necessario, arrivando sino a minacciare in caso contrario di lasciarli cadere.

Col Duce – annotava Ciano [203] – esaminiamo la questione dei nostri rapporti con Londra. Dopo quanto a Monaco fu detto a Chamberlain non conviene ritardare nel trattare con Perth. Domani lo chiamerò e gli comunicherò in forma ufficiale il ritiro dei 10 000 volontari. Dopodiché gli porrò nettamente il quesito: volete ora mettere in vigore il Patto del 16 aprile?

Se lo faranno, va bene. Altrimenti ognuno farà il proprio gioco: il Duce dice anche di far presente che il Gran Consiglio potrebbe denunciare questo accordo che da troppo tempo attende di venir perfezionato.

Su questa linea e giocando sull'ormai imminente sessione del Gran Consiglio, Ciano il giorno dopo usò con l'ambasciatore inglese un linguaggio quasi ultimativo [204]:

---

[202] L. NOËL, *Les illusions de Stresa* cit., p. 127. L'interpretazione è indirettamente confermata da un dispaccio del 2 ottobre '38 di Blondel a Bonnet, cfr. *DDF*, s. II, XI, pp. 760 sgg.
[203] G. CIANO, *Diario* cit., p. 191.
[204] *Ibid.*; nonché, per il resoconto del colloquio inviato da Perth a Londra, *DBFP*, s. III, III, pp. 320 sg.

Ho il colloquio con Perth. Mi esprimo come concordato col Duce. Gli argomenti sono cosí forti che egli stesso non può opporre serie obiezioni, e cerca di tirar fuori la questione [del ritiro dalla Spagna] degli aeroplani. Consiglio di non sollevare difficoltà nuove e di attenersi ai termini dei nostri precedenti accordi. Confermo che è inutile parlare di Conferenze a 4 o di altre visite sino a quando i rapporti non saranno normalizzati: queste potranno seguire, non precedere la messa in vigore del Patto. Aggiungo infine che una risposta, sia pure di massima, conviene venga data prima del 6 ottobre, perché il Gran Consiglio verrà investito della politica estera e [non conviene] cristallizzare situazioni che per ora non sono mai state definite in documenti diplomatici.

Ma nei giorni successivi, quando Perth gli fece notare che, pur essendo di massima d'accordo, Chamberlain aveva bisogno di tempo, almeno sino al 1° novembre, per ottenere l'approvazione del gabinetto e del Parlamento, non fece nessuna obiezione e – mentre Mussolini, ricevendo una delegazione dell'Imperial War Graves Commission, proclamava la sua amicizia per l'Inghilterra [205] – si mostrò conciliante al punto da consentire che osservatori inglesi controllassero, sulle navi e a Napoli, il ritiro dei «volontari» e da non mostrarsi contrario alla richiesta di appoggiare presso Franco la visita del segretario della Commissione per il non intervento incaricato di caldeggiare presso di lui l'accettazione del piano elaborato dalla Commissione stessa [206]. E, passato il 1° novembre, attese pazientemente che la procedura interna inglese per la messa in vigore degli accordi si svolgesse regolarmente.

L'8 ottobre, intanto, il Gran Consiglio aveva ascoltato una relazione di Ciano sulla nuova fase politica determinata da Monaco. Sulla riunione disponiamo purtroppo di scarse notizie. Ciano, nel suo diario, non ci ha lasciato alcun elemento, salvo che Mussolini aveva elogiato la sua relazione, definendola «interessante, precisa e talvolta drammatica» [207]. Il diario di De Bono è anch'esso praticamente muto, a meno di non voler riferire alla riunione dell'8 ottobre un'annotazione di quasi due settimane dopo, nella quale il quadrunviro, accennando alla politica estera attuata da Mussolini e Ciano («Dico subito che in politica estera Mussolini è l'uomo che vede e riesce. Nonostante questa troppa tedescheria...»), riporta quest'affermazione del «duce»: «la vera politica imperiale noi la potremo fare solo in accordo con l'Inghilterra» [208]. L'unico meno laconico è il diario di Bottai, in cui si legge [209]:

---

[205] Cfr. D. BOLECH CECCHI, *L'accordo di due imperi* cit., p. 214.
[206] Cfr. G. CIANO, *Diario* cit., pp. 193 e 195; DBFP, s. III, III, pp. 323 sgg.
[207] G. CIANO, *Diario* cit., p. 194.
[208] ACS, E. DE BONO, *Diario* cit., q. 43, alla data del 30 ottobre 1938.
[209] G. BOTTAI, *Diario* cit., alla data dell'8 ottobre 1938.

Lunga, chiara esposizione di Galeazzo sulla situazione internazionale. Particolarmente interessante, la rottura delle trattative con la Francia: il richiesto ritiro dei volontari dalla Spagna, verso la quale si sarebbe dovuto attuare una politica di indifferenza; la pretesa di intervenire tra l'Italia e l'Impero Britannico nel Mar Rosso, nel mondo arabo, erano, dei 12 punti presentati, inaccettabili. Oltre tutto, i francesi davano alla trattativa un sapore antitedesco. Accenna alla richiesta fatta alla Germania di disinteressarsi esplicitamente dell'Alto Adige, sciogliendo le proprie associazioni irredentistiche pro Tirolo. Göring, pregatone, à svolto in proposito una risolutiva azione personale. Alla Germania non ci lega, finora, nessun patto formale di alleanza. Minuta e vivace descrizione della crisi dei Sudeti e degli accordi di Monaco. Una frase: «Benes à scontata la sua formula: – Meglio l'Anschluss che l'Absburgo –».

Parla, poi, Mussolini. Noto alcune frasi salienti: «Col passaggio dei rossi sull'altra sponda dell'Ebro Franco non à perduto la guerra. No. Ma à perduto qualche cosa di piú: la vittoria». «Monaco significa: fine del comunismo in Europa; fine della Società delle Nazioni». «Siamo al declino dell'influenza franco-britannica in Europa». «La Francia è una potenza di second'ordine». «La guerra, durante la crisi cecoslovacca, era geograficamente impossibile». «Due insegnamenti: un popolo non può che contare su se stesso; un popolo non è vinto, se non si sente tale». «L'Asse non è ancora popolare in Italia».

Da questa annotazione ci pare lecito dedurre soprattutto due cose: che nella riunione del Gran Consiglio dell'8 ottobre, piú che parlare delle prospettive future della politica estera fascista, fu fatto un bilancio dell'immediato passato e che – nonostante la prova di buona volontà data da Parigi con la decisione di riconoscere senza contropartita l'impero e senza conoscere i termini sui quali il Quai d'Orsay pensava di riavviare le trattative per la normalizzazione dei rapporti tra i due paesi – Mussolini aveva deciso che tra le trattative dei mesi precedenti e le nuove non vi dovesse essere continuità alcuna e si dovesse invece cominciare tutto da capo, su nuove basi, dettate questa volta dall'Italia. A queste due deduzioni se ne può poi aggiungere, visto come tosto si svilupparono i rapporti con la Francia, una terza: convinto *a)* di poter disporre di tempi assai piú lunghi di quelli che in realtà il corso delle vicende internazionali tra Monaco e lo scoppio della seconda guerra mondiale gli lasciò; *b)* che la Francia non avrebbe accettato di fare concrete concessioni se non si fosse trovata con le spalle al muro, Mussolini doveva considerare inopportuno un rapido e disteso inizio delle trattative con Parigi.

Capire le motivazioni di questo atteggiamento di Mussolini non è difficile. Innanzitutto, guadagnar tempo gli serviva per poter avere, prima di iniziare le trattative, una idea piú precisa di come si sarebbero configurati i rapporti con l'Inghilterra e se gli sarebbe stato possibile contare sull'aiuto di Londra per indurre i francesi ad accettare le sue richieste e, probabilmente, per vedere se fosse possibile armonizzare le rivendicazioni coloniali italiane con l'azione che la Germania sembrava voler avviare per le proprie. Né è da escludere che egli sperasse che la fine dell'esperienza del Fronte popolare, ormai chiaramente alle porte, potesse determinare nella politica francese una svolta a lui favorevole. Ma, a parte forse la prima, queste devono essere considerate motivazioni secondarie. Dato l'uomo, maggior peso doveva avere su di lui, se mai, l'irritazione per l'atteggiamento tutt'altro che benevolo verso l'Italia di molti giornali francesi, il loro non dar credito allo «spirito di Monaco» e il loro sollecitare una seria politica di rafforzamento militare contro la minaccia degli stati totalitari [210]. Tre altre dovevano però essere le motivazioni decisive. La prima di politica interna: voler far fare prima agli italiani un «salutare» bagno di «gallofobia», in modo da frustrare i loro entusiasmi per la pace e per la notizia del riconoscimento francese dell'impero e, di conseguenza, le loro speranze in un prossimo rasserenamento dell'orizzonte politico anche con la Francia e in un attenuamento della politica filotedesca [211]. La seconda era piú direttamente connessa alle future trattative: farne precedere l'inizio da una fase di preparazione «psicologica» extradiplomatica che servisse, da un lato, a mettere sul tappeto, indirettamente ma inequivocabilmente, una serie di richieste, molto piú onerose di quelle che avrebbe portato al tavolo delle trattative, cosí da passare poi per moderato e conciliante, e, da un altro lato, a rendere chiaro a Parigi che l'Italia fascista, pienamente conscia ormai del suo nuovo «ruolo» internazionale, riteneva l'accettazione delle proprie richieste minime come il banco di prova della sincerità dei suoi propositi per i futuri rapporti italo-francesi e non avrebbe mai rinunciato ad esse, a costo persino del perdurare della tensione tra i due paesi. Era necessario che Parigi si convincesse di ciò, ma il discorso valeva anche e tutto sommato di piú per Londra e Berlino: le trattative italo-francesi sarebbero state anche il banco di prova del loro reale atteggiamento verso l'Italia. La Francia non era l'Inghilterra, con la quale l'Italia trattava da pari a pari, da Impero a Impero; la Francia doveva convincersi di non essere piú un vero impero e prendere atto – come Mussolini avrebbe detto il 26 marzo dell'anno successivo – dei nuovi rapporti di forza esistenti, «poiché i rapporti fra gli Stati sono rapporti di forza e questi rapporti di forza sono gli elementi determinanti della loro politica» [212].

---

[210] G. CIANO, *Diario* cit., p. 194.
[211] *Ibid.*, p. 192. Riferendo la notizia della decisione francese di accreditare un proprio ambasciatore, Ciano scriveva: «La notizia ci lascia abbastanza indifferenti. È bene che i francesi abbiano capitolato, ma non vogliamo che ciò ecciti all'antifascismo alcuni italiani».
[212] MUSSOLINI, XXIX, p. 252.

E a questo punto la seconda motivazione si incontrava, confluiva praticamente nella terza, quella di ordine, per cosí dire, ideologico-programmatico relativa ai tempi lunghi e lunghissimi della politica estera fascista, che Mussolini stava già elaborando nella sua mente e che, come si è visto, avrebbe esposto al Gran Consiglio nella notte tra il 4 e il 5 febbraio 1939 come una sorta di legato alle future generazioni.

La migliore conferma di quanto diciamo è in due campagne lanciate nelle settimane immediatamente successive la riunione del Gran Consiglio e prima dell'arrivo a Roma del nuovo ambasciatore francese. Una, quella per il rimpatrio degli italiani residenti in Francia e nel Nord Africa francese, diretta ad eccitare e a promuovere, soprattutto in Tunisia, una sorta di irredentismo tra gli italiani che vivevano e lavoravano colà e a dimostrare che essi sarebbero stati vittime di una persecuzione ad opera del governo di Parigi e dell'italofobia dei francesi[213]. L'altra – avviata dal ministero della Cultura popolare, successivamente affiancata, per ordine di Mussolini[214], dal partito – volta a contestare alla Francia il suo «rifiuto» di far proprio lo «spirito di Monaco», il suo riarmo e, addirittura, i suoi propositi di guerra preventiva e, soprattutto, a porre sul tappeto le rivendicazioni «storiche» dell'Italia nei confronti della Francia e dimostrare l'ostilità, altrettanto «storica», di questo paese verso l'Italia. Lo sviluppo di questa seconda campagna[215] assunse in brevissimo tempo dimensioni e toni senza precedenti. Avviata dai grandi giornali normalmente utilizzati da palazzo Chigi e da palazzo Venezia come portavoci ufficiosi e per i loro sfoghi polemici contro questo o quell'uomo politico o giornale straniero, essa si estese via via a tutta la stampa quotidiana e in primo luogo a quella direttamente controllata dal PNF[216] per dilagare poi anche su quella periodica e trovare infine sfogo un po' a tutti i livelli sotto forma di conferenze, opuscoli, libri, coinvolgendo un po' tutti, dai piú autorevoli e noti commentatori politici, come Gayda, Gray e Canevari, ai pubblicisti e giornalisti piú ignoti, da alcuni dei maggiori esponenti del regime, come Farinacci, ad alcuni stimati studiosi, come Salata, Rota e Volpe[217]. Temi centrali: i rapporti italo-

[213] G. CIANO, *Diario* cit., pp. 210 sg., 212 e 213.
[214] Cfr. *ibid.*, p. 208.
[215] Per le prime manifestazioni della campagna e le reazioni da esse suscitate a palazzo Farnese cfr. *DDF*, s. II, XII, pp. 157 sgg., 240 sgg. e 395 sgg.
[216] I quotidiani del PNF erano a quest'epoca: il «Corriere adriatico», «La voce di Bergamo», «La Provincia di Bolzano», «Il popolo di Brescia», «La Provincia di Como», «La sentinella d'Italia», «La voce di Mantova», «La gazzetta», «La gazzetta dell'Emilia», «Il corriere emiliano», «La scure», «Il solco fascista», «Il Polesine fascista», «Il Brennero», «Il popolo del Friuli», «La vedetta fascista», «Il popolo di Sicilia», «L'isola», «Il popolo di Trieste», «Il resto del Carlino» e il «San Marco».
[217] Cfr., solo a titolo di esempio, V. GAYDA, *Italia e Francia. Problemi aperti*, Roma 1938 (5ª ed. 1939); E. M. GRAY, *Noi e Tunisi*, Milano 1939; M. CLAREMORIS [E. CANEVARI], *Noi e la Francia*, Cre-

francesi e l'ostilità della Francia verso l'Italia dai tempi della rivoluzione francese in poi, il sistematico misconoscimento francese del contributo italiano alla grande guerra, il rifiuto francese di dare, alla fine di essa, all'Italia i compensi coloniali che le spettavano, il mancato rispetto francese di quanto concordato nel gennaio '35 tra Mussolini e Laval, le sanzioni e, soprattutto, i diritti e le rivendicazioni italiane, in primo luogo quelle sulla Tunisia e su Nizza e poi quelle sulla Corsica, sulla Savoia, su Gibuti e sulla gestione del canale di Suez. Continuamente alimentata da nuovi spunti tratti dalla cronaca politica interna francese e internazionale, dalle vicende tunisine (tanto per quel che riguardava gli italiani ivi residenti quanto per quel che atteneva ai contrasti tra le autorità francesi e il movimento nazionale locale [218]), dalle repliche di esponenti politici e di organi di stampa d'oltralpe e, sotto sotto, soprattutto dalle preoccupazioni suscitate a palazzo Chigi dal delinearsi di un possibile riavvicinamento franco-tedesco (concretizzatosi nella visita di von Ribbentrop a Parigi e nella effimera dichiarazione comune del 6 dicembre [219]) e dallo sfuggente atteggiamento di Berlino di fronte alle rivendicazioni italiane, la campagna finí per assumere, specie dopo il discorso alla Camera di Ciano del 30 novembre, toni tali che una decina di giorni dopo questo discorso Mussolini si vide costretto a dare istruzioni perché fosse «un po' insabbiata», ché, come disse a Ciano [220], «continuando di questo passo bisognerebbe far parlare il cannone e non è ancora giunto il momento». E, ciò nonostante, non cessò affatto e continuò ancora a lungo con improvvise impennate (come quando, a metà del gennaio '39, l'«Ordre» scrisse che dieci soldati italiani erano «appena sufficienti» per un riformato francese) alle quali, secondo l'ambasciatore francese a Roma, non sarebbe stato estraneo l'apporto personale della penna o della ispirazione diretta di Mussolini [221]. Con il risultato non solo di determinare uno stato di tensione permanente tra i due paesi, ma anche di lasciare una certa traccia negli animi di una parte almeno degli italiani, tant'è che, quando Mussolini disse a Ciano che era opportuno insabbiarla un

---

mona 1939; R. FARINACCI, *Italia e Francia*, Roma 1939; F. SALATA, *Il nodo di Gibuti. Storia diplomatica su documenti inediti*, Milano 1939; E. ROTA, *Italia e Francia dinnanzi alla storia*, Milano 1939; G. VOLPE, *Storia della Corsica italiana*, Milano 1939.
[218] Risalgono a quest'epoca vari contatti di elementi nazionalisti tunisini del Neodestur con i servizi segreti e di propaganda (Radio Bari) italiani. Ad alcuni di essi accennò anche la stampa locale, cfr., per esempio, D. S., *Pendant que Habib Bourghiba négocie avec l'Italie fasciste...*, in «La defense sociale», 30 marzo 1938. Per altri ragguagli cfr. ASAE, Tunisia, «Rapporti politici 1938», p. 9.
[219] Cfr. J.-B. DUROSELLE, *La décadence* cit., pp. 381 sgg.
[220] G. CIANO, *Diario* cit., p. 223.
[221] DDF, s. II, XIII, p. 813. Per uno di questi casi, ricordato da A. FRANÇOIS-PONCET nel suo *Au Palais Farnèse. Souvenirs d'une ambassade à Rome 1938-1940*, Paris 1961, pp. 38 sg., vi è conferma in G. CIANO, *Diario* cit., p. 240.

po', gli manifestò anche la sua soddisfazione per i «risultati dell'assaggio dell'opinione pubblica italiana nei confronti della Francia»[222]. E che non dovesse ingannarsi lo confermano alcune considerazioni dell'ambasciatore francese presso la Santa Sede in un dispaccio del 17 gennaio 1939. Secondo Charles-Roux, l'opinione pubblica italiana non era ancora all'unisono con la politica estera del governo, non era né germanofila né francofila e soprattutto non voleva una guerra. «Tuttavia è inevitabile che un *bourrage de crâne* cosí intenso produca qualche effetto», in particolare la convinzione che la Francia fosse debitrice dell'Italia. Da qui la sua pessimistica, ma realistica conclusione: nel caso che le cose precipitassero, non ci si doveva illudere su una possibile opposizione interna. «La piega della servitú è cosí ben presa e soprattutto l'organizzazione della tirannia è cosí perfetta, che si deve ammettere come probabile che il paese si lasci passivamente lanciare in un'avventura alla quale per altro repugna, libero di reagire dopo, se l'avventura non va come gli era stato predetto»[223].

In questa atmosfera surriscaldata al rosso avvennero prima l'arrivo a Roma, il 7 novembre, del nuovo ambasciatore francese, André François-Poncet, trasferito all'uopo da Berlino e preferito da Léger a L. Noël considerato troppo filoitaliano e troppo legato agli ambienti filoitaliani parigini[224], poi i primi contatti. Quasi a dare a François-Poncet il «benvenuto» e a mettere le mani avanti, due giorni prima l'autorevole e semiufficiosa «Relazioni internazionali» aveva pubblicato un articolo[225]

[222] *DDF*, s. II, XIII, pp. 674 sg.
[223] Della stessa opinione si era manifestato un mese prima anche François-Poncet in un lungo rapporto dedicato alla situazione e alla politica italiana. Cfr. *ibid.*, pp. 257 sgg.
[224] Per valutare l'atteggiamento del Quai d'Orsay e del governo francese di fronte all'imminente apertura delle trattative con Roma utili elementi offre una nota del prof. Louis Aubert, della delegazione francese presso la Società delle nazioni, a Daladier del 16 novembre '38 (*DDF*, s. II, XII, pp. 579 sgg. e in particolare pp. 597 sgg.) nella quale, dopo la premessa «se l'Italia è necessaria alla nostra sicurezza, noi siamo ancor piú necessari alla sua», si legge tra l'altro: «Tra l'Italia e la Francia che possono farsi molto male l'una e l'altra e che possono anche grandemente rinforzare la sicurezza l'una dell'altra, vi sarebbero tutti gli elementi di un accordo di politica generale, e i termini delle istruzioni date nel 1933 a Henri de Jouvenel, "Fissazione dei principî di una intesa duratura fra associ per molto tempo l'interesse dei due paesi", potrebbero servire ancora d'istruzione a François-Poncet. Naturalmente non si potrebbe mai trattare di un'alleanza con l'Italia, nel senso che essa ha spesso definito e proposto e che trova un sorprendente credito nella nostra pubblica opinione, di un'alleanza di misura da tener testa alla Germania o all'Inghilterra. Con l'Italia non può trattarsi per noi che di un'alleanza di ricambio, si tratta di un valore di complemento». Premesso questo, la conclusione era che un tale accordo non poteva essere rapido e che «sarebbe vano e costoso cercare di rompere l'Asse. Bisogna attendere che si rompa». E, intanto, non accettare l'idea di un «patto a quattro» e puntare su un accordo come quello anglo-italiano. Se, infine, l'Italia lo avesse rifiutato e non avesse ritirato i «volontari» dalla Spagna, non restava che aprire la frontiera con la Spagna e aiutare cosí concretamente i repubblicani. Altri utili elementi risultano anche dai resoconti delle conversazioni anglo-francesi di Parigi del 24 novembre '38, cfr. *DDF*, s. II, XII, pp. 755 sgg. e *DBFP*, s. III, III, pp. 285 sgg.
[225] *La politica estera della Francia*, in «Relazioni internazionali», 5 novembre 1938, pp. 758 sg. Utili da vedere sono anche i numeri successivi della rivista, soprattutto per un confronto tra le sue

che, messo bene in chiaro che «dal 1922 ad oggi le relazioni tra la Francia e l'Italia sono state pessime, secondo i desideri dei governi francesi succedutisi alla direzione del paese» e invitato il nuovo ambasciatore a «capire la volontà, [a] immedesimarsi nell'anima del popolo italiano», indicava tre punti fermi per un eventuale accordo. Primo: se, come pareva, i francesi pensavano di concludere con l'Italia un patto simile a quello italo-inglese, se lo levassero dalla testa e, egualmente, non pensassero di rispolverare gli accordi del '35, ormai «consegnati agli archivi». Secondo: i nodi da sciogliere erano le questioni di Tunisi, di Gibuti e delle tariffe del canale di Suez. Terzo: «come la Francia non ha piú nulla da fare nel continente per via di quella solida costruzione alla quale essa fecondamente collaborò col suo vivido tenace senso antiitaliano, cosí nel Mediterraneo non ha da contare altro che sul beneplacito italiano come deve ricordarsi che nel Mar Rosso ormai le chiavi sono in mano italiana». E una settimana dopo, *repetita iuvant*, Gayda sul «Giornale d'Italia»[226] aveva ribadito che l'idea francese di concludere un accordo simile a quello che l'Italia aveva concluso con l'Inghilterra e che proprio in quei giorni stava entrando in vigore era «caduca», l'impedivano l'inconsistenza della politica francese e lo stato interno della Francia caratterizzato da tensioni economiche e finanziarie e dall'esasperazione dei movimenti estremisti. Se tale fu l'atmosfera generale e tale l'accoglienza dei portavoce ufficiosi, tutt'altro fu invece al loro confronto il clima particolare, irreale, dei primi contatti. È vero che Mussolini fece fare a François-Poncet (che, oltretutto, gli era antipatico[227]) una lunga «anticamera» prima di riceverlo in visita di insediamento, ma il re fu con lui «estremamente amabile e cortese» e lo stesso si dimostrò Ciano in occasione del loro primo incontro[228]. E quando, il 29 novembre, Mussolini finalmente lo ricevette fu con lui semplice, naturale ed amabile. Gli disse che sperava nel ristabilimento di «normali» reciproche relazioni tra i due paesi e attribuí le difficoltà degli ultimi tempi alla questione spagnola. La sua, gli disse, era una politica di pace e di accordo diretto tra le quattro grandi potenze:

---

prese di posizione, corrispondenti alla posizione di palazzo Chigi, e quella, piú radicale, della stampa non direttamente controllata e destinata a determinare «l'ambiente». Cfr. in particolare *Il discorso del conte Ciano: Mussolini e l'Europa* (3 dicembre 1938), in cui manca qualsiasi accenno alle rivendicazioni territoriali italiane, *La Francia e le naturali aspirazioni del popolo italiano* (10 dicembre 1938), in cui le aspirazioni sono precisate sia per quel che riguarda la Tunisia («La Francia può tenere la Tunisia colla collaborazione italiana...»), Gibuti e il canale di Suez, e *Il «nemmeno un pollice» del Signor Bonnet* (24 dicembre 1938), in cui è commentato il rifiuto francese di prendere in considerazione tali aspirazioni.
[226] V. GAYDA, *Un travaglio senza uscita*, in «Il giornale d'Italia», 16 novembre 1938.
[227] G. CIANO, *Diario* cit., p. 208.
[228] *DDF*, s. II, XII, pp. 642 e 509 sgg.

Questi sono esattamente gli obiettivi della politica italiana. Essa non ne ha mai avuti altri. Io ho preconizzato da tempo l'intesa diretta fra le quattro potenze occidentali, ma da voi si è controbattuta aspramente questa idea. Si è parlato di club dei salumieri. Ma è ben chiaro che, se queste potenze si intendono, la guerra diventerà impossibile in Europa, la pace sarà per lungo tempo assicurata.

E accomiatandolo, si riallacciò a quanto precedentemente aveva detto sulla crisi interna francese e sulla necessità che essa fosse superata presto: «attendiamo cosa porteranno alla Francia i prossimi giorni» e, avendo François-Poncet interloquito «siate fiducioso e paziente», concluse «io so cosa è la pazienza; nessuno ne è piú capace di me»[229]. Tant'è che l'ambasciatore in un rapporto aggiuntivo al primo, inviato lo stesso giorno a Bonnet[230], osservò:

Non ho constatato nel Signor Mussolini indici di malevolenza o di disposizioni ostili. Il suo linguaggio non è stato improntato né ad *arrière pensée* né a diffidenza, né ad amarezza, né a minaccia... Mi è sembrato che il Duce sia attaccato all'idea dell'intesa tra le potenze occidentali di cui ha d'altronde rivendicato la paternità e che non consideri affatto che gli accordi di Monaco debbano restare senza domani.

Le prime impressioni di François-Poncet non erano state, tutto sommato, troppo negative. La violenta campagna antifrancese della stampa fascista gli era apparsa per quel che realmente era, dettata cioè da ragioni di politica interna e volta a puntualizzare le rivendicazioni italiane, ed egli si era convinto che alla fin fine Mussolini si sarebbe accontentato di poco[231]. Il primo incontro con Mussolini non doveva certo avergli fatto mutare avviso. Ciò che avvenne il giorno dopo alla Camera alla fine del discorso pronunciatovi da Ciano per fare il punto sulla posizione italiana durante la crisi cecoslovacca e che egli ascoltò, espressamente invitatovi dallo stesso Ciano, dalla tribuna riservata al corpo diplomatico, dovette pertanto coglierlo come un fulmine a ciel sereno.

Avviandosi verso la conclusione di un discorso sostanzialmente moderato ed anodino, che non faceva che ripetere la vulgata ufficiale («belle cose; bugie grosse e delittuose circa la preparazione militare» avrebbe annotato De Bono nel suo diario[232]), Ciano disse[233]:

---

[229] Cfr. *ibid.*, pp. 843 sgg., nonché G. CIANO, *Diario* cit., p. 218.
[230] DDF, s. II, XII, p. 840. Nel suo libro *Au Palais Farnèse* cit., pp. 18 sgg. A. FRANÇOIS-PONCET riferisce il colloquio suppergiú negli stessi termini, solo che, dopo aver ricordato l'atteggiamento di Mussolini «simple, natural et d'une politesse parfaite», aggiunge: «I sentimenti che l'animavano verso la mia persona e il mio paese erano certamente ostili. Ma bisogna convenire che li nascondeva bene».
[231] DDF, s. II, XII, pp. 503 sgg. e 614 sgg.
[232] ACS, E. DE BONO, *Diario* cit., q. 43, alla data del 2 dicembre 1938.
[233] *Atti Parlamentari, Camera dei Deputati*, seduta del 30 novembre 1938, pp. 5224 sgg.

Lo sviluppo della situazione europea dopo Monaco e Vienna ha permesso di affermare che una schiarita si è prodotta all'orizzonte politico. Il Fascismo che ha documentato coi fatti la sua immutabile calma nelle ore della tempesta, non cambia il suo atteggiamento neanche quando si riconoscono nell'aria segni non trascurabili di miglioramento. Come non ci lasciamo scuotere dalle crisi paniche dell'allarmismo, cosí rifuggiamo dai pericolosi abbandoni ottimistici, senza che questo ci impedisca, d'altro canto, di prendere atto con soddisfazione di ogni effettiva realizzazione feconda e pacifica. Tra esse ricordiamo, in primo luogo, la recente messa in vigore del Patto di Pasqua, che porta le relazioni politiche dell'Italia e della Gran Bretagna su un piano di solida ed amichevole collaborazione. Gli accordi italo-inglesi, cosí strettamente legati ai nomi e all'opera di Neville Chamberlain, lord Halifax e lord Perth, non rappresentano affatto un puro e semplice ritorno alla tradizionale amicizia, cosí come era intesa in tempi molto diversi dagli attuali. Sono invece un complesso di intese che tenendo conto delle nuove realtà europee, mediterranee e africane regolano sulla base della piú assoluta parità morale, politica e militare i rapporti tra i due Imperi.

L'entrata in forza del Patto di Pasqua ha rappresentato un effettivo concreto contributo al consolidamento della pace. Questo consolidamento è e sarà l'alto obiettivo della nostra politica e lo perseguiremo con tenacia e realismo non disgiunti da quella circospezione che è indispensabile allorché si intendono tutelare con inflessibile fermezza gli interessi e le naturali aspirazioni del popolo italiano.

A questo punto, all'accenno agli interessi e alle naturali aspirazioni del popolo italiano si produsse improvviso il «fattaccio». Da alcuni gruppi di deputati si levarono applausi e grida volte a precisare gli uni e gli altri: Tunisi, Corsica, Nizza, Savoia, Gibuti. Data la sede e, per di piú, la presenza di François-Poncet piú che una dimostrazione era una provocazione. E tutti, infatti, in Italia, all'estero e soprattutto in Francia tale la considerarono. E ciò tanto piú che, come osservò subito François-Poncet, riferendo il fatto a Parigi [234], «venendo dopo gli omaggi ardenti all'Inghilterra, esso aveva per noi un carattere ancora piú significativo e *choccant*».

Due giorni dopo, mentre in varie città francesi cominciavano le prime manifestazioni contro l'Italia (manifestazioni a cui avrebbero corrisposto per vari giorni contromanifestazioni studentesche in Italia [235]) l'ambascia-

[234] *DDF*, s. II, XIII, pp. 1 sgg.
[235] Sul carattere solo studentesco di queste manifestazioni cfr. G. CIANO, *Diario* cit., p. 223. Piú interessanti sono i rapporti degli informatori e fiduciari del partito, che assai spesso ammettevano a tutte lettere l'estraneità e l'ostilità ad esse della grande maggioranza della popolazione. Valga per tutti questo, datato 21 dicembre 1938: «Ho assistito a Vicenza, Padova, Venezia a dimostrazioni studentesche in risposta alle provocazioni francesi. Debbo dire francamente che tali dimostrazioni erano permeate piú dal solito spirito goliardico (nella migliore delle ipotesi) che dalla riconoscenza delle nostre ragioni verso la Francia.
«Mi è doloroso farvi notare che tale senso di incomprensione ho notato in tutti e dovunque. Come d'altronde sia relativissima la partecipazione delle varie classi del popolo (quella borghese al solito, assolutamente contraria) alle manifestazioni romane.
«L'impressione generale è che il popolo sia stanco, che tema guerre e collassi economici. Strano

tore francese si recò da Ciano per chiedergli spiegazioni dell'incredibile episodio[236] e per sapere, in relazione ad esso, se il governo italiano considerava tutt'ora in vigore gli accordi del gennaio '35, regolanti tra l'altro la questione tunisina, e se riteneva che essi potessero ancora servire di base alle relazioni tra i due paesi. Ciano, assai cortese, rispose che «il governo non può prendere la responsabilità di grida lanciate da fascisti, siano esse state lanciate nell'aula parlamentare o nelle pubbliche piazze. Si limita a prenderne atto come indizio preciso dello stato d'animo del popolo italiano». E negò che la manifestazione fosse stata organizzata. Quanto alla domanda sugli accordi Mussolini-Laval, disse di dovere, prima di rispondere, interpellare Mussolini, ma che, a titolo personale, doveva fargli notare che essi «erano stati realizzati con dei presupposti che non hanno poi trovato nella pratica la loro conferma», sicché egli si domandava «se tutta la questione non dovesse venire ulteriormente esaminata sotto una nuova luce». Al tempo stesso aggiunse però che, una volta regolato l'affare spagnolo, non ci sarebbero state tra i due paesi che delle «zanzare».[237] Secondo il diario di Ciano[238], dopo la parte ufficiale del colloquio, François-Poncet avrebbe

sottolineato che la Francia non è un paese caduto cosí in basso da potergli in permanenza richiedere «una libbra di carne». Uscendo mi ha chiesto se poteva continuare a sfare i bauli. Poi ha detto: «sarebbe bello vivere in pace a Roma». Freddamente ho risposto: «Dipenderà da Voi» e dopo una pausa, sorridendo: «E anche da noi». Ha lasciato la mia stanza pallido come un foglio di carta.

Su questi due episodi, la manifestazione alla Camera del 30 novembre e il colloquio Ciano - François-Poncet del 2 dicembre, praticamente il riavvicinamento italo-francese fece, come vedremo tra poco, naufragio. Prima di procedere oltre è però necessario fermarsi un momento e chiederci cosa fosse dietro al primo episodio.

Abbiamo visto nelle pagine precedenti i motivi per i quali Mussolini doveva aver voluto che le trattative con Parigi fossero precedute da un'«opportuna» preparazione dell'ambiente interno ed internazionale.

---

persino come si siano assolutamente dimenticati i nostri vecchi attriti con la cosiddetta sorella latina.
«L'attuale movimento è giunto come un fulmine a ciel sereno, senza preparazione adeguata a formare lo stato d'animo nel popolo.
«Naturalmente si nota anche un certo senso di ottimismo, come sempre dipendente dall'assoluta fiducia che il popolo ha nel suo Capo» (ACS, PNF, *Situazione politica delle provincie*, «Padova»).

[236] Appena avuta notizia di cosa era avvenuto, Bonnet aveva telegrafato a François-Poncet di chiedere spiegazioni a Ciano e aveva precisato: «va da sé che se apparisse dalla risposta del conte Ciano che egli non scarta integralmente le rivendicazioni che si sono espresse, voi non lascerete alcun dubbio sulle conseguenze che il governo francese dovrà trarne nella determinazione generale della sua posizione politica riguardo l'Italia» (*DDF*, s. II, XIII, pp. 3 sgg.).

[237] Cfr. *L'Europa verso la catastrofe* cit., pp. 386 sg.; *DDF*, s. II, XIII, pp. 27 sgg. e 31.

[238] G. CIANO, *Diario* cit., pp. 220 sg.

Un'annotazione del diario di Ciano sotto la data dell'8 novembre[239] e soprattutto le dichiarazioni di Mussolini in Gran Consiglio la sera del 30 novembre e la notte tra il 4 e il 5 febbraio '39, da noi riferite nel terzo capitolo, ci mettono a loro volta in grado di conoscere con precisione i suoi programmi a lungo termine rispetto alla Francia. Una lettera, infine, fatta da lui scrivere il 14 novembre, alla vigilia dell'entrata in vigore degli «accordi di Pasqua», da Ciano a Grandi ci permette di stabilire anche quelli a breve termine. In essa si legge infatti[240]:

È chiaro che ormai, essendo sostanzialmente mutate le condizioni politiche, militari ed anche geografiche del nostro Paese, le future conversazioni con la Francia non possono venire riprese sulla base di un tempo. Le rivendicazioni che una volta tenevamo chiuse nel nostro animo, ormai possono, a breve scadenza, essere messe sul tappeto. Tre sono i punti fondamentali della nostra politica nei confronti della Francia: la Tunisia, Gibuti e il Canale di Suez.

Per la Tunisia non è concepibile ritornare a parlare di quelli che furono una volta gli Accordi Laval. Siamo su un ben altro piano. Intendiamo migliorare nettamente, decisamente e definitivamente la posizione delle nostre masse lavoratrici, che hanno rappresentato e che rappresentano la sola forza viva della razza bianca in quella zona. Non si tratta di reclamare puramente e semplicemente la cessione territoriale, come già del resto qualche giornale scrive. Ci accontentiamo di giungere, almeno in un primo tempo, ad una forma di condominio che permetta lo sviluppo sicuro e fecondo delle nostre attività.

Per quanto poi concerne Gibuti, la situazione è ancora piú precisa. Che cosa rappresenta quel porto avulso dall'Impero? È chiaro che noi non possiamo continuare ad impinguare col nostro lavoro e coi nostri traffici organismi ed aziende francesi. Quindi bisogna fissare alcuni punti: la ferrovia deve essere italiana totalmente; il porto deve essere amministrato globalmente dai due Paesi. Anche qui in pratica bisogna giungere ad una forma di condominio. Se ciò non fosse, dovremmo orientare in ben altro modo le nostre correnti di economia e di traffico ed il porto di Gibuti, privato della linfa vitale che gli viene dall'Italia e dall'Impero, diverrebbe rapidamente una foglia morta.

Terzo punto è quello del Canale di Suez. Non intendiamo, ora che i nostri traffici verso il Mar Rosso, l'Oceano Indiano e il Pacifico si sono cosí rapidamente moltiplicati, non intendiamo, ripeto, rimanere sottoposti all'esoso sfruttamento della Compagnia del Canale. Qualsiasi opera diventa, ad un certo momento, di pubblico dominio. Tanto piú se i capitali che furono in essa investiti sono stati ripagati ad un tasso che si può definire le mille volte usuraio. Noi non chiediamo questo. Ma vogliamo fermamente che le tariffe del Canale siano sottoposte ad una revisione e

---

[239] «Il Duce, a rapporto, mi ha tracciato le linee di quella che dovrà essere la nostra futura politica: "Obbiettivi: Gibuti, magari attraverso un condominio e una neutralizzazione. Tunisia, in un regime piú o meno analogo, Corsica, italiana, mai francesizzata e quindi da aversi a dominio diretto, il confine al Varo. Non mi interessa la Savoia che non è né storicamente né geograficamente italiana. Queste le grandi linee delle nostre rivendicazioni. Non fisso né uno, né cinque, né dieci anni. Il tempo verrà stabilito dagli eventi. Però tener sempre presenti queste mete"» (G. CIANO, *Diario* cit., p. 209).
[240] *L'Europa verso la catastrofe* cit., pp. 383 sgg. Per l'ordine di Mussolini di scrivere la lettera cfr. G. CIANO, *Diario* cit., p. 212.

che i tassi siano equi ed onesti. Tutti i Paesi interessati ai traffici verso l'Oriente non potranno che condividere il nostro punto di vista e la nostra giusta richiesta.

Ti scrivo queste cose, caro Dino, non solo perché tu sia informato di quelle che sono per l'avvenire le direttrici di marcia della nostra politica estera, ma perché fin da ora chiedo il contributo della tua collaborazione. Il Duce desidera che tu, nella forma che riterrai del caso e con l'abilità tua personalissima, cominci a far intendere agli inglesi che questi problemi per noi esistono e che nessuno dovrà sorprendersi se ad un certo momento li porteremo nettamente in discussione. Non si tratta di fare un «passo». Basta lasciar cadere la parola al momento opportuno. Far sentire che qualche cosa deve avvenire in tal senso. Predisporre, se non è addirittura possibile preparare, l'opinione inglese a tali richieste. Non posso adesso dirti quando e come tutto ciò avverrà: lo vedremo nello sviluppo degli eventi. Ma è certo che il Duce ormai si è prefisso queste mete e ciò basta per dire che saranno anch'esse conseguite.

Anche avendo già premesso che Mussolini contava, per realizzare i suoi piani politici di avere molto piú tempo di quello che in realtà ebbe, di fronte a questa lettera viene da chiedersi il perché della manifestazione del 30 novembre, quando gli obiettivi che si volevano conseguire con la preparazione preventiva erano ormai raggiunti e quando doveva essere evidente che un fatto tanto clamoroso e fuori di tutte le regole dei rapporti internazionali poteva solo pregiudicare l'avvio delle trattative e, oltre tutto, creare difficoltà anche con gli inglesi che, dalla lettera stessa, appare chiaro si volevano sensibilizzare in tutt'altro modo. È possibile pensare che Mussolini e Ciano, se furono loro ad organizzare la manifestazione come tutti allora pensarono e come anche oggi si crede, non capissero che con essa la realizzazione dei loro obiettivi a breve termine sarebbe sfumata o sarebbe stata rinviata molto nel tempo? O si deve pensare che, ciò nonostante, la vollero per qualche altro motivo che a prima vista sfugge?

Varie ipotesi furono subito formulate. Vi fu chi pensò che Mussolini avesse voluto drammatizzare al massimo la situazione per poi poter negoziare da una posizione di forza, con l'appoggio tedesco e la mediazione britannica o che, invece, puntasse a provocare una nuova conferenza delle quattro grandi potenze, una nuova Monaco, in previsione della quale la manifestazione del 30 novembre sarebbe stata una sorta di sua Godesberg [241]. I piú, in Francia, in Germania e in Inghilterra, pensarono però che la manifestazione fosse diretta sostanzialmente contro la Germania. Che cioè Mussolini vi avesse fatto ricorso in un estremo tentativo di far capire a Berlino che egli non poteva accettare il riavvicinamento franco-tedesco che sembrava stesse maturando in quei giorni e che, se realizzato, lo avrebbe messo nella impossibilità di costringere

---

[241] Cfr. *DDF*, s. II, XIII, pp. 103 sgg. e 648 sg.; *DBFP*, s. III, III, pp. 470 sgg.

Parigi ad accettare le sue condizioni pur di giungere ad un accordo con lui. Di qui il suo rischiare il tutto per il tutto [242]. Questa seconda ipotesi è stata sostanzialmente ripresa anche in sede storiografica dal Toscano e dal Pastorelli [243]. In realtà, anche se è indubbio che il riavvicinamento franco-tedesco non era gradito a Roma, essa (come del resto le altre) suscita molte perplessità. Contro di essa vi è l'annotazione di quello stesso giorno di Ciano: «niente era stato preparato. I deputati hanno espresso spontaneamente le loro aspirazioni che sono quelle del popolo» [244], che però è parzialmente inficiata dal fatto che la manifestazione fu certamente organizzata. Su questo non vi è dubbio. E troppe notizie concordano nel farne attribuire l'organizzazione a Starace che fu visto anche nell'aula di Montecitorio incitare i deputati ad associarsi alle grida [245]. Oltre l'annotazione a caldo di Ciano vi è però quanto affermato da Mussolini in Gran Consiglio oltre due mesi dopo e che cioè la manifestazione, per quanto «nell'aria», era stata «inattesa», non preordinata e dannosa per la politica fascista. Un'affermazione, dunque, che indubbiamente potrebbe essere stata dettata dalla volontà del «duce» (che sul momento pare addirittura fosse stato compiaciuto della manifestazione [246]) di giustificarsi dell'errore commesso e di scaricarne su altri la responsabilità, ma che, ciò nonostante, non può non essere presa in considerazione, tanto piú che se la manifestazione fosse stata organizzata su istruzioni di Mussolini riesce difficile comprenderne perché – dato che il pacchetto delle rivendicazioni che si cercava di portare al tavolo delle trattative era già stato ampiamente definito e messo in piazza – i deputati e il «pubblico» delle tribune aggiunsero a quelle del pacchetto altre rivendicazioni, come la Corsica e addirittura la Savoia, che esso non contemplava o che Mussolini escludeva sia per il presente che per il futuro. Sicché – allo stato della documentazione – è forse piú prudente pensare che Mussolini e Ciano non mentissero, almeno per quanto ri-

[242] Cfr. ibid., pp. 100 sgg., 102 sg., 103 sgg., 690 sgg.; *DGFP*, s. D, IV, pp. 347 sg. e 377 sgg.
[243] M. TOSCANO, *Le origini diplomatiche del Patto d'acciaio* cit., pp. 84 sgg.; P. PASTORELLI, *La politica estera fascista dalla fine del conflitto etiopico alla seconda guerra mondiale* cit., pagine 111 sg.
[244] G. CIANO, *Diario* cit., p. 218.
Nelle memorie di D. Grandi si legge a questo proposito: «Ciano mi ha poi sempre detto in seguito ogni qualvolta io gli ho richiesto di raccontarmi come andarono le cose, che egli non sapeva nulla e che la dimostrazione lo colse di sorpresa. Questo egli ebbe a dichiarare subito dopo agli ambasciatori di Francia e d'Inghilterra e diede ordine a me di farlo a Londra... Con altri egli ammise che tutto era stato organizzato e preparato in precedenza. Forse ciò era pura vanteria. Ma ciò tutti credettero».
[245] Cfr. soprattutto la prima impressione di François-Poncet e le notizie da lui via via raccolte nei giorni successivi (anche da Perth): *DDF*, s. II, XIII, pp. 1 sgg., 49 sg. e 51; nonché *DBFP*, s. III, III, pp. 464 e 466.
[246] G. CIANO, *Diario* cit., p. 219. François-Poncet nel suo già citato resoconto della seduta (*DDF*, s. II, XIII, pp. 1 sgg.) scrisse: «Ho avuto l'impressione che [Mussolini], se non appariva sorpreso, faceva nondimeno segno perché [la manifestazione] non si prolungasse».

guardava una loro partecipazione all'ideazione della manifestazione e
che questa fosse stata organizzata da Starace per eccesso di zelo e senza
conoscere bene i programmi politici di Mussolini e le loro scadenze[247].

Chiunque sia stato il suo ideatore, una cosa è comunque certa: la
manifestazione del 30 novembre determinò il fallimento sia dei tentativi francesi di riavvicinamento all'Italia sia dei piani di Mussolini di
approfittare delle difficoltà della Francia per realizzare una prima parte
delle sue rivendicazioni verso di essa. Nel clima di sovraeccitazione e di
ostilità da essa determinato in Francia, la risposta negativa che Ciano
dette il 17 dicembre al quesito postogli quindici giorni prima da François-Poncet sulla validità o no per l'Italia degli accordi Mussolini-Laval,
la replica francese del 25 dicembre – cosí secca e puntuale (anche se Ciano nel suo diario la definí «blanda»[248]) da meravigliare e deludere persino gli inglesi (secondo François-Poncet, Perth era stato sino a quel momento dell'idea che, tutto sommato, un accordo sarebbe stato possibile
e giudicava le rivendicazioni italiane «moderate e ragionevoli»[249]) che
auspicavano una *détente* e avevano cercato di moderare le reazioni di
Parigi – e il viaggio di Daladier in Corsica e in Tunisia nei primi giorni
del nuovo anno, durante il quale il presidente del consiglio francese aveva ribadito a piena voce il suo «jamais» alle rivendicazioni italiane (che,
del resto, già aveva espresso in termini piú parlamentari ma non meno
espliciti alla Camera e al Senato il 13 e il 19 dicembre) suscitando le
ire della stampa fascista, portarono infatti i rapporti tra i due paesi ad
uno stallo completo e ad un punto di tensione in cui parlare di un riavvicinamento era impensabile. E ben poco in questo clima serví la visita
a Roma di Chamberlain e di Halifax dall'11 al 14 gennaio 1939. Nelle
conversazioni dei due statisti inglesi con Mussolini e Ciano il problema
fu trattato da ambo le parti con cautela. Gli inglesi manifestarono il loro
vivo rammarico per la situazione, tanto piú che, come Chamberlain disse
a Mussolini, «dopo il 1935 il governo inglese riteneva che non vi fosse piú materia di controversia fra Roma e Parigi». Gli italiani dissero
che, «allo stato degli atti», non desideravano o sollecitavano «interventi
o mediazioni» e che ritenevano «che quando la guerra spagnola sarà
finita, sarà possibile di risolvere direttamente, attraverso conversazioni
con la Francia, la controversia esistente»[250]. Lo stesso concetto venne

---

[247] Le testimonianze di R. GUARIGLIA, *Ricordi* cit., p. 365; e di F. ANFUSO, *Da Palazzo Venezia al lago di Garda* cit., pp. 90 sg., secondo le quali Mussolini avrebbe voluto lui la manifestazione, sono troppo vaghe e di seconda mano per poter essere prese in seria considerazione.
[248] G. CIANO, *Diario* cit., p. 227.
[249] *DDF*, s. II, XIII, pp. 415 sg.
[250] Cfr. *L'Europa verso la catastrofe* cit., pp. 398 e 399 sg.; *DBFP*, s. III, III, p. 527; nonché *DDF*, s. II, XIII, pp. 640 sg.

ribadito, dopo la fine degli incontri, dall'«Informazione diplomatica» n. 26[251].

I dispacci di François-Poncet e di Charles-Roux sugli incontri italo-inglesi di Roma lasciano chiaramente trasparire una certa irritazione per l'eccessivo credito e ottimismo che, a loro dire, Chamberlain e Halifax avevano mostrato per la buona fede italiana[252]. Ciò nonostante è probabile che il fatto che Mussolini avesse parlato della possibilità di risolvere la «controversia» dopo la fine della guerra di Spagna, unito ad alcune notizie raccolte dall'ambasciata a Roma presso un «importante» membro del PNF secondo cui Mussolini aveva paura di nuove iniziative di Hitler e quindi fretta di risolverla in un modo o in un'altro anche a condizioni non troppo gravose per la Francia[253], abbia avuto qualche eco a Parigi. Se non altro nel senso di spingere Daladier e Bonnet a cercare di vedere un po' piú chiaro nelle intenzioni di Mussolini. Solo cosí ci pare si possa spiegare la loro decisione di affidare, pochi giorni dopo la visita di Chamberlain e di Halifax, al direttore della Banca d'Indocina, Paul Baudouin (personaggio ben noto a Roma e che in anni piú lontani aveva incontrato due volte Mussolini e che nei giorni precedenti era stato oggetto di un'avance in proposito, tramite l'amministratore delegato della Società delle saline di Gibuti, da parte del ministro dell'AI A. Teruzzi), l'incarico di prendere segretamente contatto con Roma (anche François-Poncet fu tenuto all'oscuro di tutto) per sondarne le intenzioni[254].

Baudouin incontrò il 2 e il 3 febbraio Ciano che cosí riassunse nel suo diario il primo dei due colloqui[255]:

> Daladier non intende fare alcuna concessione territoriale aperta: se pretendessimo territori sarebbe la guerra. Però è disposto a fare le seguenti concessioni: larga zona franca a Gibuti; partecipazione all'amministrazione del porto; cessione all'Italia della ferrovia in territorio etiopico; appoggiare le nostre richieste per quanto concerne Suez; rivedere gli accordi del 1935 per ciò che concerne Tunisi purché non si intenda fare della Tunisia «i Sudeti italiani». Ho precisato che per Tunisi noi chiediamo una cosa: il diritto agli italiani di restare italiani. Mi sono riservato una risposta dopo aver riferito al Duce.

Mussolini ritenne la proposta «interessante». «Allo stato degli atti – annotò Ciano – non vi sono che due alternative: o trattare su que-

---

[251] Cfr. MUSSOLINI, XXIX, p. 504.
[252] Cfr. *DDF*, s. II, XIII, pp. 718 sgg., 775, 789 sgg. e 828 sgg.
[253] *Ibid.*, pp. 690 sgg.
[254] Cfr. P. BAUDOUIN, *Un voyage à Rome (février 1939)*, in «La revue des deux mondes», 2 maggio 1962, pp. 69 sgg.; J. B. DUROSELLE, *La décadence* cit., p. 393; A. FRANÇOIS-PONCET, *Au Palais Farnèse* ecc. cit., pp. 80 sgg.; nonché il recentissimo J. B. DUROSELLE, *La mission Baudouin à Rome*, in *Italia e Francia dal 1919 al 1939*, a cura di J. B. Duroselle e E. Serra, Milano 1981, pp. 353 sgg.
[255] G. CIANO, *Diario* cit., p. 247.

ste basi, rinviando ad epoca piú propizia la soluzione integrale del problema, o affrontarla subito. Ma allora è la guerra». Il «duce» autorizzò la continuazione del sondaggio, ma volle che ne fossero informati anche i tedeschi [256]. Non è chiaro se questi ne fossero già al corrente; secondo Ciano furono però loro che ne fecero trapelare la notizia alla stampa francese d'opposizione («Le populaire», «L'humanité», «L'ordre») che ci imbastí sopra una vivace campagna contro il governo che, insieme al sopravvenire della seconda crisi cecoslovacca, indusse il 20 marzo Daladier a sospendere, almeno per il momento, l'operazione, che, senza questi due fatti, Bonnet sarebbe stato invece propenso a portare avanti [257].

Per quanto significativa per capire come, nonostante tutto, a quest'epoca i rapporti italo-francesi non fossero in realtà del tutto pregiudicati e Mussolini si sarebbe accontentato di molto poco pur di dar loro un indirizzo conforme ai suoi piani, è dubbio che, anche se avesse avuto un seguito, la «missione Baudouin» avrebbe potuto ormai modificare veramente il corso della politica estera fascista. Il fatto che Mussolini ne abbia autorizzato per parte sua il proseguimento non deve trarre in inganno: la decisione è infatti tipica del suo modus agendi, del suo cercare di tenersi sempre aperte dietro le spalle tutte le porte. Ciò che conta è che ai primi del febbraio '39, quando Baudouin prese contatto con Ciano, era ormai troppo tardi per influire veramente sulla politica del «duce».

Alla fine della Conferenza di Monaco von Ribbentrop era tornato ancora una volta alla carica con Ciano per l'alleanza. Il progetto che gli aveva consegnato era diverso dai precedenti, ma il suo scopo era lo stesso. Non si trattava piú di un'alleanza a due, ma – come il ministro degli Esteri tedesco disse al suo collega italiano consegnandoglielo [258] – della «cosa piú grande del mondo», di un'alleanza a tre: Germania, Italia e Giappone. A un rapporto piú stretto con il Giappone – lo si è visto – Mussolini e Ciano avevano pensato da tempo, tanto come semplice minaccia per «ammorbidire» Londra quanto come effettivo strumento contro di lei nel caso che l'accordo con l'Inghilterra si fosse dimostrato irrealizzabile. E in questa logica vi erano stati anche contatti con Tokio e con Berlino, che aveva preso in mano la cosa e l'aveva portata avanti

---

[256] *Ibid.*, pp. 247 e 248.
[257] *Ibid.*, pp. 268, 269 e 270; P. BAUDOUIN, *Un voyage à Rome* cit.; J.-B. DUROSELLE, *La décadence* cit., pp. 393 sg.; *DGFP*, s. D, IV, pp. 575 sgg. e 587 sg. Qualche accenno alla missione Baudouin anche in R. GUARIGLIA, *Ricordi* cit., pp. 384 sgg.
[258] G. CIANO, *Diario* cit., p. 189.

sino a giungere, proprio nei giorni decisivi della crisi cecoslovacca, a concordare un progetto di patto d'alleanza a tre, quello, appunto, consegnato a Monaco a Ciano[259]. L'accoglienza italiana era stata però fredda. «Credo che lo studieremo con molta calma e, forse, l'accantoneremo per qualche tempo», aveva subito annotato Ciano[260]. In quel momento Ciano e ancor piú Mussolini tutto volevano salvo precipitare le cose. Il «duce» in particolare andava maturando, lo si è visto, tutt'altri progetti, nei quali non rientrava un'alleanza con la Germania. I negoziati per perfezionare il progetto del patto erano stati dunque continuati, ma pensando sostanzialmente ad altro. E gli stessi rapporti con Berlino erano entrati in una fase apparentemente di grande cordialità e di grande dinamismo – si pensi al gran clamore fatto attorno all'arbitrato di Vienna (2 novembre '38) con cui Germania e Italia avevano risolto la questione delle rivendicazioni ungheresi a danno della Cecoslovacchia –, ma sostanzialmente di prudenza, di sotterranea polemica e concorrenza e persino di insofferenza per il comportamento di von Ribbentrop[261]. A ben vedere, da parte italiana si erano fatte meno numerose e impegnative le prese di posizione e le iniziative pubbliche verso la Germania, mentre quelle da parte tedesca si erano mantenute sugli standards precedenti[262].

Un viaggio, a fine ottobre, di von Ribbentrop a Roma, ufficialmente per appianare le divergenze italo-tedesche sulle rivendicazioni di Buda-

---

[259] Cfr. M. TOSCANO, *Le origini diplomatiche del Patto d'acciaio* cit., pp. 7 sgg.
[260] G. CIANO, *Diario* cit., p. 189.
[261] Cfr. *ibid.*, p. 200.
[262] Valga come esempio relativo ai piú alti livelli pubblici questo confronto per il periodo ottobre '38 - gennaio '39.

Da parte italiana:

12 ottobre: «Informazione diplomatica» n. 23. Incondizionata approvazione del discorso di Hitler a Saarbrücken. Contro il blocco italo-tedesco non c'è niente da fare. C'è da fare solo e finalmente la pace.
1° novembre: inaugurazione di un programma speciale dell'EIAR per la Germania.
25 gennaio: discorso di Farinacci a Berlino.

Da parte tedesca:

5 ottobre: discorso di Hitler a Berlino. «L'uomo che si è schierato accanto alla Germania come suo fedele e grande amico: Benito Mussolini».
9 ottobre: discorso di Hitler a Saarbrücken. «Quell'Asse, sul quale in alcuni paesi si è creduto qualche volta di poter fare dello spirito, negli ultimi due anni e mezzo non solo si è mostrato duraturo, ma ha dimostrato di essere inflessibile anche nelle ore piú difficili». «Il Duce, unico vero grande amico del Reich».
21 ottobre: discorso di Goebbels ad Amburgo. «Si è visto che Mussolini era ed è veramente amico della Germania».
6 novembre: discorso di Hitler a Weimar. «Piú noi saremo uniti con l'Italia e meno voglia avranno di attaccarci».
7 novembre: Ribbentrop parlando all'Associazione della Stampa Estera a Berlino insiste sul tema dell'amicizia italo-tedesca.
2 dicembre: la stampa tedesca dà una presentazione «eccezionale» al discorso di Ciano alla Ca-

pest verso Praga, ma essenzialmente per caldeggiare la stipulazione dell'alleanza a tre, non aveva avuto alcun esito. Mussolini aveva fatto al ministro tedesco un lungo discorso pieno di «simpatia», di belle parole e di affermazioni, in parte delle quali credeva e che in parte gli servivano per menare il can per l'aia, ma aveva risposto no. Ecco come Ciano l'aveva verbalizzato [263]:

Il Duce è d'accordo che vi sarà la guerra nel giro di pochi anni tra l'Asse, la Francia e l'Inghilterra. Ciò è nel dinamismo storico. Si è determinata una frattura insanabile tra i due mondi. Bisogna riconoscere che tra Londra e Parigi esiste una alleanza difensiva simile a quella che ora viene proposta dalla Germania. Inoltre sono già in atto contatti tecnici fra gli Stati Maggiori. Tra l'Italia e la Germania invece non esistono Patti scritti, poiché ormai si possono considerare sorpassati i Protocolli di Berchtesgaden che contemplavano problemi contingenti. Esiste il Patto anticomunista di Roma, in cui predomina il carattere ideologico e che ci impegna a fondo insieme con il Giappone. Non si deve però dimenticare che tra l'Italia e la Germania vi è la solidarietà dei regimi, nonché l'interesse reciproco di aiutarsi anche se l'impegno non è consacrato in un documento ufficiale. L'attitudine dell'Italia è stata chiara nel passato e lo sarà sempre quando fossero in giuoco le sorti dei due Regimi.

Crede che si debba arrivare alla conclusione di questa alleanza, ma fa una precisa riserva sul momento in cui converrà stringere tale Patto. Premette che si esprimerà con la chiarezza che è doverosa verso gli amici e che considera l'alleanza un impegno sacro che si deve in qualsiasi evenienza rispettare ed eseguire al cento per cento. Perciò bisogna fare un esame della situazione in Italia. L'Asse ormai è popolare: gli italiani sono fieri di questo sistema politico che ha già dato così formidabile prova nelle recenti vicende mondiali. Nei confronti però dell'Alleanza militare l'opinione pubblica sarebbe in alcuni suoi settori ancora impreparata. L'aviazione è favorevole, la marina abbastanza favorevole, l'esercito favorevole nei bassi gradi, mentre nei medi gradi e soprattutto negli alti gradi esistono ancora dei larghi settori di riserbo. Resta bene inteso che quando il Governo deciderà tale alleanza tutti obbediranno e nessuna obiezione verrà mossa.

I contadini e anche gli operai sono simpatizzanti con la Germania nazista e vedrebbero con favore qualsiasi nuovo impegno. La borghesia invece meno. La borghesia continua a guardare Londra con un certo interesse e ciò perché i borghesi identificano erroneamente la potenza con la ricchezza. Un'altra ragione di freddezza nei confronti di un'alleanza con la Germania sarebbe rappresentata dalla lotta

---

mera del 30 novembre, definito dalla *Corrispondenza politico diplomatica* «un documento storico», e «una direttiva e uno sguardo gettato verso l'avvenire».
24 dicembre: messaggio natalizio di Hess. «Il popolo tedesco ripete i suoi ringraziamenti a Mussolini e al popolo italiano».
30 dicembre: nota della *Corrispondenza politico diplomatica* sul tema: Germania, Italia, Francia. Solidarietà tedesca verso l'Italia.
31 dicembre: messaggio di Capo d'anno del Führer: «Gli impegni che derivano dalla nostra amicizia per l'Italia Fascista sono per noi chiari e inviolabili».
8 gennaio: visita del ministro dell'Economia Funk in Italia.
[263] *L'Europa verso la catastrofe* cit., pp. 375 sgg.; *DGFP*, s. D, IV, pp. 515 sgg.
Sull'incontro Mussolini-Ribbentrop cfr. anche le osservazioni di M. TOSCANO, *Le origini diplomatiche del Patto d'acciaio* cit., pp. 55 sgg.

tra il Nazismo e il Cattolicesimo, mentre l'Accordo diventerebbe molto popolare se una distensione in materia religiosa si determinasse in Germania.

Il Duce afferma che è sua volontà di fare questa alleanza allorché l'idea sia stata fatta convenientemente maturare nelle grandi masse popolari. Oggi ancora non lo è. Il popolo italiano è giunto alla fase «Asse»: non ancora a quella dell'alleanza militare. Vi può del resto giungere molto rapidamente.

A queste parole, forse per indorare la pillola, Mussolini aveva aggiunto che, quando fosse giunto il momento, non si sarebbe dovuta stipulare un'alleanza difensiva, ma un'alleanza offensiva:

> Noi non dobbiamo fare un'alleanza puramente difensiva. Non ve ne sarebbe bisogno perché nessuno pensa di attaccare gli Stati totalitari. Vogliamo invece fare un'alleanza per cambiare la carta geografica del mondo.

Ma a quest'affermazione aveva subito aggiunto ciò che piú gli stava a cuore e lo preoccupava, dato il dispiegarsi del dinamismo tedesco nell'est e nel sud-est europeo ben oltre i termini degli accordi di Berchtesgaden e di Berlino: «Allorché l'alleanza tra noi e la Germania apparirà matura, bisognerà fissarne gli obiettivi». Gli *obiettivi* e le *conquiste*. «Per parte nostra sappiamo già dove dobbiamo andare». Ma la Germania...? Quali erano i suoi obiettivi? Prima di giungere all'alleanza Mussolini voleva mettere bene in chiaro la questione. E perché non vi fossero equivoci o fraintendimenti voluti (Mussolini e Ciano erano giunti alla conclusione che nel gruppo dirigente nazista vi erano due correnti antagoniste, «Göring che vuole organizzare la pace, von Ribbentrop che intende preparare la guerra»[264]), il giorno dopo aveva consegnato al ministro tedesco una breve nota scritta nella quale erano riassunti i punti centrali di quanto gli aveva detto a voce[265]. Ciano a sua volta era tornato a parlare di un possibile patto di consultazione fra le quattro grandi potenze[266].

Per un paio di mesi dopo la visita di von Ribbentrop i rapporti tra Roma e Berlino avevano attraversato una fase di stanca. Prima di prendere qualsiasi decisione Mussolini voleva vedere come procedevano quelli con Parigi e soprattutto con Londra. Se l'entrata in vigore degli «accordi di Pasqua» avesse dato i frutti sperati e cioè avesse costituito la base per un modus vivendi con l'Inghilterra tale da indurre i francesi ad accettare le condizioni italiane per la «normalizzazione» dei rapporti tra i due paesi, non vi sarebbe stato alcun motivo per spingere quelli con la Germania oltre la fase dell'Asse, e ciò ancor piú se Londra si fos-

---

[264] G. CIANO, *Diario* cit., p. 204.
[265] Lo si veda in M. TOSCANO, *Le origini diplomatiche del Patto d'acciaio* cit., p. 62.
[266] G. CIANO, *Diario* cit., p. 204.

se mostrata disposta – come, lo si è visto, le fu richiesto tramite il «canale segreto» – ad aiutare economicamente l'Italia e contribuire alla sua azione di *puntellamento* dell'Ungheria per sbarrare la strada alla penetrazione tedesca verso sud-est. Significativi sono a questo proposito gli allarmi suscitati a Roma dalle notizie relative ad un possibile riavvicinamento franco-tedesco, che avrebbe bloccato per un certo tempo la politica mussoliniana verso la Francia. Allarmi che erano stati subito colti da tutte le cancellerie interessate e che spiegano perché queste avrebbero in genere interpretato il discorso di Ciano del 30 novembre e la manifestazione alla quale esso aveva dato luogo come un avvertimento a Berlino, ma che in realtà dovevano aver contribuito a determinare nel «duce» un tutt'altro tipo di reazione: quella di fargli diluire molto di piú le sue rivendicazioni verso la Francia e convincerlo che per il momento era necessario accontentarsi di molto poco. Molto piú significativa ai fini del nostro discorso è però la reazione suscitata in lui dalle prime notizie relative al convegno franco-britannico del 23-24 novembre e in particolare da quelle che volevano che il convegno dovesse varare la trasformazione dell'*entente* tra i due paesi in una vera e propria alleanza. Di fronte a questa prospettiva, che molto piú che non il riavvicinamento franco-tedesco avrebbe sconvolto e in pratica nullificato i suoi piani, la reazione di Mussolini era stata quella di far telegrafare ad Attolico di informare von Ribbentrop «che se tale dovesse essere il risultato dei colloqui di Parigi considereremmo sorpassate le osservazioni formulate in occasione del suo recente viaggio a Roma e saremmo disposti a definire il progetto di alleanza militare con la Germania, senza i previsti aggiornamenti». Per fortuna Attolico, un po' per la sua grande esperienza diplomatica e conoscenza della riluttanza inglese ad impegnarsi sul continente se non in caso di estrema necessità, un po' perché ancora convinto che «da Monaco avrebbe potuto nascere la nuova collaborazione europea»[267] e capendo bene che la decisione di Mussolini l'avrebbe resa impossibile, aveva preso tempo per eseguire le istruzioni ricevute, adducendo l'impossibilità di vedere per qualche giorno von Ribbentrop. Dopo di che, passata la paura, non si era piú parlato di accettare di concretizzare l'alleanza[268].

La reazione francese al «fattaccio» del 30 novembre e l'atteggiamento inglese di fronte ad esso, formalmente corretto ma chiaramente critico, dovevano aver scosso la fiducia di Mussolini nella praticabilità dei suoi piani e rafforzato la sua convinzione che la «concezione della vita»

[267] M. MAGISTRATI, *L'Italia a Berlino* cit., p. 256.
[268] Cfr. M. TOSCANO, *Le origini diplomatiche del Patto d'acciaio* cit., pp. 84 sgg.

degli stati totalitari e di quelli democratici era ormai cosí radicalmente diversa da rendere alla lunga impossibile un accordo tra loro. Un suo anonimo exploit letterario-politico di quei giorni su «Il popolo d'Italia», *Dialoghi sul Tamigi*[269] è al secondo proposito indicativo. Prima di prendere qualsiasi decisione egli aveva voluto però attendere di incontrarsi con Chamberlain e con Halifax e di tastare loro personalmente il polso. Chiarissimo è in questo senso il suo comportamento, il 15 dicembre, con l'ambasciatore giapponese a Berlino, generale Oshima, di passaggio per Roma. Il resoconto lasciatoci da Ciano del colloquio è estremamente interessante, anche per capire lo stato d'animo con cui a Roma si guardava a quelli che sarebbero potuti essere i partners di una futura alleanza. Scriveva Ciano[270]:

Ho accompagnato dal Duce il Generale Oshima, Ambasciatore del Giappone a Berlino. La sua visita era stata raccomandata da Ribbentrop, perché Oshima è, come lui, uno zelatore della trasformazione del Patto anti-Komintern in un Patto di alleanza tripartita... Quando ha cominciato a parlare mi sono reso conto del perché Ribbentrop lo ami tanto: sono dello stesso genere, entusiasta e semplificatore. Non voglio dire facilone. Ha attaccato la Russia ed ha detto che il Giappone intende smembrarla in tanti stati da render vano e assurdo ogni pensiero di rivincita; ha detto che il Giappone vuole eliminare ogni interesse britannico dalla Cina e in genere dal Pacifico. Ha progettato in luce tragica la posizione inglese nelle Indie. Il Duce ha ripetuto le consuete argomentazioni sulla necessità di ritardare di qualche tempo la trasformazione del Patto ed ha indicato quale sarebbe l'epoca in cui prenderà le sue decisioni: quella che va da metà gennaio a metà febbraio.

La data indicata da Mussolini non lascia dubbi: tutto ormai era per lui legato a come si sarebbero svolti i colloqui con gli inglesi.

Nel suo intimo Mussolini doveva avere avuto però poche speranze che essi potessero andare come avrebbe voluto. Nonostante l'ottimismo di Perth, di cui però non a caso era stato proprio in quei giorni annun-

---

[269] *Dialoghi sul Tamigi*, pubblicato da «Il popolo d'Italia» l'8 dicembre 1938 (MUSSOLINI, XXIX, pp. 215 sgg.) immaginava una conversazione, in casa di un membro della Camera dei Comuni, tra il negus e Beneš, tutta incentrata sugli errori politici che li avevano portati a perdere il potere e in particolare sulla loro mal riposta fiducia negli inglesi e nei francesi che prima li avevano spinti contro l'Italia e la Germania e poi li avevano abbandonati. Il pezzo si chiudeva con queste parole, messe in bocca al padrone di casa: «voi siete i primi caduti di una grande guerra che si combatte attualmente nel mondo fra due concezioni della vita: la totalitaria e la democratica. Una battaglia è perduta, ma la lotta non è finita»; e con il preannuncio del prossimo arrivo di altri due sconfitti, Chiang Kai-shek e Negrín.
Il pezzo suggerí a Ugo Ojetti una incredibile letterina a Mussolini cosí concepita: «Permettete, Duce, che io vi dica la mia ammirazione per quel poco che valga, pei *Dialoghi sul Tamigi*. Da Luciano a Leopardi, questo serrato genere (con buona pace di Benedetto Croce) è assai difficile e domanda lunga esperienza, come la buona scherma. E voi, d'un colpo...
«Non insisto perché ricordo un vostro tagliente e ridente: – Esagerate, Ojetti, – quando a Tripoli nel marzo '37 vi parlai d'un vostro discorsetto improvvisato...» (ACS, *Segreteria particolare del Duce, Carteggio riservato [1922-1943]*, 168/R, fasc. «Ojetti Ugo», sott. 1, in data 11 dicembre 1938).
[270] G. CIANO, *Diario* cit., p. 224.

ciata la sostituzione all'ambasciata di Roma con Percy Loraine, un «grigio» funzionario con dei «precedenti» che non deponevano bene per la sua amicizia verso l'Italia fascista, troppi sintomi, non ultimo il silenzio che aveva accolto le avances fatte tramite il «canale segreto» e i passi che gli inglesi, venuti a conoscenza del progetto di alleanza tripartita, avevano fatto con l'aiuto americano per dissuadere Tokio dall'insistervi [271], lasciavano capire che di strada insieme, nel senso voluto da Mussolini, Roma e Londra ne avrebbero fatta ben poca. A ciò si dovevano poi aggiungere le dichiarazioni di Daladier alla Camera e al Senato francesi del 13 e del 19 dicembre e l'annuncio del viaggio che lo stesso Daladier si accingeva a fare in Corsica e in Tunisia, fatti questi che non potevano autorizzare alcuna speranza neppure sul versante parigino della politica mussoliniana e che facevano temere a qualcuno il peggio, al punto – se è attendibile quanto avrebbe riferito ai primi del marzo '39 a Berlino un agente tedesco [272] – che, spaventati dall'idea di un possibile attacco francese, Pariani e persino Badoglio avevano cominciato a sollecitare il «duce» ad autorizzare l'inizio di vere conversazioni militari italo-tedesche [273]. Il che, tra l'altro, vale la pena di sottolinearlo, spiegherebbe perché quando, decisa ormai l'alleanza, Mussolini ne avrebbe informato Vittorio Emanuele III, il sovrano, nonostante la sua precedente avversione all'Asse, se ne sarebbe mostrato contento.

Non ama i tedeschi, ma detesta e disistima i francesi – avrebbe annotato Ciano riferendo quanto dettogli dal suocero –. Li ritiene capaci però di un colpo di mano contro di noi e pertanto vede con soddisfazione l'impegno di assistenza militare germanico.

L'unica possibilità di avere ancora un margine di manovra sarebbe stata quella di potersi offrire a Chamberlain come mediatore tra lui e Hitler. Ma un passo fatto a metà dicembre in questo senso da Magistrati presso von Ribbentrop era caduto nel vuoto.

A lui, su istruzioni di Roma – ha ricordato Magistrati che in quei giorni sostituiva Attolico in congedo natalizio [274] –, dissi appunto che il Governo italiano, avendo regolato ormai tutte le questioni di carattere pratico, esistenti con l'Inghilterra, era pronto a spendere tutta la sua influenza, se richiesto dalla Germania ed in previsione della prevista e non lontana visita a Roma del signor Chamberlain, per un miglioramento dei rapporti anglo-tedeschi.

[271] Cfr. M. TOSCANO, *Le origini diplomatiche del Patto d'acciaio* cit., pp. 66 sgg.
[272] *DGFP*, s. D, IV, pp. 587 sg.
[273] Per i contatti italo-tedeschi a carattere militare dopo Monaco, scarsi e per nulla conclusivi date le difficoltà politiche e psicologiche in cui si svolsero, cfr. M. TOSCANO, *Le origini diplomatiche del Patto d'acciaio* cit., pp. 72 sgg.
[274] M. MAGISTRATI, *L'Italia a Berlino* cit., p. 288; M. TOSCANO, *Le origini diplomatiche del Patto d'acciaio* cit., p. 91.

La risposta non fu positiva. Il ministro, sempre tenacemente avverso, ormai, alla politica di Londra, mi affermò che i rapporti tra Berlino e l'Inghilterra erano «cosí cattivi da far ritenere inutile un tale tentativo».

Con Monaco Mussolini era fortunosamente ma in apparenza molto brillantemente caduto in piedi e il successo cosí riportato gli aveva fatto credere di avere, con la sua abilità, il futuro in pugno. A meno di tre mesi di distanza da quelle giornate i suoi piani o, se si preferisce, i suoi sogni mostravano tutta la loro corda e gli enormi rischi insiti in essi. Il pendolo minacciava di fermarsi e di costringerlo o all'isolamento o a scegliere. In teoria tra Londra e Berlino, in realtà ad andare con Berlino, dato che, a quel punto, scegliere Londra avrebbe voluto dire andare a Canossa con Parigi. Con tutto quello che ciò avrebbe comportato per il suo prestigio interno ed internazionale.

Stante questa situazione, la seconda metà del dicembre doveva essere stata uno dei momenti piú drammatici della sua vita, tanto da fargli persino interrompere le sue usuali e distensive telefonate a «Il popolo d'Italia» per informarsi di come andavano le cose, fare le sue osservazioni sui numeri pubblicati, dare le sue istruzioni per quelli in preparazione[275]. Anche se sgradita e temuta, l'alleanza con Hitler doveva ogni giorno di piú, via via che tutte le altre gli si chiudevano davanti, essergli apparsa l'unica porta rimastagli aperta. E da imboccare subito, senza attendere gli incontri con Chamberlain e Halifax, dato che farlo dopo il loro, per lui, ormai scontato fallimento avrebbe solo reso piú precario e umiliante il rapporto con i tedeschi. Già otto giorno dopo il colloquio con l'ambasciatore giapponese a Berlino, parlando dei prossimi incontri con Chamberlain a Ciano, appena rientrato a Roma da Budapest (dove aveva dovuto constatare quanto forti fossero in quel paese le ostilità verso la Germania ma anche le pressioni tedesche) non aveva fatto mistero della sua «intenzione» di aderire «al Patto triangolare, secondo la proposta di Ribbentrop»[276]. Poi, approfittando delle feste natalizie, si era ritirato nella solitudine della Rocca delle Camminate a meditare e prendere la sua decisione. Nessuno, salvo forse Ciano, dei suoi collaboratori, sempre piú da lui tenuti a distanza e all'oscuro di ciò che pensava, doveva essersi reso conto del suo dramma. L'unico che in qualche misura doveva aver capito che qualcosa di grosso stava maturando nella sua mente doveva essere stato, forse, François-Poncet. Un suo rapporto a Bonnet del 31 dicembre lo lascia almeno pensare[277]:

---

[275] Cfr. G. PINI, *Filo diretto con Palazzo Venezia* cit., p. 184.
[276] G. CIANO, *Diario* cit., p. 227.
[277] *DDF*, s. II, XIII, pp. 471 sg.

In questa fine d'anno, il pensiero, i progetti del Duce rimangono sempre avvolti nel mistero. Quantunque vi sia qualche ragione per pensare che la risposta del governo francese alla lettera del conte Ciano, denunciante gli accordi del gennaio 1935, l'abbia sconcertato e imbarazzato, il Signor Mussolini non ha ancora reagito o giudicato opportuno di far conoscere le sue reazioni e di sollevare il velo che copre l'aspetto positivo dei suoi piani. La stampa italiana espone nel modo piú perentorio e veemente un programma di rivendicazioni al tempo stesso ampio e indefinibile. Comporta esso delle esigenze territoriali? Rispetta, in ogni caso, la sovranità e l'integrità dei possessi della Francia? Cosa bisogna prenderne, cosa bisogna lasciarne? Qual è nelle pretese che avanza e nell'argomentazione su cui si appoggia la parte attribuibile alla tattica e quella che si deve ritenere essenziale? Nessuna voce ufficiale, nessuna informazione ufficiosa di fonte sicura ce lo indica.

Gli amici, gli intimi del dittatore sono, del resto, i primi a confermare che questo si circonda di un segreto sempre piú impenetrabile, ch'egli non è piú lo stesso di un tempo, che è molto cambiato, che non riceve piú nessuno e che nessuno, oggi, salvo, forse, il conte Ciano, saprebbe dire cosa prepara e verso quale scopo si dirige.

Un fatto, tuttavia, sembra acquisito: è il disagio dell'opinione pubblica. Le condizioni materiali di vita sono mediocri. Il livello di vita di un contadino o di un operaio italiano è inferiore a quello di un francese e persino di un tedesco. Le condizioni morali lasciano egualmente a desiderare. Dietro l'ardore dimostrativo delle formazioni del partito si indovina molta delusione e stanchezza.

L'Asse Roma-Berlino non ha guadagnato popolarità. Numerosi sono coloro che si rendono conto che di esso ha soprattutto profittato la Germania, che l'Italia non ne ha, sin'ora, ricavato niente, e in tutti i casi in cui gli interessi dei due paesi si sono trovati in contrasto, come nella loro recente divergenza sulle frontiere della Russia [sic] subcarpatica, è l'Italia che si è dovuta piegare.

È dunque probabile che il Duce sia preoccupato di ristabilire la situazione e cerchi, a breve scadenza un successo di cui ha bisogno. Ma dove può trovarlo?

Al ritorno dalla Rocca delle Camminate la decisione era presa. Il 1° gennaio Ciano lo aveva trovato di umor nero, scontento per come andavano le cose in AOI, invelenito contro il Vaticano (nella cui attività tramite l'Azione cattolica vedeva un tentativo di costituire un vero e proprio partito politico per esser pronto a raccogliere la successione del fascismo) al punto da escludere qualsiasi celebrazione del prossimo decennale della Conciliazione e ostile alla borghesia [278]. Alla fine del colloquio gli aveva comunicato la sua «decisione di accogliere la proposta di Ribbentrop per trasformare in alleanza il Patto anti-Komintern» [279]:

Vuole che la firma abbia luogo nell'ultima decade di gennaio. Considera sempre piú inevitabile lo scontro con le democrazie occidentali e vuol pertanto predisporre lo schieramento. In questo mese intende preparare l'opinione pubblica, «della quale, però, se ne frega».

---

[278] Tre giorni dopo, il 4 gennaio, avrebbe ordinato a Pini di preparare per «Il popolo d'Italia» una serie di articoli contro la borghesia sulla falsariga del suo discorso al Consiglio nazionale del PNF. G. PINI, *Filo diretto con Palazzo Venezia* cit., pp. 185 sg.
[279] G. CIANO, *Diario* cit., p. 233.

Il giorno dopo Ciano aveva scritto a von Ribbentrop comunicandogli la decisione. Il tono e la sostanza della lettera [280] erano ben diversi da quelli usati a fine ottobre da Mussolini con lo stesso von Ribbentrop. Nessun cenno ad un carattere offensivo dell'alleanza e anzi esplicita affermazione che l'accordo «dovrà venire presentato al mondo come un Patto di pace, che assicura alla Germania e all'Italia la possibilità di lavorare in piena tranquillità per un periodo abbastanza lungo di tempo». Lungo tentativo di negare che sulla decisione ci fosse stato «qualsiasi riflesso delle nostre relazioni politiche con la Francia», con la quale ci si diceva convinti di poter risolvere le questioni di «carattere contingente» (Statuto degli italiani di Tunisi, porto franco a Gibuti, esercizio della ferrovia Gibuti-Addis Abeba, partecipazione all'amministrazione del canale di Suez) attraverso normali negoziati diplomatici, «dei quali però non intendiamo prendere l'iniziativa», e di contro affermazione che le ragioni erano l'«ormai provata esistenza di un patto militare tra la Francia e la Gran Bretagna», «il prevalere della tesi bellicista negli ambienti responsabili francesi» e «la preparazione militare degli Stati Uniti che ha lo scopo di fornire uomini e soprattutto mezzi alle democrazie occidentali in caso di necessità». E, infine, l'auspicio di attrarre nell'alleanza tripartita i paesi che la «possano in Europa rifornire di materie prime, e cioè principalmente: Iugoslavia, Ungheria e Romania».

Per il momento la decisione era stata mantenuta segretissima. Ne erano stati informati, oltre al re, di cui abbiamo già detto la reazione, pochissimi altri, tra essi Starace e Attolico e, vagamente, Grandi, entrambi in Italia per le festività di fine anno. Attolico, sino allora «piuttosto ostile» all'alleanza con la Germania, si era dimostrato «apertamente favorevole»; secondo Ciano [281] perché «convinto che niente sarebbe tra noi piú popolare della guerra alla Francia». Grandi aveva fatto buon viso a cattivo gioco. Cosí Ciano aveva annotato la sua reazione [282]:

> Gli faccio un cenno assai impreciso circa la futura alleanza con la Germania e osservo le sue reazioni. Si dichiara favorevole e non crede che possa avere ripercussioni troppo gravi nel mondo britannico: è già scontata. Ed è ancora vivo il ricordo della triplice alleanza che non impedí, durante trent'anni, il mantenimento di cordiali rapporti tra l'Italia e la Gran Bretagna».

Anche se mantenuta segreta, la decisione aveva ovviamente pesato molto sugli incontri, la settimana successiva, con Chamberlain e Halifax, contribuendo a farli risultare anche piú inconcludenti, sotto la loro appa-

---

[280] Lo si veda in *L'Europa verso la catastrofe* cit., pp. 392 sgg.
[281] G. CIANO, *Diario* cit., p. 214.
[282] *Ibid.*

rente cordialità, di quanto, senza di essa, sarebbero forse potuti essere, almeno per qualche aspetto particolare. Persino quanto a cordialità Chamberlain era stato superiore a Mussolini. Grandi ce ne ha lasciato nelle sue memorie un quadro tanto accorato quanto prezioso per coglierne l'atmosfera:

> Furono giornate assai tristi. Quando vidi Chamberlain scendere dal treno coll'ombrello, alla stazione di Roma, come un viaggiatore normale e Mussolini andargli incontro, in cappotto militare con Ciano al fianco e la legione della Milizia fascista che fece gli onori militari, un Mussolini tanto diverso da quello che io avevo visto a Livorno, Rapallo, Firenze andare incontro a sir Austin Chamberlain, col cappello floscio, goffo e imbarazzato, mi domandai se fosse ancora possibile un'intesa fra due mentalità, tra due mondi spirituali cosí diversi. Eppure era ancora possibile. Gli ospiti brittannici vennero ospitati regalmente a Villa Madama, e non furono risparmiati in loro onore banchetti, feste, balletti. Tutte le risorse del cerimoniale di Ciano, imparate in Germania, vennero utilizzate. Ciò era immensamente lontano dallo stile brittannico e da quello che era stato lo stile italiano negli anni lontani a me noti fino al 1932. Le conversazioni si svolsero a P. Venezia e a P. Chigi. Non vi fui invitato a partecipare, né alcuno mi comunicò il contenuto di esse. Però, da quello che seppi dopo, al mio ritorno a Londra, dalla stessa delegazione brittannica, accertai che gli argomenti non erano usciti dal vago. Nulla di concreto si era deciso. Nel banchetto ufficiale a P. Venezia cui erano state invitate donne troppo belle e troppo giovani, Mussolini rivolse a Chamberlain un discorso cortese ma formale, preparato da P. Chigi. Chamberlain rispose con un discorso umano, caldo. Mussolini si rese conto immediatamente mentre Chamberlain ebbe finito di parlare che ai convenuti il discorso di Chamberlain era piaciuto di piú. Lo osservavo. Vidi benissimo che si irritò con se stesso e che in quel momento avrebbe voluto essere stato altrettanto caldo, altrettanto umano quanto lo era stato il freddo compassato brittannico. Ma il discorso era già fatto. Di tutta la immensa sala gremita di convitati i soli vestiti in abito civile da sera erano i membri della delegazione brittannica, dell'Ambasciata brittannica e il sottoscritto. Tutti erano vestiti in uniformi strane, giubba bianca e pantaloni neri e camicia nera, un orrore. L'uniforme di Starace. Al mio ingresso nella sala, il Segretario del Partito mi aveva affrontato dicendo: non puoi partecipare al pranzo, se non hai l'uniforme. Io non l'avevo. Dissi che me ne andavo. Intervenne Ciano. La questione fu portata a Mussolini il quale consentí che io intervenissi ugualmente. «Purché sia l'ultima volta...» mi disse Starace.

Un confronto tra il carattere anodino dei resoconti dei colloqui stesi da Ciano e quanto contemporaneamente lo stesso ministro degli Esteri annotava nel suo diario [283] conferma questo quadro e mostra bene sino a qual punto da parte italiana si era frainteso l'atteggiamento inglese e confusa la preoccupazione di Chamberlain per la gravità della situazio-

---

[283] *L'Europa verso la catastrofe* cit., pp. 395 sgg.; G. CIANO, *Diario* cit., pp. 238 sgg. Durante il soggiorno a Roma Chamberlain e Halifax ebbero un incontro anche con il papa. Cfr. A. MARTINI, *L'ultima udienza ufficiale di Pio XI. Neville Chamberlain in Vaticano*, in «Civiltà cattolica», 20 marzo 1979, pp. 526 sgg.

ne europea con la paura di un conflitto. Valgano ad esempio questi brevi stralci:

11 gennaio. Arrivo di Chamberlain. La visita è sostanzialmente tenuta in tono minore poiché tanto il Duce che io siamo scarsamente convinti dell'utilità. Le accoglienze della folla sono buone particolarmente nei quartieri centrali, nelle zone borghesi ove il vecchio con ombrello è molto popolare. Piú fredde nei settori periferici, ove gli operai mostrano di commuoversi meno. Chamberlain, però, è molto contento del ricevimento. Forse ricorda ancora i fischi che due mesi fa lo salutarono nell'amica Francia... La conversazione si è svolta in tono stanco. Le cose che sono state trattate non erano le piú importanti e in loro e in noi si riconoscevano facilmente le riserve mentali. La conversazione odierna è stata piuttosto una ricognizione: il contatto effettivo non è ancora stato preso. Ma come siamo lontani da questa gente! Un altro mondo...

12 gennaio. Il colloquio del pomeriggio... è stato caratterizzato dal profondo senso di preoccupazione che domina gli inglesi nei confronti della Germania... Gli inglesi non si vogliono battere. Cercano di retrocedere il piú lentamente possibile, ma non vogliono battersi. Mussolini ha difeso la Germania con grande lealismo, ed è stato un po' ermetico circa i progetti futuri suoi e del Führer. I colloqui con gli inglesi sono finiti: niente di fatto.

Telefono a Ribbentrop per dirgli che la visita è stata una «grande limonata» assolutamente innocua...

In Italia, fuori della cerchia degli «addetti ai lavori» e di coloro che erano un po' piú informati della «grande politica» o seguivano la stampa estera, pochi avevano percepito il fallimento degli incontri romani. I piú, desiderosi solo di pace e di non vedere ancor piú stringersi i legami con la Germania, li avevano valutati positivamente; come un fatto rassicurante e che, tutto sommato, costituiva un successo di prestigio per l'Italia e una conferma della bontà della politica mussoliniana; un fatto che faceva bene sperare anche per i rapporti con la Francia. Tipica è quest'annotazione del diario di L. Gasparotto sotto le date 11 gennaio - 15 febbraio 1939[284]:

la fortuna asseconda ancora l'audacia del «duce» e l'alone della gloria sta per recingergli la fronte. Oggi è a Roma, venuto da Londra, l'amico Chamberlain, col suo ombrello. Brindisi. Mussolini beve «alla grande nazione amica», che è l'Inghilterra, e alla nuova realtà mediterranea e africana stabilita dall'amicizia dei due paesi.

L'ospite inglese risponde innalzando il bicchiere a S. M. il Re d'Italia *Imperatore di Etiopia!* Pace e gioia, dunque. La «perfida Albione» riconosce e legittima la conquista africana dell'Italia. Tutto cammina a seconda. In questo momento si amoreggia anche con la Polonia, «forte del coraggio e della tenacia dei suoi figli come l'Italia fascista». Cosí dice il messaggio di Mussolini alla «Gazeta Polska» del 15 febbraio.

---

[284] L. GASPAROTTO, *Diario di un deputato* cit., p. 286.

All'estero invece il sostanziale fallimento degli incontri romani non aveva destato molta meraviglia. Anche se nessuno era a conoscenza della decisione di Mussolini di trasformare l'Asse in una vera e propria alleanza, la politica del «duce» negli ultimi mesi lasciava poco adito a speranze. Molti, non solo in Inghilterra, come Grandi aveva detto a Ciano, la davano praticamente per scontata. Anche coloro che ancora auspicavano un rafforzamento dell'amicizia italo-inglese, in realtà non sapevano quasi piú come motivare le loro speranze e finivano per ricorrere non di rado agli argomenti giú generici e triti. Valga per tutti il caso di lord Elton che sul «Sunday Chronicle» dell'8 gennaio era ricorso ad un contraddittorio e astruso ragionamento psicologico imperniato sulla profonda differenza dei caratteri di Chamberlain e di Mussolini, che però si sarebbe alla fine potuta rivelare «una benedizione», dato che i due uomini avevano in comune il legame con i loro popoli – Chamberlain discendeva da commercianti, Mussolini da contadini – e le loro capacità intellettuali e spirituali potevano portarli ad «armonizzarsi» tra loro, «perché l'uno è in fondo il complemento dell'altro».

Le varie immagini che avevano fatto la fortuna di Mussolini in molti ambienti e che avevano trovato larga ospitalità in libri, riviste e giornali di tanti paesi, da quella piú antica, tipica del mondo anglosassone, del «male necessario per il bene dell'Italia» a quella dello statista «difficile» e «italicamente interessato ed egoista» ma realista, si erano ormai logorate da tempo. Se i «pezzi» piú o meno di colore e, tutto sommato, a lui favorevoli sulla sua vita, la sua giornata, i suoi amori continuavano ad essere pubblicati con frequenza, soprattutto dalla stampa anglosassone a grande tiratura e subito dopo Monaco avevano avuto una breve impennata, a fianco di essi sempre piú numerosi si facevano, anche nei giornali non di sinistra e «benpensanti», quelli critici e nettamente negativi. Sulla bilancia dei pro e dei contro, sempre piú spesso quelli che pesavano di piú erano i contro. Qualche anno prima affermazioni come questa erano rare, ora invece sempre piú frequenti e, per di piú, senza interrogativi [285]:

> È uno scherzo ripetere che egli ha salvato l'Italia dal bolscevismo, perché l'Italia fascista del 1934 è piú vicina al bolscevismo dell'Italia parlamentare del 1920... Non solo perché fascismo e bolscevismo sono i due termini simili di una equazione, ma perché il regime fascista, distruggendo la libertà, ha spezzato il vigore della coscienza italiana e ha preparato l'Italia a tutte le accettazioni, a tutte le servitú per l'avvenire.
> In realtà l'uomo rassomiglia ai suoi ritratti: egli è prigioniero dell'immagine

---

[285] LE GRAN VOYAGEUR, *Les maîtres de l'heure. Mussolini*, in «Le Pays Wallon», 12 marzo 1935.

che si è fatta. Quando il quadro sarà frantumato e l'illusione dell'ottica sarà scomparsa, cosa resterà? Un agitatore audace e coraggioso, che ha saputo pagare in prima persona, trascinare una banda e condurla alla vittoria – un prefetto di polizia superiore, che ha trasformato il suo paese in un posto d'ascolto e in un corridoio di tribunale – un abilissimo regista che, del suo passato di giornalista, ha conservato il senso della pubblicità e il gusto delle formule. E la politica?...

L'Etiopia prima, la Spagna poi, l'Anschluss infine erano stati altrettante tappe del declino della popolarità di Mussolini all'estero. Libri come quelli di Gaudens Megaro (*Mussolini in the making*) e di G. A. Borgese (*Goliath*) vi avevano contribuito, ma forse anche di piú vi avevano contribuito iniziative quali la trasposizione moderna del *Giulio Cesare* di Shakespeare messa in scena da Orson Welles in cui Cesare era rappresentato tale quale Mussolini, il tutto col corredo di camicie nere e di saluti fascisti [286]. Il colpo decisivo era stato però inferto dal sorgere, a fianco del dittatore *minor*, del dittatore *maior*, di Hitler, dalla politica dell'Asse e dal «voltafaccia» mussoliniano in materia di antisemitismo. Articoli come quelli, già ricordati, di Emil Ludwig, riprodotti in quasi tutti i paesi, in cui il famoso giornalista, a torto o a ragione, considerato suo ammiratore, ora lo attaccava e condannava senza mezzi termini, avevano costituito per una certa immagine del «duce» colpi durissimi. «Che uomini di tale temperamento abbiano oggigiorno il potere è una disgrazia non solo per i paesi che essi governano ma anche per il mondo» [287]. «Indipendentemente dai patti politici, non vi può essere pace per il mondo né speranza per il progresso della civiltà fino a quando essi persisteranno nella loro politica di perniciosa e sovversiva propaganda» [288]. Contemporaneamente a questi giudizi sempre piú critici, frequenti si erano fatte le notizie sul cattivo stato della salute di Mussolini, sulla sua «schizofrenia» e «paranoia» [289], sul malcontento degli italiani verso di lui, le difficoltà economiche e finanziarie del regime e la possibilità, addirittura, che esso cadesse da un momento all'altro. Già nel luglio 1938, prendendo spunto dal libro di Eugene J. Young, *Looking behind the censorship*, il «Sunday Dispatch» era uscito con un titolo su quattro colonne sostenendo che in realtà Mussolini non contava piú molto in Italia. Diversamente da ciò che i piú credevano, Vittorio Emanuele III aveva un potere «addirittura sorprendente»; la monarchia e il Va-

---

[286] Cfr. «*Julius Caesar*»... *as Mussolini might see it*, in «Weekly Illustrated», 8 gennaio 1938.
[287] F. BARDON, *Dictators with a grudge*, in «The Evening Dispatch», 7 gennaio 1938. L'autore dell'articolo attribuiva la «ben nota poca simpatia del Duce per gli inglesi» al fatto che, a suo dire, da ragazzo Mussolini avrebbe ricevuto «una buona dose di pugni» da un suo coetaneo inglese in vacanza in Romagna.
[288] *The nazi international*, in «The Quarterly Review», ottobre 1938, pp. 207 sgg.
[289] Cfr., a mo' di esempio, A. WEYMOUTH, *What makes men want to be dictators?*, in «News Chronicle», 17 febbraio 1939.

ticano, pur tenendosi in disparte, consolidavano il loro potere giorno dietro giorno[290]. Tant'è che persino nei giorni di Monaco vi erano stati giornali, come il «Daily Express» per la penna di K. V. Gordon, che avevano profetizzato che non era molto lontano il momento in cui il «partito monarchico», con alla testa il principe di Piemonte, avrebbe preso il potere, sicché era da attendersi che alla crisi cecoslovacca tenesse dietro in breve tempo quella italiana[291]. Ma la cosa forse piú significativa è che anche coloro che ancora lo consideravano una «mente quadrata», che non cercava come il «mistico» Hitler la verità «sulla cima di una montagna e tra le nubi delle Alpi», e, come Chamberlain e Daladier, «un realista» e, quindi, sembravano ancora riporre in lui un minimo di fiducia, non si nascondevano che «oggi Hitler è il maestro, Mussolini il discepolo»[292]. E che anche le «opere del regime», che tanto avevano condizionato il giudizio sul fascismo e su Mussolini negli anni precedenti, cominciavano ormai a funzionare sempre meno e, soprattutto, non facevano piú trascurare gli altri aspetti della realtà del fascismo e, in primo luogo, il pericolo per la pace costituito dalla politica estera mussoliniana. Sicché di lí a qualche mese, recensendo la traduzione inglese della *Vita di Mussolini* di Giorgio Pini, il londinese «Spectator» avrebbe scritto[293]:

> Verso la fine del libro Mussolini viene paragonato a Napoleone, Stalin e Giulio Cesare, a loro svantaggio. «Il Duce, – scrive il Sign. Pini, – a differenza di Napoleone, non è un avventuriero senza principî e non lede i diritti genuini degli individui e delle nazioni». Dopo l'Abissinia, la Spagna e l'Albania, questo è rassicurante. Il Sign. Pini avrebbe fatto meglio a dedicare piú spazio all'idea che di Mussolini ha il popolo comune. Mussolini è un contadino, il figlio di un fabbro, e questo il popolo non lo dimentica. Ho parlato a contadini i quali, dopo aver criticato il Duce, hanno detto: «Ma è uno di noi». Questo è un fatto a cui gli avversari del fascismo troppo spesso passano sopra. Gli italiani non dimenticheranno presto il lungo tempo in cui furono governati da stranieri e aristocratici. Ma la biografia di Mussolini non è ancora «la storia della nazione italiana» come il Signor Pini vorrebbe farci credere, e c'è da domandarsi perché la maggior parte dei propagandisti del fascismo ritengano necessario attribuire alla personale benevolenza del Duce cose come i tubercolosari e le case per i lavoratori, che non erano sconosciute nella Italia del 1921 e che possono trovarsi perfino nelle esaurite democrazie.

Ma ritorniamo ai rapporti con la Germania. Consegnando ad Attolico la lettera per von Ribbentrop del 2 gennaio, Ciano aveva dato istru-

---

[290] *Mussolini does not count for much in Italy*, in «Sunday Dispatch», 17 luglio 1938.
[291] K. V. GORDON, *Is Mussolini going to fall?*, in «Daily Express», 2 ottobre 1938, ripreso da molti altri giornali dei Dominions.
[292] J. SAUERWEIN, *The «big four»* cit.
[293] «The Spectator», 2 giugno 1939, p. 965.

zioni all'ambasciatore perché, consegnandola, sollecitasse una rapida e soddisfacente conclusione per l'Italia delle trattative commerciali avviate dal mese precedente e facesse presente altresí l'opportunità di «dar corso al progetto di Hitler per ritirare i tedeschi che vogliono partire» dall'Alto Adige [294]. Come si vede, decisa l'alleanza, Mussolini aveva anche finito per accettare il punto di vista del genero favorevole a risolvere la questione altoatesina secondo il suggerimento di Göring e aveva pensato di trarre dalla sua decisione un qualche immediato risultato pratico che potesse aiutare a lenire le difficoltà dell'economia italiana e ad assicurarle una parte delle materie prime necessarie ai suoi indirizzi autarchici. In realtà subito tutto si era dimostrato, con vivo disappunto di Mussolini, molto piú difficile del previsto e dello sperato. Per l'alleanza, che Ciano nella sua lettera aveva proposto di firmare nell'ultima decade del mese, erano subito sorte difficoltà con i giapponesi [295]. Come bene ha ricostruito il Toscano [296], la caduta del governo Konoye (il 4 gennaio), alcune modifiche ai progetti di alleanza a tre (approntati ad opera essenzialmente dei giapponesi) proposte da parte italiana con l'evidente intenzione di rendere l'alleanza stessa piú onnicomprensiva e meno interpretabile in senso essenzialmente antisovietico e, forse, le pressioni anglo-americane avevano infatti reso Tokio meno interessata ad essa o, almeno, piú attenta a precisarne i vari aspetti. Da qui la necessità di rinviarne la sottoscrizione. Anche per l'accordo commerciale le cose non erano andate in modo molto soddisfacente. Firmato il 13 febbraio, esso non era andato oltre un compromesso tra le opposte esigenze in cui le concessioni tedesche erano alla fine risultate minori di quanto Roma si era aspettata, e peggio ancora sarebbe risultata la sua attuazione. Si pensi che i tedeschi, che avrebbero dovuto fornire circa novecentomila tonnellate di carbone al mese, in sei mesi ne avrebbero effettivamente fornite solo tre milioni e centosessantamila tonnellate circa, quasi un milione in meno del corrispondente periodo dell'anno precedente [297]. Quanto, infine, alla questione dell'Alto Adige, la risposta di von Ribbentrop, positiva in linea di massima, era stata in pratica elusiva e dilatoria.

L'accordo, in principio, è fuori questione – riferiva a Roma Attolico il 5 gennaio [298] –. Ma von Ribbentrop pensa che la cosa richieda una elaborazione lunga e paziente. Impossibile e pericoloso l'improvvisare. Non sarebbe peggio anche per

---

[294] G. CIANO, *Diario* cit., p. 233.
[295] Sui precedenti dei rapporti tra Germania e Giappone cfr. E. L. PRESSEISEN, *Germany and Japan. Study in totalitarian diplomacy (1933-1941)*, The Hague 1958; T. SOMMER, *Deutschland und Japan zwischen den Mächten (1935-1940)*, Tübingen 1962.
[296] M. TOSCANO, *Le origini diplomatiche del Patto d'acciaio* cit., pp. 103 sgg.
[297] Cfr. F. GUARNERI, *Battaglie economiche* cit., II, pp. 125 sgg., 304 sgg. e soprattutto 313 sgg.
[298] M. TOSCANO, *Le origini diplomatiche del Patto d'acciaio* cit., p. 101.

noi se – facendosi intravedere un miraggio di rimpatrio – esso non potesse poi nella pratica venir realizzato? Bisognava studiare tutto un piano concreto, scegliere delle regioni, prepararle a ricevere i nuovi venuti, ecc. ecc.

Di fronte a questa risposta, Ciano, che non voleva dare l'impressione di voler condizionare l'alleanza alle varie questioni pendenti tra Roma e Berlino, aveva mostrato, per il momento, di accettare il punto di vista tedesco e aveva dato istruzioni perché la questione venisse «liquidata tranquillamente, senza inutile ed eccessiva pubblicità. Basta che i tedeschi, i quali in questo momento hanno fame di uomini, si prendano quelli allogeni che non desiderano rimanere nel territorio italiano a sud della cerchia alpina»[299]. Ciò aveva offerto a von Ribbentrop il destro per diluire ancora di piú l'esecuzione dell'impegno preso, al punto che, con Attolico, aveva accennato alla possibilità che per attuare il rimpatrio potessero occorrere addirittura decenni[300].

Era stato a questo punto che si era verificato il sondaggio di Daladier tramite Baudouin. Il «duce», come si è detto, l'aveva considerato «interessante» e aveva autorizzato Ciano a proseguirlo. Come pure abbiamo detto, è difficile per altro credere che se esso fosse effettivamente andato avanti avrebbe potuto ormai realmente mutare la sua politica. Lo prova, ovviamente, non tanto l'intransigenza con la quale Mussolini aveva fatto avvertire gli inglesi che avrebbe reagito con la forza se i francesi avessero tentato di portare aiuto all'ultimo nucleo di resistenza «rossa» in Spagna («se i francesi intervengono in forza a favore dei rossi di Barcellona, noi attacchiamo Valenza. Trenta battaglioni in assetto di guerra sono pronti a venire imbarcati al primo allarme. Agiremo cosí anche se ciò dovesse determinare la guerra europea»[301]), dato che questo passo era stato del 16 gennaio, anteriore quindi alla *démarche* di Baudouin, quanto la sua irritazione per il ritardo con cui procedevano i negoziati per l'alleanza con la Germania. Una irritazione che non si spiegherebbe se egli avesse pensato che un accordo sulle basi proposte da Baudouin avrebbe posto i rapporti italo-francesi su basi veramente nuove e che l'8 febbraio (dopo dunque sia l'incontro di Ciano con Baudouin sia la caduta, il 26 gennaio, di Barcellona che, segnando praticamente la fine della guerra civile spagnola, doveva averlo rassicurato circa il rischio di dover fronteggiare un conflitto con la Francia) lo spinse a dire a Ciano che, dati i ritardi frapposti da Tokio, sarebbe stato meglio concludere un'alleanza a due, senza i giapponesi, tanto piú che una tale soluzione «varrebbe da

---

[299] G. CIANO, *Diario* cit., p. 236.
[300] M. TOSCANO, *Le origini diplomatiche del Patto d'acciaio* cit., p. 112.
[301] G. CIANO, *Diario* cit., p. 241.

sola a fronteggiare lo schieramento di forze anglo-francesi e non avrebbe nessun sapore antinglese o antiamericano»[302]. E su tale idea tornò il 3 marzo.

> Il Duce – annotava infatti quel giorno Ciano[303] – è sempre piú favorevole all'alleanza bilaterale con Berlino, lasciando fuori Tokio. Il Giappone alleato nostro, spingerà definitivamente gli Stati Uniti nelle braccia delle democrazie occidentali. Vuole accelerare l'alleanza italo-tedesca.

Per capire la fretta di Mussolini è necessario tener conto di una molteplicità di elementi. In ordine crescente di importanza, essi erano i seguenti. *Primo*, le ripetute fughe di notizie (avvenute certo a Tokio, ma quasi certamente anche a Berlino e a Roma[304]) sui negoziati italo-tedesco-giapponesi che avevano messo in allarme tutte le cancellerie interessate ed erano state oggetto di rivelazioni molto vicine al vero da parte di vari giornali e in particolare del «News Chronicle» del 28 novembre, 17 gennaio e 10 febbraio e che lo consigliavano a stringere i tempi dell'alleanza con la Germania, non essendo possibile continuare a smentirle come faceva Ciano[305]. *Secondo*, le pressioni dei capi militari che, come si è detto, temevano un attacco preventivo francese e, al punto in cui erano arrivate le cose, volevano scoraggiarlo dando all'Asse un preciso contenuto militare e chiedevano l'inizio di conversazioni militari con i tedeschi, alle quali, in un primo momento, pare che Mussolini, pur dicendosi in linea di massima favorevole, si fosse opposto («Sí! Ma aspettate!» pare rispondesse[306]), limitandosi intanto ad ordinare l'invio di rinforzi in Libia[307], e alle quali però, alla fine della prima settimana di marzo, diede il via[308]. *Terzo*, l'improvviso, inatteso allontanamento, il 4 febbraio, dalla guida del governo iugoslavo di Stojadinović. Anche se parzialmente determinato da motivi di politica interna (la questione croata), esso costituiva per l'Italia – checché cercasse di far credere il

---

[302] *Ibid.*, pp. 249 sg.
[303] *Ibid.*, p. 259.
[304] Su queste fughe di notizie, le ipotesi su di esse e le loro ripercussioni a livello internazionale, cfr. M. TOSCANO, *Le origini diplomatiche del Patto d'acciaio* cit., cap. II, *passim*. C'è da chiedersi se in queste fughe di notizie non avessero qualche responsabilità anche la facilità e la leggerezza con le quali Ciano spesso parlava durante ricevimenti, cene e incontri sentimentali dei piú segreti affari di stato. Cfr. E. CIANO, *La mia testimonianza* cit., pp. 96 sg.
[305] G. CIANO, *Diario* cit., p. 263; nonché M. TOSCANO, *Le origini diplomatiche del Patto d'acciaio* cit., pp. 124 sg.
[306] *DGFP*, s. D, IV, pp. 587 sg.
[307] G. CIANO, *Diario* cit., p. 248.
[308] Cfr. M. TOSCANO, *Le origini diplomatiche del Patto d'acciaio* cit., pp. 153 sgg.; ID., *Le conversazioni militari italo-tedesche alla vigilia della seconda guerra mondiale*, in «Rivista storica italiana», luglio-settembre 1952, pp. 336 sgg.; L. CEVA, *Altre notizie sulle conversazioni militari italo-tedesche alla vigilia della seconda guerra mondiale (aprile-giugno 1939)*, in «Il Risorgimento», ottobre 1978, pp. 151 sgg.; nonché, per i piani militari italiani in caso di conflitto, ID., *Appunti per una storia dello Stato Maggiore generale fino alla vigilia della «non belligeranza» (giugno 1925 - luglio 1939)*, in «Storia contemporanea», aprile 1979, pp. 240 sgg.

reggente, principe Paolo, principale artefice della liquidazione di Stojadinović, al rappresentante italiano a Belgrado – un grave scacco, sia perché stava ad indicare la volontà della Iugoslavia di prendere in qualche modo le distanze dall'Asse e in particolare dall'Italia e di riavvicinarsi agli anglo-francesi, sia perché l'esempio di Belgrado poteva influenzare l'atteggiamento di altri paesi del Sud-est europeo che Mussolini voleva invece attrarre nell'orbita dell'Asse, in primo luogo la Romania, sia, infine, perché, come tosto vedremo, determinava una situazione parzialmente nuova per quel che concerneva i programmi albanesi di Mussolini e di Ciano. Né va sottovalutato che, date le vive preoccupazioni per il dinamismo e la spregiudicatezza tedeschi e per la mancanza di precisi impegni di Berlino circa le reciproche sfere d'influenza nella regione centro europea e balcanica, a Roma – come ha giustamente rilevato il Breccia [309] – «si sospetta[va] che i tedeschi fossero in qualche modo implicati nella caduta di Stojadinović» e Ciano pensava che si trattasse di «una manovra architettata dalla Germania per bloccare l'aumento dell'influenza dell'Italia in Croazia». *Quarto*, infine, la volontà di Mussolini e ancor piú di Ciano di portare a compimento i loro progetti di conquista dell'Albania, dei quali non avevano informato i tedeschi, ma per la cui realizzazione entrambi, e in particolare il primo, sentivano la necessità di aver prima conclusa l'alleanza con Berlino, sia per evitare possibili reazioni o contromanovre dei tedeschi che, nonostante la *démarche* di Ciano del maggio '38 continuavano ad *interferire* in Albania [310], sia soprattutto per scoraggiare eventuali reazioni anglo-francesi e, forse, iugoslave.

Ottenuto, come si è visto, il consenso di Mussolini nel maggio '38, Ciano – anche di ciò si è già parlato – si era subito messo all'opera per preparare l'operazione albanese, avendo come scadenza di massima il maggio del '39. La crisi cecoslovacca aveva fatto segnare un po' il passo all'operazione. Subito dopo Monaco la sua preparazione era stata ripresa però a pieno ritmo, senza risparmio di mezzi e mettendo in programma anche il ricorso, per facilitarla, all'assassinio di re Zog. Il diario di Ciano è a questo proposito esplicito; sotto la data del 27 ottobre '38 si legge infatti [311]:

---

[309] A. BRECCIA, *Jugoslavia 1939-1941. Diplomazia della neutralità*, Milano 1978, p. 21 e, piú in genere, pp. 1 sgg.
[310] Da una comunicazione di von Mackensen alla Wilhelmstrasse del 10 febbraio '39 (*DGFP*, s. D, IV, pp. 578 sg.) risulta che ancora in tale circostanza Ciano, preoccupato per le «pretese» tedesche sul petrolio albanese, aveva dovuto ripetere con tono «molto serio» all'ambasciatore tedesco che per l'Italia l'Albania era «come una sua provincia» e che «tutto ciò che riguarda l'Albania è un affare di famiglia italiano».
[311] G. CIANO, *Diario* cit., p. 202; nonché, per i precedenti, pp. 195 e 197 sg. e per gli sviluppi successivi, pp. 218, 220-22.

La preparazione in Albania va avanti rapida, tanto rapida che forse converrà stringere i tempi perché forse qualche allarme si è avuto negli ambienti del Re. La azione si comincia a profilare netta: uccisione del Re (sembra se ne incarichi Koçi dietro compenso di dieci milioni), movimenti della piazza, discesa delle bande fedeli a noi (praticamente tutti i Capi, tranne quello di Kmia), invocazione all'Italia per un intervento politico e se del caso militare, offerta della corona al Re Imperatore e in un secondo tempo, annessione.

Il 14 novembre Mussolini, «che da molto tempo era riservato in fatto di Albania», aveva incitato Ciano «ad agire», «tenendo sempre fissi il termine della nostra primavera»; il 30 ne aveva poi parlato in Gran Consiglio, pur senza sbilanciarsi sulla data, e il 6 dicembre aveva esaminato ed approvato il piano d'azione preparato dal genero, facendo obiezione, secondo il diario di Ciano, solo sulla parte riguardante la preparazione nei confronti della Iugoslavia, onde evitare che l'operazione potesse *affievolirne* l'amicizia verso l'Italia «a vantaggio della Germania»[312]. Non sappiamo se in questa occasione Ciano avesse informato il suocero anche della parte del piano che prevedeva l'assassinio del re; pare infatti che egli temesse molto che il «duce» non l'approvasse[313]. Il vero nodo di gran parte dell'operazione era però l'atteggiamento della Iugoslavia. Nell'incontro che Ciano aveva avuto con Stojadinović a Venezia il 18 giugno '38, il presidente del Consiglio iugoslavo gli aveva detto che «il problema albanese rappresentava una grossa questione allorché le relazioni con l'Italia erano tese», ma che, nella nuova «fortunata» situazione dei rapporti tra i due paesi, egli non attribuiva «alcun particolare rilievo alla questione albanese» e riconosceva all'Italia «una posizione assolutamente eccezionale nei confronti di quello Stato»[314]. Da questo ad accettare senza batter ciglio un'occupazione però ce ne correva e il 15 gennaio, tre giorni prima che Ciano partisse per un nuovo incontro con Stojadinović, non a caso sia lui che Mussolini avevano convenuto[315]

che non vale la pena di giocarci la preziosa amicizia di Belgrado per l'Albania. Quindi, allo stato degli atti, agiremo solo se potremo raggiungere un accordo che dovrebbe essere su queste basi: arrotondamento della frontiera iugoslava, demilitarizzazione della frontiera albanese, alleanza militare, appoggio per la conquista di Salonicco da parte dei serbi.

Stojadinović dal canto suo, pur dichiarando di non essere preparato a discutere a fondo la questione, che un'eventuale trattativa in merito

---

[312] *Ibid.*, pp. 212, 219 e 222.
[313] G. B. GUERRI, *Galeazzo Ciano* cit., p. 371.
[314] *L'Europa verso la catastrofe* cit., pp. 331 sg.
[315] G. CIANO, *Diario* cit., p. 240.

era meglio non fosse trattata per le normali vie diplomatiche, ma attraverso agenti fiduciari e che era opportuno che Ciano ne facesse cenno anche al reggente, non aveva reagito male al sondaggio del ministro degli Esteri italiano e non aveva affatto escluso l'eventualità «di procedere alla spartizione dell'Albania tra Italia e Iugoslavia cosí come in altri tempi si era ventilato»[316]. La caduta, quindici giorni dopo, di Stojadinović rendeva però questo sondaggio estremamente pericoloso. Da qui, secondo Ciano, la necessità di bruciare i tempi dell'operazione senza preoccuparsi, a questo punto, delle reazioni iugoslave («Con Stojadinović, spartizione tra noi e Iugoslavia. Senza Stojadinović, occupazione nostra senza la Iugoslavia e se del caso, contro la Iugoslavia») e ciò tanto piú che la sua preparazione in loco era ormai compiuta, i capi locali comprati dagli italiani insistevano perché essa avesse luogo al piú presto e, ove si fosse tardato a passare all'azione, c'era da temere che essi perdessero fiducia o si muovessero autonomamente, ovvero che re Zog finisse per esserne informato[317]. In un primo momento, il 5-6 febbraio, Mussolini si era dichiarato d'accordo con questa impostazione, aveva, in linea di massima, accettato anche la data proposta da Ciano, la settimana di Pasqua, e non era stata esclusa l'eventualità di informare preventivamente della cosa i tedeschi[318]. Una settimana o poco piú era però bastata a far cambiare idea a Mussolini. Mentre sul primo momento era stato d'accordo che non bisognasse lasciare al nuovo governo iugoslavo il tempo «di rafforzare sul terreno politico, diplomatico e militare i suoi contatti con la Francia e l'Inghilterra», il «duce», piú prudente di Ciano, si convinse infatti tosto che prima di passare all'azione fosse meglio attendere «la liquidazione dell'affare spagnolo e la stipulazione dell'alleanza con la Germania»[319]. In attesa di questi due avvenimenti, del resto prevedibilmente tutt'altro che lontani, per il momento l'operazione era stata accantonata.

Il 10 marzo il governo inglese dichiarava solennemente che la situazione europea poteva essere considerata serena. A Roma quello stesso giorno arrivarono due comunicazioni da Berlino che fecero pensare a

---

[316] Cfr. *ibid.*, p. 242 e soprattutto *L'Europa verso la catastrofe* cit., pp. 409 sgg., nonché M. STOJADINOVIĆ, *Jugoslavia fra le due guerre* cit., pp. 289 sgg.
[317] G. CIANO, *Diario* cit., p. 248. («Appunto del comm. Jacomoni», 9 febbraio 1939).
[318] *Ibid.*, p. 249.
[319] *Ibid.*, pp. 252, 254 e anche p. 259.
Il 10 febbraio, intanto, Ciano, saputo che i tedeschi continuavano a tentare di «mettere le mani sui petroli albanesi», aveva nuovamente avvertito l'ambasciatore tedesco che «qualsiasi intervento tedesco verrebbe a creare un forte risentimento nell'opinione pubblica italiana» (*ibid.*, p. 251).

Mussolini e a Ciano che tutto stesse procedendo, nonostante i ritardi di cui abbiamo detto, nel senso voluto. La prima, di Attolico, confermava la volontà del Führer di «marciare» con l'Italia; con la seconda von Ribbentrop informava Ciano di aver accettato la proposta italiana di iniziare subito i contatti tra i due Stati maggiori. Entrambe le notizie furono accolte con vivo compiacimento. A proposito della seconda Ciano annotò nel suo diario [320]:

> Accettiamo e suggeriamo Innsbruck come sede dell'incontro, da farsi al piú presto e con la dovuta pubblicità. Conviene far sapere al mondo che anche l'Asse si prepara e che non intende lasciare l'iniziativa ai franco-britannici, come sembra avvenire da qualche tempo.

Nulla nelle due comunicazioni faceva prevedere che proprio in quello stesso giorno stava mettendosi in moto il meccanismo che cinque giorni dopo avrebbe portato alla fine dell'indipendenza cecoslovacca. Sull'onda dell'«agitazione slovacca», determinata dal congedo del governo slovacco di monsignor Tiso decisa proprio il 10 marzo dal presidente cecoslovacco Hacha e dalla richiesta di aiuto rivolta tre giorni dopo da monsignor Tiso ad Hitler, il 15 marzo le truppe tedesche entravano nella Boemia e nella Moravia e occupavano Praga. Da qui Hitler pubblicò un proclama col quale faceva della Boemia e della Moravia, da lui definite terre che da millenni facevano parte dello «spazio vitale» del Reich, un protettorato tedesco. Lo stesso giorno la Slovacchia proclamava la sua indipendenza e si poneva sotto la protezione della Germania e le truppe ungheresi invadevano la Rutenia subcarpatica. Una settimana dopo anche Memel era «riunita» al Reich.

Questa serie di avvenimenti si abbatté su Roma come una gragnuola di colpi tanto imprevisti quanto drammatici. Al principio Mussolini, ancor piú di Ciano, non aveva dato importanza alla crisi slovacca[321]. Che a nemmeno sei mesi da Monaco, e senza per di piú neppure informare lui che dell'accordo di Monaco era stato l'«artefice», Hitler volesse stracciare cosí clamorosamente e brutalmente gli accordi ancor freschi di inchiostro doveva sembrargli impossibile. Poi, resisi conto della situazione, erano subentrati l'ansia, il timore, lo sconforto, l'irritazione, le velleità di rivalsa, di approfittare del momento per portarsi a casa qualche cosa e salvare cosí l'«onore» del regime. Mario Luciolli, allora giovane funzionario dell'Ufficio coordinamento del gabinetto di Ciano, il *sancta sanctorum* della politica estera di quegli anni, ci ha lasciato un'effica-

---

[320] *Ibid.*, pp. 262 sg.
[321] *Ibid.*, p. 263.

ce descrizione degli effetti degli avvenimenti cecoslovacchi a palazzo Chigi e a palazzo Venezia [322]:

> Per molti giorni dopo la crisi gli ambienti ufficiali di Roma furono tanto accasciati da far pensare che difficilmente quelli di Praga potesserlo essere di piú. L'asservimento della Cecoslovacchia aveva suscitato in Italia un'indignazione indescrivibile. Sul tavolo di Mussolini si accumulavano i rapporti della polizia, dei Carabinieri, degli uffici politici della Milizia, dei segretari federali che riferivano concordemente sui sentimenti antitedeschi del popolo italiano senza distinzioni di regioni o di classi sociali. I telegrammi delle Ambasciate e delle Legazioni recavano l'eco del disgusto destato nel mondo intero dalla codarda azione tedesca. Mussolini, con tutti quelli che lo avvicinavano, si abbandonava senza ritegno a commenti ingiuriosi per la Germania. Ciano dichiarò in tono teatrale a uno dei suoi collaboratori che «la giornata del 15 marzo era stata piú triste per l'Italia di quella di Campoformio».

Ai fini del nostro discorso, ancora una volta la fonte piú preziosa ed eloquente è il diario di Ciano [323]:

> *14 marzo.* Le notizie dall'Europa centrale si fanno piú gravi. Per la prima volta Ribbentrop ha parlato con Attolico ed ha lasciato comprendere che il programma tedesco è massimo: incorporare la Boemia, rendere vassalla la Slovacchia, cedere la Rutenia agli ungheresi. Non si può ancora dire come e quando ciò sarà realizzato, ma un tale evento è destinato a produrre la piú sinistra impressione nel popolo italiano. L'Asse funziona solo in favore di una delle parti, che diviene di un peso troppo preponderante e che agisce di sua esclusiva iniziativa con ben pochi riguardi per noi. Esprimo questo mio punto di vista al Duce. Egli si mantiene riservato e non sembra ancora attribuire gran peso all'avvenimento. Cerca una contropartita nei vantaggi che avrà l'Ungheria realizzando la frontiera comune coi Polacchi e mi fa dire a Budapest di marciare con decisione. Ma a me, ciò sembra poco.
>
> *15 marzo.* Nella notte le vicende precipitano. Dopo un colloquio Hitler-Hacha-Chwalkosky, le truppe germaniche iniziano l'occupazione della Boemia. La cosa è grave, tanto piú che Hitler aveva assicurato che non avrebbe mai voluto annettersi un solo ceco. L'azione tedesca non distrugge ormai la Cecoslovacchia di Versailles, bensí quella che era stata costruita a Monaco e a Vienna. Quale peso si potrà dare in futuro a quelle altre dichiarazioni e promesse che piú da vicino ci riguardano? È inutile nasconderci che tutto ciò preoccupa e umilia il popolo italiano. Bisogna dargli una soddisfazione e un compenso: l'Albania. Ne parlo al Duce cui dico anche la mia convinzione che oggi non troveremmo né ostacoli né serie complicazioni internazionali per intralciare la nostra marcia. Mi autorizza a telegrafare a Jacomoni di preparare movimenti locali e personalmente ordina alla Marina di tener pronta la seconda squadra a Taranto. Conferisco subito con Cavagnari e, dopo aver dato le istruzioni telegrafiche a Tirana, posso parlare per telefono a Jacomoni che era in viaggio per raggiungere la sede. Dice che domani telegraferà

---

[322] M. DONOSTI [M. LUCIOLLI], *Mussolini e l'Europa. La politica estera fascista*, Roma 1945, pp. 152 sg.
[323] G. CIANO, *Diario* cit., pp. 264-67.

quanto ritiene possibile fare e prospetta anche l'eventualità di mettere l'ultimatum al Re: o egli accetta lo sbarco delle truppe italiane e chiede il protettorato oppure le truppe sbarcano contro di lui. Conferisco nuovamente con Duce. Mi sembra un po' meno deciso per l'operazione albanese.

Intanto giunge Assia col solito messaggio. Questa volta è verbale e tanto poco soddisfacente. Il Führer ci fa dire che à agito perché i cechi non smobilitavano le loro forze ai confini, perché continuavano a tenere i contatti con la Russia e perché maltrattavano i tedeschi. Questi pretesti sono forse buoni per la propaganda di Goebbels, ma dovrebbero venir risparmiati quando parlano con noi, che abbiamo avuto il torto di essere con loro troppo leali. Assia nell'aggiungere i ringraziamenti del Führer per l'encomiabile appoggio italiano, dice che con questa operazione venti divisioni sono libere per essere impegnate in altra zona in sostegno della politica dell'Asse. Ma Hitler avvisa Mussolini che se intende intraprendere una azione in grande stile è meglio attendere un paio di anni quando le divisioni disponibili saranno cento. Questa aggiunta se la potevano risparmiare. Il Duce reagisce asserendo che in caso di guerra con la Francia ci batteremo da soli, senza chiedere un solo uomo alla Germania, ben contenti se potrà rifornirci di armi e di mezzi.

Torno dal Duce dopo che Assia si è ritirato. Lo trovo scontento del messaggio e depresso. Non vuole dare alla stampa la notizia della visita di Assia («gli italiani riderebbero di me, ogni volta che Hitler prende uno Stato mi manda un messaggio»). Parla ancora dell'Albania ma non è ancora deciso. Qualche dubbio, che ancora non mi rivela, tormenta il suo animo. È calmo, come sempre nelle gravi vicende, ma non ha, almeno per ora, la reazione che attendevo trovare in lui. Vuole che torni in serata...

Vedo nuovamente il Duce nel tardo pomeriggio. Si rende conto della reazione ostile del popolo italiano, ma afferma che ormai conviene far buon viso al gioco tedesco ed evitare cosí di renderci «a Dio spiacenti ed ai nimici sui». Accenna ancora alle possibilità di un colpo in Albania, ma è sempre dubbioso. Anche l'occupazione dell'Albania non potrebbe a suo avviso controbilanciare, nell'opinione pubblica mondiale, l'incorporazione nel Reich di uno dei territori piú ricchi del mondo quale la Boemia. Mi convinco che non se ne farà di niente. Tanto piú che all'Ammiraglio Cavagnari, ricevuto prima di me, il Duce si è limitato a far domande generiche circa la possibilità di eseguire uno sbarco, ma non ha dato istruzioni di sorta. Peccato! A mio avviso l'ondata in Albania avrebbe rialzato il morale del Paese, sarebbe stato un frutto effettivo dell'Asse, raccolto il quale avremmo potuto riesaminare la nostra politica. Anche nei confronti della Germania, la cui egemonia comincia a disegnarsi con contorni molto preoccupanti.

16 marzo. Mussolini mi chiama a Villa Torlonia alle 9 del mattino. Ha l'aria stanca. Dice di aver molto riflettuto durante la notte e di essere giunto alla conclusione di rinviare l'operazione albanese, soprattutto perché teme ch'essa, scuotendo la compagine iugoslava, favorisca un'indipendenza croata sotto l'egida tedesca. Il che vorrebbe dire i prussiani a Sussak: non val la pena di correre questo rischio per prendere l'Albania, che potremo avere in un qualsiasi altro momento. Vedo che Mussolini non intende dar corso alla cosa: inutile insistere. Do ordini a Jacomoni di fermare tutto. Conservo un appunto redatto dal Duce, nel quale elenca le ragioni del rinvio. Ho col Duce un altro colloquio. Egli ritiene ormai stabilita l'egemonia prussiana in Europa. È d'avviso che una coalizione di tutte le altre Potenze, noi compresi, potrebbe frenare l'espansione germanica, ma non piú ributtarla indietro. Non fa troppo conto sull'aiuto militare che potrebbe essere dato dalle Piccole Potenze. Domando se in tale stato di cose convenga a noi stringere l'alleanza o non piuttosto mantenere la piena libertà di orientarci in futuro secondo i nostri interessi. Il Duce si dichiara nettamente favorevole all'alleanza. Esprimo le mie riserve, perché l'alleanza sarà molto poco popolare in Italia e poi perché temo che la Germania possa valersene per spingere piú a fondo la sua politica espansionistica in Europa Centrale...

17 marzo. L'opinione pubblica mondiale è depressa. Da tutte le capitali giungono telegrammi costernati... Vedo alcuni diplomatici: l'Ambasciatore del Belgio e quello di America. Mi esprimono le loro preoccupazioni per l'avvenire e la loro indignazione contro Berlino. Confesso che non è facile per me trovare espressioni di giustificazione nei confronti dell'operato tedesco. Lascio intendere che eravamo d'accordo o, per lo meno, informati; ma è cosí sgradevole mentire!

Il Duce è soprapensiero e depresso. È la prima volta che lo vedo cosí. Anche nei momenti dell'Anschluss conservava una maggiore spregiudicatezza. Lo preoccupa il problema croato: teme che Macek proclami l'indipendenza e si metta sotto la protezione tedesca: «In tal caso non ci sono alternative – egli dice – tranne queste: o sparare il primo colpo di fucile contro la Germania o essere spazzati da una rivoluzione che faranno gli stessi fascisti: nessuno tollererebbe di vedere la croce uncinata in Adriatico». Pensa anche alla possibilità di fare una tregua all'invio di truppe in Libia concordandola con la Francia, tramite Londra, ma poi abbandona l'idea. Sul mio consiglio decide di fare un passo presso i tedeschi per la questione croata: dire chiaro e netto che un'alterazione dello statu quo iugoslavo in Croazia non potrebbe essere da noi accettata senza un totale e fondamentale riesame della nostra politica.

Chiamo Mackensen e gli parlo. Con molta calma ma con altrettanta decisione. Ricordo che il Führer disse al Duce e a me che il Mediterraneo non interessa i tedeschi: è su questa premessa che abbiamo realizzato la politica dell'Asse. Se una tale premessa venisse a mancare, l'Asse si spezza, e un intervento tedesco nella questione croata farebbe automaticamente fallire questa premessa...

Come si vede, il colpo nazista contro la Cecoslovacchia ebbe su Mussolini e apparentemente ancor piú su Ciano un effetto traumatico e costrinse entrambi a ripensare per un momento tutta la loro politica, sino a prendere in considerazione la possibilità di rinunciare all'idea dell'alleanza con la Germania e di riavvicinarsi all'Inghilterra e alla Francia. Il 19 marzo Ciano sarebbe arrivato ad annotare[324]:

Gli avvenimenti di questi giorni hanno capovolto il mio giudizio sul Führer e sulla Germania: anch'egli è sleale e infido e nessuna politica può essere fatta con lui. Da oggi lavoro presso il Duce per l'accordo anche con le Potenze Occidentali. Ma a Parigi si avrà un minimo di buon senso, o si comprometterà ancora una volta la possibilità d'intesa, chiudendosi nella consueta taccagneria?

Nonostante i suoi buoni propositi, Ciano era però ancora troppo succube del suocero per poter decidere di agire diversamente e praticamente in contrasto con lui e, poi, ad impedirglielo vi erano la sua idea fissa

---

[324] *Ibid.*, p. 269.

dell'occupazione dell'Albania (con il connesso «delfinato») e la sua incapacità, persino in quel momento, a non essere *furbo*, a non voler far *rendere* quella che sarebbe dovuta essere una revisione di fondo della politica italiana, resa necessaria dall'ormai acquisita consapevolezza dell'inestinguibile sete di egemonia di Hitler e della minaccia che essa rappresentava per tutti, Italia compresa. L'accenno alla «taccagneria» francese è eloquente. Sicché, superato lo choc del momento, sarebbe tosto tornato alla facile routine di prima e si sarebbe adeguato senza eccessiva difficoltà alle decisioni del «duce».

Il ministro degli Esteri rumeno Gregor Gafencu, che lo incontrò nei primi due giorni di maggio, ne colse benissimo l'atteggiamento. Secondo lui[325], infatti, Ciano, «che non credeva a gran che», a quest'epoca non aveva che una debole fiducia nella politica dell'Asse. Alla peggio l'avrebbe ammessa come strumento di ricatto, ma sentiva i pericoli che poteva comportare una collaborazione militare: v'era innegabilmente, nella natura disingannata di Ciano, qualcosa di più accorto che lo metteva in guardia contro gli eccessi verbali dei camerati tedeschi, e contro la brutalità della loro azione. Egli non aveva le qualità per opporsi alla politica ufficiale; ma poteva segnalarne il pericolo con parole che trovavano una certa risonanza. La sua docilità lo manteneva al potere, la sua incredulità ve lo rafforzava.

Per Mussolini la scelta dovette essere invece più reale, difficile, drammatica e tutta *sua*, ché il completo isolamento in cui si trovava e voleva essere, il carattere di Ciano, l'unica persona a lui veramente vicina, e il tipo di rapporto stabilitosi tra loro rendevano impossibile ogni influenza, anche meramente dialettica, su di lui. Come ha ancora una volta giustamente affermato il Pastorelli[326], le sue reazioni alla liquidazione della Cecoslovacchia da parte di Hitler «indicano il momento della consapevolezza dell'errore»:

Si è ripetuta la mancanza di informazioni come per l'Anschluss, ma la cosa acquista ora un rilievo maggiore, sia perché ormai c'è il sí all'alleanza, sia perché Mussolini era stato parte determinante della sistemazione di Monaco. Si insinua quindi la sfiducia nelle promesse e nelle assicurazioni tedesche: lo dimostrano particolarmente le preoccupazioni per la questione croata ed il rinvio della spedizione in Albania.

Da sempre il «duce» temeva la Germania. Se ne aveva scelto l'amicizia era stato per la sua paura di rimanere isolato da tutti e per il desiderio di lucrare, forte dell'Asse, qualche vantaggio che rafforzasse la sua po-

---

[325] G. GAFENCU, *Ultimi giorni dell'Europa. Viaggio diplomatico nel 1939*, Milano 1947, p. 128. Cfr. anche il giudizio dell'ambasciatore romeno presso la Santa Sede N. P. COMNÈNE, *I responsabili*, Milano 1949, pp. 460 sgg.

[326] P. PASTORELLI, *La politica estera fascista dalla fine del conflitto etiopico alla seconda guerra mondiale* cit., pp. 112 sg.

sizione, gli permettesse di ridar slancio al pendolo e di realizzare i suoi progetti, prima di un nuovo «patto a quattro», poi di quello che abbiamo definito il sistema triassico su cui si sarebbe dovuto fondare ancora per un certo tempo l'equilibrio europeo e, possibilmente, una utilizzazione concordata e in qualche misura in comune delle risorse africane. I motivi ideologici avevano avuto un certo peso, ma non determinante; non è da escludere che talvolta avessero giocato piú che altro soprattutto da autogiustificazione, tanto rispetto all'amicizia con la Germania nazista, quanto per fargli considerare provvisori l'accordo che contemporaneamente avrebbe voluto stabilire con l'Inghilterra e la «moderazione» delle sue richieste del momento alla Francia. La decisione di trasformare l'Asse in un'alleanza vera e propria gli era costata molto ed era stata per lui una scelta sostanzialmente imposta dalla situazione in cui si era messo dopo Monaco. Ora tutto confermava le sue paure di sempre verso la Germania e dimostrava che l'alleanza non sarebbe servita né a tenere a freno Hitler né a rendere limpidi e sicuri i rapporti tra Roma e Berlino. Qualcosa di «positivo» gli avvenimenti della metà di marzo avevano però, sempre per lui, introdotto nella realtà europea. Distruggendo ciò che restava, se mai era veramente esistito, dello «spirito di Monaco», avevano riportato i rapporti anglo-franco-tedeschi ad un grado di tensione tale che un eventuale riavvicinamento dell'Italia a Londra e persino a Parigi non solo poteva essere «giustificato», ma non avrebbe avuto quel significato di un'andata a Canossa che avrebbe assunto invece prima di essi, dato che, se di Canossa si fosse parlato, a Canossa sarebbe andata, dopo le pubbliche intransigentissime dichiarazioni di Daladier, anche la Francia, la quale, oltre tutto, ne avrebbe pagato, sia pure in minima misura, concretamente le spese. Infatti, nei giorni in cui Mussolini si poneva questi problemi, l'avance di Daladier tramite Baudouin sembrava poter avere uno sviluppo e noi oggi sappiamo che, anche dopo che il presidente del Consiglio francese l'ebbe, momentaneamente, bloccata proprio in conseguenza degli avvenimenti cecoslovacchi, Bonnet era disposto a rilanciarla, tant'è che a fine aprile avrebbe incaricato Gafencu di sondare in questo senso Roma. Ma questo Mussolini l'avrebbe saputo solo dopo aver preso le sue decisioni [327]. Oltre a tutto ciò di un'altra cosa Mussolini era ben consapevole e non nel modo grossolano e semplicistico di Ciano, il quale, come si è visto, pensava (o, forse, solo diceva al suocero per indurlo a dargli via libera per la «sua» impresa) che l'occupazione dell'Albania potesse costituire per gli italiani «una soddisfazione e un compenso» allo choc di Praga: all'indo-

---

[327] Cfr. G. GAFENCU, *Ultimi giorni dell'Europa* cit., pp. 123 sgg. e 130.

mani della dissoluzione della Cecoslovacchia gli italiani non avrebbero accettato l'alleanza con Berlino. «Si rivolterebbero le pietre» disse il 19 marzo a Ciano [328].

È evidente che, specie per un uomo come Mussolini, non si trattava di una decisione facile. E il diario di Ciano, cosí ricco, almeno sino all'inizio dell'ultima decade di marzo, di annotazioni sulla depressione, il malumore e gli arrovellii del «duce», lo prova *ad abundantiam*. Le «tappe» della sua decisione possono essere cosí scandite. Nel tardo pomeriggio del 15 marzo Mussolini, lo si è già visto, dice a Ciano che «ormai conviene far buon viso al gioco tedesco ed evitare cosí di renderci "a Dio spiacenti ed ai nimici sui"». Il giorno dopo, nel secondo dei tre colloqui che ha col genero, si dichiara, lo si è pure già visto, «nettamente favorevole all'alleanza». E sempre «orientato in senso favorevole all'Asse» Ciano lo trova anche il giorno successivo [329]. E, del resto, quello stesso 18 marzo il «Giornale d'Italia» pubblica un articolo, anonimo ma tutto scritto da Mussolini, che getta la responsabilità di ciò che è avvenuto sulle spalle del governo di Praga («Nel corso di sei mesi non c'è stato alcun gesto che dimostrasse un radicale cambiamento di rotta, né nella politica interna, né in quella estera. Nella politica interna, il governo di Praga non era riuscito a liberarsi dalle tristi eredità del "sistema" di Beneš; nella politica estera, salvo qualche accenno di carattere piuttosto velleitario, nulla era stato innovato: Praga era rimasta persino nella Società delle nazioni. È da escludere che i dirigenti di Praga potessero illudersi di servire ancora da "nave portaerei" della Russia, ma tuttavia non si erano sganciati totalmente da questo folle passato. Si sono notate, anzi, nei fattori responsabili di Praga, delle oscillazioni quando si è creduto che le "grandi democrazie" avessero ripreso l'iniziativa politico-diplomatica nel bacino danubiano») e giustifica sulla base di ciò l'operato della Germania [330]. Il 19 Mussolini dice sí che se facesse in quel momento l'alleanza «si rivolterebbero le pietre», ma non parla affatto di non farla in futuro. Il 20 mattina Ciano lo trova «molto antitedesco» e pieno di diffidenza verso gli impegni che, come vedremo, Berlino dice di prendere con lui; ciò nonostante la sera afferma drastico: «Noi non possiamo cambiare politica perché non siamo delle puttane» [331]. La sera del giorno dopo, il 21 marzo, in Gran Consiglio «parla della necessità di adottare una politica di intransigente fedeltà all'Asse» e approva la dura replica di Ciano a Balbo («il porco democratico che fu oratore della

---

[328] G. CIANO, *Diario* cit., p. 268.
[329] *Ibid.*
[330] MUSSOLINI, XXIX, pp. 246 sgg.
[331] G. CIANO, *Diario* cit., p. 269.

Loggia Girolamo Savonarola di Ferrara») che ha parlato di scarpe «lustrate» ai tedeschi[332]. Al suo intervento in Gran Consiglio abbiamo fatto cenno nel terzo capitolo. Data la sua importanza è bene però vederlo piú da vicino. Ciano nel suo diario se ne sbriga con poche frasi, Bottai nel suo è, per fortuna, meno laconico[333]:

> Questione tedesca, al Gran Consiglio. Mussolini fa dare lettura, prima da Alfieri e poi da Buffarini, del bollettino riservato della Cultura Popolare sulla stampa estera. Egli segue la lettura, sottolineandone i passaggi con una mimica espressiva: ironia, ira, noia, disgusto, disprezzo, passano sulla sua maschera. Si crea, cosí uno stato d'animo già definito, che regolerà la discussione. Se discussione vi sarà.
> Poi, letto l'ordine del giorno, attacca. Riprende *ab ovo*, dal trattato di Versaglia. «Clemenceau si accorse, che v'erano 20 milioni di tedeschi in piú. Cosa escogitò, allora? Accerchiare la Germania. Formò, intorno a piccoli nuclei etnici omogenei, dei gruppi etnici complessi, eterogenei: la Cecoslovacchia, appunto, la Polonia, con il nucleo centrale piú compatto, la Jugoslavia, diretta anche, non dimentichiamolo, contro l'Italia, etc.». Questo artificio non poteva durare. «Nel 1921, io previdi la Germania di 80 milioni». Considerazioni demografiche: «La Germania deve la sua forza al suo incessante sviluppo demografico, alla fecondità dell'utero delle sue donne. Il numero è forza, l'ò detto, molte volte. Che fanno gl'italiani? La ripresa dell'anno scorso già cede. Vi è un regresso nelle nascite».
> «Nel 1933 – dice – feci un tentativo di convogliare la rinascita tedesca. Col patto a quattro. Come fu accolto questo patto dalla stampa francese? Con questa definizione: il club dei salumai; *le club des charcutiers*. È la Francia, che à demolito questo mezzo di convogliamento della Germania».
> «Nel 1935 – prosegue – s'ebbe Stresa, dove si cercò di controllare il dinamismo germanico. A Stresa era già chiaro, che noi ci preparavamo all'impresa Abissina. Quando mi mostrarono il comunicato, in cui si parlava di "pace mondiale", io dissi a Flandin: "Mettiamo: pace europea; non prendiamo impegni troppo vasti". E Flandin, il lungo e apatico Flandin, mi rispose: "Ò capito. Voi non volete impegnarvi per via dell'Africa". Cosa successe, poi? Le sanzioni. C'è qualcuno disposto a dimenticare le sanzioni? Questo qualcuno non sono io».
> «E soprattutto – la sua voce si fa qui alta e concitata – non si parli piú nella politica di relazioni tra i popoli di "morale". Voglio farvi una dichiarazione cinica: nei rapporti internazionali non c'è che una morale: il successo. Noi eravamo immorali, quando abbiamo assalito il Negus. Abbiamo vinto e siamo diventati morali, moralissimi».
> «La Germania non era rimasta contenta di Monaco. Himmler, ricordo, mi disse, mostrandomi la sua sciabola: "Se tutto deve concludersi per via diplomatica, io domando che cosa ce ne facciamo di questa..." Eppoi, la Cecoslovacchia non poteva reggere. Si invoca il rispetto delle firme sui trattati. Le firme rappresentano il cristallizzarsi di determinati aspetti d'una situazione. Se questa cambia, le firme cadono di per sé».
> «Cosa ci si chiede oggi? Di mollare i nostri amici? Di fare un giro di valzer? Arrossisco, pensando che si possa ancora pensare l'Italia capace di un giro di valzer».

[332] *Ibid.*, p. 270.
[333] G. BOTTAI, *Diario* cit., pp. 636 sgg.

«Il problema per noi è un altro. È il rapporto delle forze nell'interno dello "Asse". Il rapporto demografico si è spostato a favore dei tedeschi, i quali però riconosceranno un giorno l'errore di avere incluso nella loro massa compatta tre milioni di céchi. Militarmente, i rapporti sono questi: la Germania à un numero doppio di divisioni; la nostra marina è due volte quella tedesca; la nostra aviazione sta a quella tedesca come 1 a 5; l'industria da 1 a 12. Dunque, l'annessione della Cecoslovacchia à alterato i rapporti interni dell'Asse a pro' della Germania. Ma noi abbiamo un vantaggio politico: noi siamo gli arbitri della situazione in Europa. Se noi non vorremo, la Germania non sarà accerchiata. Questo è il nostro pegno. In questa situazione, la Francia non farà la guerra. Noi dobbiamo seguire la politica dell'Asse da popolo serio. Niente giri di valzer».

«Naturalmente, quando sono corse voci circa intenzioni tedesche sulla Croazia, ò chiamato Mackensen e gli ò detto: "Fate sapere al vostro Governo che la Croazia è in uno spazio riservato alla nostra politica; l'Adriatico è mare italiano e solo italiano". Mackensen è impallidito. Devo dire che il Führer à risposto in modo del tutto soddisfacente. Se la questione croata si porrà, saremo noi a risolverla».

«Il problema albanese non è urgente. Maturerà quando noi vogliamo. Diremo a chi di dovere, che bisogna regolare diversamente i nostri rapporti; e tutto sarà fatto».

«I céchi si sono dimostrati un popolo vile. Sono gli ebrei degli slavi. È un popolo corroso da questi tre mali: la massoneria, la democrazia, il bolscevismo».

«Abbiamo due occasioni per chiarire la nostra posizione: il discorso della Corona (è la quarta volta che lo faccio; ò pratica di simili composizioni); il mio discorso agli squadristi, il 26. Dirò quali sono le nostre richieste alla Francia. La Francia si regolerà come crede».

«Fronte unico delle democrazie? Non se ne farà di nulla. Gli Stati Uniti daranno cannoni e contanti».

«Insomma, dobbiamo accrescere la nostra statura, nei confronti del nostro compagno dell'Asse. Quando? dove? lo vedremo».

Nessuna spiegazione ci è data circa la «sorpresa» della mossa tedesca. L'Italia è stata avvertita in tempo? Anche Galeazzo, che aggiunge qualche cosa alle dichiarazioni del Duce, scivola su questo tema. Si à la sensazione precisa, che il Gran Consiglio rimane in questo dubbio, che à un valore essenziale. La questione della «morale» rifà capolino? Nelle stesse parole del Duce la questione oscilla di contraddizione in contraddizione. Insomma, se un successo fosse ottenibile con l'abbandono della politica dell'Asse, sarebbe *morale* abbandonare l'Asse?

Cosí come le abbiamo scandite, le tappe attraverso le quali Mussolini giunse alla sua decisione potrebbero sembrare tanto lineari da far perfino sorgere dei dubbi sulle sue incertezze e la sua stessa decisione potrebbe apparire senza problemi. In realtà essa di problemi ne conteneva molti e importanti sia per capire le ragioni di questa sua scelta, sia di altre successive. Nella «decisione» presa da Mussolini tra il 15 e il 21 marzo 1939 sono infatti in nuce e la «non belligeranza» di qualche mese dopo e la successiva idea della «guerra parallela».

Cosa indusse Mussolini a continuare sulla strada dell'Asse e a non approfittare dell'occupazione nazista della Cecoslovacchia per prendere, almeno, le distanze da essa? E ciò tanto piú che noi oggi sappiamo (ma anche Mussolini ne doveva avere sentore) che a Londra e a Parigi ci si aspettava da lui qualche cosa di simile. Ne sono sintomi eloquenti vari fatti. La conversione di François-Poncet, da almeno tre mesi catastrofico circa le prospettive dei rapporti con l'Italia, all'idea, col 22 marzo, che un riavvicinamento franco-italiano fosse possibile e la sua valutazione positiva del discorso di Mussolini del 26 marzo, da lui giudicato – giustamente – come una manovra «pour nous inciter à la conversation»[334]. I telegrammi rassicuranti e moderatori di Perth, ormai in procinto di lasciare Roma, al Foreign Office, invitanti a non confondere le azioni tedesche con le rivendicazioni italiane verso la Francia e a non alienarsi completamente Mussolini irritandolo senza necessità[335]. Telegrammi che – nonostante l'ormai radicato giudizio sull'opportunismo di Mussolini che si aveva a Londra – qualche effetto pure dovettero avere se gli inglesi agirono in senso moderatore su Parigi[336] e, cosa ben piú significativa, se il Foreign Office, per trattenere la Iugoslavia dall'accedere alle proposte tedesche di concludere un accordo economico simile a quello stipulato il 23 marzo da Bucarest con Berlino (che aveva affidato lo sfruttamento dei giacimenti petroliferi romeni a società miste tedesco-romene), ricorse anche all'argomento che la politica italiana avrebbe prossimamente subito un mutamento[337]. Per rispondere a questo interrogativo è necessario rifarsi a motivazioni sia di ordine interno sia piú propriamente di politica internazionale.

Le piú evidenti, ovvie diremmo, sono le prime. Prendere le distanze dalla Germania avrebbe voluto dire per Mussolini dar ragione ai suoi critici ed *oppositori* interni, ridar fiato e far «rialzare la testa» ai cattolici, ai borghesi, al sovrano (il 20 marzo con Ciano il re si mostrò «piú che mai antitedesco» e parlò di «insolenza» e di «doppiezza» tedesca in contrapposizione alla «correttezza» inglese e con Mussolini arrivò a definire i tedeschi «mascalzoni e straccioni»[338]), a quei fascisti che ormai, come De Bono[339], erano arrivati ad augurarsi, pur di fargli «veder chiaro», «un Caporettino», a tutti coloro che in un modo o in un altro erano contro la sua politica non solo estera ma anche interna. Avrebbe voluto dire rinunciare in tutto o in parte notevole alla totalitarizzazione del regime e, in prospettiva, alla creazione dell'«uomo nuovo». E ciò mentre egli, in-

[334] Cfr. J.-B. DUROSELLE, *La décadence* cit., p. 413.
[335] Cfr. *DBFP*, s. III, IV, pp. 349 sg., 350 sg. e anche 351 e 358 sg.
[336] Cfr. *ibid.*, pp. 353 sg. e 354 sg.
[337] ACS, *Min. Aeronautica, Gabinetto, 1939*, b. 81, fasc. 9-V-14/1, l'addetto aeronautico a Berlino Liotta al Gabinetto del ministero dell'Aeronautica, 26 marzo 1939.
[338] G. CIANO, *Diario* cit., p. 269.
[339] ACS, E. DE BONO, *Diario* cit., q. 43, alla data del 10 gennaio 1939.

vece, si accingeva a dare alle prossime celebrazioni del ventesimo anniversario della fondazione dei Fasci di combattimento proprio il significato di una grande, solenne conferma della sua politica [340].
Piú complesso è il discorso relativo alle motivazioni di politica internazionale. Queste erano infatti molteplici e non sempre evidenti a prima vista. Anche se non ci fossero stati quelli di politica interna, prendere le distanze dai nazisti era per Mussolini impossibile per almeno tre motivi che, a ben vedere, sono tutti rintracciabili nelle sue prese di posizione con Ciano o in Gran Consiglio da noi ricordate. Innanzitutto c'era la sua convinzione che ormai la Germania, i tedeschi (che sintomaticamente egli definí in questi giorni spesso «i prussiani») avessero saldamente stabilito la loro egemonia in Europa e che non vi fossero forze in grado di toglierla loro. La stessa Italia – e arriviamo al secondo motivo – era troppo debole militarmente ed economicamente per contrastarla veramente, tanto piú che, anche ammesso di riuscire a coalizzare tutte le piccole potenze continentali contro la Germania, l'affidamento che si poteva fare sul loro aiuto militare era insufficiente alla bisogna. Il che, apriamo subito una parentesi, non voleva dire che Mussolini non si ponesse il problema di cercare di sottrarle all'influenza tedesca e di tenerle strette in sé, pronto a questo scopo a rinunciare anche agli interessi italiani in Dalmazia [341] e, in un primo momento, a non volere l'occupazione dell'Albania, e non voleva dire che, in una logica chiaramente di contenimento politico-militare della Germania, non vedesse con favore lo stabilirsi di una contiguità territoriale tra Polonia e Ungheria e non escludesse, nel caso malaugurato che l'unità iugoslava saltasse a causa dei contrasti tra croati e serbi fomentati dai tedeschi, di realizzare quella tra Italia e Ungheria. Persino una coalizione di tutte le potenze, Italia compresa, non avrebbe potuto «ributtare indietro» l'egemonia tedesca, ma solo porle un freno. Ma, a parte la precarietà e l'onerosità di una simile soluzione, Mussolini – ed eccoci al terzo motivo – non la riteneva possibile. La passività che aveva contraddistinto l'atteggiamento anglo-francese di fronte alla liquidazione della Cecoslovacchia aveva fatto su di lui una grandissima impressione. In un primo momento aveva pensato che questa volta l'Inghilterra avrebbe reagito. Memore, forse, dei discorsi di Grandi,

---

[340] In occasione delle celebrazioni del ventennale del 23 marzo 1919, Vittorio Emanuele III, temendo qualche colpo di mano tipo «primo maresciallato», pensò (e fece sondaggi) di nuovo alla possibilità di insignire Mussolini di un titolo nobiliare o di farlo cancelliere dell'Impero. Mussolini però rifiutò e ne trasse motivo di nuova irritazione verso il sovrano. Cfr. G. CIANO, *Diario* cit., pp. 271 sg. e 273.
[341] Per i rapporti con la Iugoslavia in connessione con la crisi cecoslovacca cfr. A. BRECCIA, *Jugoslavia 1939-1941 ecc.* cit., pp. 36 sgg.

il 19 marzo aveva detto a Ciano[342]: «Non bisogna dimenticare che gli inglesi sono dei lettori della Bibbia e che uniscono al fanatismo mercantile quello mistico. Adesso prevale quest'ultimo e sono capaci di agire». Ma poi si era convinto che Londra aveva incassato il colpo e basta. Tanto è vero che quando, il 31 marzo, Chamberlain annunciò che «in caso di una qualsiasi azione che metta in pericolo l'indipendenza polacca e alla quale il governo polacco ritenga essere suo interesse vitale resistere con le proprie forze nazionali, il governo di Sua Maestà si considera tenuto immediatamente ad appoggiare la Polonia con tutti i mezzi», Mussolini non sarebbe riuscito a rendersi conto della portata decisiva di tale dichiarazione. Grandi, di cui nella seconda metà di febbraio, quando si stava andando decisamente all'alleanza con la Germania, Mussolini aveva deciso il ritiro da Londra (anche se non aveva stabilito ancora il momento) e che dopo l'occupazione di Praga era stato richiamato per consultazioni, ci ha lasciato a questo proposito una testimonianza assai significativa[343]:

> Mussolini mi mandò a chiamare. Mi disse, eccitato «che cosa significa questo gesto inglese? Non si rendono conto gli inglesi che sottoscrivendo questo patto di garanzia essi danno ai polacchi accesa la miccia della guerra europea, e non riusciranno piú a fermarla? che essi perdono l'iniziativa della pace in Europa? È possibile che la politica inglese sia cosí cieca nel non vedere questo?» Risposi a Mussolini: «La garanzia alla Polonia significa semplicemente che la politica di Monaco è finita, che la Gran Bretagna si considera in guerra potenziale contro la Germania. Bisogna non dimenticare la storia. Una tutela diretta frontale degli interessi inglesi non sarebbe sufficiente per un governo britannico a suscitare il consenso del popolo inglese ad una guerra contro la Germania. Occorre un motivo morale. Nel 1914 l'Inghilterra è scesa in campo per la difesa dei suoi interessi minacciati, la piattaforma ragione morale fu il suo dovere d'onore di difendere il Belgio invaso. Questa volta è la Polonia». Mussolini mi guardò incredulo: «No. Non lo credo. 1) La Germania non farà la guerra alla Polonia. 2) L'Inghilterra non scenderà in campo per difendere la Polonia. Avremo, se mai, un'altra Monaco».

E poi, a rendere impensabile in quel momento per Mussolini una grande coalizione di tutte le potenze, c'erano le notizie dei tentativi anglo-francesi di costituire un «blocco democratico» contro la Germania[344]. Una simile impostazione del contenimento della Germania non poteva ovviamente essere accettata da Mussolini, perché denotava la volontà di fare a meno di lui e perché, in ogni caso, egli non avrebbe potuto aderirvi. Né, infine, si deve sottovalutare l'impressione negativa che gli fece la lettera scrittagli il 20 marzo da Chamberlain per esprimergli

---

[342] G. CIANO, *Diario* cit., p. 269.
[343] D. GRANDI, *Memorie* cit.
[344] G. CIANO, *Diario* cit., p. 270.

la sua viva speranza «che consideriate possibile, attraverso quelle vie che possono essere aperte a Voi, di prendere un'iniziativa tale da alleviare l'attuale tensione e far rinascere la fiducia che è stata infranta»[345]. Se voleva essere un ammonimento all'Italia, la lettera era troppo blanda[346]; se, invece, voleva veramente sollecitare un suo intervento, essa dimostrava, da un lato, quanto grande era l'«inerzia delle democrazie»[347], da un altro, quanto l'Inghilterra non fosse ancora entrata nell'ordine di idee di guadagnarsi l'aiuto di Roma sostenendone in qualche modo le rivendicazioni minime verso la Francia. E questo fu appunto ciò che Mussolini rispose praticamente il 31 marzo al premier, facendo esplicito riferimento a quanto, come vedremo, aveva detto cinque giorni prima parlando agli squadristi convenuti a Roma per le celebrazioni del ventennale[348]:

> In risposta al messaggio da Voi indirizzatomi, io non posso che richiamarmi alle mie dichiarazioni. Ripeto a voi quello che ho detto pubblicamente, e cioè che considero necessario un lungo periodo di pace per salvare nel suo sviluppo la civiltà europea. Questa la mia profonda convinzione. Attualmente però, e pur apprezzando il Vostro invito, non ritengo di poter prendere iniziative prima che i diritti dell'Italia siano stati riconosciuti. Vi renderete facilmente conto delle ragioni.
> Nel mio discorso ho indicato e specificato i problemi italiani nei confronti della Francia e la loro natura coloniale.
> Con questo credo di aver facilitato la discussione eventuale di tali problemi.

Questi i motivi per i quali Mussolini era convinto di non poter prendere le distanze dalla Germania. Ciò non vuol però dire che per lui i rapporti tra Roma e Berlino dovessero continuare come prima. Tutt'altro. Sul conto della Germania nazista Mussolini aveva ormai idee sempre piú chiare e si rendeva conto che la collaborazione con Hitler sarebbe stata non solo difficile e pericolosa, ma alla fine impossibile. Rompere o anche solo prendere le distanze da lui non era per il momento pensabile, ma era necessario guadagnar tempo, rafforzarsi, mostrarsi con Berlino meno malleabili, mettendo in chiaro molte cose, in maniera da tutelare il piú possibile gli interessi italiani contro il suo dinamismo e, possibilmente, controllarla e frenarla. E attendere gli eventi, avendo piú di prima l'occhio attento a Londra e a Parigi e cercando di manovrare per arrivare – come Ciano avrebbe detto il 1° maggio a Gafencu[349]

---

[345] *DBFP*, s. III, IV, pp. 402 sg., nonché MUSSOLINI, XXIX, pp. 413 sg.
[346] Cfr. a questo proposito anche M. TOSCANO, *Le origini diplomatiche del Patto d'acciaio* cit., p. 188.
[347] G. CIANO, *Diario* cit., p. 271.
[348] MUSSOLINI, XXIX, pp. 413 sg., ove però la lettera non è datata correttamente, cfr. a questo proposito *DBFP*, s. III, IV, pp. 572 sgg.
[349] G. GAFENCU, *Ultimi giorni dell'Europa* cit., p. 136.

– ad un nuovo patto a quattro o a cinque (con la Polonia) che incapsulasse Hitler.

Di alleanza per il momento non era il caso di parlare. Le sue ripercussioni interne sarebbero state troppo negative ed essa, per ora, sarebbe stata prematura, dato che prima era necessario, appunto, mettere in chiaro con Berlino tutta una serie di cose. Poi ci si sarebbe anche potuti arrivare, ma non piú come ad un atto «storico» bensí con la consapevolezza del «vantaggio politico» che l'Italia aveva, cioè la sua condizione di «arbitro» della situazione europea, che poteva decidere dell'isolamento, dell'accerchiamento della Germania in Europa. Con un atteggiamento, insomma, sostanzialmente non diverso da quello di Grandi, quando, il 20 maggio, avrebbe commentato e interpretato a Ciano la conclusione del «patto d'acciaio» in una lettera che bisogna leggere «controluce», tenendo cioè ben presenti i rapporti Grandi-Ciano, la speranza di Grandi di riuscire ancora una volta a rimanere ambasciatore a Londra, nonostante la decisione di tre mesi prima di Mussolini di ritirarlo, e la sua idea fissa che, cosí come nel 1915, alla fine l'Italia si sarebbe dovuta schierare in un eventuale conflitto contro i suoi alleati del giorno prima; idea fissa che lo avrebbe indotto a scrivere anche nelle sue memorie, redatte in Portogallo, che la conclusione del «patto d'acciaio» non fu «un gesto definitivo» e che, comunque, «è mia convinzione profonda che se non si fosse verificato l'inatteso, fulmineo collasso dell'esercito francese nel giugno 940 e la ritirata delle forze brittanniche da Dunquerque, Mussolini non avrebbe commesso il gesto folle e – ahimè – irrimediabile questa volta, d'entrare in guerra il 10 giugno»[350]. Scriveva Grandi nella sua lettera a Ciano[351]:

> L'Alleanza militare italo-tedesca è... il colpo piú grosso che poteva essere inferto alla politica delle democrazie, e apre nuove e vaste possibilità alla tua azione diplomatica non solo in direzione di Berlino, ma anche in direzione di Londra.
> Nonostante le apparenze, che possono dare l'impressione del contrario, sono convinto che qui a Londra c'è e vi sarà molto da fare, come sviluppo della politica del Duce e da te fissata a Milano... Gli Inglesi debbono avere la sensazione «fisica» nei dettagli minuti di servizio, non meno che nelle grandi linee generali, del «monoblocco» italo-tedesco... Il Patto di Milano ha fatto cadere *definitivamente* le ultime e pur tuttavia fino a ieri persistenti illusioni su quella che avrebbe potuto essere allo scoppio del conflitto l'attitudine dell'Italia.
> Vi era indubbiamente sino a ieri, nei Francesi e negli Inglesi uno stato d'animo, al formarsi del quale purtroppo certi Italiani, antiassisti perché antifascisti, hanno indirettamente contribuito, e cioè la grottesca ma radicata persuasione che la no-

---
[350] D. GRANDI, *Memorie* cit.
[351] *Archivio D. Grandi*, b. 40, fasc. 93, sott. 2, ins. 5.

stra «libertà d'azione» nei confronti della Germania costituisse per sé stessa un tale vitale e permanente interesse e una tale necessità sine qua non per l'Italia, da costringerci un giorno o l'altro a invocare noi stessi l'aiuto delle democrazie per salvare (?!) nei confronti della Germania questa cosidetta libertà. Malgrado tutte le ostentate dichiarazioni pubbliche in senso contrario, Francia e Inghilterra hanno basato la loro politica nei riguardi dell'Italia sopra questo calcolo, il quale dimostra ancora una volta come il vecchio gioco della «libertà d'azione» non avrebbe dovuto servire nelle previsioni del Quai d'Orsay e del Foreign Office se non a indebolire la nostra azione diplomatica, politica e militare sia nei confronti della Germania sia nei confronti della Francia.

Il Patto di Milano ci fa piú forti a Londra e piú forti a Berlino, accresce le nostre possibilità di azione nel campo internazionale e fa dell'Italia Fascista l'arbitra vuoi della pace, vuoi della guerra...

Chi, forse, meglio di tutti si è reso conto di questo nuovo atteggiamento di Mussolini è stato il ministro degli Esteri rumeno Gafencu, quando, come si è detto, fu ricevuto da lui, il 1° maggio, a palazzo Venezia. Tutto il suo resoconto dell'incontro [352] meriterebbe di essere citato, punteggiato com'è di affermazioni estremamente significative del «duce» e di acute osservazioni di Gafencu, quali quelle a proposito dell'insistenza con la quale Mussolini cercava di negargli di avere paura della Germania e del modo con cui gli parlava dei rapporti con la Francia e dell'avance della quale egli era latore (che indusse Gafencu a scrivere: «credetti di capire che desiderava un accordo e che lo giudicava possibile»). Ai fini del nostro discorso ci basterà però citare solo questo passo piú riassuntivo [353]:

> Mussolini aveva troppo a lungo sfidato il destino per non sentire la minaccia di un rovescio sempre possibile. Come il fortunato Policrate, avvertito da cupi presentimenti, sembrava preoccupato di scongiurare la sorte. Lo preoccupava la sua unione con Hitler, che disponeva di forze infinitamente piú grandi. Si vedeva trascinato su una via che egli stesso aveva aperta, prigioniero del sistema che gli doveva la vita, e di passioni che egli aveva scatenato, verso uno scopo che gli sembrava per lo meno incerto. Avendo provocato il vento, temeva la tempesta; una tempesta che gli arrivava addosso e sfuggiva al suo potere. Sperava ancora di poter utilizzare la velocità acquistata per passare attraverso gli scogli: il suo istinto, contrariamente a quello di Hitler, non era di scagliarsi contro l'ostacolo: ma di evitarlo con profitto. La coscienza che aveva del pericolo non lo liberava però dalle passioni che avevano presa su di lui: vecchi rancori, violente irritazioni, continui alti e bassi d'amor proprio. Di fronte alla sciagura che intuiva, il suo presentimento doveva ogni giorno dimostrarsi piú giusto.

Coerentemente a questa impostazione dei rapporti con la Germania, nei giorni immediatamente successivi l'occupazione di Praga Ciano si

---

[352] G. GAFENCU, *Ultimi giorni dell'Europa* cit., pp. 130 sgg.
[353] *Ibid.*, p. 129.

preoccupò innanzitutto di far capire a Berlino che, stanti gli accordi tra Mussolini ed Hitler, il Mediterraneo spettava agli italiani e i tedeschi non dovevano assolutamente interessarsene e che per Mediterraneo doveva intendersi anche l'Adriatico e dunque la Iugoslavia. Come Ciano disse il 17 marzo a von Mackensen[354], doveva essere chiaro

> che mentre l'Italia si era praticamente disinteressata di quanto era avvenuto in Cecoslovacchia, non avrebbe potuto minimamente adottare lo stesso atteggiamento nei confronti di eventuali vicende che coinvolgessero la Croazia. Noi facciamo – di piena intesa con la Germania, che ha fatto del pari – una politica di stretta e cordiale collaborazione con Belgrado e consideriamo lo status quo della Iugoslavia come un elemento fondamentale nell'equilibrio dell'Europa centrale. D'altra parte il Führer ha sempre proclamato il disinteressamento tedesco per il Mediterraneo in genere, ed in particolare per l'Adriatico, che noi consideriamo ed intendiamo considerare in futuro quale un mare italiano.

Tre giorni dopo l'ambasciatore tedesco rispondeva a questo passo, assicurando che la Germania non aveva «alcuna mira in nessuna zona del Mediterraneo, che è considerato dal Führer mare italiano» e che «se sorgerà la questione croata sarà il turno per la Germania di disinteressarsi al cento per cento di tale problema, lasciandone la soluzione all'Italia»[355]. È a proposito di questa comunicazione tedesca che il diario di Ciano ci rivela fino a che punto fosse arrivata ormai la diffidenza di Mussolini verso Berlino: al genero che gliela riferiva disse di trovarla «interessante»... «purché ci si possa credere»[356]. Lo stesso giorno von Ribbentrop scriveva a Ciano una untuosa (l'aggettivo, quant'altri mai appropriato, è del Toscano[357]) lettera nella quale ribadiva gli stessi concetti[358] e Hitler riceveva Attolico e gli faceva un realistico giro di orizzonte sulla situazione europea, lasciandogli capire che non pensava alla possibilità di un conflitto con l'Inghilterra e la Francia prima di diciotto mesi-due anni, dovendo prima dotare la Germania di una conveniente flotta[359]. A questi atti seguivano, sempre da parte tedesca, l'invio, il 21, di una comunicazione al generale Pariani nella quale ci si diceva pronti a dare subito inizio alle conversazioni tecniche fra i rispettivi Stati maggiori[360] e, il 25, di una lettera di Hitler a Mussolini. Con essa[361] il Führer, prendendo

---

[354] *L'Europa verso la catastrofe* cit., pp. 418 sg.
[355] *Ibid.*, pp. 419 sg.
[356] G. CIANO, *Diario* cit., p. 269.
[357] M. TOSCANO, *Le origini diplomatiche del Patto d'acciaio* cit., p. 171.
[358] *L'Europa verso la catastrofe* cit., pp. 420 sgg. e 422 (la risposta di Ciano).
[359] Cfr. M. TOSCANO, *Le origini diplomatiche del Patto d'acciaio* cit., pp. 172 sgg.
[360] Cfr. per esse *ibid.*, pp. 204 sgg.
[361] La si veda in M. TOSCANO, *Le origini diplomatiche del Patto d'acciaio* cit., pp. 184 sg. Consegnando la lettera, von Mackensen fece presente che essa doveva rimanere segreta (*ibid.*, p. 186 nota).

spunto dalla ricorrenza del ventesimo anniversario della fondazione dei Fasci di combattimento, prima dava atto a Mussolini della sua «funzione storica»:

> io sono consapevole di questo: che da quel giorno, anche l'evoluzione dell'Europa e con essa quella dell'umanità è stata indirizzata su una nuova via. Quali conseguenze avrebbe portato seco per l'Occidente una bolscevizzazione dell'Italia non è immaginabile. Che senza il Vostro storico atto della fondazione del Fascismo essa sarebbe giunta a questa bolscevizzazione è certo. Anche se nella vita dei popoli è per lo piú difficile stabilire con quali elementi sia costruito il sapere dei singoli o quali contributi apportino in complesso l'atteggiamento e le azioni dei popoli, tuttavia, Duce, il vostro contributo e l'esempio del Fascismo possono essere stabiliti sulla base di numerosi risultati positivi. La rigenerazione non solo dell'Italia, ma anche dell'Europa nel XX secolo resta per sempre legata al vostro nome.

Poi lo assicurava di aver preso «una inflessibile decisione»:

> qualunque possa essere la vostra via, Duce, Voi dovete vedere in me e dovete vedere in noi degli amici immutabili. E dovete vedere in questa amicizia non soltanto un segno di un'adesione puramente platonica, ma dovete considerarla come l'incrollabile decisione di trarre, se necessario, anche nei momenti piú difficili le estreme conseguenze di questa solidarietà.

Tutti questi passi indicavano chiaramente come a Berlino ci si preoccupasse delle reazioni di Mussolini e si cercasse di placarle a tutti i costi, onde indurlo a riprendere la marcia sulla strada dell'alleanza. I risultati non furono però molto brillanti. Abbiamo già detto del commento di Mussolini quando il 20 marzo Ciano gli aveva comunicato la risposta di von Mackensen al suo passo di tre giorni prima. Due giorni dopo aveva ricevuto Attolico, venuto da Berlino per consultazioni e per riferirgli del colloquio avuto con Hitler. L'ambasciatore aveva, in un rapporto a Ciano di alcuni giorni prima, già espresso la sua opinione sulla indispensabilità di una chiarificazione a fondo con i tedeschi «per l'avvenire stesso dell'Asse e prima ancora che se ne stringano ulteriormente in un quadro – a due o a tre che sia – gli obblighi e i legami» e, in particolare, aveva segnalato la necessità di chiarire se Berlino voleva riservare all'Italia «soltanto l'acqua del Mediterraneo» ed escluderla pertanto dai Balcani[362]. Con Mussolini aveva «messo in rilievo la necessità di mettere i punti sulle "i" nei rapporti reciproci, dato che i tedeschi stanno slittando, talvolta senza accorgersene, dal piano della potenza a quello della prepotenza e potrebbero urtare i nostri interessi». E il «duce» si era trovato completamente d'accordo con lui.

---

[362] Cfr. *ibid.*, pp. 165 sg.

Il Duce – annotava Ciano [363] – ha vivisezionato la situazione odierna, anche in relazione allo spirito pubblico italiano, ed ha concluso che per continuare nella politica dell'Asse bisogna fissare gli obiettivi della rispettiva politica, stabilire le zone d'influenza e d'azione dei due Paesi, far riassorbire dalla Germania gli alloglotti dell'Alto Adige.

E quando aveva ricevuto la lettera di Hitler, se ne era compiaciuto, ma non le aveva dato particolare importanza e aveva subito messo in rilievo che il fatto che gli si chiedeva di non renderla nota le toglieva molto valore [364]. Quattro giorni dopo, il 29 marzo, redigeva infatti questo breve ma sintomatico (anche per l'ordine di successione delle questioni) appunto per Ciano [365]:

Questioni da discutere con von Ribbentrop:
a) obiettivi, nello spazio e nel tempo, della politica tedesca;
b) posizioni economiche dell'Italia nel bacino danubiano e balcanico;
c) rapporti italo-francesi, italo-jugoslavi e italo-albanesi;
d) eliminazione dei tedeschi dall'Alto Adige;
e) alleanza militare dei Paesi del Triangolo.

Questo per quel che riguardava il lavoro diplomatico a palazzo Venezia e a palazzo Chigi, per il tramite riservato delle ambasciate. Alla luce del sole, per il grande pubblico, per gli italiani, ma anche e ancor piú per le cancellerie di Berlino, Parigi e Londra, il momento centrale, l'atto fondamentale della politica e in un certo senso della svolta mussoliniana dopo Praga fu il discorso agli squadristi della «vecchia guardia», pronunciato dal «duce» al Foro Mussolini la mattina del 26 marzo nel quadro delle celebrazioni del ventennale dei Fasci. Di questo discorso, destinato a rimanere l'ultimo discorso di Mussolini alle masse fasciste, tutta la parte centrale fu dedicata alla politica estera. Formalmente tutto pro Asse (tanto è vero che Ciano notò che quelli tra gli esponenti fascisti presenti che erano contrari all'Asse, come i quadrunviri, ascoltandolo «frondavano» [366]), in realtà, a leggerlo conoscendo quello che stava avvenendo dietro le quinte, esso mostra lo sforzo di Mussolini di ottemperare a tre esigenze: rivendicare la validità dell'Asse in termini tali da non pregiudicare in futuro la sua trasformazione in alleanza, ma, al tempo stesso, mettere alcuni punti sulle «i» riguardo i rapporti con la Germania e aprire uno spiraglio, lanciare un segnale alla Francia. A quella Francia con la quale già il 19 marzo Ciano aveva cercato di riallacciare le fila dei *pourparlers* con Baudouin inviando all'uo-

---

[363] G. CIANO, *Diario* cit., pp. 270 sg.
[364] Cfr. M. TOSCANO, *Le origini diplomatiche del Patto d'acciaio* cit., pp. 186 sg.
[365] *Ibid.*, p. 193.
[366] G. CIANO, *Diario* cit., p. 272.

po un proprio emissario a Parigi, ma che sembrava poco propensa a farlo [367]. Né in esso mancava, pur non essendovi un esplicito riferimento, una risposta alla lettera di Chamberlain del 20 marzo che anticipava la sostanza di quella ufficiale di qualche giorno dopo. L'Italia, disse in sostanza Mussolini [368], si rendeva conto della serietà del momento internazionale, ma non si faceva prendere «da quella che ormai è conosciuta come la psicosi di guerra, miscuglio di isterismo e di paura». «La rotta della nostra navigazione è definita ed i nostri principî sono chiari». Il pacifismo di professione, la pace perpetua non facevano parte del patrimonio fascista che, anzi, li considerava «una catastrofe per la civiltà umana». Ma «noi consideriamo che sia necessario un lungo periodo di pace per salvaguardare nel suo sviluppo la civiltà europea». A questo punto si inserivano la risposta a Chamberlain e l'invito (sincero, ma che ormai era inevitabile fosse inteso come un ricatto e di cui, oltre tutto, non ci si potesse fidare) a Londra a convincere Parigi ad accettare le rivendicazioni italiane: «Ma, per quanto ancora di recente sollecitati, noi non prenderemo iniziativa alcuna, prima che i nostri sacrosanti diritti siano stati riconosciuti». Messo in chiaro questo primo punto, il discorso passava ad affrontare i rapporti con la Germania. Innanzitutto rivendicando la piena validità dell'Asse:

> Il periodo dei giri di «valzer», se mai vi fu, è definitivamente chiuso. Il solo ricordarlo è offensivo per noi e per tutti gli italiani.
> I tentativi di scardinare o di incrinare l'Asse Roma-Berlino sono puerili. L'Asse non è soltanto una relazione fra due Stati: è un incontro di due rivoluzioni che si annunciano in netta antitesi con tutte le altre concezioni della civiltà contemporanea. Qui è la forza dell'Asse e qui sono le condizioni della sua durata.

Poi, giustificando come «fatale» ciò che era avvenuto alla Cecoslovacchia. E, infine, ammonendo

> che se avvenisse la vagheggiata costituzione di una coalizione contro i regimi autoritari, questi regimi raccoglierebbero la sfida e passerebbero al contrattacco su tutti i punti del globo.

Una frase questa, per cosí dire, a doppio taglio, dato che se, da un lato, era chiaramente rivolta contro i propositi di dar vita al «blocco democratico», da un altro lato, poteva essere intesa come un'assicurazione lanciata verso Londra e Parigi: niente «blocco democratico», niente alleanza italo-tedesco-giapponese. Sin qui, si potrebbe dire, tutto bene per la Germania. Solo che poco piú in là il discorso sulla Germania, anche

---
[367] Cfr. *ibid.*, pp. 269 e 270; nonché P. BAUDOUIN, *Un voyage à Rome* cit., pp. 82 sgg.
[368] MUSSOLINI, XXIX, pp. 249 sgg.

se non nominata, ritornava e ritornava con tutt'altro tono e con una secchezza essenziale che non potevano lasciar dubbi né sul destinatario né sul valore decisivo che Mussolini attribuiva al problema per ciò che riguardava i rapporti italo-tedeschi:

> geograficamente, storicamente, politicamente, militarmente il Mediterraneo è uno spazio vitale per l'Italia e, quando diciamo Mediterraneo, vi includiamo naturalmente anche quel golfo che si chiama Adriatico e nel quale gli interessi dell'Italia sono preminenti, ma non esclusivi, nei confronti degli slavi, ed è per questo che da due anni vi regna la pace.

Dopo i rapporti con la Germania, Mussolini passava a trattare quelli con la Francia. L'intero discorso era stato preparato da Mussolini e da Ciano con molta cura e anche abilità; questa era dovuta però essere la parte piú difficile da elaborare e dosare sin nelle singole parole, dato che era da essa che in sostanza ci si attendevano i risultati piú importanti. E questa volta Mussolini, memore di cosa era successo il 30 novembre alla Camera e delle conseguenze che ne erano derivate, aveva preso tutte le precauzioni. Come ha raccontato M. Luciolli nel suo primo libro di ricordi pubblicato sotto lo pseudonimo di M. Donosti subito dopo la fine della seconda guerra mondiale[369], il giorno prima aveva ordinato a Starace «di fare tutto il possibile per evitare che l'uditorio, credendo di fargli piacere, si abbandonasse a smodate manifestazioni antifrancesi». «Se domani, – gli aveva detto, – quando parlerò della Francia, i fascisti non si metteranno a vociferare insolenze, sarò un uomo felice».

Almeno ufficialmente, il punto dolente, l'ostacolo principale per un riavvicinamento, era stata la Spagna, e da qui Mussolini prese significativamente le mosse:

> nel mio discorso di Genova io parlai di una barricata che separava l'Italia dalla Francia. Questa barricata può considerarsi abbastanza demolita e, fra qualche giorno, forse fra qualche ora, le magnifiche fanterie della Spagna nazionale daranno l'ultimo colpo, e quella Madrid, dove le sinistre attendevano la tomba del fascismo, sarà invece la tomba del comunismo.
> Noi non chiediamo il giudizio del mondo, ma desideriamo che il mondo sia informato.
> Orbene, nella nota italiana del 17 dicembre del 1938, erano chiaramente stabiliti i problemi italiani nei confronti della Francia: problemi di carattere coloniale: si chiamano Tunisi, Gibuti, Canale di Suez.
> Il Governo francese è perfettamente libero di rifiutarsi anche alla semplice discussione di questi problemi, come ha fatto sin qui attraverso i suoi troppo reiterati e troppo categorici «giammai».

---

[369] M. DONOSTI [M. LUCIOLLI], *Mussolini e l'Europa* ecc. cit., p. 154.

Non avrà, poi, a dolersi se il solco che divide attualmente i due paesi diventerà cosí profondo che sarà fatica ardua se non impossibile colmarlo. Comunque si svolgano gli eventi, noi desideriamo che non si parli piú di fratellanza, di sorellanza, di cuginanza e di altrettali parentele bastarde, perché i rapporti fra gli Stati sono rapporti di forza e questi rapporti di forza sono gli elementi determinanti della loro politica.

Chiudeva infine il discorso un ultimo punto, «ultimo, ma fondamentale e pregiudiziale: bisogna armarsi»:

la parola d'ordine è questa: piú cannoni, piú navi, piú aeroplani. A qualunque costo, con qualunque prezzo, anche se si dovesse fare «tabula rasa» di tutto quello che si chiama la vita civile. Quando si è forti, si è cari agli amici e si è temuti dai nemici.

Dai giorni della preistoria un grido ha valicato le onde dei secoli e la serie delle generazioni: «Guai agli inermi!»

Come Mussolini si era ripromesso, gli echi del discorso furono immediati e notevoli. A Londra il «Times», il 27 marzo, ne dette un giudizio ampiamente positivo:

Da un capo fascista ci si può attendere una certa vivacità di parola e di azione ed ieri il Foro Mussolini a Roma era per questa una cornice naturale. Era il ventesimo anniversario della fondazione di quel notevole movimento che ha trasformato la vita italiana e creato un sistema del tutto nuovo di economia statale; e il Signor Mussolini non ha certamente disilluso i suoi seguaci. Ma, con tutte le sue esagerazioni e ampollosità, il discorso del Duce non ha presentato alla Francia domande tali da richiedere una risposta puramente negativa; e conteneva la proposta precisa che il Governo francese inizi discussioni sui tre problemi nordafricani che dividono i due paesi. Di almeno due di essi si può dire che le condizioni sono state alterate dai recenti avvenimenti, e certi aggiustamenti sembrerebbero agli osservatori imparziali come adeguati soggetti di discussione. Con l'aiuto di un'abile diplomazia, il discorso può segnare una svolta nella situazione europea. Il Signor Mussolini ha perlomeno creato un nuovo punto di partenza.

A Parigi i giudizi furono meno favorevoli, ma, una parte almeno, non totalmente negativi. Il «Temps» dello stesso 26 marzo osservò che «i tre punti indicati dal signor Mussolini, Tunisia, Gibuti, Suez, costituiscono un programma molto piú modesto, si converrà, di quello esposto con tanta violenza dalla stampa fascista che comportava indicazioni anche stravaganti, come quelle relative alla Corsica, a Nizza e alla Savoia» e arrivò a domandarsi, in attesa di conoscere i termini precisi delle richieste italiane, se esse potessero costituire «una base utile di negoziato». Secondo poi François-Poncet, lo si è detto, il discorso non doveva essere interpretato negativamente ed egli fu dell'opinione che non si dovesse rischiare di non dargli peso e che fosse opportuno sollecitare Mussolini a mettere le carte in tavola e formulare con precisione le sue richieste. Ma il Quai d'Orsay non raccolse il suo consiglio[370] e il 29 marzo Daladier respinse in un duro discorso alla radio[371] l'avance di Mussolini e, quel che piú conta, qualsiasi pretesa italiana. Sia perché infondata, dato che gli accordi del gennaio '35 avevano avuto per scopo di «regolare definitivamente» e di «liquidare» le questioni pendenti tra i due paesi e per la Francia essi erano tuttora validi, sia perché accettare il punto di vista italiano espresso nella nota del 17 dicembre significava che ogni nuova conquista o ogni nuova concessione aprirebbe nuovi diritti. Cosí le rivendicazioni che potrebbero esserci presentate sarebbero praticamente senza limiti, perché ognuna d'esse, una volta soddisfatta, porterebbe in sé delle rivendicazioni future.

Sicché la risposta della Francia era: «non cederemo né un arpento delle nostre terre, né uno solo dei nostri diritti».

Il discorso era stato preparato nel corso di due riunioni del Consiglio dei ministri che avevano visto scontrarsi le due tendenze in contrasto: Daladier, sostenuto da Reynaud, Campinchi, Mandel, Champetier de Ribes e Zay e, fuori dal governo, da Léger, assertori dell'intransigenza; Bonnet, Monzie, Chautemps e Marchandeau, fautori di una linea morbida e disposti perlomeno a trattare. Alla fine aveva prevalso la tendenza intransigente, un po' per gretto nazionalismo, un po' per la convinzione che non ci si potesse fidare di Mussolini[372]. Anche se Mussolini ostentò di esseresela attesa e di non darle importanza, la risposta di Daladier[373] fu per lui un grave colpo e, quel che piú importa, lo indusse a compiere il peggiore dei passi che in quel momento poteva fare.

Nei giorni dello smembramento della Cecoslovacchia Ciano, lo si è visto, aveva molto insistito per indurre Mussolini ad approfittare dell'occasione per occupare l'Albania. Il «duce» aveva tentennato, ma poi, con grande disappunto del genero, il suo senso politico aveva prevalso ed egli aveva detto di no. Tant'è che Ciano, parlando il 17 marzo con von Mackensen, aveva negato fondamento alle voci di una possibile azione italiana in quel paese. Il 23 marzo Mussolini era tornato parzialmente sulla sua decisione e aveva detto a Ciano di «accelerare i tempi» dell'operazione e nei giorni successivi ne aveva parlato anche con il re, che si era mostrato contrario a «rischiare una grossa avventura per "prendere quattro sassi"»[374]. Il via vero e proprio lo diede però solo

---

[370] A. FRANÇOIS-PONCET, *Au Palais Farnèse ecc.* cit., pp. 96 sg.
[371] Lo si veda in «Relazioni internazionali», 8 aprile 1939, pp. 271 sg.
[372] Cfr. J.-B. DUROSELLE, *La décadence* cit., pp. 412 sg.
[373] Cfr. G. CIANO, *Diario* cit., p. 274. Ciano per errore ha scritto Laval per Daladier.
[374] Cfr. *ibid.*, pp. 271 e 273.
Fu probabilmente proprio perché era nota l'ostilità del re all'occupazione dell'Albania che Mussolini, nell'agosto, cedette alle insistenze del genero e fece pressione sul sovrano perché, come era

dopo il discorso di Daladier e dopo la sua risposta ad esso, il 31 marzo a Reggio Calabria[375], con un accenno brevissimo ma significativo:

> Dopo il mio discorso agli squadristi a Roma, ben poco vi è da aggiungere. Noi non dimentichiamo, noi ci prepariamo, noi pensiamo a decenni e quindi siamo sempre pronti ad attendere, come è sicuro un popolo che ha molte armi e saldissimo cuore.

E sino quasi all'ultimo, almeno sino al 1° aprile, è probabile che le sue preferenze fossero per un «accordo» con re Zog che sistemasse i rapporti tra i due paesi in modo pienamente «soddisfacente» per l'Italia (occupazione militare e protettorato), evitando una soluzione di forza integrale della quale anche lui capiva i rischi[376]. Solo negli ultimissimi giorni, entrato ormai psicologicamente nel meccanismo dell'operazione, divenne anche lui sostenitore della soluzione integrale.

È fuori dubbio che Ciano ebbe una parte notevolissima e forse determinante sulla decisione di Mussolini di occupare l'Albania. Basta vedere come egli si gettò a capofitto nell'operazione, arrivando al punto di lasciare palazzo Chigi nel momento diplomaticamente piú caldo per recarsi personalmente a presiedere all'azione nella «sua» Albania (tanto *sua* che nel suo diario, il 12 aprile, arrivò a scrivere, riferendosi agli albanesi: «Tutti d'accordo per avere un principe di Casa Savoia o, meglio ancora, vorrebbero me»[377]), e come sempre si sarebbe fatto merito di esserne stato l'artefice. Un peso lo ebbe anche il desiderio, da un lato, di dimostrare agli italiani che l'Asse non funzionava solo a senso unico, ma procurava tangibili «vantaggi» anche all'Italia e, da un altro lato, di farla finita con i maneggi tedeschi in quel paese e controbilanciare la influenza crescente di Berlino nei Balcani. Politicamente, per Mussolini l'occupazione dell'Albania, in quel momento, voleva però essere soprattutto una risposta alla Francia e, in via subordinata, all'Inghilterra, un fare loro capire che l'Italia fascista, dopo Praga, non era, come molti pensavano, alle corde e che, dunque, era necessario trattare con lei ed accettare le sue richieste.

Materialmente l'occupazione dell'Albania fu facile, nonostante le incertezze presenti sino all'ultimo su come re Zog avrebbe reagito al-

---

avvenuto in occasione di precedenti ampliamenti del territorio nazionale, conferisse a Ciano il Collare dell'Annunziata. Lo suggerisce l'accenno, nella lettera che gli scrisse il 7 agosto, al fatto che «una esclusione del Conte Ciano avrebbe un significato e sarebbe interpretata in modo spiacevole». Cfr. sull'episodio G. B. GUERRI, *Galeazzo Ciano* cit., pp. 388 sgg.
[375] MUSSOLINI, XXIX, p. 257.
[376] F. JACOMONI DI SAN SAVINO, *La politica dell'Italia in Albania* cit., p. 107.
Nell'ultimissima fase Mussolini divenne deciso assertore della soluzione piú radicale: cfr. G. CIANO, *Diario* cit., p. 277.
[377] G. CIANO, *Diario* cit., p. 283.

l'ultimatum italiano (ancora il 6 aprile il ministero degli Esteri distribuí all'Aereonautica due tipi di manifestini da lanciare sul paese, uno in caso di sbarco con il consenso del re e uno in caso di intervento contro la sua volontà [378]), le disfunzioni organizzative e l'impreparazione dei reparti da essa rivelate e la confusione che caratterizzò tutta l'operazione [379]. In due giorni, il 7 e l'8 aprile, tutto fu comunque risolto. Zog abbandonò il paese, una fantomatica Costituente decise di offrire la corona d'Albania al re d'Italia e meno di dieci giorni dopo a Roma avvenne la relativa cerimonia dell'«offerta» a Vittorio Emanuele che l'accettò con la formula dell'«unione personale». Tutt'altro che di poco momento furono invece le reazioni dell'opinione pubblica italiana che vide in essa un nuovo atto che aggravava la situazione internazionale e la posizione dell'Italia rispetto agli occidentali. A Bologna si dette persino il caso di un battaglione di bersaglieri che cantò «vogliamo la pace non la guerra» senza che gli ufficiali intervenissero [380]. Gravissime furono poi quelle internazionali.

Secondo von Mackensen, nei giorni precedenti a Roma si parlava dell'azione in Albania persino nei cinematografi e nei caffè. Non può dunque meravigliare che tutte le principali cancellerie sapessero che l'Italia stava preparando qualche cosa. Palazzo Chigi per parte sua aveva preavvisato in qualche modo della cosa Berlino e soprattutto Belgrado [381]. Il 4 aprile Perth, riferendosi alle insistenti voci di un prossimo colpo di mano italiano, aveva messo in guardia Ciano dal compiere atti che avrebbero potuto determinare un «definite breach» degli «accordi di Pasqua» [382]. Mussolini, che – date anche le assenze di Ciano – aveva preso in mano le redini di palazzo Chigi [383], si era subito preoccupato di cercare di rassicurare il Foreign Office. Tra il 5 e il 9 aprile era stato in continuo contatto telefonico con l'ambasciata di Londra (retta in quel momento dall'incaricato d'affari Crolla, essendo Grandi in Italia) inviando istruzioni e messaggi per Chamberlain e Halifax nei quali ribadiva la sua volontà di tenere assolutamente in vita gli accordi dell'anno prima, sosteneva che l'azione a cui l'Italia era stata costretta dalla situazione che si

---

[378] UFFICIO STORICO S. M. AEREONAUTICA, fasc. «Operazioni Militari Tirana».
[379] Per la parte politica cfr. G. CIANO, *Diario* cit., pp. 271-82, e F. JACOMONI DI SAN SAVINO, *La politica dell'Italia in Albania* cit., pp. 98-138; per la parte militare cfr. STATO MAGGIORE ESERCITO – UFFICIO STORICO, *Le truppe italiane in Albania (Anni 1914-20 e 1939)*, Roma 1978, pp. 254 sgg.
[380] G. CIANO, *Diario* cit., p. 278.
[381] Per i contatti con Belgrado e le ripercussioni sui rapporti italo-iugoslavi cfr. A. BRECCIA, *Jugoslavia 1939-1941 ecc.* cit., pp. 64 sgg.
[382] DBFP, s. III, V, pp. 120 sg.
[383] M. DONOSTI [M. LUCIOLLI], *Mussolini e l'Europa ecc.* cit., p. 165, osserva al proposito: «Dal punto di vista diplomatico, l'assenza del Ministro degli Esteri giovò indubbiamente all'Italia. Mussolini, costretto ad agire personalmente, trattò la questione con calma e abilità superiori a quelle del genero».

era determinata in Albania non contrastava con essi, e dava le piú ampie assicurazioni circa l'infondatezza dei timori che l'azione italiana aveva suscitato a Belgrado e ancor piú ad Atene (ove si temeva che l'Italia volesse mettere le mani anche su Corfú) e, a conferma dell'importanza che egli annetteva «al consolidamento dei vincoli esistenti fra le nostre due Nazioni», dava assicurazioni anche a proposito dell'ormai imminente rimpatrio di tutti i legionari italiani in Spagna, che avrebbe avuto luogo subito dopo la parata per la vittoria che Franco stava preparando a Madrid[384]. Apparentemente, la reazione inglese a questi fatti era stata molto buona. Halifax, con cui Crolla si era piú volte incontrato, si era dimostrato assai «comprensivo» e, anche a nome di Chamberlain, «fiducioso» e «desideroso» che la collaborazione tra i due paesi continuasse «nell'interesse della pace europea». Il 9 aprile Crolla aveva potuto cosí trasmettere a Roma la seguente comunicazione del governo inglese in risposta a quelle fattegli pervenire da Mussolini[385]:

Vi prego di ripetere al Duce ed al Conte Ciano che il Governo inglese desidera vivamente che l'accordo italo-britannico, al quale esso ha attribuito sempre la maggiore importanza, possa dare i maggiori e piú fecondi risultati. Noi lo abbiamo concluso malgrado tutte le opposizioni e contro le opposizioni lo abbiamo mantenuto. È perciò ovvio che noi si desideri fare in modo che esso possa contribuire efficacemente al mantenimento delle amichevoli relazioni esistenti fra i nostri due Paesi.

L'Impero britannico ha nel mondo punti vitali di interesse che esso non può fare a meno di salvaguardare; Vi prego di voler assicurare il Signor Mussolini che il Governo britannico è lungi dal voler fare alcunché che possa intralciare il mantenimento di quella pace europea, alla quale il Duce ha fatto riferimento nel suo recente discorso, come noi siamo stati lieti di rilevare.

Per quanto sia inevitabile che l'occupazione colla forza di uno Stato avente una linea costiera sul Mediterraneo appaia all'opinione britannica come molto difficilmente conciliabile coll'articolo dell'accordo anglo-italiano relativo al mantenimento dello status quo mediterraneo, ciò non significa affatto che noi non si desideri, come è invece nostro fermo intendimento, di fare ogni sforzo per conseguire dall'accordo stesso un miglioramento delle relazioni fra i nostri due Paesi e la loro collaborazione per la causa della pace.

In realtà la vicenda albanese aveva avuto su Londra tutt'altro effetto di quello che, a prima vista, poteva sembrare: aveva confermato Chamberlain e il Foreign Office nella loro convinzione che su Mussolini non si potesse piú fare alcun affidamento e che non restava che considerarlo, alla stregua di Hitler, come un nemico, salvo vedere quale sarebbe stato il suo atteggiamento nel caso di un conflitto, ma senza fare il mi-

---

[384] Cfr. *DBFP*, s. III, V, pp. 127 sgg.; ASAE, *Gabinetto, Albania 7-12 aprile 1939*.
[385] *Ibid.*, ff. 209 sgg.

nimo conto su un suo, pur possibile, ravvedimento in extremis. In questa logica il fatto che all'occupazione dell'Albania non fosse seguita la denuncia da parte inglese degli «accordi di Pasqua» non aveva altro significato che quello di non voler far nulla che potesse spingere ancor di piú Mussolini verso Hitler. Le dichiarazioni di Chamberlain il 13 aprile ai Comuni appaiono in questa logica ineccepibili, anche se giunsero a Roma del tutto inattese, e cosí pure le concrete iniziative che dopo di esse il governo inglese venne rapidamente prendendo: introduzione della coscrizione obbligatoria, accordi con la Turchia, rafforzamento degli apprestamenti militari in Egitto e a Malta, sviluppo delle trasmissioni da Radio Daventry per controbattere la propaganda di Radio Bari (ripresa in marzo) tra gli arabi, ecc.

Gli effetti generali dell'azione italiana – disse Chamberlain ai Comuni [386] – giustificavano pienamente l'impressione che essa aveva prodotto nell'opinione pubblica mondiale. Né era pensabile che il governo inglese si disinteressasse di ciò che era avvenuto e potesse non considerare della «piú grande importanza» evitare ulteriori mutamenti nello statu quo del Mediterraneo e della penisola balcanica.

> Di conseguenza il Governo di Sua Maestà è giunto alla conclusione che nel caso di un'azione che minacci chiaramente l'indipendenza della Grecia o della Romania e a cui il Governo greco o quello rumeno rispettivamente consideri necessario resistere con le sue forze nazionali, il Governo britannico si sentirà costretto a dare immediatamente ai Governi greco o rumeno, a seconda del caso, tutta l'assistenza in suo potere.

Dopo questa premessa, il premier era passato a parlare degli accordi anglo-italiani, ribadendo i motivi per i quali aveva creduto nella loro efficacia e negando l'opportunità di accettare il punto di vista di coloro (tra cui Churchill, che parlò dopo di lui e che biasimò anche il fatto che non fosse stata inviata la flotta «non lungi dalle bocche del Mare Adriatico», in modo da provocare un effettivo chiarimento con l'Italia) che ne chiedevano la denuncia, ma affermando anche a tutte lettere che l'azione del governo italiano aveva «gettato un'ombra sulla sincerità delle sue intenzioni di eseguire i suoi impegni» contratti con essi. E aveva concluso con queste ferme parole:

> Oggi noi dobbiamo irrigidire la nostra determinazione: determinazione intesa non soltanto a rendere noi stessi forti per difendere il nostro paese, ma determinazione intesa anche a fare la nostra parte per venire in aiuto di coloro che, se aggrediti o minacciati di perdere la loro libertà, decidono di resistere.

---

[386] Lo si veda in «Relazioni internazionali», 22 aprile 1939, pp. 315 sgg.

Tramite il «canale segreto» londinese, Mussolini era stato preavvertito sin dall'11 aprile che, nonostante le assicurazioni dei giorni precedenti, Chamberlain avrebbe annunciato la garanzia alla Grecia (nulla gli era stato detto a proposito della Romania, probabilmente perché questa garanzia era essenzialmente in funzione antitedesca) e aveva cercato di scongiurarla offrendo in cambio l'ordine di ritiro immediato della maggior parte dei legionari dalla Spagna senza attendere la parata della vittoria. La risposta era stata però secca: il premier «consigliava» il «duce» di richiamare «in tutti i casi» i legionari, «senza porre condizioni»[387]. Ciò nonostante, come dicevamo, il discorso di Chamberlain giunse a Roma sostanzialmente inatteso, se non altro per la fermezza del suo tono e per ciò che lasciava prevedere per il futuro delle relazioni anglo-italiane. Invano Mussolini, parlando la sera stessa del 13 aprile, cercò di ostentare sicurezza[388]:

> Gli eventi storici che si compiono in questi giorni sono il risultato della nostra volontà, della nostra fede e della nostra forza.
> Verso i popoli amici noi andiamo con atteggiamento da amici; contro i popoli ostili noi avremo un chiaro, deciso, risoluto atteggiamento di ostilità.
> Il mondo è pregato di lasciarci tranquilli, intenti alla nostra grande e quotidiana fatica. Il mondo deve in ogni caso sapere che noi domani, come ieri, come sempre, tireremo dritto.

E, una settimana dopo, approfittando del «gran rapporto» per l'Esposizione universale del 1942[389], cercò invece di mettere l'accento sui propositi pacifici dell'Italia fascista. E invano Ciano, alla Camera dei fasci e delle corporazioni, il 15 aprile si affrettò a cercare di rassicurare Chamberlain riaffermando la volontà italiana di «mantenere validi e operanti attraverso l'esecuzione e l'osservanza di tutte le loro clausole» gli «accordi di Pasqua»[390]. Nel giro di un paio di settimane i rapporti tra Londra e Roma si fecero freddi al punto che quando, il 21 aprile, Mussolini, ricevendo in visita di congedo Perth, gli parlò dei contatti che c'erano stati tra Ciano e Baudouin, dicendogli di essere disposto a continuarli purché fossero i francesi a fare il prossimo passo e di informare di ciò Londra, l'ambasciatore inglese si tenne assolutamente sulle generali: gli inglesi sarebbero lieti di un accordo tra Roma e Parigi, ma egli riteneva che le questioni pendenti fra i due governi dovessero essere risolte tra le parti

---

[387] Per i rapporti tramite il «canale segreto» durante la crisi albanese cfr. R. QUARTARARO, *Inghilterra e Italia ecc.* cit., pp. 686 sgg.
[388] MUSSOLINI, XXIX, p. 261.
[389] *Ibid.*, pp. 265 sg.
[390] *Atti Parlamentari, Camera dei Fasci e delle Corporazioni*, seduta del 15 aprile 1939, pp. 2 sgg.

interessate[391]. Un'altra *démarche*, fatta, subito dopo il discorso con cui Hitler, il 28 aprile, aveva posto il problema del «ritorno» di Danzica nel Reich, da Grandi direttamente su Halifax lasciando capire che Mussolini sarebbe potuto intervenire in senso moderatore su Hitler se il suo prestigio fosse stato rafforzato dall'avvio di negoziati tra Roma e Parigi, ebbe lo stesso esito: anche il ministro degli Esteri inglese lasciò l'offerta senza risposta[392].

Nell'uno e nell'altro caso (cosí come di quel che Mussolini e Ciano dissero a Gafencu) Londra informò Parigi delle avances italiane e dei rapporti franco-italiani Halifax discusse prima con l'ambasciatore francese a Londra e poi, come vedremo meglio nel prossimo capitolo, il 20-21 maggio con Daladier e Bonnet, non nascondendo loro l'opportunità di servirsi dell'influenza italiana sulla Germania «per impedire la catastrofe finale» e, quindi, di dare qualche «ragionevole soddisfazione» a Mussolini. Ma, di fronte agli argomenti di Daladier che ciò non sarebbe servito a nulla e che, comunque, l'Italia avrebbe dovuto offrire qualche contropartita perché altrimenti ne avrebbe scapitato il prestigio francese nel mondo arabo, gli inglesi non se la sentirono di insistere[393]; probabilmente per non ridar fiato ai soliti sospetti francesi, ma soprattutto perché anche loro erano ormai nell'intimo convinti della fondatezza delle obiezioni francesi e avevano sollevato la questione solo per scrupolo di coscienza. Gli stessi scrupoli di coscienza erano in realtà presenti però anche nei francesi e, anzi, in essi erano piú vivi, sia per la maggior esposizione della Francia ai rischi di un conflitto, sia perché – come giustamente ha scritto il Duroselle[394] – la politica francese «restava incerta e disorganizzata», sia, infine, per le molto maggiori diversità di opinioni esistenti nel governo francese rispetto a quello inglese in materia di rapporti con l'Italia. Ciò spiega perché – nonostante le affermazioni in contrario fatte agli inglesi – subito dopo la conquista dell'Albania, di fronte alle ricorrenti notizie provenienti da Roma e non solo da Roma circa la disponibilità italiana a risolvere il contenzioso tra i due paesi accontentandosi di molto poco e ad affermazioni come quelle fatte da Ciano all'incaricato d'affari sovietico: «si fa di tutto per spingerci ogni giorno di piú nelle braccia della Germania», non solo Bonnet si fosse mostrato disposto a riavviare il sondaggio iniziato da Baudouin, ma persino Daladier si fosse posto il

---

[391] *DBFP*, s. III, V, pp. 262 sgg.
[392] Cfr. R. QUARTARARO, *Roma tra Londra e Berlino* cit., pp. 459 sg.
[393] *DBFP*, s. III, V, pp. 272, 344 sgg., 426 sgg., 428; J. B. DUROSELLE, *La décadence* cit., pp. 413 sg., e soprattutto P. RENOUVIN, *Les relations de la Grande Bretagne et de la France avec l'Italie en 1938-1939*, in *Les relations franco-britanniques de 1935 à 1939*, Paris 1975, pp. 295 sgg.
[394] J.-B. DUROSELLE, *La décadence* cit., p. 414.

problema. Un suo appunto del 17 aprile lo dimostra: «Faut-il ne pas bouger et attendre réponse de Mussolini; faut-il entamer négociation avec M.; faut-il lasser aller?» In questo clima un passo di François-Poncet del 15 aprile, volto ad essere autorizzato a prendere un contatto con palazzo Chigi per rendersi conto delle vere intenzioni italiane e «della misura nella quale esiste ancora una possibilità di salvaguardare la pace» attraverso Mussolini, aveva avuto da Bonnet una mezza risposta positiva: «il governo francese, non essendo colui che chiede, non ha alcuna proposta da formulare; ma non è mai stato nel mio pensiero di interdirvi qualsiasi conversazione col governo italiano». E una decina di giorni dopo, conosciuto l'esito del sondaggio subito fatto da François-Poncet, il 25 aprile, su Ciano e cioè l'effettiva consistenza delle richieste italiane (una zona franca a Gibuti, cessione del tratto etiopico della ferrovia Gibuti - Addis Abeba, due posti nel consiglio della Compagnia di Suez, revisione delle tariffe del canale e ritorno, per la Tunisia, allo statuto del 1896) e l'inquietudine di Roma per la piega che stavano prendendo le relazioni tedesco-polacche, sempre in questo clima erano nati prima il nuovo sondaggio tramite Gafencu e, subito dopo, l'autorizzazione, il 3 maggio, all'ambasciatore a Roma a riprendere i *pourparlers*[395]. Fatto con le piú buone intenzioni, il sondaggio di François-Poncet del 25 aprile aveva intanto avuto i suoi primi effetti a Roma, effetti che di là a poco si sarebbero dimostrati, contrariamente alle attese, deleteri.

Abbiamo visto come lo smembramento della Cecoslovacchia avesse indotto Mussolini a rinviare nel tempo la conclusione dell'alleanza con la Germania e a volerla condizionare ad un preventivo chiarimento di fondo dei rapporti con Berlino. L'affare albanese aveva però fatto passare per il momento in seconda linea questo chiarimento. Ciano, tutto proiettato verso la realizzazione della *sua* impresa, aveva addirittura pensato di rivolgersi ai tedeschi per chiedere la loro solidarietà e il loro fiancheggiamento come una sorta di contropartita per l'atteggiamento italiano in occasione della crisi cecoslovacca. E a questo fine aveva preparato una lettera che il «duce» avrebbe dovuto mandare ad Hitler[396]; Mussolini però non ne aveva fatto niente. I tedeschi erano cosí stati informati dell'«improvviso peggioramento» dei rapporti con Tirana e della decisione di risolvere la situazione alla radice solo il 4 aprile. La crisi dei rapporti con l'Inghilterra determinata dall'occupazione dell'Albania e l'oscurarsi poco dopo di quelli tra Berlino e Varsavia per la questione di

---

[395] *Ibid.*; nonché A. FRANÇOIS-PONCET, *Au Palais Farnèse ecc.* cit., pp. 98 sgg. e spec. 102 sgg.; e G. CIANO, *Diario* cit., p. 289.
[396] La si veda in G. B. GUERRI, *Galeazzo Ciano ecc.* cit., pp. 374 sg.

Danzica avevano però fatto precipitare le cose con Berlino. Tra il 14 e il 17 aprile era stato a Roma Göring. Scopo della visita era evidentemente quello di dissipare le «ombre di Praga» e di rimettere rapidamente in moto il meccanismo dei negoziati per l'alleanza a tre. Göring era stato indubbiamente abile: aveva sottolineato la forza dell'Asse, ma aveva detto che dal punto di vista militare il rapporto di forze piú favorevole rispetto agli anglo-francesi non si sarebbe avuto prima del 1942-43; aveva parlato di rapporti critici con la Polonia, ma aveva detto che Hitler non stava progettando alcuna azione contro di essa; aveva assicurato che la Iugoslavia rientrava al cento per cento nella sfera d'influenza italiana e che la Germania voleva solo salvaguardare «i suoi normali interessi economici» in quel paese; e si era mostrato sostanzialmente d'accordo con Mussolini su tutte le questioni che gli stavano a cuore, non ultima quella che prima di due o tre anni almeno i contrasti tra Roma e Parigi non dovessero portare ad un conflitto[397]. Tutto ciò doveva avere in un certo senso rassicurato Mussolini e doveva avergli fatto pensare di disporre di un buon margine di tempo per portare avanti i suoi piani, riagganciare Londra e indurre Parigi a soddisfare le sue richieste minime. Le annotazioni di Ciano lo confermano, in particolare l'ultima del 17 aprile[398]:

> Nel complesso l'impressione riportata è che anche in Germania le intenzioni sono pacifiche. Un solo pericolo: la Polonia. Piú che da quanto egli ha detto, sono rimasto impressionato dal tono sprezzante usato nei confronti di Varsavia. Ma non credano, i tedeschi, che potranno anche in Polonia fare una marcia trionfale: se attaccati i polacchi si batteranno. Anche il Duce la pensa cosí.

Quanto il pericolo di un conflitto tedesco-polacco fosse reale era stato drammaticamente confermato tre giorni dopo da «un molto grave» rapporto inviato da Attolico in cui si annunciava come imminente un'azione tedesca. Prendendone nota nel suo diario[399], Ciano aveva scritto:

> Sarebbe la guerra, quindi abbiamo diritto di essere informati per tempo. Dobbiamo poterci preparare e dobbiamo preparare l'opinione pubblica ad un evento che non può arrivare di sorpresa. Ho quindi dato ordine ad Attolico di accelerare il mio incontro con Ribbentrop.

Di fronte alla minaccia di una nuova e piú drammatica iniziativa tedesca sul tipo di quella di un mese prima mettere con Berlino i punti sulle «i» diventava urgente. Nulla invece autorizza a pensare che nell'incontro con von Ribbentrop si volesse riprendere il discorso dell'alleanza.

---

[397] Cfr. in particolare M. TOSCANO, *Le origini diplomatiche del Patto d'acciaio* cit., pp. 231 sgg.
[398] G. CIANO, *Diario* cit., p. 285.
[399] *Ibid.*, p. 286.

Di essa si sarebbe dovuto parlare piú tardi, dopo aver chiarito bene tutte le questioni preliminari. E, del resto, i fatti nuovi che avrebbero gettato le basi del mutamento di carattere dell'incontro rispetto alle originarie intenzioni italiane si verificarono dopo la decisione di stringere i tempi della chiarificazione. Fu infatti solo il 25 aprile che, la mattina, giunse a Palazzo Chigi un telegramma di Attolico annunciante che la trattativa con i giapponesi si era fatta «completamente negativa» e che pertanto von Ribbentrop era dell'opinione che Germania e Italia dovessero «mettersi d'accordo intanto tra di loro mediante un patto bilaterale, lasciando al Giappone possibilità di associarsi ad esso se mai piú tardi» e che il ministro degli Esteri tedesco sarebbe di conseguenza andato all'incontro con Ciano con uno schema di patto bilaterale [400]. E poi, nel pomeriggio, François-Poncet aveva fatto con Ciano il suo sondaggio circa le effettive richieste italiane alla Francia, il primo che, dato l'autore, avesse per gli italiani un sapore ufficiale.

Le reazioni di Mussolini a questi due fatti nuovi sono per noi del massimo interesse. Informato del primo il «duce» si disse contento. «In realtà – annotò Ciano [401] – da parecchio tempo ormai considerava l'adesione giapponese piú dannosa che utile. Con Ribbentrop ci vedremo il 6 in qualche città dell'Italia del Nord, per definire la comune politica». Nulla, dunque, ancora che indichi che da parte italiana si volesse per il momento riprendere il discorso, sia pure solo a due, dell'alleanza. Ne è conferma il fatto che Attolico, pur avendo fatto sapere nel suo già ricordato telegramma che von Ribbentrop, oltre a dirgli che avrebbe portato un proprio schema di patto, lo aveva incaricato di trasmettere a Ciano l'invito a fare altrettanto, palazzo Chigi non si preoccupò neppure di portare un proprio schema. Quanto invece al sondaggio di François-Poncet, alla sua notizia Mussolini ostentò di non dare troppo peso alla notizia, ma aggiunse un commento estremamente rivelatore dei suoi propositi: «Comunque non intendo cominciare i negoziati con la Francia se non dopo la firma del trattato con la Germania» [402]. E, del resto, quanto il suo non dar peso alla notizia fosse solo di facciata è dimostrato da come l'1 e il 2 maggio successivi egli si sforzò di far intendere a Gafencu di desiderare sinceramente un accordo con la Francia e Ciano insistette a sua volta per far capire al ministro rumeno la necessità che si arrivasse rapidamente all'accordo.

La verità è che Mussolini, incominciando a rendersi conto del rischio

---

[400] Cfr. *ibid.*, p. 288 e M. TOSCANO, *Le origini diplomatiche del Patto d'acciaio* cit., pp. 253 sg.
[401] G. CIANO, *Diario* cit., p. 288.
[402] *Ibid.*, p. 289.

di avere meno tempo di quello che sino allora aveva creduto e non volendo assolutamente in quel momento un conflitto che, oltre tutto, sapeva bene di non essere assolutamente preparato ad affrontare[403], voleva, al solito, poter giocare su due tavoli contemporaneamente, tenersi aperte sia la porta verso Berlino sia quella verso Londra e Parigi e rilanciare la sua funzione di ago della bilancia europea. Voleva per lo meno avviare i negoziati con Parigi per poter trattare con i tedeschi da una posizione tanto internazionale che interna piú forte (i negoziati con la Francia avrebbero dissipate infatti molte preoccupazioni interne per il futuro, soddisfatto alcune aspirazioni realmente sentite da una parte degli italiani, reso, forse, meno impopolare la prospettiva di un'alleanza con la Germania) e poi, conclusa l'alleanza con Berlino alle proprie condizioni, servirsene per concludere anche i negoziati con i francesi alle migliori condizioni, specie per quel che riguardava la Tunisia, l'unico punto sul quale era chiaro che, una volta fatto il passo di sedersi al tavolo delle trattative, questi si sarebbero dimostrati piú «taccagni». Dopo di che, forte dell'alleanza con la Germania, ma riacquistata, bene o male, la fiducia di Parigi e di Londra, avrebbe potuto tornare a rilanciare i suoi piani per un nuovo «sistema europeo». Lo confermano i discorsi fatti a Gafencu sulla necessità di giungere, se si voleva evitare una guerra, ad «una nuova conferenza», ad una «nuova Monaco» cioè, che realizzasse «finalmente il patto a quattro» o, addirittura «il patto a cinque con la Polonia». Una idea quest'ultima che rivela da sola i veri sentimenti di Mussolini verso la Germania. Senza dire che con l'alleanza Mussolini – ormai messo in allarme dai discorsi di Göring, dalle notizie di Attolico e, di lí a qualche giorno, dal discorso di Hitler del 29 aprile – doveva essere convinto di poter controllare meglio i tedeschi e di poter loro impedire sia di portare alle estreme conseguenze l'azione per annettere Danzica, sia di dare un carattere per lui inaccettabile ai loro propositi, per isolare completamente Varsavia, di riavvicinamento all'Urss. Una mossa, quest'ultima, che Mussolini condivideva, purché – com'era stato subito chiarito a Göring che gliene aveva parlato[404] – si fosse trattato di un «petit jeu» che non comportasse cedimenti ideologici e difficoltà interne. Pur rendendosi conto della necessità di affrettare i tempi, Mussoli-

[403] Della gravità della impreparazione militare italiana Mussolini parlò in un apposito Consiglio dei ministri tenuto il 29 aprile, dopo alcuni colloqui da lui avuti con De Bono, Cavagnari, Valle e soprattutto Pariani, dicendosi, con la sola eccezione per la Marina, decisamente scontento della situazione. Secondo G. Bottai (*Diario* cit., ff. 652 sg.) disse: «Debbo dire che quest'Amministrazione dell'Esercito non va. Non se ne può essere sicuri mai. Le sue cifre non sono mai esatte. Per i cannoni noi siamo stati tratti in inganno. Abbiamo artiglierie insufficienti e vecchie. Lo stesso dicasi dell'Aviazione: c'è sempre un certo scarto tra cifre annunciate e cifre reali. La Marina, no. La Marina è precisa fino allo scrupolo». Cfr. anche G. CIANO, *Diario* cit., p. 290.
[404] Cfr. M. TOSCANO, *Le origini diplomatiche del Patto d'acciaio* cit., pp. 237 sgg.

ni non pensava dunque che nell'incontro tra Ciano e von Ribbentrop del 6-7 maggio si dovesse trattare concretamente il problema dell'alleanza. Unico suo scopo doveva essere quello di definire in modo preciso il quadro politico generale e i termini particolari dei rapporti tra i due paesi. La miglior conferma di ciò è in due documenti per noi di grande importanza. Le note preparate dall'Ufficio giuridico della Wilhelmstrasse in vista dell'incontro tra i due ministri degli esteri provano che il 4 maggio Berlino, pur avendo approntato uno schema di patto, non pensava che nell'incontro si arrivasse ad una decisione in merito e, cosa ancor piú importante, non escludeva che, invece che ad un'alleanza, si potesse finire per andare solo a «un patto di amicizia senza obblighi di assistenza militare» che prevedesse in caso di guerra «la cosidetta neutralità benevola nella misura piú larga possibile, e ciò senza distinguere fra guerra di aggressione e guerra di difesa»[405]. Come già ha osservato il Toscano[406], questa posizione porta a ritenere che a Berlino si nutrissero ancora forti preoccupazioni persino per la effettiva disponibilità di Roma ad un'alleanza vera e propria. Il secondo e per noi ancor piú importante documento è il lungo appunto che il 4 maggio Mussolini preparò come direttiva per i colloqui per Ciano. Un documento chiaro e che non lascia dubbi sulle intenzioni di fondo di Mussolini e di cui, non a caso, avrebbe citato alla lettera tutta la parte piú importante in un successivo documento (il cosidetto «memoriale Cavallero», dal nome del generale che lo consegnò ad Hitler per suo ordine) da lui redatto il 30 maggio, dopo la firma del «patto d'acciaio» dunque, per ribadire il significato e il valore che egli attribuiva all'alleanza[407].

Parlando con Göring, il 16 aprile, Mussolini si era detto convinto che «una guerra generale fosse inevitabile» e, del resto, lo aveva già detto, per non risalire sino ai colloqui con Hitler, anche a von Ribbentrop il 28 ottobre dell'anno prima. «Il Duce», riferiva, come si ricorderà, il verbale di quel colloquio redatto da Ciano, «è d'accordo che vi sarà guerra nel giro di pochi anni tra l'Asse, la Francia e l'Inghilterra». E nella parte conclusiva del verbale tedesco della conversazione con Göring si legge[408]:

> La Germania e l'Italia avrebbero evitato qualsiasi provocazione che potesse portarle ad un conflitto ma avrebbero atteso quello che entrambe consideravano il momento opportuno. Esse avrebbero continuato ad armarsi e, perseguendo una azione congiunta in un secondo momento, avrebbero iniziato delle conversazioni

---
[405] Cfr. *ibid.*, p. 284.
[406] *Ibid.*, p. 288.
[407] Lo si veda *ibid.*, pp. 362-65.
[408] *Ibid.*, pp. 241 sg.

sulla sincronizzazione della loro autarchia ed anche sulla cooperazione delle loro forze navali ed aeree. Nel frattempo avrebbero continuato con il massimo vigore la «guerra di stampa» pur non intraprendendo nulla su scala piú ampia. (Quando, a questo proposito il Maresciallo fece osservare che la Germania aveva da poco acquistato un certo numero di territori ed aveva bisogno di pace per digerirli, il Duce approvò calorosamente).

«Parlare di pace e preparare la guerra, cioè la vittoria» avrebbe dovuto essere il motto dei due Paesi.

Con questo stesso motto si concludeva l'appunto per Ciano redatto da Mussolini il 4 maggio [409]. Solo che il resto dell'appunto piú che alla guerra si riferiva alla sua preparazione e, mentre questa sarebbe stata in corso, al mantenimento della pace. La guerra, era detto esplicitamente, aveva bisogno per poter essere fatta di «un periodo di pace», cioè di preparazione, «di durata non inferiore ai tre anni». Tale periodo, per quel che riguardava l'Italia, era «necessario»

    a) per sistemare militarmente la Libia, l'Albania e pacificare l'Etiopia, dalla quale deve uscire un'armata di mezzo milione di uomini;
    b) per ultimare la costruzione e il rifacimento delle sei navi di linea attualmente in corso;
    c) per il rinnovamento di tutte le nostre artiglierie a medio e grosso calibro;
    d) per spingere innanzi la realizzazione dei piani autarchici che devono rendere vano ogni tentativo di blocco da parte delle Democrazie possidenti;
    e) per realizzare l'Esposizione del 1942, la quale, oltre a documentare il primo ventennio del Regime, può fornirci riserve di valute;
    f) per effettuare il rimpatrio degli italiani dalla Francia, problema di natura militare e *morale* molto serio;
    g) per ultimare il già iniziato trasferimento di molte industrie di guerra dalla Valle del Po nell'Italia meridionale;
    h) per approfondire sempre piú i rapporti non solo fra i Governi dell'Asse, ma fra i popoli, al che gioverebbe indubbiamente una *distensione* dei rapporti fra Chiesa e Nazismo, distensione che è anche molto desiderata dal Vaticano.

Per tutte queste ragioni l'Italia fascista non desidera anticipare una guerra di carattere europeo, pur convinta ch'essa sia inevitabile. Si può anche pensare che fra tre anni il Giappone abbia condotto a termine la sua guerra in Cina.

Come ha già notato il Toscano [410], per realizzare questi obiettivi sarebbe certamente occorso piú dei tre anni previsti, ma anche ammettendo che Mussolini si ingannasse in buona fede, rimane pur sempre il fatto che un lasso di tempo cosí lungo (rispetto almeno all'effettiva prevedibilità del corso delle vicende internazionali) toglieva alla premessa sulla quale si fondava tutto il discorso gran parte del suo valore assiomatico. E ciò tanto piú che negli stessi giorni in cui preparava l'appunto di istruzioni

---

[409] Lo si veda *ibid.*, pp. 278 sgg.
[410] Cfr. *ibid.*, pp. 280 e 366.

per Ciano Mussolini – come già abbiamo detto nel terzo capitolo – ribadiva le sue disposizioni perché fossero chiuse e rese impenetrabili «le porte di casa» e in primo luogo la frontiera del Brennero, e questo, indubbiamente, era uno strano modo per prepararsi alla «inevitabile» guerra con la Francia e l'Inghilterra. Il fatto è che, come giustamente ha scritto il Luciolli[411], dopo Monaco «la bellicosità di Mussolini fu in continuo declino» o, se si preferisce, fu sempre piú un motivo ideologico e caratteriale e sempre meno un fatto politico. Proprio parlando dell'appunto per Ciano e del «memoriale Cavallero», il Luciolli ha anche ricordato che

> verso la fine del 1938 Mussolini cominciò a confessare ai suoi collaboratori che la guerra etiopica e la guerra di Spagna avevano imposto all'esercito e alle finanze italiane uno sforzo tale che occorreva ormai disporsi a rinsanguare l'uno e le altre prima di affrontare nuove prove.

Tutto ciò avvalora la sincerità delle sue istruzioni a Ciano e contribuisce ad eliminare eventuali dubbi circa una possibile strumentalità o non sincerità delle affermazioni fatte personalmente da Mussolini o fatte fare a Ciano sulla assoluta necessità per l'Italia di tre-quattro anni di pace.

Sulla base di queste stesse considerazioni e, probabilmente, su quanto affermato da Mussolini al punto *h*) dell'appunto del 4 maggio e che cioè il periodo di pace di tre anni doveva servire, tra l'altro, «per approfondire sempre piú i rapporti non solo fra i Governi dell'Asse, *ma fra i popoli*», espressione che si potrebbe tradurre piú semplicemente in «fare accettare l'alleanza agli italiani», il Toscano ha addirittura adombrato l'ipotesi che il «duce» «implicitamente dava a vedere che l'assicurazione di detto periodo costituiva ai suoi occhi la premessa per poter procedere oltre sulla via della trasformazione dei rapporti tra le due potenze dell'Asse»[412]. Come abbiamo già detto, la nostra opinione è diversa. Mussolini non poteva attendere tanto tempo per concludere l'alleanza; ne sarebbe stata compromessa tutta la sua strategia politica. Né – come i fatti avrebbero dimostrato *ad abundantiam* – le sue preoccupazioni per l'ostilità degli italiani verso la trasformazione dell'Asse in una vera e propria alleanza, per quanto vive e reali, erano tali da indurlo a modificarla. Pensarlo vorrebbe dire non aver capito sia la sua psicologia sia il valore che l'alleanza aveva ormai per lui relativamente tanto ai suoi progetti di «grande politica europea» quanto al suo rapporto con la «parte grigia» degli italiani e del regime. Il che, sia ben chiaro, non vuole tuttavia equivalere a dire che egli pensasse che all'alleanza si dovesse giungere nell'incontro Ciano-Ribbentrop del 6-7 maggio. Nulla, come si è

---

[411] M. DONOSTI [M. LUCIOLLI], *Mussolini e l'Europa* ecc. cit., p. 189.
[412] M. TOSCANO, *Le origini diplomatiche del Patto d'acciaio* cit., p. 280.

detto, autorizza ad affermarlo o anche solo a ipotizzarlo e l'appunto preparato per Ciano ne è ancora una volta la prova migliore. Verso la fine (e anche questo è significativo), fra i vari problemi particolari da discutere con i tedeschi, esso affrontava infatti anche quello dell'alleanza militare.

> L'Italia – scriveva Mussolini [413] – è favorevole ad un'alleanza a *due* o a tre, secondo la decisione di Tokio. Gli accordi militari devono essere attentamente preparati, in modo che – specificate le circostanze – divengano quasi automaticamente operanti.

Come si vede, non solo in questo paragrafo non vi è nulla che indichi una volontà di stringere subito l'alleanza, ma quegli accordi militari che «devono essere attentamente preparati» denotano una volontà e dei tempi diversi. Alleanza, dunque, sí, ma piú in là, quando fossero stati ben definiti il quadro politico generale e i termini particolari di essa e fossero stati preparati «attentamente» gli accordi militari che essa doveva sancire.

Eppure, solo due giorni dopo aver fatto pervenire a Ciano queste istruzioni, la sera del 6 maggio Mussolini ordinò telefonicamente al genero, che gli aveva riferito dell'andamento e dei risultati sin'allora raggiunti nel suo incontro con Ribbentrop, di concludere l'alleanza. Ciano nel suo diario ha cosí, molto sommariamente, raccontato il fatto [414]:

> L'alleanza, o meglio l'annunzio immediato dell'alleanza è stato deciso sabato sera subito dopo il pranzo al Continental, in seguito ad una telefonata del Duce. Dopo il colloquio avevo riferito a Mussolini i risultati soddisfacenti per il nostro punto di vista. Egli, come sempre quando ha ottenuto qualche cosa, chiede di piú e mi ha domandato di far annunziare il patto bilaterale ch'egli à sempre preferito all'alleanza triangolare.
> Ribbentrop, che nel fondo del cuore ha sempre mirato all'inclusione del Giappone nel Patto, ha dapprima nicchiato, ma poi ha finito col cedere, con la riserva dell'approvazione di Hitler. Il quale, telefonicamente interpellato, ha dato la sua immediata approvazione ed ha personalmente collaborato alla redazione del comunicato.
> Quando il Duce ne è stato da me informato, al mattino di domenica, ha manifestato una particolare soddisfazione.

La domanda d'obbligo è: cosa era successo? cosa aveva indotto Mussolini a cambiare improvvisamente idea?

I due verbali dell'incontro milanese del 6-7 maggio non fanno alcuna luce. Ciano, quattro anni e mezzo dopo, nel carcere di Verona, avrebbe scritto [415]:

---

[413] *Ibid.*, p. 279.
[414] G. CIANO, *Diario* cit., p. 294.
[415] *Ibid.*, p. 20.

La decisione di stringere l'alleanza fu presa da Mussolini, all'improvviso, mentre io mi trovavo a Milano con Ribbentrop. Alcuni giornali americani [*sic*, lapsus per francesi] avevano stampato che la metropoli lombarda aveva accolto con ostilità il ministro tedesco e che questa era la prova del diminuito prestigio personale di Mussolini. *Inde ira*. Per telefono ricevetti l'ordine, il piú perentorio, di aderire alle richieste tedesche di alleanza, che da piú di un anno avevo lasciato in sospeso e che pensavo di lasciarcele per molto tempo ancora. Cosí nacque il Patto d'Acciaio.

Non entriamo nel merito dell'affermazione di Ciano che fosse stato lui a bloccare le richieste tedesche di alleanza e che avrebbe voluto continuare a farlo ancora per molto tempo. Il problema attiene infatti soprattutto alla biografia di Ciano. Basterà dire che dalle annotazioni del diario non appare nessun particolare disappunto o stato di frustrazione che comprovi quanto da lui asserito alla vigilia della morte. Se mai si può notare che da esse risulta una sua personale simpatia per Ribbentrop, non facile a spiegarsi nel contesto dell'asserito scacco subito dovendo soggiacere all'ordine di concludere l'alleanza. E che, sempre nelle annotazioni del diario, vergate dopo il rientro di Ciano a Roma (quel «sabato» e soprattutto quella «domenica» parlano chiaro), non vi è nessuna eco della spiegazione che lo stesso Ciano avrebbe dato nel dicembre 1943 nello scritto che doveva servire da introduzione al suo diario; spiegazione che, come vedremo, cominciò a mettere in circolazione solo dopo il convegno di Salisburgo dell'11 agosto '39 con von Ribbentrop, solo dopo cioè essere diventato sul serio avversario dell'alleanza con la Germania. Del resto se proprio ci si vuole sforzare di leggere tra le righe di quelle scarne annotazioni, l'unico accenno di interpretazione della decisione di Mussolini («egli, come sempre quando ha ottenuto qualche cosa, chiede di piú...») porterebbe, se mai, verso altre spiegazioni. Ma lasciando da parte il problema personale di Ciano, ciò che qui piuttosto importa rilevare è che la spiegazione del ministro degli Esteri fascista è stata accettata e praticamente ripresa da tutti i memorialisti, con la sola parziale eccezione, vedremo tra poco, di Magistrati, ed ha finito per essere accettata anche in sede storica. Solo Grandi, nelle sue memorie, sin qui inedite e scritte in Portogallo senza l'ausilio di altro che la sua memoria, il che spiega qualche piccola imprecisione di fatto, ha dato una spiegazione piú articolata e politica, frutto della sua profonda conoscenza della psicologia, del modus operandi di Mussolini e delle idee che egli accarezzava nella prima metà del '39 [416]:

Ciano ha raccontato poi in seguito, ma solo dopo l'incontro di Salzburg, i particolari di come quel patto fatale fu concluso. Egli si era recato a Milano ad incontrare Ribbentrop il 5 maggio. Mussolini non gli aveva parlato, all'atto della par-

[416] D. GRANDI, *Memorie*.

tenza, dell'alleanza. Egli ne aveva parlato sí, in precedenza con Ciano. Ma nessuna decisione era stata presa. Le accoglienze che la popolazione di Milano fece a Ribbentrop furono glaciali. I corrispondenti dei giornali esteri, soprattutto francesi, nei loro telegrammi da Milano rivelarono ciò e parlarono di fischi, dimostrazioni ostili che di fatto non ci furono. Queste corrispondenze rimbalzate a Roma esasperarono Mussolini che andò su tutte le furie. Chiamò Ciano al telefono e gli diede ordine di dichiarare a Ribbentrop che l'Italia era pronta a concludere il patto di alleanza. Ribbentrop, sorpreso, si mise subito in comunicazione con Berlino. Il Führer naturalmente non lasciò tempo a riflessioni o a pentimenti. Diede il benestare. L'accordo era concluso. Rimanevano i particolari, il testo dell'accordo, compito assai facile. Cosí nacque l'alleanza italo-tedesca.

Questo somiglia molto a Mussolini. Ma non si deve credere che ciò fu la conseguenza dello scatto di un minuto. Quest'alleanza era stata offerta da Hitler a Mussolini nel maggio precedente, un anno prima. Mussolini l'aveva respinta. I tedeschi, non vi è dubbio, avevano lavorato attivamente a Roma, in questo anno, per persuaderlo. L'alleanza per essi significava mandare a monte l'accordo italo-brittannico del 14 aprile. Mussolini aveva sempre resistito, ma il cattivo seme aveva lavorato, fruttificato nell'animo di Mussolini. Non vi è dubbio di ciò. Ma è altresí vero che alcuni atteggiamenti personali di Mussolini inducono a far pensare che egli non ne era convinto appieno. Egli, preoccupato dalle reazioni francesi dopo la disgraziata seduta alla Camera del 30 novembre, aveva di fatto ridotto le sue richieste alla Francia e non aveva fatto mistero delle sue preoccupazioni per l'occupazione di Praga, che compromettava interamente l'accordo di Monaco del quale egli era stato magna pars, l'arbitro e il garante morale delle promesse di Hitler. Hitler nulla gli aveva detto delle sue intenzioni di distruggere la Cecoslovacchia. Egli l'aveva appreso dai giornali. A Torino, nel febbraio (?) egli aveva fatto un discorso favorevole alla pace europea. Egli si sentí isolato, temette di perdere il suo prestigio su Hitler. La Germania gli scappava di mano. Egli credette di legare la Germania a sé e non si avvide che egli si legava a corpo perduto alla Germania. È certo che se Mussolini avesse considerato la guerra imminente non avrebbe domandato a Hitler dopo riflessione l'impegno della pace almeno per 3-4 anni. Egli intese il patto di alleanza, dunque, come garanzia, seppur provvisoria, della pace europea. Mussolini aveva in testa un'altra Monaco, forse una serie di altre Monaco. Il suo Patto a 4. Temette l'isolamento dalle due parti. Mussolini era pazzo, ma amava di apparir pazzo, piú che egli non fosse. Al fondo vi era sempre un calcolo, di contadino diffidente e geloso mescolato ad un cesarismo cieco. Egli pensò, firmando il patto, di acquistare il diritto formale ad una consultazione preventiva e questa influenza non era per scatenare la guerra, bensí per ritardarla, per evitarla forse del tutto. Quello che egli fece piú tardi, il 1° settembre, confermò quello che dico.

Se si vuole rispondere alla domanda che ci siamo posti, è dunque giocoforza porsi una domanda nella domanda: si può accettare la spiegazione di Ciano, apparentemente la piú degna di fede e, in pratica, sostanzialmente accettata da tutti? A nostro avviso sí, purché le si tolga quella carica polemica contro il suocero che Ciano vi ha messo (umanamente comprensibile nel dicembre '43, meno quando cominciò a farla circolare) e le venga ridata tutta la sua dimensione politica, rispetto alla quale l'«ira» di Mussolini per le notizie trasmesse dai corrispondenti francesi ai loro giornali sull'atteggiamento ostile dei milanesi verso von Ribbentrop (oltretutto solo parzialmente vera, perché se è vero che la cittadinanza milanese accolse la delegazione tedesca con preoccupazione e freddezza, è anche vero che il partito aveva fatto un grosso sforzo di mobilitazione dei suoi membri e aveva organizzato un'accoglienza assai «calda»[417]) diventa un fatto irrilevante.

Le notizie pubblicate da vari giornali francesi nei giorni immediatamente precedenti l'incontro Ciano-Ribbentrop e che arrivavano persino a parlare di violenti scontri con la polizia a Milano nel corso di manifestazioni popolari antitedesche (notizie in seguito alle quali Mussolini, per tutta risposta, si sarebbe indotto a trasferire all'ultimo momento la sede dell'incontro da villa d'Este, sul lago di Como, a Milano[418]) e quelle trasmesse dai corrispondenti di quegli stessi giornali dalla metropoli lombarda nella giornata del 6 maggio avevano indubbiamente irritato Mussolini. Tant'è che il «duce» aveva sentito il bisogno di scrivere, il 6 maggio stesso, l'«Informazione diplomatica» n. 30 (pubblicata dalla stampa italiana il giorno dopo) in cui si sottolineavano «le accoglienze eccezionalmente calorose che la popolazione di Milano ha tributato al ministro degli Esteri germanico» e si mettevano alla gogna quei «giornalisti stranieri dalla fantasia malata, e specializzati nella diffusione della menzogna divenuta un abito professionale» che avevano detto il contrario. Nella irritazione del «duce» è probabile vi fosse anche un aspetto personalistico, tipico di molte sue reazioni, il fondo della sua irritazione doveva però essere un altro: il timore che queste notizie accreditassero l'idea di una debolezza interna del regime e di un conseguente indebolimento dei rapporti italo-tedeschi che, sfruttata dagli avversari di un accordo con l'Italia, poteva a sua volta far rientrare la disponibilità di Parigi a trattare con Roma. A ciò, per capire l'atteggiamento di Mussolini prima che Ciano gli riferisse i risultati della prima giornata di colloqui con von Ribbentrop, si deve aggiungere che contemporaneamente alle corrispondenze che i giornalisti francesi stavano inviando a Parigi (e che Mussolini seguiva attraverso le intercettazioni della polizia) il «duce» veniva a conoscenza, via Londra, di piú precise notizie circa l'imminente

---

[417] Sull'organizzazione dell'accoglienza «popolare» alla delegazione tedesca, e sui suoi «ottimi» risultati e il compiacimento per essa espresso, al ritorno a Roma, da Ciano a Starace, cfr. G. CIANO, *Diario* cit., pp. 293-95; nonché «Il popolo d'Italia» del 7, 8 e 9 maggio e l'«Informazione diplomatica» n. 30, in MUSSOLINI, XXIX, p. 507. Per l'atteggiamento della cittadinanza milanese e, piú in genere, per il suo stato d'animo di fronte agli avvenimenti internazionali degli ultimi mesi cfr. P. MELOGRANI, *Rapporti segreti della polizia fascista* cit., pp. 27 sgg. e spec. 32 sgg., nonché ACS, PNF, *Situazione politica delle provincie*, «Milano».
[418] M. MAGISTRATI, *L'Italia a Berlino* cit., p. 340.

stipulazione dell'accordo anglo-turco di mutua assistenza, che, infatti, sarebbe stato ufficialmente annunziato a Londra e ad Ankara il 12 maggio. Queste notizie, come giustamente ha messo in rilievo M. Magistrati[419], per Mussolini potevano avere una sola interpretazione: si trattava di una mossa sostanzialmente e decisamente antitaliana che, unita alla garanzia alla Grecia annunciata da Chamberlain il 13 aprile, dimostrava la volontà del governo inglese di accerchiare l'Italia nel Mediterraneo. Non a caso nell'ultimo capoverso dell'«Informazione diplomatica» n. 30 c'è proprio un accenno ai tentativi di «accerchiamento» dei quali l'Asse era oggetto. Sempre nella stessa «Informazione diplomatica» n. 30 c'è però un'altra affermazione per noi estremamente preziosa. Dopo aver smentito le notizie già pubblicate o che sarebbero state pubblicate il giorno dopo dalla stampa francese d'opposizione o comunque contraria all'Italia, Mussolini, parlando delle conversazioni in corso a Milano, scrisse: «È appena inutile di aggiungere che, secondo le impressioni dei circoli responsabili romani, mentre non accadrà nulla di sostanziale, l'Asse uscirà ulteriormente rafforzato dai colloqui di Milano». Il che se per un verso dimostra la preoccupazione di Mussolini di negare credito alle notizie che volevano indebolito l'Asse, da un altro verso prova che nel momento in cui il «duce» aveva scritto l'«Informazione diplomatica» l'alleanza non era stata ancora decisa.

A questa decisione Mussolini giunse certamente solo dopo che Ciano lo ebbe informato telefonicamente di come era andata la prima parte dei colloqui con von Ribbentrop, dopo aver saputo «i risultati soddisfacenti per il nostro punto di vista» che essi avevano dato. Dopo cioè aver saputo che i punti da lui messi nero su bianco nell'appunto per Ciano avevano trovato il consenso tedesco; che, come Ciano avrebbe scritto nel suo verbale dell'incontro[420], «anche la Germania è convinta della necessità di un periodo di pace che dovrebbe essere non inferiore ai quattro o cinque anni»; e – cosa non documentabile, ma assai probabile – che lo schema di alleanza predisposto dai tedeschi prevedeva che le parti contraenti si sarebbero mantenute «permanentemente in contatto allo scopo di intendersi sui loro comuni interessi o sulle questioni di politica internazionale che influiscono sulla situazione generale europea», che qualsiasi decisione riguardo a come fronteggiare minacce agli interessi e alla sicurezza dei due paesi sarebbero state prese di comune accordo e che,

---

[419] *Ibid.*, pp. 342, e anche 341, ove Magistrati, sulla base di notizie raccolte «negli anni che seguirono» da Attolico, fa anche lui propria la spiegazione di Ciano.
[420] Lo si veda in *L'Europa verso la catastrofe* cit., pp. 428 sgg. e in particolare p. 429; nonché anche in M. TOSCANO, *Le origini diplomatiche del Patto d'acciaio* cit., pp. 296 sgg. e in particolare p. 297.

in particolare, «ciascuna delle parti contraenti prenderà decisioni e misure che possano portare ad una rottura con l'Inghilterra e la Francia solo in pieno accordo con l'altra parte contraente[421]. Fu a questo punto, solo a questo punto, che Mussolini, credendo di avere ormai finalmente ottenuto dai tedeschi tutto ciò che voleva e di poterne ormai quindi controllare e condizionare politicamente le mosse e, dunque, di essere in grado di presentarsi in questa veste al mondo, decise di far chiedere da Ciano a von Ribbentrop di annunciare subito la prossima stipulazione dell'alleanza. Con questa mossa tutte le voci di debolezza del regime e di allentamento dell'Asse erano messe a tacere. Il governo francese, se veramente voleva l'accordo con Roma – e nella logica di Mussolini ora l'avrebbe dovuto volere piú di prima –, non sarebbe piú stato in condizione di essere ricattato dalle opposizioni e non avrebbe piú potuto fare tanto il «taccagno». E quanto agli inglesi, si sarebbero dovuti convincere che la loro politica dura, di accerchiamento dell'Italia, non serviva e dovevano mutarla, dato che le chiavi di Hitler ormai le aveva in mano lui, Mussolini. In questo modo e in questa logica nacque, la sera del 6 maggio '39, la decisione di Mussolini di concludere quello che sarebbe poi passato alla storia col nome di «patto d'acciaio». Una decisione improvvisa, ma tutta politica, in cui l'ira di Mussolini, una volta tanto, non dovette avere che una parte modestissima, certo non determinante.

Se da una spiegazione politica si vuol passare ad un'altra spiegazione, in questo caso non è, dunque, a quella immediatamente caratteriale che si deve chiedere aiuto. È piuttosto a quella della concentrazione del potere realizzata da Mussolini. Una concentrazione cosí assoluta che escludeva chiunque altro dalla elaborazione delle sue scelte e decisioni di fondo, in pratica, da Monaco in poi, anche Ciano. Il che, per altro, non vuol dire assolvere Ciano, ché la responsabilità di questa assoluta concentrazione di potere se, oltre che al sistema totalitario in genere, per un verso risale indubbiamente a Mussolini e alla sua progressiva involuzione caratteriale e ideologica, per un altro verso risale anche al genero che, per i suoi fini di potere, aveva per parte sua contribuito piú di ogni altro ad isolare da tutti il suocero, senza avere le qualità e le capacità per esserne il «buon amministratore».

[421] Cfr. *ibid.*, pp. 286 e 287.

Capitolo sesto
Il momento della verità:
Mussolini, il fascismo e l'Italia di fronte alla guerra

L'annuncio dell'alleanza tra l'Italia e la Germania e, quindici giorni dopo, il 22 maggio, la solenne cerimonia a Berlino della firma del patto di amicizia e di alleanza, come ufficialmente fu denominato il «patto d'acciaio», furono, com'è facile immaginare, al centro dell'attenzione e dei commenti di tutto il mondo. Fuori dalla Germania e dall'Italia, essi furono quasi concordemente interpretati come una nuova prova del sempre maggior deterioramento della situazione europea, della comunanza di propositi dei due dittatori e delle loro ambizioni egemoniche, che ormai non si sarebbero arrestate neppure di fronte al rischio di scatenare un conflitto generale. L'immagine di Mussolini, già, come si è visto, largamente deteriorata agli occhi dei piú negli anni e nei mesi precedenti, ne uscí ulteriormente diminuita sotto tutti i profili e con essa quel poco di fiducia nel suo realismo ancora presente in alcuni. Quasi nessuno ormai considerava il «duce» altro che il «secondo», pittoresco e sbruffone, di Hitler, legato irrimediabilmente al suo carro. Valga per tutti il seguente giudizio dell'«Express» di Neuchâtel [1]:

Il signor Mussolini, che non nasconde la sua ammirazione per l'autore del *Principe*, dovrebbe ben meditare i suoi assiomi. «Il Principe non deve desiderare che aumentare la sua potenza e le sue terre a detrimento di tutti gli altri». Il signor Mussolini ha sí conquistato l'Etiopia, che d'altra parte sembra per lui un peso. Ma ha lasciato la Germania installarsi al Brennero e accerchiare la Polonia. Egli ha anche firmato un patto d'alleanza militare che fa dell'Italia, qualsiasi cosa succeda, un vassallo per i tempi di pace, un campo di battaglia per i tempi di guerra. Né volpe, né leone, il «duce» non ha fatto che intestardirsi su una strada imboccata una sera di rancore. In verità, questo non è machiavellismo, ma piuttosto perseveranza diabolica nell'errore che è l'alba di grandi catastrofi...

Pochissimi erano i commentatori che cercavano di guardare dietro la facciata, ma anche il loro giudizio, alla fine, era lo stesso. Mussolini aveva i suoi problemi, avrebbe voluto fare un'altra politica, ma ormai la strada su cui si era messo non aveva per lui altro sbocco che quello di seguire

[1] P. HARDUIN, *Mussolini et Machiavel*, in «Express», 17 giugno 1939.

Hitler. Tipico è in questo senso uno scherzoso articolo apparso il 1° giugno '39 su una rivista canadese, il «Maclean's Magazine» di Toronto. Dopo le solite osservazioni sul declino fisico del dittatore, il suo isolamento da tutti, cosí in contrasto coll'interesse che un tempo mostrava per i rapporti con gli stranieri di passaggio per Roma, il suo tutto delegare a Ciano (questo ministro degli Esteri da operetta, che «con la sua vivacità e il suo incedere, potrebbe rappresentare la parte del principe Danilo nella *Vedova allegra*»), l'autore, Beverley Baxter, scriveva:

Il sogno dorato del Fascismo va svanendo. Stabilire in un'Italia disordinata una disciplina ferrea fu un compito affascinante. Restaurare le rovine dell'antica Roma, eliminare tutto quello che non significava niente e costruire un nuovo Foro per ripristinare la gloria dei Cesari: tutto questo significava sentir pulsare la storia nelle proprie vene.

Ma, dopo sedici anni, trovare che le casse sono vuote, le esportazioni sono quasi finite e, quel che è peggio di ogni altra cosa, essere schiavo del suo imitatore tedesco a Berlino! Nessuna meraviglia che quando il popolo grida: «Duce, Duce, Duce» egli lo guardi quasi con compassione e poi sparisca rapidamente. Se potessimo leggere i suoi pensieri, credo che sarebbero press'a poco questi:

«Se Hitler combatterà e noi andremo con lui, l'Italia sarà abbattuta in sei mesi. Guardate le coste che devo difendere contro le flotte britannica e francese, con la Turchia pronta a scattare.

L'Inghilterra chiuderà il Canale di Suez e armerà gli Abissini. L'esercito che ho là sarà tagliato fuori e massacrato. Anche in Libia, il mio esercito sarà distrutto. E anche se ci fosse la possibilità di vincere, il mio popolo non vuole la guerra.

E se abbandonassi Hitler e mi unissi alle democrazie? La Germania è al Brennero. Nella sua furia, essa sferrerebbe un terribile attacco contro l'Italia, e la Gran Bretagna e la Francia si precipiterebbero a salvarci? Tutto il mondo starebbe a guardare i dittatori che si tagliano il collo.

E se restassimo neutrali? Al termine della guerra, saremmo prigionieri dei vincitori, quali che essi siano: tanto i vincitori quanto i vinti avrebbero repugnanza per noi»...

Dietro le quinte, nelle cancellerie e nelle ambasciate, tra i protagonisti e gli addetti alla politica estera, il «patto d'acciaio» fece invece minore impressione e suscitò reazioni piú blande. In Occidente [2] infatti i piú lo avevano dato per scontato da tempo, e vi era la consapevolezza che nel contesto generale esso innovava ben poco e che, tutto sommato, – anche se era opportuno non farsi illusioni – la sua formalizzazione poteva persino avere qualche aspetto positivo. Significativa in questo senso è la posizione del nuovo ambasciatore inglese a Roma, Loraine. Il 9 maggio, subito dopo l'annuncio della prossima conclusione dell'alleanza, egli

---

[2] Nelle sue *Memorie* D. Grandi ha scritto: «E l'Inghilterra? La notizia dell'alleanza italotedesca rattristò, ma non commosse eccessivamente gl'inglesi. Per taluni essa non era altro che la conferma di una situazione già di fatto preesistente. Da altri, ed erano numerosi, essa non fu considerata come una posizione definitiva per l'Italia».

aveva inviato ad Halifax un telegramma che è bene leggere nella sua interezza[3]:

> È troppo presto per valutare esattamente le implicazioni dell'alleanza politica e militare italo-tedesca decisa in principio alla riunione di Milano tra il conte Ciano e il signor von Ribbentrop.
> 2. L'opinione ufficiale italiana è espressa nell'articolo di Gayda di ieri sera che indubbiamente è stato ispirato. Lo sforzo di gettare la responsabilità sulle spalle delle democrazie è elaborato e capzioso. L'affermazione che l'alleanza è un fattore agente per la pace d'Europa è difficilmente convincente anche se io non dubito che gli italiani amerebbero crederlo tale; il riconoscimento che la politica dei *blocs* è stata raccolta è involontariamente franco; il presagio di nuovi eccitanti non rassicura.
> 3. È forse un peccato che non mi sia stato possibile vedere il signor Mussolini prima che fosse stato fatto questo passo ma il ministro degli affari esteri mi disse che non potevo correttamente vederlo prima della presentazione delle mie credenziali. Non pretendo che avrei potuto fargli cambiare idea, cosa che presumibilmente era già stata formata, ma forse avrei potuto avere un'impressione di prima mano delle linee che egli stava elaborando nella sua mente.
> 4. Stando così le cose posso solo supporre che la sua azione sia in armonia con il suo presunto non tener conto degli asseriti obiettori nell'ultima riunione del Gran Consiglio fascista sfavorevoli a troppo strette relazioni con la Germania sulla base che anche se l'Italia non aveva ancora ricavato utili dall'Asse essa li avrebbe ottenuti in debito corso e certo non se li sarebbe assicurati con nessun altro mezzo.
> 5. Sembra molto probabile che pressioni per concludere l'alleanza siano venute da parte tedesca e che fossero molto forti; si può supporre che i negoziati per un patto anti-aggressione come quello tra il Regno Unito, la Francia e la Russia, uniti alla prevista conclusione di un accordo anglo-turco per un eguale risultato abbiano fornito al signor von Ribbentrop potenti argomenti nello spingere il governo italiano a concludere l'alleanza.
> 6. Possiamo presumere, penso, che l'Italia abbia cercato qualche ricompensa al virtualmente completo abbandono della sua libertà di azione. Può essere che il mio telegramma n. 444 ne fornisca un indizio. Non c'è dubbio che sebbene gli italiani obbedirebbero agli ordini del signor Mussolini, la partecipazione dell'Italia a una guerra a pro' delle pretese della Germania sulla Polonia sarebbe profondamente impopolare in questo paese.
> 7. A giudicare dall'accoglienza personale molto cordiale verso di me, dall'evidente popolarità della squadra di salto britannica al Concorso ippico di Roma che si è concluso ieri (e l'egualmente evidente impopolarità della squadra tedesca) e da altri indizi che ammetto sono solo fuscelli nel vento benché confermino le impressioni ricavate qui dal primo ministro e da voi stesso, vi è qui grande cordialità e rispetto per il Regno Unito e un forte desiderio per quel che ci concerne di mettere una pietra sul passato. Tuttavia io non posso liberarmi dall'impressione che dietro la cordialità dei circoli dirigenti vi è la speranza di futuri favori, particolarmente a soddisfazione delle pretese dell'Italia a spese della Francia.
> 8. E non posso che temere che dietro il grido per la pace *e giustizia* vi sia accorata ambizione per ulteriore espansione coloniale e possesso di fonti di materie prime.

---

[3] *DBFP*, s. III, V, pp. 473 sgg.

9. In realtà la posizione creata da un'alleanza scritta sarà diversa piú nella forma che nella sostanza da quella che l'ha preceduta.

10. Il signor Mussolini può aver pensato di non avere altra alternativa che cedere alla pressione tedesca. Ma quale è stata la sua considerazione predominante nell'attirarsi, cosí agendo, l'impopolarità? Il prevalente allarme per la forza militare in rapida crescita del fronte antiaggressione? O principalmente sfida e determinazione a lottare per ciò che egli non è stato capace di assicurarsi con mezzi piú pacifici? Il tempo risolverà forse l'enigma.

11. Per quanto ci concerne posso suggerire che dovremmo restare assolutamente calmi di fronte a questo nuovo ma non del tutto inatteso sviluppo? Ciò andrà per il momento bene nel caso che i motivi italiani siano allarme o sfida.

12. Il mio collega francese pensa che la chiave al significato dell'alleanza sarà l'atteggiamento tedesco d'ora in poi verso la Polonia ed egli si aspetta che ciò sia chiaro nelle due prossime settimane. Io non sono in disaccordo con lui.

Quattordici giorni dopo, ad alleanza sottoscritta e con maggiori elementi a disposizione, il suo giudizio si era precisato, ma nella sostanza non era diventato piú negativo, al limite, se mai, piú «positivo», almeno in via di ipotesi. Ecco cosa Loraine telegrafava, sempre ad Halifax, il 23 maggio[4]:

Mi è stato detto, sebbene non abbia modo di verificare l'informazione, che quando il conte Ciano si è incontrato con il signor von Ribbentrop a Como il 9 maggio, quest'ultimo ha annunciato che le truppe tedesche sarebbero entrate a Danzica quarantotto ore dopo: che il conte Ciano ha telefonato a Mussolini, che ha fortemente protestato e ha detto che i rispettivi diritti e obblighi dei partners dell'Asse devono d'ora in avanti essere fissati in modo preciso. Da qui il Trattato di alleanza.

2. Deduco che quanto sopra sia abbastanza esatto perché concorda con altre cose e cioè:
   a) la riluttanza dell'Italia a essere trascinata in una guerra per una controversia tedesco-polacca;
   b) la voce che circola qui che il primo suggerimento per un'alleanza sia venuto da parte italiana;
   c) la dura pressione che l'Italia sta esercitando per indurre la Polonia a fare pace con la Germania e ad accondiscendere in principio alle proposte di Hitler;
   d) la decisione di Hitler a lasciare che le sue questioni con la Polonia rimangano in sospeso per due mesi.

3. Dopo aver letto attentamente il testo pubblicato del trattato di alleanza e l'articolo di Gayda su di esso sul «Giornale d'Italia» di ieri, non si può non essere colpiti dalla pienezza dell'identificazione dell'Italia nella politica e nelle armi con la Germania. Il trattato obbliga ogni parte a dare piena assistenza militare anche in una guerra che noi considereremmo di aggressione.

4. La mia impressione è che il Conte Ciano e i suoi amici personali lottino per legare indissolubilmente la sorte dell'Italia alla Germania e credano nella *guerre foudroyante* e nella capacità della Germania e dell'Italia a intraprenderla con successo; che al signor Mussolini piacerebbe ancora lasciarsi una via aperta alla riconciliazione con le democrazie, ma si sente respinto; che la pubblica opinione informata

[4] *Ibid.*, pp. 654 sg.

italiana si rassegnerà, certo con riluttanza, alla politica di affondare o nuotare con la Germania a meno che intervenga in tempo molto breve una gradita riconciliazione con le democrazie, per la quale essi si aspettano che le democrazie paghino un prezzo.

5. Nello stesso tempo non posso credere che Mussolini possa proporsi di legare il suo paese al carro tedesco cosí completamente come il trattato fa sembrare, e ciò che segue è la mia ipotesi e i suoi motivi.

6. Parlando approssimativamente, egli ha acquistato il diritto a essere consultato da Hitler e il prezzo pagato è l'alleanza. In quattro occasioni, abbiamo motivo di credere, Hitler ha agito senza una parvenza di effettiva consultazione con il suo partner dell'Asse; e Mussolini ha dovuto prendere o lasciare. Era impossibile per Mussolini spezzare l'Asse, perché era vago. È possibile per Mussolini spezzare l'alleanza se la Germania non la osserva. Abbiamo qui oltre a ciò la possibile spiegazione dell'estrema suscettibilità di Mussolini a qualsiasi cenno straniero che l'Asse poteva essere spezzato e stava indebolendosi.

7. Prendendo per sincere, come in un certo senso possiamo ragionevolmente fare, le recenti dichiarazioni di Mussolini che l'Italia ha bisogno di pace, l'alleanza lo pone in una posizione piú forte per frenare Hitler da mosse che coinvolgerebbero l'Italia in una sgradita e impopolare guerra. E l'Italia si è assicurata il pieno appoggio tedesco se essa lancia un altro *coup*.

8. Nel complesso io propendo a credere che l'alleanza è preferibile all'Asse. La situazione è piú positiva: l'alleanza deve essere accettata come un forte fattore, sia che ci piaccia o no. Essa può, in modo proprio concepibile, portare a un'azione tedesca che offenda persino i sentimenti e la pazienza italiani. Può alla fine, e se può essere preservato per un certo tempo il precario stato di non-guerra europea, dare a noi e ai francesi un preciso fattore con cui negoziare, perché le potenze dell'Asse hanno ora unito la loro politica e le loro ambizioni. L'alleanza si può dimostrare meno elusiva dell'Asse.

9. Ma anche se abbiamo il diritto di nutrire queste lievi speranze, e decidiamo stante tutto ciò di perseverare nei nostri tentativi di evitare una rottura con l'Italia e di mantenere una mano tesa che essa può afferrare, non possiamo essere ciechi di fronte a fattori piú minacciosi, e cioè: la convinzione del Duce che l'associazione italo-tedesca sola sia capace di procurare utili all'Italia; la sottolineatura fatta da Gayda del carattere predatorio della prossima guerra da parte dei non possidenti contro i possidenti; il graduale soccombere dell'Italia, che sembra inevitabile, al vassallaggio politico e all'inferiorità economica con la Germania.

Per quel che interessa il nostro discorso, ciò che soprattutto importa è quanto l'ambasciatore inglese diceva nei tre ultimi punti in cui si articolava il suo telegramma. Il «patto d'acciaio» poteva forse mettere Mussolini in condizione di frenare piú di prima Hitler e di dare agli anglo-francesi un concreto punto di riferimento per eventuali trattative. Se si credeva ciò possibile, era bene evitare una rottura con lui e, anzi, mostrare di tendergli una mano, ma avendo tuttavia sempre ben presenti due cose: che l'alleanza metteva altresí in grado Mussolini di tentare qualche altro colpo tipo Albania e che, comunque, il «duce» voleva trarre un concreto profitto dalla sua posizione, fosse essa quella di puro e semplice alleato di Hitler o quella di tramite per un negoziato generale. Né su questa linea di giudizio era solo Loraine; anche l'ambasciatore statunitense a Roma, Phillips, per esempio, era convinto che Mussolini fosse «cosí ansioso di evitare la guerra che potremmo sperare, – scriveva a Washington, – nella sua influenza su Hitler esercitata attraverso la commissione per la consultazione permanente»[5]. E proprio su questa linea in effetti si mossero, durante tutto il periodo che intercorse tra l'annuncio del «patto d'acciaio» e la crisi finale che portò allo scoppio della guerra, Chamberlain e il Foreign Office con un realismo e una spregiudicatezza veramente notevoli.

Non entreremo qui nell'annoso problema se Chamberlain in un primo tempo avesse o no pensato alla possibilità di dirottare il dinamismo nazista verso est e di farne fare le spese all'Urss, ciò che è sicuro è che a quest'epoca, se mai l'aveva veramente accarezzato, questo disegno era stato ormai abbandonato da Londra. Sotto la spinta francese, da metà aprile gli inglesi – ormai convinti della impossibilità di frenare Hitler altro che con la forza e pronti a scendere anche in guerra per impedirgli nuovi colpi di mano – si erano orientati verso un accordo con Mosca che assicurasse l'aiuto sovietico alla Polonia e accerchiasse ad est la Germania, garantendo anche gli altri paesi dell'Est europeo. A maggio i negoziati erano già ad uno stadio avanzato, anche se noi oggi sappiamo che Mosca guardava contemporaneamente anche a Berlino (la sostituzione alla testa del commissariato del popolo per gli Affari esteri di Litvinov con Molotov il 3 maggio segna in questo senso lo spartiacque), tant'è che in agosto, di fronte all'opposizione polacca e rumena a concedere eventualmente il passaggio sui propri territori alle truppe sovietiche, Stalin e Molotov avrebbero deciso di lasciar cadere la trattativa con Londra e Parigi e di sottoscrivere invece un trattato di non aggressione con Berlino, tanto piú che i tedeschi erano disposti a firmare insieme ad esso anche un protocollo segreto che delimitava le rispettive zone di influenza e che assegnava a quella sovietica la Finlandia, l'Estonia, la Lettonia, la Lituania e la Polonia ad est della linea Narew-Vistola-San e riconosceva l'«interesse» dell'Urss per la Bessarabia. In questa prospettiva l'unico obiettivo per Londra era sempre piú quello di guadagnare tempo per completare la preparazione diplomatica, militare ed economica del conflitto con la Germania, ovvero, nella ipotesi migliore, di mettere alla prova, con un atteggiamento non piú di compromesso come l'anno prima, ma di fermezza, le reali intenzioni di Hitler e vedere se egli era veramente deciso a scatenare la guerra o se si poteva ancora raggiungere con lui un accordo che – senza danno per la Polonia – permettesse agli anglofrancesi, oltre che di salvare la pace, di rafforzarsi vieppiú e di indebolire

---

[5] W. PHILLIPS, *Ventures in diplomacy*, Boston 1953, p. 229.

il prestigio di Hitler (tutto fondato sulla minaccia della sua forza) sulle minori potenze europee.

A Londra la convinzione che il «patto d'acciaio» potesse costituire un fattore di pace era anche piú debole di quella di Loraine a Roma. Ciò nonostante, poiché era opinione diffusa che Mussolini non volesse un conflitto e cercasse di fare da mediatore tra Berlino e Varsavia[6] e che, probabilmente, si sentisse a disagio nelle vesti di alleato di Hitler, da lui scelte almeno in parte per necessità e nella speranza di controllare e tenere a freno la Germania, si riteneva ancor piú opportuno che in passato non rompere con lui e, anzi, incoraggiarlo nei suoi propositi. Ma tutto ciò senza fargli assolutamente nessuna concessione. Secondo l'opinione estremamente spregiudicata del Foreign Office, se qualche «mossa» doveva essere fatta per incoraggiare Mussolini, a farla dovevano essere, se mai, i francesi, dato che era da loro che Mussolini si riprometteva dei vantaggi e da loro se la attendeva. Halifax aveva già fatto, come abbiamo accennato, un primo, ancor timido, passo in questo senso su Parigi il 20 maggio, prima di conoscere il testo del «patto d'acciaio» e prima che la questione di Danzica si aggravasse, nel suo incontro con Daladier. Nel resoconto inglese delle conversazioni tra i due uomini politici si legge[7]:

> Egli [Halifax] riteneva... che, quando Daladier parlava di fare delle concessioni [e le rifiutava], il suo pensiero andava al di là di quello di lord Halifax. Il modo con cui egli considerava la questione era il seguente: da molti ambienti, da persone private, da industriali, da lord Perth e dal sir P. Loraine, egli aveva ricevuto informazioni secondo le quali il Governo italiano non era felice dell'alleanza militare con la Germania ed avrebbe desiderato, qualora gli fosse stato possibile, ottenere una posizione in cui avrebbe avuto maggior libertà di manovra. Egli non poteva fare a meno di pensare che, per ciò che concerneva la questione fondamentale della pace o della guerra, sarebbe stato bene non trascurare il possibile valore di usare l'influenza italiana in favore della pace contro l'influenza tedesca in favore della guerra. Il Governo italiano si preoccupava di avere qualche cosa da mostrare al proprio popolo allo scopo di rafforzare la posizione interna di Mussolini. L'Italia voleva ottenere qualche cosa senza la guerra, ma, in caso estremo, la pressione di Mussolini avrebbe potuto condurre ad un atto temerario che avrebbe potuto portare al conflitto. Lord Halifax pensava che la questione avrebbe dovuto essere condotta in modo tale da non esporre la Francia al rischio di fare delle concessioni che non avrebbe dovuto accordare e nello stesso tempo salvare la faccia a Mussolini... Egli pensava, con deferenza, non avrebbe dovuto riuscire impossibile al Governo francese dire al Governo italiano che quest'ultimo aveva alcune rivendicazioni che i

---

[6] Ad accreditare questa opinione peso notevole ebbero le notizie provenienti dalla Santa Sede, intenta dalla fine d'aprile in un intenso lavoro diplomatico per scongiurare il pericolo di guerra e in stretto contatto con Mussolini che, almeno in un primo tempo, era considerato in Vaticano il fulcro dell'operazione. Cfr. C. F. DELZELL, *Pio XII, l'Italia e lo scoppio della guerra*, in «Dialoghi del XX», n. 8, 1969, pp. 186 sgg.
[7] *DBFP*, s. III, V, pp. 612 sg.

francesi erano pronti a discutere. Certe cose avrebbero potuto essere accordate e certe altre no, ma i francesi erano disposti a parlare nella convinzione che, anche da parte italiana, vi fosse un contributo.

Coerentemente a questa impostazione dei rapporti con Roma[8], Londra non denunciò dopo la firma del «patto d'acciaio» gli «accordi di Pasqua», anche se tenne Mussolini sulla corda, attendendo sino all'8 giugno per chiarire la sua posizione in merito, nonostante il «duce» desse manifesti segni di impazienza per conoscerla. Poi, il 5 luglio, Chamberlain scrisse a Mussolini una lettera assai generica nella quale diceva solo di essere disposto ad accettare una soluzione pacifica della crisi per Danzica, ma che aveva per scopo di sollecitare, pur senza chiedergielo, il «duce» ad agire su Hitler per indurlo a rinunciare alle sue richieste, e nei giorni successivi si mosse molto piú decisamente di quanto avesse fatto in maggio Halifax per convincere Daladier ad avviare negoziati con Roma, insistendo sul concetto che, se anche l'iniziativa non avesse indotto Mussolini ad agire sui tedeschi, sarebbe però servita a far guadagnare all'Inghilterra e alla Francia tempo prezioso e a dimostrare al mondo la loro volontà di pace. Nonostante l'ambasciatore inglese, consegnando la lettera scrittagli all'uopo da Chamberlain, facesse presente che dai negoziati dipendeva probabilmente «la questione della guerra o della pace», Daladier non se la sentí però di accedere alla richiesta. Come rispose il 24 luglio al premier inglese, si disse convinto che solo un atteggiamento intransigente poteva salvare la pace e che un passo francese sarebbe stato inteso da Mussolini come una prova di debolezza e ribadí che, comunque, eventuali negoziati con l'Italia si sarebbero dovuti svolgere nello spirito degli accordi del gennaio 1935. Fallito questo passo, sino ad agosto inoltrato l'atteggiamento del Foreign Office verso Roma fu, a parte ripetere ad ogni occasione che Inghilterra e Francia sarebbero state sino alle estreme conseguenze a fianco della Polonia, di completa passività. E ciò tanto piú che, da un lato, gli attacchi della stampa fascista alla «corsa» di Parigi e di Londra all'alleanza con Mosca e le notizie delle pressioni di Roma su Madrid per indurla a concludere con essa un'alleanza non inducevano certo a cambiare idea sui propositi di Mussolini e, da un altro lato, nell'entourage di Chamberlain si nutriva qualche speranza che l'entrata di Grandi nel governo italiano potesse avere qualche influenza positiva sul «duce»[9].

[8] Cfr. per essi R. QUARTARARO, *Roma tra Londra e Berlino* ecc. cit., pp. 461 sgg.; P. RENOUVIN, *Les relations de la Grande-Bretagne et de la France avec l'Italie en 1938-1939* cit., pp. 312 sgg.; D. C. WATT, *Britain, France and the italian problem (1937-1939)*, ibid., pp. 290 sgg.; J.-B. DUROSELLE, *La décadence* cit., pp. 415 sg.
[9] Le speranze in Grandi si fondavano essenzialmente su due fatti: la sua precisa consapevolezza che l'Inghilterra aveva ormai deciso persino la guerra pur di fermare Hitler, e la sua convinzione

Se queste furono in sostanza le ripercussioni del «patto d'acciaio» sulla politica inglese e francese, prima di riprendere a seguire il filo delle mosse di Mussolini, è necessario un breve cenno anche alle ripercussioni, ben piú importanti, che l'alleanza con l'Italia ebbe sulla politica tedesca. Come si è visto nel precedente capitolo, in tutta la fase di agganciamento dell'Italia i tedeschi si erano sempre dichiarati d'accordo con Mussolini che di un conflitto con gli anglo-francesi non si dovesse parlare ancora per parecchio tempo e non solo perché il «duce» non avrebbe altrimenti sottoscritto l'alleanza, ma perché, dicevano, anche a loro occorreva ancora tempo per completare la preparazione militare, specie in campo navale. A Milano, secondo il verbale italiano redatto da Ciano – e non c'è ragione per metterne in dubbio l'attendibilità – von Ribbentrop si era detto convinto della necessità di un periodo di pace di quattro-cinque anni. Il verbale tedesco parla solo di tre anni durante i quali si doveva evitare, «se possibile», un conflitto, ma è chiaro nell'affermare che, di fronte a questa richiesta italiana, «il ministro degli Esteri del Reich informò il conte Ciano che questa posizione dell'Italia coincideva con il punto di vista tedesco». In questo contesto le rivendicazioni tedesche su Danzica e il cosiddetto corridoio polacco, necessario per assicurare la contiguità tra la città baltica e il Reich, erano apparse a Ciano qualcosa di non immediato e non inconciliabile [10], tali da fargli dire che, se l'Italia non era interessata ad esse, era però «pronta ad agire da mediatore ove la Germania lo desiderasse». Ebbene, il 23 maggio '39, il giorno immediatamente successivo la firma a Berlino del «patto d'acciaio», Hitler annunciò in una riunione segretissima con i massimi capi militari tedeschi che Danzica non era «affatto il motivo della disputa» con la Polonia («Per noi si tratta di espandere il nostro spazio vitale ad Oriente e di assicurare i rifornimenti alimentari, ed anche del regolamento del problema degli Stati Baltici») e si disse deciso a spingere a fondo, «alla prima occasione utile», l'azione contro la Polonia stessa, pur essendo convinto che «non dobbiamo attenderci una ripetizione dell'affare ceco. Vi sarà la guerra». È vero che esponendo tale decisione egli aggiunse che, in questa prospettiva, compito della diplomazia tedesca era di isolare la

di cui non aveva fatto mistero con Halifax, anche dopo la notizia della conclusione del «patto d'acciaio», che «il destino dell'Italia è di diventare nemica in tempo di guerra delle nazioni con cui fu alleata in tempo di pace» e la sua speranza di poter essere lui a «firmare un secondo Patto di Londra». D. GRANDI, *Frammenti di diario*, 1° luglio 1939, in *Archivio D. Grandi*, b. 151, fasc. 199, sott. 3. Questo atteggiamento era cosí noto che «Je suis partout» (cfr. su di esso P. M. DIOUDONNAT, *Je suis partout 1930-1944. Les maurrassiens devant la tentation fasciste*, Paris 1973), il noto giornale filonazista parigino, era arrivato, in maggio, a parlare (quasi certamente su istigazione tedesca) dell'esistenza in Italia di un partito monarchico, di cui Grandi sarebbe stato il principale esponente, che complottava contro Mussolini.
[10] Cfr. a questo proposito M. TOSCANO, *Le origini diplomatiche del Patto d'acciaio* cit., p. 303.

Polonia e che non vi doveva essere «conflitto simultaneo con l'Occidente», ma due sue successive affermazioni riferite dal verbale della riunione [11] tolgono a queste parole gran parte del loro valore o, meglio, dànno loro un valore essenzialmente ottimale, di indicazione di quello che sarebbe stato il modo migliore per realizzare l'operazione e nulla piú. La prima suonava: «il conflitto con la Polonia – da iniziare con un attacco alla Polonia – sarà coronato da successo solo se le Potenze occidentali saranno tenute lontane da esso. Se ciò è impossibile, allora sarà meglio piombare addosso all'Occidente e regolare la Polonia nello stesso tempo». E la seconda: «Un'alleanza della Francia, Inghilterra e Russia contro di noi indurrebbe Germania, Italia e Giappone ad attaccare Inghilterra e Francia con pochi colpi annientatori». Una decisione del genere (che, oltretutto, doveva essere tenuta celata «sia all'Italia che al Giappone») dimostra chiaramente che i tedeschi – pur non augurandoselo, volendo cercare di evitarlo e soprattutto nutrendo la convinzione che l'Inghilterra e la Francia al momento decisivo si sarebbero sottratte ad esso e avrebbero abbandonato al suo destino la Polonia – non escludevano affatto un conflitto generale su tempi assai piú brevi di quelli previsti con Mussolini e Ciano e non erano disposti, e i fatti lo avrebbero dimostrato *ad abundantiam*, ad attendere «la prima occasione utile», ma, al contrario, erano decisi a determinarla essi stessi e al piú presto. L'evidente «malafede» del comportamento tedesco verso l'Italia – se in sede storica si può usare questo termine in riferimento a fatti del genere – dimostra a sua volta l'importanza decisiva che Hitler doveva aver attribuito, in funzione della realizzabilità di questi suoi piani, alla conclusione dell'alleanza con Mussolini. Che l'esercito italiano fosse uno strumento inidoneo ad una grande guerra moderna e che l'Italia non sarebbe stata, per questo e per la sua debolezza economica, un alleato molto attivo era evidente per Hitler. Ciò che però gli importava era essere sicuro che l'Italia non sarebbe stata con i suoi avversari, il che già gli assicurava di non dover coprire il fronte sud e che, bene o male, essa avrebbe attirato su di sé una parte non trascurabile delle forze francesi e inglesi. Un fatto questo che, pensava, avrebbe contribuito a dissuadere vieppiú Parigi e Londra dallo scendere in guerra e, comunque, avrebbe alleggerito del peso di tali forze l'esercito tedesco [12], permettendogli di realizzare fe-

---

[11] *Trial of the major war criminals before the International military tribunal*, Nuremberg 1947-1949, XXXVII, pp. 546 sgg.
[12] E difatti, anche se l'Italia non entrò subito in guerra come egli avrebbe desiderato, Hitler non avrebbe mancato di riconoscere, anche in privato, i vantaggi militari che la sua «non belligeranza» gli aveva indirettamente procurato. Significativa (cosí come è significativo che Mussolini la conservasse tra la documentazione da lui considerata piú preziosa) è quanto avrebbe riferito da Lisbona ad Anfuso l'8 maggio 1941 R. Bova Scoppa: «La Baronessa von Rheibaben, consorte di un

licemente quella «guerra lampo» sulla quale si fondava non solo militarmente ma anche politicamente ed economicamente tutta la sua strategia [13]. Né va sottovalutato un altro aspetto del problema. Qualche mese dopo, alla vigilia dell'inizio delle operazioni contro la Polonia, Hitler, parlando ad un gruppo di suoi generali, avrebbe detto che la lealtà dell'Italia all'alleanza era legata all'esistenza di Mussolini e avrebbe aggiunto: «l'atteggiamento fondamentale della corte italiana è contro il Duce» [14]. In quest'affermazione si deve vedere, a nostro avviso, una delle ragioni piú importanti della sua decisione, non appena sottoscritta l'alleanza, di bruciare i tempi dell'azione contro la Polonia: lasciare passare del tempo sarebbe stato per lui rischioso, non essendoci nessuna garanzia e, anzi, tutto lasciando prevedere il contrario, che l'alleanza sarebbe sopravvissuta ad un'eventuale morte prematura di Mussolini o ad un suo allontanamento dal potere ad opera della monarchia e delle altre forze ostili all'alleanza stessa. Piú difficile, allo stato della documentazione, è dire se Hitler pensasse anche all'eventualità che Mussolini, se le cose fossero andate per le lunghe, potesse, sotto le pressioni degli ambienti ostili alla Germania e le lusinghe anglo-francesi, sganciarsi in qualche modo dall'alleanza. Probabilmente la sua ammirazione per il «duce» e per il suo «senso dell'onore» non gli fecero prendere in considerazione tale eventualità. Non escluderemmo però del tutto che altri del suo stretto entourage potessero pensarlo e fossero quindi portati a considerare l'opportunità di approfittare del momento, tutto sommato, psicologicamente piú favorevole e che per questo non cercassero di dissuadere Hitler dal rischiare un conflitto generale prima che la Germania fosse al meglio della sua preparazione.

Sotto il profilo piú propriamente italiano e della biografia politica di Mussolini, il periodo che intercorse tra l'incontro Ciano-Ribbentrop di Milano del 6-7 aprile e lo scoppio della seconda guerra mondiale, con la relativa dichiarazione italiana di «non belligeranza», si può dividere in tre sottoperiodi: il primo sino agli incontri di Ciano con von Ribben-

---

antico Segretario di Stato del Reich, ha ripetuto, confidenzialmente, a Gerbore una dichiarazione fatta, nell'intimità, dal Führer alla di lei madre, che – essendo stata tra i primi "contribuenti" al movimento nazionalsocialista gode oggi della di lui amicizia.

«Nei giorni dell'offensiva inglese in Cirenaica, la Signora aveva pronunciato qualche parola che il Führer dové interpretare come critica o a noi poco favorevole, perché, interrompendola, esclamò con grande vivacità: "Mai la Germania dovrà dimenticare quello che deve all'Italia ed a Mussolini. Dobbiamo a loro se abbiamo potuto militarizzare la Renania, annettere l'Austria e liquidare la Cecoslovacchia. L'Italia ha vincolato le divisioni francesi sulle Alpi permettendoci di battere la Francia, ed oggi sostiene il peso della flotta britannica. Spenderei l'ultima mia risorsa per sostenere e difendere l'Italia e Mussolini"» (ACS, B. MUSSOLINI, *Valigia*, b. 3, appendice II).

[13] Sul complesso problema della «guerra lampo» cfr. A. S. MILWARD, *L'economia di guerra della Germania*, Milano 1971, pp. 9 sgg.
[14] *Trial of the major war criminals ecc.* cit., XXVI, p. 339.

trop e Hitler dell'11-13 agosto, il secondo sino al 25 agosto, quando Mussolini informò Hitler che per il momento l'Italia non sarebbe scesa in guerra, e, infine, il terzo sino al 3 settembre, alla dichiarazione di guerra alla Germania da parte dell'Inghilterra e della Francia e, quindi, al fallimento dei tentativi di mediazione di Mussolini.

Per Mussolini il primo di questi sottoperiodi rappresentò per molti aspetti l'ultimo vero momento di relativa distensione e di grandi progetti della sua vita. Presa la decisione e convinto che grazie ad essa il pericolo di un conflitto fosse ormai passato e, dunque, di avere avanti a sé almeno tre-quattro anni di pace per raccoglierne i frutti, scaricato dello sconforto e della tensione che lo avevano assillato da metà marzo, per un verso la sua attenzione tornò a concentrarsi sui problemi interni e di piú lungo periodo, in primo luogo su quelli dell'economia, delle giovani generazioni, del «carattere» degli italiani, per un altro, come già altre volte, la riacquistata sicurezza gli fece accarezzare tutta una serie di progetti nuovi o che la gravità del momento gli aveva fatto accantonare. Tipico a quest'ultimo proposito è il violento ritorno di fiamma dei suoi propositi di liberarsi della monarchia che ci è testimoniato dal diario di Ciano [15] e che facilmente si spiega se appena si pensa al modo con cui il re si era comportato in occasione del ventennale della fondazione dei Fasci di combattimento, alla sua manifesta ostilità all'occupazione dell'Albania e ai suoi ricorrenti sfoghi antitedeschi che facevano capire quanto l'alleanza gli fosse riuscita ostica e fosse stata da lui accettata solo come il minore dei mali, come un espediente necessario in quel momento, ma contingente. Quanto ai nuovi progetti ricordiamo solo i piú significativi ed importanti, quello di «farla pagare» prima o poi alla Iugoslavia e alla Grecia, la prima per il suo defilarsi rispetto all'Italia e alla Germania dopo la caduta di Stojadinović (da cui l'inizio di una nuova fase nei rapporti con i croati in vista di una «frantumazione» della Iugoslavia e della creazione di un regno di Croazia legato all'Italia), la seconda, per non essersi il governo di Atene fidato delle assicurazioni italiane e avere invece accettato la garanzia inglese [16]; e quello di adoperarsi per allargare il «patto d'acciaio» all'Ungheria, alla Spagna e al Giappone e di determinare una presa di posizione bulgara a favore della Germania e dell'Italia [17].

Per quanto seducenti, questi progetti (e quelli relativi alla strategia che Germania e Italia avrebbero dovuto adottare quando sarebbe venuto il momento dell'azione e che, come vedremo, avrebbe illustrato ad Hitler nel cosiddetto «memoriale Cavallero») non fecero però perdere d'oc-

---

[15] G. CIANO, *Diario* cit., pp. 301, 306, 309, 310.
[16] Cfr. *ibid.*, pp. 300 sg., 301 sg. e 306.
[17] *Ibid.*, p. 304.

chio a Mussolini la realtà internazionale del momento e in particolare quelle che lui e Ciano consideravano le prospettive di fondo della nuova situazione determinata per l'Italia dall'incontro di Milano e dall'annuncio del «patto d'acciaio». Anche se era convinto che la sua decisione avesse segnato una svolta chiarificatrice e distensiva nella situazione europea, i problemi sul tappeto erano infatti molti.

Con la Germania vi era innanzitutto quello di definire i termini precisi, il testo del patto deciso a Milano[18]. Il fatto che la sua redazione sia stata lasciata ai tedeschi e che gli interventi italiani siano stati pochi e modesti, sebbene lo stesso Ciano, ricevendone il testo, avesse osservato «Non ho mai letto un patto simile: è vera e propria dinamite»[19], è stato al centro di polemiche e vivaci accuse all'insipienza di Ciano. In esse vi è certamente una buona dose di verità; un'effettiva comprensione storica del fatto non deve però, a nostro avviso, perdere di vista una cosa e cioè che, dopo le assicurazioni dei tedeschi di non volere neppure loro una guerra generale prima di tre-quattro anni, a Mussolini e a Ciano quello che soprattutto importava era che il testo del trattato sancisse chiaramente il principio della consultazione permanente e preventiva. Assicuratisi questo, tutto il resto appariva ai loro occhi secondario e, in definitiva, tale che insistervi troppo diventava per loro «poco dignitoso», anche se in realtà il valore dell'obbligo di consultazione sancito negli articoli 1 e 2 veniva nel testo redatto dalla Wilhelmstrasse privato di gran parte della sua efficacia da quanto previsto dall'ambiguo articolo 3 e cioè dall'automatismo che esso stabiliva tra lo stato di guerra in cui si fosse venuta a trovare una delle due parti e l'intervento dell'altra. Significativo è a questo proposito che neppure Attolico, che pure segnalò a Ciano alcuni punti del testo redatto dai tedeschi che sarebbe stato bene far modificare e condusse la relativa trattativa, non si soffermò sull'ambiguità e i rischi insiti nell'articolo 3[20]. La conferma di quanto diciamo ci pare stia nel cosiddetto «memoriale Cavallero», nella nota che ai primi di giugno Mussolini, come si è detto, fece recapitare a Hitler e nella quale egli riassunse cosa era ai suoi occhi il «patto d'acciaio» e come avrebbe dovuto funzionare[21]. La nota si divideva sostanzialmente in tre parti. Una prima,

[18] Dopo la firma del «patto d'acciaio», il 23 giugno '39 ebbero inizio le riunioni operative italotedesche per risolvere la questione della minoranza alloglotta in Alto Adige. Cfr. per tutta la vicenda R. DE FELICE, *Il problema dell'Alto Adige ecc.* cit., pp. 33 sgg.
[19] G. CIANO, *Diario* cit., p. 297.
[20] Per le vicende della definitiva messa a punto del testo del «patto d'acciaio» cfr. M. TOSCANO, *Le origini diplomatiche del Patto d'acciaio* cit., pp. 329 sgg. Per il testo sottoscritto a Berlino il 22 maggio 1939 da Ciano e von Ribbentrop cfr. *Appendice*, documento 12.
[21] Copia della nota fu inviata da Mussolini anche a Vittorio Emanuele III, cfr. ACS, *Segreteria particolare del Duce, Carteggio riservato (1922-1943)*, W/R, fasc. «Solmi A.», tel. in data 11 luglio 1939.

brevissima, in cui era ribadita la premessa dell'alleanza stessa: «la guerra fra le nazioni plutocratiche e quindi egoisticamente conservatrici e le nazioni popolose e povere è inevitabile». Da questa premessa discendevano le conseguenze esposte nella seconda e nella terza parte. La seconda riproduceva alla lettera la parte centrale dell'appunto che Mussolini aveva redatto per Ciano alla vigilia dell'incontro di Milano e che questi aveva allora consegnato al suo collega tedesco. Una tale insistenza mostra bene quanto il «duce» tenesse, anche dopo la firma dell'alleanza, a ribadire la sua volontà di evitare ad ogni costo un conflitto europeo prima di tre-quattro anni. La terza era costituita da una serie di considerazioni e di indicazioni politico-strategiche sui caratteri che avrebbe avuto la guerra tra gli occidentali e le due potenze dell'Asse e su come queste avrebbero dovuto affrontarla. Particolarmente significative, sia sotto il profilo generale di come Mussolini si prospettava lo scontro sia in riferimento agli avvenimenti dei mesi successivi, sono per noi quelle relative al carattere di «usura» che esso avrebbe avuto, quelle, che da esse discendevano direttamente, che sarebbe stato per ciò assolutamente necessario «sin dalle prime ore della guerra... impadronirsi di tutto il bacino danubiano e balcanico», mettere fulmineamente fuori gioco Grecia, Romania e Turchia e assicurarsi i loro rifornimenti bellici, alimentari e industriali e quelle che in Occidente la guerra sarebbe stata essenzialmente aereo-navale, dato che era prevedibile che sul Reno, sulle Alpi e in Libia essa avrebbe assunto il carattere di «una difensiva reciproca». Significativo è pure che la nota dava praticamente per scontata la conclusione dell'accordo anglo-franco-sovietico, non sembrava dargli particolare peso e, anzi, mostrava di considerarlo un fatto «positivo» per le possibilità che esso avrebbe offerto ai programmi di azione italo-tedeschi volti ad «incrinare l'unità interna» della Francia e dell'Inghilterra, ad accelerarne «la decomposizione dei costumi» ed «eccitare alla rivolta» le loro popolazioni coloniali.

Quanto all'atteggiamento verso la Francia e l'Inghilterra queste stesse settimane costituirono sostanzialmente un periodo di attesa: per quel che riguardava la Francia, che Parigi si decidesse finalmente ad intavolare veri negoziati per Tunisi, Gibuti e il canale di Suez; per quel che riguardava l'Inghilterra, per vedere se Chamberlain avrebbe reagito al «patto d'acciaio» come Mussolini si attendeva, ricorrendo cioè alla sua mediazione e ai suoi buoni uffici presso Hitler e favorendo il riavvicinamento con Parigi o, al contrario, se avrebbe denunciato gli «accordi di Pasqua» e considerato impossibile collaborare con lui; una decisione quest'ultima che però Mussolini, convinto com'era che il premier inglese volesse assolutamente un accordo con la Germania, era sicuro che Londra non avrebbe preso. Sicché in un primo tempo il silenzio inglese non dovette turbarlo troppo, anche se indubbiamente in certi momenti lo innervosiva e lo preoccupava. L'atteggiamento della stampa, di giorno in giorno ormai sempre piú pianificato dal ministero della Cultura popolare sulla base delle istruzioni di palazzo Chigi e di palazzo Venezia, è caratteristico di questa duplice attesa: polemico e, talvolta, persino aggressivo nei confronti dell'Inghilterra (con molto spazio dedicato alla denuncia del «filosovietismo» del governo conservatore), anche dopo che, l'8 giugno, Londra aveva fatto sapere di continuare a ritenere validi e operanti gli «accordi di Pasqua», ma si era poi chiusa in un «inspiegabile» ed «assurdo» silenzio; piú cauto nei confronti della Francia, attento a non ferirne inutilmente la suscettibilità e a non provocare una «rigalvanizzazione degli spiriti» dopo che si era quietata l'ondata antitaliana suscitata dalle vicende della fine del '38 e degli inizi del '39 e mentre sembrava che il fronte antitaliano cominciasse a disgregarsi [22]. Lo stesso atteggiamento che, del resto, a ben vedere, tenevano Ciano e Mussolini nei loro rapporti con Loraine da un lato e François-Poncet dall'altro [23], che il «duce» aveva, per cosí dire, inaugurato già nelle more dell'alleanza, tra il suo annuncio e la sua firma, col discorso da lui tenuto a Torino il 14 maggio e che trovava, sul versante inglese, il suo momento forse piú significativo nel ritiro, ai primi di luglio, di Grandi da Londra e nella sua mancata sostituzione per alcuni mesi. Sul discorso di Torino c'è poco da dire. Esso fu, come quello del Foro Mussolini di meno di due mesi prima, fermo nella forma e in gran parte dedicato ad esaltare la «comunità inscindibile dei due Stati e dei due popoli» sancita a Milano, ma nella sostanza tutto volto a ribadire la volontà di pace dell'Italia e a sollecitare le «grandi democrazie» a dimostrare «un altrettanto sincero desiderio di pace», ad abbandonare la politica delle «garanzie» e delle «pistole puntate» contro l'Italia e, in conclusione, a sollecitarne sotto sotto una richiesta di mediazione presso Hitler [24]. Sollecitazione, quest'ultima, che all'inizio di mag-

---

[22] Significative in questo senso sono le istruzioni date da D. Alfieri nel suo rapporto del 13 giugno ai rappresentanti dei maggiori giornali. Cfr. ACS, *Agenzia Stefani, Manlio Morgagni*, b. 12, fasc. 12.

[23] In questo periodo e piú precisamente in giugno si ebbe un sondaggio, quasi certamente a carattere del tutto personale, di P. Reynaud volto a stabilire le vere intenzioni di Mussolini verso la Francia. Tramite del sondaggio fu Marcello Soleri, che si trovava a Parigi per motivi professionali e che, tornato in Italia, ne informò Bocchini che qualche giorno dopo gli fece però sapere che Mussolini non voleva comunicazioni altro che per le normali vie diplomatiche. Cfr. M. SOLERI, *Memorie*, Torino 1949, pp. 220 sgg.

[24] Il discorso di Torino (lo si veda in MUSSOLINI, XXIX, pp. 272 sgg.) è significativo, oltre che per capire la strategia politica del «duce», anche per valutare l'atteggiamento popolare verso la politica estera fascista e le preoccupazioni che esso suscitava in Mussolini. La folla che ascoltava il discorso applaudí calorosamente i passi che parlavano di pace, scarsissimi furono invece gli applausi a quelli che si riferivano all'alleanza con la Germania e a Tunisi (la «pistola puntata al fianco dell'Italia»). La cosa irritò molto Mussolini che ordinò al capo gabinetto del ministero della Cultura popo-

gio, prima della «schiarita» di Milano, Mussolini aveva creduto di poter provocare dichiarandosi d'accordo con il progetto della Santa Sede di giungere, proprio attraverso lui, alla convocazione di una conferenza che discutesse la crisi europea e i connessi problemi tra le varie potenze e alla quale avrebbero dovuto partecipare Inghilterra, Francia, Polonia, Germania e Italia e che un mese dopo, preoccupato per il silenzio inglese, dovette cercare di provocare prospettando improvvisamente a padre Tacchi Venturi (che su incarico del cardinal Maglione, segretario di Stato di Pio XII, era andato a chiedergli di usare la sua «grande influenza» su Hitler perché «la questione di Danzica sia trattata con la calma, che l'attuale delicata situazione internazionale rende piú che mai necessaria») come «certissimo» il prossimo scoppio di un conflitto, in un momento in cui sia lui che Ciano erano invece convinti che un rischio del genere non sussistesse; tanto è vero che pochi giorni dopo (quando Loraine aveva finalmente comunicato che Londra continuava a considerare in vigore gli «accordi di Pasqua» e le apprensioni di Mussolini dovevano essersi quindi per il momento placate) Ciano avrebbe detto al nunzio che non vi era pericolo di guerra per sei mesi «non avendo la Germania intenzione di attaccare la Polonia... e dentro sei mesi si possono accomodare le cose in maniera da assicurare la pace anche per anni». Il che era, se vogliamo, un'assicurazione, ma certamente anche una nuova forma di pressione indiretta sulla Santa Sede perché caldeggiasse a Londra, Parigi e Varsavia un ricorso ai buoni uffici italiani. E ciò tanto piú che quindici giorni dopo, sempre con monsignor Borgongini-Duca, Ciano sarebbe arrivato a fare un'affermazione che è difficile credere dettata solo da senso di sicurezza e desiderio di esaltare la propria politica: «in ogni caso la Germania

lare, C. Luciano, di spostare nei resoconti dei giornali e nelle colonne sonore dei documentari LUCE gli applausi dai primi ai secondi passi. Cfr. C. LUCIANO, *Rapporto al Duce*, Roma 1948, pp. 12 sg.
Per l'ostilità popolare all'alleanza con la Germania in questo periodo valga come esempio il seguente stralcio di un rapporto informativo, in data 10 giugno 1939, di un informatore del partito (ACS, PNF, *Situazione politica delle provincie*, «Grosseto»): «L'alleanza con la Germania è motivo anche questo di speculazione per i disfattisti che presentano l'avvenimento sotto i punti di vista i meno simpatici ed in modo arbitrario ed allarmistico. Queste particolari situazioni meritano tutta l'attenzione di tutte le competenti autorità perché fin d'ora si profilano crepe le cui origini vanno ricercate con molta cura e pazienza se si vuole salvaguardare la resistenza morale del popolo italiano. Certamente l'idea di una guerra con la Francia non trova molta comprensione pur ammettendo la fondatezza delle rivendicazioni italiane. Si può dire anzi che la gente nostra ricusa quasi per istinto a considerare come possibile un conflitto fra i due paesi. Questa è l'opinione diffusa ovunque nelle campagne e nelle città del Veneto e della Toscana. Le condizioni di spirito di queste popolazioni sono quindi lontane dall'essere preparate ad ogni evenienza: il delinearsi di correnti che tendono a dipingere l'eventualità di una guerra contro la Francia come un atto di pazzia del Fascismo può essere pericoloso per la resistenza morale delle popolazioni qualora l'Italia potesse essere trascinata malgrado la sua volontà di pace in un conflitto.
«La visita del Duce in Piemonte è stata interpretata in molti ambienti del Veneto come un desiderio del Duce di rincuorare le popolazioni di frontiera ma anche in questa occasione molte voci tendenziose sono state diffuse a scopo allarmistico ciò che dimostra la esistenza di correnti disfattiste, l'attività delle quali merita di essere seguita con speciale attenzione».

non si muoverà senza il nostro consenso, e tanto io quanto Mussolini non vogliamo la guerra»[25]. In questo clima di attesa e di tentativi di sollecitare Londra e Parigi ad aprire negoziati, si deve vedere anche il richiamo di Grandi da Londra. Un richiamo che noi sappiamo Mussolini aveva deciso e annunciato all'interessato sin dalla seconda metà di febbraio, ma che egli concretizzò solo ora e con una procedura così strana che autorizza i più ampi dubbi sul fatto che esso sia stato da lui voluto solo per «disinglesizzare» e punire il «bigio, torbido ed infido Grandi», per dare una mezza soddisfazione ai tedeschi che ne reclamavano la testa quale avversario dell'Asse e tagliar corto con le ricorrenti «indiscrezioni» giornalistiche, soprattutto francesi, sul suo frondismo, ispirate per opposti ma convergenti fini dai tedeschi e dai francesi[26]. Tant'è che la spiegazione più probabile è che a rendere operante la decisione del febbraio abbia contribuito (e in misura determinante) la volontà di Mussolini di premere sugli inglesi, manifestando in questo modo la sua irritazione e al tempo stesso il suo «disinteresse» per il loro silenzio. E ciò tanto più che la nomina di Grandi a ministro di Grazia e Giustizia in sostituzione di Solmi (il 12 luglio) e, dopo la morte di Costanzo Ciano, anche a presidente della Camera dei fasci e delle corporazioni (il 30 novembre) difficilmente si può spiegare solo con il desiderio di non dare troppa soddisfazione ai tedeschi e di smentire le voci sul presunto frondismo di Grandi (ché a questo sarebbero bastate cariche meno prestigiose, quale il trasferimento in un'altra ambasciata di prima classe) e fa pensare piuttosto alla volontà di controbilanciare il «messaggio» negativo agli inglesi insito nel richiamo di Grandi e nella sua non sostituzione (Bastianini sarebbe stato accreditato solo dopo lo scoppio della guerra) con un altro «messaggio», questa volta di tipo però positivo: l'uomo dell'amicizia e

---

[25] Per i rapporti con la Santa Sede cfr. *ADSS*, I, pp. 118 sg., 160 sg., 170 sg., 171 sg., 177 e 196 sg.
[26] Cfr. G. CIANO, *Diario* cit., pp. 254 e 256; D. GRANDI, *Memorie* cit. Prima di essere richiamato da Londra Grandi era stato costretto da Ciano, su ordine di Mussolini, a tenere, il 25 maggio nella sede dell'ambasciata, un discorso di esaltazione del «patto d'acciaio» (cfr. su tutta la vicenda *Archivio D. Grandi*, b. 56, fasc. 153; nonché la sua eco al momento del richiamo in *Un discours*, in «Je suis partout», 14 luglio 1939) che nelle sue memorie egli dice di aver fatto nella speranza di poter cosí rimanere ambasciatore a Londra e che fu inteso dai più dei governanti inglesi appunto in questo spirito. Questa spiegazione è confermata dal calore e la simpatia con i quali Grandi fu salutato da quasi tutti gli ambienti politici e giornalistici inglesi al momento del suo richiamo ufficiale. Particolarmente significativo è quanto gli scrisse W. Churchill il 26 ottobre 1939: «È stato un vero dolore per me che gli eventi, contro i quali voi ed io abbiamo entrambi lottato, abbiano rattristato un periodo della vostra memorabile missione in questo Paese.
«Mi rallegro che adesso le prospettive per un'intesa anglo-italiana siano migliori e voi potete stare certo che io continuerò a lavorare a questo fine. Io sento una solida fiducia che noi saremo vittoriosi in questa guerra, che noi siamo decisi a perseguire a tutti i costi sino a quando l'Europa non sarà libera dalla minaccia tedesca; ed io sono convinto che non durerà cosí a lungo come durò l'ultima volta.
«Ad ogni modo, o lunga o corta, noi non molleremo» (*Archivio D. Grandi*, b. 64, fasc. 157, sott. 2).

dell'accordo con l'Inghilterra godeva sempre della fiducia del «duce» e, anzi, era uno dei suoi principali collaboratori. In altri tempi, in una situazione internazionale meno deteriotata, questo gioco di sollecitazioni e di «messaggi» indiretti avrebbe potuto forse dare alla lunga a Mussolini qualche risultato o, almeno, la possibilità di procedere a una serie di aggiustamenti della sua politica tali da permettergli di barcamenarsi ancora tra Londra e Parigi e Berlino. Nella nuova situazione determinata dallo smembramento della Cecoslovacchia e, per quel che piú direttamente concerneva l'Italia, dall'alleanza con la Germania, ogni giorno che passava riduceva invece sempre di piú i margini di manovra di Mussolini. E non solo nei confronti degli anglo-francesi, ma anche dei tedeschi.

Ricevuto il «memoriale Cavallero», Hitler si era dichiarato «in generale pienamente d'accordo» con esso, ma aveva fatto anche sapere che avrebbe avuto tuttavia piacere di incontrarsi in «estate» al Brennero con Mussolini, «specie in relazione a qualcuno dei punti enunciati» in esso. La proposta era stata accolta a Roma col silenzio. Una settimana dopo averla trasmessa Attolico aveva sollecitato una risposta, ma senza esito; passati ancora alcuni giorni, Ciano si era alla fine deciso a dare una risposta, ma estremamente anodina e dilatoria: l'idea era «quantomai gradita» al «duce», che si rimetteva al Führer per la sua concretizzazione [27]. Poi piú nulla. Né la cosa può meravigliare: di fronte al silenzio di Parigi e di Londra, Mussolini preferiva evitare un incontro nel quale non avrebbe avuto praticamente la possibilità di proporre nulla e si sarebbe solo trovato in difficoltà.

Con l'inizio della terza decade di giugno l'orizzonte prese però ad oscurarsi di nuovo e a Roma cominciarono ad arrivare le prime allarmate notizie di Attolico: la questione di Danzica sembrava aggravarsi, nonostante i tedeschi tendessero a minimizzarne i pericoli [28]. Di fronte a queste notizie, il 2 luglio Ciano dette istruzioni ad Attolico di chiedere «informazioni» a von Ribbentrop. Il tono delle istruzioni era fermo: «naturalmente non rifuggiamo da nessuna eventualità – nemmeno dalle piú gravi – [però] desideriamo conoscere per tempo come stanno le cose per prendere i provvedimenti necessari sia d'ordine militare che morale» [29]. Quanto in realtà il deteriorarsi della questione di Danzica preoccupasse Mussolini è dimostrato dal fatto che il giorno dopo, ancor prima di aver conosciuto la risposta di von Ribbentrop, Mussolini preparò per Ciano

---

[27] Cfr. *DDI*, s. VIII, XII, pp. 112, 204 e 400.
[28] *Ibid.*, pp. 263 sg., 291, 304 sg. e 328 sgg.
[29] *Ibid.*, p. 332.

(che invece era molto meno allarmato[30]) una proposta di plebiscito per la città baltica da organizzare e controllare attraverso un comitato internazionale composto di rappresentanti della Germania, Polonia, Inghilterra, Italia, Svizzera, Olanda e Francia[31]. Tre giorni dopo Attolico parlò con von Ribbentrop. Il telegramma urgentissimo personale col quale riferí il giorno dopo a Ciano il colloquio non era drammatico, ma certo neppure tale da giustificare ottimismi. Il ministro tedesco aveva esaltato la potenza tedesca, si era detto convinto che Francia e Inghilterra non si sarebbero mosse e cosí pure l'Urss e gli Usa e che, quindi, neppure la Polonia si sarebbe mossa. Hitler poi non voleva un conflitto generale. Ma alle insistenze di Attolico per sapere come i tedeschi valutavano la prospettiva di un conflitto «creduto locale o localizzabile» che si potesse generalizzare, aveva risposto in termini cosí vaghi che l'ambasciatore, pur dicendo di ritenere che, «per il momento, non ci sia nulla da temere», suggerí a Ciano l'opportunità di dar seguito alla proposta di Hitler di un mese prima, e ora ripetutagli da von Ribbentrop, di un incontro, il 4 agosto, dei due dittatori[32]. Ciò nonostante e sebbene tutta una serie di notizie allarmanti stessero in quegli stessi giorni pervenendo anche dall'Inghilterra, dalla Francia, dalla Polonia e dal Vaticano, Ciano preferí ancora una volta lasciar cadere la proposta. Ricevuto il rapporto, fece sapere ad Attolico che sarebbe stato meglio rinviare l'incontro a fine settembre, «a meno che ragioni imperiose» non consigliassero di anticiparlo[33]. E se ne partí per la Spagna per incontrarsi con Franco.

In realtà le «ragioni imperiose» c'erano e come. Tanto è vero che, due giorni dopo aver ricevuto la risposta di Ciano, l'11 luglio Attolico si affrettò a scrivere ad Anfuso che, secondo le notizie che aveva potuto raccogliere, era in corso da parte tedesca una serie di movimenti di truppe che si sarebbero dovuti concludere entro il 15 agosto e che «è in agosto, anzi verso il 10-15 del mese, che il Führer si deciderà per la pace o per la guerra» e che pertanto l'incontro era non solo necessario ma urgente. E due giorni dopo sollecitò una risposta in merito anche a nome di von Ribbentrop[34]. Per capire l'isolamento in cui palazzo Chigi tendeva a tenere Mussolini, è assai significativo che Anfuso non comunicò subito a Mussolini la lettera, ma ne informò sommarissimamente Ciano in Spagna, chiedendogli istruzioni per poi portarla a conoscenza del «duce» e ciò malgrado che dall'ambasciata a Berlino continuassero ad arrivare al-

---

[30] G. CIANO, *Diario* cit., p. 318.
[31] *DDI*, s. VIII, XII, p. 338.
[32] *Ibid.*, pp. 378 sgg., nonché anche pp. 374 e 381.
[33] *Ibid.*, p. 389.
[34] *Ibid.*, pp. 399 sgg. e 418.

tre notizie allarmanti. Sicché in pratica Attolico poté informare Hitler dell'accettazione della proposta solo il 15 luglio. Né la cosa finí qui. Tornato a Roma, Ciano, considerando evidentemente Attolico un allarmista, fece venire da Berlino a Roma Magistrati per consultazioni e fece di tutto per silurare l'incontro. Ecco come Magistrati ha rievocato il suo incontro, il 21 luglio, con il cognato [35]:

> Lo trovai... alquanto preoccupato per l'evoluzione degli avvenimenti e per l'iniziativa relativa all'incontro Hitler-Mussolini, da lui sostanzialmente disapprovata. Egli era già, in realtà, in uno stato d'animo contrario alle avventure belliche. Ma, in quel momento, pensava ancora che tutta la crisi avrebbe con probabilità condotto ad un nuovo compromesso europeo senza sfociare in un aperto conflitto e lasciando in piedi, in sostanza, l'impalcatura dell'alleanza italo-tedesca. Mi disse, quindi, innanzi tutto, di non vedere alcuna necessità del progettato incontro sia nel quadro generale dei rapporti internazionali sia in quello particolare delle relazioni tra Roma e Berlino. «In un quadro di alleanza – egli aggiunse – nel quale i rapporti fra i due alleati sono esattamente considerati, questa prossima conversazione del Brennero potrebbe essere interpretata o come un atto destinato a far precipitare gli avvenimenti in Europa o come un sintomo di qualche dissenso tra i due alleati stessi»...

Tutto sommato, in quella fine di luglio, anche egli era tra coloro – e non erano pochi – che ritenevano ancora assurdo e poco intelligente da parte dei tedeschi voler forzare la mano fino alle estreme conseguenze. E considerava quindi esagerati ed intempestivi i primi timori, già ripetutamente, anche se ancora non decisamente, avanzati da Attolico circa i veri intendimenti dei dirigenti germanici.

Forse per maggior senso della gravità della situazione o solo per desiderio di cogliere comunque l'occasione per rilanciare la sua funzione di mediatore, chi, dopo un primissimo momento di incertezza, accolse meglio l'idea dell'incontro con Hitler fu Mussolini. Magistrati, che lo vide il giorno successivo l'incontro con Ciano, lo trovò nettamente orientato in senso pacifista e «propenso ad erigersi nuovamente a moderatore e, magari, a mediatore», anche se preoccupato di fare il gioco degli anglofrancesi.

Su Mussolini – ha scritto Magistrati nel libro in cui ha rievocato il colloquio [36] – gravava il dubbio circa l'opportunità e la convenienza di indebolire, con un atteggiamento di immediato e palese distacco da quella che appariva essere la tattica intransigente della Germania, la posizione internazionale costituita dall'alleanza italo-tedesca. Era infatti evidente che, con ogni probabilità, quell'indebolimento avrebbe rafforzato la situazione e la tesi dell'altro blocco; e ciò Mussolini, che aveva tutt'ora la bocca amarissima per il fallimento dei suoi tentativi di pressione nei confronti della Francia, assolutamente non voleva. Il suo sforzo, quindi, nel preparare il suo incontro con Hitler, era appunto diretto a «varare» una formula capace di salvare sostanzialmente la pace, e di mantenere in vita, al tempo stesso, la giovanissima alleanza tra i due Paesi.

---

[35] M. MAGISTRATI, *L'Italia a Berlino* cit., pp. 377 sg.
[36] *Ibid.*, p. 379 e, piú in genere, pp. 378 sgg.; nonché G. CIANO, *Diario* cit., p. 321.

Un simile sforzo mi apparve costante e palese durante tutto il tempo nel quale, in piedi presso il suo tavolo di Palazzo Venezia, impartí le istruzioni che dovevo portare a Berlino.

Come venne telegrafato il giorno stesso ad Attolico, il succo di queste istruzioni era che egli voleva «dare al prossimo convegno del Brennero un contenuto effettivo della maggiore portata internazionale, nella contemporanea riaffermazione dell'indissolubile amicizia italo-tedesca». In concreto l'ambasciata a Berlino si doveva muovere lungo tre direttrici. Prima: «dire innanzitutto in forma chiara e senza malintesi che se il Führer ritiene sia veramente oggi giunto il momento opportuno per una guerra l'Italia è disposta ad acconsentirvi al cento per cento. Se la Germania fosse obbligata a mobilitare, l'Italia farà altrettanto e contemporaneamente, intendendo mantenere pienamente con tutte le sue forze i suoi impegni». Seconda: far presente che le notizie a disposizione di Roma facevano «seriamente ritenere» che nel caso di un'azione «su Danzica o in Danzica» non solo la Polonia, ma la Francia e l'Inghilterra sarebbero intervenute, ripetere quanto già i tedeschi sapevano dal «memoriale Cavallero», aggiungendo a quanto ivi scritto che Ciano era tornato dal suo viaggio in Spagna con la convinzione di un altro fatto «importantissimo», e cioè che in caso di un conflitto Franco non sarebbe andato oltre una benevola neutralità e invitare quindi i tedeschi a «considerare se sia conveniente lo scoppio immediato di una guerra» o non convenisse piuttosto attendere un momento migliore, quando ci fosse stata maggiore «possibilità di una sorpresa». Terza: in questa situazione, considerare, invece, «l'eventualità di fare uso, da parte di Berlino e di Roma, di un mezzo atto a minare il fronte unico dei Governi e delle opinioni pubbliche dei Paesi democratici». E cioè lanciare, in occasione dell'incontro del Brennero, «l'iniziativa per una conferenza che sarebbe presentata come capace di discutere e risolvere i problemi europei attuali. Si metterebbero cosí automaticamente sul tappeto i "desiderata" della Germania e dell'Italia».

Il carattere di tale conferenza dovrebbe essere assolutamente *europeo*, per poter decidere, si ripete, unicamente sui problemi strettamente europei, ossia interessanti le relazioni tra le grandi potenze *europee*. Verrebbero cosí escluse la Russia, dato che essa è potenza a carattere intercontinentale, l'America e il Giappone. Si riunirebbero quindi intorno al tavolo soltanto la Germania, l'Italia, la Francia, la Gran Bretagna, la Polonia (dato il suo interesse diretto a quei problemi) e, per controbilanciare nettamente la Polonia stessa, la Spagna che verrebbe cosí ad essere posta senz'altro nel piano di grande potenza europea occidentale.

Qualora poi – eventualmente – si desiderasse avere alla Conferenza un osservatore europeo neutro, rappresentante, in un certo modo, i piccoli paesi, si potrebbe pensare, ad esempio, alla Svizzera oppure all'Olanda o alla Svezia.

E ciò tenendo presente che, nel caso che la conferenza si fosse realizzata, «Germania ed Italia, strettamente unite e sicure delle loro mosse, avrebbero grande probabilità di successo» e nel caso che essa venisse rifiutata «la responsabilità degli avvenimenti futuri ricadrebbe integralmente sulle spalle dei Governi di Francia e d'Inghilterra», fatto che non avrebbe potuto non avere gravi ripercussioni all'interno di questi paesi [37].

Quanto Mussolini credesse al successo della sua proposta e quanto, invece, volesse solo guadagnare tempo e far risalire le sue azioni a Londra e Parigi è difficile dire. Probabilmente, come spesso gli accadeva, pensava entrambe le cose e sperava che da cosa nascesse cosa. Altrettanto e forse anche piú difficile è stabilire che peso dare alla prima delle tre indicazioni, quella nella quale si raccomandava di mettere bene in chiaro con i tedeschi la sua volontà di marciare comunque al cento per cento con loro anche nel caso di una guerra. Non vi è dubbio che istintivamente egli volesse *onorare* l'alleanza, meno sicuri però saremmo nell'affermare che egli fosse razionalmente deciso a farlo anche se fosse stato Hitler a scatenare la guerra, senza una «vera» necessità e contro tutti gli impegni presi con lui. Per il momento però la necessità di una decisione non gli si pose. La proposta di Mussolini non incontrò il consenso né di von Ribbentrop né di Hitler; qualche effetto dovette però averlo. Se non altro, dovette far sorgere in essi i primi dubbi sull'effettiva possibilità di contare sino in fondo sull'Italia. Sarebbe difficile altrimenti spiegarsi perché, dopo averla richiesta e ritenuta ancora opportuna anche dopo aver conosciuto la proposta del «duce» (il 26 luglio), preferirono qualche giorno dopo (il 31 luglio) lasciar cadere l'idea dell'incontro immediato al Brennero e ne chiesero un rinvio «fra una settimana o dieci giorni» e perché von Ribbentrop si affrettò a dire ad Attolico che Hitler era «perfettamente d'accordo con il Duce nello stimare conveniente di evitare per ora – secondo il punto di vista espresso nel documento Cavallero – una conflagrazione europea» e che avrebbe evitato «sicuramente tutto quello che sia suscettibile (all'interno stesso di Danzica) di portare a risultati contrari e ciò sempreché egli non abbia la certezza assoluta, cioè al 100/100, di poter isolare la Polonia» [38]. Anche se è sicuro che Hitler non voleva un conflitto generale e che ad esso arrivò soprattutto per un errore di valutazione del reale atteggiamento anglo-francese e dopo che l'accordo con l'Urss l'ebbe vieppiú confermato in questa opinione, è possibile credere che la disdetta dell'incontro del Brennero sia stata voluta da Hitler per non dare a Mussolini la possibilità di precisare ulterior-

---

[37] Cfr. *DDI*, s. VIII, XII, pp. 481, 485, 497 sgg.
[38] *Ibid.*, pp. 512 sg., 513, 517 sgg., 536 sgg., 549 sg.

mente la sua posizione e per avere il tempo di definire prima la propria linea d'azione, in modo, se mai, da metterlo all'ultimo momento di fronte al fatto compiuto ed evitare che nel frattempo egli desse in qualche altro modo corpo alla sua idea di una conferenza europea che, se fosse andata in porto, forse gli avrebbe potuto fare acquistare Danzica, ma gli avrebbe impedito per un certo tempo di procedere contro la Polonia.

Per qualche giorno i risultati ottenuti con il passo di Attolico determinarono a palazzo Chigi un clima piú disteso, grazie al quale Ciano rafforzò la propria convinzione (anche per le notizie che gli mandava Magistrati) che la situazione non fosse cosí grave come l'ambasciatore a Berlino l'aveva giudicata e continuava a giudicarla, arrivando al punto, in un telegramma del 1° agosto, di parlare nuovamente di possibilità di guerra immediata e di insistere quindi sull'opportunità che ora a volere un incontro chiarificatore fossero gli italiani.

> Dalla risposta data ieri e da me telegrafata – diceva Attolico nel suo telegramma [39] – si dovrebbe arguire che il Führer non abbia, ancora, in cuor suo, deciso per la pace e per la guerra. Decidere veramente non potrebbe mai – a rigor di logica e di trattato – senza l'Italia.
> Comunque, cosa significa la mora di pochi giorni ch'egli ha richiesta?
> Le possibilità sono due. Il Führer potrebbe – essendosi tagliato dietro da se stesso tutti i ponti, escludendo ogni possibilità di accomodamenti e di compromessi, avendo già messo a punto una macchina di guerra che sarà pronta allo scatto entro appena due settimane, egli potrebbe, nell'assenza di altre alternative visibili, sentirsi fatalmente sempre piú inclinato alla guerra. Oppure ancora il Führer – richiamato alla realtà dalle comunicazioni del Duce – ha domandato tempo per riesaminare – alla luce di esse – caldamente la situazione nella speranza o per lo meno nella intenzione di cercare di armonizzarsi con le vedute dell'Alleato. Certo, l'idea di una conferenza – dato che la sua mente non lavorava nella stessa direzione e sullo stesso piano di quella del Duce – doveva a principio causargli meraviglia e sorpresa. Essa rappresentava per lui un cambiamento di politica fondamentale, non suscettibile quindi di essere accolto cosí senza resistenza e da un momento all'altro. Ma il fatto che egli abbia domandato di pensarci su e rifletterci può anche essere un buon segno...
> Tuttavia mi sembra che – cosí come si sono messe ora le cose – ove il Führer insistesse ancora per un incontro, significherebbe che egli si sarebbe, per quanto lo riguarda, orientato verso la guerra.
> In questo caso, rifiutare l'incontro o continuare a procrastinarlo equivarrebbe praticamente a lasciare alla Germania piena libertà di azione fino ad accettare un fatto compiuto suscettibile di implicare anche noi. Incontrando invece il Führer, e discutendo con lui quando le sue idee sono ancora in formazione e le sue decisioni non definitive, si avrebbe la possibilità (che – data l'autorità del Duce – diventerebbe certezza) di influire sulle decisioni sue, e guadagnarlo alle nostre.
> Bisognerà, quindi, stare ora attentamente a vedere. Dico attentamente perché ignoro se possa essere prudente attendere le decisioni del Führer a tempo indefinito.

---
[39] *Ibid.*, pp. 559 sgg.

Molto dimessamente credo che se, entro una settimana, *nulla di nuovo ci venisse comunicato, converrebbe forse a noi di renderci parte diligente.* La data del 15 agosto si approssima. Non si può mai sapere cosa, nel momento della stretta, possa avvenire. Nel III Reich le decisioni improvvise e fulminee non sono una novità. L'Italia, d'altra parte, ha tutto l'interesse a far chiaramente sapere che da parte sua non può ammettere e non ammette per nessuna ragione di essere «sorpresa».

Ma ad essere «allarmista» non era solo Attolico. Negli stessi giorni anche l'addetto militare a Berlino, Roatta, inviava dispacci tutt'altro che ottimisti e che, uniti a quanto si sapeva sulla decisione di Varsavia, Londra e Parigi di non cedere ad un nuovo colpo di mano nazista, alla lunga non potevano non far riflettere anche Ciano. Tra il 6 e il 7 agosto nacque cosí l'idea di un incontro Ciano-Ribbentrop che servisse a fare il punto della situazione e a preparare eventualmente un successivo incontro Mussolini-Hitler[40]. Secondo il diario di Ciano, l'idea fu del ministro degli Esteri italiano. Mussolini l'accolse subito con grande favore. «Una guerra adesso sarebbe una follia», disse al genero il 9 agosto e il giorno dopo, mentre Ciano si accingeva a partire per la Germania, si espresse con lui in termini assai netti.

Il Duce – annotò Ciano[41] – è piú che mai convinto della necessità di ritardare il conflitto. Ha redatto di suo pugno uno schema di comunicato sul convegno di Salisburgo che conclude con l'accenno a negoziati internazionali per risolvere le questioni che turbano tanto pericolosamente la vita europea.
Prima di lasciarmi, raccomanda ancora ch'io faccia presente ai tedeschi che bisogna evitare il conflitto con la Polonia, poiché è ormai impossibile localizzarlo e una guerra generale sarebbe per tutti disastrosa. Mai come oggi il Duce ha parlato con calore e senza riserve della necessità della pace. La penso al cento per cento come lui e questa convinzione mi porterà a raddoppiare gli sforzi. Ma dubito dei risultati.

La sera precedente la partenza di Ciano Attolico aveva telegrafato di ritenere che, nonostante la gravità della situazione, «la questione della scelta definitiva della via da seguire sia sempre "aperta". Non si può fare a meno, tuttavia, di riconoscere che le probabilità di una soluzione pacifica tendono a diminuire piuttosto che ad aumentare»[42]. Contrariamente a quanto pensava Attolico, i colloqui che Ciano ebbe dall'11 al 13 agosto a Salisburgo e a Berchtesgaden con von Ribbentrop e Hitler dimostrarono invece che la via non era piú «aperta». Il primo, in preda «ad una irragionevole pervicace volontà di determinare questo conflitto», si disse convinto che la situazione fosse «particolarmente favorevole per la Germania per agire» contro la Polonia. Il conflitto non si sarebbe generaliz-

---

[40] Per l'atteggiamento di Ciano in questi giorni cfr. G. CIANO, *Diario* cit., pp. 323-25.
[41] *Ibid.*, p. 326. Per il testo del comunicato cfr. *DDI*, s. VIII, XII, pp. 605 sg.
[42] *Ibid.*, p. 609.

zato, perché «l'Europa assisterà impassibile all'implacabile stritolamento della Polonia». E anche qualora Francia e Inghilterra fossero volute intervenire, si sarebbero trovate «nella materiale impossibilità di recare offesa alla Germania e all'Asse ed il conflitto finirebbe sicuramente con la vittoria delle potenze totalitarie». Quanto all'Urss, anch'essa non sarebbe intervenuta perché le trattative con gli anglo-francesi erano fallite e ora erano in corso conversazioni con la Germania. Contro il muro di questa sicurezza tutti gli argomenti di Ciano si infransero irrimediabilmente[43]. Né le cose andarono meglio con Hitler[44]. Anch'egli si disse sicuro che il conflitto sarebbe rimasto localizzato. Contro questa certezza, le argomentazioni di Ciano e il suo richiamo agli accordi intercorsi di evitare una guerra per due-tre anni furono anche piú inefficaci che con von Ribbentrop. Come Ciano scrisse nel resoconto del colloquio[45], poco dopo aver cominciato a parlare egli fu interrotto dal Führer che gli disse

che era verissimo quanto gli dicevo e che anche lui concorda con Mussolini nel ritenere che due o tre anni – non però piú – siano utili all'Asse per migliorare la sua posizione e la sua preparazione. Li avrebbe attesi, secondo quanto era stato concordato. Ma le provocazioni della Polonia e l'aggravarsi della situazione ha reso urgente l'azione tedesca. Azione però che non provocherà un conflitto generale. Il Führer è quindi certo che, per quanto concerne l'Italia, egli non dovrà chiedere l'aiuto secondo l'impegno esistente.

E nel successivo colloquio, riproponendogli Ciano l'eventualità che il conflitto si generalizzasse, tagliò corto, dicendogli che se questa ipotesi «assurda» si fosse verificata, ciò avrebbe significato che l'Inghilterra e la Francia «avevano ormai deciso la lotta all'Asse e che anche senza l'attacco tedesco alla Polonia non avrebbero lasciato trascorrere quegli anni di preparazione che potevano apparire utili all'Italia e alla Germania»[46].

I colloqui di Salisburgo e di Berchtesgaden segnarono la fine delle illusioni di Mussolini e di Ciano e con esse il fallimento di tutta la loro politica. Il regime e con esso l'Italia si vennero a trovare di fronte ad una scelta quale mai Mussolini aveva dovuto affrontare e che quasi certamente si sarebbe potuta rivelare decisiva per entrambi.

Ciano, che, oltretutto, si era sentito profondamente ferito dal modo freddo e scostante con cui von Ribbentrop lo aveva trattato, cosí diverso da quello a cui era abituato, tornò a Roma deciso di fare tutto il possibile per tenere l'Italia fuori dell'ormai imminente conflitto.

[43] *L'Europa verso la catastrofe* cit., pp. 449 sgg.; nonché G. CIANO, *Diario* cit., pp. 326 sg. Per l'atmosfera degl'incontri cfr. anche M. MAGISTRATI, *L'Italia a Berlino* cit., pp. 394 sgg.
[44] Cfr. *L'Europa verso la catastrofe* cit., pp. 453 sgg. e 458 sg.; nonché G. CIANO, *Diario* cit., p. 327.
[45] *L'Europa verso la catastrofe* cit., p. 457.
[46] *Ibid.*, p. 459.

Torno a Roma – si legge nel suo diario [47] – disgustato della Germania, dei suoi Capi, del modo di agire. Ci hanno ingannato e mentito. E oggi stanno per tirarci in un'avventura che non abbiamo voluta e che può compromettere il Regime e il Paese. Il popolo italiano fremerà di orrore quando conoscerà l'aggressione contro la Polonia e, caso mai, vorrà impugnare le armi contro i tedeschi. Non so se augurare all'Italia una vittoria o una sconfitta germanica. Comunque dato il contegno tedesco io ritengo che noi abbiamo le mani libere e propongo di agire di conseguenza, dichiarando cioè che noi non intendiamo partecipare a un conflitto che non abbiamo voluto né provocato.

Della sua stessa opinione erano i suoi collaboratori di palazzo Chigi e, appena l'esito dei colloqui cominciò ad essere risaputo (Ciano non fece mistero con nessuno di cosa aveva saputo e delle sue reazioni), dello stesso parere si sarebbe mostrata la grande maggioranza del gruppo dirigente fascista. Va anzi sottolineato che, proprio attorno al problema dell'atteggiamento da assumere di fronte alla guerra, nelle due settimane successive al rientro di Ciano a Roma si verificò all'interno di tale gruppo dirigente un profondo rimescolamento e riassestamento dei vari sottogruppi che sino allora lo avevano costituito e degli stessi rapporti personali tra i suoi membri. Vecchi rancori, come quelli tra Balbo e De Bono, finirono e si trasformarono, nella comune azione per tenere l'Italia fuori dal conflitto, in rinnovate amicizie, altri, come quelli tra Ciano e Grandi, ebbero una pausa e, comunque, si attenuarono un po'. Rapporti sino allora un po' incerti e ambigui, come quelli tra Ciano e Bottai, si caratterizzarono in modo nuovo e nettamente piú positivo. Altri, invece, entrarono chiaramente in crisi, come, per esempio, quelli tra Ciano e Starace e tra Bocchini e Starace. Alcuni di questi processi erano già in atto da tempo, a determinare la loro piena maturazione fu però la nuova situazione. Cosí come furono questa nuova situazione e il fermo atteggiamento subito preso di fronte ad essa da Ciano che determinarono in molti, sino allora critici e ostili verso il giovane ministro degli Esteri (in marzo, discutendosi in Gran Consiglio per l'ennesima volta di chi dovesse, in caso di impedimento o di morte di Mussolini, prendere le redini del regime, la questione era stata accantonata perché, orientatisi i piú per un triunvirato, facile era stato l'accordo sui nomi di Balbo e di Grandi, mentre quello di Ciano aveva incontrato le piú vive opposizioni [48]), un mutamento di giudizio nei suoi confronti e perciò un rafforzamento della sua posizione di numero due del regime (cosí come nei sostenitori dell'intervento a fianco della Germania una profonda ostilità verso di lui che non si sarebbe piú placata neppure dopo il 10 giugno del 1940) che contribuiscono a spie-

---

[47] G. CIANO, *Diario* cit., pp. 327 sg.
[48] Cfr. A. TAMARO, *Venti anni di storia* cit., III, p. 365.

gare l'ulteriore ascesa, nei mesi successivi, della sua fortuna e potenza politiche che avrebbero raggiunto il loro zenith alla fine di ottobre (ché verso la fine dell'anno dopo, come vedremo nel prossimo volume, esse cominciarono rapidamente a calare parallelamente al sempre piú evidente riprendere il sopravvento degli aspetti negativi della sua personalità) con la sostituzione di Starace con Muti alla segreteria generale del PNF e col rimpasto del governo da cui nacque quello che comunemente fu detto il «gabinetto Ciano», proprio per il ruolo decisivo che il ministro degli Esteri ebbe nella scelta dei ministri da sostituire e da nominare.

Ma per importanti che fossero il vasto schieramento subito determinatosi a favore del non intervento italiano in guerra (ai vertici del regime i favorevoli all'intervento erano all'inizio, che poi i piú si allinearono sulla posizione di Mussolini, praticamente solo Starace, Farinacci, Alfieri, Buffarini-Guidi e Pariani) e il fatto che a guidarlo fosse il ministro degli Esteri, l'elemento decisivo della situazione era costituito da Mussolini. Tutti ne erano consapevoli, Ciano per primo. E non solo gli italiani, ma anche tutti i rappresentanti stranieri nella capitale che, piú o meno informati subito dell'incrinatura prodottasi nell'Asse col viaggio di Ciano in Germania, seguivano con ansia gli sviluppi della politica italiana e cercavano di raccogliere il piú possibile notizie sugli orientamenti di Mussolini[49]. Che il «duce» non volesse in quel momento la guerra e sapesse di essere assolutamente impreparato a farla era pacifico. Questo non risolveva però la questione. Tutta una serie di altre motivazioni – politiche, ideologiche, culturali, caratteriali, di prestigio – portavano infatti il «duce» a non sapersi rassegnare facilmente all'idea di non onorare la firma apposta sotto il «patto d'acciaio», di dover smentire le parole da lui dette al «Campo di maggio», di essere costretto a riconoscere il fallimento della propria politica e l'impreparazione del «possente» esercito italiano, e di disertare infine la «prova» per la quale egli aveva «preparato le generazioni del littorio». Grandi, che Ciano di ritorno a Roma cercò e volle vicino a sé perché lo aiutasse e lo consigliasse in quei drammatici frangenti, ha ricostruito bene nelle sue memorie quello che dovette essere lo stato d'animo di Mussolini nelle due settimane che intercorsero, grosso modo, tra il ritorno del genero e lo scoppio della guerra[50]:

> Mussolini non voleva, in quel momento, la guerra. Egli amava «giocare» colla guerra, aveva avanzato sempre. Nei discorsi alle folle, nelle colonne dei giornali, nelle pittoresche e incruenti riviste militari. Aveva mal digerito Nietzsche e si era atteggiato, per lunghi anni, a filosofo e profeta della guerra, urlando, minacciando e fa-

---

[49] Tipico in questo senso è quanto scriveva il 22 agosto P. Loraine ad Halifax, cfr. *DBFP*, s. III, VII, pp. 139 sg.
[50] D. GRANDI, *Memorie* cit.

cendo la «faccia feroce». Era un «bluff», un inganno nel quale aveva finito col cadere egli stesso, vittima del suono delle sue stesse parole da lui medesimo scambiato spesso per il rumore pesante e sinistro dei carri armati in marcia o del rombo di areoplani in volo. Tanto piú che altri avevano creduto e, sovente, ceduto. La guerra l'aveva fatta anche. Ne aveva fatte due, quella abissina e quella spagnola. Ma non erano state né l'una né l'altra delle «grandi» guerre e per questo soltanto esse avevano permesso a lui di apparire «grande». Una guerra europea era una guerra di giganti, destinata fatalmente a ristabilire le proporzioni, quelle vere, non quelle illusorie. Mussolini intuiva perfettamente questo e l'annuncio inatteso di Hitler, la disinvoltura brutale colla quale questi veniva meno ad un tratto agli impegni solenni assunti personalmente con lui, col maestro adulato e incensato, glielo confermavano.

D'altra parte come avrebbe potuto egli, Mussolini, apparire ad un tratto di fronte al suo popolo e al mondo intero come «tradito» dall'amico fedele e dal fedele popolo germanico, o peggio ancora come «traditore», egli stesso all'ultima ora, di una solidarietà solennemente giurata? Risuonavano certamente al suo orecchio le fatali parole pronunciate il settembre nel Campo di Maggio davanti alla moltitudine inebriante di Berlino: «Quando io ho un amico vado con lui fino in fondo». Come avrebbe potuto egli, l'imprudente profeta della guerra, il Pontefice riconosciuto di un'ideologia universale, tirarsi indietro proprio nel momento in cui la guerra prevista giungeva e l'ideologia conquistatrice si accingeva finalmente a conquistare il mondo? Come poteva egli, il Duce «che ha sempre ragione», presentarsi agli italiani come un piccolo uomo di Stato che si era sbagliato, e rifugiarsi come già aveva fatto il modesto A. Salandra nel luglio 1914 dietro la formula mediocre del «sacro egoismo» difeso dalla neutralità?

Né, allargando per un momento il discorso a tutto il periodo che intercorse tra il ritorno di Ciano dalla Germania e l'annuncio della «non belligeranza» italiana, si deve sottovalutare quanto a rendere per Mussolini piú difficile e drammatica una decisione contribuivano, dato il suo carattere, le notizie, in qualche caso vere, molto spesso inventate di sana pianta, messe in circolazione dalla stampa internazionale e francese in particolare sui suoi dubbi, i contrasti con Hitler, col sovrano e all'interno del regime, le violente reazioni popolari alla prospettiva di una guerra a fianco della Germania, ecc. Una messe di notizie sulle quali ci si potrebbe dilungare per pagine e che, già cominciata a circolare prima degli incontri di Ciano con Hitler e von Ribbentrop, divenne dopo di essi sempre piú ricca e, come dicevamo, sempre piú fantasiosa. Ché se quelle sui disaccordi con i tedeschi (subito alimentate dal fatto che dopo il viaggio di Ciano non fu emesso alcun comunicato, non essendosi trovata una formula che soddisfacesse entrambe le parti, ma i tedeschi tesero a presentarlo come svoltosi all'insegna della piú perfetta identità di vedute) erano ben fondate, altre, inventate di sana pianta all'estero o raccolte tra quelle che circolavano in Italia, non lo erano affatto. Basti dire che si arrivò a parlare di un diverbio di Mussolini con Badoglio finito col ferimento del primo alla faccia e col suo ricovero in ospedale, di un duello col maresciallo Caviglia (che poi si sarebbe suicidato), di un attentato, sempre contro Mussolini, ad opera di Badoglio e del conte Calvi di Bergolo, di abdicazione del re e di vere e proprie rivolte popolari [51].

Ciano, nel suo diario, è assai parco di notizie su come Mussolini reagí al resoconto degli incontri con Hitler e von Ribbentrop da lui fattogli il 13 agosto, appena rientrato in aereo a Roma [52]:

> A Palazzo Venezia, riferisco al Duce. E oltre al rapporto dell'accaduto, gli rivelo appieno il mio giudizio su situazione, uomini ed eventi... Le reazioni del Duce sono di varia natura. Dapprima mi dà ragione. Poi dice che l'onore lo obbliga a marciare con la Germania. Infine afferma che vuole la sua parte di bottino in Croazia e in Dalmazia.

E anche le sue annotazioni successive sono in proposito sommarie, vaghe, piú volte a sottolineare gli sbalzi d'umore e le incertezze piú macroscopiche che a tentarne un'analisi, anche solo umana. Né la cosa, in definitiva, meraviglia: le annotazioni del diario di Ciano di queste settimane dànno infatti l'impressione netta di tendere soprattutto a mettere nel massimo rilievo l'apporto personale del loro autore alla decisione del «duce» di non intervenire in guerra e di farlo in un modo che, sostanzialmente, da un lato, sopravvaluta – scientemente o inconsapevolmente è difficile dire – tale apporto e, dall'altro, sottovaluta o sottace l'iniziativa di Mussolini, arrivando talvolta a non riferire alcuni fatti importanti o ad alterarne altri. Tutto sommato, anche se in buona parte frutto di informazioni indirette, piú attendibile ci pare l'immagine complessiva che di queste reazioni ha dato Grandi nelle sue memorie, tanto piú che essa trova varie conferme in memorie, diari e documenti di altri esponenti del regime. Scrive Grandi [53]:

> Alla relazione dettagliata fatta da Ciano sull'incontro di Salisburgo Mussolini non aveva mostrato reagire: il colpo era stato troppo duro, egli si era chiuso in un mutismo assoluto. Impenetrabile e solo a Palazzo Venezia, rifiutava i contatti con chichessia limitandosi a ricevere soltanto le persone a lui piú vicine. Il Ministro degli Esteri, il Sottosegretario agli Interni, il Segretario del Partito, i sottosegretari militari e il Capo della Polizia. Tratteneva queste per pochi minuti e di nuovo si richiudeva nel silenzio e nella solitudine, come una sfinge.

Sempre secondo Grandi [54], piú che prendere una decisione, Mussolini avrebbe in pratica finito per lasciare, «fingendo di non accorgersi, che altri facessero per lui». In questo giudizio non siamo, invece, d'accordo con Grandi, che probabilmente deve averlo mutuato attraverso il

---

[51] Cfr. ACS, *Segreteria particolare del Duce, Carteggio riservato (1922-1943)*, FP/R, fasc. «Mussolini Benito», sott. 6, ins. A «Dicerie su varî morti e presunti ferimenti»; *DDI*, s. VIII, XIII, pp. 202 sg.
[52] G. CIANO, *Diario* cit., pp. 327 sg.
[53] D. GRANDI, *Memorie* cit.
[54] *Ibid.*

filtro dei suoi stretti contatti in questo periodo con Ciano. Indubbiamente il resoconto di Ciano fu per Mussolini un colpo durissimo. In definitiva però, probabilmente, meno duro di quello che gli incontri con Hitler e soprattutto con von Ribbentrop avevano costituito per il genero: un po' per la sua paura e diffidenza atavica verso i tedeschi, un po' per il suo maggior senso politico, egli, nell'intimo, doveva infatti esserselo atteso; cosí come del resto sarebbe stato per il patto Ribbentrop-Molotov, che colse Ciano completamente di sorpresa (mentre avrebbe dovuto avere molti elementi per aspettarselo[55], certo piú di quelli di cui disponeva il «duce»), ma meno Mussolini[56]. E certamente, pur essendo duramente colpito dalle notizie portate da Ciano, pur chiudendosi in se stesso e pur avendo, al solito, alti e bassi d'umore e sfoghi ora contro i tedeschi ora contro gli anglo-francesi che «l'avevano messo in quella situazione», Mussolini non fu affatto passivo né cosí incerto come si vuole spesso affermare. Troppi fatti, desumibili dalle varie fonti disponibili, provano un suo ruolo decisionale non solo attivo, ma temporalmente in anticipo sulle suggestioni e le proposte di Ciano, che giustifica il nostro dissenso rispetto a quanto affermato da Grandi. Tra i piú importanti ne vogliamo ricordare due. L'ordine dato il 16 agosto a De Bono (ma, si noti, Mussolini lo aveva fatto convocare sin dal 14, fu De Bono che, essendo a Cassano, non poté recarsi da lui prima) di fare subito una ricognizione «al fronte Nord, dal Passo di Resia al Tarvisio» («Sono le piú importanti; falle entro il mese»)[57]; e la convocazione, il 19 agosto (il giorno prima cioè che Ciano lo «convincesse», come vedremo, ad autorizzarlo a parlare ancora una volta con von Ribbentrop «con ogni franchezza e rivendicare i nostri diritti di soci»[58]), di Giacomo Paulucci di Calboli Barone per chiedergli di preparargli un resoconto scritto («sarà il primo documento di un dossier che sto preparando sui tradimenti del camerata Hitler») su una conversazione da lui avuta a Berlino il 22 giugno con il ministro dell'Economia del Reich Funk, durante la quale questi si era espresso sulle ricchezze naturali della Polonia in un modo che lasciava intendere che i tedeschi pensavano di impadronirsene, cosa che

---

[55] Per lo stato d'informazione che si aveva a Roma cfr. M. TOSCANO, *L'Italia e gli accordi tedesco-sovietici dell'agosto 1939*, Firenze 1955.
[56] Cfr. G. BOTTAI, *Diario* cit., f. 698, alla data del 31 agosto 1939, ove si legge che, alla domanda di Bottai se Roma fosse stata a conoscenza delle trattative che avevano portato al patto tedesco-sovietico, Ciano rispose: «No. Il Duce dice di sí. Ma era una notizia vaga, a mezz'aria che avevamo. Attolico ci aveva detto, sí, che si stava preparando qualche cosa. Ma senza precisare».
[57] ACS, E. DE BONO, *Diario* cit., q. 43, alla data del 17 agosto 1939.
[58] I relativi appunti di Paulucci del 19 e del 21 agosto, i giorni rispettivamente nei quali ricevette a Venezia la convocazione e fu ricevuto da Mussolini, sono stati resi noti da F. MILESI FERRETTI, *L'attività diplomatica di Giacomo Paulucci di Calboli Barone*, tesi di laurea in storia moderna, Roma, Facoltà di Lettere e Filosofia, 1970-71, pp. 179 sgg.

Paulucci gli aveva riferito, ma senza che lui, allora, ci avesse creduto[59]. In realtà, molte delle «incertezze» di Mussolini in queste giornate, piuttosto che la decisione di fondo di non partecipare ad un conflitto, dovettero riguardare il modo e il momento della sua realizzazione in una situazione che rimaneva pur sempre in qualche misura incerta e nella quale non mancavano colpi di scena – in particolare l'annuncio del patto tedesco-sovietico – che potevano far pensare ad un suo diverso sbocco. Ciò che, infatti, doveva preoccupare soprattutto Mussolini era di compiere un passo inutile o prematuro, che, rivelando troppo presto la sua decisione, guastasse del tutto i suoi rapporti con la Germania o lo privasse della possibilità di tentare di esercitare in extremis la sua funzione di mediatore. Il che, sia ben chiaro, non vuol dire negare o anche solo sottovalutare il fatto che la decisione di non intervenire in guerra gli pesasse enormemente e fosse sentita da lui come una sconfitta politica, ideologica e morale e che, quindi, pur sapendola necessaria, egli si ribellasse al tempo stesso ad essa, sperasse di poterla evitare e, addirittura, in certi momenti la rifiutasse. Perché dove Grandi ha visto bene non è stato nel passo delle memorie sopra citato, ma in un'annotazione delle sue pagine di diario, quando, sotto la data del 21 agosto, ha scritto che Mussolini stava «combattendo la piú grande battaglia interiore della sua vita». E la combatté sostanzialmente tutto da solo, riducendo al massimo i contatti con tutti i suoi collaboratori, anche con Ciano, e prendendo lui le decisioni effettive, anche se in apparenza lasciò credere loro e soprattutto al genero di avervi una parte notevole. Forse senza rendersene neppure conto, forse per intima stanchezza e distacco da simili piccole vanità, forse per calcolo, per potere eventualmente ritorcerle contro di loro e cercare, al caso, di scaricarsene la responsabilità. In sostanza, si può dire che Mussolini, pur non volendo assolutamente scoprire il suo gioco e nulla pregiudicare delle possibilità che la situazione poteva offrirgli e volendo, se proprio doveva, giungere ad una dichiarazione di neutralità – una parola per lui cosí ostica e avvilente che, quando dovette usarla, la sostituí con quella piú marziale di «non belligeranza» – prese razionalmente la sua decisione subito dopo aver ascoltato il resoconto fattogli da Ciano. Probabilmente nella notte tra il 13 e il 14 agosto. La prova migliore è nell'ordine di convocazione di De Bono da lui impartito il giorno dopo e nelle istruzioni che gli dette il 16, appena poté parlargli. Una ulteriore, anche se indubbiamente meno significativa, conferma è costituita dalle istruzioni ai direttori di giornali e a quello dell'Agenzia Stefani impartite da Alfieri nel suo rapporto del 18 agosto e che corrispondono a quel-

---

[59] *Ibid.*, pp. 184 sgg.

le che dalle pagine di diario di Grandi [60] sappiamo erano state date il 16 da Starace, certo non di sua iniziativa, ai federali: «macchina indietro, a tutta forza, nell'azione di propaganda popolare in favore della Germania» [61]:

> Vi ho già fatto dire di evitare nei riguardi della Polonia – disse Alfieri – un soverchio ottimismo e di appoggiare genericamente la tesi di un accordo polacco-tedesco. Vi ho convocato oggi perché ritengo utile, mediante un contatto personale, precisare il nostro pensiero meglio di quanto sia possibile fare in una circolare.
> Appoggiare la Germania per quanto concerne la questione di Danzica non vuol dire esagerare, come qualcuno ha fatto, nella impostazione polemica della questione stessa. Si può e si deve dimostrare la legittimità, la giustizia della tesi tedesca, ma non conviene prendere posizione troppo decisivamente, dato che in questi giorni la situazione, che è molto seria e delicata, si va sviluppando e non sappiamo precisamente quello che potrà succedere.
> Se la Polonia riconoscerà che le conviene accordarsi con la Germania, meglio per tutti; ma, intanto, evitiamo di sbilanciarci troppo. A questo proposito, conviene anche tener conto che, pur seguitando a polemizzare con l'Inghilterra e con la Francia, non è il caso di esagerare, appunto perché la diagnosi della situazione è riservata.

Le incertezze e i ripensamenti dei giorni successivi di cui parla Ciano nel suo diario piú che veri ripensamenti furono essenzialmente stati d'animo tipici del suo carattere (e c'è da chiedersi addirittura quanto sinceri e quanto un po' per scena e un po' per tenere a freno il genero e impedirgli di precipitare le cose con i tedeschi) e che divennero – è bene notarlo – meno frequenti e si placarono del tutto via via che le notizie trasmesse dagli inglesi e lo svolgersi degli avvenimenti gli dimostrarono quanto poco «leale» fosse l'atteggiamento dei tedeschi verso di lui, sino a convincerlo di essere stato da essi ingannato e tradito. Alcune annotazioni di Ciano sono a questo proposito significative [62]. In un momento solo le sue incertezze furono razionali, al momento del patto tedesco-sovietico, quando (pur ribellandosi all'idea che Hitler avesse potuto stringere un accordo cosí stretto con Stalin in spregio alla logica del patto anti-Komintern e, ancora una volta, a quanto concordato), per due-tre giorni, egli dovette chiedersi se esso non costituisse un fatto nuovo in grado di determinare un effettivo cambiamento della situazione. Ma le stesse incertezze le ebbe anche Ciano, come provano le sue annotazioni sotto la data del 22 agosto [63]. Dopo di che Mussolini tornò però sulla sua precedente posizione, con in piú un nuovo motivo di polemica verso i tedeschi.

---

[60] *Archivio D. Grandi*, b. 151, fasc. 199, sott. 3, *Frammenti di Diario*, alla data del 17 agosto 1939.
[61] ACS, *Agenzia Stefani, Manlio Morgagni*, b. 5, fasc. 12.
[62] Cfr. G. CIANO, *Diario* cit., pp. 335 e 336.
[63] *Ibid.*, p. 332.

Concretamente, la documentazione oggi disponibile permette di ricostruire in questi termini le «incertezze» di Mussolini nei giorni successivi al ritorno di Ciano dalla Germania. Il 14 agosto il «duce» preparò una bozza di comunicazione da inviare ai tedeschi nella quale era posto l'accento su due concetti: che la sicurezza di localizzare il conflitto era infondata e che la controversia con la Polonia poteva «essere ancora suscettibile di una soluzione quale la Germania ha il diritto di attendere, senza ricorrere alla forza» [64]. Quale significato si debba dare a questo documento ce lo dice il diario di Ciano sotto la data del giorno successivo [65]:

> Il Duce, che in un primo tempo rifiutava di separare la sua libertà d'azione da quella tedesca, oggi, dopo l'esame dei documenti da me presentati e dopo i nostri colloqui, è entrato nell'ordine di idee che è impossibile marciare a occhi bendati con la Germania. Egli fa però una riserva: vuole preparare lo sganciamento, ma fare ciò in modo da non rompere brutalmente le relazioni con Berlino. Poiché, a suo avviso, è ancora possibile – se pure difficile – che le democrazie abbozzino. In tal caso non ci conviene esserci urtati con la Germania, poiché anche noi dobbiamo prendere la nostra parte di bottino. Bisogna quindi trovare una soluzione che permetta: *a)* se le democrazie attaccano, di sganciarci «onorevolmente» dai tedeschi; *b)* se le democrazie incassano, di cogliere l'occasione per saldare, una volta per tutte, i conti con Belgrado.
> A tal fine sembra piú di ogni altra cosa conveniente fissare per iscritto le conclusioni di Salisburgo. È un documento che, a seconda dei casi, potremo tirare fuori o lasciare sepolto in archivio. Ma anche il Duce è sempre piú convinto che le democrazie si batteranno: «È inutile – dice – andare a duemila metri fra le nuvole. Forse si è piú vicini al Padre Eterno – se esiste – ma si è piú lontani dagli uomini. Questa volta è la guerra. E noi non possiamo farla perché le nostre condizioni non ce lo permettono».

Il 16 agosto fu deciso di non inviare piú la nota scritta, ma di farne oggetto solo di una comunicazione verbale, «poiché una nota scritta potrebbe indurre la Germania a chiedere precisazioni circa il nostro eventuale contegno in caso di guerra» [66]. Due giorni dopo, nel cuor della notte, Attolico informò Ciano che von Ribbentrop gli aveva telefonato chiedendogli di vederlo il giorno dopo e dicendogli di avvertire Roma «che le decisioni nella direzione già comunicata [a Ciano] a Berchtesgaden erano ormai prese» [67]. Nell'incontro del 19 Attolico comunicò il punto di vista di Mussolini al ministro nazista, che però mostrò chiaramente di non dargli peso e, anzi, cercò di sostenere che con i colloqui dell'11-13 agosto la Germania aveva adempiuto i suoi obblighi di consultazione e che di conseguenza all'Italia non restava che adempiere a sua volta quelli

---
[64] *DDI*, s. VIII, XIII, pp. 22 sg.
[65] G. CIANO, *Diario* cit., pp. 328 sg.
[66] *Ibid.*, p. 329.
[67] *DDI*, s. VIII, XIII, p. 56.

di intervento a suo fianco nell'ormai imminente conflitto[68]. Il giorno dopo Attolico era a Roma e si incontrava direttamente con Mussolini, essendo Ciano in Albania. Dopo l'incontro il «duce» indisse per le diciannove e trenta una riunione con alcuni ministri (già convocati a Roma per quel giorno sin dal 17), i sottosegretari militari e Starace[69]. Nella stessa giornata si verificò inoltre un fatto che indubbiamente pesò notevolmente sulla successiva riunione a palazzo Venezia, la consegna cioè da parte dell'ambasciatore inglese di una comunicazione di Halifax per Mussolini nella quale si ribadiva che Inghilterra e Francia non si sarebbero sottratte ai loro impegni verso la Polonia e si diceva che Londra non era però ostile ad una soluzione negoziata della questione di Danzica: se «da parte autorevole» fosse stata proposta all'uopo una conferenza, alla quale partecipassero anche la Polonia e l'Urss, il governo inglese, pur essendo scettico sul suo risultato, l'avrebbe considerata positivamente[70]. Pur nella sua forma cauta e tortuosa, questa comunicazione stava a dimostrare che, forse, sussisteva ancora qualche possibilità di evitare il conflitto e soprattutto che Mussolini poteva ancora tentare di rilanciare la sua idea di una conferenza ad hoc. E ciò tanto piú che il giorno prima non solo Loraine aveva cercato di incontrarsi con Grandi, ma questi era stato contattato da A. Dingli, giunto a Roma per riattivare il «canale segreto» e per comunicargli un messaggio personale di Chamberlain (di cui però non conosciamo il contenuto)[71]. Tutte cose che potevano far pensare che, dopo Salisburgo e, forse, anche per effetto di un passo del 15 agosto (non sappiamo se fatto di propria iniziativa o su indicazione di Ciano) di Attolico sul suo collega britannico a Berlino, Henderson, volto a sollecitare una collaborazione italo-inglese per salvaguardare la pace[72], il governo di Londra stesse mutando la sua posizione verso l'Italia.

Sugli avvenimenti della seconda metà di questa giornata – assai importante ai fini di tutta la vicenda di queste due settimane – siamo male informati. Non sappiamo neppure con certezza se la riunione indetta da Mussolini abbia avuto luogo. Ciano, rientrato tempestivamente dall'Albania su consiglio di Anfuso, non ne fa cenno e parla solo di una riunione

---

[68] *Ibid.*, pp. 68 sgg. Nella stessa giornata Attolico ebbe un secondo incontro con von Ribbentrop, per il quale cfr. *ibid.*, pp. 73 e 78 sg.
[69] Cfr. il «diario» di quelle giornate, scritto però certamente in un secondo tempo, di L. Vitetti, all'epoca direttore generale degli Affari generali di palazzo Chigi e stretto collaboratore di Ciano, pubblicato da E. SERRA, *Leonardo Vitetti e una sua testimonianza*, in «Nuova antologia», dicembre 1973, p. 494.
[70] *DDI*, s. VIII, XIII, pp. 79 sgg.
[71] D. GRANDI, *Frammenti di diario*, alla data del 19 agosto 1939, in *Archivio D. Grandi*, b. 151, fasc. 199, sott. 3; nonché R. QUARTARARO, *Inghilterra e Italia ecc.* cit., pp. 691 sgg.
[72] Cfr. *DBFP*, s. III, VII, pp. 7 sg.

tra lui, Mussolini e Attolico che, se mai, dovette precedere quella con i ministri e i sottosegretari. Ma ne dà un resoconto che contrasta con l'unico documento sicuro che ce ne resta. Secondo Ciano, Mussolini si sarebbe dichiarato a favore di un intervento con i tedeschi e avrebbe voluto rassicurarli su ciò. Alla fine la riunione si sarebbe conclusa però con un nulla di fatto[73]. Solo il giorno dopo, incalzato dal genero, Mussolini si sarebbe piegato a permettergli di incontrare ancora una volta von Ribbentrop per parlargli «con ogni franchezza» e per «rivendicare i nostri diritti di soci», senza tuttavia far saltare «per ora» l'Asse[74]. Bastianini parla di una riunione tra Mussolini e Ciano alla quale egli sarebbe stato per un certo tempo presente, ma nel suo racconto è evidente una sorta di confusione-sovrapposizione di ricordi relativi a questa riunione e a quella del successivo 26 agosto[75]. Luciolli, infine, ne dà una versione che appare la meno improbabile, parla cioè di una sola riunione, quella indetta da Mussolini per le diciannove e trenta, senza Attolico, dalla quale sarebbe uscita la decisione del nuovo incontro Ciano-Ribbentrop[76]. L'unica cosa sicura è che Mussolini e Ciano[77] prepararono un progetto di nota da trasmettere ai tedeschi (datato ore diciannove) in cui *a*) si confermava la convinzione che il conflitto non sarebbe stato localizzabile e, a sua conferma, si allegava copia della comunicazione consegnata da P. Loraine qualche ora prima; *b*) si ribadiva che le condizioni dell'Italia non erano «in quel momento» «le piú favorevoli» per affrontarlo; *c*) si affermava che «il suggerimento inglese» non era da scartare: fatto salvo il preventivo ritorno di Danzica al Reich, la Germania non aveva «nulla da temere» da una conferenza internazionale che avrebbe potuto avere come temi la «definizione ulteriore dei rapporti tra la Germania e la Polonia», i «problemi franco-italiani», la «questione coloniale tedesca», «problemi economici e ridistribuzione delle materie prime» e «limitazione degli armamenti». Come si vede, il contenuto di questo documento smentisce quanto affermato da Ciano nel suo diario. Esso si lega però bene con quanto sappiamo degli avvenimenti del successivo 21 agosto[78]: *a*) la preparazione, ad opera di L. Vitetti con l'aiuto di Attolico, della documentazione necessaria a Ciano per dimostrare il buon diritto dell'Ita-

---

[73] G. CIANO, *Diario* cit., p. 331.
[74] *Ibid.*
[75] G. BASTIANINI, *Uomini, cose, fatti* cit., pp. 254 sg.
[76] M. DONOSTI [M. LUCIOLLI], *Mussolini e l'Europa* cit., p. 208.
[77] *DDI*, s. VII, XIII, p. 83. La nota redazionale che attribuisce il documento, oltre che a Mussolini e Ciano, anche ad Attolico è evidentemente desunta dal *Diario* di Ciano, mentre non si capisce il perché del riferimento alla «Cronologia dei principali avvenimenti precedenti lo scoppio della guerra» redatta dagli uffici del ministero degli Esteri, dato che questa non menziona il nome di Attolico tra i partecipanti alla riunione (*ibid.*, p. 398).
[78] Cfr. *DDI*, s. VIII, XIII, pp. 398 sg., 85 sgg., 89 sg. e 92; E. SERRA, *Leonardo Vitetti e una sua testimonianza* cit., p. 494; G. CIANO, *Diario* cit., pp. 331 sg.

lia a non ritenersi automaticamente impegnata ad entrare in guerra e per caldeggiare invece la proposta di convocare una conferenza che esaminasse tutti i maggiori problemi europei sul tappeto; *b*) il suo esame da parte di Mussolini che la modificò «leggermente» onde evitare che potesse essere intesa come una denuncia dell'alleanza; *c*) la redazione, sempre da parte di Mussolini, di una lettera per Hitler che Ciano avrebbe dovuto portare con sé e in cui il «duce» prospettava quattro eventualità: «1) Se la Germania attacca la Polonia ed il conflitto rimane localizzato, noi daremo alla Germania l'appoggio che ci sarà chiesto; 2) Se la Polonia e Alleati attaccano la Germania noi interverremo a favore della Germania; 3) Se la Germania attacca la Polonia e Francia e Inghilterra contrattaccano la Germania, noi non prendiamo iniziative di operazioni belliche, date le attuali condizioni della nostra preparazione militare tempestivamente comunicate al Führer e a von Ribbentrop; 4) Se eventuali negoziati falliscono per intransigenza altrui e la Germania intende risolvere con le armi la vertenza, interveniamo a fianco della Germania»; *d*) la ricerca telefonica di von Ribbentrop per fissare l'incontro di Ciano con lui.

Come si vede, Mussolini voleva procedere, al contrario di Ciano che avrebbe preferito bruciare i tempi e non credeva piú alla possibilità di un accordo, con i piedi di piombo; il senso reale della sua lettera per Hitler è però chiaro: il «duce» voleva preparare il terreno per rimaner fuori del conflitto, senza però rompere con la Germania e sperando ancora di porsi come mediatore. A sconvolgere per un momento i suoi piani, ma, in definitiva, a rafforzarlo subito dopo nella sua idea, venne però il patto tedesco-sovietico. Raggiunto telefonicamente von Ribbentrop, questi prima prese qualche ora di tempo per rispondere, poi fece sapere di essere in procinto di partire per Mosca per firmare un patto col governo sovietico. Questa notizia – lo si è detto – gettò Mussolini e Ciano nella confusione e nell'incertezza, inducendoli a soprassedere all'idea dell'incontro con von Ribbentrop e ad accarezzare di nuovo per un momento i progetti piú «rosei». Basti dire che Pariani fu incaricato di studiare un'eventuale azione contro la Iugoslavia e la Grecia [79]. Due o tre giorni – durante i quali apparve chiaro che il patto non avrebbe fatto mutare atteggiamento a Londra e Parigi – bastarono però a ricondurli ad una visione piú realistica della situazione. E ciò tanto piú che negli stessi giorni il disgelo dei rapporti con l'Inghilterra fece grandi progressi e Londra prese a mantenere stretti contatti con Roma informandola puntualmente delle trattative con la Germania, sulle quali invece Berlino manteneva

---

[79] Cfr. *DDI*, s. VIII, XIII, pp. 107 sg. e 124.

un piú assoluto riserbo e addirittura minimizzava. Questo fatto, unito all'atteggiamento di Vittorio Emanuele III nettamente ostile ad ogni idea di intervento in guerra e deciso a non farsi tagliar fuori dalle relative decisioni, a cominciare da quella di un'eventuale mobilitazione generale [80], contribuí non poco a indurre Mussolini ad accedere al punto di vista di Ciano che fosse ormai opportuno fare sapere ad Hitler che, se fosse scoppiato un conflitto generale iniziato dalla Germania, l'Italia non vi avrebbe preso parte. La mattina del 25 agosto fu perciò preparato un nuovo telegramma per Attolico con cui lo si incaricava di comunicare al Führer che se il conflitto fosse rimasto localizzato l'Italia avrebbe dato alla Germania «ogni forma di aiuto politico, economico che le sarà richiesto», mentre nel caso di un conflitto generale provocato dall'attacco tedesco alla Polonia l'Italia, «date le *attuali* condizioni della nostra preparazione militare ripetutamente e tempestivamente segnalate al Führer e a von Ribbentrop», non avrebbe preso «l'iniziativa di operazioni belliche» [81]. Anche questa comunicazione non era però destinata ad essere inoltrata.

Circa tre ore dopo che Mussolini e Ciano l'ebbero concordata, l'ambasciatore von Mackensen recapitava al «duce» una lettera di Hitler nella quale [82] questi, dopo aver riepilogato le trattative con i sovietici ed essersi scusato per non averlo informato «perché mi mancava non soltanto la visione dell'ampiezza che queste conversazioni avrebbero potuto raggiungere, ma anche soprattutto la certezza della possibilità del successo», aver sottolineato i vantaggi che il patto con l'Urss arrecava alla strategia tedesca e aver presentato la situazione dei rapporti con la Polonia come estremamente deteriorata e tutto per colpa di Varsavia, scriveva:

> In tali condizioni nessuno può prevedere ciò che si verificherà nell'immediato avvenire. Posso però soltanto assicurarVi che vi è in qualche modo una frontiera dalla quale non posso indietreggiare a nessun patto.
> Inoltre posso infine assicurarVi ancora, Duce, che in situazione analoga io recherò all'Italia una piena comprensione e che Voi potete fin d'ora esser sicuro del mio atteggiamento in ogni caso del genere.

Di fronte al tono deferente e, tutto sommato, remissivo della lettera, Mussolini fu colto ancora per un momento dagli scrupoli, ma Ciano, giocando abilmente sulla «comprensione» italiana richiesta da Hitler, lo convinse facilmente ad approfittare dell'occasione offertagli dalla lettera per far conoscere ad Hitler la sua decisione. Fu cosí subito preparata e

---

[80] Cfr. G. CIANO, *Diario* cit., p. 333; E. SERRA, *Leonardo Vitetti e una sua testimonianza* cit., p. 495.
[81] DDI, s. VIII, XIII, pp. 155 sg. Copia del telegramma doveva essere inviata anche al re.
[82] *Ibid.*, pp. 161 sgg.

comunicata telefonicamente ad Attolico perché la trasmettesse al Führer una risposta dal tono assai conciliante (veniva approvato il patto con Mosca), ma nella quale erano finalmente annunciate le decisioni già formulate nel telegramma di qualche ora prima, poi non inoltrato. Rispetto ad esso (su suggerimento, pare, di Attolico e di Vitetti e allo scopo evidente di rendere meno amaro il boccone e, al tempo stesso, non chiudersi per il futuro la porta tedesca) la lettera[83] faceva però seguire alla comunicazione del non intervento italiano questa precisazione:

> Il nostro intervento può tuttavia essere immediato se la Germania ci darà subito i mezzi bellici e le materie prime per sostenere l'urto che i franco-inglesi dirigeranno prevalentemente contro di noi. Nei nostri incontri la guerra era prevista dopo il 1942, e a quell'epoca sarei stato pronto per terra per mare e per aria, secondo i piani concordati.
> Ritengo inoltre che le semplici misure militari italiane già prese ed altre da prendere in seguito [il richiamo alle armi di due classi e di 38 battaglioni della Milizia a cui ne sarebbero seguiti altri nei giorni successivi] immobilizzeranno in Europa e in Africa notevoli forze franco-britanniche.

Non vi sono dubbi che ormai a Berlino le speranze in un intervento italiano erano molto scarse. La lettera di Mussolini indusse però Hitler ad un ultimo tentativo. Nella stessa serata von Mackensen consegnò al «duce» un'altra comunicazione del cancelliere invitante Mussolini a precisare «di quali mezzi bellici e di quali materie prime Voi abbisognate ed entro quale tempo, affinché io sia in grado di giudicare se ed in quale misura io possa soddisfare le Vostre richieste di mezzi bellici e di materie prime»[84]. Sino a questo momento la vicenda con i tedeschi si era mantenuta su un livello certo non esaltante, ma tutto sommato neppure tale da mettere Mussolini in una condizione di reale inferiorità morale nei confronti di Hitler. I machiavellismi e i sotterfugi di Roma avevano infatti trovato giustificazione, oltre che nell'estrema gravità della decisione da prendere, nel comportamento tutt'altro che corretto e leale di Berlino. A questo punto però essa scadette irrimediabilmente nel grottesco e a tutto scapito morale di Roma.

Per rabbonire i tedeschi e dimostrar loro la propria buona volontà, Mussolini aveva scritto ad Hitler che se l'Italia avesse ricevuto i mezzi necessari sarebbe potuta entrare in guerra. La domanda di Hitler di precisarne l'entità, minacciando di far «vedere il bluff», indusse infatti Mussolini, Ciano, Attolico e Vitetti a ricorrere, per sfuggire il pericolo, ad un espediente privo di qualsiasi dignità: redigere in fretta e furia una lista di richieste per il primo anno di guerra così esagerata (tanto più che,

---

[83] *Ibid.*, pp. 164 sg.
[84] *Ibid.*, p. 170.

secondo Vitetti e Luciolli, Mussolini pensò bene di aumentare molto e persino di raddoppiare le cifre fatte dai tecnici e Attolico, trasmettendola, «per un equivoco» disse che il tutto doveva essere consegnato prima dell'entrata dell'Italia in guerra [85]) che neppure con la piú buona volontà i tedeschi avrebbero potuto soddisfarle, tanto che Ciano annotò nel suo diario che essa era «tale da uccidere un toro, se la potesse leggere» [86]. Basti dire che prevedeva sei milioni di tonnellate di carbone, due di acciaio, sette di oli minerali e cosí di seguito [87]. Sicché Hitler si vide costretto a fare buon viso a cattivo gioco e a far recapitare a Mussolini, il 26 agosto, una lettera nella quale, dopo essersi detto non in grado di soddisfare le richieste avanzategli, scriveva [88]:

> In queste condizioni, Duce, io mi rendo conto della Vostra situazione e Vi prego soltanto di voler procedere a impegnare, come Voi mi prospettate, le forze anglofrancesi mediante un'attiva propaganda e dimostrazioni militari appropriate. Poiché né la Francia né l'Inghilterra possono raggiungere ad occidente alcun risultato decisivo, mentre ad Oriente dopo l'abbattimento della Polonia la Germania avrà libere, in seguito all'accordo con la Russia, tutte le sue forze e la supremazia dell'aria è inequivocabilmente dalla nostra parte, non mi perito di risolvere la questione orientale, anche col pericolo di complicazioni ad Occidente.

Formalmente Mussolini e Ciano erano riusciti ad evitare di dover entrare in guerra senza per questo dover denunciare il «patto d'acciaio». In realtà tutta la vicenda avrebbe indelebilmente segnato i successivi rapporti tra i due regimi e suscitato nei capi nazisti una diffidenza e una disistima vivissima nei confronti degli italiani. Di questo, per il momento, Mussolini e ancor piú Ciano dovettero però preoccuparsi poco. L'espediente con cui soprattutto si cercò di «dare soddisfazione» ai tedeschi, rabbonirli e dimostrare loro i *veri* sentimenti dell'Italia fu quello di far accentuare dalla stampa le prese di posizione favorevoli alle rivendicazioni tedesche su Danzica e sul corridoio e contro l'«intransigenza» polacca. Come avrebbe notato Charles-Roux [89] l'atteggiamento della stampa italiana divenne infatti, via via che l'Italia si staccava dalla Germania, formalmente sempre piú favorevole ad essa:

> appoggiarla a fondo con la stampa e la politica davanti all'opinione pubblica mondiale e le cancellerie, dargli cento volte ragione contro la Polonia e le potenze occidentali, solidarizzare verbalmente con lui contro le «demoplutocrazie» di Londra e

---

[85] Cfr. E. SERRA, *Leonardo Vitetti e una sua testimonianza* cit., p. 496; M. DONOSTI [M. LUCIOLLI], *Mussolini e l'Europa ecc.* cit., p. 214; *DDI*, s. VIII, XIII, pp. 192 sgg.
[86] Cfr. G. CIANO, *Diario* cit., p. 334.
[87] Cfr. *DDI*, s. VIII, XIII, pp. 189 sg.
[88] *Ibid.*, pp. 192 sg., nonché, per la risposta di Mussolini, la replica di Hitler e l'ulteriore risposta ad essa del «duce», pp. 195, 211 sg. e 218.
[89] F. CHARLES-ROUX, *Huit ans au Vatican* cit., pp. 327 sg.

di Parigi, far intravvedere la spada, salvo non snudarla insieme a lui: queste erano le soddisfazioni che Mussolini, allarmatissimo e preso nella trappola del proprio giuoco troppo sottile, accordava a Hitler ormai sul punto di agire.

Specie per Ciano, il problema piú importante diventava ormai quello dei rapporti con l'Inghilterra. Questi, apparentemente, nell'ultima decade di agosto si mantennero su un piano molto buono, certo paradossalmente migliore di quello dei rapporti con l'alleata Germania. Al punto che il 27 agosto Grandi poteva scrivere: «Cosí, d'un tratto, siamo di nuovo alla collaborazione italo-britannica. Abbiamo, di colpo, ricostituito la verticale Roma-Londra»[90]. Oggi è per noi facile capire quanto l'atteggiamento inglese fosse strumentale. L'obiettivo di Londra era quello di incoraggiare l'Italia a non seguire la Germania e, possibilmente, di servirsi dei buoni uffici di Mussolini per cercare di indurre Hitler a desistere dai suoi propositi aggressivi. Ma tutto ciò senza farle nessuna concessione e non mancando neppure di ricordarle, al momento opportuno, la sua equivoca posizione. A Londra infatti nessuno piú si fidava di Mussolini. Tutti si rendevano conto della sua situazione e dei motivi del suo atteggiamento. Comprare o, meglio, far comprare ai francesi la sua neutralità o un suo, forse, piú impegnato intervento presso Hitler era inutile. Mussolini, adducendo l'esperienza del '15-18, avrebbe voluto essere pagato in anticipo, ma ciò non avrebbe costituito una garanzia per il suo atteggiamento futuro, anzi, lo avrebbe reso piú spregiudicato e piú desideroso di assicurarsi altri vantaggi. Alla fine, la sua decisione vera e definitiva sarebbe stata determinata solo dal suo interesse e dal giudizio che si sarebbe fatto su quale delle due parti avrebbe vinto[91]. Stante questa convinzione, Londra non poteva fare nulla piú che incoraggiarlo e stare a vedere, e a questo duplice scopo per essa era utile tenere informata Roma delle sue trattative con Berlino: da un lato per dimostrare a Mussolini la doppiezza di Hitler nei suoi confronti, da un altro, per offrirgli il destro per inserirsi in esse con qualche iniziativa che mettesse in difficoltà i tedeschi e che – anche se a questo proposito a Londra non si nutrivano quasi piú speranze – potesse spianare la strada ad un accordo o far guadagnare tempo prezioso. Detto questo, non è però neppure difficile capire come mai Ciano – che ormai puntava sullo sganciamento completo dalla Germania, ma sapeva bene quanto tale idea fosse ostica a Mussolini – non riuscisse in quei frangenti a rendersi conto di questa strumentalità e potesse pensare di trovarsi di fronte ad un vero e proprio mutamento di rotta della politica inglese. Meno ottimista era invece

[90] D. GRANDI, *Frammenti di diario*, alla data del 27 agosto 1939, in *Archivio D. Grandi*, b. 151, fasc. 199, sott. 3.
[91] Cfr. R. QUARTARARO, *Roma tra Londra e Berlino* cit., pp. 524 sgg.

Mussolini, tant'è che, nonostante i ripetuti inviti inglesi a muoversi, in un primo tempo si limitò solo a far fare pressioni su Varsavia perché accedesse alle richieste tedesche [92], poi, solo il 29 agosto, si decise a fare un neppur troppo fermo passo su Hitler per caldeggiare una favorevole presa in considerazione delle ultime proposte di soluzione della crisi fatte da Londra [93]. Né la cosa deve meravigliare se si pensa al suo timore, non condiviso dal genero, di pregiudicare vieppiú i rapporti con la Germania, al suo desiderio sí di salvare la pace, ma soprattutto se ciò gli avesse portato un vantaggio effettivo e, in caso contrario, come annotava il 28 agosto Ciano [94], al suo cominciare «a sperare che lo scontro degli altri sia duro, lungo e sanguinoso: vede in ciò la possibilità di grandi vantaggi per noi». Il che, in parole povere, equivaleva a sperare di far valere il suo «peso determinante» piú in là nel tempo, quando esso fosse diventato decisivo per la sicura vittoria di una delle parti in lotta. Forse, se gli inglesi e soprattutto i francesi gli avessero fatto delle concrete concessioni egli avrebbe potuto assumere un atteggiamento piú deciso. E, come rivelano alcuni documenti inglesi, sondaggi in questo senso furono anche fatti (non è possibile stabilire però quanto e da chi autorizzati) [95]. Ma a Londra, come si è detto, non si era disposti a mettersi su questo terreno. In questa situazione, solo il 31 agosto Mussolini autorizzò Ciano (e dietro sua sollecitazione) a informare – contro le assicurazioni date ad Hitler – P. Loraine della decisione di non partecipare al conflitto ormai imminente [96].

Solo la mattina di quello stesso 31 agosto, dopo l'arrivo di un telegramma di Attolico in cui si diceva che «se un fatto nuovo non si produce subito Germania fra poche ore sarà in guerra» [97], Mussolini decise di impegnarsi piú a fondo. Alle dodici e trenta Ciano convocò gli ambasciatori inglese e francese e comunicò loro l'intenzione del «duce» di proporre la convocazione per il 5 settembre di una conferenza alla quale partecipassero Inghilterra, Francia, Germania, Italia, Polonia, Urss e Spagna «allo scopo di rivedere le clausole del trattato di Versaglia che sono

---

[92] Sui rapporti italo-polacchi cfr. J. W. BOREJSZA, *L'Italia e la guerra tedesco-polacca del 1939*, in «Storia contemporanea», luglio-agosto 1978, pp. 607 sgg.
[93] *DDI*, s. VIII, XIII, pp. 258 sg.
[94] G. CIANO, *Diario* cit., p. 337; nonché ciò che Mussolini disse il 6 settembre a F. GUARNERI, *Battaglie economiche* cit., II, p. 430.
[95] Cfr. R. QUARTARARO, *Roma tra Londra e Berlino* cit., p. 504.
[96] Cfr. G. CIANO, *Diario* cit., p. 339. Non risponde assolutamente a verità la notizia del «diario» di Vitetti (E. SERRA, *Leonardo Vitetti e una sua testimonianza* cit., p. 496) che Ciano avesse informato della decisione Loraine sin dal 26 agosto. Lo prova il riferimento alla interruzione delle comunicazioni telefoniche inglesi con l'Italia che avvenne, appunto, il 31 agosto nella serata (cfr. *DDI*, s. VIII, XIII, p. 408). È comunque probabile che gli inglesi fossero già sicuri di questa decisione che, oltre tutto, era stata comunicata già due giorni prima da Buffarini-Guidi a mons. Borgongini-Duca. Cfr. *ADSS*, I, p. 281.
[97] *DDI*, s. VIII, XIII, p. 307.

la causa dell'attuale turbamento della vita europea». I tedeschi, disse loro, non ne erano ancora stati informati; prima di farlo Mussolini voleva avere il preventivo consenso di Londra e di Parigi, in modo che Hitler non potesse opporre un rifiuto[98]. Nonostante Ciano avesse detto che, dato il precipitare della situazione, gli occorreva avere le risposte dei due governi nel piú breve tempo possibile, all'alba del 1° settembre, quando le truppe tedesche varcarono la frontiera polacca, a Roma non era ancora giunta alcuna risposta. I primi a farsi vivi furono i francesi. Sulle prime a Parigi la proposta italiana era stata accolta negativamente. Daladier aveva nettamente respinto l'idea di una «seconda Monaco». Poche ore erano però bastate a fargli mutare opinione. Di fronte alla certezza di una guerra imminente, il drammatico interrogativo che da settimane turbava tanti francesi «mourir pour Dantzig?» aveva preso a risuonare anche tra i membri del governo, al Quai d'Orsay e allo Stato maggiore. Alle 11,25 del 1° settembre Guariglia informò Roma che il Consiglio dei ministri francese aveva accettato in linea di massima la proposta e meno di quattr'ore dopo avrebbe telegrafato che il ministro dell'Aeronautica gli aveva fatto sapere che Daladier «è assolutamente deciso a restaurare l'amicizia italo-francese "con tutte le conseguenze che ne derivano"»[99]. Alle 12,15 François-Poncet confermò l'annuncio a Ciano, precisando che la conferenza non avrebbe dovuto «disporre degli interessi» di paesi non rappresentativi e che si sarebbe dovuta sforzare di non ricercare soluzioni parziali e provvisorie di problemi limitati e immediati, ma trattare l'insieme dei problemi di carattere generale «che sono all'origine di ogni conflitto» e giungere «à un apaisement permettant de rétablir et d'organiser sur des bases solides la paix du monde»[100]. Molto meno sollecita e netta fu invece la risposta inglese. Alle 11,45 Loraine fece una vaga e generica comunicazione favorevole di massima alla proposta. Nella serata l'ambasciatore tornò a palazzo Chigi per consegnare una brevissima nota nella quale il governo inglese dichiarava il suo apprezzamento per gli sforzi di Mussolini per evitare un conflitto, assicurava di stare attentamente esaminando la proposta, ma, al tempo stesso, aggiungeva che l'azione militare intrapresa dalla Germania faceva però temere che fosse impossibile procedere su questa linea[101]. Nonostante quest'atteggiamento poco incoraggiante, la mattina del 2 settembre Ciano incaricò Attolico di portare a conoscenza di Hitler e di von Ribbentrop che l'Italia ritene-

[98] *Ibid.*, pp. 407 sg.; G. CIANO, *Diario* cit., pp. 338 sg.; *DBFP*, s. III, VII, pp. 442 sg. e 444 sg.
[99] *DDI*, s. VIII, XIII, pp. 332, 335 e 337. Per la decisione del governo francese cfr. J.-B. DUROSELLE, *La décadence* cit., pp. 479 sgg.; nonché G. BONNET, *De Munich à la guerre* cit., pp. 477 sgg. e 484 sgg.
[100] *DDI*, s. VIII, XIII, pp. 333 sg.
[101] *Ibid.*, pp. 338 sg.

va di avere ancora la possibilità di far accettare a Londra, Parigi e Varsavia una conferenza fondata su tre punti: «1) armistizio che lasci le Armate dove sono ora; 2) riunione della conferenza entro due o tre giorni; 3) soluzione della vertenza polono-tedesca, che allo stato degli atti non potrebbe essere che sicuramente favorevole alla Germania».

Danzica è già tedesca – si legge nell'appunto telefonato ad Attolico [102] – e la Germania è già in occupazione di pegni che le garantiscono una parte delle sue rivendicazioni. La Germania ha pure già avuto la sua «soddisfazione morale». Accettando la proposta conferenza, essa otterrebbe tutti i suoi obiettivi, evitando una guerra che ormai si presenta chiaramente come generale e di lunghissima durata.

Il Duce non vuole insistere, ma tiene però moltissimo a che quanto sopra sia portato immediatamente a cognizione, cosí del Sign. Ribbentrop come del Führer.

Nelle prime ore del pomeriggio Attolico fece sapere che Hitler si era detto «non alieno» dal prendere in considerazione la comunicazione fattagli. Voleva però sapere prima da Roma se le note inglese e francese presentategli la sera prima (con le quali gli era stato comunicato che Inghilterra e Francia erano pronte ad adempiere senza esitazioni i loro obblighi verso la Polonia, a meno che Berlino non avesse dato assicurazioni che ogni azione aggressiva sarebbe cessata e le truppe tedesche ritirate) avevano o no carattere ultimativo. Nel primo caso, infatti, egli non avrebbe preso in considerazione alcuna proposta conciliativa [103].

Appena ricevuta questa comunicazione, Ciano convocò a palazzo Chigi Loraine e François-Poncet e, informatili del passo fatto a Berlino e della risposta di Hitler, chiese loro di precisare il significato che Londra e Parigi davano alle loro note. Ecco come François-Poncet ha narrato quel drammatico momento [104]:

Io dissi allora a Ciano:

«In questo momento, i telegrammi cifrati non sono piú ammissibili. Non perdete tempo! Chiamate subito il Signor Georges Bonnet al telefono e, dopo di lui, telefonate a lord Halifax!»

Ciano si adegua subito al mio consiglio. Chiama Georges Bonnet. Il ministro francese degli Affari esteri, preoccupato di non lasciar inutilizzata la minima occasione di salvaguardare la pace, siede in permanenza al Quai d'Orsay, vicino al suo apparecchio telefonico. Egli entra immediatamente in conversazione con il suo collega italiano e gli precisa che la nota francese non ha il carattere di un ultimatum. Sotto riserva dell'approvazione del suo presidente del Consiglio, Edouard Daladier, e del governo britannico, egli crede che sarà possibile differire sino al 3 settembre a mezzogiorno l'entrata in guerra della Francia.

[102] *Ibid.*, p. 352.
[103] *Ibid.*, p. 356.
[104] A. FRANÇOIS-PONCET, *Au Palais Farnèse* cit., pp. 132 sgg.; nonché G. BONNET, *De Munich à la guerre* cit., p. 499.

Ciano si rallegra dell'accordo cosí ottenuto, che gli ridà fiducia. Ma questa fiducia non ha lunga durata. Egli trova, in effetti, presso lord Halifax, con il quale egli si è ugualmente messo in contatto telefonico, un'accoglienza tutta diversa, piú che fredda, glaciale. Il ministro inglese assicura, anche lui, che la nota inviata a Hitler non ha carattere di ultimatum; ma dichiara che a suo avviso la conferenza progettata non potrà aver luogo se, prima, le truppe tedesche non evacuano i territori già occupati da esse e ripieghino sino alla frontiera. Egli consulterà, del resto, su questo punto, il governo di Sua Maestà.

Il viso di Ciano si oscura. Egli dice al suo interlocutore che non vi è alcuna possibilità che Hitler consenta a una simile condizione. Alle 19 e 20, Ciano mi informa che il governo britannico ha effettivamente ed unanimemente ratificato l'opinione di lord Halifax e subordinato la sua accettazione al ritiro preventivo delle forze tedesche.

Mussolini non stima di poter trasmettere a Hitler una simile richiesta e ritira la sua proposta di conferenza.

Il resoconto conservatoci dal diario di Ciano [105] è piú sintetico, ma conferma pienamente quello di François-Poncet e conclude cosí:

Non mi sembra ci sia piú niente da fare. Non tocca a noi dare un consiglio di tale natura a Hitler, che lo respingerèbbe con decisione e forse con sdegno. Dico ciò a Halifax, ai due Ambasciatori e al Duce, ed infine telefono a Berlino che, salvo avviso contrario dei tedeschi, noi lasciamo cadere le conversazioni. L'ultima luce di speranza si è spenta. Daladier parla in tono deciso alla Camera Francese. I suoi colleghi inglesi fanno del pari a Londra.

Qui niente di nuovo. Il Duce è convinto della necessità di restare neutrale, ma non ne è affatto contento. Ogni volta che può accenna alle nostre possibilità di azione. Gli italiani, invece, sono nella assoluta totalità felici delle decisioni che sono state prese.

Cosí, nelle prime ore della notte tra il 2 e il 3 settembre, sulle secche dell'intransigenza inglese forse piú che su quelle dell'intransigenza tedesca, ché non è da escludere del tutto che Hitler, viste sfumare le sue speranze in un nuovo cedimento franco-britannico, avrebbe potuto soprassedere per il momento ai suoi propositi di impadronirsi di una parte della Polonia [106], naufragò la navicella della mediazione italiana. Il miracolo

---

[105] G. CIANO, *Diario* cit., pp. 340 sg.
[106] Il 3 settembre Hitler scrisse a Mussolini una lettera (*DDI*, s. VIII, XIII, pp. 385 sgg.) per ringraziarlo del suo «ultimo tentativo di mediazione». In essa si legge tra l'altro: «Sarei stato pronto ad accettare, tuttavia soltanto a condizione che si fosse potuta trovare la possibilità di darmi certe garanzie per uno svolgimento fruttuoso della conferenza. Infatti da due giorni le truppe tedesche operano in Polonia una avanzata che in alcuni punti è straordinariamente rapida. Sarebbe stato impossibile lasciar nuovamente svalorizzare con raggiri diplomatici i sacrifici di sangue fatti in tal modo. Tuttavia io credo che avrebbe potuto essere trovata una strada, se l'Inghilterra non fosse stata fin da principio decisa a condurre in ogni caso alla guerra. Io non ho indietreggiato dinanzi alla minaccia inglese, perché, Duce, non credo piú che la pace avrebbe potuto essere conservata per piú di sei mesi, o, diciamo, un anno. In queste condizioni tuttavia ritengo che il momento attuale fosse malgrado tutto adatto per resistere. Attualmente la supremazia delle forze armate tedesche in Polonia è talmente enorme in tutti i campi tecnici che l'esercito polacco crollerà in brevissimo tempo. Io

di Monaco non si ripeteva. Il giorno dopo la seconda guerra mondiale sarebbe iniziata a tutti gli effetti. Anche per Mussolini e per l'Italia si sarebbe aperta una nuova fase, come per tutto il mondo, decisiva. Prima di passare a vedere come Mussolini l'affrontò è però necessario fare un passo indietro e soffermarci un momento su come, mentre si svolgeva la vicenda della fallita mediazione italiana, Mussolini e il regime affrontavano la prima fase del conflitto determinata dall'aggressione tedesca alla Polonia.

Ufficialmente, gli italiani seppero che l'Italia sarebbe rimasta neutrale solo nel pomeriggio del 1° settembre da un comunicato dell'Agenzia Stefani [107] che annunciò che, sotto la presidenza del «duce», si era riunito dalle 15 alle 15 e 30 il Consiglio dei ministri e che questo

> esaminata la situazione determinatasi in Europa in conseguenza del conflitto fra Germania e Polonia, la cui origine risale al trattato di Versaglia, presa conoscenza di tutti i documenti presentati dal ministro degli Esteri, dai quali risulta l'opera svolta dal Duce per assicurare all'Europa una pace basata sulla giustizia, ha dato la sua piena approvazione alle misure militari sin qui adottate, che hanno e conserveranno un carattere semplicemente precauzionale e sono adeguate allo scopo; ha approvato altresí le disposizioni di carattere economico-sociale necessarie, data la fase di grave perturbamento in cui è entrata la vita europea; dichiara e annunzia al popolo che l'Italia non prenderà iniziativa alcuna di operazioni militari; rivolge un alto elogio al popolo italiano per l'esempio di disciplina e di calma di cui ha dato, come sempre, prova.

Il verbale della riunione [108] non aggiunge una parola sul suo svolgimento. Per maggiori ragguagli bisogna rifarsi ai diari dei ministri, tutti piú o meno attenti soprattutto al ruolo che vi ebbero i loro autori e assai parchi di notizie su quello degli altri, e alla documentazione diplomatica. Ché infatti Mussolini, in vista della dichiarazione di neutralità, aveva sollecitato a Hitler un'*attestazione* della sua «lealtà» verso di lui da poter addurre a giustificazione della sua decisione, attestazione che il Füh-

> credo di dover dubitare che questo rapido successo avrebbe potuto essere ancora raggiunto in uno o due anni. L'Inghilterra e la Francia avrebbero comunque riarmato il loro alleato cosí che la decisiva superiorità tecnica delle forze armate tedesche non avrebbe piú potuto essere cosí evidente. Sono conscio, Duce, che la lotta a cui vado incontro è una lotta per la vita o per la morte. In questo il mio proprio destino non conta nulla. Ma sono inoltre conscio che non si può a lungo evitare una simile lotta e che bisogna scegliere con fredda riflessione il momento della resistenza in modo che sia assicurata la probabilità del successo, e a questo successo, Duce, io credo con fermezza granitica. Voi, recentemente, mi avete amichevolmente assicurato che credete di potermi aiutare in qualche campo. Accolgo già in anticipo ciò con sentita riconoscenza. Ma credo inoltre che – anche se adesso marciamo per vie diverse – il nostro destino ci legherà tuttavia l'uno all'altro. Se la Germania nazionalsocialista fosse distrutta dalle democrazie occidentali, anche l'Italia fascista andrebbe incontro ad un grave avvenire. Io ero già consapevole personalmente di questa comunanza di destini e di avvenire nei nostri due regimi e so che Voi, Duce, pensate allo stesso modo».

[107] MUSSOLINI, XXIX, pp. 309 sgg.
[108] ACS, *Presidenza del Consiglio dei ministri*, *Verbali*, seduta del 1° settembre 1939.

rer gli mandò in tempo utile per la riunione, ma con la richiesta di non renderla per il momento pubblica [109]. Ciano è estremamente laconico [110]:

> Alle 15 Consiglio dei Ministri. Parla brevemente il Duce. Poi parlo io, con tono nettamente antitedesco. Si approva l'ordine del giorno del non intervento italiano, già redatto al mattino dal Duce e da me. Le impressioni di tutti sono ottime. Anche quei ministri – come Starace e Alfieri – che avevano fatto i guerrafondai mi abbracciano e dicono che ho reso gran servigio al Paese.

Bottai, per fortuna, è piú ricco di particolari [111]:

> Ore tre del pomeriggio. Consiglio dei Ministri. Galeazzo mi soffia in un orecchio, prima d'entrare: «Tutto si risolve». Mussolini appare, in bianco, pallido. Sediamo. Attacca, subito: «La situazione in parte la conoscete. Ieri, abbiamo proposto una conferenza, pel cinque settembre. Inghilterra e Francia hanno accettato, ma la risposta, per una serie di disguidi, è arrivata stamane. Troppo tardi. La nostra posizione è chiara; e fu nettamente definita col Führer: l'Italia non sarebbe stata pronta che alla fine del '42. E spiegai perché. I tedeschi non potevano, per un'eventuale azione prima del '42, darci ciò di cui avremmo avuto bisogno: né nafta, né ferro... Il '42 era, per noi, termine d'assoluta necessità. Ma, siccome io non voglio passare per un fedifrago, ò telegrafato al Führer perché si assumesse lui di dichiarare di avere, con l'intempestiva iniziativa, disimpegnato l'Italia da un impegno immediato. Il Führer mi à subito telegrafato in questo senso. (Legge il telegramma). E à confermato il suo telegramma nel discorso al Reich di questa mane. L'Inghilterra, in questa circostanza, s'è comportata simpaticamente con noi. Un po' meno, un po' piú fredda la Francia. I polacchi ci hanno ignorato. Solo stamane, l'ambasciatore s'è fatto vivo. Noi non potevamo andarli a cercare. La Polonia, non v'è dubbio, sarà schiacciata. La Germania è nettamente superiore, per armamento e masse. Piú guardo la carta d'Europa e meno capisco quale aiuto concreto Francia e Inghilterra potranno portare alla Polonia. I francesi si attesteranno alla linea Sigfrido. E poi? Bisogna però dire che il Führer ha sfidato il destino: il 15 ottobre deve aver finito con la Polonia, perché poi il paese diventa impraticabile. È un rischio notevole. Si

---

[109] Cfr. *DDI*, s. VIII, XIII, pp. 330, 339 e 345. Il messaggio inviato da Hitler era cosí concepito: «Duce, Vi ringrazio nel modo piú cordiale per l'aiuto diplomatico e politico che avete ultimamente accordato alla Germania ed al suo buon diritto. Sono persuaso di poter adempiere con le forze militari della Germania il compito assegnatoci. Credo perciò di non aver bisogno in queste circostanze dell'aiuto militare italiano. Vi ringrazio, Duce, anche per tutto ciò che Voi farete in futuro per la causa comune del Fascismo e del Nazionalsocialismo».
[110] G. CIANO, *Diario* cit., p. 340.
[111] G. BOTTAI, *Diario* cit., ff. 693 sgg., alla data del 1° settembre 1939. Sotto la data del giorno successivo (ff. 698 sg.) si legge ancora: «Contegno di Grandi. L'intervento suo nel Consiglio dei Ministri di ieri era, evidentemente, concordato con Galeazzo. Mirava a controbattere una non confessata, ma perfin nello sguardo, nella voce, negli atti palese, sensazione del Duce che la dichiarata neutralità equivalesse a un mancamento: a un "tradimento". Certo, è la fine del periodo romantico e mistico dell'Asse. Da Bebé Colonna, visto ieri mattina, sapevo che Grandi si vantava discretamente d'esser stato mobilitato a "palazzo Chigi", dove, diceva, "son diventati, di colpo, anglofili". Non è escluso che, sotto il suo contegno, mediti un "ritorno"».
A proposito dell'anglofilia di quei giorni di Ciano, le pagine del diario di Grandi contengono, pure sotto la data del 1° settembre, alcune annotazioni assai significative e che dimostrano quante illusioni il ministro degli Esteri si facesse sul «nuovo» atteggiamento inglese verso l'Italia, al punto di accusare di «tiepidezza» nei confronti dell'Inghilterra addirittura Grandi, piú cauto e meno ottimista a questo proposito. D. GRANDI, *Frammenti di diario*, in *Archivio D. Grandi*, b. 151, fasc. 199, sott. 3.

intende che la partita Germania-Polonia non è la definitiva. Noi siamo pronti a ogni eventualità. Non credo che la Francia ci attaccherà. Esistono, sí, dei piani fantastici di quei guasconi dello Stato Maggiore francese: scendere in Lombardia, poi attaccare la Germania alle spalle. Ma è fantastico. Dovranno fare i conti con noi. La nostra situazione è piú precaria in Libia: lí, la proporzione delle forze è a nostro svantaggio. L'AO si difenderà da sé. In Egeo, non c'è ragione di preoccuparsi, finché la Turchia non si dichiara».

Grandi sottolinea: «Bisogna che noi ci prepariamo, comunque, alla polemica del "tradimento". Ebbene, cominciamo col cominciare noi stessi, che, in ogni caso, noi siamo dei "traditi", non dei "traditori". Cosí come fummo dei "traditi" e non dei "traditori" nel 1914». E ripete l'argomento del termine fissato al '42. Io appoggio la tesi ricordando che il patto con la Russia costituisce un altro atto di «tradimento» sul terreno ideologico, morale, spirituale.

Galeazzo mostra ripetutamente un incartamento. Come dire: qui ci sono prove; e numerose.

Mussolini soggiunge: «Ribbentrop si è ingannato; e à ingannato il suo capo. La Germania parte male».

Quanto a Grandi, nelle sue pagine di diario si legge [112]:

> Il Duce entra accigliato, grave, pallido, con in volto i segni della sua tempesta interiore. Non si indugia, come di solito egli fa sempre, ad illustrare la situazione. Si limita a leggere un telegramma di Hitler con quale Hitler lo dispensa dall'entrare in guerra a fianco dell'alleata Germania e proclama lo stato di «non belligeranza» per l'Italia. Poi conclude automaticamente: «Se nessuno domanda la parola...» Io domando la parola. «Mi sia consentito di esprimere con franchezza il mio pensiero. Nel 1914 l'Italia alleata dell'Impero Austroungarico e dell'Impero germanico si trova in una situazione analoga. Gli imperi centrali dichiararono la guerra senza consultare l'Italia alleata venendo cosí meno alle clausole dell'alleanza. Il Governo italiano a buon diritto proclamò la neutralità. Da ciò le accuse all'Italia di tradimento, accuse pesanti che hanno gravato sul nostro Paese per un intero ventennio. Non dobbiamo per la seconda volta correre l'istesso rischio. Mi domando pertanto se non sia cosa tempestiva e saggia profittare della situazione: la Germania è venuta meno ai patti i quali prevedevano esplicitamente che nessuna guerra la Germania avrebbe intrapreso prima del 1943. L'Italia ha pertanto il diritto di denunciare il patto d'alleanza e riprendere integra la sua libertà d'azione. Il concetto di "non belligeranza" che di fatto è neutralità, appare impreciso, vago e può prestarsi ad equivoci per il presente e per il futuro». Bottai, Ministro dell'Educazione nazionale, accenna di voler parlare. Il Duce lo ferma con un gesto della mano e senza rispondermi si alza di scatto: «La riunione è finita». Esce dalla sala. Ciano è visibilmente contrariato per il mio intervento. Nelle prime ore della sera egli viene a trovarmi al Ministero della Giustizia. Mi dice senza preamboli: «Il Duce si è irritato per quanto tu hai detto stamane al Consiglio dei Ministri e mi incarica di ricordarti l'impegno preso di non immischiarti in problemi di politica estera...»

Ultima testimonianza diretta della riunione disponibile è quella del ministro degli Scambi e valute, F. Guarneri. Eccola [113]:

---

[112] *Ibid.*, alla data del 1° settembre 1939.
[113] F. GUARNERI, *Battaglie economiche* cit., II, pp. 427 sgg.

Ore 15, al Viminale. Giunge Ciano, raggiante. Annuncia che al Consiglio dei ministri il Duce sottoporrà la proposta di dichiarare la neutralità dell'Italia. Mi chiama in disparte per dirmi che occorre prepararsi a far riprendere al piú presto al paese la vita normale, e a trar profitto, ai fini valutari, dalla situazione che nascerà dalle deliberazioni del Consiglio dei ministri.

Il Consiglio dei ministri siede al completo.

Il Duce, sereno, fa una rapida disamina della situazione.

Un tentativo da lui fatto ieri per radunare una conferenza delle cinque grandi potenze, non ha potuto approdare per il fatale ritardo delle decisioni.

Dà lettura della dichiarazione che propone sia approvata e passata ai giornali. Dichiarazione di neutralità...

Terminata la lettura il Duce aggiunge: «Dato il modo come si sono svolti gli avvenimenti, nessuno potrà dire davanti alla storia che l'Italia ha mancato ai suoi impegni verso l'alleata. Le dichiarazioni di Hitler al popolo tedesco precisano che egli non chiede il nostro intervento, presumendo che la Germania possa fare da sola».

Dà lettura di un telegramma di Hitler che conferma tale dichiarazione e ringrazia il Duce di quanto ha fatto in questa circostanza.

Il ministro Grandi ritiene necessario predisporre fin da ora il materiale atto a dimostrare, oggi e domani, di fronte al popolo italiano e all'opinione pubblica internazionale, che la Germania ha mancato ai patti e non noi.

Ciano dichiara che la documentazione in materia è schiacciante.

«Dal maggio del 1938 in poi, la nostra linea di condotta è stata costante: non potere l'Italia avventurarsi in un conflitto armato prima del 1943. La Germania ci ha fatto trovare di fronte a una situazione di guerra, senza interpellarci. Il convegno di Salisburgo tra me e Ribbentrop ha avuto luogo perché il Duce, avendo sospettato che qualche cosa di grave si stava preparando, mi ha ordinato di provocare l'incontro. Il patto germano-sovietico è stato concluso a nostra insaputa. Davanti ai patti e alla storia la nostra posizione è perfetta».

La dichiarazione di neutralità è approvata all'unanimità.

Il Duce toglie la seduta tra gli applausi dei ministri e si ritira nel suo studio al Viminale.

Come si vede, le quattro testimonianze presentano varie e non insignificanti differenze. Esse sono cosí evidenti che non ci soffermiamo neppure a rilevarle. Due cose però ci preme sottolineare. La posizione di Mussolini era caratterizzata dalla preoccupazione di difendersi dall'accusa di esser venuto meno ai patti contratti con la Germania, da una ostilità verso la Francia molto piú viva che verso l'Inghilterra e dalla mancanza di qualsiasi accenno che possa far pensare ad una sua sia pur riposta intenzione di staccarsi in futuro completamente dalla Germania. Una posizione – e con questo veniamo alla seconda cosa che ci preme sottolineare – ben diversa da quella di Ciano, di Grandi e, tutto sommato, anche di Bottai che, invece, denotano una piú o meno marcata tendenza a prendere ancor di piú le distanze dalla Germania, se non addirittura a rompere con essa. Il dramma della «non belligeranza», è chiaro, nasceva con la «non belligeranza» stessa. Aver scelto la neutralità, in quelle condizioni, voleva dire poco: la scelta vera e definitiva doveva ancora essere fatta. E per Mussolini sarebbe stata una scelta molto piú difficile. A sera, tornato a palazzo Venezia, il «duce» avrebbe telefonato a Milano, al «Popolo d'Italia», e avrebbe chiesto a Pini le prime impressioni suscitate dalla decisione del governo [114]:

– Buona, ma anche troppo, perché molti l'hanno interpretata nel senso che una pace duratura e sicura sia ormai certa per l'Italia.
Mi ha interrotto:
– Sono i soliti pacifondai. Ho proibito una manifestazione di giubilo che mi si voleva fare qui, in piazza Venezia...

E poi, anche piú importante delle preoccupazioni e delle incertezze di Mussolini, per il momento placatesi, ma destinate inevitabilmente a riaccendersi, vi era la situazione internazionale nella quale egli doveva agire. Una situazione, per quel che riguardava l'Italia, tutta particolare e piú difficile che per qualsiasi altro paese, poiché le vicende, remote e recenti, della politica mussoliniana avevano messo l'Italia nella drammatica condizione di essere guardata con sospetto e ostilità da tutti, dagli anglofrancesi come dai tedeschi. Al punto da essere da questi seriamente sospettata di potere da un momento all'altro «passare al nemico» come nel '15 [115] e di temere che quelli potessero aprire le ostilità non solo contro la Germania ma anche contro di lei [116].

Appena finita la riunione del Consiglio dei ministri, Mussolini fece chiamare Guarneri. Entrando, questi gli disse: «io tiro il fiato, e, con me, tutti gli italiani». Mussolini, come abbiamo appena detto, non era ancora del tutto sicuro che, al punto in cui erano arrivate le cose, gli anglo-francesi non sarebbero scesi in guerra anche contro di lui. Nel caso che ciò, come si augurava, non avvenisse, lasciò però subito trasparire chiaramente le sue intenzioni. Se la dichiarazione di guerra alleata si fosse limitata alla Germania, «la nostra posizione sarà chiara, le nostre navi potranno riprendere a navigare, e gli scambi potranno riprendere secondo il nostro tornaconto» [117]. E tre giorni dopo, scioltasi la «riserva» sull'atteggiamento di Londra e di Parigi, lo convocò di nuovo [118].

---

[114] G. PINI, *Filo diretto con Palazzo Venezia* cit., pp. 196 sg. La data sotto cui è registrato il colloquio è evidentemente sbagliata.
[115] Cfr. E. VON RINTELEN, *Mussolini l'Alleato. Ricordi dell'addetto militare tedesco a Roma (1936-1943)*, Roma 1952, p. 72.
[116] Cfr. F. GUARNERI, *Battaglie economiche* cit., II, p. 429; G. GORLA, *L'Italia nella seconda guerra mondiale* cit., p. 66.
[117] F. GUARNERI, *Battaglie economiche* cit., II, p. 429.
[118] *Ibid.*, pp. 429 sg.

Mi chiede se ho messo in moto la macchina per le forniture all'estero. Rispondo: sí, ma non bisogna pensare ad effetti immediati. È, inoltre, pregiudizialmente necessario stabilire direttive precise. È consentito concludere affari con l'Inghilterra e la Francia?
Risposta: «sí. La direttiva politica italiana è questa: *dobbiamo essere tanto forti da non poter essere costretti da nessuno a entrare in guerra.* La nostra neutralità ci deve consentire di lavorare. Anche importanti forniture in armi possono essere negoziate, salvo decisioni caso per caso. Le vendite devono essere fatte per contanti. Occorre puntare soprattutto su materiali di rapida costruzione. Gli accordi di credito con la Iugoslavia, la Romania, la Bulgaria vanno riveduti sulla base di tali criteri».
Cosí rimane stabilito.
Mi ripete che prevede rapida la conquista della Polonia. «Ma se subito dopo non sarà possibile la conclusione della pace, la guerra sarà lunga».
La Francia ha bisogno di pace.
«Ma la Germania e l'Inghilterra si preparano a un duello mortale».

Uscito da palazzo Venezia, Guarneri si recò a palazzo Chigi. Ciano gli confermò in pieno quanto gli aveva detto il «duce». Con in piú una sua personale drastica sottolineatura della irreversibilità della decisione adottata tre giorni prima [119]:

Mi dichiara che è nostro interesse avviare rapporti d'affari con questi paesi [Francia e Inghilterra]. Ciò rafforzerà in loro la convinzione che la nostra decisione di rimanere estranei al conflitto è definitiva. «Occorre trar profitto dalla situazione e lavorare al massimo. Occorre restituire alla vita del paese un regime di normalità. Deve considerarsi chiuso il periodo di giocare a fare gli eroi».

Che, una volta tradotta in atto la sua decisione di non intervenire nel conflitto, anche su Mussolini non avesse piú presa quello che il Luciolli ha definito l'«incantesimo germanico» è fuori dubbio [120]. Tutte le fonti piú serie ed attendibili concordano nel presentarci un Mussolini deciso a tentare, innanzitutto, di cogliere la prima occasione propizia per riproporre la sua funzione di mediatore e, poi, a non mettere limiti rigidi alla neutralità italiana e a sfruttarla al massimo per fare buoni affari e potersi cosí rafforzare economicamente e militarmente.

In primo luogo perché la situazione economica era, specie sotto il profilo finanziario, gravissima. Come Thaon di Revel aveva già ammesso il 19 luglio davanti alla Commissione generale del bilancio della Camera e come avrebbe confermato a fine anno davanti a quella delle Finanze del Senato [121], il bilancio dello Stato versava in condizioni drammatiche, che la situazione internazionale e le spese militari che essa comportava ag-

---

[119] *Ibid.*, p. 430.
[120] M. LUCIOLLI, *Palazzo Chigi: anni roventi* cit., p. 71.
[121] Cfr. a proposito di questa esposizione del ministro delle Finanze le osservazioni di E. CONTI, *Dal taccuino di un borghese* cit., pp. 659 sgg.

gravavano vieppiú. Basti dire che, secondo un pro memoria del Ragioniere generale dello Stato [122], la gestione del bilancio per l'esercizio in corso 1939-40 si presentava al 12 settembre nei seguenti termini:

Deficit della previsione iniziale	4 755 milioni
Peggioramento della gestione normale	4 948
Stanziamenti a sistemazione degli impegni eccezionali dovuti ai passati avvenimenti	4 732
Fabbisogni dipendenti dall'attuale situazione internazionale	9 772
Disavanzo complessivo	24 207

E ciò non computando 600 milioni recentemente autorizzati per l'Aeronautica a integrazione degli apprestamenti di difesa aerea che, ai fini dei pagamenti, si contava di rinviare al prossimo bilancio e l'onere della «riforma Bottai», non ancora definito, dato che, in quei frangenti, la sua attuazione era stata in buona parte sospesa. Né migliore era la situazione delle riserve auree. Da un lungo e argomentato pro memoria datato 5 agosto redatto da Guarneri per Mussolini [123] risulta infatti che al 30 giugno '39 le riserve della Banca d'Italia ammontavano a 3050 milioni di lire, che in pratica erano però solo 1650, dato che 1400 milioni erano impegnati a vista o a breve scadenza verso l'estero, e che questa cifra non teneva conto che, alla stessa data, erano bloccati in Italia titoli e crediti di pertinenza estera per circa 3000 milioni di lire. E questo in una situazione nella quale, in previsione di una guerra lunga e dell'eventualità che essa coinvolgesse anche l'Italia, era necessario, finché possibile, fare una politica di grandi scorte per le forze armate, per l'economia nazionale e per gli approvvigionamenti alimentari e per realizzare le famose premesse dell'autosufficienza di base del paese. Non piú solo e non tanto per realizzare la svolta autarchica («Nessuno – come avrebbe infatti ricordato Guarneri [124] – piú parlava di autarchia, o ne parlava solo per ammonire che questa avrebbe potuto compiutamente e rapidamente realizzarsi in un modo solo: cioè mediante la formazione di "scorte"»), ma per permettere all'Italia di non essere costretta a subordinare le proprie scelte politiche alla necessità di approvvigionamenti dall'estero. Sicché, per dirla ancora una volta col Guarneri [125], produrre per l'esportazione diventava vitale, l'unico modo per procurarsi la valuta necessaria per far fronte a tutti questi bisogni:

[122] ACS, *Presidenza del Consiglio dei ministri, Gabinetto, Atti (1937-39)*, fasc. 1-1-27/195.
[123] F. GUARNERI, *Battaglie economiche* cit., II, pp. 394 sgg. e in particolare p. 403.
[124] *Ibid.*, II, p. 432.
[125] *Ibid.*, p. 434.

Piú che fare assegnamento su quelle misere riserve auree rimaste, occorreva puntare su di un flusso eccezionale di valute che la situazione del momento e la nostra attrezzatura produttiva nel campo industriale e agrario ci lasciavano intravvedere di potere con relativa facilità e rapidità realizzare. La vita doveva ricercarsi, come sempre, nel moto!

In secondo luogo perché – a meno che il conflitto non si fosse concluso rapidamente con una pace di compromesso (una cosa che Mussolini non doveva nell'intimo sapere bene se augurarsi o no, dato che la prospettiva di una guerra lunga che esaurisse entrambi i contendenti gli appariva talvolta la piú vantaggiosa per l'Italia) – l'idea del «duce» era che prima o poi («solo quando saremo ben preparati», disse il 7 ottobre a De Bono [126]) l'Italia sarebbe dovuta scendere in guerra contro gli anglo-francesi, ma con propri obiettivi, con una propria strategia e in sostanziale autonomia dalla Germania, rispetto alla quale avrebbe dovuto condurre una propria «guerra parallela» [127].

Sotto questo profilo la posizione di Mussolini era diversa, molto diversa da quella di Ciano. Per il ministro degli Esteri la dichiarazione di «non belligeranza» doveva essere il primo passo per poi sganciarsi completamente dalla Germania. Il diario di Bottai, forse l'unico esponente di spicco del regime con cui Ciano si confidasse, lo testimonia. Sotto la data del 7 settembre vi si legge [128]:

> Vado da Galeazzo. Sta sulle mosse per andare a palazzo Venezia. Sempre smagrito; e come bruciato dal di dentro da un fuoco, che lo rende piú umano. Egli s'è, decisamente, staccato dall'Asse. À già saltato il Rubicone, che il vero Cesare non osa ancora saltare. Ogni accenno ai tedeschi è carico di sprezzo, quasi d'odio: uno stato d'animo palazzo Chigi cucinato alla livornese, con molto peperoncino com'il caciucco. Teme del Duce: «Non lo vedo ancora sicuro. Intorno a lui c'è sempre chi gli intona inni di guerra. Achille gli fa credere che il popolo ansioso attende gli si sciolgano le mani»...

Il patto tedesco-sovietico sarebbe potuto essere un motivo per lo sganciamento. Un altro sarebbero potuti essere i maneggi e le difficoltà frapposte dai tedeschi alla liquidazione della questione della minoranza alloglotta in Alto Adige. In novembre Ciano sarebbe arrivato ad augurarsi che scoppiasse lassú qualche incidente e a rammaricarsi che gli anglo-francesi non ci pensassero loro a provocarlo [129]. Ciò che comunque

---

[126] ACS, E. DE BONO, *Diario* cit., q. 43, alla data del 7 ottobre 1939.
[127] In questo senso ci pare che le due piú recenti interpretazioni della «non belligeranza» date da H. CLIADAKIS, *Neutrality and war in Italian policy 1939-40*, in «Journal of Contemporary History», luglio-settembre 1974, pp. 171 sgg. e da B. S. VIAULT, *Mussolini et la recherche d'une paix négociée (1939-1940)*, in «Revue d'histoire de la deuxième guerre mondiale», luglio 1977, pp. 1 sgg. siano sostanzialmente da integrare fra loro.
[128] G. BOTTAI, *Diario* cit., ff. 713 sg.
[129] G. CIANO, *Diario* cit., pp. 366 e 367.

importava era mantenere la neutralità, «per profittarne al momento buono (per noi; cattivo, per gli altri)». La guerra sarebbe stata lunga; sin dall'inizio previde che sarebbe durata cinque o sei anni e non condivise le speranze di Mussolini in una pace negoziata. Dopo il Consiglio dei ministri del 1° settembre Ciano aveva detto a Bottai: «Noi staremo a vedere. Entreremo in guerra quando ci parrà. E vedremo con chi. Perché se i tedeschi intendono portare in Europa i loro alleati bolscevichi...»[130]. Ma anche senza che ciò si verificasse, «con chi» l'Italia si sarebbe dovuta schierare è implicito nella previsione che Ciano faceva sull'esito finale del conflitto: «l'Inghilterra andrà avanti, porterà la guerra sino in fondo, implacabilmente, fino alla sua disfatta o a quella della Germania. Le mie previsioni sono per un conflitto aspro, duro, lungo. Molto lungo. E vittorioso per la Gran Bretagna»[131].

Mussolini, se per un verso si ribellava con tutte le sue forze ad essere considerato un «traditore», per un altro si sentiva però lui il «tradito». «I traditori sono i tedeschi», disse il 2 settembre a Grandi, aggiungendo: «ho telefonato personalmente ad Attolico di recarsi da Hitler ed esigere a mio nome che mi fosse spedito il telegramma che ho letto in Consiglio dei Ministri ed un riferimento nel suo discorso alla posizione dell'Italia. I traditori sono loro»[132]. Ciò nonostante, non dovette mai pensare seriamente di rompere l'alleanza. Neppure quando era in preda ai piú violenti attacchi di tedescofobia. In queste occasioni è probabile che si rifugiasse e trovasse conforto in qualche opportuno ricordo storico; come quando, il 16 settembre, dette perentoriamente incarico a Sebastiani di «rintracciare nel *De bello gallico* l'episodio della X Legio che, dopo un momento di sbandamento di fronte ai Germani, riprese animo e si batté valorosamente»[133]. Ma a rompere l'alleanza, ripetiamo, non dovette pensare seriamente mai. Allo stato delle fonti, vi è un solo documento che attesti il contrario, un appunto che Mussolini redasse il 6 gennaio '40 per Ciano in vista degli incontri che il genero doveva avere in quei giorni a Venezia con gli ungheresi. In esso[134], al sesto punto, si legge:

> A meno che la Germania non commetta altri irreparabili errori non denunceremo alleanza. È escluso l'intervento coi franco-inglesi che significherebbe la conferma dell'egemonia militare e coloniale ai danni dell'Italia.

Troppo poco, ci pare, per autorizzare l'idea che Mussolini abbia considerato seriamente la possibilità di rompere l'alleanza; tanto piú che,

---

[130] *Ibid.*, ff. 698, 701 e 706, alle date del 1° e del 4 settembre 1939.
[131] G. CIANO, *Diario* cit., p. 347.
[132] D. GRANDI, *Frammenti di diario* cit., in *Archivio D. Grandi*, b. 151, fasc. 199, sott. 3.
[133] ACS, *Segreteria particolare del Duce, Carteggio riservato (1922-1943)*, fasc. 251/R, «Enciclopedia Treccani».
[134] *DDI*, s. IX, III, p. 28.

data l'occasione in cui l'appunto fu scritto, tutto fa credere che l'eventualità alla quale Mussolini pensava, gli «altri irreparabili errori», si riferisse ai rapporti tedesco-sovietici, cioè ad un ulteriore loro rafforzamento, con conseguente irruzione sovietica nella regione danubiano-balcanica, e non alla conduzione della guerra contro gli anglo-francesi. Una eventualità che mai, prima del 10 giugno '40, si pose concretamente. Da qui la nostra convinzione che in effetti il «duce» non abbia mai seriamente pensato di rompere l'alleanza, e non solo per motivi ideologici (la convinzione che l'Inghilterra e ancor piú la Francia fossero popoli in declino), ma anche perché rompere l'alleanza avrebbe voluto dire mettersi in aperto contrasto con Hitler e passare volente o nolente all'altro campo. E questo – come avrebbe scritto nel promemoria segretissimo del 31 marzo '40 per il re, Ciano e i capi militari [135] – secondo Mussolini avrebbe comportato sicuramente «la guerra immediata colla Germania, guerra che l'Italia dovrebbe sostenere *da sola*». Sicché la sua conclusione era che «solo l'alleanza colla Germania, cioè con uno Stato che non ha ancora bisogno del nostro concorso militare e si contenta dei nostri aiuti economici e della nostra solidarietà morale,... ci permette il nostro attuale stato di non belligeranza». E, egualmente, cosí come non pensò mai seriamente a rompere l'alleanza con la Germania, non pensò neppure mai (tranne che nell'eventualità di una pace negoziata e di compromesso) a non entrare anche lui in guerra prima o poi. Una ipotesi questa che egli rifiutava con decisione.

Nessuno penserà – disse il 23 gennaio '40 in Consiglio dei ministri [136] – che noi possiamo rimanere del tutto fuori. Non possiamo lasciarci iscrivere nel girone B. Sarebbe una declassazione dell'Italia.

A metà novembre lo fece capire chiaramente a De Bono: «se non saremo pronti non muoveremo e, per nessun caso, contro la Germania» [137]. E il 1° marzo lo avrebbe detto a tutte lettere a Bottai, in un colloquio, vedremo, per noi assai utile, sia per capire l'andamento dei rapporti in questi mesi con l'Inghilterra sia per cercare di mettere a fuoco la sua idea della «guerra parallela»: «non ci sono tre ipotesi: Ce ne sono due sole: o guerra a fianco della Germania; o guerra per conto nostro, parallela» [138]. Né la cosa può meravigliare, dato che tutte le sue convinzioni piú radicate lo portavano a questa conclusione. Se Hitler lo aveva «tradito» non rispettando gli impegni presi con lui circa il momento in cui iniziare la

---

[135] *Ibid.*, p. 578.
[136] G. BOTTAI, *Diario* cit., f. 779.
[137] ACS, E. DE BONO, *Diario* cit., q. 43, alla data del 20 novembre 1939, ma il colloquio ebbe luogo il 16 novembre.
[138] G. BOTTAI, *Diario* cit., f. 787.

guerra, ciò non voleva dire che le ragioni di fondo dell'alleanza non fossero state valide e non sussistessero ancora. Il comportamento tedesco poteva e doveva implicare un mutamento di prospettiva dell'alleanza e una maggiore autonomia dell'Italia rispetto alla Germania e ai suoi obiettivi di guerra, non però la rinuncia ad essa e tanto meno il passaggio all'altro campo. L'Italia si sarebbe lasciata guidare solo dal suo interesse e «l'Italia non sarà indipendente fino a che non avrà almeno una sua finestra libera sull'oceano»[139]. Tale sua convinzione, precedente, lo si è visto, allo scoppio della guerra, era ora da questa avvalorata con un altro insegnamento: l'importanza decisiva della tecnica nella guerra moderna dimostrava che «i piccoli Stati debbono o mettersi sotto le ali dei grandi o sparire»[140]. Da qui un ulteriore motivo per partecipare al conflitto e assicurarsi definitivamente il posto nel «girone A» e per parteciparvi contro gli anglo-francesi che sbarravano all'Italia l'accesso all'oceano. E ciò tanto piú che se Mussolini, al principio, dubitava che la guerra sarebbe finita con la netta vittoria di una parte sull'altra, col passare del tempo si convinse sempre piú che se qualcuno l'avrebbe vinta questo sarebbe stata la Germania. E non solo e non tanto perché la considerava la piú forte militarmente, ma perché, come si è visto ampiamente, era convinto che non solo la Francia ma anche l'Inghilterra fossero intimamente minate e incapaci di sostenere fino in fondo la prova. Lo disse in Consiglio dei ministri il 23 gennaio («Questa guerra, forse, non sarà vinta dalla Germania. Ma non sarà neppure vinta dall'Inghilterra. L'Inghilterra è intimamente minata, inquieta»[141]) e lo disse il 28 febbraio, con toni via via piú drastici e stizziti, ad Anfuso, ma il discorso aveva per destinatario il genero («In Italia vi sono ancora degli imbecilli e dei criminali che pensano che la Germania sarà sconfitta: io vi dico che la Germania vincerà»)[142] e il 7 marzo allo stesso Ciano: «L'Inghilterra sarà battuta. Inesorabilmente battuta. Questa è una verità che tu – anche tu – farai bene a metterti in testa»[143].

Arrivati a questo punto, si potrebbe essere tentati di considerare chiuso il discorso sul significato da attribuire alla «non belligeranza» e quindi anche su quello che ebbe per Mussolini la decisione di intervenire, il 10 giugno '40, in guerra. Farlo vorrebbe però dire precludersi la possibilità di capire 1) che, nonostante questo atteggiamento di fondo di Mussolini, l'intervento italiano fu fino all'ultimo in forse ed evitabile;

---

[139] *Ibid.*, f. 789; alla data del 1° marzo 1940.
[140] *Ibid.*, ff. 778 sg. alla data del 23 gennaio 1940.
[141] *Ibid.*, f. 779.
[142] G. CIANO, *Diario* cit., p. 400.
[143] *Ibid.*, p. 404.

2) perché veramente il «duce» lo volle; 3) e perché, realizzatolo, cercò di dargli un carattere tutto particolare, quello, appunto, della «guerra parallela». Ma cerchiamo di andare per ordine.

Dire che Mussolini voleva entrare in guerra e contro gli anglo-francesi non basta. Rimane da stabilire quando nelle sue intenzioni l'intervento avrebbe dovuto avere luogo e come questa sua volontà si collocava rispetto alle sue speranze in una pace negoziata e alla politica di Ciano, che per mesi e sostanzialmente sino alla vigilia dell'intervento cercò – come vedremo – un accordo con gli inglesi e, almeno in un primo tempo (ché poi è pressoché sicuro che continuò i suoi tentativi all'insaputa del suocero), con il consenso di Mussolini, arrivando sino a compiere vari passi diretti nettamente contro i tedeschi. Ricordiamo a quest'ultimo proposito a mo' di esempio tre casi riferiti dallo stesso Ciano nel suo diario: il 28 novembre rese «opportunamente edotti» i sovietici che i tedeschi fornivano armi alla Finlandia, il 4 dicembre (d'accordo con Mussolini) fece informare «per vie traverse» la stampa francese e americana delle atrocità che i tedeschi stavano compiendo in Polonia, il 30 dicembre «lasciò capire» alla principessa Maria José, perché ne informasse il sovrano belga, che nei piani tedeschi rientrava l'invasione del Belgio[144]. Ad essi se ne potrebbero aggiungere vari altri desumibili invece dalla documentazione diplomatica, come, sempre a mo' di esempio, le istruzioni inviate il 22 dicembre all'ambasciatore a Tokio, Auriti, di adoperarsi per incoraggiare le correnti giapponesi antirusse e le tendenze favorevoli agli Stati Uniti, «giungendo in tal modo anche ad una distensione delle relazioni con l'Inghilterra»[145].

Rispetto al primo aspetto del problema è fuori dubbio che Mussolini – convinto com'era che in realtà nessuna delle tre grandi potenze belligeranti avesse veramente voluto la guerra (non la Francia a cui era stata imposta dall'Inghilterra; non l'Inghilterra, che non l'avrebbe voluta, ma che, fatto l'errore di dare ai polacchi la miccia della guerra stessa, non l'aveva potuta evitare per non perdere la faccia; non la Germania, che l'aveva scatenata per un errore di calcolo che l'aveva spinta ad assumere delle posizioni troppo drastiche, sulle quali anch'essa aveva dovuto arroccarsi per una questione di prestigio) e che nessuna fosse in grado di vincerla veramente dato il relativo equilibrio delle loro forze e il rischio di fare il gioco dell'Urss – non cessò veramente mai, in tutto il periodo della non belligeranza, sino alla rotta della Francia, di sperare nella possibilità di una pace di compromesso e negoziata grazie alla sua mediazio-

---

[144] *Ibid.*, pp. 368, 371 e 379.
[145] Cfr. *DDI*, s. IX, II, p. 532.

ne. Lo credette possibile specialmente subito dopo la conclusione della campagna di Polonia, anche se, indubbiamente, l'intervento sovietico del 17 settembre e la successiva spartizione della Polonia in due zone di occupazione, rendendo piú problematica la ricostituzione di uno Stato polacco, avevano indebolito questa sua speranza. Ma, tutto sommato, dovette ancora continuare a crederlo in qualche misura possibile anche dopo. E, a ben vedere, ad una pace di compromesso, nel senso che non avrebbe comunque sancito la vittoria *totale* della Germania sull'Inghilterra, dovette pensare anche intervenendo in guerra: pure allora, con l'Inghilterra, si sarebbe arrivati ad un *compromesso*, anche se le condizioni ad essa imposte sarebbero state ovviamente piú pesanti di quelle negoziabili qualche mese prima; ma a far le spese della guerra sarebbe stata soprattutto la Francia. Poiché però – nonostante tutto quel che pensava del declino e del disfacimento interno della Francia – egli non prevedeva assolutamente che l'esercito francese potesse subire un crollo come quello che in realtà subí, tutto ciò è per noi relativamente secondario. Ciò che veramente importa è cercare di stabilire quando, prima che si determinasse la rotta della Francia, egli pensava di intervenire. E allora bisogna dire che ad un intervento su tempi brevi Mussolini non pensava affatto e che, assai probabilmente, sino a quando non fu «costretto» a entrare in guerra, non arrivò neppure mai a precisare a se stesso una data. A parte accenni anche piú proiettati in là nel tempo, al 1942, il diario Ciano ci conserva tre indicazioni di date: l'11 gennaio parlò col genero di «intervento a fianco della Germania nella seconda metà del 1941»; il 20 aprile, in un momento in cui secondo Ciano sarebbe stato «piú guerraiolo e germanizzante che mai», parlò dell'agosto successivo; ma due giorni dopo spostò la data alla primavera del 1941[146]. Nessuna di queste indicazioni può essere però considerata valida. Gli unici veri discorsi sulla data del suo intervento in guerra Mussolini li fece nel promemoria segretissimo del 31 marzo e nella lettera che qualche giorno dopo, l'8 aprile, scrisse al generalissimo Franco. In questa lettera si legge[147]:

> È mia convinzione che la guerra assumerà forme sempre piú dure e che la posizione dei neutrali diventerà sempre piú difficile. Per rendere sempre piú ermetico il blocco attorno alla Germania, gli Alleati si propongono di strangolare i neutrali che hanno, con essa, i confini comuni.
> Per quanto riguarda l'Italia, essa non può alla lunga, evitare di entrare in guerra e quando lo farà, sarà a lato della Germania. La data in cui questo avvenimento si verificherà non può essere prevista; questa dipenderà dalle misure degli Alleati, misure che diventano sempre piú iugulatorie.

[146] G. CIANO, *Diario* cit., pp. 385 e 419.
[147] MUSSOLINI, XXXV, pp. 248 sg.

È mio intendimento di ritardare sino al possibile l'evento di cui vi parlo, ma non so se potrò riuscirvi. Per questo ho ordinato ed effettuato la mobilitazione della flotta e preso altre misure per l'Esercito e l'Aviazione.

Quanto al promemoria segretissimo, il passo che ci interessa qui è il seguente [148]:

L'Italia non può rimanere *neutrale* per tutta la durata della guerra, senza dimissionare dal suo ruolo, senza squalificarsi, senza ridursi al livello di una Svizzera moltiplicata per dieci.
Il problema non è quindi di sapere se l'Italia entrerà o non entrerà in guerra perché l'Italia non potrà a meno di entrare in guerra, si tratta soltanto di sapere quando e come; si tratta di ritardare il piú a lungo possibile, compatibilmente con l'onore e la dignità, la nostra entrata in guerra:
a) per prepararci in modo tale che il nostro intervento determini la decisione;
b) perché l'Italia non può fare una guerra lunga, non può cioè spendere centinaia di miliardi come sono costretti a fare i paesi attualmente belligeranti.

In questi due documenti stanno per noi la chiave del problema della data «prevista» da Mussolini per l'intervento, nonché quella per capire il dramma, politico e personale, della decisione del «duce». Se gli fosse stato possibile, Mussolini non avrebbe voluto affatto entrare per il momento in guerra e mirava essenzialmente a rinviare il piú possibile il giorno dell'intervento. Oltre che a Franco, lo disse chiaramente anche a Paulucci di Calboli il 15 marzo, quando questi, nominato ambasciatore a Bruxelles, si recò da lui per istruzioni: l'Italia, gli dichiarò [149], «non può non essere al fianco della Germania, ma ho l'intenzione di mantenere il piú a lungo possibile lo stato di non belligeranza». E ciò per avere il tempo necessario per rafforzarsi il piú possibile militarmente ed economicamente, perché nel frattempo o si sarebbero aperte nuove possibilità per una pace di compromesso e per una sua mediazione o, comunque, il protrarsi del conflitto avrebbe indebolito entrambe le parti in lotta, perché voleva poter scegliere il momento per lui piú vantaggioso, quello in cui il suo apporto militare sarebbe potuto essere determinante per decidere le sorti del conflitto e, infine, perché, anche se avesse voluto scendere in guerra, Mussolini non poteva farlo, data l'ostilità del sovrano, di gran parte del gruppo dirigente fascista e degli italiani ad un intervento a fianco della Germania, a meno che non si fosse determinata prima una situazione nuova che glielo permettesse o, al limite, che egli potesse prospettare come tale da rendere necessario l'intervento e, quindi, la sua decisione come conseguenza impostagli dall'atteggiamento dei nemici dell'Italia e che, in quanto tale, confermava la giustezza della sua scelta di campo.

---

[148] *DDI*, s. IX, III, p. 578.
[149] F. MILESI FERRETTI, *L'attività politica di Giacomo Paulucci di Calboli Barone* cit., p. 210.

Se si tiene conto di queste quattro necessità si capisce anche bene perché Mussolini, pur individuando sin dall'inizio negli inglesi e nei francesi gli avversari contro i quali, se non avesse potuto ottenere una parte almeno dei suoi obiettivi attraverso una pace negoziata con la sua mediazione, si sarebbe battuto, per mesi lasciò Ciano libero di fare una politica non ostile ad essi e persino di cercare un accordo con loro. Una tale politica gli serviva infatti per guadagnare tempo, rafforzarsi militarmente ed economicamente, candidarsi ancora una volta a possibile mediatore, rassicurare e tenere a freno all'interno sia coloro che premevano per un intervento immediato sia soprattutto gli avversari della Germania e dimostrare loro la impossibilità tanto di giungere ad un accordo con Londra e Parigi quanto di una neutralità per tutta la durata del conflitto.

Chiarito questo punto, ci resta solo di cercare di mettere a fuoco cosa Mussolini intendesse quando parlava di «guerra parallela», a cosa mirasse. Come già si è accennato, i primi embrionali spunti di quella che sarebbe diventata l'idea della «guerra parallela» dovevano essere stati suggeriti a Mussolini, sin dalla prima metà del '39, dal farsi sempre piú chiara in lui la consapevolezza di quanto fossero diversi dai suoi le vedute, gli obiettivi e i metodi della Germania e di quanto il dinamismo tedesco – nonostante gli impegni sottoscritti e le assicurazioni di Hitler – tendesse ad esercitarsi anche a danno dell'Italia, sia non rispettando le sue zone di influenza sia coinvolgendola in iniziative che Roma non condivideva e che non corrispondevano né ai suoi interessi né ai suoi piani. A precisare meglio tale consapevolezza erano poi venute le vicende che avevano portato allo scoppio della guerra, non ultimo il patto germano-sovietico con la sua drammatica coda dell'intervento militare sovietico in Polonia e, subito dopo, dei patti di non aggressione imposti dall'Urss alla Lituania, Lettonia ed Estonia, indici inequivocabili della volontà di Mosca di incorporare i tre paesi baltici, dell'attacco alla Finlandia che si era rifiutata di cedere alle pretese sovietiche e – cosa per Mussolini ancora piú grave – delle altrettanto inequivocabili prime voci e indiscrezioni tedesche circa l'«interesse» sovietico per la Bessarabia[150]. Fu certamente di fronte a questi fatti, tutti contrari alle sue vedute e ai suoi interessi politici e ideologici, che, agli inizi del '40, prese corpo in Mussolini l'idea della «guerra parallela». In un primo momento, forse, come idea di qualche azione limitata, volta – se se ne fosse data l'occasione – a raf-

---

[150] Un'eco assai significativa delle preoccupazioni suscitate dalle mire espansionistiche sovietiche verso la Romania è costituita dall'interesse che sin da metà ottobre la stampa italiana piú legata a palazzo Chigi mostrò per la Bessarabia. Cfr. in particolare L. c., *La Bessarabia tra la Russia e la Romania*, in «Relazioni internazionali», 14 ottobre 1939, p. 794, che diede il là a tutta una serie di altri articoli.

forzare l'influenza italiana nei Balcani. Probabilmente, con un colpo di mano sulla Croazia[151], forse, persino con la mezza speranza che, sapendo cogliere il momento opportuno e dandogli un sapore antitedesco, esso, come l'intervento sovietico in Polonia, non avrebbe provocato reazioni da parte anglo-francese. Non a caso proprio con gli inizi del '40 cominciò a parlarne, in Consiglio dei ministri, il 23 gennaio (una guerra, disse, «che non s'inserisca e ingrani nella piú grande e generale: ma guerra con obbiettivi propri, specificamente italiani, estranea agli attuali contendenti»)[152] e con alcuni suoi collaboratori quali Ciano e Bottai. In un secondo momento, l'idea dovette però precisarsi meglio, perdere quel tanto di estemporaneo e al tempo stesso di riduttivo che l'aveva sin lí caratterizzata ed assumere il valore di una vera e propria strategia politico-militare di fondo. Non potendo condividere tutti gli obiettivi dei tedeschi né fidarsi di loro e non potendo sostenere un massiccio sforzo militare prolungato, l'Italia, quando fosse scesa in guerra, avrebbe dovuto non disperdere e logorare le proprie forze per contribuire alla realizzazione degli obiettivi di guerra tedeschi, ma esercitare tutta la sua capacità di azione per raggiungere in uno spazio di sei mesi[153] i *propri* obiettivi, cosí da assicurarsene il possesso *manu militari* e non al tavolo della pace, dove la Germania avrebbe potuto cercare di privarla in tutto o in parte dei frutti della vittoria. Sintomatico è a questo proposito il modo con cui Mussolini inserí il riferimento alla «guerra parallela» nel promemoria segretissimo del 31 marzo[154]:

> Esclusa l'ipotesi del voltafaccia che del resto gli stessi franco-inglesi non contemplano e in questo dimostrano di apprezzarci, rimane l'altra ipotesi cioè la guerra parallela a quella della Germania per raggiungere i nostri obbiettivi che si compendiano in questa affermazione: libertà sui mari, finestra sull'oceano. L'Italia non sarà veramente una nazione indipendente sino a quando avrà a sbarre della sua prigione mediterranea la Corsica, Biserta, Malta e a muro della stessa prigione Gibilterra e Suez. Risolto il problema delle frontiere terrestri, l'Italia, se vuole essere una potenza veramente mondiale, deve risolvere il problema delle sue frontiere marittime: la stessa sicurezza dell'Impero è legata alla soluzione di questo problema.

E con questo possiamo considerare chiuso il nostro discorso sull'aspetto politico della posizione di Mussolini rispetto al duplice problema

---

[151] Lo si arguisce da alcuni accenni fatti a Bottai, di ritorno da un viaggio in Iugoslavia, il 1° marzo, parlandogli anche, lo si è visto, dell'eventualità di una «guerra parallela». Cfr. G. BOTTAI, *Diario* cit., ff. 787 sg.
[152] *Ibid.*, f. 778.
[153] Nel Consiglio dei ministri del 2 aprile Mussolini disse: «Faremo la guerra: nelle migliori condizioni possibili e il piú tardi possibile, per portare al massimo la nostra preparazione. Una guerra, che ci porti a un risultato in sei mesi, perché una maggiore durata ci porrebbe problemi finanziari troppo gravi, insormontabili. La guerra oggi costa un miliardo al giorno» (G. BOTTAI, *Diario* cit., f. 815).
[154] *DDI*, s. IX, III, p. 578.

della «non belligeranza» e del suo sbocco nell'intervento. Per definire compiutamente l'atteggiamento di Mussolini è però necessario vedere un altro aspetto di esso, quello piú propriamente personale o, se si vuole, morale e psicologico. Un aspetto assai importante per capire il comportamento in quei mesi di tutti coloro che ebbero in qualche modo parte nella politica italiana e furono vicini al «duce», a cominciare da Ciano, che pure a prima vista può apparire il meno oscillante, mentre non mancò anch'egli, come si vedrà, di incertezze e di ambiguità [155]; ma che è ancor piú importante per capire il comportamento di un uomo come Mussolini. Sia per il suo carattere, sia per la missione di cui si sentiva portatore.

Tutte le fonti memorialistiche relative ai mesi del «non intervento» e soprattutto i diari di Ciano e di Bottai testimoniano unanimemente un pressoché continuo e crescente stato di irritazione, con punte di vera e propria ira o di frustrazione, di Mussolini, un suo quasi ininterrotto arrovellio e una sua ricorrente polemica, interiore, ma non di rado anche manifesta, contro i neutralisti ad oltranza, i pacifisti e coloro che non comprendevano l'ineluttabilità dell'intervento italiano, tentavano di mettergli i bastoni tra le ruote, lo avevano «ingannato» e cercavano ancora di «ingannarlo». In alcune di queste fonti e in particolare nel diario di Bottai, ampio rilievo è dato, in questo contesto, alle considerazioni e agli sfoghi del «duce» sul tema dell'«onore» e della necessità di tener fede alla parola data e ai patti sottoscritti con i tedeschi. Per valutare l'intensità di questo stato d'animo e l'impressione che esso provocava in chi era a contatto con Mussolini, assai significativa è questa annotazione di Ciano sotto la data del 27 dicembre '39 [156]:

> Lungo colloquio con Bocchini. Si è soprattutto lagnato dell'inquieto umore del Duce – cosa notata da tutti i collaboratori – ed è persino arrivato a dire che sarebbe bene ch'egli facesse un'intensa cura antiluetica, poiché Bocchini attribuisce ad una recrudescenza del vecchio male il suo stato psichico. Mi ha molto sorpreso – e rincresciuto – che Bocchini abbia detto questo, benché anch'io debba riconoscere che adesso l'incoerenza di Mussolini è veramente disorientante per chi deve lavorare con lui.

Registrare passivamente il fatto o, addirittura, trarne la conclusione che Mussolini sentisse di aver sbagliato politica e per un verso cercasse di nasconderlo e per un altro si dibattesse nel dilemma se perseverare nell'errore o mutare rotta, con tutti i rischi che entrambe le scelte comportavano [157], non è, nel primo caso, sufficiente e, nel secondo, porterebbe

---

[155] Per valutare il comportamento di Ciano e ancor piú quello che egli veniva scrivendo nel suo diario è assai utile un'osservazione di G. BOTTAI, *Diario* cit., f. 831, alla data del 23 aprile 1940: «seguir la navigazione di Galeazzo sull'ondeggiar dei suoi umori è assai difficile».
[156] G. CIANO, *Diario* cit., p. 378.
[157] Tipica la posizione di De Bono che il 20 novembre '39 scriveva: «Proprio non lo si capisce

a fraintendere non solo lo stato d'animo, ma la stessa effettiva posizione di Mussolini: se si vuol capire l'uno e l'altra è necessaria un'analisi piú approfondita.

La prima cosa che risulta chiara da un'attenta lettura di queste fonti è che tra le varie componenti dello stato d'animo del «duce» non risulta affatto l'incertezza, il dubbio. Come abbiamo visto, Mussolini era sicuro della bontà della sua scelta e dei suoi propositi. Aver dovuto scegliere la «non belligeranza» gli pesava psicologicamente, lo metteva a disagio, in certi momenti lo umiliava. L'immagine del fascismo in cui egli credeva, che aveva accreditato e aveva cercato di trasfondere nelle masse era una immagine virile, guerriera, con la quale la neutralità non aveva nulla in comune e appariva ai suoi occhi come una diminuzione morale ancor piú che politica. «È umiliante stare con le mani in mano mentre gli altri scrivono la storia», disse l'11 aprile a Ciano [158]. E sei mesi prima, in un momento di grande depressione, si era già lasciato andare ad un altro sfogo anche piú significativo, a proposito del quale il genero ha scritto [159]:

> Il Duce stamani era depresso, come mai l'ho visto. Ormai si rende conto che la prosecuzione della guerra è cosa inevitabile, e sente tutto il disagio di doverne rimanere fuori. Cosa eccezionale per lui, si è sfogato con me. «Gli Italiani – ha detto – dopo aver per diciotto anni ascoltato la mia propaganda guerriera, non si rendono conto di come io possa – adesso che l'Europa è in fiamme – diventare l'araldo della pace. Non vi è altra spiegazione tranne quella dell'impreparazione militare del Paese, ma anche di questa si fa risalire a me la responsabilità, a me che ho sempre proclamato la potenza delle nostre forze armate». Se l'è presa con Hitler che l'ha messo in una situazione tale da «travolgere molti uomini e da incrinare anche un uomo come il Duce». Ha ragione. Non c'è molto da obiettare.

Ma tutto si può dire salvo che non fosse convinto della giustezza della sua scelta. Egualmente, nessuna incertezza, nessun dubbio incrinavano la sua convinzione che, se non si fosse arrivati ad una pace negoziata, l'Italia *doveva* entrare in guerra e dalla parte della Germania. I suoi sbalzi di umore, la sua irritazione, i suoi crucci avevano tutt'altra origine. E cosí pure i suoi ricorrenti sfoghi contro gli anglo-francesi, ma anche contro i tedeschi. Molto spesso a provocarli erano, al solito, piccoli fatti,

---

quell'uomo; egli pensa proprio di essere fuori dell'ordinario e che quindi non debba neppure accorgersi delle contraddizioni in cui lo mettono coloro che gli stanno piú vicino» e una decina di giorni dopo, il 2 dicembre, aggiungeva: «Ma tutto, ogni cosa è stato un bluff, volgare fanfaronata, positiva menzogna» e se la prendeva un po' con tutti: «e ovunque servilismo, violinismo, mancanza di carattere. Cose sporche e povere, misere. Come togliersi da ciò? Non si può ancora dir niente». Ma dopo pochi giorni ancora, il 16 gennaio '40, sembra aver cambiato idea, almeno per quel che concerneva Mussolini: «Mussolini non lo si capisce. Per me è già spacciato: egli sa benissimo quante siano le sue colpe, ma crede fermamente che gl'italiani non se ne siano accorti. È scaduto, scaduto nel prestigio piú in Italia che all'Estero. Di quante cose e di quante inutili buffonate dovrebbe pentirsi?!!» ACS, E. DE BONO, *Diario* cit., q. 43, alle date indicate.
[158] G. CIANO, *Diario* cit., p. 418.
[159] *Ibid.*, pp. 357 sg., alla data del 9 ottobre 1939.

qualche notizia giornalistica apparsa all'estero, che lo irritavano e facevano riaffiorare vecchi timori e vecchi rancori mai sopiti. Al fondo di essi era però soprattutto – oltre a una certa dose di gelosia per i successi di Hitler [160] e per la sua «libertà di manovra» – la sua consapevolezza via via piú netta che la politica inglese e in particolare il controllo dei traffici marittimi attuato da Londra per bloccare il commercio estero tedesco lo rendevano ogni mese di piú dipendente dalla Germania e diminuivano quindi i margini della possibilità di protrarre il piú a lungo possibile la «non belligeranza» e di scegliere liberamente il momento per l'intervento. Da qui il suo sentire la propria sempre piú difficile situazione come una umiliazione personale, il suo mordere il freno, il suo volerla far pagare prima o poi agli inglesi («non è possibile che io, proprio io, sia divenuto il ludibrio dell'Europa; non faccio che subire umiliazioni; non appena sarò pronto, farò pentire gli inglesi» [161]) e anche il suo rancore verso i tedeschi che approfittavano di tale situazione («se l'è presa, come di consueto, con Francia e Inghilterra, perché con la loro politica "hanno perduto la vittoria" e se l'è presa con la Germania per aver accelerato una guerra che tra tre anni "sarebbe stata vinta per merito della disgregazione delle democrazie"» [162]). Altre cause ricorrenti della sua irritazione e dei suoi sfoghi erano l'impreparazione delle forze armate, che l'induceva a lunghe filippiche contro l'incapacità dei capi militari (lo Stato maggiore, disse il 26 ottobre al termine di una di esse a Bottai, «è quell'organo che prepara la guerra di ieri per perdere la vittoria di domani»), il sistematico «inganno» da essi perpetrato nei suoi confronti, e contro l'esercito «regio» («non ci può piú essere l'esercito di una dinastia; se pure gli eserciti ànno mai sostenuto le dinastie, le ànno sostenute quando erano in auge, per abbandonarle quando cadevano») a cui contrapponeva l'«esercito di popolo» [163], contro gli atteggiamenti troppo apertamente polemici nei confronti dei tedeschi di alcuni gerarchi (a proposito di Balbo l'8 dicembre arrivò a dire: «se crede di pescare nel torbido all'interno, si ricordi ch'io sono in grado di mettere al muro chiunque, nes-

---

[160] Tipica manifestazione della gelosia e del senso di inferiorità rispetto a Hitler che animavano spesso Mussolini è la pubblicazione – da lui ispirata personalmente, nonostante il suo netto orientamento antibolscevico e le preoccupazioni suscitate in lui dal patto tedesco-sovietico – da parte de «Il messaggero» del 5 settembre 1939 di un articolo (*Una pagina di storia. Il patto di amicizia, non aggressione e neutralità tra l'Italia e l'URSS*) in cui, a proposito del patto tedesco-sovietico, si metteva in rilievo la sua *primogenitura* anche per quanto riguardava i rapporti con l'Urss e si sottolineava che l'Italia fascista era stata la prima nazione «a rompere l'universale congiura diplomatica contro Mosca e a togliere l'Urss dall'isolamento in cui era stata proscritta». Cfr. G. BOTTAI, *Diario* cit., ff. 709 sg., alla data del 5 settembre 1939.
[161] G. CIANO, *Diario* cit., p. 403.
[162] *Ibid.*, p. 390.
[163] G. BOTTAI, *Diario* cit., ff. 736 sg.

suno escluso»[164]) e soprattutto contro qualsiasi voce, notizia o giudizio che gli attribuisse il desiderio di stare a vedere chi avrebbe vinto per buttarsi poi col vincitore. Tipica è a quest'ultimo proposito la vivissima irritazione che provò alla lettura del manifesto diffuso in occasione della ricorrenza del 7 novembre dalla III Internazionale in cui si affermava, appunto, che la borghesia italiana aspettava il momento propizio per gettarsi contro i vinti e strappare la sua parte di bottino[165]. La stessa origine avevano i suoi numerosi sfoghi e le sue minacce all'indirizzo del re, della «borghesia» e della Chiesa[166]: nei loro confronti, ai vecchi motivi di ostilità si aggiungeva ora quello di essere i punti di forza del «partito» neutralista, filooccidentale e antitedesco, mentre «il popolo» era con lui e seguiva lui e «lui soltanto». Pronto ad elogiare persino L. Blum se scriveva qualcosa che gli sembrava confermare questa sua seconda convinzione[167]. Basti dire che, nonostante l'indubbio miglioramento in atto, come vedremo, nei rapporti con la Santa Sede, il giorno stesso della dichiarazione di guerra anglo-francese alla Germania, ordinò personalmente l'arresto del piú noto e combattivo dei commentatori di politica estera dell'«Osservatore romano», Guido Gonella, e non lo fece liberare sino a quando l'organo vaticano, capita l'antifona, non si piegò a moderare il tono dei suoi commenti e a mettere la sordina al suo antitedeschismo[168]. Sino alla dichiarazione di «non belligeranza», poteva essere utile che l'«Osservatore romano» facesse da autorevole cassa di risonanza alla politica di Mussolini, ora anch'esso doveva, se non proprio allinearsi, non costituire una voce troppo dissonante.

Per quanto legati al particolare momento politico e, dunque, utili per comprendere lo stato d'animo di Mussolini e la condizione psicologica nella quale egli doveva prendere le sue decisioni, questi motivi di irritazione e questi sfoghi, al fondo, non erano però che la proiezione attualizzata di suoi vecchi e radicati stati d'animo. E, in ultima analisi, non erano

[164] G. CIANO, *Diario* cit., p. 373.
[165] Cfr. *ibid.*, p. 364. In risposta al manifesto, pubblicato su «Relazioni internazionali» del 18 novembre 1939, pp. 965 sgg., Ciano fece scrivere un articolo a v. GAYDA, *Il falso e il vero*, in «Giornale d'Italia», 8 novembre 1939.
[166] «Bisognerà pure – disse a Bottai il 15 aprile citando Machiavelli – venirne a fondo. La Chiesa è sempre dall'altra parte: con l'Austria nel 1915-18; contro la Germania, oggi. La Chiesa è stata sempre, dico sempre, la rovina d'Italia. Diede agl'italiani, mentre gli altri si spartivano il mondo, il surrogato d'un imperialismo concreto con un universalismo spirituale, che ci snervò. Se avessi tempo, scriverei un libro, di non piú di duecento pagine, per dimostrare quanto dico. Costantemente, la Chiesa fu nemica della causa italiana» (G. BOTTAI, *Diario* cit., f. 826).
[167] Cfr. G. CIANO, *Diario* cit., pp. 422 sg.
[168] Cfr. a questo proposito ACS, *Min. Interno, Dir. gen. PS, Div. polizia politica*, b. 31/b, fasc. «Gonella Guido». Gonella, oltre che commentatore stabile di politica estera dell'«Osservatore romano» (cfr. G. GONELLA, *Verso la 2ª guerra mondiale. Cronache politiche*. «Acta Diurna» *1933-1940*, Bari 1979), era anche direttore della «Rassegna internazionale di documentazione» (una sorta di controaltare vaticano dell'ufficioso «Relazioni internazionali») che dovette sospendere le pubblicazioni.

neppure i piú vivi e veramente caratterizzanti il suo stato d'animo in quei mesi. Questi, a ben vedere, erano altri. Due, per essere precisi. Certo anch'essi entrambi collegabili a suoi precedenti stati d'animo e convinzioni, ma che, altrettanto certamente, fu la particolare realtà di quei mesi a precisare a tutto tondo e a far balzare nella mente del «duce» in primo piano sino ad influenzarne potentemente tutta la personalità e il suo stesso modo di vivere la «non belligeranza».

Il primo motivo del profondo scontento e della irritazione che caratterizzarono lo stato d'animo di Mussolini in questi mesi, sino quasi a costituire per lui un'ossessione e a farglieli vivere come una realtà nella quale il «fatto», il «momento» politico sfumava, si confondeva sovente col «fatto», col «momento» *personale* e diventava la ragione morale della sua vita, era la sua convinzione di dover assolvere una «missione» che solo lui poteva realizzare. Una «missione» che aveva intuito con il suo «genio» e che la sua volontà «inflessibile» («con una volontà inflessibile si è quasi sempre piú forti dell'avvenimento stesso; il genio è soprattutto volontà») aveva saputo cominciare a realizzare con la conquista dell'Etiopia e che ora – nonostante tutte le difficoltà e i «contrattempi» – egli *doveva* portare a compimento, rendere concreta.

Questo concreto della conquista dell'Impero – aveva detto qualche mese prima al suo vecchio amico Ottavio Dinale [169] – prima era solo un'idea. Io l'ho afferrata, nutrita, sviluppata, realizzata. Ma a un concreto deve seguire un altro concreto. La vita continua come la rivoluzione. La conquista dell'Etiopia non è un punto d'arrivo, è un primo passo che resterebbe senza senso se io non avessi la netta visione degli altri passi, che dovrò per forza fare e far fare... Io ho le mie responsabilità fatali, si potrebbe dire, senza paura delle parole grosse. Non sono state scelte dal mio capriccio, me le ha caricate sulle spalle il destino o la Provvidenza, come meglio ti piace. Le responsabilità sono la materia di una missione. Ed io sono costretto ad andare sino in fondo, sino all'esaurimento della missione che mi trascende.

Una parte degli italiani, i «borghesi», ma non solo essi, anche dei fascisti e persino vari gerarchi di primo piano, combattenti valorosi, vecchi squadristi, rifiutavano la prospettiva della guerra, non sentivano il loro «dovere» verso l'Italia, la «missione» che essa poteva compiere. E addirittura si sentivano col cuore vicini a coloro contro i quali questa «missione» doveva essere compiuta.

L'Italia oggi – disse verso la metà di aprile a Vittorio Emanuele III con tono aggressivo e di accusa anche verso di lui [170] – è già di fatto una colonia britannica e alcuni italiani sarebbero disposti a farla diventare tale anche *de iure*: una Malta moltiplicata per un milione di volte.

---

[169] O. DINALE, *Quarant'anni di colloqui... con lui*, Milano 1962, pp. 158 sg.
[170] G. CIANO, *Diario* cit., p. 419.

Persino le piccole restrizioni che in quel difficile momento venivano adottate dal governo li preoccupavano, li inducevano a lamentarsi e ad adoperarsi per sottrarsi ad esse con mille «indegni» espedienti. Di fronte a questa realtà la reazione sempre piú comune di Mussolini erano il solitario cruccio quotidiano, l'irritazione che, di tanto in tanto, si manifestava con sfoghi irosi con chi gli capitava sotto mano («Parla concitato, iroso, solitario. Sono per lui una muta comparsa. Il suo antagonista è questo popolo...», annotò un giorno Bottai [171]), il crescente desiderio di poterla finalmente farla finita con la neutralità e di costringere cosí questa «razza di pecore» a battersi.

Quando in un popolo – disse il 29 gennaio a Ciano in occasione di uno di questi sfoghi [172] – sono gli istinti della vita vegetativa che predominano, non c'è, per salvarlo, che l'uso della forza. I colpiti stessi ne saranno grati perché la legnata che li ha tramortiti ha impedito loro di precipitare nell'abisso verso il quale la paura li spingeva irresistibilmente. Hai mai visto l'agnello diventare lupo? La razza italiana è una razza di pecore. Non bastano diciotto anni per trasformarla. Ce ne vogliono centottanta o forse centottanta secoli.

E via via che il tempo passava i suoi sfoghi si facevano sempre piú irosi ed irrazionali. Tanto da arrivare, l'11 aprile, al punto di affermare [173]:

Poco conta chi vince. Per fare grande un popolo bisogna portarlo al combattimento, magari a calci in culo. Cosí farò io. Non dimentico che nel '18 in Italia c'erano 540 mila disertori. E se non cogliamo questa occasione per misurare la nostra marina con quelle franco britanniche perché dovremmo avere 600 mila tonnellate di naviglio? Basterebbero dei guardiacoste e dei panfili per portare a passeggio le signorine.

In questo stato d'animo, il compito del partito doveva essere di spingere al massimo l'organizzazione del popolo, risvegliarne lo spirito guerriero e «ripulire gli angolini», combattere tutte le «filie» pacifiste e quelle favorevoli agli anglo-francesi, che lo spingevano ad una «vita vegetativa», «borghese», sorda al «dovere» e agli «slanci eroici». «Bisogna tenerlo inquadrato e in uniforme dalla mattina alla sera. E ci vuole bastone, bastone, bastone» [174]. E non si limitava a dirlo a Ciano e agli altri esponenti fascisti con cui parlava. Lo diceva anche ai quadri direttivi, alle «gerarchie» delle federazioni fasciste che venivano a rapporto a palazzo Venezia.

Il primo e piú importante di questi rapporti, per gli echi che ebbe nel

---

[171] G. BOTTAI, *Diario* cit., f. 826, alla data del 15 aprile 1940.
[172] G. CIANO, *Diario* cit., p. 391.
[173] *Ibid.*, p. 418.
[174] *Ibid.*, p. 394.

paese, fu quello ai quadri bolognesi del 23 settembre. Il partito, disse[175], doveva procedere «alla sua integrale mobilitazione, dal centro all'estrema periferia». Il momento era tempestoso e tale da rimettere «in gioco non solo la carta d'Europa, ma, forse, quella dei continenti». Nonostante la liquidazione della Polonia, l'Europa non era ancora effettivamente in guerra.

Le masse degli eserciti non si sono ancora urtate. Si può evitare l'urto col rendersi conto che è vana illusione quella di voler mantenere in piedi o, peggio ancora, ricostituire posizioni che la storia e il dinamismo dei popoli hanno condannato.

È certo col saggio proposito di non allargare il conflitto che i Governi di Londra e di Parigi non hanno sin qui reagito di fronte al «fatto compiuto» russo; ma ne consegue che hanno compromesso la loro giustificazione morale tendente a revocare il fatto compiuto germanico.

In una situazione come l'attuale, piena di molte incognite, una parola d'ordine è sorta spontanea fra le masse dell'autentico popolo italiano: prepararsi militarmente per parare ad ogni eventualità; appoggiare ogni tentativo di pace e lavorare vigilanti, in silenzio.

Questo è lo stile del fascismo; questo deve essere ed è lo stile del popolo italiano.

A questo scopo il partito doveva mobilitare tutte le sue energie.

Niente di piú naturale che questi eventi grandiosi e le loro ripercussioni in Italia abbiano provocato una emozione anche fra noi. Ma di questo speciale, comprensibile stato d'animo ha approfittato la minima, ma ciò nondimeno miserabile zavorra umana, che si è ridotta a vivere negli angiporti, nei ripostigli e negli angoli oscuri. Si deve a questa zavorra la diffusione delle «voci» che hanno circolato, molte delle quali, le piú ridicole, mi riguardavano personalmente... Senza drammatizzare le cose, perché non vale assolutamente la pena, la conclusione che se ne deve trarre si riassume in queste parole: ripulire gli angolini, dove, talora mimetizzandosi, si sono rifugiati rottami massonici, ebraici, esterofili dell'antifascismo. Non permetteremo mai, né a loro, né ad altri, di portare nocumento alla salute fisica e morale del popolo italiano.

Il popolo italiano sa che non bisogna turbare il pilota, specie quando è impegnato in una burrascosa navigazione, né chiedergli ad ogni istante notizie sulla rotta.

Se e quando io apparirò al balcone e convocherò ad ascoltarmi l'intero popolo italiano, non sarà per prospettargli un esame della situazione, ma per annunziargli, come già il 2 ottobre del 1935 o il 9 maggio del 1936, decisioni, dico decisioni, di portata storica.

Il discorso, come si è detto, ebbe echi vastissimi e, salvo in limitati ambienti del fascismo piú intransigente e giovanile, che ne trassero incitamento per abbandonarsi a sporadiche violenze contro qualche persona notoriamente di sentimenti antifascisti o che parlava troppo liberamente contro i tedeschi o che solo leggeva l'«Osservatore romano» o qualche

---

[175] Cfr. MUSSOLINI, XXIX, pp. 311 sgg. Il testo è quello riveduto per la stampa, non essendosi potuto ritrovare l'originale.

giornale straniero, antitetici a quelli sperati da Mussolini. Scatenò una ridda di ipotesi e di interpretazioni, le piú diverse e contrastanti. Venne letto nelle chiavi piú disparate, da quella bellicista a quella pacifista, seminò sgomento e suscitò speranze, ma soprattutto diede a tutti l'impressione che il regime si trovasse in difficoltà anche peggiori di quelle nelle quali era, travagliato da contrasti interni piú dinamici di quelli reali, e con un'opposizione piú forte di quella effettiva[176]. E ciò non solo tra la

[176] Tra i molti rapporti di polizia e di partito sugli echi del discorso, questo, in data 28 settembre, pur riferendosi a Genova e dintorni, offre un quadro compiuto dei commenti e delle reazioni che può essere esteso a tutto il paese.
«Se la sorveglianza e le misure contro i vociferanti, diffusamente note fra questa popolazione, hanno evidentemente accentuata la riservatezza e la prudenza nel parlare, è però altrettanto evidente che vociferanti e vociferazioni hanno tutt'altro che disarmato perché le stesse parole del Duce ai Gerarchi bolognesi (parole che – giusto venne segnalato ultimamente – produssero cosí vasta soddisfazione, rasserenamento od entusiasmo) furono e sono motivo d'una piccola ridda di sussurrazioni le quali, seppure guardinghe e circospette, si possono ora qui udire in qua ed in là tanto fra i ceti bassi quanto fra quelli piú distinti.
«Si elencano qui di seguito quelle che maggiormente colpirono per il loro carattere e per la piú insistente loro ripetizione:
1) Che il discorso del Duce fu qui interpretato da tantissimi come una quasi assicurazione che l'Italia resterà avulsa dal conflitto: quindi produsse un'estesa soddisfazione dato ché la maggioranza di qui molto paventa la guerra ed odia i tedeschi.
2) Che il discorso del Duce, nel suo complesso, non dice gran che di nuovo, tanto meno non dice gran che di veramente rassicurante.
3) Che le smentite contenute nell'ultimo discorso del Duce alle voci che Lo riguardavano personalmente sono conferma che qualche cosa in proposito vi fu, perché altrimenti Egli avrebbe smentito assai prima, tanto piú che le voci suddette erano molto insistenti e diffusissime.
4) Che per lo stesso motivo il discorso suddetto è conferma che vi furono screzi con membri del Governo, personalità altissime ecc. mentre nel discorso stesso non è contenuta una precisa assicurazione della tuttora vera integrità dell'Asse.
5) Che anche le voci corse di dissidi fra l'Esercito e la Milizia erano fondate come lo hanno comprovato i pronti provvedimenti presi – salutati con assai diffuso piacere sia fra i militari che fra i civili – della parificazione del soldo.
6) Che il Ministro degli esteri Conte S. E. Ciano è caduto in disgrazia dacché ebbe conferito il Supremo ordine della SS. Annunziata poiché non se ne sente parlar quasi piú mentre prima era in testa ad ogni evento, e che è molto atteso il prossimo Consiglio dei Ministri anche per capire qualcosa circa questo.
7) Che è piú che certa la esistenza, in Roma, d'una gran baraonda come lo provano gli ordini e contrordini che si susseguono per tante e tante cose di alta o di lieve importanza: per esempio anche riguardo l'orario unico che qui in Genova non è stato ancora attuato da nessuno.
8) Che l'invito alla pace e l'invito alla accettazione del fatto compiuto in Polonia annunciati dal Duce nel Suo ultimo discorso, sono un assurdo specifico date le dichiarazioni dei Governi Anglo-Francesi. Ed un assurdo anche perché la Germania avrebbe poi la possibilità di continuare all'infinito la serie dei fatti compiuti.
9) Che nelle suddette parole del Duce è contenuto, fra le righe, l'annuncio di un intervento dell'Italia di piú o meno prossima decisione, ma che il popolo italiano non sente entusiasmo per la guerra né sentesi di combattere contro la Francia a fianco dei Tedeschi, mentre fra i richiamati di terra e di mare serpeggia malumore esteso per il ripetersi delle chiamate, congedi, licenze e via di seguito come per l'inutile trattenimento loro alle armi.
10) Che il susseguirsi di chiamate seguite poi da congedi, licenze, indi da nuove chiamate ecc., ha disorganizzato e creato molto disordine nei centri di mobilitazione ed influito sulla evidente poca disciplina esistente piú che altro fra i richiamati.
11) Che le necessità di vigilare gli avversi, annunciate dal Duce nel Suo ultimo discorso, denotano ch'Egli riconosce come la Nazione sia tutt'altro che concorde e che gli avversi non mancano pure nel campo Fascista.
12) Che l'Italia ha saputo del Patto russo-tedesco solamente all'atto dell'ultimo viaggio di S. E. Ciano a Salisburgo.
13) Che il Duce ha dovuto soggiacere al Patto russo-tedesco come già soggiacque nell'annienta-

massa dei cittadini all'oscuro delle segrete cose, ma anche nello stretto gruppo dirigente fascista, che in molti casi ne dette una valutazione del tutto negativa. Ciano, che riuscí in extremis a farne modificare alcuni passi prima che fosse diffuso alla stampa, giudicò la parte che si riferiva alla situazione interna esagerata e sostanzialmente sbagliata[177]:

mai, come oggi, il paese è bloccato attorno al Regime e al Duce. Parlare di quartarellismo, di disfattismo, ecc. è voler dare corpo alle ombre. La realtà è tutt'altra: tutto il risentimento nazionale è diretto contro la persona di Starace, che, pure avendo molte qualità, sbaglia metodo e stile.

E dello stesso parere fu anche Bottai, che, cosí come Ciano, non nascose a Mussolini il suo dissenso. Nel suo diario, sotto la data del 27 settembre, si legge infatti[178]:

mento austriaco e ceco-slovacco e sopportare non lievi difficoltà con membri del Governo, alte personalità, stessa Corona a fine di evitare uno spezzarsi clamoroso dell'Asse.
14) Che l'intervento russo è un'arma a doppio taglio perché porta con sé il pericolo della peste bolscevica come fu subito dubitato fin dall'annuncio del patto stesso, e come difatti sta accadendo colla celere bolscevizzazione a cui sono sottoposte le terre polacche invase, largamente descritte da inviati speciali di vari nostri giornali fra i quali "La Stampa" di Torino.
15) Che l'intervento russo e soprattutto la celere bolscevizzazione dei russi nelle terre invase della Polonia se fa tremare le vene ai ceti benestanti d'Italia ha però allargato il cuore di tantissimi dei ceti lavoratori e fatto sobbalzare di gioia non pochi simpatizzanti per quel regime.
16) Che non è vero che l'intervento russo fosse preordinato in pieno e completo accordo coi tedeschi, ma che la Russia è invece intervenuta non solo per la tutela dei propri interessi, ma anche per sbarrare la strada alle bellicose idee sempre avute dalla Germania circa la propria marcia verso l'Oriente.
17) Che la Germania ha commesso in Polonia delle crudeltà inaudite.
18) Che l'Inghilterra ferma e perquisisce anche dei nostri piroscafi e li sequestra insieme al loro carico come già è stato fatto per varie nostre navi, ciò che renderà, in breve tempo, insostenibile la nostra situazione.
19) Che la tristezza della situazione economica italiana è evidente, siccome è evidente la stampatura in gran copia di carta moneta e la paralizzazione del commercio in genere e del traffico portuale di Genova in ispecie.
20) Che la già grave situazione economica è resa ancor peggiore dal gran numero di capi di famiglia trattenuti alle armi con disastroso effetto sulle loro attività e rispettive famiglie nonché per le insolvenze commerciali e private che derivano da tutto questo e dalla paralisi dei traffici e dei commerci.
21) Che per i prodotti alimentari, e malgrado le vigilanze e le sanzioni in qua ed in là, è continuo l'incremento abusivo dei prezzi, specie poi per i prodotti orto-frutticoli, i quali, per contro, sono acquistati presso i produttori a prezzi irrisori sebbene venduti al pubblico con maggiorazioni che arrivano anche al 300 e 400 per cento.
22) Che molti sfollati rientrano in città recriminando il precipitoso allarmismo creato dallo stesso Governo ai primi di settembre, ciò che indusse ad andarsene esponendosi a spese e danni gravissimi.
23) Che il Duce, realmente, è avverso alla guerra, ma perché non si fida di farla temendo che scoppino sommosse, come non si fida, ora, di troppo muoversi temendo per la propria incolumità personale.
24) Che l'attuale situazione dell'Italia anziché di privilegio come viene detto, è delle piú critiche in quanto i vantaggi pecuniari derivanti dalla odierna non partecipazione al conflitto sono effimeri ed in parte annullati dal blocco inglese ed in quanto se la pace sarà prontamente ristabilita non Italia avrà poco o nulla. Mentre in caso diverso dovrà partecipare, non pronta, ad una guerra che la Nazione non sente e che neppure può essere propagandata non conoscendosi con precisa esattezza, finora, da quale parte sarà il nostro intervento e le sorprese che può riservare l'avvenire nella compagine delle odierne parti in conflitto» (ACS, *Min. Interno, Dir. gen. PS, Div. polizia politica*, categ. 1, b. 224).

[177] G. CIANO, *Diario* cit., pp. 350 sg.
[178] G. BOTTAI, *Diario* cit., ff. 724 sg.

Da Mussolini. Gli dico, schiettamente, le mie impressioni sul suo discorso ai gerarchi di Bologna: eccessivo l'accenno alle «voci»; lo spirito pubblico italiano, nel suo complesso, non meritava quell'implicito rimprovero degli «angolini». Tanto piú che bisogna domandarsi se tutto è stato fatto per una disinfezione reale: cioè, per una purificazione seria del costume; per un'informazione di coscienze e di intelligenze. Egli appoggia il mio dire: «Sí, non bisogna drammatizzare certe inevitabili inquietudini. Lo dicevo or ora a Farinacci, che vi dà eccessiva importanza».

Nonostante questi risultati e queste critiche e nonostante che sulle prime Mussolini si fosse mostrato disposto, come si è visto, ad accettarne la validità, la sua irritazione era però cosí viva che una settimana dopo, parlando questa volta ai quadri genovesi del partito, tornò ancora sugli stessi temi, «angolini» e «voci» comprese [179]. L'unico risultato dell'esperienza precedente fu che, questa volta, il testo del discorso non venne diramato alla stampa. Un espediente, questo, che però poteva solo limitare, non evitare il danno degli sfoghi. Il numero di coloro che intervenivano ai rapporti era troppo elevato per potere impedire, specie in un momento come quello, fughe di notizie, le quali, di bocca in bocca, finivano egualmente per fare il giro del paese, tanto piú che qualche fascista zelante pensava anche bene di diffonderne i passi piú significativi con manifestini semiclandestini. E non è possibile pensare che Mussolini non se ne rendesse conto. Il fatto è che, costretto dalla delicatezza del momento interno ed internazionale a tacere *ufficialmente* (tant'è che, di fronte a questo suo insolito silenzio, prese a circolare per l'Italia la battuta che Mussolini era diventato Mutolini), il «duce» non sapeva tenere a freno la sua crescente irritazione e non riusciva a rinunciare a esternarla almeno ai suoi «fedelissimi».

Ma, come si è detto, questo non era l'unico motivo della sua maggiore irritazione. Un altro turbava il suo animo, se possibile, anche di piú, ed esso è tutto riassunto in questa battuta detta e, piú che detta, buttata in faccia a Ciano, il 7 febbraio [180]: «Gli Stati, come gli individui, devono seguire una linea di morale e di onore». Costretto a non partecipare al conflitto e già per questo umiliato, Mussolini sentiva attorno a sé molte voci, a cominciare da quella del genero, che piú o meno esplicitamente volevano convincerlo dell'opportunità di non scendere neppure in futuro in guerra e, se mai, di farlo contro la Germania. Analoghe voci e speranze sapeva che circolavano all'estero, mentre dalla Germania gli giungeva notizia che nell'opinione pubblica di quel paese la «non belligeranza» stava suscitando una crescente ostilità contro l'Italia: l'Italia era sempre l'Italia, era sempre quella che, ora come nel '14, al momento di tener

---

[179] Cfr. MUSSOLINI, XXIX, pp. 315 sgg.
[180] G. CIANO, *Diario* cit., p. 394.

fede ai patti e di affiancarsi agli alleati li tradiva. E ciò senza che il governo nazista facesse nulla per impedirlo e addirittura si rifiutava di rendere noto ai tedeschi il telegramma con cui Hitler gli aveva dato il suo «benestare»[181]. Di fronte a questi consigli, a queste speranze, a questa taccia di «tradimento» Mussolini si ribellava con tutte le forze, ma, al tempo stesso, si sentiva impotente, fremeva di rabbia e di umiliazione, se la prendeva con tutti, tutti facendo in qualche modo responsabili della sua condizione, e soprattutto accumulava rancore contro quegli italiani che «non si rendevano conto» di cosa ciò volesse dire per il prestigio dell'Italia, del fascismo e suo e ancor piú contro quei fascisti che non capivano o, peggio, fingevano di non capire che – a parte tutti gli altri rischi – il «tradimento» avrebbe comunque comportato la fine del regime. Già il 7 settembre questo suo stato d'animo era chiaro. Ecco come Bottai ha annotato un suo incontro con lui di quel giorno[182]:

> Vedo Mussolini. Costernato. Parla della «neutralità» con orrore. Il «tradimento». «Meglio – dice – qualunque guerra». È uno stato d'animo che si diffonde. «In ogni caso, – seguita, – se anche si salva la Patria, va a picco il Regime, che poggia sul prestigio e sulla predicazione militare, guerriera».

In queste parole c'è tutto il dramma personale di Mussolini in questi mesi e la spiegazione piú vera del suo stato d'animo, della sua inquietudine ed irritazione profonda. Del suo cercare conforto e conferma delle sue convinzioni, oltre che nella idea della sua «missione», ovunque potesse trovarli: in particolare in Mazzini, nella cui lettura il 15 aprile Bottai lo trovò immerso e tutto intento a sottolineare i passi che gli sembravano avvalorarle. Cosí Bottai fissò nel suo diario quel momento[183]:

> Leva il capo e ci fissa. Poi, senza preamboli ci introduce nel «suo» argomento, tutto intento com'è a spigolare nel libro che è aperto davanti a sé, motivi della sua eterna polemica. Si tratta del XXVII volume delle Opere di Mazzini: e, precisamente, del primo scritto sulla «Convenzione e Torino». Punta il dito su frasi sottolineate; ne legge qualcuna, dove risuona il fiero monito del genovese a una piú alta vita morale dell'Italia: «un'immagine dell'Italia, grande, morale, virtuosa», o di rampogna contro «un'Italia calcolatamente sleale», che tradisce «deliberatamente le proprie promesse», talché s'à dire all'Europa: «non fidate in noi: l'Italia è una menzogna vivente». Con voce sdegnata butta in faccia a un ipotetico contraddittore le parole dell'apostolo: «Questa politica di raggiro, di vie tortuose, d'agguati, sarà, come fu, la rovina d'Italia».

[181] *Ibid.*, pp. 344 sg.
[182] G. BOTTAI, *Diario* cit., ff. 712 sg.
[183] *Ibid.*, ff. 823 sg.
Il volume dell'Opera omnia di Mazzini è il XXVII degli *Scritti politici*, pubblicato in quelle settimane; il passo a cui si fa riferimento è *ibid.* a p. 12. Per i «fascicoli» sugli accordi militari del 1914 cfr. M. MAZZETTI, *L'Italia e le convenzioni militari segrete della Triplice Alleanza*, in «Storia contemporanea», aprile-giugno 1970, pp. 395 sgg., dove sono, appunto, utilizzati e pubblicati i documenti ai quali si riferiva Mussolini e che si trovano nelle carte della sua Segreteria particolare.

Il bersaglio è chiaro: Mazzini è invocato in soccorso contro gli avversari dell'Asse. Ritorna il tema del «1914». «Mi sono documentato, – dice, – afferrando dei fascicoli. I primi di marzo del 1914, fate bene attenzione: primi di marzo del 1914, una missione militare italiana va in Germania per combinare l'invio di alcune divisioni in caso di necessità. Tutto viene disposto minuziosamente: treni, nodi, stazioni di sosta e d'arrivo, dislocazione e impiego delle truppe. Patti precisi, dunque, che furono traditi dal governo d'Italia. Che ne pensi?»: e rivolge a me la domanda. Rispondo, che un movimento dell'opinione pubblica à, di poi, fatto mutar direttiva. Reagisce, pronto: «Quest'è un'altra cosa. Io stesso ò detto a Hitler che non avrei esitato, ripetendosi le medesime circostanze, a comportarmi come mi sono comportato. Ma il governo non doveva impegnarsi; o, impegnato, doveva mantenere la sua parola».

Sulla base della documentazione disponibile, tutto lascia ritenere che le ragioni addotte da Mussolini per sostenere e giustificare le sue scelte politiche fossero sincere e che egli fosse veramente convinto di non poter fare nessun'altra politica. Detto questo, è nostra convinzione che a confermarlo e a renderlo tetragono in questa sua certezza molto contribuirono la sua concezione dell'«onore» e la convinzione che, in ogni caso, il «tradimento» dell'alleanza anche se fosse riuscito vantaggioso per l'Italia avrebbe provocato la fine del fascismo. Una prospettiva, questa, alla quale potevano piú o meno facilmente piegarsi molti uomini del regime e anche veri fascisti che anteponevano il patriottismo al fascismo o che, spesso, già sentivano piú o meno chiaramente che il fascismo nel quale avevano creduto e che avevano sperato di vedere realizzato non trovava riscontro nella realtà o che, addirittura, avevano sempre considerato il fascismo necessario ma transitorio per la vita italiana, ma alla quale non poteva assolutamente piegarsi Mussolini, per il quale il fascismo si identificava ormai con la «nuova civiltà» e con la «missione storica» che l'Italia doveva assolvere in essa.

Dopo quello che abbiamo detto a proposito della posizione politica, ideologica e psicologica che animò Mussolini nei mesi della «non belligeranza» il lettore potrebbe essere indotto a chiedersi perché, ciò nonostante, noi abbiamo definito la situazione di quei mesi ancora sostanzialmente aperta e, a maggior ragione, perché abbiamo parlato di scelta ancora da fare da parte di Mussolini. La risposta a questo interrogativo è nella situazione interna italiana e nella politica che Ciano, in parte con il consenso di Mussolini, in parte a sua insaputa, stava cercando di svolgere, forte del fatto che per il momento il «duce» voleva mantenere la neutralità. Se è un fatto che Mussolini voleva, quando lo avrebbe ritenuto opportuno, entrare in guerra e dalla parte della Germania, è però anche un fatto che sino al crollo della Francia la situazione interna italiana, per quel che concerneva sia l'opinione pubblica sia – ed è questo che veramente conta – i vertici del regime (e, almeno potenzialmente, la politica di Ciano) non glielo avrebbero permesso e nulla autorizza ad affermare che senza l'inatteso e drammatico crollo della Francia questi due ostacoli e soprattutto il secondo sarebbero potuti essere superati da lui, specie in una situazione interna ed internazionale che era la meno favorevole a prove di forza. Da qui la nostra definizione di situazione «aperta» e da qui, anche, il nostro parlare di una «scelta definitiva» che Mussolini sostanzialmente doveva ancora fare, anche se nel suo intimo era convinto di averla già fatta.

Significativa è a questo proposito la posizione di Ciano. Che egli fosse consapevole di cosa Mussolini pensava e voleva (il suo errore era, forse, quello di ridurre l'atteggiamento del suocero ad una sorta di «fatto personale», frutto del suo desiderio di non venir meno alla parola data e di sottovalutarne le altre motivazioni) e che ciò provocasse in lui un «distacco profondo dal Duce»[184] tanto politico quanto, via via che il tempo passava, anche personale[185] è indubbio. Ciò nonostante sino al crollo della Francia Ciano ebbe fiducia di poter evitare un intervento dell'Italia in guerra a fianco della Germania e sperò, comunque, che si potesse verificare qualche fatto nuovo tale da indurre Mussolini a desistere dalla sua idea. Ancora il 17 aprile egli diceva infatti[186]:

> Mussolini è, ormai, al puro fatto personale. Vuole mantenere la sua parola; e s'irrita contro tutto ciò che glielo impedisce: dati tecnici e dati psicologici. Nulla può distorglierlo da questa sua idea fissa. *Solo un grosso colpo lo potrebbe: una decisa presa di posizione dei franco-inglesi potrebbe metterlo innanzi alla realtà.*

La data in cui fece quest'affermazione, dopo la conclusione del conflitto finno-sovietico e dopo l'attacco tedesco contro la Danimarca e la Norvegia, fa ritenere che Ciano non pensasse ad un fatto nuovo di ordine militare, ad un successo anglo-francese che sconsigliasse a Mussolini un intervento dalla parte della Germania. Molto piú credibile è che Ciano pensasse ad una «presa di posizione» politica e cioè ad un'offerta di concrete concessioni territoriali all'Italia per indurre Mussolini a rimanere definitivamente fuori dal conflitto o, piú probabilmente, a schierarsi dalla parte degli alleati. Ché, infatti, è difficile credere che Ciano potesse pensare che Londra e Parigi fossero disposte a fare delle conces-

---

[184] G. BOTTAI, *Diario* cit., f. 828, alla data del 17 aprile 1940.
[185] Se si deve credere a quanto scritto da G. LETO, *OVRA. Fascismo-antifascismo* cit., pp. 198 sg., il «distacco» dovette assumere ad un certo punto (se la notizia corrisponde a verità, probabilmente nell'aprile - inizio maggio del '40) un carattere cosí radicale da indurre Ciano a pensare di sopprimere Mussolini e di rivolgersi a Bocchini perché gli procurasse un particolare veleno che non lasciava traccia. La notizia non è confermata da nessun'altra fonte e non ci pare molto credibile (cfr. anche G. B. GUERRI, *Galeazzo Ciano* cit., pp. 214 sg.), è comunque significativo che essa circolasse e sia stata ritenuta attendibile da Leto.
[186] G. BOTTAI, *Diario* cit., ff. 827 sg., alla data del 17 aprile 1940. Il corsivo è nostro.

sioni a Mussolini solo in cambio di un suo impegno a non scendere in guerra o che Mussolini potesse mutare idea senza ricevere subito una contropartita. E ciò tanto piú che questa era la prospettiva nella quale egli cercava di sviluppare la sua azione diplomatica nel duplice intento, appunto, di offrire al suocero un'alternativa ai suoi programmi e, in ogni caso, di allontanare il piú possibile nel tempo l'intervento dalla parte della Germania, nella speranza che nel frattempo si verificasse qualche cosa che lo scongiurasse.

Influenzare direttamente Mussolini era sempre stato difficile, ma ora lo era anche di piú per quei fascisti maggiormente ostili ad un intervento. E ciò sia per il significato che la sua figura aveva per loro, per quel che aveva significato negli anni «eroici» e ancora significava per il loro essere nel regime (tipica è una considerazione di Bottai proprio in relazione al «distacco» di Ciano: «La nostra generazione è tutta in Mussolini: è Mussolini. Non si tratta di misurare lui, fuori di noi: ma lui in noi; e noi stessi in lui»[187]), sia per la paura che il «duce» suscitava nella grande maggioranza dei suoi collaboratori e dei gerarchi, rendendo loro difficile e spesso impossibile prendere esplicita posizione contro di lui, specie se ciò doveva avvenire in modo diretto e aperto, sia, infine, perché la componente «interventista» e «combattentistica» era stata e rimaneva nel fascismo cosí importante e decisiva, che il suo peso continuava in qualche modo a farsi sentire anche su coloro che erano contrari ad una partecipazione al conflitto e all'alleanza con la Germania, se non altro come fatto psicologico che giocava a tutto vantaggio della tesi mussoliniana e rendeva a molti difficile dissentire radicalmente da lui. E poi c'erano una cultura politica e una *forma mentis* venute sedimentandosi nel corso degli anni, con i loro miti, i loro rancori, il loro modo di concepire la funzione dell'Italia fascista, che inquinavano tutto, anche le posizioni e i discorsi che in teoria volevano confutare le tesi interventiste e filo tedesche. Caratteristico è un ampio articolo di Nello Quilici, tra gli intellettuali attorno a Balbo certo quello che piú interpretava ed elaborava in termini politici la posizione del quadrunviro ferrarese[188], apparso su «Nuovi problemi», la rivista attraverso la quale, oltre che attraverso il «Corriere padano», si esprimeva il «gruppo Balbo». Pur essendo tutto volto a confutare l'ipotesi di un intervento italiano e a dimostrare sia che la prospettiva hitleriana non era altro che quella stessa che da ottant'anni la Germania aveva tentato di imporre agli altri paesi sia che l'unico che dal conflitto avrebbe tratto vantaggio sarebbe stato Stalin, il quale sulla

---

[187] *Ibid.*, p. 828.
[188] Su N. Quilici cfr. A. AQUARONE, *Nello Quilici e il suo «Diario di guerra»*, in «Storia contemporanea», aprile-giugno 1975, pp. 305 sgg.

«universale rovina» dell'Europa avrebbe steso la rete del bolscevismo, l'articolo [189], quando cercava di trarre le conclusioni positive del discorso non sapeva far altro che richiamarsi all'«idea di Roma», finendo cosí per dare alla posizione dell'Italia una configurazione che la isolava completamente dagli altri paesi e innanzitutto dalla Francia e dall'Inghilterra, e, senza volerlo, portava acqua al mulino di coloro che credevano o speravano in una «nuova unità spirituale» del continente di tipo fascista e indeboliva cosí la forza della pregiudiziale antitedesca. A tutto ciò bisogna però aggiungere che, se era difficile influire direttamente su Mussolini, la scelta della «non belligeranza» costituiva tuttavia un fatto che, specie se gestito accortamente, giovava obiettivamente agli avversari dell'intervento dalla parte della Germania, sia perché ne rafforzava il peso politico nella macchina dello Stato, sia perché rendeva piú difficile ai fautori dell'intervento di adoperarsi per modificare l'orientamento della pubblica opinione già largamente contrario a loro; e questa era certamente la via piú efficace per dare fiducia al re e rafforzarne la capacità di contrastare i programmi di Mussolini e, in caso di necessità, di affrontare una prova di forza con lui.

Ad una soluzione del genere è escluso che Vittorio Emanuele III guardasse con favore, un po' per il suo carattere, un po' per il timore di avviare una reazione a catena difficilmente controllabile, un po' per il rischio di provocare un intervento tedesco «in aiuto» di Mussolini. Molto piú probabile è che le preferenze del re andassero, se proprio necessario, a un'altra soluzione: a quella di un ritiro con tutti gli onori di Mussolini e di una sua sostituzione con un altro esponente fascista che fosse espressione del partito antitedesco. E, forse, al Quirinale si fece piú che un semplice pensiero in questa direzione. Come è già stato rilevato [190], nel marzo '40 fu infatti probabilmente fatto qualche sondaggio e, forse, anche qualche cosa di piú, un vero e proprio passo, su Ciano, di cui il re aveva una buona opinione e che, in quel momento, avrebbe certamente costituito la successione piú logica, indolore e, formalmente, meno umiliante per il «duce». E, senza incontrare una sua netta ostilità, se si può dar credito ad una nota vaticana dell'inizio dell'aprile, che il cardinal Maglione dovette considerare attendibile dato che sul momento non la fece conoscere neppure a monsignor Tardini, mentre un anno dopo gliela comunicò, evidentemente perché restasse agli atti. Nella nota si legge infatti [191]:

---

[189] N. QUILICI, *Direttive ideali e storiche della guerra*, in «Nuovi problemi di politica storia ed economia», gennaio-dicembre 1939, pp. 1 sgg.
[190] Cfr. G. B. GUERRI, *Galeazzo Ciano* cit., pp. 462 sgg. e 475 sg.
[191] *ADSS*, I, pp. 416 sgg. e in particolare p. 417. Contatti di Ciano col re, il principe ereditario

Con M[ussolini] sono Buffarini, Renato Ricci, Starace: gli altri, specialmente i ministri militari, sono con C[iano]... C[iano] un mese fa era in predicato di succedere a M[ussolini], e ciò poteva avvenire da un momento all'altro. In quei giorni il Principe Umberto venne a Roma e per una settimana pranzò sempre con C[iano]. Il Re mandò in giro Acquarone per i vari Ministeri ad informarsi, e mandò da C[iano] lo stesso Acquarone a dire che «Non era maturo» (questa frase non è stata spiegata). Ma ora M[ussolini] ha ripreso forza e il controllo delle decisioni.

Tutto questo spiega il nostro convincimento che, nonostante la posizione di Mussolini, la situazione italiana fosse sostanzialmente ancora aperta e che Mussolini non avesse ancora preso una vera decisione. O, se si preferisce, che vi fossero ancora alcuni dati di fatto con i quali egli avrebbe dovuto fare i conti e che avrebbero potuto indurlo a mutare opinione. Tanto piú – non va dimenticato – che, per quanto corresse dietro alle sue elucubrazioni ideologiche e facesse della fedeltà all'alleanza un punto d'onore, il «duce» era un realista e, al fondo, un opportunista. E aveva una tale fiducia nelle proprie capacità demagogiche da poter pensare di saper bene come «rivoltare la frittata» e, forte di concreti risultati territoriali, giustificare di fronte agli italiani un mutamento di campo.

In politica interna, l'annuncio della «non belligeranza» dette l'avvio ad un notevole rafforzamento delle posizioni antinterventiste e antitedesche. Anche se, nelle intenzioni di Mussolini, essa doveva sfociare nell'intervento dalla parte della Germania, a gestirla non potevano infatti esserne che i suoi fautori, se non altro per renderla credibile all'estero, non offrire ai tedeschi canali privilegiati per metterla in difficoltà e dare fiducia agli anglo-francesi, in funzione sia del massiccio incremento del commercio estero che ci si riprometteva dalla neutralità sia di un costruttivo dialogo diplomatico con essi e in particolare con Londra, indispensabile tanto per Mussolini quanto per Ciano: al «duce» per rilanciare la sua figura di mediatore, al ministro degli Esteri anche per realizzare il completo distacco dell'Italia dalla Germania. Oltre a ciò proprio tra i filotedeschi vi erano alcuni uomini che Mussolini considerava i responsabili dell'«inganno» di cui si diceva vittima circa la preparazione militare italiana. Da qui la necessità innanzitutto di un vasto avvicendamento di un po' tutti i vertici, governativo, militare e politico, che Ciano – grazie al suo rapporto privilegiato col suocero, al suo potere e alla sua furbizia – seppe abilmente sfruttare per insediare in quasi tutti i posti chiave uomini suoi o legati a lui o che, comunque, egli considerava tali.

e il ministro della Real Casa nel marzo 1940 sono attestati anche da G. CIANO, *Diario* cit., pp. 403, 406 sg. e 411.

A varare questo avvicendamento, a cui ne seguirono in breve spazio di tempo altri ai livelli inferiori, sicché assunse il carattere di un piccolo terremoto, che in qualche caso, come in quello del PNF, fece parlare di vera e propria epurazione, furono sufficienti meno di due mesi. A fine ottobre furono allontanati dal governo sei ministri, Alfieri, Benni, Cobolli-Gigli, Guarneri, Lantini e Rossoni (sostituiti da Host-Venturi, Pavolini, Riccardi, Ricci, Serena, Tassinari e Teruzzi, a cui Mussolini cedette il ministero dell'AI) e vari sottosegretari tra i quali due dei tre militari, Pariani e Valle. Dei precedenti ministri rimasero al loro posto solo Ciano, Grandi, Bottai e Thaon di Revel. Le stesure preparatorie della lettera con la quale Mussolini sottopose al re i nomi dei ministri e dei sottosegretari da allontanare dal governo e di quelli da chiamare a sostituirli [192] permettono di capire che quel che stava piú a cuore al «duce» era liquidare Pariani e Valle. Da esse risulta altresí che egli pensava di lasciare la direzione non solo del ministero dell'AI, ma anche dei tre militari. Decisione poi abbandonata, non sappiamo se per un suo ripensamento o per l'opposizione – provocata forse dall'intenzione di Mussolini di nominare ministro della Guerra Graziani, un nome assolutamente ostico a Badoglio, con il generale Soddu come sottosegretario – di Vittorio Emanuele III. Questa nostra ipotesi sarebbe confermata dal fatto che alla fine – rimasto ministro Mussolini – Graziani non fu nominato neppure sottosegretario (posto a cui andò Soddu), ma capo di Stato maggiore dell'esercito. Nella prima stesura della lettera – la piú rivelatrice dello stato d'animo di Mussolini – la parte riguardante i dicasteri militari (poi attenuata nella seconda stesura per quanto riguardava il giudizio su Pariani e modificata sostituendo il nome del generale Pricolo a quello del generale Pinna) era cosí concepita:

Vengo ora ai Ministeri Militari.
Il Gen. Pariani ha molto piombo nell'ala. Egli ha molte qualità e indiscutibili numeri, ma in questi ultimi tempi non è stato all'altezza del suo compito e soprattutto è di un ottimismo eccezionale. Appartiene alla categoria degli uomini che anticipano la realtà col desiderio. Gli inconvenienti degli ultimi richiami sono stati troppi e troppo generalizzati. Molto vivo il disagio nei ranghi e vivo nel paese attraverso i racconti dei richiamati.
Occorre per riprendere quota, un uomo di prestigio e un combattente di razza: io non vedo altri all'infuori del Gen. Graziani. Pariani potrebbe assumere il Comando del gruppo di Armate, attualmente tenuto da Graziani.
Sono contento di Cavagnari, quantunque la marina a base di grandi corazzate

---

[192] ACS, *Segreteria particolare del Duce, Carteggio riservato (1922-1943)*, fasc. 438/R, «Movimento Ministri e Sottosegretari del Regime fascista», sott. 25, ins. A, lettere in data 27 ottobre 1939; MUSSOLINI, XLIII, pp. 21 sgg.

sia rimessa in discussione dagli avvenimenti di questi giorni; non sono contento di Valle, il quale – anche lui! – è tutto futuro e poco presente: al caso potrebbe essere sostituito dal sardo Pinna, attualmente Sotto Capo di S. Maggiore.

Se Mussolini voleva soprattutto liquidare alcuni uomini, Ciano, come si è detto, si preoccupò essenzialmente di far nominare uomini propri o presunti tali, quali erano certamente Pavolini e Riccardi e, egli credeva, Ricci [193]. E una parte Ciano ebbe anche nella scelta dei sottosegretari militari, caldeggiando il mantenimento di Cavagnari (che in un primo momento Mussolini fu tentato di sostituire con l'amm. A. Riccardi) e suggerendo Pricolo al posto di Pinna, perché «troppo legato all'opera del predecessore»[194].

Gli allontanamenti dal governo di maggiore significato politico furono quelli di Alfieri e di Pariani, entrambi filotedeschi e in posti chiave. Tutto il rimpasto e, un mese dopo, la nomina di Grandi a presidente della Camera dei fasci e delle corporazioni (continuando ad essere ministro di Grazia e giustizia)[195] non fecero però il rumore e non ebbero per il grande pubblico l'importanza del contemporaneo allontanamento di Starace dalla segreteria generale del PNF, che, riguardando il rappresentante piú tipico ed inviso del regime e uno dei piú noti esponenti filotedeschi, assunse per molti il valore di una liberazione e suscitò la speranza di un mutamento di rotta. E ciò tanto piú che alcuni dei primi atti del nuovo segretario generale, Ettore Muti, annunciati in occasione della riunione del Gran Consiglio del 7 dicembre, e in particolare l'allentamento del controllo del partito su una serie di organizzazioni, tra le quali l'OND, il CONI, l'UNUCI e la Lega navale, sembrarono avvalorare queste speranze. Né le speranze furono solo di questo tipo. Anche i fascisti piú consapevoli del rischio che in quel momento il regime correva di perdere i contatti con il paese e della crisi che il partito attraversava, nonostante la massa di poteri che deteneva e l'enorme numero di organizzati che aveva sulla carta, accolsero infatti la fine della gestione di Starace come un fatto estremamente positivo, che avrebbe potuto vivificare e rilanciare il PNF e offrire al regime lo strumento necessario per superare le difficoltà del momento e per stabilire un nuovo ed effettivo rapporto con il paese. Tipica è a questo proposito la posizione del gruppo bottaiano che su «Critica fascista» arrivò a parlare di un «nuovo periodo» della

---

[193] Cfr. G. CIANO, *Diario* cit., p. 360.
[194] Cfr. *ibid.*, p. 362.
[195] È interessante notare che mentre agli inizi di luglio Ciano era stato, come si è detto, contrario alla candidatura di Grandi, arrivando a preferirle quella di Farinacci o quelle di «una scialba figura quale Teruzzi o Acerbo», ora la caldeggiò presso Mussolini che aveva pensato in un primo momento proprio «ad un mediocre raccattato dal fascismo» come De Francisci. Cfr. *ibid.*, pp. 318 e 368.

storia del partito che si apriva. Un nuovo periodo in cui, finalmente, il potere del fascismo non sarebbe piú stato giustificato dall'aver «fatto la rivoluzione», ma dal doverla fare e i fascisti sarebbero vissuti nel partito [196]

> partecipando alla sua vita interiore con coscienza, con intelligenza e con fede, secondo le linee d'una disciplina viva, dinamica, che cerchi e susciti i nuovi valori, in uno sforzo incessante di «anticipazione» dal quale, secondo noi, si misura la tempra rivoluzionaria degli uomini, la loro intelligenza e la loro stessa virilità.

La decisione di togliere dal PNF Starace (che, dopo una prima idea di farlo governatore dell'Egeo, fu nominato capo di Stato maggiore della MVSN) non fu per Mussolini facile. È da escludere che a provocarla sia stato, come pure è stato sostenuto [197], il fatto che, nel suo zelo di far rispettare le restrizioni imposte nelle settimane a cavallo dell'annuncio del «non intervento», Starace era arrivato, con grande scandalo di Mussolini, sino a controllare personalmente se le automobili che circolavano nella capitale avessero la regolare autorizzazione. La decisione fu invece tutta politica e il «duce», come si è detto, non la prese a cuor leggero. Né la prese certo solo perché Starace era inviso pressoché a tutti e filotedesco. Anche se talvolta gli rimproverava il suo eccessivo zelo e certe «gaffes» che coprivano di ridicolo il regime, Mussolini non aveva molto da rimproverare alla sua gestione del partito e ne apprezzava – lo si è detto – la fedeltà a tutta prova e l'impegno fanatico per trasformare gli italiani in un popolo ordinato, obbediente e virtuoso di «credenti» e di «combattenti» («Starace è andato contro corrente nelle questioni di stile. Eppure, quest'è un lato della sua opera che rimane», disse il 7 novembre a Bottai, mostrandogli compiaciuto le bozze del *Vademecum dello stile fascista* in cui A. Gravelli aveva raccolto una scelta di disposizioni di Starace [198]). Il motivo del suo allontanamento va ricercato, oltre che nella lotta senza quartiere fattagli da Ciano, completamente dimentico dei tre anni di stretto sodalizio tra loro (persino Bottai, che con Starace non era certo tenero, il 31 ottobre, quando la defenestrazione fu ufficiale avrebbe annotato con tono critico: «Ciano in tripudio... una gioia smodata, senza neppure l'ombra di una responsabilità...»), nel fatto che in agosto Starace aveva sempre assicurato a Mussolini che la stragrande maggioranza del paese era favorevole all'Asse e all'intervento, mentre Bocchini gli riferiva invece tutto il contrario. Un fatto gravissimo, reso ancor piú

---

[196] CRITICA FASCISTA, *Il Partito: quindici anni dopo il 3 gennaio*, in «Critica fascista», 1° gennaio 1940, pp. 66 sgg.; ma si veda anche tutto il fascicolo, interamente dedicato al problema del partito, nonché l'editoriale ID., *Il Partito*, del 15 novembre 1939, pp. 18 sg.
[197] Cfr. C. LUCIANO, *Rapporto al Duce* cit., p. 9.
[198] G. BOTTAI, *Diario* cit., f. 739.

grave da un altro: incontratisi nell'anticamera di Mussolini, Starace e Bocchini erano quasi venuti alle mani, il segretario del partito accusando il capo della polizia di essere un fascista tiepido e quasi un traditore e questi Starace di insincerità, di delittuosa leggerezza e di una politica fatua e ridicola, diventata ormai oggetto di scherno e di trepidazione[199].

Arrivate le cose a questo punto, è chiaro che una delle due teste doveva cadere e questa non poteva essere che quella di Starace, anche se, tutto sommato, al «duce» dispiaceva privarsi del suo «cane da guardia» e non aveva idee precise su chi mettere al suo posto[200]. Non fu perciò difficile a Ciano portare anche alla segreteria del partito un proprio uomo. Il diario di Bottai attesta che in un primo momento Ciano pensò a Pavolini, Ricci e Riccardi[201]; poi, quando per costoro si prospettò la possibilità di diventare ministri, la sua scelta cadde su Muti[202], che aveva utilizzato in Spagna e in Albania e che riteneva fosse non solo «sincero» (probabilmente nei suoi propositi antitedeschi[203]), ma anche tale che «mi seguirà come un bambino»[204].

In realtà, difficilmente la scelta poteva essere peggiore. Come segretario del PNF Muti (un romagnolo trentasettenne, pressoché digiuno d'esperienza politica e portato solo all'azione per l'azione) fu infatti un clamoroso fallimento. Incapace di tenere in pugno il partito come di tentare di rinnovarlo e di imprimergli nuovo slancio, affatto portato al lavoro organizzativo, privo di una propria linea politica, ma abbastanza suscettibile e personalista da emanciparsi da Ciano appena si accorse che questi voleva guidarlo per mano e gli aveva messo a fianco una sorta di controllore nella persona di un funzionario degli Esteri distaccato presso di lui, poche settimane bastarono perché le speranze riposte in lui si dissolvessero, nuova sfiducia e nuovo discredito si diffondessero nel partito e su esso, e Muti facesse persino rimpiangere Starace a molti fascisti che non ne erano stati estimatori, ma che si rendevano conto dell'importanza che avrebbe avuto per il regime disporre in quel momento di un partito unito ed efficiente. Il diario di Ciano testimonia la rapidità del declino delle speranze del ministro degli Esteri. Già alla data del 13 gennaio '40, a meno di due mesi e mezzo dalla nomina di Muti, vi si legge[205]:

[199] *Ibid.*, f. 737.
[200] Cfr. G. LETO, *OVRA. Fascismo-antifascismo* cit., pp. 203 sgg.
Secondo Ciano, il potere di intimidazione di Starace sarebbe stato tale da influire persino sui carabinieri, «che non osavano piú dire la verità». Cfr. G. BOTTAI, *Diario* cit., f. 715, alla data del 7 settembre 1939.
[201] Pare che Mussolini pensasse a Tarabini: cfr. *ibid.*, ff. 726 sg., alla data del 27 settembre 1939.
[202] Cfr. G. CIANO, *Diario* cit., pp. 356 e 357.
[203] Per i sentimenti antitedeschi di Muti, nell'ottobre 1939, cfr. L. SIMONI [M. LANZA], *Berlino. Ambasciata d'Italia 1939-1943*, Roma 1946, p. 8.
[204] G. CIANO, *Diario* cit., p. 363.
[205] *Ibid.*, p. 386 e anche p. 397.

Il Duce mi parla di Muti. Dice che al Partito adesso c'è mollezza nel comando. Contrasto troppo violento col rigido formalismo di Starace «ch'egli adorava». Ho dovuto dargli ragione: Muti si è mal circondato ed è presuntuoso. Non credo che durerà a lungo.

E sotto quella del 13 marzo [206]:

Casertano mi riferisce sull'andamento del Partito: disastroso. Muti, presso il quale non tenterò piú alcun sforzo, si è rivelato presuntuoso e suscettibile, e, come avviene, meno devoto di quanto io lo giudicassi. Non rimase che abbandonarlo al suo destino.

Analoghe testimonianze offre anche il diario di Bottai (con cui ben presto Ciano riprese a sfogliare la margherita dei possibili successori di Muti: Ricci, Pavolini, lo stesso Bottai [207]), tra cui questa, sotto la data del 12 marzo '40, nella quale il discorso assumeva un valore piú politico e tendeva a scavare nella realtà del PNF [208]:

«Tempo verrà – profetizzavo scherzando agl'insofferenti dell'ultimo periodo di Starace – che rimpiangeremo Starace». Siamo a questo? No, da un punto di vista individuale, ché quest'eroe manesco e generoso [Muti] è simpatico com'un fanciullone. Ma dal punto di vista del Regime, sí. Tanto piú che Starace se n'è andato è rimasto lo «staracismo»: e Starace-uomo non era la parte peggiore dello staracismo-sistema.

Dato lo svuotamento, la burocratizzazione e il formalismo imposti alla vita del partito e la impossibilità quindi che esso potesse avere una reale vitalità e potesse assolvere ad un'effettiva funzione formativa, Starace era stato il miglior segretario che ormai il PNF poteva avere. Con tutti i suoi limiti e difetti, egli era riuscito pur sempre a impedirne l'afflosciamento e per quanto possibile si era sforzato di dargli ancora una funzione, sia di conservazione di energie sia di presenza nel regime e rispetto agli altri organi dello Stato. Dopo Starace il declino del partito sarebbe diventato sempre piú rapido e rovinoso per il regime. Nelle mani di Muti il PNF, per un verso, continuò nell'indirizzo asfittico-elefantiaco, burocratico e inutilmente vessatorio che era stato di Starace, per un altro, perse quel minimo di funzione che sin lí aveva avuto. Le direttive che egli diede a metà del gennaio '40 in occasione del suo primo rapporto ai federali dell'Italia centrale [209] sono a questo proposito significative. I sette punti in cui esse si articolavano o ripetevano quanto già detto da

[206] *Ibid.*, p. 406.
[207] G. BOTTAI, *Diario* cit., ff. 829 sg., alla data del 17 aprile 1940.
[208] *Ibid.*. ff. 797 sg.
[209] Cfr. per esse «Civiltà fascista», febbraio 1940, pp. 141 sg.; nonché, per l'evidente delusione da esse suscitata e il tentativo di darne una immagine e una interpretazione che non deludessero troppo le aspettative, CRITICA FASCISTA, *«Continuità» del Partito*, in «Critica fascista», 1° febbraio 1940, pp. 114 sg.

Starace o si muovevano sulla stessa linea o, laddove sembravano costituire qualcosa di nuovo, mancavano di ogni concreta indicazione su come attuarle. Né a dar loro un valore politico «rivoluzionario» bastava certo l'ultima che impegnava il partito a farsi sostegno «intransigente» delle provvidenze del regime a favore delle masse lavoratrici, dato che in pratica il tutto si riduceva a controllare che i datori di lavoro non eludessero gli obblighi di legge in materia di assistenza sociale (e in particolare la corresponsione della cinquantatreesima settimana di salario): un compito troppo limitato per rilanciare il partito e per fargli mettere veramente le radici nel mondo del lavoro, ma che, però, determinava una confusione di sfere con il sindacato sgradita a tutti e accresceva i sospetti e le ostilità verso il PNF della borghesia produttiva [210], in un momento in cui se un'azione di recupero e di rassicurazione andava fatta era soprattutto verso di essa. Né, infine, la scelta di Muti fu utile a Ciano sotto il profilo della sua politica antitedesca, ché il nuovo segretario si rivelò anche a questo proposito privo di idee chiare e troppo desideroso di fare da sé per non essere influenzato dagli ambienti filonazisti, non lasciarsi andare a prese di posizione in sé poco significative, ma che, invece di tenere il piú possibile unito il partito, vi seminavano la confusione e, soprattutto, per non assumere, com'era prevedibile data la sua natura, atteggiamenti guerrieri e di ammirazione per i successi militari tedeschi di cui egli stesso quasi certamente non valutava bene le conseguenze. Difficilmente però un altro segretario avrebbe potuto fare molto meglio, a meno di non essere capace di ripensare ex novo la funzione del PNF e riuscirla a fare accettare a Mussolini e a Ciano. Una cosa, questa, praticamente impossibile per il primo, ma anche per il secondo, che del partito si ricordava solo quando lo riteneva utile per la sua politica personale, ma che per il resto del tempo lo considerava solo un covo di vecchi fascisti che pensavano di servirsene per i loro fini di potere, «meschini» o antitetici ai suoi, sicché in definitiva tutto voleva salvo una sua rivitalizzazione.

L'aspetto piú positivo del rimpasto di fine ottobre finí per risultare la nomina di Alessandro Pavolini a ministro della Cultura popolare. Molto piú intelligente e dinamico di Alfieri, contrariamente di lui tutt'altro

---

[210] Oltre che del controllo dell'applicazione dei provvedimenti assistenziali, i datori di lavoro si lamentavano spesso dell'attività propagandistica che il PNF faceva all'interno delle fabbriche nei maggiori centri industriali. In un rapporto del console statunitense a Torino, Richard B. Haven, all'ambasciatore Phillips del 20 febbraio '40 il fatto è rilevato in riferimento non solo al danno economico (interruzione del lavoro) che gli industriali dicevano di averne, ma anche a quello «morale», perché tali attività «creavano di solito un complesso psichico di superiorità nelle menti degli operai che non regrediva che dopo qualche tempo» (ASAE, *Segreteria generale*, p. 263). Questo, come altri rapporti di diplomatici stranieri in Italia che citeremo nelle prossime pagine, è conservato nella documentazione del ministero degli Esteri perché venuto in possesso dei servizi segreti italiani e da essi trasmesso a chi di competenza.

che filotedesco (anche se va detto che con il 1° settembre Alfieri si era allineato sulla politica del «non intervento» cosí come la concepiva Ciano [211]), strettamente legato a Ciano, il Pavolini del '39-40 non aveva nulla in comune con l'estremista fanatico che avrebbe retto la segreteria del Partito fascista repubblicano nel '43-45. Specie nei primi mesi, la sua azione fiancheggiò perfettamente quella di Ciano; poi – quando la diversità di posizioni tra Mussolini e il genero divenne piú netta – si allineò su quella di Mussolini, che nell'ultimo periodo della «non belligeranza» pare considerasse Pavolini il piú efficiente e sicuro dei suoi collaboratori [212] e dovette aprirsi piú di una volta con lui e farlo partecipe non solo dei suoi crucci e dei suoi sfoghi, ma anche dei suoi programmi per il futuro [213]; ma senza che ciò portasse da parte di Pavolini ad una rottura con Ciano, dei cui tentativi di tenere l'Italia fuori dal conflitto rimase intimamente un sostenitore sino al crollo della Francia. Nelle mani di Pavolini la stampa, soprattutto quella quotidiana, la radio e i cinegiornali LUCE fiancheggiarono in questi mesi complessivamente bene e con intelligenza la politica di Mussolini e di Ciano, sforzandosi, nei limiti del possibile, di avvalorarla agli occhi degli occidentali e dei neutri, senza offrire ai tedeschi clamorosi pretesti per proteste ed interferenze, e riuscendo ad esercitare una non sottovalutabile azione di controllo e di orientamento dell'opinione pubblica nazionale.

Alfieri si era preoccupato soprattutto delle ripercussioni all'estero [214]

---

[211] Nel rapporto ai direttori di giornali del 29 settembre '39 Alfieri era arrivato a dire: «La situazione sta diventando sempre piú grave e sempre piú delicata; grave anche dal nostro punto di vista, perché siamo sempre nell'Asse, ma... le cose stanno cambiando» (ACS, *Agenzia Stefani, Manlio Morgagni*, b. 5, fasc. 12).

[212] Cfr. C. LUCIANO, *Rapporto al Duce* cit., p. 8.

[213] Assai sintomatici sono a questo proposito alcuni riferimenti di Pavolini nei suoi rapporti ai giornalisti a tipiche tesi mussoliniane di questi mesi che si spiegano solo con i suoi stretti rapporti col «duce». Valgano questi due esempi. Nel rapporto del 1° febbraio '40 parlò del nuovo orientamento dello sforzo di preparazione militare italiano, sottolineando che esso non era piú orientato, come sino all'anno prima, a creare un esercito di massa di milioni di uomini, ma verso un esercito relativamente ristretto numericamente e iperarmato. Nel rapporto del 22 febbraio, poi, fece chiaramente riferimento (pur non usando il termine) alla idea mussoliniana della «guerra parallela». «Nell'impostazione, diciamo cosí, mentale di ciascuno di voi – disse – vi prego di considerare che è in atto una crisi europea la quale involge tutti i popoli belligeranti e non belligeranti. In seno a questa crisi grandiosa si delineano poi diverse guerre, non una guerra sola. Una che è inutile citare perché è nella mente di tutti; un'altra, quella finlandese, con una propria caratteristica e una propria autonomia. In questo panorama potrebbe inserirsi domani una nostra guerra la quale sarà o non sarà agganciata in tutto o in parte alla guerra altrui, ma avrà propri fini e propri obiettivi. Quindi l'impostazione mentale nostra non è di porsi il problema "noi siamo di questa o di quella parte" ma "noi abbiamo determinati interessi che un giorno o l'altro perseguiremo". Ma episodio per episodio la nostra visione deve risalire ai nostri interessi. Quindi praticamente tutte le nostre rivendicazioni sono nel senso che voi sapete, ma per gli altri lati vi sono probabilità o possibilità di svolgere azioni che solo in parte coincidano con l'interesse altrui, che qualche volta coincidano con interessi di una o dell'altra parte, qualche volta infine con gli interessi di tutte e due le parti» (ACS, *Agenzia Stefani, Manlio Morgagni*, b. 5, fasc. 12).

[214] «I giornali, in questo momento, debbono preoccuparsi soprattutto delle ripercussioni all'estero di quanto si stampa in Italia...» Rapporto di D. Alfieri del 12 settembre '39 (*ibid.*).

e aveva puntato essenzialmente in due direzioni: accreditare l'immagine di una Italia che non parteggiava per nessuna delle due parti in conflitto [215] e insistere sulle possibilità di pace negoziata che ancora vi sarebbero state e sulla piena disponibilità di Mussolini a favorirne la concretizzazione. Pavolini tenne ferma la prima direttiva: l'atteggiamento verso i belligeranti doveva essere «il piú possibile equilibrato» e tale lo mantenne sin verso marzo, quando cominciò a privilegiare via via le fonti di informazioni e i commenti filotedeschi, pur continuando a dare i bollettini di guerra e le principali notizie di fonte anglo-francese [216]; ma la completò aggiungendo a quanto stabilito da Alfieri due altre indicazioni: non venir mai meno alla caratterizzazione antidemocratica e antibolscevica della posizione fascista ed essere verso tutti i paesi, belligeranti e no, sempre duttili, elastici, in modo da non rischiare di trovarsi in difficoltà o in contraddizione con se stessi. Tipico è l'esordio del rapporto ai direttori di giornali da lui tenuto il 25 novembre [217]:

Di fronte all'avvicendarsi degli avvenimenti, il nostro atteggiamento fondamentale rimane, in sostanza, immutato. Però, di fronte a tutti gli elementi in gioco, e

---

[215] Nei primi mesi della guerra, questo atteggiamento «equanime» fu tenuto non solo dalla quasi totalità della stampa quotidiana (tra le eccezioni piú significative meritano essere ricordati il «Regime fascista» e soprattutto «Il Tevere», accesamente filotedeschi), ma anche da buona parte di quella periodica politicamente piú impegnata e diretta essenzialmente ai quadri del partito. Valga per tutti la conclusione del lungo articolo di ERBA, *Agosto 1939*, con cui «Civiltà fascista», organo ufficiale dell'Istituto nazionale di cultura fascista, commentò nel numero di settembre-ottobre (pp. 775 sgg.) lo scoppio del conflitto: «La polemica sulle responsabilità della guerra è incominciata súbito dopo l'inizio delle ostilità. È palese l'intento cui mira questo dibattito, inscenato e sostenuto dai rispettivi uffici di propaganda per influire sull'opinione pubblica di tutti i Paesi – belligeranti inclusi –; tuttavia, per chi sia indifferente a questi scopi immediati, appare palese la inutilità di siffatti processi che si vorrebbero instaurare davanti al tribunale della Storia. A che giova dimostrare che il Governo tedesco ha voluto la guerra, pur di soddisfare le sue richieste verso la Polonia? a che giova dimostrare che l'Inghilterra ha atteso che la china dei colpi di forza, a cui essa stessa lo costringeva, trascinasse il Reich in un conflitto che avrebbe dovuto essere per lui senza speranza: cosí come il cacciatore accorto semina la via che deve condurre la vittima destinata alla trappola dov'egli l'attende con paziente astuzia?
«Si può dire: la Germania ha provocato la guerra; ma è stata l'Inghilterra a volere che a questo la Germania fosse costretta: starà poi a quella delle due, che riuscirà vittoriosa dalla lotta, dimostrare che era l'altra ad essere in colpa. Cosí è stato istruito il processo della Versaglia di ieri, cosí verrà istruito quello della Versaglia di domani: se vi si arriverà. Per questo è stata fatta la guerra: per dimostrare che la controparte era la sola responsabile della crisi europea; per questo e l'uno e l'altro dei contendenti vuole assicurarsi la vittoria: per punire il responsabile. A che varrebbe accertare oggi le responsabilità della guerra, se la guerra stessa è stata voluta, come un giudizio di Dio, per sconfessare e punire il responsabile?»
[216] Si vedano per esempio le istruzioni date da Pavolini ai giornalisti nel rapporto del 15 aprile '40 (*ibid.*): «Negli articoli complessivi di commento, che devono essere orientati nel senso detto, evitare quelle che possano apparire insinuazioni sia pure fatte per smentirle subito dopo e che sono subito riprese dalla propaganda inglese. Comunque, in quanto al notiziario, prevalenza a quello tedesco e alle corrispondenze da Berlino o da altre fonti neutrali, se favorevoli. Poi, i bollettini anglo-francesi i quali o confermano quanto è detto nel bollettino tedesco e allora lo si fa notare; oppure parlano di azioni che secondo la loro prosa sono a loro favorevoli e allora noi, nell'intitolare queste comunicazioni, mettiamo in luce che secondo i franco-inglesi si sarebbe verificato questo episodio che però da parte tedesca non viene confermato. Se poi c'è la concordanza e si tratta di cosa favorevole alla Germania, evidentemente daremo la notizia».
[217] ACS, *Agenzia Stefani, Manlio Morgagni*, b. 5, fasc. 12.

cioè non solo rispetto ai belligeranti, ma anche agli altri Paesi che possono, comunque, entrare nell'ambito della nostra politica, sarebbe bene che ci facessimo una mentalità piú elastica. Dobbiamo renderci conto che quando ci occupiamo di questo o quel gruppo belligerante, di nazioni come la Russia ecc., il nostro atteggiamento non può irrigidirsi in una linea immutabile; il nostro atteggiamento può subire modifiche a seconda del gioco dei nostri interessi con ciascuna potenza in un dato momento. Per spiegarmi meglio: con la Russia si può essere ai ferri corti in un dato settore e, non dico amici, ché sarebbe impossibile, ma in rapporti fondati su di un eventuale interesse comune, in un altro settore.

Ne viene di conseguenza che i nostri atteggiamenti polemici, risoluti, chiari, secondo lo stile fascista, non debbono, però, essere tutti di un pezzo. Evitiamo, insomma, gli atteggiamenti troppo rigidi e le affermazioni troppo assolute.

Contrariamente ad Alfieri, sin dal suo esordio come ministro Pavolini non fece invece che raccomandare estrema prudenza nel parlare di iniziative di pace che nessuno mostrava vero desiderio di raccogliere. E col marzo '40 [218] vietò addirittura che se ne parlasse:

> Un punto fermo è quello di non parlare di pace. A tal proposito anzi non occorre nemmeno dire che noi vogliamo parlarne; effettivamente non parliamone. Quindi anche quando ci si riferisce ad azioni su altre scacchiere una cosa è dire che noi agiamo per equilibrare, altra cosa è invece dire che noi agiamo per svolgere una azione a favore della pace. Infatti siccome non c'è nessuna probabilità che la pace «scoppi» è assolutamente ridicolo indirizzare l'azione dell'Italia verso un obbiettivo che non si può conseguire. Non creare quindi in nessun modo nel pubblico aspettative di pace e nemmeno sensazioni di un'imminente entrata in guerra dell'Italia. Ipotesi che non va in alcun modo scartata ma rispetto alla quale non bisogna accelerare i tempi e creare tensioni che non avrebbero altro risultato che tendere i nervi senza peraltro contribuire a quella ricostruzione del morale del pubblico che bisogna perseguire.

E con questo siamo arrivati a quella che fu la direttiva portante di tutti gli sforzi di Pavolini: operare soprattutto sul fronte interno per contenere e combattere le «oscillazioni» e gli «sbandamenti» verificatisi tra la fine dell'agosto e la prima quindicina di settembre, per il timore di un intervento in guerra e «riscaldare gradualmente la temperatura del popolo italiano». E ciò *a*) valorizzando in tutti i modi l'opera «attenta» e «responsabile» di Mussolini [219]; *b*) insistendo al massimo sulla estrema

---

[218] *Ibid.*
[219] *Ibid.*, rapporto ai giornalisti del 22 febbraio '40: «Vi prego di portare la vostra attenzione sul fatto che tutto quanto si fa in Italia attualmente – e si fa qualcosa di gigantesco sia per reagire al blocco economico che stringe noi come i belligeranti e spesso piú noi, sia per armare l'Italia e metterla in condizione di dire effettivamente la sua parola al momento decisivo, sia per tenere questo miracoloso equilibrio e per la necessità di tenere alto lo spirito guerriero delle giovani generazioni italiane e svolgere contemporaneamente una politica di equilibrio e di attesa – tutto questo, è inutile vi dica che porta la sigla inconfondibile di Mussolini. È questa sua azione tanto piú solitaria e silenziosa, tanto piú è veramente eroica e impegnativa. Quindi in quelle forme che la vostra sensibilità, la vostra discrezione e nello stesso tempo il vostro esatto senso di fascisti vi suggeriscono, ponete sotto il sigillo dell'iniziativa del Capo tutta quell'opera che sulle vostre colonne andate svolgendo e che risale direttamente alla sua persona e alla sua opera di ogni momento».

gravità del momento e sulle difficoltà che esso determinava nella vita di tutti i paesi; *c)* mettendo l'accento e dando spazio non tanto alle vicende belliche e internazionali (a meno di casi particolari come quello della guerra finno-sovietica di cui parleremo piú avanti) quanto all'impegno civile e sociale della politica fascista in tutti i settori della vita nazionale e coloniale (tipica è la grande attenzione che la stampa, la radio e i cinegiornali LUCE dettero in questi mesi ai lavori intrapresi in Sicilia per la «lotta contro il latifondo» e a quelli per l'E 42 e al varo del progetto di canalizzazione Reggio Emilia - Adriatico), in modo da farne indirettamente emergere gli intenti pacifici e da giustificarne i limiti con le difficoltà del momento; *d)* sollecitando il formarsi di un atteggiamento non già di simpatia per uno dei belligeranti, ma di antipatia e ostilità per l'altro, facendo leva tanto sulle ragioni «storiche» di tale ostilità quanto su quelle attuali e nella fattispecie sul blocco navale inglese («il quale ci iugula e ci danneggia giorno per giorno»); *e)* non dando

l'impressione dell'imminenza del fatto bellico o della richiesta popolare della guerra, perché questa fase sarebbe poi seguita da una pausa, causando quindi logoramento di nervi; viceversa dare la sensazione che siamo pronti, che ci si prepara intensamente e dare la sensazione crescente degli interessi italiani che sono coinvolti nella grande partita che si gioca in Europa, facendo intendere che da questa partita, da cui uscirà rifatta la carta dell'Europa e dei continenti, noi usciremo con i nostri problemi risolti e con largo spazio per noi [220].

E in questi suoi sforzi bisogna dire che Pavolini seppe muoversi con abilità e intelligenza («orientare il pubblico con logica, con persuasione, in modo che gradualmente la temperatura ritorni ad essere quella che era» ripeteva sempre), evitando che fossero fatti discorsi contraddittori e si cadesse sia nella retorica e nella negazione troppo manifesta della verità [221] sia in forme di denuncia troppo aggressive (alla Starace), e quindi

[220] *Ibid.*, rapporto ai direttori dei giornali provinciali del 10 aprile '40.
[221] «Anche domani mattina i giornali apriranno la prima pagina con le notizie relative al blocco dei prezzi e agli aumenti salariali. Sono notizie che interessano 45 milioni di italiani e quindi hanno diritto alla precedenza su ogni altra.
«Nei commenti che potranno essere domani (data la distanza di tempo dalla riunione del Comitato Corporativo) piú diffusi di quelli odierni e che possono anche ripetersi nei giorni successivi, occorre sempre partire dalla premessa della guerra economica generale in cui siamo anche noi, e quando si parla sia dell'attività degli organi corporativi sia anche dell'azione personale del DUCE, non si parli mai di azione risolutiva ma di azione che affronta questi problemi via via che si manifestano senza che si possa pretendere che tale azione sia decisiva una volta per tutte.
«Il primo punto da considerare (assai bene documentato nella relazione del Ministro Ricci) è quello della generalità degli aumenti dei prezzi in tutti i paesi del mondo. Ricci ha portato delle cifre assolutamente probative. Occorre dire naturalmente che l'aumento da noi non poteva non esserci e non bisogna dire che esso è stato leggero. C'è stata purtroppo una pubblicazione (di cui i giornali non hanno colpa perché è ripresa da una relazione al bilancio della Camera) in cui si diceva che l'aumento in Italia era stato del 7,50%. Naturalmente la gente fa i conti su quelle che sono le cifre che spende per vivere e si accorge che l'indice è molto superiore. A questo ha fatto chiaramente riferimento il DUCE quando ha detto di far coincidere i prezzi ufficiali coi prezzi di mercato perché è inutile che i Consigli Provinciali di Economia Corporativa facciano dei prezzi di valore indicativo

controproducenti, dei fenomeni di «disfattismo» che si volevano combattere. Tipico a quest'ultimo proposito è il seguente passo del suo rapporto ai giornalisti del 25 gennaio '40 [222]:

> Un argomento che da domani mattina occorre prendere di petto è quello di un certo disfattismo e di un certo piccolo panico marginale che si è verificato a seguito del tesseramento annonario: prima per la distribuzione della carta annonaria e poi per il tesseramento dello zucchero.
> Che la gente brontoli un poco per queste misure è un fenomeno di carattere tale da non impressionare e quindi volerlo castigare non è il caso. Ma quando si passa, specialmente in certe zone della borghesia piú che del popolo, a forme di incetta, e e non tengano conto della realtà che si verifica sul mercato. Quindi nel parlare degli aumenti inevitabili si parli di quelli effettivi di mercato e non di quelli dei listini ufficiali che rispecchiano la realtà della situazione fino a un certo punto.
> «Detto questo è anche opportuno rilevare che effettivamente in molti casi l'aumento dei prezzi italiani è stato minore di quello verificatosi altrove e che in molti altri casi però il prezzo italiano è piú forte del corrispondente prezzo mondiale che si può fare sulla media dei prezzi altrui. Questo si verifica perché il cosidetto prezzo autarchico che deriva al prodotto dall'essere esso generato in regime di autarchia, non è comparabile in nessun modo col prezzo mondiale. Ci sono prodotti che noi produciamo a gran fatica, che ci vengono a costare alti prezzi e che noi non potremmo avere altrimenti per una infinità di ragioni. Quindi certi prezzi che possono sembrare anche altissimi come prezzi di produzione autarchica sono i minori che si possono avere data l'impossibilità di procurarsi questi prodotti in altra forma.
> «Questo per quanto riguarda l'antefatto dei prezzi di stamane.
> «Raggiunto che avesse, l'aumento dei prezzi, un certo livello per la spinta insopprimibile della necessità e per la connessione strettissima dei nostri fenomeni economici con i fenomeni economici mondiali, occorreva però bloccare per un certo periodo i prezzi stessi, se no sarebbe stato inutile ogni ritocco ai salari e agli stipendi.
> «A questo proposito vi prego di elogiare gli operai italiani e in genere tutti i lavoratori italiani per la comprensione di cui hanno dato prova. Essi non aspettavano affatto con entusiasmo questi aumenti degli stipendi e dei salari perché si rendevano conto che se essi non erano accompagnati da un fermo al rialzo dei prezzi, non facevano che costituire una nuova spinta per rialzi ulteriori.
> «C'è stato effettivamente una vera comprensione nel pubblico e i giornali con ragionamenti pacati e fondati sono chiamati ad approfondire questa comprensione nel pubblico.
> «Sui prezzi di quali generi è avvenuto il blocco? Su alcuni generi e servizi di fondamentale necessità per la vita. Ossia su quei prezzi di generi e servizi che riguardano la totalità dei cittadini. Naturalmente non si poteva correre dietro a tutti i prezzi di genere voluttuario. Bisogna considerare che spesso le lamentele che si sentono e che riflettono generi di cui si dice che gli aumenti sono arrivati fino al 100%, riguardano persone che si servono di cose che non sono affatto usate dalla generalità dei cittadini. Ma qui non si tratta di correre dietro a codeste punte; si tratta di far sí che i generi fondamentali rimangano al livello raggiunto attualmente, anche perché, bloccando questi prezzi si viene a portare una influenza benefica sui prezzi anche di altri settori non presi in considerazione.
> «L'aumento dei prezzi che si è verificato dal settembre ad oggi ha colpito naturalmente i consumatori. Il blocco che è stato stabilito fino a luglio colpirà evidentemente qualcuno, ma non piú il consumatore, sebbene tutti gli anelli della catena produttiva. Questo si dice perché non è che essi debbano colpire l'ultimo anello ossia il dettagliante, ma in parte il dettagliante, in parte il grossista in parte il produttore. Ed è appunto per questo che si fa appello a tutte le categorie produttive e commerciali.
> «Nel rialzo dei prezzi verificatosi sin qui la speculazione ha avuto naturalmente la sua parte, ma sia ben chiaro che si tratta di un fenomeno importante sí, ma marginale. Il grosso del rialzo dei prezzi era insopprimibile e quindi anche per il futuro si tratta (come la mozione del Comitato Corporativo ha messo in luce) di colpire ogni tentativo di deviazione dalla norma stabilita, ma nel contempo la norma stessa e la disciplina che senza dubbio si raggiungerà, sono ben piú importanti della deviazione marginale.
> «Infine gli aumenti via via che si verificano (e voi ne darete notizia man mano che interverranno gli accordi fra le associazioni sindacali) non vanno presentati come una specie di elargizione del Regime o delle associazioni o degli organi del Regime a favore dei lavoratori, ma come un adeguamento indispensabile per mantenere ad un livello sopportabile la vita degli operai e dei lavoratori in genere».

[222] *Ibid.*

quando questa incetta arriva a forme cretine (come per il burro, per le uova e perfino per il sapone) allora bisogna intervenire.

Fate qualche sfottimento e anche qualche avvertimento molto preciso nel senso che la legge sugli incettatori può tornare di attualità, tanto piú che si sa benissimo chi sono quelli che nascondono.

Qualche nome, se salta fuori, non è sgradito. Mi riferisco al «Corriere Padano» che accennava ai pezzi grossi.

Ho visto che c'è stata una polemica se si devono fare i nomi o no. I nomi, se occorre, si devono fare. E poi può avere maggiore efficacia fare un nome sui giornali.

In agosto-settembre quelli che Pavolini chiamava eufemisticamente «oscillazioni» e «sbandamenti», cioè la paura della guerra e l'ostilità all'alleanza con la Germania, erano stati comuni a quasi tutto il paese, tanto è vero che, come si è visto, persino Mussolini, pur minimizzandoli, ne aveva parlato esplicitamente nei suoi discorsi alle gerarchie bolognesi e genovesi e vari sono gli accenni piú o meno espliciti che se ne possono rintracciare nella stampa fascista [223]. E avevano avuto una consistenza molto maggiore di quella che il regime fosse disposto ad ammettere. Anche se forse esagerava *pour cause*, non è certo un caso che il 30 agosto, Bocchini, parlando con Ciano [224], fosse arrivato a non escludere che, «in caso di sommossa neutralista», carabinieri e agenti di polizia potessero far «causa comune col popolo». E ancora piú sintomatico è che persino Starace il 16 agosto avesse ammesso «che quando la Germania attaccherà la Polonia, bisognerà tenere gli occhi bene aperti per impedire pubbliche manifestazioni antitedesche» [225]. Tutti i rapporti di polizia di quelle settimane sono concordi nel denunciare questa paura e questa ostilità, spesso anche con ricchezza di particolari e con toni che lasciano trasparire che anche chi scriveva era partecipe dello stesso stato d'animo. Valga per tutti questo rapporto datato Roma 26 agosto '39 [226]:

La paura dello scoppio della guerra è ormai estesa e generale: ma piú viene alimentata da certi titoli di giornali che, invece di predisporre alla calma aspettativa, fanno opera di allarmismo. Fin dal 23 corrente, infatti il «Lavoro Fascista» che eccelle nei titoloni a sensazione, dava l'idea che la guerra stesse per scoppiare inesorabilmente, mentre oggi, cinque giorni dopo, è ancora sospesa. Certo se non si trattasse di tale giornale, per il quale il Direttore della Stampa italiana al Ministero Cultura Popolare, Casini, ha interessi diretti ed indiretti, già si sarebbe proceduto al sequestro.

---

[223] Tipico C. PELLIZZI, *Sbandati e dispersi*, in «Critica fascista», 1° ottobre 1939, pp. 364 sg., in cui si legge: «Nei giorni di crisi molta brava gente ricade sotto l'influsso di antichi umori ed amori, perde contatto con le idee maestre che in buona o mala fede professava da anni, rispolvera antichi rancori, malumori e nostalgie. In conversazioni private e, spesso, qua e là, tra le righe di qualche giornale, vedi far capolino un campionario di cose vecchie, che nel gran coro unanime, e troppo rumorosamente unanime, di pochi giorni innanzi avresti potuto credere seppellite e dimenticate».

[224] Cfr. G. CIANO, *Diario* cit., p. 338.
[225] *Ibid.*, p. 329.
[226] ASAE, *Segreteria generale*, p. 268.

Viceversa il contegno delle autorità in generale e soprattutto la mancanza di sensibili preparativi bellici, tengono gli animi sospesi ancora ad una speranza, tanto piú che il silenzio del Duce fa supporre che Egli abbia ancora qualche carta da giuocare prima di giungere alla guerra. In Lui e nella fiducia del suo senso equilibrato, del suo patriottismo che pare impossibile voglia condurre la patria alla rovina totale – quale per credenza totalitaria avverrebbe in caso di guerra, qualunque ne fosse l'esito – si affida il popolo, il quale tutto è nettamente contrario alla guerra in generale ed a questa in particolare, poiché non ne riconosce alcuna utilità. Tanto piú nell'Italia superiore, nella quale da moltissime parti mi viene assicurato, si è sfavorevoli del tutto alla guerra fatta a fianco della Germania. Io stesso ho inteso dire – parole che rispecchiano però l'animo della gente – da alcuni richiamati che andranno dove li manderanno, quanto a battersi poi, ci sarà da pensarci: e piú facilmente si potrà darsi prigionieri. Perché l'odio contro il tedesco non è affatto spento e ammesso pure che nessuno giunga a disertare per esso, c'è da pensare molto che se venissero a contatto truppe italiane e tedesche, ci sarebbe da aspettare qualche zuffa interna, specie di notte, quando gli ufficiali non hanno modo di badare troppo alla truppa. Sarebbe ad ogni modo, prudenza tener lontani i due elementi a scanso di guai. D'altra parte la preoccupazione anche degli ufficiali, è di giustificare in qualche modo la guerra – se vi fosse – di fronte alle truppe, alle quali non si può fare un ragionamento sottile e trascendentale. Per la grande guerra era facile e comprensivo parlare di Trento e Trieste: oggi non si può certo dire che facciamo la guerra per dare Danzica alla Germania... né che valga la pena di tale enorme sconquasso per Tunisi. Ora è difficile per un ufficiale farsi ubbidire quando deve condurre al macello centinaia di uomini per... cosa che non si sa né si può giustificare. Questo è il ragionamento che ho udito fare da moltissimi. E quelli che, pure, in qualche momento di stanchezza e quasi di disperazione, affermano che piuttosto di tanta incertezza sarebbe meglio scoppiasse in fretta il conflitto, dicono cosí tanto per sfogo di parole, ma in sostanza tutti sono contrari al conflitto stesso. Però, come dicevo, fino a che non si avrà notizia ufficiale delle ostilità, nessuno sarà persuaso e tutti sperano nella saggezza del Duce: il quale se non riuscisse ad evitare il disastro perderebbe immensamente nella fiducia popolare.

Scoppiata la guerra e proclamata la «non belligeranza», smobilitati parte dei richiamati (la classe del 1902) e abrogate alcune restrizioni introdotte a cavallo del 1° settembre, tra cui l'oscuramento, questo stato d'animo si era un po' attenuato ma non certo placato. Il rimpasto governativo di fine ottobre e la sostituzione di Starace avevano fatto sperare a molti che si fosse alla vigilia del passaggio dalla «non belligeranza» alla neutralità pura e semplice, ma queste speranze furono frustrate dall'anodino comunicato emesso dopo la riunione del Gran Consiglio del 7 dicembre, dalla quale si pensava che sarebbe stata appunto sancita la piena neutralità. Il fatto però che contemporaneamente il PNF e tutta la stampa insistessero sul carattere intransigentemente antibolscevico del fascismo [227] e che le simpatie del regime per la Finlandia aggredita dall'Urss

[227] A parte un primissimo momento, subito dopo la conclusione del patto tedesco-sovietico, durante il quale un po' per la sorpresa, un po' per l'ammirazione per «il colpo da maestri» fatto dai tedeschi sottraendo l'Urss all'ormai già scontata alleanza con i franco-inglesi, un po' per la gioia di

arrivassero al punto di manifestarsi non solo attraverso l'atteggiamento unanime della stampa ma, addirittura, lasciando che si svolgessero in varie città manifestazioni studentesche e consentendo l'arruolamento di volontari disposti ad andare a combattere in difesa della Finlandia [228] aveva tenuto in una parte degli italiani ancora viva la speranza che Mussolini stesse preparando il terreno per sganciarsi dalla Germania [229]. Nel com-

veder «fallire» la giustificazione ideologica della guerra contro i paesi dell'Asse e soprattutto per la speranza che il patto, capovolgendo i rapporti di forza e, frustrando i tentativi di accerchiamento della Germania, potesse evitare lo scoppio del conflitto (cfr. v. GAYDA, *L'amara sorpresa*, in «Il giornale d'Italia», 23 agosto 1939; ID., *Fuori strada*, ivi, 24 agosto 1939; *Situazione capovolta*, in «Il popolo d'Italia», 23 agosto 1939; G. POLVERELLI, *Sciogliere i nodi*, ivi, 24 agosto 1939; G. ANSALDO, *La fine dell'accerchiamento*, in «Il telegrafo», 23 agosto 1939; *Catastrofe delle plutocrazie*, in «Il regime fascista», 23 agosto 1939; *Bando agli equivoci*, ivi, 25 agosto 1939), la politica tedesca di amicizia coll'Urss fu vista, salvo rarissime e poco significative eccezioni (cfr. per esempio D. FIORELLI, *Italia, Germania e Russia all'avanguardia del rinnovamento mondiale*, in «La verità», settembre 1939, pp. 552 sgg.), dalla stampa fascista in tutto il periodo della «non belligeranza» in termini piú o meno apertamente critici e con una costante sottolineatura del carattere antibolscevico del fascismo. Tipico è l'editoriale di «Critica fascista», *Giustizia in Europa*, del 15 ottobre 1939, pp. 378 sg., in cui si legge: «Guardando al solo rapporto di forza si possono compiere gesti disperati, come quando Inghilterra e Francia hanno cercato di associarsi alla Russia, come quando la Germania vi è riuscita; gesti disperati, perché consistono nell'evocare potenze che si potrebbero non riuscire poi a dominare». Persino «La vita italiana» di Preziosi, nettamente filonazista, non mancò di mettere in rilievo che il patto tedesco-sovietico, col dare il sopravvento ai motivi realistici su quelli ideologici, aveva determinato «una congiuntura che, spiritualmente, è tutt'altro che chiara» (J. EVOLA, *Le idee e il conflitto attuale*, ivi, ottobre 1939, p. 419). La posizione forse piú netta la prese però F. COPPOLA, *Momenti della lotta politica*, I: *L'avanzata bolscevica*, in «Politica», marzo 1940, pp. 281 sgg., che accusò senza mezzi termini la Germania (e l'Inghilterra e la Francia per i loro falliti tentativi di accordo con Mosca) di aver fatto «il gioco della barbarie bolscevica, cioè dell'Anticiviltà, in una parola dell'Antieuropa» e di aver «aperto alla Russia bolscevica il cuore dell'Europa» e se la prese duramente con quanti in Italia vedevano o volevano vedere un'Urss che, «messasi sulla via di un nuovo nazionalismo imperialistico», andava «progressivamente abbandonando la sua mistica bolscevica, perdendo o diluendo il suo virus barbarico antieuropeo». Obiettivi di questa polemica di Coppola erano certamente «La verità» di Bombacci, ma probabilmente anche alcuni articoli apparsi su «Gerarchia», non nettamente ostili all'Urss (distinguendo tra Stato sovietico e bolscevismo) e talvolta tendenti a sostenere che il regime sovietico si stava trasformando e accostando «alle conclusioni fasciste» (cfr. in particolare F. CHILANTI, *Stalin contro la democrazia*, ivi, ottobre 1939, pp. 692 sg., ma anche, sul numero di dicembre della stessa rivista, pp. 776 sgg., la polemica replica, pur non nominandolo, al Chilanti di M. RIVOIRE, *Il fascismo contro i «luoghi comuni». Il nostro antibolscevismo*). Il momento piú aspro della polemica antisovietica (e spesso, indirettamente, antitedesca) coincise con il conflitto finno-sovietico, che vide tutta la stampa fascista schierata a favore della Finlandia e non di rado con toni accesissimi, tanto da provocare il richiamo dell'ambasciatore sovietico a Roma. Cfr. M. TOSCANO, *Una mancata intesa italo-sovietica nel 1940 e 1941*, Firenze 1953, pp. 13 sg.

[228] La preoccupazione per gli sviluppi che queste speranze avrebbero potuto avere e per le «speculazioni» che permettevano è evidente in vari rapporti di Pavolini ai giornalisti. Tipico questo passaggio in quello ai direttori del 7 dicembre '39: «Il nostro atteggiamento è evidente: simpatia. Però, questa lotta lontana da noi, non può continuare ad essere, se si prolungherà, un motivo fondamentale del notiziario estero dei giornali. Anche per questo riguardo, equilibrio e misura, tenendo anche conto che, in fatto di eroismo, quello che ne ci interessa di piú è l'eroismo nostro. Ma soprattutto tener conto che taluni atteggiamenti si sono prestati a tendenziose speculazioni, non solo all'estero, ma anche all'interno, e precisamente nel campo cattolico, dove si è manifestata la tendenza, a proposito del caso della Finlandia, a condannare in blocco tutti i casi di occupazione di altri paesi, ed implicitamente imprese come quelle di Etiopia e di Albania: una tendenza, questa, che siamo risoluti a stroncare» (ACS, *Agenzia Stefani, Manlio Morgagni*, b. 5, fasc. 12).

[229] In riferimento al diffondersi di un certo stato d'animo che portava una parte degli italiani a considerare ormai scongiurato il pericolo di una partecipazione al conflitto, significativo (pur nei limiti di un non escludibile intento polemico contro il «pacifismo» borghese), è l'inizio di un articolo di G. GRANZOTTO, *Essere Italiani*, in «Critica fascista», 1° dicembre 1939, p. 36: «Dopo gli allarmi e gli sbandamenti della prima ora, circoscritti del resto per numero e per durata, una volta precisata la posizione ufficiale dell'Italia di fronte al conflitto abbiamo assistito ed assistiamo ad un eccessivo, ingiustificato ottimismo, circolante nei vari settori della vita italiana. Noi la guerra non

plesso, la massa si faceva però poche illusioni sulle intenzioni di Mussolini e relativamente pochi erano coloro che facevano affidamento in un intervento risolutore del re. La convinzione piú diffusa era che se Mussolini non era ancora intervenuto nel conflitto era solo a causa dell'assoluta impreparazione militare italiana, ma che, prima o poi – a meno di una pace di compromesso, a cui pochi credevano, o di un clamoroso successo anglo-francese –, l'Italia sarebbe stata portata da lui in guerra. Eppure, sino all'estendersi del conflitto alla Norvegia e alla Danimarca, che dette nuova esca prima alle speranze e poi ai timori [230], durante i mesi invernali,

[230] si fa, l'Italia è estranea a questa guerra: e il desiderio di pace, che è naturale ed istintivo presso ogni popolo che lavora, si adagia in questa convinzione troppo facilmente e superficialmente raggiunta».
Una testimonianza di prima mano dello stato d'animo determinato, specialmente nella borghesia, dalla ripresa bellica agli inizi della primavera del '40 è costituita dal seguente rapporto del console inglese a Torino del 16 aprile all'ambasciatore a Roma (ASAE, *Segreteria generale*, p. 257): «Gli avvenimenti della scorsa settimana sono stati seguiti qui con la massima attenzione.
«In settembre il popolo era apatico, rassegnato, dopo tante crisi, alla eventuale inevitabilità della guerra, conservando solo la speranza, fino ad ora realizzata, che l'Italia se ne sarebbe tenuta lontana. Oggi l'atmosfera è molto differente. La parte del pubblico intellettuale e ben informata è avida di notizie vere, e tradisce un considerevole entusiasmo, benché forse un po' soffocato, per la causa alleata. Si può dire di loro, per usare una frase bambinesca, che "nascondono il loro pollice" per gli Alleati.
«2. Non è facile descrivere esattamente questo atteggiamento. Esso non è certamente basato su di una incrollabile fiducia nella vittoria degli alleati. La stampa e la radio italiane, che probabilmente non sono mai state tanto filo-tedesche quanto ora, si sono incaricate di questo e le gesta tedesche in Scandinavia, del successo o meno delle quali l'italiano medio non può farsi un'opinione propria, sono considerate con meraviglia e con una certa involontaria ammirazione. Vi è piuttosto una profonda, disperata quasi frenetica speranza che gli Alleati infliggeranno nel prossimo futuro una schiacciante sconfitta ai tedeschi, la quale, essi pensano, potrebbe definitivamente distaccare l'Italia dalla alleanza con la Germania.
«Il popolo italiano è stato abituato, nel corso di questi ultimi anni, agli strepitosi successi ed imprese delle dittature, specialmente quella hitleriana, e crede che per la sicurezza del loro prestigio nel mondo, gli Alleati devono avere un successo altrettanto immediato e strepitoso.
«3. Darò qualche esempio delle reazioni del pubblico che ho io stesso osservato o che mi sono state riferite dal mio personale. Martedí della scorsa settimana e specialmente mercoledí e giovedí mattina, parecchie persone sono venute al Consolato a domandare se avevamo nessuna notizia ufficiale e autorevole. Noi disgraziatamente potemmo solo ripetere quello che avevamo sentito alla radio la mattina. Ma queste domande, e le osservazioni che le accompagnavano, furono fatte nell'ufficio affollato di persone, e molto spesso in presenza di gente sconosciuta a quelli che parlavano i quali non si curavano di nascondere i loro veri sentimenti. Un visitatore indirizzò al Console Gallo attraverso la stanza una esclamazione in inglese "Dio benedica la vecchia flotta" mentre un altro diceva "Finalmente gli inglesi si sono svegliati". La mattina del giovedí un italiano sconosciuto qui al consolato è venuto ed ha chiesto di poter scrivere un biglietto da lasciarmi. Gli fu dato il necessario ed appena uscito mi fu portato il suo biglietto dove diceva che "di tutto cuore" egli sperava in una vittoria Alleata, speranza che era condivisa da ogni italiano onesto e benpensante e che si augurava anche che ben presto l'Italia e l'Inghilterra si sarebbero riunite sulla via della pace e della giustizia. Finí il suo biglietto chiedendomi di accettare "una modesta offerta" per la Croce Rossa inglese e accluse un biglietto da 100 lire. Firmò "Uno che ha combattuto al Piave".
«4. Tra i miei amici e conoscenti ho sentito analoghe riflessioni e nella intimità del mio ufficio o a casa mia essi non esitano ad esprimere i loro sentimenti.
«Il proprietario del garage dove io tengo la mia automobile, non manca mai di fare questo quando mi vede, mentre un giovanotto, "fattorino" di uno stabilimento commerciale nello stesso palazzo del Consolato, tutte le volte che lo incontro nell'entrata o sulle scale, mi chiede spesso notizie e positivamente sprizza odio quando parla dei tedeschi, "quelle bestie".
«5. Un altro amico, un dottore italiano, mi salutò ieri dicendo "vorrei strozzare gli inglesi; nessuno piú di me desidera una vittoria alleata, ma perché fate che i tedeschi arrivino sempre prima di voi? Cecoslovacchia, Polonia, Finlandia (perché anche allora fu lo stesso) ed ora la Norvegia e la

pur mantenendosi viva, la tensione si allentò un po', nonostante tutta una serie di fatti (l'introduzione del razionamento di alcuni generi come lo zucchero e il caffè, la scarsezza crescente di altri, quali il carbone e il sapone, l'aumento dei prezzi, la requisizione del ferro delle cancellate, ecc.) segnasse un aggravamento delle condizioni di vita della popolazione e lasciasse capire la direzione verso cui andava la politica mussoliniana. Certo, l'orientamento dominante era nettamente antitedesco (specie in alcune zone del Nord e nella borghesia) e assai viva era la ricerca di notizie di fonte occidentale (da qui il grande aumento, in questi mesi, dell'a-

Danimarca. I neutrali non possono affidarsi alle garanzie date dagli Alleati – i tedeschi arrivano sempre per primi".

«Cercai di far notare che se noi "arrivassimo per primi" faremmo il giuoco dei tedeschi, ma egli non volle sentir ragione. Egli insisteva nel dire che qualunque azione fatta dagli Alleati contro la Germania, anche se si dovesse passare attraverso dei territori neutrali, sarebbe accolta con entusiasmo dai neutrali stessi. "Il gran vantaggio che hanno le dittature è quello di poter prendere delle immediate decisioni. A Parigi ed a Londra dovete consultarvi tra di voi, poi l'uno con l'altro prima di potere agire. Voi perdete del tempo prezioso e tutte le vostre occasioni".

«Ma con tutto questo rimane l'impressione che le future azioni politiche dell'Italia saranno decise a seconda del successo riportato nel Nord dagli Alleati, e l'opinione pubblica sta ora diventando seriamente turbata dai grandi sforzi fatti dalla stampa italiana per ingrandire e glorificare le vittorie tedesche e per diminuire quelle degli Alleati, e molte persone si chiedono il significato di una radiotrasmissione avvenuta ieri e dedicata alle forze armate in cui si avvertí le truppe di non credere che si possa evitare una guerra ma invece di riflettere, svegliandosi ogni mattina, "Se non oggi, potrà essere domani o la prossima settimana". D'altra parte, da voci che circolano sembra che si stia lavorando giorno e notte nelle fortificazioni del Brennero. Il pubblico non capisce piú niente ed è molto inquieto».

In riferimento all'ambiente intellettuale romano cfr. invece J. CARCOPINO, *Souvenirs de sept ans* cit., pp. 41 sgg. e *passim*.

Né questo stato d'animo riguardava solo i non fascisti o i cosiddetti «fascisti della tessera». Numerose sono le testimonianze, sia di fonte fascista sia di fonte straniera, che lo attestano vivo anche in larghi settori del vero fascismo. Ecco, per esempio, cosa, il 10 aprile '40, riferiva alla sua ambasciata a Roma il console statunitense a Napoli (ASAE, *Segreteria generale*, p. 257): «Recentemente ebbi l'occasione di parlare con dei membri del Partito Fascista che conoscevo da molto tempo come entusiasti del regime e del Duce, e fui alquanto sorpreso nel sentirli fare delle osservazioni che indicavano un completo cambiamento nelle loro idee ed opinioni. Queste persone erano alcuni dei migliori sostenitori del regime e molto favorevoli alla sua politica generale; essi avevano una incrollabile fede nelle deliberazioni del Duce. Dal modo in cui essi manifestavano i loro sentimenti io potei capire che ora sono molto irritati per la situazione in genere.

«Essi hanno dichiarato di non poterne piú di tutte queste successive guerre: in primo luogo l'Abissinia, poi la Spagna, poi l'Albania ed ora un milione di soldati sono mantenuti sotto le armi, causando una spesa enorme che dev'essere pagata dal contribuente.

«Essi dicono che la miseria è in aumento senza che questo cosí detto "Impero" dia alcun profitto. Si lamentano che dal 1922 il Duce sta tirandosi dietro la Nazione senza concederle né riposo né il tempo di lavorare e di guadagnare con tranquillità la vita.

«Ogni tanto la gente è chiamata a prestar servizio militare, poi sono rilasciati, poi di nuovo richiamati per qualche nuova ragione, cosicché essi non hanno piú la possibilità di dedicarsi ad un lavoro continuo.

«S'intende che ho sentito dir questo migliaia di volte ed ancora sento dire giornalmente, ma fui sorpreso di sentirmelo dire da persone come queste che avevo sempre conosciuto come dei ferventi e devoti fascisti i quali non criticavano mai il regime.

«Esse non provengono dal popolo, dato che questo ultimo generalmente non ha opinioni proprie ma ripete solo quello che sente, ma appartengono ad una classe elevata ed intellettuale; sono uomini che hanno ricevuto una buona educazione: dottori, avvocati, ingegneri.

«La cosa strana è che tempo fa, mentre altre persone si lagnavano, questi ultimi continuavano a parlare di tutto il bene che il Duce aveva fatto all'Italia.

«Ora tutto il bene è dimenticato, o apertamente ignorato e solamente il lato brutto delle cose è apparente ai loro occhi.

«Giorno per giorno viene scossa la fiducia degli italiani nel potere militare "invincibile" della

scolto delle radio straniere che trasmettevano in italiano, in particolare Radio Londra, Tolosa e Monteceneri [231], e della diffusione dell'«Osservatore romano»); specie in alcune grandi città, dove i problemi della vita quotidiana erano piú assorbenti [232], la lunga stasi delle operazioni militari durante l'inverno ebbe però come conseguenza un leggero, ma per il regime assai importante, fenomeno di assuefazione alla situazione e una certa diminuzione della paura di un imminente intervento italiano, al quale, in una parte minoritaria, ma non trascurabile, della popolazione, si venne affiancando un piú o meno inconsapevole atteggiamento di critica nei confronti della Francia e dell'Inghilterra, a volta a volta accusate di eccessiva intransigenza e incomprensione nei confronti dell'Italia, di tendere ad affamarla e di non essere all'altezza della prova nella quale si erano imbarcate. Il che spiega come in questi mesi le manifestazioni di dissenso dichiarato furono rare, sporadiche e per nulla tali sia da mettere in difficoltà il regime sia da stimolarne altre. In pratica solo qualche lancio di manifestini pro monarchia e pro esercito e quindi contro il regime (come in marzo a Palermo dove furono diffusi in alcuni mercati e in un cinema volantini con la parola d'ordine «Agitatevi, l'esercito è con voi» [233]) e qualche agitazione contro gli ammassi o per la scarsezza di qualche genere di prima necessità.

Le ragioni di questo atteggiamento popolare furono indubbiamente molte. Ad alcune e in particolare all'assuefazione e al farsi strada dell'i-

Germania. Quando fu firmata la pace tra la Russia e la Finlandia, l'opinione generale italiana disse che la guerra sarebbe presto finita, dato che gli alleati avevano perso la loro migliore occasione dopo la pace finno-russa che costituiva per loro una sconfitta.
«Ma ora la maggioranza degli italiani è convinta della "incrollabile decisione" dell'Inghilterra nel condurre la guerra fino ad una fine vittoriosa.
«Molti credevano all'inizio che la guerra non potesse durare a lungo, ma ora tutti parlano di 3-4 anni!
«Esiste ancora una piccola percentuale di italiani, specialmente tra il popolo, la quale sostiene che in ultimo non ci saranno né vinti né vincitori.
«Sono tramontate molte speranze in una vittoria tedesca; qualcuno deride la propaganda tedesca, altri imprecano ed inveiscono contro Hitler e la gente che ascolta le radioaudizioni preferisce sentire le stazioni francesi piuttosto che quelle tedesche, e specialmente sente la radio di Tolosa la quale dà un'ottima audizione; inoltre quando la radio di Tolosa trasmette in italiano, le stazioni tedesche cercano di interferire. Si sentono piú volentieri le stazioni francesi perché la loro lingua è meglio compresa dell'inglese dalla massa degli italiani».
[231] Le trasmissioni di Radio Londra sarebbero state di lí a poco disturbate «con tutti i mezzi a disposizione del Ministero dell'Interno presso i Centri RT di Roma, Bari, Bologna, Bolzano, Firenze, Genova, Messina, Palermo, Torino, Trieste e Venezia». Cfr. *l'appunto per il Duce* in merito in ACS, *Min. della Cultura popolare*, b. 11, fasc. 154, nonché M. PICCIALUTI CAPRIOLI, *Radio Londra 1939-1945*, Bari 1979, pp. 31 sgg.
[232] Tipica nel già citato rapporto del console statunitense a Torino del 20 febbraio '40 (ASAE, *Segreteria generale*, p. 263) la seguente notazione: «Per quanto riguarda la popolazione di Torino, pare che essa sia piuttosto intenta alle proprie questioni locali lasciando la guerra agli altri paesi oltre frontiera».
[233] ACS, *Min. Interno, Dir. gen. di PS, Div. affari gen. e ris., 1940*, b. 45, fasc. «Palermo - Ferranti Salvatore ed altri»; ASAE, *Segreteria generale*, p. 257, il Consolato americano a Palermo all'ambasciata statunitense a Roma, 6 aprile 1940.

dea che per il momento il pericolo di un intervento era perlomeno rinviato, abbiamo già accennato. Un'altra fu costituita dall'assenza di voci e ancor piú di iniziative apertamente discordanti e di lotta, dovuta alla crisi profonda in cui versava l'antifascismo organizzato, in gran parte ormai completamente scompaginato dall'azione repressiva condotta negli anni precedenti dalla polizia e ridotto a piccoli gruppi di militanti senza collegamenti tra loro e con le centrali all'estero [234] e annichilito e lacerato al suo interno (tanto che al momento dello scoppio della guerra non era stato neppure in grado di pubblicare un manifesto unitario contro di essa) dal trauma del patto tedesco-sovietico. Sicché l'unica iniziativa politica di qualche rilievo (ma di nessuna eco) fu la lettera scritta al re da Sforza il 30 maggio per invitarlo ad opporsi ad una partecipazione dell'Italia al conflitto [235]. Un'altra ancora fu costituita dall'abilità e dall'intelligenza con le quali Bocchini utilizzò in questa difficile situazione l'apparato repressivo del regime: tutto sorvegliando nel modo piú capillarmente attento, ma intervenendo solo nei pochi casi piú gravi e con la massima discrezione in modo da non dare nuova esca al malcontento popolare ed evitare il diffondersi dell'impressione che esistesse un movimento di opposizione e il determinarsi di una psicosi e di fenomeni imitativi. Detto questo, va per altro anche detto che nel determinare questa situazione una parte non sottovalutabile l'ebbe anche l'abilità con la quale in questi mesi Pavolini pilotò i mezzi di informazione, da un lato accreditando l'idea che non vi fosse pericolo di un imminente intervento italiano e, da un altro, assuefacendo in qualche misura una parte almeno degli italiani all'idea che però alla fine la partecipazione al conflitto sarebbe stata inevitabile e non solo perché la voleva Mussolini, ma perché ad imporgliela erano anche gli anglo-francesi, le dimensioni del conflitto e la posta in gioco. Tutti elementi, questi ultimi, che non erano certo sufficienti a far accettare ai piú l'idea di una partecipazione alla guerra e per di piú a fianco della Germania, ma che, in mancanza di vere voci alternative e in presenza di un certo *habitus* culturale di base, in parte di tipo patriottico tradizionale, in parte frutto di anni di indottrinamento e di propaganda fascisti, e in una situazione di stasi bellica come quella che

---

[234] Sull'antifascismo organizzato in questo periodo manca uno studio d'insieme. Per il Partito Comunista cfr. P. SPRIANO, *Storia del Partito comunista italiano* cit., III, pp. 293 sgg.; per il partito socialista cfr. L. RAPONE, *L'età dei Fronti popolari e la guerra 1934-1943*, in *Storia del socialismo italiano*, a cura di G. Sabbatucci, Roma 1891, IV, II (in corso di pubblicazione).
[235] La si veda in C. SFORZA, *L'Italia dal 1914 al 1944 quale io la vidi*, Verona 1946, pp. 194 sgg. In precedenza, il 15 settembre 1939, Nitti aveva scritto a Mussolini una lettera assai singolare, nella quale caldeggiava l'entrata in guerra dell'Italia a fianco di Francia e Inghilterra, ma invitava il «duce» a non ripetere «gli errori del 1915» e a «mercanteggiare a tempo» con esse un'assistenza economica seria ed adeguate concessioni territoriali in Africa e in Asia. Cfr. F. S. NITTI, *Scritti politici*, VI, Bari 1963, pp. 600 sgg.

si ebbe ad occidente con la cosiddetta *drôle de guerre*, avevano appunto la capacità di determinare uno stato di attesa meno vigile e teso, quasi di torpore e, talvolta, di confusione.

E se ciò indubbiamente fu un grosso successo per il regime, che poté cosí superare il momento per lui piú difficile e che, potenzialmente, avrebbe potuto avere conseguenze imprevedibili tanto per la sua compattezza interna e, quindi, per la sua stessa stabilità (ché, come si è detto il regime poteva essere messo in crisi solo dall'interno delle sue componenti e dalla rottura dei loro equilibri), quanto per la posizione di Mussolini e in particolare per la sua libertà di azione [236] fu però al tempo stesso – e qui si rivela la contraddizione interna e la labilità della sua politica – un gravissimo colpo per il partito antitedesco e contrario alla guerra e in primo luogo per Ciano, perché piú la tensione interna si allentava, piú diventava per esso difficile opporsi a Mussolini e mettere concretamente in moto la monarchia per bloccare un esito che, per il momento, non appariva, e non era neppure nelle intenzioni di Mussolini, imminente. E ciò tanto piú che, per un verso, non era affatto da escludere che un intervento della monarchia avrebbe potuto avere ripercussioni e conseguenze per l'assetto del regime che tale partito o non voleva o che, alcuni, dei suoi esponenti avrebbero corso il rischio di affrontare solo nel caso di un pericolo «reale» e «incombente» e, per un altro verso, superato il momento piú critico, il partito antitedesco e contrario alla guerra tendeva inevitabilmente a dividersi in gruppi e sottogruppi, ad essere meno disposto a riconoscere a Ciano la leadership e a prospettarsi modi diversi per uscire dalla crisi. Tipici in questo senso sono, da un lato, il costituirsi, a fianco, ma in sostanza in concorrenza, al gruppo Ciano di un gruppo Balbo - De Bono - De Vecchi (i tre si incontrarono alla fine del gennaio '40 a Rodi) che intendeva muoversi, forte della qualifica di quadrunviri della rivoluzione fascista dei suoi membri, facendo leva sul Gran Consiglio (che pare proprio per questo Mussolini non convocò piú) [237], e da un

---

[236] Sintomatica è la cura che Mussolini mise in questo periodo nell'informare Vittorio Emanuele III del miglioramento dello stato d'animo della pubblica opinione e nel presentargliene le cause nella luce politicamente meno grave per lui. Già il 16 settembre '39 gli telegrafò: «Dai rapporti dei prefetti, della PS, dell'Arma, dei federali etcetera risulta che il popolo italiano passata l'emozione delle prime giornate va ritrovando il suo normale equilibrio. I fenomeni del resto parziali di sbandamento si ebbero per effetto dello sgombro delle città, per l'oscuramento totale delle medesime, per i richiami alle armi, per l'incetta dei generi. Tutto ciò diede luogo a un mucchio di voci che, come tutte le voci dei tempi eccezionali, sorgono, si diffondono e muoiono e sono credute soltanto da quella aliquota di deficienti, che esiste in qualsiasi società nazionale. La ripresa della navigazione oceanica, la fine dell'oscuramento, le misure contro gli accaparratori e altri provvedimenti hanno fatto tornare la calma che era stata turbata soltanto dalle nervose folle delle grandi città» (MUSSOLINI, XLIII, p. 19).

[237] Cfr. ACS, E. DE BONO, *Diario* cit., q. 43, alla data del 7 febbraio 1940; C. M. DE VECCHI DI VAL CISMON, *Mussolini vero*, in «Tempo» (illustrato), 10 marzo 1960; nonché A. TAMARO, *Vent'anni di storia* cit., III, p. 412.

altro lato, i propositi di Balbo di farsi nominare ambasciatore negli Usa per poter meglio influire su Mussolini stabilendo un ponte tra Roma e Washington [238]. Per non dire di posizioni come quella di Bottai che, pur gravitando inizialmente nel gruppo Ciano e rimanendo legato a lui, se sperava in qualcosa era in un dirottamento della Germania contro l'Urss che mutasse il carattere del conflitto [239], ma che in pratica finí per convincersi abbastanza presto della inevitabilità dell'intervento italiano e a prospettarsi, come vedremo tra poco, soprattutto i problemi delle sue conseguenze per l'Italia e per il fascismo.

Né, infine, si deve dimenticare un altro aspetto della situazione di quei mesi che molto contribuí a mettere in difficoltà i gruppi contrari all'intervento. Un aspetto che è troppo semplice liquidare ricorrendo a spiegazioni sbrigative come la confusione di idee, l'attivismo e il conformismo che avrebbero contraddistinto il fascismo. Cose vere e che vi ebbero certo una parte, ma che da sole lo spiegano assai poco e non ne rendono né le ragioni di fondo, né la sua importanza all'interno del fascismo vero e proprio, né gli echi, dapprima negativi, ma da un certo momento in poi positivi per il regime, che esso ebbe in una parte almeno della piú ampia realtà italiana del tempo. Mentre rispetto alla massa la stampa quotidiana e infrasettimanale, la radio e i cinegiornali LUCE si muovevano nella linea che abbiamo ricostruito sulla base delle istruzioni impartite da Pavolini, una linea – come si è visto – estremamente attenta a dosare a seconda del momento e dell'opportunità politica le notizie, le loro fonti, l'ordine d'importanza da dare loro, il modo soprattutto di prospettarle e commentarle, persino la loro presentazione grafica e fotografica, in maniera da non allarmare oltre misura gli italiani, ma, al tempo stesso, da instillare lentamente nelle loro menti una determinata visione del conflitto in corso e della posizione rispetto ad esso dell'Italia fascista, arrivando sino a curare le sfumature di tono e persino l'uso di certi termini piuttosto che di altri [240], dalla stampa piú propriamente di partito, quella

---

[238] Del progetto Balbo e i suoi collaboratori parlarono col vice addetto navale per l'aeronautica statunitense Sykes, in visita in Libia il 20 febbraio '40. Cfr. ASAE, *Segreteria generale*, p. 257, rapporto dell'addetto navale degli Usa a Roma al Servizio informazioni della Marina a Washington in data 19 marzo 1940.
[239] G. BOTTAI, *Diario* cit., ff. 792 sg., alla data dell'11 marzo 1940: «Riconfermata la sua formula: "a ovest nulla di nuovo", la Germania dovrebbe, sistemate in senso europeo le questioni austriaca, ceca e polacca, convogliare i belligeranti verso l'est».
[240] Tipico è in questo senso il seguente passo del rapporto di Pavolini ai giornalisti del 25 maggio '40 (ACS, *Min. Cultura popolare*, b. 95, fasc. «Rapporti giornalisti»): «Per una questione di terminologia per designare i nostri alleati noi diciamo tedeschi o germanici. Ora è consigliabile usare soprattutto il termine "germanici" per un motivo che certamente alla vostra finezza non sfuggirà. Usando il termine "tedeschi" si possono avere certe reazioni di carattere sentimentale specialmente nel Nord Italia (soprattutto in certe zone del Bergamasco), reazioni contro i tedeschi e che quasi sempre sbagliano direzione perché si riferiscono agli austriaci ecc. Comunque in codeste zone, specialmente di campagna, la parola "tedeschi" può ricordare coloro che in quel tempo occupavano

che si rivolgeva ai quadri fascisti, ai giovani, agli intellettuali, il discorso politico veniva sviluppato in tutt'altri termini e con toni assai diversi. Compito di queste pubblicazioni non era quello di placare i timori che caratterizzavano lo stato d'animo delle masse (in questa direzione si trattava al massimo di spiegare perché, nonostante le differenze tra i due regimi e le loro prospettive, l'Asse fosse sempre valido e necessario), ma quello di preparare i loro lettori alla partecipazione al conflitto, dimostrandone l'inevitabilità e insieme la necessità storica e la coerenza ai principî del fascismo. E di farlo con tutti gli argomenti corrispondenti alla cultura, alla psicologia e alle aspettative di quei fascisti nei quali, si sapeva bene, si erano pure verificati, come nelle masse, «oscillazioni» e «sbandamenti» (che spesso si erano innestati su un precedente stato di insoddisfazione e di frustrazione, ovvero di stanchezza e di delusione, per gli sviluppi della politica fascista), che era indispensabile combattere e far rientrare, dato che proprio questi fascisti dovevano costituire la spina dorsale del regime e la sua forza, statica e d'urto, per superare quel difficile momento e poi la prova della guerra.

Il panorama di questa stampa è non solo vasto, ma assai variegato e non è possibile in questa sede esaminarlo, come pure meriterebbe, in dettaglio. Alcune considerazioni e alcune citazioni esplicative sono però opportune. In primo luogo va segnalata la funzione di punta che ebbe la rivista personale di Mussolini, «Gerarchia», allora formalmente diretta dal nipote Vito Mussolini, ma sostanzialmente dal redattore capo Carlo Ravasio, un vecchio fascista in cui il «duce» riponeva la massima fiducia e il cui lavoro, in genere, seguiva da vicino, leggendo quasi sempre in bozze gli articoli da pubblicare e procurandone o commissionandone altri personalmente. Fatta in genere da giovani, «Gerarchia» è significativa soprattutto per il suo insistere costantemente sul rapporto guerra-rivoluzione. Dove il termine rivoluzione va inteso come applicato sia alla guerra tra le nazioni sia al significato e al valore che la guerra avrebbe avuto all'interno della società italiana e per lo sviluppo «rivoluzionario» del regime fascista. Nel primo senso, particolarmente significativo è il corsivo *Guerra e rivoluzione* apparso già nel fascicolo dell'ottobre '39 [241]. In esso si legge tra l'altro:

> La guerra d'oggi non ha niente a che vedere con la guerra del '14: allora (Italia esclusa) si urtavano alcuni interessi economici in lotta per la conquista dei mercati; oggi si urtano idee e popoli; gli uni, per conservare un'egemonia che da economica è diventata politica; gli altri, per redimersi da una schiavitú che da politica è dive-

quelle zone. La parola "germanico" viceversa ha tutt'altra risonanza, indica cioè quello che è il popolo germanico nostro amico».
[241] *Guerra e rivoluzione*, in «Gerarchia», ottobre 1939, pp. 673 sgg.

nuta economica... La guerra è ideologica, sí, ma perché le ideologie sono in funzione d'altre forze che rappresentano la volontà di conservare e il bisogno di conquistare d'intere popolazioni. Fossero gli interessi di pochi individui, si potrebbero accordare; ma si tratta del pane e di qualcosa di piú del pane di centinaia di milioni di uomini.

L'urto, allora, non è piú soltanto militare e neppure, formalmente, ideologico; diventa rivoluzionario e acquista gli aspetti di un'immensa guerra sociale tra le Nazioni; non democrazia e nazismo ma conservazione e rivoluzione; due classi di popoli, due secoli, due età, due storie di fronte...

L'Europa – ha detto il Duce – non è ancora effettivamente in guerra e l'urto si può ancora evitare; ma bisogna rendersi conto che è vana illusione quella di voler mantenere in piedi o peggio ancora ricostituire posizioni che la storia e il dinamismo naturale dei popoli hanno condannato.

Le Nazioni che rappresentano la conservazione saranno sagaci al punto di rendersene conto? Comprenderanno che la Germania segna il passo ma solo per attendere la storia rimasta indietro, per il momento, ad osservare?

Domani, le forze dei popoli che attendono potrebbero scatenarsi; e la conseguente guerra sarebbe non solo il piú grande urto di eserciti ma la piú formidabile rivoluzione sociale di tutti gli evi.

E gli stessi concetti, ormai espressi in forma piú netta, senza «se», si ritrovano in un altro corsivo di sette mesi dopo, dal titolo *Guerra rivoluzionaria*[242]:

Ricordate? Nei tempi lontani degli scioperi e dei sovvertimenti sociali, i padroni dicevano che la colpa delle vertenze era sempre degli operai. Oggi, le democrazie capitaliste ripetono lo stesso ritornello.

Ma il popolo italiano deve sapere distinguere la verità dalle bugie propagandate. Una grande vertenza sociale è in corso tra le Nazioni. Cominciò nel 1935 con la guerra d'Etiopia; ebbe come conseguenza l'Asse Roma-Berlino; prosegue nel nord europeo; si dilaterà dove sarà offerto un pretesto per sfogare la pressione degli eserciti. Ma la lotta non è soltanto tra l'egemonia demo-plutocratica e la crescente aspirazione di spazio delle Nazioni totalitarie; la lotta trascende, deve trascendere, nel nome dello spirito, le stesse formule economiche anche se applicate ai popoli: a nulla varrebbe, infatti, sostituire una egemonia con un'altra egemonia. La lotta tende a quella giustizia tra i popoli che nella equa distribuzione delle ricchezze e nel sano equilibrio dei compiti costituisca base sicura di collaborazione e di civile progresso.

Per questo, noi, Italiani, affermiamo che la guerra odierna è totalitaria e rivoluzionaria; di idee, di principî, di costituzioni, di economie, di sistemi politici, sociali, monetari.

Quanto al secondo senso, quello interno alla società italiana, si può dire che in questi mesi tutti i fascicoli di «Gerarchia» suonarono in qualche modo il suo tasto, negli articoli (specie in quelli, sempre numerosi, di polemica antiborghese) e nei corsivi, attraverso i quali la rivista conduceva le sue battaglie piú significative. Talvolta in forma quasi diretta,

---

[242] *Guerra rivoluzionaria*, in «Gerarchia», maggio 1940, pp. 241 sg.

in genere in forma indiretta, il loro senso era però chiaro. Il fascismo doveva «tornare alle origini», questo ritorno non poteva però assolutamente essere ciò che i «ricchi» e anche alcuni fascisti desideravano, fare cioè «della Rivoluzione una reazione» e addirittura, «per l'ossessione di Mosca», dare «il braccio, magari, alle demoplutocrazie». Il fascismo delle origini era stato «oltre che antibolscevico, anche, e soprattutto antidemocratico, antiliberale, antireazionario». Era stato antibolscevico «perché il popolo era ingannato dai suoi falsi pastori» e «urgeva salvare la ricchezza, a chiunque appartenesse, dalle mani furenti di chi, non potendo possederla, voleva distruggerla», ma non era stato una forza prezzolata per garantire il governo di una classe. «Oggi, il fascismo è col popolo e il popolo è col fascismo. E non c'è che un modo per essere fascisti: sentirsi popolo e condividere le sue speranze di giustizia, anche se si è obbligati a levarsi dalla poltrona e a compiere qualche rinuncia materiale»[243]. Da qui la morale piú o meno chiaramente espressa, ma certo suggerita ai lettori: gli oppositori della rivoluzione erano i borghesi, i ricchi (che «fanno le reazioni», mentre «i poveri le rivoluzioni») che, non a caso, si opponevano anche alla guerra e parteggiavano per gli anglofrancesi per paura del bolscevismo, ma anche del «fascismo delle origini»... Né queste argomentazioni erano svolte solo su «Gerarchia»; passato il primissimo momento di sbandamento, di confusione e in molti casi di speranza nella possibilità che l'Italia potesse non partecipare al conflitto, esse presero infatti ad essere sviluppate un po' in tutte le pubblicazioni di partito, sia su quelle giovanili, «d'avanguardia» e piú o meno legate all'intransigentismo, sia su quelle piú auliche e paludate e, in genere aliene da prese di posizione estremiste (tipico il caso di «Civiltà fascista», diretta da Camillo Pellizzi e organo ufficiale dell'Istituto nazionale di cultura fascista, a cui Mussolini aveva assegnato come tema centrale da svolgere durante il XVIII anno fascista quello della «preparazione alla guerra totale»[244]), sia su alcune di quelle che, data la personale posizione dei loro direttori, si potrebbe pensare dovessero evitarle, ma che non potevano farlo, non solo e non tanto per quello che generica-

[243] *A proposito di «Ritorno alle origini»*, in «Gerarchia», gennaio 1940, pp. 15 sg.; nella stessa prospettiva, solo piú elaborato culturalmente, cfr. anche il già citato articolo di G. BOTTAI, *Concetto mussoliniano della «rivoluzione permanente»* cit., pp. 592 sgg.
[244] Cfr., per esempio, CIVILTÀ FASCISTA, *La guerra e noi*, in «Civiltà fascista», maggio 1940, pp. 305 sgg. L'articolo è significativo perché rivela chiaramente come a un mese dall'entrata dell'Italia in guerra si tenesse a sottolineare che, anche se avrebbero fatto la guerra insieme, fascismo e nazionalsocialismo erano diversi (anche se «c'è però quel tanto di parallelismo che basta, e ne avanza, a far sí che le loro imprese debbono necessariamente affiancarsi di fronte a quelli che sono, senza alcun dubbio, i nemici comuni») e che da parte italiana la diffidenza verso i tedeschi fosse tale da non escludere neppure, pur deprecandola, l'ipotesi che *dopo* «i due popoli e le due rivoluzioni» potessero «distruggere la solidarietà che li unisce e cosí tradire le grandi ragioni umane e ideali della loro azione comune».

mente viene definito conformismo, ma, sovente, anche per tutta una serie di ragioni che scaturivano dalla realtà del regime e del momento: un po' per non tagliarsi fuori dalla realtà del fascismo, un po' per non dare occasione ai loro avversari per attaccarle e squalificarle proprio in quanto fasciste tiepide o addirittura false fasciste, un po' perché all'interno dei loro stessi gruppi redazionali non vi era omogeneità di posizioni (tanto è vero che molti collaboratori scrivevano anche su altre pubblicazioni fasciste di diverso orientamento), un po' soprattutto per la logica di quella che abbiamo definito la contraddizione interna che minava quasi tutti i gruppi contrari alla guerra e all'alleanza con la Germania: doversi muovere in una prospettiva che, se portata alle estreme conseguenze, aveva come sbocco mettersi contro Mussolini, sapendo però bene che fare ciò, e soprattutto in quel momento, avrebbe quasi certamente messo in forse la sopravvivenza del regime e le possibilità di un nuovo corso del fascismo nel «dopo Mussolini», da cui per essi la necessità o l'incapacità o la paura (quella politica, a cui talvolta si univa quella personale) a seconda dei casi di non perdere il passo, di adeguarsi al progressivo orientamento di fondo (pur cercando di salvare una propria autonomia di giudizio e di prospettiva sugli obiettivi finali) che veniva affermandosi sotto la spinta dei gruppi e delle pubblicazioni piú mussoliniani e, su un altro versante (ma in questo le due spinte si sommavano), di quelli piú propriamente filonazisti. Tipica in questo senso è la posizione di «Critica fascista» che portò anch'essa la sua dose d'acqua al mulino di una guerra che, ponendo fine all'«immorale status quo degli interessi costituiti», sarebbe diventata un «fatto rivoluzionario» per le nazioni che vi avrebbero partecipato e per l'umanità e che era quindi necessario fare e indirizzare verso gli sbocchi piú giusti e umani per tutti i popoli; ed egualmente al mulino della guerra - rivoluzione sociale all'interno. Piú significativi ai fini del nostro discorso sono gli articoli nella prima direzione. Innanzitutto quelli redazionali e, quindi, attribuibili a Bottai o a qualcuno dei suoi piú stretti collaboratori, nei quali è chiaro il passaggio lento ma costante, dai primi, *Di fronte alle supreme responsabilità*[245] (in cui si affermava che «l'Italia fascista non lascerà nulla di intentato al fine di agevolare una soluzione giusta e pacifica», ma si invitava anche Londra e Parigi a non far credere ai loro popoli che «gli Stati totalitari possano esitare di sostenere con la forza delle armi, ove occorra, le loro sacrosante rivendicazioni») e *La posizione dell'Italia*[246] (in cui ancora era prospettata la possibilità che l'Ita-

---

[245] CRITICA FASCISTA, *Di fronte alle supreme responsabilità*, in «Critica fascista», 1° settembre 1939, pp. 330 sg.
[246] CRITICA FASCISTA, *La posizione dell'Italia*, in «Critica fascista», 15 settembre 1939, pp. 346 sg.

lia potesse, senza muoversi, «assolvere fino in fondo la funzione che ci è naturalmente assegnata dalla visione mussoliniana della giustizia internazionale, e impedire una nuova Versaglia»), a quelli che qualche mese dopo prospettavano sempre piú chiaramente l'intervento come inevitabile e lo presentavano come «la prova della verità della concezione corporativa fascista» da far trionfare come il principio da adottare dai popoli per realizzare una pace con giustizia [247], e come una vera e propria *guerra di liberazione*, come «un moto di giustizia», «il coronamento vero del Risorgimento» e «l'ultima guerra per la libertà del popolo italiano», delle «forze nuove, che hanno l'energia lirica della nascita, specie quando – come nel caso del Fascismo – sono le forze di una Rivoluzione, che dice agli uomini una nuova parola di ordine e di giustizia» [248]. Quanto agli articoli firmati da singoli collaboratori che, in un certo senso, facevano da ponte, da passi intermedi tra i due estremi di quelli redazionali, quasi ad offrire loro una serie di argomenti per motivare il passaggio da una posizione ad un'altra, pochi esempi saranno sufficienti a chiarire il loro carattere prevalente. Uno è un articolo, per altri motivi già da noi citato, di G. Granzotto [249] in cui, sin dal 1º dicembre '39, si affermava a tutte lettere che doveva esser chiaro che,

permanendo le attuali condizioni, la guerra è un incidente inevitabile, anche se non utile; che non vi è ampio margine al restarne esclusi, anche se si disapprovano i metodi e i sistemi degli altri; e che l'unica idea-forza risolutrice del dilemma è quella di affermare e sostenere metodi e sistemi diversi per stabilire condizioni diverse.

Affermazioni queste che, indubbiamente, volevano marcare le distanze dalla Germania e dare all'intervento italiano un significato politico proprio, alternativo a quello della guerra e della pace naziste, ma che non cambiavano la sostanza del mutamento di rotta rispetto alle prime prese di posizione della rivista. Cosí come non valevano certo a cambiarla altre prese di posizione che facevano perno sul carattere corporativo del nuovo assetto postbellico nazionale ed internazionale o su una sorta di europeismo fascista-corporativo che sarebbe dovuto essere alla base del nuovo ordine internazionale e ciò anche se esse avevano, a ben leggerle, un significato polemico nei confronti della Germania, sia per il modello socio-economico proposto sia perché l'indicazione di una forma di integrazione europea rivelava il desiderio di mettere in qualche misura, dopo la vittoria, dei frèni al dinamismo e alla egemonia tedeschi e, quindi,

---

[247] CRITICA FASCISTA, *Verità universale del fascismo*, in «Critica fascista», 1º aprile 1940, pp. 178 sg.
[248] CRITICA FASCISTA, *Guerra di liberazione*, in «Critica fascista», 15 maggio 1940, pp. 226 sg.
[249] G. GRANZOTTO, *Essere italiani* cit., p. 37.

una perdurante sfiducia verso l'alleato a fianco del quale ci si accingeva ad entrare in guerra [250].

Valutare in quale misura quest'azione della stampa piú propriamente fascista abbia conseguito i risultati propostisi è assai difficile. Come si vedrà piú avanti, l'intervento italiano avvenne infatti in un contesto tutto particolare, in grandissima parte condizionato dall'inatteso e drammatico crollo della Francia e dalla convinzione che il conflitto fosse ormai deciso e prossimo a concludersi, che modificò profondamente quello che era stato sino a poco prima l'atteggiamento psicologico di larghi settori del popolo italiano, fascisti in particolare. Affermare però l'assenza di qualsiasi risultato sarebbe tuttavia difficile. Varie spie, come per esempio la posta dei lettori delle riviste e dei giornali di partito, le intercettazioni telefoniche, il controllo sulla corrispondenza, per non dire di una serie di testimonianze dirette, inducono a pensare che l'azione di questa stampa qualche risultato l'abbia ottenuto, specie tra i giovani fascisti, anche a prescindere dal crollo della Francia. Queste stesse spie e ancor piú la lettura delle riviste piú propriamente fasciste delle quali ci stiamo occupando rivelano per altro che nel complesso questo risultato fu inversamente proporzionale all'età e al grado di istruzione degli individui verso i quali l'azione si rivolgeva. Basta scorrere le riviste fasciste piú impegnate in essa per rendersene conto. Un esame del genere rivela come essa abbia incontrato le resistenze e gli insuccessi maggiori tra gli intellettuali piú maturi e soprattutto tra i meno giovani. Tra coloro che si erano formati in tutto o in parte prima che il fascismo estendesse il suo controllo sull'istruzione e riuscisse, se non a monopolizzarla (ché non ci riuscí mai), certo a piegarla largamente ai propri fini; tra coloro che avevano accettato il fascismo e spesso avevano anche aderito esplicitamente ad esso sino a quando era loro apparso mantenersi bene o male in una certa tradizione culturale preesistente e verso la quale il fascismo si mostrava sostanzialmente rispettoso o comunque non intenzionato a rompere i ponti e a impedire loro di continuare a vivere in essa; ma che ora, di fronte ai piú recenti sviluppi della politica interna ed estera fascista e al pericolo incombente di una guerra, sentivano di non poter piú aderire ad un regime che sempre piú chiaramente mostrava di essere mosso da valori etici e culturali che con quella tradizione non avevano piú rapporto, ne erano la negazione e minacciavano di portare il paese in un baratro di sciagure tanto nel caso di una sconfitta (alla quale a quest'epoca i piú pensavano) quanto in quello di una vittoria. Si spiega cosí la ricorrente pole-

---

[250] Cfr., per esempio, C. PELLIZZI, *Problemi dell'integrazionismo europeo*, in «Critica fascista», 15 marzo 1940, pp. 164 sgg.

mica di «Gerarchia» in primo luogo, ma anche, sia pur con toni diversi, di tutte le pubblicazioni di partito, contro gli intellettuali «ritardatari» («gli intellettualoidi sono le ficozze filosofiche della borghesia; sono quelli che, sedendo all'ombra dei dotti orti, mentre la Patria è in armi, non sanno spiegarsi come l'uomo, l'*homo sapiens*, possa improvvisamente correre a schierarsi ad un cenno dei Condottieri»[251]), gli «intellettuali borghesi», pacifisti, anglofili per «stile di vita» e sotto sotto rimasti legati ai loro interessati miti liberal-democratici, e si spiega il loro far cassa di risonanza agli attacchi che a questi intellettuali venivano mossi dal partito e dalla stampa locale e giovanile, preoccupati per l'influenza «deprimente» che il loro atteggiamento aveva sui giovani con cui erano in contatto[252]. E si spiega anche il moltiplicarsi in questo periodo delle iniziative rivolte a potenziare la penetrazione e il controllo sulla cultura e sugli intellettuali per contenerne l'allontanamento dal regime, per inquadrarli meglio, per emarginare e far tacere le voci troppo discordanti e pericolose. Non potendo soffermarci su tutte queste iniziative, una almeno di esse deve essere però ricordata: la nascita nel marzo 1940 di «Primato», un quindicinale diretto da Bottai e da G. Vecchietti e rivolto esplicitamente al mondo degli intellettuali.

L'obiettivo che Bottai si proponeva con «Primato» era, nella sostanza immediatamente politica, lo stesso che perseguivano le altre iniziative testé ricordate. Se si volesse tagliar corto e limitarsi a questa sostanza, si potrebbe dire che l'iniziativa del ministro dell'Educazione nazionale si distingueva dalle altre solo per il suo modus operandi, accorto, suadente, consapevole sia degli umori sia dei punti sensibili e delle debolezze degli intellettuali, attento ad individuare bene gli avversari reali (in primo luogo l'influenza crociana), in modo da non moltiplicare e disperdere gli attacchi e utilizzare addirittura contro di essi spunti e motivi appartenenti ad altri patrimoni culturali meno pericolosi o comunque piú facili a mettere in orbace, e ad agire nei loro confronti non con l'attacco frontale e dall'esterno, ma con tattica avvolgente e dall'interno dello stesso mondo della cultura. E cioè, come ha notato la Mangoni[253], mettendo in atto nei confronti degli intellettuali il duplice allettamento del riconoscimento del loro essere una casta e del richiamo a quello che Bottai, nell'editoriale del primo numero di «Primato», definiva «il coraggio della concordia»: la fine delle reciproche ubbie, diffidenze e incomprensioni che avevano portato tanto gli intellettuali quanto il fascismo a rinchiu-

---

[251] Cfr. ELLEVI, *I ritardatari*, in «Gerarchia», novembre 1939, pp. 722 sg.
[252] Cfr. SILUS, *Latifondo della cultura borghese*, in «Gerarchia», marzo 1940, pp. 126 sg.
[253] Cfr. L. MANGONI, *L'interventismo della cultura. Intellettuali e riviste del fascismo*, Bari 1974, p. 333 e piú in genere, pp. 330 sgg.; nonché *«Primato» 1940-1943*, a cura di L. Mangoni, Bari 1977.

dersi in se stessi, a guardarsi con sospetto e a non piú comunicare, e l'inizio di un nuovo impegno, di un nuovo «interventismo della cultura», per usare il titolo di un altro editoriale di Bottai (nel numero del 1° giugno '40), volto a fare dell'Italia fascista «la sola, la piú valida tutrice e custode della civiltà e della cultura» in Europa. Messe le cose in questi termini non rimarrebbe, come tante volte è stato fatto, dato il numero e l'importanza degli intellettuali che dal '40 al '43 collaborarono a «Primato» e i successivi esiti culturali e politici di molti di loro, che cercare di fare un bilancio dei risultati conseguiti da Bottai con la sua iniziativa e, in definitiva, riproporre per l'ennesima volta il discorso della «labilità», della «doppiezza», dell'«opportunismo» di tanta parte della cultura italiana (anche di quella che successivamente avrebbe rotto nettamente col fascismo e avrebbe contribuito a caratterizzare almeno due decenni del dopoguerra) di fronte al fascismo; un discorso che non neghiamo sia in qualche caso valido, ma che nel complesso si ferma alla superficie e piú tempo passa piú mostra la sua inconsistenza. Al massimo e in tutt'altra prospettiva, si potrebbe osservare che con la parte positiva del suo discorso su «il coraggio della concordia» Bottai mostrava di muoversi al fondo anche lui, come Mussolini, su una strada che aveva come sbocco una «nuova civiltà» e che postulava per l'Italia fascista una ben precisa «missione» e una sorta di «primato». Il che non è certo privo di significato per chi voglia veramente capire la natura e il mito del fascismo.

In realtà l'iniziativa di «Primato» era assai piú meditata, aveva origini tutt'altro che contingenti (il primo annuncio della prossima uscita della rivista apparve su «Critica fascista» il 15 agosto '39), guardava molto piú avanti e non è neppure escluso che Bottai, oltre a considerarla rispondente ad una esigenza vitale e tutt'altro che contingente e strumentale per il fascismo, si ripromettesse di trarre da essa dei risultati anche sul piano politico personale e cioè, lo si è già detto, servirsene per presentarsi alla successione di Mussolini come il leader fascista capace di tracciare le linee culturali di un nuovo fascismo in grado di misurarsi con la nuova realtà interna ed internazionale. Ché di una cosa si può essere certi: anche se si presentava come una rivista di lettere e arti, «Primato» fu una rivista politica, squisitamente e intelligentemente politica.

Oltre quello che siamo fin qui venuti dicendo, per collocare con precisione «Primato» nel suo contesto è opportuno aver presente una lunga lettera-relazione che Bottai scrisse a Mussolini il 20 luglio '40 e che abbiamo già utilizzato nel precedente tomo di questo nostro lavoro[254] nel

---

[254] Cfr. *Mussolini il duce*, I, p. 781: l'ultimo periodo da noi citato del testo pubblicato da G. BOTTAI, *Vent'anni e un giorno* cit., pp. 63 sgg., non trova riscontro nell'originale ora in *Archivio G. Bottai*.

testo parzialmente pubblicato dallo stesso Bottai in *Vent'anni e un giorno*, ma che ora il lettore troverà in *Appendice*, documento 13, nel testo integrale e sin qui inedito. Da essa risulta chiaramente che la crisi del rapporto intellettuali-fascismo (il «silenzio ostile della cultura») era secondo Bottai molto anteriore all'agosto-settembre '39, quando «pressoché tutta l'Italia si è trovata anglofila e francofila, antitedesca e antirivoluzionaria», e che egli si poneva da tempo il problema sia delle sue cause, sia di come fronteggiarla e di come riattivare un processo di collaborazione tra il mondo della cultura e il fascismo. Sicché la crisi dell'agosto-settembre non fu per Bottai che un ulteriore motivo per lanciare la sua iniziativa. Né l'interesse della lettera-relazione a Mussolini si ferma qui. Una sua lettura parallela a quella dei numeri di «Primato» pubblicati a cavallo dell'intervento italiano in guerra è infatti decisiva per stabilire almeno due cose. *Prima*, che ciò che veramente stava a cuore a Bottai era la realizzazione del «fascismo rivoluzionario» e che, quindi, la sua opposizione alla guerra a fianco della Germania dovette sostanzialmente svanire non appena il ministro dell'Educazione nazionale si rese conto (e ciò dovette avvenire prima che «Primato» iniziasse le pubblicazioni) che insistervi voleva dire mettersi, in un modo o in un altro, contro Mussolini e rinunciare a portare avanti la «rivoluzione fascista»; e questo sebbene Bottai si rendesse lucidamente conto che la vittoria della Germania avrebbe messo l'Italia in grandi difficoltà. Scrivendo a Mussolini egli era a questo proposito esplicito e nulla autorizza a pensare che quanto diceva fosse conseguenza solo del fatto che l'Italia era intervenuta un mese prima in guerra e che egli considerasse la vittoria ormai praticamente raggiunta e il conflitto in procinto di finire. Queste nuove circostanze potevano solo avergli reso piú urgente agire. Il punto era per lui evitare che dopo la vittoria si costituissero «due sfere separate d'influenza», «due unità economiche relativamente autarchiche», «due autonomie», che avrebbero potenziato il razzismo e l'imperialismo tedeschi per almeno tre motivi: *a)* perché

> una Germania circoscritta non potrà non voler subordinare a sé gli interessi dei paesi confinanti, non voler giungere, prima o poi, al Mediterraneo attraverso Trieste, non avviarsi a una influenza sempre maggiore in questo mare, non far dilagare, in altri termini, il suo dominio a danno delle altrui sfere d'influenza;

b) perché, date le diverse posizioni di partenza delle due economie, «la concorrenza sarà tutta a nostro danno e il rapporto di dipendenza non potrà essere evitato»; *c)* perché in queste condizioni la Germania avrebbe teso a rendere le altre economie, italiana compresa, complementari della propria. *Seconda*, che i temi politicamente piú significativi sviluppati da «Primato» dopo il 10 giugno '40, ma già presenti nei fascicoli dei mesi della «non belligeranza», e in particolare quello dell'europeismo fascista che di «Primato» fu sempre il piú caratteristico e portante tutti gli altri (e che, non a caso, era presente, come si è visto, anche su «Critica fascista»), erano scelti con intenti ben precisi e tendevano ad impostare a livello culturale una strategia per il dopoguerra atta ad affrontare quelle conseguenze che secondo la convinzione di Bottai sarebbero derivate dalla vittoria tedesca. In questa logica non solo è evidente che per Bottai il recupero degli intellettuali andava ben oltre il particolare contingente momento in cui nacque «Primato», ma che anche la partecipazione di tanti intellettuali a «Primato» e – allargando l'ottica del discorso stesso – alla elaborazione negli anni successivi della tematica dell'«ordine nuovo» acquista una nuova prospettiva: c'è da chiedersi (e sarebbe utile approfondire con ricerche ad hoc) quanto il successo di «Primato» non sia da attribuire, almeno sino a quando la vittoria del Tripartito costituí una ipotesi reale, alla capacità di Bottai di offrire a questi intellettuali una prospettiva di impegno – quale la realizzazione di un europeismo fascista capace di costituire l'elemento aggregante di una nuova Europa, in cui fossero superate in nome della comune cultura le divisioni tra vincitori e vinti, e fondato sull'ipotesi di un assetto corporativo del continente tale da scongiurare il pericolo della costituzione di due o piú unità economiche autonome denunciato da Bottai nella sua lettera-relazione a Mussolini – da essi sentito al tempo stesso come manifestazione del «primato» civile italiano, come rivendicazione e difesa di una tradizione culturale e morale e, in definitiva, da alcuni, come contrapposizione al nazismo, da altri, come effettivo sviluppo della «rivoluzione fascista». Ché, a quest'ultimo proposito, è significativo il passo della lettera-relazione a Mussolini in cui Bottai, parlando del rapporto di dipendenza in cui, date le differenti consistenze dell'economia tedesca e italiana, quest'ultima si sarebbe venuta a trovare nel caso di un assetto fondato su separate sfere di influenza, ammoniva:

> Date le diverse posizioni di partenza, la concorrenza sarà tutta a nostro danno e il rapporto di dipendenza non potrà essere evitato. L'ideale dell'autarchia troverà cioè in se stesso la propria negazione e ciò che si vuole evitare sarà banalmente sollecitato. Dal punto di vista sociale, poi, le reciproche autarchie non potranno non dare luogo alla costituzione di due plutocrazie e particolarmente di una plutocrazia italiana al servizio di quella piú forte. Il fine rivoluzionario, frustrato sul terreno internazionale, sarà a maggior ragione negato nella politica interna.

Dopo quanto abbiamo detto sulla situazione interna, torniamo ora al quadro politico internazionale e in particolare ai rapporti con la Germania da un lato e con l'Inghilterra e la Francia dall'altro. Per comodità espositiva, ma anche per la validità oggettiva della periodizzazione stessa, i nove mesi della «non belligeranza» possono essere suddivisi in due periodi ben precisi e che hanno come spartiacque l'inizio, in aprile, dell'offensiva tedesca in Occidente.

Il primo di questi due periodi, durante il quale Mussolini non si pose mai in modo effettivo il problema dell'intervento, credette di poter protrarre la «non belligeranza» per tutto il tempo da lui voluto e sperò che una pace di compromesso avrebbe reso inutile l'intervento dell'Italia permettendogli di realizzare il suo programma minimo di rivendicazioni mediterranee, fu caratterizzato da una neutralità pressoché effettiva e da rapporti che – apparenze (e neppure troppo) a parte – furono migliori (almeno sino a tutto febbraio) con gli anglo-francesi che non con i tedeschi e che influenzarono piú o meno immediatamente anche quelli con gli altri paesi. Tipici in questo senso sono, da un lato, quelli con l'Urss, che attraversarono in questi mesi un periodo di freddezza e di polemica, arrivarono in occasione del conflitto finno-sovietico, come si è accennato, al limite della vera e propria rottura (sospensione dei rifornimenti sovietici di nafta, richiamo dei rispettivi ambasciatori) e videro Ciano far promesse di assistenza all'Ungheria e alla Romania in caso di aggressione sovietica e incoraggiare le correnti antisovietiche giapponesi [255]; e, da un altro lato, quelli con la Santa Sede, che, al contrario, registrarono un netto miglioramento, sancito anche formalmente dalla solenne visita, il 21 dicembre, del re e della regina al pontefice e, ancor piú, da quella, una settimana dopo, di Pio XII (invece che, come di prammatica, del segretario di Stato) al Quirinale [256].

I rapporti con la Germania, che il 25-26 agosto avevano rischiato la rottura [257], segnarono una ripresa formale. Ma non per merito dell'Italia, ché Ciano non si lasciò sfuggire occasione per suscitare motivi di attrito

---

[255] Cfr. M. TOSCANO, *Una mancata intesa italo-sovietica nel 1940 e 1941* cit., pp. 5 sgg.

[256] In entrambe le occasioni Pio XII tenne a sottolineare il suo compiacimento per la politica di pace dell'Italia (cfr. *ADSS*, I, pp. 345 sg. e 362 sg.). Nella stessa prospettiva va vista la concessione a Ciano dell'Ordine dello Speron d'oro. Mussolini, che aveva accettato il riavvicinamento solo per motivi di politica interna ed estera, non partecipò alle due cerimonie e non nascose con il genero il suo disappunto: «Io sono sempre piú ghibellino. Nello stemma di Forlí c'è l'aquila di parte bianca». Cfr. G. CIANO, *Diario* cit., p. 375.

Il miglioramento dei rapporti con la Santa Sede fu giudicato dall'Ambasciata inglese a Roma come «un tentativo fatto dalla Monarchia, appoggiata in ciò dal governo Fascista (probabilmente sotto l'impulso del Conte Ciano) per rendere piú compatti i ranghi degli italiani tra Monarchia e Papato, per schierare il Regno e l'Impero dalla parte della Cristianità e per agire con un avvertimento chiaro a Mosca e con un "avviso al lettore" a Berlino». Il giudizio si legge in un rapporto inviato al Foreign Office il 2 gennaio '40 e intercettato dai servizi segreti italiani, ASAE, *Segreteria generale*, p. 239.

[257] *DDI*, s. IX, I, p. 48, Attolico a Ciano, 7 settembre 1939.

e per non farli migliorare[258], si adoperò per dare alla «non belligeranza» il carattere di una vera e propria neutralità e spesso attiva in un senso non favorevole ai tedeschi, sperando cosí di scoraggiare dopo la conclusione della campagna di Polonia altre iniziative belliche tedesche e di potere – come pensava anche Attolico[259], tra i diplomatici italiani quello che in questo periodo ebbe forse piú influenza su di lui – riproporre con piú fortuna una soluzione di compromesso del conflitto evitando, in questa prospettiva, di farsi coinvolgere nella cosiddetta «offensiva di pace» tedesca dell'ottobre '39, convinto che, cosí come era stata impostata da Hitler (e dietro le quinte da Stalin), essa non potesse portare a concreti risultati, e che quindi appoggiarla avrebbe pregiudicato la posizione dell'Italia. Sicché il merito del miglioramento dei rapporti fu soprattutto dei tedeschi i quali, avendo deciso di far buon viso a cattivo gioco e di ricucire i fili dell'alleanza, si adoperarono per sdrammatizzare i rapporti con Roma e, consapevoli che, a parte Mussolini (e anche sul suo conto abbastanza sicuro si sentiva praticamente solo Hitler) e pochi altri elementi, tutto l'*establishment* del regime era loro contrario, decisero di lasciare che Mussolini riprendesse l'effettivo controllo della situazione interna italiana e soprattutto di giocare sul tempo, sicuri che esso lavorava a loro vantaggio, accontentandosi per il momento dei benefici (impegno sulle frontiere italiane di un certo numero di forze francesi e inglesi e possibilità di ricevere preziosi rifornimenti via Italia e di fare con essa buoni affari, risparmiando al tempo stesso gli aiuti che altrimenti avrebbero dovuto darle) che, nonostante tutto, la «non belligeranza» assicurava loro. E soprattutto di contenere il danno politico e psicologico interno ed internazionale della defezione italiana. In questa ultima prospettiva e, in particolare, alla luce del desiderio tedesco di far apparire l'Asse vivo ed operante e di smentire l'esistenza di dissidi tra Roma e Berlino, vanno visti anche i colloqui (sollecitati dai tedeschi, che avrebbero preferito un incontro Hitler-Mussolini, idea che fu però lasciata cadere da Roma[260]) che Ciano ebbe il 1° e il 2 ottobre a Berlino con von Ribbentrop e con Hitler. In concreto questi colloqui significarono assai poco[261]. Da parte tedesca si tenne soprattutto ad improntarli ad un tono

---

[258] Cfr. G. L. ANDRÉ, *La guerra in Europa (1° settembre 1939 - 22 giugno 1941)*, in ISPI, *Annuario di politica internazionale (1939-1945)*, vol. VI, t. I (1964), p. 281. Il saggio è comunque da tenere presente per tutto il problema dei rapporti italo-tedeschi.
[259] *DDI*, s. IX, I, pp. 321 sg., Attolico a Ciano, 30 settembre 1939.
[260] Cfr. G. CIANO, *Diario* cit., p. 354.
[261] Se ne veda il resoconto in *L'Europa verso la catastrofe* cit., pp. 466 sgg.
Non risultano particolari istruzioni di Mussolini a Ciano per i colloqui. Se vi furono, ed è probabile, riteniamo non dovessero essere sostanzialmente diverse da quelle che il «duce» aveva scritto il 10 settembre per Attolico (*DDI*, s. IX, I, pp. 84 sg.). In esse si insisteva soprattutto su alcuni punti: *a)* l'utilità diretta ed indiretta che i tedeschi traevano dalla neutralità italiana; *b)* la sua intenzione di «rimanere per un tempo illimitato in questo atteggiamento»; *c)* l'assurdità di una eventuale

di grande cordialità e di «comprensione» per la posizione italiana e a servirsene per dimostrare la loro volontà di tenere informata Roma dei propri programmi per il futuro, presentarle gli accordi con i sovietici (quelli dell'agosto e quelli di tre giorni prima) nella luce migliore e piú rassicurante [262], riconfermare la volontà di rispettare gli impegni relativi alle presenti e future zone di influenza italiane e magnificare la potenza della loro macchina bellica. Come acutamente ha notato l'André [263], Hitler inserí però in questo contesto distensivo e cattivante alcune frasi che non solo rivelano il suo rancore verso l'Italia [264], ma che è difficile non considerare delle neppure troppo velate minacce e che dovettero avere non poca influenza sulle future decisioni di Mussolini. Secondo il resoconto di Ciano [265], Hitler, prendendo spunto dai propositi italiani di dar vita ad un blocco di stati neutri e dopo aver fatto mostra di approvarlo, disse:

> Ma il Duce deve tener presente che se la Germania si batterà, la lotta deciderà non solo il destino germanico ma anche quello italiano. Le sorti del fascismo sono strettamente avvinte alle fortune del nazionalsocialismo. Adesso io vi dico – come vi dissi a Salisburgo parlandovi della Polonia – che nei confronti delle democrazie occidentali, già calcolato tutto l'aiuto che possono ricevere da terze potenze, ho la matematica sicurezza di vittoria... Comunque, ripetete al Duce il mio convincimento che l'assenza dell'Italia dalla lotta e la sconfitta della Germania rappresentano per l'Italia la fine delle sue grandi aspirazioni imperiali nel Mediterraneo.

Come si vede, il discorso di Hitler se per un verso poteva voler solo sottolineare che se la Germania fosse stata sconfitta i programmi imperiali di Mussolini e lo stesso regime non avrebbero piú avuto alcun avvenire, per un altro verso, e considerata la certezza di Hitler nella vittoria, poteva anche voler dire che eguale sorte sarebbe toccata ai programmi del «duce» nel caso di una vittoria tedesca ottenuta senza l'apporto attivo dell'Italia.

Quanto i rapporti tra Roma e Berlino fossero in realtà tutt'altro che

---

azione italiana contro la Francia («significherebbe essere piú cattolici del Papa») «quando tutte le manifestazioni ufficiali e ufficiose tedesche tendono a mettere la Francia fuori causa»; *d*) la necessità che il popolo tedesco fosse messo al corrente del pieno consenso dato da Hitler alla «non belligeranza», perché, «se fosse noto in Italia lo stato d'animo tedesco basato sulla falsa conoscenza dell'accaduto, l'opinione pubblica reagirebbe in modo irresistibile».
Per le reazioni di Mussolini all'andamento dei colloqui berlinesi e in particolare per il suo non condividere la sicurezza di Hitler nella vittoria e augurarsi addirittura un suo «colpo d'arresto» cfr. G. CIANO, *Diario* cit., p. 356.

[262] Secondo Ciano (*L'Europa verso la catastrofe* cit., p. 476), von Ribbentrop arrivò «al punto di dire che in mezzo ai membri del Politbureau e del Komintern egli si trova altrettanto bene che tra la vecchia guardia del nazismo o tra i vecchi squadristi».

[263] G. L. ANDRÉ, *La guerra in Europa* cit., p. 284.

[264] Tipica manifestazione del rancore tedesco fu in questo periodo la ricorrente accusa tedesca all'Italia di avere provocato l'intervento in guerra inglese e francese facendo conoscere a Londra e a Parigi la propria decisione di non scendere in campo a fianco della Germania. Cfr. *DDI*, s. IX, I, p. 474; II, pp. 74, 104 sg., 238 sg.; III, p. 94.

[265] *L'Europa verso la catastrofe* cit., p. 472.

limpidi e quanto i tedeschi fossero decisi, se necessario, ad usare la maniera forte per ricondurre l'Italia all'ovile, è del resto dimostrato bene dal loro atteggiamento di fronte al progetto, caldeggiato da Roma tra settembre e novembre per rafforzare la propria posizione internazionale e l'autonomia della propria neutralità, di un blocco dei neutri a cui avrebbero dovuto aderire i paesi danubiano-balcanici, la Spagna e possibilmente persino il Giappone. I tedeschi dapprima – pensando ad una possibile azione collettiva dei neutri contro il blocco marittimo anglo-francese – mostrarono di non vederlo di malocchio; appena però furono evidenti la sua vera natura, tutt'altro che solo economica come Roma cercava di far loro credere, l'interesse che esso incontrava non solo in alcuni paesi in questione e in primo luogo nella Romania (la cui posizione stava particolarmente a cuore alla Germania per l'importanza che avevano per essa i rifornimenti petroliferi rumeni e per i timori suscitati a Bucarest dai nuovi rapporti tra tedeschi e sovietici e dalle mire di questi ultimi sulla Bessarabia), ma anche presso gli anglo-francesi e il carattere apertamente antisovietico ma anche antitedesco che esso stava assumendo, la loro posizione si fece sempre piú critica, sino a sfociare in una netta opposizione, di fronte alla quale Roma non poté a sua volta che mostrare di adeguarsi al punto di vista dell'alleato, anche se in effetti Ciano cercò ancora per qualche tempo di incoraggiare i rumeni a portare avanti loro il progetto, assicurandoli che l'atteggiamento dell'Italia «restava quello che è stato finora» anche se essa non intendeva prendere iniziative e partecipare all'eventuale blocco[266]. Altri punti di costante frizione erano costituiti dalla lentezza e dalle difficoltà con cui procedevano i negoziati per rendere esecutiva la sistemazione della questione altoatesina, dal sempre piú accentuato atteggiamento antisovietico della stampa e del governo italiani (in occasione del conflitto finno-sovietico la Germania vietò il transito sul suo territorio dei rifornimenti e degli aiuti militari italiani alla Finlandia), dalla resistenza passiva dell'Italia a fare su vasta scala da ponte alle importazioni tedesche rese impossibili dal blocco marittimo anglo-francese e a dirottare verso la Germania ulteriori consistenti quote delle proprie esportazioni (un po' per ragioni politiche, un po' per non perdere mercati vantaggiosi e dai quali veniva pagata in valuta pregiata), dalle forniture di materiale bellico o comunque utili per lo sforzo bellico che l'Italia faceva all'Inghilterra e soprattutto alla Francia, dal rifiuto di Roma di porsi alla testa di una decisa azione comune dei neutri contro il blocco e, infine, connesso con tutto ciò, da quello che si sarebbe dimo-

---

[266] Cfr. G. L. ANDRÉ, *La guerra in Europa* cit., pp. 286 sgg.; nonché *DDI*, s. IX, I e II, *passim* e in particolare II, pp. 258 sg. e 393 sg.

strato il vero nodo dei rapporti italo-tedeschi e la vera arma in possesso della Germania e che, sino a quando il crollo della Francia non modificò i termini della questione, piú tempo passava piú importanza acquistava nelle sue mani, per condizionare la libertà di manovra di Mussolini: i rifornimenti di carbone[267].

Per far fronte alle esigenze nazionali e all'incremento che si voleva dare alle esportazioni di prodotti siderurgici l'Italia aveva bisogno, a parte la creazione delle scorte, di circa 15 milioni di tonnellate annue di carbone delle varie specie. Due milioni circa erano prodotti in Italia. Il resto era stato sino allora importato soprattutto dalla Germania, dall'Inghilterra e dalla Polonia. Secondo gli accordi firmati in febbraio, la Germania si era impegnata a fornire nel corso del '39 10,7 milioni di tonnellate di carbone, pari a circa 900 mila tonnellate mensili. In effetti le forniture si mantennero in settembre e nella prima metà di ottobre attorno alle 700 mila tonnellate, mentre venivano meno quelle dalla Polonia. Con la seconda metà di ottobre vennero poi sospese quelle dalle miniere dell'Alta Slesia e ridotte altre (da ventiduemila tonnellate giornaliere in programma scesero a cinquemila), adducendo i tedeschi come giustificazione la mancanza di vagoni ferroviari per il trasporto. Sicché gli invii dovevano avvenire quasi tutti via mare, da Rotterdam, dato che il blocco inglese impediva la partenza delle navi dai porti tedeschi. Col 28 novembre anche questi invii entrarono però in crisi, avendo gli alleati esteso il blocco alle merci tedesche imbarcate nei porti neutrali. In questa situazione gli sforzi italiani si indirizzarono in due direzioni: ottenere l'intensificazione dei rifornimenti tedeschi via terra e sviluppare quelli dall'Inghilterra. Gli inglesi si dicevano pronti a fornire 4 milioni di tonnellate annue in aggiunta ai 4 che già fornivano. Per acquistarli occorrevano, tra prezzo, noli e assicurazioni, circa 10 milioni di sterline, una somma assai elevata per la difficile situazione economica italiana, a meno di non fornire all'Inghilterra gli armamenti che essa richiedeva e che Roma era assai restia a vendere, soprattutto per non inasprire vieppiú Berlino che già protestava per le cospicue forniture militari che l'Italia faceva alla Francia sulla base di vecchi contratti stipulati prima dello scoppio del conflitto, ma anche di nuovi che cercava di mantenere il piú possibile segreti (su 946 milioni di lire di contratti per forniture militari all'estero, nel '39 409 riguardarono la Francia). I tedeschi, dopo avere in un primo momento tergiversato, a metà dicembre si dissero improvvisamente disposti a fornire un milione di tonnellate di carbone al mese via terra oltre gli eventuali invii possibili via mare, purché l'Italia mettesse a disposi-

---

[267] Per tutti questi punti di frizione cfr. G. L. ANDRÉ, *La guerra in Europa* cit., pp. 313 sgg.

zione un terzo dei 30-32 mila vagoni necessari. L'offerta fu subito considerata «un vero e proprio bluff», sia perché non sembrava possibile che i tedeschi potessero rispettarla sia perché i tempi di utilizzazione dei vagoni da parte delle ferrovie tedesche erano superiori a quelli previsti dall'accordo proposto. Era perciò chiaro che si trattava di una manovra per ricattare l'Italia, costringendola a non accettare le proposte inglesi, e per metterne l'economia alla mercé della Germania. La proposta mise però in gravi difficoltà Roma, che non poteva e non voleva lasciarla cadere, un po' per non inasprire i rapporti politici con Berlino, un po' per non pregiudicarsi la possibilità di avere quel mezzo milione circa di tonnellate mensili che sino allora i tedeschi avevano fornito, un po', infine, perché, anche se complessivamente non favorevole, l'interscambio con la Germania comportava un esborso di valuta minore di quello che avrebbe comportato l'acquisto di maggiori quantità di carbone dagli inglesi e sempre che questi fossero stati disposti a fornirlo senza ricevere in cambio le richieste forniture militari, ché altrimenti la crisi con Berlino sarebbe stata inevitabile. Per il momento la questione fu risolta accettando la proposta tedesca e cercando di servirsene per indurre Londra ad una «maggiore comprensione» verso le esigenze italiane[268]. Ma con questo il nodo dei rifornimenti di carbone non fu sciolto e divenne anzi una delle armi piú forti in mano tedesca, dato che Londra non era disposta ad aiutare Mussolini a continuare a destreggiarsi tra le contraddizioni e gli impacci della sua politica.

Dopo quello che abbiamo detto nelle pagine precedenti, per illustrare la posizione inglese verso la «non belligeranza» italiana vi è poco da aggiungere. Contrariamente ai francesi sui quali agivano gli stati d'animo piú disparati, sicché in Francia vi era tutta una gamma di atteggiamenti che andavano da quello di coloro che volevano un accordo con Roma e accusavano l'Inghilterra di impedirlo a quello di coloro che avrebbero preferito che anche l'Italia fosse entrata in guerra in modo da poter portare un colpo decisivo al «ventre molle» dell'Asse, gli inglesi avevano accolto con vero sollievo la «non belligeranza», erano convinti dell'opportunità di favorirne il mantenimento per tutto il tempo necessario a Mussolini per prendere la decisione finale, ma erano convinti anche che ciò non dovesse assolutamente comportare concessioni che avrebbero solo rafforzato il desiderio del «duce» di trarre vantaggi dalla sua posizione e protratto il suo gioco tra i due schieramenti. Particolarmente convinto di ciò era Chamberlain, che era anche sicuro che alla fine Mussolini sarebbe stato costretto a schierarsi con gli anglo-francesi. I verbali del Con-

---

[268] Cfr. *DDI*, s. IX, II e III, *passim* e in particolare II, pp. 453 sgg. e III, pp. 126 sgg.

siglio supremo interalleato recentemente pubblicati in Francia ne offrono una ennesima conferma. In occasione della prima riunione del Consiglio, il 12 settembre '39, parlando dei rapporti con l'Italia il premier fu esplicito; a Daladier che sosteneva la necessità di «pousser l'Italie à rester neutre», replicò che bisognava soprattutto non creare incidenti inutili e dare all'Italia tutto ciò di cui aveva bisogno, «ma nulla piú», onde evitare che potesse rafforzarsi troppo e rifornire la Germania; per il resto non vi era nulla da fare: «sembra inutile fare [a Mussolini] in questo momento delle offerte per spingerlo su una strada su cui fatalmente andrà»[269]. Di questa idea Chamberlain rimase sino all'aprile '40, quando, di fronte all'atteggiamento «provocante ed insolente» assunto dall'Italia dopo la svolta impressa alle operazioni militari dall'azione tedesca in Danimarca e in Norvegia, gli alleati presero per la prima volta in seria considerazione la possibilità di un intervento italiano, prima contro la Iugoslavia o la Grecia, poi anche contro di loro, senza per altro che ciò portasse ancora per un mese circa al definitivo tramonto delle speranze su un «ravvedimento» di Mussolini e, ciò che è ancora piú significativo, senza che si decidesse di reagire con la forza ad un eventuale attacco italiano alla Iugoslavia o alla Grecia. Anche a questo proposito i verbali del Consiglio supremo interalleato sono espliciti. Nella riunione del 23 aprile, in cui fu discusso il problema, Chamberlain si espresse in questi termini[270]:

Evidentemente si potrebbe subito dichiarare la guerra all'Italia. Il gabinetto britannico si è prospettata questa eventualità ed è arrivato alla conclusione che, dati i diversi e pesanti compiti ai quali gli Alleati devono già far fronte, non sarebbe auspicabile arrivare a ciò. Si tratta dunque di esaminare quali misure possano essere prese al di qua di atti di guerra contro l'Italia.

E il Consiglio approvò il suo punto di vista, limitandosi a decidere un concentramento navale dimostrativo nel Mediterraneo[271]. Ovviamente non tutti gli uomini politici inglesi erano ottimisti come il premier; Churchill e ancor piú Eden, per esempio, erano piú portati a considerare Mussolini lo «sciacallo» di Hitler e a ritenere probabile che alla fine sarebbe entrato in guerra a fianco dei tedeschi; tutti erano comunque sempre piú sicuri che, qualsiasi decisione avrebbe preso, il «duce» si sarebbe mosso solo in base ad una valutazione del tutto egoistica: sarebbe andato dove avrebbe creduto di trovare il maggior tornaconto.

Forte di questa convinzione ed essendo in ogni caso estremamente

---

[269] F. BÈDARIDA, *La stratégie secrète de la drôle de guerre. Le Conseil Suprême Interallié (septembre 1939 - avril 1940)*, Paris 1979, pp. 97 sg.
[270] *Ibid.*, p. 450.
[271] Cfr. *ibid.*, pp. 444 sgg., 472, 503 sgg. e 518.

importante procrastinare il piú possibile l'eventuale intervento italiano a fianco della Germania, dato che, come Halifax scrisse subito a Bonnet, «le nostre comunicazioni attraverso il Mediterraneo sono vitali per noi e per la Francia e in nessun modo devono essere messe in pericolo»[272], la linea di condotta del Foreign Office e del governo inglese fu per tutto il periodo della «non belligeranza» improntata a pochi ma chiari concetti: verso l'Italia nessuna provocazione (in questa prospettiva si deve vedere l'estrema cautela con la quale Londra affrontò tutti i problemi balcanici e in particolare l'accantonamento dei piani per un'azione a Salonicco), ottimi rapporti formali, nessuna concessione né da parte inglese né, possibilmente, da parte francese e stare a vedere, decisi ad usare la massima fermezza nel non raccogliere le avances e le ricorrenti proposte di mediazione o addirittura di accordo che, direttamente o indirettamente, per le normali vie diplomatiche e tramite tutta una serie di emissari piú o meno ufficiosi, Ciano, sin dai primi giorni successivi all'intervento anglo-francese in guerra, prese a far pervenire a Londra[273]. Se Mussolini fosse venuto, benissimo, ma poiché poteva anche andare con i tedeschi e il protrarsi indefinitamente della «non belligeranza» non voleva dire che ad un certo momento non potesse cambiare idea, prepararsi militarmente all'evenienza e non rafforzare in alcun modo il potenziale bellico italiano.

Nel quadro di questa linea di condotta, grande importanza aveva per Londra l'aspetto economico, sia per quel che riguardava eventuali forniture che l'Italia poteva fare all'Inghilterra sia soprattutto perché le esigenze e le difficoltà economiche italiane potevano offrire possibilità per tenere lontano Mussolini dalla Germania. Da qui l'importanza che gli inglesi attribuivano ai rapporti commerciali con l'Italia e la loro utilizzazione dell'arma del blocco marittimo non solo per combattere la Germania, ma anche per influire sull'atteggiamento dell'Italia, condizionare e tenere sotto controllo e se necessario indebolire il suo potenziale economico e impedirle di diventare, con l'Urss e, data la sua posizione geografica, ancor piú di essa, il tramite per una serie di rifornimenti di cui la Germania aveva bisogno. Significative sono a questo proposito le preoccupazioni, a metà aprile, suscitate a Londra e a Parigi dalle stime degli esperti alleati relativamente agli acquisti italiani di petrolio (565 mila tonnellate mensili contro un fabbisogno di 224 mila). Il che spiega la «buona volontà» di cui, quando le proteste italiane si facevano piú insistenti, Londra sembrava disposta a dar prova nell'applicazione del blocco alle merci tedesche destinate all'Italia e la sua «disponibilità» ad au-

---

[272] Cfr. G. BONNET, *Dans la tourmente (1938-1948)*, Paris 1971, p. 203.
[273] Cfr. per essi R. QUARTARARO, *Roma tra Londra e Berlino* cit., cap. VIII.

mentare le forniture di carbone quando quelle tedesche divennero difficili, ma anche lo scarso sviluppo che in realtà (e nonostante gli sforzi italiani) ebbero in questi mesi le relazioni commerciali italo-inglesi: sino a quando i fattori determinanti delle decisioni di Mussolini non divennero, con il crollo della Francia, altri, esse furono praticamente per Londra – ancor piú che per Berlino – la piú importante freccia al suo arco per condizionare l'atteggiamento italiano.

Diversa era la posizione francese. Tanto nel governo e negli ambienti militari quanto soprattutto nella classe politica francese lo scoppio della guerra aveva acuito i contrasti sull'atteggiamento da tenere verso l'Italia. La «non belligeranza» aveva però per la Francia una tale importanza [274] che l'averla Mussolini adottata aveva fatto sperare a molti che, come nel '14-15, la posizione dell'Italia avrebbe subito una progressiva evoluzione in senso sempre meno favorevole alla Germania e aveva rafforzato le tendenze ad un accordo con Mussolini che ne rendesse definitiva la neutralità o, addirittura, lo spingesse a schierarsi con gli anglo-francesi. E anche coloro che non si fidavano del «duce» e non erano disposti a fare sacrifici per accordarsi con lui sino a quando la sua posizione non si fosse definita meglio erano desiderosi di tenere aperto il colloquio politico con Roma, attenti a parlare piú di lotta al germanesimo che al totalitarismo e disponibili, per facilitarlo, a venire incontro alle esigenze italiane non di rado molto di piú di quanto lo erano gli inglesi. Per non dire poi di coloro che, non avendo voluto la guerra, sentendola come una sorta di sopraffazione inglese nei confronti della Francia e mirando ad una sua rapida conclusione, pensavano ad una pace «made in Rome» e guardavano a Mussolini come al «maître de l'heure» [275] che piú di ogni altro poteva realizzarla. Da qui, sebbene formalmente Parigi condividesse la linea di condotta di Londra, una evidente diversità di atteggiamenti sin dai primi giorni del conflitto dei due governi e dei due ambasciatori a Roma che contraddistinse tutto il periodo della «non belligeranza» e sulla quale poco influirono i mutamenti nel governo francese e alla guida del Quai d'Orsay che si verificarono in quei mesi.

Il campo in cui questa diversità fu piú evidente fu quello delle relazioni economiche che Parigi propose a Roma di intensificare sin dai primi di settembre (un comunicato del Consiglio dei ministri francese annunciò che sarebbero stati fatti acquisti in Italia per cinque miliardi di franchi) e che ebbero un notevole incremento in tutti i settori, compreso

---

[274] Sull'importanza attribuita dal governo francese alla «non belligeranza» italiana cfr. G. BONNET, *De Munich à la guerre* cit., pp. 523 sgg.
[275] L'espressione fu usata con l'ambasciatore Guariglia il 24 settembre da due ministri in carica, Dautry e De Monzie. Cfr. *DDI*, s. IX, I, p. 251.

quello bellico e continuarono sino al momento dell'aggressione italiana, tanto è vero che il 10 giugno erano fermi a Ventimiglia alcuni treni di materiale strategico in procinto di passare in Francia. Non di rado i francesi, mostrando una notevole disponibilità nel venire incontro alle esigenze italiane di nascondere ai tedeschi la natura e i particolari degli accordi, ricorsero ai piú vari espedienti (ad incominciare dal far riunire la commissione mista incaricata delle trattative commerciali a San Remo, lontana da occhi e orecchie indiscreti) e fecero a favore dell'Italia eccezioni al blocco marittimo che gli inglesi si guardavano bene dal fare. Anche a livello piú propriamente politico la posizione francese era (nonostante i contrasti che ciò suscitava nel governo) molto piú conciliante di quella inglese. E non solo a proposito di singole piccole questioni (come, per esempio, il progetto di dar vita ad una Legione garibaldina caldeggiato da alcuni settori dell'emigrazione antifascista, bocciato dal governo Daladier per non suscitare le ire di Mussolini) che stavano a cuore a Roma, ma anche a proposito di quelle di fondo [276].

Le istruzioni che Daladier e Bonnet diedero a François-Poncet nei giorni immediatamente successivi l'inizio delle ostilità erano esplicite [277]:

il desiderio del governo francese è di facilitare all'Italia con tutti i mezzi la continuazione dell'atteggiamento che essa ha adottato. Voi vi sforzerete di ottenere che questo atteggiamento, di cui il carattere provvisorio è evidente, si cambi in una neutralità di carattere piú chiaramente definito e piú stabile. Questa neutralità, anche se non ha un carattere di ostilità verso la Germania, costituirà una vittoria morale preziosa.

Al contrario di Loraine, al quale il Foreign Office aveva dato istruzioni di evitare e lasciare cadere ogni discorso politico con gli italiani, per realizzare questo obiettivo François-Poncet era autorizzato ad avere con Ciano ogni tipo di conversazioni e, se gli italiani fossero stati disponibili, anche concernenti la soluzione dei problemi in sospeso tra i due paesi e oggetto della missione Baudouin. Né queste istruzioni dovevano valere solo come norma di comportamento dell'ambasciatore. La disponibilità di Parigi ad avviare trattative in qualsiasi momento lo ritenesse opportuno fu infatti comunicata da François-Poncet a Ciano il 16 settembre e Daladier la confermò a Guariglia tredici giorni dopo, quasi a sollecitare Roma a dar seguito all'apertura fatta dall'ambasciatore [278].

[276] Cfr. G. BONNET, *Dans la tourmente* cit., p. 204 e A. FRANÇOIS-PONCET, *Au Palais Farnèse* cit., pp. 140 sg.
[277] Cfr. G. BONNET, *De Munich à la guerre* cit., p. 527.
[278] Cfr. *DDI*, s. IX, I, pp. 153 sg. e 375 sgg., nonché p. 134.
Un rapporto dei servizi informativi della PAI in data 7 ottobre 1939, basato su notizie raccolte nell'entourage di François-Poncet, riferiva che questi riteneva di poter operare per «accontentare» l'Italia con concessioni di carattere non territoriale e cioè: un nuovo statuto per gli italiani in Tunisia in cui i loro diritti fossero equiparati a quelli dei tunisini «francesi», «facilitazioni» per Gibuti

A queste avances ufficiali e nonostante vari uomini politici francesi (e in particolare Laval) si offrissero a piú riprese come tramiti per avviare riservatamente le trattative (in gennaio fu a Roma Baudouin che cercò invano di vedere Ciano) da parte italiana non fu però mai data alcuna risposta, neppure un semplice riscontro che potesse far pensare ad una disponibilità a trattare il «sospeso» tra i due paesi e ad un interesse a conoscere a quali concessioni Parigi era disposta. François-Poncet, che aveva stabilito con Ciano buoni rapporti anche di tipo personale e lo vedeva spesso (assai piú di Loraine), tentò piú volte di portare il discorso sulla questione, ma invano: invariabilmente Ciano non raccolse gli accenni e gli inviti e lasciò cadere il discorso. Come il diplomatico francese ha scritto nel suo libro dedicato alla sua missione a Roma [279],

> io non avevo mancato di mettere sul tappeto la questione del regolamento delle controversie franco-italiane e di portare i nostri incontri sul terreno delle rivendicazioni italiane. Cosa reclamava precisamente l'Italia? Cosa s'attendeva dalla Francia?... Ciano non mi rispondeva, non mi seguiva. Il soggetto non sembrava interessarlo. Si comportava come se non valesse la pena mettersi in una simile discussione; sicuro ch'essa non avrebbe portato a nulla. Non fu che nelle settimane che precedettero immediatamente l'entrata in guerra dell'Italia che si arrese alle mie pressanti domande. E fu per dirmi che era troppo tardi e che nessuna concessione o cessione a cui noi avessimo potuto consentire, anche se avesse superato quelle di cui aveva parlato Paul Baudouin, avrebbe ormai arrestato il corso degli avvenimenti.

Né la cosa può meravigliare.

Per quel che riguardava Mussolini, è facile capire che lo scoppio inatteso del conflitto avesse fatto passare in secondo piano le rivendicazioni verso la Francia. I problemi sul tappeto e la posta in gioco erano ora molto piú grossi. Nella nuova situazione, una ripresa e una eventuale conclusione positiva dei negoziati avviati con Baudouin avrebbero avuto per Mussolini un valore solo negativo. Gli avrebbero legato le mani rispetto sia ad una soluzione negoziata del conflitto sia ad una sua partecipazione ad esso e gli avrebbero attirato le ire della Germania. E, per di piú, senza nessuna garanzia per il dopo, specie nel caso che – venuta meno con la caduta del suo potenziale arbitrale la possibilità di una pace di compromesso – il conflitto si fosse risolto con la vittoria di una parte sull'altra, dato che in tale caso era chiaro che l'Italia si sarebbe trovata esposta alla vendetta, tutt'altro che improbabile, del vincitore, sia che fosse la Germania, tradita, sia che fossero gli anglo-francesi, che avevano dovuto soggiacere al ricatto mussoliniano. E, d'altra parte, per che cosa? Per otte-

---

e Suez, un ingente prestito e la ripresa dei traffici tra i due paesi. ACS, *Min. Africa Italiana, Dir. gen. affari politici (1900-1943)*, b. 1.
[279] A. FRANÇOIS-PONCET, *Au Palais Farnèse* cit., pp. 158 sg.

nere da Parigi – sempre che l'ottenesse e che non fosse tutta una manovra per bruciarlo definitivamente agli occhi di Hitler – meno di quello che si proponeva di ottenere sia nel caso di una pace di compromesso da lui mediata, sia in quello di una partecipazione al conflitto dalla parte della Germania? Ma questi argomenti non valevano solo per Mussolini; neppure Ciano infatti, anche se il suo obiettivo era quello di evitare un intervento a fianco della Germania, poteva completamente sottrarsi alla loro logica. E ciò tanto piú che, se per raggiungere il suo obiettivo Ciano puntava soprattutto sui rapporti con Berlino, convinto che solo il loro andamento poteva veramente influire sull'atteggiamento del suocero, per quanto riguardava quelli con Parigi e Londra, egli continuò sempre – nonostante l'evidente indisponibilità inglese di fronte alle sue avances – a considerare piú importanti quelli con Londra, senza rendersi conto che se indubbiamente erano gli inglesi ad avere la leadership dell'alleanza, l'anello debole di essa era costituito però, per l'Italia, dalla Francia e che quindi se voleva tentare di offrire a Mussolini qualche concreto vantaggio che ne facilitasse il distacco da Berlino, poteva raggiungerlo solo passando per Parigi e non confermando Londra con una corte troppo assidua e quindi controproducente nella sua convinzione che, alla fine, l'Italia non sarebbe comunque andata con la Germania. Da qui la sua sottovalutazione della carta francese e il suo non tentare neppure di sondare le effettive intenzioni di Parigi, convinto che non sarebbe servito a nulla, avrebbe solo comportato dei rischi e incontrato l'opposizione di Mussolini, e il suo puntare tutto, da un lato, sullo stabilimento di buoni rapporti con l'Inghilterra e su tutte quelle iniziative, come il blocco dei neutri, che potevano rendere piú forte la neutralità dell'Italia e la capacità di mediazione del «duce» e, da un altro lato, sul non miglioramento dei rapporti con la Germania, in maniera da potersi servire di entrambi gli argomenti per trattenere il suocero dall'affrettare i tempi della sua entrata in guerra; il tutto in attesa di una pace di compromesso o – come Ciano riteneva piú probabile – di un successo anglo-francese che, imprimendo al conflitto un chiaro andamento, gli facesse mutare avviso. In questa prospettiva si capisce come Ciano, messo alle strette dalle sollecitazioni di François-Poncet a discutere le rivendicazioni italiane, si lasciasse andare talvolta a delle affermazioni che, piú che manifestazioni di cinismo, erano in realtà sfoghi di sincerità e arrivasse a dirgli che ciò che in definitiva avrebbe deciso l'atteggiamento italiano sarebbero state delle vittorie alleate, in mancanza delle quali l'Italia sarebbe andata con la Germania [280]. E, piú in generale, si capisce anche perché lo stesso Ciano,

---

[280] Cfr. G. BONNET, *De Munich à la guerre* cit., p. 527.

parlando con Anfuso della «non belligeranza»[281], dicesse che essa era «tutto e niente»: niente sino a quando fosse rimasta tale, tutto se si fosse trasformata in qualcosa d'altro.

Volutamente inesistente sul versante francese, bloccata su quello inglese dal fermo atteggiamento di Londra, la politica di Ciano sembrò nei primi mesi della «non belligeranza» segnare qualche punto sul versante tedesco. Nonostante la buona volontà e le pressioni tedesche, i rapporti tra Roma e Berlino non registrarono alcun reale miglioramento e l'Italia riuscí a non compromettere né la propria neutralità né la propria potenziale libertà d'azione e ad evitare quindi un accrescersi dei sospetti anglofrancesi. Il tutto con il pieno consenso di Mussolini. Lo dimostra l'andamento della riunione del Gran Consiglio la sera del 7 dicembre, durante la quale Ciano svolse un'amplissima relazione *ab ovo* sui rapporti italo-tedeschi, citando e leggendo, con l'autorizzazione di Mussolini, i piú importanti documenti scambiati tra Roma e Berlino in agosto e dando alla sua analisi un tono di aperta critica ai tedeschi, che, se non sfociava nel ripudio dell'alleanza, tendeva però chiaramente a prospettarne il futuro in una luce assai problematica. Bottai che nel suo diario ci ha conservato un ampio resoconto sia della riunione sia della relazione di Ciano[282], cosí ne riassunse il senso:

> Morale della relazione Galeazzo. Un moto storico, e in parte ideologico, à, dall'Etiopia alla Spagna, avvicinati, quindi stretti in alleanza, i due Regimi; un moto storico in opposizione al primo spinge la Germania a violare lettera e spirito del patto con l'Italia, precipitando date e mutando indirizzi, dall'antibolscevismo alla collusione col bolscevismo, della sua azione; un moto storico, quindi, si genera, dal contrasto dei due primi, che pone l'Italia in posizione di non-belligeranza. È dai fatti, dunque, cioè a dire dall'imminente storia, che l'Italia trarrà argomento alla sua ulteriore attitudine. Il patto con la Germania rimane, com'un dato di fatto; altro dato di fatto, la deviazione germanica dalle concordate direttive: l'Italia si regolerà a seconda delle conseguenze. Posizione, insomma, di meditato realismo.

Mussolini, che aveva illustrato l'ordine del giorno da approvare, si era rivelato riottoso a seguire il genero sino alle ultime conseguenze adombrate nella relazione, ma non le aveva contestate, limitandosi a la-

---

[281] F. ANFUSO, *Da Palazzo Venezia al lago di Garda* cit., p. 115.
[282] G. BOTTAI, *Diario* cit., ff. 744 sgg., alla data dell'8 dicembre 1939; le due citazioni sono rispettivamente ai ff. 748 sg. e 749 sgg.
G. CIANO, *Diario* cit., p. 372 non dà invece alcuna notizia, salvo che Mussolini sarebbe stato «molto soddisfatto» della sua relazione. Della riunione esiste anche un resoconto in G. ACERBO, *Fra due plotoni di esecuzione* cit., pp. 421 sgg., interessante per le notizie sull'orientamento nettamente antitedesco della gran maggioranza dei membri del Gran Consiglio (Balbo avrebbe addirittura ventilato un passaggio dell'Italia al campo anglo-francese), ma che suscita seri dubbi per quel che dice sulla posizione di Mussolini, che – secondo Acerbo – avrebbe detto che l'Italia non si doveva piú sentire legata al «patto d'acciaio», avendo la Germania violato sia il «patto anti-Komintern» (con l'accordo con l'Urss) sia lo stesso «patto d'acciaio» (invadendo la Polonia senza preavvisare l'Italia), e, in polemica con Farinacci, avrebbe negato che Hitler potesse accusare l'Italia di tradimento.

sciar chiaramente capire che la soluzione da lui auspicata era quella di una pace senza veri vinti e vincitori. Annotava Bottai:

> Un discorso tormentato, ribollente di polemica, di spirito critico: ripugnanza a confessare, che i fatti ànno smentito i patti; e, quindi, l'intimo desiderio, che le circostanze permettano ancora di tenere fede a questi... L'Italia? Dichiara la sua fedeltà ai patti: «Ma c'è, d'altronde, anche un patto con l'Inghilterra?»; e attende gli eventi. «Qui, ci sono due imperi in lotta; due leoni. Non abbiamo interesse, che stravinca nessuno dei due. Se vincesse l'Inghilterra, non ci lascerebbe che il mare per fare i bagni. Se vincesse la Germania, ne sentiremmo il peso. Si può desiderare, che i due leoni si sbranino, fino a lasciare a terra le code. E, caso mai, andare a raccoglierle».
> Nel complesso: Mussolini unito ancora alla fredda diagnosi di Galeazzo, che è già al di là e contro l'Asse. Mussolini spera che questo si regga; Galeazzo il contrario. Quando il primo, parlando della preparazione militare necessaria per entrare in un'eventuale conflitto, enuncia le grosse cifre di cannoni, areoplani e carri che vuole avere per la seconda metà del 1941, Galeazzo, che mi è vicino, mi sussurra all'orecchio: «Il che vuol dire che non saremo mai pronti».

In Italia e all'estero, il fatto che l'ordine del giorno approvato dal Gran Consiglio[283] non parlasse esplicitamente di neutralità e confermasse la validità dell'alleanza con la Germania aveva costituito una delusione, che aveva fatto passare in sott'ordine la moderazione dell'accenno alle conseguenze negative che il blocco marittimo anglo-francese aveva per l'Italia e il significato chiaramente antisovietico (e quindi antitedesco) del passo in cui era sottolineato il diretto interesse italiano per qualsiasi mutamento nel bacino danubiano-balcanico. Per Ciano la riunione era stata però un grosso successo, non solo perché la sua politica era stata ufficialmente approvata *in toto* da Mussolini, ma anche perché il Gran Consiglio gli aveva dato mandato di riferire «sulle recenti vicende e fasi della politica internazionale» alla Camera dei fasci e delle corporazioni e questo costituiva un'occasione unica per marcare pubblicamente il distacco della sua posizione da quella di Berlino. Un'occasione dalla quale Ciano si attendeva grossi risultati.

In realtà, il discorso che il ministro degli Esteri pronunciò il 16 dicembre alla Camera è importante piú come dimostrazione degli equilibrismi che la «non belligeranza» comportava e delle difficoltà – per non dire l'impossibilità – di tradurla in una coerente azione politica sui tempi lunghi, specie se il suo sbocco doveva essere quello a cui tendeva Ciano, che per le sue effettive conseguenze. Visto in una prospettiva storica e non emotiva, l'unica vera indicazione che se ne ricava è che esso segnò il momento di maggiore crisi nei rapporti italo-tedeschi dopo il 25-26 agosto; raggiunto il quale, i margini di manovra di Ciano, non potendosi svi-

[283] Lo si veda in MUSSOLINI, XXIX, pp. 336 sg.

luppare oltre la politica dell'attesa sulla quale si era arroccato Mussolini ed essendo questa possibile solo in un contesto di stasi della guerra come era quello seguito alla conclusione delle operazioni contro la Polonia, erano irrimediabilmente destinati a ridursi via via che il conflitto riprendeva vigore e si estendeva e che l'equivocità della formula della «non belligeranza» faceva sfumare le speranze nei buoni affari e, anzi, metteva in difficoltà l'economia italiana. Costretto a non rompere i ponti con la Germania e, anzi, a riconfermare la validità del «patto d'acciaio», la polemica di Ciano con i tedeschi non si poté manifestare che tra le righe e in maniera indiretta. Da un lato attraverso la duplice sottolineatura del «solenne impegno politico» anticomunista che la Germania aveva assunto, cosí come l'Italia e il Giappone, sottoscrivendo il «patto anti-Komintern» e della «portata limitata» che nei colloqui italo-tedeschi dell'aprile-maggio era stata assegnata al riavvicinamento tedesco-sovietico. Da un altro lato, negando che il non intervento italiano nel conflitto fosse stato determinato dall'impreparazione militare e dal timore della guerra del popolo italiano e motivandolo invece con l'impegno, preso a Milano da von Ribbentrop e da lui stesso al momento di decidere l'alleanza, di «non suscitare nuove polemiche» internazionali prima di tre-cinque anni: contrariamente a queste «malevoli insinuazioni», la posizione assunta dall'Italia il 1° settembre era dunque per Ciano «rigidamente derivante dai Patti nonché dagli impegni collaterali esistenti fra l'Italia e la Germania» e pertanto i rapporti tra l'Italia e la Germania rimanevano «quelli che furono fissati dal Patto d'Alleanza e dagli scambi di vedute che l'hanno accompagnato»[284]. Si spiega perciò facilmente perché l'effetto del discorso fu molto minore e in gran parte diverso da quello che Ciano si era ripromesso e dalle attese che aveva suscitato. All'interno, nonostante l'enorme rilievo datogli dai mass media del regime[285] e le prime valutazioni entusiastiche dello stesso Ciano («Se era difficile prima persuadere gli italiani a scendere in campo a fianco della Germania, è impossibile ormai che, avendo essi conosciuta la verità profonda e tutti i retroscena, non giocherebbe neppure la molla della parola data. Tutti hanno capito e sanno che chi ha tradito per ben due volte è stata la Germania... Gli italiani, poi, piú intelligenti di tutti, hanno capito appieno il mio latino e considerano il discorso il vero funerale dell'Asse»[286]), solo pochi ne rilevarono

---

[284] Per il testo integrale del discorso, cfr. G. CIANO, *Diario* cit., pp. 701 sgg.
[285] Per i principali commenti della stampa italiana cfr. *L'Italia di fronte al conflitto. Discorso del Conte Galeazzo Ciano Ministro degli Affari Esteri. 16 dicembre 1939. Con appendice di documenti*, Milano 1940, pp. 233 sgg. Tutto il volume, edito dall'ISPI, è da vedere per l'appendice di documenti che ne fa una sorta di libro di colore sulla «non belligeranza».
[286] G. CIANO, *Diario* cit., p. 375, alle date del 17 e 19 dicembre 1939, ma anche p. 374, alla data del 16 dicembre.

«tutto il sottile veleno antitedesco». Sulla massa ciò che fece veramente effetto fu la riaffermazione della validità dell'Asse; il resto o non fu colto o passò in seconda linea o, nel migliore dei casi, serví solo a far pensare che *per il momento* non vi era ancora pericolo, non certo a rasserenare veramente gli animi e tanto meno a creare attorno a Ciano un consenso che potesse rafforzarne la posizione politica. Fuori dall'élite del regime, nel paese, la figura di Ciano era ormai da tempo cosí screditata che coloro che non condividevano la politica di Mussolini avevano comunque piú fiducia in lui che nel genero, che consideravano alla stessa stregua di come avevano giudicato, fino a poco tempo prima, Starace: o uno strumento passivo della volontà del «duce» o la causa di molti dei suoi maggiori errori. Né migliori furono le reazioni inglesi e francesi. Pur conoscendo le difficoltà e le contraddizioni nelle quali si dibatteva la politica fascista, a tre mesi e mezzo dallo scoppio del conflitto e dopo il fallimento dell'«offensiva di pace» tedesca dell'ottobre, tutti e specialmente i francesi – praticamente ignorati nel discorso nonostante le loro dichiarazioni di disponibilità a discutere le rivendicazioni italiane – avevano sperato in qualcosa di piú. Non certo nell'annuncio dello sganciamento dalla Germania, ma, almeno, in una piú effettiva presa di distanze da essa. E François-Poncet non mancò di farlo capire a Ciano, lamentandosi che avesse troppo calcato l'accento sulla solidarietà con la Germania[287]. Quanto agli inglesi, oltre che deluderli, il discorso dovette riuscire loro incomprensibile e preoccupante soprattutto per l'affermazione di Ciano che l'Italia non riteneva che nell'Europa danubiano-balcanica «la costituzione di blocchi di qualsiasi specie possa essere utile né ai paesi che dovrebbero farne parte, né al fine piú alto di affrettare il ristabilimento della pace». Incomprensibile (specie dopo quanto affermato dal comunicato diramato a conclusione dell'ultimo Gran Consiglio), perché sino allora l'Italia aveva caldeggiato un blocco dei neutri di questa regione ed esso sarebbe servito ottimamente a Roma se questa avesse voluto veramente rafforzare il proprio ruolo di grande potenza neutrale guida sul continente. Preoccupante, perché entrambe le spiegazioni che si potevano dare di questo voltafaccia – che Mussolini non volesse in realtà rompere con la Germania o che volesse assicurarsi nei Balcani concreti vantaggi[288], con-

---

[287] Cfr. *ibid.*, p. 375.
[288] Una idea abbastanza indicativa delle preoccupazioni e delle valutazioni inglesi circa la politica italiana nella regione danubiano-balcanica è offerta dal già citato rapporto al Foreign Office dell'Ambasciata a Roma del 2 gennaio '40 e intercettato dai servizi segreti italiani. In esso si legge: «4. Per quanto riguarda *c* (1), il discorso del Conte Ciano ci dà la chiave, sia in genere che in riguardo alle sfumature dei sentimenti dell'Italia verso ciascuno degli Stati Danubiani e Balcanici. L'Italia desidera che la zona Balcanica e Danubiana rimanga inattaccata e non coinvolta. Essa respinge la formazione di un blocco (forse perché essa ha trovato impossibile di formarne uno sotto la propria egida). Pretende che la sua alleata tedesca non disturbi la zona; considera con occhio ostile qual-

tando sul fatto che, data la sua posizione, Berlino non glielo avrebbe impedito – andavano contro gli interessi anglo-francesi. Lo dimostra il fatto che, tramite Dingli, Chamberlain si affrettò a chiedere spiegazioni a Ciano. Il messaggio[289] era concepito in termini molto cordiali, pieno di riconoscimenti per la «portata storica» e l'«indiscutibile interesse» del suo discorso e si concludeva con l'assicurazione che, «comunque», il premier desiderava «non intralciare in alcun modo l'Italia»; il solo fatto di porre la domanda e di farlo tramite il «canale segreto» mostra però quanto Londra fosse allarmata e giudicasse in realtà il discorso di Ciano tutt'altro che positivamente. Sicché, in definitiva, il discorso del ministro degli Esteri finí per risultare sostanzialmente controproducente. Da un lato irritò profondamente e mise vieppiú in allarme Berlino; da un altro lato confermò Londra e in particolare il Foreign Office (ma anche Chamberlain, dato che ai primi di gennaio decise di mettere al corrente dell'esistenza del «canale segreto» il Foreign Office e di passarlo sotto la sua egi-

siasi avanzata russa in essa. Potrebbe cooperare con le Potenze Occidentali per bloccare un'avanzata russa; non coopererà con esse in una combinazione anti-tedesca. Dimostra un particolare interesse in tutta la zona e fa comprendere che coloro i quali desiderano intervenirvi dovranno tener conto dei suoi interessi politici e forse della sua potenza militare. Essa riconosce anche, e questa è una novità, che la zona rappresenta una unità, e che un colpo ad uno dei suoi componenti minaccerebbe l'unità stessa.

«5. Nei riguardi di c (2) abbiamo tre elementi. Si smentisce qui che vi sia qualche progetto per una unione personale tra l'Italia e l'Ungheria, o per mettere il Duca d'Aosta sul trono ungherese. In secondo luogo sembra piuttosto sicuro che l'Italia abbia ottenuto delle assicurazioni da Berlino che la Germania non invaderà l'Ungheria. In terzo luogo non si può dubitare e del resto sembra implicito nel discorso del Conte Ciano, che l'Italia ha promesso all'Ungheria il suo appoggio nel caso che venisse attaccata, per lo meno dalla Russia.

«Per quanto riguarda il non-intervento della Germania in Ungheria credo che l'Italia ha rinunciato, in deferenza alla Germania, al progetto per un'unione personale ecc., ma al tempo stesso credo che essa abbia fatto capire a Berlino che un tentativo da parte della Germania di inghiottire l'Ungheria, dopo avere inghiottito l'Austria, la Cecoslovacchia ed un terzo della Polonia, significherebbe la fine dell'alleanza italo-tedesca e la ripresa da parte italiana della sua completa libertà d'azione.

«Se cosí è veramente l'appoggio italiano all'Ungheria ha un carattere diplomatico-militare in rapporto alla Russia; ma solo diplomatico in rapporto alla Germania.

«6. Per quanto riguarda c (3) sappiamo adesso che la Germania non aiuterà la Romania contro un attacco russo, ma che l'Italia per lo meno contempla di dare un tale aiuto se la Romania resiste con le armi. A questo proposito i rovesci russi in Finlandia debbono avere incoraggiato l'Italia, a mio parere, a prendere un atteggiamento piú energico e piú positivo. Nell'ipotesi tuttavia che la Russia attacchi effettivamente la Romania, che l'Italia decida di aiutare militarmente la Romania e che le Potenze Occidentali sentano il dovere di andare anch'esse in aiuto alla Romania, la situazione diventa molto imbrogliata. Sembra difficilmente concepibile che l'Italia e le Potenze Occidentali agirebbero indipendentemente o senza collaborare e coordinare le loro rispettive attività. Eppure in tal caso avremmo lo spettacolo singolare della Germania che consente tacitamente alla collaborazione militare tra la sua alleata italiana ed i suoi nemici occidentali contro la sua confederata russa. In questo caso la contromossa tedesca sembrerebbe dover consistere in una collusione con la Russia e nel tentativo di persuadere l'Italia ad entrare con essa e la Russia per dividersi il bottino balcanico. Ma la Germania potrebbe anche in tal caso andare incontro ad un rifiuto, e da ciò potrebbe conseguire la rottura della sua alleanza con l'Italia; perché sembra appena credibile che l'Italia voglia rischiare tutta la sua posizione mediterranea, come avverrebbe se si inimicasse l'Inghilterra e la Francia, per un'avventura cosí dubbia, né che voglia rischiare la perdita di rispetto e di prestigio in Patria ed all'estero in cui essa incorrerebbe con l'unirsi alla Russia e con l'abbandonare la lotta contro il comunismo che ha ora intrapresa piú irrevocabilmente di prima».

[289] Cfr. *DDI*, s. IX, II, pp. 547 sg.; nonché R. QUARTARARO, *Roma tra Londra e Berlino* cit., pp. 565 sgg. e ID., *Inghilterra e Italia* ecc. cit., pp. 696 sg.

da) nella bontà del loro atteggiamento e li spinse a non discostarsi da esso e, anzi, a calcare la mano sul blocco marittimo per mettere Roma economicamente e politicamente alle strette; e da un terzo lato ancora, dati questi risultati, spinse Mussolini a riprendere personalmente la guida della politica estera.

Nella riunione del Consiglio dei ministri del 23 gennaio '40, quella dedicata ai problemi militari e nella quale, come si è detto, accennò alla sua teoria della «guerra parallela», Mussolini si soffermò tra l'altro su due questioni: quella delle gravi difficoltà create dal blocco marittimo («Ma la cosa piú preoccupante è la mancanza di materie prime. Non ce [ne] sono a sufficienza; e rifornirsene è sempre piú difficile. Il controllo marittimo degli inglesi è sempre piú severo») e quella di «sbarrare le frontiere», e soprattutto quella Nord, munendole di un triplice ordine di fortificazioni, a fondo valle («il piú massiccio e definitivo»), a mezza costa («di media resistenza») e sugli spartiacque («contro le infiltrazioni»)[290]. In mancanza di altri elementi piú diretti e precisi e date le contrastanti interpretazioni che sono state date della lettera che Mussolini scrisse il 5 gennaio '40 a Hitler[291], per capire perché negli ultimi giorni di dicembre Mussolini fu indotto a pensare che fosse venuto il momento di por fine alla politica dell'attesa e agli inutili tentativi di Ciano di migliorare i rapporti con Londra e di fare invece un esplicito passo su Hitler ci pare opportuno partire da questi due dati di fatto. Essi provano infatti che Mussolini a) si rendeva conto che, dato il blocco marittimo e l'atteggiamento inglese verso l'Italia, il riarmo italiano non sarebbe potuto avvenire nei tempi (e, probabilmente, nella misura) da lui inizialmente previsti; b) che, nonostante ciò, non pensava affatto ad abbreviare i tempi della «non belligeranza» e a schierarsi entro breve tempo a fianco della Germania e che, anzi, temeva che i tedeschi potessero volergli forzare la mano e, addirittura, passare all'azione contro di lui. Da qui – essendo deciso a non rompere con la Germania – la necessità per lui di muoversi in tempo utile per esercitare una decisa azione volta ad indurre Hitler a fargli tentare una vera e seria mediazione e, innanzitutto, a farlo desistere da ogni proposito di ripresa in grande stile della guerra, dato che questo avrebbe reso ovviamente impossibile un negoziato. Questa, a nostro avviso, la genesi della «*rentrée*» politica di Mussolini e della sua lettera a Hitler del 5 gennaio. Una lettera che al «duce» dovette costare non poco, dato che – avesse cambiato idea o lo facesse per cercare

---

[290] G. BOTTAI, *Diario* cit., ff. 766 sg., alla data del 23 gennaio 1940.
[291] Cfr. E. WISKEMANN, *L'Asse Roma-Berlino*, Firenze 1955, pp. 244 sg.; G. L. ANDRÉ, *La guerra in Europa* cit., pp. 348 sgg.

di convincere Hitler – in essa era smentita piú di una tesi da lui altre volte sostenute con i tedeschi.

La lettera [292] toccava tutta una serie di problemi. Si apriva con una dichiarazione di pieno accordo con il discorso di Ciano alla Camera e si concludeva con una riaffermazione della fedeltà dell'Italia all'alleanza e della volontà di Mussolini di partecipare, se necessario, al conflitto, anche se nulla veniva detto su quando la preparazione militare italiana sarebbe stata compiuta e l'intervento era subordinato al determinarsi del «momento piú redditizio e decisivo»:

> Sto accelerando il ritmo della preparazione militare. L'Italia non può e non vuole impegnarsi in una guerra lunga; il suo intervento deve accadere al momento piú redditizio e decisivo. Nell'Africa Orientale l'Italia impegna forze francesi notevoli a Gibuti e nelle limitrofe colonie confinanti inglesi. Le 15 divisioni dell'Africa settentrionale (8 dell'Esercito regolare, 4 di CC.NN., 3 libiche) impegnano 80 mila anglo-egizio-indiani e 250 mila francesi. Sulle Alpi, il nostro dispositivo è stato arretrato, date le nevi, ma non alleggerito e ha di fronte da 10 a 15 divisioni francesi.
>
> L'Italia fascista in questo periodo intende di essere la vostra riserva:
>
> *dal punto di vista politico-diplomatico*, nel caso che voi voleste addivenire a una soluzione politico-diplomatica;
>
> *dal punto di vista economico*, aiutandovi sino al possibile in tutto quanto può alimentare la vostra resistenza al blocco;
>
> *dal punto di vista militare*, quando l'aiuto non vi sia di peso ma di sollievo. E questo problema dovrà essere esaminato dai militari.
>
> Io credo che il non intervento dell'Italia sia stato e sia molto piú utile alla Germania di un intervento che nella guerra contro la Polonia era perfettamente superfluo.
>
> Desidero che il popolo tedesco sia convinto che l'atteggiamento dell'Italia è nel quadro, non fuori quadro del Patto di Alleanza.

La lettera, nella sua parte centrale, ruotava però tutta attorno a due problemi, strettamente legati tra loro: l'impossibilità per l'Asse, per un verso, di riportare una completa vittoria sugli anglo-francesi e, per un altro verso, di sacrificare e smentire i propri principî ideologici sull'altare dei vantaggi tattici conseguiti con l'accordo tedesco-sovietico. Sul primo Mussolini era esplicito, quasi brutale:

> Sono profondamente convinto che la Gran Bretagna e la Francia non riusciranno mai a fare capitolare la vostra Germania aiutata dall'Italia, ma non è sicuro che si riuscirà a mettere in ginocchio i franco-inglesi e nemmeno a dividerli. Crederlo, significa illudersi. Gli Stati Uniti non permetterebbero una totale disfatta delle democrazie. Gli imperi crollano per difetto di statica interna mentre gli urti dall'esterno possono consolidarli. È prevedibile un epilogo della guerra che, come voi avete detto, non vedrà che due o piú vinti. Vale la pena – ora che avete realizzato la sicurezza dei vostri confini orientali e creato il grande Reich di 90 milioni di abitanti –

---

[292] MUSSOLINI, XXIX, pp. 423 sgg., dove però è erroneamente datata 3 gennaio 1940.

di rischiare tutto – compreso il regime – e di sacrificare il fiore delle generazioni tedesche per anticipare la caduta di un frutto che dovrà fatalmente cadere e dovrà essere raccolto da noi che rappresentiamo le forze nuove d'Europa? Le grandi democrazie portano in se stesse le ragioni della loro decadenza.

Trattando il secondo Mussolini non rifuggiva da nessun argomento sia politico che ideologico e da nessun lenocinio dialettico, arrivando sino ad assumere il tono del «maestro in fascismo» che richiamava Hitler al rispetto di quanto aveva detto e scritto in passato e all'adempimento della sua missione di assicurare all'est lo «spazio vitale» della Germania:

> Nessuno piú di me, che ho ormai 40 anni di esperienza politica, sa che la politica ha le sue esigenze tattiche. Anche una politica rivoluzionaria. Io ho riconosciuto i Soviet nel 1924; nel 1934 ho stipulato con essi un trattato di commercio e di amicizia. Cosí io comprendo che non essendosi realizzate le previsioni di von Ribbentrop, circa il non intervento dei franco-inglesi voi abbiate evitato il secondo fronte. La Russia, in Polonia e nel Baltico è stata – senza colpo ferire – la grande profittatrice della guerra.
> Ma io che sono nato rivoluzionario e non ho modificato tale mia mentalità, vi dico che voi non potete permanentemente sacrificare i principî della vostra Rivoluzione alle esigenze tattiche di un determinato momento politico. Io sento che voi non potete abbandonare la bandiera antisemita e antibolscevica che avete fatto sventolare per 20 anni e per la quale tanti vostri camerati sono morti; voi non potete rinnegare il vostro vangelo nel quale il popolo tedesco ha ciecamente creduto. Ho il preciso dovere di aggiungere che un ulteriore passo nei vostri rapporti con Mosca, avrebbe ripercussioni catastrofiche in Italia, dove l'unanimità antibolscevica, specie tra le masse fasciste, è assoluta, granitica, inscindibile.
> Lasciatemi credere che questo non avverrà. La soluzione del vostro *Lebensraum* è in Russia e non altrove. La Russia che ha l'immensa superficie di 21 milioni di Kmq e 9 abitanti per Kmq. Essa è estranea all'Europa. Malgrado la sua estensione e la sua popolazione, la Russia non è una forza, è una debolezza. La massa della sua popolazione è slava e asiatica. Nei vecchi tempi l'elemento di coesione era dato dai baltici: oggi, dagli ebrei: ma questo spiega tutto. Il compito della Germania è questo: difendere l'Europa dall'Asia. È la tesi non soltanto di Spengler. Sino a 4 mesi fa la Russia era il nemico mondiale *numero uno*: non può essere diventato e non è l'amico numero *uno*. Questo ha turbato profondamente i fascisti in Italia e forse anche molti nazionalsocialisti in Germania.
> Il giorno in cui avremo demolito il bolscevismo, avremo tenuto fede alle nostre due Rivoluzioni. Sarà allora la volta delle grandi democrazie. Le quali non potranno sopravvivere al cancro che le rode e che si manifesta sul piano *demografico*, politico, morale.

A prima vista, spezzate queste due lance, la lettera sembrava non avere una conclusione, sembrava rimettere tutto alla coscienza e alle decisioni di Hitler, senza chiedere ed offrire nulla, non essere altro che l'ammonimento – per di piú contraddittorio data la sua conclusione – del dittatore piú anziano e piú saggio a quello piú giovane e inesperto. In realtà, a saperla leggere e sappiamo che Hitler e il vertice nazista la lessero, rilessero e postillarono attentamente[293], essa non solo era tutta un'offerta di mediazione, ma avanzava a questo scopo sia due precise proposte sia una prospettiva di fondo. Le proposte erano di ricostruire una parvenza di Stato indipendente polacco (in modo da permettere a Londra e a Parigi di salvare la faccia) e di non prendere alcuna iniziativa militare ad ovest. Solo che Mussolini – temendo probabilmente di avere da Hitler un no che gli avrebbe reso difficile tornare successivamente sull'argomento – non le prospettava chiaramente, ma le lasciava cadere quasi inavvertitamente parlando degli argomenti della propaganda franco-inglese, dei suoi effetti e di come controbatterla:

> Ma su due fatti la propaganda britannica mette l'accento e cioè sugli accordi germano-russi che segnano praticamente la fine del patto anticomintern e sul trattamento che sarebbe fatto in Polonia alle popolazioni autenticamente polacche. A questo proposito la contro-propaganda tedesca appare tardiva e debole. Un popolo che è stato ignominiosamente tradito dalla sua miserabile classe dirigente politico-militare, ma che – come voi stesso avete cavallerescamente riconosciuto nel vostro discorso di Danzica – si è battuto con coraggio, merita un trattamento che non dia motivo a speculazioni avversarie. È mia convinzione che la creazione di una modesta disarmata Polonia esclusivamente polacca – liberata dagli ebrei per i quali io approvo pienamente il vostro progetto di raccoglierli tutti in un grande ghetto a Lublino – non può costituire mai piú un pericolo per il grande Reich. Ma questo fatto sarebbe un elemento di grande importanza che toglierebbe ogni giustificazione alle grandi democrazie per continuare la guerra e liquiderebbe la ridicola repubblica polacca creata dai franco-inglesi ad Angers. A meno che voi non siate irrevocabilmente deciso a fare la guerra sino in fondo, io penso che la creazione di uno Stato polacco sotto l'egida tedesca, sarebbe un elemento risolutivo della guerra e una condizione sufficiente per la pace.
>
> Voi potreste – come del resto fanno quotidianamente le vostre trasmissioni radio destinate ai francesi – riaffermare che ad ovest non avete obiettivi di guerra e quindi rigettare di fronte al mondo sui franco-inglesi la responsabilità della continuazione del conflitto ed in ogni caso non prendere, come avete fatto sin qui, l'iniziativa sul fronte ovest.

Quanto alla prospettiva di fondo, essa era implicita in tutto il discorso sul problema dei rapporti con l'Urss: ciò che avrebbe spinto l'Inghilterra e la Francia (e dietro ad esse gli Usa) a concludere la pace e ad aver fiducia che la Germania l'avrebbe rispettata sarebbe stato il fatto che con la pace ad Occidente la Germania avrebbe finalmente trovato il suo «spazio vitale» ad Oriente e cosí facendo le avrebbe liberate anche dalla spina nel fianco dell'Urss e del bolscevismo e di conseguenza anche da quella del Giappone che sarebbe stato anch'esso dirottato verso le regioni asiatiche dell'Urss.

[293] Cfr. *DDI*, s. IX, III, pp. 54 sgg. e 91 sgg.

Appena informato della decisione del «duce» di scrivere ad Hitler, Ciano si era allarmato [294]:

> Mussolini ha sempre qualche ritorno di fiamma germanofilo: adesso vorrebbe scrivere una lettera a Hitler per dare alcuni consigli (finora non hanno avuto molto ascolto!) e per dire che continua a prepararsi. Per che cosa? La guerra a fianco della Germania non deve farsi e non si farà mai: sarebbe un crimine e una idiozia. Contro, non ne vedo per ora le ragioni. Comunque, caso mai, contro la Germania. Mai insieme. Questo è il mio punto di vista. Quello di Mussolini è esattamente il contrario: mai contro e, quando saremo pronti, insieme per abbattere le democrazie, che, invece, sono i soli Paesi con cui si può fare una politica seria e onesta.

Poi aveva però cambiato idea. Lettane una prima versione l'aveva trovata «non troppo compromettente» e, dopo che Mussolini vi ebbe apportato alcune modifiche, l'aveva definita «un ottimo documento, pieno di saggezza e di misura», che però non avrebbe sortito alcun effetto, perché, come scrisse nel suo diario, «i consigli di Mussolini sono accolti da Hitler solo quando coincidono esattamente col suo pensiero» [295].

Formulando questa previsione Ciano non si sbagliava. La lettera, consegnata da Attolico ad Hitler l'8 gennaio [296], produsse a Berlino una profonda impressione. Come già si è detto, Hitler la fece leggere ai suoi principali collaboratori, che la postillarono, discussero e cercarono di leggere in tutte le chiavi possibili, ricorrendo anche all'aiuto dei lumi di Attolico e di Magistrati, a loro volta ansiosi di conoscerne l'effetto. Piú di uno nel gruppo dirigente nazista doveva condividere in tutto o in parte lo spirito della lettera; come anche l'ammiraglio Canaris aveva subito previsto [297], essa non servì però ad indurre Hitler a revocare le sue disposizioni per l'offensiva contro la Francia. E, per di piú, la convinzione in essa espressa da Mussolini che la Germania non potesse «mettere in ginocchio» l'Inghilterra e la Francia dette nuova esca ai sospetti e ai timori sul reale atteggiamento dell'Italia e sull'effettiva capacità di Mussolini di aver ragione dell'opposizione interna all'intervento italiano e fece sorgere in molti il dubbio che il comportamento italiano di fine agosto, piuttosto che dall'impreparazione militare, come asserivano Mussolini e Ciano, fosse stato determinato da tale opposizione e che la cosa potesse ripetersi. Tant'è che – quando il sospetto fece tortuosamente capolino persino sulle labbra di Göring – anche Ciano si vide costretto a correre ai ripari, dando ordine all'ambasciata a Berlino di dissiparlo e di ribadire che i motivi della «non belligeranza» erano solo «di ordine puramente mili-

---
[294] G. CIANO, *Diario* cit., p. 380, alla data del 31 dicembre 1939.
[295] Cfr. *ibid.*, pp. 383 (3 gennaio '40) e 384 (5 gennaio '40).
[296] Cfr. *DDI*, s. IX, III, pp. 34 sg.
[297] Cfr. *ibid.*, pp. 81 sg.

tare» e che essi non impedivano «il permanere di quei rapporti di intima amicizia che uniscono i due Paesi e dei quali nei limiti delle nostre possibilità veniamo dando continuamente prova alla Germania»[298].

La prova migliore dei problemi e dei timori che la lettera di Mussolini suscitò a Berlino è però nel fatto che per due mesi essa non ebbe alcuna risposta. Nell'incertezza su cosa il «duce» si fosse veramente proposto con essa e, comunque, volendogli impedire il piú possibile sgradite iniziative, Hitler preferí attendere, per rispondergli, il momento per lui migliore, quando a Mussolini sarebbe stato piú difficile controbattergli. Il 10 marzo, quando von Ribbentrop arrivò a Roma latore, finalmente, della risposta e, ciò che piú conta, di un invito per un incontro tra i due dittatori al Brennero, almeno quattro motivi dovevano far ritenere ad Hitler che questo momento fosse giunto e che, quindi, egli dovesse e potesse ormai indurre Mussolini a definire la sua posizione e prendere precisi impegni.

Il primo di questi motivi era l'ormai prossima conclusione del conflitto finno-sovietico (raggiunta il 12 marzo). Con essa sfumava infatti il pericolo – che per alcune settimane aveva condizionato un po' tutta la situazione internazionale – di un intervento militare anglo-francese in aiuto della Finlandia (seriamente studiato e preparato da Londra e da Parigi e poi lasciato cadere per una serie di ragioni tecniche e politiche) che avrebbe indubbiamente impresso al conflitto anglo-franco-tedesco un carattere del tutto nuovo e potuto costituire per l'Italia un serio motivo ideologico-politico per denunciare il «patto d'acciaio», mentre ora la conclusione della pace tra Urss e Finlandia avrebbe inevitabilmente portato ad una sdrammatizzazione dell'atteggiamento italiano verso l'Unione Sovietica[299].

Il secondo motivo era costituito dall'ormai chiaro fallimento a cui era andato incontro il viaggio intrapreso in Europa da Sumner Welles, a cui Roosevelt aveva dato incarico di cercare di stabilire quali erano le effettive vedute tedesche, francesi, inglesi ed italiane e se vi era qualche possibilità di addivenire ad una pace e ad una sistemazione dei rapporti economici internazionali che potesse, come il presidente americano vagheggiava da tempo, renderla stabile. Sin dall'inizio la missione di Welles[300]

---

[298] Cfr. *ibid.*, pp. 331 e 280.
[299] Sull'atteggiamento anglo-francese di fronte al conflitto finno-sovietico e sui relativi propositi di Londra e Parigi di intervento contro l'Urss, cfr. D. CLARK, *Tre giorni alla catastrofe*, Verona 1967; e J. MOCH, *Rencontres avec... Léon Blum* cit., p. 257. Per gli aiuti militari italiani alla Finlandia cfr. F. MINNITI, *Gli aiuti militari italiani alla Finlandia durante la guerra d'inverno*, in «Memorie storiche militari», 1979, pp. 351 sgg.
[300] Sulla missione Welles cfr. S. E. HILTON, *The Welles mission to Europe, february-march 1940: illusion or realism?*, in «Journal of American History», giugno 1971, pp. 93 sgg.

non si era presentata facile; Berlino ne aveva accolto l'annunzio con palese freddezza; Londra e Parigi con perplessità e con qualche apprensione; solo Roma con reale simpatia, anche se la stampa del regime le aveva dato per ovvi motivi scarsissimo rilievo[301]. Né in realtà essa aveva molte possibilità di successo, a meno che – come Welles avrebbe riconosciuto quattro anni dopo nel suo libro *The time for decision* – l'inviato di Roosevelt non avesse potuto accompagnare il suo sondaggio con un'esplicita dichiarazione ad Hitler che, se non fosse stato raggiunto un accordo, gli Usa sarebbero scesi in guerra a fianco dell'Inghilterra e della Francia, dichiarazione che però in quel momento neppure Roosevelt (che, oltretutto, era in procinto di affrontare le elezioni per la sua conferma a presidente) poteva fare, dato l'orientamento nettamente isolazionista dell'opinione pubblica statunitense[302]. A Roma, da dove aveva iniziato il suo giro, Welles era stato ricevuto assai cordialmente, il 26 febbraio, tanto da Ciano quanto da Mussolini[303]. Ciano, pur non mostrando nessuna particolare simpatia per gli inglesi e i francesi, non aveva fatto mistero dei suoi sentimenti antitedeschi e di essere scettico sulla possibilità di un accordo. Al contrario Mussolini (che Welles trovò molto invecchiato ed assai teso) aveva detto di ritenerlo possibile, purché il conflitto non si fosse trasformato in una «vera guerra», con stragi e devastazioni che avrebbero reso per molto tempo impossibili trattative di pace. E aveva prospettato a Welles anche alcuni aspetti dell'accordo da lui ritenuto possibile: Danzica, il corridoio e il territorio polacco abitato dalla minoranza tedesca assegnati alla Germania; lo stesso per l'Austria (eventualmente dopo un plebiscito, che, in ogni caso, sarebbe stato a favore dell'Anschluss) e per i Sudeti; indipendenza, ma smilitarizzazione, della Boemia-Moravia e della Slovacchia; ricostruzione della Polonia nel suo nucleo centrale, abitato dai «veri» polacchi e dove sarebbero potuti affluire quelli delle regioni passate sotto l'Urss («Quale altra soluzione c'è, – egli disse – a meno che non si sia tutti pronti a combattere la Russia?»); restituzione alla Germania delle sue ex colonie; e, contestualmente, soddisfacimento delle «giuste esigenze dell'Italia». Secondo il rapporto che Welles aveva inviato il giorno stesso a Washington[304], al riguardo Mussolini si sarebbe espresso in questi termini, assai significativi anche per capire gli effetti che aveva su di lui il blocco marittimo inglese:

---

[301] Per la posizione ufficiosa italiana cfr. E. B., *Le iniziative diplomatiche di Roosevelt*, in «Relazioni internazionali», 17 febbraio 1940, pp. 237 sg.
[302] S. WELLES, *Ore decisive*, Roma 1945, p. 161.
[303] Cfr. *ibid.*, pp. 108 sgg., nonché *FRUS, 1940*, I, pp. 21 sgg. e *L'Europa verso la catastrofe* cit., pp. 508 sgg. (solo per il colloquio con Mussolini). G. CIANO, *Diario* cit., p. 399 dà del colloquio tra Mussolini e Welles una immagine di freddezza che non risulta dai resoconti di Welles.
[304] *FRUS, 1940*, I, p. 32.

E quando sono avviati i negoziati di pace, le giuste pretese dell'Italia devono essere soddisfatte. Io non le ho avanzate ora perché quel manicomio che è oggi l'Europa non sopporterebbe altri eccitamenti. Ma non può esserci pace reale finché l'Italia non ha libera uscita e accesso al Mediterraneo. Voi siete appena arrivato, col *Rex*. Siete stato trattenuto dagli inglesi e la posta e i passeggeri portati via. Avete visto personalmente che nel Mediterraneo occidentale noi siamo prigionieri degli inglesi. Capite anche che un italiano non può mandare una nave da Trieste, porto italiano, a Massaua, altro porto italiano, senza che gli inglesi portino via metà del carico? Quanto vi piacerebbe se gli inglesi facessero ciò alle vostre navi in regolare navigazione tra New York e New Orleans?

Dopo Roma Welles era stato a Berlino, dove la sua missione aveva fatto completo naufragio: sia von Ribbentrop che Hitler si erano infatti dimostrati intrattabili, avevano gettato tutta la responsabilità della guerra sugli anglo-francesi e si erano mostrati sicuri della vittoria tedesca[305]. Mentre von Ribbentrop arrivava a Roma con la risposta di Hitler alla lettera di Mussolini del 5 gennaio Sumner Welles era a Parigi, in procinto di proseguire per Londra per poi tornare a Roma e da là negli Stati Uniti[306]. Dopo l'esito della tappa berlinese, queste altre avevano però praticamente perso ogni valore, ai fini almeno di quello che era stato lo scopo primario della missione del sottosegretario americano. Al limite, la più importante finiva per diventare l'ultima, ché, fallito lo scopo primario, ciò che diventava più importante era di cercare almeno di influire su Mussolini perché non intervenisse in guerra e di coordinare a questo fine il più possibile l'azione degli Usa con quella della Santa Sede[307].

Il terzo motivo per cui Hitler doveva ritenere fosse giunto il momento per rispondere a Mussolini era costituito dalle sempre maggiori diffi-

---

[305] A Berlino S. Welles ebbe anche altri incontri; tra essi è per noi interessante quello con von Weizsäcker, che gli fece capire che una certa influenza su Hitler l'avrebbe potuta avere solo Mussolini, purché potesse parlargli direttamente e all'insaputa di von Ribbentrop, dato che questi l'avrebbe altrimenti neutralizzata: cfr. S. WELLES, *Ore decisive* cit., p. 137.
[306] Nei suoi incontri parigini e londinesi Welles ebbe occasione di parlare anche dei rapporti con l'Italia. Daladier gli confermò la sua disponibilità, in caso di accordo, a concedere all'Italia il porto di Gibuti, il tratto della ferrovia Gibuti - Addis Abeba in territorio etiopico, e un'adeguata rappresentanza negli organi del canale di Suez e particolari diritti per gli italiani residenti in Tunisia. Cfr. *FRUS, 1940*, I, p. 67. A Londra, il sottosegretario al Foreign Office R. A. Butler si disse a sua volta convinto (parlando con il principale collaboratore di Welles, P. Moffat) che – sempre nel caso di una pace – la sistemazione dei rapporti con l'Italia sarebbe potuta essere sollecita: «Suez non dovrebbe sollevare alcuna difficoltà e, con la possibile eccezione di Gibilterra, egli non vedeva alcun insormontabile ostacolo. Inoltre, Mussolini stava diventando vecchio e in ogni caso non più in ascesa. L'Italia non desiderava unirsi agli Alleati in guerra, ma desiderava unirsi a loro in pace». Cfr. «Diary of trip to Europe with Sumner Welles», f. 45, in *P. P. Moffat, Papers Houghton*, 21 840 – S. Welles, 134, *Harvard University Library*.
[307] Quasi contemporaneamente al viaggio di Welles, Roosevelt aveva stabilito di accreditare in Vaticano un proprio rappresentante personale nella persona di Myron Taylor con lo scopo di stabilire un canale diretto con la Santa Sede onde coordinare i rispettivi sforzi in favore della pace e per evitare l'intervento italiano. Cfr. E. AGA ROSSI, *La politica del Vaticano durante la seconda guerra mondiale. Indicazioni di ricerca e documenti inediti sulla missione di Myron Taylor*, in «Storia contemporanea», ottobre-dicembre 1975, pp. 881 sgg.; E. DI NOLFO, *Vaticano e Stati Uniti 1939-1952 (dalle carte di Myron C. Taylor)*, Milano 1978.

coltà nelle quali l'Italia si trovava per effetto del blocco marittimo[308]. Nelle prime settimane del conflitto gli inglesi non avevano calcato la mano e avevano considerato seriamente la possibilità di fornire essi il carbone necessario all'Italia, sia per renderla sempre piú autonoma dalla Germania, sia, come il ministero della Guerra economica aveva scritto il 25 novembre all'ambasciata a Roma[309], per «diminuire il pericolo che le stesse ordinazioni britanniche di materiale bellico ecc. abbiano a subire un ritardo nell'esecuzione in conseguenza della mancanza di combustibile di cui soffrirebbero le fabbriche italiane che devono provvedere alle forniture». Sicché anche le proteste italiane erano state tutto sommato assai moderate e soprattutto di principio. L'estensione del blocco alle merci tedesche imbarcate in porti neutrali, il 28 novembre, aveva però aggravato la situazione, anche se da parte inglese ci si era ancora preoccupati di renderlo meno pesante per gli italiani (in pratica il carbone tedesco imbarcato a Rotterdam era continuato a passare) e di compensarne i danni proponendo loro accordi per utilizzare navi italiane «per scopi Alleati» e non contrastando la penetrazione italiana nei mercati lasciati scoperti dalla Germania. Ciò nonostante in dicembre, gennaio e febbraio le lamentele e le proteste italiane (specie per i dirottamenti delle navi e per i lunghi ritardi loro imposti dai controlli) erano state numerose. Contemporaneamente le trattative per i rifornimenti di carbone si erano fatte difficili, poiché, mentre da parte italiana si voleva pagare soprattutto con forniture alimentari (frutta, verdure, vino, ecc.), da parte inglese si insisteva per ottenere in cambio forniture militari o paramilitari (mercurio, zolfo, canapa, ecc.) e venivano fatte a questo proposito offerte di acquisti (specie in campo aeronautico) estremamente allettanti, che però, ai primi di febbraio, Mussolini aveva deciso di lasciar cadere, un po' per una «questione di principio» un po' per le violente proteste tedesche. Le conseguenze piú gravi erano state però di ordine psicologico-politico. Negli ambienti economici italiani e non solo in essi il blocco aveva infatti suscitato diffuse ostilità e aveva risvegliato vecchi rancori verso gli inglesi, contro i quali Ciano ben poco aveva potuto fare, dato che obiettivamente il blocco pesava notevolmente sull'economia italiana e metteva in crisi le speranze di coloro che avevano visto nella neutralità il mezzo per fare buoni affari e rinsanguare l'economia nazionale. Estremamente significativo è a questo proposito quanto l'amba-

---

[308] Sulle ripercussioni del blocco marittimo sulle relazioni italo-inglesi mancano studi recenti; sempre utili sono comunque le pagine ad esse dedicate da G. VEDOVATO, *Il conflitto europeo e la non belligeranza italiana*, Firenze 1943. Ricca è comunque la documentazione nei volumi dei *DDI*, in particolare, per il periodo che qui interessa, il II e III della s. IX.
[309] ASAE, *Segreteria generale*, p. 285 (documento intercettato dai servizi segreti italiani).

sciatore Loraine il 18 febbraio – in previsione anche dell'inasprimento del blocco allo studio a Londra per il 1° marzo – aveva telegrafato al Foreign Office[310]:

> Riguardo alle conseguenze politiche: – Benché non sia aumentata la germanofilia, il nostro controllo sul contrabbando, intercettazione della posta e la propaganda tedesca, hanno alimentato dei fattori latenti di anglofobia. Mussolini può, se lo volesse, accusarci della responsabilità di avere danneggiato seriamente l'economia italiana causando una penuria di carbone e perciò di tutti i mali che derivano da questo. Io credo ancora che egli cercherà di mantenere fino all'ultimo la sua libertà di manovra ma se, come molti credono, egli indietreggerà davanti alla responsabilità di esporre all'aggressione tedesca un'Italia insufficientemente armata, potrebbe forse rifugiarsi nell'alternativa di gettare su di noi la colpa, cosí i tedeschi gli diranno di dichiarare a noi la guerra e di lottare per la sua pelle.
> Infatti, a mio parere, stiamo avvicinandoci alla crisi e le misure che voi volete attuare il 1° marzo avranno l'effetto di avvicinarci ancor piú al momento critico. Il risultato sarà il consenso del popolo al Regime nel senso anti-britannico, o sarà una rivolta contro il Regime? Per ora non oso profetizzare.

In questa situazione già grave, la decisione inglese (chiaramente volta a forzare la mano a Mussolini e a costringerlo a prendere finalmente le distanze da Berlino) di por fine, col 1° marzo, alle deroghe al blocco fino allora fatte a favore delle navi italiane che imbarcavano carbone tedesco a Rotterdam aveva messo l'Italia in una condizione gravissima. In pratica Mussolini doveva decidere entro brevissimo tempo (di fronte alle proteste italiane[311] tredici navi subito fermate in mare dagli inglesi erano state rilasciate, ma Ciano era stato informato che quelle che non avevano ancora fatto il carico sarebbero state bloccate e il carbone da esse trasportato sequestrato) se ridursi a dipendere quasi completamente dai rifornimenti tedeschi di carbone via terra o accettare di fornire agli inglesi, in cambio del loro carbone, i materiali bellici da loro richiesti, con le ovvie conseguenze politiche che entrambe le soluzioni comportavano.

Il quarto e ultimo motivo per cui Hitler voleva una chiarificazione con Mussolini era strettamente connesso alle operazioni militari che egli si accingeva ad intraprendere. L'intervento anglo-francese in guerra era stato per Hitler una sorpresa (e un ulteriore motivo di irritazione verso l'Italia, dato che egli era convinto che la decisione degli inglesi di scendere in campo fosse stata determinata essenzialmente dal fatto che essi erano stati informati di quella di Mussolini di non intervenire) che aveva sconvolto i suoi piani e aveva determinato in lui quello che Fest ha defi-

---

[310] *Ibid.*, p. 274 (documento intercettato dai servizi segreti italiani).
[311] La nota di protesta italiana, del 3 marzo, fu significativamente pubblicata integralmente da «Relazioni internazionali» del 9 marzo 1940, p. 291, che dedicò ad essa anche l'editoriale del fascicolo: *La protesta dell'Italia alla Gran Bretagna*.

nito il suo «allontanamento dalla politica»: il suo rifiuto cioè a considerare il conflitto e il destino stesso della Germania altro che nei termini, come disse il 23 novembre '39 ai suoi generali, di una lotta che aveva come posta o la «vittoria» o la «distruzione». In questa logica e dato anche lo scarso entusiasmo suscitato dal conflitto sia nel popolo tedesco, sia nel corpo degli ufficiali, sia persino in certi esponenti nazisti, ciò che gli appariva essenziale era raggiungere la vittoria il piú presto possibile, poiché, se prima il tempo aveva giocato a vantaggio della Germania, ora esso giocava contro di essa. E questo sia sotto il profilo politico-strategico, sia sotto quello personale: per quanto certi argomenti siano irrazionali e indimostrabili, è infatti assai probabile che Fest abbia visto giusto quando ha scritto che Hitler «sentiva» che non avrebbe avuto una vita lunga; certo è che era sempre piú convinto (e lo ripeté ancora il 23 novembre) che l'atteggiamento dell'Italia e la sua partecipazione al conflitto a fianco della Germania dipendevano solo dall'esistenza di Mussolini. Da qui la sua decisione, appena conclusa la campagna di Polonia, di procedere immediatamente all'attacco contro la Francia e alla sua messa fuori causa. Andreas Hillgruber ha cosí ottimamente sintetizzato le motivazioni e le prospettive di questa decisione [312]:

> Il 9.10.39, in una delle sue rare «memorie», egli analizzò il proprio «programma» globale in relazione alla situazione reale determinata dal recente stato di guerra – che interpretò da una prospettiva socio-darwinistica – e giunse alla conclusione che fosse necessario aprire l'offensiva contro la Francia al piú presto possibile, cioè nel novembre '39. «Da come stanno le cose, il tempo... lavora piú in favore delle potenze occidentali che nostro... Nessun trattato e nessuna convenzione può garantire con certezza la neutralità sovietica... La migliore garanzia contro un qualche attacco russo consiste nel mettere in evidenza la superiorità tedesca e nel dare immediata dimostrazione della potenza tedesca... Il tentativo di taluni ambienti statunitensi di istigare il continente contro la Germania, senz'altro vano per il momento, potrebbe raggiungere l'effetto desiderato in futuro. Anche in questo il tempo sembra lavorare contro di noi...» Hitler vedeva se stesso ed il suo Grossreich in ascesa in una posizione globale e geo-strategica quasi intermedia tra Russia e America. Questa situazione politica internazionale, esistita in potenza sin dall'età guglielmina ma passata momentaneamente in secondo piano in seguito sia alla crisi economica internazionale sia all'indebolimento della Russia determinato dalla rivoluzione e dalle «purghe» staliniane, divenne nuovamente attuale con la «grande conflagrazione», che, per Hitler, era scoppiata in un momento inopportuno. Solo con un rapido intervento contro la Francia e l'eliminazione dell'influenza inglese sul continente e con una successiva intesa con un nuovo governo britannico in grado di riconoscere il «vero» interesse della Gran Bretagna (fondato sulla potenza navale ed imperiale e minacciato non da una Germania signora del continente europeo, bensí dall'aumen-

---

[312] A. HILLGRUBER, *La politica estera nazionalsocialista fra il 1933 e il 1941*, in *L'Italia fra Tedeschi e Alleati* cit., pp. 89 sg.

to del potere statunitense nel mondo), solo con questi mezzi era possibile rovesciare in favore della Germania un processo che, col tempo, sarebbe andato a suo danno, e cosí riguadagnare in un primo tempo la libertà d'azione all'Est.

Nonostante le obiezioni e la sostanziale opposizione degli alti comandi, la data dell'offensiva contro la Francia era stata fissata da Hitler per la metà del novembre '39. Se essa fu rinviata, prima di pochi giorni e poi via via numerose altre volte sino a fissarla, l'ultima volta, per il 20 gennaio '40, dopo di che tutto fu rinviato definitivamente alla primavera, era stato solo per motivi tecnici e soprattutto per il maltempo, che avrebbe reso le operazioni difficili e impossibile l'impiego su vasta scala dell'aviazione[313].

Quando Mussolini, preoccupato per le notizie che filtravano dalla Germania, gli aveva scritto, Hitler pensava ancora che l'offensiva sarebbe iniziata pochi giorni dopo. Impancarsi in una discussione col «duce» in quel momento era assurdo e pericoloso. Molto meglio non rispondere e rinviare il problema ad un momento piú favorevole. Ora, agli inizi di marzo, la situazione era però diversa; per Mussolini, per i motivi che abbiamo or ora detto e che giocavano tutti a favore di Hitler; per Hitler, perché, fissato ormai improrogabilmente l'inizio della campagna contro la Francia e, preliminarmente ad essa, quello dell'azione contro la Danimarca e la Norvegia (volta soprattutto ad assicurare alla Germania la certezza di poter ricevere regolarmente dalla Svezia i minerali ferrosi indispensabili alla sua economia bellica) diventava necessario risolvere il problema dell'atteggiamento italiano – specie dopo che la politica di Ciano aveva avuto l'esplicito avallo di Mussolini e questi aveva scritto a Hitler nei termini che abbiamo visto – sia per il contributo che l'Italia poteva dare alla campagna di Francia (Hitler era sicuro del successo, ma neppure lui lo prevedeva cosí rapido e facile), sia perché il Führer pur avendo fiducia in Mussolini doveva non essere però altrettanto sicuro della effettiva libertà di movimento del «duce» rispetto alla corona e alle «mene» del partito antitedesco.

L'annuncio della visita di von Ribbentrop giunse a Roma del tutto imprevisto. Ciano ne fu irritato e preoccupato, considerandola, data la delicatezza dei rapporti con l'Inghilterra per la questione del carbone, decisamente inopportuna. Pessimisticamente annotò subito[314]:

> A me, francamente, piace poco o nulla. Produrrà una formidabile emozione nel mondo e non è il caso di buttar petrolio sul fuoco. Poi temo il contatto diretto dei tedeschi col Duce. In questi ultimi tempi, egli ha irrigidito la sua ostilità contro gli

---

[313] Per tutti questi problemi fondamentale è A. HILLGRUBER, *Hitler Strategie. Politik und Kriegführung 1940-1941*, Frankfurt 1965; da vedere anche J. C. FEST, *Hitler*, Milano 1974, pp. 747 sgg.
[314] G. CIANO, *Diario* cit., p. 404.

alleati. Il pensiero della guerra lo domina e piú lo dominerà se l'offensiva sul fronte occidentale avrà inizio. L'immobilità striderà ancor di piú con il suo temperamento aggressivo. In questo stato di cose non sarà necessario a Ribbentrop un grande potere oratorio per spronare il Duce verso una impresa che brama con tutte le forze del suo animo.

Mussolini, invece, si disse con Ciano soddisfatto della visita, ma, in realtà, anche in lui non dovettero mancare le preoccupazioni. La sera dell'8 marzo, giorno in cui arrivò l'annuncio, Pavolini lo trovò molto abbattuto[315], né la cosa può meravigliare. Le notizie raccolte da Attolico e da Magistrati a Berlino in quei due mesi non lasciavano dubbi: la risposta di Hitler alla sua lettera sarebbe stata completamente negativa. I tedeschi erano decisi ad attaccare in Occidente e tutto lasciava prevedere che quando ciò sarebbe avvenuto i margini di manovra dell'Italia sarebbero stati estremamente ridotti. Contrariamente a quello che Ciano pensava, Mussolini, nonostante le contraddizioni del suo stato d'animo, non era però affatto disposto a cedere alle lusinghe tedesche e a prendere impegni precisi circa il suo intervento. Lo dimostrano, oltre al suo comportamento successivo, un appunto da lui redatto in vista dell'incontro con von Ribbentrop[316] e la cautela delle istruzioni date da Pavolini alla stampa su come prospettare la visita[317].

La visita durò due giorni e von Ribbentrop si incontrò due volte con Mussolini e Ciano. La prima volta, il 10 marzo, consegnò la lettera di Hitler di cui era latore e parlò quasi sempre lui per illustrarne il contenuto.

La lettera, assai lunga[318], piú che una puntuale risposta a quella di Mussolini era una sorta di giro d'orizzonte concepito in modo da ribattere indirettamente gli argomenti del «duce», ribadire il concetto già esposto a Ciano che l'esito della guerra avrebbe deciso «anche del futuro dell'Italia», sottolineare la certezza di Hitler nella vittoria finale e la necessità di conseguirla ad ogni costo, dato che l'Inghilterra e la Francia non avevano «altro fine di guerra che l'annientamento degli Stati totali-

---

[315] G. BOTTAI, *Diario* cit., f. 792, alla data del 9 marzo 1940.
[316] Lo si veda in *DDI*, s. IX, III, pp. 434 sg.
[317] Nel già citato rapporto di Pavolini del 9 marzo '39 si legge: «Per domani mattina, al primo commento che abbiamo fatto oggi sulla visita di Ribbentrop a Roma, sarà bene far seguire un saluto rivolto piú alla persona, un saluto di cordialità e di cortesia.

«Il resto degli eventuali commenti di domani può essere intonato sulla linea stessa di stasera, ossia sulla piena normalità di questa visita nel quadro dell'alleanza che sussiste integra fra la Germania e l'Italia secondo la formula e nello spirito della mozione del Gran Consiglio.

«Naturalmente va da sé che questa visita (data la presente situazione e le presenti contingenze) riveste particolare importanza. Ma non dobbiamo essere noi alla vigilia della visita e ignorando in modo assoluto il contenuto dei colloqui a cercare di fare indiscrezioni anticipate su quelle che possono essere le materie da trattare.

«I commenti esteri possono naturalmente riportarsi. Per quel che riguarda la visita al Papa avrete disposizioni».
[318] Lo si veda in *DDI*, s. IX, III, pp. 415 sgg.

tari» e che, quindi, solo una completa vittoria avrebbe potuto por fine definitivamente ai propositi della «delittuosa cricca plutocratica» che le guidava. Il tutto condito con due ricorrenti affermazioni: «piena comprensione» per l'atteggiamento e le decisioni di Mussolini dell'agosto e riconoscimento dello «sgravio» che essi costituivano per lo sforzo bellico tedesco e piena disponibilità a far tutto il possibile per aiutare l'Italia nella questione del carbone «che forse vi appassiona in modo speciale». Quanto poi alle questioni particolari trattate nella lettera, tre ci sembrano soprattutto da ricordare. Quella concernente l'intervento anglo-francese, che Hitler negava vigorosamente l'avesse colto di sorpresa e che dimostra quanto egli tenesse a dissipare in Mussolini l'idea che la Germania non fosse entrata in guerra completamente preparata a sostenerne tutto l'onere e a vincerla. Quella sugli accordi con l'Urss, prospettati solo in funzione dei diretti vantaggi strategici ed economici che essi procuravano alla Germania e assicurando Mussolini che il nazionalsocialismo era «totalitariamente immune da qualsivoglia attacco di ideologia bolscevica» e indisponibile a qualsiasi cedimento tanto sul piano ideologico quanto su quello di un ampliamento della «zona d'interessi» riconosciuta ai sovietici. E quella della situazione nei Balcani, a proposito della quale Hitler si esprimeva in un modo che, a nostro avviso, lascia trapelare il timore, non del tutto infondato [319] (si pensi, per un verso, all'assurdità che Hitler potesse veramente credere che l'Ungheria meditasse di agire da sola contro la Romania e, per un altro verso, al ricorso che già ai primi di ottobre Hitler aveva fatto con Ciano ai discorsi allusivo-minacciosi), che l'Italia potesse essere tentata di approfittare della prossima offensiva tedesca in Occidente per intraprendere qualcosa nei Balcani, probabilmente pensando alla Iugoslavia:

> Fui molto felice di apprendere, o Duce, che il Conte Ciano aveva esercitato i suoi buoni uffici sull'Ungheria per indurla anzitutto a soprassedere alle sue richieste di revisione (giuste o non giuste). Io non credo, o Duce, che da parte della Russia abbia a verificarsi una minaccia dei Balcani. Temo invece che il tentativo di realizzare un desiderio di revisione getterebbe a forza la fiaccola in questo settore europeo e l'incendio potrebbe divenir generale. A questo incendio, però, non può essere interessata né l'Italia né la Germania.

Nella sua esposizione-commento von Ribbentrop insistette soprattutto su quattro punti: 1) la Germania era in grado e «naturalmente disposta» a fornire all'Italia tutto il carbone di cui essa aveva bisogno; anche il problema dei vagoni era superabile; sicché il «tentativo inaudito degli

---

[319] Il 9 aprile, alle prime notizie dell'attacco tedesco alla Danimarca e alla Norvegia, Mussolini pensò infatti per un momento di approfittarne per risolvere la questione croata, sicuro che Francia e Inghilterra non si sarebbero mosse. Cfr. G. CIANO, *Diario* cit., p. 417.

Stati plutocratico-democratici inteso a iugulare economicamente l'Italia» sarebbe fallito; 2) che l'Urss non costituiva assolutamente un pericolo, neppure nei Balcani; 3) che una pace negoziata era impossibile poiché Londra e Parigi volevano la distruzione dei regimi nazista e fascista; 4) che «data questa situazione, il Führer è deciso a spezzare la volontà di distruzione degli avversari, e pertanto attaccherà la Francia e l'Inghilterra al momento che gli sembrerà opportuno». Von Ribbentrop disse di non essere informato sulla data dell'attacco, ma aggiunse che «da parte tedesca si spera che prima dell'autunno l'esercito francese sarà sconfitto e che nessun inglese piú si troverà sul continente, se non come prigioniero di guerra». Quanto a Mussolini, egli si limitò soprattutto ad ascoltare, facendo, alla fine, pochissime osservazioni, tra cui quella che «il Führer ha ragione quando afferma che le sorti delle Nazioni tedesca ed italiana sono legate l'una all'altra. Le democrazie occidentali non fanno alcuna distinzione nella loro ostilità contro i due Paesi»[320]. Il giorno successivo[321] però si spinse piú in là. Si mostrò piú disponibile ad accettare il punto di vista tedesco sui rapporti con i sovietici e non ostile ad un miglioramento delle relazioni italo-sovietiche. Ma soprattutto si lasciò andare ad alcune affermazioni sulla impossibilità per l'Italia di non partecipare al conflitto che allarmarono un po' Ciano e riempirono invece di gioia von Ribbentrop che era uscito dall'incontro del giorno precedente perplesso sulle vere intenzioni del «duce» e convinto che, comunque, un eventuale intervento italiano non era prevedibile su tempi brevi[322]. Dal verbale tedesco del colloquio, l'unico disponibile e, probabilmente, l'unico redatto, risulta che, inserendosi su un'affermazione di von Ribbentrop, secondo la quale tutti in Germania consideravano impossibile e offensiva l'ipotesi di un intervento italiano a fianco degli anglo-francesi come nel '15, egli disse che era «praticamente impossibile per l'Italia di mantenersi al di fuori del conflitto»:

> Al momento dato entrerà in guerra e la condurrà con la Germania e parallelamente ad essa, perché l'Italia ha anche da parte sua, dei problemi da risolvere. Egli ha definito i problemi dei confini terrestri, ora deve rivolgersi al problema dei confini marittimi, e mai piú forte che in questo momento si è palesata la necessità che l'Italia deve avere libero accesso all'oceano. Nessun paese è interamente libero se non ha un accesso al mare assolutamente libero. L'Italia è racchiusa in un certo senso in una prigione i cui cancelli sono Corsica, Tunisi e Malta e le cui mura sono rappresentate da Gibilterra, Suez ed i Dardanelli. L'Italia è molto paziente e lo deve rimanere finché non è pronta, come il pugile sul ring deve in alcuni momenti sapere anche incassare molti colpi. La durata di tale prova di pazienza diventa sempre piú

---

[320] Cfr. il verbale (tedesco) in *L'Europa verso la catastrofe* cit., pp. 512 sgg.
[321] Cfr. il verbale (tedesco) *ibid.*, pp. 527 sgg.
[322] Cfr. *DGFP*, s. D, VIII, pp. 894 sgg. e 909.

breve. L'Italia ha molto progredito con i propri armamenti ed Egli darà fra poco la possibilità al popolo italiano di vedere con i propri occhi quello che si è raggiunto in tale campo. Egli ha sacrificato quasi l'intera vita civile per poter fare dei progressi negli armamenti.

Alcuni studiosi hanno visto in queste parole di Mussolini una prova della sua volontà di entrare in guerra e un impegno a farlo in tempi brevi, parallelamente all'offensiva tedesca contro la Francia, e ne hanno visto la conferma nel successivo incontro del Brennero, proposto da von Ribbentrop per la terza decade del mese al Brennero e accettato da Mussolini. E non è del tutto da escludere che nello stesso senso le interpretasse anche von Ribbentrop, cosa che potrebbe spiegare perché Hitler abbia deciso di chiedere che l'incontro al Brennero fosse anticipato al 18 marzo [323]. Ciano, per quanto sul chi vive, non diede però loro questo valore; ne fa fede il suo diario, che, sotto la data del 10 marzo, parla di colloquio «abbastanza cordiale ma senza slanci né da una parte né dall'altra» e di un Mussolini riservato, che, rimasto solo con lui, gli aveva detto di non credere all'offensiva tedesca e, comunque, di non credere in un suo «successo completo» e di voler «meditare piú a lungo», sicché Ciano poteva annotare soddisfatto: «per oggi Ribbentrop non ha segnato alcun vantaggio decisivo nel gioco» [324]; anche quanto scrisse sotto la data del giorno successivo non rivela certo toni allarmati [325]:

Il Duce – annotava Ciano – si è espresso con calma, ha evitato le grandi frasi, ma non ha potuto esimersi dal ripetere alcuni impegni che sono impliciti nell'attuale stato di cose ch'egli intende mantenere e che sono soprattutto nelle sue piú intime convinzioni. Ha dichiarato, sempre riservandosi la libertà di scelta circa la data, ch'egli intende intervenire nel conflitto, combattendo una guerra parallela a quella della Germania, cioè in sostanza associandosi a lei. Ragione principale di ciò: la prigionia italiana nel Mediterraneo. Ribbentrop ha cercato di mettere il piú possibile i punti sulle i, chiedendo di rafforzare le nostre truppe alla frontiera francese e ciò per determinare un concentramento di forze dall'altro lato. Poi ha proposto, a breve scadenza, un incontro tra Hitler e Mussolini al Brennero. Il Duce ha subito accettato la proposta ch'io trovo attualmente pericolosa per le conseguenze immediate e per i riflessi piú lontani. Cercherò di riparlarne con Duce.

Cosí si è conclusa la visita di Ribbentrop. S'egli voleva rinforzare l'Asse, è riuscito. Se voleva invece accelerare il nostro intervento, non ha raggiunto lo scopo, per quanto da parte di Mussolini vi sia stata qualche nuova e non utile compromissione.

Né Ciano si doveva sbagliare.

Che Mussolini fosse convinto che – se non si fosse raggiunta una pace

---

[323] Ciano, parlando il 19 marzo con Welles, si disse però convinto che l'incontro del Brennero fosse stato anticipato perché von Ribbentrop non era riuscito ad ottenere alcun soddisfacente impegno. Cfr. S. WELLES, *Ore decisive* cit., p. 190.
[324] G. CIANO, *Diario* cit., p. 405.
[325] *Ibid.*

di compromesso – l'Italia dovesse entrare in guerra dalla parte della Germania è pacifico e lo si è visto. E non è certo privo di significato che le affermazioni piú «compromettenti» le avesse fatte nel contesto di un discorso volto a ribadire che l'Italia fascista non era quella del '14-15, il cui governo aveva «tradito» gli alleati. Sotto questo profilo le sue parole confermavano solo quello che aveva già detto e scritto piú volte ai tedeschi. Ma oltre non era andato: non aveva fatto date, non aveva preso impegni di accelerare l'intervento. La testimonianza di Ciano è esplicita. Dal suo punto di vista, l'accenno piú compromettente (per controllare la cui portata il giorno successivo si sarebbe mostrato tanto ansioso di avere al piú presto il verbale del colloquio [326]) era stato quello ai progressi della preparazione bellica italiana che rendevano «sempre piú breve» la «non belligeranza». Un accenno, in verità, non molto compromettente, specie se si tiene conto della necessità di dare qualche contentino ai tedeschi in modo da non perdere del tutto credito presso di loro, non accrescerne i sospetti e ottenerne i rifornimenti di carbone di cui non poteva fare a meno del tutto e del fatto che Mussolini era politico troppo esperto e buon conoscitore dei tedeschi per non capire che li avrebbe ricevuti solo se i suoi alleati lo avessero ritenuto utile, sicché i vagoni necessari al trasporto, che erano diventati disponibili non appena gli inglesi avevano posto l'aut-aut, potevano sempre essere necessari per altri usi se l'esca non avesse funzionato almeno in qualche misura. E ciò tanto piú che nel prosieguo della conversazione Mussolini aveva precisato che egli voleva entrare in guerra solo quando fosse stato «completamente preparato», in modo da «non essere di peso al suo compagno». Ma la prova migliore di quanto poco Mussolini era intenzionato ad entrare per il momento in guerra è nel fatto che egli pensava ancora di poter dissuadere Hitler al Brennero dal passare all'offensiva [327] e, in caso contrario, di poter ottenere da lui una sorta di autorizzazione a non intervenire ancora neppure in questo caso [328]. E, ciò che piú conta, egli non si limitò a manifestare questi propositi con il genero, ma li espose, il 16 marzo, anche a Sumner Welles di ritorno a Roma dopo essere stato a Berlino, Parigi e Londra.

Anche questa volta l'inviato di Roosevelt si incontrò sia con Ciano sia con il «duce» [329]. Il ministro degli Esteri fu con lui tanto sincero quanto pessimista. Non gli nascose né che i tedeschi erano sul punto di passare all'offensiva e che contavano di ottenere la vittoria in pochi mesi,

---

[326] *Ibid.*
[327] *Ibid.*, pp. 405 sg., alla data del 12 marzo 1940.
[328] *Ibid.*, p. 407, alla data del 14 marzo 1940.
[329] Cfr. *L'Europa verso la catastrofe* cit., pp. 542 sgg. FRUS, *1940*, I, pp. 96 sgg. (incontro con Ciano) e 100 sgg. (incontro con Mussolini), nonché S. WELLES, *Ore decisive* cit., pp. 180 sgg.

né che Mussolini era completamente filotedesco. Gli disse però anche di non essere affatto convinto delle possibilità di vittoria della Germania e di credere che, comunque, Mussolini non avrebbe messo in pericolo la posizione dell'Italia e cambiato politica. Anzi lo pregò addirittura di posticipare la sua partenza da Roma a dopo l'incontro del Brennero, in modo da poterlo informare del suo esito e di quanto avrebbe potuto apprendere dai tedeschi. Dopo Ciano Welles incontrò anche il «duce», che trovò in assai migliori condizioni fisiche e spirituali di due settimane prima («sembrava che egli avesse gettato via un gran peso» avrebbe scritto nel suo libro di ricordi del 1944[330]) e che gli parlò della sua intenzione di cercare di trattenere Hitler dal passare all'offensiva, dato che ciò avrebbe reso impossibile ogni ulteriore sforzo di conciliazione, e – saputo che l'inviato di Roosevelt, personalmente, non riteneva un accordo del tutto impossibile, anche se difficile – aggiunse

che se doveva avere qualche successo nel persuadere Hitler a ritardare la sua offensiva militare, doveva avere qualche speranza di dirgli che i governi alleati non si sarebbero dimostrati completamente intransigenti, nel caso che i negoziati fossero iniziati, nei riguardi dell'insistenza tedesca sul «lebensraum». Egli desiderava sapere se io lo avrei autorizzato a comunicare a Hitler le impressioni che mi ero fatto rispetto alla possibilità di una soluzione negoziata dei problemi territoriali e politici in Europa.

La risposta di Welles a questa richiesta fu che egli doveva interpellare Roosevelt e che in serata sarebbe stato più preciso e che, comunque, egli non riteneva possibile un accordo «se prima non è stato trovato un sistema di garanzie che assicuri l'esecuzione dell'accordo». La replica di Mussolini fu che il problema della sicurezza poteva essere trattato contemporaneamente a quello della pace. E, quando Welles stava accomiatandosi, aggiunse una frase estremamente significativa (come notò anche Welles nel suo rapporto) – «Può interessarvi di ricordare che mentre il patto italo-tedesco esiste, *io* nondimeno mantengo completa libertà di azione» – con la quale probabilmente, intendeva riferirsi alla conversazione telefonica che Welles avrebbe avuto di lí a poco con Roosevelt (e durante la quale il presidente si espresse negativamente rispetto alla richiesta del «duce»), ma che corrisponde bene alle sue intenzioni quali risultano dalle annotazioni di Ciano di quello stesso giorno[331]:

Oggi il Duce è più calmo. Intende confermare alla Germania la sua solidarietà potenziale, ma non intende entrare, almeno per ora, in guerra. Ha detto: «Farò come Bertoldo. Accetto la condanna a morte a condizione di scegliere l'albero adatto

---

[330] S. WELLES, *Ore decisive* cit., p. 183.
[331] G. CIANO, *Diario* cit., p. 407.

per esservi impiccato. Inutile dire che quest'albero non lo trovo mai. Io accetterò di entrare in guerra, riservandomi la scelta del momento propizio. Io solo intendo esserne giudice, e molto dipenderà dall'andamento della guerra».

Nell'incontro al Brennero, la mattina del 18 marzo[332], Mussolini, dopo il rifiuto di Roosevelt di autorizzarlo a parlare in qualche modo anche a suo nome di possibilità di pace, non sollevò questo problema. Per il resto si arroccò sulla linea di condotta dell'«albero di Bertoldo» enunciata due giorni prima al genero. Cercò di dissuadere Hitler dal lanciare subito l'offensiva contro la Francia usando l'argomento che tra tre-quattro mesi la maggiore preparazione militare italiana lo avrebbe tolto «dall'imbarazzo di vedere combattere i camerati» senza poter partecipare alla lotta, però non si spinse piú in là di questa *démarche* (indirettamente l'affermazione piú compromettente da lui fatta durante tutto l'incontro); e questo anche se Hitler, pur non avendogli chiesto formalmente di entrare in guerra e tanto meno di prendere un preciso impegno circa il momento in cui sarebbe intervenuto (e, anzi, tenendo a sottolineare che non aveva voluto l'incontro per chiedere il suo aiuto), in pratica avesse cercato in tutti i modi di indurlo a definire il suo atteggiamento, in vista non tanto dell'inizio dell'offensiva tedesca (ché Hitler, per un verso, doveva ormai sperare poco in un intervento italiano prima di una svolta nel conflitto e, tutto sommato, doveva tenerci relativamente poco, dato che esso avrebbe comportato per la Germania svantaggi forse maggiori dei vantaggi immediati, e, per un altro verso, era sicuro di potere piegare da solo la Francia), quanto del momento in cui, sul punto di crollare la Francia, l'intervento italiano sarebbe stato per lui assai importante e forse decisivo per indurre i francesi e soprattutto gli inglesi a rinunciare alla lotta, e sebbene lo avesse fatto non solo ripetendogli il discorso già rivolto a Ciano cinque mesi e mezzo prima sulla impossibilità per l'Italia di divenire la prima potenza mediterranea senza collaborare direttamente alla sconfitta dell'Inghilterra e della Francia[333], ma anche e soprattutto prospettandogli alcune precise sue «riflessioni» su cui meditare. Tra queste quella sulla quale dovette probabilmente fare piú affidamento fu la seguente:

---

[332] Dell'incontro si hanno due resoconti verbali, tutti e due redatti dai tedeschi. Uno, piú esteso, ad uso del Führer e della Wilhelmstrasse, il cui originale, molto danneggiato, è riprodotto in *DGFP*, s. D, IX, pp. 1 sgg., e un altro, piú riassuntivo e «purgato» che fu successivamente trasmesso a Roma, dietro pressanti richieste di Mussolini (cfr. P. SCHMIDT, *Da Versaglia a Norimberga* cit., pp. 449 sg.) e che è raccolto in *L'Europa verso la catastrofe* cit., pp. 545 sgg.
[333] Dovette essere in questo contesto che Hitler disse di avere serie difficoltà con i suoi collaboratori per mantenere le promesse fatte all'Italia per il dopoguerra. La frase fu riferita al ritorno dal Brennero da Mussolini, che ne doveva essere rimasto molto impressionato, a Thaon di Revel. Cfr. E. FALDELLA, *L'Italia e la seconda guerra mondiale. Revisione di giudizi*, Bologna 1960, p. 65.

La guerra – disse Hitler[334] – si sarebbe decisa in Francia. Se la Francia fosse liquidata l'Italia sarebbe padrona del Mediterraneo e l'Inghilterra dovrebbe concludere la pace. L'attacco contro la Francia era perciò per motivi geografici strategicamente molto importante per l'Italia. Rimaneva il pericolo che questa lotta costasse molto sangue e avesse poca efficacia. È per questo che gli sembrava [al Führer] preferibile che al momento dell'attacco dell'Italia, una importante armata italiana attaccasse la frontiera francese non fra la Svizzera e il Mediterraneo, ma marciasse con l'esercito tedesco ed attaccasse lungo la valle del Rodano parallelamente alla frontiera svizzera, allo scopo di aggirare il fronte franco-italiano delle Alpi attaccandolo alle spalle. Qualsiasi attacco frontale su questa frontiera non costerebbe che sangue e non sarebbe redditizio. Si potevano attendere successi clamorosi solo da operazioni di grande portata grazie alle quali l'edificio nemico sprofonderebbe. Questa teoria si era dimostrata valida all'Est. All'Ovest l'esercito tedesco aprirebbe la strada, a condizione di sfondare in numerosi punti la linea Maginot. Era un problema studiato nei dettagli e per il quale erano state addestrate le truppe. Se si riusciva ad aprire un giorno una simile breccia, l'Italia avrebbe potuto realizzare sull'ala sinistra la sua propria offensiva dietro il fronte franco-italiano. Si erano studiate queste possibilità, da parte tedesca, da un punto di vista puramente teorico e si era arrivati alla conclusione che un'armata di 20 divisioni, di cui si potrebbe assicurare il trasporto da parte tedesca in venti-venticinque giorni, potrebbe realizzare tale compito se i francesi fossero già vacillanti. Si contava sul 30 per cento di perdite per la prima offensiva. Tuttavia si aveva l'intenzione di annientare il nemico o di indebolirlo a tal punto che egli non potesse piú portare dei colpi importanti prima della fine dell'anno. Tenuto conto delle sue importanti riserve, la Germania era in una posizione piú favorevole e attaccherebbe in ogni caso senza riguardi. Se il nemico fosse allora distrutto, sarebbe questo il momento di un'aggressione attiva dell'Italia e non certo, come ripeté, nel luogo piú pericoloso, cioè sul fronte delle Alpi, ma altrove. Il Duce poteva decidere lui stesso di attaccare basandosi sullo sviluppo della situazione militare. Il Führer gli darebbe regolarmente dei rendiconti dettagliati per tenerlo al corrente della situazione. Sarebbe forse bene che il Duce e lui stesso avessero ancora un breve colloquio...

Il Führer sottolineò ancora una volta che non era venuto per chiedere aiuto o fissare una data precisa per l'entrata in guerra dell'Italia. Egli aveva voluto solo far conoscere le sue riflessioni sulla situazione e la procedura che ne derivava. Egli lasciava al Duce la cura di prendere tutte le decisioni in funzione della situazione reale. Se, per esempio, persistesse ora il pericolo, che l'Italia si impegnasse nel combattimento prima che la Germania non potesse venir a capo dell'Ovest tanto rapidamente quanto pensava, sarebbe meglio che l'Italia restasse ancora fuori della guerra. Del resto, la Germania aveva egualmente preparato tutto nel caso in cui le sue offensive restassero bloccate... Tuttavia, nel caso in cui la decisione dipendesse ancora da un ultimo sforzo, che si potrebbe fare in collaborazione con l'Italia, si dovrebbero in questo caso coordinare i metodi.

Il fatto che, per quanto messo alle strette, Mussolini non avesse preso alcun impegno preciso è provato senza ombra di dubbio dal verbale tedesco dell'incontro in cui si legge[335]:

---

[334] *DGFP*, s. D, IX, pp. 13 sg.
[335] *Ibid.*, p. 15. Il verbale ridotto, inviato a Roma (*L'Europa verso la catastrofe* cit., p. 551), suona a questo proposito cosí: «Parlando della collaborazione fra Germania ed Italia, il Duce ha

Il Duce rispose che avrebbe attaccato subito, dopo una prima vittoria della Germania e allorché il Führer fece notare che egli [il Duce] giudicava certamente molto bene la situazione, il Duce assicurò che egli non avrebbe perso tempo se si fosse presentato il caso n. 1, vale a dire se un attacco tedesco avesse fatto vacillare a tal punto gli Alleati che un secondo colpo li avrebbe fatti cadere in ginocchio. Per quel che concerneva il secondo caso, cioè se la Germania non avanzasse che passo a passo, il Duce disse che avrebbe atteso. Il Führer aggiunse che in questo caso verrebbe il momento in cui la Germania dovrebbe riprendersi e rafforzarsi e che allora sarebbe bene che l'Italia coprisse le sue spalle aspettando l'ora decisiva.

E lo conferma il diario di Ciano (presente a tutto l'incontro) in cui, a proposito di Mussolini, si legge: «Parla poco e conferma l'impegno di marciare con la Germania. Riserva solo la scelta del momento: l'albero di Bertoldo» e, a proposito dell'andamento generale dell'incontro: «Per quanto ci riguarda, l'incontro non ha sostanzialmente alterato la nostra posizione»[336]. Questo non vuole però dire che l'incontro del Brennero non avesse echi e, quel che piú conta, conseguenze di grande portata.

Sugli echi nell'opinione pubblica non ci dilungheremo. Basterà dire che in Italia l'incontro, venendo subito dopo le due visite di Sumner Welles, riaccese in un primo momento in molti le speranze in una prossima pace; all'estero, invece, esso fu quasi unanimemente giudicato subito come un nuovo passo di Mussolini verso Hitler, specie dopo che, il 19 marzo, Chamberlain ai Comuni vi accennò con un tono distaccato e quasi sprezzante: «qualunque sia il risultato di questo incontro, siamo pronti ad affrontarlo e non è probabile che ci si lasci allontanare dallo scopo per cui siamo entrati in guerra»[337]. Un discorso molto piú lungo meritano invece le conseguenze che l'incontro ebbe per la posizione di Mussolini e piú in genere per il gruppo dirigente del regime.

Per quel che riguarda Mussolini, è fuori dubbio che l'incontro con Hitler produsse su di lui un profondo effetto, maggiore di quello che appare dal diario di Ciano e che traspare invece dal telegramma che egli, appena rientrato a Roma, inviò al re[338]:

Colloquio di ieri è stato molto importante, piú di quanto non avessi previsto. Hitler mi è apparso in ottimo stato spirituale e fisico e malgrado talune oscillazioni sicuro di vincere. Ritengo tuttavia non imminente offensiva terrestre. Non appena arrivato da Berlino manderò il resoconto.

---

ripetuto che, appena la Germania avrà con la sua azione bellica creato secondo le dichiarazioni del Führer una situazione favorevole, Egli sarebbe intervenuto senza perdere tempo. Ove l'avanzata tedesca dovesse svolgersi con ritmo piú lento, il Duce attenderebbe fino al momento in cui il suo intervento nell'ora decisiva possa essere di reale aiuto alla Germania».
[336] G. CIANO, *Diario* cit., p. 408.
[337] Cfr. «Relazioni internazionali», 30 marzo 1940, p. 366.
[338] MUSSOLINI, XLIII, p. 31.

Come risulta da questo telegramma e anche dal diario di Ciano[339], Mussolini dovette rimanere scettico sull'imminenza dell'offensiva tedesca e illudersi, probabilmente, di avere contribuito col suo atteggiamento ad allontanarla. E, in ogni caso, Hitler non dovette riuscire a convincerlo di essere in grado di mettere a terra la Francia e per di piú di poterlo fare in pochi mesi. Se, dopo la vicenda etiopica, egli non credeva piú alla potenza della flotta inglese, l'esercito francese rimaneva sempre per lui uno dei piú forti, se non il piú forte esercito del mondo, *quello della Marna*, e la Maginot praticamente inespugnabile[340]. Detto questo, è però certo che la sicurezza di Hitler nella vittoria finale e il tono lucido e pacato delle sue «riflessioni», cosí diverso da quello quasi isterico di cui tanto si parlava, dovettero colpirlo profondamente e fargli pensare sia all'eventualità che, pur ingannandosi sulla misura e i tempi della sua vittoria, il Führer potesse avere ragione sia a ciò che questo avrebbe significato per lui e per l'Italia. Se la Germania avesse vinto senza l'aiuto italiano cosa sarebbe stato delle rivendicazioni italiane? Quasi certamente esse sarebbero sfumate nel nulla. E con esse la «missione» dell'Italia fascista e il suo prestigio personale, non solo all'estero, ma presso gli stessi italiani. E questo per non pensare al peggio, all'eventualità che prima o poi Hitler o i suoi successori volessero far pagare all'Italia il prezzo del «tradimento» e affacciarsi sul Mediterraneo da Trieste. Ma anche senza pensare al peggio, una cosa era sicura: nella eventualità di una vittoria tedesca senza aiuto italiano la posizione dell'Italia sarebbe rimasta quella di una potenza di second'ordine e, per di piú, in un'Europa egemonizzata e riorganizzata da Hitler secondo i soli interessi tedeschi e in base ad una gerarchia nazista dei popoli. Da qui un rafforzarsi in lui di quello che Ciano chiamava il suo filogermanesimo e che in realtà era una somma di ammirazione mista a timore per la potenza della Germania e di ostilità verso l'Inghilterra e la Francia, vieppiú esasperata dagli ultimi sviluppi del blocco marittimo[341], entrambe accresciute e avvalorate dalla sua certezza ideologica che il ciclo storico della Germania fosse in fase ascendente e quello dell'Inghilterra e della Francia in fase discendente. Ma, si badi bene, senza che ciò lo portasse ancora né a pensare di rendere operativa la sua decisione di intervenire, ché essa rimaneva per lui strettamente condizionata, come aveva detto ad Hitler, alla sicurezza che il suo

---

[339] G. CIANO, *Diario* cit., p. 408, nonché p. 414 ove risultò che il 1° aprile Mussolini aveva ancora intenzione di fare un nuovo tentativo per dissuadere Hitler dal passare all'offensiva.
[340] D. GRANDI, *Memorie* cit.
[341] Giustamente E. FALDELLA, *L'Italia e la seconda guerra mondiale* cit., p. 61, ha scritto che, «se il governo di Londra avesse desiderato affrettare l'intervento dell'Italia», nulla di meglio avrebbe potuto fare che attuare, come attuò, l'inasprimento del blocco.

intervento sarebbe stato decisivo e breve, né – quel che è ancora piú significativo – a rinunciare alla speranza di evitarlo con una mediazione politica, con una «seconda Monaco», che ponesse fine al conflitto. Una soluzione, quest'ultima, che per lui continuava a rimanere quella ottimale e alla quale nel suo intimo non sapeva rinunciare per tutta una serie di motivazioni razionali, irrazionali e caratteriali che affondavano le loro radici, per un verso, nella triplice consapevolezza delle ostilità che un intervento a fianco della Germania incontrava nel paese e nel regime, dell'impreparazione bellica italiana e delle gravi difficoltà nelle quali una decisiva vittoria tedesca avrebbe comunque messo l'Italia (entrasse o no in guerra), per un altro verso, nella istintiva paura dei tedeschi e, per un altro verso ancora, nella incapacità psicologica di chiudersi dietro tutte le porte e di prendere decisioni senza possibilità di ritorno. Sicché, in sostanza, la vera conseguenza dell'incontro del Brennero fu la sua decisione di mostrarsi ai tedeschi nella luce migliore e di stringere all'interno i tempi della preparazione politica per l'intervento in modo da rassicurare i tedeschi, spingere gli anglo-francesi a riconsiderare la possibilità di una pace di compromesso e, nell'ipotesi peggiore, poter far fronte alla necessità di un intervento su tempi ravvicinati. E ciò in tutta una serie di modi: rallentando i negoziati commerciali con l'Inghilterra; chiedendo ai tedeschi la fornitura di cento batterie antiaeree per la protezione dei centri maggiori; facendo assumere alla stampa un atteggiamento piú favorevole alla Germania e piú critico nei confronti della Francia e dell'Inghilterra, sfruttando al massimo l'argomento (indubbiamente molto sentito in alcuni ambienti) dei danni che il blocco marittimo arrecava all'economia nazionale e servendosene per riattivare il ricordo delle «inique» sanzioni con le quali solo quattro anni prima inglesi e francesi avevano cercato di affamare e piegare l'Italia fascista; rimettendo in auge il termine Asse, quasi completamente scomparso nei mesi precedenti dal linguaggio politico ufficiale; e, soprattutto, dando «un colpo di acceleratore» alla «preparazione morale e politica» degli italiani. Il tutto però senza tagliarsi i ponti alle spalle, senza spingere al massimo neppure l'acceleratore della «preparazione morale e politica». Basti pensare che ancora il 21 aprile, dopo cioè che l'attacco tedesco alla Danimarca e alla Norvegia aveva fatto fare un ulteriore balzo in avanti alla situazione, Mussolini avrebbe, sí, ordinato un nuovo «colpo di acceleratore» alla preparazione degli italiani («Oggi io non ho che da confermare e ripetere quanto dissi nel discorso del 1939 agli squadristi: "L'Italia tiene fede alla sua parola", e vi autorizzo a ripeterlo a chiunque. Il valore di un uomo è dato dalla sua reputazione; lo stesso accade per i popoli»), ma avrebbe al contempo precisato: «Non bisogna però drammatizzare, né tragicizzare la situazione: occorre mantenersi calmi ed essere pronti»[342].

È in questa luce che si debbono vedere e valutare appropriatamente due fatti, altrimenti in contraddizione tra loro: la decisione di Mussolini di dare veste per cosí dire ufficiale alla sua decisione di entrare in guerra, quando fosse venuto il momento opportuno, e il suo dare via libera a Ciano, una settimana dopo, per un nuovo ed esplicito passo tendente a convincere Londra ad autorizzarlo ad agire su Hitler per indurlo ad una pace di compromesso.

La prima decisione il «duce» la maturò tra il ritorno dal Brennero e la fine del mese, tutto da solo e all'insaputa anche di Ciano, che ne venne a conoscenza, tra il 2 e il 6 aprile, a cose fatte[343], e si concretizzò nel già ricordato «promemoria segretissimo» del 31 marzo, destinato al sovrano, a Ciano, a Badoglio, ai tre capi di Stato maggiore, Graziani, Cavagnari e Pricolo e al ministro dell'Africa italiana, Teruzzi, ma che fu tramesso anche a Muti e al generale Soddu, e nel quale Mussolini espose i motivi per i quali l'Italia – a meno di una «improbabile» pace negoziata – non sarebbe non potuta entrare in guerra a fianco della Germania e indicò l'atteggiamento che le forze armate avrebbero dovuto assumere sui vari fronti. Anche se vi abbiamo già fatto riferimento, il documento è di tale importanza che è bene riprodurlo integralmente:

PROMEMORIA SEGRETISSIMO 328   Roma, 31 marzo 1940.

In una situazione quale l'attuale che potrebbe chiamarsi di estrema fluidità, è difficile – se non impossibile – fare delle previsioni sullo sviluppo degli eventi e sulle fasi avvenire della guerra. Bisogna dare larga parte all'imprevisto (vedi guerra russo-finlandese) e tenere conto di quanto può accadere nella politica di paesi lontani come gli Stati Uniti o il Giappone.

Pace negoziata di compromesso.

Allo stato degli atti, tale possibilità è da escludersi. È vero che forti correnti pacifiste si agitano pubblicamente in Inghilterra e sotterraneamente in Francia, ma gli obiettivi di guerra degli Alleati, sono tali – oggi – che un compromesso è impossibile. Esso non potrebbe che partire dall'accettazione del «fatto compiuto» delle

[342] MUSSOLINI, XXIX, pp. 380 sg.
[343] Il 2 aprile Mussolini disse a Ciano di aver redatto «una memoria concernente il nostro piano d'azione politico-strategico», che gliene avrebbe dato copia e di voler convocare una riunione «dei sette personaggi che avranno conoscenza del documento». Mussolini gli consegnò il testo il 6 aprile. Cfr. G. CIANO, *Diario* cit., pp. 414 e 415. Due giorni prima Mussolini l'aveva trasmesso a Vittorio Emanuele III con il seguente biglietto: «Maestà, mi permetto, qui acclusi, mandarVi
   1) una memoria segreta, circa la situazione politica-militare e i suoi prevedibili sviluppi
   2) il resoconto della conferenza fra Hitler e me al Brennero
   3) due rapporti dei nostri addetti navale e aereo a Berlino
   4) un elenco delle vessazioni inglesi consumate ai nostri danni nella giornata di ieri
   5) una pubblicazione sull'acquedotto pugliese oramai completato.
«Mi è grato, Maestà, porgervi i miei omaggi devoti» (ACS, B. MUSSOLINI, *Valigia*, b. 1, fasc. 10). I due rapporti indicati al punto 3) sono quelli pubblicati in *DDI*, s. IX, III, pp. 550 sg. e 566 sg.
Lo stesso giorno in cui fu consegnato a Ciano, il documento fu portato a conoscenza anche di Badoglio e dei tre capi di Stato maggiore.

conquiste tedesche e russe a nord-est, ma questo non si concilia con la proclamata volontà di ricostituire la Polonia, la Cecoslovacchia e persino l'Austria. Una pace di compromesso può essere piú agevolmente accettata dalla Germania, non dalle grandi democrazie, le quali tuttavia non sarebbero aliene dall'accettare il «fatto compiuto» del bottino polacco fatto dalla Russia, se la Russia «mollasse» la Germania.

Il sig. Welles ha – dopo il suo pellegrinaggio – concluso che per una pace negoziata i tempi non sono ancora maturi.

Operazioni militari terrestri.

È prevedibile che i franco-inglesi assumano l'iniziativa delle operazioni, cioè di un attacco al *Westwall* sul fronte occidentale? Allo stato degli atti, è da escludere. Le forze terrestri inglesi in Francia sono molto esigue; la situazione *demografica* della Francia non è tale da consentire le perdite gravissime che un attacco al *Westwall* imporrebbe. Quanto al morale dei soldati francesi è *difensivo*, non *offensivo*. I franco-inglesi sono alla ricerca di un fronte terrestre, meno incomodo, di quello occidentale e a tale scopo è stato preparato l'esercito di Weygand. Ma questo famoso fronte non si delinea ancora dal punto di vista geografico. Balcanico? Caucasico? Libico?

I franco-inglesi continueranno quindi:
a) a non assumere iniziativa di operazioni su terra;
b) a operare piú controffensivamente che offensivamente sul mare e nell'aria;
c) e *soprattutto* a rendere piú *ermetico* il *blocco* attorno alla Germania.

Operazioni germaniche.

Da parecchi mesi si parla di una offensiva germanica contro la *Maginot* o contro Belgio e Olanda per arrivare alla Manica. A rigore di logica anche questa offensiva sembra doversi escludere per i seguenti motivi:

a) perché la Germania ha già raggiunto i suoi obiettivi di guerra e può quindi attendere l'attacco avversario;
b) perché è troppo rischioso giocare il tutto su una carta, poiché se l'offensiva fallisse del tutto o si concludesse con un insuccesso e ci fossero perdite rilevanti, una crisi interna nella Germania sarebbe inevitabile, dato che anche il morale del popolo tedesco è complessivamente mediocre e in taluni grandi centri come Berlino e Monaco meno che mediocre. È quindi probabile che fra la guerra di attacco e quella di resistenza, la Germania sceglierebbe l'ultima e cioè:

1) metterà tutto in opera per resistere al blocco;
2) assumerà l'iniziativa di operazioni marittime e aeree sempre piú vaste di controblocco. L'offensiva terrestre avrà luogo o nell'eventualità di una certezza matematica di schiacciante vittoria o come carta della disperazione se il blocco a un certo momento non consentisse altra via di uscita.

Posizione dell'Italia.

Se si avvererà la piú improbabile delle eventualità – cioè – una pace negoziata nei prossimi mesi – l'Italia potrà – malgrado la sua non belligeranza – avere voce in capitolo e non essere esclusa dalle negoziazioni; ma se la guerra continua, credere che l'Italia possa rimanersene estranea sino alla fine, è assurdo e impossibile. L'Italia non è accantonata in un angolo d'Europa come la Spagna, non è semi-asiatica come la Russia, non è lontana dai teatri di operazione come il Giappone o gli Stati Uniti, l'Italia è in mezzo ai belligeranti, tanto in terra, quanto in mare. Anche se l'Italia cambiasse atteggiamento e passasse armi e bagagli ai franco-inglesi, essa non eviterebbe la guerra immediata colla Germania, guerra che l'Italia dovrebbe sostenere *da sola*; è solo l'alleanza colla Germania, cioè con uno Stato che non ha ancora bisogno del nostro concorso militare e si contenta dei nostri aiuti economici e della nostra solidarietà morale, che ci permette il nostro attuale stato di non belligeranza. Esclusa l'ipotesi del voltafaccia che del resto gli stessi franco-inglesi non contemplano e in questo dimostrano di apprezzarci, rimane l'altra ipotesi cioè la guerra parallela a quella della Germania per raggiungere i nostri obiettivi che si compendiano in questa affermazione: libertà sui mari, finestra sull'oceano. L'Italia non sarà veramente una nazione indipendente sino a quando avrà a sbarre della sua prigione mediterranea la Corsica, Biserta, Malta e a muro della stessa prigione Gibilterra e Suez. Risolto il problema delle frontiere terrestri, l'Italia, se vuole essere una potenza veramente mondiale, deve risolvere il problema delle sue frontiere marittime: la stessa sicurezza dell'Impero è legata alla soluzione di questo problema.

L'Italia non può rimanere *neutrale* per tutta la durata della guerra, senza dimissionare dal suo ruolo, senza squalificarsi, senza ridursi al livello di una Svizzera moltiplicata per dieci.

Il problema non è quindi di sapere se l'Italia entrerà o non entrerà in guerra perché l'Italia non potrà a meno di entrare in guerra, si tratta soltanto di sapere quando e come; si tratta di ritardare il piú a lungo possibile, compatibilmente con l'onore e la dignità, la nostra entrata in guerra:

a) per prepararci in modo tale che il nostro intervento determini la decisione;

b) perché l'Italia non può fare una guerra lunga, non può cioè spendere centinaia di miliardi come sono costretti a fare i paesi attualmente belligeranti.

Ma circa il *quando*, cioè *la data*, nel convegno del Brennero si è nettamente stabilito che ciò riguarda l'Italia e soltanto l'Italia.

Piano di guerra.

Premesso che la guerra è inevitabile e che non *possiamo* marciare coi franco-inglesi, cioè non possiamo marciare contro la Germania, si tratta di fissare sin da questo momento le linee della nostra strategia, in modo da orientarvi gli studi di dettaglio.

Fronte terrestre. Difensivo sulle Alpi occidentali. Nessuna iniziativa. Sorveglianza. *Iniziativa* solo nel caso, a mio avviso, improbabile, di un completo collasso francese sotto l'attacco tedesco. Una occupazione della Corsica può essere contemplata, ma forse il gioco non vale la candela: bisogna però neutralizzare le basi aeree di questa isola.

Ad Oriente, verso la Jugoslavia, in un primo tempo, *osservazione diffidente*. Offensiva nel caso di un collasso interno di quello Stato, dovuto alla secessione, già in atto, dei croati.

Fronte albanese: l'atteggiamento verso nord (Jugoslavia) sud (Grecia) è in relazione con quanto accadrà sul fronte orientale.

Libia: difensiva tanto verso la Tunisia, quanto verso l'Egitto. L'idea di una offensiva contro l'Egitto, è da scartare, dopo la costituzione dell'Esercito di Weygand.

Egeo: difensiva.

Etiopia: offensiva per garantire l'Eritrea e operazioni su Gedaref e Kassala; offensiva su Gibuti, difensiva e al caso controffensiva sul fronte del Kenia.

Aria. Adeguare la sua attività a quelle dell'Esercito e della Marina: attività offensiva o difensiva a seconda dei fronti e a seconda delle iniziative nemiche.

Mare. Offensiva su tutta la linea nel Mediterraneo e fuori.

È su queste direttive che gli Stati Maggiori devono basare i loro studi e il loro lavoro di preparazione senza perdere un'ora di tempo, poiché, malgrado la nostra attuale non-belligeranza, la volontà dei franco-inglesi o una complicazione imprevedaa potrebbe metterci, anche in un avvenire immediato, di fronte alla necessità di impugnare le armi.

Rispetto alla posizione di Mussolini, quale era venuta maturando nei mesi precedenti e che egli aveva esposto ad Hitler al Brennero, il promemoria non innovava nulla. Ciano, quando lo ebbe, lo definí «un documento misurato»[344] e non se ne meravigliò o allarmò troppo. Per chi, come lui, conosceva bene cosa Mussolini pensava, il suo contenuto era infatti del tutto scontato; né esso aggravava la posizione dell'Italia, dato che, in concreto, il futuro rimaneva sospeso al filo di come si sarebbe sviluppato il conflitto.

Negli stessi giorni in cui il «duce» preparava il promemoria, Ciano, facendo a Bottai una sorta di bilancio della situazione e dell'incontro del Brennero, gli aveva detto[345]:

> Nulla v'è di definito, ma si va alla compromissione. Nel colloquio del Brennero il Führer à parlato due ore e dieci, Mussolini venti minuti. Hitler, pur parlando come Ribbentrop della schiacciante forza tedesca, non à dato l'impressione di sicurezza che il secondo ostentò qui a Roma. Mussolini, comunque à concluso escludendo due ipotesi: che l'Italia si schierasse coi Franco-inglesi; che l'Italia potesse rimanere a lungo neutrale. È chiaro, non c'è che l'altra ipotesi: marciare coi tedeschi. Non detta in modo chiaro, quest'è la morale del Brennero, di cui i tedeschi si vanno facendo forti. Secondo me, non ci sono direttive da fissare fin da ora. Le direttive le tracciano gli avvenimenti. O la Germania attacca, sfonda e vince: e allora ci conviene cacciarci dentro, anche per bilanciare la forza vittoriosa. O la Germania attacca e perde: e allora, pur essendo già agli occhi franco-inglesi suoi complici, siamo ancora in tempo a tirarcene fuori. Io mi sentirei di farlo, dati i rapporti personali che mantengo con inglesi e francesi. E Mussolini lo sa, perché io lo tengo al corrente, anche se mi assumo la responsabilità dell'iniziativa. Niente dualismo, di cui si parla in giro.

Queste parole sintetizzano bene la posizione di Ciano e spiegano perché il promemoria non lo abbia allarmato; esse mostrano però anche bene come la sua opposizione all'intervento a fianco della Germania mancasse ormai di ogni reale prospettiva politica e si fosse trasformata – se mai era riuscita ad esserlo – dall'alternativa alla posizione di Mussolini che aveva ambito rappresentare in nulla piú che una subordinata di riserva interna a questa, da esperire solo nel caso che l'andamento della guerra avesse smentito l'ipotesi mussoliniana e comportato la necessità di capovolgerla. Troppo poco, come si vede, per fare di Ciano – come pure qualcuno dei suoi collaboratori, tratto in inganno dal suo tono si-

---
[344] G. CIANO, *Diario* cit., pp. 415 sgg.
[345] G. BOTTAI, *Diario* cit., ff. 804 sgg., alla data del 29 marzo 1940.

curo e dalle sue affermazioni categoriche, ha fatto [346] – l'«antagonista» di Mussolini. Pur raccogliendo – specie nei primi mesi – il consenso di pressoché tutta la classe dirigente, Ciano non fu mai (e, tutto sommato, non crediamo si dovette neppure veramente sentire) in posizione realmente antagonistica al suocero; un po' perché non ne aveva la tempra e la capacità, un po' perché, nonostante i tanti dissensi, gli era troppo sinceramente devoto. Ma, a sua scusante, si deve ricordare che nessun altro si sentí di assumere il ruolo di antagonista, neanche chi era piú esperto e coraggioso e con molti meno motivi di devozione. Neppure Vittorio Emanuele III, a cui quel ruolo sarebbe spettato di diritto e di dovere, e che, invece, in questi mesi decisivi, per debolezza di carattere e intimo scetticismo, per incapacità e paura a concepire qualsiasi azione non circoscritta all'interno della classe dirigente del regime e per aver perso molto del controllo sulla macchina dello Stato [347], si mantenne sostanzialmente in una posizione d'attesa, limitandosi ad un'azione passiva di freno, che dava fiducia a molti, ma contemporaneamente paralizzava eventuali iniziative per mettere Mussolini con le spalle al muro e non era sufficiente ad impedire gli sbandamenti e le defezioni provocati nel fronte antitedesco prima dall'aggravarsi delle conseguenze del blocco marittimo e dalla suggestione del diffondersi della certezza che Mussolini aveva fatto la sua scelta e poi dai primi successi tedeschi in Scandinavia. Con il marzo, mentre nelle masse l'opposizione alla guerra e ai tedeschi non diminuiva, nella classe dirigente e nell'élite fascista la compattezza del partito antitedesco aveva cominciato infatti ad incrinarsi. Se a fine febbraio Ciano, parlando col nunzio, aveva solo genericamente accennato all'esistenza di «forti correnti a favore della Germania» [348], meno di un mese dopo tracciava nel suo diario un quadro molto piú preciso e preoccupato:

Mussolini – annotava il 23 marzo [349] – che in questi giorni è di buon umore e discorsivo, ostenta sempre piú deciso [il] suo orientamento in senso germanofilo. Ormai parla apertamente di entrata in campo a fianco della Germania... Questo atteggiamento del Duce influisce ormai su quello di molti gerarchi che per conformismo o convinzione si allineano nelle file degli interventisti: Muti, Ricci, molto Revel e lo stesso Riccardi, che non osa piú dire le verità sgradite come ha fatto per molto tempo. Contrari all'avventura rimangono Grandi e Bottai.

Questa situazione spiega non solo il passo («ora Mussolini ha ripreso forza e il controllo delle decisioni») della nota vaticana del 4 aprile rela-

---

[346] Cfr. R. DUCCI, *Questa Italia* cit., p. 119.
[347] Chi, appena arrivato a Roma, si rese subito conto che, contrariamente a quello che si riteneva negli Usa, il re era debole fu M. Taylor, cfr. E. DI NOLFO, *Vaticano e Stati Uniti* cit., p. 104.
[348] Cfr. *ADSS*, I, p. 378.
[349] G. CIANO, *Diario* cit., pp. 409 sg., nonché 403, alla data del 6 marzo 1940, ove risulta la conversione all'interventismo di De Vecchi.

tiva ai presunti propositi del re di sostituire Mussolini con Ciano e al loro abbandono proprio in questo periodo, ma anche perché il «duce» sentí il bisogno di redigere il «promemoria segretissimo». Rispetto alle decisioni operative di Mussolini il promemoria – restando del tutto sospesa in esso la questione del *quando* l'intervento si sarebbe realizzato – aveva un significato quasi solo per quello che concerneva le indicazioni d'indole militare in esso formulate. Non crediamo però di sbagliare affermando che redigendolo Mussolini non abbia pensato solo all'aspetto militare. Mettendo nero su bianco la sua posizione, egli doveva mirare anche e soprattutto ad approfittare del mutamento di atteggiamento che si stava delineando nell'élite del regime e in alcuni settori della classe dirigente per riaffermare la sua autorità rispetto al partito antitedesco e al sovrano, saggiarne le capacità di reazione e, quindi, preparare il terreno a quell'eventuale accorciamento dei tempi dell'intervento che, lo si è visto, l'incontro del Brennero lo aveva costretto a prendere in considerazione. Non ci pare a questo proposito privo di significato che la stesura del promemoria si inserisse in un contesto di piccoli episodi che rivelano un Mussolini sempre piú irritato verso coloro che non condividevano la sua posizione e piú deciso a farli tacere che non nei mesi precedenti, quando la loro opposizione lo infastidiva e gli provocava anche degli scoppi d'ira, ma gli appariva meno urgente ridurre al silenzio e meno controproducente agli occhi dei tedeschi. E questo che si trattasse sia della Chiesa e dei cattolici, sia dello stesso Ciano, a proposito del quale, proprio alla fine di marzo, cominciarono a circolare insistenti voci (infondate, ché, in quel momento, Mussolini non poteva, anche se lo avesse voluto, sostituirlo, ma proprio per questo significative) che lo volevano sul punto di essere allontanato da palazzo Chigi [350].

Volesse o no saggiare le reazioni del partito antitedesco, quel che è certo è che queste dovettero essere quasi nulle e tali da rafforzare in Mussolini la convinzione che su questo versante la sua posizione – dopo gli ultimi avvenimenti e soprattutto dopo il giro di vite dato da Londra al blocco marittimo e il fallimento della missione Welles, sulla quale si erano appuntate tutte le speranze del partito antitedesco – fosse diventata molto piú forte di quanto era stata sino ad alcune settimane prima. Della reazione di Ciano abbiamo detto; di quelle degli altri destinatari del promemoria non sappiamo nulla di preciso; già questo lascia però capire che

---

[350] Cfr. *ibid.*, p. 413. A questo stesso periodo si deve riferire l'allusivo discorso sulla caduta dell'«onnipotente» Röhm, «l'uomo che aspirava alla successione di Hitler», fatto, secondo quanto riferito da F. Anfuso (*Da Palazzo Venezia al lago di Garda* cit., pp. 109 sgg.), da Mussolini a Ciano con l'evidente intento di ammonirlo a non farsi attrarre nei maneggi dei suoi avversari. Il che, da un lato, confermerebbe l'attendibilità della nota vaticana del 4 aprile e, da un altro, autorizzerebbe forse – qualora confermato – a collegare al discorso su Röhm l'episodio del veleno richiesto da Ciano a Bocchini riferito da Leto.

o non ve ne dovettero essere o che dovettero essere assai generiche e tali dunque da non destare in lui vera preoccupazione. Né, ancora una volta, la cosa può meravigliare. Per quel che riguarda i quattro destinatari militari del promemoria, anche se essi erano tutti, con la sola parziale eccezione di Graziani, piú o meno contrari ad un intervento, la loro linea di condotta era strettamente condizionata da quella del sovrano, sicché, mancando una netta presa di posizione del re, essa non poteva essere che sostanzialmente cauta; al massimo poteva assumere, anche per loro, il carattere di un'azione piú o meno passiva di freno. E nemmeno molto esplicita. Tipico è il comportamento di Badoglio. Il giorno stesso che ebbe il promemoria, il capo di Stato maggiore generale rispose infatti a Mussolini con una lettera che era poco piú che una ricevuta, nella quale assicurava che i piani già predisposti sarebbero stati riveduti per adeguarli ad esso e che il 9 aprile avrebbe tenuto all'uopo una riunione dei capi di Stato maggiore. E questo sebbene solo due giorni prima, il 4 aprile, avesse scritto a Mussolini una lettera nella quale – premesso che «allo stato presente la nostra preparazione è del 40 per cento» – si raccomandava di «evitare di prendere impegnativi contatti con lo Stato Maggiore tedesco», onde non avere «vincoli troppo stretti» e non essere obbligati «ad intervenire quando fosse opportuno a loro e non a noi». Né molto di piú uscí dalla riunione del 9 aprile (il cui verbale fu trasmesso a Mussolini), salvo il principio, enunciato in chiusura da Badoglio, che, data la situazione «estremamente delicata», era necessario «rendere sempre esattamente edotto il Duce di ciò che abbiamo e delle nostre reali possibilità». Alquanto poco, in verità, dopo che, in apertura della riunione, lo stesso Badoglio aveva detto che una cosa era «inequivocabile»: «l'assoluta volontà del Duce di intervenire nella direzione e nel momento che egli sceglieva» e nessuno aveva fatto obiezioni[351]. Quanto a Vittorio Emanuele III[352], ciò che sappiamo sul suo atteggiamento in questo periodo (delle sue reazioni al «promemoria segretissimo» del 31 marzo sappiamo solo che lo trovò improntato ad una logica «geometrica»[353]) porta a concludere che – passato il momento piú opportuno per sostituire Mussolini ed abbandonata l'idea di una soluzione *radicale* della situazione – egli si sia posto chiaramente varie ipotesi di comportamento (destituzione di

---

[351] Cfr. per le due lettere di Badoglio rispettivamente *DDI*, s. IX, III, p. 618 e STATO MAGGIORE ESERCITO – UFFICIO STORICO, *L'avanzata su Sidi el Barrani*, Roma 1955, pp. 161 sg.; per il verbale della riunione del 9 aprile E. FALDELLA, *L'Italia e la seconda guerra mondiale* cit., pp. 728 sgg.
[352] Oltre ai vari accenni contenuti nel *Diario* di G. CIANO e soprattutto quello a p. 418, sotto la data dell'11 aprile 1940 che si riferisce certamente al primo incontro del re con Mussolini dopo il ricevimento del «promemoria segretissimo», cfr. A. CONSIGLIO, *Vita di Vittorio Emanuele III*, Milano 1950, pp. 209 sgg.; D. BARTOLI, *La fine della monarchia*, Milano 1966, pp. 190 sgg.; U. ALFASSIO GRIMALDI - G. BOZZETTI, *Dieci giugno 1940. Il giorno della follia*, Bari 1974, pp. 373 sgg. e 396 sgg.; nonché N. D'AROMA, *Vent'anni insieme* cit., pp. 288 sgg.
[353] *DDI*, s. IX, IV, p. 495.

Mussolini, con probabile conseguente guerra civile e intervento tedesco; abdicazione, scioglimento dell'esercito dal giuramento ed esilio, con prospettiva, incerta, di essere rimesso sul trono dalla vittoria degli anglofrancesi; avallo della scelta mussoliniana, con la quasi certezza che, chiunque fosse stato il vincitore, ciò avrebbe portato alla instaurazione della repubblica[354]) senza però saper fare una scelta (che, in ogni caso, doveva essere per lui fondata su considerazioni d'ordine piú istituzionale-familiare che nazionale). Con il risultato di non fare per il momento sostanzialmente nulla (cosa che già prima dei successi tedeschi in Norvegia e Danimarca cominciò a incrinare attorno a lui il consenso e le speranze popolari[355]) e di venirsi a trovare al momento decisivo, al crollo cioè della Francia, praticamente nella impossibilità, anche se lo avesse voluto, di non avallare la decisione di Mussolini di entrare in guerra. Né, infine, è da escludere che a questo immobilismo del sovrano avesse contribuito la sensazione che vi fosse ancora tempo per prendere una decisione (nella riunione con i capi militari del 29 maggio Mussolini, in un contesto che prendeva le mosse dal «promemoria segretissimo» del 31 marzo, avrebbe detto che «in un primo tempo» aveva previsto per l'intervento la primavera del '41[356]: non è da escludere che questa data avesse fatto anche

[354] Cfr. U. ALFASSIO GRIMALDI - G. BOZZETTI, *Dieci giugno 1940 ecc.* cit., pp. 398 sg., ove è pubblicata parte di un appunto di Vittorio Emanuele III, consegnato alla vigilia dell'entrata in guerra dell'Italia al figlio Umberto, in cui sono fissate alcune importanti considerazioni del sovrano sul proprio atteggiamento in materia: «La guerra è ormai inevitabile. Mussolini ha deciso. Nessuno lo può fermare... Il re ha tre possibilità di scelta... dire di no alla guerra, destituire Mussolini, che se ne infischia, resta al suo posto, e destituisce il re. Il re lancia un appello all'esercito fedele, ed è la guerra civile... Mentre il paese è dilaniato dalla guerra fratricida, arriva l'alleato tedesco a dare man forte a Mussolini: a occupare militarmente l'Italia. Il re è catturato, deportato, messo al muro. Mussolini e Hitler proseguono la guerra insieme. La perderanno. Gli alleati renderanno omaggio al re caduto nella lotta contro i tiranni: il re avrà i suoi monumenti nelle piazze e il plauso della storia. Ma i morti della guerra civile provocata dal re saranno un prezzo equo per quei monumenti e per quella pagina di storia? Seconda possibilità: il re non firma la dichiarazione di guerra..., ma non vuole provocare la guerra civile. Abdica e scioglie l'esercito dal giuramento. Va in esilio. Se non parte di sua spontanea volontà vengono i moschettieri del duce a sfrattarlo dal Quirinale...; il re esule... in un luogo ameno: aria buona, bel paesaggio, tempo libero per pescare. Intanto, mentre il re pesca, Mussolini e Hitler fanno la guerra. La perdono. Gli eserciti alleati arrivano in Italia da conquistatori: dietro viene il re, con una bella cera per la vita sana che ha condotto in tutto quel tempo. Il re viene accolto da trionfatore in patria, riprende il trono che gli spetta: gli Italiani che hanno combattuto la guerra di Mussolini, perché non potevano rifiutarsi e andare in esilio a pescare, si sentono in colpa, sconfitti, e hanno molta venerazione per il re che ha preferito l'esilio piuttosto che fare la guerra di Mussolini. Ma il re lo merita tutto quel rispetto? Terza possibilità: viene Mussolini con la dichiarazione di guerra a chiedere la firma del re. Il re firma senza dire niente. Ci sono tanti italiani che non vogliono la guerra, ma la faranno lo stesso, magari da valorosi, magari lasciandoci la vita... Potrebbero anche vincere i tedeschi: in questo caso Mussolini e Hitler... approfitteranno del momento favorevole per dare una pedata al re, che ha fatto la guerra senza averne voglia: proclameranno la repubblica. Se invece, come credo, Mussolini e Hitler alla fine perderanno, allora è probabile che i vincitori e forse anche gli italiani, tengano responsabile il re della guerra dichiarata e perduta, come e piú di Mussolini: forse lo manderanno via, con Mussolini. Sarà proclamata la repubblica. Ma potrò dire che hanno torto? Non potrò dire che hanno torto. Queste sono le tre possibilità di scelta che ha il re: non ce ne sono altre».
[355] Cfr. R. BRACALINI, *Il re «vittorioso». La vita, il regno e l'esilio di Vittorio Emanuele III*, Milano 1980, p. 197.
[356] *DDI*, s. IX, IV, p. 495.

al re), tanto piú che, nonostante i suoi propositi interventisti, Mussolini preferiva di gran lunga una soluzione negoziata del conflitto e si muoveva ancora in questo senso.

Al ritorno dal Brennero, il 19 marzo, Ciano aveva assicurato Welles che l'incontro non aveva prodotto nessun cambiamento nell'atteggiamento di «non belligeranza» dell'Italia e gli aveva detto che se, presentandosi l'occasione, Roosevelt avesse preso una iniziativa di pace l'Italia l'avrebbe appoggiata[357]. Mussolini, a sua volta, il 1º aprile, quando aveva letto il verbale dell'incontro del Brennero arrivato da Berlino, aveva ancora pensato per un momento di scrivere ad Hitler per cercare di dissuaderlo dal passare all'offensiva[358]. Non desta dunque meraviglia che, quando, il 6 aprile, Ciano lo informò di aver avuto il giorno prima un incontro con A. Dingli, venuto a Roma per sondare i propositi del governo fascista dopo l'incontro del Brennero e latore di un generico messaggio «di buona volontà» di Chamberlain per una ripresa delle trattative economiche e una risoluzione della questione del carbone, egli cogliesse al volo l'occasione per fare un estremo passo per indurre Londra a lasciargli fare quel tentativo di mediazione che Hitler invece non gli aveva voluto lasciar fare.

All'episodio nel diario di Ciano è dedicato solo un rapido accenno: «Ho brevemente informato Mussolini del mio colloquio con Dingli. Ha voluto che a suo nome gli consigliassi di tentare una pace di compromesso»[359]. Molto piú ricca di particolari, sia sull'avance di Mussolini sia su come essa fu accolta e lasciata cadere a Londra, è la documentazione conservata da Dingli. Da essa e in particolare dal rapporto redatto per Chamberlain da Dingli al ritorno da Roma[360] risulta che, quando, il 7 aprile, questi rivide Ciano, il ministro degli Esteri, parlando a nome del suocero, gli fece prima un discorso politico generale cosí concepito:

Egli (M[ussolini]) è legato completamente e irrevocabilmente all'alleanza militare con la Germania. Ciò non significa che l'Italia effettuerà sicuramente un intervento militare. Ma significa che non potrà mai esserci alcuna questione per l'Italia, se dovesse diventare attiva, di appoggiare qualunque altra parte ad eccezione della Germania.

Che l'Italia intervenga o no militarmente al fianco della Germania dipenderà da quanto una tale azione convenga agli interessi italiani... Se l'Italia non riterrà opportuno intervenire, non c'è alcuna ragione perché i rapporti fra Inghilterra e Italia non debbano rimanere per tutto il periodo «corretti».

---

[357] S. WELLES, *Ore decisive* cit., pp. 190 sg.
[358] G. CIANO, *Diario* cit., p. 414.
[359] *Ibid.*, p. 416. Per alcuni precedenti della missione di Dingli cfr. *DDI*, s. IX, III, pp. 469 sg. e 526 sgg.
[360] Cfr. R. QUARTARARO, *Inghilterra e Italia ecc.* cit., pp. 704 sgg. e spec. 707 sg.

Poi gli confermò che Mussolini era convinto che

> la pace per mezzo di un compromesso onorevole è ancora possibile. Ma il tempo per realizzare ciò sta diventando sempre piú breve, e si deve fare prima che «il sangue cominci a scorrere».

E, infine, gli sottopose la proposta del «duce»: «nella piú stretta segretezza e senza in alcun modo compromettere o impegnare» Chamberlain, egli avrebbe preso in considerazione «con la massima cura» qualsiasi «suggerimento» che gli fosse venuto da lui tramite il «canale segreto», l'avrebbe trasformato «in una serie di proposte ufficialmente *sue*» da trasmettere a Berlino e si sarebbe impegnato al massimo per farle accettare ad Hitler. Perché ciò fosse possibile occorreva però che i «suggerimenti» del premier avessero un «carattere pratico» e affrontassero «i problemi particolari, quali l'Austria, la Cecoslovacchia, la Polonia e tutte le altre questioni fondamentali». In particolare, «il P[rimo] M[inistro] dovrebbe rendersi conto che semplici generalizzazioni sul ritorno allo *statu quo ante* non avrebbero potuto offrire a M[ussolini] materia per lavorare».

La proposta – che, a ben vedere, non differiva molto da quanto Mussolini aveva già detto a Welles – arrivò a Londra come un fulmine a ciel sereno e, per di piú, dopo l'inizio dell'attacco tedesco alla Danimarca e alla Norvegia. Ball ne caldeggiò una seria presa in considerazione; Chamberlain – sembra dopo qualche incertezza – non se la sentí però di accettarla, neppure dopo che Bastianini l'ebbe in parte modificata, nel senso che Mussolini si sarebbe accontentato, per muoversi, di un'adesione di principio del premier alla sua idea che non vi potessero essere negoziati se non sulla base della disponibilità a trattare senza porre la pregiudiziale del ritorno allo *statu quo ante*[361].

Anche se non ebbe alcun seguito, la proposta serve bene a mettere a fuoco la posizione di Mussolini; prova che ancora a quest'epoca egli continuava a pensare ad una pace negoziata e conferma che il «promemoria segretissimo» di una settimana prima era stato scritto dal «duce» soprattutto per saggiare le reazioni del partito antitedesco e in particolare del sovrano e mettere, per cosí dire, le mani avanti nella deprecata eventualità di dover mutare i suoi piani. «Allo stato degli atti» una pace di compromesso era «da escludersi»: ciò non voleva dire che Mussolini non pensasse e sperasse che essa potesse ancora maturare. Il riferimento, a conclusione del paragrafo del promemoria dedicato a questo problema, all'opinione di S. Welles che per una pace negoziata i tempi non erano «ancora» maturi acquista alla luce della proposta fatta tramite Dingli

---

[361] Cfr. *ibid.*, pp. 710 sgg.; nonché *DDI*, s. IX, IV, pp. 286 sg.

un valore diverso da quello datogli in genere e aiuta a capire quanto l'annunzio dell'attacco contro la Danimarca e la Norvegia, datogli da Hitler con una lettera consegnata da von Mackensen la mattina del 9 aprile, quando le operazioni erano già cominciate da alcune ore, dovette non solo cogliere di sorpresa Mussolini, ma metterlo di fronte a quella realtà che sino allora aveva sperato di non dover affrontare o, almeno, di non dover affrontare tanto presto. E ciò non solo in riferimento al contesto internazionale, dato che è chiaro che l'attacco tedesco rendeva ancor piú impensabile una pace di compromesso e piú difficile per Mussolini di rimanere a lungo fuori dal conflitto, ma anche a quello interno, dato che l'azione tedesca, i primi successi conseguiti da essa e la passività anglofrancese da un lato non potevano non dare fiato al partito filotedesco e, da un altro, ebbero subito nel paese una eco diversa da quella che avevano avuto l'aggressione alla Polonia e lo scoppio della guerra. Ché, se è vero che essi rafforzarono in molti i timori e le ostilità contro i tedeschi, è anche vero che un certo numero di italiani, giovani ma non solo giovani, sui quali tanti anni di propaganda antinglese e antifrancese avevano agito piú in profondità e le recenti vicende del blocco marittimo avevano esercitato una sorta di «funzione di richiamo», furono indotti da essi (grazie anche al nuovo atteggiamento della stampa e di tutti i mezzi di informazione di massa del regime, che un po' per ordine superiore, un po' perché partecipi dello stesso stato d'animo, assunsero subito toni ancor piú apertamente filotedeschi) a prendere piú o meno chiaramente posizione per i tedeschi. Tipica è a questo proposito un'annotazione di Ciano già sotto la data del 10 aprile [362]:

> Le notizie dell'azione germanica nel Nord hanno avuto una eco favorevole nel popolo che, come dice Mussolini, «è puttana e va col maschio che vince». Piú che la rapidità dell'azione tedesca, sorprende la nessuna reazione dei franco inglesi, che al successo militare di Hitler rispondono con una offensiva di discorsi e di articoli, assolutamente inutili ai fini della guerra.

Sino alla mattina del 9 aprile Mussolini aveva creduto, si era illuso di poter decidere lui quando intervenire e aveva sperato di poterlo evitare. La lettera con la quale Hitler lo informò dei motivi che lo avevano indotto a passare all'azione in Scandinavia [363] conteneva un passo, non a caso sottolineato nel testo («Quello che desidero soltanto è di assicurarVi, Duce, – e questo è lo scopo principale di questa lettera affrettata –

---

[362] G. CIANO, *Diario* cit., pp. 417 sg.; nonché, simile, G. BOTTAI, *Diario* cit., f. 820, sotto la stessa data del 10 aprile 1940.
[363] Lo si veda in *DDI*, s. IX, IV, pp. 10 sgg. Sempre *ibid.* si vedano, pp. 20 sgg., 27 e 27 note sg., una seconda lettera di Hitler, del 10 aprile, scritta a Mussolini per informarlo dei programmi dell'azione intrapresa, la risposta del «duce» alle due lettere (dell'11 aprile) e il testo di una prima risposta, preparata il 10 e poi non inviata per il sopraggiungere della seconda lettera di Hitler.

che l'attuale operazione bellica non intacca né toglie nulla alla esposizione fattaVi né alle determinazioni comunicateVi al Brennero»), che, unito ai rapidi successi conseguiti dai tedeschi, non poteva lasciar sussistere dubbi su almeno due cose: che di una pace negoziata non era piú il caso di parlare e che la libertà di manovra di Mussolini si restringeva notevolmente. Stare alla finestra, scegliere il momento opportuno per intervenire diventava sempre piú difficile: ogni giorno di piú, a meno di non cambiare radicalmente linea di condotta, le «scelte» di Mussolini non potevano essere che determinate dalle iniziative di Berlino. Per Ciano l'unica speranza era ormai che gli anglo-francesi prendessero a loro volta l'iniziativa e la situazione militare si capovolgesse.

> Mackensen – annotava il 10 aprile [364] – è venuto a vedermi con un pretesto. Voleva conoscere le nostre ulteriori reazioni all'accaduto. L'ho coperto di felicitazioni e di elogi, perché ormai non c'è altro da fare, per quanto io sia immutabilmente d'avviso che l'ultima parola non è ancora stata detta e che potremo assistere a capovolgimenti di situazione, forse anche presto.

Quanto a Mussolini, l'inizio dell'offensiva tedesca, se aveva acutizzato in lui il senso di umiliazione per dover «stare con le mani in mano mentre gli altri scrivono la storia» e l'irritazione verso coloro che ancora rifiutavano di convincersi che prima o poi sarebbe stato necessario intervenire nel conflitto, non era però valso ad indurlo a pensare ad un intervento su tempi ravvicinati. E questo sebbene – come dimostra perfettamente il discorso alle gerarchie sindacali fasciste da lui pronunciato il 21 aprile a palazzo Venezia [365] – le ultime vicende del blocco marittimo fossero state per lui la migliore conferma della sua convinzione che l'Italia non sarebbe mai stata «libera» se non avesse avuto «libere finestre aperte sull'oceano». Frasi come quella con la quale Hitler aveva concluso una delle varie lettere scrittegli in queste settimane per «informarlo» dell'andamento delle operazioni («Ciò che queste operazioni significano per noi, e specialmente per me, vien compreso nel mondo intero da un uomo solo al di fuori di me, e quell'uomo siete Voi, Duce. Voi stesso avete avuto una volta il coraggio di condurre la Vostra azione in Abissinia sotto i cannoni inglesi. La mia situazione fino ad oggi non è stata molto diversa; ma anche io mi sono deciso a non ascoltare nelle ore piú difficili il cosí detto buon senso, ma a fare appello invece alla forza dell'Onore, al senso del Dovere e infine al proprio Cuore» [366]) dovevano essere per lui altrettante stilettate; nulla autorizza però a dire che sino alle grandi vittorie tedesche in Francia egli non continuasse a pensare di avere innanzi

---
[364] G. CIANO, *Diario* cit., p. 418.
[365] MUSSOLINI, XXIX, pp. 378 sgg. e in particolare 379 sg.
[366] DDI, s. IX, IV, p. 103.

a sé ancora un anno almeno di «non belligeranza», né che fosse sicuro al cento per cento della vittoria finale tedesca, con tutto ciò che questo comportava per lui. Quello che, piuttosto, va sottolineato è che i successi tedeschi in Scandinavia, uniti alle voci di una possibile azione tedesca per assicurarsi il petrolio rumeno e alla pressoché certa violazione della neutralità olandese e belga quando Hitler fosse passato all'offensiva contro la Francia, se non modificarono sostanzialmente la sua posizione, resero però sempre piú importante nel suo ambito l'elemento *paura dei tedeschi*, la paura che questi per vendicarsi del suo tradimento di agosto, per mettere fine al suo equivoco atteggiamento e per assicurarsi basi e rifornimenti per loro preziosi, potessero passare all'azione anche contro l'Italia. Una paura vecchia, che era già affiorata in lui tra fine agosto e i primissimi giorni di settembre, che – lo si è visto – l'ambasciatore Loraine dava per scontata già prima dell'incontro del Brennero e che questo aveva aumentata, ma che ora varie testimonianze e indizi provano prese ad acquistare subito un rilievo nuovo e destinato ad aumentare sempre di piú. L'accenno che già l'11 aprile Mussolini fece con Ciano ai «pots cassés», solo per raccogliere i quali il re si diceva disposto ad entrare in guerra, ma che lui invece temeva potessero finire per essere rotti prima in testa all'Italia[367], lo lascia trasparire bene[368].

In questa prospettiva si colloca tutta una serie di fatti che certo compromisero in maniera ancor piú notevole la posizione dell'Italia agli occhi sia dei tedeschi che degli anglo-francesi, ma che, piú che preludere ad un'imminente fine della «non belligeranza», miravano a rassicurare e blandire i tedeschi, mettere a tacere l'opposizione antitedesca e preparare l'opinione pubblica ad un intervento che nelle intenzioni di Mussolini doveva però essere ritardato il piú possibile ed avvenire solo quando la vittoria fosse stata sicura e a breve scadenza. Ricordiamo in particolare:
a) l'assicurazione che, l'11 aprile, Mussolini si precipitò a dare ad Hitler che dal giorno dopo la flotta sarebbe stata «al completo sul piede di guerra» e che egli stava «accelerando i "tempi" per le altre forze armate»;
b) l'atteggiamento sempre piú marcatamente filotedesco che egli fece im-

---

[367] G. CIANO, *Diario* cit., p. 418.
[368] È impossibile stabilire allo stato della documentazione quanto questa paura di Mussolini fosse fondata. Ciò che si può dire ha un valore solo molto relativo. Due osservazioni si possono comunque fare: nonostante l'incontro del Brennero e l'atteggiamento sempre piú nettamente filotedesco della politica italiana dopo il 9 aprile, Hitler, pur mettendo ogni cura nell'informare Mussolini dell'andamento delle operazioni in corso, non gli disse nulla di preciso sui suoi piani d'azione contro la Francia; per quanto poi concerne i rifornimenti di materie prime e di manufatti militari o per l'industria bellica italiana che i tedeschi si erano impegnati a fornire, le loro consegne continuarono ad essere irregolari e, specie nel secondo caso, assai inferiori al previsto: persino quella di tre batterie antiaeree che dovevano servire per l'addestramento del personale italiano che avrebbe dovuto utilizzarne altre cento da fornire in un secondo tempo subí una serie di rinvii difficilmente spiegabili solo con le necessità belliche del momento.

primere alla stampa e a tutti i mezzi di informazione di massa[369]; *c*) la fine della presa di distanze e delle polemiche nei confronti del razzismo nazista avviata nei primi mesi della «non belligeranza»[370]; *d*) il tono sempre piú freddo e polemico (unito ad un richiamo all'alleanza che legava l'Italia alla Germania molto piú insistente che nei mesi precedenti) da lui imposto alle relazioni con Parigi e Londra, nonostante gli sforzi di francesi e inglesi per mantenerle «normali» e il loro dirsi disposti a fare il possibile per migliorarle; *e*) la sostituzione come ambasciatore a Berlino di Attolico con Alfieri, già prevista da Mussolini, dato il cattivo stato di salute del primo, ma attuata dopo che i tedeschi l'ebbero esplicitamente richiesta, facendo addirittura due nomi per la successione: Farinacci e, appunto, Alfieri[371]; *f*) i ripetuti accenni che Mussolini fece personalmente in varie riunioni semipubbliche (in particolare in quelle del 10 aprile ai direttori dei giornali dipendenti dall'Ente stampa e del 21 aprile alle gerarchie sindacali[372]) alla necessità di «elevare gradualmente la temperatura del popolo italiano per creare il clima necessario per gli sviluppi inevitabili e ineluttabili che ci attendono».

Alla luce di questi fatti, cosí in contrasto con l'atteggiamento dei mesi precedenti, è facile capire come mai, con la seconda metà di aprile, sia in Italia sia all'estero si cominciasse a parlare sempre piú insistentemente di un prossimo intervento italiano. E non solo a parlarne, ma a prendere i primi provvedimenti in vista di esso (a fine mese i mercantili inglesi ebbero ordine di evitare se possibile la rotta mediterranea) e a fare espliciti passi su Mussolini per cercare di tenerlo fuori dal conflitto.

Il primo passo fu fatto, il 22 aprile, dal nuovo presidente del consiglio francese, Paul Reynaud, con una lettera dignitosa, ma anche cattivante e un po' retorica, nella quale si ribadiva la possibilità di giungere ad una chiarificazione e ad un accordo tra i due paesi e si proponeva a questo scopo un incontro tra lo stesso Reynaud e Mussolini. In essa si diceva tra l'altro[373]:

---

[369] A proposito dell'atteggiamento della stampa, ecco cosa, il 15 aprile 1940, l'ambasciatore inglese a Roma riferiva al Foreign Office: «Allo stesso tempo il tono della stampa italiana è divenuto cosí ostile che è evidente che si sta preparando il popolo italiano, il quale nel momento attuale non capisce piú niente, ad un intervento attivo da parte italiana, se e quando il Signor Mussolini prenderà questa decisione.

«Tale decisione sarà fatta a sangue freddo. Il Duce è persuaso che deve intervenire prima della fine della guerra dato che è "un uomo troppo pesante per lasciarsi cadere tra due seggiole". Egli ottiene piú notizie da parte tedesca che da parte nostra. Teme i tedeschi ma crede nella loro forza. Non abbiamo alcun modo di giungere a lui, e senza dubbio le notizie dei nostri successi gli saranno spiegate dai tedeschi a loro vantaggio. Ho sentito dire che egli vede giornalmente Starace, e possiamo essere certi che l'ex capo del Partito Fascista è un costante frequentatore dell'Ambasciata tedesca» (ASAE, *Segreteria generale*, p. 257).

[370] Cfr. R. DE FELICE, *Storia degli ebrei italiani sotto il fascismo* cit., p. 248 nota.
[371] Cfr. G. CIANO, *Diario* cit., alle date del 24 e 25 aprile 1940.
[372] MUSSOLINI, XXIX, pp. 374 sgg. e 378 sgg. La citazione è dal primo (p. 375).
[373] *DDI*, s. IX, IV, pp. 135 sg. Quasi contemporaneamente Baudouin faceva sapere all'addetto

Forse domani i montanari di casa mia si batteranno con la vostra gente. Una volta gettati i dadi, vedremo quali forze saranno piú forti. Forse allora ci sorprenderemo reciprocamente.

Ma può essere anche che il destino non sia ancora scritto.

Può essere che esistano altri mezzi che non la guerra per rivelare la vera Italia alla Francia, per rivelare la vera Francia all'Italia. Allo scopo di fissare le leggi che legheranno i nostri figli, possono esistere sigilli diversi da quello del sangue e altrettanto nobili.

Io credo nella democrazia. Voi credete nel fascismo. Ma nessuno dei due rinnegherà il nostro passato affermando con delle azioni che esse sono due forme gloriose di una civiltà mediterranea che resta degna, oggi come ieri, di ispirare l'avvenire del mondo. E questa civiltà si fonda soprattutto sopra i nostri due paesi.

Il mantenimento di un equilibrio europeo è una necessità vitale per l'Italia come per la Francia. Senza di esso non possono essere durevoli né pace né prosperità. Cosa sono i dissidi che sono potuti sorgere fra di noi in questi ultimi anni di fronte a questo fatto fondamentale?

Non è troppo tardi per cercare di colmare questo largo fossato che sembra attualmente separarci. La vostra franchezza e la mia devono cercare di gettare un ponte tra un regime tradizionale come il nostro e un regime nuovo come il vostro, ciascuno ormai rafforzato dalla scomparsa della diffidenza per il proprio vicino.

Due giorni dopo si muoveva Pio XII. «Mentre crescono i timori di un piú esteso conflitto», «il fiducioso animo» del pontefice non poteva non aprirsi al «duce»:

Conosciamo, infatti, – gli scrisse [374], – i nobili sforzi, coi quali Tu volesti da prima evitare e quindi localizzare la guerra; e pur dolenti che alle Tue sollecitudini non arridesse intero il successo, fummo lieti che si riconoscesse anche a Te l'alto merito di aver contenuto il flagello in determinati confini. Se non che, divampato l'incendio e oggi vieppiú attivo nel suo tragico sviluppo, sono giustificati quei timori, mentre sui popoli ancora immuni i fantasmi della guerra sembrano addensarsi piú minacciosi e vicini.

Non dubitiamo del Tuo perseverante lavoro sulla linea che Ti eri prescritta. Noi

---

aeronautico a Parigi, gen. Piccio, che il governo francese era desideroso di dirimere al piú presto le questioni in sospeso tra i due paesi e di entrare in relazioni con quello italiano per informarlo delle eventuali iniziative che Inghilterra e Francia avrebbero potuto prendere nel Sud-est europeo nel corso di iniziative tedesche e sovietiche e per discuterle con esso. Cfr. *ibid.*, pp. 161 sg. e anche 168 sg.

[374] *Ibid.*, pp. 157 sg.

Subito dopo l'inizio dell'azione tedesca in Scandinavia i rapporti tra la Santa Sede e il governo italiano avevano avuto un brusco raffreddamento. Già il 10 aprile, di fronte al moltiplicarsi delle manifestazioni e dei discorsi in favore della pace in moltissime chiese e al sempre piú evidente divario tra l'atteggiamento dell'«Osservatore romano» e quello della stampa fascista, Alfieri aveva fatto un passo presso il cardinal Maglione *insinuando* che il «pacifismo ad oltranza» di tali manifestazioni e discorsi, cosí contrastante con la politica del governo tendente ad «animare gli spiriti e tenerli preparati per eventuali sviluppi», rispondesse ad istruzioni della Santa Sede e invitando l'organo vaticano a «moderarsi» e ad essere «piú imparziale». Cfr. *ADSS*, I, pp. 420 sg. Il giorno dopo l'invio della lettera del papa a Mussolini, alla Camera dei fasci e delle corporazioni Giunta, nel corso di un discorso accesamente antifrancese e antiinglese, accusò «alcuni ambienti della Città del Vaticano» di «antifascismo irriducibile quanto impotente» e parlò del Vaticano come dell'«appendicite cronica dell'Italia», suscitando in alcuni consiglieri nazionali applausi e consensi e un sintomatico commento di Farinacci: «Bene, bene. La Chiesa è stata la costante nemica d'Italia». Cfr. *Atti Parlamentari, Camera dei Deputati, Assemblea plenaria*, 25 aprile 1940, p. 561 (dove però è riportata solo la prima affermazione di Giunta); *ADSS*, I, p. 428; G. BOTTAI, *Diario* cit., ff. 832 sg., alla data del 25 aprile 1940.

supplichiamo il Signore di assisterTi in un'ora di tanta gravità per i popoli e di tanta responsabilità per chi tiene le redini del Governo. E per la paternità universale che è propria del Nostro Ufficio, formuliamo dall'intimo del cuore il voto ardente che siano risparmiate all'Europa, grazie alle Tue iniziative, alla Tua fermezza, al Tuo animo d'Italiano, piú vaste rovine e piú numerosi lutti; e in particolar modo sia risparmiato al Nostro e al Tuo diletto Paese una cosí grande calamità.

Il terzo passo fu fatto il 29 aprile, anche su sollecitazione della Santa Sede, da Roosevelt e fu tutto incentrato sui due argomenti che il presidente statunitense doveva ritenere i piú adatti a trattenere Mussolini: l'impossibilità di prevedere ancora con certezza chi avrebbe vinto la guerra e la possibilità che, grazie all'influenza dell'Italia e degli Usa, fosse ancora possibile giungere ad una pace negoziata.

Un'ulteriore estensione dell'area delle ostilità – scriveva Roosevelt a Mussolini [375] – che porterebbe in guerra ancora altre nazioni che hanno cercato di conservare la loro neutralità, avrebbe necessariamente conseguenze di vasta portata, non solo in Europa, ma anche nel Vicino ed Estremo Oriente, in Africa e nelle tre Americhe. Nessuno può oggi predire con sicurezza, qualora tale ulteriore estensione dovesse avvenire, quale potrebbe essere l'esito finale – o pronosticare quali nazioni, per quanto determinate possano essere oggi a rimanere in pace, potrebbero tuttavia alla fine trovare imperativo per la loro propria difesa entrare in guerra.

Io sono, come sapete, un realista. Come succede inevitabilmente in ogni contesa, i partecipanti stessi sono di gran lunga meno capaci di predire l'esito della lotta degli spettatori piú prossimi e questi ultimi forse non sono in una buona posizione per stabilire quale possa essere la parte vincente come lo sono quegli spettatori che possono essere ancora piú distanti. Grazie alla sua posizione geografica, questo paese

[375] *FRUS, 1940*, II, pp. 691 sg.
Quanto anche negli Stati Uniti si fosse convinti che l'atteggiamento di Mussolini fosse determinato e determinabile solo dalla volontà di giocare sul sicuro e assicurarsi i maggiori vantaggi possibili è dimostrato da un articolo, *The fascist N. 1*, apparso l'8 aprile 1940 su «Time». In esso, dopo una precisa ricostruzione dei motivi che avevano indotto Mussolini a proclamare la «non belligeranza», si legge: «Il futuro atteggiamento italiano, la settimana scorsa, era ancora tanto oscuro, quanto l'abilità del Duce poteva renderlo tale. Ma dal dubbio emersero alcune forti probabilità:
1) L'Italia non entrerebbe in guerra al fianco degli Alleati. La sua esperienza durante e dopo l'ultima guerra, combattuta senza ritrarne quasi un vantaggio, era un ricordo ancora troppo scottante. Inoltre l'Italia non avrebbe nulla da prendere alla Germania. Nel caso che una vittoria degli Alleati si delineasse probabile, l'Italia rimarrebbe fuori del conflitto sino alla fine di esso e quindi farebbe valere l'efficienza combattiva di un esercito intatto per provocare una ridistribuzione generale delle spoglie alla Conferenza della pace.
2) Non si potrebbe imporre agli italiani, come già avvenne per i tedeschi, una stretta collaborazione con la Russia. Se vi sarà una qualsiasi collaborazione tripartita, questa sarà probabilmente solo di carattere economico.
3) Nel caso che il successo delle armi arrida alla Germania, l'Italia potrebbe entrare in guerra, ma soltanto quando l'esito di questa fosse chiaro e l'ultima battaglia combattuta quasi a metà. In quest'ultimo caso, l'Italia ha molto piú da guadagnare vincendo gli Alleati assieme alla Germania anziché assistendo alla vittoria di questi ultimi. Il profitto che essa ricaverebbe dal suo intervento sarebbe presumibilmente una sostanziosa porzione dell'Impero coloniale francese e, inoltre, una compartecipazione nel controllo dell'Europa centrale.

«Malgrado gli stupendi risultati dei giochi di prestigio politici del Duce negli ultimi sei mesi, gli avvenimenti futuri in Italia non coincideranno forse coi suoi desideri personali. Motivo di ciò è che egli desidera ancora combattere, oggi, domani ed in qualunque tempo; mentre i suoi concittadini, che non sono dei guerrieri né lo furono dai tempi di Carlo Magno, desiderano rimanere fuori del conflitto».

ha una visione panoramica delle attuali ostilità in Europa. A causa dei molti imponderabili coinvolti, non vedo motivo per anticipare che una qualsiasi nazione, o una qualsiasi combinazione di nazioni, possa con successo accingersi a dominare sia il continente europeo sia ancor meno una piú vasta parte del mondo.

Io credo sinceramente che la potente influenza dell'Italia e degli Stati Uniti – una influenza che è molto forte finché essi rimangono in pace – possa essere ancora esercitata, quando si presenti l'opportunità adatta, a favore di un negoziato per una pace giusta e stabile che permetta la ricostruzione di un mondo gravemente colpito.

La risposta piú secca Mussolini la riservò a Reynaud: poche righe per rifiutare d'incontrarsi con lui e per un breve richiamo all'alleanza che legava l'Italia alla Germania, un trattato «che l'Italia – come tutte le nazioni che tengono al loro onore – intende rispettare»[376]. Anche quella al papa[377] non era però priva di *vis polemica*:

> La Storia della Chiesa e Voi me lo insegnate, Beatissimo Padre, non ha mai accettato la formula della pace per la pace, della pace «ad ogni costo», della «pace senza giustizia», di una «pace» cioè che in date circostanze potrebbe compromettere irreparabilmente per il presente e per il futuro le sorti del popolo italiano.

La piú argomentata, ma anche la piú assurda («faccio osservare che l'Italia non si è mai occupata dei rapporti delle Repubbliche Americane tra di loro e di esse cogli Stati Uniti – in ciò rispettando la dottrina di Monroe – e potrebbe quindi chiedere la "reciproca" per quanto riguarda gli affari europei») era quella a Roosevelt[378]; vale però la pena di notare che se in essa, come in quella a Pio XII, Mussolini si sforzava di accollare agli anglo-francesi la responsabilità di un suo eventuale intervento e faceva a questo scopo esplicito riferimento al «continuo vessatorio e dannoso» controllo a cui era sottoposto il traffico mercantile italiano, l'eventualità di una partecipazione al conflitto era adombrata in termini leggermente piú sfumati. Mentre al pontefice il «duce» scriveva che, pur comprendendo il suo desiderio «che sia dato all'Italia di evitare la guerra», non poteva «in alcun modo garantire che ciò possa durare sino alla fine», nella chiusa della risposta a Roosevelt sembra quasi di cogliere il desiderio di tenere ancora aperto uno spiraglio alla possibilità di un negoziato:

> Qualora le condizioni lo permettano e sempre partendo dal riconoscimento dei fatti reali e compiuti, l'Italia è pronta a dare il suo contributo per una migliore sistemazione del mondo.

Al di là del loro contenuto, ciò che rende però piú significative queste risposte è il fatto che Mussolini le fece trasmettere subito anche ad Hit-

---

[376] *DDI*, s. IX, IV, p. 184.
[377] *Ibid.*, p. 195. Per la giusta datazione della lettera cfr. *ADSS*, I, p. 432.
[378] *Ibid.*, pp. 213 sg.

ler [379]; evidentemente per dimostrargli la sua buona fede e scongiurare il pericolo che a Berlino si potesse pensare che egli facesse il doppio gioco.

Anche dall'interno del regime non mancarono certo coloro che, piú spesso a voce, ma anche per iscritto, cercarono di influire su Mussolini e trattenerlo dall'entrare in guerra. Allo stato della documentazione, di passi formali – che affrontassero cioè esplicitamente il problema – ne conosciamo però uno solo. Per gli altri, ciò che sappiamo ci induce a credere che piú che altro si trattò di passi indiretti, quasi sempre sotto forma di messe a punto e di denunzie relative alla impreparazione dell'economia e soprattutto delle forze armate a sostenere un conflitto. E ciò spiega che a farli furono soprattutto coloro che avevano piú occasioni e titoli in materia e cioè i militari, anche quelli che non avevano responsabilità dirette (come De Bono e Caviglia) o che cumulavano responsabilità politiche e militari (come Balbo, che fu tra coloro che piú spesso e piú esplicitamente mise in guardia Mussolini), anche se non mancarono interventi di politici puri. Tra questi ricordiamo quello di Carlo Ravasio, tipico oltretutto di come, in genere, questi passi venivano argomentati. La lettera che il redattore capo di «Gerarchia» scrisse il 10 aprile a Mussolini [380] non affrontava l'argomento in termini diretti. Il suo discorso era tutto incentrato su «un dubbio che mi tormenta da molto tempo e mi induce a rivolgerVi la presente», il *dubbio* della «nostra preparazione militare»:

Non so cosa Vi riferisca lo Stato Maggiore; non so se noi abbiamo in riserva armi speciali, finora non note ad alcuno. Non mi consta ma vorrei che cosí fosse. Perché con le armi di pubblico dominio, sia per la loro qualità, sia per la loro quantità, nonostante il magnifico materiale umano di cui le Forze armate potrebbero disporre, noi non dobbiamo ritenerci preparati ad ogni possibile guerra sul Continente e contro nazioni continentali... Duce, io non ho ragioni per ingannarVi. I rapporti che Vi ho mandato sullo stato della nostra preparazione aereonautica e della connessa industria, non sono prodotto di mentalità pessimistica; se voi vorrete, condurrò a

---

[379] *Ibid.*, pp. 222 sg.
[380] La si veda nel suo testo integrale in G. BIANCHI, *Perché e come cadde il fascismo. 25 luglio crollo di un regime*, Milano 1970, pp. 709 sgg.
Il riferimento alle «armi speciali» è probabilmente al cosí detto «raggio della morte» che si favoleggiava fosse stato inventato da G. Marconi e che fermava a distanza i motori. Esperimenti in questo senso erano stati effettivamente fatti negli ultimi tempi della sua vita dallo scienziato, ma l'invenzione non era mai stata portata a termine. Mussolini vi aveva fatto alcuni vaghissimi accenni e si era parlato del «successo» di taluni esperimenti fatti sulle strade vicine a Roma. Nel piú volte ricordato «soliloquio» con I. Fossani, nel 1945, Mussolini si sarebbe intrattenuto a lungo sulla questione, dicendo che Marconi aveva in realtà perfezionato la sua invenzione, ma che, dopo aver chiesto consiglio al papa, aveva deciso di non rivelarla; Mussolini aveva cercato di fargli cambiare idea, ma prima di riuscirci lo scienziato era morto. Per tutta la narrazione, che ha un chiaro valore autodifensivo, cfr. MUSSOLINI, XXXII, pp. 175 sgg., nonché, per il «raggio della morte», G. MASINI, *Guglielmo Marconi*, Torino 1975, pp. 418 sg.

fondo l'inchiesta. Io temo forte che vi sia gente, in buona o in mala fede, decisa a non dirVi la verità. Desidera il Vostro elogio, che sa ambitissimo, e, per ottenerlo, inventa. Inutile dirVi come questa gente, in fondo, tradisca Voi e la Nazione...

Da questa premessa scaturiva la conclusione, chiara nella sostanza, ma significativamente prospettata in una forma tortuosamente indiretta:

Duce, io credo che Voi protrarrete a lungo questa «non belligeranza» che potrà un giorno schierare davanti al Tribunale di Roma tutti i popoli del mondo; ma anche per questo bisogna essere armati, fino ai denti armati.
Perdonate e comprendete la mia preoccupazione che Vi ho esposto con la mia schiettezza di fascista che nulla mai vi ha chiesto e nulla mai Vi chiederà.

Né, al solito, questo comportamento dei piú deve meravigliare troppo. In una realtà come quella dell'Italia fascista del tempo ove tutto e in particolare le fortune politiche di tutti dipendevano dalla volontà del «duce», ove pochissimi ne conoscevano in qualche misura le intenzioni e tutti avevano perso la speranza non solo di influire sulle sue decisioni, ma persino di capire nel suo comportamento e nelle sue parole ciò che era simulazione e manovra e ciò che invece costituiva le sue vere intenzioni, sicché ogni suo atto o dichiarazione era oggetto di contrastanti interpretazioni e valutazioni[381], pochi, pochissimi avevano il coraggio di dargli consigli che sapevano o temevano sgraditi, mentre tutti coloro, o quasi, che pure avrebbero potuto osare di prendere una iniziativa del genere erano convinti che se vi era qualcuno che potesse fermare Mussolini questo era solo il sovrano e che, comunque, il pericolo non fosse immediato. E ciò tanto piú che Mussolini a chi gli manifestava delle preoccupazioni soleva rispondere che esse erano ingiustificate, poiché egli non pensava ad entrare per il momento in guerra e che si trattava soprattutto di «tenere a bada» i tedeschi. L'unico a fare un passo esplicito fu Grandi con una lunga ed assai abile lettera, scrittagli il 21 aprile, nella quale è evidente lo sforzo di porre il discorso nei termini piú adeguati alla sensibilità e alla psicologia di Mussolini. In essa[382] Grandi non attaccava piú, come a settembre, l'alleanza con la Germania e, in un certo senso, non polemizzava neppure con la convinzione di Mussolini che l'Italia non potesse non entrare in guerra, ma lo metteva in guardia dal precipitare le cose senza attendere che il quadro politico del conflitto ancora per niente

---

[381] Tipico è quanto G. Bottai (*Diario* cit., ff. 830 sg.) annotava il 21 aprile '40 a proposito del discorso di quello stesso giorno di Mussolini alle gerarchie sindacali: «Echi contraddittori... Alcuni degli ascoltatori ne àn tratto l'impressione d'un intimo equilibrio; altri d'un impeto ormai inarrestabile. Forse, tutto si riassume in quella immagine esopiana, che dava di sé Mussolini a un suo interlocutore: "Avete mai osservato il gatto, quando studia la preda e d'un balzo le è sopra? Osservatelo. Io mi propongo d'agire allo stesso modo"».
[382] La lettera è stata pubblicata per la prima volta da M. Toscano in «Epoca», 2 maggio 1954, poi ripresa da vari studiosi e pubblicisti nelle loro opere.

chiaro si fosse completamente definito e, in particolare, si fosse definito l'atteggiamento dell'Urss (con grande acume politico, Grandi, sulla base delle notizie da tempo in possesso di palazzo Chigi, dava, tra l'altro, per scontata l'occupazione sovietica della Bessarabia), la vera grande incognita di esso, che ne poteva mutare il corso e il carattere e con essi il suo significato politico e storico per l'Italia. Ecco come Grandi, nella parte centrale della lettera, sviluppò il suo discorso:

> Fino a poco tempo fa, era legittimo di sperare in un componimento del conflitto. L'improvviso attacco della Germania alla Danimarca e alla Norvegia, operato in queste ultime settimane, ha determinato il «fatto nuovo». Il fronte occidentale si sta muovendo. Sui mari incomincia la guerra, sembra adesso, sul serio. Dobbiamo pensare di essere alla vigilia di grandi e decisivi avvenimenti? Non lo so.
> L'Italia ha dichiarato il I Settembre la propria astensione dalla guerra a fianco della Germania. Il Trattato di Alleanza Italo-tedesco del 22 Maggio 1939 non ha operato. Nei sette mesi successivi le relazioni fra Italia e Germania sono state corrette, ma piuttosto fredde. Normali e corrette le relazioni dell'Italia colla Francia e coll'Inghilterra. Noi abbiamo di fatto aiutato queste due Nazioni. Per la ben piccola parte che mi riguarda Tu stesso mi hai autorizzato a fornire al Governo Francese per l'esercito Francese, in notevole quantità, scarpe e cuoi lavorati nei nostri stabilimenti di pena, dipendenti dall'Amministrazione giudiziaria.
> Da un mese a questa parte – è impossibile negarlo – le nostre relazioni colla Francia e coll'Inghilterra sono improvvisamente peggiorate. Sospese di fatto le trattative fra Roma e Londra per il rifornimento del carbone. Fermo di alcuni piroscafi italiani in navigazione, da parte dell'Ammiragliato Brittannico. La stampa italiana ha ripreso improvvisamente a parlare di solidarietà italo-tedesca. Non soltanto in Europa, ma anche in Italia cresce l'inquietudine negli spiriti.
> Mi permetto, per il conto che Tu vorrai farne, di sottometterti le mie impressioni.
> Questa guerra ha tre grandi protagonisti: la *Germania*, l'*Inghilterra*, la *Russia*. La posizione della *Francia* (ed anche quella dell'*Italia*) è complementare.
> La guerra si fa, per ora, fra due Nazioni di origine Germanica: la Nazione tedesca (che sono i «Sassoni della terra») e la Nazione brittannica (che sono i «Sassoni del mare») – Il duello non è ancora divenuto un duello mortale, ma può divenirlo.
> Chi sarà l'arbitro che deciderà dell'esito del mortale duello?
> La Russia.
> La posizione della Russia non è chiara. La Russia, per ora, ha cercato di trarre i massimi vantaggi facendosi pagare dalla Germania un duro prezzo: Polonia, Stati Baltici, Rumenia. Gli Slavi riprendono la marcia verso l'Occidente. Il testamento di Pietro il Grande che indicava l'Occidente ed i caldi mari del sud come direttrice alla futura espansione delle razze slave, è stato raccolto da Stalin, il nuovo «Piccolo Padre» di tutte le Russie.
> Piú volte ti ho raccontato l'effettivo brivido da me sentito nel leggere i passaggi delle «Memorie» dell'ex Ambasciatore francese alla Corte di Pietroburgo (Paleologue) e dell'ex Ambasciatore Brittannico (Lord Buchanan). Eravamo nell'aprile 1915; la guerra europea era scoppiata da otto mesi, esattamente come da otto mesi è scoppiata questa seconda europea. L'Italia, già alleata della Germania e dell'Austria, si preparava ad entrare in guerra a fianco della Francia e dell'Inghilterra, e per

questo era stato firmato il Patto di Londra che attribuiva all'Italia il possesso delle coste di Dalmazia. Alle sollecitazioni fatte dai due Ambasciatori francese e brittannico alla corte di Pietroburgo, perché la Russia ratificasse il Patto di Londra, lo Czar oppose sulle prime un vivace rifiuto, facendo rispondere dal proprio Ministro degli Esteri Sazanoff nei termini seguenti «La Dalmazia all'Italia? Mai. Voi dimenticate che fra i Santi protettori della Santa Russia vi è San Giorgio *"Dalmatico"*».

La Russia deve ancora dire la sua parola definitiva. Quale sarà? Non lo so. Da quale parte si getterà la Russia? Non è ancora possibile dirlo. Per ora «sta» con i Tedeschi. Ma sarà questa la sua posizione «permanente»?

È possibile che la Russia intervenga in futuro con tutto il peso rappresentato dal suo inesauribile potenziale umano e del suo spazio: i due eterni fattori di tutte le guerre Russe. Interverrà all'ultimo momento a fianco del vincitore per spartire il bottino, ovvero contro il probabile vincitore per limitarne i risultati vittoriosi? È impossibile dirlo oggi. Ma la Russia interverrà.

E l'Italia?

A me sembra che se vi è un momento in cui la nostra astensione dalla guerra si addimostra una decisione saggia e corrispondente ai nostri vitali interessi, questo è proprio il momento. Ancora piú che già non lo fosse il I Settembre 1939.

Se la guerra sarà corta (guerra «tedesca») giungendo ad un componimento provvisorio qualsiasi (sarà in questo caso il «secondo» armistizio dopo quello del 1918) ed allora l'ovvio interesse dell'Italia è quello di restare fuori fino in fondo. Ovvero la guerra sarà lunga (guerra «inglese») ed allora a maggior ragione l'ovvio interesse dell'Italia è di preservare fino all'ultimo la sua propria libertà d'azione, in vista degli «imponderabili» di tutte le guerre lunghe. Comunque sarà la posizione che ad un certo momento la Russia assumerà, il «fattore» nuovo e decisivo che permetterà all'Italia di giudicare la via da seguire.

Tu sai, Duce, che io amo lo studio della Storia. Vi è stato un momento nella Storia dell'antica Roma (i barbari già spadroneggiavano entro le provincie dell'Impero ed entro l'Italia medesima), in cui un grandissimo generale romano, Ezio, riuscí a salvare l'Impero intervenendo all'ultima ora in una guerra che si combatteva di fatto fra l'Occidente romano e l'Oriente asiatico rappresentato da Attila, ma nella quale tuttavia si trovavano di fronte due gruppi di Nazioni germaniche: da una parte i Visigoti di Francia i quali difendevano l'Occidente, dall'altra le Nazioni Sassoni di oltre Elba, alleate di Attila, le quali assalivano l'Occidente. Metà del VI Secolo.

Ezio e Roma si alleò coi Visigoti di Francia, e fu salvato l'Occidente romano e l'Europa.

Può darsi che in futuro la Storia si ripeta, se l'Italia saprà attendere la sua ora senza precipitazioni. Non è giammai «tardi» per una Nazione dall'entrare in guerra. L'Italia non è di potenza pari a nessuna delle altre protagoniste dell'attuale dramma europeo, ma «può» tuttavia – in determinate condizioni – costituire il «peso determinante» per la soluzione del dramma nel quadro dei propri interessi nazionali e di quelli dell'Europa. Queste condizioni dipendono da quello che farà o non farà la Russia, la terza grande protagonista ancora assente. Da quella che sarà nel futuro la posizione definitiva che assumerà la Russia, potrà essere giudiziosamente considerata la posizione futura dell'Italia.

Allora soltanto si vedrà.

Ma fino a quel momento, restiamo come siamo: neutrali, non belligeranti, astenuti. Le formule non contano, purché l'Italia rimanga fuori.

Intanto però prepariamoci ed armiamoci sul serio.

La lettera non ebbe alcuna risposta. Il diario di Ciano non vi fa cenno e Mussolini non ne ha parlato nella sua *Storia di un anno*, dove difficilmente avrebbe potuto essere presentata come una «prova» contro Grandi. È dunque impossibile dire che reazione suscitò in lui. È possibile però che il suo effetto sia stato minore di quello che Grandi doveva essersi atteso. Finché rimanevano segrete e finché egli non avesse deciso di scendere in campo, posizioni come quella di Grandi potevano irritarlo, apparirgli come «indebite interferenze», ma non preoccuparlo veramente. Una conferma ci pare si possa trovare in un episodio di qualche giorno dopo, conservatoci dalle memorie dello stesso Grandi, e che, oltre tutto, è assai utile per capire l'atmosfera di quei giorni e l'incertezza sulle reali intenzioni di Mussolini nella quale dovevano dibattersi anche coloro che meglio lo conoscevano. Scrive Grandi[383]:

> Il 27 aprile si chiudeva l'ordinaria sessione dei lavori del Parlamento per l'esame annuale del bilancio dello Stato. Era costume in tale occasione che il Presidente della Camera pronunciasse un breve discorso di saluto e di augurio al Capo del Governo. Lo scrissi infatti e lo inviai, come era l'uso, a P. Venezia perché il Capo del Governo ne avesse preventiva visione nel caso di una sua eventuale risposta. Poche ore dopo il testo mi fu ritornato interamente modificato, con frasi che non mi soddisfacevano. Mi recai allora a P. Venezia e dissi a Mussolini le ragioni per cui tale discorso, cosí come era stato da lui modificato, non mi sembrava opportuno. Una frase soprattutto mi colpí: «L'Italia sa di non essere fuori o in margine dell'attuale conflitto...» Mussolini mi espresse, con tono pacato e convincente, il suo pensiero: «Occorre assolutamente, in questo momento indubbiamente delicato, non insospettire i tedeschi. Non sappiamo cosa essi effettivamente faranno. Non ho nessuna intenzione di entrare in guerra. Ma voglio cloroformizzare i tedeschi. D'altra parte sembra che da Parigi, da Londra e soprattutto da Washington si decidano finalmente a farci delle offerte serie. Queste offerte si faranno ancora piú serie nel prossimo avvenire. Verrà il momento che la nostra neutralità ci sarà pagata a caro prezzo, tanto piú caro quanto piú se ci si convincerà che l'Italia non è decisa a stare, qualunque cosa accada, alla finestra». Le parole di Mussolini e il tono con cui egli le proferiva davano l'impressione che egli effettivamente le pensasse. Ancora oggi credo che ancora in quel momento – 27 aprile – egli non pensasse seriamente alla guerra.

In questo contesto già cosí confuso e deteriorato, alle cinque del mattino del 10 maggio su Mussolini si abbatté – del tutto inattesa – la notizia dell'inizio dell'attacco tedesco contro la Francia.

---

[383] D. GRANDI, *Memorie* cit.; sempre Grandi (*ibid.*) riferisce che alla fine di aprile a Balbo, che era venuto da Tripoli per sollecitare l'invio in Libia di artiglierie e materiali da fortificazione, Mussolini, rifiutandoglieli, avrebbe detto: «Non ci sarà la guerra. Pensa ai tuoi coloni, ai tuoi pozzi d'acqua e ai tuoi ulivi».

Il discorso di Grandi fu pubblicato (oltre che negli *Atti Parlamentari, Camera dei Fasci e delle Corporazioni, XXX Legislatura, Assemblea plenaria* del 27 aprile 1940, pp. 612 sg.) da tutti i giornali e «affisso», su decisione della Camera. Le successive fasi della sua elaborazione, ma non gli interventi di Mussolini, sono documentati in *Archivio D. Grandi*, b. 124, fasc. 169, sott. 6.

Capitolo settimo
L'intervento

L'ultima lettera scritta da Hitler il 3 maggio a Mussolini per ragguagliarlo sugli sviluppi delle operazioni in Norvegia non conteneva nulla che potesse far pensare ad una imminente azione ad Occidente. Quando alle cinque della mattina del 10 maggio von Mackensen si recò a villa Torlonia per consegnargli una nuova lettera del Führer e un grosso pacco di documenti il «duce» tutto si poteva attendere salvo che si trattasse dell'annuncio che l'offensiva era cominciata. Evidentemente Hitler, ammaestrato da quanto era avvenuto mesi prima, quando da parte italiana si erano preavvertiti i belgi che l'invasione del loro paese rientrava nei piani tedeschi, aveva voluto mantenere fino all'ultimo il piú rigoroso riserbo. Da qui il bisogno di giustificarsi in qualche modo con il «duce», sostenendo di aver preso la sua decisione solo dopo che «negli ultimi giorni sono aumentate le notizie secondo le quali l'Inghilterra – istruita dalle esperienze fatte in Norvegia – fosse ormai decisa ad occupare improvvisamente in Olanda un certo numero di punti di appoggio militarmente importanti» e sulla base dei «minacciosi avvenimenti degli ultimissimi giorni» ai quali, appunto, si riferivano i documenti contenuti nel grosso pacco che von Mackensen era incaricato di consegnare a Mussolini insieme alla lettera.

Poiché – a giudicare dalla situazione delle cose – ci troviamo da ieri – scriveva nella sua lettera datata 9 maggio [1] – sotto la minaccia di un immediato pericolo, cosí mi sono quest'oggi deciso ad ordinare per domani mattina alle ore 5,35 l'attacco sul fronte occidentale, ed ad assicurare anzitutto con mezzi militari la neutralità del Belgio e dell'Olanda.

A questa «comunicazione» seguivano, prima un generico invito a Mussolini a «comprendere la forza delle circostanze che mi costringe ad agire», poi due brevi periodi, tutt'altro che limpidi, dato che potevano essere intesi sia come una manifestazione di pieno, fiducioso rispetto per

[1] *DDI*, s. IX, IV, pp. 289 sg.

il senso di responsabilità e la sagacia del «duce», sia come un esplicito e minaccioso invito a farla finita con gli indugi e a intervenire al piú presto:

> Spero che mi riuscirà di creare tra breve quella situazione cui accennavo nel nostro ultimo incontro.
> Vi terrò al corrente dell'azione e Voi potrete essere cosí in grado di considerare e prendere in piena libertà le decisioni di cui crederete assumere la responsabilità nell'interesse del Vostro popolo.

Ciano nel suo diario (dove afferma anche di aver subito detto al suocero che «per ora conviene aspettare e vedere: è un gioco lungo, tanto lungo quanto adesso non è possibile concepire») mostra di averlo inteso come «un gentile invito». Non sappiamo come l'avesse inteso Mussolini. Certo la notizia dell'inizio dell'offensiva non dovette fargli alcun piacere, anche se a von Mackensen disse che «approvava *toto corde* l'azione di Hitler»[2] e se inviò subito a Berlino un messaggio di risposta cosí conpito[3]:

> Vi ringrazio del Messaggio che mi avete mandato nel momento in cui le vostre truppe ricevevano l'ordine di marciare ad Occidente. Come per la campagna di Norvegia la stampa e l'azione del Partito orienteranno lo spirito del popolo italiano verso la comprensione della necessità nella quale Vi siete trovato. Sento che i tempi incalzano anche per l'Italia e vi sono profondamente grato della Vostra promessa di tenermi informato degli sviluppi dell'azione onde mettermi in grado di prendere le mie decisioni. Per quanto concerne le forze militari italiane, la Marina è pronta ed entro maggio saranno pronti due gruppi di armate ad ovest ed est cosí come l'aviazione e le formazioni antiaeree. Superfluo dirVi che io seguo l'azione delle Vostre truppe con fiducia e spirito cameratesco.

Sebbene estremamente vago («caldo ma non impegnativo» lo definí Ciano[4]), era pur sempre un ulteriore passo sulla via dell'impegno. E altri ne seguirono nei giorni successivi. Il 14 Ciano, il cui atteggiamento stava cominciando a mutare[5], disse a von Mackensen che il momento dell'intervento si avvicinava («ormai non è piú questione di mesi: è questione di settimane e forse di giorni») e all'ambasciatore statunitense che se fino ad una settimana prima le probabilità di un intervento erano il cinquanta per cento, ora erano salite al novanta per cento[6] e il 19 Musso-

---

[2] Cfr. G. CIANO, *Diario* cit., p. 427.
[3] *DDI*, s. IX, IV, p. 288.
[4] G. CIANO, *Diario* cit., p. 428.
[5] Cfr. a questo proposito le giuste osservazioni di G. L. ANDRÉ, *La guerra in Europa* cit., pp. 388 sgg.
[6] G. CIANO, *Diario* cit., p. 430 ove l'affermazione è attribuita a Mussolini, ma l'attribuzione non convince, dato che von Mackensen nel suo rapporto sull'incontro (*DGFP*, s. D, IX, pp. 338 sg.) riferisce una frase molto simile di Ciano e tace invece a proposito di affermazioni cosí impegnative del «duce» che, se pronunciate, non avrebbe certo mancato di comunicare a Berlino. Cfr. a questo proposito anche G. L. ANDRÉ, *La guerra in Europa* cit., p. 389 e nota; W. PHILLIPS, *Ventures in diplomacy* cit., pp. 271 sg. (la data si ricava da C. HULL, *Memorie di pace e di guerra*, Milano-Roma 1949, I, p. 303).

lini, in un secondo messaggio ad Hitler in risposta alle lettere che questi continuava a mandargli per informarlo sullo svolgimento delle operazioni, si espresse in questi termini[7]:

> Vi ringrazio che abbiate trovato durante una pausa della formidabile vittoriosa battaglia il tempo per trasmettermi una comunicazione sullo svolgimento delle operazioni. Vi ripeto che tali operazioni sono seguite non solo con interesse ma con entusiasmo dal popolo italiano il quale è ormai convinto che il periodo di non belligeranza non può durare molto a lungo. A questo proposito mi riprometto di darvi importanti notizie nei prossimi giorni. Ritengo che il Vostro Ministro degli Esteri vi abbia già comunicato i Messaggi che mi sono stati recentemente mandati da Roosevelt e da Churchill e le mie risposte ma tutto ciò ha ormai una molto relativa importanza. Vi mando i miei piú camerateschi saluti.

Forse fu per questo che Hitler nelle tre lettere inviate a Mussolini nelle successive settimane (il 13, il 18 e il 25 maggio[8]) non tornò piú sul tema dell'intervento italiano, limitandosi a spianarne la strada con una cronaca via via piú esaltante dei successi delle sue truppe e con una crescente ostentazione della sua sicurezza in una rapida e decisiva vittoria. Già in quella del 18 maggio le sue affermazioni al proposito erano drastiche: «Il miracolo della Marna del 1914 non si ripeterà piú!» Una settimana dopo la sua sicurezza nella vittoria si accompagnava ad un quadro della situazione che l'avrebbe fatta apparire giustificata non solo a Mussolini ma a chiunque:

il successo ha avuto piena ragione di tutte le misure che erano state prese contro di noi. Per il momento il fronte verso sud è saldamente coperto, mentre verso nord già puntiamo decisivamente su Calais. Da stamane tutte le Armate ricominciano il loro attacco contro un nemico che già mostra di essere fiaccato nella sua capacità di resistenza. Nella zona che si restringe sempre di piú si trovano:
1) 20 divisioni belghe, o per meglio dire, i loro resti;
2) 13-14 divisioni britanniche, e cioè i loro resti;
3) per lo meno 28 divisioni francesi di prima linea ed altre 10 e forse piú divisioni di riserva.

Si calcola quindi che le forze unite olando-belgo-franco-inglesi hanno in pochi giorni perduto circa il 60% dei loro effettivi totali.

Delle truppe britanniche, dovrebbero rimanere ormai sul continente appena due divisioni, oltre ad alcune riserve assai male istruite che si trovano a sud del nostro sbarramento. Delle francesi dovrebbero esservene al massimo 60, delle quali però una gran parte già duramente provate. Contro queste 60 divisioni complessive di cui Francia e Inghilterra possono ancora disporre, e una parte delle quali sono immobilizzate sulla vecchia frontiera (linea Maginot) e sulle Alpi, sarà in linea, tra poco, un fronte d'attacco tedesco di circa 165 divisioni.

Il dominio dell'aria è totalmente assicurato per quanto concerne l'aviazione

---

[7] *DDI*, s. IX, IV, pp. 394 sg.
[8] *Ibid.*, pp. 340 sgg., 390 sg., 457 sgg.

francese. Per quanto concerne quella britannica la nostra superiorità si è affermata abbastanza per garantire ad ogni momento la difesa del continente contro attacchi aerei da parte inglese.

Se Hitler non tornò piú nelle sue lettere sull'argomento intervento, a Berlino però questo – nonostante le ripetute «assicurazioni» di Mussolini, Ciano e Alfieri e sebbene esso, *in quel momento, militarmente* non interessasse molto ai tedeschi, sicché, in teoria, sarebbero stati anche disposti a lasciare altro tempo agli italiani per la loro preparazione – non veniva dato ancora per sicuro e le perplessità e le preoccupazioni sull'atteggiamento italiano non diminuivano. Un'eco di esse è percepibile in ciò che Göring disse, il 22 maggio, ad Alfieri che si era recato da lui per consegnargli le insegne dell'Annunziata. Il maresciallo prima fece un quadro della situazione militare e dei suoi prossimi sviluppi, sino a quando «padrona di tutta la costa ed avendo occupata Parigi, per la Germania verrà la volta dell'Inghilterra»; poi pose ad Alfieri in forma diretta ed esplicita la domanda che piú gli stava a cuore: in che data l'Italia sarebbe entrata in guerra? E quando Alfieri disse di non saperlo e che «tale decisione sarà comunicata dal Duce quando egli crederà opportuno o necessario di prenderla» rimase «un poco interdetto», tant'è che nel suo rapporto l'ambasciatore italiano osservò:

> Evidentemente egli era al corrente del messaggio del Duce annunciante l'imminenza di avvenimenti importanti. Ho allora aggiunto che evidentemente la data non può essere molto lontana, anche perché ormai l'opinione pubblica in Italia è entrata in un'atmosfera ardente; ed il Duce ha l'abitudine di bruciare le tappe.

Al che Göring disse subito che a suo avviso il «momento ottimo» sarebbe stato «immediatamente quello susseguente alla capitolazione delle forze franco-inglesi che attualmente sono già tagliate fuori ed all'investimento di Parigi», in modo da determinare la capitolazione della Francia e, forse, una rivoluzione interna. Dopo di che, avendogli Alfieri chiesto se riteneva possibile un intervento statunitense, si affrettò a rassicurarlo nei termini piú drastici:

> ciò non ha nessuna speciale importanza. L'America per poter esercitare una diretta influenza in Europa, abbisogna di una testa di ponte che, nel caso in oggetto, sarebbe la Francia. Tolta questa di mezzo, non si vede dove e come l'America potrebbe sbarcare i suoi uomini ed i suoi apparecchi. Da non trascurare poi il fatto che i porti francesi dell'Atlantico cadono oggi entro il raggio di azione dei bombardieri tedeschi.

E, subito dopo, evidentemente allarmato per la domanda di Alfieri, dimostrò «un inatteso e insospettato interesse» per i rapporti tra l'Italia e la Chiesa, che mostra bene come i tedeschi temessero che Mussolini potesse essere trattenuto dall'entrare in guerra dall'opposizione dei cattolici e dalla paura «che il Papa in coincidenza con l'entrata in guerra dell'Italia possa prendere un atteggiamento cosí contrario da indurlo ad emanare una specie di scomunica contro il Duce per essersi irrimediabilmente legato in azioni di guerra con la nazione in cui si propaganda ufficialmente l'antireligione cattolica»[9].

Ma torniamo a Roma. La notizia dell'offensiva tedesca, se fece rimanere gli italiani col fiato sospeso, tutti piú o meno consapevoli che da essa dipendevano le sorti dell'Europa e dell'Italia in primo luogo, per Mussolini non fu solo una sorpresa, ma la molla che portò in lui al massimo una serie di reazioni contrastanti che – con gli alti e bassi tipici del suo carattere – continuarono per un paio di settimane ad accavallarsi e ad agire su di lui, rendendolo incapace di una decisione che sentiva di dover prendere e voleva prendere, ma alla quale, tutto sommato, cercava di sottrarsi, sperando che qualche fatto nuovo gli permettesse di non prenderla, di rinviarla e – almeno in un primo momento – di avere ancora tempo per prenderla. Ammesso anche che si fosse sbagliato nella valutazione della forza dell'esercito francese e delle sue capacità di resistenza, non erano stati proprio Hitler e von Ribbentrop (e prima della campagna di Norvegia) a dire che per piegare la Francia sarebbero occorsi alcuni mesi e che avevano parlato di vittoria «prima della fine dell'anno» (Hitler) o «prima dell'autunno» (il sempre ottimista von Ribbentrop)? Si era a maggio; c'era dunque ancora tempo per decidere...

Un'attenta lettura delle fonti disponibili permette di sintetizzare cosí le sue piú caratteristiche reazioni: *a*) desiderio di partecipare al conflitto che sentiva ormai come decisivo per l'Europa e per l'Italia[10]; *b*) scetticismo sulle possibilità dei tedeschi di riportare una vittoria decisiva; *c*) convinzione che se gli Stati Uniti erano decisi ad aiutare le democrazie lo avrebbero fatto adesso, per impedire la loro sconfitta sul continente e la messa fuori causa della Francia; *d*) volontà di intervenire solo se fosse stato sicuro della vittoria finale su tempi brevi; *e*) paura che un ritardo nell'intervenire rendesse il suo apporto alla vittoria irrilevante e diminuisse vieppiú il suo peso al tavolo della pace e – se troppo rinviato – irritasse addirittura i tedeschi al punto da spingerli a fargli pagare il fio

[9] *Ibid.*, pp. 428 sgg. e in particolare pp. 430 sgg.
[10] Cfr. O. DINALE, *Quarant'anni di colloqui con lui* cit., p. 167: «Guerra fascista, si sussurra nelle suburre di casa nostra e riprende l'eco della radio di Londra. Che fascista d'Egitto! La mia, la guerra fascista del popolo è stata conclusa ad Addis Abeba.

«Questa è la guerra italiana per antonomasia, che avrebbe dovuto ridarci il nostro mare e le nostre terre, che avrebbe dovuto aprire le porte del vastissimo campo africano al lavoro e al genio degli Italiani. È, ahimè, la guerra santa dell'Europa per una libertà e una indipendenza effettiva contro il gioco secolare della sterlina inglese, dei cinque pasti, del puritanismo inglese, della bibbia inglese, della canna d'avorio dal pomo dorato, della regale imperiale lorderia inglese».

del suo «tradimento» dell'anno prima e delle sue ambiguità e tergiversazioni successive; sintomatiche sono a quest'ultimo proposito due sue battute, una, con O. Sebastiani l'11 maggio, a commento dei messaggi inviati da Pio XII ai sovrani del Belgio, dell'Olanda e del Lussemburgo invasi dai tedeschi: «Se continueremo con la neutralità che molti vorrebbero, anche a noi toccherebbe un bel telegramma di sdegno del papa da sventolare davanti ai tedeschi occupanti»; e un'altra, con O. Dinale alcuni giorni dopo: «Ammettiamo, per assurdo, la dannata ipotesi che la situazione si dovesse capovolgere con l'intervento dell'America. Opini tu che in tale evenienza l'esagitato Hitler tollerasse [*sic*] piú di un minuto la nostra neutralità? Ci invaderebbe in ventiquattrore e in tre giorni arriverebbe a Capo Melibeo. E certamente con una ben piú spietata ferocia di quella con cui ha spianato la Polonia»[11]. Né, infine, va sottovalutata l'irritazione suscitata in lui dalle opposizioni all'intervento, che sapeva ancora numerose, e che faceva in lui tutt'uno col desiderio sempre piú vivo di metterle a tacere, riaffermando cosí il suo potere e impedendo il ripetersi della situazione di isolamento e di debolezza nella quale si era venuto a trovare in agosto e settembre.

Il diario di Ciano contiene varie annotazioni che confermano bene questo complesso stato d'animo e le sue contraddizioni. Esso registra sin dal momento dell'arrivo della prima lettera di Hitler il vivo desiderio di Mussolini di intervenire (anche se in un primo momento con qualche velleità, poi abbandonata, piú di un'azione autonoma e tutto sommato in chiave antitedesca contro la Iugoslavia che di un intervento contro gli anglo-francesi[12]) e i veri e propri sfoghi che facevano annotare al genero che nulla, salvo «una nuova piega degli avvenimenti militari», avrebbe ormai potuto trattenerlo, come questo del 13 maggio[13]:

> Qualche mese fa, dissi che gli alleati avevano perso la vittoria, oggi ti dico che hanno perso la guerra. Noi italiani siamo già abbastanza disonorati. Ogni ritardo è inconcepibile: non abbiamo piú tempo da perdere. Entro il mese dichiaro la guerra. Attaccherò Francia e Inghilterra in aria e in mare. Non penso piú all'azione contro la Iugoslavia: sarebbe un umiliante ripiego.

Ma registra anche come a questi sfoghi non seguisse nulla di concreto. Quattro giorni dopo quello ora citato, per esempio, vi si legge[14]:

> Le notizie dal fronte francese sono di travolgente avanzata germanica. San Quintino è preso e di lí si minaccia direttamente Parigi... Mussolini è calmo, e, almeno finora, non accenna alla volontà di accelerare i tempi dell'intervento.

---

[11] N. D'AROMA, *Churchill e Mussolini*, Roma 1962, p. 233; O. DINALE, *Quarant'anni di colloqui con lui* cit., p. 170.
[12] G. CIANO, *Diario* cit., p. 428.
[13] *Ibid.*, p. 430.
[14] *Ibid.*, p. 432.

E ancora il 20 maggio Ciano annotava: «oggi non parla di intervento»[15]. Da un'annotazione del giorno successivo si evince che ad un intervento su tempi brevissimi Mussolini non doveva pensare, se Ciano, parlandogli della necessità di mettere in chiaro preventivamente con i tedeschi «quanto, a partita chiusa, dovrà venire a noi», poteva dirgli, senza che egli ribattesse alcunché, che pensava di incontrarsi a questo scopo con von Ribbentrop «dopo il primo di giugno»[16] e poteva partirsene per quattro giorni per una visita alla sua amata Albania. Né il quadro cambia se si spinge lo sguardo al di là di quanto annotato da Ciano.

Con l'inizio della campagna di Francia gli sforzi per trattenere Mussolini dal seguire la Germania erano ripresi: nella nuova situazione militare che si andava delineando, per impreparata che fosse l'Italia, il suo apporto sarebbe potuto essere decisivo per piegare la Francia e avrebbe potuto creare grosse difficoltà anche all'Inghilterra; non a caso Churchill nella prima lettera scritta a Roosevelt dopo l'intervento italiano avrebbe notato che «l'oltraggio italiano ci obbliga ad affrontare un numero molto superiore di sommergibili, che possono spingersi fin nell'Atlantico e forse disporre di basi in porti spagnoli»[17]. Il 14 maggio Roosevelt – in seguito ad una «frenetica» richiesta francese[18] – indirizzava a Mussolini un nuovo messaggio personale dai toni significativamente piú concilianti di quelli usati il mese prima[19]:

> Io non so, Eccellenza, quali siano i Vostri piani o le Vostre intenzioni ma le notizie che mi giungono da varie fonti, secondo le quali Voi stareste contemplando una prossima entrata in guerra, sono ragione per me di grave preoccupazione. Forze di distruzione, forze che negano Dio, forze che tentano di dominare l'umanità con il terrore piuttosto che con la ragione, sembra che in questo momento stiano estendendo la loro conquista contro cento milioni di esseri umani il cui solo desiderio è la pace. Voi, che il grande Popolo Italiano chiama il suo Condottiero, avete nelle Vostre mani la possibilità di arrestare il dilagare di questa guerra ad un altro gruppo di duecento milioni di anime nel settore mediterraneo.
>
> Vi ho fatto sapere, Eccellenza, in altra occasione, che sono un realista. Come realista anche Voi, lo so, riconoscerete che se questa guerra dovesse estendersi a tutto il mondo essa non potrebbe essere piú controllata dai Capi di Stato e porterebbe con sé la distruzione di milioni di vite e della parte migliore di quella che noi chiamiamo la libertà e la cultura della civiltà. E nessun uomo, per quanto onnisciente, per quanto potente, può prevedere le conseguenze, sia per sé, che per il suo popolo.

---

[15] *Ibid.*, p. 433.
[16] *Ibid.*
[17] Cfr. ROOSEVELT-CHURCHILL, *Carteggio segreto di guerra*, Milano 1977, pp. 122, ma anche 118.
[18] L'aggettivo è del segretario di Stato statunitense C. HULL, *Memorie di pace e di guerra* cit., I, p. 303.
[19] *DDI*, s. IX, IV, pp. 348 sg.; nonché G. CIANO, *Diario* cit., p. 431.
Quasi contemporaneamente l'ambasciatore americano in Francia, Bullitt, in un colloquio col nunzio, mons. Valeri, gli prospettava però l'idea che, per trattenere Mussolini, il papa lo minacciasse di scomunica. Cfr. *ADSS*, I, pp. 458 sg. Nello stesso senso si muoveva, su richiesta di Reynaud, anche il cardinal Suhard. Cfr. *ibid.*, pp. 460 sg. e 464.

Io Vi rivolgo pertanto il semplice appello che Voi, che siete responsabile dell'Italia, tratteniate la Vostra mano e restiate completamente estraneo da ogni guerra e Vi asteniate da ogni minaccia di attacco. Cosí soltanto Voi potete aiutare l'umanità stanotte, domani e nelle pagine della storia.

Ancora piú significativo è però che due giorni dopo gli scrivesse anche Churchill, che aveva appena assunto la guida del governo inglese in sostituzione di Chamberlain. Di tutti i passi fatti tra aprile e giugno su Mussolini, questo era certamente il piú fermo e dignitoso; un avvertimento e nulla piú: l'Inghilterra non avrebbe desistito dalla lotta qualsiasi fosse stato l'esito della battaglia in corso sul continente. Un avvertimento che spiega bene l'atteggiamento intransigente che Londra avrebbe assunto qualche giorno dopo di fronte ai propositi di Parigi (e di Washington) di cercare di trattenere in extremis Mussolini offrendogli tangibili contropartite coloniali, ma che per noi è interessante soprattutto per un altro motivo: il giorno prima di scrivere al «duce», il premier, in una lettera a Roosevelt [20], aveva detto sí di aspettarsi che Mussolini «accorrerà per partecipare al saccheggio della civiltà», ma aveva aggiunto di non esserne però ancora certo; il che, per un verso, spiega perché anche un uomo come Churchill si piegasse a scrivere in quel momento a Mussolini e, per un altro verso, ci fa capire che, nonostante tutto, persino Londra a metà maggio non era sicura al cento per cento che Mussolini si fosse tagliato completamente i ponti alle spalle. Ecco il testo della lettera inviatagli da Churchill [21]:

Ora che ho assunto l'ufficio di Primo Ministro e Ministro della Difesa torno con la memoria ai nostri incontri a Roma e sento il desiderio di rivolgere parole di buona

---

[20] ROOSEVELT-CHURCHILL, *Carteggio segreto di guerra* cit., pp. 117 sg.
[21] *DDI*, s. IX, IV, pp. 365 sg.
Questa lettera, insieme alle due di Mussolini del 18 maggio 1940 e del 24 aprile 1945 a Churchill, costituisce uno degli elementi sui quali si fondano coloro che, a piú riprese, hanno sostenuto l'esistenza di un «carteggio Churchill-Mussolini» degli anni di guerra, andato misteriosamente perduto (forse recuperato dallo stesso Churchill nell'immediato dopoguerra) o non ancora ritrovato. Un autorevole e assai ben informato autore come H. MCGAW SMYTH, *Secrets of the fascist era*, London-Amsterdam 1975, pp. 214 sgg. non ha escluso del tutto la possibilità che il carteggio sia esistito. Della questione tratteremo nel prossimo volume. Per la parte del presunto carteggio che riguarderebbe il periodo di cui ci stiamo qui occupando, basterà dire che su di essa esistono due versioni. Secondo una, Churchill, di fronte alla delineantesi sconfitta francese e nell'eventualità che anche l'Inghilterra si trovasse costretta a venir a patti con la Germania, avrebbe addirittura chiesto a Mussolini di entrare in guerra, in modo che al tavolo della pace, di fronte ad inglesi e francesi, non sedesse solo Hitler, ma anche l'unica persona in grado di moderarlo. Tale versione è a nostro avviso del tutto inattendibile: testimonianze come quella di A. TARCHI, *Teste dure*, Milano 1967, p. 170, non sono certo sufficienti a suffragarla. Secondo un'altra versione, piú attendibile, tra il dicembre 1939 e il febbraio 1940 Churchill avrebbe scritto a Mussolini almeno quattro lettere per comunicargli che la marina inglese avrebbe tenuto un atteggiamento benevolo nell'applicazione del blocco alle navi italiane e per assicurarlo cautamente sulla disponibilità inglese ad esaminare al momento opportuno alcune delle rivendicazioni italiane, il tutto come contropartita del mantenimento da parte italiana di una stretta neutralità. Cfr. a questo proposito F. BANDINI, *Vita e morte segreta di Mussolini*, Milano 1978, pp. 98 sgg.

volontà a Voi come Capo della Nazione Italiana attraverso quello che sembra divenire un baratro rapidamente allargantesi. È troppo tardi per impedire che scorra un fiume di sangue fra i popoli britannico e italiano? Non v'è dubbio che entrambi possiamo reciprocamente infliggerci gravi danni e massacrarci l'un l'altro duramente e oscurare il Mediterraneo con la nostra lotta. Se voi cosí decidete bisogna che sia cosí; ma io dichiaro che non sono mai stato il nemico del popolo italiano, né mai sono stato nel mio cuore l'avversario di colui che dà le leggi all'Italia. Sarebbe fuori di luogo far previsioni sul corso delle grandi battaglie che ora divampano in Europa, ma sono sicuro che qualunque cosa possa accadere sul continente l'Inghilterra proseguirà fino alla fine, anche se completamente sola, come abbiamo già fatto altre volte, ed io ritengo con qualche buon motivo che saremo aiutati in maniera crescente dagli Stati Uniti d'America e anzi da tutte le Americhe.

Vi prego di credere che è senza alcun spirito di debolezza o di paura che io Vi rivolgo questo solenne appello, di cui rimarrà memoria. Attraverso tutte le epoche, sopra tutti gli altri richiami, ci giunge il grido che gli eredi comuni della civiltà latina e cristiana non debbono affrontarsi l'un gli altri in una lotta mortale. Ascoltatelo, ve ne scongiuro con tutto l'onore e con tutto il rispetto, prima che lo spaventoso segnale sia dato.

Esso non sarà mai dato da noi.

Le risposte di Mussolini ad entrambi i messaggi[22] confermavano che l'Italia voleva rimanere fedele alla scelta di campo fatta con l'alleanza con la Germania e agli obblighi d'onore che essa comportava. In quella a Churchill vi era inoltre un polemico richiamo all'«iniziativa presa nel 1935 dal vostro governo per organizzare a Ginevra le sanzioni contro l'Italia, impegnata a procurarsi un po' di spazio al sole africano senza recare il minimo danno agli interessi e ai territori vostri e altrui» e allo «stato di schiavitú vero e proprio nel quale l'Italia si trova nel suo stesso mare». Ma piú in là di questa conferma non andavano. E – cosa ben piú significativa – piú in là Mussolini non andò neppure quando, il 16 maggio, parlando a palazzo Venezia alle gerarchie trentine[23], polemizzò con quei «residui» elementi che all'interno «preferirebbero non battersi» (perché «la paura è piú forte di loro», «perché conservano ancora delle "filie"», perché «si lasciano trascinare dal sentimento») o «pregano e fanno pregare per la pace» e annunciò che l'Italia sarebbe entrata in guerra. Lo annunciò con tono categorico e con tutta una serie di argomenti:

In questo particolare momento, noi che abbiamo sempre predicato da questo balcone la necessità di preparare una gioventú guerriera, esaltando la «selva di baionette», non possiamo rimanere dietro le persiane... Se è vero, come è vero, che oggi si sta rifacendo la carta geografica dell'Europa, è altrettanto vero che l'Italia non può rimanere fuori dal conflitto, e in questo caso la pace sarebbe fatta senza di essa e contro di essa e la nostra patria scadrebbe dal ruolo di grande potenza mondiale a

---

[22] *DDI*, s. IX, IV, pp. 389 sg. (entrambe le risposte sono in data 18 maggio 1940). W. S. CHURCHILL, *The second world war* cit., II, p. 95, osserverà che la risposta aveva il merito della sincerità.
[23] MUSSOLINI, XXIX, pp. 393 sgg.

nazione di secondo ordine, sarebbe declassata e questo non lo permetterò mai. La nostra penisola non si trova relegata ai margini dell'Europa, lontana dai grandi cozzi dei popoli e fuori delle linee della grande storia, come la Spagna. Al contrario, posta come è al centro tra la Germania e la Francia, non può rimanere assente dalla lotta. Finché la guerra era in Polonia e anche in Norvegia, poteva sussistere per noi lo stato di non belligeranza; ma ora che la guerra è giunta a Lione e Tolone, e par di sentire il rumore delle esplosioni proprio in vista di quel Mediterraneo dove l'Italia è prigioniera, noi non possiamo rimanere in questa posizione.

Ora l'Italia deve rompere finalmente questo cerchio di ferro. Inoltre deve far fronte ai suoi impegni d'onore. Se questo non avvenisse, se il popolo italiano non facesse onore alla sua firma, il giudizio del mondo su di noi sarebbe inesorabile... Per tutto quanto vi ho detto è dunque inevitabile, dico inevitabile, che l'Italia intervenga e interverrà.

Ma, giunto a questo punto della sua perorazione, si era poi come tirato indietro, dimostrando una cautela che, dato l'uomo, andava oltre quella dovuta al carattere semipubblico del discorso (non destinato alla pubblicazione, ma inevitabilmente destinato ad essere conosciuto rapidamente in Italia e all'estero) e rivela piuttosto la sua volontà di «non precipitare» le cose, di attendere ancora per vedere come si sarebbe sviluppata la battaglia in corso:

Quando? – aveva concluso seccamente. – Non è qui il luogo e il momento di fissare date. Quando l'ora verrà, noi marceremo. Con questo non voglio dire che la nostra azione debba essere imminente, per quanto la storia proceda con il ritmo veloce delle divisioni corazzate e motorizzate.

Insomma, a metà maggio, se a Londra non si era ancora sicuri al cento per cento che Mussolini sarebbe entrato in guerra, neppure Mussolini aveva ancora raggiunto la certezza che fosse venuto il momento «giusto» per intervenire e vi sono alcuni elementi per ritenere – per quanto la cosa possa sembrare incredibile – che nel suo intimo egli avesse ancora dei dubbi e un filo di speranza di poterlo evitare.

Pur parlando continuamente di guerra con Ciano e con gli altri suoi collaboratori (ma senza mai uscire dal generico e fissare date e dando l'impressione di pensare ad una scadenza non vicinissima: il 19 maggio, a Bottai che voleva sapere di quanto tempo potesse disporre per lo svolgimento degli esami, disse: «C'è tutto il tempo. Intanto, noi già assolviamo un'importante funzione, tenendo immobilizzati oltre mezzo milione d'uomini»[24]) e pur essendo profondamente colpito dal succedersi delle vittorie tedesche sino a rimanerne talvolta sconvolto (la testimonianza del generale Pricolo sull'effetto prodotto su di lui dalla notizia del pas-

---

[24] G. BOTTAI, *Diario* cit., f. 843.

saggio della Mosa[25] è caratteristica), nelle due settimane immediatamente successive l'inizio dell'offensiva tedesca non risulta alcuna iniziativa che possa essere addotta come prova di una sua concreta decisione di scendere in guerra nel giro di pochi giorni. Documentariamente, almeno, non ve ne è traccia e neppure la ricchissima memorialistica su quei giorni offre elementi probanti. Anche un esame delle sue udienze di queste due settimane è di scarsa utilità. Esse continuarono nel complesso con il ritmo e i caratteri normali; persino quelle di natura non immediatamente politica o di «rappresentanza» (che non furono sospese). A parte una improvvisa convocazione, la mattina del 10 maggio, dopo aver avuto la notizia dell'attacco tedesco, dei tre sottosegretari militari[26], anche i colloqui con i responsabili delle forze armate non risulta avessero un particolare incremento; sino a tutto il 28 maggio Badoglio fu ricevuto solo due volte (il 20 mattina per trentotto minuti e il pomeriggio del 28 per ventisette) e pure due sole volte furono ricevuti Soddu e Graziani. Contatti piú frequenti del consueto, se mai, Mussolini ebbe con i ministri Teruzzi e Host-Venturi e con il generale Favagrossa, dall'anno precedente nuovo commissario per le Fabbricazioni di guerra[27].

Piú che di stringere i tempi dell'intervento e stabilirne la data, con tutto quello che ciò comportava (si pensi che provvedimenti tecnici come le istruzioni alle navi in navigazione su come comportarsi allo scoppio delle ostilità e i contatti per affidare ad uno Stato neutrale – il Brasile – la tutela degli interessi italiani nei paesi nemici furono presi solo il 25 e il 29 maggio), tutto mostra che sino al 27-28 maggio Mussolini – in attesa di vedere che piega avrebbero assunto i combattimenti in corso[28] – si preoccupò soprattutto della «preparazione morale» degli italiani e di ottenere dal re il comando delle forze armate. Persino gli aspetti piú propriamente militari della partecipazione al conflitto lo preoccuparono relativamente poco.

Nei mesi precedenti – lo si è visto – Mussolini, per giustificarsi delle drammatiche difficoltà di fronte alle quali la sua politica estera lo aveva

---

[25] F. PRICOLO, *La Regia Aereonautica nella seconda guerra mondiale (novembre 1939 - novembre 1941)*, Milano 1971, pp. 194 sg.

[26] È probabile che in questa riunione Mussolini desse disposizioni affinché le forze armate fossero predisposte per un eventuale ingresso in guerra dalla fine del mese in poi. Lo si arguisce dalla lettera scrittagli il giorno dopo da Balbo a cui egli doveva aver trasmesso l'ordine direttamente. Cfr. STATO MAGGIORE ESERCITO – UFFICIO STORICO, *L'avanzata su Sidi el Barrani* cit., pp. 172 sgg.; nonché in G. CIANO, *Diario* cit., p. 428 l'accenno all'opinione del gen. Soddu che nessuna iniziativa dovesse essere presa prima di almeno un mese.

[27] Per il dettaglio di tali udienze cfr. ACS, *Segreteria particolare del Duce (1922-1943), Udienze del Duce*, b. 57, fasc. 2.

[28] Il 21 maggio l'ambasciatore degli Usa, Phillips, telegrafava a Washington che Mussolini stava solo aspettando di vedere come si sarebbe risolta la situazione militare in Belgio e in Francia: se i tedeschi avessero sfondato il fronte alleato «Mussolini avrebbe probabilmente giudicato che fosse giunto il momento dell'Italia». Cfr. C. HULL, *Memorie di pace e di guerra* cit., I, p. 305.

messo, aveva accusato i capi militari di averlo «ingannato» e «tradito». Negli anni successivi, di fronte ai rovesci subiti dalle forze armate italiane sui vari fronti, queste accuse sarebbero tornate ancora sulla sua bocca. In realtà Mussolini, vale la pena di ripeterlo ancora una volta, conosceva benissimo la reale situazione della preparazione militare. Ai capi militari italiani si possono e si devono fare gravi addebiti, di tipo tecnico, culturale e soprattutto politico (sia pure con le limitazioni che discendono dalle ben piú gravi responsabilità di Vittorio Emanuele III), ma sarebbe ingiusto e non corrispondente alla realtà dar credito alle accuse loro mosse da Mussolini e riprese, anche dopo la caduta del fascismo, da vari autori, fascisti e no. Dello stato di preparazione delle forze armate, della loro consistenza, dell'apparato industriale alle loro spalle parleremo nel prossimo volume. Per ora è sufficiente dire che di tutto ciò Mussolini era stato e fu fino all'ultimo giorno della «non belligeranza» dettagliatamente tenuto al corrente da chi di competenza. Una vastissima documentazione edita lo dimostra senza ombra di dubbio, per non parlare della memorialistica. Il «duce» conosceva perfettamente l'estrema precarietà della preparazione italiana; sapeva benissimo che, secondo i responsabili della macchina militare, perché questa fosse in grado di affrontare un grande conflitto moderno occorrevano ancora dai tre ai cinque anni e che essi asserivano che in quel momento l'Italia poteva sostenere a malapena sei mesi di guerra «limitata». Chiarito questo punto, se si vuol capire il comportamento di Mussolini è però necessario chiarirne subito un altro. L'anno prima, in agosto, l'impreparazione militare, unita alla prospettiva di una guerra lunga, dura ed incerta era stato uno dei motivi che avevano indotto Mussolini a decidere la «non belligeranza». Ora la situazione appariva del tutto mutata. Piú passavano i giorni, piú la Francia sembrava, contro tutte le previsioni, sul punto di essere sconfitta e messa definitivamente fuori causa, senza che l'Inghilterra avesse la possibilità di impedirlo. In questa prospettiva la guerra sembrava avviarsi verso una rapida conclusione, dato che sembrava del tutto improbabile che, sconfitta la Francia, l'Inghilterra potesse continuare a combattere da sola e, comunque, fosse in grado di fronteggiare un eventuale attacco tedesco al suo territorio e che gli Stati Uniti si impegnassero direttamente e in tempo utile nel conflitto se non lo avevano fatto quando avrebbero potuto cercare di salvare la Francia e servirsi di essa come di una testa di ponte sul continente europeo. Oggi noi sappiamo bene quanto queste previsioni fossero errate. Rimane però il fatto che allora molti – e nello stesso campo democratico – furono di quest'avviso e non solo Mussolini, sul quale, oltre tutto, giocavano anche altre suggestioni. Da quella ideologica a quella della paura dei tedeschi, piú viva in lui ogni giorno che passava[29]: quando la Germania avesse vinto tutti, cosa le avrebbe potuto impedire di fare le sue vendette sull'Italia, di assicurarsi una «finestra» sull'Adriatico[30] e la totale egemonia sull'area danubiano-balcanica e, eventualmente, di compensare la Francia e soprattutto l'Inghilterra sconfitte a spese dell'Italia? Arrivate le cose a questo punto, è evidente che la decisione di Mussolini dipendeva *solo* dall'andamento della lotta in corso in Francia. Se fosse apparso sicuro che la Francia sarebbe stata sconfitta e costretta ad uscire dal conflitto, il «duce» non aveva ormai nessun'altra strada davanti a sé che quella di tener fede alla «parola data» ad Hitler e, dunque, di intervenire. Oltre che permettergli di partecipare alla vittoria e di raccoglierne i frutti esterni ed interni che altrimenti non avrebbe potuto assicurarsi, solo ciò lo avrebbe messo al sicuro dalle ire tedesche e, almeno per il momento, dalle loro cupidigie[31].

In questa situazione il vero problema per Mussolini era quello della scelta del momento giusto per intervenire; non prima che la sconfitta francese fosse sicura, non dopo che questa fosse già platealmente scontata e tale da rendere il suo intervento evidentemente inutile e moralmente troppo squalificante; ormai il problema della impreparazione militare era tanto secondario da apparire al limite quasi irrilevante[32]. Nel momento in cui fosse stata sicura la sconfitta della Francia, con tutto ciò che essa comportava nelle previsioni di Mussolini, il problema militare perdeva infatti molta della sua importanza. Ciò che contava era essere presenti in campo, collaborare alla sconfitta finale della Francia e soprattutto fungere da deterrente aggiuntivo per indurla a capitolare (assai significativo è a questo proposito che in un primo momento, deciso finalmente l'intervento, Mussolini abbia confermato le direttive strategiche del promemoria del 31 marzo e cioè di non passare all'offensiva neppure

---

[29] Sulla paura dei tedeschi di Mussolini cfr. le belle pagine di G. L. ANDRÉ, *La politica estera del governo fascista durante la seconda guerra mondiale*, in *L'Italia fra Tedeschi e Alleati* cit., pp. 117 sgg.

[30] Per il timore che Hitler volesse mettere le mani su Trieste cfr. O. DINALE, *Quarant'anni di colloqui con lui* cit., p. 170: «Tu non valuti come dovresti la piú grave delle mie responsabilità, ove si dovesse arrivare al tavolo della pace senza la nostra presenza, con tutta la libertà ad Hitler di trattare il nostro paese ben peggio di come Clemenceau lo ebbe a trattare a Versaglia. La prudenza non è mai troppa con quel poco comodo nostro alleato, il quale piú che Goethe, piú che Federico il Grande o qualsiasi altro Kolossal della Germania, ha in mente i misteri nibelungici ed invoca Wotan; inoltre, da buon austriaco, sa benissimo che sulla strada che conduce a Bagdad vi è Trieste. C'è da scommettere la testa, te lo dico molto riservatamente, che colui non esiterebbe un momento a soffiarci Trieste in omaggio alle sacre esigenze dello spazio vitale del Grande Reich. E non ti nascondo nemmeno che una simile preoccupazione batte con insistenza alle barriere del mio inconscio e diffonde un'ombra nera sull'euforia di Dunquerque».

[31] Al punto che Mussolini si augurava che la resistenza francese logorasse il piú possibile i tedeschi, in modo che essi non arrivassero «alla fine della guerra ancor troppo freschi e forti». Cfr. G. CIANO, *Diario* cit., p. 441.

[32] Cfr. a questo proposito anche E. FALDELLA, *L'Italia e la seconda guerra mondiale* cit., p. 86.

contro i francesi[33]) e, possibilmente, per scoraggiare anche gli inglesi dal continuare la lotta; nel peggiore dei casi, tenere le posizioni periferiche e dare battaglia sul mare mentre i tedeschi avrebbero attaccato le isole britanniche. E questo, Mussolini era convinto che le forze armate italiane, per quanto impreparate, fossero in grado di farlo. Il verbale della riunione da lui tenuta il 29 maggio con Badoglio e i tre capi di Stato maggiore contiene a questo proposito due significative sue affermazioni[34]. Una di carattere piú generale e politico:

> La situazione attuale non permette ulteriori indugi perché altrimenti noi corriamo dei pericoli maggiori di quelli che avrebbero potuto essere provocati da un intervento prematuro.

L'altra si riferisce esplicitamente alla situazione dell'esercito:

> Considero questa situazione non ideale ma soddisfacente. D'altra parte se tardassimo due settimane od un mese non miglioreremmo la nostra situazione, mentre potremmo dare alla Germania l'impressione di arrivare a cose fatte, quando il rischio è minimo, oltre alla considerazione non essere nel nostro costume morale colpire un uomo che sta per cadere. Tutto ciò infine può essere grave nel momento della pace definitiva.

Che è poi, nella sostanza, quello che una settimana dopo disse con altre parole al generale F. Rossi, capo del reparto intendenza dello Stato maggiore[35]:

> Se io dovessi aspettare di avere l'Esercito pronto, dovrei entrare in guerra fra anni, mentre devo entrare subito. Faremo quello che potremo.

In questa logica non può meravigliare che se di un problema «militare» Mussolini si occupò particolarmente in queste settimane esso sia stato quello di assicurarsi il comando supremo delle forze armate. Che questa fosse una sua vecchia ambizione lo prova quanto da lui detto in Senato il 30 marzo '38 nel famoso discorso sui bilanci militari che aveva costituito l'antefatto della vicenda del primo maresciallato. Dai tempi della guerra d'Etiopia Mussolini era convinto di essere un grande stratega e, per quanto in realtà la sua mentalità fosse la piú lontana immaginabile da quella militare, l'idea di essere lui a dirigere anche strategicamente la guerra lo affascinava e gli doveva apparire come l'ultimo serto mancante alla sua gloria. A ciò si devono aggiungere poi, per un verso, la sua profonda disistima e diffidenza per i capi militari e, per un altro verso, la sua gelosia per Hitler: se il Führer era il comandante supremo delle forze

---

[33] *DDI*, s. IX, IV, pp. 495 sgg.
[34] *Ibid.*
[35] F. ROSSI, *Mussolini e lo Stato Maggiore. Avvenimenti del 1940*, Roma 1951, pp. 14 sg.

armate tedesche anche lui doveva esserlo. E, infine, vi era un'altra ragione a voler essere lui il comandante supremo, molto piú politica e concreta: a guerra conclusa Mussolini era deciso a farla finita con la monarchia. Da qui la necessità per lui di evitare assolutamente che il re potesse acquistarsi con la guerra qualsiasi merito agli occhi degli italiani. Merito e gloria dovevano essere solo e completamente del «duce», che aveva voluto la guerra e l'aveva vinta, non dell'«inutile» e «ingombrante» monarchia che non l'aveva voluta, aveva cercato sino all'ultimo di impedirla e aveva costituito il punto di riferimento per tutti coloro che avevano tentato di opporvisi.

Sapendo quanto Vittorio Emanuele III era geloso delle sue prerogative e quanto il vertice militare era anche in questo solidale con il re e desideroso di una soluzione che ripetesse il rapporto gerarchico sovrano - capo di Stato maggiore generale che si era avuto nel '15-18 (tanto è vero che Badoglio aveva cominciato a sollevare la questione sin dai primi di aprile[36]), Mussolini non si fece scrupolo, per convincere il re a cedergli il comando supremo, di ricorrere a tutti i mezzi e a tutti gli argomenti, non ultima la minaccia di mettere il sovrano di fronte al fatto compiuto. Tipica è questa annotazione che si legge, sotto la data del 14 maggio '40, nel diario del generale Puntoni, primo aiutante di campo del re[37]:

Alle 17,30 vado da Soddu che, tramite Sorice, mi ha pregato di recarmi al Ministero. Mi parla della questione dell'Alto comando e della necessità, in caso di guerra, di avere un capo che possa coordinare l'azione dei sottosegretari e dei Capi di Stato Maggiore delle tre Forze armate.

Capisco subito dove vuole arrivare anche perché ho avuto sentore della cosa da qualche frase di Sua Maestà, stamane proprio durante la consueta relazione. Soddu, difatti, mi fa presto intendere che il Duce, in caso di conflitto, aspira a diventare comandante politico-militare della guerra, ma che non si decide a parlarne con il Re perché è certo che Sua Maestà non sarebbe favorevole a tale provvedimento. Soddu mi illustra, inoltre, le ragioni che consiglierebbero questa soluzione e dice che dato il carattere della probabile prossima guerra durante la quale le nostre forze sarebbero chiamate ad operare simultaneamente in vari teatri d'operazioni, quali le Alpi occidentali, la frontiera orientale, i Balcani, l'Africa orientale e la Libia, sarebbe oltremodo utile l'esistenza di un unico comando politico e militare. Dice: «In una guerra totalitaria è la politica che deve indicare la strada al comandante e le operazioni militari devono essere condotte in stretto collegamento con essa, cercando di evitare ogni attrito fra capo politico e capo militare. Sarebbe perciò un'ottima soluzione far convergere le due responsabilità su un'unica persona. Responsabilità che

---

[36] Per la posizione di Badoglio e per tutta la questione cfr. E. FALDELLA, *L'Italia e la seconda guerra mondiale* cit., pp. 119 sgg.

[37] P. PUNTONI, *Parla Vittorio Emanuele III*, Milano 1958, pp. 11 sg. Secondo Umberto di Savoia, Mussolini si serví anche di un altro argomento: i tedeschi erano alleati tutt'altro che rispettosi delle forme, era dunque opportuno non esporre il sovrano a «contatti spiacevoli». Cfr. S. MAURANO, *Mussolini e il Re mio padre*, in «La settimana Incom illustrata», 31 gennaio 1959.

forse è bene non accollare alla Corona, onde la Corona possa salvare il Paese nel caso che il Regime scricchioli o addirittura minacci di crollare».

D'altra parte, praticamente, anche durante il conflitto passato, pur restando il comandante in capo delle Forze armate, Sua Maestà lasciò l'effettiva condotta delle operazioni, con le relative responsabilità e con gli onori che derivarono dalla vittoria, ai Capi di Stato Maggiore che si avvicendarono durante gli anni di lotta.

Soddu aggiunge, dopo queste considerazioni, che accanto al Duce ci sarebbe un Capo di Stato Maggiore, professionalmente idoneo, vero direttore d'orchestra, un uomo, dice, che riscuota naturalmente la stima di tutte e tre le Forze armate. «L'uomo, – precisa il sottosegretario, – a mio parere non potrebbe che essere Badoglio». Precisa che i tempi stringono e che la situazione potrebbe imporre l'entrata in guerra dell'Italia da un momento all'altro. La decisione dovrebbe essere quindi immediata. Dice che se Sua Maestà dovesse entrare in questo ordine di idee sarebbe bene che l'iniziativa del provvedimento partisse dal Sovrano per evitare la sorpresa di veder pubblicato il provvedimento prima della sanzione reale.

Nonostante l'urgenza con la quale la richiesta era stata presentata, il sovrano cercò ancora di tergiversare per una quindicina di giorni rafforzando in Mussolini i propositi di sbarazzarsi a guerra finita della monarchia [38]. Alla fine però, quando l'entrata in guerra era ormai imminente, dovette naturalmente capitolare. Avendo ceduto sulla questione di fondo, opporsi a Mussolini su quella del comando supremo sarebbe stato assurdo. Ciò nonostante, per non cedere del tutto, ricorse all'espediente di mantenere formalmente il comando supremo e di «affidare» al «duce» solo «il comando delle truppe operanti su tutti i fronti» [39].

Per capire perché Vittorio Emanuele III finí per accettare l'intervento, per «rassegnarsi» ad esso [40], non è sufficiente appellarsi alla suggestione dei clamorosi successi tedeschi e delle previsioni ultraottimistiche che Mussolini doveva fare con lui per vincerne le resistenze [41]. I successi tedeschi scossero indubbiamente anche lui, ma, ciò nonostante, il re rimase

[38] Cfr. G. CIANO, *Diario* cit., pp. 430 (14 maggio), 434 (26 maggio) e 440 (6 giugno); P. PUNTONI, *Parla Vittorio Emanuele III* cit., pp. 13 sg. (31 maggio e 1° giugno).
[39] Cfr. il proclama ai soldati «di terra di mare e dell'aria» di Vittorio Emanuele III dell'11 giugno 1940, in «Relazioni internazionali», 15 giugno 1940, p. 847.
[40] L'espressione è di G. CIANO, cfr. il suo *Diario* cit., p. 438, alla data del 1° giugno: «Ormai è rassegnato, niente piú che rassegnato, all'idea della guerra. Crede che in realtà Francia e Inghilterra abbiano incassato colpi tremendamente duri ma attribuisce – ed ha ragione – molta importanza all'eventuale intervento americano. Sente che il Paese va in guerra senza entusiasmo: c'è oggi una propaganda interventista, ma non c'è minimamente quello slancio che ci fu nel 1915. "S'illudono coloro che parlano di guerra breve e facile. Ci sono ancora molte incognite e l'orizzonte è molto diverso da quello del maggio del '15"».
[41] Significativa è a questo proposito un'annotazione di P. PUNTONI, *Parla Vittorio Emanuele III* cit., p. 11. Alla data dell'11 maggio, dopo la notizia che Mussolini aveva fatto leggere al sovrano la lettera di Hitler recapitatagli il giorno precedente, si legge: «situazione disastrosa per gli Alleati e previsioni ultra ottimistiche per l'azione che i tedeschi hanno in corso. Liquidazione della Francia entro giugno e dell'Inghilterra entro luglio!» Poiché nessuna previsione del genere era fatta nella lettera di Hitler e l'offensiva era iniziata da due soli giorni – a meno che la data dell'annotazione non sia errata – è evidente che le previsioni dovevano essere di Mussolini. E fatte ad hoc, dato che a questa data il «duce» non pensava ancora affatto a una vittoria tanto clamorosa e in tempi tanto brevi. È chiaro perciò l'intento di «lavorarsi» ad ogni buon conto il re.

intimamente contrario alla partecipazione al conflitto anche se finí per accettarla[42]. A renderlo contrario erano la sua radicata diffidenza e ostilità per i tedeschi (alla quale, però, non corrispondeva alcuna simpatia per gli inglesi e tanto meno per i francesi), la convinzione che, se non si fosse conclusa rapidamente, la guerra avrebbe potuto avere comunque conseguenze disastrose per l'Italia e quella, piú di fondo, che gli dettavano il suo pessimismo e il suo realismo e che, il 15 maggio, sintetizzò al generale Puntoni dicendogli: «simili passi non si sa mai a cosa possono portare»[43] e che si riferiva tanto all'esito finale del conflitto quanto alle ripercussioni che, come abbiamo già visto, egli sentiva che esso avrebbe avuto all'interno e in primis sulle fortune della dinastia. Se ci si rifà a quanto egli disse il 15 maggio al primo aiutante di campo[44], sull'altro piatto della bilancia si dovrebbe pensare che ci fosse solo il tarlo di un dubbio, che, almeno in parte, doveva essergli stato messo dalla stima personale in Mussolini che, nonostante tutto, permaneva viva in lui: «d'altra parte, il piú delle volte gli assenti hanno torto!» E ciò tanto piú che, di fronte ai clamorosi successi mietuti dai tedeschi in Francia, l'ottimismo e la sicurezza, ma anche la paura, stavano contagiando molti di coloro che sino allora erano stati contrari all'intervento e che avevano con la loro opposizione confermato quella del sovrano. Sintomatico è quanto si legge nelle memorie di R. Paolucci, un uomo vicino agli ambienti nazionalisti e alla corte[45]:

E venne ripetuto al Re che la guerra stava per finire, che noi non avremmo potuto assiderci al tavolo della pace, che la Germania vittoriosa – che si credeva tradita – avrebbe cercato un pretesto per assalirci, che un'occasione come quella si sarebbe presentata solo tra molti secoli all'Italia, e che lui, il Re, avrebbe portato la responsabilità tremenda di non aver carpito l'occasione per darci finalmente la padronanza del nostro mare.

Secondo, infine, Umberto di Savoia[46], sul padre avrebbero giocato soprattutto due considerazioni: il mutato atteggiamento dell'opinione pub-

---

[42] Il fatto che il sovrano avrebbe accettato di non opporsi all'entrata in guerra fu chiaro almeno dal 12 maggio, quando accettò di insignire Göring del collare dell'Annunziata (cfr. G. CIANO, *Diario* cit., p. 430) che sino allora aveva cercato di non dargli. Anche G. ARTIERI, *Cronaca del Regno d'Italia* cit., II, p. 600 colloca la decisione «nella coscienza del re» a metà di maggio. È significativo che qualcuno, come il maresciallo E. CAVIGLIA, *Diario* cit., p. 255, alla data del 10 giugno, pensò fino all'ultimo che il re avrebbe dovuto almeno, «per distinguere la propria responsabilità», non firmare «alcun documento» relativo alla dichiarazione di guerra e lasciare che questa avvenisse senza una vera dichiarazione ufficiale.
[43] P. PUNTONI, *Parla Vittorio Emanuele III* cit., p. 13.
[44] *Ibid*.
[45] R. PAOLUCCI, *Il mio piccolo mondo perduto* cit., p. 481.
[46] S. MAURANO, *Mussolini e il Re mio padre* cit. Secondo la stessa testimonianza, Mussolini (a cui il re consigliò di interpellare il Gran Consiglio, avendone la risposta che esso era un organo consultivo per i problemi costituzionali, privo di competenza sui problemi inerenti l'attività del governo) «temeva che lasciando vincere da sola la Germania, sarebbe rimasto in stato di eccessiva infe-

blica, diventato «euforico» alla prospettiva di facili vittorie, e il timore che, altrimenti, l'Italia in poche settimane sarebbe stata invasa e devastata dai tedeschi. In realtà ciò che mise soprattutto fuori gioco Vittorio Emanuele III furono le sue tergiversazioni dei mesi precedenti. Quando avrebbe potuto liquidare Mussolini senza grosse difficoltà (salvo l'incognita di un intervento tedesco) aveva sopravvalutato i rischi e non si era deciso ad agire, probabilmente pensando di avere ancora tempo, se proprio necessario, per farlo. Ora non solo non vi era piú tempo, ma, ciò che piú conta, la posizione di Mussolini era tornata cosí forte, e si andava rafforzando di giorno in giorno, che liquidarlo era diventato impossibile. E, in un certo senso, il re lo avrebbe anche riconosciuto. Nel settembre '45 e nel febbraio '46 a Vittorio Emanuele III furono sottoposti due questionari tendenti a far luce sui suoi ventennali rapporti con il fascismo e a raccogliere elementi per controbattere le accuse degli antifascisti contro di lui. In entrambi, ovviamente, si toccava anche il tema dell'intervento. Rispondendo al primo, il re si limitò a rivendicare la «lotta tenacemente sostenuta» contro l'entrata in guerra e ad affermare di avere ripetutamente parlato a Mussolini «delle numerose deficienze di armi, vestiario, ecc. dell'esercito» e di aver fatto sí che Mussolini «vedesse qualche generale che lo informò del vero stato della nostra preparazione militare»[47]. Una risposta che non diceva nulla. Rispondendo invece al secondo questionario, il sovrano fece un'ammissione che nella sua brutale franchezza, per un verso, chiarisce lapidariamente la questione e, per un altro verso, fa emergere tutta la sua responsabilità per aver lasciato passare il momento propizio per cercare di liquidare Mussolini: «allora non si poteva avversare il Capo del Governo»[48]. Quest'affermazione ci riporta al discorso sulla «preparazione morale» degli italiani e, piú in generale, alle ripercussioni della campagna di Francia sull'opinione pubblica.

Le operazioni tedesche in Norvegia – lo si è detto – avevano già avuto una notevole influenza sul tono e sui contenuti della stampa e della radio, facendo assumere loro un atteggiamento piú marcatamente filotedesco di quello dei mesi precedenti. L'inizio di quelle contro la Francia determinò anche in questo campo un vero e proprio salto di qualità che coinvolse anche il partito, che sino allora era rimasto sostanzialmente

---

riorità riguardo a quell'alleato che, in fondo, egli non amava e del quale aveva in un certo senso timore».
[47] P. PUNTONI, *Parla Vittorio Emanuele III* cit., p. 290. L'accenno a «qualche generale» che su richiesta del re fu visto da Mussolini è al maresciallo Caviglia. Cfr. E. CAVIGLIA, *Diario* cit., pp. 204 sgg. (21 settembre 1939) e 215 sgg. (12 gennaio 1940); nonché N. D'AROMA, *Vent'anni insieme* cit., pp. 293 sgg.
[48] P. PUNTONI, *Parla Vittorio Emanuele III* cit., p. 315.

defilato ed impegnato piú in un'azione «interna», verso i propri membri attivi e quelli delle organizzazioni dipendenti (specie giovanili), che verso la massa dei cittadini.

Purtroppo, essendo andata praticamente distrutta quasi tutta la documentazione del PNF e tutta quella delle maggiori organizzazioni dipendenti, poco o nulla di preciso si può dire sul contributo del partito a questo salto di qualità. Non crediamo però di sbagliare affermando che la mobilitazione del PNF dovette avvenire soprattutto dopo il discorso di Mussolini alle gerarchie trentine e sulla sua falsariga. Sino a quel momento l'iniziativa del partito dovette essere ancora relativamente scarsa, incerta e circoscritta piú che altro ad alcune località e in particolare a Roma. Nella capitale già nella notte tra il 10 e l'11 maggio era stato affisso un gran numero di manifesti antinglesi e si erano poi registrate varie violenze contro distributori, edicolanti e lettori dell'«Osservatore romano» che aveva pubblicato i messaggi del papa ai sovrani belga, olandese e lussemburghese[49]. E anche dopo il discorso di Mussolini i pochi ele-

[49] La legazione svizzera a Roma il 13 maggio riferiva a Berna: «Nel campo delle relazioni tra l'Italia e gli alleati, si possono segnalare alcune manifestazioni che rivelano gli effetti della propaganda sistematica fatta attualmente per scaldare l'opinione pubblica, sopra tutto contro l'Inghilterra, diffondendo l'idea che finora l'Inghilterra non ha subito che degli scacchi e che la sua flotta è ben lontana dall'essere cosí invincibile e temibile, come si era voluto far credere.
«1. Nella notte da venerdí a sabato 11 maggio, i muri delle case della città sono stati coperti da migliaia di manifesti intitolati "Il fallimento dell'Inghilterra", che riportano degli estratti di dichiarazioni del Signor Chamberlain relative agli insuccessi degli alleati in Norvegia. Il giorno 12, altri manifesti sono stati attaccati, indicando che "L'Inghilterra ha perduto l'autobus". Il fatto che alcune persone hanno tentato di strappare questi manifesti ha dato luogo a numerosi incidenti. Si è evitato di attaccarne sugli edifici delle Missioni straniere. Tutti sono stati colpiti da questa manifestazione di gusto per lo meno discutibile, destinata ad accendere le passioni ed a rovinare la considerazione che poteva ancora sussistere nei riguardi dell'Inghilterra e della Francia» (ASAE, Segreteria generale, p. 252).
Sugli incidenti della notte tra il 10 e l'11 maggio il PNF inviò l'11 stesso a Mussolini un «appunto» cosí concepito: «Questa notte sono stati affissi i noti manifesti ed è stato disposto un intenso servizio di pattugliamento: sono avvenuti vari pestaggi, particolarmente in Via Veneto e nei confronti anche di stranieri (un olandese e diversi inglesi) che hanno osato di strappare i manifesti; per due inglesi rifugiatisi, dopo la lezione, all'albergo Karlton, è stato chiesto l'intervento dell'Incaricato d'Affari il quale non voleva, a scopo provocatorio, rientrare all'Ambasciata se non protetto dalla forza pubblica. Poi, si è convinto. Due sconosciuti, nel rione Gianicolense, transitando su di una macchina scoperta hanno sparato tre colpi di rivoltella contro nostri elementi che provvedevano all'affissione; rincorsi hanno abbandonato la macchina: saranno individuati.
«Merita di segnalare come nessun incidente del genere si sia verificato nei confronti delle masse lavoratrici, che dimostravano di essere veramente raggianti alla lettura del manifesto» (ACS, Min. Cultura popolare, b. 11, fasc. 154).
Nella sua visita di congedo quale ambasciatore presso la Santa Sede, il 13 maggio, Alfieri fece presente al papa che i messaggi che questi aveva inviato ai sovrani del Belgio, Olanda e Lussemburgo erano stati causa «di vivo dispiacere per il Capo del governo, il quale vi ha ravvisato una mossa contro la sua politica» e insinuò che dato «lo stato di grande tensione che regna negli ambienti fascisti» non era da escludere che potesse accadere «qualche cosa di grave». Pio XII rispose, tranquillo e sereno, «di non avere alcun timore di finire, se sarà il caso, in un campo di concentramento o in mani ostili» (ADSS, I, pp. 453 sgg.) nonché G. CIANO, Diario cit., p. 430. Il 22 maggio, continuando le violenze e le minacce contro l'«Osservatore romano», al punto che non era quasi piú possibile farlo circolare, il nunzio sollevò la questione con Buffarini-Guidi. Questi assicurò che le violenze sarebbero state impedite e il giornale distribuito, eventualmente con la protezione della polizia e cercò di attribuire la responsabilità al federale di Roma, Ippolito, «creatura di Starace» che, a suo dire, aveva preso la mano a Muti (ADSS, I, pp. 467 sgg.).

menti a nostra disposizione fanno ritenere che l'azione del partito abbia assunto essenzialmente il carattere di «vigilanza» e «repressione» dei sospetti di antifascismo e di coloro che erano piú noti per i loro sentimenti filoinglesi e filofrancesi e antitedeschi e soprattutto di «dissuasione» dalla vendita e dalla lettura dell'«Osservatore romano»[50], dell'unica voce alternativa che in teoria poteva circolare nel paese e che, come tale, si voleva ridurre al silenzio[51]. Altre sue attività furono la propaganda irredentista, specie tra i giovani, volta a tener vive le «sacrosante» rivendicazioni italiane verso la Francia e l'Inghilterra, e l'organizzazione di un certo numero di manifestazioni e di iniziative a carattere interventista.

Nei primi giorni, ma anche successivamente, lo strumento di cui però Mussolini piú si serví per «sensibilizzare» le masse furono la stampa e la radio. E l'iniziativa di maggior rilievo fu costituita dalla diramazione del cosiddetto «rapporto Pietromarchi», un lunghissimo «appunto» del capo dell'Ufficio guerra economica di palazzo Chigi in cui erano dettagliatamente esposti, con un linguaggio assai poco diplomatico, i gravissimi danni provocati all'economia italiana dal blocco marittimo e il modo «meschino» e «vessatorio» con cui erano esercitati dagli anglo-francesi i relativi controlli[52]. Che lo scopo del documento fosse essenzialmente quello di essere diramato alla stampa e di costituire un nuovo, potente e «oggettivo» «colpo di acceleratore» alla propaganda di guerra è dimostrato dalle istruzioni, precise e dettagliate, che l'11 maggio Pavolini dette alla stampa su come utilizzarlo. Al documento, «basato sui fatti e unicamente sui fatti», doveva essere dato il massimo rilievo («Vi prego di distenderlo nel maggior spazio possibile affinché risulti ben leggibile e inviti alla lettura») e, quanto al tono dei commenti, esso «non può essere

---

[50] Per alcune delle piú significative prese di posizione dell'«Osservatore romano» in questo periodo cfr. G. GONELLA, *Verso la 2ª guerra mondiale* cit., pp. 496 sgg.
[51] Tra le varie testimonianze relative alla violenta animosità in queste settimane di Mussolini contro la Chiesa cfr. G. CIANO, *Diario* cit., p. 429, alla data del 12 maggio: «I telegrammi del Papa ai Sovrani dei tre Stati invasi hanno indignato Mussolini che vorrebbe mettere un alto là al Vaticano, disposto com'è di giungere alle estreme conseguenze. In questi giorni ripete che il Papato è il cancro che rode la nostra vita nazionale; e che lui intende – se necessario – liquidare questo problema una volta per tutte. Ha aggiunto: "Non creda il Papa di cercare alleanze nella Monarchia, perché sono pronto a far saltare le due cose insieme. Bastano le sette città della Romagna per fare fuori contemporaneamente Re e Papa"».
[52] Lo si veda in *DDI*, s. IX, IV, pp. 315 sgg. Un secondo «rapporto Pietromarchi», volto ad aggiornare il quadro dell'applicazione del blocco al commercio italiano nelle ultime settimane e a confutare le repliche e incompatibilmente che il primo aveva provocato a Londra e a Parigi, fu diramato alla stampa alla vigilia dell'intervento italiano, il 9 giugno. Cfr. *ibid.*, pp. 610 sgg. Esso si concludeva con queste sintomatiche parole: «Per quanto piú particolarmente riguarda il popolo italiano, i dirottamenti, i fermi, i sequestri di merce, la censura postale, i divieti di esportazione gli hanno mostrato tangibilmente e incompatibilmente che in una situazione come quella che esiste nel Mediterraneo, la sua libertà, il suo diritto di vivere, la stessa possibilità di lavorare e di svilupparsi possono essere da un momento all'altro annullati o gravemente messi in pericolo dalla volontà di una Potenza non mediterranea. Questo è il preciso insegnamento di nove mesi di "controllo"».

che chiaro, fermo e anche violento». E questo, si badi, in un momento in cui per le operazioni belliche era ancora raccomandata – pur dicendo di dare gran spazio ai comunicati tedeschi e alle corrispondenze dalla Germania, «limitandosi per il resto a dare i comunicati delle altre Nazioni» – una certa obiettività formale[53], onde evitare rischi di smentite, di «delusioni», ma anche di eccessivi «entusiasmi» che Mussolini considerava controproducenti, perché gli avrebbero reso difficile sia attendere ancora prima di scendere in guerra, sia sostenere poi che l'intervento italiano era stato decisivo. Estremamente significativo è a questo proposito come Pavolini avrebbe aperto il 25 maggio il suo rapporto ai giornalisti[54]:

> Le operazioni in Occidente vanno nel modo che tutti sanno e siccome vanno in modo eccellente evidentemente è inutile di caricare le tinte. Attenersi quindi alla verità. In particolare quando si ha da parlare delle sconfitte anglo-francesi presentarle per quelle che sono cioè volta per volta per sconfitte con tutta la gravità che naturalmente è in esse insita, ma non parlare almeno per ora di catastrofe totale o sfacelo ecc. Questo per non svalutare in primo luogo le successive battaglie germaniche (perché evidentemente se i franco-inglesi fossero già in sfacelo il resto che dovrà avvenire assumerebbe l'aspetto di cosa lievissima); e poi per non svalutare l'intervento nostro e la nostra posizione la quale fino a questo momento è valsa a tenere concentrata su di noi oltre che parte della flotta navale e delle forze aeree, non meno di un milione e trecentomila soldati in un momento in cui la Francia aveva fame di divisioni. Forze queste che sono intatte per cui bisogna in modo assoluto evitare una svalutazione in vista, ripeto, sopratutto della nostra posizione.

Varie informazioni di polizia e fiduciarie riferiscono che il «rapporto Pietromarchi» ebbe tra l'opinione pubblica vasta risonanza. Un'attenta lettura delle fonti in questione fa però capire che, a parte limitati settori fascisti già orientati nettamente, il suo effetto non dovette nel complesso

---

[53] ACS, *Min. Cultura popolare*, b. 75, fasc. «Rapporto ai giornalisti», dell'11 maggio 1940.
Sui caratteri dell'obiettività da usare nella esposizione delle vicende belliche Pavolini si esprimeva nei seguenti termini: «In tutta l'impostazione del giornale tenete presente che per questa parte noi siamo obiettivi e ci sforziamo di esserlo rispetto ai fatti che non conviene a nessuno deformare anche perché le successive smentite producono effetti peggiori. Però non siamo obbiettivi rispetto al significato da attribuire a questi fatti, perché noi abbiamo un atteggiamento ben netto che non abbiamo intenzione di modificare, sebbene di specificare, approfondire e rendere sempre più netto e intransigente».

[54] *Ibid.*, rapporto del 25 maggio 1940. Nello stesso rapporto si diceva ancora: «Per quel che si riferisce a discorsi, telegrammi, manifestazioni varie ecc. insomma per tutto ciò che riguarda l'intervento, occorre dare sempre la forma di espressioni del sentimento dell'animo degli italiani i quali si sentono più che mai agli ordini del Duce, ma non scordare mai di far risalire a Lui solo la decisione in materia evitando in modo assoluto ogni apparenza di voto o pressioni sulla volontà sua perché questa non è la posizione di chi si aduna e manifesta. Perché evidentemente ciascuno può sperare in questo evento ma, ufficialmente parlando, ciascuno di noi sa che spera solamente di essere degno dell'ordine del Duce nel momento in cui egli solo può decidere. Evitare quindi in un certo senso nella campagna interventista di dare la sensazione di pressione o altro. È un alzare di tono progressivo che tutti insieme stiamo facendo e questo alzare di tono progressivo c'è stato e ci sarà sempre più, ma questo non significa affatto pressione sulla volontà verso l'alto. È una preparazione degli animi in uno stato che intende restare autoritario e totalitario».

essere affatto quello che ci si era atteso. Piú che eccitare gli animi contro l'Inghilterra e la Francia esso li depresse. Giungendo insieme alla notizia dell'inizio dell'offensiva tedesca, esso fu inteso infatti soprattutto come l'annunzio di nuovi e drammatici sviluppi della politica fascista e fece giustizia sia delle ultime pressoché generali speranze in un indefinito prolungamento della «non belligeranza» sia degli «ottimismi in una pace negoziata nella quale i legittimi interessi avrebbero trovato il loro pieno soddisfacimento» ché pure erano ancora presenti in alcuni settori piú propriamente fascisti[55]. Un effetto ancor piú negativo ebbero le primissime notizie sull'offensiva tedesca. La violazione della neutralità belga, olandese e lussemburghese risvegliò in molti il ricordo delle vicende del '14 e suscitò una psicosi antitedesca, vivissima soprattutto nelle regioni settentrionali, ma diffusa un po' in tutto il paese. Due rapporti, entrambi di informatori del PNF, permettono di cogliere bene la reazione da esse suscitata. Uno, in data 11 maggio, si riferisce a Torino[56]:

> La notizia diramata dai giornali di stamane e dalla radio alle ore 13 dell'invasione da parte tedesca del Belgio, dell'Olanda e del Lussemburgo ha destato molta impressione nella cittadinanza tutta di Torino, ed è unicamente commentata con indignazione. La grande maggioranza della popolazione non aveva parole per biasimare tale aggressione e molti si domandavano apertamente se non era giunto il tempo di dire alla Germania che era ora di finirla con le sue prepotenze. Il sentimento poi di tutti era volto alla Principessa di Piemonte (che in Torino è molto benvoluta) e tutti commiseravano la sorte del Belgio, che, per la seconda volta nel giro di pochi anni, si vede invaso e devastato dai tedeschi, solo per non aver voluto piegarsi alle sue prepotenti richieste ledenti la sua sovranità.
> Tale indignazione era condivisa oggi da ogni ceto della popolazione torinese senza distinzioni di classe sociale, ed i piú aspri commentatori erano umili operai ex combattenti della guerra mondiale.
> Anche quelle poche simpatie che potevano nutrirsi verso le aspirazioni tedesche son oggi scomparse di fronte alla nuova aggressione e tutti si chiedono che cosa deciderà il nostro paese di fronte a questi fatti. Un'eventuale azione a latere della Germania viene preventivamente scartata, talmente risulterebbe impopolare alla nostra popolazione.

L'altro, di tre giorni dopo, si riferisce invece a Milano e rende molto meglio la situazione e lo stato di annichilimento che nei piú si accompagnava all'ostilità contro i tedeschi[57]:

> Nella mattinata del giorno 10 corr. si è diffusa rapidamente la notizia della nuova grave mossa germanica nei confronti del Belgio, Olanda e Lussemburgo. Le edizioni del pomeriggio dei giornali furono prese d'assalto dalla folla attonita e sgomenta.

[55] ASAE, *Segreteria generale*, p. 274, notizie fiduciarie in data 13 maggio 1940.
[56] *L'Italia antifascista dal 1922 al 1940* cit., II, pp. 479 sg.
[57] ACS, PNF, *Situazione politica della provincia*, «Milano». In un «promemoria per il Duce» del 17 maggio la situazione milanese sarà cosí riassunta: «Da Milano viene riferito che in seguito ai

La prima impressione generale è stata quella di una emozione vivissima e di un senso di sbigottimento. Faccie contratte in espressioni di accorata meraviglia si sono notate sui tram del mezzogiorno. Febbrili comunicazioni ai conoscenti, agli amici fatte piú con cenni che con parole, espressioni di avvenimenti anche da noi imminenti sono state raccolte in tutti i luoghi dove vi era accolta di pubblico.

«Ci siamo! ormai bisogna prepararsi!» – «che disastro!» – «povera gente!» ed altre di tale natura sono state le espressioni piú comuni del pubblico.

Non sono mancate manifestazioni di indignazione contro la Germania, di ribellione per la nuova mossa contro Stati neutrali.

Nel tardo pomeriggio nel pubblico è subentrata una maggiore obiettività e si sono delineate nettamente le correnti. La maggioranza ha mantenuto un contegno riservato e freddo appalesando tacitamente la sua contrarietà. Una forte corrente invece ha cominciato a parteggiare con la Germania e qualche gruppetto di studenti ha cominciato a fare qualche pubblica dimostrazione. Qualche dissenziente piú acceso ha manifestato anche in pubblico l'avversione contro la nuova mossa germanica sentito e non contraddetto dai cittadini che sentivano.

Alla sera del 10 si sono riuniti molti organizzati in Piazza del Duomo ed in Galleria. Qualche gruppetto di intervenuti portava delle bandiere nazionali e delle bandiere hitleriane. Si è iniziato una specie di raduno e di comizio discretamente affollato.

Si è notato però che buona parte dei curiosi intervenuti non aveva certamente la faccia di dimostranti entusiasti, ma viceversa di gente preoccupata e scontenta.

Ho però avuto la sensazione che le correnti fortemente ostili alla Germania non si sono manifestate come si aveva ragione di ritenere, in modo evidente, stante i sintomi precedentemente raccolti e le impressioni avute quando si è occupata la Danimarca e la Norvegia.

Un commentatore che parlava a degli amici sulle sue impressioni dichiarava che si vive una vigilia, di armi ma non di passioni, ma di esasperazione. Il popolo resiste alla campagna di stampa è freddissimo anche se ormai rassegnato alla certezza di un intervento ormai ineluttabile.

Pochissimi giorni bastarono però a mutare questa situazione. Di fronte al succedersi delle vittorie tedesche non solo la gran maggioranza della classe politica e una parte di quella militare divennero interventiste (già il 13 maggio Caviglia doveva sconsolatamente notare che persino «molti senatori vedono già i tedeschi a Parigi e a Londra» e che «sono molti i senatori e non pochi i militari che nei successi tedeschi vedono un suc-

recenti avvenimenti internazionali, lo stato d'animo della cittadinanza può essere sintetizzato nel modo seguente:
– La grande maggioranza, composta da elementi di tutti i ceti sociali, desidera di continuare, fin che può, a lavorare tranquillamente in attesa degli eventi e disapprova intanto le violenze di elementi giudicati irresponsabili.
– Una massa abbastanza rilevante, composta specialmente da elementi del ceto medio, non fa mistero di essere contraria alla guerra.
– Una minoranza, composta di giovani studenti e dei fascisti piú accesi, auspica il nostro prossimo intervento e cerca ogni occasione per inscenare manifestazioni.
«È comunque indubbio che la grandissima maggioranza dei milanesi non ha alcuna simpatia per la Germania.
«Nei riguardi delle recenti dimostrazioni è da rilevare che la popolazione è rimasta assente» (*L'Italia antifascista dal 1922 al 1940* cit., II, p. 481).

cesso nostro»[58]), ma l'atteggiamento dell'opinione pubblica – come aveva già cominciato a verificarsi in misura per altro molto minore con la campagna di Norvegia – prese rapidamente a differenziarsi. Altre motivazioni e soprattutto altri stati d'animo presero corpo e si diffusero accavallandosi tra loro un po' in tutti i ceti sociali e soprattutto nella media e piccola borghesia, in una parte del mondo operaio e tra i giovani in particolare. Se nei primissimi giorni avevano predominato l'indignazione e l'ostilità contro i tedeschi, ora a balzare in primo piano fu la preoccupazione per il futuro dell'Italia; ma subito dopo anche la speranza in una rapida fine della guerra, la delusione per l'incapacità degli Alleati a tener testa ai tedeschi, l'ammirazione per questi e soprattutto molta, molta confusione di idee. I rapporti dei prefetti e degli informatori rendono bene questo rapido mutamento e i suoi successivi sviluppi. Ciano, che li aveva giornalmente in visione da Bocchini e da Muti, il 17 maggio ne sintetizzava nel suo diario la sostanza in questi termini[59]:

> Le notizie dal fronte francese sono di travolgente avanzata germanica... L'opinione pubblica italiana (parlo di quella onesta e lascio da parte i politicanti buffoni che son tutti diventati germanofili a oltranza) reagisce in modo strano a queste notizie: ammirazione verso i tedeschi, euforia al pensiero di una rapida conclusione della guerra e soprattutto una grande preoccupazione per il futuro.

Due giorni dopo Bottai annotava a sua volta[60]:

> La gente si orienta verso la guerra a lato dei tedeschi. Una guerra d'interesse; non certo un'alleanza d'amore.

Nel momento in cui Bottai faceva quest'annotazione il fenomeno era appena agli inizi e relativamente circoscritto a settori del paese sostanzialmente limitati, piú consistenti solo in alcune località e in particolare a Roma[61]. Una settimana dopo esso si era già notevolmente allargato. Ostili ad ogni prospettiva di partecipazione italiana alla guerra rimanevano soprattutto le zone contadine, in particolare quelle ove piú forte era la presenza cattolica e tra le grandi città, Milano, sino alla fine certo la piú antitedesca e contraria all'intervento[62]. Ostile, in genere, era la grande borghesia, per tradizione, cultura e interesse. Ostile in gran maggioranza era anche la classe operaia, che considerava la guerra un fatto

---

[58] E. CAVIGLIA, *Diario* cit., p. 244.
[59] G. CIANO, *Diario* cit., p. 432.
[60] G. BOTTAI, *Diario* cit., ff. 842 sg.
[61] Per Roma cfr. *L'Italia antifascista dal 1922 al 1940* cit., II, pp. 480 sg.
[62] Nel rapporto di un informatore del PNF sull'adunata a piazza del Duomo il 10 giugno '40 per ascoltare il discorso con cui Mussolini annunciò la dichiarazione di guerra si legge: «Il discorso del Duce è stato accolto con disciplinata e silenziosa attenzione, in amaro e duro contrasto alle infuocate e roboanti acclamazioni del popolo romano, nitidamente trasmesse dagli alto-parlanti di piazza del Duomo» (ACS, PNF, *Situazione politica delle provincie*, «Milano»).

privato del fascismo e si preoccupava soprattutto delle proprie condizioni di vita[63]. Dove gli stati d'animo erano piú contrastanti era nella media e piccola borghesia, sulle quali giocavano le suggestioni piú diverse e confuse e sulle quali si appuntava tutto il fuoco della propaganda del regime, facendo ricorso a tutti gli argomenti, da quelli piú tipicamente fascisti e di stampo antibritannico a quelli piú tradizionali e di tipo nazionalistico, ma in sostanza soprattutto ad uno, il piú adatto in quel momento a far breccia e a riassumere tutti gli altri: *vae neutris!*[64]. A meno di venti giorni dopo l'inizio dell'offensiva tedesca era ormai in atto un profondo cambiamento. Ricordando quei giorni e come li aveva vissuti dal suo osservatorio dell'OVRA, G. Leto ha scritto[65]:

> I nostri informatori segnalarono, prima sporadicamente, poi con maggiore frequenza ed ampiezza, uno stato di timore – che andava diffondendosi rapidamente – che la Germania fosse sul punto di riuscire a chiudere assai brillantemente e *da sola* la tremenda partita e che, di conseguenza, noi – se pur ideologicamente alleati – saremmo rimasti privi di ogni beneficio per quanto aveva tratto colle nostre aspirazioni nazionali... Come nell'agosto del 1939 la polizia rilevò e riferí il quasi unanime dissenso del paese verso un'avventura bellica, cosí nella primavera del 1940 essa segnalò il rovesciamento della pubblica opinione presa da un'ossessionante timore di *arrivare tardi*.

Il crollo della Maginot, la mancata «seconda Marna», Dunquerque furono per il diffondersi di questo stato d'animo altrettanti momenti decisivi, attestati, oltre che dai rapporti di polizia, dalla memorialistica e non solo da quella impegnata politicamente.

Con questo, sia ben chiaro, non si vuol dire che tutti gli italiani diventassero interventisti, ché molti, pur convinti che la Francia e l'Inghilterra avessero ormai perso la guerra, avrebbero voluto la continuazione della neutralità, né che coloro che lo diventarono lo fossero con la convinzione e l'entusiasmo che avevano caratterizzato l'interventismo del '15[66]; né che l'alleanza con la Germania diventasse improvvisamente popolare. È certo però che questo particolare stato d'animo interventista, in cui il timore di «arrivare tardi» faceva tutt'uno con la convin-

---

[63] Nel rapporto alla nota precedente, per esempio, si legge: «I locali frequentati da operai sono invece caduti in un mutismo generale. Nessun atteggiamento contrario, ma anche mancanza di qualsiasi manifestazione od atteggiamento di favore!» Alcune osservazioni generali sull'atteggiamento dei vari ceti sociali in F. ANFUSO, *Da Palazzo Venezia al lago di Garda* cit., pp. 123 sg.
[64] Per questa «tematica», a livello però già di pubblicistica politica vera e propria, tipico C. COSTAMAGNA, *Vae Neutris!*, in «Lo Stato», maggio 1940, pp. 195 sgg.
[65] G. LETO, *OVRA. Fascismo-antifascismo* cit., pp. 212 sg.
[66] Non è privo di significato che i tentativi di riproporre e adattare al nuovo conflitto alcune parole d'ordine e una certa concezione della guerra che, nel '14-15, avevano avuto a livello intellettuale e borghese un certo successo non solo caddero nel vuoto ma ebbero oggettivamente molto meno vigore. Cfr., per esempio, F. T. MARINETTI, *Necessità futuriste della nostra guerra contro la Francia e l'Inghilterra*, in «Antieuropa», settembre-ottobre 1940, pp. 520 sgg.

zione che la guerra sarebbe stata brevissima e traeva spesso anzi da essa la sua giustificazione piú reale, si diffuse in una larga parte del paese e costituí l'elemento base su cui il vero interventismo fascista – indubbiamente presente, ma di per sé insufficiente a determinare l'ambiente – poté operare per cercare di dare ad esso un contenuto maggiormente corrispondente, come si vedrà nel prossimo volume, alla sua concezione della «guerra fascista». E a contenerne la diffusione non valse neppure l'atteggiamento decisamente ostile, ma, tutto sommato, alla fine anche rassegnato della Santa Sede [67], ché pure una parte notevole del clero piú a contatto con i fedeli fu spesso travolta da esso [68]. Sicché ha ragione G. Amendola quando scrive [69]

> la verità è che, di fronte alla vittoria di Hitler, vi fu una frana generale, una resa alla fatalità dell'evento, una debolezza ad interpretare e difendere gli interessi nazionali, che dai vertici del regime si diffuse in tutti gli italiani.

Cosí come ha ragione quando afferma [70] che questa frana investí anche i pochi e dispersi gruppi antifascisti organizzati, paralizzandone le capacità di iniziativa e di lotta e produsse guasti anche tra gli oppositori generici del regime:

> ricordi, diari, lettere mostrano come fossero vasti, anche nelle file delle opposizioni, i guasti creati dalla lunga serie delle vittorie politiche fasciste e, soprattutto, degli ultimi travolgenti trionfi hitleriani. La domanda insidiosa: «e se Mussolini avesse ancora una volta ragione e con il suo fiuto avesse scelto il momento buono», serpeggiò inquietante anche tra le file dei ristretti gruppi di opposizione.

Il 25 maggio – lo si è visto – Pavolini nel suo rapporto ai giornalisti dava l'intervento per sicuro. Nel gruppo dirigente fascista quasi tutti erano della sua opinione e, ciò che piú importa, pressoché nessuno si diceva pubblicamente contrario ad esso. Negli ambienti militari gli ostili erano piú numerosi, ma la loro opposizione non andava oltre la speranza nel sovrano. Una speranza che, invece, aveva cessato di allignare negli ambienti economici, forse i piú unanimi all'inizio nell'auspicare una neutralità che durasse per tutto il conflitto. Nel '39 e nei primi mesi del '40 la punta di diamante dell'opposizione all'intervento era stata costituita

---

[67] La «rassegnazione» con la quale da ultimo la Santa Sede finí per accettare l'intervento italiano si può spiegare in vari modi. L'ipotesi piú probabile è però che essa fosse la conseguenza della convinzione che si ebbe anche in Vaticano che la guerra fosse ormai alla fine. Cfr. a questo proposito R. A. GRAHAM, *La missione di W. D'Ormesson in Vaticano nel 1940*, in «La civiltà cattolica», 20 ottobre 1973, pp. 145 sgg.
[68] Secondo un telegramma dell'ambasciatore presso la Santa Sede, Attolico, del 7 giugno al gabinetto di Ciano, nei giorni precedenti il Vaticano aveva impartito a tutti i vescovi istruzioni «di astenersi da qualsiasi atteggiamento contrario alle direttive politiche del Governo». ASAE, *Telegrammi in arrivo*, 1940, serie P. R., vol. 292.
[69] G. AMENDOLA, *Storia del Partito comunista italiano* cit., p. 416.
[70] *Ibid.*, pp. 416 e 427.

in questi ambienti dai siderurgici e dai metalmeccanici (i gruppi che, teoricamente, sarebbero dovuti essere i piú accesi interventisti) che, preoccupati dalla politica economica tedesca, avevano fatto quadrato attorno a Ciano. Ormai anch'essi avevano dovuto però, sia pure *obtorto collo*, rassegnarsi. Un po' perché privi di un effettivo peso politico, un po' perché la famosa politica dei «buoni affari» che la neutralità avrebbe dovuto assicurare loro si era dimostrata realizzabile solo in alcuni casi (nel primo trimestre del '40 la Fiat aveva quasi quadruplicato il lavoro per l'estero rispetto al corrispondente trimestre del '39) e, comunque, sostenibile solo... con le forniture tedesche di materie prime e di macchinari e impianti [71].

Anche coloro che due settimane prima erano neutralisti ad oltranza e antitedeschi si erano ormai convinti o allineati alla convinzione generale che la guerra fosse sul punto di finire con la vittoria della Germania e che l'Italia dovesse intervenire. Stando al diario di Ciano, persino Grandi stava convincendosi di aver sbagliato [72]. Bottai – sempre secondo Ciano – sarebbe stato «uno dei pochi rimasti con la testa sul collo», ma a far capire il clima del momento è illuminante ciò che, subito dopo, Ciano annotava: «di fronte a tanto interventismo del mondo ufficiale, mi ha proposto la fondazione di un partito: quello degli interventisti in mala fede» [73]. E, del resto, è molto dubbio che Bottai non credesse alla prossima fine della guerra, o che, se non lo credeva ancora, non lo credesse di là a pochissimo tempo, almeno a giudicare da alcune proposte da lui presentate a Mussolini e Ciano poche settimane dopo la capitolazione della Francia [74]. Ciano, sempre nel suo diario, si diceva ancora contrario all'«avventura»: «il cavallo bisogna misurarlo nella corsa lunga. E questa corsa, nessuno arriva neppure a immaginare quanto sarà lunga» [75]. Ma quando scriveva queste parole, il 20 maggio, era appena tornato da aver tenuto a Milano un discorso nel quale, «per ordine di Mussolini», aveva fatto un chiaro accenno al prossimo intervento [76]. Tanto è vero che sarcasticamente molti lo chiamavano «Ciano bifronte». Tra gli uomini del vertice fascista l'unico che continuasse a non nascondere la sua ostilità all'intervento era Balbo. Profondamente antitedesco («Balbo non discute i tedeschi: li odia. Ed è quest'odio insanabile che guida tutto il suo

---

[71] Cfr. V. CASTRONOVO, *Giovanni Agnelli* cit., pp. 447 sgg.; R. BATTAGLIA, *La seconda guerra mondiale. Problemi e nodi cruciali*, Roma 1966, pp. 86 sg.
[72] G. CIANO, *Diario* cit., p. 433.
[73] *Ibid.*, p. 439.
[74] Cfr. in *Appendice*, documento 13 a, b e c, gli appunti per Ciano e Mussolini del 13 e 19 luglio e la già ricordata lettera-relazione a Mussolini del 20 luglio 1940, tutti in *Archivio Bottai*.
[75] G. CIANO, *Diario* cit., p. 433.
[76] Lo si veda in «Relazioni internazionali», 25 maggio 1940, p. 753.

ragionamento» [77]), ma anche antifrancese, la sua ostilità alla politica di Mussolini verso la Germania lo aveva portato negli anni precedenti ad avvicinarsi, lui vecchio repubblicano e massone, alla monarchia e, piú recentemente (l'8 dicembre '39), ad andare in udienza dal papa. E non aveva cercato solo di dissuadere «quel pazzo» di Mussolini dall'entrare in guerra adducendo solo motivi politici: come governatore della Libia e comandante delle forze in Africa settentrionale, aveva piú volte fatto presente la inadeguatezza dei mezzi a sua disposizione. Ma aveva anche insistito a lungo perché, in caso di guerra, fosse autorizzato a non rimanere sulla difensiva, ma, al contrario, a poter attaccare con decisione ad est. Una richiesta che contribuisce bene a spiegare come mai – nonostante il suo cronico frondismo – egli non fosse uomo da rompere in quel momento con Mussolini (e, tutto sommato, con il sovrano): poteva non condividerne la politica, ma non «tradirlo»; glielo impedivano il suo senso del dovere militare e il suo spirito guascone e, forse, il solito dubbio che, alla fin fine, ancora una volta Mussolini potesse avere ragione; certo glielo impediva il suo patriottismo. In questa situazione psicologica, fatto tutto il possibile per dissuadere Mussolini e per farsi dare i mezzi necessari a combattere, la sua posizione poteva essere solo quella che, il 2 giugno, avrebbe enunciato a Ciano: da soldato, battersi con la massima decisione, facendo tutto quanto poteva con i mezzi disponibili [78]. Una posizione che oggi potrà, forse, apparire a qualcuno assurda, ma che allora non lo era affatto, poiché il conflitto tra la Germania nazista e i suoi avversari non aveva per la stragrande maggioranza assunto ancora quel carattere ideologico, di contrapposizione radicale, morale e politica, tra due concezioni del mondo e della civiltà, che avrebbe portato in tutti i paesi coinvolti a mettere in discussione quella che sino allora era stata l'idea stessa di patria. Tant'è – accenniamo qui solo al problema, riservandoci di trattarne ampiamente nel prossimo volume – che persino tra gli antifascisti la partecipazione dell'Italia, sia pure fascista, alla guerra avrebbe suscitato una serie di casi di coscienza estremamente significativi. Da quelli ricordati da L. Gasparotto in un paragrafo del suo libro non a caso intitolato «l'angoscia dei senza-Patria» [79]:

> Mentre volgeva alla fine la breve e ingloriosa marcia sulla Francia e incombevano guai maggiori, ci siamo incontrati fra amici, già compagni al Governo o commilitoni della grande guerra, per risolvere il nostro caso di coscienza. Pur vivendo in Patria, siamo senza-Patria; ma la Patria è in guerra e sta giuocando tutte le sue for-

---

[77] Cfr. G. CIANO, *Diario* cit., p. 439.
[78] *Ibid.*; nonché le giuste osservazioni di C. SEGRÉ, *Italo Balbo*, in *Uomini e volti del fascismo* cit., pp. 25 sg.
[79] L. GASPAROTTO, *Diario di un deputato* cit., p. 293.

tune; forse è in pericolo la sua stessa esistenza, e noi le siamo stranieri, involontariamente indifferenti al suo destino, semplici passeggeri obbligati ad assistere dai margini della strada alla sfilata delle truppe che marciano sulle vie della morte. Giolitti ha lasciato scritto nelle sue *Memorie* che, a guerra dichiarata, «ogni cittadino, qualunque sieno le sue opinioni, ha il dovere di fare quanto può per assicurare la vittoria». Che si fa, dunque? Ci fu chi propose un indirizzo al «duce» per auspicare, sia pure sotto riserva delle nostre idee, la vittoria delle armi; qualche lettera, infatti, fu scritta, prudente e generosa ad un tempo, in questo senso. «A guerra dichiarata – scrisse a Mussolini un nobile amico, reduce non volontario dell'altra guerra e stimato uomo di governo – cessano le opinioni, e ogni italiano non può se non auspicare la vittoria delle nostre armi e contribuire al suo raggiungimento». Al mio spirito donchisciottesco ciò parve atto di umiliazione, per non dire gesto servile verso l'uomo che da tempo avevamo giudicato indegno di governare il Paese; per mio conto, ho risposto di preferire di essere chiamato alle armi, pronto a dare alla Patria il resto della mia vita, ma non le idee ereditate da mio padre e serbate come patrimonio della mia anima.

A quello ricordato da B. Croce nella terza appendice al suo *Contributo alla critica di me stesso*[80]:

> Angosciosa mi fu soprattutto l'impossibilità che io sentii negli ultimi tempi del fascismo, che furono di guerra, di essere tutto dalla parte della mia patria... Ma praticamente risolsi questo contrasto con l'esortare i giovani, che a me si rivolgevano per consiglio, di salvare l'onore militare dell'Italia e di ricordare che l'esercito deve riservare la politica agli uomini politici...

A quello infine di E. Conti, da lui riassunto in queste brevissime, ma inequivoche parole[81]:

> Siamo in guerra: «Sileant precordia, pateat cor». Taccia il ragionamento, subentri l'obbedire.

Negli alti comandi militari i contrari all'intervento erano piú numerosi che nel vertice fascista, ma ormai nessuno piú andava oltre le «riserve» di carattere tecnico. Contrarissimo era soprattutto Badoglio[82]; diversamente da Balbo, il capo di Stato maggiore generale si guardava però bene dal darlo a vedere e, deciso l'intervento, avrebbe tenuto a mostrare «la piú completa fiducia nella nostra vittoria» e a non esporsi ad alcuna accusa di tiepidezza o altro[83].

Eppure il 25 maggio Mussolini, nonostante il suo desiderio di entrare in guerra, non aveva preso ancora la sua decisione. Il 17 maggio, mostran-

---

[80] B. CROCE, *Filosofia, poesia, storia. Pagine tratte da tutte le opere a cura dell'autore*, Milano-Napoli 1951, p. 1173.
[81] E. CONTI, *Dal taccuino di un borghese* cit., p. 688.
[82] Ancora il 9 maggio G. CIANO, *Diario* cit., p. 426, pur osservando che le vittorie germaniche in Norvegia avevano reso Badoglio meno antitedesco, lo definiva «fanatico della non belligeranza».
[83] Cfr. G. BIANCHI, *Perché e come cadde il fascismo* cit., pp. 188 sg.
Sulla posizione di Badoglio cfr. anche le osservazioni di E. FALDELLA, *L'Italia e la seconda guerra mondiale* cit., pp. 79 sgg.

do a Grandi una grande carta geografica del fronte francese che si era fatta collocare su un cavalletto a fianco del suo tavolo di lavoro a palazzo Venezia, gli aveva detto [84]:

> Questi tedeschi credono di aver sconfitto la Francia. Si accorgeranno presto quanto sbagliati sono stati i loro calcoli. Qui vi sarà la nuova Marna... Qui i *boches* si romperanno per la seconda volta la testa e l'Italia potrà stare tranquilla.

Il giorno dopo, con G. Pini che si mostrava con lui certo del prossimo intervento e gli ripeteva la preoccupazione «che i tedeschi vadano troppo in fretta e che noi non arriviamo in tempo a fare il nostro interesse nazionale», era stato piú cauto, ma – aveva annotato Pini [85],

> ogni nostra parola aveva per sottinteso la prossima entrata in guerra dell'Italia. Tuttavia egli non si era mai lasciato sfuggire nulla di preciso in proposito.

E il 19, lo si è visto, aveva detto a Bottai che c'era ancora tempo... Nei giorni seguenti i successi tedeschi erano continuati. Il 21 maggio in Senato Reynaud (che due giorni prima aveva sostituito Gamelin con Weygand a capo dell'esercito francese) aveva parlato senza veli di «patria in pericolo» e i tedeschi avevano raggiunto Abbeville e Amiens. Nulla faceva sperare in una «seconda Marna». Eppure Mussolini non si era ancora deciso.

Badoglio, nei suoi ricordi [86], ha scritto che il 26 maggio il «duce», presente anche Balbo, gli avrebbe detto che il giorno prima aveva mandato «a mezzo corriere una mia dichiarazione scritta ad Hitler per assicurarlo che non intendo restare con le mani alla cintola e che, a partire dal 5 giugno, sarò pronto a dichiarare la guerra all'Inghilterra». La notizia è però del tutto inattendibile. Innanzitutto Badoglio parla di una udienza «di ordinaria amministrazione» e, se è possibile che una udienza straordinaria non risulti nei prospetti delle udienze della Segreteria particolare di Mussolini, è impossibile che non ne risulti una ordinaria, come, appunto, non risulta nessuna udienza a Badoglio sotto la data del 26 maggio. Si aggiunga che Badoglio dice di essere andato subito dopo l'annunzio da Ciano «per sentire se aveva qualche dato piú preciso da darmi» (trovandolo all'oscuro di tutto), ma nel diario di Ciano nulla risulta. Cosí come nulla risulta neppure circa la presenza a Roma in quel giorno di Balbo e, ovviamente, di una sua udienza a palazzo Venezia. Ma il fatto piú importante è che la «dichiarazione scritta» ad Hitler con la quale questi fu informato da Mussolini della sua decisione di entrare in

---

[84] Cfr. D. GRANDI, *Ecco Mussolini* cit.
[85] G. PINI, *Filo diretto con Palazzo Venezia* cit., p. 206.
[86] P. BADOGLIO, *L'Italia nella seconda guerra mondiale* cit., pp. 36 sg.

guerra fu comunicata in cifra ad Alfieri, perché la recapitasse personalmente, solo il 30 maggio[87]. In realtà Badoglio conobbe la decisione di Mussolini tra le diciotto e trenta e le diciannove del 28 maggio, nel corso di una udienza a palazzo Venezia, durante la quale il «duce» gli lesse anche la lettera che Hitler gli aveva scritto il 25 e che egli aveva ricevuto il giorno successivo, e che, dunque, dovette avere uno svolgimento ben diverso da quello che il maresciallo ha attribuito alla inesistente udienza del 26[88]; cosa che induce a credere che, scrivendo i suoi ricordi, Badoglio non abbia confuso la data, ma volutamente falsato tutto l'episodio[89].

Il 26 maggio Mussolini aveva ricevuto la lettera scrittagli il giorno prima da Hitler e contemporaneamente il rapporto inviato a Roma da Alfieri sul suo colloquio, il 22, con Göring. Entrambi dovevano avere prodotto su di lui una forte impressione, tanto è vero che Ciano, riferite le due cose, annotava: «Si propone di scrivere una lettera ad Hitler annunciando il suo intervento per la seconda decade di giugno»[90]. Ma, in effetti, non aveva ancora veramente deciso. La vera decisione la prese il 28 maggio, probabilmente nella mattinata.

Ciano nel suo diario mostra di attribuire la decisione del suocero di «accelerare i tempi, poiché è convinto che ormai tutto precipita e vuole crearsi titoli per partecipare alla successione», alla capitolazione del Belgio, della quale era giunta notizia nella notte, e soprattutto all'andamento del colloquio che lui, Ciano, aveva avuto il 27 con François-Poncet[91]. In realtà il 27 Ciano aveva avuto due colloqui che potevano avere influito su Mussolini. Oltre che con l'ambasciatore francese, aveva parlato anche con quello statunitense e l'importanza di questo secondo colloquio è indirettamente dimostrata dal fatto che Ciano ne fece il verbale. Ecco come egli ne riferí nel diario[92]:

[87] G. CIANO, *Diario* cit., p. 436.
[88] Il particolare della lettura della lettera di Hitler risulta dal verbale della riunione del 29 maggio tra i capi militari e Mussolini. Cfr. *DDI*, s. IX, IV, p. 495. Badoglio, che nel suo libro riporta parte di questo verbale, a questo punto annota: «era la risposta alla lettera di Mussolini circa l'entrata in guerra dell'Italia» (p. 40 nota). Un'annotazione che conferma il suo mendacio: Hitler rispose infatti a Mussolini il 31 maggio.
[89] È significativo che non risulta alcun incontro Badoglio-Ciano neppure sotto la data del 28 maggio.
[90] G. CIANO, *Diario* cit., p. 434.
[91] *Ibid.*, p. 435.
[92] *Ibid.*, pp. 434 sg. Un accenno, forse, al colloquio è in A. FRANÇOIS-PONCET, *Au Palais Farnèse* ecc. cit., p. 173. Per il colloquio con Phillips, cfr. *L'Europa verso la catastrofe* cit., pp. 557 sg. La proposta di Roosevelt era che Mussolini gli facesse sapere «i desideri e le aspirazioni dell'Italia». Egli li avrebbe portati a conoscenza di Parigi e Londra. «Qualora un accordo non fosse potuto essere raggiunto sulla base di queste proposte, il Presidente Roosevelt avrebbe richiesto alla Francia ed alla Gran Bretagna l'impegno di mantenere tali condizioni alla fine della guerra nonché la garanzia per l'Italia di partecipare alla Conferenza della Pace in posizione uguale a quella dei belligeranti. Da parte di Mussolini si sarebbe dovuto dare garanzia di non aumentare in seguito le proprie pretese nonché di mantenere la neutralità per tutta la durata del conflitto». Per il resoconto di Phillips cfr. *FRUS, 1940*, II, pp. 712 sgg., nonché, per il testo del messaggio di Roosevelt, pp. 710 sg.; e an-

Lunghi colloqui con François Poncet e con Phillips. Quest'ultimo è latore di un messaggio di Roosevelt per il Duce, ma non viene ricevuto e parla con me. Ho verbalizzato il colloquio. In breve, Roosevelt si offre di fare da mediatore tra noi e gli alleati divenendo personalmente responsabile per l'esecuzione, a guerra finita, degli eventuali accordi. Rispondo a Phillips che Roosevelt è fuori strada. Ci vuol altro per dissuadere Mussolini. In fondo non è ch'egli vuole ottenere questo o quello: vuole la guerra. Se pacificamente potesse avere anche il doppio di quanto reclama, rifiuterebbe.

Importante anche il colloquio con François Poncet, non per i risultati ma come indizio psicologico. Mi ha fatto delle avances assai precise. Escludendo la Corsica «che è una parte medesima del corpo della Francia», ha detto che si può trattare sulla Tunisia, forse anche sull'Algeria. Ho risposto anche a lui, come a Phillips: troppo tardi, e gli ho ricordato quando la Francia, nel 1938, ci contestava persino quei quattro scogli che l'Inghilterra ci aveva ceduto in Mar Rosso. Ancora una volta i francesi erano stati, come dice Machiavelli, «piú taccagni che prudenti».

Poncet riconosce le colpe francesi, attacca i passati governi, e getta gran parte della responsabilità su Leger, che definisce «uomo sinistro». La conversazione, naturalmente, si è mantenuta su di un tono accademico.

All'origine dei due passi era una concitata e drammatica discussione svoltasi nei giorni precedenti a Parigi per estendersi poi a Londra e coinvolgere anche Washington e che sarebbe continuata – come vedremo – anche successivamente[93]. Nonostante il fallimento delle *démarches* di Roosevelt e di Churchill del 14 e del 16 maggio, di fronte al precipitare della situazione militare, Parigi non si rassegnava a rinunciare del tutto alla speranza di giungere ad un qualche accordo in extremis con Mussolini. E ciò tanto piú che, mentre l'ambasciatore inglese a Roma, Loraine, era sicuro che Mussolini fosse ormai completamente «negli artigli» della Germania e che l'intervento dell'Italia, pur non essendo imminente (il 18 maggio Loraine aveva previsto che non si sarebbe verificato prima di una decina di giorni), fosse scontato, François-Poncet nutriva invece ancora un filo di speranza e tempestava il Quai d'Orsay e Reynaud di esortazioni a non lasciare nulla di intentato e a fare al «duce» delle offerte «precise» in merito allo status di Gibilterra, Malta, Suez, Gibuti e della Tunisia. Anche a suo giudizio Mussolini era «in linea di principio» deciso a scendere in guerra, ma poteva darsi che non avesse ancora abbandonato del tutto l'idea di giocare il ruolo di «organizzatore della pace», e cioè che pensasse o di «presentare alla Francia, da parte di Hitler, proposte di pace separata sotto la minaccia di schierarsi a fianco di Berlino» o di tentare ancora qualche cosa per giungere ad una pace generale. Era

che W. PHILLIPS, *Ventures in diplomacy* cit., pp. 274 sg. Dal resoconto di Phillips si evince che tutta la seconda parte del capoverso di Ciano relativo al colloquio con lui (da «Rispondo a Phillips») è un commento *ad usum diarii*.

[93] Nella indisponibilità di altre fonti la vicenda è ricostruita sulla base di P. REYNAUD, *La France a sauvé l'Europe*, Paris 1947, II, pp. 198 sgg.

dunque da prendere in considerazione l'eventualità che «ricevendo delle soddisfazioni nel Mediterraneo» il «duce» potesse agire da moderatore su Hitler. Quanto ai possibili intermediari, François-Poncet scartava il generalissimo Franco, perché privo di autorità, e considerava il papa «meglio piazzato» di Roosevelt. Sulla base anche di queste suggestioni, il 25 maggio Reynaud aveva sottoposto il problema al Comité de guerre e la mattina dopo era volato a Londra per discuterne con Churchill e con i responsabili della politica inglese, dato che, oltretutto, alcune delle eventuali offerte da fare all'Italia riguardavano direttamente l'Inghilterra. Il piú disponibile si era mostrato Halifax, che aveva anche informato Reynaud di aver fatto il giorno prima un passo su Bastianini per comunicargli, disse, che gli Alleati erano disposti a prendere in considerazione proposte di negoziato relative agli interessi italiani e ad una pace giusta e duratura[94]. Gli altri e soprattutto Churchill si erano però mostrati restii o contrari a fare concessioni (tornato a Parigi Reynaud fu raggiunto la sera stessa da un telegramma del premier in cui questo si diceva «convinto che la nostra sicurezza non riposa che sulla nostra capacità di combattere») e comunque non disposti a prendere alcuna decisione prima di aver interpellato il gabinetto, sicché, alla fine, non si era andati oltre, per il momento, una nuova pressante richiesta a Roosevelt di tentare un ennesimo passo piú o meno interlocutorio[95].

Questo, dunque, l'antefatto del passo compiuto il 27 dall'ambasciatore Phillips a nome del presidente degli Stati Uniti presso Ciano. Meno chiara è l'origine dell'altro passo, quello di François-Poncet. Stando a quanto scritto da Reynaud e confermato da Charles-Roux (che il 18 maggio era stato nominato segretario generale del Quai d'Orsay al posto di Léger)[96], il problema se rivolgersi direttamente a Roma senza subordinare il passo ad «offerte correlative» inglesi e facendole – come suggeriva François-Poncet – precise proposte di «massives concessions africaines» fu discusso dal Consiglio dei ministri francese nella notte tra il 27 e il 28 maggio, dopo aver conosciuto la risposta negativa di Ciano a Roosevelt e sotto lo choc della notizia della capitolazione belga. La riunione[97] si svolse in un clima altamente drammatico e aggravato dalle notizie provenienti dal fronte e da tutta una serie di informazioni sulla si-

[94] Per il passo di Halifax cfr. *DDI*, s. IX, IV, pp. 462 sg.
[95] Cfr. anche *FRUS, 1940*, II, pp. 709 sg.; nonché C. HULL, *Memorie di pace e di guerra* cit., I, pp. 305 sg.
[96] Cfr. P. REYNAUD, *La France a sauvé l'Europe* cit., pp. 209 sg.; F. CHARLES-ROUX, *Cinq mois tragiques aux Affaires Étrangères (21 mai - 1er novembre 1940)*, Paris 1949, pp. 9 sg.
[97] Un verbale della riunione in P. REYNAUD, *La France a sauvé l'Europe* cit., pp. 242 sgg.; un resoconto piú sommario in A. DE MONZIE, *La pace, la guerra e la sconfitta (agosto 1938 - settembre 1940)*, Verona 1941, pp. 235 sgg.

tuazione italiana imprecise o addirittura destituite di ogni fondamento. Si pensi che Daladier (che nel ministero ricopriva l'incarico di ministro degli Esteri) arrivò ad affermare che metà della guardia personale di Mussolini era composta di nazisti e Ybarnegaray che l'élite delle truppe tedesche si trovava a San Remo camuffata da turisti.

Secondo Daladier era necessario correre il rischio di un passo autonomo su Roma, offrendo a Mussolini la Somalia francese e Gibuti, rettifiche alla frontiera libica e una sorta di condominio sulla Tunisia. Se le offerte fossero state rigettate gli italiani non avrebbero piú potuto dire che Parigi era restata nel vago e, soprattutto, esse, dando concreti argomenti agli avversari in Italia della guerra, avrebbero probabilmente ritardato l'intervento di uno-due mesi preziosi. Reynaud si disse contrario a sacrificare «una terra francese» come la Tunisia e dubbioso che un passo a cui non partecipasse anche l'Inghilterra potesse avere effetto. Altri, piú «realisti», come Ybarnegaray, sostennero che si doveva tentare tutto per impedire l'intervento italiano: se Mussolini era deciso, non gli si sarebbe certo fatto cambiare idea con la Somalia «et autres balivernes»; se il prezzo doveva essere la Tunisia, ebbene, doveva essere pagato. Altri, ancora, si preoccuparono soprattutto delle ripercussioni che il passo avrebbe avuto sull'opinione pubblica francese e sul suo morale. Alla fine non fu presa alcuna decisione. Ciò nonostante, sciolta la seduta, Daladier stilò un progetto di telegramma agli ambasciatori a Roma e a Londra che cercava di tener conto delle varie posizioni emerse. Eccone il testo [98]:

> Dopo l'esame della situazione risultante dalla defezione del re dei Belgi, il governo, avendo giudicato indispensabile tentare, anche a prezzo di sacrifici considerevoli, di dissuadere l'Italia dall'entrare in guerra, ha deciso di sottoporle, a questo scopo, le seguenti proposte:
> *a)* cessione della Costa francese dei Somali, come pure dello sfruttamento della ferrovia di Addis-Abeba, con riserva di un diritto se non di una zona di scalo nel porto di Gibuti;
> *b)* rettifica della frontiera franco-libica per quel che concerne sia il tratto previsto negli accordi del 7 gennaio 1935 sia la linea compresa tra Tummo e Gadames;
> *c)* cessione territoriale di una molto grande estensione tra l'hinterland della Libia e la costa congolese.
>
> Nel caso in cui quest'ultima concessione non fosse sufficiente ad assicurare il successo del negoziato, noi ci risolveremmo a sostituirla, in cambio, con la proposta di una riforma dello statuto della Tunisia in vista di assicurare una collaborazione fiduciosa dell'Italia e della Francia nel protettorato francese della Reggenza.
>
> Un metodo efficace di regolamento di queste questioni potrebbe essere l'apertura di una conferenza sui problemi mediterranei.

---

[98] Cfr. P. REYNAUD, *La France a sauvé l'Europe* cit., p. 210.

Al mattino, Reynaud – pare soprattutto per le resistenze di Charles-Roux – non se la sentí di dare il via all'operazione. Invece che a Roma e per conoscenza a Londra, il telegramma fu trasmesso solo a Londra per un parere [99]. La risposta di Churchill fu immediata e tutta negativa. Secondo quanto il premier scrisse il giorno stesso a Reynaud, l'unico modo di migliorare la situazione era avere fede e combattere, guadagnandosi cosí l'ammirazione degli americani e possibilmente il loro aiuto materiale: «se noi resistiamo, gli uni e gli altri, possiamo risparmiarci il destino della Danimarca e della Polonia». Per quel che concerneva la proposta trasmessagli, la sua risposta era altrettanto chiara [100]:

> Nella formula preparata domenica scorsa da Lord Halifax, era suggerito che, se il Signor Mussolini collabori con noi in vista di stabilire un regolamento di tutte le questioni europee che salvaguardino la nostra indipendenza e costituiscano la base di una pace giusta e duratura per l'Europa, noi saremo disposti a discutere le sue rivendicazioni nel Mediterraneo. Voi proponete ora d'aggiungere certe offerte determinate – che io non posso supporre abbiano qualche *chance* di commuovere il Signor Mussolini e che, una volta fatte, non potranno piú essere ritirate – in vista di impegnarlo ad assumersi il ruolo di mediatore che contemplava la formula discussa domenica.
> Noi crediamo, i miei colleghi ed io, che il Signor Mussolini ha da molto tempo in animo di poter eventualmente giuocare questo ruolo, contando, senza alcun dubbio, di trarne dei vantaggi sostanziali per l'Italia. Ma noi siamo convinti che in questo momento, allorché il Signor Hitler è gonfio per la vittoria e conta certamente sulla fine prossima e completa della resistenza alleata, sarà impossibile per il Signor Mussolini di proporre con qualche possibilità di successo delle proposte in vista di una conferenza. Io vi ricordo ugualmente che il presidente degli Stati Uniti d'America ha ricevuto una risposta totalmente negativa alla proposta che congiuntamente noi gli abbiamo domandato di presentare e che nessuna risposta è stata data alle avances fatte da Lord Halifax sabato scorso all'ambasciatore italiano a Londra.
> È per questo – senza escludere la possibilità di agguantare il Signor Mussolini in un altro momento – che noi non possiamo pensare che il momento attuale sia opportuno e io devo aggiungere che, a mio avviso, l'effetto sul morale del nostro popolo, che è oggi fermo e risoluto, sarebbe estremamente dannoso. Voi stesso potete meglio giudicare quale sarebbe l'effetto in Francia.

Il no inglese fece desistere il Quai d'Orsay dall'inviare a Roma il telegramma preparato durante la notte [101]. Ciò non mise però fine alle pressioni di coloro che volevano ad ogni costo fare un tentativo. Il ministro dei Lavori pubblici De Monzie e il vicepresidente del Consiglio Chautemps il 29 sera prepararono una nuova bozza di proposta che venne approvata da Daladier, ma che Reynaud volle fosse sottoposta all'amba-

---

[99] *Ibid.*, pp. 210 sgg.; F. CHARLES-ROUX, *Cinq mois tragiques* ecc. cit., pp. 10 sgg.
[100] P. REYNAUD, *La France a sauvé l'Europe* cit., pp. 212 sg.; W. CHURCHILL, *The second world war* cit., I, pp. 97 sg.
[101] Cfr. F. CHARLES-ROUX, *Cinq mois tragiques* ecc. cit., pp. 12 sg.

sciatore inglese, che, prima, rifiutò di approvarla, poi, sentita Londra e ottenutene alcune modifiche, finí per lasciare passare[102]. Alle venti del 30 maggio Guariglia era convocato al Quai d'Orsay e Daladier gli consegnava la seguente nota[103]:

> Il Governo francese affida all'Ambasciatore d'Italia la cura di trasmettere al Capo del Governo italiano la solenne comunicazione che gli dettano i suoi doveri storici e il voto della Nazione francese.
> Noi non possiamo piú ignorare che una minaccia di conflitto pesa sui rapporti franco-italiani. Questa minaccia non è condizionata dalla guerra di cui noi abbiamo assunto il rischio fin dal settembre 1939 poiché da quella data stessa l'Italia non ha associato le sue armi alle armi della Germania. Inoltre in ogni circostanza il Signor Mussolini ha proclamato che l'Italia si preoccuperebbe unicamente di servire il proprio destino quando essa avesse definito i suoi scopi e manifestato le sue volontà.
> Si tratta dunque di una rivendicazione italiana che prima di esprimersi in scritti si tradurrebbe in atti e che avrebbe per effetto di incamminare i nostri due popoli verso ciò che il popolo francese ha sempre considerato come una guerra impossibile. In questo stadio preliminare e di fronte ad una eventualità spaventevole per le nostre coscienze noi teniamo a dichiarare:
> che non esiste tra la Francia e l'Italia alcuna incompatibilità risultante dalla differenza dei regimi interni dei due Paesi;
> che noi siamo disposti a considerare tutte le misure suscettibili di conferire forza e durata a questa mutua indipendenza dei due paesi;
> che egualmente noi siamo disposti a esaminare fin d'ora tutto l'insieme delle questioni del Mediterraneo interessanti lo sviluppo dell'Italia;
> che nello sviluppo di tali negoziati a dei fini generali la Francia, decisa a non rinnegare né la sua alleanza né i suoi impegni, accoglierebbe tutte le soluzioni utili allo stabilimento di un nuovo statuto della collaborazione mediterranea;
> che allo scopo di pervenire non già ad un regolamento particolare e precario, ma ad un accordo definitivo di sicurezza, noi desideriamo aver ricorso ai negoziati diretti fra le parti interessate.
> È tempo ancora di evitare tra noi il peggio, cioè l'abolizione del nostro passato comune e la rovina della nostra comune civiltà. Il nostro passo verso l'Italia non potrebbe essere interpretato come un segno di debolezza in un momento in cui il nostro patriottismo riunisce le passioni e le energie unanimi della Nazione. Esso tende semplicemente a marcare che noi avremmo accettato e sollecitato tutto ciò che poteva avvicinare e salvaguardare gli interessi delle nostre Patrie.

La nota non mancava di un certo vigore e, dato il momento, di una sua dignità, ma – contrariamente a quanto aveva consigliato François-Poncet e alla bozza di telegramma di due giorni prima – non conteneva, come si vede, alcuna offerta precisa. Guariglia (a cui De Monzie aveva fatto sapere poche ore prima che erano in preparazione concrete offer-

---

[102] Cfr. A. DE MONZIE, *La pace, la guerra e la sconfitta* cit., pp. 239 sgg.; F. CHARLES-ROUX, *Cinq mois tragiques ecc.* cit., pp. 14 sgg.; P. REYNAUD, *La France a sauvé l'Europe* cit., pp. 213 sgg.
[103] *DDI*, s. IX, IV, pp. 506 sg. e anche pp. 505 e 507 sg. Per il testo francese cfr. *ADSS*, I, pp. 482 sg.

te [104]) lo fece subito rilevare a Daladier e due ore dopo a De Monzie, ottenendo dal primo questa imbarazzata risposta: «non abbiamo voluto dare l'impressione di mercanteggiare» e dal secondo l'assicurazione che proposte concrete erano già state studiate e sarebbero state fatte se l'Italia avesse accettato di avviarsi sulla strada di conversazioni. Daladier gli disse anche quali modifiche gli inglesi avevano voluto fossero apportate al testo della nota; «*accoglierebbe* tutte le soluzioni utili» al posto di «*sosterrebbe*» e la soppressione di un passo in cui era ricordata la proposta di Mussolini del 1° settembre '39 di convocare una conferenza per evitare la guerra: «gli inglesi hanno voluto la soppressione di tale frase temendo che essa potesse essere interpretata come un'allusione alla possibilità di convocare ancora oggi una conferenza a quattro con la Germania e quindi come un suggerimento francese di pace» [105]. Il giorno dopo Guariglia – anche tra gli italiani vi erano coloro che si attaccavano ad ogni filo di speranza [106] – cercò invano di sollecitare Charles-Roux a compiere un ulteriore passo: «La situazione evolve rapidamente. Non farete nulla per trattenere l'Italia?» Ma non ricevette che questa risposta: «Ma questo è lo scopo della nota che vi è stata consegnata ieri». A cui non seppe replicare che cosí: «Ma la nota non è affatto quella che mi attendevo» [107]...

Lo stesso giorno in cui la nota francese veniva consegnata a Guariglia Roosevelt (che Parigi e Londra tenevano informato di tutto) aveva inviato a Mussolini un altro messaggio. In esso era detto che un'estensione del conflitto al Mediterraneo, oltre a colpire sfavorevolmente l'opinione pubblica americana, avrebbe avuto il risultato di far sviluppare vieppiú il programma di riarmo degli Stati Uniti e di raddoppiare il loro impegno ad assicurare agli Alleati i rifornimenti di cui potevano aver bisogno [108]. La risposta di Mussolini fu secchissima: Ciano comunicò all'ambasciatore Phillips che secondo l'Italia gli Stati Uniti non avevano piú interessi nel Mediterraneo di quelli che essa aveva nel Mar dei Caraibi e che la decisione di entrare in guerra era già stata presa [109]. Erano le dodici

---

[104] Cfr. *DDI*, s. IX, IV, p. 503.
[105] Cfr. *ibid.*, pp. 509, 510 e 549 sg.; R. GUARIGLIA, *Ricordi* cit., pp. 456 sgg.; A. DE MONZIE, *La pace, la guerra e la sconfitta* cit., p. 241.
[106] In questa prospettiva va vista tutta una serie di iniziative personali prese da parte di italiani negli ultimi giorni della «non belligeranza» a Parigi (cfr. P. REYNAUD, *La France a sauvé l'Europe* cit., pp. 223 sgg.) e soprattutto a Londra (cfr. R. QUARTARARO, *Roma tra Londra e Berlino* cit., pp. 613 sgg.). Da parte francese un ultimo «sondaggio» fu fatto presso Guariglia da Baudouin, appena divenuto ministro degli Esteri, l'8 giugno. Cfr. *DDI*, s. IX, IV, pp. 605 sg. Nella notte tra il 1° e 2 giugno il nuovo ambasciatore francese presso la Santa Sede d'Ormesson aveva già fatto un passo per cercare di ottenere «un supremo sforzo» da parte del pontefice. Cfr. P. REYNAUD, *La France a sauvé l'Europe* cit., p. 223; *ADSS*, I, p. 481.
[107] Cfr. R. GUARIGLIA, *Ricordi* cit., p. 459; F. CHARLES-ROUX, *Cinq mois tragiques ecc.* cit., p. 18.
[108] *FRUS, 1940*, II, pp. 713 sg.; G. CIANO, *Diario* cit., p. 436.
[109] *FRUS, 1940*, II, p. 715; G. CIANO, *Diario* cit., p. 438. Nonostante la risposta avuta, Roosevelt,

e quindici del 1° giugno. A quell'ora Mussolini – lo vedremo tra poco – aveva già preso la decisione di intervenire e l'aveva già comunicata ad Hitler. Ugualmente a decisione già presa era arrivata a Roma la nota francese del 30 maggio, che Ciano aveva giudicato contenere «nessuna proposta precisa, ma molte aperture», ma che Mussolini aveva rifiutato di prendere in considerazione e deciso addirittura di non darle risposta[110]. Né, a quel punto, poteva essere diversamente.

In relazione a quanto sin qui detto a proposito dei tentativi francesi di accordo, il problema è piuttosto un altro e riguarda il colloquio che Ciano aveva avuto il 27 maggio con François-Poncet. Quel giorno, come si è visto, a Parigi non era stata presa ancora nessuna decisione, eppure, lo si è pure visto, secondo Ciano l'ambasciatore francese gli avrebbe fatto delle «avances assai precise», parlando addirittura di possibili trattative sulla Tunisia e, al limite, persino sull'Algeria. La cosa lascia indubbiamente perplessi, tanto più che non risulta che a Parigi si sia mai pensato alla possibilità di mettere sul tavolo delle trattative l'Algeria e l'eventualità di sacrificare la Tunisia incontrava tali resistenze che i più, come risulta chiaramente dalla proposta contenuta nel telegramma preparato nella notte tra il 27 e il 28 maggio e poi non più inviato, erano piuttosto disposti a grandi concessioni nel Sud-ovest libico sino all'Atlantico. Ovviamente, si potrebbe pensare ad un'annotazione inattendibile di Ciano (che non sarebbe certo l'unica), tanto più che la frase attribuita da Ciano a François-Poncet pare che fosse usata il giorno dopo dal ministro degli Esteri con Loraine per dire che Mussolini non avrebbe cambiato idea neppure se gli fossero stati offerti la Tunisia, l'Algeria e il Marocco[111] e vari sono i casi nei quali risulta la sua abitudine di mettere nel diario in bocca ad altri sue dichiarazioni o battute. A rendere difficile questa ipotesi è però il fatto che la mattina del 26 maggio François-Poncet disse a Pio XII che la Francia era disposta a «larghe concessioni» all'Italia, tanto è vero che fu ventilata l'idea di una lettera del papa a Mussolini (idea che trovò «piuttosto riservato e contrariato» l'ambasciatore inglese, preoccupato che si finisse per «firmare una cambiale in bianco e far crescere a dismisura le pretese italiane»)[112], e fece fare un passo sul pontefice anche all'ambasciatore di Romania, anch'esso imperniato sui «sacrifici» che la Francia era pronta a fare per tenere Musso-

---

incoraggiato da Welles, nei primi giorni di giugno pensò di mandare a Mussolini ancora un altro messaggio, prendendo lo spunto dalla nota francese del 30 maggio. Il messaggio fu anzi scritto, ma Hull ottenne, il 7 giugno, che non fosse spedito. Suo unico risultato sarebbe stato quello, disse, di essere insolentiti ancora una volta da Mussolini. Cfr. C. HULL, *Memorie di pace e di guerra* cit., I, pp. 307 sg.
[110] G. CIANO, *Diario* cit., p. 436, alla data del 31 maggio 1940.
[111] Cfr. P. REYNAUD, *La France a sauvé l'Europe* cit., p. 209 e nota.
[112] Cfr. *ADSS*, I, pp. 470 e 471.

lini fuori dal conflitto[113]. Sicché – allo stato della documentazione – ci pare piú probabile pensare che l'annotazione di Ciano risponda sostanzialmente a verità e che François-Poncet (che, del resto, premeva in tutti i modi su Parigi perché facesse concrete offerte) si fosse mosso di propria iniziativa, rompendo gli indugi e precorrendo quelle che pensava sarebbero finite per essere le istruzioni del Quai d'Orsay.

La cosa può, a prima vista, sembrare di scarso interesse o significativa solo ai fini di una piú completa ricostruzione delle mosse francesi. A noi sembra, invece, di grande interesse ai fini di spiegare come Mussolini, il 28 maggio, giunse a decidere l'intervento. A determinare la sua decisione concorsero indubbiamente vari motivi e non tutti certo razionali: ciò che sin qui abbiamo detto ci pare debba dimostrarlo *ad abundantiam*. Quattro motivi furono però, a nostro avviso, quelli decisivi. Innanzitutto l'ormai sempre piú chiaro delinearsi della sconfitta alleata in Francia: pur non prevedendo assolutamente che gli ulteriori tempi del crollo francese sarebbero stati tanto rapidi, se non voleva correre il rischio di arrivare «troppo tardi» e di fare la figura del Maramaldo, Mussolini non poteva piú attendere. Poi la paura dei tedeschi, in lui sempre piú forte. Una paura che il rapporto di Alfieri sulla sua conversazione con Göring doveva aver fatto aumentare al punto da indurlo a dire: «non possiamo tirarci indietro. Dopo la Francia, un giorno potrebbe venire la volta nostra: e sarebbe il colmo aver firmato un patto che si chiama d'acciaio, per essere invasi dalla Germania; trovarsi, cioè, dalla parte dell'incudine»[114]; una paura che doveva in qualche modo essere trapelata sino al corpo diplomatico accreditato a Roma e in Vaticano[115] e che stava contagiando piú di uno tra coloro che conoscevano bene la storia segreta dei rapporti tra Roma e Berlino negli ultimi mesi, se persino Attolico non nascondeva da qualche tempo la sua preoccupazione che i tedeschi potessero far «pagar care» all'Italia le sue esitazioni[116]. E, a fianco di questi due motivi di fondo, l'andamento dei due colloqui che Ciano aveva avuto il 27 maggio con gli ambasciatori statunitense e francese. Dal primo Mussolini dovette trarre la certezza che se Roosevelt si impegnava con tanta insistenza per tenere l'Italia fuori dal conflitto, anche a costo di far pagare alla Francia e all'Inghilterra un caro prezzo per ottenerlo e di mettere in gioco il proprio nome, questo poteva significare due sole cose: che l'intervento italiano avrebbe avuto un ruolo effettivamente determi-

---

[113] Cfr. N. P. COMNÈNE, *I responsabili* cit., pp. 456 sg.
[114] Cfr. F. ANFUSO, *Da Palazzo Venezia al lago di Garda* cit., pp. 129 sg.
[115] Cfr., per esempio, E. DI NOLFO, *Vaticano e Stati Uniti ecc.* cit., p. 122: M. Taylor a Roosevelt, 30 maggio 1940.
[116] L. SIMONI [M. LANZA], *Berlino. Ambasciata d'Italia* cit., p. 109.

nante e che gli Stati Uniti non volevano o non potevano entrare in guerra. E dal secondo dovette trarne, per cosí dire, la controprova: se Parigi era ora disposta a pagare un prezzo maggiore di quello che sino allora si era sempre rifiutata di pagare, ciò non poteva significare altro che era veramente con l'acqua alla gola...

Questo ci pare si possa dire ragionando sui fatti, sui documenti, sulla ricostruzione dello stato d'animo di Mussolini che siamo venuti via via facendo. Se si abbandona questo terreno solido e ci si avventura su quello molto piú incerto delle ipotesi, ci si può porre però una domanda, priva di valore storico, ma di non trascurabile significato ai fini della comprensione della posizione di Mussolini. Le intenzioni di Parigi erano veramente solo quelle che allo stato della documentazione appaiono: evitare l'intervento *militare* italiano; o in realtà andavano oltre e miravano a determinare un intervento *politico* di Mussolini, una sua riproposta, a quel punto del conflitto, di una conferenza tra i belligeranti per negoziare una pace, che, indubbiamente, avrebbe messo in difficoltà Hitler? Da qui una seconda domanda. Se queste erano le vere intenzioni di Parigi (e per una parte almeno degli uomini di governo francese il 27 maggio lo erano) e se Londra – lo si è visto – non avesse bloccato i passi francesi che avrebbero potuto servire d'avvio all'operazione, Mussolini, di fronte ad una simile possibilità, come si sarebbe comportato? Non è forse possibile ipotizzare che il «duce» in realtà si aspettasse proprio questo? Ci poniamo la domanda perché, da un lato, è un fatto che nella terza decade di maggio negli ambienti diplomatici internazionali circolarono varie voci su una possibile intenzione di Mussolini di porsi ancora una volta come «organizzatore della pace» o come autore di una «mediazione ultimativa» (o la pace o entro in guerra) e, da un altro lato, è incomprensibile perché Mussolini – se avesse teso solo ad avere un ruolo determinante ai fini dello svolgimento del conflitto – una volta deciso l'intervento abbia confermato i suoi precedenti ordini di tenersi per terra e sostanzialmente anche per aria sulla difensiva. La dichiarazione di guerra, disse a Badoglio, doveva solo trasformare «lo stato di fatto in stato di diritto»: «le forze armate, e specialmente l'Esercito e l'Aereonautica», dovevano essere riservate «per avvenimenti futuri»[117]. E pare addirittura gli dicesse di dare ordini perché non si sparasse: «lasceremo la responsabilità agli altri di aggredirci»[118]. E sostanzialmente non modificò questo ordine sino al 15 giugno, quando ordinò a Badoglio di attaccare il 18 su tutto il fronte alpino[119]. Per non dire poi dello stranissimo modus agendi

---

[117] Cfr. E. FALDELLA, *L'Italia e la seconda guerra mondiale* cit., pp. 166 e 743.
[118] Cfr. P. BADOGLIO, *L'Italia nella seconda guerra mondiale* cit., p. 44.
[119] *Ibid.*, pp. 45 sg.; E. FALDELLA, *L'Italia e la seconda guerra mondiale* cit., pp. 169 sg.

di annunciare sino dal 1° giugno a Phillips e poi praticamente anche a François-Poncet e a Loraine che l'Italia sarebbe scesa in guerra. Un comportamento, anche alla luce della contorta psicologia mussoliniana, che è difficile, per non dire impossibile, cercare di spiegare con la sua consapevolezza della impreparazione militare e che fa piuttosto pensare che egli aspettasse qualche cosa: forse, che l'annuncio del suo intervento inducesse la Francia e l'Inghilterra ad iniziare negoziati di pace e che lui – avendo *determinato* la fine del conflitto *senza sparare* – potesse porsi, finalmente, come arbitro *super partes*, anche se alleato della Germania, *come a Monaco*.

Informato nel tardo pomeriggio del 28 maggio Badoglio della decisione presa, la mattina successiva Mussolini riunì a palazzo Venezia i quattro responsabili delle forze armate, Badoglio e i tre capi di Stato maggiore, Graziani, Cavagnari e Pricolo. In una mezz'ora tutto fu definito. Mussolini[120] comunicò ufficialmente la sua decisione e disse di considerare «tutti i giorni, buoni per entrare in guerra, dal 5 giugno prossimo venturo». Riepilogata brevemente la situazione tra Tedeschi e Alleati in Francia, confermò quanto aveva scritto nel promemoria del 31 marzo:

> Sul fronte terrestre non potremo fare nessuna cosa di spettacolare; ci terremo sulla difensiva. Si può prevedere qualcosa sul fronte Est; caso Iugoslavia. Le nostre forze si dirigeranno verso l'Inghilterra, cioè verso le sue posizioni e forze navali in porto ed in navigazione nel Mediterraneo. Come previdi il 26 maggio 1939, la guerra aereo-marittima su tutte le frontiere.

Poi, dopo un breve accenno alla «situazione del popolo italiano»,

> per quel che riguarda la situazione del popolo italiano, di cui bisogna tener conto dico: il popolo italiano, sino al primo di maggio, temeva di andare in guerra troppo presto e tendeva ad allontanare questa eventualità. Ciò è comprensibile. Ora due sentimenti agitano il popolo italiano: primo, il timore di arrivare troppo tardi in una situazione che svaluti il nostro intervento; secondo un certo stimolo all'emulazione, di potersi lanciare col paracadute, sparare contro i carri armati ecc. Questa è una cosa che ci fa piacere perché dimostra che la stoffa della quale è formato il popolo italiano è soda,

passò alla questione del comando supremo, dandola già per risolta secondo i suoi desideri, sebbene in realtà Vittorio Emanuele III non gliela aveva ancora formalmente affidato.

---

[120] Per il verbale della riunione – alla quale abbiamo già fatto più volte riferimento – cfr. *DDI*, s. IX, IV, pp. 495 sgg.

Fatta questa premessa – disse – da oggi nasce l'Alto Comando che «de jure» sarà reso noto quando la Maestà del Re mi darà il documento che affida a me il Comando delle Forze Armate.

Il mio Capo di Stato Maggiore è il Maresciallo Badoglio. Io do a lui le direttive che saranno applicate sul terreno esecutivo attraverso i tre Capi di Stato Maggiore dell'Esercito, della Marina e dell'Aeronautica.

Cosí la cosa è definita...

Aggiungo che l'Alto Comando non avrà che funzioni operative; sarà ridotto all'essenziale; non bisogna creare dei ministeri numero due. L'Alto Comando è formato da un gruppo di uomini che hanno compiti operativi; tutto il resto dell'amministrazione non riguarda questi uomini che devono dirigere forze armate.

Nessuno fece obiezioni; la brevissima discussione seguita alle parole del «duce» si limitò ad alcuni aspetti, del tutto tecnici, in materia di organizzazione dei comandi. Né vere obiezioni (salvo l'intenzione manifestata da Badoglio di chiedere a Mussolini di «procrastinare un po'» la data dell'intervento «per avere un po' piú di tempo» per i preparativi [121]) emersero dalla riunione che il giorno dopo Badoglio tenne con Soddu, Graziani, Cavagnari e Pricolo [122]. Dal 30 maggio al 10 giugno Mussolini ricevette tutti i giorni Badoglio (quasi sempre la mattina alle undici), talvolta brevemente, talvolta a lungo; il 31 maggio lo ricevette due volte, la mattina da solo, per venti minuti, il pomeriggio con Balbo, Teruzzi e Pricolo; su tutti questi incontri [123] manchiamo però di qualsiasi notizia, salvo, come si è detto, per quello del 6 giugno, durante il quale Mussolini disse al capo di Stato maggiore generale di dare ordine di non sparare.

Informati i responsabili delle forze armate, ma senza portare la sua decisione neppure pro forma né davanti al Gran Consiglio né tantomeno al Consiglio dei ministri (il 4 giugno, quando questo si riuní si limitò a dire: «Questa è l'ultima nostra riunione di pace» e, per usare le parole di Ciano, ebbe «la civetteria» di dare alla riunione un carattere strettamente amministrativo [124]), il 30 maggio Mussolini si decise finalmente a compiere il passo veramente decisivo: informò della sua decisione Hitler. Il dado era tratto. Due giorni dopo Ciano sottoponeva al re la formula della dichiarazione di guerra e Vittorio Emanuele III l'approvava. Questo

---

[121] La richiesta fu formulata il 1° giugno da Badoglio per scritto. La sua lettera scritta all'uopo a Mussolini si concludeva cosí: «secondo il mio convincimento dobbiamo cercare, ad ogni costo, di guadagnare tutto il mese di giugno. Cosí avremo anche norma dai successi piú o meno rapidi che i Tedeschi otterranno in Francia». La si veda in *DDI*, s. IX, IV, pp. 536 sg. Anche Balbo il 2 giugno chiese a Mussolini di rinviare l'intervento a fine mese. Cfr. F. ROSSI, *Mussolini e lo Stato Maggiore* cit., p. 18.

[122] Se ne veda il verbale in E. FALDELLA, *L'Italia e la seconda guerra mondiale* cit., pp. 739 sgg.

[123] Per il dettaglio delle udienze di Badoglio cfr. ACS, *Segreteria particolare del Duce (1922-1943)*, b. 57, fasc. 2 (maggio) e 3 (giugno).

[124] Cfr. G. CIANO, *Diario* cit., pp. 439 sg.; G. BOTTAI, *Diario* cit., f. 850, alla data del 4 giugno 1940.

il testo della lettera scritta da Mussolini a Hitler e che – trasmessa in cifra – Alfieri ebbe ordine di recapitare personalmente al Führer[125]:

Führer,

Ancora una volta Vi ringrazio cordialmente per il messaggio che mi avete mandato e nel quale ho trovato assai interessanti le notizie concernenti il valore dei soldati dei diversi eserciti.

Nel frattempo mi è giunta notizia della capitolazione del Belgio e Vi mando le mie felicitazioni.

Ho tardato qualche giorno a risponderVi perché volevo darVi l'annunzio della mia decisione di entrare in guerra dal prossimo 5 giugno.

Se Voi riterrete che per una migliore sincronia coi Vostri piani io debba ritardare ancora qualche giorno, me lo direte; ma oramai il popolo italiano è impaziente di schierarsi al fianco del popolo germanico nella lotta contro i nemici comuni.

Durante questi nove mesi lo sforzo compiuto nella preparazione militare è stato veramente considerevole.

Oggi sono in stato di buona efficienza circa 70 divisioni, delle quali 12 stazionanti oltre mare (Libia, 220 mila uomini; Albania 100 mila).

L'Africa Orientale Italiana dispone di 350 mila uomini fra italiani e indigeni che non entrano in questo conto.

Come già Vi ho detto marina ed aviazione sono già sul piede di guerra.

Il Comando di tutte le forze armate sarà assunto da me.

Avendone i mezzi potrei formare altre 70 divisioni, perché non sono gli uomini che mancano in Italia.

Dal punto di vista politico ritengo necessario non estendere il conflitto al bacino danubiano e balcanico, dal quale anche l'Italia deve trarre quei rifornimenti che non le verranno più da oltre Gibilterra.

Considero che una dichiarazione in tal senso, che farò al momento opportuno, avrebbe un effetto calmante presso quei popoli e li renderebbe del tutto refrattari ad eventuali tentativi degli alleati.

Ciò stabilito i nostri Stati Maggiori prenderanno le misure necessarie per quanto riguarda lo sviluppo delle operazioni.

Nell'attesa di una Vostra risposta, accogliete, Führer, le espressioni della mia cameratesca amicizia.

Il rapporto con cui Alfieri riferí a Ciano le reazioni di Hitler e di von Ribbentrop quando vennero a conoscenza (il 31 mattina a Godesberg) del contenuto della lettera[126] è interessante soprattutto perché lascia chiaramente capire che sino alla fine i tedeschi avevano temuto che Mussolini, invece di intervenire nel conflitto contro la Francia e l'Inghilterra, potesse approfittare della situazione per attaccare la Iugoslavia. Come Hitler disse ad Alfieri (ma è difficile pensare che questa fosse stata l'unica vera preoccupazione di Berlino e ciò specie alla luce della passività con la quale di là a poche settimane essa accettò l'occupazione sovietica non

---

[125] *DDI*, s. IX, IV, p. 500.
[126] *Ibid.*, pp. 517 sgg. e anche 511. Dell'incontro Alfieri ha fatto una narrazione anche in D. ALFIERI, *Due dittatori di fronte* cit., pp. 46 sg.

solo della Bessarabia, prevista dagli accordi del 23 agosto '39, ma anche della Bucovina del nord, da essi non contemplata), un'azione italiana nei Balcani avrebbe infatti offerto il destro all'Urss per intervenire a sua volta nella regione, adducendo l'argomento dell'alterazione dell'equilibrio regionale. Il che poteva anche essere vero, ma certo dimostra anche l'incertezza e la diffidenza – non ingiustificate in realtà – con cui i tedeschi avevano sin lí seguito le mosse italiane. Ugualmente non privo di significato è che Hitler – a parte alcune parole di mera circostanza – non affidò ad Alfieri nessun messaggio da trasmettere al «duce» e all'esplicita domanda dell'ambasciatore italiano se la data prevista per l'intervento fosse di suo gradimento rispose di dover sentire prima i suoi generali e che avrebbe scritto in proposito direttamente a Mussolini.

La risposta fu recapitata a Mussolini da von Mackensen il giorno dopo[127]. Sfrondata dalle frasi di circostanza, dalle notizie sull'andamento delle operazioni militari e, alla fine, da una vaga proposta di incontro, due erano i punti importanti. Quello in cui Hitler ribadiva di essere pienamente d'accordo «che per noi è desiderabile di tener possibilmente lontani dal conflitto i Balcani ed il bacino danubiano» e – cosa veramente significativa e che mostra come la diffidenza dei tedeschi non si fosse ancora placata – ricordava e sollecitava a Mussolini una pubblica dichiarazione in merito. E quello in cui chiedeva di posticipare di qualche giorno la data dell'intervento.

Ciò – scriveva Hitler – avrebbe il seguente vantaggio: la nostra aviazione ha potuto identificare abbastanza esattamente i nuovi campi di aviazione di fortuna francesi e stabilire le loro forze. I nostri aerei, di concerto con le altre misure adottate, attaccheranno nei prossimi giorni queste basi aeree francesi e le distruggeranno, se possibile, completamente. Se invece la Francia, a causa della già iniziata azione italiana o sotto il timore dell'azione bellica da noi condotta contro di essa, decidesse all'ultimo momento di mettere al riparo le sue forze aeree, ciò avrebbe come conseguenza di togliere valore alla nostra azione senza che Voi, Duce, poteste avere subito conoscenza dei nuovi campi di fortuna, nei quali si potrebbero ancora rifugiare, in parte, i resti dell'aviazione francese. Io spero invece di porre fuori combattimento l'aviazione francese nel corso delle prossime settimane. Ma se gli apparecchi nemici spariscono, sono necessarie lunghe ricerche per rintracciare i loro nascondigli.

Questi sono i motivi per i quali io vorrei pregarVi di considerare se Vi sembri possibile un rinvio della Vostra entrata in guerra verso la fine della prossima settimana, cioè verso il 6 o l'8 giugno. Il 7 andrebbe egualmente, ma è un venerdí, giorno che forse da molti (nel popolo tedesco vi è tale credenza) non è ritenuto adatto per un inizio fortunato. Comunque, qualunque cosa Voi decidiate sta bene, Duce, dato che per il solo fatto della Vostra entrata in guerra si avrà un momento di enorme sgomento sul fronte del nostro nemico.

---

[127] *DDI*, s. IX, IV, pp. 519 sgg.

Dal diario di Ciano [128] sappiamo che, nonostante la sua «fretta», Mussolini non ebbe difficoltà ad accettare la richiesta di Hitler, «anche perché il ritardo ci conviene per ultimare i preparativi in Libia: piú che per l'8, propende per l'11, "data per lui fatidica"». E da questa data non si spostò piú. Il 2 giugno von Mackensen informò Mussolini che la richiesta di posticipare la data del 5 giugno era ritirata e, anzi, sarebbe stato gradito un anticipo, ma ottenne una risposta negativa: motivi tecnici e cioè alcuni spostamenti di truppe in corso non la rendevano accettabile [129]. Lo stesso giorno il «duce» telegrafava ad Hitler la risposta alla sua lettera di tre giorni prima [130]:

Führer,
Vi ringrazio cordialmente del messaggio che mi avete mandato in risposta al mio consegnatoVi dall'Ambasciatore Alfieri. La vittoriosa conclusione della gigantesca battaglia delle Fiandre ha sollevato, insieme al mio, l'entusiasmo di tutto il popolo italiano. Circa la data intervento Italia mi rendo perfettamente conto sulla opportunità di procrastinarla onde permettere alla Vostra aviazione di identificare e distruggere le forze aeree francesi. Questo breve ritardo permette anche a me di perfezionare la mia preparazione in tutti i settori metropolitani e di oltre mare. Mio programma è il seguente: lunedí 10 giugno dichiarazione di guerra e discorso al popolo italiano e al giorno 11 mattino inizio ostilità. Quanto al nostro incontro Vi ringrazio di averlo prospettato ma ritengo piú opportuno che avvenga dopo l'entrata in guerra dell'Italia. Nel discorso che pronuncerò poche ore dopo la dichiarazione di guerra, dirò che l'Italia conformemente alla sua politica non intende allargare l'area della guerra e citerò i paesi danubiano-balcanici compresa la Grecia e la Turchia. Ora Vi esprimo il mio desiderio di vedere almeno una rappresentanza dell'esercito italiano combattere insieme coi Vostri soldati per suggellare sul campo la fraternità delle armi e il cameratismo delle nostre Rivoluzioni. Se Voi accettate questa mia offerta Vi manderò subito alcuni reggimenti di bersaglieri che sono soldati valorosi e resistenti.
Vi mando il mio piú cordiale saluto insieme con l'augurio piú fervido per i futuri successi delle Vostre forze armate.

Per quel che riguarda la decisione dell'intervento, questo telegramma chiuse praticamente la pagina dei contatti con i tedeschi. Da ciò che abbiamo detto emergono però due fatti sui quali, forse, non è del tutto inutile soffermarci un momento. Uno è quello costituito dalla richiesta di von Mackensen, il 2 giugno, di considerare annullata quella di tre giorni prima di posticipare la data dell'intervento e, anzi, se possibile di anticiparla. Quali che fossero le ragioni della prima richiesta di Hitler, dalla

---

[128] G. CIANO, *Diario* cit., p. 438, alla data del 1° giugno 1940; nonché *DGFP*, s. D, IX, pagine 489 sg.
[129] *DGFP*, s. D, IX, pp. 502 sg. e 503 sg.; G. CIANO, *Diario* cit., p. 439.
[130] *DDI*, s. IX, IV, pp. 541 sg. A questo telegramma Hitler rispose con una lettera il 9 giugno (cfr. *ibid.*, pp. 620 sgg.) nella quale, tra l'altro, accettava l'offerta dei bersaglieri e offriva in cambio degli alpini.

seconda risulta chiaro che i tedeschi consideravano utile un apporto attivo italiano alla campagna di Francia. Ciò rende ancor piú incomprensibile l'ordine di Mussolini a Badoglio del 6 giugno di tenersi su un'assoluta difensiva e conferma in un certo senso l'ipotesi da noi prospettata nelle pagine precedenti. Un altro è costituito dal «programma» comunicato ad Hitler nel telegramma di Mussolini del 2 giugno. Da esso si evince che il «duce» già a questa data aveva stabilito di parlare «al popolo italiano» il 10 giugno, dopo la consegna della dichiarazione di guerra agli ambasciatori inglese e francese. Ebbene, dalle carte della Segreteria di Mussolini risulta che solo il 9 giugno fu previsto che nel pomeriggio del giorno successivo il «duce» avrebbe tenuto il suo discorso [131]. Sino a tutto l'8 giugno, se non addirittura sino ad una certa ora del 9, quando le udienze furono annullate, secondo la Segreteria il pomeriggio del 10 giugno Mussolini alle diciassette doveva ricevere l'ingegner Ambrosini e alle diciassette e trenta i responsabili del ministero dell'Aeronautica [132]. Che anche questo fatto si debba riportare alla suddetta ipotesi?

Anche sugli altri versanti politici l'ultima settimana di pace fu pressoché senza storia. L'unico campo di grande attività fu quello della «preparazione morale» degli italiani. Il linguaggio della stampa e della radio divenne di giorno in giorno piú esplicito. Bandita ormai ogni cautela, non si faceva piú mistero che si fosse alla «vigilia» dell'intervento [133] e si tendeva a sottolineare in tutti i modi che sotto la guida del «duce» [134] la guer-

---

[131] All'estero la dichiarazione di guerra e il discorso di Mussolini erano attesi già da vari giorni. L'Agenzia Reuter li aveva annunziati per il giorno 6 giugno. Il Foreign Office il 7 giugno aveva chiamato il consigliere dell'ambasciata italiana «per intrattenerlo sulle modalità relative al rimpatrio della missione diplomatica italiana nell'eventualità di un conflitto» (ASAE, *Telegrammi in arrivo*, 1940, serie P. R., vol. 292). In Italia l'annuncio che Mussolini avrebbe parlato agli italiani fu dato il 10 giugno stesso dalla radio e con manifesti e striscioni affissi all'ultimo momento.
[132] ACS, *Segreteria particolare del Duce (1922-1943), Udienze del Duce*, b. 57, fasc. 3.
[133] Per un concentrato degli argomenti maggiormente ricorrenti cfr. XXX, *Vigilia*, in «Relazioni internazionali», 8 giugno 1940, p. 781. L'articolo, dopo aver posto l'accento sui diciotto anni di politica di pace del fascismo e sulle responsabilità della Francia e dell'Inghilterra nell'averla fatta fallire e nel determinare la situazione che aveva portato alla guerra con la Germania prima e che ora stava portando all'intervento italiano, cosí concludeva: «Tutte le guerre che il popolo italiano ha compiuto sono state guerre d'indipendenza. Questo nuovo sforzo bellico che il popolo italiano si accinge a compiere, altro non è che la guerra d'indipendenza suprema. Oggi, come non mai, ritorna il motto del fante ignoto del Piave: "meglio vivere un giorno da leone che cento da pecora"».
[134] Il fatto che il «duce» avrebbe «guidato» lui le forze armate fu accennato piú volte. L'apparato propagandistico del regime avrebbe però prodotto lo sforzo massimo in questa direzione l'11 giugno. Il giorno prima, nel suo rapporto ai giornalisti, Pavolini si espresse a questo proposito nei seguenti termini: «Domani i giornali dovranno dare la notizia relativa alla formazione dell'Alto Comando Italiano. Vi sarà il documento con cui il Re Imperatore delega al Duce il comando unico e supremo delle forze armate durante la guerra e vi saranno poi le specificazioni sulla formazione dello Stato Maggiore agli ordini del Duce e dei comandanti di settore dell'esercito e dell'aviazione. Questa notizia va commentata oltre che con quanto vi suggerirà il vostro stesso sentimento, secondo una linea di cui vi passo un tracciato e che contiene un confronto fra quanto si fa in materia in Francia e in Germania e chiarifica i principi su cui poggia il sistema italiano e contiene qualche altra precisazione. Vi prego di non trascriverlo proprio letteralmente se no ha un aspetto corale e quindi io ve lo passo per una parafrasi».
Quanto all'impostazione generale dei commenti, ecco le istruzioni impartite da Pavolini: «Per

ra avrebbe avuto un carattere del tutto nuovo. Come scrisse Pavolini in un articolo dal titolo *Guerra mussoliniana*, che apparve su quasi tutti i giornali il 5 giugno, sarebbe stata una «guerra dinamica, rapida, qualitativa», ben diversa da quelle passate.

In questa atmosfera si giunse al 10 giugno. Alle sedici e trenta Ciano fece convocare a palazzo Chigi gli ambasciatori francese ed inglese. In divisa di ufficiale dell'aeronautica comunicò loro la dichiarazione di guerra, prima a François-Poncet, poi a Loraine. Nel suo diario cosí annotò la «cerimonia» [135]:

> Per primo ho ricevuto Poncet, che cercava di non tradire la sua emozione. Gli ho detto: «Probabilmente avete già compreso le ragioni della mia chiamata». Ha risposto: «Benché io sia poco intelligente, questa volta ho capito». Ma ha sorriso per un istante solo. Dopo aver ascoltato la dichiarazione di guerra ha replicato: «È un colpo di pugnale ad un uomo in terra. Vi ringrazio comunque di usare un guanto di velluto». Ha continuato dicendo che lui aveva previsto tutto ciò da due anni, e non aveva piú sperato di evitarlo dopo la firma del Patto d'Acciaio. Non si rassegnava a considerarmi un nemico, né poteva considerare tale nessun italiano. Comunque, poiché per l'avvenire bisognava ritrovare una formula di vita europea, augurava che tra l'Italia e la Francia non venisse scavato un solco incolmabile. «I tedeschi sono padroni duri. Ve ne accorgerete anche voi». Non ho mai risposto. Non mi sembrava il momento di polemizzare. «Non vi fate ammazzare», ha concluso accennando alla mia uniforme di aviatore, e mi ha stretto la mano.

François-Poncet, nei suoi ricordi [136], ha invece cosí narrato la scena:

> Ciano m'accoglie ritto, in uniforme di ufficiale d'aviazione. Sembrava meno a suo comodo e piú imbarazzato del solito:

una impostazione da dare ai giornali sia per il notiziario sia per il giornale in genere la prima raccomandazione è quella di non svalutare l'avversario. Svalutarlo moralmente e politicamente sí, ma non militarmente. Questo prima di tutto perché non risponderebbe alla realtà dei fatti il sottovalutare l'avversario, secondo perché significherebbe sottovalutare l'intervento italiano. Ora la verità è che l'intervento è stato deciso e comunicato agli alleati quando le sorti della battaglia in corso all'Occidente erano piú che incerte, anzi non ancora era incominciata. Le forze che noi ci troviamo di fronte nel Mediterraneo sono quasi intatte dal punto di vista marittimo, perché il complesso è rimasto al suo posto sia da parte dell'Inghilterra che della Francia. Cosí pure sono rimaste al loro posto le forze di terra nel Mediterraneo. Altrettanto dicasi delle forze aeree. Quindi l'ostacolo che noi ci proponiamo di affrontare e di vincere è tutt'altro che disprezzabile dal punto di vista militare. È bene quindi che ci sia questa sensazione. Tutti ci auguriamo che la guerra sia rapida e vittoriosa ma è bene che questo risulti evidente dai fatti. Quindi non abbandonarsi ad ottimismi eccessivi in partenza.
«Dal discorso stesso del Duce si desume la direttiva che del resto era già accennata in una disposizione ai giornali di questi giorni: di non *sfruguliare* né i Balcani, compresa la Turchia, né l'Egitto né la Svizzera né la Russia e per quello che riguarda gli Stati Uniti e le Americhe in genere regolarsi secondo quelle che saranno le reazioni, ma senza partire noi in posizioni polemiche verso quei Paesi. L'intervento non fa cessare la campagna sulle ragioni dell'intervento stesso, anzi in certo senso l'approfondisce. Finora abbiamo spiegato (negli ultimi mesi e nelle ultime settimane) i gravi motivi dell'intervento italiano. Tutto questo deve essere evidentemente continuato e approfondito dal duplice punto di vista dell'indipendenza dell'Impero, ossia dell'indipendenza marittima italiana; dal punto di vista plutocratico e della guerra per tutti il proletaria e operaia contro le democrazie che vogliono soffocare le forze sociali del nostro Paese; infine dal punto di vista che dirò irredentistico» (ACS, *Min. Cultura Popolare*, b. 75, fasc. «Rapporto ai giornalisti»).

[135] G. CIANO, *Diario* cit., p. 442.
[136] A. FRANÇOIS-PONCET, *Au Palais Farnèse* cit., pp. 178 sg.

– Voi sapete, – mi disse, – di che si tratta.
Io gli rispondo che non c'è bisogno di essere molto intelligente per capirlo:
– La vostra uniforme è assai eloquente. Voi mi avete, del resto, annunciato per tempo ciò che stava arrivando.
Ciano mi notifica allora, a nome del suo re, la dichiarazione di guerra.
– Cosí, – gli dico, – voi avete atteso che noi fossimo a terra per darci un colpo di pugnale nella schiena. Al vostro posto, non ne sarei fiero!
Ciano arrossisce:
– Mio caro Poncet, – replica, – tutto questo non durerà che poco tempo. Noi ci ritroveremo ben presto attorno a un tavolo verde.
– A condizione, – obbietto, – che voi non siate ucciso!
Aggiungo che sono curioso di conoscere le ragioni per le quali l'Italia ci dichiara guerra.
– Voi lo sapete altrettanto bene di me, – ritorce il ministro. – È in ragione degli impegni che noi abbiamo contratto!
– Io non potrò, – gli dico ancora, – rassegnarmi a considerare un italiano come un nemico. Dopo la guerra, la vita europea riprenderà. Assai colpevoli saranno coloro che lasceranno scavarsi tra l'Italia e la Francia un fossato pieno di sangue.
Su queste parole, ci separiamo, egualmente commossi, l'uno e l'altro. Non dovevamo mai piú rivederci.

Piú freddo e formale l'incontro con Loraine [137]:

Piú laconico e imperturbabile, Sir Percy Loraine. Ha accolto la comunicazione senza batter ciglio, né impallidire. Si è limitato a scrivere la formula esatta da me usata ed ha chiesto se doveva considerarla un preavviso o la vera e propria dichiarazione di guerra. Saputo che era tale, si è ritirato con dignità e cortesia. Sulla porta, ci siamo scambiati una lunga e cordiale stretta di mano.

Alle diciotto, dal balcone di palazzo Venezia, Mussolini annunciò l'avvenuta dichiarazione di guerra ai romani. La radio trasmise il suo discorso in tutto il paese, convocato per ascoltarlo nelle piazze principali e di fronte alle sedi del PNF. Questo il testo del suo discorso [138]:

Combattenti di terra, di mare e dell'aria! Camicie nere della rivoluzione e delle legioni! Uomini e donne d'Italia, dell'impero e del Regno d'Albania! Ascoltate!
Un'ora segnata dal destino batte nel cielo della nostra patria. L'ora delle decisioni irrevocabili. La dichiarazione di guerra è già stata consegnata agli ambasciatori di Gran Bretagna e di Francia. Scendiamo in campo contro le democrazie plutocratiche e reazionarie dell'Occidente, che, in ogni tempo, hanno ostacolato la marcia, e spesso insidiato l'esistenza medesima del popolo italiano.
Alcuni lustri della storia piú recente si possono riassumere in queste frasi: promesse, minaccie, ricatti e, alla fine, quale coronamento dell'edificio, l'ignobile assedio societario di cinquantadue Stati.
La nostra coscienza è assolutamente tranquilla. Con voi il mondo intero è testimone che l'Italia del Littorio ha fatto quanto era umanamente possibile per evitare la tormenta che sconvolge l'Europa; ma tutto fu vano.

---

[137] G. CIANO, *Diario* cit., p. 442.
[138] MUSSOLINI, XXIX, pp. 403 sgg.

Bastava rivedere i trattati per adeguarli alle mutevoli esigenze della vita delle nazioni e non considerarli intangibili per l'eternità; bastava non iniziare la stolta politica delle garanzie, che si è palesata soprattutto micidiale per coloro che le hanno accettate; bastava non respingere la proposta che il Führer fece il 6 ottobre dell'anno scorso, dopo finita la campagna di Polonia.

Ormai tutto ciò appartiene al passato. Se noi oggi siamo decisi ad affrontare i rischi e i sacrifici di una guerra, gli è che l'onore, gli interessi, l'avvenire ferreamente lo impongono, poiché un grande popolo è veramente tale se considera sacri i suoi impegni e se non evade dalle prove supreme che determinano il corso della storia.

Noi impugnamo le armi per risolvere, dopo il problema risolto delle nostre frontiere continentali, il problema delle nostre frontiere marittime; noi vogliamo spezzare le catene di ordine territoriale e militare che ci soffocano nel nostro mare, poiché un popolo di quarantacinque milioni di anime non è veramente libero se non ha libero l'accesso all'Oceano.

Questa lotta gigantesca non è che una fase dello sviluppo logico della nostra rivoluzione; è la lotta dei popoli poveri e numerosi di braccia contro gli affamatori che detengono ferocemente il monopolio di tutte le ricchezze e di tutto l'oro della terra; è la lotta dei popoli fecondi e giovani contro i popoli isteriliti e volgenti al tramonto; è la lotta tra due secoli e due idee.

Ora che i dadi sono gettati e la nostra volontà ha bruciato alle nostre spalle i vascelli, io dichiaro solennemente che l'Italia non intende trascinare altri popoli nel conflitto con essa confinanti per mare o per terra. Svizzera, Jugoslavia, Grecia, Turchia, Egitto prendano atto di queste mie parole e dipende da loro, soltanto da loro, se esse saranno o no rigorosamente confermate.

Italiani!

In una memorabile adunata, quella di Berlino, io dissi che, secondo le leggi della morale fascista, quando si ha un amico si marcia con lui sino in fondo.

Questo abbiamo fatto e faremo con la Germania, col suo popolo, con le sue meravigliose Forze Armate.

In questa vigilia di un evento di una portata secolare, rivolgiamo il nostro pensiero alla Maestà del re imperatore che, come sempre, ha interpretato l'anima della patria. E salutiamo alla voce il Führer, il capo della grande Germania alleata.

L'Italia, proletaria e fascista, è per la terza volta in piedi, forte, fiera e compatta come non mai. La parola d'ordine è una sola, categorica e impegnativa per tutti. Essa trasvola ed accende i cuori dalle Alpi all'Oceano Indiano: vincere! E vinceremo, per dare finalmente un lungo periodo di pace con la giustizia all'Italia, all'Europa, al mondo.

Popolo italiano!

Corri alle armi, e dimostra la tua tenacia, il tuo coraggio, il tuo valore!

Nel prossimo volume vedremo gli echi e le ripercussioni all'interno, nelle comunità italiane all'estero, nei paesi neutrali della dichiarazione di guerra. Ci è però impossibile non ricordare qui i due giudizi particolari che non solo allora, ma tutt'oggi sono alla base del giudizio storico-morale collettivo sull'intervento italiano, di quel giudizio che il tempo e il lavoro degli storici possono modificare, ma non cancellare o ribaltare, ché, in ultima analisi, il fatto di aver trovato così vasta eco nella coscienza collettiva dei contemporanei sta a significare che al fondo di esso vi è qualcosa che va oltre le passioni e gli intenti polemico-propagandistici del momento, che ha una sua oggettiva validità, che può, appunto, essere precisato e corretto in una prospettiva piú propriamente storica, ma non disatteso. Il primo di questi due giudizi è quello che abbiamo visto subito formulato da François-Poncet con Ciano e sostanzialmente previsto e temuto dallo stesso Mussolini: una *pugnalata alla schiena* di un paese, la Francia, ormai a terra. Un giudizio cosí naturale e spontaneo da ricorrere sulla bocca non solo degli uomini comuni, ma anche di coloro che per opportunità politica razionalmente avrebbero voluto evitarlo. Il 10 giugno, conosciuta la dichiarazione di guerra italiana, sia Reynaud che Roosevelt la commentarono per i loro popoli. Nella minuta del discorso da lui stesso preparato e che il presidente del Consiglio francese doveva tenere alla radio la *pugnalata alla schiena* non figurava. Parlando davanti ai microfoni, Reynaud la sostituí d'impulso ad un anodino «dichiarare la guerra» [139]:

... è stato questo momento preciso, allorché la Francia, ferita, ma intrepida e in piedi, lotta contro l'egemonia della Germania e combatte dunque per l'indipendenza di tutti gli altri popoli come per la sua, è stato il momento che il Signor Mussolini ha scelto per pugnalarci nella schiena. Come giudicare questo atto? La Francia, lei, non ha niente da dire. Il mondo, che ci guarda, giudicherà.

Lo stesso avvenne per il discorso di Roosevelt all'Università di Charlottesville, con l'unica variante che la frase figurava nella minuta preparata dal Dipartimento di Stato. Come ha narrato Hull nelle sue memorie [140], su consiglio di Welles, che non voleva irritare Mussolini in vista di una sua possibile cooperazione al momento della pace, Roosevelt l'aveva tolta, ma poi aveva cambiato idea.

Oggi, 10 giugno 1940, – disse a Charlottesville [141], – la mano che teneva il pugnale ha colpito alle spalle il suo vicino.

Il secondo giudizio è piú politico e riguarda piú immediatamente la parte avuta da Mussolini e come tale, in questa sede, ci interessa anche di piú. Né, dopo quello che siamo venuti dicendo in questo volume, è possibile contestarne la sostanziale verità di fondo, anche se ciò – sia ben chiaro – non deve essere inteso come un modo per cancellare altre (e pesanti) responsabilità individuali e collettive. Al contrario di quello di

---

[139] Cfr. P. REYNAUD, *La France a sauvé l'Europe* cit., p. 285. Nel testo pubblicato da «Relazioni internazionali», 15 giugno 1940, p. 847, la frase non compare ed è sostituita da «per dichiararci la guerra».
[140] Cfr. C. HULL, *Memorie di pace e di guerra* cit., I, p. 308.
[141] Per il testo completo del discorso, in cui Roosevelt ricordò le varie fasi della sua opera di mediazione, cfr. «Relazioni internazionali», 22 giugno 1940, pp. 860 sg., che riporta testualmente anche il passaggio sulla pugnalata alla schiena.

François-Poncet, Reynaud e Roosevelt, questo secondo giudizio non fu pronunciato a caldo, ma vari mesi dopo, nel contesto di un appello al popolo italiano trasmesso da Radio Londra il 23 dicembre 1940 [142] dopo che l'Italia aveva subito i primi rovesci militari in Africa e in Grecia:

> Un uomo solo ha condotto il popolo italiano ad una lotta mortale contro l'Impero britannico ed ha privato l'Italia dell'amicizia e della simpatia degli Stati Uniti d'America. Non negherò che egli sia un grand'uomo; ma nessuno può negare che egli, dopo diciott'anni di potere senza controllo, ha condotto il vostro paese sull'orlo della piú spaventosa rovina. È un uomo solo, il quale contro la Corona e la Real Famiglia d'Italia, contro il Papa e l'autorità del Vaticano e della Chiesa cattolica, contro i desideri del popolo italiano che non sente questa guerra, ha condotto il popolo depositario ed erede dell'antica Roma, a fianco di barbari feroci e pagani. Questa è la tragedia della storia italiana dell'oggi, e questo è il criminale che ha tessuto questa gesta di follia e di vergogna!

[142] Lo si veda in W. CHURCHILL, *In guerra. Discorsi pubblici e segreti*, Milano 1948, I, pp. 102 sgg. Il passo citato è alle pp. 103 sg.

Appendice

1.

Parere del presidente del Consiglio di Stato, Santi Romano
sulla istituzione del primo maresciallato dell'Impero (1938)

CONSIGLIO DI STATO
Il Presidente

I.

Nessuna disposizione di legge e di regolamento contempla espressamente l'ipotesi che la Camera dei Deputati sia convocata d'urgenza.

Tuttavia, tale convocazione (s'intende nel periodo della Sessione Parlamentare) deve ritenersi consentita dal principio generale, riaffermato in molte norme regolamentari, che attribuiscono al Presidente della Camera dei Deputati ampi poteri discrezionali su tutto ciò che riguarda il funzionamento della Camera stessa.

II.

Secondo l'art. 55 dello Statuto, «Ogni proposta di legge deve essere dapprima esaminata dalle Giunte che saranno da ciascuna Camera nominate per i lavori preparati». A sua volta, l'art. 46 del Regolamento della Camera dei Deputati prescrive che su ogni disegno di legge deve essere presentata una relazione, da stamparsi e distribuirsi ventiquattro ore prima che si apra la discussione, *salvo il caso che la Camera determini altrimenti*.

È fuori dubbio che non solo l'art. 46 del Regolamento, ma lo stesso art. 55 dello Statuto non contengono norme cogenti, la cui osservanza sia richiesta ai fini della costituzionalità della legge.

Si tratta di norme che attengono ai c. d. *interna corporis*, che sono internamente sottratti ad ogni controllo, che non sia esso stesso interno, cioè del Presidente. Ciò è pacificamente ammesso dalla dottrina [1] e discende dalla prerogativa attribuita dall'art. 61 dello Statuto a ciascuna Camera di determinare liberamente il modo secondo il quale abbia ad esercitare le proprie funzioni; prerogativa che si esercita non solo dettando, in questa materia proprie norme *interne* ma anche giudicando caso per caso, del modo con cui, sia queste nor-

---

[1] Vedi per es. RACIOPPI e BRUNELLI, *Commento allo Statuto del Regno*, III, paragrafo 757, «Pel nostro diritto pubblico [il sindacato sulle leggi] devesi arrestare di fronte alla proclamazione del voto definitivo, fatta in ciascuna delle due Camere dal rispettivo Presidente»; ROMANO, *Corso di diritto costituzionale*, 3ª ed., pp. 346 sgg.

me interne, sia le norme statutarie e, in genere, legislative, siano state osservate a proposito di una data legge.

Si noti che questo principio non è esclusivo del diritto italiano, ma è consacrato da una consuetudine generale di diritto parlamentare, che fa capo al diritto inglese.

III.

La creazione di nuovi gradi militari spetta al Potere Legislativo.

Anzitutto, non c'è materia sottratta alla competenza del potere legislativo, nemmeno quando si tratti di materie che possano formare oggetto di norme del potere esecutivo.

In secondo luogo, la facoltà del potere esecutivo di emanare norme giuridiche in conformità della Legge del 31 gennaio 1926, N. 100, non si estende all'ordinamento dell'Esercito. Nella circolare di S. E. il Capo del Governo per l'applicazione della legge suddetta, si legge testualmente: «La facoltà regolamentare di organizzazione in confronto dello Stato, riguarda unicamente le *Amministrazioni di esso*; e però, là ove non si tratti di vera e propria organizzazione amministrativa, ma di una istituzione fondamentale dello Stato, *come l'Esercito*, l'ordinamento di tale istituzione esula senz'altro dall'ambito regolamentare *per entrare esclusivamente in quello legislativo*».

Quindi nuovi gradi militari non solo si possono, ma si debbono istituire mediante leggi formali.

IV.

Istituiti con legge i nuovi gradi militari, questi potrebbero essere conferiti alle singole persone, mediante Decreti Reali, essendo il Re, com'è noto, il Capo dell'Esercito (art. 5 Statuto) e comprendendosi, in questa prerogativa regia per un principio generale e per pratica costante, la facoltà di nominare alle varie cariche militari.

Senonché, nel caso concreto, non si è voluto soltanto disporre positivamente l'attribuzione dei nuovi gradi a S. M. il Re e a S. E. il Capo del Governo, ma si è voluto altresí escludere che i gradi medesimi possano essere conferiti ad altri personaggi.

Tale esclusione, cioè tale disposizione negativa, doveva necessariamente formare oggetto di una legge formale.

V.

Il conferimento simultaneo al Capo dello Stato e al Capo del Governo dei gradi di Primo Maresciallo dell'Impero è pienamente legittimo, anche dal punto di vista costituzionale, per l'ovvia considerazione che tale conferimento non deroga alla disposizione statutaria per cui il Re è il Capo Supremo dell'Esercito.

Roma, 2 aprile 1938-XVI.

F/° S. Romano

2.

Legge istitutiva della Camera dei fasci e delle corporazioni (1938)

Art. 1.

La Camera dei deputati è soppressa con la fine della XXIX Legislatura. È istituita, in sua vece, la Camera dei Fasci e delle Corporazioni.

Art. 2.

Il Senato del Regno e la Camera dei Fasci e delle Corporazioni collaborano col Governo per la formazione delle leggi.

Art. 3.

La Camera dei Fasci e delle Corporazioni è formata dai componenti del Consiglio Nazionale del Partito Nazionale Fascista e dai componenti del Consiglio Nazionale delle Corporazioni, salve le incompatibilità di cui all'articolo 9.

Le modificazioni nella composizione del Consiglio Nazionale Fascista e del Consiglio Nazionale delle Corporazioni sono disposte con legge.

Art. 4.

Il Duce del Fascismo, Capo del Governo, fa parte, di diritto, della Camera dei Fasci e delle Corporazioni.

Ne fanno parte anche i componenti del Gran Consiglio del Fascismo, salve le incompatibilità di cui all'articolo 9.

Art. 5.

I Consiglieri Nazionali che fanno parte della Camera dei Fasci e delle Corporazioni debbono possedere i requisiti prescritti dall'articolo 40 dello Statuto del Regno, ma il limite minimo di età è stabilito in venticinque anni, compiuti entro il giorno del giuramento di cui all'articolo 6.

La qualità di Consigliere Nazionale è riconosciuta con decreto del Duce del Fascismo, Capo del Governo, da pubblicare nella «Gazzetta Ufficiale» del Regno.

Art. 6.

I Consiglieri Nazionali, prima di essere ammessi all'esercizio delle loro funzioni, prestano giuramento in Assemblea plenaria, secondo la formula dell'articolo 49 dello Statuto del Regno.

2. Legge istitutiva della Camera dei fasci e delle corporazioni

Art. 7.

I Consiglieri Nazionali godono delle prerogative già stabilite per i Deputati dallo Statuto del Regno.

Ai Consiglieri Nazionali spetta una indennità annua, determinata con legge.

Art. 8.

I Consiglieri Nazionali decadono dalla carica col decadere dalla funzione esercitata nei Consigli che concorrono a formare la Camera dei Fasci e delle Corporazioni.

Art. 9.

Nessuno può essere contemporaneamente Consigliere Nazionale e Senatore o Accademico d'Italia.

Art. 10.

I lavori del Senato del Regno e della Camera dei Fasci e delle Corporazioni sono divisi in Legislature.

La fine di ciascuna Legislatura è stabilita con decreto reale, su proposta del Duce del Fascismo, Capo del Governo. Il decreto fissa anche la data di convocazione delle due Assemblee legislative riunite per ascoltare il discorso della Corona, col quale si inizia la legislatura successiva.

Per l'esercizio della ordinaria funzione legislativa le due Assemblee sono periodicamente convocate dal Duce del Fascismo, Capo del Governo.

Art. 11.

Il Presidente della Camera dei Fasci e delle Corporazioni è nominato con decreto reale. Sono nominati ugualmente con decreto reale i Vice Presidenti.

Il Presidente della Camera dei Fasci e delle Corporazioni nomina le altre cariche stabilite nel Regolamento della Camera.

Art. 12.

La Camera dei Fasci e delle Corporazioni esercita le proprie funzioni per mezzo dell'Assemblea plenaria, della Commissione Generale del bilancio e delle Commissioni legislative.

Per determinate materie possono essere costituite Commissioni speciali.

Art. 13.

Le Commissioni legislative sono formate dal Presidente della Camera dei Fasci e delle Corporazioni, in relazione a determinate attività nazionali. Il Presidente può convocarle in ogni tempo.

Il Presidente forma e convoca anche le Commissioni previste dal secondo comma dell'articolo 12.

Art. 14.

Il Presidente e, per sua delegazione, i Vice Presidenti della Camera dei Fasci e delle Corporazioni, possono partecipare ai lavori delle Commissioni, assumendone la presidenza.

I Ministri e, per loro delegazione, i Sottosegretari di Stato, possono intervenirvi.

Le disposizioni del presente articolo e quelle degli articoli 12 e 13 si applicano anche al Senato del Regno.

Art. 15.

I disegni di legge di carattere costituzionale, giusta l'articolo 12 della legge 9 dicembre 1928-VII, n. 2693; quelli indicati nell'ultimo comma dell'articolo 1 della legge 31 gennaio 1926-IV, n. 100; le deleghe legislative di carattere generale; i progetti di bilancio ed i rendiconti consuntivi dello Stato, delle Aziende autonome di Stato e degli Enti amministrativi di qualsiasi natura, di importanza nazionale, sovvenuti direttamente o indirettamente dal bilancio dello Stato, sono discussi e votati dalla Camera dei Fasci e delle Corporazioni e dal Senato del Regno nelle rispettive Assemblee plenarie, su relazione delle rispettive Commissioni competenti.

Sono anche discussi nella forma indicata nel precedente comma i disegni di legge per i quali il Governo chieda tale forma di discussione, ovvero essa sia proposta dalle rispettive Assemblee plenarie o dalle Commissioni e sia autorizzata dal Duce del Fascismo, Capo del Governo.

Le votazioni hanno luogo sempre in modo palese.

Art. 16.

I disegni di legge non considerati nel precedente articolo 15 sono deferiti all'esame esclusivo delle Commissioni legislative della Camera dei Fasci e delle Corporazioni e del Senato del Regno.

I disegni di legge approvati sono trasmessi dall'una all'altra Assemblea per il tramite delle rispettive Presidenze.

Entro un mese dalla presentazione di ciascun disegno di legge, termine prorogabile dal Duce del Fascismo, Capo del Governo, il testo discusso e approvato dalle Commissioni legislative della Camera dei Fasci e delle Corporazioni e del Senato è trasmesso al Duce del Fascismo, Capo del Governo, il quale dispone che esso sia sottoposto alla sanzione del Sovrano e promulgato nei modi ordinari stabiliti per le leggi.

Nelle premesse deve essere indicata l'avvenuta approvazione da parte delle Commissioni legislative della Camera e del Senato.

Le norme cosí emanate hanno forza di legge a tutti gli effetti.

2. Legge istitutiva della Camera dei fasci e delle corporazioni

Art. 17.

La forma di discussione e di approvazione stabilita nell'articolo 16 può essere seguita anche per i disegni di legge indicati nell'articolo 15, quando il Duce del Fascismo, Capo del Governo, lo stabilisca per ragioni di urgenza.

Art. 18.

Si provvede con decreto reale, senza osservare la procedura prevista dall'articolo 16, quando si versi in istato di necessità per causa di guerra o per urgenti misure di carattere finanziario o tributario.

La stessa procedura può essere seguita quando le Commissioni non abbiano adempiuto, nel termine prescritto, alla loro funzione.

In questi casi si applicano le disposizioni contenute nel secondo comma e seguenti dell'articolo 3 della legge 31 gennaio 1926-IV, n. 100.

Art. 19.

Le norme corporative elaborate dalle Corporazioni e gli accordi economici collettivi stipulati dalle Associazioni interessate, quando stabiliscano contribuzioni, sotto qualsiasi forma o denominazione, a carico degli appartenenti alle categorie cui le norme o gli accordi si riferiscono, possono essere presentate, a giudizio del Duce del Fascismo Capo del Governo, dopo l'esame del Comitato Corporativo Centrale, alla Camera dei Fasci e delle Corporazioni, perché siano sottoposte all'esame ed all'approvazione della Commissione legislativa competente, o, se occorra, di più Commissioni riunite.

Nel caso in cui la Commissione o le Commissioni riunite propongano emendamenti al testo elaborato dalle Corporazioni, l'approvazione deve essere deferita all'Assemblea plenaria della Camera dei Fasci e delle Corporazioni.

Il testo definitivo è trasmesso dal Presidente della Camera dei Fasci e delle Corporazioni al Duce del fascismo, Capo del Governo, che lo promulga con proprio decreto da inserire nella raccolta ufficiale delle leggi e dei decreti del Regno.

Art. 20.

Le norme giuridiche che sono di competenza del Governo a termini della legge 31 gennaio 1926-IV, n. 100, allorché riflettono materie di carattere tecnico o economico rientranti nell'attività specifica delle Corporazioni, devono essere precedute, salvo i casi di urgenza, dal parere della Corporazione competente o del Comitato consultivo istituito nel suo seno.

Art. 21.

Sono abrogate le norme contrarie a quelle contenute nella presente legge o con esse incompatibili.

3.
Relazioni riassuntive sull'attività
svolta dalla Direzione generale
per il servizio della stampa italiana (1937-38)

a) Dicembre 1937.

La Direzione Generale ha proseguito, nel mese di dicembre, il normale lavoro di revisione della stampa quotidiana e periodica, nonché dei bollettini delle agenzie di informazioni, ed ha compilato il rapporto giornaliero per il Duce.

In base alle risultanze della revisione è stato operato un sequestro (n. 294 del 10 dicembre de «La Nazione»), e sono stati fatti 48 richiami ai giornali.

La Direzione Generale ha impartito nel mese 160 disposizioni telefoniche ed ha diramato complessivamente 392 comunicati, di cui 242 per la «Stefani» e 150 per i giornali.

Sono state altresí segnalate 35 notizie desunte dalla stampa estera, e ciascuna notizia è stata inviata a cinque o sei quotidiani, uno per città.

È continuato, molto attivo, nel mese di dicembre, il servizio di trasmissione di articoli e notizie alle altre Direzioni Generali del Ministero, ed ai Ministeri della Educazione Nazionale e dell'Interno.

La Direzione Generale ha inoltre compilata regolarmente la relazione settimanale per S. E. il Sottosegretario dell'Interno, sulle principali discussioni che avvengono nei giornali, e specialmente in quelli di provincia e nelle riviste tecniche. Copia di tale relazione è stata anche inviata, come di consueto, alla Direzione Generale del Personale del Ministero dell'Interno, ed all'Ufficio Centrale Demografico.

A seguito delle direttive impartite da S. E. il Ministro è stata riesaminata la stampa illustrata e di varietà, e sono state date istruzioni affinché essa risponda piú efficacemente ai suoi compiti educativi. Infatti, si è constatato che tale stampa, pur attenendosi alle disposizioni di eliminare gli scritti non morali o comunque non educativi, non dava conveniente sviluppo agli argomenti che oggi interessano la Nazione; si è perciò suggerito ai direttori dei periodici in questione di svolgere i seguenti temi: vita della famiglia, maternità, economia domestica, partecipazione alla vita fascista, allo sport, alla assistenza, ed in generale a tutto ciò che si intona con la nuova coscienza fascista.

Per quanto riguarda la moda italiana, si è raccomandato di approfittare della «Mostra del tessile», per sottolineare maggiormente i progressi conseguiti in questo campo ed il contributo che la donna può offrire alla battaglia per l'autarchia, pur rimanendo nell'ambito della casa e della famiglia.

3. Attività della Direzione generale per il servizio della stampa

La Direzione Generale ha continuato d'altra parte la sua collaborazione ai giornali di provincia, inviando, nel mese di dicembre, un certo numero di articoli sull'attività nel Canton Ticino, ed ha proseguito nella revisione delle stampe e delle fotografie riproducenti effigie del Duce, togliendo dalla circolazione quelle che non avevano i voluti requisiti di estetica e dignità.

È stata fatta anche una selezione fra le pubblicazioni tecniche italiane per segnalare quelle che possono partecipare con successo alla Mostra della Fiera di Lipsia.

Nella ricorrenza delle feste natalizie, e della Befana, è stato consentito ai giornali di uscire, dal 20 dicembre al 15 gennaio, quattro volte alla settimana in 8 pagine, e si è rinnovato l'avvertimento di non accennare all'usanza degli alberi di Natale.

Poiché si è constatato che molti giornali, allo scopo di dimostrare una grande tiratura, continuavano a stampare un numero di copie superiore al necessario, la Direzione Generale ha interessato la Federazione Nazionale Editori di Giornali affinché i quotidiani da essa dipendenti limitino il consumo della carta allo stretto indispensabile, dato che la nota concessione delle edizioni a 8 pagine, era subordinata ad una effettiva ed adeguata riduzione della resa.

Nel mese di dicembre, tenuto conto degli aumenti verificatisi nel prezzo della carta ed in tutte le spese inerenti alla pubblicazione dei periodici, d'accordo col Ministero delle Corporazioni, è stato consentito un congruo aumento dei prezzi di vendita e di abbonamento degli stessi, in conformità ad analoga richiesta della Confederazione degli Industriali.

[La] Direzione Generale ha ricevuto nel mese *19 domande* di nuo[ve] pubblicazioni, delle quali soltanto dieci sono state accolte per il riconosciuto carattere di necessità e perciò non comportavano un sensibile aumento nel consumo della carta. È stata anche autorizzata la pubblicazione di 3 supplementi di periodici esistenti, e consentita la variazione della periodicità, di altri due, e cioè del «Lavoro Impiegatizio», che da mensile diviene quindicinale, e di «In alto i fanciulli», che da quindicinale diviene settimanale.

È stata invece disposta la soppressione dei periodici «Riviera» di Napoli, e «La Cartotecnica», mentre si è provveduto, d'accordo con la Direzione Generale per la Cinematografia, alla revisione di tutta la stampa cinematografica, formulando proposte di soppressioni e sospensioni.

Dalle Prefetture e dagli Editori sono pervenuti, nel mese di Dicembre, 860 libri, che sono stati regolarmente schedati ed inviati alla «Rassegna Generale».

Le Prefetture hanno trasmesso per l'esame a questa Direzione Generale 49 pubblicazioni, delle quali 6 sono state sequestrate, 26 autorizzate e 17 sono in corso di revisione.

Si è anche provveduto a disciplinare in modo definitivo le pubblicazioni a dispense, e con apposita circolare ai Prefetti, allo scopo di tutelare la sana educazione del popolo, e di impedire speculazioni editoriali, si è prescritto che la diffusione dei romanzi e degli altri lavori a dispense sia autorizzata solamente dal Ministero; che il numero delle dispense non sia superiore a 30, con un numero di pagine non inferiore a 16 per dispensa, ed infine che il prezzo della dispensa non sia superiore a una lira.

Per tali pubblicazioni si è inoltre vietata l'assegnazione di premi agli abbonati.

Si è altresí provveduto all'allestimento del IV fascicolo de «Il Libro Italiano», e si è proseguito lo studio per la disciplina dei premi letterari.

È stata anche fatta l'istruttoria delle domande di concorso alla borsa di studio «Lodovico Menicucci» e sono stati compiuti gli accertamenti disposti da questa Direzione Generale, secondo le istruzioni di S. E. il Ministro, per precisare il numero dei giornalisti ultra sessantenni che prestano servizio presso i quotidiani, allo scopo di predisporre i provvedimenti per la loro eventuale sostituzione con giornalisti giovani.

Il servizio biografico dei giornalisti ha continuato a completare le pratiche individuali con le informazioni che pervengono man mano dai Sindacati dei Giornalisti e dalle Prefetture.

La Direzione Generale, oltre a tale specifica attività, ha svolto tutto l'altro lavoro di ordinaria amministrazione, fra cui il rinnovo delle tessere lasciapassare dei giornalisti per le cerimonie dell'Anno XVI, le consuete segnalazioni ai quotidiani di giornalisti disoccupati e disagiati per collaborazioni ed impieghi, ecc.

b) Febbraio 1938.

Nel mese di febbraio 1938-XVI la Direzione Generale della Stampa Italiana ha compiuto il normale lavoro di revisione dei quotidiani e dei periodici e compilato il rapporto giornaliero per il Duce.

In base ai risultati di tale revisione sono stati disposti N. 9 sequestri e fatti N. 43 richiami, di cui 18 per iscritto.

I provvedimenti di sequestro sono stati adottati nei confronti delle seguenti pubblicazioni:

ILLUSTRAZIONE ITALIANA	– per una brutta fotografia del Duce;
OPERE E GIORNI	– per una novella di M. M. Martini offensiva per la morale pubblica;
VITA FEMMINILE PICCOLO di Roma AVVENIRE D'ITALIA	– per il complesso;
REGIME FASCISTA ARENA	– per attacchi alla politica di Eden;
LETTURE DOMENICALI di Palermo	– per un articolo contro il cinema ed il teatro;
SECOLO ILLUSTRATO	– per fotografie macabre sulle fucilazioni al Messico;

3. Attività della Direzione generale per il servizio della stampa

Invece sono stati elogiati i seguenti quotidiani:

CORRIERE MERCANTILE	– per l'istituzione della pagina del Guf;
REGIME FASCISTA	– per l'articolo di Picenardi «La fortuna di Mussolini».

Per il migliore orientamento dei giornali sono state date nel mese di febbraio n. 116 disposizioni telefoniche.

I comunicati distribuiti a cura della Direzione Generale sono stati, complessivamente, 415, di cui 193 per la «Stefani» e 222 per i giornali.

Inoltre sono state diramate 23 notizie desunte dalla stampa estera e ogni notizia è stata inviata a cinque o sei quotidiani, uno per città.

È proseguito molto attivo, nel mese di febbraio, il servizio di segnalazione di articoli e notizie alle direzioni generali per la Cinematografia, per il Teatro, per la Stampa Estera, per il Turismo e agli altri Ministeri.

Gli uffici hanno continuato la compilazione della rassegna settimanale della stampa per il Sottosegretario di Stato all'Interno, nella quale sono riassunte, per materia, le principali discussioni e polemiche sugli argomenti del giorno, e copie di tale relazione sono state spedite alla Direzione Generale del Personale ed all'Ufficio Centrale Demografico del Ministero dell'Interno.

Al Governo Vicereale di Addis Abeba sono stati trasmessi gli articoli e gli studi su importanti questioni concernenti l'Impero.

Per il Gabinetto di S. E. il Ministro è stata infine compilata una dettagliata relazione sull'attività svolta dalla Direzione Generale della Stampa Italiana, durante lo scorso anno, con i riferimenti di carattere politico, da servire per il discorso del Ministro in Parlamento.

Nel mese di febbraio sono pervenute n. 40 domande di autorizzazione di nuove pubblicazioni, delle quali sono state accolte soltanto 17 perché riconosciute utili e perché nel complesso non comportavano un notevole aumento nel consumo della carta.

I Prefetti hanno segnalato per le determinazioni del Ministero n. 60 libri, dei quali 14 sono stati sequestrati, 5 interdetti, 2 autorizzati previe modificazioni.

Dagli editori sono pervenuti n. 958 libri, che sono stati regolarmente schedati ed inviati alla Rassegna Generale Bibliografica.

La Direzione Generale ha studiato un progetto per la «Settimana del libro» che, secondo le decisioni del Duce, dovrà aver luogo nei giorni 23-30 maggio p. v. – In questo progetto, tenendo conto degli insegnamenti dell'esperienza, si è cercato di ovviare agli inconvenienti e alle lacune lamentate in passato, in modo di assicurare alla importante manifestazione un sicuro successo.

Nel mese di febbraio è uscito il secondo fascicolo de «Il Libro Italiano».

È stata studiata nei particolari la grande pubblicazione ufficiale che dovrà uscire, a cura del Ministero, in occasione della venuta in Italia del Cancelliere Hitler e cosí pure sono stati presi accordi per la pubblicazione di alcuni opuscoli di propaganda, da diffondere nella stessa circostanza.

Sono stati anche esaminati progetti di cartoline destinate a commemorare l'avvenimento.

Nel mese di febbraio la Direzione Generale ha ripreso su piú vasta scala il servizio di collaborazione da parte di giornalisti compensati direttamente dal Ministero, ed a questo riguardo è stato elaborato un piano per utilizzare gli scrittori secondo le loro speciali attitudini nella trattazione di argomenti che possano effettivamente interessare. Cosí i giornali di provincia avranno la possibilità di migliorare con questa collaborazione il tono generale delle terze pagine.

Considerato che il mercato nazionale della carta sta avviandosi ad una certa normalità, la Direzione ha esaminato l'opportunità di disporre una riduzione dei prezzi della carta per quotidiani e periodici.

Da questo esame è risultato che un intervento diretto in questo senso è per il momento intempestivo e che forse una riduzione dei prezzi della carta per quotidiani potrà aversi nella seconda quindicina di maggio, allorché sarà possibile vedere chiaro nel mercato internazionale.

Per la carta da periodici, si è constatato che i prezzi si vanno avvicinando alla normalità, dato che i cartai hanno cominciato a ridurre i prezzi di loro iniziativa, tanto che nell'ultimo mese la calandrata fine è scesa in media da 220 a 205 e quella comune da 195 a 180.

È stata studiata anche l'opportunità di interessare il Ministero delle Finanze per la revoca della disposizione che estende la tassa scambio alle riviste di moda, che appesantisce considerevolmente la loro situazione finanziaria, già disagiata.

Al riguardo è stato fatto presente al Ministero delle Finanze che un provvedimento di revoca sarebbe consigliabile tanto per migliorare la situazione delle riviste di moda di fronte alla concorrenza delle analoghe pubblicazioni straniere, quanto per incoraggiare l'azione che le riviste nazionali compiono per il potenziamento della produzione autarchica in questo settore.

Si è proseguito l'allestimento del servizio biografico dei giornalisti e si è studiato l'impianto di un sistema razionale di catalogazione delle pubblicazioni che escono in Italia, che dovrebbe permettere di classificarle in ordine di periodicità, di materia e di provincia in cui si stampano.

È continuata assai intensa l'opera di assistenza ai giornalisti disoccupati o bisognosi di collaborazioni, purtroppo con scarsi risultati, date le condizioni della maggior parte dei giornali che hanno personale e collaboratori in soprannumero.

È stata svolta tutta l'altra attività di ordinaria amministrazione che sfugge alla possibilità di una dettagliata relazione.

c) Aprile 1938.

Nel mese di aprile la Direzione Generale della Stampa Italiana ha compilato il rapporto giornaliero per il Duce.

3. Attività della Direzione generale per il servizio della stampa

La revisione è stata estesa nel mese in esame a 81 quotidiani, 132 periodici di carattere politico, 3860 periodici vari, 7000 bollettini parrocchiali, 32 agenzie di informazioni ed a gran parte dei giornali italiani pubblicati all'estero.

In base ai risultati emersi dalla revisione stessa sono stati fatti 9 richiami e ordinati i sequestri dei seguenti giornali:

– «Il Popolo di Roma», del 10 aprile, per la prima puntata del romanzo di Lucio D'Ambra, considerata immorale;

– «Il Popolo di Roma», del 24 aprile, per un articolo inopportuno sulla Spagna;

– «La Stampa-Sera», del 13 aprile, per aver riprodotto abusivamente un articolo del Duce;

– «Il Lavoro di Genova», del 12 aprile, per indiscrezioni sulla visita del Führer;

– «Il Piccolo di Roma», del 16 aprile, per il complesso;

– «La Tribuna», del 19 aprile, per aver pubblicato dati sul numero dei caduti in Spagna;

– «Il Travaso delle Idee», del 1° maggio, per il suo complesso.

Sono stati invece elogiati: «Il Regime Fascista» del 12 aprile, per il corsivo dell'On. Farinacci, e «Il Veneto» del 27 aprile, per un articolo di Natale Busetto, sulla personalità del Duce.

Nel mese di aprile la Direzione Generale ha dato ai giornali 119 disposizioni telefoniche e diramato 430 comunicati, di cui 230 per la «Stefani».

È continuato sempre attivo il servizio di segnalazioni di articoli e notizie alle altre Direzioni Generali ed ai Ministeri dell'Educazione Nazionale, delle Corporazioni, dell'Africa Italiana, ecc. e così pure è proseguita la compilazione della rassegna settimanale degli argomenti trattati dalla stampa, per il Sottosegretario di Stato all'Interno.

I giornalisti ammessi alla collaborazione retribuita del Ministero hanno inviato numerosi articoli, che gli uffici hanno esaminato e distribuito per la pubblicazione ai giornali di provincia ed a queglialtri che ne avevano fatto richiesta.

Sono pervenuti dagli editori e dalle Prefetture N. 1206 libri: che sono stati regolarmente schedati ed inviati alla Rassegna bibliografica.

Dei 40 libri inviati per l'esame, 2 sono stati sequestrati, 3 interdetti, 2 autorizzati previe modifiche, 21 autorizzati senz'altro, e 12 sono tuttora in corso di revisione.

Nel mese di aprile sono cominciati a pervenire i libri di autori stranieri per il permesso della traduzione italiana.

La Direzione Generale ha ricevuto ed esaminato 20 domande di nuove pubblicazioni, delle quali soltanto 10 sono state prese in considerazione perché aventi carattere di effettiva necessità.

Sono state date istruzioni ai Prefetti di vietare ai giornali la pubblicazione di avvisi economici ed in genere pubblicitari, contenenti offerte di impiego da parte di cittadini stranieri, desiderosi di trasferirsi in Italia.

Sono state inoltre impartite disposizioni ai principali quotidiani, affinché gli avvisi dell'EIAR non siano intercalati fra quelli pubblicitari, ma posti in risalto; le amministrazioni dei rispettivi giornali sono state anche invitate ad aderire alle proposte dell'EIAR per stabilire accordi speciali sulle tariffe di tali inserzioni.

In occasione del giro ciclistico d'Italia, la «Stampa» di Torino, è stata autorizzata ad uscire con una terza edizione serale per tutta la durata del giro.

Moltissima attività è stata assorbita nel mese di aprile per l'organizzazione dei servizi giornalisti[ci] per la visita in Italia del Führer.

La Direzione Generale ha preparato per tale circostanza tre opuscoli, editi da Ulpiano, intesi a far conoscere la figura del Cancelliere tedesco, il movimento nazionalsocialista, e le realizzazioni della Nuova Germania.

Sono stati altresí esaminati tutti i distintivi, cartoline, stampe, quadri, ecc. diretti ad esaltare l'amicizia italo tedesca, e sono stati autorizzati alla diffusione ed alla vendita soltanto quelli che si distinguevano per una felice ed artistica concezione.

Detto lavoro è stato svolto per il tramite delle Prefetture, con sollecitudine e puntualità onde evitare danni economici alle ditte che si erano fatte iniziatrici delle varie e numerosissime manifestazioni.

Sono stati inoltre concretati gli accordi col Ministero della Propaganda Germanico per lo scambio di giornalisti italo tedeschi, allo scopo di permettere la reciproca conoscenza dei rispettivi Paesi.

La Direzione Generale ha continuato a segnalare alle amministrazioni dei quotidiani i giornalisti disoccupati o bisognosi, per una sistemazione professionale o per collaborazioni.

È stato svolto tutto l'altro lavoro di ordinaria amministrazione, che sfugge ad una dettagliata elencazione.

4.
Somme erogate per lavori pubblici
dalla Segreteria particolare del Duce in alcune provincie campione

PROVINCIA DI AGRIGENTO

Licata, sistemazione del fiume Salso	L.	500 000	aprile 1936	F. Provvida
Aragona, Casa littoria		5 000	agosto 1937	Offerte
Agrigento, Casa madre e fanciullo		50 000	agosto 1937	F. PS
Santo Stefano Quisquina, collegio asilo		36 000	febbraio 1942	F. PS
Naro, scuola media Sant'Agostino		60 000	maggio 1943	F. PS
	L.	651 000		

PROVINCIA DI ASTI.

Asti, Casa madre e fanciullo	L.	50 000	gennaio 1937	Offerte
Grazzano Monferrato, asilo infantile		70 000	{ febbraio 1937 febbraio 1939 }	Offerte F. beneficenza
Grazzano Monferrato, Casa littoria		100 000	febbraio 1938	{ F. lavori Offerte
Strada Serole - stazione Spingo		310 500	maggio 1939	F. PS
	L.	530 500		

PROVINCIA DI AVELLINO

Avellino, case popolari	L.	1 000 000	{ dicembre 1936 agosto 1939 }	F. PS
Lacedonia, seminario		50 000	novembre 1942	F. PS
Castelbaronia, asilo infantile		3 000	maggio 1943	F. beneficenza
Bisaccia, cattedrale		20 000	maggio 1943	F. PS
	L.	1 073 000		

PROVINCIA DI CAMPOBASSO

Campobasso, Casa littoria	L.	100 000	{ settembre 1937 dicembre 1937 }	Offerte
Castellino, case popolari		200 000	novembre 1937	Offerte
Campolieto, Consolidamento		150 000	novembre 1938	F. lavori
Frosolone, case popolari		150 000	novembre 1938	F. lavori
Pagliarone, ricovero		200 000	novembre 1938	F. lavori
Trivento, cattedrale		20 000	novembre 1942	F. PS
	L.	820 000		

Appendice

PROVINCIA DI COSENZA

Cosenza, Casa littoria	L. 600 000	agosto 1932 / marzo 1939	F. Provvida
San Marco Argentano, cattedrale	200 000	aprile 1933	F. Provvida
Altomonte, chiesa di San Domenico	10 000	novembre 1936	F. Provvida
Cosenza, case popolari	600 000	marzo 1939	F. PS
Cosenza, ospedale	500 000	marzo 1939	F. PS
Cosenza, Casa madre e fanciullo	300 000	marzo 1939	F. PS
Cosenza, caserma	400 000	marzo 1939	F. PS
Corigliano Calabro, case per i pescatori	650 000	dicembre 1940 / dicembre 1941	Offerte / F. lavori
Cosenza, stazione disinfezione	150 000	aprile 1942	Offerte

L. 3 410 000

PROVINCIA DI MACERATA

Corridonia, monumento a Corridoni	L. 500 000	luglio 1936	F. Provvida
Portocivitanova, teatro dopolavoro	20 000	dicembre 1936	Offerte
Camerino, Casa dello studente	100 000	novembre 1938	F. lavori
Recanati, sede Centro studi leopardiani	950 000	febbraio 1940 / novembre 1942	F. PS
	735 150	Impegnate	F. PS
San Severino, ospedale	120 000	aprile 1942	F. PS
Matelica, ospedale	180 000	ottobre 1942	F. PS
Serravalle del Chienti, chiesa parrocchiale	15 000	ottobre 1942	F. PS
Treia, ospedale civile	100 000	aprile 1943	F. PS

L. 2 720 150

PROVINCIA DI MATERA

Acquedotti rurali e bonifica olivastri	L. 550 000	novembre 1937	Offerte
Matera, scuole	600 000	novembre 1938	F. lavori
Bernalda, Casa madre e fanciullo	10 000	maggio 1939	F. lavori

L. 1 160 000

PROVINCIA DI PERUGIA

Assisi, convento di San Francesco	L. 100 000	dicembre 1935	Offerte
Fontivegge, Casa littoria	50 000	luglio 1936	Offerte
Pila, Casa littoria	30 000	dicembre 1936	Offerte
Spoleto, Casa littoria	25 000	maggio 1937	Offerte
Gubbio, edificio scolastico	1 838 930	novembre 1937 / dicembre 1942	Offerte / F. PS
Gubbio, impianto idrico frazioni	561 070	novembre 1937 / dicembre 1942	Offerte / F. PS

4. Somme erogate per lavori pubblici

segue PROVINCIA DI PERUGIA

Gubbio, Monastero Cappuccine	10 000	maggio 1938	F. lavori
Casaglia, acquedotto	60 000	giugno 1938	F. lavori
Passaggio di Bettona, asilo infantile	45 000	febbraio 1938	F. lavori
Nocera Umbra, acquedotto	60 000	novembre 1938	F. lavori
Castiglion del Lago, castello	10 000	febbraio 1939	F. lavori
Perugia, case popolari	400 000	marzo 1939	Offerte
Serre Mosciano, acquedotto	20 000	luglio 1941	F. lavori
Spoleto, Istituto Bambin Gesú	55 000	{ novembre 1941 / marzo 1943 }	F. PS
Castelvecchio-Preci, acquedotto	600 000	marzo 1942	Offerte
Trevi, istituto	50 000	ottobre 1942	F. PS
Spoleto, ospedale	500 000	novembre 1942	Offerte
Assisi, convento chiesa di San Quirico	45 000	marzo 1943	F. PS

L. 4 460 000

PROVINCIA DI RAVENNA

Faenza, Palazzo uffici governativi	L. 500 000	giugno 1937	F. PS
San Pietro in Vincoli, chiesa	10 000	ottobre 1937	F. Provvida
Faenza, strada di circonvallazione	500 000	gennaio 1938	F. lavori
Restauro mosaici	100 000	febbraio 1938	Offerte
Ospizio montano	70 000	{ marzo 1938 / giugno 1938 }	Offerte / F. lavori
Ravenna, Casa littoria	20 000	marzo 1938	Offerte
Cervia, campo sportivo	75 000	giugno 1938	F. lavori
Cervia, strada litoranea e pineta	150 000	giugno 1938	F. lavori
Faenza, case popolari	250 000	giugno 1938	F. lavori
Acquedotto del Cardello	100 000	dicembre 1938	Offerte
Casola Valsenio, orfanotrofio	50 000	dicembre 1938	Offerte
Fusignano, casa GIL	50 000	febbraio 1939	F. lavori
Ravenna, ospedale[a]	6 000 000	{ febbraio 1940 / dicembre 1941 }	Offerte / F. PS
Faenza, mercato	1 000 000	aprile 1940	Offerte
Brisighella, case popolari	148 700	marzo 1940	F. PS
Borgo Sisa, case popolari	520 000	maggio 1941	F. lavori
Casola Valsenio, infermeria	400 000	giugno 1941	F. lavori
Casola Valsenio, case popolari	500 000	agosto 1941	Offerte
Fusignano, case popolari	60 000	settembre 1941	F. lavori

L. 10 503 700

[a] Di cui un milione dal Gabinetto Interno.

PROVINCIA DI ROMA

Roma, sede del R. Ufficio geologico	L. 250 000	novembre 1934	Offerte
Roma, Ara Pacis	35 000	dicembre 1936	F. PS
Gerano, asilo infantile	22 485	giugno 1937	F. PS
Nemi, conservazione delle navi romane	100 000	luglio 1937	Offerte
Sant'Alessio, Istituto per i ciechi	2 050 000	luglio 1937 / aprile 1938	Offerte
Affile, risanamento	135 000	luglio 1937 / giugno 1940	F. PS / F. lavori
Roma, Casa littoria a Torrespaccata	3 000	agosto 1937	Offerte
Arcinazzo, asilo infantile	20 000	settembre 1937	F. beneficenza
Nettuno, chiesa	10 000	aprile 1938	F. lavori
Roma, Istituto di Molario Cogia	500 000	luglio 1938	F. PS
Roma, tomba ad Alfredo Rocco	100 000	agosto 1938	F. PS
Gavignano, monastero	63 000	novembre 1938	F. lavori
Roma, chiesa di San Giuseppe in via Nomentana	350 000	novembre 1938	F. lavori
Pomezia, opere pubbliche nella frazione Ardea	720 000	dicembre 1938 / novembre 1939	F. PS
Rocca di Cave, acquedotto	200 000	dicembre 1938	F. PS
Roma, Cavallerizza della Legione del Lazio dei CC.RR.	34 000	febbraio 1939 / giugno 1939	F. lavori
Roma, R. Istituto storico italiano	30 000	marzo 1939	F. lavori
Roma, Abbazia delle Tre Fontane	300 000	maggio 1939	F. PS
Anzio, Case popolari alla borgata Falasche	500 000	luglio 1939	F. lavori
Albano Laziale, case popolari	500 000	maggio 1940	Offerte
Pisoniano, asilo infantile	15 000	giugno 1940	F. lavori
Roma, sede dell'Istituto Tata Giovanni	150 000	settembre 1940	F. PS
Civitavecchia, ospedale civile	650 000	maggio 1941	F. lavori
Roma, sede Pia Unione lauretana delle dame romane	800 000	novembre 1941	F. PS
Frascati, Orfanotrofio femminile delle Maestre Pie Filippine	200 000	dicembre 1941	F. PS
Roma, Convento Clarisse via Monferrato	50 000	marzo 1942	F. PS
Roma, all'ENDIROT per impianti produzione ammoniaca carburante	500 000	marzo 1942	F. PS
Roma, Istituto San Francesco (orfanotrofio-asilo)	60 000	novembre 1942	F. PS
Roma, Asilo infantile delle religiose dell'adorazione perpetua	50 000	dicembre 1942	F. PS
Roma, Istituto ass. e cura fanciulli predisposti tbc	1 000 000	febbraio 1943	Offerte
Roma, Reale Istituto di studi romani	290 000	marzo 1943	F. PS

L. 9 677 485

4. Somme erogate per lavori pubblici

PROVINCIA DI UDINE

Udine, Tempio Ossario	L. 400 000	giugno 1936	Offerte
		settembre 1938	F. PS
Marano e Lauco, scuole	100 000	settembre 1938	F. PS
Udine, case popolari	500 000	settembre 1938	F. PS
Timau, chiesa-ossario	30 000	marzo 1938	F. lavori
Udine, lavori rurali	150 000	novembre 1937	Offerte
Aquileia, basilica	120 000	dicembre 1938	F. PS
Aquileia, scuola rurale a Salmastro	100 000	luglio 1941	Offerte
Resia, scuola rurale alla frazione Uccea	200 000	luglio 1941	Offerte
Marano, case popolari (impianti idrici)	100 000	aprile 1942	Offerte
Etocasso, acquedotto	150 000	maggio 1942	F. PS

L. 1 850 000

PROVINCIA DI VENEZIA

Venezia, chiesa di San Polo	L. 10 000	novembre 1934	F. PS
Chioggia, ospedale civile	650 000	settembre 1941	F. PS
		dicembre 1942	
Venezia, ospedale civile	500 000	gennaio 1942	Offerte
Chioggia, lavori accessori alle case popolari già costruite	250 000	gennaio 1942	Offerte
Chioggia, case minime per gli sfrattati	350 000	gennaio 1942	Offerte
Lido, Ospedale al Mare	500 000	gennaio 1943	Offerte

L. 2 260 000

5.
Il «manifesto della razza» (14 luglio 1938) e l'abbozzo della sua nuova versione (25 aprile 1942)

a) Il «manifesto della razza» [1].

1. *Le razze umane esistono.* La esistenza delle razze umane non è già una astrazione del nostro spirito, ma corrisponde a una realtà fenomenica, materiale, percepibile con i nostri sensi. Questa realtà è rappresentata da masse, quasi sempre imponenti, di milioni di uomini, simili per caratteri fisici e psicologici che furono ereditati e che continuano ad ereditarsi. Dire che esistono le razze umane non vuol dire a priori che esistono razze umane superiori ed inferiori, ma soltanto che esistono razze umane differenti.

2. *Esistono grandi razze e piccole razze.* Non bisogna soltanto ammettere che esistano i gruppi sistematici maggiori, che comunemente sono chiamati razze e che sono individualizzati solo da alcuni caratteri, ma bisogna anche ammettere che esistano gruppi sistematici minori (come per es. i nordici, i mediterranei, i dinarici, ecc.) individualizzati da un maggior numero di caratteri comuni. Questi gruppi costituiscono dal punto di vista biologico le vere razze, la esistenza delle quali è una verità evidente.

3. *Il concetto di razza è concetto puramente biologico.* Esso è quindi basato su altre considerazioni che non i concetti di popolo e di Nazione, fondati essenzialmente su considerazioni storiche, linguistiche, religiose. Però alla base delle differenze di popolo e di Nazione stanno delle differenze di razza. Se gli italiani sono differenti dai francesi, dai tedeschi, dai turchi, dai greci, ecc., non è solo perché essi hanno una lingua diversa e una storia diversa, ma perché la costituzione razziale di questi popoli è diversa. Sono state proporzioni diverse di razze differenti che da tempo molto antico costituiscono i diversi popoli, sia che una razza abbia il dominio assoluto sulle altre, sia che tutte risultino fuse armonicamente, sia, infine, che persistano ancora inassimilate una alle altre le diverse razze.

---

[1] Il «Manifesto della razza» fu pubblicato per la prima volta il 14 luglio 1938 senza alcuna firma. I nomi dei firmatari furono resi noti il 25 luglio con un comunicato del PNF. Il testo pubblicato era un rimaneggiamento (ad opera di Mussolini e di vari funzionari del ministero della Cultura popolare) di quello originario, tant'è che Pende chiese insistentemente al segretario di Mussolini la pubblicazione di una «nuova dichiarazione commissione razza sottoposta capo». Proteste per la pubblicazione pare che inoltrasse anche Visco. Per maggiori elementi cfr. R. DE FELICE, *Storia degli ebrei italiani sotto il fascismo* cit., pp. 275 sgg.

4. *La popolazione dell'Italia attuale è di origine ariana e la sua civiltà è ariana.* Questa popolazione di civiltà ariana abita da diversi millenni la nostra Penisola; ben poco è rimasto della civiltà delle genti preariane. L'origine degli italiani attuali parte essenzialmente da elementi di quelle stesse razze che costituiscono e costituirono il tessuto perennemente vivo dell'Europa.

5. *È una leggenda l'apporto di masse ingenti di uomini in tempi storici.* Dopo l'invasione dei Longobardi non ci sono stati in Italia altri notevoli movimenti di popoli capaci di influenzare la fisionomia razziale della Nazione. Da ciò deriva che, mentre per altre Nazioni europee la composizione razziale è variata notevolmente in tempi anche moderni, per l'Italia, nelle sue grandi linee, la composizione razziale di oggi è la stessa di quella che era mille anni fa: i 44 milioni di italiani di oggi rimontano quindi nell'assoluta maggioranza a famiglie che abitano in Italia da un millennio.

6. *Esiste ormai una pura «razza italiana».* Questo enunciato non è basato sulla confusione del concetto biologico di razza con il concetto storico linguistico di popolo e di Nazione, ma sulla purissima parentela di sangue che unisce gli italiani di oggi alle generazioni che da millenni popolano l'Italia. Questa antica purezza di sangue è il più grande titolo di nobiltà della Nazione italiana.

7. *È tempo che gli italiani si proclamino francamente razzisti.* Tutta l'opera che fin'ora ha fatto il Regime in Italia è in fondo del razzismo. Frequentissimo è stato sempre nei discorsi del Capo il richiamo ai concetti di razza. La questione del razzismo in Italia deve essere trattata da un punto di vista puramente biologico, senza intenzioni filosofiche o religiose. La concezione del razzismo in Italia deve essere essenzialmente italiana e l'indirizzo ariano-nordico. Questo non vuole dire però introdurre in Italia le teorie del razzismo tedesco come sono o affermare che gli italiani e gli scandinavi sono la stessa cosa. Ma vuole soltanto additare agli italiani un modello fisico e soprattutto psicologico di razza umana che per i suoi caratteri puramente europei si stacca completamente da tutte le razze extraeuropee, questo vuol dire elevare l'italiano ad un ideale di superiore coscienza di se stesso e di maggiore responsabilità.

8. *È necessario fare una netta distinzione tra i mediterranei d'Europa (occidentali) da una parte, gli orientali e gli africani dall'altra.* Sono perciò da considerarsi pericolose le teorie che sostengono l'origine africana di alcuni europei e comprendono in una comune razza mediterranea anche le popolazioni semitiche e camitiche stabilendo relazioni e simpatie ideologiche assolutamente inammissibili.

9. *Gli ebrei non appartengono alla razza italiana.* Dei semiti che nel corso dei secoli sono approdati sul sacro suolo della nostra Patria nulla in generale

è rimasto. Anche l'occupazione araba della Sicilia nulla ha lasciato all'infuori del ricordo di qualche nome; e del resto il processo di assimilazione fu sempre rapidissimo in Italia. Gli ebrei rappresentano l'unica popolazione che non si è mai assimilata in Italia perché essa è còstituita da elementi razziali non europei, diversi in modo assoluto dagli elementi che hanno dato origine agli italiani.

10. *I caratteri fisici e psicologici puramente europei degli italiani non devono essere alterati in nessun modo.* L'unione è ammissibile solo nell'ambito delle razze europee, nel quale caso non si deve parlare di vero e proprio ibridismo, dato che queste razze appartengono ad un corpo comune e differiscono solo per alcuni caratteri, mentre sono uguali per moltissimi altri. Il carattere puramente europeo degli italiani viene alterato dall'incrocio con qualsiasi razza extraeuropea e portatrice di una civiltà diversa dalla millenaria civiltà degli ariani.

Dott. Lino Businco, ass. di patologia generale all'Università di Roma.
Prof. Lidio Cipriani, incaricato dei corsi di antropologia presso l'Università di Firenze.
Prof. Arturo Donaggio, direttore della clinica neuropsichiatrica dell'Università di Bologna.
Dott. Leone Franzi, ass. clinica pediatrica dell'Università di Milano.
Prof. Guido Landra, ass. di antropologia presso l'Università di Roma.
Prof. Sen. Nicola Pende, direttore dell'istituto di patologia speciale medica presso l'Università di Roma.
Dott. Marcello Ricci, ass. di zoologia presso l'Università di Roma.
Prof. Franco Savorgnan, prof. di demografia all'Università di Roma.
Prof. Sabato Visco, direttore dell'istituto di fisiologia generale all'Università di Roma.
Prof. Edoardo Zavattari, direttore dell'istituto di zoologia speciale medica presso l'Università di Roma.

b) Critiche al «manifesto della razza» elaborate in seno al Consiglio superiore per la demografia e la razza (1941-42).

1.
Le razze umane esistono[2].

La esistenza delle razze umane non è già una astrazione del nostro spirito, ma corrisponde ad una realtà fenomenica, materiale, percepibile con i nostri sensi. Questa realtà è rappresentata da masse, quasi sempre imponenti, di milioni di uomini, simili per caratteri fisici e psicologici che furono ereditati e che continuano ad ereditarsi. Dire che esistono le razze umane non vuol dire a prio-

---

[2] Cosí come il successivo documento in ACS, *Segreteria particolare del Duce, Carteggio ordinario (1922-43)*, b. 278, fasc. 500014, «Min. Interno».

ri che esistono razze umane superiori e inferiori, ma soltanto che esistono razze umane differenti.

La didascalia è ingenua. L'illustrazione è alogica e si sottrae proprio al compito di una definizione concreta. Tutto si riduce all'assomiglianza di caratteri fisici e psichici ereditati ed ereditabili nell'ambito di gruppi umani cospicui (milioni di uomini). Questa affermazione vale anche a definire la specie umana. Pertanto, per intendere la parola «razza» è necessario stabilire, preventivamente, i caratteri fisici e psichici piú o meno numerosi, ai quali ci si riferisce quando dal concetto di specie si vuol passare a quello di razza. La negazione aprioristica di una gerarchia delle razze è in contrasto con il criterio razziale che deve riconoscere la diversa fortuna storica delle razze umane.

2.
Esistono grandi razze e piccole razze.

Non bisogna soltanto ammettere che esistono i gruppi sistematici maggiori, che comunemente sono chiamati razze e che sono individualizzati solo da alcuni caratteri, ma bisogna anche ammettere che esistono gruppi sistematici minori (come per es.: i nordici, i mediterranei, i dinarici, etc.) individualizzati da un maggior numero di caratteri comuni. Questi gruppi costituiscono dal punto di vista biologico le vere razze, la esistenza delle quali è una verità evidente.

Evidentemente qui si vuol parlare delle grandi suddivisioni della specie umana in bianchi, neri, gialli, gruppi caratterizzati da alcuni aspetti somatici che piú colpiscono i sensi senza, peraltro, avere un assoluto valore scientifico per la definizione delle razze umane. Data questa premessa se è improprio parlare, poi, per i gruppi sistematici minori di razze vere e proprie, queste non sarebbero che varietà delle grandi razze.

Pertanto, ai fini di una politica della razza, ci si deve riferire a gruppi maggiori o minori?

Inoltre da questa definizione viene esclusa implicitamente l'esistenza dei complessi razziali (ariana italiana, etc.) di cui si parla al n. 6.

3.
Il concetto di razza è concetto puramente biologico.

Esso è quindi basato su altre considerazioni che non i concetti di popolo e di nazione, fondati essenzialmente su considerazioni storiche, linguistiche, religiose. Però alla base delle differenze di popolo e di nazione stanno le differenze di razza.

Se gli italiani sono differenti dai francesi, dai tedeschi, dai turchi, dai greci, etc., non è solo perché essi hanno una lingua diversa e una storia diversa, ma perché la costituzione razziale di questi popoli è diversa. Sono state proporzioni diverse di razze differenti che da tempo molto antico costituiscono i diversi popoli, sia che una razza abbia dominio assoluto sulle altre, sia che tutte risultino fuse armonicamente, sia, infine, che persistono ancora inassimilate una alle altre le diverse razze.

È giustissimo affermare che il concetto di razza non può uscire dal dominio della biologia. Tanto i caratteri morfologici, quanto quelli fisiologici e quelli psicologici, si trasmettono con il meccanismo della ereditarietà da uomo a uomo. Sta di fatto che tali caratteri possono venir modificati nel tempo da fattori endogeni ed esogeni ed allora il patrimonio ereditario presenta nuovi caratteri che arricchiscono o fanno decadere gli individui.

Il concetto di razza, biologicamente, si può ammettere quando dall'esame di grandi gruppi umani si desumono caratteri i quali sono comuni a tutti gli individui considerati nel gruppo ed ereditariamente trasmissibili.

Gli AA. dicono che mentre i concetti di popolo e di nazione sono fondati essenzialmente su considerazioni storiche, linguistiche, religiose etc., nello stesso tempo le differenze fra popolo e popolo, fra nazione e nazione sono basate su differenze razziali, il che appare come una contraddizione in termini.

Consci di ciò gli AA. ripiegano sulla proporzione delle differenti razze che hanno concorso a costituire i diversi popoli, ma ciò importa sempre che i concetti di popolo e di nazione sarebbero essenzialmente concetti razziali.

4.
La popolazione dell'Italia attuale è di origine ariana e la sua civiltà è ariana.

Questa popolazione a civiltà ariana abita da diversi millenni la nostra penisola, ben poco è rimasto della civiltà delle genti pre-ariane. La origine degli italiani attuali parte essenzialmente da elementi di quelle stesse razze che costituiscono e costituirono il tessuto perennemente vivo della Europa.

La nozione di razza ariana è un prodotto della indagine linguistica moderna su gli idiomi documentati in un territorio vastissimo, che va dal bacino del Tarim, dall'India, dalla Persia a tutta l'Europa.

Evidentemente se un linguaggio presuppone sempre un nucleo umano che lo ha prodotto, tuttavia, non ci fornisce alcun criterio per la definizione biologica del tipo umano corrispondente.

Pertanto, quando si parla di razza ariana si può tutt'al più credere che s'intenda riferirsi a gruppi umani bianchi, ma non a tutti gli uomini di razza bianca, perché questa ne comprende alcuni (baschi, caucasici, finni) che non si possono riportare in alcun modo ad una origine ariana.

Affermare poi, che nella nostra penisola ben poco sia rimasto della civiltà delle genti preariane, costituisce una negazione ingiustificata ed indimostrabile delle scoperte antropologiche, etnologiche, archeologiche, che si sono fatte e si vengono facendo nel nostro paese.

La civiltà della popolazione dell'Italia sarebbe ariana, mentre è provato che numerosi influssi esotici di razze differenti operarono sullo sviluppo della civiltà della popolazione autoctona della nostra penisola come operarono sulla civiltà ellenica.

Non si comprenderebbe perché la civiltà ariana, se fosse stata perfettamente autonoma, avrebbe avuto uno sviluppo tanto precoce nelle penisole greca ed italiana, mentre si sarebbe attardata in forme addirittura primitive nei paesi scandinavi, anglosassoni, germanici, slavi e celtici.

D'altra parte le manifeste differenze tra la civiltà ellenica e quella italiana e romana stanno a dimostrare l'influenza preponderante orientatrice dei gruppi umani autoctoni nello svolgimento storico delle due civiltà.

5.
È una leggenda l'apporto di masse ingenti di uomini in tempi storici.

Dopo l'invasione dei Longobardi non ci sono stati in Italia altri notevoli movimenti di popoli capaci di influenzare la fisionomia razziale della nazione. Da ciò deriva che, mentre per le altre nazioni europee la composizione razziale è variata notevolmente in tempi anche moderni, per l'Italia, nelle sue grandi linee, la composizione razziale di oggi è la stessa di quella che era mille anni fa; i quarantaquattro milioni d'italiani di oggi rimontano quindi nell'assoluta maggioranza a famiglie che abitano l'Italia da un millennio.

L'enunciazione del titolo è esatta, ma nello svolgimento di essa, quando si parla di tempi storici è necessario risalire molto più lontano delle invasioni barbariche in generale e di quella dei Longobardi in particolare.

La critica moderna ha dimostrato che le invasioni avvenute dopo la caduta dell'Impero romano furono compiute da nuclei umani numericamente modesti. È sufficiente ricordare che poche migliaia di mercenarii bizantini guidati dall'eunuco Narsete furono sufficienti per espellere dall'Italia tutti i Goti e che i Longobardi stessi al di fuori di Pavia costituirono soltanto poco numerosi gruppi di guerrieri feudatari, i quali senza lasciar traccie del loro influsso, scomparvero rapidamente assorbiti dalla popolazione italiana.

È da notare, inoltre, che mentre qui gli AA. affermano la popolazione dell'Italia moderna essere costituita dai discendenti delle famiglie che abitavano la nostra penisola mille anni or sono, nel numero 4 essi affermano che la popolazione a civiltà ariana abita da diversi millenni il nostro paese.

Si può anche rilevare, benché gli AA. non lo dicano esplicitamente, che l'enunciazione cosí com'è, accorda implicitamente alle invasioni barbariche una influenza formatrice della razza italiana in verità sproporzionata al numero degli invasori ed alla loro capacità di predominio biologico.

È dimostrata, invece, la dominanza biologica degli Italiani su tutti i nuclei allogeni.

6.
Esiste ormai una pura «razza italiana».

Questo enunciato non è basato sulla confusione del concetto biologico di razza con il concetto storico-linguistico di popolo e di nazione, ma sulla purissima parentela di sangue che unisce gli italiani di oggi alle generazioni che da millenni popolano l'Italia. Questa antica purezza di sangue è il più grande titolo di nobiltà della Nazione italiana.

Esiste una «razza» Italiana: non una «pura» razza italiana.

Del resto non sono più sulla terra razze umane pure ed in questa constatazione concordano tutti gli studiosi.

Sta di fatto che la razza italiana quale oggi ci appare discende, però, per parentela strettissima, se non purissima, di sangue, dalle generazioni che da millenni e millenni popolarono la penisola.

Anche qui, gli AA. rivendicano giustamente come già nel numero 4 la vetustà plurimillenaria della nostra razza in contraddizione, tuttavia, con l'unico millennio accordatole di antichità nel n. 5.

7.
È tempo che gli italiani si proclamino francamente razzisti.

Tutta l'opera che finora ha fatto il Regime in Italia è in fondo del razzismo. Frequentissimo è stato sempre nei discorsi del CAPO il richiamo ai concetti di razza.

La questione del razzismo in Italia deve essere trattata da un punto di vista puramente biologico, senza intenzioni filosofiche o religiose.

La concezione del razzismo in Italia deve essere essenzialmente italiana e l'indirizzo ariano-nordico. Questo non vuol dire però introdurre in Italia le teorie del razzismo tedesco come sono o affermare che gli italiani e gli Scandinavi sono la stessa cosa. Ma vuol soltanto additare agli italiani un modello fisico e soprattutto psicologico di razza umana che per i suoi caratteri puramente europei si stacca completamente da tutte le razze extra-europee, questo vuol dire elevare l'Italiano ad un ideale di superiore coscienza di se stesso e di maggiore responsabilità.

Mentre nulla vi è da eccepire ai periodi primo e secondo di questa enunciazione, l'ultimo capoverso, invece, di essa è manifestamente incoerente.

Affermano gli AA. la concezione del razzismo in Italia deve essere essenzialmente italiana, ma... «l'indirizzo ariano-nordico». In sostanza, ciò significa che la concezione italiana deve basarsi sul nordismo, il quale come ognuno sa, nega recisamente qualunque virtú ai mediterranei considerati popoli di schiavi.

Ciò significa altresí, ripudiare tutta la civiltà italiana, la quale, secondo i nordisti avrebbe prodotto imbarbarimento e deviamento culturale nella civiltà dei puri nordici. I quali, viceversa, a malgrado della loro conclamata superiorità, sarebbero in sostanza nel fatto rimasti succubi della civiltà mediterranea in generale e di quella italiana in particolare. Strana contraddizione in termini che i nordisti non si sono dati cura di eliminare dai loro scritti.

Tuttavia, secondo gli AA., l'indirizzo ariano-nordico non deve significare adozione dei postulati del «razzismo tedesco o affermare che gli Scandinavi e gli Italiani sono la stessa cosa».

In che cosa l'indirizzo ariano-nordico si differenzi sostanzialmente dal razzismo tedesco non è dato vedere, ma gli AA. ci spiegano che si «vuole soltanto additare agli Italiani un modello fisico e soprattutto psicologico di razza umana che per i suoi caratteri puramente europei si stacca completamente da tutte le razze extra-europee», il che non si vede come gli AA. senza contraddirsi vogliano per «elevare l'Italiano ad un ideale di superiore coscienza di se stesso».

In tanto un modello fisico si può additare ad un artista ed un modello psicologico ad un educatore, ma non serve a nulla additarlo ad un uomo e ad una donna ai fini della procreazione. Si potrebbe pensare che gli AA. abbiano inteso additare agli Italiani la opportunità di accoppiamenti sessuali tra tipi umani con le caratteristiche morfologiche e psicologiche dei nordici, ma non si comprende come questa implicita svalutazione del tipo fisico e psicologico degli Italiani possa elevare questi ad una ideale e superiore coscienza di se stessi e ad una maggiore responsabilità.

Inutile insistere sull'aspetto patriottico di questi orientamenti, e quanto poco essi si concilino con l'affermata purezza della razza italiana.

8.
È necessario fare una netta distinzione tra i mediterranei d'Europa (occidentali) da una parte, gli orientali e gli africani dall'altra.

Sono perciò da considerarsi pericolose le teorie che sostengono l'origine africana di alcuni popoli europei e comprendono in una comune razza mediterranea anche le popolazioni semitiche e camitiche stabilendo relazioni e simpatie ideologiche assolutamente inammissibili.

Si può dissertare in sede scientifica obiettivamente sull'origine africana o meno di popolazioni europee, senza che questo rappresenti un pericolo; pericoloso, invece, è di dimenticare che vi fu una unità mediterranea, che si realizzò politicamente sotto l'egida di Roma. In ogni modo gli AA. confondono nello stesso periodo le origini razziali e le relazioni e le simpatie ideologiche.

Noi potremmo, ad esempio, avere convenienza a relazioni e simpatie ideologiche politiche con gli arabi nella loro lotta per l'indipendenza dagli anglo-sassoni, senza, peraltro, dovere invocare una comune origine razziale.

L'Africa mediterranea è diversa dal resto dell'Africa. Dal punto di vista razziale è opportuno uscire dall'equivoco creato dalla denominazione geografica: Africa.

Questo Continente ha avuto ed ha diversa storia razziale secondo che la si consideri nella sua parte a nord del Sahara, in quella equatoriale ed in quella australe.

Particolarmente l'Africa mediterranea ha avuto relazioni continue e documentate con tutti i popoli mediterranei, pochissime, invece, con i neri veri e propri dell'Africa equatoriale.

Ciò, del resto, è facilmente comprensibile quando si ricordi la funzione segregatrice del deserto sahariano.

9.
Gli ebrei non appartengono alla razza italiana.

Dei semiti che nel corso dei secoli sono approdati sul sacro suolo della nostra Patria nulla in genere è rimasto. Anche la occupazione araba in Sicilia nulla ha lasciato all'infuori del ricordo di qualche nome; e del resto il processo di assimilazione fu sempre rapidissimo in Italia.

Gli ebrei rappresentano l'unica popolazione che non si è mai assimilata in Italia perché essa è costituita da elementi razziali non europei diversi in modo assoluto dagli elementi che hanno dato origine agli italiani.

L'affermazione è lapalissiana: nessun ha affermato comunanza di razza tra ebrei ed Italiani.

D'altra parte gli AA. affermano due cose contraddittorie e cioè: mentre da una parte i semiti-ebrei sono rimasti inassimilati in Italia perché costituiti da elementi razziali non europei (diversi in modo assoluto dagli elementi che hanno dato origine agli Italiani) postulando quasi una reciproca repugnanza sessuale, da altra parte affermano che dei semiti-arabi nulla è rimasto, poiché «il processo di assimilazione fu sempre rapidissimo in Italia».

Per modo che la razza semitica si suddividerebbe in due gruppi: uno assimilabile e l'altro non assimilabile dalla razza italiana.

Come scientificamente tale affermazione possa giustificarsi, gli AA. non ci dicono.

10.

I caratteri fisici e psicologici puramente europei degli italiani non devono essere alterati in nessun modo.

L'unione è ammissibile solo nell'ambito delle razze europee, nel qual caso non si deve parlare di vero e proprio ibridismo, dato che queste razze appartengono ad un corpo comune e differiscono solo per alcuni caratteri, mentre sono uguali per moltissimi altri. Il carattere puramente europeo degli Italiani viene alterato dall'incrocio con qualsiasi razza extra-europea e portatrice di una civiltà diversa dalla millenaria civiltà degli ariani.

Mentre nel n. 6 viene proclamata la purezza della razza italiana, qui gli AA. ammettono l'incrocio di essa con le altre razze europee, poiché secondo essi, ma non secondo i razzisti tedeschi, tale incrocio non darebbe luogo ad un vero e proprio ibridismo, per il fatto che queste razze appartengono ad un «corpo comune» vocabolo nuovo sul cui significato non sarebbe inutile qualche illustrazione.

Non si può, basandosi su dati scientifici, stabilire che tutte le razze europee appartengono ad un ceppo o «corpo comune» in quanto sono in Europa gruppi razziali di origine uro-altaica, mongola, ariana, caucasica, iberica, etc.

Pertanto, l'Europeismo degli AA. legittima l'incrocio tra ariani e non ariani, il che dovrebbe, secondo le piú logiche e fondate previsioni, dar luogo alla formazione di veri e propri ibridi. Se, invece, si vuole l'incrocio soltanto tra gruppi sedicenti ariani si legittima l'incrocio con razze extra-europee, le quali, tuttavia, in contraddizione con quanto affermano gli AA. sarebbero apportatrici di una civiltà niente affatto «diversa» dalla millenaria civiltà degli ariani.

c) Nuovo testo di «manifesto della razza» approvato dal Consiglio superiore per la demografia e la razza il 25 aprile 1942.

Le razze umane sono da ritenere varietà della specie distinte per peculiari caratteri fisico-psichici, dei quali le culture e le civiltà sono manifestazioni concrete. Tali caratteri sono iscritti nel patrimonio ereditario e pertanto trasmissibili lungo la catena delle generazioni.

Influenze ambientali e contatti con altri gruppi hanno contribuito durante i millenni a determinare i caratteri dei gruppi umani civili attuali.

Le differenze che caratterizzano una realtà etnica derivano pertanto, non solo dal tramandarsi degli elementi genetici fondamentali, ma anche da forze creative tipiche, che si realizzano e si manifestano nel corso delle generazioni, in rapporto sia con l'ambiente, sia con le proporzioni numeriche dei gruppi umani venuti a contatto, sia con la graduazione delle azioni da essi reciprocamente spiegate, nel quale processo l'affinità elettiva ha importanza determinante.

Nella penisola Italica, circoscritta verso terra dalla barriera alpina, opponentesi alle grandi invasioni di masse, contornata per il resto dal mare, anche esso contrario alle grandi invasioni, ma favorevole invece ai traffici ed agli scambi culturali, la presenza dell'uomo risale indubbiamente agli albori stessi dell'umanità.

L'uomo infatti, ha abitato l'Italia fino dai primordi nei quali esso appare in Europa. La sua esistenza nelle piú remote età del quaternario è dimostrata da particolari industrie paleolitiche, ed anche se i suoi caratteri fisici non sono conosciuti, esso costituisce il «proto-antropo d'Italia».

Nel quaternario medio l'esistenza dell'uomo è documentata dai gruppi a cui appartengono gli uomini di Saccopastore e del Circeo. La scoperta dei resti fossili di questi uomini si può considerare come il primo capitolo documentato nella storia umana sulla terra d'Italia.

I gruppi umani viventi trovano i loro antenati negli antichissimi uomini del quaternario superiore, che a buon diritto possono essere chiamati protomediterranei Italici, i quali numerosi appaiono nelle grotte liguri, in Toscana, in Abruzzo, in Sicilia, e in tutta la penisola hanno lasciato evidenti resti delle loro industrie.

Pertanto la piú antica cultura dell'Italia è contemporanea a quella di altri paesi europei e si può ritenere con fondamento che essa abbia avuto qui sviluppo locale e parzialmente autonomo verso le forme superiori della civiltà neolitica.

Si può quindi postulare l'esistenza in Italia, sino dal paleolitico superiore, di una razza dotata di grandi qualità creative ed assimilatrici, destinata a far prevalere il proprio tipo fisico ed il proprio genio etnico e culturale. Da questi nuclei indigeni deriva una razza preistorica, creatrice della civiltà neolitica, formata in prevalenza da tipi umani ancora oggi largamente distribuiti nella penisola.

Molto piú tardi in Europa e quindi anche in Italia si determina un nuovo assetto etnico, con il sopraggiungere dei gruppi umani, che erano in possesso dei linguaggi, denominati ari od ario-europei. Questi gruppi della famiglia linguistica aria debbono avere trovato precocemente una forma di convivenza con i protomediterranei d'Italia, come avvenne ovunque in Europa e in parte nel continente asiatico, e com'è dimostrato dall'analisi delle lingue ario-europee, le quali, mentre attestano fonetismo e morfologia essenzialmente ari, conservano nel lessico ampie tracce di influenza del sostrato.

L'apporto culturale di questi gruppi ari ha influito sullo sviluppo della civiltà originaria italica in quanto vi ha trovato favorevoli condizioni, in virtú dello stesso grado da essa già raggiunto. Se altrimenti fosse *non si spiegherebbe perché questi gruppi penetrati nel resto dell'Europa siano rimasti invece per molti secoli incapaci di creare una civiltà anche lontanamente comparabile con quella della nostra penisola.* Dalla fusione dei due elementi etnici e dal loro genio culturale ha avuto origine, in uno con le innegabili influenze mediterranee, quel tipo di civiltà che si ritrova in Italia all'inizio della storia.

La nostra preistoria appare inconfondibilmente come un lungo e grandioso processo unitario, che può considerarsi autoctono nelle sue linee essenziali, attributo incomparabile della nobiltà delle nostre origini.

Nel quadro etnico e culturale della penisola, che si profila già alla soglia della storia, appaiono numerosi popoli la cui fisionomia mostra, ora maggior aderenza ai tratti della tradizione endogena, ora un sincretismo in cui prevale il fattore ario.

Sul panorama sostanzialmente unitario di civiltà e di popolo, che l'epoca dei metalli ci mostra in tutta l'Italia, con quei nuclei piú o meno attardati e quegli aspetti locali che sono nella realtà di ogni fenomeno unitario, si delineano le prime culture storiche, distinte concretamente dall'esistenza di una tradizione di memorie affidate alla scrittura: le civiltà degli Etruschi e delle colonie elleniche dell'Italia meridionale e della Sicilia.

Con gli Etruschi si matura in Italia una individualità etnica che è sua e di nessun altro popolo, che muove da caratteri comuni alle genti della penisola, e qui dove è nata, vive e si diffonde.

La colonizzazione ellenica, lungi dal segnare un distacco nella compagine etnica delle genti italiane, ha operato come elemento di una sempre piú intima elaborazione di questa unità, perché ha creato in una vasta zona d'Italia una fucina di trasformazione della piú illustre civiltà storica del Mediterraneo, la greca, offrendola già permeata di elementi italiani alla diffusione che di essa doveva operare l'unità politica di Roma.

La presenza di Celti in Italia, che non supera di molto il secolo e mezzo, si risolve in definitiva in una piú intima affermazione degli elementi base della popolazione preesistente.

Già di tale intima compenetrazione tra l'etnos e la civiltà delle popolazioni preesistenti e l'elemento ario sopravvenuto, Roma era stata espressione al tempo stesso tipica e grandiosa. È molto difficile indubbiamente potere sceverare nella compatta figura del popolo romano e della sua civiltà i tratti che derivano dal fondo da cui essa emerge e quelli che costituiscono l'apporto dell'elemento ario, tanto profondo è stato il sincretismo operatosi nel corso di molti secoli fra le genti proto-italiche, che nella penisola avevano attraverso i millenni elaborato una civiltà progredita, e di altre genti portatrici di impulsi vari.

Il popolo d'Italia ci appare quindi, al suo ingresso nella storia, come un popolo unitario; il che prova che alcuni *caratteri genetici eletti, sia fisici sia psichici, hanno prevalso del sincretismo degli elementi diversi,* ma tuttavia legati da affinità elettiva, generando un tipo umano superiore. Ai principî genetici che esso esprime *fisicamente*: per nobiltà di volto, solidità ed armonia di architettura corporea, per sempre rispondente potere di adattamento alle varie condizioni ambientali, *spiritualmente*: per qualità produttive dello intelletto per visione chiara e immediata della realtà, per spiccato senso etico e perspicuo intuito politico e giuridico, creatori ed informatori civili ordinamenti, la razza italiana deve la sua fondamentale originalità, mai smarritasi attraverso le sue svariate, millenarie vicende.

Si è determinato fra razza ed ambiente generale, naturale, un sinergismo che fa dell'italiano, in tutti i tempi, un elemento nettamente differenziato, nel quadro della vita e della civiltà europea. Ciò dà ragione del succedersi nella penisola di quattro civiltà diverse, tutte a carattere universale e contraddistinte da armonica grande altezza di pensiero, tutte capaci di esprimere dal loro seno personalità umane di risonanza mondiale, creatrici d'epoche storiche, di cui quella Fascista, dovuta al genio di Mussolini, è uno degli esempi piú grandiosi.

Quando nel 28 a. C. Ottaviano organizza amministrativamente le provincie d'Italia, l'ordinamento non risponde soltanto ad una individualità geografica, nettamente percepita dallo spirito realistico di Roma, ma rispecchia ancora un'unità etnica sulla remotissima base della originaria unità delle popolazioni primitive, sempre piú perfezionata.

Le invasioni, che sul cadere dell'Impero romano, per tutto il medio evo, si susseguono con varia intensità, passano senza nulla potere su questo blocco adamantino ed omogeneo degli italiani, che Roma ha collaudato. Il che costituisce ormai uno dei risultati piú sicuri dell'indagine critica moderna. Cessata la loro effimera funzione politica, i loro elementi demografici si dissolvono, oppure vengono eliminati, come è avvenuto degli Arabi in Sicilia; essi restano come accampati, nettamente distinti dalle popolazioni locali e rientrano in Africa, lasciando poveri avanzi, che ben presto si esauriscono.

Gli ebrei, gruppo etnico estraneo tendenzialmente disgregatore, hanno costituito sempre un'esigua minoranza, che non solo non ha intaccata in alcun modo, ma nemmeno sfiorata l'unità biologica e spirituale della razza italiana.

La compagine etnica d'Italia, risultato di questo lungo millenario processo, è nettamente definita nel momento in cui Augusto compie il suo ordinamento; e questo esprime ancor oggi, a circa due millenni di distanza, la sostanziale struttura dell'Italia moderna.

6.
La «questione tedesca» al Gran Consiglio
nel *Diario* di G. Bottai (21 marzo 1939)

Questione tedesca, al Gran Consiglio. Mussolini fa dare lettura, prima da Alfieri e poi da Buffarini, del bollettino riservato della Cultura Popolare sulla stampa estera. Egli segue la lettura, sottolineandone i passaggi con una mimica espressiva: ironia, ira, noia, disgusto, disprezzo, passano sulla sua maschera. Si crea, cosí, uno stato d'animo già definito, che regolerà la discussione. Se discussione ci sarà.

Poi, letto l'ordine del giorno, attacca. Riprende *ab ovo*, dal trattato di Versaglia. «Clemenceau si accorse, che v'erano milioni di tedeschi in piú. Cosa escogitò, allora? Accerchiare la Germania. Formò, intorno a piccoli nuclei etnici omogenei, dei gruppi etnici complessi, eterogenei: la Cecoslovacchia, appunto, la Polonia, con il nucleo centrale piú compatto, la Jugoslavia, diretta anche, non dimentichiamolo, contro l'Italia, ecc.». Questo artificio non poteva durare. «Nel 1921, io previdi la Germania di 80 milioni». Considerazioni demografiche: «La Germania deve la sua forza al suo incessante sviluppo demografico, alla fecondità dell'utero delle sue donne. Il numero è forza, l'ò detto molte volte. Che fanno gl'italiani? La ripresa dell'anno scorso già cede. Si à un regresso delle nascite».

«Nel 1933 – dice – feci un tentativo di convogliare la rinascita tedesca. Col patto a quattro. Come fu accolto questo patto dalla stampa francese? Con questa definizione: il club dei salumai, *le club des charcutiers*». È la Francia, che à demolito questo mezzo di convogliamento della Germania.

«Nel 1935 – prosegue – s'ebbe Stresa, dove si cercò di controllare il dinamismo germanico. A Stresa era già chiaro, che noi ci preparavamo all'impresa Abissina. Quando mi mostrarono il comunicato, in cui si parlava di "pace mondiale", io dissi a Flandin: "mettiamo: pace europea, non prendiamo impegni troppo vasti". E Flandin, il lungo e apatico Flandin, mi rispose: "Ò capito. Voi non volete impegnarvi per via dell'Africa". Cosa successe, poi? Le sanzioni. C'è qualcuno disposto a dimenticare le sanzioni? Questo qualcuno non sono io».

«E soprattutto – la sua voce si fa qui alta e concitata – non si parli piú nella politica di relazioni tra i popoli di "morale". Voglio farvi una dichiarazione cinica: nei rapporti internazionali non c'è che una morale: il successo. Noi eravamo immorali, quando abbiamo assalito il Negus. Abbiamo vinto e siamo diventati morali, moralissimi».

6. La «questione tedesca» al Gran Consiglio

«La Germania non era rimasta contenta di Monaco. Himmler, ricordo, mi disse, mostrandomi la sua sciabola: "se tutto deve concludersi per via diplomatica, io domando che cosa ce ne facciamo di questa..." Eppoi, la Cecoslovacchia non poteva reggere. Si invoca il rispetto delle firme sui trattati. Le firme rappresentano il cristallizzarsi di determinati aspetti d'una situazione. Se questa cambia, le firme cadono di per sé».

Cosa ci si chiede oggi? Di mollare i nostri amici? Di fare un giro di valzer? Arrossisco, pensando che si possa ancora pensare l'Italia capace di un giro di valzer».

«Il problema per noi è un altro. È il rapporto delle forze all'interno dell'"asse". Il rapporto demografico si è spostato a favore dei tedeschi, i quali però riconosceranno un giorno l'errore di avere incluso nella loro massa compatta tre milioni di cèchi. Militarmente, i rapporti sono questi: la Germania à un numero doppio di divisioni; la nostra marina è due volte quella tedesca; la nostra aviazione sta a quella tedesca come 1 a 5; l'industria da 1 a 12. Dunque, l'annessione della Cecoslovacchia à alterato i rapporti interni dell'asse a pro' della Germania. Ma noi abbiamo un vantaggio politico: noi siamo gli arbitri della situazione in Europa. Se noi non vorremo, la Germania non sarà accerchiata. Questo è il nostro pegno. In questa situazione, la Francia non farà la guerra. Noi dobbiamo seguire la politica dell'asse da popolo serio. Niente giri di valzer».

«Naturalmente, quando sono corse voci circa intenzioni tedesche sulla Croazia, ò chiamato Mackensen e gli ò detto: "Fate sapere al vostro Governo, che la Croazia è in uno spazio riservato alla nostra politica; che l'Adriatico è mare italiano e solo italiano". Mackensen à impallidito. Devo dire che il Führer à risposto in modo del tutto soddisfacente. Se la questione croata si porrà, saremo noi a risolverla».

«Il problema albanese non è urgente. Maturerà quando noi vogliamo. Diremo a chi di dovere, che bisogna regolare diversamente i nostri rapporti; e tutto sarà fatto».

«I cèchi si sono dimostrati un popolo vile. Sono gli ebrei degli slavi. È un popolo corroso da questi tre mali: la massoneria, la democrazia, il bolscevismo».

«Abbiamo due occasioni per chiarire la nostra posizione: il discorso della Corona (è la quarta volta che lo faccio; ò pratica di simili composizioni); il mio discorso agli squadristi, il 26. Dirò quali sono le nostre richieste alla Francia. La Francia si regolerà come crede».

«Fronte unico delle democrazie? Non se ne farà di nulla. Gli Stati Uniti daranno cannoni a contanti».

«Insomma, dobbiamo accrescere la nostra statura, nei confronti del nostro compagno dell'asse. Quando? dove? lo vedremo».

7.
Le ripercussioni dello scoppio della guerra civile spagnola sulla popolazione italiana viste dai prefetti e dall'OVRA

a) Torino.

30 agosto 1936

Gli avvenimenti spagnuoli, che la popolazione di tutte le categorie segue con vivissimo interesse, mentre hanno suscitato nella maggioranza un sentimento di solidarietà per i nazionali insorti e di raccapriccio per i massacri dei rossi, che si sono abbandonati alle piú folli forme di crudeltà, hanno reso piú profondo il senso di gratitudine verso S. E. il Capo del Governo che ha saputo dare al nostro Paese ordinamenti ispirati a principî di autorità, di collaborazione e di giustizia.

E cosí ferma è divenuta la volontà di opporsi al dilagare dell'esperimento bolscevico (considerato da alcuni, nonostante gli eventi di Francia e di Spagna, come fenomeno anarcoide destinato a successi di breve durata nei paesi latini) che numerosissimi sono coloro i quali sarebbero favorevoli ad un intervento da parte dell'Italia a favore degli insorti ed una partecipazione al conflitto, anche a mezzo di volontari. Ciò anche per rispondere all'atteggiamento provocatorio dei fuorusciti.

Tale stato d'animo e tale modo di considerare gli avvenimenti spagnoli è anche condiviso da grande parte della classe operaia.

In materia però sembrerebbe criterio di polizia poco prudente, e quindi da non consigliare, quello di abbandonarsi ad un eccessivo ottimismo.

Invero non mancano coloro, – per quanto il numero non ne appaia rilevante, – che seguono gli avvenimenti spagnoli con malcelata simpatia e con irrequieta curiosità, quasi per trarre da una eventuale vittoria dei comunisti un lontano auspicio per quello che può essere il loro sogno di irriducibili sovvertitori.

L'atteggiamento di questi ultimi viene controllato e seguito con ogni cura in modo da poter intervenire senza indugi e con la massima energia al momento opportuno.

Per quanto riguarda questi ultimi mi richiamo alla relazione n. 022328 del 7 luglio scorso, relativa all'atteggiamento dei sovversivi in correlazione alle situazioni estere.

b) Genova.

1° settembre 1936

Gli avvenimenti della Spagna hanno destato nella popolazione in genere di questa Provincia, piú che altrove, un senso di raccapriccio per le inaudite barbarie apprese non soltanto dalla stampa, ma dalla viva voce dei profughi, giunti in poco piú di un mese, in numero di oltre undicimila.

La gran maggioranza della popolazione genovese ha stigmatizzato la selvaggia degenerazione politica verificatasi nella Spagna, e dal raffronto con l'ordine, la disciplina e la giustizia sociale che regnano in Italia, ha tratto motivo per dimostrare ancor maggiormente adesione al Regime, partecipando compatta alle manifestazioni patriottiche avutesi recentemente in occasione del rimpatrio dall'AO dei vari scaglioni delle Camice Nere della XXVIII Ottobre.

Si nota tuttavia qualche preoccupazione che gli avvenimenti della Spagna e la «politica ambigua» di talune nazioni possano provocare una conflagrazione. Il popolo genovese, compatto e disciplinato, dimostra anche in tale circostanza la sua fede nella chiaroveggenza e nella saggezza di S. E. il Capo del Governo, in cui ha il 30 decorso ascoltato l'alta parola in una atmosfera vibrante di entusiasmo e di orgoglio nazionale.

Nella popolazione in genere gli avvenimenti di Spagna non sembra abbiano avuto sensibili ripercussioni, all'infuori di quelle riferite e che si sono rilevate attraverso inequivocabili manifestazioni di fede.

Per quanto riguarda l'elemento operaio non è da escludere che i moti spagnoli abbiano suscitato in una esigua minoranza, soprattutto fra gli anziani, una reminiscenza di tempi, ideologie e sistemi oramai superati, non tendente, però, a mire preordinate di sovvertimento.

Qualche sintomo di malcontento deriva sopratutto dallo stato di disagio che perdura in una parte degli operai di questa provincia per i salari, non ancora tutti proporzionati al costo della vita, e per non infrequenti sospensioni di lavoro per mancanza di ordinazioni. Si tratta però di malcontento che non ha finora e non avrà certamente alcuna manifestazione collettiva.

Un sintomo sporadico di accenno ai fatti spagnoli si è avuto col rinvenimento di alcuni foglietti antifascisti dattilografati, a firma di una ipotetica «associazione segreta mazziniana», invitante gli italiani alla rivolta contro il Fascismo.

Detti foglietti, come è stato già riferito, furono rinvenuti all'interno di qualche portone e dentro alcune cassette di impostazione. Sono tuttora in corso accurati accertamenti per l'identificazione dello autore; ma si ritiene poter escludere, a quanto risulta anche in via fiduciaria, che esso si identifichi in persona appartenente ad un qualsiasi nucleo o cellula antifascista organizzata e non è improbabile che i foglietti dattiloscritti siano stati introdotti attraverso l'equipaggio di navi battenti bandiera estera.

L'elemento operai viene attentamente osservato e vigilato con largo impiego di elementi fiduciari e con tutti i possibili mezzi di polizia. Esso si mantiene disciplinato ed appare saldamente inquadrato nelle organizzazioni sindacali,

c) *Milano*.
                                                                27 agosto 1936

La ripercussione che gli avvenimenti di Spagna hanno avuto sulla pubblica opinione è stata segnalata da questo Ufficio con relazioni e numerosi referti fiduciari, trasmessi, di volta in volta, a codesto On. Ministero, Divisione Polizia Politica e Divisione Affari Gen. e Riservati.

Richiamo in proposito la mia piú recente lettera 24 cor. N. 10936 e la fiduciaria del venditore ambulante N. 5, in data 26 corrente.

Tuttavia, in adempimento alla richiesta di cui al telegramma in oggetto, ho il pregio di comunicare che la ripercussione degli eventi spagnuoli si è manifestata sotto un duplice profilo, ed a tale stregua va quindi considerata.

Tra la popolazione fedele al Regime Fascista e tra l'elemento d'ordine in genere, i moti di Spagna hanno gettato un senso di orrore per gli eccidi inauditi di cui sono quotidianamente ricche le cronache. Naturalmente, le simpatie di questa parte della pubblica opinione, di gran lunga piú numerosa, vanno alle forze nazionali spagnole, che sono insorte per arginare il movimento delle sinistre ed il minacciante terrore bolscevico.

Pur senza eccessive preoccupazioni, in quanto si ha sensazione cosciente della saldezza del Regime in Italia, sotto la guida illuminata e sicura del Duce, si opina, in questa maggiore corrente della opinione pubblica, che una affermazione bolscevica in Spagna, nel caso di sconfitta delle forze nazionali, potrebbe avere, in tempo piú o meno prossimo conseguenze e ripercussioni di estensione imprevidibile, specialmente se la eco di un siffatto avvento stimolasse la pericolosa tendenza manifestatasi in Francia di marciare a grandi passi verso sinistra.

Si vede, in conclusione, una minaccia, sia pure lontana, del pericolo bolscevico, cosí pertinacemente agitato da Mosca e dalla terza internazionale. E perciò le forze dello ordine che costituiscono la maggioranza schiacciante del paese sono deste, ed inclini a serrarsi attorno al grande Capo per tutti gli eventi, nella lotta che si delinea nel mondo per la difesa ed il rafforzamento del principio altamente civile instaurato dal Fascismo da una parte, ed il sistema retrogrado e di violenza che il bolscevismo tende ad affermare, dall'altra.

Dall'elemento operaio in genere, che non sia ligio al Regime, o che non sia indifferente perché apolitico, ed in particolare da quello di principî sovversivi, gli avvenimenti di Spagna sono guardati con un panorama affatto diverso, che è in netta opposizione a quello innanzi tratteggiato.

Si vede con simpatia e con solidarietà, nelle correnti dell'antifascismo e del sovversivismo, del ceto operaio ed anche non operaio, la possibile vittoria dei governativi in Spagna ed una eventuale affermazione bolscevica.

Si premette che tali correnti costituiscono una esigua minoranza nel quadro generale delle forze politiche, e perciò non possono rappresentare un pericolo in atto, opportunamente vigilate e contenute.

Tuttavia in siffatte correnti gli avvenimenti di Spagna hanno ridestato propositi e speranze, finora sopite, di una riscossa del proletariato in senso classista, soprattutto perché è diffusa l'opinione che il trionfo bolscevico nella Spagna determinerebbe sicuramente eguale soluzione nella limitrofa repubblica Francese, la cui atmosfera politica si ritiene già favorevole e preparata ad un avvento di tal genere.

Come è stato comunicato all'On. Ministero, con precedente rapporto, le segnalazioni dei fiduciari di questo ufficio sono concordi nel riferire che negli ambienti socialisti e comunisti locali si cercherebbe di reclutare elementi disposti ad arruolarsi per combatter in Spagna, ed eventualmente in Francia, ma la segnalazione, per quanto concorde, è rimasta finora generica e non sono stati comunicati nominativi di eventuali arruolandi.

È stato anche riferito circa elementi che si sarebbero presentati al locale Consolato Spagnuolo per essere arruolati al fine anzidetto. Ma il Console, a scanso di compromissioni, e nel dubbio di un possibile trionfo delle forze degli insorti nazionali, si sarebbe disinteressato della profferta, allontanandosi per recarsi in congedo.

È stato infine segnalato, pure in via fiduciaria, dello arrivo a Milano di un funzionario del partito comunista, latore di numerosi passaporti falsi da consegnarsi a sovversivi espatriandi per la causa spagnuola, ma la notizia degli arresti preventivi, operati su larga scala da questo ufficio, su disposizioni ministeriali, avrebbe preoccupato il funzionario che sarebbesi affrettato a lasciare Milano.

Finora, dunque, a quanto risulta, nessuna particolare azione o attuazione di programmi reconditi, in dipendenza degli avvenimenti spagnuoli, ma soltanto il delinearsi della pubblica opinione, con previsioni, propositi o speranze in un senso o nell'altro come sopra detto.

Assicuro V. E. che questo ufficio segue con la massima attenzione tale argomento, e di ogni eventuale emergenza utile sarà ragguagliata la E. V.

d) Milano. 31 agosto 1936

Non può dirsi che gli avvenimenti di Spagna abbiano qui avuto ripercussioni.

Essi sono peraltro seguiti con interessamento, progressivo man mano che si sente avvicinarsi la fase conclusiva della guerra ingaggiata fra i partiti di sinistra ed i nazionali.

Nei ceti industriali, finanziari, commerciali e professionali, nella borghesia, cioè, l'accanimento con cui la plebaglia anarchica, che ha ormai preso il sopravvento sullo stesso governo repubblicano, infierisce contro le istituzioni e le persone, distruggendo chiese e trucidando religiosi ed avversari, desta un profondo senso di raccapriccio e di riprovazione.

Nei detti ambienti non si nasconde viva simpatia per le truppe del generale Franco e si fanno voti per la vittoria dei falangisti, poiché si ha la precisa sensazione che la disfatta degli insorti porterebbe in Spagna ad un governo bolscevico, che si estenderebbe facilmente alla vicina Francia.

Uguali sentimenti hanno, nella loro gran massa, gli operai in genere, che considerano la ferocia e le atrocità dei sovversivi iberici un attentato, oltre che alla religione, alla pace ed all'ordine sociale: non possono infatti non raffrontare la disciplinata tranquillità del nostro paese con l'anarchia che regna in Spagna e che si profila in Francia, e non trarre motivo di soddisfazione dalle provvidenze del Regime Fascista, non ultime quelle salariali.

Le varie correnti dell'antifascismo, invece, sono spiritualmente vicine ai governativi e si augurano, col trionfo di essi, un «fronte popolare» antifascista che faccia sentire la sua concreta influenza anche in Italia: si astengono, però, non dico di propagandare, ma di esprimere solo i loro sentimenti o, peggio, di assumere atteggiamenti o compiere comunque manifestazioni che possano avere significato di solidarietà con il «fronte popolare».

e) Bologna.

30 agosto 1936

Con riferimento al telegramma ministeriale n. 441/28419 del 28 corrente, pregiomi riferire all'E. V. quanto è stato possibile accertare, a cura del mio Organismo, in ordine alle ripercussioni degli avvenimenti spagnoli nel Regno:

Premesso che l'opinione pubblica è, in generale, interessata vivamente dagli odierni moti spagnoli, si può affermare, con chiaro spirito di obbiettività, che la corrente più ampia – quella formata dalla parte sana del popolo – guarda con simpatia alle «forze nazionaliste e militari», tese al ristabilimento dell'ordine, e freme di indignazione per le atrocità commesse dai comunisti e anarchici. Indignazione che si ripercuote particolarmente nelle sfere ecclesiastiche e negli ambienti religiosi, della città e della campagna.

Dai ben pensanti e da innumeri cittadini si svolgono, di frequente e con un senso di egoismo nazionale, i confronti dell'Italia disciplinata di oggi con i vari paesi europei straziati dalle convulsioni politiche. E si esprime un senso di larga e sicura fiducia nelle direttive del Regime, segnatamente tra le categorie di intellettuali, nei ceti del commercio e dell'industria.

Fra le masse degli operai si è insinuato, gradatamente, un interesse davvero acuto per l'esito della rivoluzione spagnola. Se ne rilevano i segni, facilmente e un po' da per tutto: lettura appassionata delle cronache dei moti sui giornali; commenti e discussioni vivaci negli intervalli del lavoro, dentro e fuori le fabbriche; soste di gruppi di operai davanti edicole, specie nelle ore del pomeriggio, allorché le edizioni della sera annunziano con vistosi titoli gli avvenimenti del giorno; conversazioni, alla sera, nei caffè e nelle osterie, con tendenza ad ascoltare, oltre che la radio, anche le voci tendenziose di ogni genere. Non sono pochi, fra gli operai, quelli che preconizzano il trionfo dei «rossi» e sognano lontani miraggi anche in Italia.

Le piú alte cariche dello Stato e del PNF dal 1937 al 10 giugno 1940.

1. *Casa reale.*

	Re	Ministro della R. C.	1º Aiutante di campo generale di S. M.
1-I-1937	Vittorio Emanuele III	Mattioli Pasqualini A.[a]	Asinari di Bernezzo G. M.
16-I-1939		Acquarone P.[a]	
23-III-1940			Puntoni P. (reggente)

[a] Con R. D. 16-X-1938 il conte Acquarone fu incaricato della reggenza del ministero durante l'assenza di Mattioli Pasqualini.

	Presidente del Senato	Presidente della Camera
1-I-1937	Federzoni L.	Ciano C. †27-VI-1939
23-III-1939	Suardo G.	
30-XI-1939		Grandi D.

3. *Il PNF.*

	Segretario generale del PNF	Presidenti delle Confederazioni dei lavoratori				
		Industria	Agricoltura	Commercio	Credito e assicurazione	Professionisti e artisti
1-I-1937	Starace A.	Cianetti T.	Angelini F.	Del Giudice R.	Landi G.	Pavolini A.
5-IX-1938						
18-VIII-1939		Capoferri P.				
31-X-1939	Muti E.					
23-XI-1939			Lai V.			Di Marzio
4-XII-1939						
29-XII-1939				Borgatti F.		
4-III-1940						

	Capo di S. M. Aeronautica	Comandante CCRR	Capo della Polizia	Governatore generale Africa Orientale Italiana - Vice Re d'Etiopia	Governatore della Libia	Governatore Dodecanneso	Governatore della Banca d'Italia
D.	Valle G.	Moizo R.	Bocchini A.	Graziani R.	Balbo I.	De Vecchi C. M.	Azzolini V.
				Amedeo di Savoia duca d'Aosta			
	Pricolo F.						

Lavori pubblici	Agricoltura e foreste	Comunicazioni	Corporazioni	Stampa e propaganda, poi Cultura popolare[e]	Scambi e valute[f]	Fabbricazioni di guerra[g]
COBOLLI GIGLI G.	ROSSONI E.	Canelli G.[c] †19-IV-1937 Tassinari G.[d] (31-X-1939)	BENNI A. S.	De Marsanich A., Jannelli M. e Host Venturi G. (31-X-1939)	LANTINI F.	ALFIERI E. D.	Guarneri F. (20-XI-1937)
				Ricci R. (31-X-1939)		GUARNERI F.	
					Cianetti T.		
SERENA A.	TASSINARI G.	Nannini S.[c]	HOST VENTURI G.		RICCI R.	PAVOLINI A.	RICCARDI R.
				Cianetti T. e Amicucci E.			
		De Marsanich A., Jannelli M. e Marinelli G.					
							Favagrossa C.

I nomi in maiuscoletto indicano i ministri; quelli in tondo i sottosegretari. Le date fra parentesi indicano il termine dell'incarico.

[a] Con R. D. L. 11-I-1937, n. 4, furono conferiti al segretario del PNF il titolo e le funzioni di ministro segretario di Stato.
[b] R. D. 18-IV-1937, n. 431.
[c] Per la Bonifica integrale.
[d] Dopo la morte di Canelli, a Tassinari passarono anche le competenze per la Bonifica integrale.
[e] R. D. 27-V-1937, n. 752.
[f] Sottosegretariato elevato a ministero con R. D. 20-XI-1937, n. 1928.
[g] Sottosegretariato alla dipendenza del Capo del Governo, istituito con R. D. 23-V-1940, n. 499.
[h] Per gli Affari albanesi (sottosegretariato istituito con R. D. 18-IV-1939, n. 624).

Anzi, da informazioni raccolte, si va facendo strada fra costoro la convinzione che, dopo la vittoria dei comunisti in Spagna, verrebbe ben presto instaurato il regime bolscevico in Francia.

Guadagnate, cosí, importanti posizioni, la Russia – attraverso il suo «Comintern» – allungherebbe altrove i suoi tentacoli.

Una categoria assai piú ristretta è formata, fra gli operai, dai comunisti, vecchi socialistoidi o simpatizzanti tali, antifascisti in genere: categoria pericolosa in quanto va ravvivando, in sé, una fede sopita e tende a propagarla, sfruttando i facili entusiasmi per l'assurdo paradiso sovietico, fomentando taluni contingenti disagi, raccogliendo pretesti di ogni specie.

Si rilevano vari segni di tali perniciosi conati.

Qualche scritta comunista – talune con frasi esaltatrici della Spagna proletaria – è apparsa in provincia di Livorno (nello stabilimento «ILVA» di Piombino); in provincia di Massa; a Ferrara. Alcuni fermi di operai sono stati operati, in questi giorni, a Lucca, a Reggio Emilia, a Prato per frasi disfattiste in relazione agli avvenimenti in Spagna.

Anche a Bologna, per quanto non siano apparsi segni manifesti, si è raccolta l'impressione che, specie nelle grandi officine (come quella di Casaralta), si annidino degli elementi sospetti, che soffiano sull'animo dei compagni di lavoro.

Anche in alcuni settori dei lavoratori edili si andrebbe delineando una corrente non certo chiara in rapporto ai moti spagnoli, per effetto, forse, di qualche sobillatore che giuoca sul contingente disagio della mano d'opera disoccupata e sulla generale passione per le vicende politiche del giorno.

Quanto all'identificazione e all'arresto dei sovversivi, che tentano di svegliarsi e dei perturbatori in genere dello spirito pubblico, il mio Organismo ha avviato da tempo attive ed estese investigazioni e, appena possibile, effettuerà le necessarie azioni risolutive, particolarmente a Bologna e in provincia di Modena.

Con perfetta osservanza.

f) Bologna.

31 agosto 1936

I tragici avvenimenti spagnuoli sono seguiti con vivo interesse dalla popolazione di questa Provincia e formano oggetti di commenti in ogni classe sociale.

Le gesta raccapriccianti di ferocia dei comunisti spagnuoli e l'offesa continua che essi fanno al sentimento religioso ed umano hanno avuto e continuano ad avere una larga e profonda ripercussione nell'opinione pubblica, ed in particolare nella parte sana della cittadinanza che, amante dell'ordine e della disciplina, è anche gelosa custode della fede religiosa sinceramente professata.

Non è mancata qualche preoccupazione, quando si sono verificati gli incidenti diplomatici col nostro Governo e con quello del Reich. Ha riscosso unanime consenso il fermo atteggiamento assunto dal R° Governo in quella occasione, ed ora la cittadinanza ha la sensazione che, dopo l'applicazione da parte di quasi tutti gli Stati europei dell'embargo sul materiale bellico destinato alla Spagna, il conflitto resti circoscritto a quella Nazione e, pertanto, segue le vicende di quell'atroce lotta civile con una certa tranquillità, non tralasciando occasione per manifestare la sua viva simpatia in favore degli insorti del Generale Franco, giacché è nei suoi voti di vedere debellato, con la vittoria dei Nazionalisti, il comunismo spagnuolo.

Ma la lotta, che dilania la Spagna, è seguita pure con vivo interesse dai pochi elementi comunisti della provincia, i quali seguono con ansia le alterne vicende delle truppe rosse e sperano in un successo decisivo dei governativi spagnuoli, nella speranza di una piú larga affermazione dei loro principii.

Concorrono indubbiamente a risvegliare in tali elementi le loro ideologie da tempo sopite, le lettere che giungono dalla Francia e dalla Spagna e che sono improntate, per lo piú, ad entusiastica esaltazione degli avvenimenti spagnuoli e dei successi ottenuti recentemente in Francia.

Si è avuto pure occasione di osservare che, mentre i sovversivi fino a qualche tempo fa, leggevano nei giornali, quasi esclusivamente od a preferenza le notizie d'indole sportiva, ora, invece, essi dedicano tutta la loro attenzione alla cronaca degli avvenimenti spagnuoli, e, non appena aprono il giornale, leggono con vivo interessamento e commentano, secondo le loro vedute, le ultime notizie che divulga la stampa e, quando i giornali non pubblicano nuove notizie in relazione agli avvenimenti spagnuoli, essi azzardano commentare che i compagni comunisti hanno riportato qualche vittoria sui Nazionali e che, per tal motivo, la stampa fascista tace.

Nelle loro conversazioni amichevoli, l'elemento operaio, non devoto al Regime, per quanto con molta circospezione, discute dei vantaggi che ad essi apporterebbe il trionfo del comunismo, le cui conseguenze si sarebbero già fatte sentire anche in Italia, tanto da indurre il Governo Fascista ad aumentare di propria iniziativa i salari agli operai, per evitare che il disagio economico fosse stato sfruttato ai fini della propaganda avversa al Regime.

Purtuttavia, non si sono avute manifestazioni di alcun genere, che possano dare prova di una ripresa di propaganda sovversiva, per quanto s'abbia notizia che tra gli elementi comunisti vi sia una certa tensione di spirito, nell'attesa del risultato della lotta in Spagna, che dovrebbe segnare per essi una nuova mèta raggiunta.

Nel complesso la quasi totalità della popolazione segue con ansia, direi quasi spasmodica, lo svolgersi degli avvenimenti spagnuoli, e, mentre auspica il trionfo delle forze nazionali per un lodevole spirito di conservazione, è ben paga che l'Italia in questo momento sia governata da un Uomo, che è sicura garanzia dei suoi immancabili destini e che non consentirebbe mai qualsiasi velenosa infiltrazione comunista.

Ciò nonostante, l'azione di polizia è tutta tesa alla vigilanza verso gli elementi infidi e pronta a stroncare con severità e rigore qualsiasi velleità, non dico di insurrezione, ben lontana dalle condizioni di insieme dell'ordine e dello spirito pubblico, ma di ogni tentativo di propaganda o di attività avversa al Regime nazionale.

g) Firenze. 31 agosto 1936

In relazione ai telegrammi n. 28177/441 e n. 28419/441, rispettivamente del 22 e 28 corrente, pregiomi significare che gli avvenimenti spagnoli sono seguiti dalle popolazioni di questa Provincia di tutte le classi sociali con vivo interesse.

La guerra civile della penisola iberica, coi suoi metodi di brutale malvagità omicida e distruttiva per opera dei partiti rossi, ha destato in queste popolazioni profondo raccapriccio dal punto di vista umanitario e tale raccapriccio hanno sentito e sentono tutti, anche coloro che, pur mantenendosi ossequienti alle istituzioni, non hanno saputo dimenticare le ideologie dei partiti cui appartennero prima della Rivoluzione Fascista.

Dal punto di vista politico, come lotta tra Idea Fascista e comunismo, la quasi totalità delle masse, intellettuali ed operaie, si augura fermamente la vittoria dei fascisti spagnoli sui comunisti, quale inizio della fine del comunismo nel mondo.

Il Clero, da parte sua, essendone direttamente interessato, contribuisce con cerimonie religiose nelle chiese e con pubbliche preghiere di fedeli ad una efficace propaganda contro la follia rossa che parte da Mosca.

Si fa presente che in questa giurisdizione esistono due importantissimi centri operai: Prato ed Empoli, nei quali, prima della Marcia su Roma, si erano notevolmente diffuse le teorie dei partiti di sinistra e che in tutta la Provincia non mancavano logge massoniche numerose ed agguerrite, sorte sopratutto per il fatto che il gran maestro dei giustiniani, il defunto Torrigiani, era toscano.

Tale situazione del passato, sebbene siano trascorsi 14 anni di arroventato clima fascista, ha lasciato nell'animo di qualche illuso uno strascico che affiora in questo momento europeo di lotta tra fascismo e comunismo, sia pure con la massima circospezione, con sporadiche, rare manifestazioni individuali che sanno sfuggire a qualsiasi controllo.

Si nota, infatti, che taluni individui notoriamente antifascisti nel senso generico della parola, o appartenenti ai disciolti partiti di sinistra in particolare, seguono con una certa apprensione le notizie riferentisi alle sconfitte dei rossi spagnoli e si augurano la vittoria dei medesimi. Trattasi, ripeto, di intimi sentimenti individuali che non vengono manifestati esteriormente per tema di giusto castigo.

I piú accorti, in proposito, sono quei pochi, pochissimi, intellettuali della sorpassata massoneria che non hanno saputo acclimatarsi nell'ambiente fascista e che hanno perduto la possibilità di comandare, come comandavano, nascosti nell'ombra delle logge.

Tra gli operai di sentimenti antifascisti, invece, si è avuta qualche manifestazione esteriore, subito individuata e repressa, come risulta dai rapporti inviati di volta in volta a cotesto On/le Ministero: si tratta però, come sopra è detto, di manifestazioni sporadiche ed individuali.

Tutti gli Organi di Polizia, con spirito ammirevole di iniziativa investigativa, non disgiunto da un senso di profonda umanità fascista, seguono attentamente lo spirito pubblico per individuare e spegnere immediatamente qualsiasi focolaio di manifestazione antifascista, per cui si può serenamente fare affidamento, in qualsiasi momento della vita nazionale, non soltanto sulla disciplina, ma anche sul piú alto senso di patriottismo delle popolazioni di questa Provincia, sensibilissime alle complesse ed efficaci provvidenze del Regime per il popolo.

h) *Roma.*
30 agosto 1936

Gli avvenimenti spagnoli sono ovunque seguiti in questa provincia con manifesto vivo interesse, e ovunque suscitano fra il popolo fremiti di orrore per la brutalità che caratterizza l'azione dei rossi.

Può con sicurezza affermarsi che è da tutti sinceramente auspicata la vittoria dei falangisti che si vorrebbe anzi fossero sostenuti con ogni possibile mezzo nella lotta intrapresa.

Questo sentimento di solidarietà con le forze che si contrappongono al dilagare della barbarie bolscevica, trova conferma nell'asprezza con la quale si critica il contegno del Governo di Francia per la tolleranza di cui dà prova di fronte alle subdole manovre miranti a porgere validi aiuti ai rossi spagnoli, e nella simpatia con cui è invece seguita l'azione della Germania decisamente e palesemente diretta a premunirsi da ogni eventuale pericolo bolscevico.

Se ripercussioni delle lotte in Spagna si sono verificate e si verificano tuttora nello spirito pubblico queste possono riassumersi nel riconoscimento unanime da parte del popolo della preziosa tranquillità che gli ha assicurato il Regime Fascista e che gli consente di confrontare con orgoglio e fierezza la vita che si svolge in Italia con quella travagliata non soltanto della Spagna insanguinata ma anche di altre nazioni.

Con ciò non è tuttavia da escludersi che tra gli sparuti elementi sovversivi, specie comunisti, gli avvenimenti spagnoli possano avere fatto sorgere qualche speranza che tuttavia non ha avuto invero alcuna estrinsecazione.

i) *Avezzano.*
31 agosto 1936

Mi pregio informare la E. V. che gli avvenimenti spagnoli, hanno avuto sulla popolazione ripercussioni diverse a secondo dei principî dei singoli gruppi. E cosí mentre a quei cittadini che aderiscono maggiormente al fenomeno religioso, le stragi e le violenze colà effettuate, hanno determinato un senso di orrore e di esecrazione, nella grande maggioranza dei cittadini fascisti si seguon, con ansia e trepidazione l'opera di riscossa e gli atti di eroismo che compiono le schiere dei falangisti.

Negli elementi sovversivi poi la guerra civile in Ispagna ha prodotto una eccitazione che va attentamente seguita e tempestivamente repressa. Vecchi sovversivi che da parecchio tempo si erano assonnati in politica, evitando anche di avvicinare i compagni di fede, oggi, quasi risvegliatisi, danno segni manifesti di attività. Leggono assiduamente le cronache degli avvenimenti spagnuoli, si mostrano felici della strage consumata da quei sovversivi, ed auspicano che giorni identici possano prossimamente aversi in Italia.

Sono convinti che la vittoria arriderà agli estremisti con conseguente avvento del bolscevismo, che, subito dopo, si propagherà nella Francia. E cosí, con l'aiuto di queste due grandi nazioni bolscevizzate e con quello della Russia sperano in un prossimo futuro di poter risorgere ed insorgere in Italia per schiacciare il Fascismo.

Con queste convinzioni e con tale programma, i piú audaci non mancano di fare, sia pure prudentemente, propaganda fra le masse.

Gli incidenti verificatisi nel Comune di Caprarola (Viterbo) e di Terni ove si è già proceduto a numerosi arresti costituiscono una conferma precisa di quanto ho sopra esposto.

Pertanto è necessario da parte della Polizia un'azione intensa e vigile per poter stroncare in tempo ogni focolaio di attività.

Da parte mia ed in esecuzione degli ordini ricevuti verbalmente da V. E. sto provvedendo ad intensificare il servizio confidenziale e specialmente a Terni, centro operaio importantissimo, provvederò quanto prima a mettere in ogni fabbrica importante un abile fiduciario.

Con ossequio.

l) Bari. 27 agosto 1936

È fuor di dubbio che l'interessamento a quanto avviene in Spagna cresce di giorno in giorno fra le masse operaie, constatazione questa già fatta specie a Taranto per le numerose maestranze ivi esistenti.

Tale interessamento assume, poi, fra i sovversivi forme addirittura morbose, tanto che sul lavoro, al caffè, al passeggio ovunque non si discorre d'altro che del «fronte popolare» e della fortuna cui esso va incontro per effetto delle attuali vicende.

Di fronte a siffatto evidente stato di cose le autorità cercano di premunirsi, effettuando in quel R. Arsenale improvvise perquisizioni con risultato costantemente negativo, ma il provvedimento, mentre non produce alcuna intimidazione, viene interpretato dalla massa degli operai come un allarme degli organi di polizia con la conseguente erronea convinzione dell'esistenza di un largo movimento comunista.

Modo speciale di ragionare derivante dalla frenesia del momento!

Certo cosa è che nessuno ha osato finora di prendere una iniziativa qualsiasi nonostante lo stato di eccitabilità degli animi di cui potrebbe trarre profitto qualcuno dei piú facinorosi per qualche inconsulto atto singolo o collettivo.

Comunque, sono stati di recente identificati gli operai piú esaltati addetti al R. Arsenale e quelli del cantiere Tosi e non mancherò di prendere subito contatto col Questore di Taranto per infrenare senz'altro l'esaltata azione sovversiva di essi.

E per dare un'idea dell'esaltazione raggiunta, citerò, fra gli altri, due giovani comunisti:

1) Carucci Angelo di Giuseppe e di Semeraro Livia, nato a Martina Franca il 21.4.1909, congegnatore;
2) Ghiara Antonio di Annibale e di Caputo Elisabetta, nato il 13.6.1909 a Bari, congegnatore.

Entrambi sono addetti al R. Arsenale e l'informatore li segnala come giovani, intelligenti, capaci, anche per il prestigio verso i compagni, ad influenzare le masse.

Essi hanno ora concretato di formare un nucleo di giovani volenterosi da incanalare allo studio di teorie politiche-economiche per acquistare padronanza di idee ed esperienza rivoluzionaria da porre in atto al momento opportuno. Intanto, hanno commissionato ad un libraio vari libri del genere.

Quello che si è detto per le masse operaie in linea generale per Taranto va ripetuto in minore proporzione per le altre provincie della zona e con maggiore accentuazione per quella di Bari dove abbonda di piú l'elemento sovversivo.

Infatti, l'arresto recente del noto comunista Capriuolo Nicola fu Samuele e dei compagni De Giglio Giovanni di Raffaele e Battiston Giovanni fu Giammaria, oggetto del rapporto 22 andante N. 00631 per propaganda sovversiva nei pubblici giardini di Bari anche fra persone sconosciute, è prova evidente del febbrile infervoramento cui essi si abbandonano di fronte agli avvenimenti spagnoli.

Ciò premesso, ho il dovere di assicurare che l'organismo della 3ª Zona segue con la massima attenzione, a mezzo di agenti e di fiduciari, ogni movimento, ogni atto dei sovversivi tutti identificati ed è pronto ad ogni evenienza come ad eseguire gli ordini che V. E. vorrà compiacersi di dare.

m) *Bari.* 31 agosto 1936

Di seguito al mio rapporto 27 andante N. 00636, assicuro la E. V. di avere avuto, il giorno successivo, contatto col Questore di Taranto cui, oltre ad avere fatto presente il reale stato di animo delle masse in genere e dei sovversivi in ispecie quale effetto delle ripercussioni prodotte dagli avvenimenti spagnoli e risultanti a questo organismo da informatori in quotidiani rapporti con gli operai per comuni ragioni di lavoro, ho pure esibito un elenco di sovversivi, tra i piú esaltati, addetti a quel R. Arsenale ed al Cantiere Tosi per quei provvedimenti che avesse creduto opportuno proporre al fine di infrenare l'azione sovversiva di essi.

Ho avuto, però, l'impressione che le informazioni apprestate al Questore di Taranto dal suo fiduciario non collimassero con le mie tanto che egli ha citato a prova e come esempio il noto comunista Voccoli Edoardo fu Lorenzo di essersi cioè pronunziato in senso ottimista e favorevole ai nazionalisti spagnoli.

Da questo particolare è emerso chiaro che il Voccoli, nel timore di trovarsi davanti a persona sospetta, non ha manifestato con lealtà il suo pensiero, sicché le informazioni desunte dall'autorità di p. s. di Taranto non rappresentano lo stato reale delle cose svolgentesi colà, essendo anche ben noto il costante, sovversivo atteggiamento del Voccoli.

Da mia parte confermo quindi – come ho detto al collega di Taranto – *l'eccitato interessamento* delle masse operaie per gli avvenimenti spagnoli da considerarsi aumentato in forma *morbosa* per i sovversivi.

Unisco l'elenco dei sovversivi tarantini di cui sopra.

Tanto anche in relazione al telegramma d'ieri N. 28419/441 di V. E.

n) *Caltanissetta.*
31 agosto 1936

In risposta alla circolare telegrafica sopraindicata pregiomi riferire a codesto On. Ministero che gli avvenimenti spagnuoli vengono seguiti in questa provincia da ogni ceto e categoria di persone con particolare interesse. Gli elementi politicamente sani mostrano un senso di rammarico per la guerra fratricida che si combatte nella Spagna e per gli atti di crudeltà di cui si sono macchiati e si macchiano l'esercito rosso governativo ed i partiti estremisti di quella nazione, spargendo la desolazione ed il terrore. Essi quindi auspicano che l'esercito nazionale del Generale Franco possa avere presto ragione su quello del governo, che vorrebbero abbattuto in modo definitivo, affinché il bolscevismo che mira a conquistare completamente la Spagna possa essere sgominato.

Le notizie, perciò, comunicate sia dalla radio che dai giornali, appassionano il pubblico e tanto piú sono ascoltate o lette con maggiore o minore soddisfazione a seconda che sono piú o meno favorevoli all'esercito del Generale Franco.

Nell'elemento operaio, però, in quelli che, prima dell'avvento del Fascismo, professavano idee sovversive e specialmente comuniste, si nota un interessamento opposto, cioè una certa soddisfazione per la guerra che si combatte in Spagna; con tacito, circospetto compiacimento vengono da essi apprese le notizie favorevoli all'esercito rosso, con la speranza che la vittoria finale coroni i suoi sforzi e che la ristabilita autorità del governo possa determinare un maggiore sviluppo ed una piú vasta affermazione del bolscevismo in Europa.

Nessuna manifestazione di alcun genere, che sarebbe senz'altro prontamente repressa, è stata neanche lontanamente accennata, limitandosi i pochi simpatizzanti dell'attuale governo spagnuolo ad esprimere qualche frase generica di compiacimento per la resistenza che oppone al movimento nazionale capitanato dal Generale Franco.

Comunque, assicuro codesto On. Ministero che la vigilanza su tali elementi continua attivissima ed ininterrotta e non mancherò di comunicare con la dovuta premura tutto ciò che riterrò meritevole di particolare importanza.

o) Trapani.

31 agosto 1936

Ho procurato d'attingere presso varie fonti, per rendermi personalmente conto di ciò che il popolo pensa della rivoluzione spagnola. Sembra che vi presti scarsissimo interesse!

C'è forse sotto anche una ragione economica.

Si sa essere la Spagna la piú forte concorrente dei Trapanesi per sale e pesce sott'olio. Il fatto che parte almeno dei produttori spagnoli sono a soqquadro giova all'industria trapanese e questo sanno e comprendono benissimo gli operai delle saline e delle aziende che preparano il pesce sott'olio; essi si ripromettono anzi un certo beneficio.

8.

La personalità e la politica di Mussolini secondo uno studio di un diplomatico francese (gennaio 1938)

M. BLONDEL, CHARGÉ D'AFFAIRES DE FRANCE À ROME,
À M. DELBOS, MINISTRE DES AFFAIRES ÉTRANGÈRES.

Rome, 27 janvier 1938

Dans sa si intéressante dépêche n. 1836 du 18 novembre dernier, notre ambassadeur à Berlin se demandait quelle était désormais la base juridique des rapports italo-allemands et s'il y avait lieu de croire que, malgré tous les démentis officiels, un traité secret avait été conclu entre les deux pays. M. François Poncet commentait à ce propos une étude fort curieuse publiée par M. von Freytagh-Loringhoven dans la revue « Völkerbund und Völkerrecht » et intitulée, conformément aux inspirations wagnériennes du IIIe Reich, *Le crépuscule des traités*.

J'ai prié un de mes collaborateurs de rechercher ce qui, dans les écrits, les discours et, bien entendu, les actes du chef du gouvernement italien, paraîtrait de nature à nous fournir d'utiles indications sur la pensée de M. Mussolini tant en ce qui concerne la pratique que la conception même des alliances. M. Jean-Paul Garnier a exposé ci-dessous les raison pour lesquelles les conclusions de notre ambassadeur à Berlin correspondent à l'opinion que l'on peut se former à Rome sur le fonctionnement de la collaboration de l'Allemagne et de l'Italie et il s'est attaché à mettre en évidence les idées directrices dont le Duce semble s'inspirer, en matière de politique étrangère.

Il n'existe pas, lorsqu'on veut étudier la personnalité de M. Mussolini, de publication analogue à *Mein Kampf*. Le chef du gouvernement italien n'a jamais éprouvé le besoin de définir ses idées et ses vues comme l'a fait le chancelier Hitler dans son livre. Sans doute, le Duce a-t-il prononcé d'innombrables discours, dont certains ont eu le retentissement que l'on sait et est-il l'auteur de bien des articles de journaux, écrits dans ce style véhément et combatig qui lui est propre. On peut glaner de-ci de-là dans la collection complète des *Scritti et Discorsi* des renseignements qui valent d'être notés, mais il s'agit toujours d'indications fragmentaires. Bien qu'on ait de plus en plus tendance à le célébrer comme une sorte de surhomme, M. Mussolini n'a pas daigné faire connaître jusqu'ici à son peuple le nouvel évangile. Il s'est borné à définir ce que doit être son credo.

M. Mussolini semble avoir condensé l'essentiel de sa pensée politique dans la thèse de doctorat en droit que, sur le conseil de M. Grandi, il décidait de soutenir devant la faculté de Bologne en avril 1924. Alors qu'il était président du Conseil depuis un an et demi déjà, le Duce voulut consacrer son travail à Machiavel dont il entendait faire l'éloge et poursuivre la réhabilitation. L'ouvrage, qui ne comptait d'ailleurs qu'une quinzaine de pages rédigées d'une manière assez hâtive particulièrement violente et même outrancière, est désormais rigoureusement introuvable et la version officielle est que la thèse n'a finalement pas été achevée, ce qui est inexact. De toute façon, il nous reste le *Prélude au Machiavel* qui a été publié à l'époque par la revue « Gerarchia » et n'a pu être de la circulation. D'une façon générale, on ne saurait trop souligner l'influence considérable que les œuvres principales du célèbre secrétaire florentin exercent sur l'esprit de M. Mussolini et de son entourage immédiat comme sur le développement intellectuel des nouvelles générations fascistes destinées à fournir les cadres de l'Italie de demain. Le théoricien de la pure raison d'État a évidemment contribué plus que tout autre avec Georges Sorel et Nietzsche, ainsi que dans une moindre mesure Péguy, Renan et Bergson, à la formation du Duce qui l'a d'ailleurs reconnu. Ne déclarait-il pas, en effet, à l'écrivain allemand Emil Ludwig, er propres termes : « Mon père nous lisait *Le Prince* le soir quand nous nous chauffions à ce qui restait de feu dans la forge tout en buvant notre vin du pays. Lorsque je l'ai relu à quarante ans, le livre me fit encore un effet aussi puissant ».

Examinons donc quelles répercussions peuvent avoir sur la conduite d'un homme d'État moderne aussi bien en politique intérieure que dans le domaine extérieur des conceptions qui s'apparentent aussi étroitement à cettes d'un Florentin né à la fin du quinzième siècle.

Politique intérieure.

« Beaucoup se sont imaginé, a écrit Machiavel, des républiques et des principats qu'on n'a jamais vus ni connus exister dans la réalité ». Le fascisme ne se pique pas, lui, de représenter une forme de gouvernement idéal, vers lequel tendraient plus ou moins confusément les aspirations des masses, mais bien d'être une réalité vivante. La doctrine est foncièrement antiindividualiste, subordonnant tout à l'État; celui-ci « n'est pas le gardien de nuit qui s'occupe seulement de la sécurité personnelle des citoyens; ce n'est pas plus une organisation dont les fins purement matérielles consisteraient à garantir un certain bien-être et une coexistence relativement pacifique des classes sociales... C'est un fait spirituel et moral. Il est garant de la sécurité intérieure et extérieure ainsi que le dépositaire de l'esprit du peuple tel qu'il s'est créé à travers les siècles et qu'il le transmet à son tour. L'État est non seulement présent mais passé et futur; dépassant les courtes limites des vies individuelles, il constitue la conscience immanente de la nation »[1].

---

[1] Mussolini, *La doctrine du fascisme 1932*.

8. Mussolini secondo un diplomatico francese

Les citoyens qui, en général, ne recherchent que l'assouvissement de leurs appétits et de leurs intérêts particuliers, sont donc dans une certaine mesure en révolte au moins virtuelle et latente contre l'État qui doit les ramener dans le droit chemin par la contrainte puisqu'ils sont foncièrement mauvais, à en croire l'auteur du *Prince*: « Les hommes ne font jamais aucun bien si ce n'est par nécessité, mais là où la liberté abonde et où il peut y avoir l'aisance, tout se remplit aussitôt de confusion et de désordre ».

M. Mussolini souscrit entièrement, pour sa part à ce jugement foncièrement pessimiste de Machiavel sur la nature humaine: « Je devrais peut-être l'aggraver », dit-il, et il ajoutera: « J'affirme que la doctrine de Machiavel est vivante aujourd'hui après plus de quatre siècles parce que si les aspects extérieurs de notre vie sont changés, les variations dans l'esprit des individus et des peuples ne se sont pas révélées bien profondes... »

Dans ces conditions, la démocratie ne saurait, pour Mussolini comme pour Machiavel, constituer une forme de gouvernement satisfatisant, puisqu'elle repose sur la foule et le nombre. Oh, « le peuple désire souvent sa propre ruine. La multitude réduite à elle-même est faible et vile. Les républiques sont souvent incapables de prendre les décision nécessaires, leurs institutions habituelles ont le mouvement lent (aucun conseil et aucun magistrat ne pouvant agir par lui-même et ayant, en beaucoup de choses, besoin l'un de l'autre et cet accord de volonté nécessitant du temps), aussi, leurs remèdes sont très périlleux quand elles ont à remédier à quelque chose qui ne souffre pas l'attente. Quant aux hommes, lorsqu'ils sont bien gouvernés, ils ne cherchent ni ne veulent d'autres libertés ».

Telle est, du moins, l'opinion du secrétaire florentin et sans nul doute aussi celle du Duce. Pour tous deux, le bien suprême, le paradis dont ils rêvent sur la terre, c'est un État bien ordonné! La devise du fascisme restera: « Tout pour le peuple et non par le peuple ». L'État, c'est « l'âme de l'âme ». Il n'a besoin d'aucune justification, car il porte en lui-même sa propre mystique. Il ne vit pas pour les individus, ce sont eux qui doivent vivre pour lui. Ce qui est *bien* pour le fils du forgeron de Predappio, comme pour le collaborateur de la Sérénissime République, c'est ce qui est utile à l'État, et *mal* ce qui lui est nuisible. Le célèbre Florentin appellera bonté le patriotisme, le civisme, le respect des lois et méchanceté la recherche des satisfactions personnelles inutiles ou nuisibles à la collectivité. « L'État en tant que volonté éthique universelle crée le droit », s'écrit M. Mussolini. Il n'est donc soumis à aucune stipulation morale car il est au-dessus. La fin non seulement justifie mais exige les moyens. Ceux-ci, quels qu'ils soient, ne sont pas soumis aux règles de l'honneur. Le seule loi en politique, c'est de réussir. Le devoir du « Prince » n'est donc pas d'agir selon des principes abstraits et en s'inspirant d'un idéal généreux, mais de se conformer aux lois véritables qui mènent le monde.

L'art de gouverner consiste à savoir utiliser tous les efforts intellectuels et matériels des individus, en canaliser et en absorber toutes les énergies. Pour arriver au pouvoir, il faut savoir faire les concessions opportunes, sans se laisser arrêter par des scrupules qui ne peuvent que paralyser l'action. Comme le rappelle très justement le comte Sforza dans son ouvrage *Les bâtisseurs de l'Europe moderne*, M. Mussolini, lorsque l'Italie était en pleine crise bolchevisante, s'est bien gardé de heurter de front le mouvement ouvrier. Il commença tout au contraire par le flatter et le suivre. Dans les premières journées de l'occupation des usines, il écrivit avec sa signature: « Les ouvriers ne doivent pas abandonner leur position avant d'avoir obtenu des garanties », et on est inévitablement amené à penser à ce passage des *Discours* où Machiavel énonce philosophiquement: « Je pense que c'est chose qui arrive très rarement ou même qui n'arrive jamais de s'élever d'un rang médiocre à un rang très élevé sans employer la force ou la mauvaise foi, à moins qu'on n'y parvienne par hérédité ou par dotation ».

M. Mussolini, parvenu au faîte du pouvoir, a donné la vie à ce mythe, à cette religion de la nation totalitaire, but suprême et unique justification de toute activité humaine dont Machiavel a été le prophète. Ce dernier, dans une lettre à Guichardin, n'écrivait-il pas déjà: « J'aime ma patrie plus que mon âme ». Il existe chez deux Italiens, que plus de quatre siècles séparent, un même fond de sentimentalité, à vrai dire assez particulière, qui fait que l'un et l'autre entendent mettre toutes les ressources de leur intelligence, de leur vitalité, au service de leur passion commune: le pays. Le Duce pourrait dire, comme son maître, et sans doute avec autant de raison: « Le hasard a fait ne sachant raisonner ni de l'art de la soie, ni de l'art de la laine, ni des gains ni des pertes, il me convient de raisonner de l'État ».

La religion, comme le voulait déjà Napoléon, sera, elle aussi, mise au service du régime: « qui est catholique mais avant tout fasciste, exclusivement, essentiellement fasciste ». Au moment de la guerre d'Abyssinie, la mobilisation militaire se doublait, si l'on peut dire, d'une mobilisation des consciences effectuée par les soins de l'Église. Et la « Tribuna » du 20 décembre 1935 pouvait écrire: « C'est la première fois que l'épiscopat et le clergé interviennent ouvertement et efficacement dans une question politique où l'Italie est engagée. Il existe enfin un épiscopat et un clergé italiens qui savent, à l'occasion, mettre l'autorité dérivant du haut ministère qu'ils exercent au service des intérêts nationaux ».

Tout récemment, nous avons vu 2000 prêtres et 60 évêques aller acclamer le chef du gouvernement sur la place de Venise puis défiler en portant les drapeaux et en formations presque militaires devant le tombeau du Soldat inconnu. L'encadrement de la nation se poursuit dans ce domaine comme dans les autres et en cas de guerre, le rôle de facteur moral imparti par le Duce au clargé italien ne sera pas négligeable. Ainsi, aucune des forces dont peut disposer la patrie ne sera-t-elle perdue.

Quels sont pour Machiavel, comme pour Mussolini, qui veulent passionnément, tous deux, retremper le cœur de leurs concitoyens aux sources de la Rome antique et de sa grandeur passée, les dangers qui menacent de corrompre l'État ? Un état de paix excessivement prolongé, la trop grande douceur du pays, son extrême fertilité, une vie facile, une inégalité sociale très accentuée, la grande richesse de nombreux particuliers contrastant avec la pauvreté de la masse, enfin la carence de l'autorité centrale en face des ambitions des puissants. Une main de fer est donc nécessaire pour faire régner l'ordre et maintenir la cohésion de la nation: «L'autorité dictatoriale fit du bien et du mal à la République romaine, mais l'autorité que les citoyens s'arrogent au lieu de la recevoir de libres suffrages est nuisible à la vie civile».

Les miliciens fasciste d'Imola firent graver, sur l'épée d'honneur qu'ils offrirent en 1924 à M. Mussolini, cette maxime de Machiavel: «Avec des paroles on ne maintient pas les états». Nul doute que le Duce ne soit profondément convaincu de la vérité de cet axiome, lui qui terminait son article sur l'auteur du *Prince* par cette citation: «... Tous les prophètes armés vainquirent et les désarmés périrent. Parce que la nature des peuples est variable et qu'il est facile de leur persuader une chose mais difficile de les maintenir dans cette persuasion. Et pour cela, il convient d'être ordonné d'une façon telle que lorsqu'ils ne croient plus, on puisse les faire croire par force. Moïse, Cyrus, Thésée, Romulus n'auraient pu faire observer longuement leurs constitutions s'ils avaient été désarmés».

L'époque actuelle est évidemment riche en prophètes armés, à commencer par M. Mussolini lui-même. Dans cet ordre d'idées, ni le chancelier Hitler, ni M. Staline, ni le président Ataturk n'ont rien à lui envier et l'ombre du maréchal Pilsudski plane encore sur toute la vie politique de la Pologne, pour ne citer que les principaux dictateurs européens.

Politique extérieure.

M. Mussolini est comme l'auteur du *Prince* inspiré par une volonté de réalisme et la passion de la romanité. On trouve chez lui besoin de lucidité aiguë qui ne recule ni devant le cynisme, ni devant la brutalité. Ils éprouvent l'un et l'autre une sorte de joie sombre à réduire à néant les illusions sentimentales dont les nations aiment à se bercer, en faisant apparaître en pleine lumière le visage véritable, si souvent antipathique de la raison d'État, qui n'est en dernière analyse que celui de la force. M. Mussolini s'exaspère de la contradiction presque forcée qui existe, au moins dans une certaine mesure, entre les nécessités vitales des peuples et l'idéal qu'ils prétendent poursuivre. C'est ainsi que les efforts plus ou moins heureux tentés par les démocraties pour harmoniser les principes dont elles se réclament et les intérêts nationaux permanents dont elles ont la charge n'excitent en lui que risée et mépris. Il croit discerner là une preuve de ce qu'il considère comme la monstrueuse hypocrisie des puissances occidentales. Nous avons là, en particulier, une des raisons constantes des difficultés d'une entente italo-britannique. À Rome, on continue à soupçonner la Grande-Bretagne des plus nous desseins et les tentatives du cabinet de Londres pour concilier ses scrupules sentimentaux avec le sens de ses intérêts impériaux sont révélatrices pour les Italiens de la nouvelle école de la mauvaise foi et de l'insincérité systématique de la perfide Albion. «Nous ne parlons pas la même langue», dira le comte Ciano à l'ambassadeur d'Angleterre, tant la différence des psychologies est grande. Pour le Duce, comme pour Machiavel, « quand il s'agit du salut et la patrie, on ne doit verser dans aucune considération ni du juste ni de l'injuste ». Cela seul compte, voilà la réalité. Il n'y en a pas d'autre. Le reste n'est que verbiage, balivernes, bonnes tout au plus à gagner du temps et à amuser le tapis.

L'évangile du pacifisme fut prêché après la guerre à des foules avides d'espérance par des hommes d'État généreux et véritablement réalistes, mais le support matériel de leur apostolat ne fut pas suffisant pour qu'il triomphât de résistances fatales. Quand la France cessa d'être l'unique grande force militaire de l'Europe, ses conception n'obtinrent plus cette adhésion presque générale qu'elles avaient obtenue au début. Telle est, pour le chef du gouvernement italien, la démonstration éclatante de la profonde vérité de la phrase fameuse de Machiavel, que j'ai citée plus haut sur les prophètes désarmés. Pour sa part, le Duce n'a jamais cru au pacifisme intégral. Déjà en 1920, il s'écriait à Trieste: « Il n'y aura pas une période de paix tant que les peuples ne s'abandonneront pas à un rêve chrétien de fraternité universelles et qu'ils ne pourront se tendre la main au-dessus des océans et des montagnes. Pour mon compte personnel, je ne crois pas trop à cet idéal... »[2].

Plus tard, il ajoutera: « Le fascisme ne croit pas à la possibilité ni à l'utilité de la paix perpétuelle ». Il repousse ce pacifisme qui cache une renonciation à la lutte et une lâcheté devant le sacrifice. Seule la guerre porte au maximum de tension toutes les énergies humaines et marque d'un sceau de noblesse les peuples qui ont le courage de l'affronter[3]. Et quand nous le verrons dans son discours de Bologne offrir la paix au monde, ce sera « au milieu d'une forêt de 8 millions de baïonnettes »! D'ailleurs, l'État fasciste n'est-il pas avant tout « une volonté de puissance et d'empire »? « La tradition romaine est ici une idée de force. Dans la doctrine du fascisme, l'Empire n'est pas seulement une expression territoriale, militaire ou marchande, mais spirituelle et morale. On peut concevoir un empire, c'est-à-dire une nation qui, directement ou indirectement, guide d'autres nations sans que la conquête d'un seul kilomètre carré de territoire soit nécessaire. Pour le fascisme, l'aspiration à l'empire, c'est-à-dire à l'expansion des nations, est une manifestation de vitalité: son contraire, l'esprit casanier, est un signe de décadence. Les peuples qui naissent ou ressuscitent sont impérialistes, les peuples qui meurent sont renonciataires. Le fascisme est la doctrine la plus apte à représenter les tendances, les états d'âme d'un peuple qui, comme le peuple italien, ressuscite après de longs siècles d'abandon ou de servitude étrangère ».

Au Sénat[4], dès 1926, le chef du gouvernement déclarait: « Je crois que les peuples... s'ils veulent vivre, doivent développer une certaine volonté de puissance; autrement, ils végètent, vivotent et seront la proie d'un peuple plus fort qui aura développé davantage en lui-même cette volonté de puissance ».

---

[2] Discours de Trieste du 20 septembre 1920.
[3] Mussolini, *La doctrine du fascisme 1932*.
[4] Mussolini, discours au Sénat 28 mai 1926.

8. Mussolini secondo un diplomatico francese

Ainsi, paix armée, virile, comme on dira ici. La nation ne doit pas s'abandonner mais être tenue en haleine, au prix des plus grands efforts, afin d'être toujours en mesure, le cas échéant, de faire face à son destin. D'où ce formidable programme d'armements que nous voyons développer et poursuivre avec une étonnante constance. M. Mussolini sait très bien que son pays est fort pauvre et qu'il lui est difficile avec ses seules ressources de jouer un rôle de premier plan dans la politique mondiale. Aussi, valorise-t-il au maximum le facteur italien en dotant la nation d'une armée très supérieure à celle d'avant-guerre, d'une bonne et puissante marine, d'une excellente aviation. Il augmente ainsi la faculté de nuire de l'Italie fasciste pour qu'elle puisse faire écouter sa voix au dehors et réaliser ses vues dans la mesure du possible. Comme les électeurs de Brandebourg autrefois, il forge un instrument militaire de nature à donner du prix à son alliance éventuelle. Et c'est bien parce que, malgré tout, il doute quelque peu de la qualité de son «matériel humain», qu'il consacre tous ses soins à intensifier les moyens d'action des armes techniques, de la flotte et de l'aviation, car il n'ignore pas qu'ainsi, il devient complémentaire du Reich et peut mettre à la disposition de ce dernier des éléments qui lui manquent encore jusqu'à un certain point: «Les républiques et les princes vraiment puissants n'achètent pas les amitiés avec de l'argent mais avec la vertu et la réputation de leur force... Quand un état se conduit de telle manière que ses voisins, pour avoir son amitié, sont ses tributaires, alors c'est un signe certain que cet état est puissant, mais lorsque ses voisind, même plus faibles que lui, en tirent de l'argent, alors c'est un signe de grande faiblesse»[5].

Pour Machiavel, la loi même de la vie c'est le mouvement. «Être vertueux, c'est vouloir et savoir agir». M. Mussolini ne hait rien tant que l'immobilité. «Nous ne sommes pas et ne voulons pas être des momies éternellement immobiles, le visage tourné vers le même horizon», écrivait-il le 15 novembre 1914 dans le «Popolo d'Italia». Et dans son entretien avec Emil Ludwig, il s'exprimait ainsi: «Le négatif, l'éternel immobile est damnation. Je suis pour le mouvement. Je suis un être en marche». Aussi, le Duce se rebelle-t-il contre les efforts de la France pour arrêter définitivement dans sa forme actuelle la configuration de l'Europe. Il trouve absurde d'essayer d'arrêter le monde en marche. Ce n'est pas sans raison qu'on a pu graver à Budapest ces paroles de M. Mussolini: «Les traités ne sont pas éternels». Le dynamisme qui est à la base même du fascisme s'inscrit en faux contre cette acceptation en quelque sorte statique des choses que les grandes démocraties satisfaites essaient d'imposer à l'humanité. Le chef du gouvernement italien qui est tout désir, toute impatience – et est sans doute assez différent en cela du chancelier Hitler – incarne au contraire les appétits, les désirs, les revendications des forces nouvelles.

Lorsqu'il a l'impression qu'on cherche à gagner du temps, à l'user, en partant du principe que les démocraties sont éternelles et constituent des régimes

---

[5] Machiavel, *Le Prince*.

définitifs tandis que les dictatures sont éphémères et ne représentent en somme que des expédients provisoires, M. Mussolini s'irrite profondément. Il pense, comme Machiavel, que chercher systématiquement à profiter du bénéfice du temps « est le propre de la fausse sagesse et la preuve d'une irrésolution réelle qui cherche vainement à se dissimuler ». Aussi, s'efforcera-t-il de prouver que loin d'arranger les choses, le temps – quand on n'a pas su conclure le moment venu les accords nécessaires – ne fait qu'aggraver la situation et éloigner les perspectives de conciliation. Le Duce impartira ainsi, presque naïvement, semble-t-il, aux grandes puissances un certain délai pour l'accomplissement des actes qu'il juge necessaires. Et il sanctionnera la non-réalisation de ces espérances par des mesures dont le seul résultet sera de tendre encore davantage les relations internationales. Moins on lui accorde, plus ses prétentions croissent. Pour obtenir un minimum qui est refusé, il tentera des entreprises démesurées s'il le faut, car « on obtient très souvent avec l'impétuosité et l'audace ce qu'on n'obtiendrait jamais avec des moyens ordinaires. La fortune est femme. Il est nécessaire, quand on veut la soumettre, de la battre ou de la vilenter ». Voilà des maximes que M. Mussolini a dû bien souvent méditer du fond de son palais de Venise. Et lorsqu'il annoncé son nouveau programme naval (dépêche de l'ambassade n. 15 du 10 janvier), il pensait certainement aux procédés « dilatoires » de la diplomatie britannique à son égard.

Aucun scrupule en politique étrangère n'est admis pas le fascisme, qui n'entend connaître comme règle d'action que son seul intérêt. S'il existait encore il y a trois ou quatre ans des personnes naives qui restaient persuadées que l'assimilation d'un traité à un chiffon de papier constituait en quelque sorte le monopole de la patrie de Bismarck et du chancelier Bethmann-Hollweg, les événements d'Abyssinie, avec qui l'Italie était formellement liée non seulement par ses engagements en tant qu'état membre de la Société des Nations, mais aussi par la convention d'amitié et d'arbitrage de 1928, ont dû leur ouvrir les yeux. « De notre temps, énonçait déjà le secrétaire florentin, nous avons vu de grandes choses exécutées par des princes qui ne faisaient cas la fidélité. Nous les avons vu l'emporter sur ceux qui prenaient la loyauté pour base de leur conduite... » Et il poursuivait: « On peut citer une infinité d'exemples modernes et alléguer un très grand nombre de traités de paix, d'accords de toutes espèces devenus vains et inutiles par l'infidélité des princes qui les avaient conclus. On peu faire voir que ceux qui ont le mieux agi en renard sont ceux qui ont le plus prospéré »... « Un prince bien avisé ne doit point accomplir sa promesse lorsque cet accomplissement lui serait nuisible et quand les raisons qui l'ont déterminé à promettre n'existent plus. Tel est le précepte à enseigner. D'autre part, on n'est tenu d'observer les engagements arrachés par la force. En effet, toujours les promesses forcées lorsqu'elles intéressent la chose publique, se rompront sans que la honte atteigne celui qui les aura rompues dès que la force qui les maintenait cessera d'exister. Les histoires de l'Antiquité sont pleines de pareils exemples et, de notre temps, il n'est pas de jour qu'on n'en fasse quelques-uns ».

Il paraît évident qu'il n'existe guère plus, à l'heure actuelle, de morale internationale. Aussi, vouloir fonder sur la foi des engagements, n'est-ce pas risquer de fonder sur le sable? Telle est très vraisemblablement l'opinion de M. Mussolini qui estime que son rôle doit uniquement consister à travailler par tous les moyens à la grandeur de sa patrie. Pour lui, le machiavélisme n'est évidemment pas une fin en soi, c'est une méthode et une école de virilité. Le Duce n'ignore pas non plus les formules de Frédéric le Grand: «Quand changent nos intérêts, disait le roi philosophe, il faut changer avec eux. Vaut-il mieux que le peuple périsse ou que le souverain rompe son traité? Quel est l'imbécile qui balancerait pour résoudre cette question?» Pour le vainqueur de Rossbach, «le droit public n'était qu'un vain fantôme que les souverains étalaient dans leurs factums et dans leurs manifestes alors même qu'ils le violaient», et il estimeit que «les différends ne se tranchaient pas avec du papier mais avec des opérations vigoureuses». M. Mussolini reprendrait volontiers à son compte ces affirmations du fameux Hohenzollern. Il ferait volontiers siennes les déclarations de l'ami de Voltaire: «Je ne me paie pas de mots, je veux avoir des actions, sans quoi je ne me remue pas plus qu'une pagode de Pékin dans sa niche», et «Je me f... des titres, pourvu que j'aie le pays». La politique, affirmait aussi Frédéric II, «consiste plutôt à profiter des événements favorables qu'à les préparer d'avance».

L'axe Rome-Berlin.

Le dictateur italien n'ignore pas au moment où il se décide à s'entendre avec l'Allemagne que le IIIe Reich a repris à son compte, en s'en faisant gloire, les procédés du Roi-Sergent et de son fils et qu'il se réclame de leurs doctrines politiques comme de leurs procédés de gouvernement. Le Duce sait par conséquent qu'il trouvera à Berlin des hommes aussi cyniquement dépourvus de scrupules que lui-même et qui, eux aussi, entendent tout subordonner à ce qu'ils considèrent comme les intérêts vitaux de la nation allemande. Comment, dans ces conditions, M. Mussolini pouvait-il aborder le problème de la collaboration italo-allemande?

M. von Freytagh-Loringhoven s'élève dans son article contre la conception française d'après laquelle une alliance n'existe que si elle est définie dans un pacte. Et le juriste allemand fait remarquer que pourtant un accord écrit n'est l'expression *formelle* de relations *réelles*. Le rôle d'un traité est de constituer «un règlement d'application pratique», ce qui suppose par conséquent une communauté d'intentions et de points de vue qui, dans la mesure même où elle existe, n'a pas besoin d'être fixée dans un texte.

Il n'est pas douteux que les considérations ainsi développées par l'auteur du *Crépuscule des traités* ne rencontrent la pleine approbation des dirigeants fascistes. A notre conception, en quelque sorte notariale des alliances, s'est substituée dans les pays totalitaires une notion de collaboration agissante, extrêmement différente de la pratique d'autrefois dont nous continuons encore à nous inspirer. Une convention sur le modèle du traité franco-russe d'avant-guerre ou de nos pactes actuels d'assistance mutuelle avec référence à la Société des nations est tout à fait aux antipodes de la pensée mussolinienne, comme aussi, semble-t-il, des idées directrices du chancelier Hitler. Le Duce se résoudrait sans nul doute difficilement à signer un papier précis et technique prévoyant toutes les hypothèses et constituant un engagement secret et impératif qu'il y aurait lieu d'exécuter le moment venu et qui pourrait rester lettre morte tant que l'éventualité prévue ne se serait pas produite. « Un seigneur prudent, affirme Machiavel, ne peut ni ne doit observer la foi quand une telle observance tourne contre lui et qu'ont disparu les raisons qui lui firent promettre... Et jamais ne manquèrent à un prince des raisons légitimes de colorer leur inobservation ».

Porquoi donc s'engager inutilement, alors qu'on se rend compte de part et d'autre que si les circonstances en raison desquelles un traité d'alliance a été signé venaient à se modifier sensiblement, le texte perdrait *ipso facto* toute sa valeur? Il importe au contraire de créer un état de solidarité de fait qui soit tel que chacun des deux étals se sente suffisamment soudé à l'autre au point que toute menace dirigée contre l'Allemagne atteigne automatiquement l'Italie dans ses intérêts vitaux et réciproquement. L'identité de l'idéologie des deux régimes facilite d'ailleurs grandement les choses. L'alliance italo-allemande n'a pas besoin de reposer sur un traité formel. Elle est fondée sur l'amitié des deux dictateurs qui ont décidé de poursuivre certains buts communs en collaboration, tout en gardant conscience, bien entendu, de leurs intérêts particuliers. Il est impossible et inutile de prévoir tous les cas où l'accord devra jouer mais ce qui importe, c'est la volonté bien arrêtée de se soutenir diplomatiquement et militairement si cela devenait nécessaire. « Si cette volonté existe réellement, écrit M. von Freytagh-Loringhoven, l'accord se fera facilement, même en temps de guerre, sur l'importance et la nature de l'aide que les deux partenaires se fourniron mutuellement... Tel est l'accord germano-italien. Aucun traité ne l'enregistre; mais c'est de là justement qu'il tire son caractère et sa force ».

On ne se fait, à Rome, aucune illusion sur les sentiments que le peuple allemand dans sa masse comme d'ailleurs certaines autorités du Reich telles que le baron von Neurath, ou même l'actuel ambassadeur à Roma, M. von Hassel, nourrissent à l'égard des Italiens et sur le peu de confiance qu'on accorde à leur valeur militaire. D'autre part, tout en éprouvant ici la plus grande considération pour la force allemande, les dirigeants fascistes se considèrent, bien à tort du reste, comme intellectuellement très supérieurs aux produits de la race germanique, « ces gens qui ignoraient encore l'écriture quand Rome avait César, Virgile et Auguste »[6]. Le moins qu'on puisse dire, c'est qu'aucun penchant naturel ne pousse les Italiens et les Allemands des uns vers les autres et que jusqu'à présent, les courants de sympathie unissant les deux nations étaient assez faibles.

Aussi, rien n'a-t-il été négligé pour assurer une meilleure compréhension réciproque. Tout a été mis en œuvre pour faciliter une interpénétration italo-

---

[6] Mussolini, discours de Bari du 7 septembre 1934.

allemande. Aux accords de travail ont succédé les innombrables visites des représentats de toutes les branches de l'activité italienne en Allemagne, l'industrie, le commerce; les intellectuels allemands ont visité l'Italie. Les démonstrations spectaculaires, les réceptions, les fêtes se succèdent. Comme je l'ai signalé, 30 000 travailleurs agricoles vont quitter temporairement le Royaume pour venir aider leurs camarades du Reich. On sait, d'autre part, que près de 20 000 colons allemands doivent s'installer en Afrique orientale. Il ne serait même pas impossible – bien que ce bruit ait été démenti officiellement – qu'à l'occasion de la visite du chancelier Hitler à Rome en mai prochain et de son séjour éventuel à Tripoli, l'Italie fasciste n'annonce au monde qu'elle cède en toute souveraineté à l'Allemagne le Djubaland que l'Angleterre lui a donné en 1924. Ceci, bien entendu, serait destiné à mettre, le cas échéant, la France et l'Angleterre en mauvaise posture par rapport aux revendications coloniales du Reich et servirait à orienter ce dernier vers l'Afrique car on craint, à Rome, que le gouvernement de Berlin ne se désintéresse au fond de cette question et ne concentre toute son attention sur l'Europe centrale. S'il le faut, ainsi que l'ambassade l'a indiqué dans sa dépêche n. 23 du 20 janvier 1938, on se résoudra à aborder aussi avec le Reich la question d'Autriche, en réclamant, bien entendu, des compensations. Le développement de la politique d'autarcie que les deux gouvernement cherchent à réaliser ensemble ne peut que contribuer au renforcement de la collaboration dans la paix de l'Allemagne et de l'Italie dont toute l'économie est, on le sait, organisée en vue de la guerre. Le Reich entendra vraisemblablement être payé, sous une forme ou sous une autre, des sacrifices qu'il consent à son alliée. Voilà, pour ne citer que quelques exemples particulièrement significatifs, une solidarité de fait singulièrement agissante et dans tous les domaines qui portera ses fruits. Nous la verrons, n'en doutons pas, se développer intensément dans les mois qui viennent et les deux pays ne se contenteront certainement pas d'harmoniser leur régime du travail ou leurs conceptions syndicalocorporatives!

Il existe, bien entendu, des points de divergence évidents entre l'Italie et l'Allemagne – qui seraient d'ailleurs beaucoup plus sensibles si la communauté de régime ne créait des liens extrêmement puissants entre les deux gouvernements. Tout l'art consiste à les laisser artificiellement dans l'ombre-quitte à faire, le moment venu et pour pénibles qu'ils puissent être, les sacrifices nécessaires au maintien de l'alliance – en suscitant des points de collaboration et en les mettant immédiatement en pratique. L'arrangement polono-allemand de 1934, point de départ de toute l'évolution politique de la Pologne pilsudskienne, et grace auquel le fameux probleme du «Corridor» a été mis en sommeil pour des années, montre à quels résultats on peut parvenir dans cet ordre d'idées. Qu'il s'agisse de la lutte contre le communisme, de l'affaire espagnole, du torpillage de l'œuvre et du rôle de la Société des Nations, de la répartition de zones d'influence en Europe centrale, etc... on trouvera toujours – même en dépit de rivalités latentes – des affaires au sujet desquelles, puisqu'on en a la volonté, l'Italie et l'Allemagne pourront agir en suivant une ligne à peu près identique.

Tout cela n'exclut pas, cela va de soi, des conversations d'ordre technique pouvant se traduire en un certain nombre d'accords précis et limités, de procès-verbaux définissant comment les deux pays pourraient s'entraider au cas où certaines éventualités se produiraient. Mais cela n'implique aucun engagement définitif et précis et on peut évidemment se demander ce qui subsisterait rapidement de l'entente italo-allemande si les volontés des deux dictateurs cessaient d'être étroitement concordantes comme à présent. Il reste aussi à voir si une telle conception de la pratique des alliances entre états fascistes, qui dépasse de beaucoup la portée des ententes cordiales d'avant-guerre, ne finira pas par laisser, si elle se développe longtemps encore, aux maîtres absolus des nations totalitaires infiniment moins de liberté d'appréciation que n'en gardaient autrefois les hommes d'État libéraux, quand il s'agissait d'appliquer les stipulations d'un traité secret rédigé en bonne et due forme.

Le rapprochement franco-italien.

Quand on réfléchit aux conditions dans lesquelles s'est fait le rapprochement franco-italien, dont la durée devait être éphémère, on ne peut pas manquer d'être frappé de la manière de procéder de M. Mussolini. Les négociateurs italiens n'ayant pas obtenu de notre part, en ce qui concernait l'Éthiopie, la formule de désistement qu'ils souhaitaient, le chef du gouvernement donna l'ordre à ses experts de conclure néanmoins en se contentant de la phrase: « Le gouvernement français ne recherchera en Éthiopie la satisfaction d'autres intérêts que des intérêts économiques... » qui ne pouvait lui convenir, étant donné ses arrière-pensées. Nous savons en effet maintenant de la façon la plus indubitable par la publication du livre du maréchal de Bono « sur la préparation et les premières opérations » en Abyssinie que, dès 1933, M. Mussolini songeait à faire la guerre au Négus et qu'il était décidé à résoudre cette question avant la fin de 1936. Ainsi, le dictateur italien acceptait une rédaction qui, en elle-même, ne le garantissait nullement vis-à-vis de nous au cas où il entendrait s'emparer de l'Éthiopie par la violence. Il y avait donc beaucoup d'imprudence, étant donné les redoutables inconnues d'alors et l'incertitude où devait être l'Italie quant à notre attitude en cas de conflit, à attaquer comme elle l'a fait.

Mais M. Mussolini était convaincu que la France, au lendemain même des accords de Rome, ne serait pas moralement en mesure de s'opposer sérieusement à l'effort d'expansion tenté par l'Italie. Le Duce a spéculé sur le fait que nous hésiterions beaucoup à compromettre toute l'œuvre de rapprochement franco-italien et que par la force des choses nous serions amenés à tenter de jouer un rôle de médiateur entre la Grande-Bretagne et lui, ce qui faciliterait son action.

Le 30 décembre 1934 déjà, M. Mussolini avait établi personnellement « les directives et le plan d'action pour résoudre la question italo-abyssine ». Il notait dans ce travail la nécessité de faire vite, car « le temps travaille contre nous ». Quand le maréchal de Bono demande trois divisions pour octobre 1935, le chef du gouvernement lui répond le 8 mars qu'il lui en enverra dix. Et il ajoutait: «Egalement en vue d'éventuelles controverses internationales (Société des Nations, etc.), il est bon de hâter les événements».

Le 18 mai, le Duce exprimait encore beaucoup plus nettement ses vues: «On a même parlé d'une "démarche"... J'ai fait comprendre qu'à aucun prix nous ne reviendrions en arrière... Grâce à la nomination de deux arbitres du côté italien, nous pourrons nous en tirer au prochain conseil de la Ligue des Nations, mais en septembre il faudra recommencer. Il peut se faire alors que nous soyons dans la nécessité de rompre avec Genève. C'est précisément en raison de cette éventualité qu'il est absolument indispensable de ne pas changer la date d'octobre que nous avons fixée pour le début des opérations éventuelles. Il est indispensable que pour cette époque, tu aies sur place les dix divisions métropolitaines au complet». Et il ajoutait: «Tu dois te pourvoir de vivres et de munitions au moins pour trois ans, bien que cela semble absurde étant donné que des conventions formelles existent au sujet du passage du canal de Suez en temps de paix et en temps de guerre, mais il faut prévoir des difficultés de passage. A la Chambre des Communes, on a même parlé de fermeture du canal. Il faut se préparer toujours aux éventualités les plus pessimistes et les plus difficiles».

Lorsque M. Eden déclara au chef du gouvernement, au cours de son séjour à Rome, en juin, que son pays ne saurait admettre les prétentions excessives de l'Italie, M. Mussolini, sans chercher à se justifier, se contenta de lui répondre: «J'ai prévu, dans mes calcus, une tension certaine avec l'Angleterre». Et il écrivait aussitôt au quadrumvir alors à Asmara: «Tu peux imaginer ma réponse» aux propositions britanniques, poursuivant: «L'attitude anglais nous a servi au lieu de nous nuire... L'attaque devra être écrasante dès le premier moment... Tu n'as donc que cent vingt pour te préparer». L'entente avec la France, bien que rien dans ses stipulations écrites ne permît au Duce de raisonner ainsi, lui paraissait nous avoir suffisamment compromis pour que la volonté du cabinet de Londres pût être contrecarrée et même paralysée dans une certaine mesure.

Lors de l'ouverture des hostilités, le chef du gouvernement répète encore: «L'essentiel est de faire vite et de taper dur» et, le 29 septembre, il télégraphie au maréchal de Bono: «Aucune déclaration de guerre. Devant la mobilisation générale que le Négus a déjà annoncée officiellement à Genève, il faut absolument en finir avec les hésitations. Je t'ordonne de commencer la marche à l'aube du 3, je dis le 3». Ainsi se sont, précipités, par la volonté du chef du gouvernement italien, les événements pendant la période, assez courte cependant, qui va de janvier 1935 à octobre de la même année.

Nous avons là un exemple typique des procédés de M. Mussolini. N'est-il pas à craindre qu'avec l'Allemagne il ne cherche, le cas échéant, à faire quelque chose qui rappelle en beaucoup plus grave ce qu'il a réussi en se basant sur les conséquences psychologiques des accords du 7 janvier 1935? On peut toujours redouter que, si les circonstances lui paraissent favorables, le Duce ne s'efforce d'entraîner le Reich à sa suite, bon gré mal gré, à la faveur de tout déplacement ou déséquilibre momentané de forces en Europe, sans avoir préalablement défini, de façon précise, les modalités de cette collaboration. Et peut-être n'hésiterait-il pas alors à appliquer à la destinée même de l'Italie cette formule qu'il a empruntée à Nietzsche et donnée comme mot d'ordre au fascisme: « Vivre dangereusement », ce qui signifie, déclarait-il, le 2 août 1924, au palais de Venise, « être prêts à tout, à tout sacrifice, à tout danger, à toute action, quand il s'agit de défendre la patrie et le fascisme ».

9.
L'inizio del «canale segreto» italo-inglese:
i conservatori e l'Italia (luglio 1937)

N. 2911.   12 Luglio 1937-XV

Caro Galeazzo,

Sarà a Roma da mercoledí a sabato p. v. (14-17 luglio) l'Avv. Adriano Dingli, Consulente legale di questa Ambasciata.

Dingli è un patriota maltese che si è battuto sempre per la causa dell'italianità di Malta, al nostro fianco e con molta lealtà. Egli gode di solido prestigio tra i «barristers» londinesi, forse ricorderai il suo nome in connessione con la recente causa tra Banca d'Egitto e la pseudo Banca d'Etiopia, causa da lui condotta e che si è risolta in una brillante, completa vittoria per noi.

Da molti anni Dingli è socio del Carlton Club che – come Tu sai – è per cosí dire il Club ufficiale del Partito Conservatore, e che novera tra i suoi membri tutti gli alti e bassi papaveri dell'attuale Governo. Ed al Carlton Club Dingli si è costituito un'utile cerchia di amici politici, tra i quali gode simpatia e rispetto, ed un particolare prestigio derivante dalle sue note relazioni con l'Ambasciata d'Italia.

Ho fatto questa premessa per illustrare quanto sto ora per dirTi.

Qualche giorno fa Dingli – il quale già durante il periodo del conflitto italo-abissino ha avuto occasione di renderci utili servigi di sondaggio ed informazione – è stato avvicinato da Sir Joseph Ball, Capo dell'Organizzazione di Propaganda del Governo Nazionale, Capo Amministrativo e Consulente politico («Chief Adviser on Policy») del Partito Conservatore, e intimo amico di Chamberlain.

Ball ha tenuto a Dingli un lungo discorso sul sincero desiderio di Chamberlain di venire ad una completa e definitiva chiarificazione dei rapporti anglo-italiani, ed ha in sostanza chiesto a Dingli se egli sarebbe stato disposto ad assumere il compito di una missione a Roma per «accertare in via non ufficiale quale potrebbe essere il terreno migliore sul quale lavorare verso il ristabilimento di relazioni cordiali tra i due Paesi, prima di iniziare passi ufficiali». Chamberlain – ha precisato Ball – è assolutamente deciso a cercare la strada per una riconciliazione con l'Italia, «su basi permanenti», ma vuole prima sondare il terreno al di fuori del tramite ufficiale del Foreign Office. Ball ha aggiunto che l'Ambasciatore d'Italia a Londra doveva essere naturalmente messo al corrente preventivamente della cosa e richiesto confidenzialmente della sua assistenza.

In un successivo colloquio Ball avrebbe confermato a Dingli in termini abbastanza precisi che Chamberlain era al corrente dell'iniziativa. Pur insistendo sul carattere assolutamente non-ufficiale della missione, Ball ha tuttavia precisato che Dingli avrebbe dovuto cercare di «vedere il Ministro degli Affari Esteri Conte Ciano». A questo riguardo Ball ha dato a Dingli una lista degli argomenti sui quali doveva eventualmente tener parola al Conte Ciano, e che riassumo brevemente nei seguenti punti: possibilità di una estensione a tutto il campo delle relazioni italo-inglesi della «détente» nella campagna radio da una parte e dall'altra (Ball ha tenuto a insistere con Dingli sulla ottima impressione che nei circoli conservatori ha provocato l'assicurazione data dal Duce nei riguardi delle radiodiffusioni della Stazione di Bari); analoga «détente» per quanto concerne la stampa; possibilità di negoziare un patto regionale di non aggressione (Chamberlain – ha dichiarato Ball – è particolarmente favorevole alla stipulazione di patti regionali) nel Mediterraneo tra Inghilterra, Italia e Francia; preparare il terreno per il riconoscimento ufficiale della conquista italiana in Abissinia; situazione in Spagna. Ball ha concluso insistendo sul fatto che è Chamberlain il quale oggi guida la politica estera brittanica, e pregando Dingli di dare alla sua eventuale missione carattere di una certa urgenza.

Tu sai che io sono contrario in genere alle cosidette missioni private, le quali sono quasi sempre frutto della fantasia, della vanità o della presunzione di qualche individuo. Anche per questa cosidetta missione di Dingli io non sono proprio sicuro che essa rappresenti qualcosa di effettivamente serio. Anzi, dai primi controlli che ho fatto attraverso altre persone vicine a Chamberlain, non ritengo che l'iniziativa del Ball abbia, nello stadio attuale, quella effettiva importanza che l'ottimo Dingli ad essa attribuisce. Ciò a prescindere dal fatto che i «punti» indicati dal Ball, sopratutto quello relativo al Patto Regionale Mediterraneo, è cosa vecchia, stantia che il Duce – come Chamberlain sa benissimo – ha rigettato da tempo e sulla quale né Chamberlain né altri possono farsi illusioni, oggi assai meno che ieri.

Se io Ti prego di ricevere il Dingli, il quale è indubbiamente una persona seria, seppure modesta, e un sincero amico nostro, è soltanto perché ritengo utile – nel momento attuale – che egli possa tornare a Londra per riferire al Ball, e per esso al Comitato Direttivo del Partito Conservatore, che Tu l'hai ricevuto e che nella Tua responsabilità di Ministro degli Esteri, lo hai incoraggiato a continuare nella sua opera di propaganda per il chiarimento dei rapporti italo-brittanici, confermando ancora una volta, sia pure in modo generico, la volontà del Duce e Tua di una conciliazione definitiva e permanente coll'Inghilterra.

Questo a me serve, non presso Chamberlain personalmente, il quale sa benissimo quello che noi vogliamo e col quale ho stabilito contatti diretti e indiretti attraverso persone di calibro e di influenza ben maggiore di Ball e di Dingli, ma presso il Comitato Direttivo del Partito Conservatore. Per facilitare a Chamberlain il compito, bisogna anzitutto convincere e «catechizzare» coloro che gli stanno vicino. È già molto, nell'attuale situazione, che Chamberlain lasci fare. Qualche giorno fa Lord Stonehaven, che è stato sino a qualche mese fa per tutto il periodo Baldwin il vice-capo del Partito Conservatore, è venuto a trovarmi per ringraziare a nome di Chamberlain di quanto il Duce ha fatto per la stazione radio di Bari (la qual cosa, ha detto Stonehaven, ha «aiutato moltissimo il Primo Ministro»), e confermarmi direttamente da parte di Chamberlain la sua volontà ferma di chiarire in modo definitivo i rapporti coll'Italia, e per domandarmi di aiutarlo direttamente e indirettamente a preparare una situazione fra Roma e Londra, di fronte alla quale «i vecchi e i nuovi» che stanno al Foreign Office non «possano far nulla» (sono le sue parole) e ad essi non rimanga che prendere atto del fatto compiuto.

Dingli e Ball non sono quindi che elementi di un complesso e vasto servizio di pattuglie stabilito attorno a Chamberlain, ma che possono – essi pure come gli altri – essere assai utili. A tutti questi diversi amici di Chamberlain io dò naturalmente l'impressione che essi «sono i soli i quali possano ecc. ecc. e i soli di cui io abbia fiducia ecc. ecc.».

Aggiungi che nel campo dei conservatori di destra non c'è piú da raccogliere che poco o nulla. Li abbiamo strizzati per tutto quanto potevano dare durante l'anti-sanzionismo. Adesso sono diventati tutti dei bisbetici impossibili e si ritengono burlati e beffati, dopo l'Asse Roma-Berlino e le faccende di Spagna. Ti ho riferito a lungo di essi in numerose occasioni. È tra i Conservatori del centro e di sinistra fra cui sto lavorando e bisogna lavorare adesso. Essi rappresentavano ieri il *blocco* che sosteneva il binario Baldwin-Eden. Oggi essi costituiscono il blocco sul quale poggia oggi la forza di Chamberlain, il quale non intende affatto di dividere a mezzadria con Eden il potere, come faceva Baldwin. Bisogna quindi incunearsi nella «frattura» incipiente fra Eden e Chamberlain e allargarla piú che si può.

È quello che sto cercando di fare.

Non vi è dubbio che dal giorno che Chamberlain è diventato Primo Ministro molte cose nuove stanno muovendosi attorno e dentro al Foreign Office. C'è come un'atmosfera di malessere attorno alla persona di Eden e di Vansittart, malessere determinato dalla sempre piú chiara intenzione di Chamberlain di prendere gradatamente in mano la politica estera brittannica. Però Chamberlain è estremamente prudente in quanto che non vuole offrire a Eden il facile pretesto di qualche uscita di carattere clamoroso sulla base di interferenze nella sua responsabilità di Segretario di Stato.

L'indirizzo decisamente favorevole ad un riavvicinamento colla Germania è opera personale di Chamberlain. Questo indirizzo ha, come puoi immaginare, reso estremamente delicata, per non dire precaria, la posizione di Vansittart, la cui barca sta facendo piuttosto acqua. Eden, che è un politicante di una volubilità addirittura camaleontica, ha subito messo acqua sul suo vino antitedesco e cerca di seguire come può il nuovo indirizzo dato da Chamberlain. Però la sua astiosità anti-tedesca e anti-italiana e la sua collusione al cento per cento coi francesi mostrano visibilmente con quanta goffa fatica egli si lasci rimorchiare da Chamberlain, che non è Baldwin. Aggiungi che, mentre molti Membri del Gabinetto considerano il riavvicinamento colla Germania in funzione anti-italiana, Chamberlain ha un piano piú vasto e comprensivo. Chamberlain desidera il riavvicinamento colla Germania e contemporaneamente il riavvicinamento coll'Italia. Solo nel caso che quest'ultimo fallisca, il riavvicinamento colla Germania dovrebbe assumere una specie di contro garanzia e di contro assicurazione nei riguardi dell'Italia. Insomma, la personalità di Chamberlain si sta sviluppando a poco a poco e credo valga la pena di accompagnare questi sviluppi con estrema diligenza, incoraggiandoli ogni qual volta è necessario.

Ritengo che il momento si avvicini in cui noi potremo giocare nei confronti diretti dal Primo Ministro qualche carta grossa, superando sostanzialmente la persona di Eden e anche la mentalità di Vansittart, il quale, pur essendo orientato in un senso favorevole ad un'intesa coll'Italia, è cristallizzato nella vecchia mentalità anti-tedesca, e insiste ancora a considerare un'intesa anglo-italiana in funzione del suo piano di accerchiamento militare o politico della Germania.

Tutti questi punti saranno ripresi e sviluppati in un prossimo rapporto che io Ti invierò prossimamente. La situazione è, Ti ripeto, allo stato di crisalide, e non manca di elementi interessanti.

Per ora Ti sarei grato di rimandarmi indietro Dingli a Londra caricato a dovere. Poi vedremo.

Tuo, con affettuosa amicizia.

                                 Dino Grandi

A Sua Eccellenza il Conte
Galeazzo Ciano di Cortellazzo
Ministro degli Affari Esteri
Roma

10.
Roosevelt e l'Italia (luglio 1937)

Ambasciata d'Italia
TELESPRESSO N. 4843/1301
R. MINISTERO DEGLI AFFARI ESTERI
ROMA

Washington, 30 luglio 1937 - Anno XV

A I.10 S.U.
Udienza del Presidente Roosevelt.

Il colloquio è durato circa mezz'ora. Dapprima il Presidente mi ha intrattenuto sui suoi ricordi personali dell'Italia e mi ha detto di essere grato al Duce ed al Governo Italiano per le cortesie usate a sua madre ed a suo figlio durante la loro recente permanenza in Italia. Mi ha detto che egli era un ammiratore del Duce che considerava il vero restauratore dell'unità del paese e della nuova grandezza dell'Italia.

Dopo avermi fatto leggere la lettera che egli indirizza al Capo del Governo, mi ha detto che Mussolini deve passare alla storia non soltanto come il restauratore delle fortune della sua patria ma anche come il costruttore di una migliore forma di convivenza tra i popoli. Egli accarezza sempre l'idea di un suo incontro col Duce ed è sicuro che se potesse avere con lui un'ampia e profonda discussione sui maggiori problemi e su quelli che si prospettano per l'avvenire, molto bene si potrebbe fare per la sorte dei nostri paesi ed anche del resto del mondo. Egli si rende conto che ci sono due difficoltà molto gravi: una è quella della situazione politica attuale che non pare molto favorevole per delle intese di carattere generale; la seconda è una ragione che egli chiama fisica, cioè la distanza materiale che esiste fra i nostri due paesi. Non è, egli pensa, possibile per il momento di poter andare in Europa né ritiene che Mussolini intenda venire in America; rimangono tuttavia altre possibilità di incontro alle quali mi ha già in passato accennato. Egli ha avuto occasione di parlare di questa sua idea a Van Zeeland durante la recente visita di quest'ultimo in America, e Van Zeeland ha riconosciuto che una presa di contatto fra i due uomini potrebbe essere della massima importanza per chiarire la situazione mondiale, tanto più che Van Zeeland riconosce che l'Italia rappresenta oggi la posizione chiave per la soluzione dei problemi europei. A proposito di tale incontro però Van Zeeland ha il dubbio che il colloquio non potrebbe essere limitato fra Mussolini e Roosevelt senza suscitare qualche diffidenza in altri paesi. A conclusione di questo punto dirò di avere avuto l'impressione che il Presidente Roosevelt consideri questa possibilità di un incontro con grande favore e ci dia moltissimo peso, ma che non la ritenga realizzabile nell'attuale momento.

Parlandomi poi di politica generale, egli mi ha espresso l'opinione che nel momento presente non si possa pensare a convocare una conferenza mondiale di carattere economico; le opinioni sono troppo divise ed i malintesi sono troppo profondi perché si possa pensare che questi siano risolti per il semplice fatto di mettere dei delegati a sedere attorno ad un tavolo, e questa sua opinione egli l'ha fatta sapere anche a Van Zeeland.

Il Presidente è di opinione che tutti i nostri sforzi devono tendere a migliorare la situazione ma l'attività per ora non può svolgersi che in un campo preparatorio. Mi ha detto che, sebbene l'America oggi abbia fatto uno dei capisaldi della sua politica il miglioramento dei rapporti economici fra i popoli, egli è persuaso che nessun risultato stabile e proficuo si possa ottenere in tale campo se non si proceda prima a una limitazione degli armamenti. Svolgendo tale suo concetto egli ha messo in rilievo che qualunque accordo economico sarebbe sconvolto il giorno in cui o per accordo o per esaurimento si dovesse passare, attraverso delle gravissime crisi, dall'economia industriale di guerra a quella di pace. Meglio perciò pensarci fino a che si è in tempo per non lasciare che le cose arrivino a un punto tale che tale crisi sia inevitabile nelle forme più acute.

L'America, anche se non prende delle iniziative, è sempre pronta a collaborare in ogni movimento che tenda al fine suddetto.

Avendo il Presidente nella sua esposizione fatto un accenno alla tendenza alle autarchie economiche, io ho avuto modo di chiarirgli come l'Italia sia in tale riguardo in una situazione di necessità, come è stato dimostrato dall'esperienza nel periodo delle sanzioni. D'altra parte la tendenza autarchica italiana non significava per nulla una tendenza all'isolazionismo dell'Italia dagli altri paesi nel campo economico; essa tende soltanto a creare un minimo di garanzia e di indipendenza per le esigenze della sicurezza nazionale. Il Presidente mi ha detto di comprendere questo punto di vista italiano e di aver l'impressione che l'economia italiana sia posta su basi sane. Egli teme invece che in altri paesi, come in Germania, i rapporti economici siano posti su una base puramente artificiale che non possa costituire un punto di partenza per una sistemazione permanente. Mi ha citato di nuovo Van Zeeland per dirmi che, secondo l'opinione di quest'ultimo, la situazione economica della Germania peggiora ogni anno che passa. Ha concluso col dirmi che quando veramente si potesse uscire dall'attuale stato caotico ed avviarci verso una sistemazione generale, bisognerà prendere in riguardo tutti i problemi fra cui quello di assicurare il rifornimento delle materie prime agli Stati che ne sono sprovvisti, problema a cui egli dà la massima importanza.

Avendogli io nel corso della conversazione accennato che in Italia la popolazione si dimostra tranquilla e soddisfatta del modo come vanno le cose, egli mi ha osservato che altrettanto avveniva in America e che non dovevo pensare il contrario per le recriminazioni e l'apparente malcontento di qualche gruppo politico e di parte della stampa. Se si fosse dovuto giudicare secondo l'impressione della stampa prima delle elezioni, si sarebbe dovuto ritenere che non egli

10. Roosevelt e l'Italia (luglio 1937)

ma Landon dovesse essere il vincitore della campagna. Egli è persuaso di avere sempre dietro a sé la gran massa del paese la quale approva ed appoggia la sua politica. Gli ho risposto che effettivamente anche per mia esperienza mi ero persuaso che non bisognava dare troppo peso alle vociferazioni della stampa.

Nel congedarmi il Presidente ha detto che egli fermamente sperava che i nostri due paesi potessero trovarsi fianco a fianco a collaborare in un compito di ricostruzione mondiale.

Il Presidente ha improntato il colloquio a una nota di grande cordialità e nei ripetuti richiami che egli ha fatto al Duce ed alla sua politica si è espresso sempre nel tono della massima simpatia.

Dal complesso della conversazione ho avuto l'impressione che il Presidente sia in un periodo di attesa e di incertezza, combattuto fra il desiderio di voler fare qualche cosa per il miglioramento della situazione generale e l'esitazione a prendere qualsiasi iniziativa che potrebbe tradursi in un insuccesso. Tale suo stato d'animo può essere determinato anche dalla situazione in Estremo Oriente che preoccupa gravemente il Presidente ed il Governo americano ponendo per ora in secondo piano tutte le altre questioni.

Il Presidente mi ha anche detto che egli era lieto che avessi occasione di andare in Italia per poter parlare direttamente col Capo del Governo e mi ha invitato a dargli notizia non appena fossi ritornato in America.

F.to Suvich

11.
La «dichiarazione sulla razza» approvata dal Gran Consiglio
(6 ottobre 1938)

Il Gran Consiglio del Fascismo, in seguito alla conquista dell'Impero, dichiara l'attualità urgente dei problemi razziali e la necessità di una coscienza razziale. Ricorda che il Fascismo ha svolto da sedici anni e svolge un'attività positiva, diretta al miglioramento quantitativo e qualitativo della razza italiana, miglioramento che potrebbe essere gravemente compromesso, con conseguenze politiche incalcolabili, da incroci e imbastardimenti.

Il problema ebraico non è che l'aspetto metropolitano di un problema di carattere generale.

Il Gran Consiglio del Fascismo stabilisce:

a) il divieto di matrimoni di italiani e italiane con elementi appartenenti alle razze camita, semita e altre razze non ariane;

b) il divieto per i dipendenti dello Stato e da Enti pubblici – personale civile e militare – di contrarre matrimonio con donne straniere di qualsiasi razza;

c) il matrimonio di italiani e italiane con stranieri anche di razze ariane, dovrà avere il preventivo consenso del Ministero dell'Interno;

d) dovranno essere rafforzate le misure contro chi attenta al prestigio della razza nei territori dell'Impero.

Ebrei ed ebraismo.

Il Gran Consiglio del Fascismo ricorda che l'ebraismo mondiale – specie dopo la abolizione della massoneria – è stato l'animatore dell'antifascismo in tutti i campi e che l'ebraismo estero o italiano fuoruscito è stato – in taluni periodi culminanti come nel 1924-25 e durante la guerra etiopica – unanimemente ostile al Fascismo.

L'immigrazione di elementi stranieri – accentuatasi fortemente dal 1933 in poi – ha peggiorato lo stato d'animo degli ebrei italiani, nei confronti del Regime, non accettato sinceramente, poiché antitetico a quella che è la psicologia, la politica, l'internazionalismo d'Israele.

Tutte le forze antifasciste fanno capo ad elementi ebrei; l'ebraismo mondiale è, in Spagna, dalla parte dei bolscevichi di Barcellona.

Il divieto d'entrata e l'espulsione degli ebrei stranieri.

Il Gran Consiglio del Fascismo ritiene che la legge concernente il divieto d'ingresso nel Regno, degli ebrei stranieri, non poteva piú oltre essere ritardata, e che l'espulsione degli indesiderabili – secondo il termine messo in voga e applicato dalle grandi democrazie – è indispensabile.

Il Gran Consiglio del Fascismo decide che oltre ai casi singolarmente controversi che saranno sottoposti all'esame dell'apposita commissione del Ministero dell'Interno, non sia applicata l'espulsione nei riguardi degli ebrei stranieri i quali:

a) abbiano un'età superiore agli anni 65;
b) abbiano contratto un matrimonio misto italiano prima del 1° ottobre XVI.

Ebrei di cittadinanza italiana.

Il Gran Consiglio del Fascismo, circa l'appartenenza o meno alla razza ebraica, stabilisce quanto segue:

a) è di razza ebraica colui che nasce da genitori entrambi ebrei;
b) è considerato di razza ebraica colui che nasce da padre ebreo e da madre di nazionalità straniera;
c) è considerato di razza ebraica colui che, pur essendo nato da un matrimonio misto, professa la religione ebraica;
d) non è considerato di razza ebraica colui che è nato da un matrimonio misto, qualora professi altra religione all'infuori della ebraica, alla data del 1° ottobre XVI.

Discriminazione tra gli ebrei di cittadinanza italiana.

Nessuna discriminazione sarà applicata – escluso in ogni caso l'insegnamento nelle scuole di ogni ordine e grado – nei confronti di ebrei di cittadinanza italiana – quando non abbiano per altri motivi demeritato – i quali appartengono a:

1) famiglie di Caduti nelle quattro guerre sostenute dall'Italia in questo secolo: libica, mondiale, etiopica, spagnola;
2) famiglie dei volontari di guerra nelle guerre libica, mondiale, etiopica, spagnola;
3) famiglie di combattenti delle guerre libica, mondiale, etiopica, spagnola, insigniti della croce al merito di guerra;
4) famiglie dei Caduti per la Causa fascista;
5) famiglie dei mutilati, invalidi, feriti della Causa fascista;

6) famiglie di Fascisti iscritti al Partito negli anni '19-20-21-22 e nel secondo semestre del '24 e famiglie di legionari fiumani;

7) famiglie aventi eccezionali benemerenze che saranno accertate da apposita commissione.

Gli altri Ebrei.

I cittadini italiani di razza ebraica, non appartenenti alle suddette categorie, nell'attesa di una nuova legge concernente l'acquisto della cittadinanza italiana, non potranno:

a) essere iscritti al Partito Nazionale Fascista;
b) essere possessori o dirigenti di aziende di qualsiasi natura che impieghino cento o piú persone;
c) essere possessori di oltre cinquanta ettari di terreno;
d) prestare servizio militare in pace e in guerra.

L'esercizio delle professioni sarà oggetto di ulteriori provvedimenti.

Il Gran Consiglio del Fascismo decide inoltre:

1) che agli ebrei allontanati dagli impieghi pubblici sia riconosciuto il normale diritto di pensione;

2) che ogni forma di pressione sugli ebrei, per ottenere abiure, sia rigorosamente repressa;

3) che nulla si innovi per quanto riguarda il libero esercizio del culto e l'attività delle comunità ebraiche secondo le leggi vigenti;

4) che, insieme alle scuole elementari, si consenta l'istituzione di scuole medie per ebrei.

Immigrazione di ebrei in Etiopia.

Il Gran Consiglio del Fascismo non esclude la possibilità di concedere, anche per deviare la immigrazione ebraica dalla Palestina, una controllata immigrazione di ebrei europei in qualche zona dell'Etiopia.

Questa eventuale e le altre condizioni fatte agli ebrei, potranno essere annullate o aggravate a seconda dell'atteggiamento che l'ebraismo assumerà nei riguardi dell'Italia fascista.

Cattedre di razzismo.

Il Gran Consiglio del Fascismo prende atto con soddisfazione che il Ministro dell'Educazione Nazionale ha istituito cattedre di studi sulla razza nelle principali Università del Regno.

11. La «dichiarazione sulla razza»

Alle Camicie Nere.

Il Gran Consiglio del Fascismo, mentre nota che il complesso dei problemi razziali ha suscitato un interesse eccezionale nel popolo italiano, annuncia ai Fascisti che le direttive del Partito in materia sono da considerarsi fondamentali e impegnative per tutti e che alle direttive del Gran Consiglio devono ispirarsi le leggi che saranno sollecitamente preparate dai singoli Ministri.

12.

Il «patto d'acciaio» (22 marzo 1939)

Patto di amicizia e di alleanza fra l'Italia e la Germania:
Sua Maestà il Re d'Italia e di Albania, Imperatore di Etiopia, e il Cancelliere del Reich tedesco ritengono giunto il momento di confermare con un Patto solenne gli stretti legami di amicizia e di solidarietà che esistono tra l'Italia fascista e la Germania nazionalsocialista.

Considerato che, con le frontiere comuni, fissate per sempre, è stata creata tra l'Italia e la Germania la base sicura per un reciproco aiuto ed appoggio, i due Governi riconfermano la politica, che è stata già da loro precedentemente concordata nelle sue fondamenta e nei suoi obiettivi e che si è dimostrata altamente proficua tanto per lo sviluppo degli interessi dei due Paesi quanto per la sicurezza della pace in Europa.

Il popolo italiano ed il popolo tedesco, strettamente legati fra loro dalla profonda affinità delle loro concezioni di vita e dalla completa solidarietà dei loro interessi, sono decisi a procedere anche in avvenire l'uno a fianco dell'altro e con le loro forze unite per la sicurezza del loro spazio vitale e per il mantenimento della pace.

Su questa via indicata dalla Storia, l'Italia e la Germania intendono, in mezzo ad un mondo inquieto ed in dissoluzione, adempiere al loro compito di assicurare le basi della civiltà europea.

Allo scopo di fissare, a mezzo di un Patto, questi principî, hanno nominato loro Plenipotenziari:

Sua Maestà il Re d'Italia e di Albania, Imperatore di Etiopia: il Ministro degli Affari Esteri Conte Galeazzo Ciano di Cortellazzo.

Il Cancelliere del Reich tedesco: il Ministro degli Affari Esteri Sig. Joachin von Ribbentrop.

I quali, dopo essersi scambiati i loro Pieni Poteri, trovati in buona e debita forma, hanno convenuto i seguenti articoli:

Art. 1. Le Parti Contraenti si manterranno permanentemente in contatto allo scopo di intendersi su tutte le questioni relative ai loro interessi comuni o alla situazione generale europea.

Art. 2. Nel caso in cui gli interessi delle Parti Contraenti siano minacciati da avvenimenti internazionali di qualsiasi natura, Esse inizieranno immediatamente consultazioni sulle misure da adottare per la tutela di questi loro interessi.

Qualora la sicurezza o altri interessi vitali di una delle Parti Contraenti dovessero essere minacciati dall'esterno, l'altra Parte Contraente darà alla Parte minacciata il suo pieno appoggio politico e diplomatico allo scopo di eliminare questa minaccia.

Art. 3. Se, malgrado i desideri e le speranze delle Parti Contraenti, dovesse accadere che una di Esse venisse trascinata in complicazioni belliche con un'altra o con altre Potenze, l'altra Parte Contraente si porrà immediatamente come Alleato al suo fianco e la sosterrà con tutte le sue forze militari per terra, per mare e nell'aria.

Art. 4. Allo scopo di assicurare, per il caso previsto, la rapida applicazione degli obblighi di alleanza assunti con l'art. 3, i Governi delle due Parti Contraenti approfondiranno maggiormente la loro collaborazione nel campo militare e nel campo dell'economia di guerra.

Analogamente i due Governi si terranno costantemente in contatto per l'adozione delle altre misure necessarie all'applicazione pratica delle disposizioni del presente Patto.

I due Governi costituiranno, agli scopi indicati nei summenzionati paragrafi 1 e 2, Commissioni Permanenti, che saranno poste sotto la direzione dei due Ministri degli Affari Esteri.

Art. 5. Le Parti Contraenti si obbligano fin da adesso, nel caso di una guerra condotta insieme, a non concludere armistizio e pace se non di pieno accordo fra loro.

Art. 6. Le due Parti Contraenti, consapevoli dell'importanza delle loro relazioni comuni con le Potenze loro amiche, sono decise a mantenere e a sviluppare di comune accordo, anche in avvenire, queste relazioni, in armonia con gli interessi concordanti che le legano a queste Potenze.

Art. 7. Questo Patto entra in vigore immediatamente al momento della firma. Le due Parti Contraenti sono d'accordo nello stabilire a dieci anni il primo periodo della sua validità. Esse prenderanno accordi in tempo opportuno, prima della scadenza di questo termine, circa il prolungamento della validità del Patto.

In fede di che, i Plenipotenziari hanno firmato il presente atto e vi hanno apposto i loro sigilli.
Fatto in doppio originale, in lingua italiana e in lingua tedesca, i due testi facendo egualmente fede.

13.

Appunti e lettera-relazione di G. Bottai
per Ciano e Mussolini (luglio 1940)

a) Appunto per Ciano.   13 luglio 1940

Ritengo che tu gradisca che io ti sottoponga alcune considerazioni, che sono andato facendo, in questi ultimi tempi, intorno ai problemi, che la vittoria militare porrà in ordine all'organizzazione della pace e alla stesura dei suoi strumenti internazionali. Sono idee, che avrai già avuto, di certo, o che almeno in parte potrai giudicare superflue; tuttavia, vorrai apprezzare l'animo con cui te le espongo.

Il trattato di Versaglia oltre il contenuto militare, territoriale, economico, ebbe anche un contenuto ideologico. Come si volle che la guerra fosse democratica cioè della democrazia contro avverse forze non ancora bene identificate, cosí si volle che la pace fosse democratica, iniziasse, cioè, un nuovo periodo di splendore per i principî della democrazia, giunti ormai alla piú alta espressione con il radicalismo massonico internazionale. Difatti, la grande esecutrice di Versaglia, piú della Società delle Nazioni e dei singoli Stati interessati o obbligati, doveva essere la Massoneria, vera superpotenza internazionale capace di influire fortemente cosí sulle relazioni degli Stati tra loro come sulla struttura e la vita degli Stati stessi.

La Costituzione di Weimar e quella della Cecoslovacchia furono gli strumenti civili e i paradigmi giuridici della vittoria democratica nata a Versaglia. Politici e giuristi furono distratti dalle iniquità sostanziali di Versaglia a profitto della egemonia anglofrancese con il miraggio delle democraticissime costituzioni predette e con un'abilissima propaganda che li fissò sui problemi formali del nuovo ordine internazionale, piuttosto che su quelli sostanziali. Mussolini è stato il primo a denunciare Versaglia come pericolo e non garanzia della pace e della giustizia nel mondo.

Da questa premessa discende, che il trattato di pace che metterà fine alla presente guerra deve avere anch'esso il suo contenuto ideologico, perché effettivamente tramonta un'epoca ed un'altra ne sorge. Tramonta l'epoca che aveva i suoi testi e i suoi pilastri nella Magna Charta inglese, nella Costituzione americana, nella Dichiarazione dei diritti dell'Uomo, nella Costituzione di Weimar ed in quella di Praga, sorge il secolo che possiamo dire comprensivamente fascista.

1) Necessità, quindi, che in una premessa o parte del Trattato vi sia questa Dichiarazione dei nuovi principî, che sia come lo statuto politico dell'ordine nuovo. Dichiarazione tanto piú necessaria quando si pensi non solo a quelle autorevolissime da costituire, ma a quella insidiosissima che rimane nel nome della Russia. Questo è un particolare, che man mano rivelerà le sue vere proporzioni. La Costituzione russa, che già fu salutata come la piú democratica del mondo, potrebbe assumere la funzione di miraggio per le borghesie e gli intellettuali afascisti o antifascisti, come il bolscevismo russo è il miraggio delle folle dei diseredati di tutto il mondo.

2) Come il Trattato di Versaglia dedicò la sua Parte XIII ai problemi sociali e del lavoro, cosí il Trattato dell'Asse dovrebbe enunciare i principî fascisti dell'organizzazione e della piú alta giustizia sociale.

L'Italia ha già i suoi testi per le relazioni interne e quelle esterne: la Carta del Lavoro e le proposte ripetutamente illustrate a Ginevra da me per un Consiglio corporativo internazionale. Sono del parere che il BIT, come funzione, non dovrebbe essere disperso, bensí trasformato in un grande Centro di studi e di informazioni sociali con sede a Roma o in altra città italiana, comprensivo anche dell'ufficio Gioia e Lavoro ora a Berlino. L'Italia di Mussolini è stata la prima ad elaborare nuovi principî di convivenza sociale, a difenderli contro la vecchia organizzazione ginevrina; è giusto che ospiti il nuovo istituto.

Circa l'attività e la competenza del progettato Centro tenere presenti le intime relazioni esistenti tra il sociale e l'economico e l'esperienza già fatta dal BIT nei confronti della Sezione economica della SdN.

Può darsi che nella formulazione della Carta internazionale del lavoro le Potenze dell'Asse non si trovino perfettamente d'accordo, date le profonde differenze tra i due sistemi di organizzazione dei produttori, esistenti nei due paesi. Non è però difficile l'accordo, a condizione che siano esplicitamente sanciti il principio del sindacato giuridicamente riconosciuto, che è veramente il grande principio critico della Rivoluzione del 1789, ed il principio corporativo come sistema di formazione degli organi rappresentativi e direttivi della vita interna.

Naturalmente l'Italia dovrebbe riformare molti dei suoi ordinamenti attuali, per offrire un esempio incoraggiante di nuova organizzazione statuale e sociale. Ministeri, Corporazioni, Confederazioni, Enti parastatali, parasindacali, pubblici in genere dovrebbero essere sottoposti, insieme con l'ordinamento della burocrazia, ad una profonda, organica revisione con l'intento di semplificare, snellire e potenziare tutte le pubbliche funzioni, specie quelle inerenti alla vita economica della Nazione.

3) Il nuovo Trattato di pace conterrà certamente stipulazioni finanziarie ed economiche. Solo un'equa distribuzione delle materie prime fondamentali potrà seriamente garantire da egemonie. Lo scambio tra prodotti o servizi quantitativamente bilanciato costituisce un equilibrio fallace ed illusivo perché è sempre piú forte chi possiede le materie di maggior pregio.

Ciò valga anche per le indiscrezioni pubblicate sul compito affidato al Dott.

Schacht. L'organizzazione economica dell'Europa, unitariamente intesa, deve indubbiamente poggiare sul principio della complementarità delle economie; ma v'è modo e modo di applicare questo principio. V'è un modo statico, desunto cioè dalla configurazione economica di un Paese in un determinato momento, e v'è un modo dinamico, desunto cioè da una considerazione delle capacità e delle necessità economiche di un Paese valutate relativamente al peso politico, morale del Paese stesso.

Con il primo modo si organizza una supremazia dei Paesi industriali su quelli agricoli, con il secondo un sistema di collaborazione che, sotto la spinta del principio autarchico nazionale corretto da una ben intesa esigenza di costi comparati, favorisce il progresso economico di tutti e di ciascuno.

Naturalmente anche in questo campo l'Italia dovrebbe compiere una coraggiosa revisione delle sue posizioni per tendere al miglioramento della qualità ed alla riduzione dei prezzi di molte sue produzioni autarchiche, se vuole incrementare il suo commercio estero e normalizzare quello interno che presenta, ormai, tutte le caratteristiche dei regimi monopolistici.

4) Allo studio di tutti questi problemi non è bene far partecipare esclusivamente gli organi dell'amministrazione dello Stato e non pure quanti per la loro attività scientifica e professionale hanno acquistato una speciale competenza e riconosciuta fama. Poiché la grande maggioranza di costoro appartengono alle categorie dei docenti universitari, è evidente il grande contributo che il Ministero dell'Educazione Nazionale potrebbe dare al DUCE ed agli organi da Lui designati. È desiderabile, che quanti s'accingano, per ordine del DUCE, a studiare questi problemi lo facciano in collaborazione con l'Università, i cui rappresentanti in seno a eventuali Commissioni è bene siano designati e scelti con la collaborazione mia e dei miei uffici.

b) Appunto per Mussolini.
19 luglio 1940

L'Italia, in collaborazione con la sua alleata, dovrà tra poco dirigere i destini dell'Europa «fascista o fascistizzata». All'uopo dovranno essere, forse, accentuati taluni modelli politici, giuridici, sociali ed economici, già costruiti dal Fascismo; mentre altri, in vista delle nuove esigenze, dovranno esserne creati.

Il fronte rivoluzionario del pensiero, tra le cue file militano i piú autentici combattenti, alimentato dalla fede e dallo studio, anela di porsi ai Vostri ordini per valorizzare la Vittoria, consolidare la Rivoluzione e riaffermare le piú nobili tradizioni fasciste anche nella ricostruzione economica dell'Europa.

Già i camerati dell'Asse hanno iniziato l'esame di taluni settori. In un congresso di docenti tenuto a Weimar, nei primi giorni di luglio, sono stati trattati temi attinenti alla «Scienza economica nella guerra di rivoluzione». Il convegno, dopo avere affermato, che occorre sostituire al morto sistema una nuova vitale costruzione, pone, tra l'altro, una concezione degli scambi internazionali basata, come in Italia e in Germania, non sulla signoria del *prezzo piú economico* e della *concorrenza*, ma sul principio del *giusto prezzo*. In materia politica, il Rosenberg ha esaminati i criteri, ai quali si dovrà ispirare la vita del nord-Europa. Altri studiosi si sono occupati delle trasformazioni formali e strutturali alle quali dovranno adeguarsi gli istituti e le associazioni internazionali modellati finora sulla Società delle Nazioni. Altri hanno trattato del concetto di valore rappresentato non piú dall'oro e dal capitale, ma dalla produzione e dal lavoro; in armonia con queste premesse sono anche state tracciate le caratteristiche della moneta-segno.

Una nostra gradita collaborazione a questa opera di severa dottrina potrebbe essere utilissima dopo che all'interno del Paese fosse stata individuata ed esaminata la materia. Gli studiosi dei problemi etnici, geografici, culturali e storici potrebbero offrire importanti elementi alla ricostruzione. Nel campo economico e giuridico l'equilibrio degli scambi, il prezzo, le barriere doganali, la giustizia sociale, la moneta, la finanza, la banca, l'ammasso, l'autarchia, il regime coloniale, e, in special modo il sistema corporativo, esaminati dall'angolo visuale della Vittoria dell'Asse, possono dar luogo a considerazioni teoriche nuove, non prive di utilità per le pratiche applicazioni.

I docenti delle Università italiane considererebbero come loro piú ambito privilegio cimentarsi, su Vostre direttive, ad una ricognizione generale della dottrina fascista, raggrupparla in settori e prospettare, da un punto di vista rigorosamente teorico, i possibili orientamenti. I temi sarebbero preventivamente sottoposti al Vostro giudizio e il lavoro non dovrebbe, penso, assumere la forma esteriore di un convegno. Sarebbe compiuto a celerissime tappe, in composto silenzio, nel concluso ambito accademico, e Vi sarebbero poi presentate le conclusioni, che potrebbero rimanere riservate fino a che Voi lo giudichiate opportuno; od anche essere esaminate o discusse da altri settori del Regime.

La giovane generazione dei docenti delle nostre Università, educata al costume fascista nel clima fascista, si sente anche essa una milizia ai Vostri ordini e, come tale, chiede di servirVi. Se l'esperimento, come io ritengo, sarà fecondo, potrete, successivamente, esaminare l'opportunità di porre i migliori elementi a contatto con i camerati docenti tedeschi per unificare, in feconda e leale collaborazione, taluni principî teorici che dallo studio saranno affiorati e che Voi avrete ritenuti conformi allo spirito della dottrina fascista.

c) *Lettera-relazione per Mussolini.*

20 luglio 1940

DUCE,

ritengo mio dovere farTi un rapporto, desunto da mie osservazioni e deduzioni circa l'attuale momento politico e il compito particolare della cultura italiana nella preparazione della pace, desunte da miei contatti d'ufficio con il mondo universitario italiano. Forse, non avranno alcun interesse per lo svolgimento del Tuo pensiero; ma le vorrai considerare per quel poco che valgono.

Prima di entrare in argomento occorre premettere alcune osservazioni sulle tendenze politiche della nostra cultura e sul suo atteggiamento nei riguardi del Fascismo. Poiché, se è vero che in venti anni di Fascismo le nuove concezioni hanno sempre piú inciso sulla vita del Paese trasformandola radicalmente, è pur vero che, per quel che riguarda la cultura, si è venuto via via approfondendo un contrasto, che ha irrigidito gli intellettuali in uno sterile conservatorismo. Di un movimento culturale fascista si è potuto parlare nei primi anni della rivoluzione, sulla base di alcuni elementi nazionalistici e idealistici, concretatisi nelle riforme del 1925 e poi sboccati nelle prime affermazioni del corporativismo, prima e dopo la *Carta del Lavoro*. Col declino del nazionalismo e dell'idealismo il movimento culturale fascista si è orientato poi in senso sempre piú corporativistico, sviluppando il lato piú propriamente rivoluzionario della nuova concezione sociale. È stato, forse, questo il periodo piú fecondo della collaborazione: quella frazione della cultura italiana che vi ha partecipato è riuscita a porsi davvero su un piano rivoluzionario e a costringere la piú grande frazione conservatrice a scendere sul terreno della polemica e a collaborare anch'essa indirettamente. Gli anni che vanno dal 1932 al 1935 sono da questo punto di vista i piú ricchi di risultati e la nostra ideologia rivoluzionaria ha avuto allora un'influenza notevole anche all'estero, in primo luogo sul nazionalsocialismo, che, giunto al potere nel 1933, si rivolgeva al Fascismo per seguirne l'esempio.

Ma, sopravvenuta la guerra d'Etiopia, la cultura italiana ha taciuto rinunciando a ogni ulteriore collaborazione. Sul piano speculativo la critica sempre piú rigorosa condotta contro l'idealismo lo ha estraniato definitivamente dal processo rivoluzionario. Sul piano sociale la fine della discussione intorno ai principî del corporativismo ha arrestato l'elaborazione della nuova scienza politica ed economica. Messa a tacere la minoranza rivoluzionaria, la vecchia cultura conservatrice si è trovata senza avversarî e si è rafforzata nelle sue posizioni, mascherandosi in gran parte con un ossequio estrinseco e adulatorio nei confronti del Regime.

Siamo giunti cosí al settembre scorso. Quattro anni di silenzio ostile della cultura non potevano non influire sulla coscienza della Nazione. Sempre piú antirivoluzionaria, la classe intellettuale si ritirava nelle posizioni piú tradizionali: liberalismo e cattolicismo. D'altra parte le esigenze della rivoluzione sul piano politico, non secondate dal movimento culturale, erano costrette a far leva sulle ideologie del nazionalsocialismo, che procedeva rapidamente nel suo cammino. Questa necessità di fatto accentuava a sua volta l'ostilità della cultura e alimentava un movimento di reazione che si estendeva fino alle classi popolari. Nulla di strano quindi, se, scoppiata la guerra, pressoché tutta l'Italia si è trovata anglofila e francofila, antitedesca e antirivoluzionaria.

[Mancano nove righe illeggibili per deterioramento nell'originale].

La colpa del disorientamento ricade nella massima parte sul mondo intellettuale; e ben si spiega il disprezzo con cui la cultura è guardata da chi ha fede rivoluzionaria. Ma è pur vero che, nel campo della cultura, esistono degli elementi preparati ideologicamente e scientificamente ai compiti della Rivoluzione e che su di essi si potrebbe far leva per rinnovare dall'interno, un mondo da cui non si può prescindere. Chi vive nella scuola sa che escono ogni anno da essa tanti giovani che attendono invano di essere orientati per lavorare, *con serietà scientifica*, a un'opera di ricostruzione. Accompagnando con un atteggiamento di diffidenza tutto il mondo della cultura e non discriminando in esso il vecchio e il nuovo, si corre il rischio di abbandonare i giovani alla forza della tradizione e di alimentare in essi lo stesso spirito di ostilità che anima i vecchi.

Questa premessa mi è sembrata necessaria per chiarire quello che a me sembra il compito di oggi. Spiritualmente impreparati e disorientati siamo forse alla vigilia della pace, con la coscienza che vincere la pace è cosa affatto diversa dal vincere la guerra. Ora credo che si possa senz'altro affermare che *vincerà la pace chi saprà meglio fare la Rivoluzione*, chi saprà offrire al mondo, in termini precisi e concreti, ideologicamente e tecnicamente, il programma rivoluzionario piú comprensivo, che, saldando il processo tra il vecchio e il nuovo, riesce a guadagnare la fiducia dei vincitori e dei vinti. E per far questo occorre uscire subito dal disorientamento, *mettersi al lavoro e presentarci accanto alla Germania, anzi prima di tutto alla Germania, con idee chiare e di ampio respiro*.

Ma, intanto, per quel che mi pare di vedere attraverso qualche sintomo, sia pure vago ed impreciso, e qualche commento ai piani di ricostruzione circolanti nella stampa tedesca, si va delineando una tendenza a chiudere il problema della pace nel problema particolaristico della pace italiana e a giuocare senza chiara consapevolezza su un concetto equivoco di autarchia. Ho timore, insomma, che si ripeta sul piano della pace quello stesso errore che, senza il Tuo energico intuito si poteva compiere sul piano della guerra: lasciare sola la Germania e lasciarci sfuggire l'iniziativa rivoluzionaria.

La Germania ha due modi di fare la pace e di realizzare la propria vittoria: uno conservatore e plutocratico, l'altro rivoluzionario e corporativo. Nel primo caso resterà la Germania imperialista di fronte a un'Europa piú o meno vassalla, in una nuova sorta di equilibrio instabile e in un'irriducibile contrapposizione di ideologie e di programmi. Nel secondo, assolverà una funzione di carattere internazionale – europea e piú che europea – realizzando un ordine nuovo, in una comunanza di principî ideali e di interessi, per cui il benessere della Germania sarà condizionato dal benessere degli altri Paesi.

Quale dei due modi prevarrà? Il pericolo della prima soluzione è evidente: il vincitore arricchito delle spoglie del nemico tende a diventare conservatore e a mantenere la superiorità raggiunta nei confronti del vinto. Ma non è detto che questo criterio debba trionfare ed anzi ci sono serie ragioni per pensare il contrario. Una prima è data dalla spinta rivoluzionaria, collettivistica, che ha condotto la Germania alla vittoria, sul fondamento di una struttura sociale e di una tecnica che non possono venire arrestate nel loro processo organico. Una seconda ragione può essere data – e in modo decisivo – dall'azione del resto dell'Europa, ma soprattutto dell'alleato vincitore, dell'Italia. Se, infatti, l'Italia solleciterà dalla Germania la seconda soluzione e agirà sul resto dell'Europa nel senso di questa piú intima collaborazione, contribuirà ad attenuare e poi ad eliminare le tendenze tedesche conservatrici e a raggiungere la fine della politica di equilibrio.

Ora, purtroppo, il criterio che comincia a prevalere in Italia è in completa antitesi con questa seconda soluzione. Sulla base di una iniziale diffidenza verso la Germania e del terrore del suo predominio, si auspica una vittoria dell'Asse nel senso della costituzione di due sfere separate d'influenza, di due unità economiche autarchiche, di due autonomie cioè, che consentano all'Italia un futuro giuoco politico eventualmente antitedesco. Ma non si considera, cosí facendo, che circoscrivere la sfera d'influenza tedesca in una nuova forma di equilibrio europeo significa potenziarne il razzismo nel suo significato piú materialistico e il suo imperialismo nel senso della maggiore prepotenza. Una Germania circoscritta non potrà non volere subordinare a sé gli interessi dei paesi confinanti, non volere giungere, prima o poi, al Mediterraneo attraverso Trieste, non avviarsi a una influenza sempre maggiore in questo mare, non far dilagare, in altri termini, il suo dominio a danno delle altrui sfere d'influenza. E questa necessità intrinseca al suo imperialismo – comune a ogni imperialismo, ma tanto piú forte quanto piú legato all'orgoglio razzista – sarà aggravata dalla piena consapevolezza che la Germania avrà della nostra diffidenza e del nostro programma. La diffidenza si paga con la diffidenza, e la diffidenza sul piano politico ed economico si traduce nel desiderio di diminuire e di boicottare. La nostra azione sarà ostacolata in tutti i sensi, la nostra industria menomata, i nostri mercati circoscritti. Date le diverse posizioni di partenza, la concorrenza sarà tutta a nostro danno e il rapporto di dipendenza non potrà essere evitato. L'ideale dell'autarchia troverà cioè in se stesso la propria negazione e ciò che si vuole evitare sarà banalmente sollecitato. Dal punto di vista sociale, poi, le reciproche autarchie non potranno non dare luogo alla costituzione di due plutocrazie e particolarmente di una plutocrazia italiana al servigio di quella piú forte. Il fine rivoluzionario, frustrato sul terreno internazionale, sarà a maggior ragione negato nella politica interna.

Alla politica autarchica si contrappone il pericolo della economia complementare, quale risulterebbe da un piano tedesco già delineato. La Germania sarebbe circondata da paesi agricoli e il suo dominio si eserciterebbe non nella contrapposizione dall'esterno agli altri paesi, bensí nell'organizzazione dall'interno della nuova Europa. Ma è qui, su questo piano appunto, che l'Italia e poi il resto di Europa possono operare correggendo il concetto di complementarità a beneficio proprio e degli stessi tedeschi. Accettato il concetto di collaborazione, la forma e i risultati di essa dipendono dai collaboratori. E dipenderà proprio da noi se sapremo convincere i tedeschi che nell'interesse nostro e loro il criterio della complementarità implica lo sviluppo industriale massimo di tutta l'Europa, e se, in conseguenza, sapremo indurli a favorire il potenziamento delle nostre industrie.

Riassumendo, credo che i principî fondamentali della nostra azione politica dovrebbero essere i seguenti:

I. Lealtà massima con i Tedeschi. Solo sul piano della lealtà si può costruire un programma rivoluzionario e farne propaganda internazionale. La politica di equilibrio implica la contrapposizione tra ciò che si pensa e ciò che si dice, quindi la diplomazia, quindi la classe dirigente che ha il segreto e che si contrappone alla massa, quindi il malcostume, il borghesismo, la plutocrazia.

II. Ingrandimento del campo di azione dei vincitori in un'opera di carattere internazionale, che modifichi il concetto di razza e di autarchia, trasportandolo dal terreno materialistico a quello spiritualistico.

III. Preparazione di un piano rivoluzionario corporativo che, per il principio ideale e per le sue determinazioni tecniche, risponda alle piú profonde esigenze spirituali di oggi e possa guadagnare la fiducia dei vincitori e dei vinti.

Ma, se questi sono i principî che debbono guidare la nostra azione, è chiaro che occorre mettersi subito al lavoro e sollecitare fin d'ora un movimento culturale che abbia la possibilità di pesare ideologicamente e politicamente. I tedeschi si preparano già da lungo tempo e noi siamo assenti: diffidiamo inutilmente di loro e ci mettiamo senza discutere nelle loro mani.

Tutto questo ho voluto dirTi perché Tu non creda che gli esponenti della cultura italiana siano senza eccezione sull'Aventino. Penso anzi che la riserva migliore sulla quale possa fare assegnamento l'Italia sia quella della cultura e che la carta principale per riprendere l'iniziativa della Rivoluzione nel suo gioco politico internazionale sia quella della ideologia. Penso ancora che, iniziato il movimento, molti giovani studiosi si rivelerebbero improvvisamente e si porrebbero con fede e con insostituibile capacità al lavoro di costruzione scientifica e politica. Ma la condizione imprescindibile per raggiungere questo risultato è che il movimento scientifico possa svolgersi con serenità e continuità, in un'atmosfera che, pure essendo politica, sia sottratta alle vicende troppo contingenti dell'azione politica piú immediata. Preparare un piano corporativo di carattere internazionale significa approfondire la critica dell'equilibrio politico ed economico (liberalismo), il significato positivo e negativo dell'autarchia (organismo economico e protezionismo), il problema della moneta aurea e della sua sostituzione (economia del lavoro e disoccupazione), il problema dell'organismo economico internazionale (corporazione generale o territoriale), il criterio dell'economia complementare (nel significato tedesco e in quello che potrebbe essere il significato italiano), il rapporto tra il sistema europeo e il sistema mondiale (rivoluzione parziale o totale) il rapporto tra Fascismo e Bolscevismo (gerarchia e democrazia), il problema delle materie prime e delle eccedenze demografiche (distribuzione dei territori o circolazione delle masse), il rapporto tra economia rurale ed economia industriale (paesi poveri e paesi ricchi), le riforme istituzionali interne e internazionali (parlamentarismo, società e gerarchia delle nazioni), il significato del razzismo e delle sue conseguenze politiche (germanesimo, ebraismo, popoli latini, razze gialle), ecc. Basta accennare a questi problemi per intuire subito la complessità e la reciproca interferenza. I Tedeschi li stanno affrontando metodicamente e con una continuità di principî e di ricerche che dura ormai da parecchi anni. In Italia non solo si è fatto pochissimo, ma in generale non si sospetta, anche da chi siede sulle cattedre, che tali problemi esistono e possano essere oggetto di studio. Quelli che potrebbero fare, e che si trovano dinanzi alla incomprensione e alla ostilità misoneistica della scienza accademica, avrebbero bisogno di essere posti nelle condizioni spirituali e materiali di lavorare e discutere su un piano di superiore dignità.

I docenti delle Università italiane considererebbero come loro piú ambito privilegio cimentarsi, su Tue direttive, ad una ricognizione generale della dottrina fascista, raggrupparla in settori e prospettare, da un punto di vista rigorosamente teorico, i possibili orientamenti. I temi sarebbero preventivamente sottoposti al Tuo giudizio e il lavoro non dovrebbe, penso, assumere la forma esteriore di un convegno. Sarebbe compiuto a celerissime tappe, in composto silenzio, nel concluso ambito accademico, e Ti sarebbero poi presentate le conclusioni, che potrebbero rimanere riservate fino a che Tu lo giudichi opportuno; od anche essere esaminate e discusse da altri settori del Regime.

La giovane generazione dei docenti delle nostre Università, educata al costume fascista nel clima fascista, si sente anche essa una milizia ai Tuoi ordini e, come tale, chiede di servirTi. Se l'esperimento, come io ritengo, sarà fecondo, potrai, successivamente, esaminare l'opportunità di porre i migliori elementi a contatto con i camerati docenti tedeschi per unificare, in feconda e leale collaborazione, taluni principî teorici che dallo studio saranno affiorati e che Tu avrai ritenuti conformi allo spirito della dottrina fascista.

Indice dei nomi

Acerbo, Giacomo, 74 e n, 79, 81 n, 257, 308 e n, 309 n, 497 n, 498 n, 502 n, 703 n, 744 n.
Acquarone, Pietro, 701.
Adami, Giuseppe, 491.
Aga Rossi, E., 756 n.
Agnelli, Giovanni, 178.
Agostini, *vedi* Colorni, Eugenio.
Airoldi, Aldo, 241 e n.
Alba, Jacobo, duca d', 386 n.
Albertario, P., 184 n.
Albertoni, E. A., 219 n.
Alcofar Nassaes, J. L., 364 n, 379 n, 393 n.
Alessandro I, re di Iugoslavia, 400 n, 401.
Alfassio Grimaldi, Ugoberto, 241 n, 243, 778 n, 779 n.
Alfieri, Dino, 37 n, 38, 41, 145 n, 281 n, 318 n, 338, 470 e n, 509, 539, 592, 640 n, 652, 656, 657, 671, 702, 703, 707-10, 785, 786 n, 797, 812 n, 824, 832, 836 e n, 837, 839.
Alfonso XIII, re di Spagna, 360, 365.
Allodoli, Ettore, 109 n.
Aloisi, Pompeo, 291 n, 335 n, 340, 401 n, 467 n.
Álvarez del Vayo, Julio, 387.
Alvaro, Corrado, 207 n, 262 n.
Ambrosetti, Giovanni, 153 n.
Ambrosini, Gaspare, 207 n, 830.
Amendola, G., 7 e n, 156 e n, 208 n, 238 n, 819 e n.
Anceschi, Luciano, 101.
Ancona, Ugo, 247.
André, G. L., 733 n, 734 e n, 735, 736 n, 749 n, 795 n, 806 n.
Andreucci, F., 221 n.
Anfuso, Filippo, 364, 378 n, 389 n, 443, 530 e n, 562 n, 635 n, 644, 659, 680, 744 e n, 777 n, 818 n, 832 n.
Ansaldo, Giovanni, 715 n.
Antonini, E., 219 n.
Aosta, Amedeo, duca d', 336 e n, 337 n, 379, 436 n, 748 n.
Apih, E., 399 n.
Aquarone, A., 5 e n, 7 n, 48 n, 64 n, 71 n, 75 n, 89 n, 95 e n, 125 n, 157 n, 195 n, 374 n, 376 e n, 377 n, 378 n, 699 n.
Araquistain, L., 366 n.
Arendt, H., 8, 9 e n.
Argentieri, M., 106 n.
Arpinati, Leandro, 271 n.
Artieri, G., 14 n, 15 e n, 16 n, 21 n, 44 n, 810 n.

Asinari di Bernezzo, Giuseppe Mario, 27.
Assia, Filippo, principe d', 369, 370, 470, 472, 509, 511, 587.
Atatürk, Kemal, 352 n.
Attolico, Bernardo, 506, 509-12, 519, 527, 529, 568, 570, 573, 578-80, 585, 586, 600, 614, 615, 624 n, 638, 643-49, 655 n, 658-60, 662-64, 666-68, 678, 732 n, 733 e n, 753, 761, 785, 819 n, 832.
Aubert, Louis, 554 n.
Augusto, Gaio Giulio Cesare Ottaviano, imperatore romano, 223.
Auriti, Giacinto, 681.
Ausoni, Livio, *vedi* Butticci, Giulio.
Avenol, Joseph, 346 n.
Azaña, Manuel, 361.
Azzali, Ferrante, 109 n, 236 n.

Bacci di Capaci, Guido, 162 n.
Badoglio, Pietro, 23, 28, 280 n, 326 n, 380, 381, 570, 653, 654, 702, 778 e n, 804, 807-9, 822-824, 833 e n, 834, 840.
Baistrocchi, Federico, 364.
Balbo, Italo, 6 e n, 16 n, 22, 44 n, 73, 115, 116, 181, 216, 284 n, 289 n, 340, 352 n, 353 n, 361-63, 396 n, 474 e n, 486, 496, 497 e n, 507, 530 n, 591, 651, 688, 699, 720, 721 e n, 744 n, 789, 793 n, 804 n, 820, 822, 823, 835 e n.
Baldini, Antonio, 101.
Baldwin, Stanley, 350 n, 351 n, 412, 439, 830 n.
Balella, G., 180 n.
Ball, Joseph, 424, 425 e n, 449, 452, 453, 457, 459, 522-24, 526, 546, 781.
Bandini, F., 277 n, 801 n.
Barbagli, M., 114 n.
Barbera, Mario, 154 n.
Barberi, B., 184 n.
Bardon, Frank, 577 n.
Barella, Giulio, 388 n.
Bargellini, Piero, 101.
Barthou, Louis, 401.
Bartoli, D., 778 n.
Barzini, Luigi, 388 n.
Bastianini, Giuseppe, 255 n, 257, 266 e n, 282 e n, 283 n, 284 n, 285 n, 296 n, 307 e n, 642, 660 e n, 781, 826.
Bastico, Ettore, 392 n, 418 n.
Battaglia, R., 820 n.

Indice dei nomi

Baudouin, Paul, 563 e n, 564 e n, 580, 590, 602, 603 n, 611, 612, 741, 742.
Baxter, Beverley, 627.
Beck, Jozef, 476 n.
Bèdarida, F., 738 n.
Begnac, Yvon de, 100 n, 281 e n, 308 n, 314 e n, 422 e n.
Begnotti, Luigi, 193 n.
Bellonci, Maria, 257.
Beneduce, Alberto, 84 n.
Beneš, Edvard, 402, 511, 513, 520, 533, 550, 569 n, 591.
Benni, Stefano, 702.
Bernadac, C., 421 n.
Bernardini, Fernando, 100 n.
Bernezzo, *vedi* Asinari di Bernezzo.
Berti, Mario, 418 n, 444.
Bertoldi, S., 15 n, 16 n, 19 n.
Bertoni, Renzo, 302 n.
Bertoni Jovine, D., 113 n, 119 n.
Biagi, Bruno, 196 n, 198.
Biancher, ammiraglio, 389 n.
Bianchi, G., 789 n, 822 n.
Biggini, Carlo Alberto, 72, 73 n.
Bilenchi, Romano, 304 e n, 305 n.
Binni, Walter, 101.
Biroli, Pirzio, 105.
Biseo, Attilio, 435.
Blomberg, Werner von, 415, 416, 427.
Blondel, Jules, 20 n, 234, 337 n, 410, 467 n, 468, 472 n, 475 n, 476 e n, 481, 500, 506 e n, 510 n, 511, 516, 519 e n, 548 n.
Blum, Léon, 347, 366, 368, 385, 386, 420 n, 470, 476, 477, 515 n, 689.
Bobbio, N., 93 n.
Bocchini, Arturo, 159, 162 e n, 164 n, 195 n, 214 n, 239 n, 282, 487 e n, 640 n, 651, 654, 686, 698 n, 704, 705, 713, 719, 777 n.
Bocciardo, Arturo, 179 n.
Bolech Cecchi, D., 451 n, 459 n, 461 n, 462 n, 464 n, 506 n, 507 n, 534 n, 549 n.
Bolín, Luis, 364 e n, 365.
Bombacci, Nicola, 331 n, 715 n.
Bonaccorsi, Arconovaldo, *detto* conte Rossi, 368.
Bonnefous, E., 366 n.
Bonnet, Georges, 476, 506, 511, 516, 548 e n, 556, 558 n, 563, 564, 571, 590, 606, 612, 613, 667 n, 668 e n, 739 e n, 740 n, 741 e n, 743 n.
Borejsza, J. W., 334 n, 666 n.
Borgese, Giuseppe Antonio, 577.
Borgongini-Duca, Francesco, 495, 641, 666 n.
Borsa, G., 398 n.
Bose, S. Chandra, 447 n.
Bottai, Giuseppe, 40 e n, 49 e n, 50 e n, 58 n, 73-75, 84 e n, 92 e n, 100 n, 102 n, 105 n, 113 e n, 114 n, 115-18, 119 n, 120-22, 125 e n, 130, 143 n, 154, 208, 223 n, 235, 236, 255 n, 257 e n, 258, 267 e n, 271 e n, 272 e n, 277 e n, 281 n, 284 n, 286 e n, 289 n, 293 n, 307 n, 309 e n, 314 n, 318 n, 319 n, 320 e n, 321 n, 326 n, 339. 378 e n, 385 n, 391 n, 474 e n, 486 e n, 487 n, 488, 490 n, 496 e n, 497, 508 n, 520 n, 530 n, 537 n, 539, 549 e n, 592 e n, 616 n, 651, 655 n, 671-73, 677-79, 685 e n, 686 e n, 688 e n, 691 e n, 694 e n, 698 n, 699, 702, 704-6, 721 e n, 724 n, 725, 728-31, 744 e n, 745, 749 n, 761 n, 775 e n, 776, 782 n, 786 n, 790 n, 803 e n, 817 e n, 820, 823, 835 n.
Bova Scoppa, Renato, 635 n.
Bozzetti, G., 778 n.
Bracalini, R., 779 n.
Brebbia, Giselda, 78.
Breccia, A., 582 n, 595 n, 608 n.
Brucculeri, Angelo, 493.
Brundu Olla, P., 355 n.
Brunetta, G. P., 106 n.
Buchheim, Hans, 83.
Buchignani, P., 94 n.
Buffarini-Guidi, Guido, 31 n, 146 n, 147, 149 n, 270, 280, 284 n, 491, 495, 497 n, 592, 652, 654, 666 n, 701, 812 n.
Bullitt, William, 800 n.
Buonassisi, Vincenzo, 246 n.
Busan, Ettore, 291 n.
Butler, Richard Austen, 756 n.
Butticci, Giulio, 38 n.

Cabella, Giorgio, 237 n.
Cadogan, Alexander, 525.
Cagnetta, M., 222 n.
Cahgan, diplomatico sovietico, 341 n.
Calandra, P., 51 n.
Calvi di Bergolo, Carlo, 654.
Calvino, Italo, 219.
Calza, Gianni, 100 n.
Cambi, Livio, 179 n.
Campinchi, César, 606.
Canaris, Wilhelm, 370, 383, 384 e n, 753.
Canevari, Emilio, 552 e n.
Canfora, L., 222 n.
Cannistraro, P. V., 106 n, 109 n, 154 n.
Cantalupo, Roberto, 264 n, 273 e n, 366 e n, 372 n, 375 e n, 378 n, 379 n, 385 n, 392 n, 393 n, 407 n, 409 e n, 411 n.
Cantimori, Delio, 154 n.
Capaldo, Enzo, 126 n.
Capoferri, Pietro, 178 n, 193 n, 195 n, 203 n, 204 e n, 205 n.
Caradonna, Giuseppe, 79.
Carcopino, J., 469 n, 717 n.
Carlini, Armando, 101.
Carmi, O., 403 n.
Carocci, G., 399 n, 400 n.
Carone, E., 299 n.
Caronia, G., 488 n.
Carucci, P., 487 n.
Casanova, Giacomo, 113.
Casertano, Raffaele, 706.
Casini, Gherardo, 713.
Cassese, S., 55 n, 61 n, 62 e n.
Castellani, M., 79 n.
Castronovo, V., 54 n, 177 n, 820 n.
Cattabeni, Carlo Mario, 263 e n.
Cattel, D. T., 373 n.
Cavagnari, Domenico, 389 n, 586, 587, 616 n, 702, 703. 772, 834, 835.
Cavallero, Ugo, 337 n, 617, 619, 637, 638, 643, 646, 647.
Cavallucci, Guido, 207 n.

Indice dei nomi

Caviglia, Enrico, 25 n, 28, 29 e n, 516 e n, 529 n, 653, 789, 810 n, 811 n, 816, 817 n.
Cavour, Camillo Benso, conte di, 101.
Celovsky, B., 508 n.
Čermeli, L., 399 n.
Cerruti, Vittorio, 419 n.
Cesare, Gaio Giulio, 224 n, 268 e n, 288 n.
Ceva, L., 581 n.
Chabod, F., 222 n.
Chamberlain, Austen, 451, 574.
Chamberlain, Ivy, lady, 451, 453, 454, 460, 461.
Chamberlain, Neville, 322, 323, 412, 418, 419, 421 n, 423-29, 437, 439-42, 445, 447 n, 448, 449, 451-54, 457-62, 464 e n, 465, 475, 480, 505, 512-14, 517, 519-30, 533, 535, 546, 549, 562, 563, 569-71, 573-76, 578, 596, 603, 608-611, 624, 631, 633, 639, 659, 737, 738, 748, 769, 780, 781, 801, 812 n.
Chambrun, Charles Pineton de, 269, 346 n, 347 n, 351 e n, 352 n, 371 n.
Champetier de Ribes, Auguste, 606.
Charles-Roux, François, 351 n, 357, 450 n, 467 n, 496 n, 554, 563, 664 e n, 826 e n, 828 e n, 829 n, 830 e n.
Chautemps, Camille, 606.
Chiang Kai-shek, 569 n.
Chiavolini, Alessandro, 225 n.
Chilanti, Felice, 715 n.
Chimienti, Pietro, 36 e n, 37.
Churchill, Winston Leonard Spencer, 447, 449 e n, 456, 460, 525, 526, 610, 642 n, 738, 796, 801 e n, 802 e n, 825-27, 844 n.
Chwalkosky, František Karel, 586.
Cianetti, Tullio, 73, 74, 182 n, 193 e n, 196, 197 e n, 198 n, 202, 204, 205 e n, 208.
Ciano, Costanzo, 23 e n, 24, 25 n, 26, 28 n, 29, 30, 31 n, 39 n, 73, 269, 502 n, 642.
Ciano, Edda, vedi Mussolini, Edda.
Ciano, Galeazzo, 10 n, 13, 15, 20 e n, 21 n, 22 e n, 24, 28 n, 29, 31 n, 32 e n, 35 n, 37 n, 39-41, 43, 44 n, 49 e n, 89 n, 97 n, 101 n, 105 e n, 140 n, 141 e n, 142 n, 143 e n, 144 n, 145 n, 147 n, 151 e n, 152 e n, 234, 236, 255 n, 256 n, 260 n, 264 n, 269-73, 277, 282, 283 n, 284 n, 286 n, 289-92, 307, 309 n, 316 e n, 320 e n, 326 e n, 333, 334 n, 338 e n, 339, 341 e n, 342 e n, 344-47, 349 e n, 350 n, 351-53, 356-58, 363-68, 370, 372, 373 n, 374-77, 378 n, 380-383, 384 n, 385, 386 e n, 388, 389 e n, 391, 393, 394, 397, 402-5, 407-14, 416-18, 419 n, 421-25, 427-36, 438, 441-44, 445 n, 446 n, 447 n, 448 n, 449 e n, 451 e n, 453-65, 467 n, 469 n, 470-72, 474 n, 475-84, 486-88, 491 e n, 494, 495, 497 e n, 500-10, 512 n, 513-15, 517-20, 522 e n, 523, 527-30, 534, 535, 537 e n, 539 n, 540 n, 542-45, 548-50, 551 n, 552 n, 553 e n, 555 e n, 556 e n, 557 n, 558-74, 576, 578-86, 588-602, 604, 606-9, 611-15, 616 n, 617-25, 627-29, 634-46, 648-69, 671-73, 675, 677-82, 684-87, 688 n, 689 n, 690 n, 691 e n, 693 n, 694 e n, 695 e n, 697-708, 713, 720, 721, 732-35, 739, 741-50, 753 e n, 757, 758, 760-67, 769-72, 775-80, 782-84, 793, 795 e n, 797, 799 e n, 800 n, 803, 804 n, 806 n, 809 e n, 810 n, 812 n, 813 n, 817 n, 819 n, 820

e n, 821 e n, 822 n, 823, 824 e n, 825 n, 826, 830-32, 835 n, 836, 838 e n, 839 e n, 841, 843.
Cini, Vittorio, 178.
Ciocca, P., 184 n.
Cipriani-Avolio, Giacomo, 51 n.
Claremoris, Maurizio, vedi Canevari, Emilio.
Clark, D., 754 n.
Clarke, Dennis, 260 n.
Clemenceau, Georges, 592, 806 n.
Cliadakis, H., 677 n.
Cobolli-Gigli, Giuseppe, 702.
Cofrancesco, D., 223 n.
Cogni, Giulio, 109 n.
Colarizi, S., 157 n.
Colli, Evasio, 153 n.
Colli, vedi Roatta, Mario.
Colonna, Bebé, 671 n.
Colonna, principessa, 460.
Colonna di Cesarò, Giovanni Antonio, 98, 316.
Colorni, Eugenio, 192 e n.
Comnène, Nicolas Petrescu, 589 n, 832 n.
Consiglio, A., 18 n, 778 n.
Conti, Ettore, 56 n, 100 n, 177 e n, 211 e n, 266 e n, 675 n, 822 e n.
Cooper, Duff, 323.
Coppola, Francesco, 715 n.
Coppola, Goffredo, 485 e n.
Cordova, F., 487 n.
Cortesi, Arnoldo, 13 n.
Costa, Angelo, 176 n.
Costa Bona, E., 476 n.
Costamagna, Carlo, 38 n, 42 n, 48, 58 e n, 68 e n, 69, 88 n, 249, 818 n.
Coverdale, J. F., 358-60, 361 n, 362 e n, 365 n, 366 e n, 368 n, 382 e n, 383 n, 384 n, 388 n, 389 n, 391 n, 392 n, 407 n, 411 n, 418 n, 429 e n, 430 n, 431 n, 444 n.
Covino, R., 175 n.
Crisafulli, Vezio, 48 n.
Croce, Benedetto, 249, 569 n, 822 e n.
Crolla, Guido, 341 n, 431 e n, 451, 464 e n, 465, 526, 608, 609.
Curcio, Carlo, 85 n.
Curiel, Eugenio, 157 e n, 200 e n, 201 e n, 205 n, 208 n, 242 n, 243 e n, 541 e n, 542.
Cutelli, Stefano Maria, 211 n.

Daladier, Edouard, 323, 476, 515 n, 521, 523, 527, 528, 530, 548, 554 n, 562-64, 570, 578, 580, 590, 606, 607, 612, 632, 633, 667-69, 738, 756 n, 827-30.
Dallolio, Alfredo, 180 e n.
Dal Pont, A., 46 n.
D'Amoja, F., 332 n, 346 n, 399 n, 400 n, 401 e n, 477 e n.
D'Andrea, Ugo, 209 e n, 213.
D'Aroma, Nino, 16 e n, 28 e n, 65 n, 80 n, 129 n, 144 n, 268 n, 276 n, 281 e n, 284 n, 286 n, 287 n, 288 n, 289-91, 297 n, 326 n, 328 n, 486 n, 491 n, 778 n, 799 n, 811 n.
Dautry, Raoul, 740 n.
De Ambris, Amilcare, 179 n, 193.
De Bono, Emilio, 27 e n, 28 n, 34, 39 n, 255 n, 256 e n, 272 n, 320 n, 380, 486 n, 487 e n, 490 e n, 497 e n, 502 n, 534 n, 537 n, 549 e

n, 556, 594 e n, 616 n, 651, 655 n, 656, 677 e n, 679 e n, 686 n, 687 n, 720 e n, 789.
De Cesare, Nicolò, 225 n.
De Felice, R., 9 n, 131 n, 150 n, 248 n, 291 n, 311 n, 312 n, 313 n, 317 n, 462 n, 482 n, 488 n, 489 n, 490 n, 491 n, 496 n, 497 n, 498 n, 638 n, 785 n.
De Francisci, Pietro, 127, 223 e n, 488, 703 n.
De Grada, R., 208 n.
De Grand, A. J., 119 n.
Degrelle, Léon, 246.
Delbos, Yvon, 20 n, 269, 357, 437, 450 n, 475.
Delcroix, Carlo, 144 n.
Del Giudice, Riccardo, 208.
Della Pura, Eleonora, 107 n.
Della Torre, Luigi, 470 n.
De Luca, Giuseppe, 265.
Del Vayo, *vedi* Álvarez del Vayo, Julio.
Delzell, C. F., 632 n.
De Peppo, Ottavio, 340.
De Rossi del Lion Nero, Pier Filippo, 364, 365.
Desideri, G., 208 n.
De Stefani, Alberto, 50, 51, 52 n, 56 e n, 65 e n, 105 n, 106 n, 129, 179 n, 216, 219 e n, 221, 306 e n, 397 n.
De Vecchi di Val Cismon, Cesare Maria, 113 e n, 114 n, 121, 284 n, 496 e n, 497, 720 e n, 776 n.
De Vincentis, L., 277 n.
Devoto, Giacomo, 7 e n.
Dewey, John, 118.
Di Fenizio, Ferdinando, 168 n.
Di Marzio, Cornelio, 109 n.
Di Massa, Sebastiano, 58 n.
Dinale, Ottavio, 690 e n, 797 n, 798 e n, 806 n.
Dingli, Adrian, 424 n, 451, 522 n, 523 n, 526, 546, 659, 748, 780 e n, 781.
Di Nolfo, E., 756 n, 776 n, 832 n.
Dioudonnat, P.-M., 634 n.
Dipper, C., 371 n.
Dobbert, G., 302 n.
Donadio, P., 277 n.
Donegani, Guido, 178, 179 n.
Donosti, Mario, *vedi* Luciolli, Mario.
Doriot, Jacques, 469 n.
Dosi, Giuseppe, 292 n.
Douglas, R., 451 n.
Drummond, Eric, lord Perth, 351, 418 e n, 419 e n, 451, 461-64, 505, 507 e n, 508, 515, 519, 520, 522, 523, 525, 534 n, 546, 548 e n, 549, 557, 562, 569, 594, 608, 611, 632.
Ducci, Gino, 25 n.
Ducci, R., 775 n.
Ducić, Jovan, 401.
Dupuy, Pierre, 347 n.
Duroselle, J.-B., 547 n, 553 n, 563 n, 564 n, 606 n, 612 e n, 633 n.

Eden, Anthony, 322, 339, 341 n, 348 e n, 350, 353, 355 e n, 412, 419, 422-25, 437, 439, 446 n, 449, 451-53, 455-61, 522, 525, 526, 738.
Edoardo VIII, re di Gran Bretagna e Irlanda, 350 n, 351 n, 356.
Elena di Savoia, regina d'Italia, 21 n.
Elton, Oliver, lord, 576.

Emanuele, Santo, 421, 422 e n.
Evola, Julius, 63 n, 248 n, 297, 316 e n, 715 n.

Fabbri, Umberto, 51 n, 93 n.
Falck, Giorgio Enrico, 178.
Faldella, Emilio, 358, 364 e n, 370, 372, 374, 379 n, 385 e n, 393 e n, 767 n, 770 n, 778 n, 806 n, 808 n, 822 n, 833 n, 835 n.
Fanelli, Giuseppe Attilio, 58 n.
Farago, Ladislas, 275 n.
Farinacci, Roberto, 6, 51 n, 71, 73, 104 n, 115, 116, 142, 148, 149, 216, 235, 248, 249, 271, 284 n, 289 n, 317, 359, 378-80, 392, 405, 416 e n, 487, 488, 492, 497 e n, 502 n, 539, 552, 553 n, 565 n, 652, 695, 703 n, 744 n, 785, 786 n.
Fatica, M., 210 n.
Favagrossa, Carlo, 804.
Fedeli, P., 223 n.
Federzoni, Luigi, 19 e n, 23 e n, 24, 25 n, 26 e n, 27 e n, 30 e n, 31 n, 34 e n, 72 n, 486 n, 497 e n, 498.
Feiling, R., 509 n, 529 n.
Ferrari, Cristoforo, 179 n.
Ferrari, Giuseppe Francesco, 25 e n.
Ferraris, Maggiorino, 247.
Ferrero, Guglielmo, 298 e n.
Ferretti, V., 398 n.
Fest, J. C., 318, 758, 759, 760 n.
Feuchtwanger, Lion, 112 n.
Finzi, Aldo, 247.
Fiorelli, Dino, 715 n.
Fisichella, D., 9 e n, 82, 83 e n, 85 n.
Flandin, Pierre-Etienne, 592.
Foertsch, H., 478 n.
Fontages, Magda, 276.
Fontanelli, Luigi, 94 e n, 96, 193, 204 e n, 209, 250.
Forges Davanzati, Roberto, 400 n.
Fortunati, Paolo, 173 n.
Forzano, Gioacchino, 225 n.
Fossani, Ivanoe, 263, 265, 274, 275 e n, 309, 789 n.
Fracassi, Cristoforo, 459.
Franco Bahamonde, Francisco, 21, 359, 364-67, 369-71, 374, 376, 379-85, 386 n, 387, 388, 389 n, 390, 392, 393 n, 405, 407, 409, 411, 414, 416 n, 417, 429, 430, 435, 443, 444, 458, 464, 465, 505, 519, 543, 550, 609, 682, 683, 826.
Franco Bahamonde, Nicolas, 430, 644, 646.
François-Poncet, André, 234, 256 n, 432 n, 469 n, 527, 528 e n, 553 n, 554-58, 561 n, 562, 563 e n, 571, 594, 605, 606 n, 613 e n, 615, 640, 667-69, 741-43, 747, 824-26, 829-32, 834, 838 n, 841, 843.
Frank, Hans, 40, 41, 488.
Frassati, F., 157 n.
Frassati, Luciana, 276 n, 281 n, 340 e n.
Freddi, Luigi, 106 n, 107 e n, 108 e n.
Friedrich, C. J., 83.
Frugoni, Cesare, 263.
Funk, Walther, 566 n, 655.

Gabrielli, Manlio, 363 n, 365.
Gafencu, Gregor, 589 e n, 590 e n, 597 e n, 599 e n, 612, 613, 615, 616.

Indice dei nomi

Gallian, Marcello, 93 n.
Gallo, G., 175 n, 716 n.
Gamelin, Maurice-Gustave, 823.
Garbaccio, Lionello, 179 n.
Garnier, Jean-Paul, 411 n.
Garosci, A., 373 n.
Garzilli, Francesco, 57 n.
Gasparini, Jacopo, 284.
Gasparotto, Luigi, 26 n, 575 e n, 821 e n.
Gatto, Salvatore, 100 n.
Gayda, Virginio, 400 n, 413, 433, 474, 552 e n, 555 e n, 628-30, 689 n, 715 n.
Gazzera, Pietro, 400 n.
Gazzotti, Piero, 158 n.
Gedda, Luigi, 135, 137, 153 n.
Gehl, J., 413 n.
Gentile, E., 66 e n, 82, 83 n, 116 n.
Gentile, Giovanni, 8 n, 69 n, 84, 90, 91, 114, 121, 122 n, 127, 249, 287, 299, 300.
Gentizon, Paul, 207 n, 285 n, 304 n, 413.
Gerbore, Pietro, 636 n.
Germani, G., 9 n, 237.
Gerosa, G., 217 n.
Giampaoli, Mario, 16 n.
Giannetti, Berlino, 38 n.
Giannini, Amedeo, 179 n.
Gibson, Violet, 278.
Gide, André, 112 n.
Gigli, L., 287 n.
Gili, J. A., 106 n.
Gioberti, Vincenzo, 298.
Giolitti, Giovanni, 822.
Giorgio VI, re d'Inghilterra, 424.
Giunta, Francesco, 786 n.
Giuriati, Giovanni, 64 n, 216, 345 n.
Gobineau, Joseph-Arthur, 287 n.
Godley, M. R., 398 n.
Goebbels, Paul Joseph, 22, 41, 509, 565 n, 587.
Goicoechea, Antonio, 365, 367.
Gonella, Guido, 689 e n, 813 n.
Gordon, Keith V., 578 e n.
Gorgolini, Pietro, 93 e n.
Göring, Hermann, 384 n, 389, 400 n, 414, 415, 482, 550, 567, 579, 614, 616, 617, 753, 797, 810 n, 824, 832.
Gorla, Giuseppe, 49 n, 50 n, 64 n, 674 n.
Graham, R. A., 819 n.
Graham, Ronald William, 524, 525.
Grandi, Dino, 13 n, 14 e n, 15 e n, 19, 20, 47 e n, 48 n, 49, 95, 115, 116, 257 e n, 270 e n, 284 n, 289 n, 309 n, 327, 334 n, 337, 338, 340-44, 345 n, 346, 349 e n, 350 e n, 352 e n, 353 e n, 357 n, 360 e n, 370 e n, 373 n, 376, 385, 386, 388 n, 397 n, 399-401, 404 e n, 407-409, 411 n, 418 e n, 419 e n, 423-29, 435, 436 e n, 438-42, 447, 449 e n, 451-53, 455-59, 461, 464 e n, 486, 489, 502 e n, 512, 522 n, 523 e n, 524, 527 e n, 559, 560, 561 n, 573, 574, 576, 595, 596 e n, 598 e n, 608, 612, 627 n, 633 e n, 634 n, 640, 642 e n, 651, 652 e n, 654-657, 659 e n, 665 e n, 671 n, 673, 678 e n, 702, 703 e n, 770 n, 776, 790, 791, 793 e n, 823 e n.
Grange, D. J., 396 n.
Granzotto, Gianni, 715 n, 726 e n.

Gravelli, Asvero, 101 n, 704.
Gray, Ezio Maria, 552 e n.
Graziani, Rodolfo, 28, 336 e n, 406, 534 n, 702, 772, 778, 804, 834, 835.
Grenstein, F. I., 84 n.
Grieco, Ruggiero, 192 e n.
Grinko, Grigorij Fëdorovič, 302 n.
Gualerni, G., 174 n, 176 e n, 179 n.
Guariglia, Raffaele, 341 n, 362 n, 562 n, 564 n, 667, 740 n, 741, 829, 830 e n.
Guarneri, Felice, 176 n, 179 n, 181 n, 211, 212, 270, 374, 375 e n, 579 n, 666 n, 672 e n, 674 e n, 676 e n, 702.
Guerri, G. B., 116 n, 338 n, 386 n, 422 n, 583 n, 607 n, 613 n, 698 n, 700 n.
Guerrucci, Cesare, 146 n.
Guido da Verona, 113.

Hacha, Emil, 585, 586.
Haffner, S., 318.
Hailè Sellassiè, negus d'Etiopia, 592.
Halifax, Edward Frederick Lindley Wood, 445 e n, 459, 461, 505, 512, 520, 522-27, 546, 557, 562, 563, 569, 571, 573, 574 n, 608, 609, 612, 628, 629, 632, 633, 634 n, 652 n, 659, 668, 669, 739, 826 e n, 828.
Harduin, Pol, 626 n.
Hassel, Ulrich von, 337, 371, 409, 410 n, 412.
Haven, Richard B., 707 n.
Hedilla, Manuel, 379 e n.
Hemingway, Ernest, 406.
Henderson, Nevile, 659.
Hess, Rudolf, 41, 565 n.
Hesse, René, 271 n.
Hillgruber, A., 759 e n, 760 n.
Hilton, S. E., 754 n.
Himmler, Heinrich, 592.
Hitler, Adolf, 22, 27 e n, 40, 41, 83, 142, 239 n, 259 n, 261, 266, 276 n, 306-10, 313, 315, 316, 319, 323, 325, 326, 329, 330, 337-39, 347, 348, 350-53, 358, 367, 369, 371, 382 e n, 384 n, 409, 411, 414-16, 420 n, 437, 454, 467 n, 470-472, 475, 476 n, 477-89, 497, 500, 502, 504, 508, 511-14, 516-33, 535, 538, 539, 542, 545-547, 563, 565 n, 566 n, 570, 571, 575, 577-79, 585-90, 593, 597-602, 609, 610, 612-14, 616, 617, 620, 622, 625, 626, 627, 629-41, 643-50, 653-55, 657, 661-73, 678, 679, 684, 687, 688 e n, 696, 697, 718 n, 733, 734 e n, 738, 743, 744 n, 749-56, 758-70, 772, 775-77, 779 n, 780-784, 788, 789, 794-99, 801, 806 e n, 807, 809 n, 819, 823-26, 828, 831, 833, 835-39, 842.
Hoare, Samuel, 332, 352 n, 469.
Host-Venturi, Giovanni, 64 n, 702, 804.
Hotta, Masaaki, 427 n.
Hull, Cordell, 446 n, 447 n, 795 n, 800 n, 804 n, 826 n, 831 n, 843 e n.
Huxley, Aldous, 112 n.

Incisa, L., 93 n.
Ingram, Maurice, 351.
Interlandi, Telesio, 490.
Iordache, N., 403 n.

Indice dei nomi

Jacobini, Oreste, 179 n.
Jacomoni di San Savino, Francesco, 503 e n, 504, 584 n, 586, 587, 607 n, 608 n.
Jagoda, Genrich Grigor'evič, 327.
Jarach, Ermanno, 312 n.
Jedlicka, L., 413 n, 414 n.
Jemolo, Arturo Carlo, 51 n.
Jouhaux, Léon, 470.
Jouvenel, Henri de, 554 n.
Jung, C., 259 n.
Jung, Guido, 247.

Keitel, Wilhelm von, 519.
Kelly, D., 397 n.
Kerillis, Henri de, 548.
Kerschensteiner, Georg, 118.
Koçi, Jake, 583.
Königer, H., 508 n.
Konoye, Fuminaro, 579.
Kordt, Erich, 479 n.
Korherr, Richard, 292, 300.
Kossutić, August, 400 n.
Krizman, B., 400 n.
Kujbyšev, Valerian Vladimirovič, 302 n.

La Francesca, S., 176 e n, 186 n.
Landolfi, Tommaso, 101.
Landra, Guido, 248 n, 490 n.
Lantini, Ferruccio, 73, 74, 178 e n, 198 n, 269, 702.
Lanza, Michele, 832 n.
Largo Caballero, Francisco, 367, 373.
Laurenzi, C., 540 n.
Laval, Pierre, 323, 332, 361, 401, 469, 476, 553, 558, 559, 562, 606 n, 742.
Lavitrano, Luigi, 153 n.
Lazzari, G., 239 n.
Ledeen, M. A., 9 n, 89 n.
Léger, Alexis Saint-Léger, 554, 606, 826.
Leoncini, F., 508 n.
Leonetti, A., 46 n.
Leonhard, Rudolf, 112 n.
Le Play, Pierre-Guillaume-Frédéric, 129 n.
Lessona, Alessandro, 269, 338.
Leto, Guido, 259 e n, 698 n, 705 n, 777 n, 818 e n.
Linz, J. J., 83, 84 e n.
Liotta, Aurelio, 594 n.
Litvinov, Maksim Maksimovič, 631.
Lloyd, George Ambrose, lord, 419 n.
Lojacono, Luigi, 179 n.
Lolini, Ettore, 51 n.
Lombardo-Radice, Laura, 217.
Lombardo-Radice, Lucio, 237 n.
Longo, Giuseppe A., 88 n, 246, 318 n.
Longo, L., 373 n.
Loraine, Percy, 570, 627, 629, 630, 633, 640, 641, 652 n, 659, 660, 666, 667, 741, 742, 758, 784, 825, 831, 834, 841.
Loria, Achille, 247.
Luccardi, Giuseppe, 364, 365.
Luciano, Celso, 487 n, 641 n, 704 n, 708 e n.
Luciolli, Mario, 527 n, 585, 586 n, 604 e n, 608 n, 619 e n, 660 e n, 664 e n, 675 e n.
Ludwig, Emil, 80 e n, 89 n, 268 n, 312 e n, 577.

Lumbroso, Giacomo, 314 n, 315, 497.
Lupi, Dario, 79.
Lussu, Emilio, 162 n.
Luzi, A., 208 n.
Lyon, C. A., 272, 273 n.

Macdonald, C. A., 396 n.
Macek, Vladimir, 588.
Mackensen, Hans Georg von, 468, 504 n, 582 n, 588, 593, 600 e n, 601, 606, 608, 662, 663, 782, 783, 794, 795 e n, 837, 839.
Madia, Titta, 100 n.
Magistrati, Massimo, 384 n, 415 n, 482, 509 n, 510 n, 519 n, 527 n, 529 n, 568 n, 570 e n, 621, 623 n, 624 e n, 645 e n, 648, 650 n, 753, 761.
Maglione, Luigi, 641, 700, 786.
Maiello, P., 46 n.
Maione, G., 169 n.
Malaparte, Curzio, *pseudonimo di* Curzio Suckert, 51 n, 93 n.
Malusardi, Edoardo, 193.
Manacorda, Guido, 307, 338.
Mandel, Georges, 606.
Mangoni, L., 728 e n.
Manoilesco, M., 88 n.
Mantegazza, Paolo, 113.
Mantovani, E., 175 n.
March, Juan, 365.
Marchandeau, Paul, 606.
Marchesini, D., 245 n.
Marconi, Guglielmo, 789 n.
Maria José, principessa di Piemonte, 20 n, 534 n, 681, 815.
Marinetti, Filippo Tommaso, 101.
Marinotti, Franco, 179 n.
Marique, Pedro, 485.
Marras, Efisio, 384 n.
Martini, A., 131 n, 496 n, 534 n, 574 n.
Masini, G., 789 n.
Matteotti, Giacomo, 5, 6, 16 n, 51, 53, 54, 93, 263, 347, 421, 434.
Matteucci, N., 93 n.
Matthews, Herbert L., 264 n.
Mattioli Pasqualini, Alessandro, 400 n.
Maurano, S., 808 n, 810 n, 811 n.
Mauriac, François, 546 e n.
Maurois, André, 112 n.
Mayer, Teodoro, 247.
Mazzatosta, T. M., 56 n, 112 n, 117 n, 118 n, 119 n, 127 n, 199 n, 225 n.
Mazzetti, M., 362 n, 363 n, 696 n.
Mazzini, Giuseppe, 287, 298, 304, 696 e n.
McGaw Smyth, H., 801 n.
Medici del Vascello, Giacomo, 27, 32, 34.
Megaro, Gaudens, 577.
Melchiori, Alessandro, 305 n.
Meldini, P., 79 n.
Melograni, P., 7 n, 157 n, 186 n, 191 n, 623 n.
Merkes, M., 371 n.
Messina, Salvatore, 488 n.
Metenier, François, 422 n.
Michaelis, M., 342 n, 370 n.
Michels, Roberto, 54 e n, 55, 56 n.
Middlemas, K., 411 n.

Indice dei nomi

Migliorini, Bruno, 101.
Milesi Ferretti, F., 655 n, 683 n.
Milward, A. S., 636 n.
Minniti, F., 754 n.
Mira, G., 17 n.
Missori, M., 64 n.
Moch, J., 366 n, 515 n, 754 n.
Modena, Ugo, 492.
Moffat, Pierre Point, 756 n.
Mola, Emilio, 365, 366, 379 n.
Molajoni, Paolo, 246 n.
Molotov (Skrjabin), Vjačeslav Michajlovič, 302 n, 631, 655.
Mondini, L., 413 n.
Monroe, James, 788.
Montagna, R., 28 e n.
Montagnana, Mario, 200 n.
Montanelli, Indro, 97 n.
Monteleone, F., 106 n.
Monti, Alessandro Augusto, 211 n.
Monticone, A., 106 e n.
Montini, Giovanni Battista (Paolo VI, papa), 494.
Monzie, Anatole de, 606, 740 n, 826 n, 828-30.
Morante, Elsa, 101.
Morgagni, Manlio, 110, 275, 420 n.
Moro, R., 132 n, 135 n, 136 n, 376 n.
Moscati, R., 362 n.
Mosconi, Antonio, 25 n.
Mosse, G. L., 9 e n, 10 n, 85 n, 89 n, 292 n.
Motta, Giacinto, 179 n.
Mussert, Anton Adriaan, 246.
Mussolini, Alessandro, 288.
Mussolini, Anna Maria, 264, 277, 282.
Mussolini, Arnaldo, 127, 274, 275, 282.
Mussolini, Bruno, 282, 435.
Mussolini, Edda, 230, 271 n, 274 n, 282, 373 n.
Mussolini, Edvige, 276 n.
Mussolini, Rachele, 40, 274 e n.
Mussolini, Romano, 282.
Mussolini, Vito, 722.
Mussolini, Vittorio, 107, 108 n, 263 e n, 280 n, 282, 447 n.
Muti, Ettore, 214, 538, 652, 703, 705-7, 772, 776, 812 n, 817.

Napoleone I, imperatore dei Francesi, 99, 288, 290.
Napolitano, Tommaso, 207 n, 304 n.
Nasti, Agostino, 207 n, 238 e n, 241 e n, 304 n.
Navale, Roberto, 421.
Navarra, Q., 275 n, 276 n, 277 n.
Negri, Ada, 101.
Negrín, Juan, 569 n.
Nellessen, B., 361 n.
Nello, P., 118 n.
Neumann, F., 10 e n.
Neurath, Konstantin von, 353 e n, 370, 382, 409, 412 n, 416, 419, 429, 454.
Nietzsche, Friedrich Wilhelm, 652.
Nitti, Francesco Saverio, 719 n.
Noël, Léon, 347 n, 548 e n, 554.
Nogara, Bernardino, 133 n.
Notari, Umberto, 113.

Ojetti, Ugo, 279 n, 569 n.
Olazábal, Rafael, 363.
Olivetti, Angelo Oliviero, 312.
Orano, Paolo, 123 e n, 130 e n, 144 e n, 298, 313.
Orestano, Francesco, 101.
Orgaz, Luis, 375, 379 n.
Oriani, Alfredo, 287, 288 n, 295 e n, 298, 299.
Ormesson, Wladimir Lefèvre d', 830 n.
Ormos, M., 399 n.
Oshima, Hiroshi, 569.
Owen, F., 289 n.

Pacces, Federico Maria, 154 n, 178 n, 305 e n.
Pacciardi, R., 373 n.
Pacelli, Eugenio, vedi Pio XII, papa.
Pacor, M., 399 n.
Padellaro, Nazareno, 117 e n, 121 n.
Pallotta, Natale, 515.
Palmieri, R., 219 n.
Panetta, Ester, 225 n.
Panunzio, Sergio, 41 e n, 59 e n, 68 e n, 69, 71, 84-86, 204 e n, 287 e n, 302, 306 n.
Panzanelli, M., 208 n.
Paolo Karageorgević, principe reggente di Iugoslavia, 582.
Paoloni, Francesco, 17 n.
Paolucci, Raffaele, 5 n, 810 e n.
Papa, A., 106 n.
Papeleux, L., 371 n.
Papen, Franz von, 454.
Parenti, Rino, 537 e n.
Pareti, Luigi, 224 e n.
Pariani, Alberto, 287, 389 n, 442, 443, 502, 504, 570, 600, 616 n, 652, 661, 702, 703.
Pasini, Achille, 211 n.
Pasquali, Giorgio, 101.
Pastorelli, P., 399 n, 462 e n, 542 e n, 561 e n, 589 e n.
Paul-Boncourt, Joseph, 475.
Paulucci di Calboli Barone, Giacomo, 655 e n, 656, 683.
Pavelić, Ante, 400 n, 402, 403 n.
Pavese, Cesare, 233 e n.
Pavese; Roberto, 100 n.
Pavolini, Alessandro, 143, 236, 702, 703, 705-11, 713, 719, 721 e n, 761 e n, 813, 814 e n, 819, 838, 840 n.
Pavolini, F., 106 n.
Pecorari, P., 147 n.
Pecori Giraldi, Guglielmo, 28.
Pedace, P., 399 n.
Pedrazzi, Orazio, 367.
Pellizzi, Camillo, 84 n, 86 e n, 92, 97 n, 100 n, 211 n, 305, 306 n, 308, 713 n, 724, 727 n.
Perelli, L., 223 n.
Perris, Corrado, 207 n.
Perrone Compagni, Dino, 25 n, 43.
Persichetti, G., 277 n.
Perth, lord, vedi Drummond, Eric.
Pession, Giuseppe O., 179 n.
Petacci, famiglia, 279, 280.
Petacci, Claretta, 13, 61 n, 271, 275, 277-80.
Petacci, Francesco Saverio, 61 n, 278 e n.
Petacci, Marcello, 278-80.

Indice dei nomi

Petacci, Myriam (Myriam di San Servolo), 277 n, 279.
Petacci Persichetti, Giuseppina, 278.
Petersen, J., 9 n, 337 n.
Petitto, Remo Renato, 211 n.
Petrie, Charles, 289 e n.
Phillips, William, 335 n, 446 n, 588, 631 e n, 707 n, 795 n, 804 n, 824-26, 830, 834.
Piccialuti Caprioli, M., 718 n.
Piccio, Pier Ruggero, 23, 25 n, 786 n.
Piccoli, Fantasio, 109 n.
Pieroni Bortolotti, F., 79 n.
Pietromarchi, Luca, 389 n, 813 e n, 814.
Pignatti Morano di Custoza, Bonifacio, 138 n, 142 n, 149 n, 485 n.
Pini, Giorgio, 6 n, 99 n, 262 n, 485 n, 571 n, 572 n, 578, 674 e n, 823 e n.
Pinna Parpaglia, Pietro, 702, 703.
Pio XI (Achille Ratti), papa, 133 e n, 145 n, 147-152, 153 n, 351 n, 485, 492, 493, 495 e n, 497, 534 n, 537, 574 n.
Pio XII (Eugenio Pacelli), papa, 149 n, 152, 153 n, 485 n, 510 e n, 641, 732 e n, 786, 798, 799, 800 n, 812 n, 813 n, 831.
Piodi, F., 51 n.
Pirelli, Alberto, 178, 179 n, 211.
Pitigrilli, *pseudonimo di* Dino Segre, 113.
Pizzardo, Giuseppe, 138 n, 140, 152.
Plymouth, Ivor, 459.
Poliakoff, Wladimir, 452.
Polsby, N. W., 84 n.
Polverelli, Gaetano, 715 n.
Portinaro, P. P., 298 n.
Poulain, M., 399 n.
Pozzi, Arnaldo, 263 e n.
Pratolini, Vasco, 101, 241 e n.
Presseisen, E. L., 579 n.
Preziosi, Giovanni, 248 e n, 251 n, 312 n, 316, 488, 715 n.
Prezzolini, Giuseppe, 281 n.
Price, G. Ward, 329, 354, 395, 397 n.
Pricolo, Francesco, 702, 703, 772, 803 e n, 834, 835.
Primo De Rivera, José Antonio, 361 e n, 379 e n.
Primo De Rivera Orbaneja, Miguel, marchese di Estella, 360.
Prunas, Renato, 511.
Puccinelli, Angelo, 264 e n.
Puccini, Gianni, 109 n.
Puccini, Mario, 99 n.
Puntoni, Paolo, 808 e n, 809 n, 810 e n, 811 n.
Puricelli, Piero, 475.

Quartararo, R., 348 n, 363 n, 396 n, 425 n, 453 n, 457 n, 461 n, 521 n, 527 n, 545 e n, 547 n, 611 n, 612 n, 633 n, 659 n, 665 n, 666 n, 739 n, 748 n, 780 n, 830 n.
Quasimodo, Salvatore, 101.
Quilici, Nello, 496, 699 e n, 700 n.
Quilico, Carlo Alberto, 84 n.

Radić, Stjëpan, 400 n.
Ragionieri, E., 211 n.
Rapone, L., 719 n.

Ravasio, Carlo, 722, 789.
Recuperati, G., 113 n.
Renouvin, P., 366 n.
Renzetti, Giuseppe, 482.
Repaci, F. A., 169 n.
Reynaud, Paul, 606, 640 n, 785, 788, 800 n, 823, 825 e n, 826 n, 827 n, 828 n, 829 n, 830 n, 831 n, 843 e n.
Rheibhaben, baronessa von, 635 n.
Ribbentrop, Joachim von, 323, 349, 357 n, 369, 414, 454, 477-81, 502, 506, 508-11, 518, 519, 527, 528, 553, 564-68, 570-73, 575, 578-80, 585, 586, 600, 602, 614, 615, 617, 619-25, 628, 629, 634, 636, 638 n, 643, 644, 647, 649, 650, 653-55, 658, 659 n, 660-62, 667, 668, 672, 673, 733, 734 n, 746, 751, 754, 756 e n, 760-765, 775, 798, 800, 836.
Riccardi, Arturo, 280, 703.
Riccardi, Raffaello, 539 n, 543 n, 702, 703, 705, 706, 776.
Ricci, Berto, 100 n, 120 e n, 206, 207 n, 236, 245, 304 e n, 318 n.
Ricci, Federico, 25 n, 49.
Ricci, Renato, 87, 701, 702, 711 n.
Rintelen, Enno von, 674 n.
Ritossa, Z., 277 n.
Rivière, Jean, 488 n.
Rivoire, Mario, 57 n, 306 n, 715 n.
Roatta, Mario, 366, 370, 372, 375, 405 e n, 418 n, 649.
Rocca, Agostino, 179 n.
Rocco, Alfredo, 53 n, 115.
Rochat, G., 336 n.
Rogari, S., 132 n, 138 n, 139, 145 n, 147 n, 151 n, 152 n, 154 e n.
Röhm, Ernst, 777 n.
Rolland, Romain, 112 n.
Romani, Bruno, 100 n.
Romano, S., 180 e n.
Romano, Santi, 31-33, 43.
Romei Longhena, Giovanni Girolamo, 25 e n.
Romeo, R., 177 n.
Romier, Lucien, 272, 273 n, 322.
Roosevelt, Franklin Delano, 271 n, 446, 447 n, 519 n, 520, 523, 525, 754, 755, 765-67, 780, 787, 788, 796, 800, 801 e n, 824 n, 825-28, 830, 831 n, 832, 843 e n.
Rosa, Enrico, 376 e n.
Rosselli, Carlo, 373 n, 415, 420-23.
Rosselli, Nello, 415, 420 e n, 421 n, 422.
Rossi, conte, *vedi* Bonaccorsi, Arconovaldo.
Rossi, Cesare, 271 n.
Rossi, E., 421 n.
Rossi, Francesco, 807 e n, 835 n.
Rossi, M. G., 137 n.
Rossini, Aldo, 40.
Rossini, G., 138 n.
Rossoni, Edmondo, 193, 205, 207 e n, 702.
Rota, Ettore, 552, 553 n.
Rotelli, E., 60 n.
Ruffilli, R., 51 n.
Ruffo di Calabria, Fulco, 25 n.
Runciman, Walter, lord, 512-14.
Rusciano, M., 51 n, 53 n.
Russo, Luigi, 380, 381, 389 n, 442 n.

Indice dei nomi

Saba, Umberto, *pseudonimo di* Umberto Poli, 251 n.
Sabbatucci, G., 719 n.
Sala, T., 400 n.
Salandra, Antonio, 653.
Salas Larrazábal, J., 366 n.
Salata, Francesco, 552, 553 n.
Salazar, Antonio Oliveira de, 246.
Salvatorelli, L., 17 n.
Salvemini, G., 421 e n, 422 n.
Sanjurjo, José, 364.
Sarfatti, Cesare, 312 n.
Sarfatti, Margherita, 78, 276, 312 n.
Sargent, Orme Garton, 351, 431.
Sarti, R., 211 n.
Sauerwein, Jules, 259 n, 578 n.
Savinio, Alberto, *pseudonimo di* Andrea De Chirico, 101.
Savio, F., *vedi* Pavolini, F.
Savoia, casa, 21, 28 n, 337 n, 607.
Savoia, Mafalda di, principessa d'Assia, 369.
Savoia, Vittorio Emanuele di, principe di Napoli, 47 n, 534 n.
Sbacchi, A., 337 n.
Scardaoni, Francesco, 445 n.
Scaroni, S., 18 n.
Scarpa, Piero, 279 n.
Schacht, Hjalmar von, 477.
Schieder, W., 371 n.
Schmidt, Paul, 414 n, 479 e n, 527 e n, 529 e n, 767 n.
Schuschnigg, Kurt von, 413 e n, 454, 472.
Schuster, Alfredo Ildefonso, 537.
Schwarzenberg, C., 48 n.
Scoppola, P., 131 n.
Scorza, Carlo, 100 n, 235.
Sebastiani, Osvaldo, 31 n, 37 n, 225 n, 226 n, 520, 539, 678, 799.
Segré, C. G., 181 n, 393 e n, 396 n.
Segre, Valfredo, 492.
Serena, Adelchi, 64 n, 702.
Serono, Cesare, 179 n.
Serra, E., 563 n, 659 n, 660 n, 662 n, 664 n, 666 n.
Setta, S., 540 n.
Seyss-Inquart, Arthur, 454.
Sforza, Carlo, 43, 719 e n.
Silvi Antonini, Alceste, 57 n, 178 n.
Simonetti, M., 193 n.
Simoni, Leonardo, *vedi* Lanza, Michele.
Soddu, Ubaldo, 478, 702, 772, 804 e n, 808, 809, 835.
Soffici, Ardengo, 93 n, 281 n.
Soleri, Marcello, 640 n.
Solmi, Arrigo, 47, 73-77, 638 n, 642.
Sommer, T., 579 n.
Sondern, Frederic jr, 264 n, 276.
Sorel, Georges, 287 n.
Sorice, Antonio, 808.
Spampanato, Bruno, 94 e n, 207 n, 302 e n, 309 n, 329 e n.
Spaventa, Renato, 52 n, 57 n.
Spengler, Oswald, 299, 751.
Spinetti, Gastone Silvano, 238 n, 243 e n.
Spirito, Ugo, 207 n, 302.

Spriano, P., 221 n, 719 n.
Stalin (Džugašvili), Josif Vissarionovič, 302 n, 306, 328 n, 578, 631, 657, 699, 733, 791 n.
Stampacchia, M., 172 n.
Starace, Achille, 23-25, 27, 28 n, 29, 31 n, 37 n, 39 e n, 41, 43, 44 n, 49, 73, 75 e n, 76 n, 84 n, 99, 103, 141 e n, 142 e n, 151, 152 e n, 158 n, 183, 209 e n, 210 n, 214 e n, 215 n, 235, 236, 270, 272, 284 n, 285 n, 289 n, 296, 378, 380, 392 n, 427 n, 485, 487 e n, 490 n, 497 e n, 502 n, 506, 520, 538-40, 561, 562, 573, 574, 604, 623 n, 651, 652, 654, 657, 659, 671, 694, 701, 703-7, 713, 714, 747, 785 n.
Sterpa, Mimmo, 123 e n.
Stojadinović, Milan, 401-4, 581-84, 637.
Strang, Williams, 528.
Strunk, Roland, 310 n.
Stykold, 492.
Suhard, Emmanuel, 800 n.
Sulis, Edgardo, 42 e n, 100 n, 243 e n, 244, 245, 311 e n, 312.
Susmel, D., 28 n.
Suvich, Fulvio, 247, 300 n, 308 n, 328 n, 334 n, 335 n, 338 e n, 340, 343, 346, 376, 400 n, 446 n, 447 n.
Svevo, Italo, *pseudonimo di* Ettore Schmitz, 251 n.
Sykes, addetto navale statunitense, 721 n.

Tacchi-Venturi, Pietro, 145 n, 147, 291 n, 315 n, 495, 496 n, 641.
Tamaro, A., 315 n, 651 n, 720 n.
Tarabini, Alessandro, 705 n.
Tarchi, Angelo, 801 n.
Tarchi, M., 317 n, 801 n.
Tardini, Domenico, 700.
Tassinari, Giuseppe, 64 n, 171 n, 335 n, 702.
Taylor, Myron, 756 n, 776 n, 832 n.
Tedeschini Lalli, M., 396 n.
Teruzzi, Attilio, 64 n, 502 n, 563, 702, 703 n, 772, 804, 835.
Teruzzi, Regina, 78.
Terzaghi, Nicola, 79.
Thaon di Revel, Paolo, ammiraglio, 23.
Thaon di Revel, Paolo, ministro delle finanze, 16, 64 n, 675, 702, 767 n, 776.
Tiso, Jozef, 585.
Tofani, Giovanni, 179 n.
Togliatti, Palmiro, 221 e n.
Toniolo, G., 184 n.
Toscano, M., 382 e n, 479 e n, 561 e n, 565 n, 566 n, 567 n, 568 n, 570 n, 579 e n, 580 n, 581 n, 597 n, 600 e n, 602 n, 614 n, 615 n, 616 n, 617-19, 624 n, 634 n, 638 n, 655 n, 715 n, 732, 790 n.
Tranfaglia, N., 54 n.
Treccani, Ernesto, 208 n.
Treves, P., 222 n.
Tripodi, N., 99 n.
Turati, Augusto, 87, 115, 271 n.
Tyrrel, William George, lord, 452.

Umberto, principe di Piemonte, *vedi* Umberto II, re d'Italia.

Indice dei nomi

Umberto II, re d'Italia, 20 e n, 32, 40, 289 n, 534 e n, 578, 701.
Urgnani, G., 263 n.

Vacca, V., 396 n.
Valdeiglesias, conte di, 365.
Valeri, Valerio, 800 n.
Valle, Giuseppe, 37 n, 389 n, 444, 448 n, 518, 616 n, 702, 703.
Valsecchi, M., 208 n.
Vandervelde, Emile, 144 n.
Vannutelli, C., 182 e n, 184 e n.
Van Zeland, Paul, 427 n.
Vassalli, Filippo, 207 n.
Vecchietti, Giorgio, 728.
Vedovato, G., 757 n.
Venero, M. G., 379 n.
Venturi, Augusto, 158 n, 193.
Verdier, Jean, 133 e n.
Viault, B. S., 677 n.
Vignoli, Lamberto, 151, 152 n, 153 n.
Villari, Salvatore, 38 n.
Vinas, A., 371 n.
Vinay, Gustavo, 7 n.
Vitetti, Leonardo, 386 n, 659 n, 660, 663, 664, 666 n.
Vittorini, Elio, 101.
Vittorio Emanuele III, re d'Italia, 14-34, 39 n, 40, 41, 43 n, 44 n, 47 n, 48 n, 78, 111, 147 n, 223, 282, 337 n, 346 n, 352 n, 353 n, 360, 369, 407, 414, 446 n, 486, 491, 492, 495, 570, 577, 583, 587, 594, 595 n, 608, 638 n, 654, 662, 669, 690, 700-2, 716, 719, 720 n, 778-80, 784, 790, 805, 808-11, 813 n, 821, 834, 837 n, 840, 842.
Vivanti, Annie, 101.
Vogt, Alfred, 262.
Volpe, Gioacchino, 94 e n, 101, 552, 553 n.
Volpi, C., 225 n.
Volpi, G., 178, 180 e n, 199.
Volpicelli, Arnaldo, 207 n.
Volpicelli, Luigi, 117, 121 e n, 122 n.

Watt, D. C., 412 n, 450 n, 479 n, 633 n.
Weiss, Edoardo, 207 n.
Weizsäcker, Ernst von, 478 e n, 479 n, 480 e n, 527, 529, 756 n.
Welles, Orson, 577.
Welles, Sumner, 335 n, 446 n, 754-56, 764 n, 765 e n, 766 e n, 769, 773, 777 n, 780 e n, 781, 831 n, 843.
Weygand, Maxime, 773, 774, 823.
Weymouth, Anthony, 577 n.
Wheeler-Bennett, J. W., 508 n.
Whitaker, John, 259 n, 260 e n.
Wilson, Orace, 528.
Wiskemann, E., 749 n.
Wolf, D., 469 n.

Ybarnégaray, Jean, 827.
Young, Eugene J., 577.

Zacconi, Ermete, 258.
Zamagni, V., 184 n.

Zangrandi, Ruggero, 208 e n, 239 n, 240, 243 e n, 284 n, 474 n.
Zay, Jean, 606.
Zincone, Vittorio, 239 n.
Zocchi, L., 46 n.
Zog, re d'Albania, 503, 582, 584, 607, 608.
Zucaro, D., 208 n.

*Stampato per conto della Casa editrice Einaudi
presso Mondadori Printing S.p.A., Stabilimento N.S.M., Cles (Trento)*

C.L. 13997

Edizione								Anno			
3	4	5	6	7	8	9	10	2002	2003	2004	2005